relatório sobre o desenvolvimento mundial 2009

A Geografia Econômica em Transformação

relatório sobre o desenvolvimento mundial 2009

A Geografia Econômica em Transformação

THE WORLD BANK
Washington, DC

B213r	Banco Mundial
	Relatório sobre o Desenvolvimento Mundial 2009: *A Geografia Econômica em Transformação.* / Banco Mundial. São Paulo; Washington: Singular; Banco Mundial, 2009.
	444 p.
	ISBN: 978-85-86626-44-9
	Título Original: World Development Report 2009: reshaping economic geography.
	1. Desenvolvimento econômico. I. Banco Mundial, relatório, 2009. II. Título.
	CDU: 338.1 CDD: 330.9172405

This work was originally published by The World Bank in English as *World Development Report 2009: Reshaping Economic Geography* in 2008. This Brazilian Portuguese translation was arranged by Editora Singular. Editora Singular is responsible for the quality of translation. In case of any discrepancies, the original language will govern.

Este trabalho foi publicado originalmente em inglês pelo Banco Mundial como *World Development Report 2009: Reshaping Economic Geography* em 2008. Esta tradução para o português foi preparada pela Editora Singular. A Editora Singular é responsável pela qualidade da tradução. Em caso de discrepâncias, predomina o idioma original.

Este volume é um produto da equipe de Desenvolvimento e Reconstrução Internacional do Banco Mundial. Os resultados, interpretações e discussões desenvolvidas neste trabalho são de responsabilidade dos autores e não refletem necessariamente a opinião dos Diretores Executivos do Banco Mundial ou do governo que eles representam.

O Banco Mundial não garante a exatidão dos dados inclusos no presente trabalho. As fronteiras, cores, denominações e outras informações mostradas em qualquer mapa deste trabalho não implicam nenhum julgamento por parte do Banco Mundial relativo ao *status* de nenhum território nem endossam ou demonstram aceitação de tais fronteiras.

Designer de capa e gráficos: Zefyr Design, info@zefyr.co.uk
Projeto gráfico: Precision Graphics
Tradução: José Ignacio Coelho Mendes Neto

Revisão técnica: Mariana Pessoa Albuquerque
Revisão: Paola Morsello
Diagramação: Microart

Editora Singular
Rua José Nóbrega Barbosa n. 100,
02336-090 São Paulo – Brasil
Tel/Fax: 55 11 3862-1242
www.editorasingular.com.br
e-mail: singular@editorasingular.com.br

Sumário

Figuras

Mapas

Quadros

Tabelas

Prefácio

A produção se concentra em grandes cidades, províncias avançadas e países ricos. Metade da produção mundial concentra-se em 1,5% das terras. O Cairo produz mais de metade do PIB do Egito utilizando apenas 0,5% de sua área. Os três estados do centro-sul do Brasil ocupam 15% do território, mas são responsáveis por mais da metade de sua produção. E América do Norte, União Europeia e Japão – com menos de 1 bilhão de habitantes – respondem por três quartos da riqueza mundial.

Mas a concentração econômica deixa de lado algumas populações. No Brasil, na China e na Índia, por exemplo, estados atrasados têm taxas de pobreza mais que duas vezes superiores às dos estados mais dinâmicos. Mais de dois terços dos pobres dos países em desenvolvimento moram em pequenas cidades. Um bilhão de pessoas que vivem nos países mais pobres e isolados, em sua maioria na África Subsaariana e Ásia Central e do Sul, sobrevivem com menos de 2% da riqueza mundial.

Essas populações geograficamente desfavorecidas convivem com o fato de que o desenvolvimento não traz prosperidade econômica a todos os lugares simultaneamente; os mercados favorecem alguns lugares em detrimento de outros. Mas dispersar amplamente a produção não significa necessariamente estimular a prosperidade. Países economicamente bem-sucedidos facilitam a concentração da produção ao mesmo tempo em que instituem políticas para tornar o padrão de vida da população – em termos de nutrição, educação, saúde e saneamento – mais uniforme em todo o território. Para obter os benefícios tanto da concentração econômica como da convergência social, são necessárias ações políticas direcionadas à integração econômica.

A integração deveria começar com instituições que garantam acesso aos serviços básicos, como educação fundamental, serviços de saúde básicos, saneamento adequado e água potável para todos. À medida que a integração torna-se mais difícil, políticas adaptativas devem incluir rodovias, estradas de ferro, aeroportos, portos e sistemas de comunicação que facilitem o movimento de bens, serviços, pessoas e ideias em nível local, nacional e internacional. Nos locais onde a integração é mais difícil por razões sociais ou políticas, a resposta deve ser proporcionalmente ampla, com instituições que promovam a integração, infraestrutura que conecte e intervenções que tenham objetivos, como programas de melhoria de favelas ou incentivos para os produtores se estabelecerem em certas áreas.

Usando esses princípios, o *Relatório sobre o Desenvolvimento Mundial 2009*, o 31.º da série, relança o debate sobre urbanização, desenvolvimento territorial e integração regional. O relatório analisa a experiência passada dos países desenvolvidos e extrai implicações práticas para as políticas de urbanização nos países em desenvolvimento atualmente. Em relação aos países mais pobres da África e da Ásia que estão isolados do mercado mundial, o Relatório discute abordagens promissoras para a integração regional que combinam cooperação institucional, compartilhamento de infraestrutura e incentivos especiais. Nas economias de renda média em crescimento, a prosperidade geral pode esconder áreas de persistente pobreza. Em relação a tais países, o Relatório destaca estratégias para incrementar a integração doméstica e ajudar os pobres dos lugares mais desafortunados.

Espero que *A Geografia Econômica em Transformação* estimule a tão necessária discussão sobre a conveniência do "crescimento equilibrado", que provou ser muito difícil de se obter. Ao informar alguns debates importantes sobre políticas, o Relatório indica o caminho para um desenvolvimento mais inclusivo e sustentável.

Robert B. Zoellick
President

Agradecimentos

Este Relatório foi preparado por uma equipe liderada por Indermit S. Gill, e composta por Souleymane Coulibaly, Uwe Deichmann, Maria Emilia Freire, Chorching Goh, Andreas Kopp, Somik V. Lall, Claudio E. Montenegro, Truman Packard, and Hirotsugu Uchida. Contribuições importantes foram feitas por Homi Kharas, Marisela Montoliu Munoz, Andrew Nelson, Mark Roberts, Sebastian Vollmer e Fang Xu. A equipe foi assessorada por Eduardo S. F. Alves, Brian Blankespoor, Maximilian Hirn, Siobhan Murray e Catalina Tejada.

Bruce Ross-Larson foi o principal editor.

Os mapas foram criados pela Unidade de Criação de Mapas do Banco Mundial, sob a direção de Jeff Lecksell. A produção e impressão foi coordenada pela Divisão de Publicações do Banco Mundial, sob a supervisão de Stephen McGroarty, Susan Graham, Rick Ludwick e Andres Ménèses.

O *Relatório sobre o Desenvolvimento Mundial 2009* é co-patrocinado pela Vice-presidência do Development Economics (DEC) e o Sustainable Development Network (SDN). O trabalho foi conduzido sob a direção conjunta de François Bourguignon, Alan H. Gelb, e Justin Yifu Lin, Vice-presidentes Seniores do DEC em vários estágios da produção e disseminação deste Relatório, e Katherine Sierra, Vice-presidente do SDN. Jean-Jacques Dethier, Jeffrey Lewis, Claudia Paz Sepulveda, Laszlo Lovei e Antonio Estache também forneceram valiosos comentários.

Os Presidentes do Banco Mundial Robert B. Zoellick e Paul D. Wolfowitz proporcionaram direção e aconselhamento, e os Diretores Administrativos Ngozi Okonjo-Iweala e Graeme Wheeler foram fontes inestimáveis de encorajamento para a equipe.

Dois painéis de consultores ofereceram excelente orientação em todos os estágios do Relatório. O Painel Acadêmico foi presidido pelo Economista-chefe e Vice-presidente Sênior do DEC e composto por François Bourguignon, Paul Collier, Masahisa Fujita, Vernon Henderson, Philippe Martin, Ravi Kanbur, Lord Nicholas Stern e Anthony Venables. O Painel de Formuladores de Políticas foi presidido pelo Vice-presidente do SDN e composto por Lobna Abdellatif Ahmed, Newai Gebreab, Jerzy Kwiecinski, Shantong Li, Katharina Mathernova, Charbel Nahas, Enrique Peñalosa, Carolina Renteria, Kamal Siddiqui, Jorge Wilheim e Natalia Zubarevich.

Muitos outros dentro e fora do Banco Mundial contribuíram com comentários e sugestões. A equipe se beneficiou muito de muitas consultas, encontros e workshops regionais realizados em âmbito local e na Costa do Marfim, Finlândia, França, Alemanha, Índia, Japão, Noruega, Rússia, África do Sul, Suécia, Tanzânia, Turquia e Reino Unido. A equipe deseja agradecer aos participantes destes e de outros workshops, videoconferências e discussões on-line, que incluíram acadêmicos, pesquisadores políticos, funcionários de governo e representantes de organizações não governamentais da sociedade civil e do setor privado.

A equipe gostaria de agradecer o generoso apoio do Departamento para o Desenvolvimento Internacional o Reino Unido, aos múltiplos doadores do Knowledge for Change Program, ao governo da Noruega, ao Japan Policy and Human Resources Development Trust Fund, ao Institute for Environment and Sustainability in the Joint Research Centre of the European Commission, ao Ministério de Cooperação Econômica e Desenvolvimento da Alemanha e à Fundação William e Flora Hewlett.

Rebecca Sugui trabalhou como assistente-executiva sênior da equipe, Ofelia Valladolid como assistente de programa e Jason Victor e Maria Hazel Macadang com assistentes. Evangeline Santo Domingo trabalhou como assistente-administrativo de recursos.

Abreviaturas e Notas sobre as Informações

ACP	África, Caribe e Pacífico
ACR	Acordo Comercial Regional
ADI	Associação para o Desenvolvimento Internacional
APE	Acordos de Parcerias Econômicas
ASEAN	Associação das Nações do Sudeste Asiático
BELDES	Projeto de Apoio de Infraestrutura Municipal (Turquia)
BIRD	Banco Internacional de Reconstrução e Desenvolvimento
CACM	Central American Common Market (Mercado Comum Centro-Americano)
CARICOM	Caribbean Community (Comunidade do Caribe)
CECA	Comunidade Europeia do Carvão e do Aço
CEE	Comunidade Econômica Europeia
CEFTA	Central European Free Trade Agreement (Acordo de Livre Comércio Centro-Europeu)
CKLN	Caribbean Knowledge and Learning Network (Rede de Conhecimento e Aprendizado do Caribe)
EAC	Europa e Ásia Central
ECOWAS	Comunidade Econômica dos Estados da África Ocidental
ECTEL	Eastern Caribbean Telecommunications Authority (Autoridade de Telecomunicações do Caribe Oriental)
EDA	Economic Development Administration (Administração de Desenvolvimento Econômico)
ENEA	École Nationale d'Économie Appliquée (Dakar)
ENSEA	École Nationale de Statistique et d'Économie Appliquée (Abidjan)
EPU	educação primária universal
FEU	forty-foot equivalent units (unidades equivalentes a quarenta pés)
FMI	Fundo Monetário Internacional
GATS	Acordo Geral sobre o Comércio de Serviços
GIS	Sistema de informação geográfica
GRUMP	Global Rural-Urban Mapping Project (Projeto de Mapeamento Rural-Urbano Global)
IED	investimento estrangeiro direto
IIED	International Institute for Environment and Development (Reino Unido)
INEGI	Instituto Nacional de Estadística y Geografía (México)
ISSEA	Institut Sous-Régional de Statistique et d'Économie Appliquée (Yaoundé)
KÖYDES	Village Infrastructure Support Project (Turquia)
LAP	Leste Asiático e Pacífico
MERCOSUL	Mercado Comum do Sul (América Latina)
NAFTA	Acordo Norte-Americano de Livre Comércio
NEPAD	New Partnership for Africa Development (Nova Parceria para o Desenvolvimento da África)
NSDP	Programa Nacional para Desenvolvimento de Favelas (Índia)

NUTS	Nomenclature of Territorial Units for Statistics (Nomenclatura de Unidades Territoriais para Estatísticas)
OCDE	Organização para a Cooperação e Desenvolvimento Econômico
OIM	Organização Internacional para a Migração
OMAS	Oriente Médio e África Setentrional
OMC	Organização Mundial do Comércio
PAFTA	Área de Livre Comércio Pan-Árabe
PIB	Produto Interno Bruto
PPC	Paridade de Poder de Compra
PRB	Produto Regional Bruto
PTF	Produtividade Total dos Fatores
P&D	Pesquisa e Desenvolvimento
RASCOM	Regional African Development Community (Organização Regional Africana de Comunicação por Satélite)
RNB	Renda Nacional Bruta
RSA	Região Sul da Ásia
SADC	Southern African Development Community (Comunidade para o Desenvolvimento da África Meridional)
SAP	Sul da Ásia e Pacífico
SIC	Standard Industrial Classification (Classificação Industrial Padrão)
SPARTECA	Acordo de Cooperação Econômica e Comercial do Pacífico Sul
TEU	twenty-foot equivalent units (unidades equivalentes a vinte pés)
TI	Tecnologia da Informação
TIC	Tecnologia da Informação e Comunicação
UE	União Européia
UME	União Monetária Europeia
VAMBAY	Valmiki Ambedkar Awas Yojana
WAEMU	West African Economic and Monetary Union (União Econômica e Monetária da África Ocidental)
ZEE	zona econômica especial
ZPE	zona de processamento de exportação

Notas sobres as informações

Os países incluídos nos grupos regionais e de rendas deste Relatório constam do quadro de Classificação de Economias no começo do item Indicadores Selecionados de Desenvolvimento Social. A classificação de rendas é baseada no produto interno bruto (PIB) per capita; os limites para a classificação de renda nesta edição podem ser encontrados na Introdução aos Indicadores Selecionados de Desenvolvimento Mundial. As médias dos grupos informados nas figuras e tabelas são médias não ponderadas dos países do grupo, a menos que indicado o contrário.

O uso da palavra país para indicar as economias não implica julgamento do Banco Mundial sobre a situação legal ou qualquer outra do território. O termo *países em desenvolvimento* inclui, por conveniência, economias de planejamento central em transição. Os termos *países industrializados* ou *países desenvolvidos* podem ser usados, por conveniência, para indicar países de renda alta.

As cifras em dólares referem-se aos dólares correntes nos Estados Unidos, a menos que especificado de outra forma. *Bilhão* significa 1.000 milhões; *trilhão* significa 1.000 bilhões.

Visão Rápida do Relatório – Densidade, Distância e Divisão

Cidades em crescimento, mobilidade crescente de pessoas e produtos cada vez mais especializados são partes integrantes do desenvolvimento. Esta evolução tem sido particularmente evidente nos países da América do Norte, Europa Ocidental e Nordeste Asiático. Mas os países do Leste e Sul da Ásia e Leste Europeu estão agora passando por mudanças semelhantes quer em magnitude quer em rapidez. O ***Relatório sobre o Desenvolvimento Mundial 2009: A Geografia Econômica em Transformação*** *conclui que essas transformações continuarão a ser essenciais para o sucesso econômico em outras partes do mundo em desenvolvimento e devem ser incentivadas.*

Desenvolvimento em 3D

Essas transformações trazem prosperidade, mas não ocorrem sem risco e sacrifício. Observemos três dos lugares mais prósperos do mundo:

- O primeiro é Tóquio – a maior cidade do mundo, com 35 milhões de habitantes –, e onde um quarto da população do Japão reside em menos de 4% do território.
- O segundo são os Estados Unidos – a maior economia do mundo e talvez aquela onde o movimento de pessoas e mercadorias seja maior –, onde cerca de 35 milhões de pessoas mudam de residência todos os anos.
- O terceiro é a Europa Ocidental – o continente mais interligado do mundo atual –, onde os países comercializam cerca de 35% do seu produto interno bruto (PIB), sendo mais da metade desse comércio entre vizinhos.

Quem visita Tóquio pode ver pessoas comprimidas nos trens por "empacotadores de trens" profissionais. Milhões de pessoas se submetem voluntariamente a esse desconforto. O mapa da densidade econômica do Japão mostra por quê. Tóquio produz grande parte da riqueza do Japão – para conseguir uma parcela dessa riqueza, as pessoas precisam morar perto dela (ver mapa G.01). A característica mais impressionante desse mapa é a densidade econômica, isto é, a concentração de riqueza em Tóquio e Osaka.

Nos Estados Unidos, todos os anos, nos dias que antecedem o feriado de Ação de Graças, cerca de 35 milhões de pessoas viajam para rever suas famílias e amigos. É o início do inverno em algumas partes do país e, portanto, muitos voos são cancelados. Mas os americanos aceitam o sofrimento de deixar amigos e parentes, porque a atividade econômica está concentrada em poucas áreas do país (ver mapa G.02). Se quiserem parte dessa riqueza, terão de se aproximar dela. É por isso que 8 milhões de americanos trocam de estado todos os anos, migrando para ficar mais próximos das oportunidades econômicas. A caracterís-

Mapa GO.1 Densidade – por que vale a pena estar perto de Tóquio
Produção econômica por km^2 quadrado no Japão

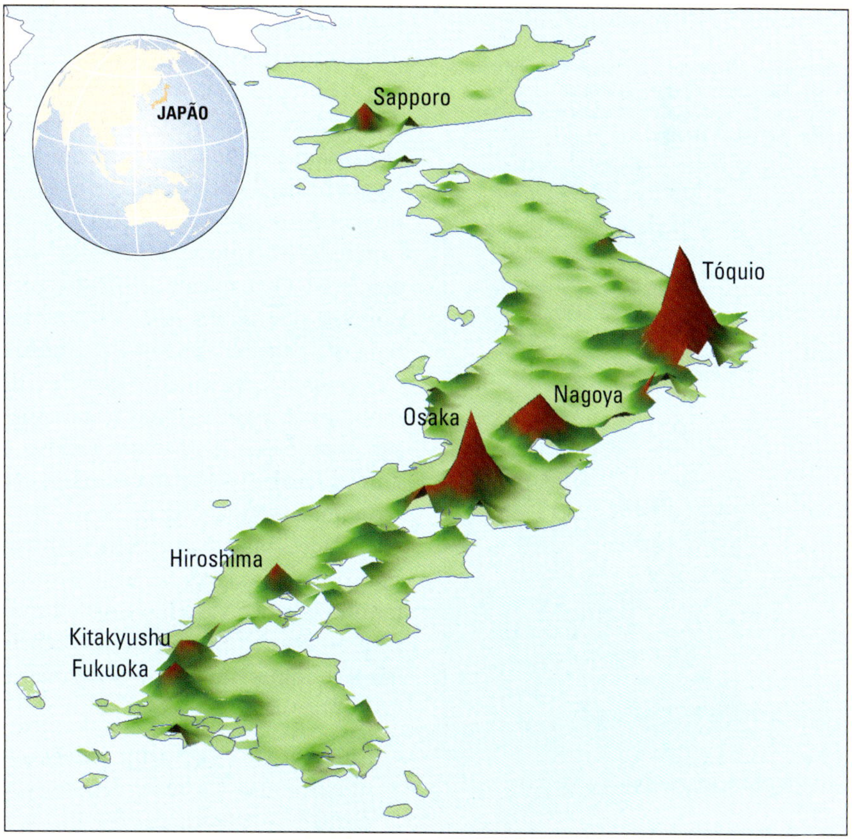

Fonte: Equipe do RDM 2009 e Grupo de Pesquisa em Desenvolvimento do Banco Mundial, baseados em estimativas do PIB subnacional para 2005. Ver também Nordhaus (2006).

Mapa GO.2 Distância – por que os americanos têm de ser móveis
Produção econômica por km² quadrado nos Estados Unidos

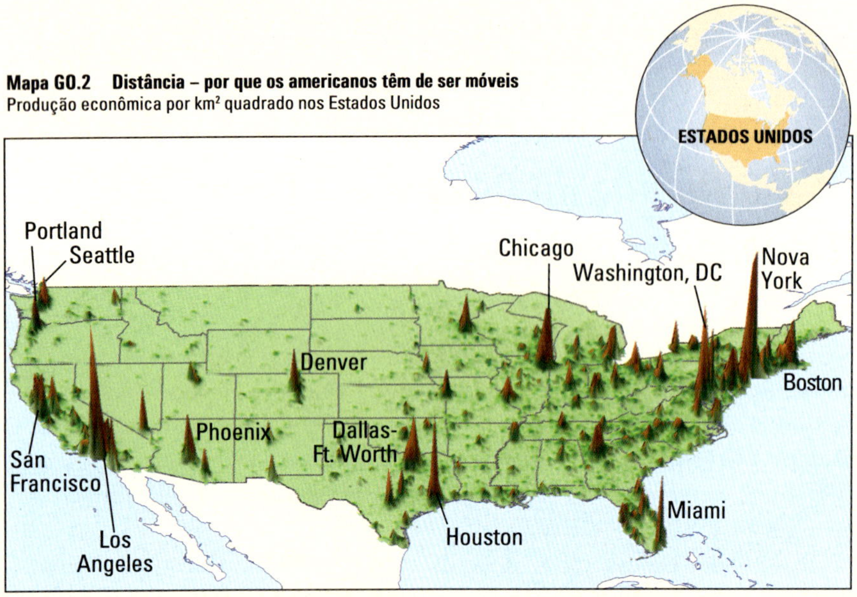

Fonte: Equipe do RDM 2009 e Grupo de Pesquisa em Desenvolvimento do Banco Mundial, baseados em estimativas do PIB subnacional para 2005. Ver também Nordhaus (2006).

tica mais impressionante desse mapa é a distância.

Do outro lado do Atlântico, na Europa Ocidental, outro movimento em grande escala ocorre todos os dias – não de pessoas mas de produtos. Um exemplo é a Airbus, que fabrica partes de aviões e os monta na Alemanha, Grã-Bretanha, França e Espanha, bem como em outros países. Enormes partes de aeronaves são carregadas em navios e aviões, pois os lugares se especializaram em fabricar diferentes partes e produzi-las em escala. Interessante observar como os países dessa região, que até há pouco era bem dividida, hoje comercializam com antigos inimigos e contribuem para uma União Europeia cada vez mais integrada. À medida que essa integração aumenta, as divisões econômicas diminuem, tornando possível a especialização e as economias de escala (ver mapa G0.3).

Mapa GO.3 Divisão – o que impede o progresso na África não o faz na Europa Ocidental
Restrições de fronteiras aos fluxos de mercadorias, capital, pessoas e ideias

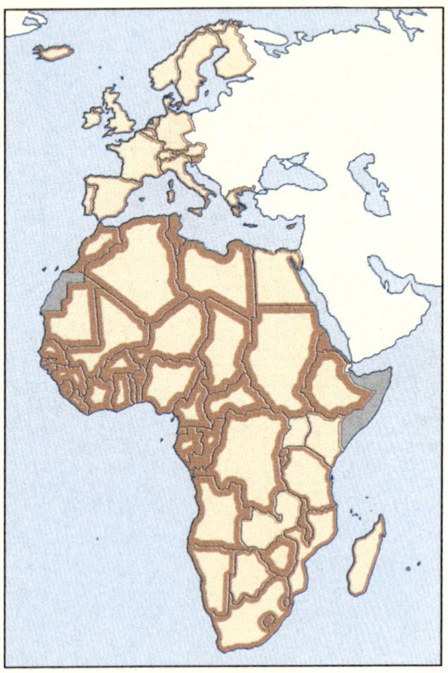

Fonte: Equipe do RDM 2009 (ver capítulo 3 para detalhes).
Nota: A largura das fronteiras é proporcional a uma medida sumária das restrições de cada país ao fluxo de bens, capital, pessoas e ideias com os outros países.

Qual é a compensação por essa angústia? O mapa da geografia econômica, que redimensiona a área de um país para refletir seu PIB, mostra os benefícios das cidades grandes, da mobilidade populacional e da conexão entre países. Os Estados Unidos, a Europa Ocidental e o Japão dominam a economia mundial (ver mapa G.04).

Cidades, migração e comércio têm sido os catalisadores do progresso no mundo desenvolvido nos dois últimos séculos. Agora, essa história se repete nas economias em desenvolvimento mais dinâmicas.

- Mumbai não é a maior cidade do mundo, mas é a mais densamente povoada. E continua a crescer.
- A China não é a maior economia do mundo, mas é a que cresce mais rapidamente, e talvez esteja entre as de maior mobilidade.
- O Sudeste Asiático pode não ter criado uma união política como a Europa, mas promove intenso intercâmbio de mercadorias de um lado a outro como faz a União Europeia.

As pessoas arriscam-se a morrer ou a perder um membro nos trens abarrotados de Mumbai para se beneficiarem da densidade econômica. Apesar da aglomeração de pessoas que se deslocam de casa para o trabalho, em favelas como Dharavi, a população de Mumbai dobrou desde a década de 1970. Desde a década de 1990, milhões de trabalhadores chineses migraram para ficar mais próximos das oportunidades econômicas que se concentram no litoral. Assim como os americanos viajam durante os feriados de Ação de Graças, mais de 200 milhões de chineses viajam no Ano-Novo Chinês. As redes de produção regional do Leste Asiático estão muito mais disseminadas do que as instalações da Airbus na Europa Ocidental. Os países do Leste Asiático não comercializam partes de avião, mas nações que já foram inimigas hoje comercializam peças de automóveis e computadores com a mesma frequência e rapidez.

Qual é a compensação? Mais uma vez podemos reconhecer os formatos da China, Índia e países do Sudeste Asiático no mapa da geografia econômica mundial (ver mapa G.04) e comparar esses formatos com o do poderoso continente africano, que aparece como uma península delgada.

O *Relatório sobre o Desenvolvimento Mundial* defende que alguns lugares estão crescendo bem porque promoveram transformações nas três dimensões da geografia econômica:

- Densidades mais elevadas, como se vê no crescimento de cidades;
- Distâncias menores, à medida que trabalhadores e empresas se aproximam da densidade;
- Menos divisões, à medida que os países diminuem suas fronteiras econômicas e entram nos mercados mundiais para aproveitar a escala e a especialização.

Mapa GO.4 Como os mercados veem o mundo
O tamanho de um país mostra a proporção do produto interno bruto global que ele representa

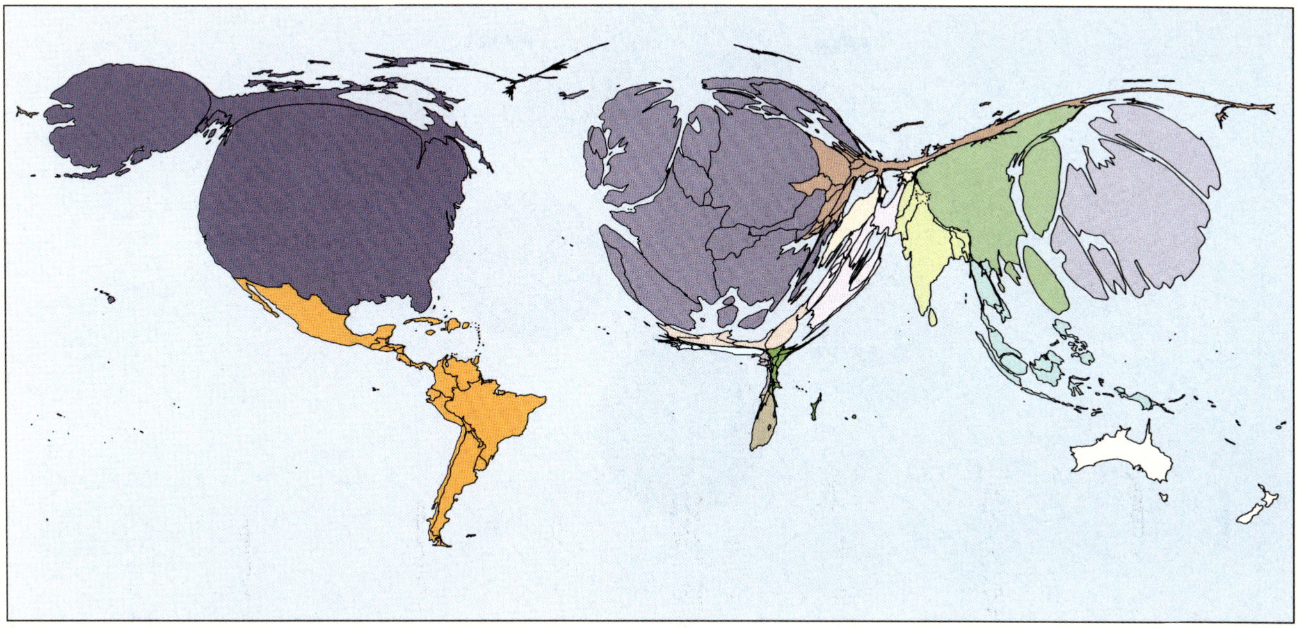

Fonte: Equipe do RDM 2009 usando o PIB de 2005 (US$ constantes).
Nota: O cartograma foi criado usando o método desenvolvido por Gastner e Newman (2004). Este mapa mostra os países mais ricos quando o PIB é comparado usando taxas de câmbio. Isso indica o poder de compra internacional – o que valeria a moeda de um país se fosse gasta em outro.

Os Estados Unidos e o Japão reestruturaram sua geografia econômica nessas linhas no passado. A China está reestruturando sua geografia agora. Conforme proposto neste Relatório, essas serão as mudanças que ajudarão as nações em desenvolvimento em outras partes do mundo, particularmente na África.

Crescimento desigual, desenvolvimento inclusivo

Esta é a proposta deste *Relatório sobre o Desenvolvimento Mundial*, que está estruturado para trazer esta mensagem (ver figura G.01).

- A primeira parte descreve as mudanças na densidade, distância e divisão – abordando uma de cada vez e resumindo a experiência dos países no último século.
- A segunda parte analisa os impulsionadores dessas transformações – as forças de mercado de aglomeração, migração, especialização e comércio – e aprimora as constatações de pesquisas sobre políticas durante a última geração.
- A terceira parte do relatório discute as implicações políticas da experiência e da análise das duas primeiras partes e fornece um contexto comum para reestruturar três debates políticos: urbanização; áreas mais atrasadas dentro dos países; e integração regional e globalização.

O relatório está organizado de forma que as pessoas interessadas em apenas um desses debates possam ler somente a parte que lhes interessa. Ou seja, o relatório pode ser lido na vertical. Os capítulos sobre densidade, aglomeração e urbanização devem interessar a todos os países – pequenos e grandes, de renda baixa e média. Os capítulos sobre distância, mobilidade dos fatores e desenvolvimento regional possivelmente serão de mais interesse para países maiores de renda média e alta. E os capítulos sobre divisão, custos de transporte e integração regional podem ser de maior interesse para países de baixa renda e economias menores.

Quatro destaques sobre *Geografia em Movimento* examinam a interação entre as forças de mercado e as políticas de governo na América do Norte, Europa Ocidental, Leste Asiático e África Subsaariana. Ao destacar as interações entre as três dimensões, esses destaques também relacionam as diferentes partes do Relatório.

Visto de outra forma, o Relatório examina as questões políticas mais importantes da geografia econômica local, nacional e internacional. No âmbito local, a questão política em áreas como o estado de Lagos no sul da Nigéria é como gerir a urbanização. No âmbito nacional, a questão política na Nigéria é como gerir as disparidades de recursos e padrões de vida entre o norte e o sul. Em nível internacional, a questão política na África Ocidental e Leste Asiático é como criar uma melhor união econômica que beneficie tanto os países interiores (sem saída para o mar) quanto os costeiros, tanto os mais pobres como os mais prósperos.

À medida que a escala geográfica aumenta do nível local para o regional e para o internacional, as políticas específicas mudam. Mas o problema subjacente é o mesmo – alguns lugares têm bom desempenho e outros não. É difícil aceitar que isso seja inevitável.

Figura GO.1 O Relatório pode ser lido por partes ou por política

Fonte: Equipe do RDM 2009.

A principal mensagem do Relatório é que o crescimento econômico *será* desigual. Tentar distribuir geograficamente a atividade econômica equivale a desestimulá-la. Contudo, o desenvolvimento pode ser inclusivo, no sentido de que mesmo as pessoas que iniciam sua vida longe das oportunidades econômicas podem beneficiar-se da crescente concentração de riqueza em certos lugares. A integração econômica é a maneira de combinar os benefícios tanto do crescimento desigual no espaço quanto do desenvolvimento inclusivo.

Integração econômica – local, nacional e internacional

O Relatório esclarece o significado de integração econômica. Primeiro, significa integrar áreas rurais e urbanas e favelas com outras partes da cidade. Segundo, significa integrar províncias atrasadas e desenvolvidas num mesmo país. E em terceiro lugar, significa integrar países isolados e países bem conectados. Estas noções de integração econômica são centrais para os três debates sobre o desenvolvimento: urbanização, desenvolvimento territorial e integração internacional.

Urbanização

Os argumentos e evidências apresentados no *Relatório sobre o Desenvolvimento Mundial* ajudam a priorizar as políticas necessárias para as diferentes etapas de urbanização, fornecendo os elementos para uma estratégia de urbanização. Cada território ou área dentro de uma nação tem a sua própria realidade geográfica. No entanto, os princípios de desenvolvimento são bastante universais.

- Em lugares ou áreas eminentemente rurais, o governo deve ser o mais neutro possível e estabelecer a arquitetura institucional que possibilite a urbanização em alguns lugares. Uma política agrária adequada é essencial, bem como políticas de prestação de serviços básicos para todos. Um bom exemplo é a Costa Rica.
- Nos lugares onde a urbanização está avançando rapidamente, o governo deve investir tanto em instituições quanto em infraestrutura de conexão para que os benefícios associados ao aumento da densidade econômica possam ser mais amplamente distribuídos. Um bom exemplo é Chongqing, na China.
- Nas áreas altamente urbanizadas, além das instituições neutras e da infraestrutura, podem ser necessárias intervenções visando lidar com problemas específicos, com as favelas. No entanto, esse tipo de intervenção não terá sucesso a não ser que as políticas institucionais, particularmente relativas à terra e aos serviços básicos, forem razoavelmente eficazes e a infraestrutura de transportes for implantada. Um bom exemplo é Bogotá, na Colômbia.

Desenvolvimento territorial

Estes princípios podem contribuir para reformular o debate sobre o desenvolvimento territorial e regional. As ferramentas da geografia podem identificar os lugares pobres – as áreas mais atrasadas – e onde vive a maioria das pessoas de baixa renda. Com frequência, estes não coincidem, porque as pessoas de baixa renda têm razões muito fortes para saírem dos lugares pobres em busca de melhores condições de vida. O Relatório discute como os governos podem adaptar políticas para integrar áreas dentro das as nações, reduzindo ao mesmo tempo a pobreza em todas as partes.

As áreas mais atrasadas têm um elemento em comum: são economicamente distantes dos lugares mais desenvolvidos. Mas, além disso, a geografia econômica de diferentes áreas não é a mesma:

- Em alguns países, como a China, as áreas mais atrasadas são escassamente povoadas. Não faz muito sentido expandir uma infraestrutura cara nesses lugares – ou incentivar as empresas a se deslocarem para lá. O que faz mais sentido é prestar serviços básicos em todos os lugares, mesmo que custe mais chegar a essas áreas distantes. Incentivar a mobilidade populacional é prioritário, e as instituições que garantam o bom funcionamento dos mercados de terras e forneçam segurança, escolas, ruas e saneamento devem ser a espinha dorsal da política de integração.
- Em outros países, como o Brasil, as áreas mais atrasadas são densamente povoadas. Porém, como na China, milhares de pessoas de baixa renda deslocaram-se do nordeste para o sudeste. Todos falam o mesmo idioma, e a mobilidade inter-regional não é difícil. Mas muitas pessoas de baixa renda ainda vivem no nordeste. É importante incentivar a mobilidade populacional do nordeste, bem como permitir seu acesso a mercados do dinâmico sudeste. Nesses casos, instituições e infraestrutura para interligar as duas áreas costeiras são necessárias para a integração econômica.
- Em um terceiro grupo de países, como a Índia, as áreas mais atrasadas são densamente povoadas – quase 60% a população de baixa renda da Índia vivem nesses lugares pobres – e as pessoas acham difícil migrar para lugares adiantados, como a capital e o sul do país. As diferenças linguísticas e culturais em algumas áreas podem ser consideráveis. Nesses casos, as instituições e a infraestrutura podem ser complementadas por incentivos destinados aos produtores para que se estabeleçam nesses estados atrasados. Mas esses incentivos devem ser cuidadosamente elaborados para evitar que os efeitos de unificação de instituições comuns e infraestrutura de conexão se anulem. Uma possibilidade promissora é o fornecimento de incentivos para atividades agrícolas e afins destinados a estados que ainda são em sua maioria rurais.

Integração regional

Finalmente, os princípios desenvolvidos neste Relatório animam os debates sobre como fazer a globalização funcionar para todos os países. A mesma lógica, aplicada em níveis local e nacional, pode ser usada no nível internacional para classificar as regiões do mundo de acordo com a dificuldade de integração econômica. O problema comum é a divisão – fronteiras econômicas espessas. Além disso, a tarefa de integração varia em diferentes partes do mundo em desenvolvimento:

- Países em regiões próximas aos mercados mundiais, como a América Central e a Europa Oriental, enfrentam uma tarefa de integração relativamente simples. Instituições comuns podem ajudá-las a se tornarem extensões desses grandes mercados.
- Países em regiões distantes dos mercados mundiais mas com grandes mercados domésticos atraentes para investidores enfrentam um desafio mais difícil. Boas instituições e infraestrutura regional podem ajudá-los a ter acesso a esses mercados. Entre os exemplos figuram o Leste Asiático e cada vez mais o Sul da Ásia. A África Meridional e a América do Sul também podem se integrar globalmente ao tornarem seus mercados domésticos maiores e mais especializados por meio de instituições e infraestrutura regionais.
- A integração é mais difícil para os países situados em regiões divididas, distantes e sem a densidade econômica proporcionada por uma grande economia local. Esses países incluem as regiões apelidadas de "último bilhão" ou "bilhão mais pobre": África Ocidental, Central e Oriental; Ásia Central; e Ilhas do Pacífico. Para esses países, todos os três instrumentos são necessários: instituições regionais que tornem fronteiras menos espessas; infraestrutura regional que ligue os países; e incentivos, tais como acesso preferencial aos mercados mundiais, talvez condicionados à garantia de que todos os países intensifiquem a colaboração regional.

Um elemento é comum nos debates sobre as políticas de urbanização, desenvolvimento de áreas e globalização. Em sua forma atual, esses debates enfatizam excessivamente o direcionamento geográfico – o que fazer em áreas rurais ou nas favelas, o que fazer nos estados atrasados ou áreas remotas e o que fazer nos países mais pobres ou sem saída para o mar. O Relatório reestrutura esses debates para melhor adequá-los à realidade do crescimento e desenvolvimento. A realidade é que a interação entre lugares adiantados e atrasados é a chave para o desenvolvimento econômico. A realidade é que intervenções voltadas para o espaço são apenas uma pequena parte daquilo que os governos podem fazer para ajudar lugares que não estão indo bem. A realidade é que, além dos incentivos direcionados ao lugar, os governos dispõem de instrumentos muito mais poderosos para a integração. Eles podem criar instituições que unifiquem todos os lugares e implantar uma infraestrutura que conecte alguns lugares a outros.

O Relatório propõe um reequilíbrio dessas discussões políticas para incluir todos os instrumentos de integração: instituições que unifiquem; infraestrutura que interligue; e intervenções direcionadas. E mostra como usar as três dimensões de densidade, distância e divisão para ajustar o uso desses instrumentos políticos, a fim de enfrentar os desafios da integração, que vão dos mais complicados aos relativamente simples.

Visão Geral

Embora o crescimento econômico tenda a ser desigual, o desenvolvimento econômico e social pode e será inclusivo – esta é a mensagem do ***Relatório sobre o Desenvolvimento Mundial*** *deste ano. À medida que uma economia passa de renda baixa para alta, a atividade produtiva tende a concentrar-se espacialmente. Alguns lugares, por exemplo cidades, áreas litorâneas e países fronteiriços – são preferidos pelos agentes produtivos. Conforme os países se desenvolvem, os mais bem-sucedidos são os que adotam políticas que conduzem a maior uniformidade da qualidade de vida da população em todo o território nacional. A melhor maneira de combinar os benefícios imediatos da concentração da atividade produtiva com os benefícios de longo prazo associados à convergência dos padrões de vida é a integração econômica.*

Ainda que os problemas de integração econômica não tenham soluções simples, o princípio orientador pode ser relativamente simples: a combinação de políticas econômicas e sociais deve ser calibrada para responder à dificuldade do desafio ao desenvolvimento, determinado pela geografia econômica de cada lugar. Atualmente, a maior parte das discussões políticas sobre disparidades geográficas e desenvolvimento geralmente começam e terminam com considerações sobre intervenções orientadas para um determinado lugar. O Relatório reestrutura esse debate e propõe incluir nessa discussão todos os instrumentos que levam à integração econômica, a saber, instituições, infraestrutura e incentivos. A pedra fundamental dos esforços de integração deveriam ser instituições neutras do ponto de vista espacial. À proporção que os desafios impostos pela geografia tornam-se mais difíceis, a resposta deve incluir uma infraestrutura que conecte os lugares. Em lugares onde a integração é ainda mais difícil, a resposta política deve ser proporcionalmente mais abrangente: instituições que unam, infraestrutura que conecte e intervenções direcionadas para problemas específicos e locais.

Lugar e prosperidade

O "lugar" é a variável mais importante na determinação do bem-estar de uma pessoa. Nas próximas décadas, uma pessoa nascida nos Estados Unidos ganhará cem vezes mais que uma pessoa nascida em Zâmbia e viverá três décadas a mais. Por trás dessas médias nacionais, existem dados ainda mais inquietantes. A menos que ocorram mudanças radicais, uma criança nascida em uma aldeia distante de Lusaka, capital da Zâmbia, viverá menos da metade que uma criança nascida em Nova York. O nova-iorquino desfrutará, ao longo de sua vida, de uma renda de cerca de US$ 4,5 milhões de dólares; a renda do zambiano da área rural será menos de US$ 10 mil.

Um homem boliviano com nove anos de escolaridade ganha, em média, US$ 460 por mês (a preços dos Estados Unidos), mas a mesma pessoa ganharia cerca de três vezes mais se vivesse nos Estados Unidos. Um nigeriano com nove anos de instrução ganharia oito vezes mais nos Estados Unidos do que na Nigéria. Essa "vantagem de lugar" é muito importante em todo o mundo em desenvolvimento.[1] O melhor instrumento de previsão de renda no mundo atualmente não é *o que* você faz nem *quem* você conhece, mas *onde* você trabalha.

Colisões, curvas e efeitos colaterais

Essas disparidades de renda e de padrões de vida são o resultado de uma característica surpreendente do desenvolvimento econômico – sua desigualdade e descontinuidade no espaço. De maneira um tanto injusta, a prosperidade não chega a todos os lugares ao mesmo tempo. Isso se aplica a todas as escalas geográficas, desde a local até a nacional e a global. Por exemplo, as cidades rapidamente ultrapassam o campo; o padrão de vida melhora em algumas províncias enquanto outras ficam atrasadas; alguns países tornam-se ricos enquanto outros permanecem pobres. Se desenhássemos a densidade econômica em um mapa-múndi, a topografia resultante seria acidentada, não plana.

A localização continua a ser importante em todas as etapas do desenvolvimento, mas é menos importante para os padrões de vida nos países ricos do que nos países pobres. As estimativas provenientes de mais de 100 pesquisas sobre padrão de vida indicam que em países em desenvolvimento – como Brasil, Bulgária, Gana, Indonésia, Marrocos e Sri Lanka – os domicílios nas áreas mais prósperas têm um consumo médio quase 75% mais elevado do que domicílios semelhantes situados nas áreas mais atrasadas desses mesmos países. Em países desenvolvidos como Canadá, Japão e Estados Unidos, a diferença de nível de consumo é menor do que 25%. Em contrapartida, à medida que um país se torna mais rico, o fator localização passa a ser mais importante para a produção econômica. Gana, Polônia e Nova Zelândia – três países de tamanho médio, com áreas de cerca de 250 mil km^2 – têm rendas nacionais brutas per capita extremamente diferentes, de cerca de US$ 600, US$ 9 mil e US$ 27 mil, respectivamente. Nos três países, a área do quintil mais denso do ponto de vista econômico produz cerca de 27% do produto interno bruto (PIB) em Gana, 31% na Polônia e 39% na Nova Zelândia.

Em outras palavras, quando os países se desenvolvem, a localização importa menos para as famílias e mais para as empresas. O desenvolvimento parece conferir a um lugar a capacidade de colher as vantagens econômicas associadas à concentração de produção, bem como de obter os benefícios sociais ligados à convergência de consumo. Nesse sentido, o desenvolvimento econômico traz consigo as condições de prosperidade ainda maior, em um círculo virtuoso.

Outro fato estilizado: as "vizinhanças" são importantes. Uma cidade próspera raramente deixa sua periferia mergulhada na pobreza. A prosperidade de uma província é, mais cedo ou mais tarde, compartilhada com as outras províncias próximas. E países vizinhos não compartilham apenas fronteiras políticas mas destinos econômicos. América do Norte, Europa Ocidental e Leste Asiático são hoje vizinhanças prósperas. Dentro dessas regiões, os países não cresceram todos no mesmo ritmo. Dentro de cada país, algumas províncias tiveram desempenho melhor e, em cada província, a prosperidade chegou em momentos diferentes às cidades grandes, pequenas e aldeias. Um fato pouco considerado é o de que os lugares vizinhos a províncias, países e regiões prósperos têm-se beneficiado invariavelmente. A prosperidade produz congestionamento e faz que a atividade econômica se espalhe pelas zonas que estão bem conectados a essas partes prósperas. Os efeitos negativos da pobreza – instabilidade e conflitos – também se disseminam. Para os lugares prósperos, a proximidade é uma bênção; para os lugares pobres, uma maldição.

Esses três atributos do desenvolvimento – *desigualdade geográfica*, *causação circular* e *efeitos da proximidade/vizinhança* – nem sempre receberam muita atenção. Mas deveriam, pois têm implicações radicais nas políticas públicas:

- ***Desigualdade geográfica*** – o primeiro atributo do desenvolvimento – significa que os governos geralmente não podem, simultaneamente, promover a produção econômica e distribuí-la uniformemente no território.
- ***Causação circular*** – o segundo atributo – oferece esperança para os formuladores de políticas que desejam alcançar objetivos progressistas. A crescente concentração de produção econômica é compatível com a convergência geográfica nos padrões de vida. E as forças do mercado da aglomeração, da migração e da especialização podem, se associadas a políticas progressistas, conduzir ao duplo objetivo de concentração de produção econômica e convergência de padrões de vida.
- ***Efeitos da proximidade*** – o terceiro atributo – vêm junto com um princípio de formulação de políticas: promover a integração econômica. Desigualdade e circularidade sugerem que é mais difícil para os lugares que atrasados recuperar o terreno perdido. Mas os efeitos secundários (*spillo-*

vers) apontam para a promessa de superação dessa desvantagem. A integração econômica é uma maneira eficaz e a mais realista de aproveitar os benefícios imediatos da concentração para alcançar os benefícios de longo prazo da convergência.

Para colocar em prática esse princípio da integração ec onômica é preciso identificar as forças de mercado e as políticas governamentais que oferecem o melhor apoio tanto à concentração da massa econômica quanto à convergência de padrões de vida das diferentes localidades. É preciso também reconhecer que essas forças de mercado podem ser fortes ou fracas, dependendo da geografia econômica. Edições anteriores do ***Relatório sobre o Desenvolvimento Mundial*** estudaram esses fenômenos. Este Relatório mostra a influência da geografia nas oportunidades econômicas, elevando o espaço e o lugar de meros atores secundários da política para um papel essencial.

O problema – em três escalas geográficas

Dependendo da "escala geográfica", as forças do mercado a serem dominadas ou incentivadas são diferentes. Em pequena escala – por exemplo, a área dentro de um país (uma província ou um estado) –, a geografia levanta desafios diferentes do que em uma escala geográfica maior – por exemplo, um país. Em uma escala geográfica ainda maior – por exemplo, um grupo de países que formam uma região geográfica – as forças de mercado que trabalham para a integração podem ser obstruídas por obstáculos geográficos e políticos ainda maiores (ver quadro 1).

Em âmbito local, a concentração da produção econômica à medida que os países se desenvolvem é representada pela urba-

QUADRO 1 *Três escalas geográficas: local, nacional e internacional*

Consideremos as "proximidades" primeiramente de Lagos, segundo, Nigéria e terceiro, África Ocidental (ver mapa abaixo).

- *A primeira escala geográfica é a área.* O estado de Lagos, no sudoeste da Nigéria, tem cinco distritos: Badagry, Epe, Ikeja, Ikorodu e Lagos, que ocupam aproximadamente 3.500 km². Sua densidade demográfica estimada – com a menor área mas entre as duas mais populosas do país – é de cerca de 2.600 pessoas por km². A região metropolitana de Lagos tem uma densidade mais de três vezes maior alimentada pelas economias de aglomeração e pela migração rural-urbana.
- *A segunda escala geográfica é o país.* Com seus 36 estados e capital e abrangendo 924 mil km², a República Federal da Nigéria é o 32.º maior país do mundo. A distância de Lagos até o ponto mais a nordeste da Nigéria a nordeste é de quase 1.500 km. Os estados do sul têm portos marítimos e campos petrolíferos. A região do norte, que já abrigou antigos impérios, hoje é mais pobre. A migração entre o norte e o sul não é uma questão fácil por causa das diferenças religiosas e linguísticas. A partilha da riqueza do petróleo é uma fonte de tensão.
- *A terceira escala geográfica é a região.* Os vizinhos da Nigéria na África Ocidental são: Camarões, República Centro-Africana, Costa do Marfim, Guiné Equatorial, Gana, Níger e Togo. A região cobre mais de 6 milhões de km², divididos por algumas das fronteiras mais densas do mundo.

Fonte: Equipe do RDM 2009.

Três unidades espaciais: área, país e região

O Estado de Lagos, a Nigéria e a África Ocidental representam as escalas local, nacional e internacional

A primeira escala geográfica: a *área* em torno do estado de Lagos	**A segunda escala geográfica:** o *país* Nigéria	**A terceira escala geográfica:** a *região* da África Ocidental

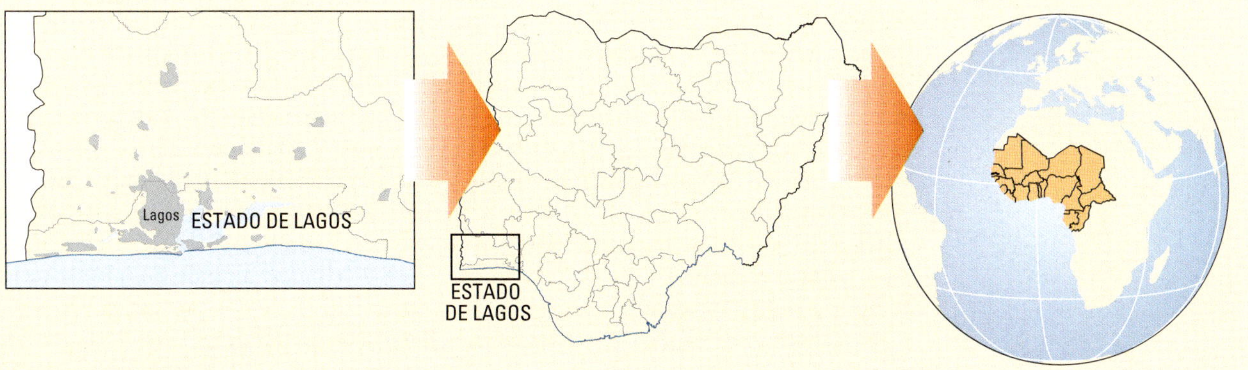

Fonte: Equipe do RDM 2009.

nização. No Leste Asiático, por exemplo, se as tendências atuais persistirem, a população urbana deverá aumentar em cerca de 450 milhões de pessoas nas duas próximas décadas, à medida que os países da região crescerem, adicionando o equivalente a uma Paris por mês. No Sul da Ásia e na Ásia Central, o aumento deverá ser de quase 350 milhões de pessoas. E na África Subsaariana – se as economias continuarem a crescer – a população urbana poderá aumentar cerca de 250 milhões de 2005 a 2025. Em outras partes do mundo em desenvolvimento, as transformações dentro das áreas urbanas serão igualmente importantes.

A questão que se coloca é se a crescente concentração humana aumentará a prosperidade econômica e social, ou se produzirá congestionamento e degradação. Outra preocupação é a divergência de padrões de vida entre aqueles que se beneficiam ao máximo dessa concentração geográfica – basicamente os residentes das áreas urbanas em comunidades prósperas – e os que ficam para trás em aldeias ou os que vivem em favelas, cujo número é estimado em cerca de 1 bilhão no mundo em desenvolvimento (ver mapa 1, painel a). Até agora, a resposta (ineficaz) a esse dilema tem sido tentar reduzir o ritmo da urbanização.

Em escala nacional, o crescimento econômico apresenta a mesma desigualdade, com lugares próximos aos grandes mercados prosperando muito mais rapidamente que os lugares mais distantes. Na China, as províncias litorâneas – principalmente das três áreas conhecidas como a Bacia do golfo de Bohai, o Delta do Rio das Pérolas e o Delta do Rio Yangtze – contribuíram com mais da metade do PIB do país em 2005, embora ocupem menos de um quinto de sua área. No Brasil, os estados do Sudeste (Minas Gerais, Rio de Janeiro e São Paulo) respondem por mais de 52% do PIB do país, mas ocupam menos de 15% de sua área. A Grande Cairo produz 50% do PIB da República Árabe do Egito, utilizando apenas 0,5% de sua área.

Os políticos geralmente desaprovam esse desequilíbrio econômico. Na Rússia comunista, o governo esforçou-se para reduzir a participação econômica da antiga área industrial de São Petersburgo, o Centro, e a parte mediana dos Montes Urais de 65% para 32%, impondo a mudança da produção para as áreas do leste. A participação do leste na produção econômica aumentou de 4% em 1925 para 28% no final do comunismo, cuja queda foi provavelmente precipitada pela ineficiência espacial que esses esforços produziram. Como os governos do mundo em desenvolvimento preocupam-se tanto com as disparidades domésticas, eles põem em risco a competitividade econômica e criam condições para o colapso econômico. As políticas para reduzir as disparidades interestaduais ou entre províncias na produção e nos padrões de vida são muito comuns – mas altamente ineficazes. Cerca de 1 bilhão de pessoas continuam a viver nessas áreas inóspitas e atrasadas (ver mapa 1, painel b).

Em escala internacional, o crescimento econômico concentrou a produção global em algumas regiões, com diferenças de renda proporcionais. Em 2000, cerca de 75% do PIB mundial estavam concentrados na América do Norte, Europa Ocidental e Nordeste Asiático. Essa concentração não é nova. Há três séculos, China e Índia respondiam por cerca de dois terços da riqueza mundial. O que era diferente naquela época é que esses países tinham mais da metade da população mundial; União Europeia, Japão e Estados Unidos têm menos de um sexto.

Hoje, a preocupação no âmbito internacional é o elevado grau de pobreza, analfabetismo e mortalidade em algumas partes do mundo, comparado com a prosperidade, nível de instrução e longevidade em outros. As respostas políticas a essa situação incluem a ajuda estrangeira e esforços multilaterais para facilitar o comércio internacional e os fluxos de investimento. Mas as barreiras às exportações agrícolas dos países em desenvolvimento continuam consideráveis, e a indiferença por pessoas em lugares distantes ou diferentes torna os fluxos de ajuda internacional irrisórios. A ajuda internacional será sempre uma parcela pequena da solução. Mesmo na União Europeia, com um PIB combinado de cerca de € 8 trilhões, a ajuda anual dos fundos estruturais e de coesão será em média de menos de € 50 bilhões entre 2007 e 2013. A ajuda estrangeira representa menos de 0,5%

Mapa 1 Os maiores desafios ao desenvolvimento – nas escalas geográficas local, nacional e internacional

a. Um bilhão em favelas

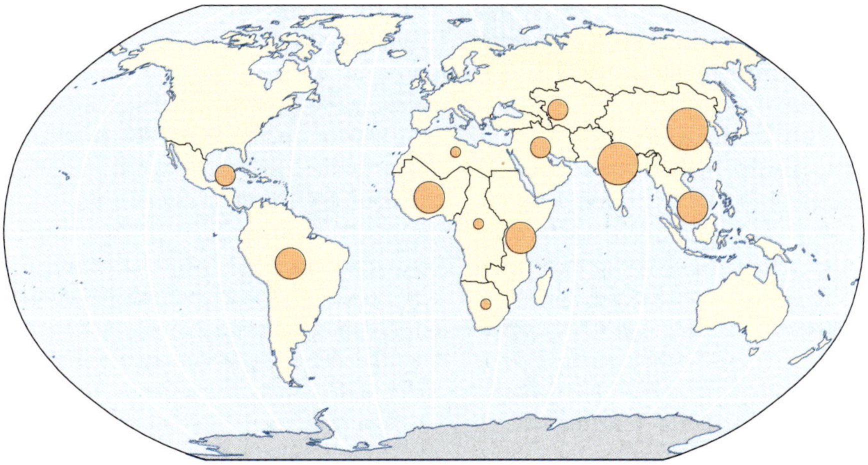

b. Um bilhão em áreas remotas

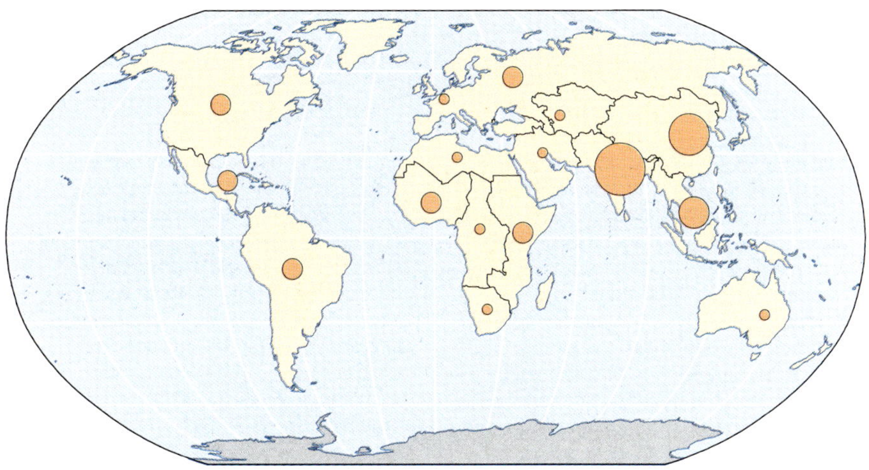

c. O bilhão mais pobre

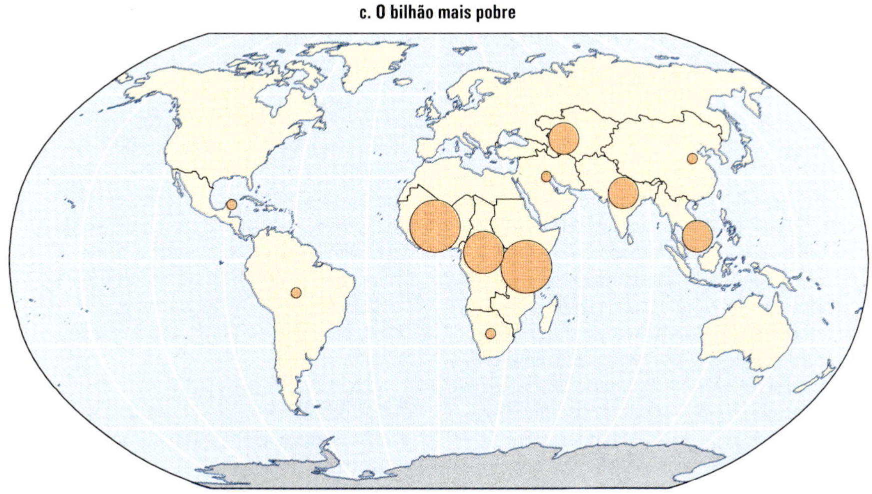

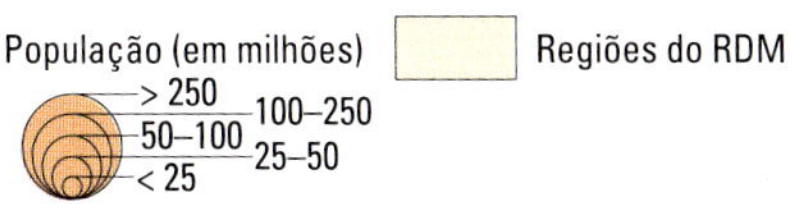

Fontes: Painel a: United Nations 2006a; Painel b: Equipe do RDM 2009, baseada em dados de pesquisa domiciliar; Painel c: Collier 2007.

da renda nacional bruta dos países doadores e nem mesmo uma fração significativa do PIB dos países que abrigam o "bilhão mais pobre", os quais constituem 12% da população mundial, mas têm menos de 1% do seu PIB (ver mapa 1, painel c).[2]

Um bilhão de moradores de favelas das cidades nos países em desenvolvimento, um bilhão de pessoas em áreas atrasadas e frágeis dentro de cada país, um bilhão na parte mais baixa da hierarquia econômica global das nações – essas populações que se sobrepõem representam os maiores desafios para o desenvolvimento da atualidade. Apesar de parecerem diferentes, esses grupos compartilham uma característica fundamental: em escalas espaciais diferentes, são a manifestação mais clara da importância da geografia econômica para o desenvolvimento.

A preocupação com esses grupos de 3 bilhões que se sobrepõem algumas vezes vem com o alerta de que o crescimento econômico deve ser mais equilibrado do ponto de vista espacial. Nesse contexto, preconiza-se que o crescimento das cidades deve ser controlado, que os hiatos entre as zonas rural e a urbana devem ser reduzidos rapidamente, e que as áreas e províncias atrasadas, distantes dos mercados nacional e mundial, devem ser mantidas por meio de programas de desenvolvimento territorial que levem emprego às pessoas que vivem lá. Finalmente, sugere-se que os crescentes hiatos entre o mundo desenvolvido e o mundo em desenvolvimento devem ser abordados com intervenções para proteger as empresas dos países em desenvolvimento até que estejam prontas para competir.

QUADRO 2 *As três dimensões do desenvolvimento: densidade, distância e divisão*

Este Relatório utiliza três dimensões geográficas para descrever a transformação das economias quando elas se desenvolvem (Parte I) e as condições que se deve ter em mente ao formular políticas (Parte III). As palavras são metáforas simples, uma vez que densidade, distância e divisão evocam imagens da geografia humana, física e política. Mas elas podem ser mensuradas. Consideremos esta ilustração.

Em 2003 a Nigéria tinha 45 milhões de cabras e cabritos, 28 milhões de carneiros e cordeiros e 15 milhões de cabeças de gado. Em um ano típico, 8 milhões de carneiros, 7 milhões de cabras e 0,5 milhão de cabeças de gado são abatidos, principalmente em cinco estados do norte, inclusive Kano. Mais da metade das peles são consumidas como "pomo". As restantes são vendidas para curtumes. A procura dos curtumes ultrapassa a oferta local, portanto animais são importados dos vizinhos Chade, Níger e Camarões. As peles de cabra e de carneiro são um bom negócio – em 2001, a Nigéria produziu 30-35 milhões delas, exportando quase tudo para a Europa.

Densidade. Consideremos as condições de mercado para um curtume que produza couro na cidade de Kano, no norte da Nigéria. Oficialmente, a população do estado de Kano é de aproximadamente 9 milhões, suficiente para oferecer mão de obra especializada e infraestrutura para seus curtumes. Por causa da concentração de pessoas na cidade de Kano e nos seus arredores, a densidade econômica da área (PIB por quilômetro quadrado) era 35 vezes maior do que a da Nigéria em 1990. A capacidade dos curtumes da cidade e cercanias até fazem valer a pena importar ilegalmente animais vivos – o produto intermediário mais importante – dos países vizinhos. Mas Kano não é suficientemente grande nem rico o bastante para consumir mais de que uma pequena parcela do que é produzido. Os bens devem ser exportados para as pessoas dispostas a pagar o bastante para fazer com que a produção valha a pena.

Distância. Europeus ricos querem bens feitos com "couro do Marrocos", grande parte do qual, vem de Kano. Para chegar à Europa, as exportações volumosas de Kano têm que passar por Lagos, que, por rodovias e ferrovias fica a 1.000 quilômetros de distância. Poderiam também ser 4.000 quilômetros. Uma ferrovia vai a Lagos passando pelas cidades de Kaduna e Ibadan, mas ela tem bitola estreita e sua manutenção é ruim. A maior parte do comércio é feita por rodovias, prejudicadas por obstáculos nas estradas e pirataria. As empresas de transporte cobram mais de US$ 1.200 por um caminhão com carga de 30 toneladas de Kano a Lagos. Quando as mercadorias chegam a Lagos, há taxas alfandegárias, roubos e atrasos. São necessários 26 dias para colocar as mercadorias no navio. A distância econômica de Kano a Lagos, medida em dinheiro, é muitas vezes maior que os 829 quilômetros Euclidianos (em linha reta).

Divisão. Mas a viagem ainda não terminou. As mercadorias devem superar a divisão causada pela diferença de moedas e convenções entre a Nigéria e a Europa. Entre dezembro de 2007 e março de 2008, o valor da moeda da Nigéria caiu de 170 nairas por € 1 para 180 nairas, mas subiu de 246 nairas para uma libra esterlina em novembro de 2007 para 235 nairas em março de 2008. Os compradores e vendedores de mercadorias de couro têm que se contentar com essas flutuações. Precisam também lidar com dois conjuntos de leis e costumes. O Reino Unido tem 30 procedimentos para executar um contrato; a Nigéria, 39. Essas divisões multiplicam os custos de fazer negócios. Poucos navios de carga atracam em Lagos e, portanto, custa muito mais transportar mercadorias de Lagos do que de lugares mais movimentados como Shanghai. Custa menos de US$ 400 para despachar um contêiner para o Reino Unido da China e mais de US$ 1.000 da Nigéria.

A baixa densidade local, as dispendiosas distâncias internas e as divisões internacionais conspiram contra Kano. Para tornar as coisas ainda mais difíceis, há as divisões religiosas e outras divisões dentro da Nigéria.

Fontes: Banco Mundial 2007; Phillips, Taylor, Sanni e Akoroda (FAO 2004); Governo da Nigéria 2003.

O *Relatório sobre o Desenvolvimento Mundial 2009* tem uma mensagem diferente: o crescimento econômico raramente é equilibrado. As iniciativas prematuras para disseminá-lo de forma equilibrada pelo espaço colocarão em risco o progresso. Dois séculos de desenvolvimento econômico demonstram que as disparidades espaciais de renda e produção são inevitáveis. Uma geração de pesquisa econômica confirma isso: não existe um bom motivo para esperar que o crescimento econômico se dissemine de forma regular no espaço. A experiência de países que se desenvolvem com êxito demonstra que a produção torna-se mais concentrada em termos de espaço. As nações mais bem-sucedidas também instituem políticas que tornam os padrões de vida básicos mais uniformes no espaço. A produção econômica concentra-se, ao passo que os padrões de vida convergem.

A primeira parte do Relatório descreve as transformações geográficas necessárias ao desenvolvimento. A segunda parte analisa os impulsionadores dessas mudanças e identifica os mercados que oferecem tanto concentração quanto convergência. A terceira parte propõe o princípio de integração econômica – entre os lugares que os produtores preferem e os lugares onde as pessoas vivem – para orientar a formulação de políticas. Utilizando esse princípio, o relatório reformula os debates sobre urbanização, desenvolvimento territorial e integração internacional, conclamando a uma mudança na orientação das políticas para longe do direcionamento geográfico e em direção à integração.

Mediante o uso de uma combinação bem calibrada de instituições, infraestrutura e intervenções, os países em desenvolvimento atualmente podem reconfigurar sua geografia econômica. Ao executar bem essa tarefa, experimentarão crescimento desigual porém desenvolvimento inclusivo.

As três dimensões do desenvolvimento

As transformações geográficas para o desenvolvimento econômico podem ser caracterizadas em três dimensões – densidade, distância e divisão. Essas três palavras não são apenas metáforas para os desafios políticos que acabamos de apresentar. Elas estão em íntima conformidade com a noção mais técnica de "acesso ao mercado" (ver quadro 2). Representam as dimensões da geografia econômica que têm que ser reformuladas para que os desafios ao desenvolvimento sejam superados.

O entendimento das transformações nas dimensões de densidade, distância e divisão ajuda a identificar as principais forças de mercado e as respostas apropriadas das políticas apropriadas para cada uma das três escalas geográficas – local, nacional e internacional (ver tabela 1).

- ***Densidade*** é a dimensão mais importante no âmbito local. As distâncias são curtas e as divisões políticas e culturais são poucas e pouco profundas. O desafio político é entender corretamente a densidade – explorando as forças de mercado para incentivar a concentração e promover a convergência de padrões de vida entre as aldeias e as cidades. Mas a distância pode ser importante quando a rápida urbanização traz consigo problemas de congestionamento, e as divisões dentro das cidades podem se manifestar na existência de favelas e guetos.
- ***Distância*** da densidade é a dimensão mais importante na escala geográfica nacional. A distância entre as áreas nas quais a atividade econômica está concentrada e as áreas atrasadas é a dimensão principal. O desafio político é ajudar as empresas e os trabalhadores a reduzirem a distância da densidade. Os principais mecanismos são a mobilidade da mão de obra e a redução dos custos de transporte mediante investimentos em infraestrutura. As divisões dentro dos países – diferenças de idioma, moeda e cultura – tendem a ser pequenas, embora países grandes como Índia e Nigéria possam se apresentar geograficamente divididos por causa da religião, etnia ou idioma.
- ***Divisão*** é a dimensão mais importante no âmbito internacional. Mas a distância e a densidade também são relevantes. A produção econômica está concentrada em algumas regiões – América do Norte, Nordeste Asiático e Europa Ocidental – que também são as mais integradas. Outras regiões, em contrapartida,

Tabela 1. A densidade é mais importante em nível local, a distância, em nível nacional e a divisão, em nível internacional

	Escalas geográficas		
	Local	**Nacional**	**Internacional**
Unidade	**Área**	**País**	**Região**
Exemplos	Guangdong (178 mil km^2)	China (9,6 milhões de km^2)	Leste Asiático (15,9 milhões de km^2)
	Estado do Rio de Janeiro (44 mil km^2)	Brasil (8,5 milhões de km^2)	América do Sul (17,8 milhões de km^2)
	Estado de Lagos (3.600 km^2)	Nigéria (933 mil km^2)	África Ocidental (6,1 milhões de km^2)
	Grande Cairo (86 mil km^2)	República Árabe do Egito (995 mil km^2)	África Meridional (6,0 milhões de km^2)
Dimensão mais importante	**Densidade**	**Distância**	**Divisão**
	Dos assentamentos rurais e urbanos	Entre as áreas atrasadas e as áreas mais avançadas	Entre países
Segunda dimensão mais importante	**Distância**	**Densidade**	**Distância**
	Por causa do congestionamento	Da população e da pobreza nas áreas mais atrasadas	Dos importantes mercados do mundo
Terceira dimensão mais importante	**Divisão**	**Divisão**	**Densidade**
	Entre os assentamentos formais e as favelas	Entre áreas dentro dos países	Ausência de um grande país próximo

Fonte: Equipe do RDM 2009.
Nota: Ao longo do relatório, "áreas" são comunidades econômicas ou unidades administrativas dentro dos países, tais como estados ou províncias; "regiões" são agrupamentos de países baseados na proximidade geográfica.

estão divididas. Embora a distância seja importante no âmbito internacional, para acesso aos mercados mundiais, as divisões relacionadas à "impermeabilidade" das fronteiras e às diferenças entre moedas e regulação são uma barreira mais difícil de superar do que a distância. Ter uma economia grande e dinâmica na "vizinhança" pode ajudar os países menores, especialmente em regiões afastadas dos mercados mundiais. No caso das economias da África Central e da Ásia Central, a integração internacional é mais difícil.

No entanto, o problema em potencial em cada uma dessas escalas geográficas é o mesmo – as pessoas estão em um lugar e a produção em outro. Os lugares atraem a produção e as pessoas com velocidades diferentes, e essas diferenças determinam as disparidades geográficas de renda. Nas províncias, nas nações e no mundo em geral, o desenvolvimento vem em ondas e deixa para trás uma "paisagem" econômica cheia de irregularidades, os montes e vales, com prosperidade em alguns lugares e pobreza em outros.

O mundo não é plano

O desenvolvimento não é uniforme nem linear – em nenhuma escala geográfica. O crescimento chega mais cedo a alguns lugares do que a outros. As diferenças geográficas de padrões de vida divergem antes de convergirem, mais rapidamente na escala local e mais lentamente à medida que a geografia exerce sua influência. Esses são fatos empíricos, baseados nas experiências de países que se desenvolveram com êxito nos dois últimos séculos.

A produção econômica torna-se mais concentrada

À medida que os países se desenvolvem, as pessoas e as atividades econômicas tornam-se mais concentradas. Mas a velocidade varia dependendo da escala espacial – forças econômicas não operam em um vácuo geográfico. A concentração de pessoas e de produção é mais rápida no âmbito local e mais lenta no âmbito internacional.

- *A concentração é mais rápida no âmbito local.* A maneira mais conveniente de medir a concentração econômica em escala local é pela taxa de urbanização – o crescimento da densidade econômica e populacional em cidades pequenas e grandes. Grande parte dessa transformação geográfica está concluída quando os países alcançam rendas per capita de cerca de US$ 3.500, grosso modo o limiar para ingressar nas rendas médias altas. A velocidade dessa transformação urbana não é diferente do que ocorreu quando os países hoje desenvolvidos se transformaram. A implicação disso é que todas as nações devem gerir o rápido crescimento das suas cidades quando elas ainda têm rendimentos baixos e instituições incipientes.

- *A concentração é mais uniforme no âmbito nacional.* Nesse caso, a melhor maneira de medi-la é por meio de indicadores do desenvolvimento de áreas – o acúmulo da produção e de pessoas nas áreas mais importantes. Grande parte dessa transformação geralmente está concluída quando os países alcançam rendas per capita de cerca de US$ 10 mil a US$ 11 mil, aproximadamente o limiar para entrar nas rendas altas. Essa é a experiência dos países que se desenvolveram com sucesso. A implicação é que os países em desenvolvimento devem esperar um aumento das disparidades subnacionais de renda e produção quando ainda têm infraestrutura e instituições subdesenvolvidas.
- *A concentração é mais lenta e mais duradoura em nível internacional.* A produção e a riqueza continuam a concentrar-se nos países com rendas per capita acima de US$ 25 mil, os níveis mais elevados da distribuição internacional de renda. As nações vizinhas impactam o progresso mútuo: a proximidade de nações ricas traz prosperidade, enquanto a proximidade de nações pobres prejudica. A implicação é que as estratégias de crescimento para os países que se desenvolveram mais recentemente não são as mesmas estratégias que funcionaram para aqueles que já alcançaram níveis de renda elevados; para os países em desenvolvimento de hoje, a integração econômica com o resto do mundo – países vizinhos e distantes – é ainda mais importante.

A concentração local (em cidades pequenas e grandes) ocorre rapidamente. Consideremos em primeiro lugar a crescente concentração de pessoas nas cidades grandes e pequenas. Conforme os países se desenvolvem, a densidade econômica aumenta em alguns lugares na medida em que mais pessoas se deslocam para viver em cidades grandes e pequenas ou próximo a elas (ver figura 1, painel a). A parcela urbana da população aumenta vertiginosamente – de cerca de 10 para 50% – quando os países

Figura 1 Em todas as três escalas geográficas, os padrões de concentração da atividade econômica são semelhantes

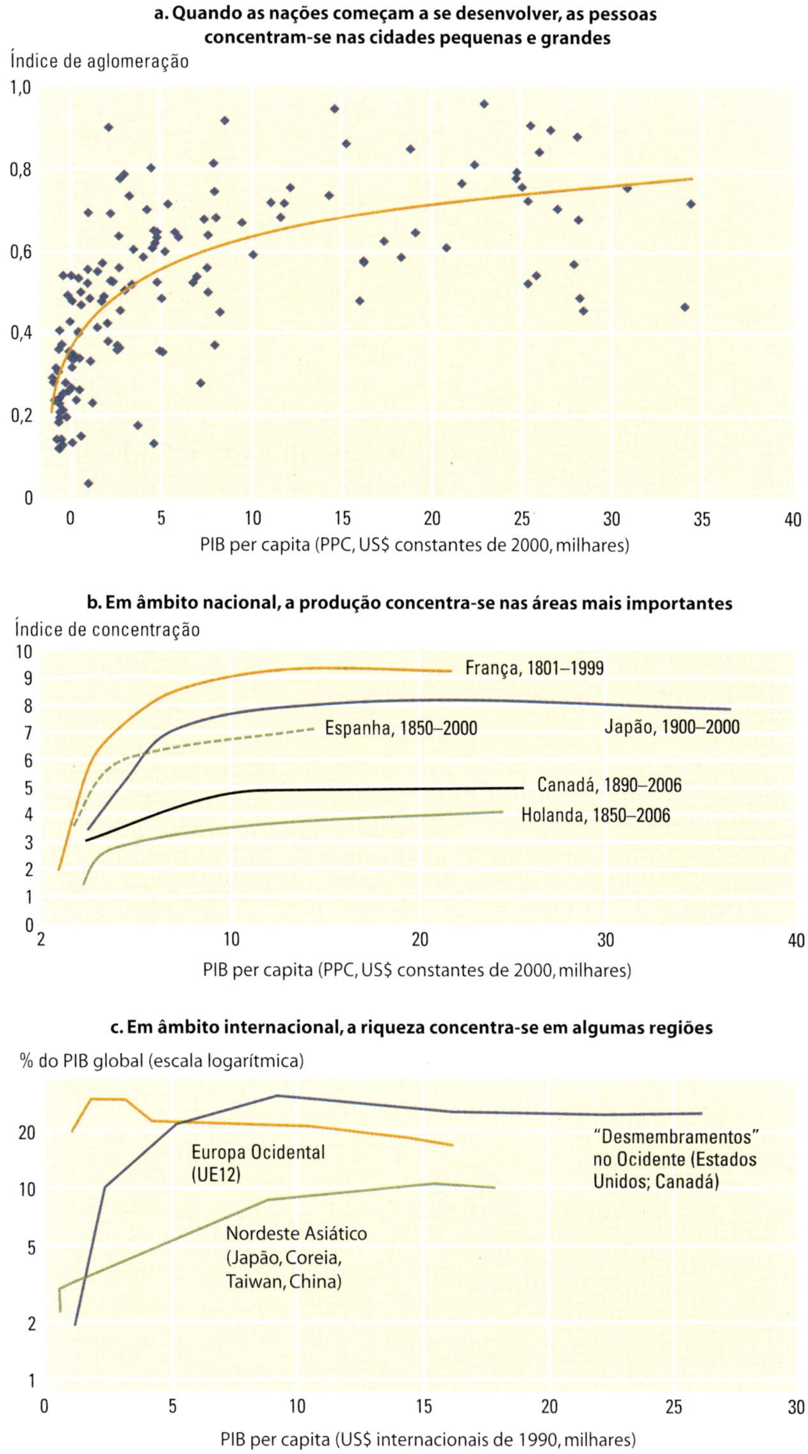

Fontes: Painel a: Equipe do RDM 2009, PPC = Paridade do Poder de Compra (ver capítulo 1 para detalhes); Painel b: Equipe do RDM (ver capítulo 2 para detalhes); Painel c: Equipe do RDM 2009 (ver capítulo 3 para detalhes).

passam da baixa renda para rendas médio-baixas de cerca de US$ 3.500. (É difícil fazer comparações internacionais porque os países definem o termo "urbano" de forma diferente.[3]) Entre 2000 e 2005 o crescimento médio da população urbana nos países de renda baixa foi de 3% ao ano, mais que o dobro da taxa dos países de renda média e mais de três vezes a taxa dos países de renda alta. Algumas vezes, isso pode significar o crescimento rápido de uma única cidade, como Bangkok, Tailândia, produzindo concentração ainda maior.

A parcela de residentes urbanos no consumo total dos domicílios também aumenta. Os moradores urbanos em Maláui, Jordânia e Panamá – países com PIB per capita de aproximadamente US$ 160, US$ 1.600 e US$ 5.600, respectivamente – respondem por 36, 63 e 80% do consumo agregado.

Essas transformações espaciais estão intimamente ligadas à transformação setorial dos países, de agrários a industrializados e depois, em uma economia pós-industrial, a serviços. Os países de alta renda de hoje em dia experimentaram uma pressa semelhante para se urbanizarem enquanto se industrializavam (ver capítulo 1). Todas as evidências indicam que a transição da atividade rural para a industrial é ajudada, e não prejudicada, por um setor agrícola saudável, o que ajuda as cidades pequenas e grandes a prosperarem.[4] As pessoas deslocam-se para melhorar suas próprias vidas. Mas quando a agricultura vai bem, a migração não faz bem somente às pessoas, mas também aos vilarejos de onde elas saem e às cidades onde se estabelecem.

A concentração nacional (nas áreas principais) continua por muito tempo. O que é verdade para as cidades grandes também é verdade para as áreas dentro dos países, mas a um ritmo mais lento. Com o desenvolvimento, as pessoas e a produção passam a concentrar-se em algumas partes dos países, chamadas áreas "principais". A densidade econômica aumenta nessas partes – Marmara, na Turquia, por exemplo –, enquanto a renda em lugares economicamente distantes – como o sudeste da Anatólia, no leste – podem ficar bem pra trás. Essa concentração é difícil de quantificar, mas parece diminuir ou parar nas rendas per capita entre US$ 10 mil e 15 mil (ver figura 1, painel b).

No início, a concentração aumenta rapidamente. A parcela do consumo total das áreas mais importantes dos países com rendas que variam entre US$ 500 e US$ 7.500 – Tadjiquistão, Mongólia, El Salvador e Argentina – aumenta de 30 para 65%. A comparação entre as concentrações do PIB em países com a mesma área – República Democrática Popular do Laos, Gana, Polônia e Noruega – mas com rendas que variam de US$ 600 a US$ 27 mil mostra que a concentração aumenta quando as rendas se elevam.

Isso não é novidade. A produção nas economias desenvolvidas de hoje concentrou-se ainda mais até alcançar rendas elevadas. A concentração na área mais importante da França quadruplicou entre 1800 e 1960 e as renda per capita em França aumentou de US$ 1.000 para US$ 6.000. Mas há um ponto em que as nações continuam a ficar mais ricas sem aumento de concentração – mais ou menos quando entram na classificação de países de alta renda. Não há motivo para se esperar padrões muito diferentes nos dias de hoje (ver capítulo 2).

A concentração internacional (em algumas regiões e países principais) continua durante algum tempo. Uma concentração semelhante da massa econômica está ocorrendo no nível internacional. Atualmente, 25% do PIB mundial cabe dentro de uma área do tamanho de Camarões e a metade, em uma área do tamanho da Argélia. Em 1980, a União Europeia (UE15), América do Norte e Leste Asiático representavam 70% do PIB mundial, em 2000 este valor subiu para 83%.[5] Nessas regiões, a atividade econômica concentrou-se em alguns países durante algum tempo antes de se dispersar. Em 1940, a economia da França, Alemanha e Reino Unido representavam dois terços do PIB regional da UE15 antes de cair para os cerca de 50% de hoje. No Leste Asiático, a participação do Japão no PIB da região elevou-se para 83% em 1975 e caiu para 62% em 2000.

Não há motivo para esperar que, quando prosperarem, outras partes do mundo não venham a experimentar os mesmos padrões – uma crescente concentração em alguns países antes de se espalhar pelos vizinhos (ver capítulo 3).

Os padrões de vida divergem antes de convergirem

À medida que as rendas aumentam, os padrões de vida convergem para os locais onde a massa econômica se concentrou, bem como onde isso não ocorreu, mas só depois de divergirem.

- *O consumo essencial dos domicílios é o que converge mais cedo.* Os hiatos de consumo essencial entre os domicílios das zonas rural e urbana diminuem bastante rapidamente. Mesmo nos países em que a parcela urbana é de 50-60%, essas diferenças podem ser pequenas. As diferenças de taxas de pobreza entre as áreas são mais persistentes e as diferenças internacionais são mais persistentes ainda. Mas como o mundo se desenvolveu, esses hiatos diminuíram em todas as escalas geográficas.
- *O acesso aos serviços públicos básicos converge em seguida.* As diferenças entre as áreas rural e urbana em educação básica, saúde, fornecimento de água potável e saneamento persistem até os países alcançarem rendimentos médios mais altos. Mas as disparidades desses serviços dentro das cidades – mais visíveis nas favelas – persistem muito além dos elevados níveis de urbanização e dos rendimentos médios mais altos.
- *Os salários e a renda convergem por último.* Na verdade, os salários e a renda divergem entre as áreas mais atrasadas e as mais importantes de um país à medida que ele passa pelas renda baixa e médio-baixa, a mesma variação de rendas per capita necessárias para o aumento da concentração territorial. E a divergência global de salários e riqueza parece continuar por muito mais tempo. No Leste Asiático as rendas per capita divergiram entre 1950 e 1970 enquanto o Japão avançava. Depois, a prosperidade do Japão se espalhou para os países vizinhos e as rendas convergiram, enquanto os países da região que se integraram internacionalmente prosperavam. Entre os países do Oeste Asiático, em contrapartida, não houve divergência de renda – nem crescimento rápido.

Figura 2 Em todas as três escalas geográficas, os modelos de convergência de padrões de vida são semelhantes

a. No âmbito local, há divergência e depois convergência entre as áreas rural e urbana

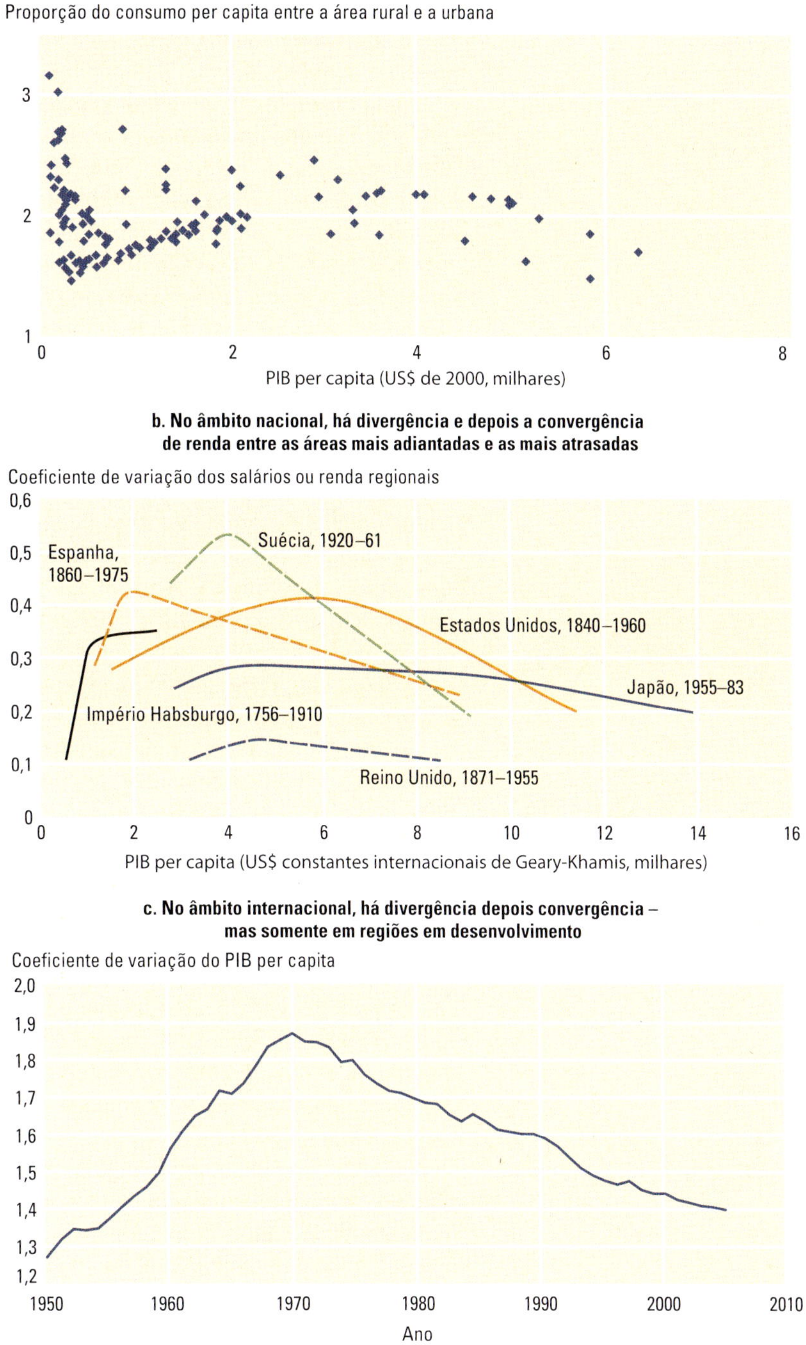

Fonte: Painel a: Estimativas da equipe do RDM 2009 com base em mais de 120 pesquisas domiciliares para mais de 75 países; Painel b: Equipe do RDM 2009 (ver capítulo 2); Painel c: Equipe do RDM 2009 (ver capítulo 3).

A convergência de padrões de vida, como a concentração da atividade econômica, acontece mais rapidamente em escala geográfica local e mais lentamente em escala internacional. Mas isso só ocorre em localidades prósperas. Mesmo nesses lugares, algumas medidas de padrão de vida (tais como o consumo, a renda ou o salário per capita) levam muito tempo para convergir, algumas vezes até com divergência inicial (ver figura 2). Em outros, tais como os indicadores de educação e saúde, pode ser mais rápido.

No âmbito local, a convergência de padrões de vida básicos começa mais cedo. Os hiatos entre os níveis de consumo das áreas urbanas e rurais aumentam até os países alcançarem níveis de renda médio-alta (ver figura 2). Mas caem logo depois e tornam-se menores antes mesmo de alcançarem os níveis de rendimento elevados de cerca de US$ 10 mil per capita. A diferença no acesso à água e ao saneamento entre zonas urbanas e rurais é de 25% nos países menos urbanizados. Nos países com taxas de urbanização de aproximadamente 50%, como Argélia, Colômbia e África do Sul, a disparidade de acesso é de cerca de 15%. Em países como Brasil, Chile, Gabão e Jordânia, a disparidade é inferior a 10%.

Esse padrão também existe no interior dos países. As províncias mais prósperas e urbanizadas têm disparidades menores de padrão de vida entre as áreas urbana e rural. Isso é válido até em países com níveis de renda baixos, como China, Índia e Filipinas. Mas em áreas altamente urbanizadas, as diferenças de padrões de vida básicos, como saneamento e escolas, tendem a persistir. Apesar do grande esforço dos governos, por exemplo, as favelas continuam a caracterizar o cenário urbano dos países muito depois de eles alcançarem níveis de renda elevados. É comum um terço da população de uma cidade em desenvolvimento viver em favelas.

Em nível nacional, a divergência de padrões de vida ocorre rapidamente, mas a convergência é mais lenta. Nos primeiros níveis de renda, as disparidades de padrões de vida entre províncias ou entre áreas podem ser pequenas. Mas aumentam rapidamente à medida que os países crescem. No Camboja, que tem renda baixa, por exemplo, a diferença de consumo familiar entre as áreas adiantadas e atrasadas é de quase 90%. Na Argentina, que tem renda média, essa diferença é de 50%, mas no Canadá de hoje é de apenas 20%. Nos países em rápido crescimento do Leste Asiático e Leste Europeu, por exemplo, essas disparidades aumentaram rapidamente.

Alguns países como o Chile são exceções. Entre 1960 e 2000, o país experimentou uma convergência geográfica enquanto seu PIB per capita mais que dobrou, para cerca de US$ 10.500. Na Colômbia, a proporção entre o PIB da próspera Bogotá e da atrasada Choco caiu de 10 para 3 entre 1950 e 1990. Menos excepcional é a convergência dos níveis de pobreza, saúde básica, nutrição e educação entre as áreas dentro dos países. Em todo o mundo, os países em crescimento rápido conseguiram traduzir rapidamente o progresso econômico em equidade espacial nesses padrões de vida mais básicos.

No âmbito internacional, a divergência de rendimentos persiste durante algum tempo e a convergência é mais lenta. O PIB global per capita aumentou quase dez vezes desde 1820. A expectativa de vida dobrou. As taxas de alfabetização aumentaram de menos de 20% para mais de 80%. Mas esses ganhos não têm sido compartilhados de maneira equitativa. A Europa e seus desmembramentos – Austrália, Canadá, Nova Zelândia e Estados Unidos –, e mais recentemente o Japão e seus vizinhos, desfrutaram de enormes aumentos de renda e padrão de vida.

Com relação à renda, a convergência aconteceu somente nas regiões do mundo que crescem mais rapidamente. O padrão tem sido irregular dentro desses países – alguns países lideram, o que provoca disparidade dentro de sua "vizinhança", depois o crescimento parece se espalhar pelos países vizinhos. Em outras regiões como o Oeste da Ásia, não há divergência – o que é de pouco consolo, pois essas regiões estão atrás da Europa, das ramificações da Europa e do Japão. A importância das vizinhanças pode ser demonstrada graficamente por meio da comparação entre as nações do Cone Sul da América Latina – Argentina, Brasil, Chile e Uruguai – e Itália, Portugal e Espanha, no sul da Europa. Entre 1950 e 2006, a convergência no Sul da Europa foi de 1% ao ano, mas na América do Sul, foi de apenas 0,3%.

Ao contrário da renda, a desigualdade global no acesso aos padrões de vida básicos – expectativa de vida e educação – vem caindo desde 1930. Essas melhorias ganharam velocidade desde 1960 e foram compartilhadas por todas as regiões.

O mundo é diferente hoje, mas o passado oferece lições úteis

Os padrões gerais de concentração e convergência para os países em desenvolvimento de hoje deverão permanecer os mesmos que caracterizaram os primeiros países a se desenvolver. Mas existem algumas diferenças por causa de motivos tecnológicos e políticos.

Cidades maiores. Graças à melhoria da medicina e dos transportes, o mundo está hoje mais populoso e as cidades são muito maiores. Entre 1985 e 2005, a população urbana dos países em desenvolvimento cresceu mais de 8,3 milhões por ano, quase três vezes o crescimento de 3 milhões ao ano dos atuais países de renda alta entre 1880 e 1900, quando suas rendas eram comparáveis. No entanto, se a China e a Índia forem excluídas, o aumento anual é de menos de US$ 4,5 milhões, cerca de 50% mais do que há um século. A grande diferença é que as maiores cidades do mundo são atualmente muito maiores do que as grandes cidades do passado. Londres tinha menos de 7 milhões de habitantes em 1900; a maior cidade entre os países de renda baixa de hoje (Mumbai) é três vezes maior. O mesmo ocorre com a Cidade do México, a maior cidade entre os países de renda média. O tamanho médio das 100 maiores cidades do mundo aumentou quase 10 vezes desde que tinham em 1990 (ver figura 3, painel a) e quase dois terços dessas cidades estão nos países em desenvolvimento.

Mercados mais amplos. Por causa dos avanços nas comunicações e na tecnologia de transportes, a noção de mercados é mais global. O comércio global representa hoje mais de 25% da produção global, quase 5 vezes mais do que em 1990 (ver figura 3, painel b). A abertura para o comércio estrangeiro e os fluxos de capital que tornam os mercados mais globais também aumenta as disparidades de renda subnacionais e faz que elas persistam por mais tempo nos países em desenvolvimento. Nem todas as partes de um país são igualmente apropriadas para o acesso aos mercados mundiais, e os lugares do litoral e economicamente densos saem-se melhor. O PIB per capita da China em 2007 era igual ao da Grã-Bretanha em 1911. Xangai, a área mais importante da China, tem hoje um PIB per capita igual ao da Grã-Bretanha em 1988, enquanto o PIB da atrasada Guizhou está mais próximo ao da Grã-Bretanha em 1930. Tudo isso de deve ao tamanho da China, à abertura da China litorânea para o mercado mundial e à localização de Xangai na costa.

Figura 3 Os países que se desenvolveram depois enfrentam um mundo diferente

Fonte: Equipe do RDM 2009.

Mais fronteiras. Embora os mercados estejam ficando mais internacionais por causa de melhores transportes e comunicações, o mundo tornou-se politicamente mais fragmentado. Em 1900 havia cerca de 100 fronteiras internacionais (ver figura 3, painel c). Hoje, existem mais de 600, pois as nações da Ásia e da África alcançaram a independência dos colonizadores europeus, e a União Soviética e outros países comunistas dividiram-se em nações menores. A fragmentação do mundo em um número maior de nações significa mercados internos menores. Mas, ao mesmo tempo, a possibilidade de acesso aos mercados estrangeiros está crescendo. De qualquer forma, fronteiras mais tênues entre países trazem agora compensações para os produtores e trabalhadores.

Essas diferenças tecnológicas significam que o passado não oferece qualquer ensinamento? As cidades dos países em desenvolvimento são grandes demais e esses países estariam em situação melhor se o ritmo da urbanização fosse mais lento? Os países em desenvolvimento de hoje devem preocupar-se mais com as disparidades regionais de produção e renda do que os países desenvolvidos se preocupavam quando se encontravam em uma etapa similar de desenvolvimento? É mais fácil hoje para todos os países em desenvolvimento ter acesso aos mercados globais e compensar as desvantagens associadas às maiores fragmentações? Este Relatório demonstra por que a resposta para todas essas perguntas é não.

Os mercados moldam o cenário econômico

As densidades crescentes de assentamentos humanos, as migrações de trabalhadores e empresários para encurtar as distâncias até os mercados e reduzir as divisões causadas por diferenças de moeda e convenções entre países são essenciais para o sucesso do desenvolvimento econômico. As transformações espaciais nessas três dimensões – densidade, distância e divisão – foram mais acentuadas no Japão, na América do Norte e na Europa Ocidental. Os deslocamentos rápidos e frequentes de pessoas e produtos ajudaram a América do Norte, a Europa Ocidental e o Nordeste Asiático a responderem por cerca de três quartos da produção global, mesmo contando com menos de um sexto da população mundial.

As mesmas forças de mercado de ***aglomeração***, ***migração*** e ***especialização*** estão mudando o cenário econômico dos países em desenvolvimento mais bem-sucedidos de forma semelhante em abrangência e rapidez. Cidades que crescem, pessoas que se deslocam e comércio vigoroso têm sido os catalisadores do progresso do mundo desenvolvido ao longo dos dois últimos séculos. Agora, essas forças estão movimentando os locais mais dinâmicos do mundo em desenvolvimento.

A esfera das "economias de aglomeração"

Um percurso pela Autoestrada Nacional 321, a leste de Chengdu, na província de Sichuan, até Shenzhen, em Guangdong, é uma viagem pelo desenvolvimento econômico. Os trabalhadores migrantes que viajam por essas estradas geralmente deixam suas famílias para trás. Mas eles também ajudam suas famílias a escaparem da pobreza e a impulsionar a China para a categoria dos países de renda média. Quando viajam em direção ao leste, deixam um mundo agrário onde recebem poucos benefícios por trabalharem próximos a outros. Em vez disso, entram em um mundo de "economias de aglomeração", no qual estar perto de outras pessoas produz enormes benefícios.

Shenzhen atrai trabalhadores jovens – 90% dos seus 8 milhões de habitantes estão em idade produtiva. É especializada em produtos eletrônicos. Mas os fabrica em quantidades enormes. Em 2006, suas exportações ultrapassaram as da Índia, tornando o seu porto marítimo o quarto mais movimentado do mundo. Impulsionada pelas forças de aglomeração, migração e especialização, e ajudada pela proximidade de Hong Kong, na China, Shenzhen foi a cidade da China que cresceu mais rapidamente desde 1979, quando foi designada uma zona econômica especial.

Essa história está se repetindo na Índia. Em 1990, Sriperumbudur era conhecida principalmente como o lugar onde o Primeiro-Ministro Rajiv Gandhi havia sido assassinado. Em 2006, sua viúva Sonia Ghandi viu a fábrica de telefones da Nokia lançar seu vigésimo milionésimo aparelho.[6] A fábrica havia iniciado sua produção apenas um ano antes. Sem ter a privilegiada condição administrativa de Shenzhen nem sua infraestrutura, Sriperumbudur pode estar a caminho de tornar-se um núcleo nacional, talvez até regional, de produtos eletrônicos. A chave é sua proximidade da cidade de Chennai, tal como a proximidade de Shenzhen de Hong Kong, na China, foi de grande ajuda para seu crescimento.

Em 1965, quando a independência foi imposta em Cingapura, ela não estava próxima a qualquer local próspero ou tranquilo. Em vez disso, ficava entre a Malásia e a Indonésia, dois países pobres que haviam sido devastados pela guerra entre colonizadores. Três quartos da população de Cingapura vivia em cortiços e favelas. Por volta de 1980, a cidade já estava industrializada, especializando-se em eletrônica, muito semelhante ao que Shenzhen está fazendo agora. Em 1986 era o porto de contêineres mais movimentado do mundo e o núcleo financeiro do Sudeste Asiático. Durante sua trajetória, Cingapura urbanizou suas favelas e integrou sua população pobre através de melhor disciplinamento do mercados de terras, criação de infraestrutura de transportes eficiente e políticas habitacionais. A prosperidade se espalhou pela vizinha Malásia. A prosperidade da Malásia, comandada pela manufatura, por sua vez, ajudou mais de 2 milhões de indonésios que afluíram em grande número para preencher vagas de empregos na construção civil e serviços. Os empresários de Cingapura voam pela Ásia, contribuindo para o crescimento econômico em lugares mais distantes do que Shenzhen e Sriperumbudur. O "pequeno ponto vermelho" no mapa – como teria ironizado o presidente de um país vizinho[7] – transformou-se, integrou-se aos seus arredores e superou a Grã-Bretanha, seu antigo colonizador (ver mapa 2).

Cingapura, Shenzhen e Sriperumbudur demonstram como economias de escala na produção, na mobilidade de mão de obra e no capital, além de custos de transportes decrescentes interagem para produzir rápido crescimento econômico em cidades e países, grandes e pequenos. Esses elementos constituem o motor de qualquer economia. O seu papel fundamental na prosperidade e redução da pobreza é o objeto dos três primeiros capítulos do livro de economia mais influente já escrito: *A riqueza das nações*, de Adam Smith.

As economias de escala enfatizadas por Smith podem ser classificadas em três tipos – aquelas que beneficiam exclusivamente as empresas; as compartilhadas por empresas do mesmo setor da indústria e mesma localização; e aquelas em geral mais disponíveis para produtores em uma grande área urbana.

- Em 1999, com menos de 17 mil habitantes, Sriperumbudur era suficientemente grande para que a Hyundai montasse uma grande fábrica. Sete anos depois, em 2006, a cidade havia ajudado a Hyundai a produzir seu milionésimo automóvel. Serviços de educação básica e de saúde, a proximidade de um porto e infraestrutura básica foram tudo o que a cidade precisou para facilitar as economias de escala no nível de fábrica. A evidência é que as economias de escala internas são elevadas em indústrias pesadas como a construção naval e baixas em indústrias leves como a de vestuário. A cidade dispõe de trabalhadores suficientes para permitir estabelecer a correspondência entre trabalhadores e empregos nas grandes fábricas. Assim, cidades como Sriperumbudur são suficientemente grandes para possibilitar *economias internas*.
- A Região Econômica Especial de Shenzhen – com uma área de apenas 300 km², mas uma população de quase 3 milhões – abriga uma dinâmica indústria de eletrônicos. Com uma disponibilidade imediata de jovens trabalhadores qualificados e semiqualificados, a área está investindo em educação e pesquisa a fim de garantir que a cidade ofereça tudo o que a indústria necessita. Seu porto recebe produtos intermediários e de lá saem produtos acabados. Compartilha instalações dispendiosas, tais como portos para contêineres de primeira qualidade e centros de convenções e estabelece a correspondência de trabalhadores com o crescente número de empregos à medida que as empresas ampliam rapidamente suas operações. A proximidade de Hong Kong, na China, oferece acesso a financiamento, embora Shenzhen

abrigue um setor financeiro em rápida expansão. E a concorrência entre os inúmeros fornecedores de produtos origina custos menores. A área é um exemplo de excelência no fornecimento de, segundo o jargão de economia, *economias de localização*.

- Cingapura já passou por essas etapas e é hoje um dos maiores centros de comércio do mundo. Oferecendo um ambiente econômico estável, excelentes meios de transporte, boa habitação e financiamento eficiente, Cingapura presta serviços para toda a região Ásia-Pacífico. Esses serviços são utilizados por uma ampla gama de indústrias, de transportes até manufatura, educação e financiamento, seguros e imóveis. Eles prosperam na densidade econômica. Com menos de 5 milhões de pessoas vivendo em menos de 700 km^2, Cingapura é o país com maior densidade populacional do mundo. Em 2006, suas exportações de US$ 300 bilhões aproximaram-se daquelas da Federação Russa, que ocupa uma área de mais de 16 milhões de km^2. A diversidade de Cingapura facilita a troca, a correspondência e o aprendizado, oferecendo o que os economistas chamam de *economias de urbanização*.

Na maioria dos países, essas cidades grandes e pequenas coexistem. O estado do Rio de Janeiro, no Brasil, tem aproximadamente 14,5 milhões de habitantes. Volta Redonda, não muito longe da cidade do Rio, originalmente fornecia bens e serviços para atender apenas às necessidades da CSN, a maior fabricante de aço da América Latina. Duque de Caxias, a cerca de 15 km do Rio, atende às necessidades de uma indústria que fabrica produtos petroquímicos. E a diversificada metrópole do Rio de Janeiro, com cerca de 6 milhões de habitantes, presta serviços financeiros aos assentamentos que a circundam. Junto com outras metrópoles como São Paulo, liga o Brasil ao resto da América Latina e o mundo. O modelo é tão conhecido, que é quase uma lei em economia urbana.

As funções e os destinos das povoações estão interligados. Os locais industrializados são diferentes dos seus antecessores agrários, não apenas porque são mais concentrados, mas também porque são mais especializados. As cidades maiores podem ser ótimas para novas empresas, e as menores podem ser mais adequadas àquelas mais consolidadas. Na agricultura, a semeadura e a colheita ocorrem no mesmo local. Isso não se aplica à indústria e aos serviços a empresas. A queda no custo dos transportes e comunicações permite que as empresas separem em termos espaciais a "semeadura da colheita". Os produtos podem ser projetados e financiados em grandes cidades – e produzidos em cidades pequenas.

Quando as empresas se ajustam às mudanças das condições de mercado, os lugares têm que desempenhar funções diferentes ou correm o risco de perder importância econômica. O mais imóvel de todos os insumos para a produção – a terra – deve ter mobilidade de usos. O acesso aos oceanos e rios deveria ser a razão pela qual um local é colonizado, mas a flexibilidade de seus mercados de terras determinará em grande parte o quanto esse lugar irá crescer. Os governos podem não ser bons em escolher lugares que prosperarão. Mas o modo pelo qual eles instituem normas, criam infraestrutura e intervêm para tornar o ***uso da terra*** eficiente é um fator decisivo do ritmo de prosperidade de toda a vizinhança.

Dependendo do tipo de economias de aglomeração que oferecem, os lugares podem ser grandes ou pequenos. A função do lugar é muito mais importante do que o seu tamanho. Mas a localização distante da densidade econômica geralmente reduz a produtividade. No Brasil, quando se duplica a distância entre um lugar e um centro de grande densidade, a produtividade é reduzida em 15%, e os lucros, em 6%. Uma infraestrutura melhor reduz a distância econômica. Mas em um país em desenvolvimento, a forma mais natural de os trabalhadores e empresários diminuírem essa distância é mudando-se para mais perto dos centros de produção e emprego.

Migrando para lucrar com a proximidade

As economias de aglomeração atraem pessoas e financiamento. Hoje, o capital tende a deslocar-se rapidamente por longas distâncias para explorar oportunidades de lucro. As pessoas também se deslocam, mas movem-se mais depressa para aglomerações próximas do que para aglomerações distantes. Assim que fábricas e pessoas chegam a um lugar, outras as imitam.

- No âmbito local, o deslocamento em direção à densidade é ágil nas economias que crescem rapidamente, evidenciado por uma migração veloz da área rural para a urbana que acompanha a transição da agricultura para a indústria. Durante o período de crescimento da República da Coreia, entre 1970 e 1995, a proporção urbana da população quadruplicou para 82%, sendo a migração responsável por mais da metade desse aumento.
- No âmbito nacional, os trabalhadores deslocam-se a fim de reduzir a distância dos mercados em partes do país que estão prosperando. Aproximadamente 3 milhões de pessoas deslocaram-se na segunda metade da década de 1990 dos estados indianos de Bihar e Uttar Pradesh para a adiantada Maharashtra e a próspera região do Punjab (ver mapa 5). No Vietnã, um país muito menor, mais de 4 milhões de pessoas migraram internamente durante o mesmo período.
- No âmbito internacional, a migração regional é uma grande parcela da mobilidade da mão de obra. A migração entre vizinhos é considerável. Costa do Marfim, Índia e a República Islâmica do Irã estão entre os dez principais destinos de seus vizinhos. Alemanha, Itália e Reino Unido ainda se classificam entre os 10 primeiros em envio de dinheiro. Mas a migração inter-regional é lenta. Menos de 200 milhões dos 6,7 bilhões de habitantes do planeta vivem fora da região em que nasceram. Apenas 2 milhões de pessoas deslocam-se dos países mais pobres para os países desenvolvidos todos os anos, a metade deles para os Estados Unidos.

Esse número não deverá aumentar, embora os ganhos da maior migração dos países em desenvolvimento para os desenvolvidos sejam consideráveis.[8] A migração internacional foi elevada no passado: ao todo, 20% dos europeus emigraram para novas terras nas Américas, Austrália e África do Sul. Atualmente, esses movimentos são mais lentos. Apenas 500 mil chineses emigraram para outros países em 2005. Mas a migração interna aumentou no mundo em desenvolvimento. Mais de 150 milhões de pessoas deslocaram-se internamente na China apesar das restrições (ver mapa 3). Nos anos de elevado crescimento do Brasil, durante as décadas de 1960 e 1970, quase 40 milhões de pessoas trocaram o campo pela cidade; ainda hoje, trabalhadores jovens migram em grande número (ver mapa 4). A migração interna vigorosa não é novidade. Entre 1820 e 2000, a renda per capita dos Estados Unidos aumentou 25 vezes, e os americanos ganharam a reputação de estarem entre os povos mais felizes. No Japão, a migração interna atingiu seu ponto máximo na década de 1960, enquanto o país crescia para tornar-se a segunda maior economia do mundo.

Apesar das agressivas políticas de desenvolvimento da área, 1,7 milhão de pessoas – mais mulheres do que homens – trocaram a Alemanha Oriental pela Ocidental, o que ajudou a uniformizar os rendimentos. Desde a transição para economias de mercado, as empresas e pessoas estão escolhendo lugares mais apropriados para a produção. Mais de 1 milhão de pessoas – cerca de 12% da população – saíram da Sibéria e do Norte e Extremo Oriental da Rússia e foram para regiões no oeste da Rússia.

A África Ocidental mantém a mobilidade da mão de obra regional por intermédio de cooperação institucional. Mas a África independente é geralmente menos integrada. Os africanos – especialmente

Mapa 2 Assentamentos de tamanhos variados facilitam diferentes economias de escala

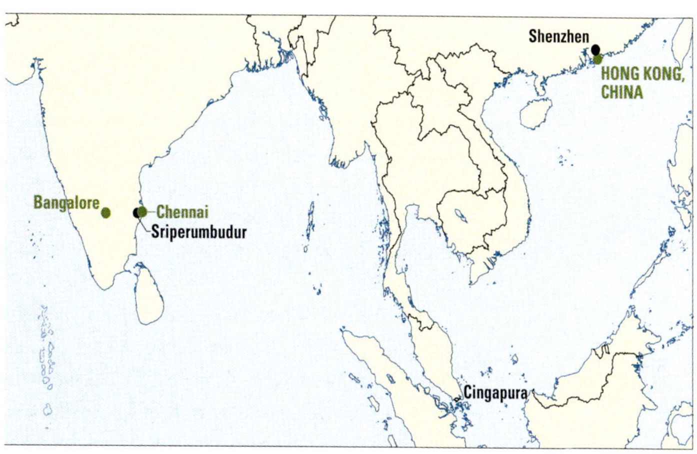

Fonte: Equipe do RDM 2009.

os mais qualificados – estão deixando o continente, buscando e obtendo remunerações melhores no Norte. Outras partes do mundo mostram como lidar com essa fuga de cérebros. Trabalhadores qualificados serão atraídos para lugares onde outras pessoas qualificadas se aglomeram. Isso é benéfico para os dois lugares. Mas quando as pessoas são forçadas a sair pela falta de segurança ou de serviços básicos, a migração é benéfica para o migrante, mas nem sempre para a nação. Atrair a migração é melhor do que fazê-la sair, mas ambos os movimentos são difíceis de interromper ou conter. Os formuladores de políticas estão compreendendo que o desafio não é como impedir as pessoas de se deslocarem, mas sim como impedi-las de se deslocar pelos motivos errados.

A China ilustra bem os benefícios. Com exceção de um breve período durante a Revolução Cultural, a China tem lidado bem com sua diáspora, conferindo-lhe direitos e respeito.[9] Internamente, suas políticas avançaram e retrocederam, mas agora estão mudando, na tentativa de dissuadir as pessoas de se mudarem, fornecendo serviços básicos às pessoas onde quer que elas vivam. As políticas estão pagando dividendos. Enquanto migrantes chineses estão se deslocando para o litoral aos milhões, muitos dos 57 milhões de chineses que estão fora do país estão trazendo financiamento e *expertise* de volta para alguns desses mesmos lugares. Os migrantes internos e internacionais estão se reunindo de uma forma que não é acidental. A vontade dos chineses de se mudarem – deixando o país por outras partes do mundo a fim de fugir da guerra e do abandono na primeira parte do século XX e depois de levar financiamento e *know-how* para o litoral da China nos últimos 25 anos – promete "reverter o destino" do sudoeste da China, que competirá com o nordeste dos EUA (ver "Geografia em Movimento: Superando a Distância na América do Norte").

Os países não prosperam sem a mobilidade de pessoas. Na realidade, a capacidade de as pessoas se deslocarem parece ser um bom medidor de seu potencial econômico, e a disposição para migrar parece ser uma medida do seu desejo de melhoria. Os governos devem facilitar a ***mobilidade da mão de obra***. Durante décadas desde a independência, a Índia tratou seus 40 milhões de emigrantes como "indianos não necessários" Incentivados por uma mudança de atitude desde a década de 1990, os indianos expatriados estão aproximando localidades distantes como Bangalore e Hyderabad dos mercados mundiais, exatamente o que os chineses de além-mar fizeram com Xangai e Guangzhou mais de uma década antes. A queda no custo dos transportes e comunicações ajudou muito.

Especialização e comércio quando os custos de transporte caem

Os custos de transporte e comunicações realmente caíram muito rapidamente no último século, especialmente nos últimos 50 anos. Desde a década de 1970, o custo do frete ferroviário caiu pela metade. Os custos do transporte rodoviário, apesar dos custos mais elevados com energia e salários, reduziram-se em 40%. Quanto ao frete aéreo em todo o mundo, o preço caiu para aproximadamente 6% do seu nível em 1955. O preço dos serviços de afretamento marítimo é a metade daquele de 1960. Uma ligação telefônica de três minutos de Nova Iorque para Londres custava quase US$ 300 em 1931. Hoje, a mesma ligação pode ser feita por apenas alguns centavos.

Com a queda dos custos de transporte interno, a produção econômica deveria ter-se distribuído de maneira mais uniforme dentro dos países. Com custos mais baixos de transporte e comunicações em nível internacional, os países deveriam ter comercializado mais com parceiros distantes. O que aconteceu foi o oposto. A queda dos custos de transporte coincidiu com a maior concentração econômica dentro dos países. E embora os países agora negociem mais com todos – as exportações como parcela da produção mundial quadruplicaram, alcançando 25% nas três últimas décadas –, o comércio com os *vizinhos* tornou-se ainda mais importante.

Por que isso aconteceu? A resposta está na crescente importância das economias de escala na produção e no transporte (ver capítulo 6). Como os custos de transporte caíram, permitiram maior especialização e alteraram radicalmente a localização das

Mapa 3 Migrando para reduzir a distância até a densidade: apesar das dificuldades, os trabalhadores chineses migram aos milhões

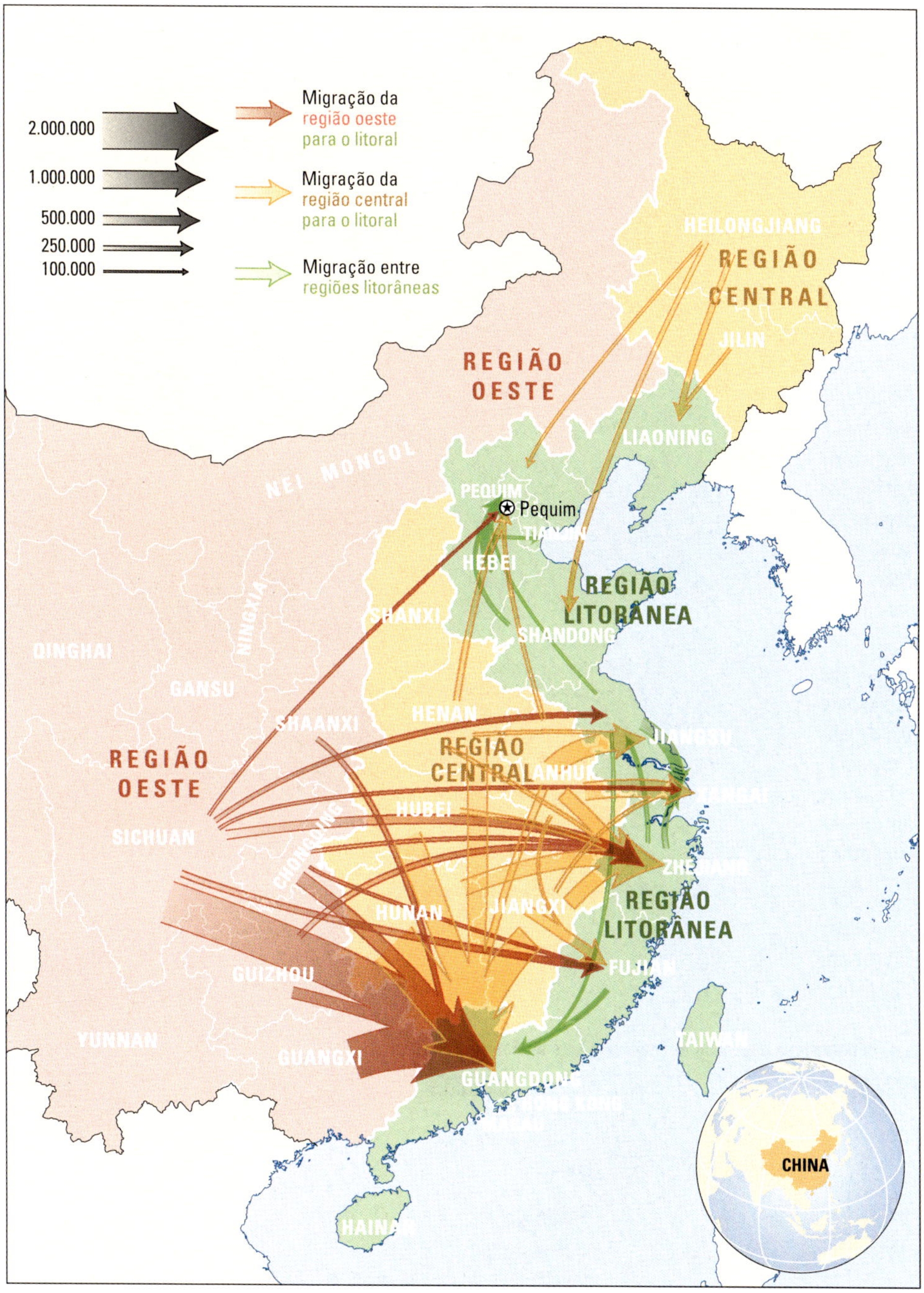

Fonte: Huang e Luo 2008, com base em dados do censo populacional da China.

empresas e a natureza do comércio. Com custo de transporte elevado, as empresas tinham que estar próximas dos consumidores. Mas quando os custos de transporte caem, elas podem beneficiar-se das economias de escala internas, locais e urbanas e transportar o produto até os consumidores. Na esfera internacional aconteceu o mesmo. Com custos de transporte elevados, a Inglaterra importava apenas o que não podia cultivar ou produzir a preço razoável: especiarias da Índia e carne da Argentina em troca de produtos têxteis e porcelana britânicos. Quando os custos de transporte caíram, ela importou mais especiarias e mais carne. Mas comercializou também com a França e Alemanha – uísque escocês por vinho francês, cerveja inglesa por cerveja alemã. O comércio para atender às necessidades básicas foi acompanhado e rapidamente superado pelo comércio para satisfazer a diversos desejos.

Os custos de transporte e de comunicações mais baixos tornaram o mundo menor. Mas tornaram também a atividade econômica mais concentrada do ponto de vista geográfico.

- Em nível local, com a queda dos custos das viagem de casa até o trabalho e maior potencial para explorar as economias de escala, as cidades grandes e pequenas podem ficar maiores e mais densas.
- Em nível nacional, como as áreas mais adiantadas e mais atrasadas dentro dos países são interligadas por meios de transporte melhores, a produção é mais concentrada nas áreas mais densas economicamente, a fim de aproveitar as economias de aglomeração.
- Em nível internacional, os países que reduziram mais os custos de transporte foram os que mais se beneficiaram de um comércio mais amplo. A maior especialização tornou esses países ainda mais competitivos, concentrando o comércio e a riqueza em algumas partes do mundo.

As economias de escala também são evidentes no setor de transportes. Mais comércio significa custos de transporte mais baixos, o que, por sua vez, significa

Mapa 4 Migrando para reduzir a distância da densidade: os trabalhadores jovens do Brasil deslocam-se aos milhares para aproximarem-se da densidade econômica

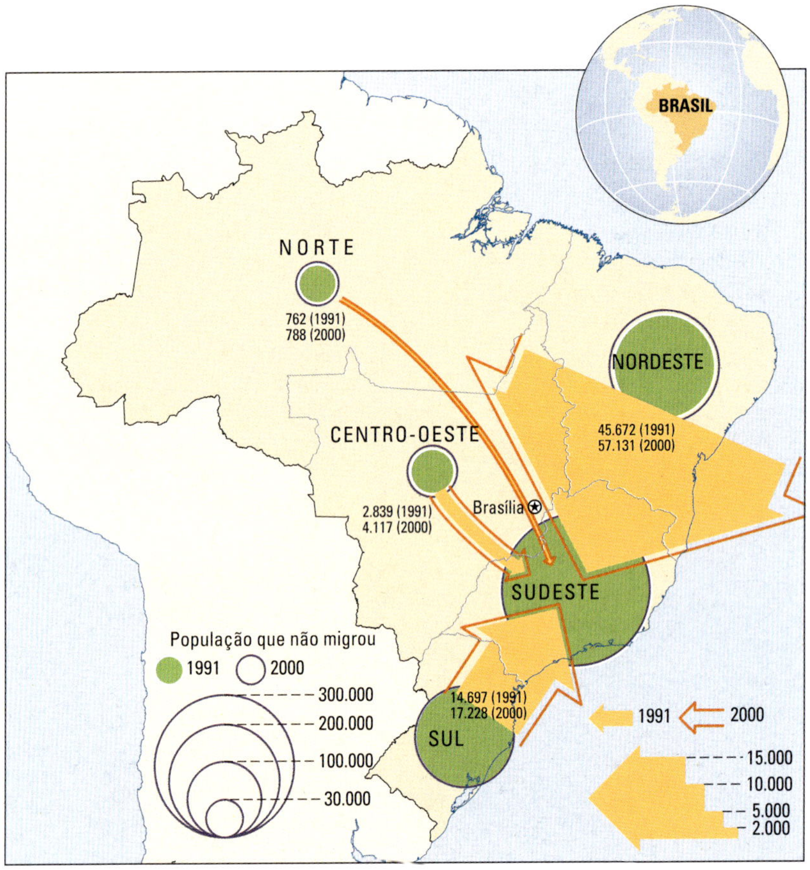

Fonte: Equipe do RDM 2009, baseada no censo populacional do IBGE.

Mapa 5 Migrando para reduzir a distância da densidade: a migração na Índia tem sido menos frenética

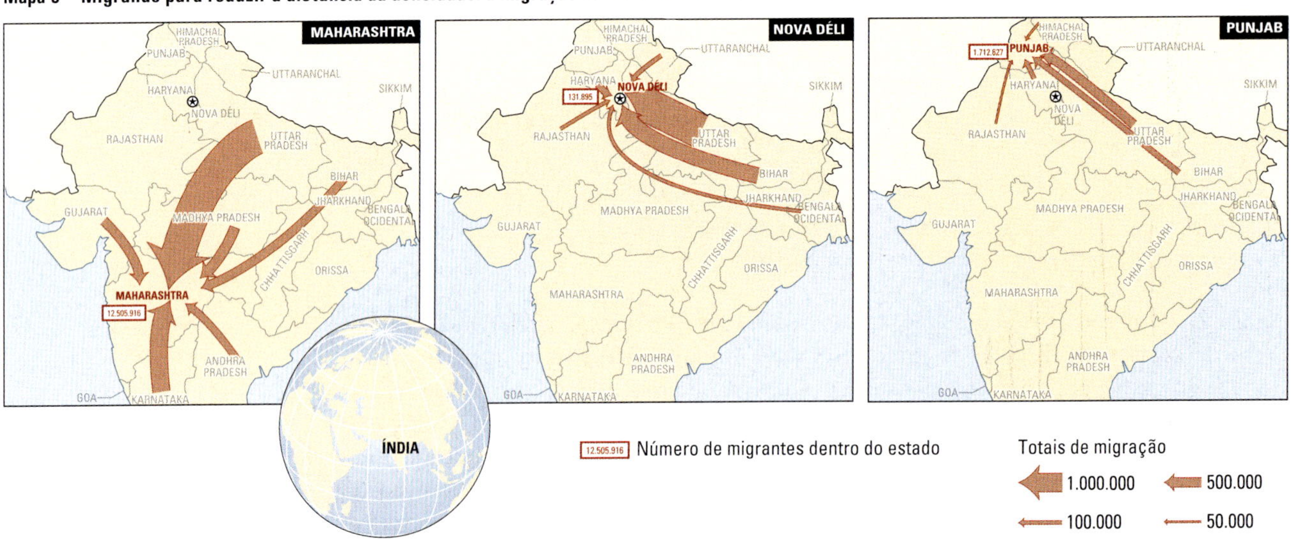

Fonte: Equipe do RDM 2009, baseado no Censo Populacional da Índia.

mais comércio. Isso é particularmente verdadeiro para o comércio intraindústria, que tem sido a parcela do comércio internacional de crescimento mais rápido nos últimos 50 anos. Desde 1960, a participação do comércio intraindústria no total mundial dobrou de 27 para 54%. O comércio intraindústria regional é pequeno na maioria das regiões e elevado em algumas. É próximo a zero na África Central, Ásia Central, África Oriental e Setentrional, Sul da Ásia e África Meridional. Apresenta os índices mais elevados na Austrália, Leste Asiático, Nova Zelândia, América do Norte e Europa Ocidental (ver figura 4).

A cooperação regional avançou muito mais depressa e foi muito mais adiante nessas partes do mundo, o que explica por que os atritos de fronteiras em relação ao comércio diminuíram. Ajudada por uma integração mais profunda, a parcela intrarregional do comércio na União Europeia elevou-se acima dos 60% (ver "Geografia em Movimento: Superando a Divisão na Europa Ocidental"). No Leste Asiático, região que cresce mais rapidamente, a parcela do comércio regional é agora mais de 55% (ver "Geografia em Movimento: Distância e Divisão no Leste Asiático").

O desenvolvimento em um mundo cada vez mais especializado e concentrado é ainda mais desafiador. Os países em desenvolvimento têm custos de transporte mais elevados e mercados pequenos, elementos que não ajudam na especialização. Mas vários países – principalmente do Leste Asiático – demonstraram que esses mercados são acessíveis aos países de baixa renda. A resposta está no componente do comércio intraindústria que cresce mais rapidamente: comércio de "bens intermediários" de produção (ver quadro 3).

No setor agrícola, industrial e de serviços, o potencial para fragmentar a produção é quase ilimitado. A Tailândia pode não ser capaz de fabricar um aparelho de televisão melhor que o Japão, mas pode fabricar peças de televisores com a mesma qualidade e mais baratas. Apoiados pela China e Japão, os países do Leste Asiático desenvolveram redes de produção que comercializam mercadorias intermediárias nos dois sentidos. Ao se especializarem em uma pequena parte da cadeia de produção, eles se transformaram nesse componente mais lucrativo e de crescimento mais rápido do comércio de manufaturados.

Os países de outras regiões também podem se beneficiar com o crescente ***comércio de produtos intermediários***. A chave para a maioria deles é fazer um esforço combinado para reduzir os custos de transporte. Isso significa maior concentração dentro dos países em desenvolvimento, mas – ao permitir que eles se especializem nas primeiras etapas do desenvolvimento e explorem economias de escala – os ajudará a convergir para o nível de renda e padrão de vida do mundo desenvolvido. Nas duas últimas décadas, essas interações entre economias de escala, mobilidade de capital e mão de obra, além de custos de transporte foram o foco de interesse dos pesquisadores (ver quadro 4).

Esses novos resultados devem mudar as expectativas sobre os mercados. Devem também dar informações sobre o que os governos podem fazer para promover as

Figura 4 O comércio intraindústria é elevado na América do Norte, Europa Ocidental, Oceania e Leste Asiático

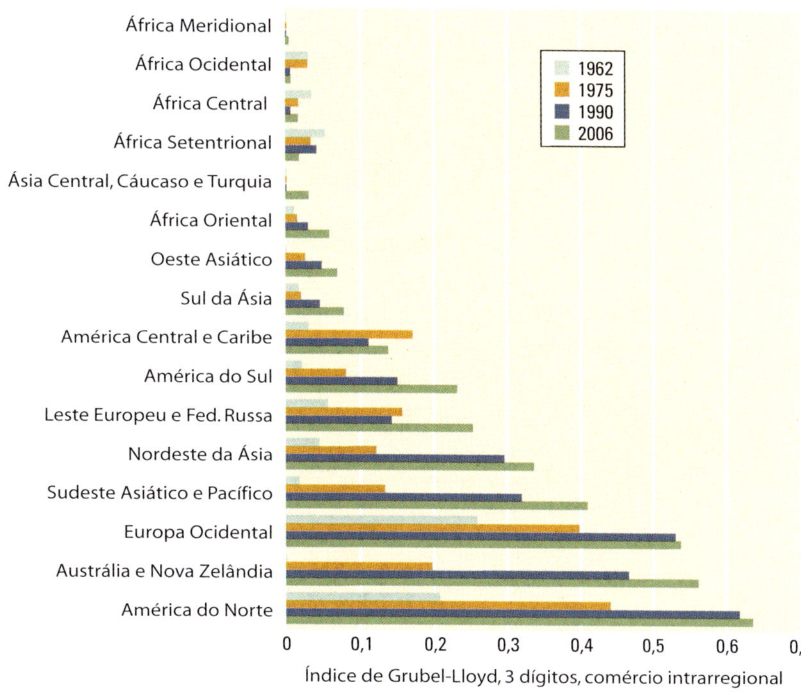

Fonte: Brülhart 2008, para este Relatório.
Nota: O índice de Grubel-Lloyd é a fração do comércio total que é contabilizada pelo comércio intraindústria.

QUADRO 3 *Comércio intraindústria e produtos intermediários*

Mais da metade do comércio mundial é hoje comércio intraindústria, com setores da indústria classificados em 177 (três dígitos) categorias, cerca de um quarto a mais que em 1962. Portanto, as estruturas econômicas dos países estão se tornando mais parecidas. Esse comércio consiste em bens finais e intermediários, tendo ambos crescido consideravelmente nos últimos 50 anos. Esse crescimento do comércio intraindústria não ocorre apenas para manufaturados. O comércio intraindústria em Máquinas e Equipamentos de Transporte é o maior de todos, mas o maior aumento está em Alimentos e Animais Vivos. Os consumidores gostam de variedade de produtos agrícolas, e isso significa lucro no comércio entre dois países que plantam alimentos e criam animais semelhantes (ver figura à esquerda). Mas o maior crescimento ocorre nos produtos intermediários – os meios de produção criados. O comércio intraindústria marginal – uma medida confiável da mudança – é o maior de todos em produtos intermediários. Isso não ocorre apenas em manufatura. A agricultura também precisa de produtos. E a queda nos custos das comunicações resultou em maior fragmentação dos serviços em "componentes", fornecidos aos consumidores finais de diferentes partes do mundo.

O comércio de bens intermediários é mais sensível aos custos de transporte do que o comércio de bens finais. Consideremos o exemplo a seguir. Se os produtos intermediários representarem dois terços do valor adicionado a uma mercadoria, um aumento de 5% nos custos do transporte pode significar o equivalente a um imposto de 50%. Não é surpresa que o comércio de bens intermediários tenha aumentado mais rapidamente em partes do mundo que reduziram ao máximo os custos de comércio e de transportes.

Fonte: Equipe do RDM 2009.

O comércio intraindústria aumentou para produtos primários, intermediários e finais

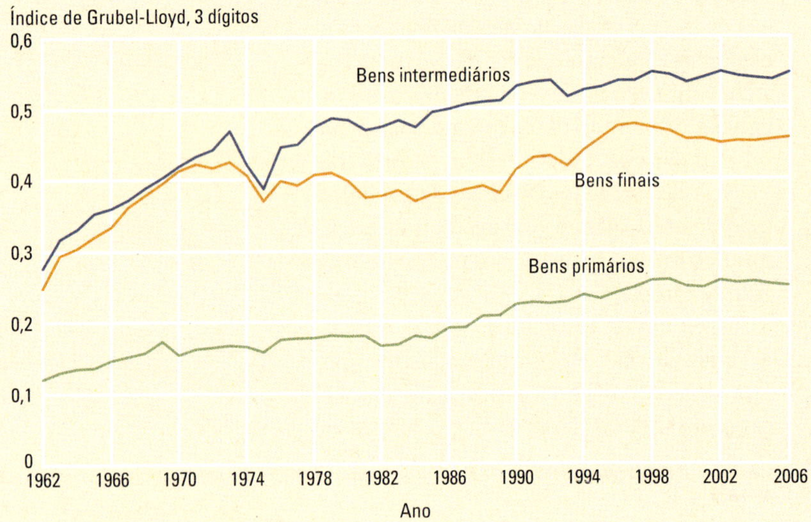

Fonte: Brülhart 2008, para este Relatório.

transformações geográficas necessárias ao desenvolvimento.

Instaurando o desenvolvimento

A prosperidade não chegará a todos os lugares de uma só vez, mas nenhum lugar deverá permanecer mergulhado na pobreza. Com boas políticas, a concentração da atividade econômica e a convergência de padrões de vida podem ocorrer juntas. O desafio para os governos é permitir – e até mesmo incentivar – o crescimento econômico "desequilibrado", e ainda assim garantir o desenvolvimento inclusivo. Eles podem fazer isso por meio da integração econômica – aproximando os lugares atrasados e os adiantados em termos econômicos.

A melhor forma de efetuar essa integração é por meio da liberação das forças de mercado de aglomeração, migração e especialização, e não combatendo essas forças ou se opondo a elas. O modo como os mercados e os governos trabalham juntos determina a velocidade e a sustentabilidade das transformações geográficas. Basta observar o que está acontecendo em Bogotá, na Turquia e na África Ocidental:

- Bogotá tem quase 7 milhões de cidadãos, mas a migração das áreas rurais da Colômbia continua. Um terço do seu crescimento populacional deve-se aos migrantes rurais, que se estabelecem principalmente nos bairros pobres, abarrotados de pessoas, à medida que a cidade se torna mais densa. Desde 2000, um novo sistema de transporte público, o *Transmilenio*, melhorou o congestio-

QUADRO 4 *Novos resultados de uma geração de análise*

Os pesquisadores têm examinado de maneira diferente a organização industrial, o crescimento econômico, comércio internacional e a geografia econômica, tendo incorporado os efeitos das economias de escala na produção. Os resultados podem ser surpreendentes para os especialistas em análise econômica convencional. Eis algumas das novas percepções:

As fábricas têm que ser grandes para explorar as economias de escala, mas os lugares não precisam ser grandes para gerá-las. Os crescentes retornos à escala surgem por causa dos custos fixos da produção (internos de uma empresa) e da proximidade dos trabalhadores, clientes e pessoas com novas ideias (externos a uma empresa, mesmo uma indústria). O tamanho do assentamento importa menos do que sua função.

O motivo: as cidades de tamanho médio são geralmente suficientes para as economias de "localização" que têm origem em mercados de produtos compactos, mas não para economias de "urbanização" – especialmente aquelas que envolvem efeitos secundários do conhecimento – geradas principalmente pelas grandes cidades (ver capítulo 4).

A implicação: os formuladores de políticas devem concentrar-se nas funções das cidades.

O capital humano desloca-se para onde ele é abundante, não escasso. A análise econômica convencional sugere que as pessoas devem deslocar-se para onde seus conhecimentos são escassos. Mas parece que acontece o oposto: os migrantes instruídos procuram lugares onde muitas outras pessoas têm aptidões semelhantes. Entre as 100 maiores áreas metropolitanas dos Estados Unidos, as 25 cidades que em 1990 possuíam o maior percentual de pessoas com curso universitário completo, no ano de 2000, haviam atraído duas vezes mais graduados que as outras 75.

O motivo: trabalhadores instruídos beneficiam-se com a proximidade de outros (ver capítulo 5).

A implicação: as políticas devem valorizar, não combater, a potência da força de mercado que une as pessoas qualificadas.

A queda nos custos de transporte produz aumento no comércio com os países vizinhos, não com os distantes. Com uma queda nos custos de transporte, os países devem comercializar mais com países que estão mais distantes. Mas o comércio tornou-se mais localizado do que globalizado. Os países comercializam mais com países parecidos porque, cada vez mais, a base do comércio é a exploração de economias de escala, não as diferenças de dons naturais.

O motivo: a queda nos custos de transporte torna a especialização possível (ver capítulo 6).

A implicação: a redução nos custos de transporte altera a composição do comércio internacional e torna-o ainda mais sensível a esses custos. As políticas para reduzir os custos do comércio e transporte devem ser uma parte importante das estratégias de crescimento dos países que se desenvolveram recentemente.

O reconhecimento das economias de escala e sua interação com a mobilidade das pessoas e produtos implica mudar opiniões antigas sobre o que é necessário para o crescimento econômico.

Fonte: Equipe do RDM 2009.

namento, transportando atualmente 1 milhão de passageiros por mês. Especialmente nos bairros pobres, ele reduziu a distância para o mercado de emprego e oportunidades econômicas. Mas muitas pessoas ainda vivem em favelas, e o crime e a violência estão aumentando. Desde 2003, uma iniciativa municipal aborda essas divisões sociais, ajudando quase 1 milhão de pessoas a se integrarem à cidade e mudarem suas comunidades.

- A Turquia também está tentando mudar os bairros pobres, mas de forma diferente. O país de 70 milhões de habitantes vem buscando a integração com a União Europeia. Por causa do aumento das economias de aglomeração e da redução dos custos de transporte, as áreas próximas a Istambul e Izmir talvez sejam as mais apropriadas para a integração com a Europa. As áreas mais distantes do Leste e Sudeste da Anatólia e do Mar Negro têm 40% das terras, mas menos de 20% do produto nacional, com PIB per capita de cerca da metade daquele das áreas ocidentais. As disparidades persistem apesar dos esforços do governo para estender a massa econômica para o leste. Ao mesmo tempo, os investimentos públicos em serviços sociais ajudam as áreas atrasadas, enquanto os incentivos fiscais para as empresas se fixarem naquelas áreas parece ineficaz.[10]
- A Comunidade Econômica dos Estados da África Ocidental (ECOWAS) tem um protocolo que permite a livre movimentação de seus 250 milhões de habitantes entre os estados membros. Isso tem ajudado a comunidade a manter a mobilidade da mão de obra regional nos níveis anteriores à independência, mesmo que tenha caído na África Meridional e Oriental. Mas o comércio é outra história. Nas partes do mundo mais

dinâmicas, a troca de bens e serviços semelhantes – comércio intraindústria – vem crescendo rapidamente. Mas na África Ocidental, as fronteiras internacionais são acentuadas pela burocracia e por pontos de inspeção ilícitos, que dividem a região e frustram os esforços dos membros da ECOWAS para se especializarem e comercializarem.

À medida que a lente da geografia econômica é ampliada, movimentos diferentes, tensões e limitações são revelados.

- Em nível local, em lugares como Bogotá, a terra deve acomodar um número cada vez maior de pessoas. Se os ***mercados de terras*** funcionarem bem, a terra será móvel entre um uso e outro e alocada produtivamente. As cidades que fizerem isso da melhor forma crescerão mais e atrairão até mesmo um maior número de pessoas para sua densidade econômica.
- As pessoas e produtos deslocam-se muito mais rápido em Bogotá e em seus arredores do que na Turquia. Mas, mesmo na Turquia, as áreas ocidentais serão mais prósperas e mais densas, mesmo que a um ritmo mais lento. As disparidades espaciais de renda e taxa de pobreza entre o Ocidente e o Oriente provavelmente se elevarão e depois cairão quando as pessoas se deslocarem para beneficiar-se da densidade econômica. Se os ***mercados de mão de obra*** na Turquia forem flexíveis, as pessoas reduzirão sua distância econômica dessas aglomerações.
- Em nível internacional, esses movimentos deverão ocorrer em menor número e até mesmo mais lentamente. Se os mercados regional e global fossem integrados, os países da África Ocidental se especializariam em algumas tarefas e se tornariam competitivos nos mercados mundiais. Quando as divisões diminuem, os países vizinhos comercializam bens e serviços semelhantes, motivados mais pelos benefícios da especialização e da escala do que pelas diferenças de características naturais. O comércio pode compensar apenas parcialmente a imobilidade da terra e da mão de obra, mas ajudará a convergência quando os países em desenvolvimento puderem explorar o componente de crescimento mais rápido: ***comércio de produtos intermediários***.

Tabela 2 Aglomeração, migração e especialização são as forças mais importantes – e terra, mão de obra e produtos intermediários, os fatores de mercado mais sensíveis

	Escalas geográficas		
	Local	**Nacional**	**Internacional**
Força econômica	**Aglomeração** Acelerada pela migração, mobilidade do capital e comércio	**Migração** Influenciada pela aglomeração e especialização	**Especialização** Ajudada pela aglomeração e pela mobilidade de fatores
Fator-chave da produção	**Terra** Imóvel	**Mão de obra** Móvel dentro dos países	**Produtos intermediários** Móveis dentro dos países e entre países

Fonte: Equipe do RDM 2009.
Nota: Ao longo do Relatório, "áreas" são comunidades econômicas ou unidades administrativas dentro dos países, tais como estados ou províncias, e "regiões" são grupos de países baseados na proximidade geográfica.

Os motivos particulares de cada um são os principais pilares do cenário econômico, mas estes podem ser remodelados pela ação coletiva, principalmente pelos governos. Vistos através da lente da geografia econômica, o uso da terra, a mobilidade da mão de obra e o comércio de produtos intermediários entram em foco (ver tabela 2). Os governos deveriam dispensar atenção especial à terra, à mão de obra e aos mercados de produtos. Quando esses elementos não funcionam bem, as forças de aglomeração, migração e especialização se enfraquecem e a economia fica estagnada. Quando funcionam, a terra, a mão de obra e os mercados de produtos geram a eficiência da economia que acompanha a concentração geográfica e a igualdade que está associada à convergência dos padrões de vida.

Regra prática para a integração econômica

A preocupação dos formuladores de políticas é que a produção se concentrará em alguns lugares, e as pessoas em outros. As cidades terão densidade econômica e o campo a maior parte das pessoas de baixa renda. As áreas mais adiantadas terão a massa econômica, enquanto as pessoas de baixa renda se concentrarão nas áreas mais atrasadas. Alguns países terão grande parte da riqueza do mundo, e outros, toda a pobreza do mundo. Mesmo que fosse temporária, essa situação parece injusta. Mas as disparidades podem ser duradouras, desestabilizando partes de um país, nações inteiras e até mesmo algumas regiões do mundo.

Os governos têm muitos motivos para se preocupar com as disparidades de bem-estar dentro e entre os países. Eles têm também muitos instrumentos políticos para promover a integração econômica a fim de reduzir essas disparidades.

- ***Instituições*** – forma abreviada usada no Relatório para políticas neutras *do ponto de vista espacial* e que devem ser universais em sua abrangência. Alguns dos principais exemplos são as regulamentações que afetam a terra, mão de obra e comércio internacional e os serviços sociais, como educação, saúde e água e saneamento financiados por intermédio de impostos e mecanismos de transferência.
- ***Infraestrutura*** – forma abreviada para políticas e programas que sejam *espacialmente conectivos*. Entre os exemplos estão rodovias, ferrovias, aeroportos, portos e sistemas de comunicação que facilitam o movimento de mercadorias, serviços, pessoas e ideias nos âmbitos local, nacional e internacional.
- ***Intervenções*** – forma abreviada para programas *espacialmente direcionados* que geralmente dominam a discussão sobre políticas. Os exemplos incluem programas de erradicação de favelas, incentivos fiscais para empresas do ramo de manufatura oferecidos pelos governos estaduais e acesso comercial preferencial para os países pobres aos mercados de países desenvolvidos.

Hoje, os debates sobre políticas muitas vezes começam e terminam com discussões sobre incentivos voltados para elementos espaciais. O debate sobre como promover a urbanização saudável é polarizado entre aqueles que enfatizam as aldeias, onde ainda vive a maioria das pessoas de baixa renda do mundo, e aqueles que acreditam que a maneira de escapar da pobreza está nas cidades, onde grande parte da riqueza do mundo é gerada. À medida que a pobreza urbana aumenta, o foco se desloca das aldeias para as favelas. Motivado pelas disparidades geográficas de padrões de vida dentro dos países, o debate sobre o desenvolvimento territorial se fixa, da mesma forma, no crescimento econômico das áreas atrasadas. No âmbito internacional, o acesso preferencial dos países menos desenvolvidos aos mercados pode acabar por dominar as discussões políticas.

Este Relatório propõe um reequilíbrio desses debates para incluir todos os elementos de uma abordagem bem-sucedida sobre a integração espacial – instituições, infraestrutura e incentivos. Utilizando as constatações da primeira parte e a análise das forças de mercado da segunda parte, a terceira parte reformula esses debates, sugerindo uma mudança de direcionamento espacial para integração espacial.

O mundo é complicado e os problemas de integração econômica são um desafio às soluções simples. Mas os princípios não precisam ser complexos. Os fundamentos das políticas de integração deveriam ser instituições neutras do ponto de vista espacial. Onde o desafio à integração abranger mais de uma dimensão geográfica, as instituições devem ser aumentadas por meio de investimentos públicos em infraestrutura espacialmente conectada. As intervenções voltadas ao espaço não são sempre necessárias. Mas quando o problema for baixa densidade econômica, longas distâncias e elevadas divisões, a resposta deve ser abrangente, envolvendo políticas que sejam neutras, de conexão e direcionadas do ponto de vista espacial.

Para cada dimensão espacial é necessário um instrumento de integração (ver tabela 3). A regra prática "um I para cada D", isto é, um instrumento para cada dimensão:

- Para um problema de uma só dimensão, o suporte principal da resposta política devem ser as instituições (espacialmente neutras).
- Para um desafio de duas dimensões, são necessárias instituições e infraestrutura (espacialmente conectivas).
- Para problemas de três dimensões, os três instrumentos são necessários – instituições, infraestrutura e intervenções (espacialmente direcionadas).

A principal dimensão na escala geográfica local é a densidade; na escala nacional é a distância; e, internacionalmente, a divisão.

Tabela 3 Um "I" para cada "D"? Uma regra prática para calibrar a resposta política

Complexidade do desafio	Tipo de lugar – escalas geográficas local (L), nacional (N) e internacional (I)	Prioridades da política de integração econômica		
		Instituições (Espacialmente neutras)	Infraestrutura (Espacialmente conectivas)	Intervenções (Espacialmente direcionadas)
Problema de uma dimensão	L. Áreas de urbanização incipiente N. Nações com áreas atrasadas esparsas I. Regiões próximas aos mercados mundiais	●		
Desafio de duas dimensões	L. Áreas de urbanização intermediária N. Nações com áreas atrasadas densas I. Regiões distantes dos mercados mundiais	●	●	
Situação difícil de três dimensões	L. Áreas de urbanização avançada que têm divisões dentro das cidades N. Nações com áreas atrasadas densas e divisões internas I. Regiões distantes dos mercados com pequenas economias	●	●	●

Fonte: Equipe do RDM 2009.
Nota: Ao longo do Relatório, "áreas" são comunidades econômicas ou unidades administrativas dentro dos países, tais como estados ou províncias, e "regiões" são grupos de países baseados na proximidade geográfica.

Em cada uma dessas escalas geográficas, as políticas criadas sem levar explicitamente em consideração o espaço (ou seja, espacialmente neutras) devem ser consideradas o instrumento principal. Em alguns lugares, estas podem realmente constituir a maior parte das políticas de integração. A tarefa de integração é relativamente simples em áreas de urbanização incipiente (como nos estados atrasados de muitos países de baixa renda), em países com mobilidade de mão de obra e capital (como o Chile) ou em regiões que estão próximas aos mercados mundiais (como a África Setentrional). Nesses lugares, o desafio à integração pode ser considerado como de uma única dimensão. Políticas de cunho explicitamente espacial geralmente não são necessárias a este nível. Instituições universais ou espacialmente neutras – disponíveis a todos independentemente do local – constituem os fundamentos e o suporte principal de uma política de integração eficaz.

Quando a tarefa se torna mais complicada, essas instituições devem ser auxiliadas pela infraestrutura. Em nível local, a rápida urbanização pode congestionar a área, aumentando a distância econômica e desestimulando as economias de aglomeração. Em lugares como Mumbai, cuja população dobrou desde a década de 1970, o aumento dos congestionamentos tem que ser tratado com investimentos em infraestrutura de transporte para que os benefícios da densidade sejam compartilhados de forma mais ampla. Em nível nacional, a mudança dos destinos econômico e político pode deixar para trás um alto contingente populacional, em áreas atrasadas, de modo que em alguns países (como o Brasil) as áreas atrasadas têm taxas de pobreza mais altas *e* elevadas densidades populacionais. No âmbito internacional, as regiões em desenvolvimento estão todas profundamente divididas, mas algumas podem também estar distantes dos mercados mundiais. Mesmo que as instituições regionais assumam o comando e façam do Sul da Ásia uma região mais integrada, alguns países (como o Nepal) talvez precisem de uma ação política coordenada para melhorar a infraestrutura, a fim de chegar aos crescentes mercados regionais e internacionais. Nos lugares que enfrentam desafios de duas dimensões à integração, os investimentos em infraestrutura conectiva entre os lugares atrasados e os adiantados e a ajuda no acesso aos mercados devem complementar as instituições que mantêm as pessoas juntas.

O desafio à integração é maior quando densidade, distância e divisão adversas associam-se para constituir um "desafio de três dimensões". Em áreas altamente urbanizadas (como Bogotá), o medo é que a densidade econômica e a densidade populacional possam não coincidir. As divisões dentro das cidades podem impedir a integração de favelas e disseminar problemas de criminalidade e falta de higiene. Em alguns países (como a Índia), as divisões étnicas, religiosas ou de idioma desestimulam as pessoas de baixa renda que vivem em áreas atrasadas e densamente povoadas a buscar sua sorte em outro lugar. Nas regiões mais fragmentadas e remotas (como a África Central ou a Ásia Central), um aglomerado de nações pequenas e pobres pode produzir efeitos secundários errados – doença, conflito ou corrupção.

As favelas das grandes cidades, as áreas pobres densamente povoadas em nações divididas e os países do "bilhão mais pobre" – aproximando-se dos três bilhões discutidos no início – são os maiores desafios à integração. As respostas políticas não devem ser tímidas, mas devem ser também ponderadas.

Urbanização eficiente e inclusiva

Nenhum país cresceu e atingiu um nível de renda média sem industrialização e urbanização. Nenhum chegou à renda alta sem cidades vibrantes. A corrida para as cidades nos países em desenvolvimento parece caótica, mas é necessária. Parece não ter precedentes, mas já aconteceu antes (ver figura 5). Tinha de acontecer, porque o movimento das pessoas e firmas em direção à densidade presente na urbanização está intimamente ligado à transformação de uma economia de agrária em industrial e em pós-industrial.

Os governos podem facilitar as transformações espaciais que estão por trás dessas mudanças setoriais. Dependendo da etapa de urbanização, a execução e a definição de prioridades exigem que se preste atenção a diferentes aspectos da transformação geográfica. O que não muda é que uma base de instituições (neutras do ponto de vista espacial) deve ser universal e vir em primeiro lugar, os investimentos em infraestrutura de conexão devem ser programados e bem localizados e virem em segundo lugar e as intervenções voltadas para o espaço devem ser menos utilizadas e vir por último.

A abordagem exige a disciplina de seguir o princípio de integração apresentado anteriormente. A recompensa de tal disciplina é uma transformação espacial eficiente e inclusiva (ver capítulo 7).

Os princípios descritos no relatório ajudam a priorizar as políticas para as diferen-

Figura 5 Em águas mapeadas: o ritmo da urbanização de hoje tem precedentes
Mudança nas parcelas urbanas desde 1800

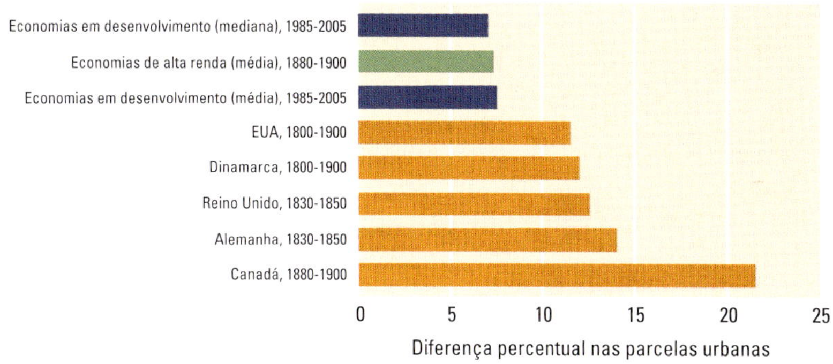

Fonte: Cálculos da equipe do RDM 2009 baseados em informações de várias fontes (ver figura 1.13).

tes etapas de urbanização, fornecendo os elementos de uma estratégia de urbanização. O mapa 6 exibe três áreas da Colômbia, cada uma delas com uma geografia específica. Mas os princípios são bastante universais.

- ***Urbanização incipiente.*** Em lugares que são principalmente rurais, os governos devem ser o mais neutros possível e devem estabelecer as bases institucionais da possível urbanização em alguns lugares. Boas políticas agrárias são essenciais, bem como políticas para fornecer serviços básicos para todos. Por exemplo, a universalização dos direitos à terra na Dinamarca, na virada do século XVIII contribuiu enormemente para o salto da nação para a industrialização há algumas décadas. De fato, as políticas de fortalecimento dos direitos à propriedade rural são consideradas de grande ajuda para a maior produtividade agrícola na Inglaterra do século XVI, o que liberou os trabalhadores para migrarem para as cidades a fim de trabalharem em manufatura e serviços, um complemento institucional para melhorar o mercado de terras é a prestação universal de serviços sociais básicos – segurança, educação, serviços de saúde e saneamento. Em 1960, a República da Coreia tinha o mesmo nível de renda per capita que Benin tem hoje: 75% da população vivia em áreas rurais, mais de um terço dos coreanos adultos não tinha instrução e menos de 5% das crianças haviam sido imunizadas contra doenças preveníveis, como o sarampo. Em 2000, mais de 80% haviam se urbanizado, quase todos sabiam ler e escrever e estavam imunizados, e a renda da República da Coreia havia alcançado a de Portugal de hoje. Outro bom exemplo é a Costa Rica.

- ***Urbanização intermediária.*** Nos lugares onde a urbanização ganhou velocidade, além dessas instituições, os governos devem implantar a infraestrutura de ligação para que os benefícios do aumento da densidade econômica sejam mais amplamente compartilhados. A industrialização implica a alteração dos padrões de uso da terra à medida que as atividades se concentram e exige o deslocamento rápido de bens e serviços. As normas sobre o uso da terra podem afetar as decisões sobre localização e continuam a ser prioridade institucional. A provisão de serviços sociais de forma espacialmente neutra deve continuar a fazer parte da integração entre as áreas rurais e urbanas, de modo que as pessoas sejam atraídas para as cidades pelas economias de aglomeração e não forçadas a sair pela falta de escolas, serviços de saúde e de segurança pública nas áreas rurais. Mas, mesmo que esses serviços sejam fornecidos, os custos de transporte podem subir rapidamente por causa do crescente congestionamento, afetando as escolhas de localização dos empresários. A infraestrutura de ligação é necessária para manter a integração dessas áreas. Os governos estaduais e federais que funcionem bem juntos poderão fornecer a infraestrutura principal, necessária para assegurar que a prosperidade seja amplamente compartilhada. Tornar a jurisdição administrativa mais ampla pode ajudar a coordenar os investimentos em infraestrutura. Um bom exemplo é Chongqing, na China Ocidental (ver quadro 5).
- ***Urbanização avançada.*** Nas áreas altamente urbanizadas, além das instituições e da infraestrutura, podem ser necessárias intervenções direcionadas para lidar com o problema das favelas. Os serviços e o aprendizado exigem que as pessoas estejam próximas a lugares habitáveis. Essa é a etapa em que as favelas podem comprometer a capacidade de uma cidade de fornecer as economias que resultam da proximidade. Os programas de melhoria das favelas podem não ser uma prioridade nas primeiras etapas da urbanização, mas nessa etapa eles se tornam necessários. A lição extraída das avaliações das iniciativas de melhoria das favelas é que as intervenções direcionadas não serão suficientes por si sós. Essas

Mapa 6 Na medida em que a urbanização avança, políticas devem ser desenvolvidas

a. Urbanização incipiente em Cauca, Colômbia | **b. Urbanização intermediária em Santander, Colômbia** | **c. Urbanização avançada na na área da capital da Colômbia**

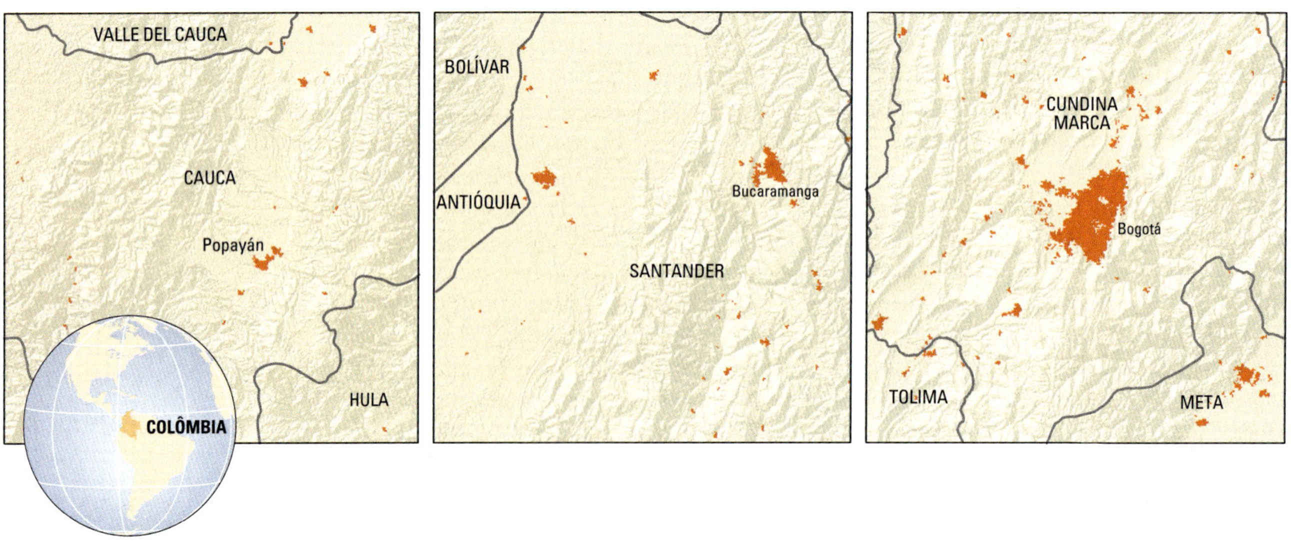

Fonte: Equipe do RDM 2009, com base em informações de Schneider, Friedl e Potere 2008

intervenções não funcionarão a menos que as instituições ligadas à terra e aos serviços básicos sejam razoavelmente eficazes e que a infraestrutura de transportes esteja implantada. Um desafio em três dimensões deve ser enfrentado pela resposta de uma política com três elementos, que exija políticas coordenadas nos níveis federal, estadual e municipal de governo. O sucesso de Cingapura demonstra as vantagens dessa coordenação em uma cidade-estado. Exemplos mais recentes são Xangai e Guangzhou, na China. Um exemplo ainda mais recente (e talvez mais geralmente aplicável) é Bogotá, na Colômbia.

A experiência de urbanizadores bem-sucedidos indica que a base de uma transformação de rural para urbana bem-sucedida é um conjunto de políticas neutras do ponto de vista espacial – "instituições" na forma abreviada deste Relatório. Os investimentos em infraestrutura que unem lugares constituem a segunda camada. As intervenções geograficamente direcionadas devem ser utilizadas somente quando o desafio for particularmente difícil, mas sempre em conjunto com um esforço para melhorar as instituições e a infraestrutura.

Políticas de desenvolvimento de áreas (territoriais) que integram as nações

Algumas partes de um país são mais apropriadas para a agricultura, outras para a indústria e outras ainda para serviços. E, à medida que a indústria e os serviços prosperam, a distribuição espacial das atividades econômicas deve mudar.[11] Nenhum país alcançou riquezas sem mudar a distribuição geográfica da população e da produção.

Uma crescente concentração de pessoas e da produção em algumas partes do país marcou o crescimento econômico nos dois últimos séculos. Combater essa concentração é combater o próprio crescimento e os formuladores de políticas devem ter paciência ao tratar esses desequilíbrios. Mas, com o auxílio das políticas governamentais, o desenvolvimento bem-sucedido também é marcado pela diminuição das disparidades de padrões de vida entre os lugares favorecidos pelos mercados e os menos afortunados. As políticas podem acelerar a convergência

QUADRO 5 *Concentração sem congestionamento na China Ocidental: Chongqing e Chengdu*

Um experimento na China poderia mudar o futuro da política de urbanização no mundo em desenvolvimento. Os formuladores de políticas devem prestar atenção.

A China está levando para o interior a estratégia de urbanização que foi bem-sucedida nas principais áreas costeiras nas décadas de 1980 e 1990. A "abordagem de área" está sendo implementada em dois lugares – Chongqing e Chengdu, ambas localizadas no oeste próximo. Elas têm a mesma proporção de urbanização, cerca de 40%, que é a média da China. O objetivo é aumentar essa proporção para 70% em 2020, promovendo a concentração e a convergência rural-urbana.

Chongqing tem uma população de aproximadamente 40 milhões de habitantes, com uma capital, seis cidades grandes, 25 cidades médias e pequenas, 95 municípios e 400 distritos. Chongqing recebeu o *status* de município especial, como Pequim, Shanghai e Tianjin já possuem há alguns anos. Como estes, desfrutará de maior autonomia financeira. Chengdu é menor, uma vasta área metropolitana com 11 milhões de habitantes. Junto com a capital da província de Sichuan, de 2 mil anos, possui oito cidades de tamanho médio, 30 municípios, 60 distritos e 600 aldeias.

A estratégia de urbanização envolve "três concentrações" de terras, indústria e agricultores. A ideia é concentrar as terras e a indústria para aproveitar os benefícios das economias de escala, promover a mobilidade de mercadorias e trabalhadores e aumentar o bem-estar dos migrantes recém-chegados às cidades. Em consonância com as prioridades das políticas traçadas para áreas com níveis intermediários de urbanização de cerca de 40-50%, a ênfase nesses dois lugares é nas instituições universais e na infraestrutura de ligação, não nas intervenções espacialmente direcionadas.

Instituições melhores. A ênfase está na coordenação entre os níveis de governo para administrar o uso e a conversão da terra. No campo, o plano concentra as terras rurais mediante a transferência de direitos de uso para as empresas e agricultores. Nas cidades pequenas e grandes, a criação de zonas industriais é parte vital de um contexto mais amplo. As cidades grandes e médias estão desenvolvendo manufatura de elevado valor agregado, enquanto as cidades menores estão se especializando em indústrias com mão de obra intensiva, atraindo mão de obra das aldeias próximas e facilitando as economias de localização.

Mais infraestrutura. Está planejada infraestrutura básica maciça. Chongqing gastará bilhões em infraestrutura, recebendo cerca de US$ 2 bilhões por ano do governo central e investimentos privados crescentes de Hong Kong, China e Cingapura. Em Chengdu, aproximadamente 117 bilhões de Yuan serão investidos em 71 projetos de infraestrutura, incluindo as redes de transporte entre as áreas rurais e urbanas e projetos de água e saneamento nas áreas rural e urbana. Outros 16,5 bilhões de Yuan serão investidos em 34 projetos sociais para melhorar os padrões de vida dos moradores da atrasada região rural.

Se os mercados favorecerem os dois lugares tanto quanto o governo o fez, eles melhorarão as vidas de milhões de pessoas em longínquos rincões chineses. A integração já causou impacto local. Em Chongqing, as rendas rurais em 2007 aumentaram mais rapidamente do que as dos residentes urbanos. Em Chengdu, acredita-se que as concentrações de agricultores tenham proporcionado um aumento de produtividade de 80%, já que a indústria está absorvendo aproximadamente 100 mil agricultores por ano.

Fonte: Equipe do RDM 2009.

dos padrões de vida básicos, de modo que as populações dos lugares menos afortunados não tenham que esperar por comodidades públicas básicas até que seus países alcancem níveis de renda elevados. A experiência dos países que se desenvolveram com êxito também justifica a impaciência em igualar os padrões de vida básicos.

Consideremos a Malásia. O crescimento econômico e as políticas governamentais reduziram a pobreza e aumentaram os padrões de vida, acelerando o progresso no sentido de alcançar os Objetivos de Desenvolvimento do Milênio. Mas nos primeiros anos de crescimento (entre 1970 e 1976), as taxas de pobreza divergiram ligeiramente entre os diferentes estados, convergindo mais tarde, quando caíram em todos os estados (ver figura 6). Os indicadores de saúde (mortalidade infantil) caíram mais nos estados de crescimento mais lento, sugerindo que os mecanismos de impostos e transferências funcionaram bem. Essa impaciência com a desigualdade espacial dos padrões de vida está surtindo efeito em outros países como China, Egito, Indonésia, México, Tailândia e Vietnã.

Mas nem todos os países experimentaram convergência geográfica nos Indicadores de Desenvolvimento do Milênio, tais como mortalidade infantil, saúde materna, educação básica, água potável e saneamento. O que eles devem fazer?

A resposta está na integração das áreas atrasadas e adiantadas usando políticas ajustadas ao nível de dificuldade da integração. Embora os motivos econômicos sejam importantes, as condições sociais e políticas influenciam a velocidade dessas mudanças espaciais. As escolhas que as pessoas fazem dos locais refletem as forças e as tendências das sociedades e das estruturas políticas. Os mapas de pobreza fornecem um retrato de onde as pessoas de baixa renda se concentram (elevada massa de pobreza – ou seja, as "pessoas pobres") e quais os lugares mais pobres (elevada taxa de pobreza – ou seja, "lugares pobres"). Esses mapas podem nos dizer muito sobre as condições sociais e políticas de um país: o deslocamento das pessoas de baixa renda pode ser o melhor reflexo das restrições à mobilidade, porque elas têm o motivo mais importante

Figura 6 Convergência geográfica mais rápida de padrões de vida básicos na Malásia

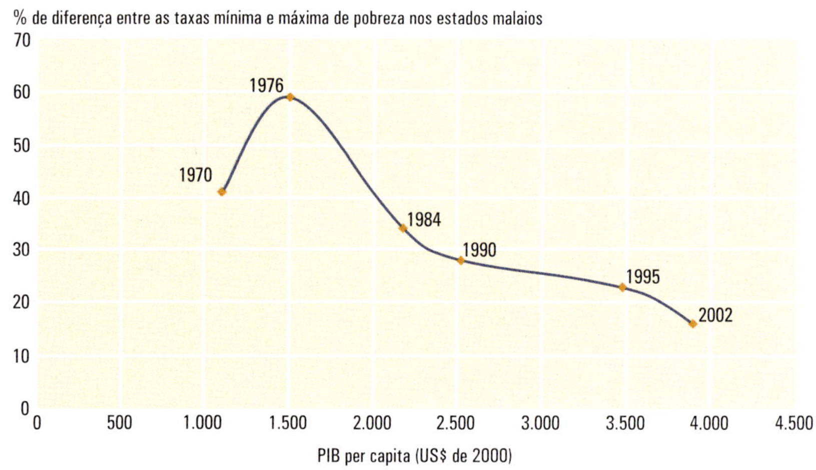

Fonte: Malaysia Economic Planning Unit 2008.

para se deslocarem e os menores recursos para fazê-lo.

Utilizando as informações sobre onde estão as pessoas de baixa renda e quais são os lugares pobres, a resposta das políticas podem ser adaptadas às condições do país:

- ***Países com áreas atrasadas escassamente povoadas.*** Na China, as taxas mais elevadas de pobreza estão nas províncias a oeste, mas as pessoas de baixa renda estão concentradas nas áreas do sudeste e central (ver mapa 7, painel a) A densidade econômica e a densidade populacional se sobrepõem. O país tem poucas divisões – as barreiras de idioma e outras barreiras não são grandes – e as pessoas, inclusive as de baixa renda, podem deslocar-se para reduzir sua distância da densidade. As instituições espacialmente neutras que asseguram o bom funcionamento dos mercados de terras reforçam os direitos de propriedade e prestam serviços sociais básicos, como educação e saúde, e podem ser o principal suporte de uma estratégia de integração econômica para reduzir a distância econômica entre as áreas atrasadas e adiantadas. Chile, Egito, Honduras, Indonésia, Rússia, Uganda e Vietnã são outros exemplos de países onde o desafio ao desenvolvimento da área é unidimensional.
- ***Países não divididos com áreas atrasadas densamente povoadas.*** No Brasil, as taxas de pobreza mais elevadas estão no Norte e Nordeste: oito dos dez

estados mais pobres estão no Nordeste, os outros dois estão no Norte (ver mapa 7, painel b). Mas a massa econômica e a concentração de pobreza são mais elevadas nas aglomerações urbanas próximas à costa, desde o pobre Nordeste até o próspero Sudeste. As densidades econômica e populacional coincidem apenas parcialmente. Os sintomas relacionados à pobreza são aqueles de um país onde as divisões internas, tais como diferenças etnolinguísticas e fragmentação política, são baixas, mas onde as densidades populacionais estão – por motivos históricos e relacionados às políticas – nos "lugares errados". Bangladesh, Colômbia, Gana, Tailândia e Turquia têm situação semelhante. Nesses lugares a atração das economias de aglomeração nas áreas mais importantes e a mobilidade da mão de obra talvez não sejam suficientemente fortes para induzir a concentração e a convergência. O problema de "longas distâncias e densidade errada" deve ser tratado por uma política de integração econômica dupla: as instituições espacialmente neutras devem ser acrescidas da infraestrutura espacialmente conectada, como autoestradas e rodovias inter-regionais e melhores telecomunicações.

- ***Países divididos com áreas atrasadas densamente povoadas.*** Na Índia, mais de 400 milhões de pessoas vivem nos estados atrasados do centro, que abrigam mais de 60% da população de baixa renda do país (ver mapa 7, painel c). As pessoas moram lá por um motivo: é uma planície fértil e foi o berço da civilização indiana. Mas esse local tem menos sorte agora que o mundo mudou. A mobilidade da mão de obra é limitada por causa das divisões linguísticas e de classe. A mobilidade não foi auxiliada pelas políticas que procuraram revitalizar o crescimento nessas províncias atrasadas por meio de financiamento subsidiado e licenciamento industrial preferencial. O debate está agora mudando para a integração econômica – políticas mais coerentes com a mobilidade da mão de obra, como infraestrutura inter-regional e melhores serviços de saúde e educação. Essas políticas e a migração interestadual que elas estimulam irão, se lhes for dado tempo, reduzir as divisões que aumentaram as distâncias entre as áreas adiantadas e as áreas atrasadas densamente povoadas. Enquanto isso, essas áreas podem precisar do auxílio de incentivos direcionados para a geografia que estimulam a produção. Outro país com uma agenda tridimensional de integração de distância, áreas pobres densamente povoadas e divisões internas pode ser a Nigéria. Nesses lugares, a resposta das políticas tem que ser uma combinação de políticas neutras do ponto de vista espacial, de ligação e direcionadas.

Não se deve culpar os governos por serem impacientes e tentarem ajudar as áreas atrasadas. Mas intervenções direcionadas não devem ser formuladas para trabalhar com as reformas institucionais e os investimentos em infraestrutura. A experiência sugere que não se forneçam incentivos para atividades que dependam das economias de aglomeração ou do acesso aos mercados internacionais. Os incentivos para a agricultura são os principais candidatos nessas áreas eminentemente rurais e agrárias. A dependência principalmente de incentivos à indústria – como a Índia fez durante décadas – não ajudará os estados atrasados a elevar seu padrão de vida para os níveis dos estados adiantados.

Integração regional para aumentar o acesso aos mercados globais

Os méritos dos acordos comerciais globais em comparação com os regionais são objeto de debate há anos. O debate está agora basicamente concluído. Quando os pactos regionais ou bilaterais não desestimulam o comércio com países de outras regiões e quando são acompanhados por medidas para facilitar os fluxos de mercadorias, pessoas e financiamento – eles podem ajudar. De outro modo, não valem o aborrecimento.

Este Relatório não reabre o debate. Em vez disso, levanta a questão de qual a melhor forma para os países em desenvolvimento obterem acesso aos mercados dentro de suas comunidades e em todo o mundo. A geografia importa muito na decisão sobre

Mapa 7. Três tipos de países, diferentes desafios para o desenvolvimento de área

a. China: As taxas de pobreza são elevadas no Ocidente, mas a maioria das pessoas de baixa renda vive no Oriente

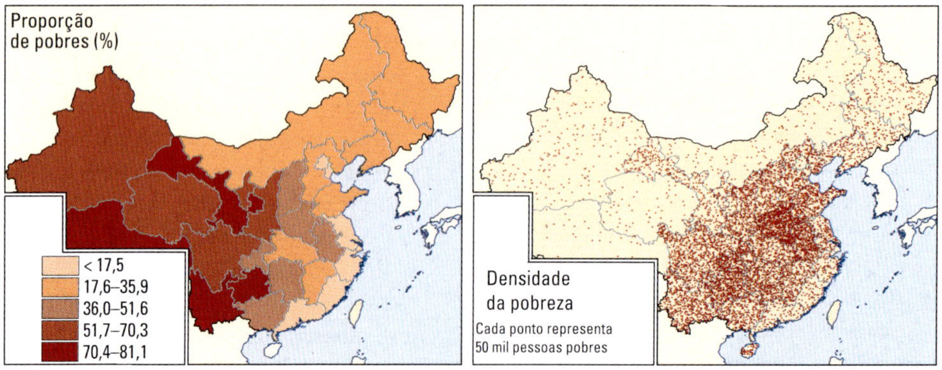

b. Brasil: As taxas de pobreza são elevadas no Norte e Nordeste, mas a maioria das pessoas de baixa renda vive no litoral

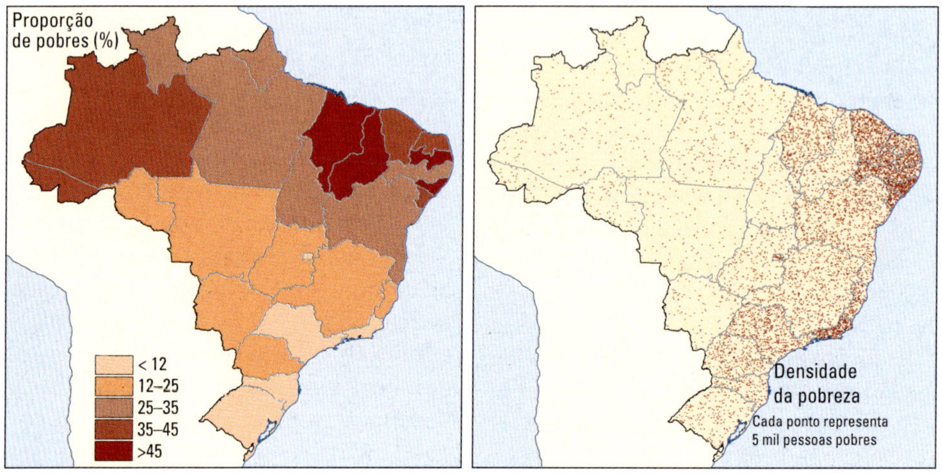

c. Índia: As taxas de pobreza são elevadas nos estados do centro e muitas pessoas de baixa renda vivem nesses estados

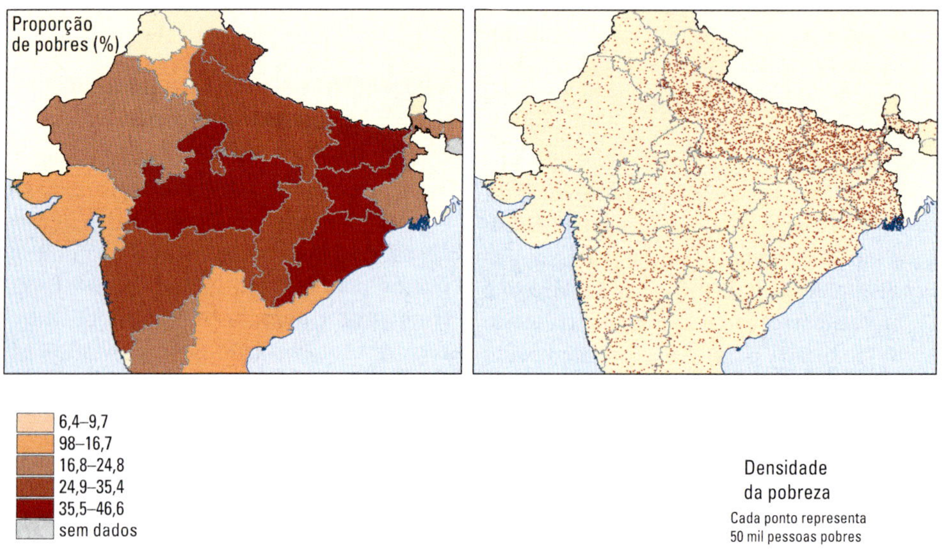

Fonte: Equipe do RDM 2009.

o que é necessário, o que é desnecessário e o que fracassará. Mas com a combinação certa de ações, mesmo os países em partes do mundo que ficaram muito para trás, podem superar sua desvantagem geográfica. A maneira de saber se as ações estão dando frutos é ver se o acesso ao mercado melhora de forma significativa.

Algumas regiões do mundo têm-se saído melhor do que outras (ver figura 7). Os países nessas regiões têm hoje fronteiras econômicas mais tênues (ver mapa 8, painel a). Eles podem se permitir ter fronteiras tênues porque seus vizinhos também estão prosperando. Para eles, os mercados regionais são mercados mundiais. Outros, como os países do Leste Asiático, permitiram que os relacionamentos de produção se fortalecessem e abrissem caminho mesmo em fronteiras espessas. Mas a especialização só pode aumentar a eficiência se a escala de produção for grande, e isso requer alcançar os grandes mercados do Hemisfério Norte.

O que os países que se desenvolveram por ultimo têm de fazer para acelerar o desenvolvimento? A condição comum é a divisão – ou seja, fronteiras espessas. A diferença entre eles é a distância dos grandes mercados mundiais e se há ou não um país grande mais ou menos próximo (ver mapa 8, painel b).

Figura 7 O nordeste, o sudeste e o sul da Ásia estão alcançando as nações desenvolvidas
Taxas de crescimento médio anual do PIB per capita, 1960-2006

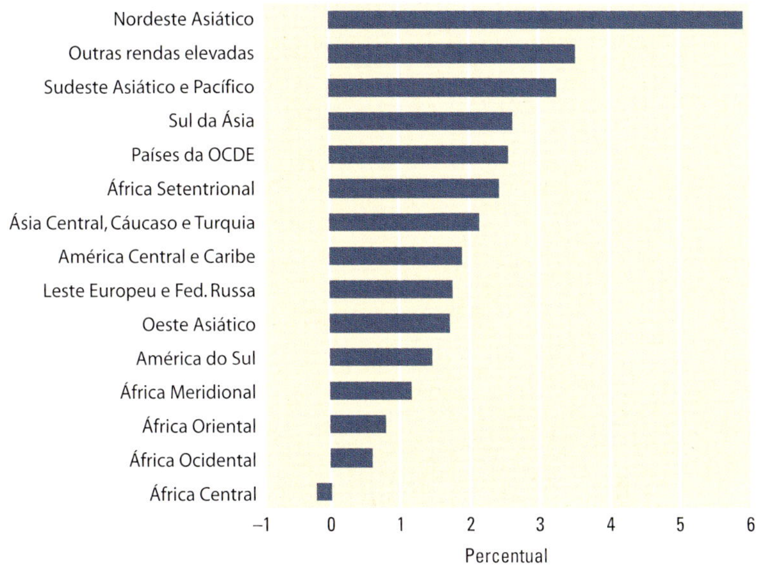

Fonte: Equipe do RDM 2009.

- ***Países em regiões próximas a grandes mercados mundiais.*** Para os países próximos a grandes mercados, a integração regional e global não requer diferenciação geográfica. As medidas neutras do ponto de vista espacial, tais como a melhoria das políticas econômicas e o clima de investimento, atrairão capital e tecnologia dos mercados próximos mais sofisticados. Os talentos subutilizados e mão de obra mais barata são atrativos poderosos. O fato de ficarem para trás ou liderarem dentro da região é pouco relevante; a presença de um "sol" nas proximidades faz deles pequenos planetas. As exportações mexicanas para os Estados Unidos correspondem a aproximadamente 1,7% da economia dos EUA. O México deveria criar vínculos ainda mais fortes com os Estados Unidos. Mas para outros países da América Central, as compensações para infraestrutura de conexão com o México são pequenas – o mercado da América do Norte minimiza todos os mercados da América Central. E o acesso ao mercado depende principalmente da estabilidade econômica. As instituições neutras do ponto de vista espacial devem ser capazes de integrar a América Central aos mercados mundiais. O mesmo se aplica ao Leste Europeu, à África Setentrional e ao Sudeste Asiático. Os países dessas regiões têm acesso acima da média aos mercados, embora, dependendo das políticas econômicas e regulamentações, esse acesso não seja uniforme nem mesmo dentro dessas regiões (ver mapa 8, painel c).
- ***Países em regiões distantes dos grandes mercados mundiais que têm uma grande economia.*** Para integrar as regiões mais distantes dos grandes mercados mundiais mas com uma economia de vulto – Leste Asiático, América Latina, África Meridional e Sul da Ásia – essas medidas neutras do ponto de vista espacial são igualmente necessárias mas talvez não suficientes. Para os países atrasados dessas regiões, como Mongólia, Nepal, Paraguai e Zimbábue, alguns dos caminhos para os mercados mundiais podem passar por seus vizinhos maiores. Brasil, China e Índia são

Mapa 8 O acesso ao mercado distingue regiões do mundo

a. As fronteiras são mais densas nas regiões em desenvolvimento

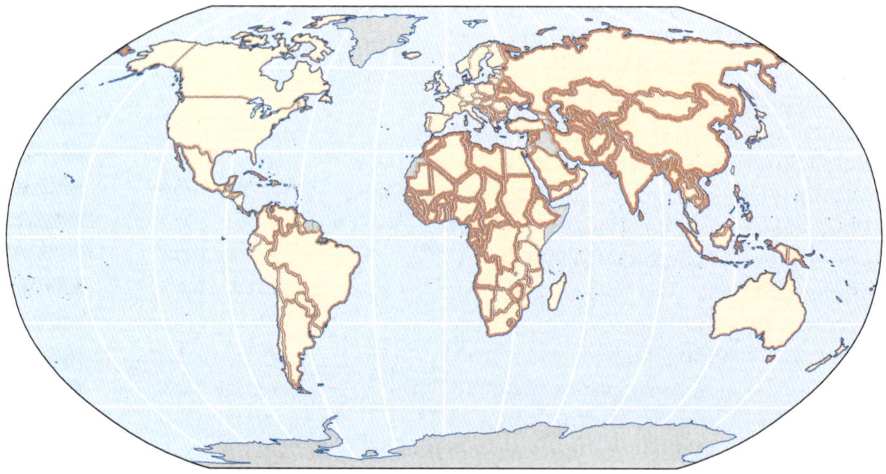

b. O tamanho e o acesso ao mercados difere muito entre as regiões

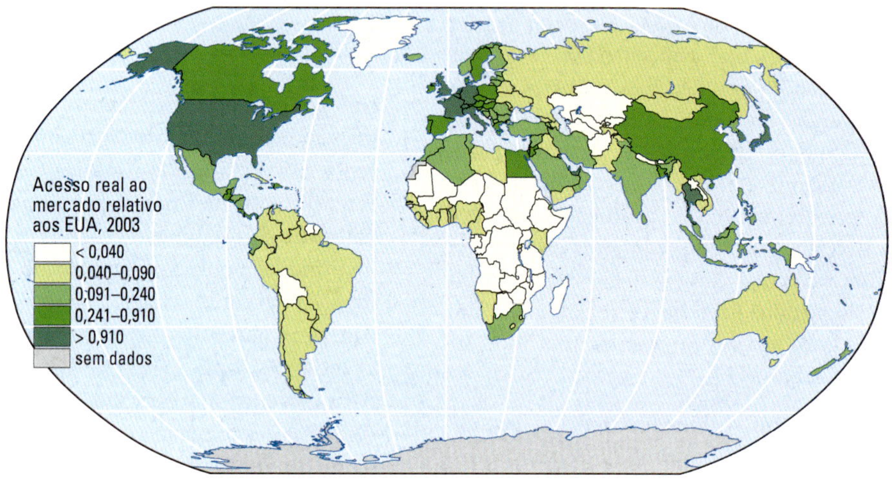

c. As três dimensões sugerem uma taxonomia simples das comunidades mundiais

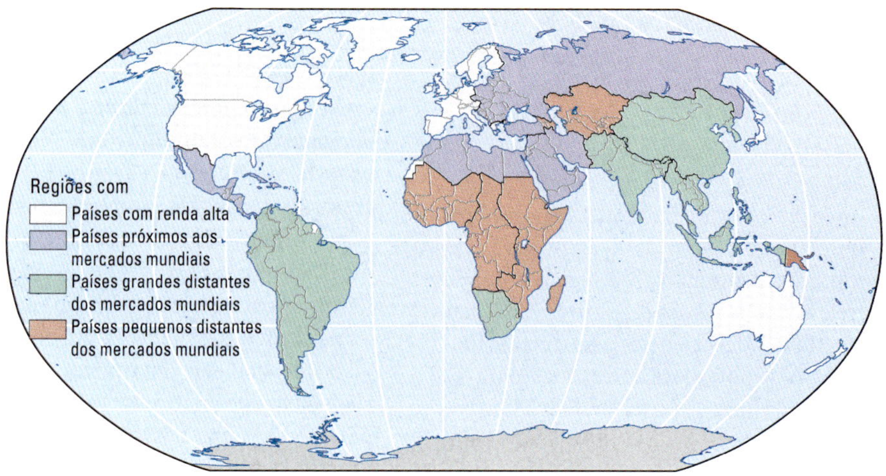

Fontes: Painel a: Equipe do RDM 2009 (ver capítulo 3 para detalhes; Painel b: Mayer 2008 (ver capítulo 9 para detalhes; Painel c: Equipe do RDM 2009 (ver capítulo 9 para detalhes).

atraentes para os investidores por causa do tamanho de seu mercado potencial, e esses "efeitos de mercados domésticos" podem gerar o impulso para a especialização e ajudar as empresas a competirem nos mercados mundiais. Uma qualificação: para o acesso aos mercados, a medida de distância relevante é econômica e não euclidiana. Com uma combinação de acordos bilaterais, políticas de transportes eficientes e especialização agressiva em produtos primários, o Chile reduziu a distância da América do Norte e criou vínculos globais em vez de regionais. Mas casos como esse são exceções. Para a integração econômica dos países menores dessas regiões, serão necessárias reformas regionais institucionais e de conexão.

- ***Países em regiões distantes dos mercados mundiais sem economias importantes.*** Os desafios mais difíceis são enfrentados pelos países localizados em partes do mundo divididas por fronteiras espessas, distantes dos mercados mundiais e sem um país grande que possa servir de canal regional para os mercados mundiais, como o Brasil e a Índia serviriam. Para essas regiões a geografia econômica constitui um desafio em três dimensões. A Costa do Marfim e a Tanzânia não podem ser condenadas por se preocuparem mais com seus próprios pobres e não com seus vizinhos menos afortunados, como Burkina Faso e Burundi. Na realidade, a julgar pelos benefícios da cooperação regional, eles fizeram esforços repetidos para promover a integração em suas proximidades. A ECOWAS inclui até uma cláusula que permite que os trabalhadores atravessem fronteiras, uma etapa de integração igualada somente (e apenas recentemente) pela União Europeia. Ela tentou também compartilhar a infraestrutura regional. Outras dessas regiões são a África Central, a Ásia Central e as Ilhas do Pacífico. Os países dessas regiões enfrentam um desafio tridimensional (ver "Geografia em Movimento: Densidade, Distância e Divisão na África Subsaariana"). São necessários esforços conjugados para aprimorar a cooperação institucional e os investimentos em infraestrutura regional – mas isso não é suficiente. Também serão necessários incentivos direcionados por meio de acesso preferencial aos mercados dos países desenvolvidos, talvez condicionados à colaboração regional para melhorar as instituições e a infraestrutura.

Todos devem apoiar os esforços desses países do "bilhão mais pobre" para integrar suas economias, dentro e entre fronteiras. Um bilhão de vidas depende disso.

Estamos familiarizados com as transformações setoriais necessárias ao crescimento econômico – as mudanças no trabalho e na organização à medida que as economias agrárias se tornam industrializadas e voltadas ao setor de serviços. Este Relatório discute as transformações espaciais que também devem ocorrer para os países se desenvolverem. Densidades mais elevadas, distâncias mais curtas e menos divisões continuarão a ser essenciais para o sucesso econômico no futuro previsível, e precisam ser incentivadas. Com elas virá o crescimento desigual. Quando acompanhado por políticas para a integração ajustadas para a geografia econômica das nações, essas mudanças também trarão o desenvolvimento inclusivo – mais cedo e não muito mais tarde.

Navegando pelo Relatório

Em 1971, Simon Kuznets, russo emigrado que havia feito carreira nos Estados Unidos, recebeu o Prêmio Nobel de Economia "por sua interpretação empiricamente fundada do crescimento econômico, que levou a um entendimento novo e aprofundado da estrutura econômica e social e do processo de desenvolvimento".[1] Em seu discurso de entrega do prêmio, Kuznets resumiu as mudanças estruturais que acompanham o crescimento econômico, enfatizando "a transição da agricultura para empreendimentos não-agrícolas e, recentemente, da indústria para os serviços".[2] Essas são as mudanças setoriais de produção necessárias para que as nações prosperem. As nações não se desenvolvem simplesmente fazendo mais do mesmo. Elas precisam fazer coisas diferentes, e fazê-las melhor.

Ao longo dos anos, isso foi confirmado tantas vezes, que hoje já parece quase óbvio. Menos óbvias porém não menos importantes são as transformações *espaciais* necessárias para essas transições estruturais. Alguns lugares são adequados para a agricultura, outros para a indústria, outros ainda para os serviços. À medida que as economias se tornam industrializadas e mais pessoas são empregadas no setor de serviços, a forma dessas economias também precisa mudar. Essas mudanças, que envolvem ajustes sociais tanto quanto econômicos, podem levar tempo. O mundo econômico não é isento de fricções. O "o que" e o "como" da produção econômica não podem ser decididos sem decidir o "onde".

Para os formuladores de políticas, particularmente, é importante compreender essas mudanças e avaliar as forças de mercado que as moldam. Essa compreensão pode fazer a diferença entre a prosperidade e a estagnação. Essa pode até ser uma das principais lições do século XX. Depois que Kuznets deixou a Rússia em 1922, os planejadores soviéticos implementaram uma certa abordagem da geografia econômica, e os Estados Unidos implementaram outra. A estratégia soviética forçava as pessoas a se deslocarem para o norte e para o leste, e a espalhar a produção econômica. Enquanto isso, os americanos se deslocavam voluntariamente para o sul e o oeste, mas a produção se tornava mais concentrada. Cinco anos depois da morte de Kuznets, em 1985, a União Soviética desmoronaria. Naquela época, a renda per capita da Rússia era um quarto da dos Estados Unidos. A ineficiência espacial não foi a única razão pela qual a União Soviética ruiu. Mas também não ajudou.

Quando a Rússia superou a planificação ao mercado, a eficiência espacial aumentou. Entre 1989 e 2004, quase todas as novas empresas escolheram localizações com o melhor acesso a Moscou, São Petersburgo e mercados internacionais.[3] Durante as três últimas décadas, os pesquisadores documentaram as mudanças da geografia econômica necessárias para se manter espacialmente eficiente à medida que a tecnologia avança e as estruturas produtivas mudam. Eles estudaram os efeitos das populações maiores, dos mercados globalizados e das fronteiras internacionais sobre a localização das pessoas e da produção. Eles estão começando a avaliar como os governos podem ajudar ou prejudicar essas transformações. Este Relatório se baseia nesse trabalho e suas implicações para as políticas públicas.

As políticas governamentais são importantes. Com o desenvolvimento, as pessoas e a produção se tornam mais concentradas – nas pequenas e grandes cidades, e nas áreas de países mais próximos dos mercados internos e internacionais. Enquanto a atividade econômica se concentra em certas partes de uma nação ou do globo, muitas pessoas podem estar dispersas no campo ou em lugares distantes da prosperidade, talvez produzindo disparidades geográficas consideráveis nos padrões de vida. Este Relatório discute por que isso acontece e avalia qual alternativa tem sido mais eficaz para alterar a geografia econômica dos países em desenvolvimento. A atividade econômica se concentrará de qualquer forma. Porém, gerida de certa forma, como fizeram os Estados Unidos, ela pode promover o crescimento e a integração. Gerida de outra forma, pode resultar em desintegração e desespero, e até em conflitos.

Este Relatório cobre um conjunto amplo e aparentemente desconexo de fenômenos que percorrem o espectro desde a escala local até a nacional e internacional, da geografia humana até a física e política, e das instituições nacionais e globais até intervenções direcionadas. Manter a investigação disciplinada requer que se enfatizem certos aspectos das transformações espaciais e se deixem outros de lado. O restante deste capítulo resume o alcance do Relatório, esclarece seus termos e delineia sua estrutura.

QUADRO 0.1 *O que este Relatório não aborda*

Para conservar o foco do Relatório, vários aspectos importantes das transformações espaciais não receberam a atenção que mereceriam num estudo mais completo. Os principais aspectos desconsiderados – exceto quando ressaltam ou qualificam as mensagens mais importantes – são os ***efeitos sociais e ambientais*** da geografia econômica em mutação.

A aglomeração – o crescimento das cidades – pode ter alguns efeitos sociais e ambientais benéficos e outros nocivos. As cidades ajudam a romper estereótipos sociais e aumentam a coesão. Os movimentos mais progressistas da história tiveram origem urbana. Mas também foi o caso dos mais violentos. Acredita-se que a propensão das pessoas a cometerem crimes seja maior nas cidades. E, enquanto as cidades permitem o individualismo e a criatividade e rompem barreiras sociais, também quebram laços sociais:

> As cidades sempre foram os berços da liberdade, assim como são hoje os centros do radicalismo. Toda pessoa no mundo sabe que o isolamento e a solidão encontram-se em grau muito maior numa cidade abarrotada do que num vilarejo do campo, onde as preocupações individuais de cada um são as preocupações de todos.[a]

A migração também pode ter efeitos muito diferentes nas diversas sociedades, tanto nos lugares que as pessoas deixam como naqueles para onde vão. Ela quase sempre traz recompensas econômicas, mas, como mostram os sentimentos anti-imigração em muitos países, também significa mais risco.

A especialização da produção que a queda dos custos de transporte tornou possível pode ter um custo ambiental. O bacalhau é pescado na costa da Noruega, transportado de avião para a China para ser limpo e depois transportado de avião de volta para a Noruega para ser vendido. Essa especialização baseada nos recursos naturais (peixe na Europa setentrional, pessoas na China) ajuda tanto os consumidores noruegueses como os trabalhadores chineses, mas agora o bacalhau deixa um rastro de carbono maior. Os efeitos ambientais da urbanização e do transporte são considerados neste Relatório somente quando se referem às suas mensagens.

a. Weber 1899, p. 432.

Alcance

Os governos intervêm (geralmente de maneira incorreta) para distribuir os benefícios do crescimento econômico de modo mais uniforme no espaço. Mesmo quando os imperativos são políticos, têm consequências econômicas. E mesmo se os objetivos são econômicos, têm efeitos sociais e ambientais. Assim, os formuladores de políticas enfrentam questões difíceis e precisam chegar a um acordo. Os custos econômicos dos erros podem ser grandes e duradouros: reconhecer a importância da geografia econômica significa entender que, uma vez que os produtores e as pessoas tomam decisões sobre onde se instalar, tais decisões podem ser difíceis de reverter.

Os governos podem agir melhor promovendo as forças de mercado que proporcionam tanto a concentração da produção econômica como a convergência dos padrões de vida, e incrementá-las com políticas para garantir serviços básicos economicamente acessíveis em todo lugar. Eles podem fazer isso ajudando as pessoas e os empreendedores a tirar proveito das oportunidades econômicas onde quer que surjam. As forças de mercado que mais ajudam são a aglomeração, a migração e a especialização. Seus benefícios econômicos são o assunto deste Relatório. Suas implicações sociais e ambientais não são consideradas em detalhe (ver quadro 0.1). Os efeitos sociais e ambientais indesejados das forças de mercado são questões políticas importantes, mas merecem mais espaço do que pode ser dedicado num relatório que mostra como a geografia *econômica* é reconfigurada durante o desenvolvimento.

O Relatório descreve as transformações geográficas necessárias ao desenvolvimento. Analisa essas mudanças usando as descobertas da história econômica e das pesquisas recentes. Em seguida, revisita os debates políticos sobre urbanização, desenvolvimento regional e integração internacional. Este é o 31.° Relatório sobre o Desenvolvimento Mundial, e as questões de que ele trata foram abordadas por Relatórios anteriores. Mas aqui os fatos, a análise e as políticas relacionadas às transformações espaciais são o foco principal sobre o qual o Relatório se estrutura.

Termos

Para formular mensagens simples úteis para os formuladores de políticas, uma terminologia simples é necessária. O Relatório usa certos termos que podem não ser familiares aos leitores, introduz outros e usa outros ainda como expressão sintética. Esta seção esclarece os termos que o restante do Relatório usa de maneira consistente.

Escalas espaciais – área, país e região

Ao longo do Relatório, a análise é realizada em três escalas geográficas – local, nacional e internacional. As preocupações políticas que correspondem a essas escalas espaciais são, respectivamente, a velocidade e a sustentabilidade da transformação rural-urbana, as disparidades territoriais de produção e bem-estar dentro dos países, e essas mesmas disparidades entre países e regiões do mundo. As unidades que correspondem a essas escalas espaciais são a área, o país e a região. Esses termos são usados de maneira consistente ao longo do Relatório. Uma "área" é o mesmo que um "território", o alvo das políticas de desenvolvimento territorial. Nos países anglófonos, é o mesmo que uma "região" dentro de um país, como nos debates sobre "desenvolvimento regional". O termo "área" é usado aqui para evitar confusão com outra escala espacial, a internacional, porque "região" também descreve um grupo de países, como o Sul da Ásia, que inclui a Índia e seus vizinhos.

Para fixar os termos, vejamos as três escalas geográficas: a área metropolitana de Xangai, a China (país), e a região do Leste Asiático (ver mapa 0.1).

- ***Área.*** A escala local é a municipalidade de Xangai – que inclui a cidade de Xangai e cidades vizinhas, cidades pequenas e vilarejos numa área de aproximadamente 7 mil km^2, com uma densidade populacional de aproximadamente 3 mil pessoas por km^2. A densidade populacional na cidade é de aproximadamente 13 mil pessoas por km^2.
- ***País.*** A escala nacional compreende as 23 províncias, cinco regiões autônomas e quatro municipalidades (Xangai é uma delas) que compõem a China, cobrindo aproximadamente 9,6 milhões de km^2. A distância entre a província ocidental de

Mapa 0.1 Três escalas geográficas – área, país e região
Xangai, China, e Leste Asiático exemplificam as escalas local, nacional e internacional

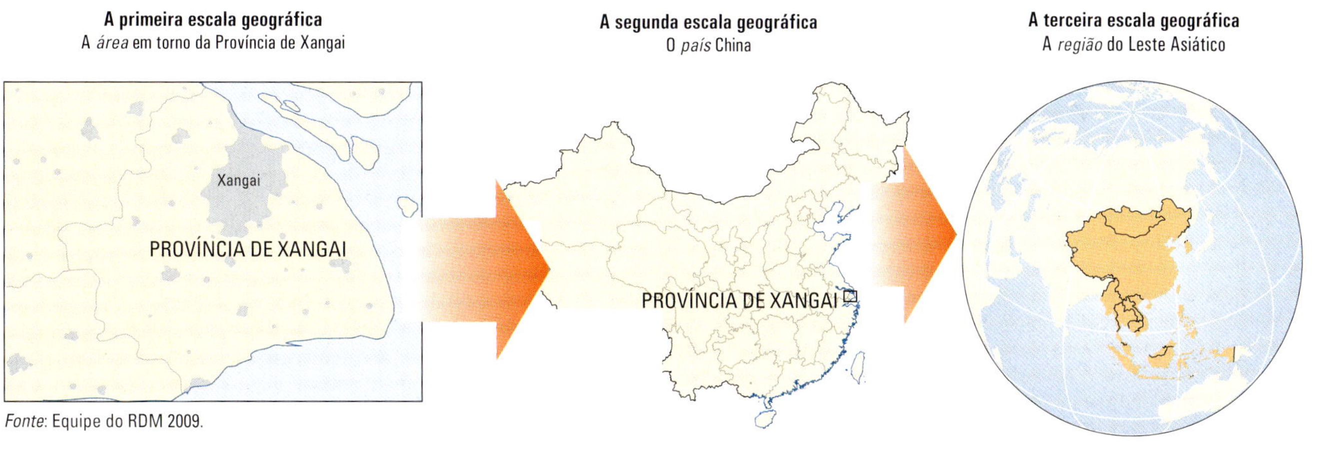

Fonte: Equipe do RDM 2009.

QUADRO 0.2 *As regiões deste RDM são mais detalhadas que as do Banco Mundial*

Este Relatório fala sobre geografia e desenvolvimento econômico, focalizando a variabilidade espacial das condições e dos resultados mais do que a análise econômica em geral faz. Quando apropriado, utiliza os países ou as áreas dentro dos países como unidades de análise. Mas quando a ênfase recai sobre a integração regional e as interações entre estados soberanos vizinhos, o Relatório usa uma agregação de países que é mais detalhada do que as seis regiões padrão do Banco Mundial, que podem esconder uma variação significativa.

A adaptação das regiões geográficas da ONU, mantendo-se a consistência com as regiões do Banco Mundial, resulta nas 16 regiões expostas aqui. Dependendo do contexto, a análise deste Relatório ignora a renda dos países dentro de uma região – digamos, onde os efeitos secundários do crescimento regional dos países industriais para os países em desenvolvimento têm interesse – ou trata a Organização para a Cooperação e Desenvolvimento Econômico (OCDE) e outras economias de renda alta separadamente.

Mapa das Regiões usadas neste Relatório

Fonte: Equipe do RDM 2009.

Xinjiang e as áreas costeiras dinâmicas a leste é de mais de 4 mil km. As restrições à migração interna podem fazer a distância *econômica* parecer muito maior.

- ***Região.*** A escala internacional consiste na China e em seus vizinhos do Leste Asiático, incluindo o Japão, a Mongólia e a República da Coreia. A região é dividida por fronteiras, algumas espessas, outras tênues.

Este Relatório usa a noção de regiões "naturais", definidas por elementos de geografia humana, física e política. O Banco Mundial costuma classificar todos os países de baixa e média rendas em seis regiões, e agrupa todos os países de alta renda, independentemente de sua localização. Este Relatório classifica o mundo em 16 regiões que incluem tanto países desenvolvidos quanto em desenvolvimento, usando a proximidade geográfica como critério mais importante (ver quadro 0.2). Ele também é mais detalhado. A África Subsaariana, por exemplo, tem quatro regiões – Ocidental, Central, Oriental e Meridional. O Leste Asiático e o Pacífico têm três – Nordeste, Sudeste e as Ilhas do Pacífico. O termo "região" é usado ao longo do Relatório para referir esses 16 grupos de países.

Embora a escolha da área ou região possa ser arbitrária, essas escalas espaciais se ajustam bem aos níveis de formulação de políticas. Este Relatório almeja informar a formulação de políticas nesses três níveis – subnacional, nacional e internacional.

Dimensões espaciais – densidade, distância e divisão

Para descrever as transformações geográficas que acompanham o desenvolvimento, o Relatório introduz o uso de três dimensões espaciais – densidade, distância e divisão. Essas dimensões ajudam o leitor a visualizar o desenvolvimento no espaço real – em três dimensões, em outras palavras. Os termos são metáforas fáceis, mas também têm uma interpretação técnica. A *densidade* geralmente significa a intensidade da atividade econômica numa unidade de superfície, digamos 1 km^2. As limitações de dados podem obrigar a um compromisso: como as densidades produtiva e populacional estão intimamente relacionadas, e os dados de produção são menos acessíveis, às vezes a densidade populacional é usada como substituto para a densidade econômica. Isso pode se tornar um pouco confuso. Londres é provavelmente a cidade com a maior densidade econômica do mundo, mas Mumbai, com 30 mil pessoas por km^2, é a mais densamente povoada. A *distância* significa os custos para chegar aos lugares com densidade econômica.

Enquanto a densidade e a distância estão intimamente relacionadas à geografia humana e física, a *divisão* se refere mais à geografia sociopolítica. A religião, a etnia e a língua são alguns dos principais atributos que levam às divisões entre lugares. Se as divisões são maiores entre as várias nações, também podem ser consideráveis dentro dos países.

Essas dimensões são mensuráveis. Porém, ao contrário da altura, do comprimento e da largura, por exemplo, as dimensões geográficas não são ortogonais. Uma analogia melhor para as três dimensões são a altura, o peso e a idade de uma pessoa, que são relacionados. Do mesmo modo, conforme as distâncias aumentam, é provável que as divisões também se fortaleçam. Densidade, distância e divisão são mais bem ilustradas pelo acesso a mercados, um indicador da oportunidade econômica para uma localidade que revela o tamanho dos mercados potenciais e a proximidade e facilidade de atingi-los. O acesso a mercados ao longo das escalas geográficas determina onde a atividade econômica pode prosperar e, consequentemente, onde as empresas irão se instalar e as populações irão crescer.

Usando esse conceito de acesso a mercados, as três dimensões são definidas como segue:

- ***Densidade*** indica o tamanho da produção econômica ou do poder de compra total por unidade de superfície – digamos 1 km^2. É maior nas grandes cidades, onde a atividade econômica é concentrada, e muito menor nas comunidades rurais.
- ***Distância*** mede a facilidade de atingir os mercados. Determina o acesso às oportunidades. As áreas distantes dos centros economicamente densos num país são as que têm mais probabilidade de ficar para trás.
- ***Divisão*** decorre das barreiras às interações econômicas criadas pelas diferenças de moeda, costumes e línguas, que restringem o acesso a mercados. É mais relevante num contexto internacional.

O conceito de distância também é relevante internacionalmente. A diferença entre distância e divisão é que a distância modula o acesso à oportunidade econômica de maneira mais contínua – um decréscimo de distância. A divisão, em contrapartida, apresenta barreiras discretas ao acesso e à integração econômica. Pode ser vista como um fator que aumenta a distância econômica ou o tempo de viagem para uma unidade de distância física (ou euclidiana).

Essas definições não são cientificamente exatas. Mas os termos são usados de maneira consistente no Relatório. Quando "densidade" é usado, significa densidade econômica: produção por unidade de superfície. Quando qualquer outra medida de densidade é usada como população por km^2 (como nos capítulos 1 e 7) ou os lugares onde vive o maior número de pessoas pobres de uma nação (como nos capítulos 2 e 8) – ela é qualificada de acordo.

A distância pode ser medida com certa precisão, mas quando a infraestrutura é esparsa, a distância em linha reta é diferente da distância por rodovia ou ferrovia. Muitos outros fatores, como a disponibilidade e o acesso a serviços de transporte determinam a acessibilidade real. Quando tal informação está disponível, ela é usada. O capítulo 1, por exemplo, utiliza uma medida uniforme de urbanização baseada nos lugares que têm níveis mínimos de densidade populacional e estão a 1 hora de viagem de aglomerações consideráveis. Ao computar esse "índice de aglomeração", a qualidade da infraestrutura de transporte é levada em conta. A divisão é associada às fronteiras internacionais porque elas geralmente impedem a facilidade de intercâmbio ou viagem. Mas nem todas as fronteiras implicam divisões. As da União Europeia, por exemplo, deixaram de refletir divisões entre os países. E nem todas as divisões presumem fronteiras internacionais. Quando diferenças religiosas, étnicas e linguísticas se manifestam espacialmente, pode haver divisões dentro dos países.

Há uma correspondência entre as escalas geográficas e as dimensões. No âmbito local, dentro de uma área, a dimensão mais importante é a densidade, porque geralmente as distâncias são curtas e as divisões pouco numerosas. Nacionalmente, a dimensão mais importante é a distância da densidade; e as divisões dentro dos países tendem a ser menos numerosas, embora possam ser sérias em certos países. Internacionalmente, numa escala espacial regional ou global, as distâncias e divisões são geralmente mais sérias.

Usando essas três dimensões, o Relatório resume as transformações geográficas necessárias para o desenvolvimento (Parte I). Mostra como as forças de mercado impulsionam essas transformações (Parte II). E avalia como os governos podem incrementar essas forças para sustentar o crescimento e reduzir a pobreza (Parte III).

Instrumentos de integração – instituições, infraestrutura e intervenções

Por meio de políticas adequadas, os governos podem promover a integração econômica entre os lugares onde a produção econômica está concentrada e os lugares atrasados. Alguns desses instrumentos políticos são espacialmente explícitos, como o programa de melhoria das favelas numa cidade, ou os incentivos fiscais de um estado brasileiro a uma companhia automobilística dos EUA, ou os fundos estruturais e de coesão da UE. Outros são destinados a ser universais em sua cobertura, incluindo educação básica obrigatória e gratuita para todas as crianças, regulamentações do mercado de trabalho, tais como as leis sobre o salário mínimo, e a observância dos direitos de propriedade. Entre esses programas espacialmente direcionados e as políticas "espacialmente neutras" estão os investimentos e regulamentações que conectam os lugares, tais como rodovias, aeroportos e sistemas de comunicação.

Em sua forma atual, todos os debates sobre como os governos podem promover a transformação rural-urbana, ajudar as áreas atrasadas a reduzir a pobreza e – nas nações mais pobres do mundo – melhorar o acesso a mercados mundiais enfatizam o direcionamento geográfico. O debate sobre como promover uma urbanização saudável é polarizado entre a ênfase nos vilarejos, onde ainda vive a maioria dos pobres do mundo, e a crença de que o caminho para sair da pobreza está nas cidades; se a pobreza urbana aumenta, o foco se transfere dos vilarejos para as favelas. Motivado pelas disparidades espaciais dos padrões de vida dentro dos países, o debate sobre desenvolvimento territorial tende a se fixar de modo semelhante na promoção do crescimento econômico nas áreas atrasadas. Em nível internacional, o acesso preferencial aos mercados para os países menos desenvolvidos pode acabar por dominar as discussões políticas. A Parte III do Relatório recontextualiza esses debates, pedindo uma transição do direcionamento espacial para a integração.

Os instrumentos políticos para a integração econômica podem ser classificados em três categorias, conforme o lugar seja considerado mais ou menos explicitamente em seu alcance e concepção:

- ***Instituições*** é a expressão sintética para todos os instrumentos políticos *espacialmente neutros*. São os serviços que os governos deveriam fornecer a todos, independentemente do lugar. A palavra "instituições" conota universalidade, e inclui mecanismos de financiamento e fornecimento desses serviços básicos como a administração da justiça, a segurança pública, a regulamentação dos mercados fundiário, de trabalho e de capital, a educação e a saúde básicas, a eletricidade, a água e o saneamento. Os sistemas de recolhimento de impostos e de financiamento das despesas associados a esses serviços também são mais bem concebidos sem lugares específicos em mente.

- ***Infraestrutura*** é o termo que resume todos os investimentos *espacialmente conectivos* e as regras e regulamentações associadas a eles. Inclui rodovias e ferrovias, sistemas de aeroportos e transporte aéreo, telecomunicações e Internet.
- ***Intervenções*** é a expressão sintética para todos os incentivos *espacialmente direcionados*. Estes incluem as regulamentações e os investimentos que favorecem certos lugares, como as zonas de processamento de exportações (ZPE). Também incluem programas baseados em lugares – esquemas de melhoria de favelas como o *Favela Bairro*, no Rio de Janeiro, ou a Superintendência para o Desenvolvimento do Nordeste (SUDENE), a agência brasileira de desenvolvimento para o atrasado Nordeste, ou a iniciativa *Everything But Arms*, da União Europeia, que concede aos países menos desenvolvidos acesso comercial preferencial aos mercados europeus.

Como essas definições não correspondem estritamente ao uso comum, um esclarecimento adicional se faz necessário:

- Em primeiro lugar, é preciso ter cuidado com o tema "espacialmente neutro". Um sistema fiscal progressivo, por exemplo, pode não ser neutro nos seus efeitos ou resultados. As cidades podem acabar contribuindo mais para a arrecadação do que o campo, e os estados mais ricos podem contribuir mais do que os mais pobres. Mas o princípio orientador é que as alíquotas dos impostos diferem não somente em função do lugar, mas dos atributos das empresas e famílias que estão situadas ali.
- Em segundo lugar, o uso comum do termo "infraestrutura" inclui investimentos não conectivos, tais como

QUADRO 0.3 *A mensagem deste Relatório não é antiequidade*

As políticas de crescimento espacialmente equilibradas são frequentemente justificadas pela equidade. A União Europeia descreve sua política territorial como sendo governada pelo princípio da solidariedade, porque "almeja beneficiar cidadãos e regiões que são econômica e socialmente destituídos em relação à média da UE".[a] A política equipara equidade social e espacial – igualdade entre os indivíduos e igualdade dos padrões de vida entre estados e países. Este Relatório, em contrapartida, argumenta a favor dos benefícios da concentração geográfica da produção econômica. Mas mostra que, nos estágios iniciais do desenvolvimento, uma maior concentração é associada à divergência espacial dos padrões de vida, como a renda. Então, será que a mensagem deste Relatório é antiequidade?

Não. É importante distinguir três tipos de disparidades: disparidades espaciais de produção econômica, disparidades espaciais de padrões de vida e desigualdade social.

Disparidades espaciais de atividade econômica. Tanto nos Estados Unidos como nos países da UE-15, o produto interno bruto (PIB) e a população têm uma distribuição espacial irregular. Nos Estados Unidos, três estados (Califórnia, Nova York e Texas) geraram 21% do PIB nacional em 2005. Os mesmos três estados têm 19,8% da população dos EUA, mas somente 12,8% da superfície do país. Por outro lado, dez áreas subnacionais da UE foram responsáveis por 20,5% do PIB da União em 2005. Essas áreas têm 16,9% da população da UE-15, mas somente 8% de sua superfície. Logo, em ambos os casos, a atividade econômica e a população estão concentradas. Mas a desigualdade espacial de produção e população é mais alta nos Estados Unidos do que na União Europeia. O coeficiente Gini de desigualdade espacial do PIB é de 0,53 para os Estados Unidos e de 0,41 para a União Europeia. Para a população, os coeficientes são de 0,54 e 0,32, respectivamente. Para as áreas subnacionais na União Europeia e os estados norte-americanos, os números mudam, mas a conclusão é a mesma.[b]

Disparidades espaciais de padrões de vida. Os países da UE-15 têm maior desigualdade espacial de renda per capita e maiores taxas de desemprego, dois indicadores correntes dos padrões de vida individuais nos países de alta renda. O PIB per capita, por exemplo, acusou uma variação maior entre as áreas da UE do que entre os estados dos EUA em 2005. Embora a produção seja mais concentrada geograficamente nos Estados Unidos, também é maior a probabilidade de que as pessoas vivam onde a produção está, por isso o PIB per capita varia menos. O mesmo vale para as taxas de desemprego. Nos Estados Unidos, o estado com mais desemprego em 2007 (Michigan) tinha uma taxa de desemprego de 7,2%, 2,8 vezes a do estado com menos desemprego (Havaí). Porém, na União Europeia, em 2006, a proporção era de 8,1. Há menos desigualdade espacial de padrões de vida nos Estados Unidos.

Desigualdade social. Enquanto a desigualdade espacial de padrões de vida é maior na União Europeia do que nos Estados Unidos, ocorre o contrário para a desigualdade social entre indivíduos. Durante as últimas décadas, o coeficiente Gini dos Estados Unidos foi de aproximadamente 0,40, comparado a 0,33, 0,28 e 0,23 no Reino Unido, na Alemanha e na Áustria, respectivamente.[c]

Contribuição de Mark Roberts.
a. http://europa.ue/pol/reg/ overview_en.htm.
b. Puga 2002.
c. Burkey 2006.

fornecimento de água e energia. Neste Relatório, o termo "infraestrutura" é reservado aos componentes espacialmente *conectivos*. Os serviços públicos não-conectivos são incluídos nas instituições, como é o caso de serviços básicos como o saneamento.

- Em terceiro lugar, cada uma dessas categorias inclui as três ferramentas da política governamental – impostos, transferências e investimentos públicos, e regulações.
- Enfim, as iniciativas governamentais podem incluir mais de um instrumento. O desenvolvimento de favelas pode incluir medidas para melhorar o funcionamento dos mercados imobiliários urbanos, formalizando direitos de propriedade, melhorando as ruas e oferecendo incentivos monetários para que alguns moradores das favelas se mudem.

Estrutura

A principal conclusão deste Relatório – em todas as três escalas espaciais – é que o desenvolvimento econômico não é plano, linear ou ordenado. Os processos de crescimento econômico deixam para trás uma paisagem acidentada, onde a massa econômica se concentra em certos lugares. Os padrões de vida nesses lugares – especialmente a prosperidade crescente, a facilidade de acesso à educação e aos serviços de saúde, moradia, água e esgoto, alguns dos Objetivos de Desenvolvimento do Milênio mais urgentes – melhoram mais rápido do que quando há menos atividade econômica, ampliando as disparidades espaciais de bem-estar. Mas quando há crescimento econômico sustentado, a convergência dos padrões de vida começa a substituir a divergência. As nações se tornam ao mesmo tempo espacialmente eficientes e equitativas (ver quadro 0.3). O desafio do desenvolvimento é instituir políticas que permitam – e até incentivem – o crescimento econômico "desequilibrado" e mesmo assim assegurem resultados de desenvolvimento geograficamente equilibrados.

Os fatos

A Parte I do Relatório apresenta os fatos sobre as transformações espaciais – as mudanças de densidade econômica, distância e divisão. O capítulo 1 mostra que o desenvolvimento vem acompanhado de um aumento da densidade de assentamentos humanos: nenhum país atingiu altos níveis de renda sem esse aumento de densidade. O capítulo 2 expande a escala e mostra que o desenvolvimento é também acompanhado por maior concentração da atividade econômica nas áreas dos países mais próximas da densidade econômica. O capítulo 3 incorpora as divisões internacionais que desaceleram, mas não impedem, a concentração das atividades econômicas em certos países. Nas escalas local, nacional e internacional o padrão é semelhante: concentrações no estágio inicial e depois uma desaceleração.

A longa experiência dos países mostra que as diferenças de renda entre os lugares avançados e atrasados primeiro divergem e depois convergem, mas só nas áreas, países e regiões mais dinâmicos. Em cada uma das três escalas espaciais, compensa estar em regiões dinâmicas. O crescimento econômico leva ao congestionamento nas cidades – e ao crescimento de pequenas e grandes cidades bem conectadas às aglomerações que crescem rapidamente. Esse padrão se repete nos níveis nacional e internacional. A expansão da atividade econômica transborda para áreas e países que estão – em termos econômicos – próximos dos lugares que estão em boa situação.

Resultados (insights)

A segunda parte do Relatório é a "sala de máquinas". Ela explora os principais insights de um quarto de século de trabalho em várias subdisciplinas da economia, como organização industrial, economia urbana, comércio internacional e geografia econômica. Reduzida à sua essência, a máquina funciona graças a uma interação tripartida entre economias de escala, mobilidade dos trabalhadores e empreendedores, e custos de transporte e comunicação entre os lugares (ver figura 0.1).

QUADRO 0.4 *Novos resultados da geografia econômica: concentração, convergência e integração*

Durante as duas últimas décadas, novas análises mudaram a maneira como pensamos sobre a localização da produção, do comércio e do desenvolvimento. A análise se baseia em dois elementos. Em primeiro lugar, mercados grandes são desproporcionalmente atraentes para as empresas que produzem com economias de escala. As empresas com um mercado interno maior têm mais vendas, o que, com as economias de escala, implica custos unitários mais baixos e mais lucros, o que incentiva as empresas existentes a se expandir e atrair novas empresas. Em segundo lugar, os grandes mercados o são em parte porque muitas empresas e consumidores se situam neles. O acesso a mercados e a mobilidade criam uma causalidade circular e cumulativa. Um grande mercado atrai empresas e trabalhadores – e a demanda por insumos intermediários pelas empresas mais a demanda por bens finais pelos trabalhadores tornam o mercado ainda maior, atraindo mais empresas e trabalhadores, e assim por diante.

Isso é ao mesmo tempo bom e ruim para os lugares com condições iniciais desfavoráveis. É bom porque significa que a localização da empresa não é tão limitada pela natureza quanto as teorias baseadas em vantagem comparativa levam a acreditar. Os lugares com poucos recursos podem sustentar a concentração de atividade. É ruim porque o círculo de acesso ao mercado e mobilidade produz persistência. Quando um lugar se distancia, é difícil para as áreas atrasadas alcançá-lo. Embora a aglomeração eleve o custo da mão-de-obra, as empresas não se deslocam para áreas com baixos salários, pois isso significaria abrir mão dos benefícios da proximidade dos fornecedores e clientes.

Concentração é a regra. O poder das forças de aglomeração criadas pelo acesso a mercados e pela mobilidade depende dos custos de transporte, mas a relação não é linear. Quando tais custos são altos, as empresas evitam enviar seus produtos para longas distâncias descentralizando a produção. Portanto, a localização da empresa é principalmente determinada pelo acesso local à demanda imóvel, tais como agricultores e mineiros. Para valores intermediários dos custos de comercialização, torna-se possível abastecer os mercados à distância, e os lugares que tiram proveito do tamanho do mercado se valem disso e deslancham em relação aos outros lugares. Quando os custos de comercialização caem a níveis baixos, importa pouco vender e comprar em nível local. Nesse caso, a localização da empresa é determinada principalmente pelo custo local dos elementos imóveis, incluindo o custo da terra e da habitação, mas também pela capacidade de realizar interações face a face ou de encontrar uma boa parceria num mercado de trabalho especializado. Logo, quando os custos de comercialização declinam suficientemente, certas atividades se descentralizam em reação às diferenças de custo, e outras permanecem concentradas.

Convergência é o objetivo. As forças de acesso a mercados e mobilidade têm implicações sobre a maneira como pensamos sobre a convergência. A visão do desenvolvimento como um processo plano e linear cede lugar a um processo não linear e mais irregular. À medida que um país cresce, novos produtores se instalam perto da produção existente, ampliando as diferenças de produção entre os lugares atrasados e avançados. Quando a disparidade salarial se amplia, a indústria começa a se deslocar para lugares com baixos salários. Mas isso não leva a um desenvolvimento constante de todos os lugares. Ao contrário, o desenvolvimento ocorre em ondas, de modo que certas áreas ou países são tirados consecutivamente da pobreza e impulsionados rapidamente através do processo de desenvolvimento. No mundo neoclássico, ficar para trás pode ser uma vantagem – os lugares mais atrasados podem desenvolver-se mais rapidamente. Porém, com as economias de aglomeração, quanto mais para trás fica uma área, país ou região, mais difícil se torna o desenvolvimento. O que deveriam fazer os lugares atrasados?

Integração é a resposta. Como os custos de comercialização tanto altos como baixos podem incentivar a produção a se espalhar, as áreas, países ou regiões atrasadas poderiam em princípio se voltar ou para a substituição de importações ou para a industrialização orientada para a exportação. Mas, com o passar do tempo, a substituição de importações se torna menos praticável como estratégia de desenvolvimento. Por quê? Porque ela limita o acesso estrangeiro à demanda imóvel local, ao passo que a industrialização orientada para a exportação reduz o custo da compra de intermediários estrangeiros para o processamento e a exportação. A participação decrescente da agricultura e a tendência da manufatura e dos serviços de se aglomerarem reduziu a participação da demanda nos lugares atrasados. E a fragmentação da produção tornou mais importante o acesso a insumos intermediários. Ambas tornam vãs as estratégias de desenvolvimento baseadas no isolamento da demanda imóvel local. A observação de que certos países ou províncias desenvolvidos industrializaram-se enquanto estavam fechados ao comércio é de pouca ajuda para as áreas, países ou regiões atrasadas de hoje. Aqueles que ficam para trás são tão pequenos com relação à economia mundial que o isolamento já não é uma opção possível.

Contribuição de Diego Puga.

As empresas são geralmente mais produtivas quando estão localizadas em lugares grandes e quando operam em escala relativamente grande. Se for relativamente fácil transportar os produtos, a escala pode ser ainda maior, já que o mercado potencial é maior. Os trabalhadores se deslocam para esses lugares, trazendo consigo tanto a oferta de mão de obra quanto a demanda por bens e serviços. À medida que a mobilidade de pessoas aumenta e os custos de transporte e comunicação caem, essas economias de escala criam uma causalidade circular e cumulativa, na qual as atividades econômicas se tornam ainda mais concentradas espacialmente. A concentração crescente leva inevitavelmente ao congestionamento, que desacelera o processo e eventualmente o reverte. A queda dos custos de transporte primeiro torna a concentração possível e, em seguida, quando se torna suficientemente baixo, torna-a desnecessária.

A Parte II discute essas interações num certo grau de detalhe, resumindo mais de um século de experiência e os mais recentes insights oriundos de uma geração de pesquisa que reconhece como a mobilidade dos fatores e a queda dos custos de transporte alimentam as economias de escala (ver quadro 0.2). Esses insights deveriam mudar nossas expectativas dos mercados e do que os governos podem e devem fazer para facilitar a concentração da produção e promover a convergência dos padrões de vida.

O capítulo 4 fornece provas das economias de aglomeração – retornos de escala crescentes associados aos lugares, e não às fábricas – na produção de bens, serviços e ideias. Lugares de diferentes tamanhos proporcionam benefícios de aglomeração variáveis, e o congestionamento associado à concentração espacial leva aum portfolio de lugares que facilita o crescimento econômico, com diferentes partes na dianteira dependendo do estágio de desenvolvimento.

O capítulo 5 explica a interação entre economias de escala e mobilidade dos fatores, enfocando a migração de trabalhadores. O capítulo 6 explica a relação não linear entre custos de transporte e concentrações geográficas de produção, enfocando o comércio intraindústria, especialmente sensível aos custos de transporte. Esses capítulos resumem os novos resultados proporcionados pela interação tripartida entre economias de escala, mobilidade dos fatores e custos de transporte – e suas implicações para a política de desenvolvimento (ver quadro 0.4).

O modelo político

Causalidade circular, desigualdade e efeitos secundários compõem um mundo onde as políticas podem promover o crescimento econômico e melhorar o bem-estar social além do que os mercados oferecem, pois políticas bem-executadas podem lançar essas transformações ou acelerá-las.

Essas características do desenvolvimento econômico também fazem da formulação de políticas um empreendimento difícil. A Parte III do Relatório recontextualiza três importantes debates políticos, usando um princípio derivado das duas primeiras partes: para que os países em desenvolvimento obtenham os benefícios tanto da concentração espacial da produção como da convergência de consumo, o desenvolvimento é mais bem promovido pela integração econômica. Usando as três dimensões – densidade, distância e divisão – descritas na Parte I, e o (mau) funcionamento dos mercados cruciais em cada escala espacial – terra, trabalho e insumos intermediários – analisados na Parte II, os capítulos da Parte III fornecem um quadro simples e ilustram seu funcionamento com experiências políticas do mundo real. Em cada uma das escalas geográficas, a regra de ação é a mesma – *um instrumento por dimensão.* Aqui está um resumo um tanto simplificado, usando exemplos somente da escala local (capítulo 7):

- Para problemas unidimensionais, uma resposta calibrada corresponderia a políticas espacialmente neutras. Nas áreas que estão passando por uma urbanização incipiente, por exemplo, o objetivo das políticas deve ser facilitar o aumento da *densidade*, e os formuladores de políticas deveriam prestar especial atenção às *instituições* para melhorar o funcionamento dos mercados imobiliários (rural e urbano).

- Para problemas bidimensionais, a resposta deve incluir políticas espacialmente neutras e conectivas. Por exemplo, nas áreas de um país que está passando por uma urbanização veloz, os problemas políticos não são apenas incentivar o aumento da *densidade*, mas também aliviar o problema da *distância* provocadapelo congestionamento crescente. A resposta inclui melhoria das *instituições* para incentivar a densidade crescente, tal como delineado há pouco – e investimentos em *infraestrutura* para resolver o problema crescente da distância econômica.
- Para problemas tridimensionais, a resposta deve incluir políticas espacialmente neutras, conectivas e direcionadas. Nas áreas altamente urbanizadas de um país, por exemplo, aos problemas de *densidade* e *distância* se somam as *divisões* dentro das áreas urbanas, mais perceptíveis entre as partes formalmente estabelecidas de uma metrópole e as favelas, onde o mercado imobiliário recorre a convenções informais. Uma resposta política eficaz inclui *instituições*, *infraestrutura* e *incentivos*.

Em nível nacional, uma resposta política gradativa de modo semelhante pode ajudar a integrar as áreas atrasadas e avançadas (capítulo 8) e, em nível internacional, a integrar os países pobres com os mercados mundiais (capítulo 9).

Em todas as três escalas geográficas, os debates políticos têm uma coisa em comum: atualmente, eles começam e acabam com discussões sobre intervenções espacialmente direcionadas. Este Relatório pede um reequilíbrio desses debates para incluir todos os elementos de uma abordagem bem-sucedida da integração espacial – instituições, infraestrutura e incentivos.

Este Relatório adota uma perspectiva de longo prazo, relatando as disparidades espaciais nas economias desenvolvidas de hoje quando tinham níveis de renda comparáveis aos dos atuais países de rendas baixa e média. Ele também documenta sistematicamente a relação entre as disparidades espaciais e o desenvolvimento para um amplo conjunto de países. Em suas conclusões, faz uma distinção mais nítida entre as disparidades espaciais de produção econômica e as de bem-estar. E recomenda o uso dos benefícios da aglomeração nas áreas avançadas para elevar o bem-estar social nas áreas atrasadas – e não, exceto em circunstâncias especiais, para impelir a produção econômica para fora desses lugares.

- Na escala espacial local, o objetivo político deve ser melhorar a qualidade da urbanização para maximizar os efeitos do crescimento. O capítulo 7 discute como as prioridades dos formuladores de políticas deveriam mudar conforme a urbanização avança e dá especial atenção ao *uso da terra*, para o qual o potencial de mau funcionamento do mercado é maior.
- Na escala espacial nacional, o objetivo político deve ser melhorar o acesso ao mercado dos trabalhadores e empreendedores, especialmente num mundo onde a redução da distância alterou a noção de mercado de local para global. Discutindo como os formuladores de políticas podem reconciliar o objetivo político de unidade nacional com a concentração econômica, o capítulo 8 dá especial atenção à *mobilidade da* mão de obra, para a qual o potencial de mau funcionamento do mercado é maior.
- Na escala espacial internacional, o objetivo político deve ser promover a convergência dos padrões de vida num mundo onde as divisões prejudicam os movimentos da mão de obra e do capital. Discutindo como os países em desenvolvimento podem obter acesso a mercados mundiais, o capítulo 9 enfatiza a especialização e o comércio intraindústria, além de explorar a vantagem comparativa baseada em recursos naturais. Presta atenção ao comércio de

Figura 0.1 Um auxílio navegacional para o leitor

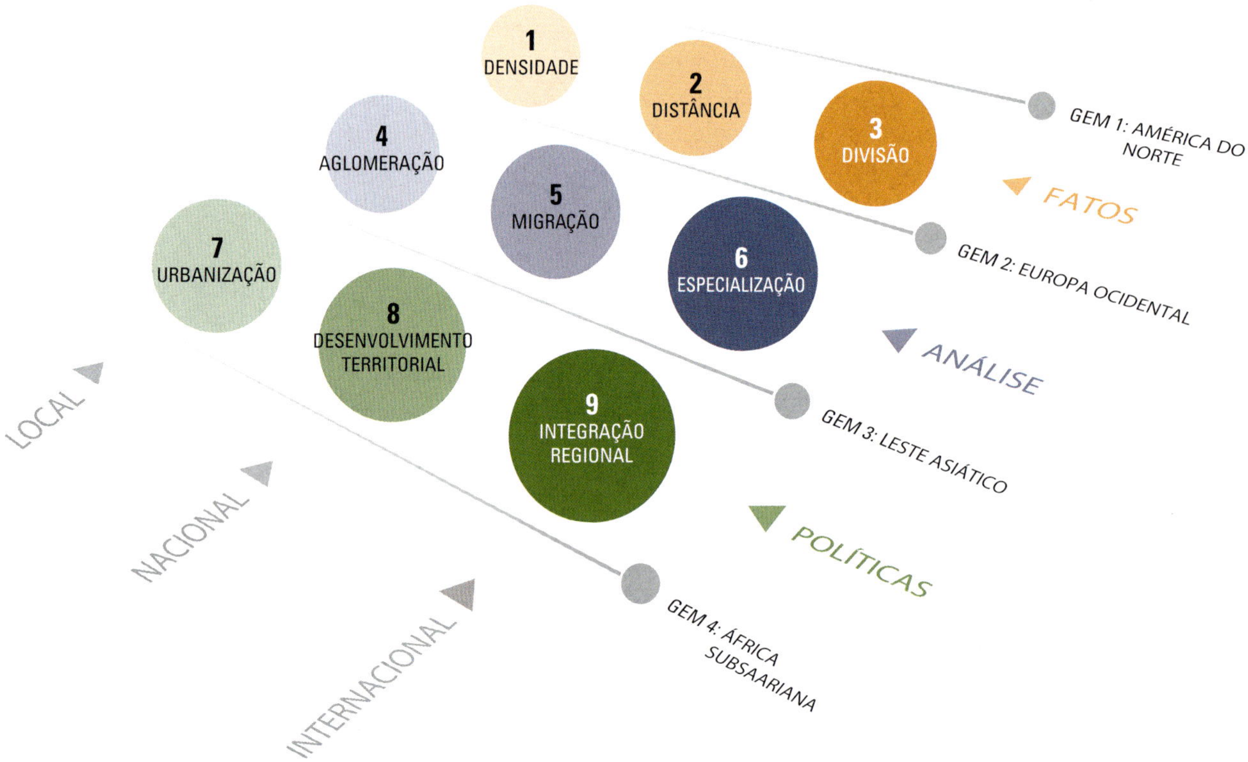

Fonte: Equipe do RDM 2009.

bens intermediários, que é especialmente sensível aos custos de transporte.

O Relatório recorre à experiência e à análise para disciplinar a investigação de uma área política tão ampla e difícil como o próprio desenvolvimento, o que deveria ser útil para um grande número de leitores. Mas o Relatório é estruturado para ser acessível aos leitores interessados apenas em aspectos específicos desta investigação.

- O Relatório tem partes descritivas, analíticas e prescritivas, e progride gradualmente do positivo ao normativo. Cada parte é uma seção de uma investigação integrada, mas cada uma pode ser lida separadamente. Os formuladores de políticas que dispõem de pouco tempo podem ler somente o panorama e os três capítulossobre as políticas, da Parte III. Os estudantes interessados na transformação espacial do mundo podem ler apenas os três capítulos da Parte I, que fornecem um panorama tridimensional do desenvolvimento econômico.
- O Relatório amplia progressivamente a escala espacial para tratar das questões políticas colocadas pela geografia econômica, doâmbito local ao nacionale ao internacional, com o leitor especializado em mente. Os leitores interessados somente no debate político sobre a urbanização nos países em desenvolvimento podem ler apenas os três capítulos que compõem o núcleo sobre densidade – 1, 4 e 7. Aqueles que estão principalmente interessados na discussão política sobre o desenvolvimento territorial e as disparidades geográficas dentro dos países podem ler os capítulos 2, 5 e 8 – o núcleo sobre distância. Os leitores interessados nas iniciativas de integração regional podem ler apenas os capítulos 3, 6 e 9 do núcleo de divisão.

- Os capítulos de 1 a 9 dissecam o problema do desenvolvimento econômico em partes digeríveis, cada qual com uma função pedagógica. Os argumentos do Relatório são pontuados por quatro notas sobre *Geografia em Movimento*, que conectam os diferentes componentes, ressaltando as experiências da América do Norte, da Europa Ocidental, do Leste Asiático e da África Subsaariana. Os leitores interessados nos desafios colocados pela geografia para o desenvolvimento – e em algumas pistas sobre como a geografia foi remodelada – podem ler essas notas sobre diferentes partes do mundo.

A figura 0.1 mostra como o Relatório pode ser lido horizontalmente (fatos, forças e políticas, respectivamente) ou verticalmente, de acordo com o interesse político do leitor.

Geografia em Movimento

Superando a Distância na América do Norte

Quando os europeus começaram a colonizar terras além do seu território, as perspectivas de crescimento econômico na América do Norte pareciam remotas. Durante a Guerra dos Sete Anos (1756-63), na qual franceses e britânicos brigaram pelo Canadá, Voltaire se perguntou por que eles estavam lutando por "uns poucos acres de neve". Eles deveriam ter se interessado mais – e, de fato, estavam interessados – pelo potencial econômico do Caribe, onde o clima e o solo eram bons para plantar cana-de-açúcar. Sabe-se que os holandeses se desfizeram de Manhattan em troca de terras no Suriname. Mas, com o tempo, foram os poucos acres de neve e a paisagem rochosa de Plymouth (Massachusetts) que deram origem à "reviravolta da fortuna" entre a gelada da América do Norte e o sul mais quente.[1]

Para compreender como essa reviravolta ocorreu, é preciso compreender como os norte-americanos administraram a densidade crescente, as vastas distâncias do continente, e as divisões agudas entre escravos e seus proprietários, entre nativos e colonialistas, entre franceses e ingleses – em resumo, como a geografia econômica da América do Norte foi remodelada.

Tamanho e ascendência econômica americana

O tamanho é a característica mais óbvia da geografia econômica dos Estados Unidos.[2] Em 1800, 5,3 milhões de indivíduos viviam nas 865 mil milhas quadradas de terra concedidas à incipiente nação pelo Tratado de Versalhes (1783). Por volta de 1900, pouco mais de 2 milhões de milhas quadradas haviam sido acrescentadas por meio de simples compra, despojos de guerra ou tratados. Hoje, os Estados Unidos têm mais de 300 milhões de habitantes e um território de 3,5 milhões de milhas quadradas. Desde 1790, a *densidade* populacional do país foi multiplicada quase 18 vezes.

Os desafios de distribuir a população e a produção num espaço tão vasto são enormes. Tanto as pessoas quando a terra produtiva se deslocaram para o oeste e o sul. Em 1800, a população estava centrada em Maryland, na costa leste (ver mapa G1.1). Por volta de 1900, o centro havia se deslocado para Indiana. Ao longo do século XX, o centro desviou-se para sudoeste, chegando ao Missouri em 2000. Nessa época, a população dos EUA havia se instalado principalmente nas duas costas. Os americanos continuam fisicamente tão distantes quanto sempre estiveram.

Como fizeram os EUA para superar essas vastas distâncias físicas? Inicialmente, os mecanismos institucionais para alocar terra e garantir os direitos de propriedade foram fundamentais. A Constituição e o Northwest Ordinance (1787) forneceram os mecanismos procedimentais para a transformação das áreas desabitadas em estados. A terra pública foi distribuída por meio de venda para particulares e conces-

Mapa G1.1 O centro geográfico de gravidade populacional dos EUA se deslocou 1.371 km entre 1790 e 2000

Fonte: Divisão de Geografia, U.S. Census Bureau.

sões diretas. O domínio eminente foi usado para dar à terra a melhor utilização possível, especialmente quando era necessária às ferrovias. A primeira ferrovia transcontinental foi completada em 1864. Populações indígenas foram removidas à força pelo exército quando necessário. Os governos estaduais e locais incentivaram os americanos a se mudar oferecendo terra, construindo canais e fornecendo escolas, estradas e outros bens públicos. Os governos locais competiam entre si para atrair pessoas e empresas, oferecendo incentivos fiscais e de outros tipos.

Pessoas e empresas também eram incentivadas a se mudar pela cláusula comercial da Constituição dos EUA, que proíbe explicitamente os governos estaduais de impor restrições ao comércio entre as fronteiras estaduais. Assim, o marco institucional permitiu o livre movimento de pessoas (exceto escravos), capital e bens, com os respectivos direitos de propriedade, de modo que o movimento pudesse ocorrer sem perdas econômicas.

Nesse ambiente político, a "revolução dos transportes" do século XIX e a densidade crescente permitiram uma mudança fundamental das estruturas econômicas americanas. A combinação de ferrovias, canais e barcos a vapor reduziu drasticamente os custos do transporte de média e longa distâncias em relação aos simples transporte por carroças.[3] O país se tornou mais urbano e denso, enquanto as estruturas econômicas regionais divergiam. A Nova Inglaterra, que era 80% agrícola em 1800 apesar do solo e do clima pobres, começou a desenvolver manufaturas, enquanto o Meio-Oeste especializava-se em produtos alimentícios. No início do século XX, os Estados Unidos haviam se tornado o maior fabricante industrial do mundo.

A densidade crescente e a migração de pessoas e empresas foram impulsionadas em grande parte pelas forças de mercado. A maioria dos estabelecimentos era cautelosa. As ferrovias eram construídas quando (e onde) os investidores achavam que poderiam ter lucro e avançavam paulatinamente pelo país. Ocasionalmente, um estabelecimento "dava um salto" por sobre vastas extensões de terra para chegar a outro lugar, como na Califórnia após a descoberta de ouro em 1849. Mas isso simplesmente acelerava o ritmo da realocação da mão de obra nos EUA.

Convergência dos padrões de vida

A Guerra Civil americana teve efeitos econômicos duradouros que *dividiram* o país. A renda per capita caiu fortemente no Sul após a Guerra Civil, tanto em termos absolutos quanto em relação ao restante do país. Em 1900, a renda per capita do Alabama ainda era metade da média nacional. Em 1938, Franklin Roosevelt fez a observação famosa de que o Sul era o "problema econômico número um" da nação. Os EUA tinham suas áreas atrasadas. Mas a experiência do século XX era de convergência constante dos padrões de vida.

Nos Estados Unidos, existe uma relação claramente negativa entre o nível de renda per capita num estado em 1900 e o crescimento da renda nesse estado ao longo do século seguinte. Ou seja, os estados mais pobres cresciam mais rápido que os estados mais ricos entre 1900 e 2000, um fenômeno conhecido como "beta-convergência". A principal explicação para esse fenômeno é a migração de pessoas. No século XX, o padrão dominante de movimento era dos estados mais pobres para os ricos. O exemplo mais importante é provavelmente a migração dos afro-americanos do Sul rural para o Norte (e Oeste) urbano, que começou para valer durante a I Guerra Mundial e intensificou-se durante e logo após a II Guerra Mundial. Estados como Mississippi e Louisiana agora são os últimos na classificação de renda disponível, mas é fácil imaginar que estariam em situação muito pior sem essa migração.

A redução dos custos de transporte ajudou nessa convergência. Muitas das invenções mais importantes em transportes e comunicações ocorreram nos

Mapa G1.2 As grandes cidades dos EUA estão no Nordeste e nas duas costas

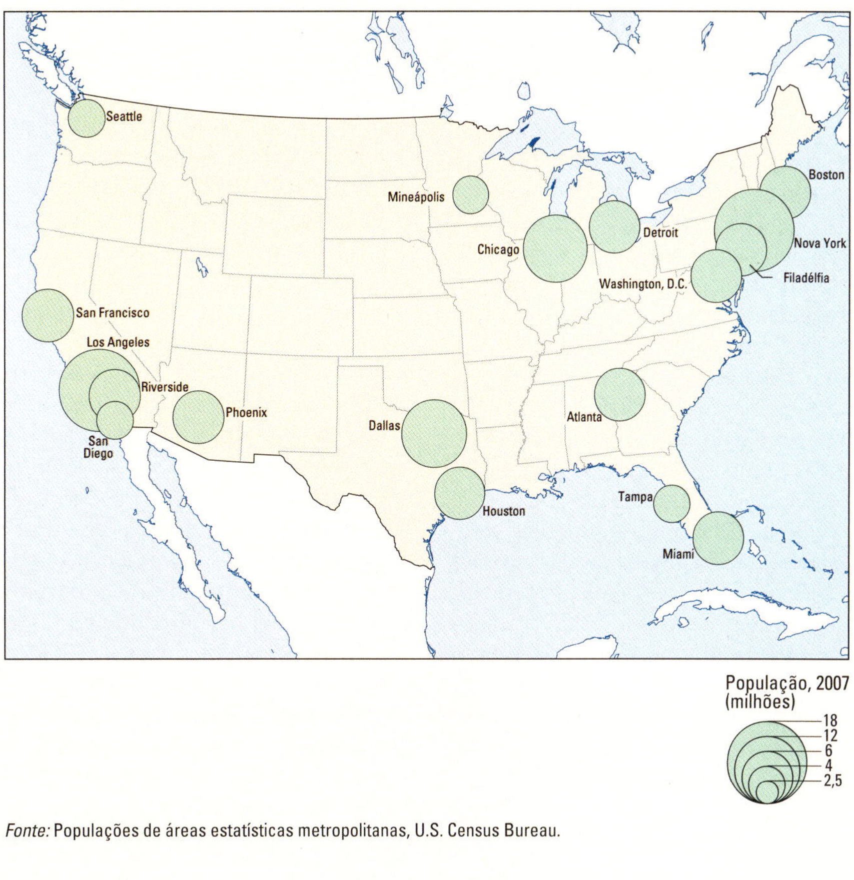

Fonte: Populações de áreas estatísticas metropolitanas, U.S. Census Bureau.

Estados Unidos. No século XX, a rede se expandiu com a difusão do avião, do automóvel e das comunicações eletrônicas. Hoje, 16 dos 30 aeroportos mais movimentados do mundo estão nos Estados Unidos, e há mais de 75 automóveis para cada 100 americanos.

A invenção e difusão do automóvel levou à ampliação das cidades por meio de um "achatamento" pronunciado da densidade urbana à medida que nos deslocamos do centro para os subúrbios. Isso ajudou a ampliar as economias de aglomeração, mas também produziu *divisões* sociais. O sistema de finanças públicas locais dos EUA, que depende dos impostos locais sobre a propriedade para financiar os serviços, é mal planejado para realizar redistribuição de renda. Domicílios ricos e de classe média podem evitar subsidiar os outros mudando-se para novos subúrbios. A raça também desempenha um papel – o centro das cidades é predominantemente "negro", enquanto os subúrbios são "brancos".

Para melhor ou para pior, o crescimento do número de automóveis foi beneficiado pela Lei Federal sobre as Autoestradas de 1956, que autorizou a construção do Sistema Interestadual de Autoestradas Eisenhower. Num discurso famoso, o presidente Eisenhower contou como, quando era um jovem oficial, havia participado do primeiro comboio motorizado transcontinental de Washington, D.C., até São Francisco, em 1919. A viagem levara 62 dias e enfrentara todo tipo de atraso imaginável no caminho. Hoje, cortesia do sistema, um motorista pode fazer o trajeto de 2.819 milhas em dois dias. Uma pesquisa recente mostrou que a malha de 47 mil milhas de autoestradas integrou áreas rurais anteriormente isoladas à economia nacional e promoveu o crescimento metropolitano.

O que fizeram essas conexões para a distribuição da população e da atividade econômica? Paradoxalmente, à medida que o centro de gravidade se deslocava para o interior do país, o interior – exceto as metrópoles – se esvaziou. O Missouri tem apenas 5,5 milhões de pessoas, mais da metade delas na área da grande St. Louis. A expansão da infraestrutura de transportes não espalhou as pessoas, mas permitiu que o crescimento baseado em economias de aglomeração ocorresse em mais cidades no país todo. A população em 2000 está concentrada nas cidades, no Nordeste e nos litorais, produzindo o que é conhecido como "sigma-convergência", uma redução da desigualdade de renda entre os estados (ver mapa G1.2). De acordo com um indicador, em 2000 a dispersão entre os estados da renda per capita havia caído para um terço do nível de 1880.

Densidade crescente, disparidades em queda, divisões persistentes

O desempenho econômico de longo prazo dos Estados Unidos é exemplar. A média do crescimento da renda per capita foi de 1,8% por ano nos últimos 180 anos, o que levou a uma melhora cumulativa do padrão de vida de 26 vezes. Junto com o crescimento, a desigualdade de renda entre os estados caiu. Os EUA realizaram economias de escala – primeiro no nível das fábricas, depois no nível local, à medida que as cidades especializavam-se em manufatura, e mais tarde no nível das metrópoles, nas principais aglomerações urbanas, em lugares como Los Angeles e Nova York.

Os Estados Unidos se compõem hoje de um conjunto altamente eficaz de mercados nacionais de bens e fatores de produção. O lugar ainda importa para determinar a renda, mas importa a curto prazo e não a longo prazo, e o curto prazo é muito mais curto do que era um século atrás. Grandes choques locais, como o furacão Katrina, têm impacto muito menor nas perspectivas de crescimento local do que antes. Desde que o êxodo de Mariel trouxe 125 mil refugiados cubanos para Miami no início dos anos 1980, os salários regionais não sofreram impacto perceptível.

O resultado é um paradoxo aparente: os salários nos EUA (corrigidos de acordo com o capital humano) são semelhantes em diferentes localidades, ao passo que a atividade econômica é altamente desigual no espaço. A Europa é elogiada por ter uma desigualdade *social* mais baixa, mas os Estados Unidos são mais *espacialmente* iguais. E têm uma distribuição da produção econômica espacialmente mais eficiente. O motivo: a mobilidade da mão de obra. A cada ano, aproximadamente 8 milhões de americanos mudam de estado; em uma década, mais de um quarto da população muda seu estado de residência. Ao superar a distância e a divisão, e ao permitir que a população e a produção sejam desiguais no espaço por meio da livre mobilidade, hoje a renda per capita nos Estados Unidos é ao mesmo tempo alta e notavelmente semelhante nos diferentes estados.

Um desafio que ainda resta aos Estados Unidos é a remoção das divisões. O Acordo Norte-Americano de Livre Comércio (NAFTA) é um passo nessa direção. Mas é um passo modesto. Tomemos como exemplo a integração de mercado entre Canadá e EUA. Um estudo descobriu que o comércio entre as províncias canadenses era muito maior do que entre o Canadá e os Estados Unidos, comparando a distância e o tamanho econômico (produto interno bruto) dos parceiros comerciais, nesse caso os estados e províncias.[4] Dado o tamanho da Califórnia, por exemplo, seu comércio com Ontário deveria ser dez vezes o comércio de Ontário com a Colúmbia Britânica, o vizinho canadense mais próximo da Califórnia. Na realidade, o comércio de Ontário com a Colúmbia Britânica era três vezes seu comércio com a Califórnia. Mesmo uma das fronteiras mais tênues do mundo tem influência amplamente negativa no comércio.

Ao longo da fronteira setentrional, os Estados Unidos e o Canadá compartilham 3.987 milhas, a mais longa fronteira internacional não vigiada do mundo. A situação é marcadamente diferente ao longo da fronteira meridional com o México. A fronteira é vigiada – não tanto quanto deveria, segundo muitos cidadãos dos EUA – para impedir a entrada de potenciais imigrantes ilegais. Existem até propostas de construir uma cerca ao longo da fronteira de 1.933 milhas. Tais barreiras são um obstáculo à convergência entre os países no continente norte-americano.

Contribuição de Robert A. Margo.

PARTE I
DESENVOLVIMENTO EM 3-D

À medida que a economia mundial cresce, pessoas e empresas estão se concentrando – como que atraídas pela gravidade na direção de cidades e lugares de prosperidade. O movimento em direção à densidade em países de renda baixa e média pode aumentar a sensação de privação à medida que se amplia a distância econômica entre os habitantes de regiões prósperas e aqueles deixados para trás. E embora avanços velozes na tecnologia de transporte, viagens e comunicação aproximem cada vez mais comunidades geograficamente distantes em todo o mundo e abram novas oportunidades de intercâmbio, antigas divisões políticas que obstruem o fluxo natural de pessoas, capitais e bens permanecem. A Parte I deste relatório define as dimensões espaciais do desenvolvimento econômico – densidade, distância e divisão – e descreve sua evolução. Os capítulos 1, 2 e 3 mostram como a topografia econômica em escala local, nacional e internacional está mudando, e como o alcance e o ritmo dessa mudança podem ser comparados a transições precedentes na geografia econômica da América do Norte, da Europa e do Japão. Esse amplo recorrido de fatos estilizados informa a análise na Parte II e as discussões políticas na Parte III deste Relatório.

CAPÍTULO 1

Densidade

Fora do radar do mundo, numa planície poeirenta da África Ocidental, está uma cidade de 1,6 milhão de pessoas. Cortada pelo Rio Níger, suas duas metades – com aproximadamente 800 mil pessoas cada – são ligadas por somente duas pontes. A pressão do movimento é tão forte que, a cada manhã, uma dessas pontes é dedicada ao tráfego entrante: micro-ônibus, bicicletas, motocicletas, pedestres e às vezes carros particulares. No fim da tarde, deixar o centro significa juntar-se a um êxodo de pessoas em direção aos estacionamentos de micro-ônibus. Filas de peruas verdes lotadas de passageiros se dirigem aos bairros residenciais a uma distância de até 20 km. Assim é Bamako, em Mali. Ela se contrai em direção ao centro toda manhã e expira novamente no fim da tarde.

Bamako cresce a cada respiração. Na verdade, é uma das cidades que mais crescem no mundo. O crescimento demográfico natural é complementado pela migração proveniente do campo e de outras cidades de Mali. Sua população em 2008 é 50% maior que 10 anos atrás, chegando ao mesmo tamanho que a de Budapeste, Dubai ou Varsóvia. Tem 10 vezes mais habitantes que a segunda maior cidade de Mali e abriga 70% dos assentamentos industriais do país.[1] Novos bairros – *quartiers* –, que eram antigos vilarejos, consolidam-se com o resto da cidade em direção ao sul, a leste e a oeste. Alguns habitantes de Bamako estão se mudando agora para bairros adjacentes à procura de terrenos mais baratos e de alguma tranquilidade, mas permanecem na proximidade da cidade porque ela lhes fornece o sustento.

Apesar de tanta atividade, Bamako é uma das cidades adormecidas da África Ocidental. Muitos dos produtos manufaturados viajam 1.184 km por estradas a partir de uma das metrópoles da região, Abidjã, que tem mais de duas vezes a população de Bamako. Abidjã parece pequena perto de Lagos, onde a atividade é tão concentrada que seus residentes dizem viver numa panela de pressão. Algumas famílias alugam quartos para dormir por 6 horas e depois nos cedem a outra família que toma seu lugar. As compras não requerem necessariamente um deslocamento: as mercadorias são trazidas a pé e em carrinhos aos motoristas presos nos intermináveis congestionamentos de Lagos. Para alguns, como os autores do plano diretor de Lagos de 1980, elaborado quando a cidade tinha apenas 2,5 milhões de residentes, o crescimento continuado da cidade é "indisciplinado".[2] O que pode ser tão atraente na vida em Lagos para que, apesar do congestionamento e da criminalidade, ela continue a atrair migrantes?

A resposta é curta: densidade econômica. Lagos não é a cidade economicamente mais densa do mundo, nem a mais densamente povoada. Tais títulos pertencem à região central de Londres e a Mumbai, respectivamente. Mesmo assim, o futuro econômico da Nigéria e o crescimento de Lagos estão ligados de modo tão inextricável quanto a economia britânica e o crescimento de Londres. Nenhum país se desenvolveu sem o crescimento de suas cidades. À medida que os países se tornam mais ricos, a atividade econômica se torna mais densamente concentrada em pequenas cidades, grandes cidades e metrópoles. Essa transformação geográfica das economias parece tão natural que – em nível coletivo impessoal – é tida como certa. Porém, incentivar a densidade econômica é um caminho para sair da pobreza, tanto para aqueles que o tomam quanto, em última análise, para aqueles que ficam para trás. Jane Jacobs, a famosa urbanista, não tinha Bamako e Lagos em mente quando escreveu: "Uma economia metropolitana, se estiver funcionando bem, transforma constantemente muitas pessoas pobres em pessoas de classe média, muitos analfabetos em pessoas qualificadas, muitos matutos em cidadãos competentes. As cidades não atraem a classe média. Elas a criam".[3] Ela poderia também ter escrito: conforme Lagos e Bamako crescerem, irão preencher a porção intermediária da África Ocidental.

Este capítulo introduz a densidade, a primeira dimensão geográfica do desenvolvimento, definida como a massa ou produção econômica gerada por uma unidade de superfície. À medida que acompanha a evolução da densidade com o desenvolvimento, apresenta fatos estilizados sobre a maneira como a densidade em um país cresce com a urbanização, primeiro rapidamente e depois mais lentamente. Essas mudanças estão associadas inicialmente à divergência geográfica dos padrões de vida entre os lugares com densidade econômica e aqueles sem. Em seguida, essas mudanças estão associadas à convergência. Assim, os padrões de vida finalmente convergem entre as áreas de densidades diferentes, como a urbana e a rural. Mesmo dentro das cidades, onde favelas densamente povoadas surgem entre assentamentos formais, as diferenças lentamente desaparecem com o desenvolvimento. Mas essa convergência não ocorre por si mesma. Ela exige que as instituições administrem os mercados imobiliários, os investimentos em infraestrutura e intervenções no momento certo e bem executadas.

Os principais resultados:

- ***A concentração da atividade econômica aumenta com o desenvolvimento.*** As áreas ou assentamentos mais densos do mundo estão nos países desenvolvidos. Mas o caminho para chegar a esses níveis, chamado de "urbanização" neste Relatório, não é linear. A parcela da população de um país estabelecida em pequenas e grandes cidades aumenta rapidamente durante sua transformação de uma economia agrária em industrial, que geralmente coincide com sua ascenção da renda baixa à média. O ritmo de urbanização desacelera depois disso, mas a densidade econômica continua a aumentar numa economia pós-industrial porque os serviços são ainda mais densamente concentrados do que a indústria.
- ***As disparidades rural-urbanas e intraurbanas de bem-estar diminuem com o desenvolvimento.*** Nos estágios iniciais do desenvolvimento, as disparidades geográficas de bem-estar são grandes. Com o desenvolvimento, essas disparidades podem aumentar inicialmente. As disparidades rural-urbanas de renda, pobreza e padrões de vida começam a convergir conforme as economias crescem, mais rápido para o acesso aos serviços sociais, e mais rápido nas áreas de crescimento mais vibrante. As disparidades intraurbanas de bem-estar e habitação – mais óbvias em assentamentos informais ou favelas – persistem por muito mais tempo, e só diminuem em estágios tardios do desenvolvimento.
- ***Nem o ritmo da urbanização nem sua associação com o crescimento econômico são inéditos.*** Os atuais países em desenvolvimento estão singrando mares já navegados pelas nações desenvolvidas, que passaram por uma movimentação semelhante em direção às pequenas e grandes cidades. A velocidade é semelhante; e os caminhos são os mesmos. O que é diferente hoje é o tamanho do navio: os números absolutos de pessoas que se somam a cada ano às populações urbanas dos atuais países em desenvolvimento são muito maiores até do que os dos países que se industrializaram mais recentemente, como a República da Coreia e Taiwan. Os capítulos posteriores deste relatório investigam as

implicações políticas dessas semelhanças e diferenças.

Definindo a densidade

A densidade refere-se à massa econômica por unidade de território, ou à compactação geográfica da atividade econômica. É uma expressão sintética para o nível de produção – logo, para a renda gerada – por unidade de território. Pode, por exemplo, ser medida como o valor agregado ou o produto interno bruto (PIB) gerado por km^2 de território. Dado que uma alta densidade exige a concentração geográfica da mão de obra e do capital, ela está intimamente relacionada com a densidade populacional e de emprego. A densidade é a característica definidora dos assentamentos urbanos.

O mundo econômico não é plano

A distribuição geográfica da atividade econômica, sob qualquer ponto de vista, é desigual. Não importa a escala geográfica examinada, seja ela o país ou uma área subnacional, como uma província ou um distrito, há uma hierarquia de densidade. No topo está a cidade primária, e na base estão as terras agrícolas ou as áreas rurais. Entre elas está um contínuo de assentamentos de densidade variada.

A desigualdade geográfica da massa econômica, ou irregularidade, tende a aumentar conforme a área do país. Mas até a geografia econômica de países pequenos é irregular. A cidade belga de Bruxelas tem uma superfície de 161 km^2, dos quais 159 são usados para fins não-agrícolas. Nesta pequena área, 350 mil trabalhadores geram um PIB de € 55 bilhões aproximadamente – isto é, em média, 1 km^2 de terra tem mais de 2 mil trabalhadores que produzem anualmente quase € 350 milhões em serviços e bens. Bruxelas não tem apenas altas densidades de PIB e emprego; também tem a densidade populacional mais alta de qualquer área europeia (UE27) classificada como NUTS1 (*Nomenclature of Territorial Units for Statistics*) – mais de 6 mil pessoas por km^2, 18 vezes a média da Bélgica.[4] Para fins de comparação, a densidade populacional de Londres e Madri é de aproximadamente 5 mil pessoas por km^2.

Esta densidade contrasta de maneira marcante com as áreas agrícolas da Bélgica. Na área flamenga de Vlaams Gewest, 6.323 km^{2}de terras são usados para a agricultura. Sua área é quase 40 vezes a de Bruxelas, mas sua taxa de emprego é somente 13% da de Bruxelas, e seu PIB meros 4,5%, o que corresponde a densidades de emprego e PIB de apenas sete trabalhadores e € 330 mil por km^2. A proporção de densidade de produção entre Bruxelas e Vlaams Gewest é de mil para um. Entre a Bruxelas metropolitana e a Vlaams Gewest rural está uma gama de assentamentos, cada qual

Mapa 1.1 A paisagem da massa econômica é irregular, mesmo num país pequeno como a Bélgica

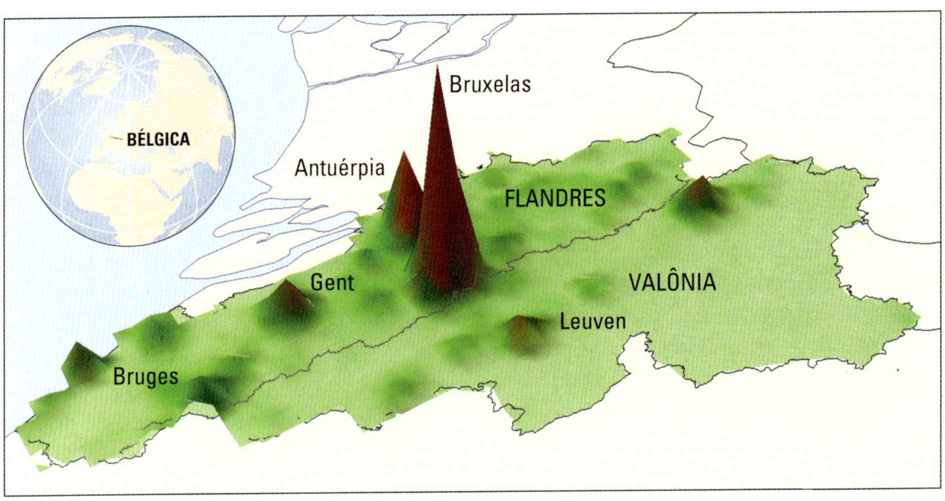

Fonte: Equipe do RDM 2009 e World Bank Development Research Group, baseado em estimativas subnacionais do PIB de 2005. Ver também Nordhaus 2006.

com uma densidade diferente. As cidades de Antuérpia, Bruges, Gent e Leuven têm uma produção média de 22 milhões e uma densidade de emprego de 342 trabalhadores por km^2.[5]

Logo, tanto nos países desenvolvidos quanto em desenvolvimento, a paisagem econômica é irregular. Mas a topografia não corresponde a uma simples dicotomia urbano-rural. Um contínuo de densidade dá origem a um *portfolio* de lugares. No topo está a cidade primária, a mais avançada ou maior do país. Depois da cidade primária, vem um espectro de assentamentos – cidades secundárias, pequenos centros urbanos, cidades menores e vilarejos (ver figura 1.1). Em certos países, como França e México, a diferença de tamanho entre as duas maiores cidades é fenomenal. Com uma população de 10 milhões, Paris é muito maior do que Marselha, a segunda colocada, com apenas 1,5 milhão. E com uma população de 22 milhões, a Cidade do México é mais de quatro vezes mais populosa que Guadalajara, a segunda cidade do país. Inversamente, na Índia e nos Estados Unidos, a diferença de tamanho entre as duas maiores cidades é relativamente pequena. Com populações de mais de 22 milhões de pessoas, Mumbai e Nova Déli estão em pé de igualdade. Los Angeles tem uma população de 18 milhões, e a cidade de Nova York, de 22 milhões.[6-7]

Figura 1.1 Da dicotomia ao contínuo: um *portfolio* de lugares

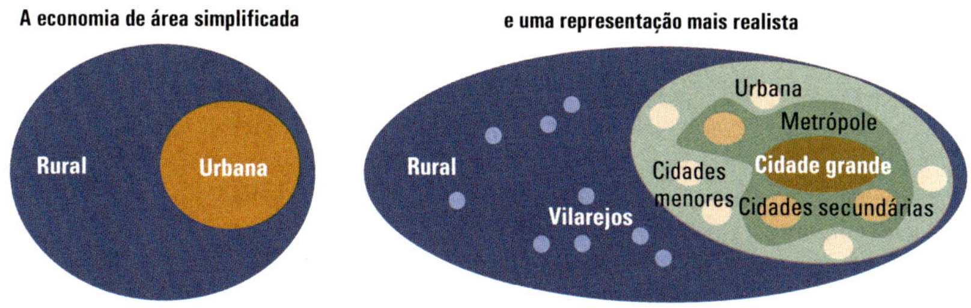

Fonte: Equipe do RDM 2009.

Um portfolio *de lugares em evolução*

Embora o crescimento das cidades pareça caótico, os padrões subjacentes apresentam uma ordem notável (ver figura 1.2). A hierarquia urbana de um país é caracterizada por duas regularidades robustas:

- A "regra da ordem de tamanho" – a posição de uma cidade na hierarquia e sua população com relação à maior cidade estão diretamente relacionadas.
- A lei de Gibrat – a taxa de crescimento populacional de uma cidade tende a ser independente do seu tamanho.

Segundo um caso especial da regra da ordem de tamanho, conhecido como lei de Zipf, a população de qualquer cidade é igual à população da maior cidade dividida pela posição da cidade em questão dentro da hierarquia urbana do país (ver quadro 1.1).[8] Já em 1682, Alexandre Le Maître observou um padrão sistemático no tamanho das cidades

Figura 1.2 Quase uma lei: a distribuição por tamanho dos assentamentos permanece estável ao longo do tempo

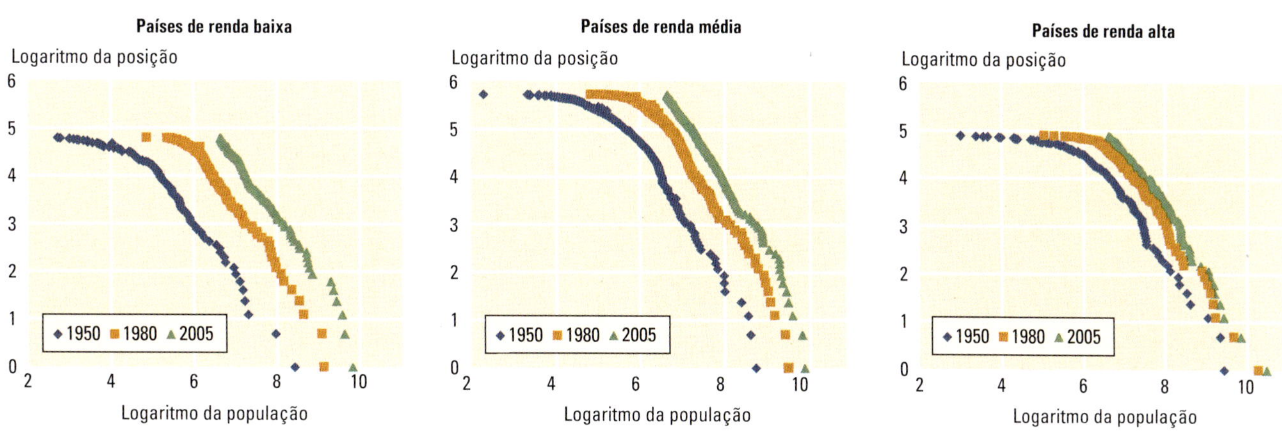

Fonte: Nações Unidas 2006c.
Nota: Cada ponto representa uma área de aglomeração com 750 mil habitantes ou mais.

QUADRO 1.1 *Duas leis e uma regra: as regularidades empíricas da distribuição das cidades por tamanho em um país*

A regra da ordem de tamanho, descoberta em 1913, pode ser expressa nos seguintes termos: a posição (p) associada a uma cidade de tamanho *S* é inversamente proporcional a *S* elevado a uma certa potência. O caso especial no qual poderá potência estimada equivale a -1 é conhecido como a lei de Zipf, em homenagem ao linguista George Zipf. As provas da universalidade da regra da ordem de tamanho provêm não apenas das cidades grandes pertencentes a países de diferentes classes de renda, mas também da experiência de países individuais. Não obstante a notável expansão para oeste e para o sul da hierarquia urbana dos EUA, a regra fornece uma boa descrição da distribuição por tamanho das cidades dos EUA para todas as décadas entre 1790 e 1950.[a] De fato, até hoje, a regra de da ordem de tamanho continua a descrever bem a distribuição de tamanho das cidades dos EUA (ver figura abaixo). Isso ocorre apesar das provas de que a forma da regra mudou ao longo do tempo, tornando-se ligeiramente mais plana, de modo que a distribuição global dos tamanhos das cidades dos EUA é mais uniforme – e apesar de a regra não ser válida nos extremos da distribuição de tamanho das cidades dos EUA, um resultado comum a muitos países.[b] Além disso, a regra da ordem de tamanho também vale para países tão diversos quanto o Cazaquistão e o Marrocos, fornecendo mais provas da sua universalidade (ver figura abaixo).

A existência de um modelo teórico subjacente à regra da ordem de tamanho ainda está em debate. Pode-se mostrar que ela decorre da lei de Gibrat, que afirma que as cidades crescem em paralelo,[c] o que é compatível com a ausência de diferenças sistemáticas de crescimento entre cidades. Mas isso não implica que as políticas são incapazes de influenciar o tamanho e o desempenho econômico de uma cidade. As cidades podem subir e descer (e realmente o fazem) nas hierarquias urbanas nacionais como consequência de boas ou más escolhas políticas. E até mesmo desvios transitórios de um caminho paralelo de crescimento podem ter repercussões importantes a longo prazo para o bem-estar dos habitantes de uma cidade. Se o poder da regra da ordem de tamanho é igual a -1, de modo que a lei de Zipf seja válida, muitos pesquisadores parecem concordar, em geral, que a potência da regra da ordem de tamanho não é igual a 1.

A forte mensagem da regra da ordem de tamanho é que, para um dado país ou área, existe uma ampla gama de tamanhos de cidade. Até os países mais desenvolvidos possuem um *portfolio* de assentamentos de diferentes tamanhos, do pequeno ao grande, em vez de uma única megacidade ou de uma coleção de cidades, todas de tamanho semelhante. A aglomeração é um processo de equilíbrio entre forças centrípetas e centrífugas. O ponto de equilíbrio difere dependendo do setor, das atividades econômicas e do tipo de indústrias.

Contribuição de Mark Roberts.

a. Madden 1956, citado em Kim e Margo 2004.
b. Gabaix e Ioannides 2004, p. 14.
c. Gabaix e Ioannides 2004, pp. 16-17.

A regra da ordem de tamanho se aplica a nações tão diversas quanto Estados Unidos, Marrocos e Cazaquistão

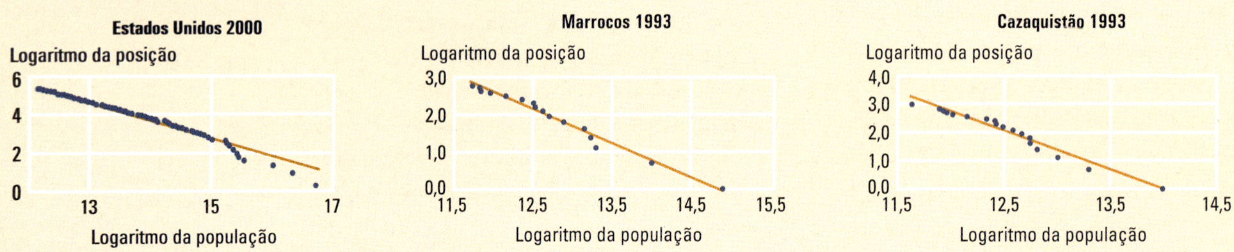

Fontes: O gráfico dos Estados Unidos é de Rose (2005). Os gráficos da Etiópia, do Cazaquistão e do Marrocos são baseados em dados de cidades e aglomerações urbanas de Brakman, Garretson e Marrewijk (2001).

na França.[9] Para todas as classes de país, a distribuição de tamanho relativo permaneceu estável ao longo do tempo, mesmo com o crescimento da renda e da população (ver figura 1.2). Não obstante as preocupações com a "primazia urbana", o "*portfolio* de lugares" é uma característica duradoura do desenvolvimento econômico.

Assentamentos de diferentes tamanhos complementam um ao outro. Metrópoles, cidades secundárias, pequenas cidades onde há comércio e vilarejos estão todos ligados por suas funções complementares (ver quadro 1.2). A cidade primária é frequentemente, mas não sempre, o centro administrativo nacional e a sede do poder político: Phnom Penh no Camboja, Yaoundé em Camarões, e Bogotá na Colômbia. A cidade mais avançada de um país também tende a ser a mais diversificada tanto no fornecimento de bens e serviços quanto de atividades culturais e outras. Para as atividades culturais, consideremos a Broadway em Nova York, a Ópera de Sydney e o Louvre em Paris. Mas consideremos também Port of Spain, em Trinidad e Tobago, famosa pelo carnaval anual, que atrai grande número de visitantes.

QUADRO 1.2 O portfolio *de lugares da República da Coreia*

Um exemplo de *portfolio* de lugares bem desenvolvido é dado por sete assentamentos na hierarquia urbana da Coreia do Sul: Seul, Pusan, Daegu, Ansan, Gumi, Jeongeup e Sunchang.

Seul está no ápice da hierarquia. Localizada a 50 km da fronteira da República da Coreia com a República Democrática da Coreia na bacia do Rio Han, é a capital do país e abriga um quarto da população (ou seja, 9,76 milhões de pessoas). Cumpre a função de centro político e cultural da nação. Outro dado típico é sua especialização em serviços comerciais, finanças, seguros, imóveis e vendas no atacado e no varejo. Ao todo, os serviços representam 60% da economia local. Seul é também altamente especializada em edição e impressão, em *design* de moda e alta-costura, sendo que esses setores da indústria empregam mais da metade da força de trabalho da cidade, de 465 mil trabalhadores.

Em segundo lugar na hierarquia urbana estão Pusan e Daegu. Com uma população de 3,7 milhões, Pusan é a segunda maior cidade da República da Coreia. Localizada no extremo sudeste da Península Coreana, seu porto, um dos maiores do mundo, recebe mais de 6,5 milhões de navios porta-contêineres por ano. Daegu é uma área metropolitana de 2,5 milhões de habitantes, dominada pela manufatura têxtil e de vestuário e pela manufatura e montagem de peças automotivas. Desde 1970, a via expressa Gyeongbu liga Pusan a Seul passando por Daegu. Aproximadamente 20 voos operam diariamente entre Seul e Daegu, e, desde 2001, as duas cidades são ligadas por um trem de alta velocidade.

Muito mais abaixo na hierarquia, Ansan e Gumi são cidades secundárias, com populações de cerca de 679 mil e 375 mil habitantes, respectivamente. Localizada na província de Gyunngi, Ansan pertence à Área da Capital Nacional de Seul, parte da área suburbana de Seul. Gumi fica na província de Gyungbok, no sudeste. Como costuma ser o caso com cidades secundárias, Ansan e Gumi são mais especializadas em manufatura, sobretudo manufatura padronizada, do que as cidades mais acima na hierarquia. Embora ambas as cidades cumpram a função de centros manufatureiros, elas diferem nas suas especializações. Gumi é fortemente especializada na indústria de rádio, televisão e equipamentos de comunicação, que por si só representa mais de 50% do emprego manufatureiro local. Ansan é especializada em indústrias de alta tecnologia como maquinário elétrico, computadores e maquinário de escritório. Também tem aglomerações de várias indústrias pesadas: quase 14 mil trabalhadores, ou 14,7% da mão de obra manufatureira local, estão empregados na indústria metalúrgica.

Na base da hierarquia, Jeongeup e Sunchang, ambas na província de Jeonbuk, estão próximas da interface entre a área rural e a urbana. Por isso, embora Jeongeup tenha uma população relativamente grande (129.050), um de cada quatro habitantes é agricultor. Do mesmo modo, Sunchang é uma cidade rural: metade dos seus 32.012 residentes são agricultores. Quando possuem alguma especialização em manufatura, é em indústrias tradicionais ligadas aos recursos, como em Jeongeup, ou na manufatura de produtos alimentícios e bebidas, como em Sunchang.

Contribuição de Park Sam Ock.

Seul está no topo da hierarquia dos assentamentos da República da Coreia

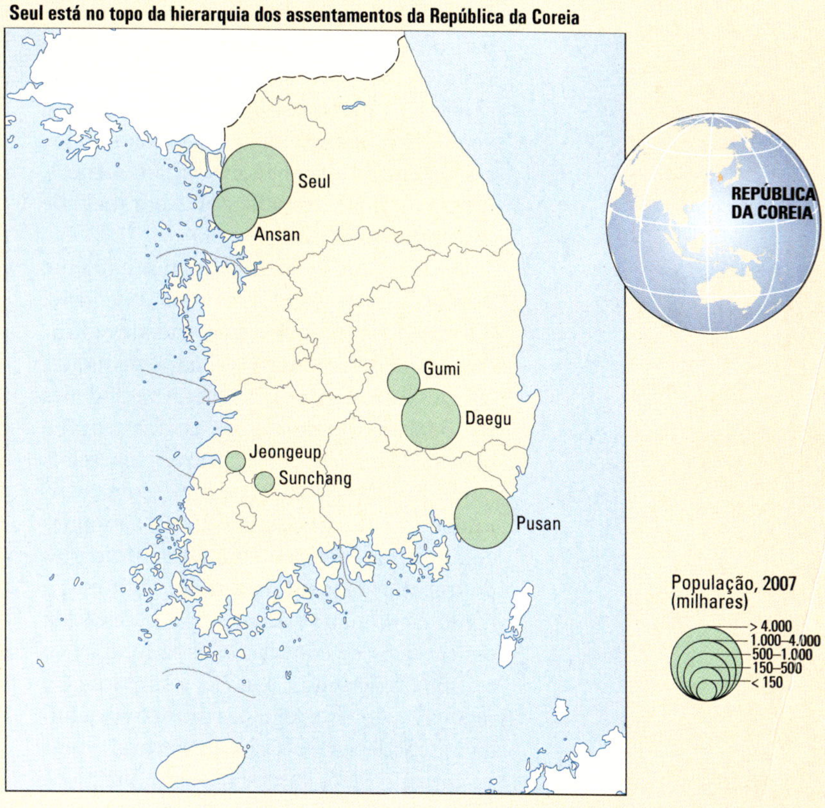

Fontes: Equipe do RDM 2009, com base em dados do Escritório Nacional de Estatísticas da República da Coreia.

Assim como uma cidade primária forma o núcleo da área metropolitana de um país com outras cidades adjacentes, outros grandes centros urbanos ou cidades secundárias agem como focos regionais para a economia e a sociedade. Eles são, por exemplo, os centros locais do setor financeiro, que atende as áreas ao seu redor. Düsseldorf, Hamburgo, Hannover e Munique são sedes de bolsas de valores regionais, assim como concentrações locais de empresas de capital de risco.[10] Dallas e Atlanta emergiram como centros regionais comerciais e financeiros no extremo sul dos Estados Unidos, e ambas são sedes de escritórios regionais do Federal Reserve Bank.[11] Grandes centros urbanos e cidades secundárias também agem como centros políticos locais e fornecem saúde pública, educação e instalações culturais avançadas. Hyderabad, a capital do estado de Andhra Pradesh, com numerosas universidades, institutos de ponta de educação técnica e faculdades de medicina particulares, é um polo de ensino no sul da Índia.

Essas grandes cidades regionais estão conectadas a cidades menores ou cidades principais. A área do Ruhr na Alemanha, a área de Randstadt nos Países Baixos e a plataforma de Padang-Medan em Sumatra, na Indonésia, constituem alianças de cidades. Cidades menores dentro dessas áreas constituem centros urbanos mais especializados, tipicamente orientados para manufatura e produção de artigos tradicionais e padronizados. A simbiose é a regra: assim como as cidades maiores ajudam a atender as cidades menores, o inverso também é verdadeiro. Por exemplo, as cidades maiores dependem das menores para o fornecimento diário de trabalhadores por meio de transporte pendular.[12]

Assim como existem laços mutuamente benéficos entre cidades maiores e menores, o mesmo é verdadeiro para cidades grandes e cidades menores, e para pequenas cidades e áreas rurais. As pequenas cidades são o tecido que une entre as áreas rural e urbana. Elas agem como centros comerciais para a produção agrícola e rural, como estimuladoras de atividades rurais não agrícolas, como lugares com oportunidades de trabalho sazonal para os agricultores, e como facilitadoras de economias de escala em serviços de educação pós-secundária e assistência à saúde. De novo, a simbiose é a regra. As pequenas cidades tiram o sustento da atividade agrícola das áreas rurais, mas sua prosperidade também se espalha pelos vilarejos ao proporcionar oportunidades de emprego não agrícola. Os agricultores do Vietnã migram sazonalmente para trabalhar na construção urbana, retornando para investir o dinheiro ganho nas plantações.[13] Os agricultores de Makueni, no Quênia, usam a renda não agrícola para investir em terraceamento, plantação de árvores, remoção de arbustos, construção de casas e educação das crianças. Os agricultores da região semiárida de Diourbel, no Senegal, reagiram à demanda urbana crescente por carne diversificando a produção e acrescentando à produção de amendoim a criação de animais.[14]

Medindo a densidade

Dados sobre o produto bruto numa escala espacial refinada, como um distrito ou uma cidade, são difíceis de encontrar. Até para os países desenvolvidos, as estimativas de produção tendem a estar disponíveis somente para áreas subnacionais definidas de modo bastante amplo (unidades administrativas de primeiro nível, tais como províncias ou estados). Nesse nível, é provável que variações importantes da densidade econômica desapareçam no cálculo da média. Felizmente, como se viu no exemplo da Bélgica, a produção e a densidade populacional estão intimamente relacionadas. Dados populacionais confiáveis estão disponíveis mais facilmente, mesmo para vilarejos ou distritos, porque, na maioria dos países, o censo populacional ocorre a cada década.

A forte correlação entre a densidade populacional e a massa econômica é compatível com o fato de que as áreas urbanas são um aglomerado de consumidores e produtores, de compradores e vendedores, de empresas e trabalhadores. Para uma típica área metropolitana, o gradiente de densidade populacional para a distância do centro da cidade é semelhante ao gradiente correspondente para a densidade de emprego.[15] Como sugerido acima, o grau em que a população de um país vive nas áreas urbanas tem uma forte relação com o grau de "irregularidade" de sua geografia econômica. A densidade passa de uma distribuição regular a outra bastante desigual à medida que o país se desenvolve. Assim, a urbanização é sinônimo da tendência a uma maior aglomeração dentro de um país. A proporção urbana de um país é um bom substituto para a proporção de sua população que vive nas áreas de alta densidade e, portanto, para a "irregularidade" de sua geografia econômica.

Este Relatório propõe usar um índice de aglomeração calculado usando os sistemas de informação geográfica como medida da densidade. As medidas de urbanização não são uniformes nos diversos países, o que

QUADRO 1.3 *Cálculo do índice de aglomeração*

As Nações Unidas mantêm o banco de dados *World Urbanization Prospects*, uma mina de ouro de informações. Ele fornece dados sobre a população e parcelas urbanas de 229 países desde 1950. Esses dados são baseados nas definições dos países, que podem ser bastante diferentes. Este Relatório propõe uma nova medida de aglomeração, baseada numa definição uniforme do que constitui uma área "urbana" ou aglomerada, usando a técnica delineada em Chomitz, Buys, De Luca, Thomas e Wertz-Kanounnikoff (2007) e elaborada em Uchida e Nelson (2008).

Não se quer com isso insinuar que os dados do *World Urbanization Prospects* são falhos. Uma melhor interpretação é ver o desafio de medir a urbanização como análogo ao da medição da pobreza. Cada país tem sua própria linha de pobreza e seus próprios critérios, usados para monitorar as mudanças nas taxas nacionais de pobreza. Mas essas medidas não permitem comparações confiáveis da pobreza entre os países e não podem ser usadas para agregar a pobreza por grupos de países. O mérito de uma medida uniforme da pobreza – como as pessoas que vivem com menos de US$ 1 ou US$ 2 por dia, ajustada de acordo com as diferenças de poder de compra entre os países – é que permite comparações internacionais e cálculos que agregam a pobreza por regiões e no mundo. O índice de aglomeração permite as mesmas comparações e agregação.

A metodologia subjacente ao cálculo do índice de aglomeração pode ser assim resumida:

- *Especificar limites*. Para ser classificada como "urbana" usando o índice de aglomeração, uma área precisa satisfazer três critérios baseados em (1) tamanho mínimo da população usado para definir uma cidade grande, (2) densidade populacional mínima, e (3) tempo de viagem máximo, por estrada, até a cidade grande.
- *Localizar os centros das cidades grandes*. Esse mapeamento é feito para as cidades que satisfazem o critério de tamanho mínimo da população usando dados do banco de dados de assentamentos humanos *Global Rural-Urban Mapping Project* (GRUMP).[a]
- *Determinar a fronteira da cidade grande*. A fronteira que delimita o centro da cidade grande é calculada com base no tempo de viagem máximo até o centro.
- *Criar grades de densidade populacional*. Elas são criadas a uma resolução espacial de 1 km usando duas fontes de dados globais sobre população baseadas em grades, GRUMP e LandScan.[b]
- *Identificar as áreas*. Identificar as células da grade que satisfazem os limites para os três critérios.
- *Agregar as populações das células da grade*. O resultado é análogo à população urbana. A proporção desse número com relação à população total do país é o índice de aglomeração, uma medida sintética da proporção da população que vive nas áreas de alta densidade.

Ao calcular o índice, este Relatório usa um conjunto de limites para o caso-base de 50 mil para tamanho mínimo da população de uma cidade grande, 150 pessoas por km^2 para densidade populacional, e 60 minutos de tempo de viagem até a cidade grande mais próxima.

Os limites de densidade e tempo de viagem são os mesmos empregados por Chomitz, Buys e Thomas (2005). O limite de densidade é o mesmo usado pela Organização para a Cooperação e o Desenvolvimento Econômico (OCDE). O limite de 50 mil para uma cidade grande é razoável para países em desenvolvimento e países desenvolvidos. Muitas nações em desenvolvimento possuem mais de 10% da população total em centros urbanos com população entre 50 mil e 200 mil. Alguns exemplos incluem o Chile em 2002, o Brasil em 2000 e a Malásia em 2000, todos com cerca de 17% da população nacional vivendo em centros urbanos de 50 mil a 200 mil habitantes. Da população urbana da Índia em 2001, 20% vivia em assentamentos desse tamanho.

De acordo com a base de dados do *World Urbanization Prospects*, a população urbana em todo o mundo em 2000 era de 47%. Usando os critérios do caso-base, essa proporção é de 52%, mas tomando 100 mil como o tamanho mínimo de assentamento, a proporção vai para 44%, segundo o índice de aglomeração. Mas as estimativas em nível nacional podem se afastar mais (ver figura à esquerda).

O índice de aglomeração internacionalmente comparável pode fornecer parcelas urbanas diferentes daquelas de definições específicas dos países

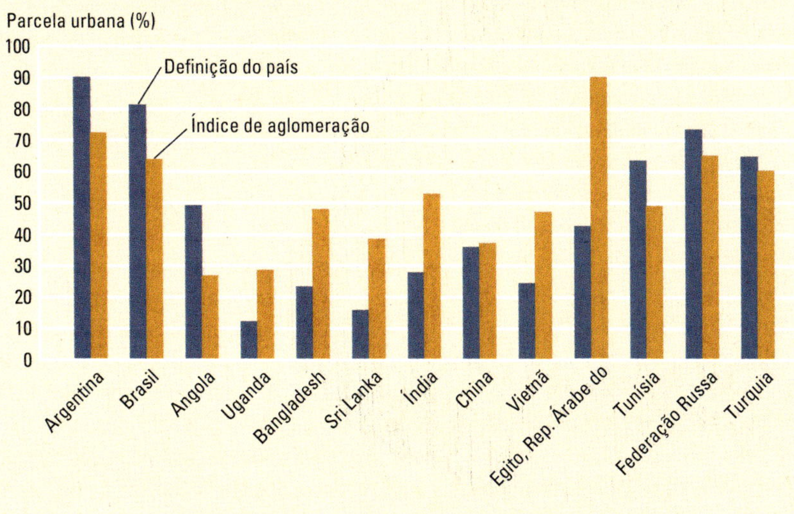

Fontes: Chomitz, Buys e Thomas 2005; Nelson 2008; Satterthwaite 2007; United Nations 2006c.

a. A base de dados de assentamentos humanos GRUMP foi desenvolvida pelo Center for International Earth Science Information Network (CIESIN), da Columbia University (http://sedac.ciesin.columbia.edu/gpw/index.jsp). b. O LandScan foi desenvolvido pelo Oak Ridge National Laboratory (http://www.ornl.gov/sci/landscan/).

faz da comparabilidade e da agregação um desafio. O índice permite uma comparação mais consistente do nível de urbanização – o que equivale a aglomeração, densidade ou concentração geográfica da atividade econômica – entre os diversos países.

O índice identifica uma área de 1 km^2 como urbana, aglomerada ou densa conforme satisfaz às três condições seguintes:

- Sua densidade populacional excede um limiar (150 pessoas por km^2).
- Ela tem acesso a uma cidade num tempo de viagem razoável (60 minutos por estrada).
- A cidade à qual ela tem acesso é grande, pois alcança um limiar de população (mais de 50 mil habitantes).

O quadro 1.3 resume a justificativa e a metodologia subjacentes ao índice.

Uma vantagem do índice de aglomeração é que ele incorpora tanto a densidade quanto a distância local à densidade. Baseado nos critérios de densidade populacional e acessibilidade a um grande mercado, o índice também se aproxima mais da definição econômica de uma área que pode ao mesmo tempo se beneficiar das economias de aglomeração e contribuir para elas. Embora a densidade econômica seja ao mesmo tempo causa e consequência das economias de aglomeração, a acessibilidade a essa massa econômica a partir das partes exteriores da cidade facilita o aproveitamento dos benefícios da proximidade. Isso é especialmente verdadeiro no setor de serviços, em que as interações face a face são frequentemente necessárias. Ao reduzir a necessidade de alocar um espaço valioso para uso residencial dentro dos centros urbanos e perto deles, a infraestrutura de transporte facilita a densidade econômica.

Ir trabalhar de carro ou de transporte público de alta velocidade é um luxo que os pendulares dos países desenvolvidos nem sempre compartilham com os dos países em desenvolvimento. Portanto, para qualquer distância geográfica dada, a acessibilidade a uma cidade tende a ser menor nos países em desenvolvimento por causa da necessidade de contar com modos de transporte alternativos que tomam mais tempo, como andar a pé ou de bicicleta, ou com transporte público ineficiente que opera em estradas de baixa qualidade. Em Mumbai, na Índia, 44% das pessoas vão a pé para o trabalho,[16] e na cidade de Hefei, na China, mais de 70% vão a pé ou de bicicleta.[17]

Tais variações de acessibilidade determinam a forma e a estrutura de uma cidade. Quando mais pessoas vão a pé para o trabalho, é mais provável que a cidade seja monocêntrica e densamente povoada em seu núcleo. Em Mumbai, metade dos trabalhadores é composta de pendulares que viajam menos de 2 km, o que significa que eles vivem perto dos seus locais de trabalho. Do mesmo modo, para obter as vantagens da aglomeração em distritos industriais, os trabalhadores da Inglaterra do século XIX precisavam viver próximos. Os centros das cidades industriais eram densamente povoados e as habitações superlotadas eram comuns. Isso só mudou com o advento do bonde elétrico.

Ao determinar a acessibilidade, e assim a forma e a estrutura das cidades, as características da geografia física também podem ser importantes. A ilha de Manhattan, na cidade de Nova York, é de difícil acesso, simplesmente por causa da geografia, por isso ela tem arranha-céus e uma estrutura monocêntrica clássica, com metade dos empregos num raio de 3 milhas de Wall Street. Em contrapartida, em Los Angeles, é preciso ampliar a área para um raio de 11 milhas do centro para encontrar uma proporção de empregos igualmente grande.[18] A implicação: a densidade econômica da cidade de Nova York é de US$ 1,44 bilhão de produto bruto por km^2, a de Los Angeles é de US$ 0,49 bilhão.[19]

No Reino Unido, Stevenage, Basildon e Crawley são cidades-dormitório que atendem Londres. Aproximadamente 11% do PIB de Londres é gerado por trabalhadores provenientes das áreas suburbanas.[20] Do mesmo modo, nos Estados Unidos, uma maré diária de trabalhadores pendulares dirige-se para Washington, D.C. vinda dos estados vizinhos de Maryland e Virgínia. Em 2005, a contribuição líquida dos pendulares desses dois estados para a produção de Washington, D.C. foi de US$ 36,4 bilhões. Somente o condado de Montgomery, em Maryland – a uma distância facilmente acessível do Distrito –, contribuiu com

US$ 6,4 bilhões para o produto bruto de Washington.[21]

A maior vantagem do índice de aglomeração é sua comparabilidade entre os países. Aqui o índice leva vantagem sobre o banco de dados *World Urbanization Prospects* das Nações Unidas, que contém a "população de fato que vive nas áreas classificadas como urbanas de acordo com os critérios usados por cada área ou país".[22] A heterogeneidade entre os países pode tornar as comparações entre países enganadoras. Alguns exemplos:

- *Índia.* Pelo critério de área urbana usado pela Zâmbia ou pela Arábia Saudita, definido como assentamentos com população de 5 mil ou mais, a proporção da população da Índia nas áreas urbanas em 1991 seria de 39% em vez do número oficial de 26%. Isso porque 113 milhões de habitantes dos 13.376 vilarejos seriam reclassificados como urbanos.
- *México.* Com base no critério oficial do México de assentamentos de 2.500 habitantes ou mais como urbanos, a proporção urbana do país em 2000 era de 74,4%. Mas se o limite mínimo de população dos assentamentos fosse redefinido para 15 mil (a Nigéria e a Síria, por exemplo, têm limites de 20 mil), essa proporção cairia para 67%.
- *Maurício.* Em 2000, aproximadamente um quarto da população de Maurício vivia em assentamentos de 5 mil a 20 mil habitantes. Alguns desses assentamentos são capitais de distrito, mas nenhum deles é classificado como urbano. Se fossem, a proporção urbana seria de mais de dois terços em vez de menos de metade.

Em nível regional, segundo os dados do *World Urbanization Prospects*, o Sul da Ásia apresenta o paradoxo de ser a região menos urbanizada (27% urbana) do mundo, ao mesmo tempo em que é a mais densamente povoada. Usando o índice de aglomeração, a proporção urbana do Sul da Ásia em 2000 era de 42%, o que a torna mais urbanizada que a África Subsaariana e o Leste Asiático e o Pacífico (figura 1.3). O *World Urbanization Prospects* também apresenta um enigma para a América Latina e o Caribe. A proporção urbana da região em 2000 era maior que a do Leste Europeu e da Ásia Central e quase igual à da OCDE. A OCDE tem PIB per capita médio mais de seis vezes maior que a média dos países latino-americanos. O resultado mais razoável do índice de aglomeração indica que a proporção urbana da América Latina e do Caribe em 2000 era semelhante à do Leste Europeu e da Ásia Central, e 15% menor que a da OCDE.

Figura 1.3 O índice de aglomeração ajuda a comparar a urbanização entre regiões

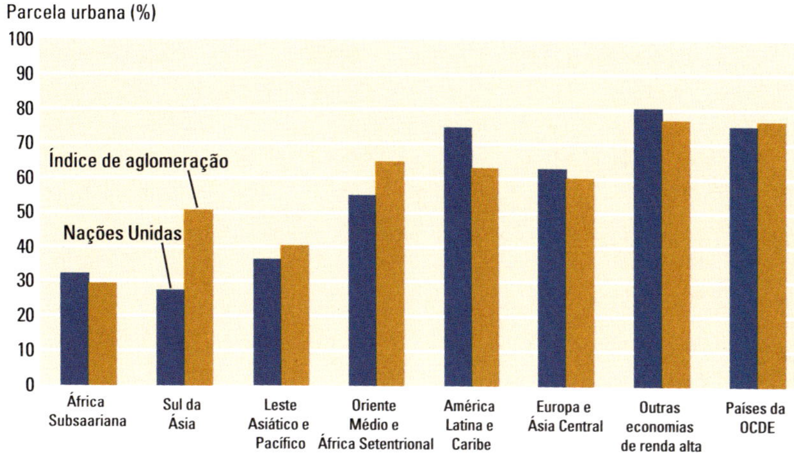

Fontes: Chomitz, Buys e Thomas 2005; Nelson 2008; Satterthwaite 2007; United Nations 2006c.

Apesar desses inconvenientes, os dados do *World Urbanization Prospects* são as únicas informações disponíveis para comparações de diferentes períodos de tempo. Apenas o índice de aglomeração de 2000 está disponível, porque os dados de séries temporais sobre malhas rodoviárias, necessários para estimar o tempo de viagem, não estão ainda disponíveis. Portanto, o índice de aglomeração e a base de dados do *World Urbanization Prospects* devem ser considerados fontes de dados complementares para examinar a urbanização e a densidade, e este Relatório usa tanto o índice de aglomeração quanto os dados do *World Urbanization Prospects.*[23] Calcular medidas de proporção urbana comparáveis para pelo menos alguns países no passado é possível; no futuro, deveria se tornar uma prioridade de todos os países.

Concentração econômica – quanto mais rico, mais denso

Nos estágios iniciais do desenvolvimento, quando a economia é principalmente

Figura 1.4 Quanto mais rico o país, mais concentrada a massa econômica

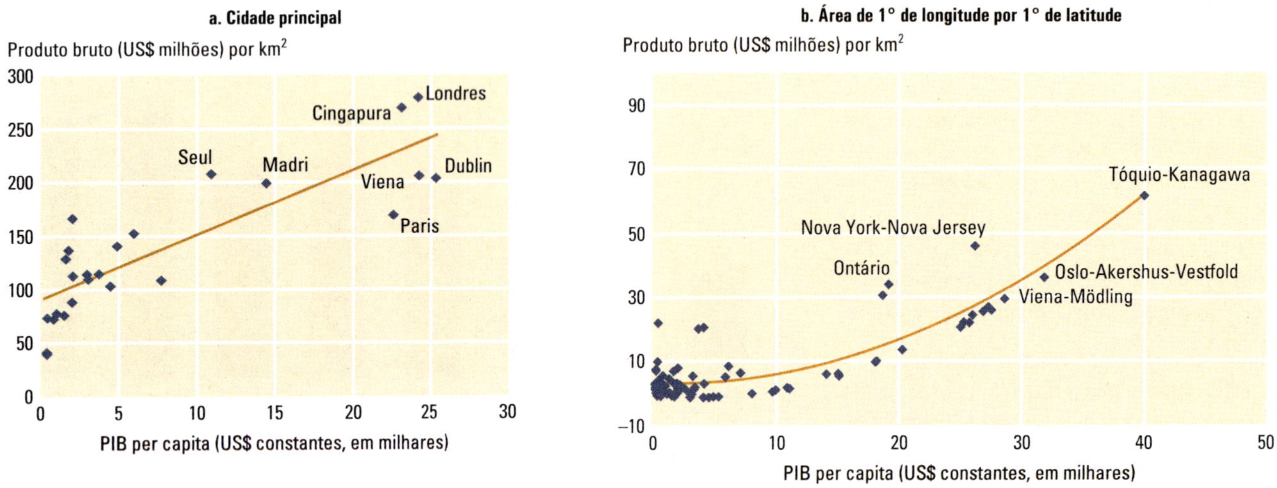

Fontes: Estimativas da equipe do RDM baseadas no Banco Mundial (2007j) e nos bancos de dados de www.citymayor.com e www.gecon.yale.edu.

Figura 1.5 Países em desenvolvimento têm ritmo de urbanização semelhante ao dos países que se desenvolveram primeiro

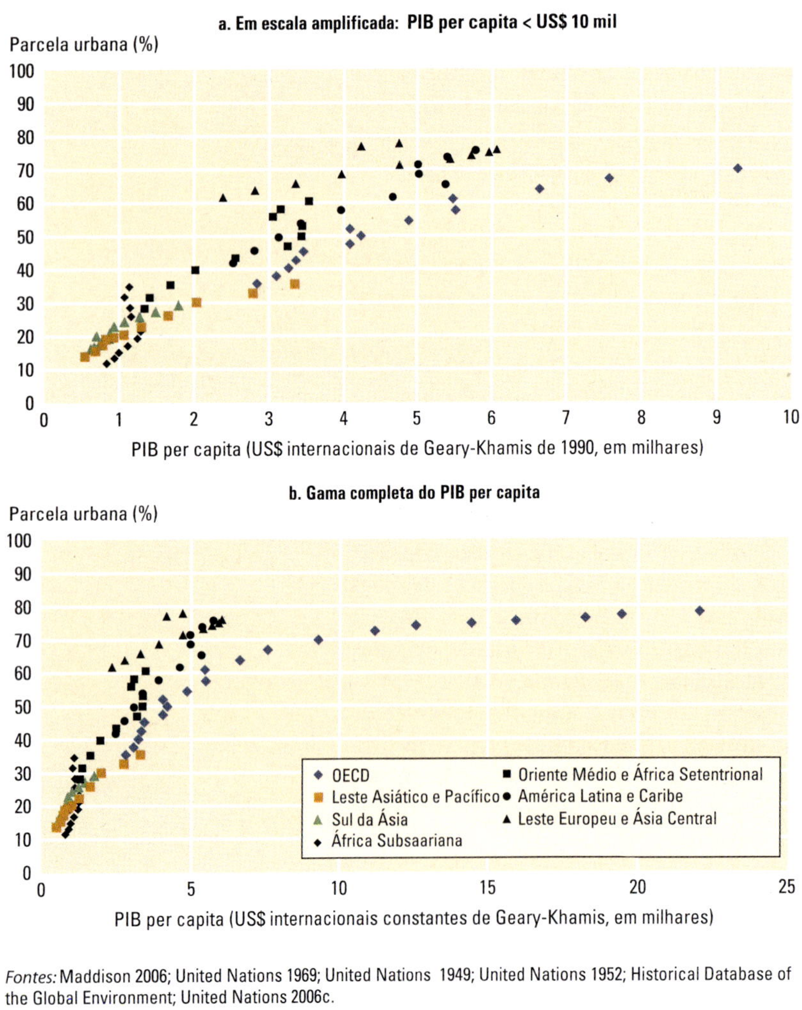

Fontes: Maddison 2006; United Nations 1969; United Nations 1949; United Nations 1952; Historical Database of the Global Environment; United Nations 2006c.

agrária, as pessoas vivem espalhadas no campo. Até as maiores cidades são pequenas. Os assentamentos urbanos são provavelmente pequenas cidades portuárias e de mercado que atendem as necessidades e comercializam os excedentes da agricultura. A industrialização traz consigo um rápido processo de urbanização – novas cidades nascem, e as cidades existentes se expandem. Conforme as pessoas se aglomeram nessas cidades a um ritmo mais rápido do que as fronteiras destas se expandem, a população e a densidade econômica aumentam. Já no início do desenvolvimento de um país, isso leva a uma hierarquia de lugares.

Portanto, duas transições fundamentais caracterizam o desenvolvimento econômico. A primeira envolve o movimento de uma economia principalmente agrária para outra muito mais orientada para a manufatura. A segunda transição, que ocorre tradicionalmente num nível muito mais adiantado de desenvolvimento, envolve a transformação estrutural em uma economia de serviços. A primeira fase da urbanização, que ocorre a um ritmo mais rápido, coincide com a transição da economia rural para a urbana. A segunda fase da urbanização, a um ritmo mais lento e num nível muito mais alto de desenvolvimento, está ligada a uma evolução intraurbana. Na maioria dos países, essas transformações acontecem ao mesmo tempo mas em áreas diferentes.

Para medir a concentração, precisamos definir uma área. O debate político envolve frequentemente uma discussão sobre a primazia urbana, para saber, por exemplo, se as cidades dos países em desenvolvimento são grandes demais ou pequenas demais. A maioria das discussões acadêmicas usa uma noção de espaço puramente geográfica. Este capítulo usa as duas unidades espaciais – as cidades primárias e a célula de 1° de longitude por 1° de latitude mais densa de um país – para medir a concentração.

Historicamente, a concentração aumenta rapidamente, depois se estabiliza

Segundo certa definição, uma cidade é uma área geográfica caracterizada por uma concentração de atores econômicos.[24] Globalmente, as 30 maiores cidades, classificadas por PIB, geraram cerca de 16% da produção do mundo em 2005, enquanto as 100 maiores geraram quase 25%. As aglomerações urbanas de Tóquio e Nova York têm um PIB estimado (em paridade de poder de compra) muito semelhante ao do Canadá ou da Espanha, respectivamente, ao passo que Londres tem um PIB estimado mais alto que o da Suécia ou da Suíça. Do mesmo modo, as cidades principais nos países em desenvolvimento representam parcelas desproporcionais do PIB nacional. Em 2005, a Cidade do México contribuiu com 30% do PIB do México apesar de ocupar apenas 0,1% do território. Luanda contribuiu com uma parcela semelhante do PIB de Angola, embora ocupe somente uma pequena fração (0,2%) do território. Do mesmo modo, as maiores cidades da Hungria, do Quênia, de Marrocos, da Nigéria e da Arábia Saudita – Budapeste, Nairóbi, Casablanca, Lagos e Riad – contribuíram aproximadamente com 20% do PIB total do país, embora ocupem menos de 1% do território.[25]

A densidade, definida como o PIB em paridade de poder de compra por km^2, aumenta com o nível de desenvolvimento, e os lugares mais densos do mundo estão nos países mais ricos. Entre as cidades, Dublin, Londres, Paris, Cingapura e Viena estavam no topo da classificação em 2005, com mais de US$ 200 milhões de produto bruto por km^2. Entre as áreas, Tóquio-Kanagawa, Nova York-Nova Jersey, Oslo-Arkershus e Viena-Modling eram as células de grade de 1° de longitude por 1° de latitude mais densas, tendo gerado mais de US$ 30 milhões de produto bruto por km^2 (figura 1.4).

Um século de dados sobre populações urbanas agregadas e dois séculos de estimativas de população para cidades principais sugerem que a urbanização é inicialmente rápida e depois desacelera. Os países em desenvolvimento – especialmente os da África e da Ásia – estão na fase em que as populações urbanas aumentam rapidamente. É compreensível que as pessoas na Europa Ocidental e na América do Norte, que passaram pela mesma fase há um século, tenham esquecido. As economias emergentes como a República da Coreia, que se desenvolveram rapidamente, fornecem os melhores estudos de caso para compreender o ritmo e o padrão de concentração geográfica. Sua experiência segue o padrão do crescimento mais gradual das atuais nações mais ricas.

Em nível agregado, usando as proporções de população nas áreas urbanas, o padrão de urbanização dos países em desenvolvimento da Ásia, da África, do Oriente Médio e da América Latina ao longo dos últimos 50 anos acompanha de perto a primeira parte do caminho histórico percorrido anteriormente pelos países da OCDE entre 1900 e 2000 (figura 1.5). A urbanização na Ásia espelha a fase rápida de urbanização que os países da OCDE conheceram no século XIX. Do mesmo modo, as transformações geográficas na América Latina e no Caribe, no Leste Europeu e na Ásia Central, e no Oriente Médio e na África Setentrional são qualitativamente semelhantes àquelas pelas quais passou a OCDE na primeira fase da urbanização. Quantitativamente, as proporções urbanas para as regiões da América Latina e do Caribe e do Leste Europeu e da Ásia Central são mais altas que as da OCDE para rendas comparáveis.

Contudo, isso pode ser uma distorção dos dados. Os dados do *World Urbanization Prospects* exageram sistematicamente – simplesmente por uma questão de definição – as proporções urbanas da América Latina e do Caribe, do Leste Europeu e da Ásia Central, e da África Subsaariana. A conclusão mais segura pode ser que o padrão de urbanização – a relação entre crescimento econômico e urbanização – não é inédita. Até na África

QUADRO 1.4 *A urbanização da África reflete a industrialização*

Entre 1970 e 1995, as populações urbanas da África Subsaariana cresciam a 5,2% ao ano enquanto o PIB per capita diminuía 0,66% ao ano. A partir da obra de Fay e Opal (2000), muitos argumentaram, tendo a África Subsaariana em mente, que a urbanização não acompanha necessariamente o desenvolvimento (Commission for Africa 2005). Mas Satterthwaite (2007) questiona a validade dos números da população urbana na maioria dos estudos. Como muitos deles foram baseados em projeções, alguns podem ter sido muito superestimados.

O problema é a falta de censos populacionais regulares. Em relação ao Chade e à Eritreia, as projeções de população de 1950 a 2030 foram baseadas em um único censo populacional. As da República Democrática do Congo foram derivadas de duas observações, a mais recente de 1984. Assim, é razoável considerar somente países com um mínimo de dois censos durante o período examinado (1970-95), um censo pós-2000 para estimativas de população mais precisas, uma população de no mínimo 1 milhão em 1995, e dados de valor agregado setorial para 1970 e 1995.

Isso reduz a amostra a apenas 10 países: Benin, Botsuana, Gana, Mauritânia, Níger, República Centro-Africana, Ruanda, Senegal, Zâmbia e Zimbábue. Desses 10 países, cinco experimentaram conflitos pelo menos uma vez, e os outros cinco tiveram paz ao longo desse período. Os resultados não parecem diferir sistematicamente entre esses dois conjuntos de países. As principais conclusões são as seguintes:

- Com exceção do Botsuana, em média a população dos países dobrou, mas o crescimento cumulativo do PIB foi de apenas 60%. O crescimento populacional ultrapassou o aumento do valor agregado bruto, e o PIB per capita caiu.
- O crescimento da população urbana e o crescimento do PIB total estão positivamente correlacionados. Os países com o crescimento mais rápido do PIB total – suas economias dobraram – também tiveram crescimento mais rápido da população urbana – um aumento de quatro vezes. Os líderes da amostra foram o Benin e o Zimbábue.
- O ritmo da urbanização esteve positivamente correlacionado ao crescimento de indústrias e serviços, atividades predominantes nas áreas urbanas.

Esses padrões não sustentam a alegação da urbanização africana sem crescimento. Ao contrário, os países com maior crescimento do PIB passaram por uma urbanização mais acelerada, e a rápida urbanização foi acompanhada por um crescimento maior das indústrias e dos serviços. O contrafactual é uma África sem urbanização com crescimento econômico ainda mais lento, maiores perdas de PIB per capita e aumento da pobreza.

Fontes: Fay e Opal 2000; Satterthwaite 2007; United Nations 2006c.

Subsaariana, a urbanização mais acelerada entre 1970 e 1995, embora com crescimento negativo do PIB per capita, esteve associada a um crescimento mais forte do PIB total. A urbanização também caminhou junto com o crescimento rápido dos setores industrial e de serviços (ver quadro 1.4).

Em nível desagregado, a proporção da população da cidade principal de um país gera um padrão não-linear qualitativamente idêntico de concentração que cresce rapidamente no início, seguida por uma estabilização subsequente (figura 1.6). Constata-se essa intensificação da massa econômica dentro das maiores cidades de um país numa

Figura 1.6 A densidade se intensifica rapidamente na fase inicial de urbanização antes de estabilizar-se

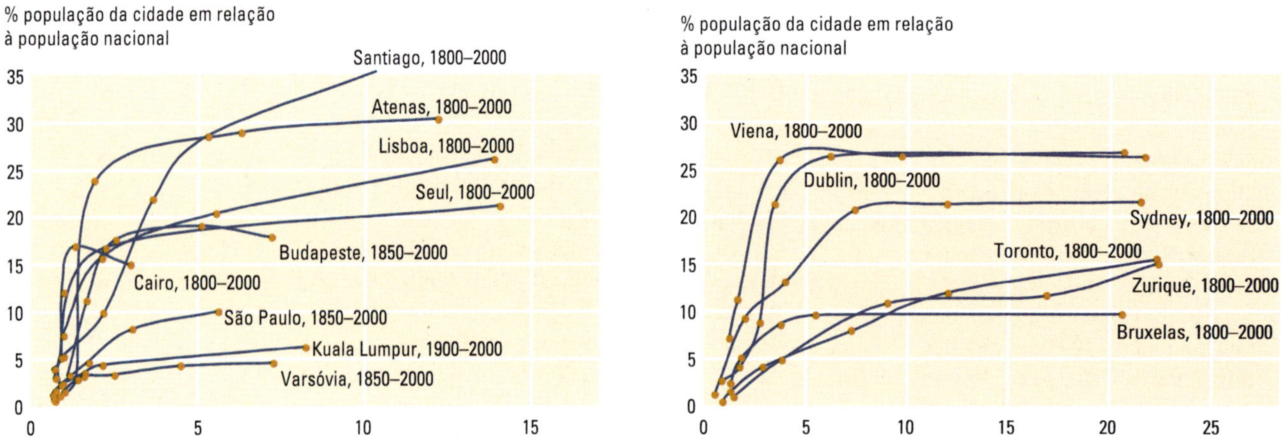

Fontes: Estimativas da equipe do RDM baseadas no Staff City Population Database, Human Settlements Group, International Institute for Environment and Development (IIED). Os dados de 1950 até o presente foram baseados principalmente em United Nations (2006c). Os dados anteriores a 1950 foram baseados principalmente em Chandler e Fox (1974), Chandler (1987) e Showers (1979). Os da América Latina também foram baseados numa resenha de 194 censos publicados.

ampla gama de renda, de Budapeste, Cairo, Kuala Lumpur e Varsóvia a Atenas, Lisboa, Santiago e Seul. Essas evoluções também foram observadas em Bruxelas, Dublin, Sydney, Toronto, Viena e Zurique ao longo dos dois séculos a partir de 1800.

Hoje, mais uma vez, a concentração cresce rapidamente, depois se estabiliza

Um padrão semelhante reaparece nas comparações contemporâneas entre o nível de desenvolvimento de um país e a concentração da densidade. No período de 2000-05 a taxa média de crescimento da população urbana em países de baixa renda foi 3% ao ano – maior que a taxa de 1,3 % dos países de renda médio-alta, e de 0,9% dos paíse de alta renda. A relação é robusta. Ela vale para uma variedade de medidas de concentração, do índice de aglomeração à densidade populacional, do produto bruto e do consumo doméstico. Ela é robusta na escala geográfica: uma área de 1 km^2, uma cidade, uma célula de grade de 1° de longitude por 1° de latitude, e um setor urbano agregado.

Áreas locais de 1 km^2. Os índices de aglomeração estimada geram um padrão semelhante ao das séries temporais históricas: uma densidade que cresce rapidamente para os países na fase inicial de urbanização (figura 1.7). Essa forte relação positiva entre proporção urbana e desenvolvimento continua válida até um PIB per capita de cerca de US$ 10 mil. Essa urbanização incipiente é associada a uma intensificação do número de pessoas que se deslocam das áreas rurais para as urbanas. Subsequentemente, o ritmo da urbanização desacelera e a densidade se estabiliza à medida que a proporção urbana ultrapassa 60% e o nível do PIB per capita ultrapassa US$ 10 mil. Com raras exceções, os países com PIB per capita acima de US$ 25 mil têm um índice de aglomeração superior a 70%.

Áreas definidas administrativamente. Tomando-se as cidades individualmente como unidade geográfica, uma relação côncava positiva existe entre o nível de desenvolvimento de um país e sua primazia – a proporção da população urbana que vive na cidade principal do país, uma medida de concentração amplamente utilizada na literatura. Semelhante à relação entre aglomerações e o nível de desenvolvimento, a primazia também cresce rapidamente antes de se estabilizar nos estágios ulteriores da urbanização (ver figura 1.8, painel a). A população e a densidade da produção estão intimamente correlacionadas, mas a densidade populacional subestima a concentração geográfica da massa econômica. As economias de aglomeração, ou os benefícios de que as empresas e os trabalhadores dispõem como resultado da proximidade, tornam provável um aumento da densidade da produção mais do que proporcional ao emprego ou à densidade populacional.

1° de longitude por 1° de latitude. Usando as células da grade terrestre para estimar a concentração como parcela do produto bruto da célula mais densa com relação ao PIB do país, a concentração de densidade da massa econômica cresce rapidamente entre os países com PIB per capita de menos de US$ 15 mil, e em seguida se estabiliza e diminui gradualmente entre os países de renda mais alta (ver figura 1.8, painel b).

Áreas urbanas dos países. A concentração, medida agora pelo consumo em vez da população ou do PIB, sugere a mesma relação côncava com o nível de desenvolvimento. Por exemplo, a proporção urbana de consumo doméstico em Maláui e em

Figura 1.7 A parcela da população que vive em aglomerações urbanas cresce com o nível de desenvolvimento

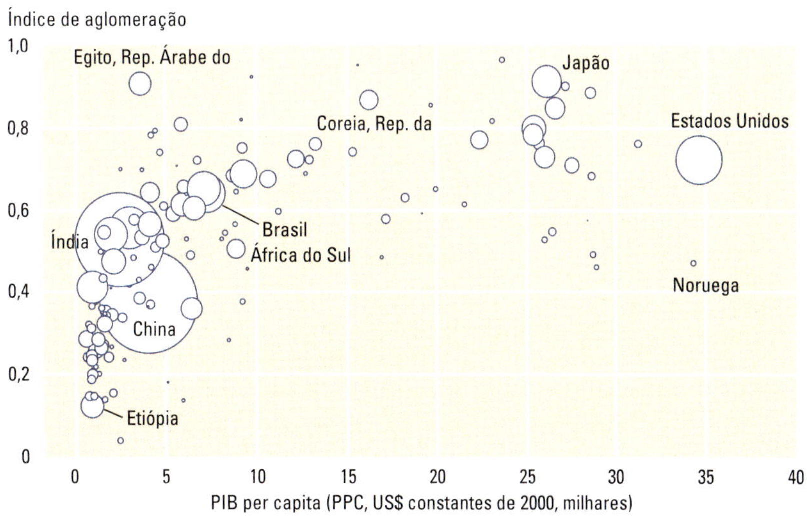

Fontes: Calculado pela equipe do RDM 2009 usando Nelson (2008) e Banco Mundial (2006g).
Nota: O tamanho de cada círculo indica o tamanho da população daquele país. PPC = paridade de poder de compra. O índice de aglomeração usa os seguintes critérios: densidade de 150 pessoas por km ou mais, tempo de acesso de 60 minutos ou menos até um assentamento de tamanho considerável, definido como aquele com população de mais de 50 mil habitantes.

Figura 1.8 A concentração geográfica da população, o produto bruto e o consumo doméstico crescem fortemente com o desenvolvimento, depois se estabilizam
Dados de diversos países, fim dos anos 1990 e anos 2000

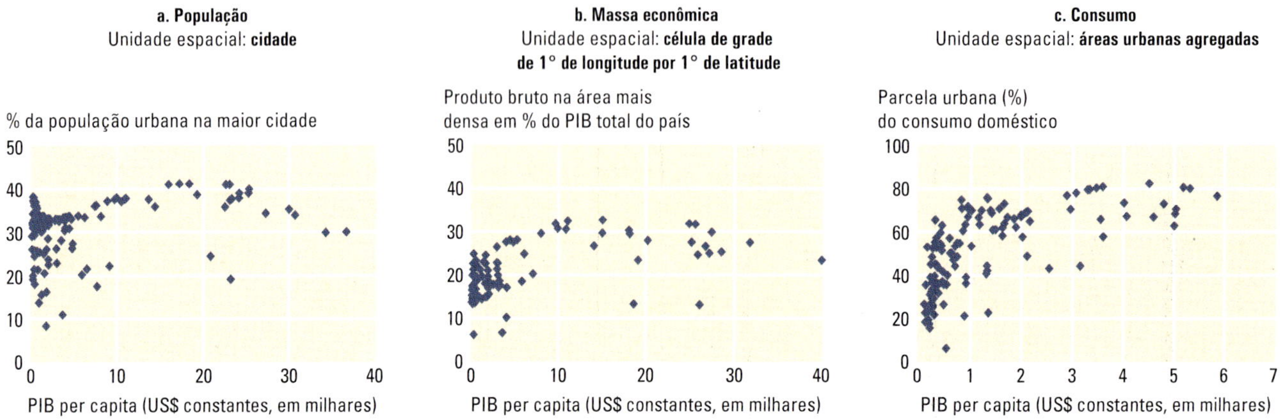

Fontes: Estimativas da equipe do RDM 2009 baseadas em Banco Mundial (2007j), Nordhaus (2006) e mais de 120 pesquisas domiciliares em mais de 75 países.

Camarões, com PIB per capita de US$ 150 e US$ 700, respectivamente, é de 36 e 48%. Com cerca de 63%, a proporção é maior para a Jordânia e a República Árabe do Egito, que têm PIB per capita em torno de US$ 1.600, e chega a 80% no Panamá e na Polônia, com PIB per capita de US$ 3.500 e US$ 5 mil respectivamente (ver figura 1.8, painel c).[26]

Um portfolio *de lugares maiores e mais densos*

Conclui-se desses fatos estilizados relativos à transformação geográfica que os países de alta renda possuem um *portfolio* de lugares com uma proporção significativamente maior de grandes assentamentos e uma proporção menor de pequenos assentamentos do que os países de renda média. E os países de renda média possuem uma proporção significativamente maior de assentamentos de médio porte do que os países de renda baixa. Nos países de baixa renda aproximadamente três quartos da população vivem em pequenos assentamentos de menos de 20 mil pessoas, e somente 10% vivem em aglomerações urbanas de mais de 1 milhão de pessoas. Nos países de alta renda, o contrário é verdadeiro. Menos de um quarto da população vive em pequenos assentamentos de menos de 20 mil pessoas, e aproximadamente metade da população vive em assentamentos de mais de 1 milhão de pessoas (ver tabela 1.1).

Tabela 1.1 O tamanho dos assentamentos urbanos aumenta com o desenvolvimento

Tamanho da população	Países de renda baixa (%)	Países de renda média (%)	Países de renda alta (%)
Assentamentos pequenos: menos de 20 mil	73	55	22
Assentamentos médios: de 20 mil a 1 milhão	16	25	26
Assentamentos grandes: mais de 1 milhão	11	20	52

Fonte: Banco Mundial, 2007j.

Num estágio incipiente de urbanização, o *portfolio* de lugares num país pequeno ou em parte de um país maior, como uma província ou até um grande distrito, pode ser estimado em 75% rurais e 25% urbanos, todos assentamentos de densidade relativamente baixa. Conforme a urbanização se acelera – ainda predominantemente uma transformação rural-urbana impulsionada pela industrialização – e a área ou província cresce em direção a um PIB per capita de US$ 10 mil, sua distribuição de assentamentos se aproximará de uma bipartição urbano-rural de 50/50. Numa urbanização mais avançada – agora uma transformação intraurbana numa área pós-industrial –, a distribuição da população pode ser estimada em 75% urbana e 25% rural.

Essa generalização corresponde bem à experiência dos Estados Unidos. Em 1690, quando o PIB per capita médio era de meros US$ 500 (dólares internacionais de 1990),[27] a cidade principal da América Britânica colonial era Boston. No entanto, com uma população de 7 mil habitantes, Boston era, para os padrões modernos, pouco maior do que uma pequena cidade. Na hierarquia urbana, somente três outras cidades tinham uma população maior do que 2.500, e duas delas eram Nova York e Filadélfia. A fase inicial da industrialização americana trouxe consigo um aumento da população urbana de 7% em 1820 para 20% em 1860, à medida que o PIB per capita crescia de US$ 1.257 para US$ 2.170 (dólares internacionais de 1990). Durante esse tempo, a população da cidade principal, agora Nova York, expandiu-se de 123.706 para 805.651 habitantes. Seu rápido crescimento permitiu que a hierarquia urbana se expandisse e se espalhasse.

O número de cidades com população superior a 1 milhão aumentou de apenas uma em 1820, Nova York, para nove em 1860. Todas essas cidades estavam no nordeste do país, onde a industrialização teve início. À medida que a transformação geográfica ia tomando corpo, e os Estados Unidos completaram sua transição para uma economia industrial madura, a densidade populacional de uma amostra consistente de cidades dos EUA com populações superiores a 25 mil aumentou de 7.230 pessoas por milha quadrada para 8.876 por milha quadrada. A superfície média das cidades aumentou de aproximadamente 19 milhas quadradas para 40 milhas quadradas.[28] As cidades se tornaram ao mesmo tempo mais comprimidas e mais espalhadas.

Convergência rural-urbana dentro das cidades

Uma geografia econômica "irregular" que distribui a produção e as pessoas desigualmente no espaço de um país é uma característica natural do funcionamento de uma economia de mercado. Essa irregularidade tende a se tornar mais pronunciada à medida que o país se desenvolve. A pergunta que se costuma fazer é: em que isso afeta a distribuição geográfica da pobreza, do consumo e de outros padrões de vida? A resposta pode determinar a sustentabilidade política e social do processo de concentração.

Disparidades rural-urbanas de bem-estar – primeiro amplas depois decrescentes

Pode-se esperar que a disparidade urbano-rural de produtividade, salários e bem-estar seja grande e aumente nos estágios iniciais do desenvolvimento. Com o rápido aumento da concentração da massa econômica nas pequenas e grandes cidades do país nos estágios iniciais do desenvolvimento, uma disparidade significativa de produtividade, salários e bem-estar básico ocorre entre as áreas urbanas e rurais. A aglomeração de capital, consumidores e trabalhadores rapidamente traz vantagens de produção, e os custos de deslocamento restringem os benefícios à localidade. Esses mercados locais maiores permitem às empresas repartir os custos fixos de produção entre um maior número de consumidores, gerando vantagens de custo e produtividade.[29] Isso significa salários mais altos nas pequenas e grandes cidades, e maior disponibilidade de uma gama mais diversificada de bens e serviços.

A concentração da massa também ajuda a garantir melhor fornecimento de infraestrutura básica e de serviços de saúde pública nas áreas urbanas. Junto com os salários divergentes, isso promove a divergência nas medidas mais básicas de bem-estar entre as áreas urbanas e rurais.[30] Porém, a disparidade urbano-rural começa a reduzir-se à medida que o processo de urbanização desacelera e os governos se tornam mais capazes. O êxodo de pessoas e trabalhadores das áreas rurais para as pequenas e grandes cidades reduz o excesso de mão de obra no campo e na agricultura – e reduz a concorrência entre os trabalhadores no mercado de trabalho rural. E o progresso tecnológico que economiza mão de obra libera esta última para a migração em direção às áreas urbanas e melhora a produtividade. Com o tempo, os investimentos e redistribuições fiscais proporcionam aos residentes rurais melhor acesso local a serviços básicos, como acesso diário a água corrente limpa, saneamento e eletricidade, assim como ensino e saúde. De fato, com o desenvolvimento e o passar do tempo, a geografia econômica do país se aproxima de um equilíbrio "natural" que igualiza o bem-estar entre os residentes urbanos e rurais. Nessa situação, as pessoas escolhem viver onde esperam obter melhores condições de bem-estar material e imaterial. A República Islâmica do Irã

QUADRO 1.5 *Urbanização e disparidade rural-urbana decrescente na República Islâmica do Irã*

As disparidades rural-urbanas decresceram na República Islâmica do Irã. Em 1976, na véspera da Revolução Islâmica, a renda doméstica per capita média nas áreas rurais era 44% da das áreas urbanas. Em 2005, ela havia aumentado para 63%.

O governo do xá favoreceu as cidades em detrimento do campo. O controle de preços para alimentos essenciais corroeu a renda agrícola. Tarifas elevadas, proibições às importações e licenciamento para bens industriais sustentaram os preços dos produtos manufaturados e corroeram o poder de compra dos agricultores. Uma estratégia de desenvolvimento orientada para a demanda interna final ampliou a migração interna em direção a Teerã e algumas outras cidades grandes. Para cada indicador de desenvolvimento, o centro teve um desempenho muito melhor que o da periferia. Em 1973, a taxa de pobreza era de 23% na região central e 42% no país. Essa desigualdade espacial correspondia ao mapa étnico da República Islâmica do Irã, alimentando tensões.

O que aconteceu desde o compromisso de reduzir as disparidades espaciais assumido em 1979?

- Em primeiro lugar, a proporção da população urbana aumentou de 49 para 67% entre 1979 e 2005. Isso é a continuação de uma tendência de longo prazo: a população urbana havia crescido 5,4% ao ano (e em Teerã, 6%) entre 1966 e 1976.
- Em segundo lugar, a disparidade rural-urbana da renda por domicílio foi reduzida. Entre 1976 e 1984, o valor agregado agrícola cresceu 31%, duas vezes a taxa da economia não-petrolífera. Uma razão para esse crescimento foi que os preços agrícolas subiram 55%. Outra razão foi que se gastou mais em projetos para aumentar a produtividade de fazendas de pequeno e médio porte. O crescimento também poderia ser atribuído ao fato de que a produção agrícola na República Islâmica do Irã é dominada pelo setor privado, ao passo que as grandes empresas industriais e prestadores de serviços foram nacionalizados após a revolução, o que prejudicou sua eficiência.
- Em terceiro lugar, os indicadores de desenvolvimento humano rural e urbano melhoraram, até nas províncias atrasadas. Entre 1976 e 1996, a taxa de alfabetismo feminino subiu de 17 para 62%, enquanto para as mulheres urbanas subiu de 56 para 82%. Em 1994–2000, a mortalidade infantil e sub-5 caiu mais rápido nas províncias mais pobres.
- Enfim, a pobreza global caiu. A taxa nacional de pobreza era de 8,1% em 2005, com diferenças relativamente modestas entre a pobreza rural e urbana de 10 e 7,1%, respectivamente. Porém, a taxa provincial de pobreza ainda varia muito, de 1,4 a 23,3% entre as províncias.

O compromisso político com a igualdade espacial produziu resultados ambíguos durante os últimos 30 anos: um declínio global da pobreza e uma convergência nos padrões de vida rural-urbana, mas diferenças persistentes nos padrões de vida entre as províncias.

Baseado numa contribuição de Anton Dobronogov, Alexander Kremer e outros.

ilustra essa convergência rural-urbana (ver quadro 1.5).

Dados dos atuais países industriais sugerem que o desenvolvimento eliminou em grande parte a disparidade urbano-rural. Proporções urbanas elevadas e densidade econômica concentrada caminham juntas com pequenas diferenças de bem-estar urbano-rural numa gama de indicadores. Os 15 países que aderiram à União Europeia (UE) antes de 2004, todos com PIB per capita superior a US$ 13 mil (dólares internacionais de 1990), consideram a taxa de desemprego uma meta política importante.[31] Mas as diferenças entre as taxas de desemprego rurais e urbanas não deveriam ser uma preocupação. As taxas de desemprego são de 10,1% nas áreas urbanas e

Figura 1.9 A disparidade rural-urbana do PIB per capita tende a ser menor nos países mais ricos da OCDE

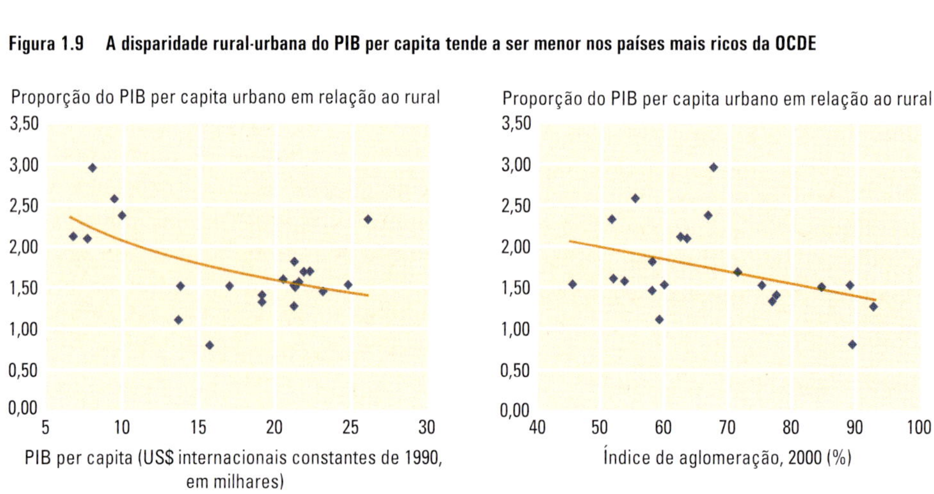

Fonte: Equipe do RDM 2009, com base em dados da OCDE (2007), pp. 1–256.

Tabela 1.2 As disparidades rural-urbanas de receitas, riqueza e consumo caracterizam o desenvolvimento nos dois últimos séculos

País (ano)	Disparidade rural-urbana(%)	Descrição e amostra do país
Suécia (1805)	221,0	Riqueza por homem adulto nas áreas urbanas e rurais
Finlândia (1805)	146,0	Riqueza por homem adulto nas áreas urbanas e rurais
Inglaterra (1830s)	73,2	Salários urbanos são salários dos trabalhadores do setor de construção civil, e salários rurais são salários dos trabalhadores agrícolas
França (1882) França (1911)	29,0 51,0	Salários urbanos são salários não qualificados na cidade capital regional (*chef-lieu* do *département*), e salários rurais são os salários agrícolas médios
Estados Unidos (1925) Estados Unidos (1935)	28,0 75,0	Receitas urbanas são receitas de manufatura, e receitas rurais são receitas agrícolas
Países em desenvolvimento (século XIX)	51,2	Salários urbanos são os dos trabalhadores não qualificados em geral, e salários rurais são salários agrícolas, incluindo pagamentos em mercadoria. Os países incluídos são Argentina 1872; Austrália 1887; Dinamarca 1872; França 1892, 1801; Hungria 1865; Japão 1887; e Estados Unidos 1820-29, 1890
Países em desenvolvimento (século XX)	41,4	Salários urbanos são baseados nos dos trabalhadores não qualificados da construção, e salários rurais são os salários agrícolas em espécie. Dezenove países (1960–70) compõem esta média: Argentina, Camarões, Chile, Costa do Marfim, Costa Rica, Guatemala, Malásia, Maláui, Marrocos, México, Panamá, Paquistão, Quênia, Sri Lanka, Tanzânia, Trinidad e Tobago, Tunísia, Uruguai e Venezuela (R. B. da)
Países em desenvolvimento (século XXI)	42,0	Com base no consumo doméstico per capita, após controle das características dos domicílios. 72 países (2000-05) compõem esta média de disparidade: África do Sul, Angola, Armênia, Bangladesh, Belize, Benin, Bolívia, Brasil, Bulgária, Burkina Faso, Burundi, Butão, Camarões, Camboja, Chade, Chile, Colômbia, Congo (Rep. Dem. do), Costa do Marfim, Costa Rica, Croácia, Djibuti, Egito, El Salvador, Equador, Etiópia, Federação Russa, Filipinas, Gâmbia, Gana, Geórgia, Guatemala, Guiana, Guiné, Honduras, Hungria, Índia, Indonésia, Jamaica, Jordânia, Madagascar, Maláui, Maldivas, Mali, Marrocos, Mauritânia, México, Moçambique, Moldova, Mongólia, Nepal, Nicarágua, Nigéria, Panamá, Paquistão, Paraguai, Peru, Polônia, Quirguistão, Romênia, Ruanda, Senegal, Sri Lanka, Suazilândia, Tadjiquistão, Tailândia, Tanzânia, Timor Leste, Ucrânia, Uganda, Vietnã, Zâmbia

Fontes: Fontes: Suécia e Finlândia 1805: Soltow 1989, tabela 1, p. 48; Inglaterra nos anos 1830: Williamson 1987, tabela 3, p. 652; França 1882, 1911: Sicsic 1992, tabela 2, p. 685; Estados Unidos 1925, 1935: Alston e Hatton 1991, tabela 3, p. 93; Países em desenvolvimento (século XIX): Clark 1957, tabela II pp. 526-31; Países em desenvolvimento (século XX): Squire 1981, tabela 30, p. 102; Países em desenvolvimento (século XXI): Estimativas da equipe do RDM 2009 com base em pesquisas domiciliares feitas em 72 países; o conjunto de dados é descrito em detalhes em Montenegro e Hirn (2008).

Nota: A disparidade rural-urbana (em termos nominais) é calculada como a diferença de salários, receitas, riqueza ou consumo entre áreas urbanas e rurais em relação à média rural.

9,9% nas áreas rurais. Isso também é evidente para os jovens: 19,4% nas áreas urbanas comparados a 18,7% nas áreas rurais. As taxas de participação da mão de obra nas áreas urbanas e rurais são de 68,3 e 69,4%, respectivamente.[32] Na Inglaterra, o elevado grau de igualdade urbano-rural de bem-estar se reflete em rendas disponíveis semelhantes: de fato, a renda disponível semanal nos vilarejos, de £ 522, é 10% mais alta que a das cidades, de £ 476 .[33]

Para 21 dos 30 países da OCDE, quanto mais alto o PIB per capita em 2003,[34] mais baixa a proporção do PIB per capita nas áreas predominantemente urbanas em relação ao das áreas rurais (ver figura 1.9).[35] Na República Tcheca, Hungria, Polônia, República Eslovaca e Turquia, com PIB per capita médio inferior a US$ 10 mil (dólares internacionais de 1990), o PIB per capita nas áreas urbanas é duas a três vezes maior. Mas nos países da OCDE com PIB per capita médio acima de US$ 10 mil, a proporção está entre uma e duas vezes (exceto para a Noruega). Dados os mecanismos bem desenvolvidos de redistribuição fiscal nos países da OCDE, e as diferenças dos perfis etários e demográficos entre as áreas urbanas e rurais, essas disparidades do PIB per capita vão superestimar as diferenças urbano-rural em, digamos, níveis médios de renda pessoal disponível e consumo. O índice de aglomeração gera o mesmo padrão qualitativo.

As disparidades urbano-rurais nesses países foram amplas durante todo o século XIX e o início do XX. A riqueza por homem adulto no século XIX na Suécia era mais de 200% mais alta nas áreas urbanas do que nas rurais, e 150% mais alta na Finlândia (ver tabela 1.2). Enquanto isso, na Inglaterra, que se urbanizava rapidamente, os salários eram 75% mais altos nas áreas urbanas do que nas áreas rurais nos anos 1830. A França e os Estados Unidos tiveram um grande aumento do prêmio do salário urbano em 1882–1911 e 1925–1935. De fato,

Figura 1.10 As disparidades rural-urbanas no consumo per capita se tornam menores com a urbanização

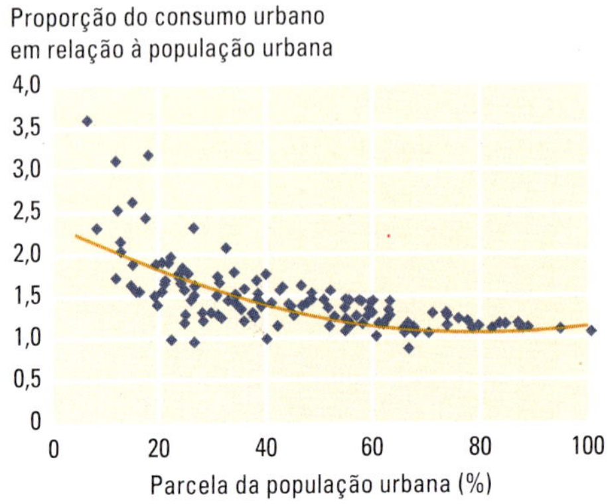

Fonte: Estimativas da equipe do RDM 2009 com base em mais de 120 pesquisas domiciliares em mais de 75 países.

nos Estados Unidos, o prêmio aumentou quase três vezes em uma década.[36] Nos países em desenvolvimento no século XIX, incluindo Austrália, Dinamarca, França, Japão e Estados Unidos, os salários nominais urbanos eram 50% mais altos.

Os atuais países em desenvolvimento ainda estão na primeira fase da urbanização e não surpreende que tenham grandes disparidades urbano-rurais de produtividade e renda. Para uma amostra de países em desenvolvimento dos anos 1960 – entre eles Malásia, México e Trinidad e Tobago, que desde então atingiram o *status* de renda médio-alta ou alta –, os salários urbanos excediam os salários rurais em mais de 40%. Disparidades semelhantes podem ser observadas no consumo per capita entre as áreas urbanas e rurais de uma amostra recente de 72 países em desenvolvimento.

A discrepância urbano-rural entre a massa econômica e a distribuição da população diminui com a urbanização. Outra maneira de examinar as disparidades de consumo entre as áreas urbanas e rurais é observar a proporção da população das áreas urbanas do país e compará-la à proporção do consumo nessas áreas. Se essa proporção for superior a um, o consumo per capita é, em média, mais alto nas áreas urbanas do que nas áreas rurais, enquanto o inverso é verdadeiro se a proporção for inferior a um.

As disparidades urbano-rurais de consumo caem com a densidade nos atuais países em desenvolvimento (ver figura 1.10).[37] Em Maláui e no Sri Lanka a proporção está próxima de dois: as áreas urbanas representam mais de 10% da população, mas mais de 20% do consumo. Nos países com níveis mais altos de urbanização, a distribuição espacial da população assemelha-se mais à da produção. Madagascar e Tanzânia têm uma proporção de população urbana de cerca de 20 a 25% e proporções de consumo urbano de aproximadamente 30 a 35%. Ao chegar a época em que o país entra num estágio avançado de urbanização, a população está distribuída mais ou menos proporcionalmente à massa econômica, de modo que a proporção fica perto de um. No Chile, 85% da população reside nas áreas urbanas, e esses residentes urbanos representam 92% do consumo nacional. No Brasil, 80% das pessoas vivem em assentamentos urbanos, e esses 80% são responsáveis por 85% do consumo. À medida que o desenvolvimento progride e a concentração da atividade econômica nas áreas de alta densidade aumenta, as disparidades urbano-rurais se reduzem. Uma linha descendente em todos os níveis de urbanização é um bom sinal: a maioria dos países em desenvolvimento pode ter passado o pico das suas disparidades urbano-rurais.[38]

O que vale para o consumo particular vale para a infraestrutura básica. Entre

Tabela 1.3 A disparidade rural-urbana de serviços básicos se reduz com o desenvolvimento

Parcela da população urbana (PIB per capita mediano)	Disparidade no acesso a água limpa (pontos percentuais)	Disparidade no acesso a saneamento (pontos percentuais)	Exemplos de países na amostra
75% ou mais (PIB per capita mediano: US$ 21.602)	8	8	Alemanha, Argentina, Brasil, Canadá, Chile, Djibuti, Espanha, Estados Unidos, Gabão, Jordânia, Líbano, México, Noruega, Reino Unido, Suíça, Venezuela (R. B. da)
50–70% (PIB per capita mediano: US$ 9.672)	15	20	África do Sul, Argélia, Azerbaijão, Bolívia, Colômbia, Congo (Rep. do), Equador, Estônia, Hungria, Malásia, Panamá, Síria, Tunísia, Turquia
25% ou menos (PIB per capita mediano: US$ 2.585)	24	26	Bangladesh, Butão, Camboja, Chade, Iêmen (Rep. do), Índia, Madagascar, Maláui, Nepal, Quênia, Sri Lanka, Tadjiquistão, Tanzânia, Uganda

Fonte: Banco Mundial 2007j.
Nota: A disparidade refere-se à diferença percentual entre áreas urbanas e rurais.

Figura 1.11 Até em nível subnacional as disparidades rural-urbanas caem à medida que a densidade aumenta

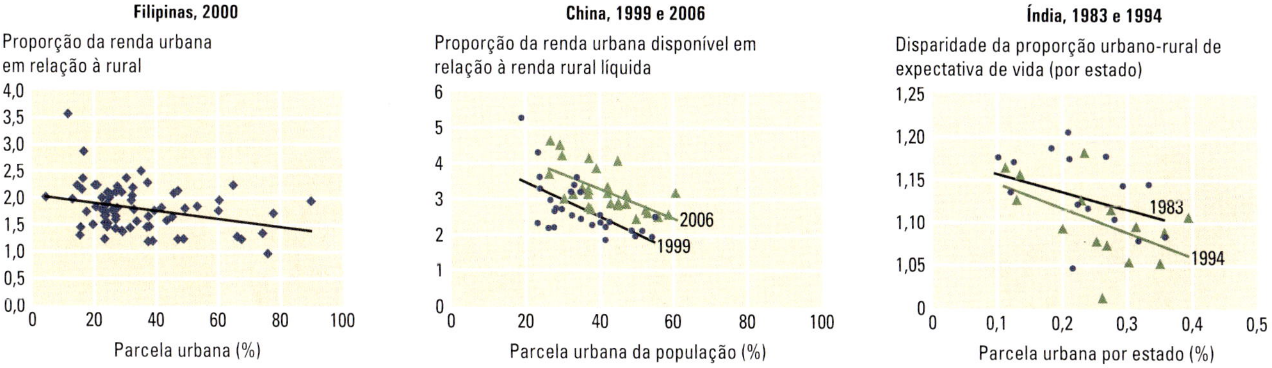

Fontes: Balisacan, Hill e Piza, no prelo; Yao, no prelo; Cali 2008.

os países de renda baixa com população urbana de menos de 25%, o acesso à água e ao saneamento nas pequenas e grandes cidades é cerca de 25 pontos percentuais mais alto do que nas áreas rurais.[39] Porém, para os países mais urbanizados, como Argélia, Colômbia e África do Sul, a disparidade de acesso é de 15 a 20%. Nos países onde a urbanização é avançada e a proporção urbana aproxima-se do seu máximo natural, quase não existe diferença entre as áreas urbanas e rurais no acesso aos serviços básicos. Pode-se esperar que a igualização do acesso à infraestrutura básica promova uma convergência correspondente dos indicadores imateriais de bem-estar e padrões de vida (ver tabela 1.3).

A redução das disparidades rural-urbanas é importante, mas o progresso em termos absolutos do bem-estar básico nas áreas rurais dos países mais pobres do mundo é ainda mais importante. O crescimento das disparidades urbano-rural é compatível com uma melhoria absoluta no bem-estar básico tanto nas áreas rurais quanto urbanas. Por isso os dados globais são animadores. Durante a última década, a maioria dos países de baixa e média renda tiveram melhoras absolutas numa gama de indicadores de bem-estar básico, incluindo taxas de mortalidade infantil e sub-5, desnutrição, imunização e participação escolar nas áreas rurais e urbanas. De 32 países de baixa renda, três quartos reduziram as taxas de mortalidade infantil e sub-5, e a incidência de nanismo e desnutrição graves, especialmente nas áreas rurais.[40] E, desde 1990, a participação escolar cresceu em quatro quintos desses países, especialmente nas áreas rurais.[41] Tanto os ambientes urbanos quanto rurais realizaram progresso em direção aos Objetivos de Desenvolvimento do Milênio.

A convergência urbano-rural ocorre mais depressa nas áreas subnacionais mais urbanizadas. Tanto na China quanto nas Filipinas, as províncias urbanizadas exibem uma menor disparidade interna de renda urbano-rural (ver figura 1.11). Na China, a relação inteira deslocou-se para cima durante

Figura 1.12 As favelas crescem com o *ritmo* e diminuem com o *nível* de urbanização

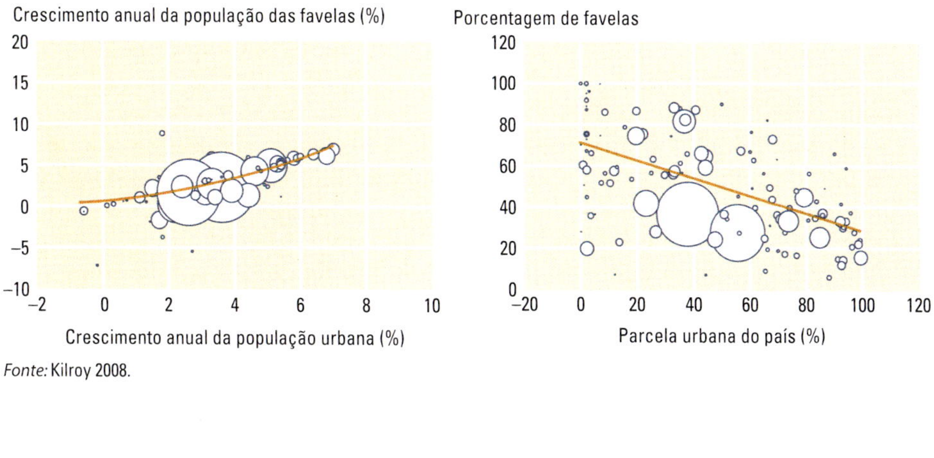

Fonte: Kilroy 2008.

Mapa 1.2 Divisões locais: as disparidades geográficas dentro das áreas urbanas podem ser grandes
Taxas de pobreza nas cidades africanas

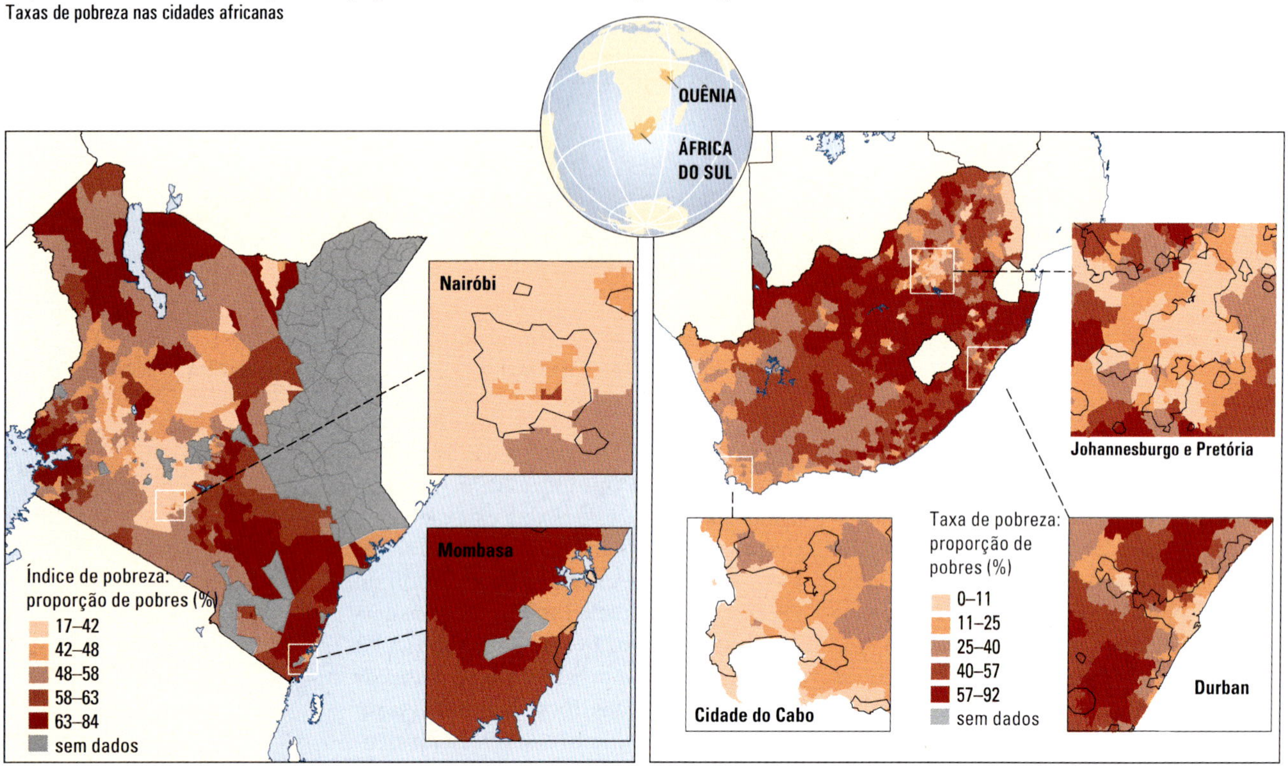

Fonte: O Projeto de Mapeamento da Pobreza da Columbia University, que utiliza informações de Alderman e outros (2002); Escritório de Estatísticas da África do Sul; Escritório Central de Estatísticas do Quênia; e Ministério do Planejamento e Desenvolvimento Nacional do Quênia.

a última década, de modo que, em geral, as disparidades urbano-rurais aumentaram ao longo do tempo, o que é compatível com o estágio inicial de desenvolvimento da China, marcado por uma rápida urbanização. Na Índia, a disparidade urbano-rural de expectativa de vida era menor nos estados mais urbanizados em 1983 e 1994. Mas a relação inteira se deslocou para baixo ao longo do tempo.

Favelas – divergência e convergência dentro das cidades

Nos países pobres, um nível de vida mais alto nas cidades não elimina a pobreza e a privação. As disparidades dentro das cidades podem ser grandes. Em Nairóbi, a pobreza é alta no centro da cidade, mas muito mais baixa no restante da cidade e nos subúrbios (ver figura 1.12). Em Mombasa, a segunda cidade mais populosa do Quênia, as divisões geográficas marcantes na taxa de pobreza são evidentes numa área onde a pobreza geralmente é mais alta do que em Nairóbi (ver mapa 1.2). As cidades sul-africanas também mostram disparidades internas da taxa de pobreza. A Cidade do Cabo tem uma taxa de pobreza baixa nas áreas costeiras, mas uma taxa de pobreza mais alta no interior da cidade. Do mesmo modo, tanto Johannesburgo-Pretória-Tshwane quanto Durban têm divisões visíveis. Mas a geografia da pobreza em Durban é diferente da da Cidade do Cabo e de Johannesburgo: a taxa de pobreza é, em geral, mais alta fora dos limites da cidade do que dentro.

O sinal de divisão mais óbvio dentro das cidades está nas favelas. As favelas têm moradias cronicamente superlotadas de baixa qualidade em áreas com atendimento insuficiente. O motivo para a falta de serviços públicos e infraestrutura básicos é a incapacidade ou a falta de vontade de muitos governos e prestadores de serviços urbanos para operar nas favelas, geralmente por causa da informalidade e da ilegalidade de tais assentamentos.[42] Logo, os padrões de vida, especialmente saúde, segurança e saneamento, são mais baixos nas favelas do que nos assentamentos formais em suas proximidades. Um relato anedótico de Dharavi, em Mumbai, que se acredita ser a maior favela da Ásia, faz menção a "talvez um milhão de residentes... comprimidos em 1 milha quadrada de habitações de poucos andares feitas de madeira, concreto e ferro enferrujado... uma família de 12 pessoas morando num quarto de 90 pés quadrados". Em Shiva Shakti Nagar, também em Mumbai, cada torneira comunitária é compartilhada por aproximadamente 100 pessoas.[43]

O crescimento das favelas nas principais cidades é característico da rápida urbanização. Como o rápido crescimento populacional não pode ser acomodado satisfatoriamente, as favelas e bairros pobres se tornam maiores e mais visíveis. Isso contribui para discrepâncias geográficas amplas e crescentes de bem-estar dentro das áreas urbanas. O desenvolvimento – tanto econômico quanto institucional – e uma infraestrutura melhor, combinados a intervenções direcionadas, acabam por provocar uma convergência dos padrões de vida nas áreas urbanas.

As favelas fazem parte da rápida urbanização, e não é incomum que um quinto a um terço da população de uma cidade num país em desenvolvimento contemporâneo resida em favelas (ver figura 1.12).[44] Goiânia, capital do estado brasileiro de Goiás, uma cidade de médio porte que tinha 40 mil habitantes em 1950, é hoje uma cidade com mais de 1 milhão de habitantes, onde grande parte do crescimento populacional foi acomodado em favelas.[45] Desde 1950, a população de Nova Déli cresceu mais de dez vezes, de 1,4 milhão a 15,6 milhões,[46] um crescimento acompanhado por um aumento do número de aglomerações em favelas de 200 para 1.160.

"Ele nunca havia visto um lugar mais sujo ou mais miserável. A rua era estreita e lamacenta, e o ar estava impregnado de odores nauseabundos... Caminhos e pátios cobertos, que aqui e ali divergiam da rua principal, descortinavam pequenos aglomerados de casas, onde homens e mulheres embriagados estavam literalmente chafurdando na sujeira". Uma descrição contemporânea de uma favela num país em desenvolvimento, como Kibera ou Huruma em Nairóbi, Washington em Abidjã, Majboor Nagar ou Kanchan Puri em Nova Déli, San Fernando em Buenos Aires ou a Rocinha no Rio de Janeiro? Não, este é um trecho de *Oliver Twist*, de Charles Dickens, publicado em 1838, que descreve a cidade de Londres em rápida expansão no século XIX (ver quadro 1.6).

Londres não era de modo algum a única cidade ou área urbana na Grã-Bretanha do século XIX com grandes áreas de favelas. Habitações cronicamente superlotadas e serviços públicos inadequados eram uma característica comum das cidades britânicas

QUADRO 1.6 *Favelas ontem e hoje*

O termo "slum" (favela), que provavelmente provém de uma antiga palavra inglesa ou alemã que significava um lugar mal aterrado ou lamacento, foi aplicado à habitação no início da Revolução Industrial no Reino Unido antes do advento das ferrovias, quando os canais transportavam bens pesados de um lado a outro do país. Durante a rápida industrialização da Grã-Bretanha, a maioria das fábricas era construída junto aos canais, o principal meio de transporte de carvão para as máquinas a vapor e outros meios de produção.

Os trabalhadores pobres, que migravam para as cidades para trabalhar nas fábricas, não podiam se permitir andar longas distâncias de ida e volta para os locais de trabalho. Antes dos bondes elétricos, as outras formas de transporte eram caras. Então, os trabalhadores se instalavam perto das fábricas. Habitações baratas surgiram em volta das fábricas em áreas baixas e mal aterradas. As habitações eram superlotadas. O saneamento era inadequado e, na maioria dos casos, inexistente. E a qualidade do ar era ruim, com fuligem e outros poluentes. As doenças eram corriqueiras. Diarreia, tifo e doenças respiratórias, sarampo e escarlatina diminuíam a expectativa de vida daqueles nascidos nas cidades em 12 anos em relação àqueles nascidos nas áreas rurais.

Os riscos crescentes para a saúde pública nas favelas urbanas da Grã-Bretanha tiveram um terrível custo de saúde que acabou por se propagar além da classe trabalhadora, finalmente motivando uma ação política forte. Mas em vez de tentar impedir que mais trabalhadores viessem, ou de eliminar a doença e a pobreza nessas áreas, nos anos 1870 o governo promulgou uma legislação com regras estritas de regulamentação de construção, prescrevendo as dimensões das ruas e das casas e obrigando que todas as moradias fossem ligadas aos sistemas de esgoto recém-construídos. Investimentos municipais maciços em obras de encanamento, serviços de esgoto e saúde pública reduziram dramaticamente a mortalidade nas cidades britânicas entre 1874 e 1907.

Apesar das condições atrozes e insalubres, milhões de migrantes continuam a deixar as áreas rurais em busca das oportunidades econômicas abundantes oferecidas nas cidades dos países de renda baixa e média. Mesmo que os riscos de saúde e as taxas de mortalidade sejam muito piores nas favelas em torno de muitas cidades da África, as pessoas estão praticando comércio, trabalhando e enviando grandes somas de dinheiro para casa. O desafio que enfrentam os formuladores de políticas de hoje é semelhante ao dos vitorianos em Londres: como fomentar essas aglomerações com melhor transporte e infraestrutura de saúde pública a fim de captar os benefícios do crescimento econômico.

Fontes: Satterthwaite e outros 2007; Crafts 2008; *The Economist* 2007a.

QUADRO 1.7 *Muitas das cidades de primeira classe de hoje eram infestadas de favelas*

"Em **Antuérpia** e na maioria das cidades belgas o problema básico em termos de habitação da classe operária era... a falta de saneamento individual e abastecimento individual de água... As três severas epidemias de cólera do século XIX tiveram efeitos terríveis nessas favelas..."

"Os primeiros assentamentos dos pobres de **Baltimore** ficavam à beira da água. Frequentemente, surtos de febre amarela, malária, cólera e febre tifoide varriam a cidade. Essas epidemias pareciam estar particularmente associadas aos assentamentos dos pobres, situados à beira da água. Dizia-se que a epidemia de febre amarela de 1797, por exemplo, tinha começado nas águas estagnadas da enseada de Fells Point e se espalhado... para as cabanas e barracos nas margens de Jones Falls e dali para os barracões e palhoças no sopé de Federal Hill."

"Nos anos 1890, os imigrantes poloneses haviam substituído os irlandeses e alemães, criando um gueto de uma nova dimensão. Um único alojamento abrigava de seis a oito famílias, uma [família] por quarto. O abastecimento de água vinha de hidrantes no quintal, e latrinas externas serviam de banheiro... Fells Point foi descrito por um funcionário da saúde como um estábulo de Áugias... uma massa de excrementos... Esgotos a céu aberto, grandes terrenos cobertos de mato alto, cinzas e lixo acumulados nos becos, porões cheios de água preta, casas totalmente estranhas ao toque da cal ou do esfregão, corpos humanos que há meses não tinham contato com sabão ou água... esta é Pigtown."

"As favelas de **Dublin** estavam entre as piores da Europa, superadas apenas pelas de **Glasgow**. Altas casas de cidade, construídas originalmente para serem os lares elegantes dos ricos do século XVIII, caíram nas mãos de Tomae, senhorios avaros e sem compaixão que as enchiam até o teto com as pessoas pobres e empobrecidas das cidades. As condições eram, muitas vezes, indescritivelmente vis, com superlotação maciça e saneamento totalmente inadequado."

"A transformação da integralidade de Katajanokka de uma área de habitação de baixa renda em um enclave para a elite do serviço público e a burguesia da cidade representou um padrão de crescimento urbano que surgiu pela primeira vez na história de **Helsinque**. Uma antiga favela havia se tornado uma área residencial de prestígio para as classes privilegiadas."

"Aqui o panorama compreende o cemitério de indigentes, a estação da ferrovia de **Liverpool** e **Leeds**, e, mais atrás, a Workhouse, a "Bastilha dos pobres" de **Manchester**, que... domina ameaçadoramente o alojamento dos operários embaixo... Ao passar por uma margem irregular, entre estacas e varais, penetra-se nesse caos de pequenas cabanas de um andar e um cômodo, na maioria das quais não há piso artificial; ao mesmo tempo cozinha, sala de estar e quarto de dormir. Nesse buraco de apenas cinco pés de comprimento por seis de largura, encontrei duas camas – e que leitos e camas! – que, junto com a escada e a lareira, preenchiam exatamente o quarto.

"A favela mais mal-afamada de **Melbourne**, Little Bourke Street,... nos anos 1880... estava superlotada, dinâmica e estava crescendo... A ruela estava completamente coberta de todo tipo de sujeira, incluindo pedaços de lixo, líquidos pútridos, fiapos de palha e outros dejetos. Um odor dos mais desagradáveis subia dessa massa fétida... a massa execrável... exposta e deixada a apodrecer e espalhar suas influências contaminantes."

"Aproximadamente 200 anos atrás, a baixa **Manhattan** era adornada por um belo lago de cinco acres conhecido por Collect... Em meados dos anos 1700, todavia, o Collect já estava rodeado de abatedouros e curtumes. As efusões desses estabelecimentos sangrentos eram despejadas diretamente no lago, e mais indústrias, e mais lixo, seguiram rapidamente. Por volta de 1800, o Collect era uma fossa nauseabunda. Em 1813 foi inteiramente aterrado e em 1825 algo inteiramente novo se erguia no local – a primeira verdadeira favela da América, a Five Points."

"Embora esta seja uma área tremendamente cara para se viver em **Paris** hoje em dia, na época de Victor Hugo era uma área de favelas, próxima à prisão da Bastilha."

"O advogado Derville aventura-se pelas favelas de Saint Marceau, o setor mais pobre dos arredores de **Paris**. Conduzindo sua carruagem pelas ruelas imundas e sulcadas, ele chega a uma edificação precária, feita inteiramente de materiais de segunda mão e malconstruída, onde o Coronel Chabert está alojado junto com vacas, cabras, coelhos e a família empobrecida de um antigo soldado regimental que se tornou leiteiro, Vergniaud. Ali o Coronel vive num único cômodo com chão de terra e uma cama de palha."

"Entre 1815 e 1851, a população da França passou de 29 para 36 milhões... foram as cidades que absorveram os milhares de migrantes que não conseguiram encontrar trabalho no campo... Mas simplesmente não havia emprego suficiente. O desemprego e a superlotação criaram condições de vida estarrecedoras. Só uma em cada cinco casas tinha água corrente. Em 1832 a cólera aniquilou cerca de 20 mil parisienses."

"Como tantas outras cidades europeias, **Paris** sofreu uma deficiência crônica de habitação no pós-guerra. Das 17 áreas de favelas cuja remoção fora prevista, a maioria ainda estava intacta nos anos 1950."

"Um dos piores ultrajes contra a humanidade cometidos pelo industrialismo na China é o arrebanhamento desses trabalhadores em favelas insalubres nos distritos industriais... tão infectos e revoltantes... em **Xangai**... Não há instalações sanitárias de espécie alguma, e as passagens entre as fileiras de casas são praticamente latrinas a céu aberto. A superlotação existe num grau alarmante. As inúmeras crianças que são criadas nesses quartos imundos estão cobertas de feridas abertas por causa da sujeira e do desleixo com o corpo."

"Nos 15 anos entre 1930 e o final da guerra, a população de **Cingapura** dobrou para um milhão de pessoas. A explosão populacional havia gerado uma deficiência habitacional de proporções epidêmicas. Pequenas casas davam abrigo a até 100 pessoas. O espaço habitável médio era de 9 por 9 pés, aproximadamente o tamanho de uma cela de cadeia."

"Todos os guetos dos anos 1920 na cidade de **Tóquio** eram produtos do desenvolvimento urbano de Tóquio e do moderno crescimento econômico do Japão... Só o tamanho desses guetos já era espantoso... Bolsões de pobreza re-emergiram em todas as partes da metrópole de Tóquio após a II Guerra Mundial, até no meio da cidade velha de Tóquio."

Fontes: Bélgica: Lis; Baltimore: Garrett 2002; Dublin: Kearns 2006; Helsinque: Mäkinen; Manchester: Engels 1987; Melbourne: Mountford; Manhattan: Baker 2001; Paris: Sanderson, Villon 2000, *The Economist*; Xangai: Schwenning 1927; Cingapura: Baker 1999; Tóquio: Koji 1969.

e das cidades industriais daquele tempo. Em Edimburgo, o rápido crescimento populacional e uma primeira onda de suburbanização das classes médias que então cresciam significavam que, nos anos 1860, o núcleo da cidade tinha uma grande área de favelas com densidade populacional que chegava a 600 pessoas por acre. Os residentes dessa área viviam em cortiços de alguns andares dispostos ao longo de passagens pedestres estreitas e sem iluminação. Esse tipo de "habitação era desesperadoramente inadequado em todos os aspectos – na quantidade, na qualidade e nas comodidades sanitárias, se é que necessidades tão básicas como água limpa e coleta de esgoto podem ser descritas como comodidades".[47] Além da óbvia miséria, as favelas estavam expostas a surtos mortais de sarampo e escarlatina e a altas taxas de mortalidade atribuídas a difteria, tifo e doenças respiratórias.[48]

As favelas de ontem são as cidades de primeira classe de hoje. A Grã-Bretanha não é o único país industrial que sofreu com favelas e amplas divisões intraurbanas de bem-estar durante as fases iniciais do rápido desenvolvimento e urbanização (ver quadro 1.7). O padrão estilizado de divergência seguida de convergência também é uma característica de outros países desenvolvidos contemporâneos. Hoje, as favelas dessas cidades pertencem ao passado. Com o auxílio da melhoria dos mercados imobiliários, de investimentos em infraestrutura e de incentivos direcionados, as disparidades de bem-estar intraurbanas tendem a se reduzir, mas somente nos estágios mais avançados de urbanização. De fato, para cidades "globais" como Londres, Nova York, Paris, Cingapura e Tóquio, as favelas podem, com o benefício do retrospecto, ser vistas como parte das suas "dores de crescimento". A Grã-Bretanha removeu seus *Dark Satanic Mills* há mais de um século e, se tivesse começado a removê-los antes, a classe trabalhadora teria sofrido com um crescimento salarial mais lento e um consumo mais baixo.[49]

A emergência e o crescimento das favelas nos estágios inicial e intermediário do desenvolvimento de um país podem ser explicados pela interação de um mercado de trabalho funcional com um mercado imobiliário disfuncional. Na fase de urbanização rápida, o mercado de trabalho dá sinais de maior demanda por trabalho nas áreas urbanas, a demanda maior oriunda do crescimento das indústrias e serviços. A mão de obra reage deslocando-se para as pequenas e grandes cidades.

Como reflexo disso, os moradores das favelas nos países em desenvolvimento são frequentemente engajados produtivamente, tirando proveito das oportunidades econômicas que a cidade oferece. Dharavi, em Mumbai, tem 15 mil "fábricas-barracos", e "as roupas, potes, brinquedos e materiais reciclados que seus residentes produzem rendem às fábricas milhões de dólares por ano". Muitos residentes das favelas começaram seu negócio depois que o governo do estado concedeu-lhes direitos limitados sobre suas moradias em 1976 e começou a fornecer água e luz a partes do assentamento. Como Dharavi está espremida entre as duas principais linhas ferroviárias da cidade e cercada por seis estações, ela também age como plataforma de transporte de Mumbai.[50] Em suma, as favelas surgem em muitos países em desenvolvimento à medida que as famílias de baixa renda tiram proveito das oportunidades de emprego espacialmente concentradas e os negócios tiram proveito de sua localização num ambiente onde a terra é limitada. Como ocorre com os atuais países industriais, a resposta correta não é desacelerar, parar ou reverter a urbanização. É reerguer os mercados imobiliários disfuncionais.

A interação dessas forças de mercado e as reações dos atores de mercado racionais podem ser vistas em muitos países subsaarianos. Mas os mercados imobiliários ineficientes, muitas vezes por causa de planejamento e zoneamento urbanos mal-orientados, produzem somente um fornecimento limitado e insuficiente de terrenos legalizados economicamente acessíveis para construir habitações capazes de acompanhar a demanda.[51]

Diferenças em relação aos atuais países em desenvolvimento

No começo do século XIX, uma em cada 10 pessoas nos atuais países europeus desenvolvidos vivia em assentamentos urbanos de 5 mil habitantes ou mais.[52] Sob esse aspecto, pelo menos, pouco havia mudado com relação aos cinco séculos precedentes. Portanto, o início da urbanização no século seguinte rompeu dramaticamente com o passado.

O ritmo e o padrão da urbanização são semelhantes

Tudo começou na Grã-Bretanha. Em 1800, a população urbana da Grã-Bretanha era de 19,2%, aproximadamente o dobro da média europeia. Mas nas duas primeiras décadas do século, o número de pessoas que viviam em áreas urbanas dobrou. Por volta de 1820, a proporção urbana era de 40%. Perto do final do século, 7 em cada 10 britânicos viviam em assentamentos urbanos. A Grã-Bretanha foi alcançada em sua corrida acelerada em direção à urbanização por outros países europeus que se industrializaram precocemente. Na segunda metade do século XIX, a urbanização se estendeu além do Velho Mundo até os Estados Unidos e o Canadá. À época da I Guerra Mundial, 4 em cada 10 americanos viviam em assentamentos urbanos com populações de 5 mil pessoas ou mais; apenas 60 anos antes a proporção era de um para 20.

Portanto, se algo é diferente para os países que estão se desenvolvendo hoje, certamente não é o ritmo da urbanização. De fato, o ritmo médio de urbanização dos países em desenvolvimento de 1985 a 2005 é notavelmente semelhante à média dos países europeus e norte-americanos[53] entre 1880 e 1900 (ver figura 1.13).[54] Nos países que se desenvolveram antes, o aumento médio absoluto da proporção urbana ao longo desses 20 anos foi de 7,7%, e nos países que estão se desenvolvendo atualmente o aumento absoluto mediano e médio foram respectivamente de 7,1 e 8,0%. Nas duas últimas décadas do século XIX, o ritmo da urbanização entre a maioria dos primeiros países que se desenvolveram estava no quartil superior da distribuição contemporânea das velocidades de urbanização.

O grau de urbanização é maior nos países que estão se desenvolvendo hoje

O que é diferente, então? Uma diferença é o aumento absoluto inédito das populações urbanas em muitos países em desenvolvimento nas últimas décadas. Os atuais países em desenvolvimento têm populações maiores que os países que se industrializaram no século XIX e começo do XX. A população urbana atual, estimada em 3,3 bilhões, é muito maior que a população mundial total ainda em 1960. Levou mais de 10 mil anos para que a população urbana

Figura 1.13 A velocidade da urbanização tem precedentes

Diferença percentual na população urbana, 1985–2005 (exceto quando especificado)

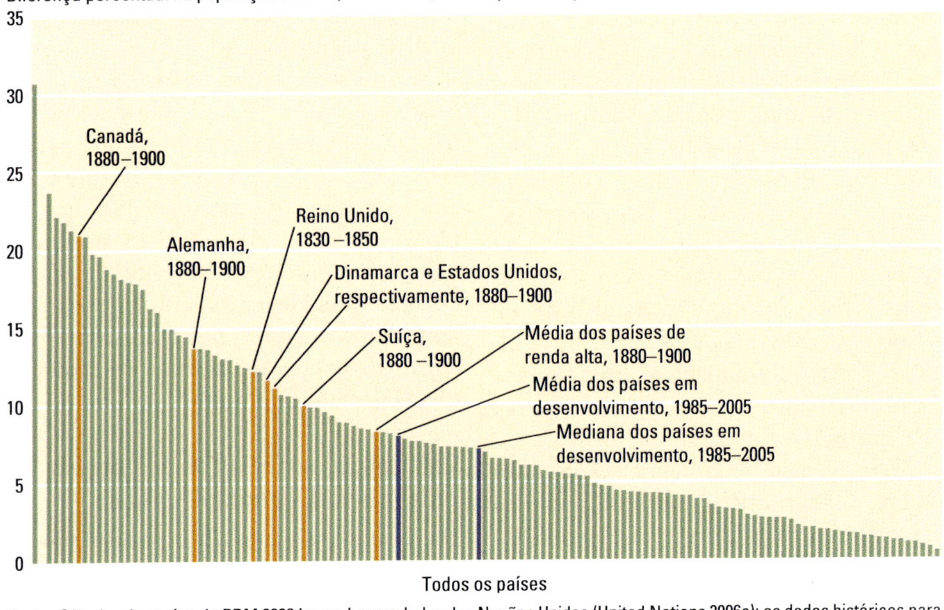

Fontes: Cálculos da equipe do RDM 2009 baseados em dados das Nações Unidas (United Nations 2006c); os dados históricos para o Canadá, o Reino Unido e as médias dos países industriais são de Bairoch e Goertz (1986) e Dumke (1994).

atingisse 1 bilhão em 1960, 25 anos para atingir o segundo bilhão, e somente 18 para chegar ao terceiro.[55] De acordo com a projeção da ONU, vai levar apenas 15 anos para chegar ao quarto.[56] Somente no Leste Asiático, 500 milhões de pessoas se juntarão aos 750 milhões de habitantes urbanos de hoje nos próximos 25 anos, basicamente acrescentando uma Paris ou Kuala Lumpur a cada mês.

Entre 1985 e 2005, a China acrescentou 225 milhões de pessoas a suas pequenas e grandes cidades, quase a população inteira dos Estados Unidos. Não obstante, no mesmo período de tempo, a China ocupava somente o décimo quinto lugar no aumento absoluto da proporção urbana. Na Índia, o número de pessoas nas pequenas e grandes cidades subiu 137,8 milhões, somando uma Alemanha e uma Itália às suas áreas urbanas em apenas duas décadas.

Os atuais países em desenvolvimento tiveram um aumento médio da população urbana de 8,3 milhões no período de 1985 a 2005, quase três vezes o aumento de muitos dos atuais países europeus e norte-americanos de alta renda entre 1880 e 1900. Mas se excluirmos a China e a Índia do grupo, o aumento médio da população urbana nas últimas décadas foi de apenas 4,4 milhões, aproximadamente 50% a mais que a média de 1880-1900 dos primeiros países que se desenvolveram (ver figura 1.14).[57]

Outra grande diferença é que as megacidades nos países em desenvolvimento têm um tamanho inédito. Ao longo do século XIX, a maior cidade do mundo era Londres. Mas sua população de 6,6 milhões em 1900 era somente um terço da de Mumbai ou Nova Déli hoje, as maiores cidades nos países de renda baixa. A Londres de 1900 e, na verdade, até a Londres de hoje, também são menores do que a Xangai contemporânea (10 milhões), a maior cidade nos países de renda médio-baixa, e várias outras (Cairo, Jacarta e Manila) entre os países que se desenvolveram com mais sucesso. Com mais de 22 milhões de pessoas, a Cidade do México, a maior cidade nos países de renda médio-alta, tem três vezes o tamanho de Londres no início do século XX.

A população urbana de hoje dispõe de receitas particulares mais elevadas e melhores serviços públicos

As cidades de hoje estão em melhor situação que as áreas rurais tanto em renda quanto em indicadores de bem-estar não relacionados à renda. Em 2000, a taxa de mortalidade infantil na área rural de Maláui era de 117 por mil nascimentos com vida, e na área urbana era de 83. O Benin urbano se saiu muito melhor que o Benin rural na redução da taxa de mortalidade sub-5 e na redução da diarreia e das infecções respiratórias agudas.[58] As mulheres ugandenses da região urbana tinham menos probabilidade de sofrer de anemia ou desnutrição. Os indicadores de saúde superiores se repetem nas áreas urbanas por todo o mundo em desenvolvimento – do Chade e dos Camarões na África Subsaariana, ao Nepal no Sul da Ásia, Cazaquistão na Ásia Central, Nicarágua na América Latina, e Marrocos

Figura 1.14 O incremento de população nas áreas urbanas dos países em desenvolvimento de hoje é muito maior

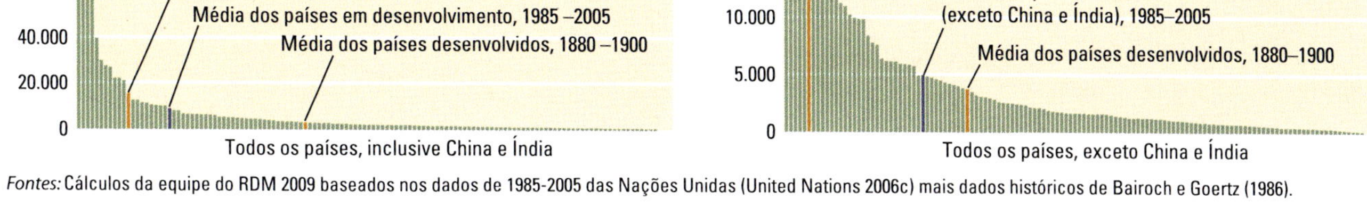

Fontes: Cálculos da equipe do RDM 2009 baseados nos dados de 1985-2005 das Nações Unidas (United Nations 2006c) mais dados históricos de Bairoch e Goertz (1986).

e Egito na África Setentrional e no Oriente Médio, respectivamente.[59]

Mas o contrário era verdadeiro nos países que se desenvolveram no século XIX e início do XX. Os migrantes que iam para as cidades podiam esperar padrões materiais de vida melhores, contrabalançados por uma saúde pior e vida mais curtas para eles e seus filhos. Em 1881–91, a expectativa de vida no nascimento era de 51 anos nos vilarejos ingleses e galeses, mas de apenas 44 anos em Londres e de 39 anos nas grandes cidades.[60] Na Grã-Bretanha dos anos 1850, a taxa de mortalidade infantil era de 196 por mil nascimentos com vida, nas cidades com populações superiores a 100 mil habitantes, ou seja, muito mais alta que os 138 por mil nascimentos com vida nas comunidades rurais.[61]

Ainda em 1937, George Orwell julgou adequado caracterizar as pequenas e grandes cidades industriais como lugares onde "sente-se sempre que a fumaça e a sujeira vão durar para sempre e que nenhum recanto da superfície da Terra poderá jamais escapar delas".[62] Talvez não seja surpresa, então, que a ausência de doenças respiratórias atribuíveis à má qualidade do ar nas cidades tenha resultado numa expectativa de vida 4,7 anos mais alta na Inglaterra e no País de Gales em 1861–70. Na ausência da cólera, diarreia, disenteria e tifo, a expectativa de vida poderia ter sido 1,7 anos mais longa, e a ausência de sarampo e escarlatina, comuns nas cidades, teria acrescentado 2,3 anos à expectativa de vida.[63] Assim, nos anos 1830, enquanto os trabalhadores em Londres ganhavam um prêmio de salário real urbano de 67%, uma grande parte desse prêmio era uma compensação pelos riscos de saúde evidentes da vida na cidade.[64]

Na Alemanha, durante a segunda metade do século XIX, as taxas de mortalidade infantil nas áreas rurais eram de aproximadamente 150 por mil nascimentos com vida. Mas Berlim, que estava em expansão, tinha a mortalidade infantil mais alta da época do império alemão, em torno de 300 por mil nascimentos com vida nos anos 1860, com um pico de 410 por mil nascimentos com vida nos anos 1870. A disparidade urbano-rural de bem-estar físico permaneceu por décadas durante todo o século XIX.[65]

À medida que a economia dos EUA se industrializava e urbanizava, as pessoas que viviam em áreas de alta densidade na virada do século XX ficavam expostas a doenças infecciosas e parasitárias. Em 1880, a mortalidade urbana (de adultos) era 50% mais alta que a mortalidade rural, e, duas décadas mais tarde, a taxa de mortalidade urbana ainda era 18% maior. A diferença de mortalidade urbano-rural era ainda maior entre bebês e crianças pequenas. Entre os bebês, a diferença entre a mortalidade urbano-rural era de 63% em 1890 e 49% em 1900, e entre crianças de um a quatro anos de idade os números respectivos eram de 107% e 97%. Em 1900, a expectativa de vida dos homens era de 10 anos menos nas áreas urbanas do que nas áreas rurais.[66]

O fato de que as grandes e pequenas cidades dos países em desenvolvimento contemporâneos estejam em melhor situação que os vilarejos em indicadores de saúde, enquanto o contrário era verdadeiro para os países desenvolvidos com renda semelhante no século XIX, reflete os avanços da saúde pública e da medicina e a melhoria dos sistemas de água e esgoto. Também reflete os benefícios públicos as cidades de hoje nos países em desenvolvimento proporcionam. Logo, as vantagens da alta densidade não se limitam à geração de renda e criação de riqueza – também se estendem à esfera social.

Com essas diferenças nas fontes públicas e privadas de bem-estar, não é surpreendente que as grandes e pequenas cidades no mundo em desenvolvimento estejam crescendo rapidamente. A surpresa é que esse movimento em direção à densidade não seja mais rápido. E a implicação política? Qualquer estratégia para uma urbanização menos desesperada e mais deliberada precisa incluir esforços para melhorar os serviços públicos nas áreas rurais.

Distância

CAPÍTULO 2

Deng Xiaoping, geralmente visto como o arquiteto do ressurgimento da China como uma superpotência econômica, insistia na abertura aos mercados mundiais. Ele também insistia no desenvolvimento concertado das áreas costeiras do país, como Xangai e Guangzhou, como plataformas de lançamento para conectar-se a esses mercados. Quando lhe perguntavam sobre as crescentes disparidades de riqueza entre o litoral e o interior, dizem que ele rebatia: "Se toda a China deve se tornar próspera, algumas [áreas] devem ficar ricas antes das outras".

Este capítulo mostra que todos os países que se desenvolveram com sucesso reforçam a visão de Deng. Mas sua sabedoria pode ter faltado aos líderes do mundo em desenvolvimento, até os poucos louvados como visionários, como mostrarão os capítulos seguintes do Relatório. Durante décadas, o "crescimento espacialmente equilibrado" tem sido o mantra dos formuladores de políticas em muitos países em desenvolvimento. Foi uma obsessão dos planejadores da antiga União Soviética (ver quadro 2.5). E foi o objetivo de governos de diversas colorações políticas na República Árabe do Egito, no Brasil, na Índia, na Indonésia, no México, na Nigéria, na Federação Russa, na África do Sul, e em outras grandes nações em desenvolvimento. Até houve um compromisso forte com relação ao desenvolvimento espacialmente equilibrado na história econômica de muitos países desenvolvidos. O Reino Unido o perseguiu entre o final dos anos 1920 e os anos 1980,[1] e o Canadá fez o mesmo entre o final dos anos 1950 e o final dos anos 1980.[2] Porém, nesses casos, até com a popularidade dessas políticas, a visão de Deng permaneceu válida.

De fato, a concentração da atividade econômica e a convergência dos padrões de vida podem ocorrer paralelamente. O desenvolvimento nos Estados Unidos foi acompanhado pelo rápido crescimento da concentração da atividade manufatureira numa área relativamente pequena do nordeste e da parte leste do Meio-Oeste na virada do século XX.[3] Durante esse processo, os estados dos EUA tiveram uma convergência lenta, e às vezes interrompida, da renda per capita.[4] Hoje, mais ou menos metade da população dos EUA se encontra em apenas cinco estados,[5] mas as disparidades de desemprego a longo prazo entre os estados têm sido bastante pequenas desde a II Guerra Mundial.

A convergência dos padrões de vida nos Estados Unidos tem sido auxiliada pela disposição dos trabalhadores de "arrancar suas raízes" e se deslocar.[6] Mas os indicadores básicos de bem-estar convergiram até nos países onde tal disposição foi menos evidente, pois o desenvolvimento foi acompanhado pela expansão dos serviços públicos. Consideremos a França e a Alemanha. Embora Paris gere 28% do produto interno bruto (PIB) da França,[7] usando apenas 2% do território, as taxas de mortalidade infantil no país demonstram pouca variação espacial. A área atrasada da Lorena tem a taxa mais alta, 4,5 mortes por mil nascimentos com vida em 2005, mas não é muito mais alta do que a média nacional de 3,8.[8] Na Alemanha, a área avançada de Hamburgo

– com uma densidade econômica de € 114 milhões de PIB por km^2 – dispunha de PIB per capita mais de duas vezes maior que o da área atrasada de Mecklenburg-Vorpommern no nordeste e uma densidade econômica mais de cem vezes maior. Apesar das diferenças fenomenais de densidade econômica entre essas áreas, não há diferença de bem-estar básico. O número de médicos e de leitos hospitalares por mil habitantes tanto em Hamburgo quanto em Mecklenburg-Vorpommern está muito próximo da média nacional.[9]

Este capítulo apresenta fatos estilizados sobre a concentração econômica nas partes de um país geralmente chamadas "áreas avançadas", e sobre a convergência dos padrões de vida entre domicílios nessas áreas e naquelas em partes distantes ou desconectadas, chamadas "áreas atrasadas", no mesmo país. Ele introduz o conceito de distância econômica, que está relacionado à distância física, mas não se confunde com ela. Quando acrescentada à densidade econômica discutida no capítulo 1, a distância ajuda a caracterizar as transformações espaciais que acompanham o desenvolvimento e que podem ser necessárias para o rápido crescimento econômico.

Os principais resultados:

- ***À medida que os países se desenvolvem e se integram internamente, a localização importa mais para a atividade econômica mas menos para o bem-estar social.*** Uma massa econômica maior (que se acumula onde as empresas realizam a produção) e padrões de vida mais elevados (refletidos em consumo doméstico, nível de pobreza e acesso a serviços básicos) não são espacialmente sinônimos. Durante as fases iniciais do desenvolvimento, a infraestrutura e os serviços sociais tendem a se confinar às áreas com massa econômica. Porém, à medida que os países se desenvolvem e se integram internamente, a distinção entre as áreas avançadas e atrasadas se torna mais nítida para a massa econômica e menos nítida para os padrões de vida.
- ***A concentração espacial da atividade econômica primeiro cresce e depois se estabiliza.*** À medida que uma economia muda de agrária para industrial, a distribuição espacial das pessoas e da produção econômica se torna mais compacta. Dentro de um país, a aglomeração e a integração cidade-periferia dão origem às áreas metropolitanas e às áreas avançadas com massa econômica densa. Esse processo acaba por estabilizar-se, e a distribuição espacial da atividade econômica se estabiliza.
- ***As disparidades espaciais de padrões de vida seguem uma curva em U invertido, ampliando-se nos estágios iniciais do desenvolvimento econômico e permanecendo altas por um longo período antes de convergir lentamente.*** À medida que um país se industrializa, ele concentra seu limitado capital humano e físico inicial nas áreas avançadas, aquelas com alto potencial de crescimento. As áreas distantes da nova densidade ficam atrasadas. As disparidades espaciais de produtividade e renda podem persistir por gerações, até com mobilidade de mão de obra e de capital. A história indica uma divergência espacial persistente dos padrões de vida nos atuais países desenvolvidos nos estágios iniciais de desenvolvimento, seguida por uma lenta convergência, muitos anos depois de atingirem um nível de renda alto.[10]
- ***O progresso tecnológico e a globalização aumentaram o potencial de mercado nas áreas avançadas dos países em desenvolvimento, intensificando a concentração e ampliando as disparidades espaciais.*** Embora as forças básicas que moldam a geografia econômica interna dos países em desenvolvimento sejam as mesmas que moldaram anteriormente a paisagem econômica dos atuais países desenvolvidos, as magnitudes mudaram. Mercados internacionais maiores, melhor transporte e melhores tecnologias de comunicação significam que as áreas avançadas nos países em desenvolvimento abertos têm maior potencial de mercado do que os países industriais tinham no início de seu desenvolvimento. Logo, as forças de divergência espacial entre as áreas avançadas e atrasadas são mais fortes agora.

Definindo a distância

A densidade, discutida no capítulo 1, também é relevante no nível do país. As concentrações mais densas da atividade econômica aumentam as escolhas e as oportunidades. Elas garantem um maior potencial de mercado para a troca de bens, serviços, informação e fatores de produção. Este capítulo examina as disparidades de massa econômica e de bem-estar entre as áreas dentro dos países, ligando essas disparidades à distância da densidade econômica. Portanto, enquanto o capítulo 1 discutiu as mudanças em escala local – onde a dimensão espacial mais relevante é a densidade –, este capítulo trata das transformações espaciais em escala nacional, onde tanto a densidade quanto a distância são relevantes. O capítulo 3 proporá que, embora a densidade e a distância também importem para as regiões do mundo, a dimensão mais importante na escala internacional é a divisão – barreiras políticas aos fluxos de bens, empreendedorismo, pessoas e informação entre as nações.

Distância como conceito econômico não euclidiano

A distância refere-se à facilidade ou dificuldade com que bens, serviços, mão de obra, capital, informação e ideias atravessam o espaço. Ela mede a facilidade com que o capital flui, a mão de obra se move, os bens são transportados e os serviços são fornecidos entre duas localizações. A distância, nesse sentido, é um conceito econômico, não apenas físico. Embora a distância econômica esteja em geral relacionada à distância euclidiana (em linha reta) entre duas localizações e às características físicas da geografia que as separa, a relação não é sempre linear. Um motivo é que a distância para a troca de bens é diferente da distância para a migração de pessoas.

Para o comércio de bens e serviços, a distância compreende o tempo e os custos monetários. A localização e a qualidade da infraestrutura de transporte e a disponibilidade do transporte podem afetar dramaticamente a distância econômica entre duas áreas dadas, muito embora a distância euclidiana entre elas seja idêntica. Dois vilarejos podem estar à mesma distância em linha reta de uma cidade, mas um pode estar perto de uma autoestrada nacional, e o outro numa estrada rural não pavimentada. Com base na distância em linha reta, a maior parte da Índia está bem conectada aos mercados em assentamentos densos. Mas as pessoas em muitas partes da Índia têm dificuldade de acesso aos mercados por causa do tempo de viagem, determinado pelo tipo e pela qualidade das estradas e outras infraestruturas de transporte (ver mapa 2.1).

Quanto à mobilidade da mão de obra, a distância também engloba os "custos

Mapa 2.1 O acesso aos mercados não é uma linha reta

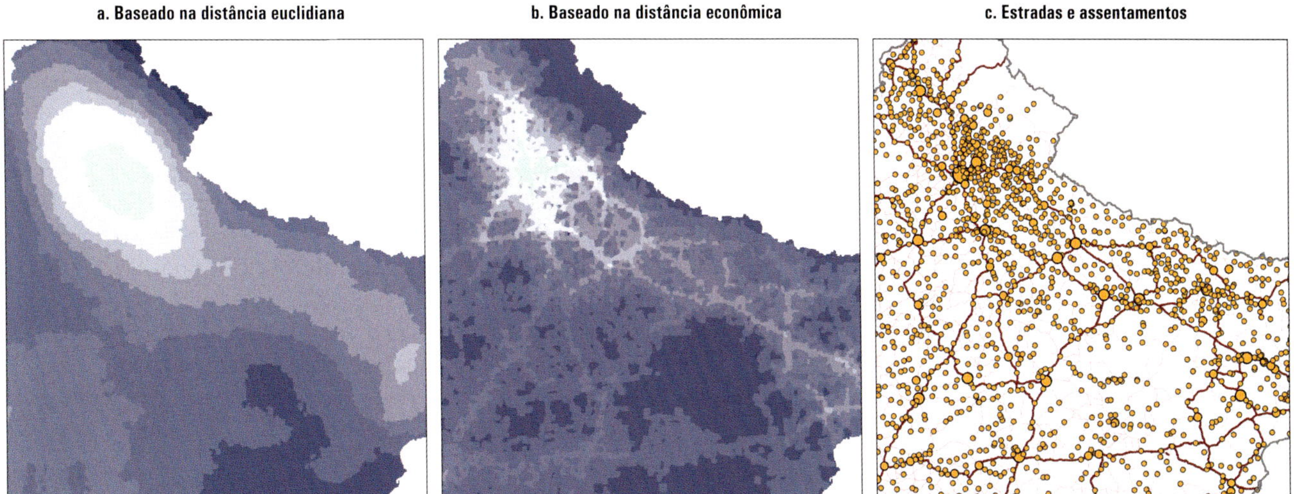

Fonte: Equipe do RDM 2009.
Nota: As cores mais claras representam maior acesso aos lugares com massa econômica.

Mapa 2.2 As distâncias podem ser longas até no mundo desenvolvido

Tempo de viagem até grandes assentamentos, por área administrativa subnacional

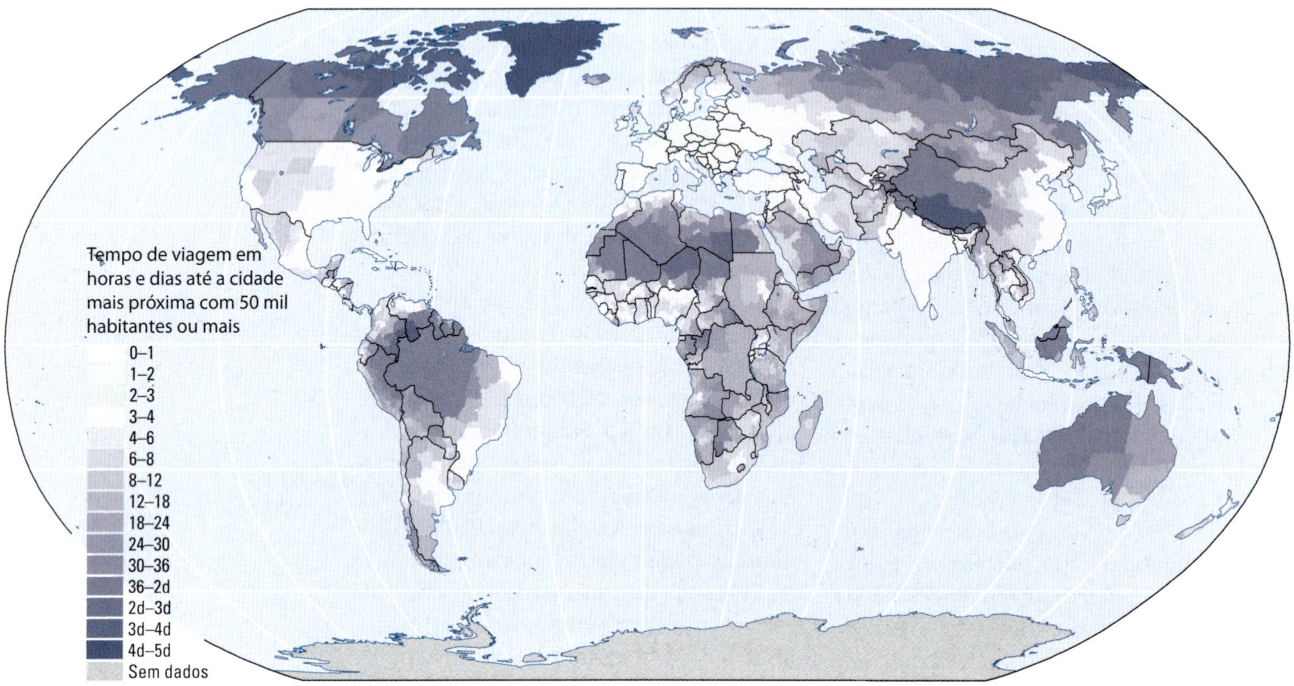

Contribuição de Andrew Nelson; ver Uchida e Nelson (2008) para este Relatório.

psíquicos" da separação de um território familiar. Entre 1985 e 1995, a parcela de migrantes nas províncias chinesas originários de outras províncias caiu à medida que a distância entre as províncias aumentou. E custos adicionais existem para a migração entre províncias que não são vizinhas.[11] Portanto, assim como para o comércio, a distância econômica para a migração está relacionada à distância física, mas não se confunde com ela. Neste Relatório, a destinação de interesse é a localização com a maior densidade econômica ou o maior potencial de mercado. A distância é, assim, a metáfora para o acesso aos mercados.

As barreiras erguidas pelo homem, incluindo as políticas, também podem aumentar a distância. Bloqueios e barricadas locais – "pedágios" improvisados para que a polícia local e outras pessoas extraiam pagamentos – são comuns nos trajetos por estrada em muitos países subsaarianos.[12] E quando a autonomia política local é alta, pode haver fragmentação territorial à medida que se buscam políticas de proteção em nível local. O mapa 2.2 mostra o tempo até os assentamentos humanos, presumindo poucas ou nenhuma barreira erguida pelo homem. As distâncias podem ser longas, até mesmo nos países de renda alta.

Localizações próximas dos mercados têm uma vantagem natural

Em 1980, os governos provinciais da China aumentaram seus poderes administrativos com reformas visando à descentralização. Eles usaram esses poderes para proteger as empresas locais – aumentando as tarifas e impondo proibições às importações provenientes de outras províncias. As importações entre as províncias caíram de 50 para 38% do PIB entre 1992 e 1997, enquanto a absorção local de bens dentro das províncias subiu de 68 para 72%. As magnitudes são semelhantes às dos bens que cruzam a fronteira EUA-Canadá e as fronteiras internacionais na União Europeia.[13] O sistema chinês *hukou* de registro permanente do domicílio – que liga o lugar de residência ao acesso a bens de consumo, oportunidades de emprego e proteção social – reduziu do mesmo modo a migração interna.[14]

A distância da densidade afeta os movimentos espaciais de bens, serviços, informação, conhecimento e pessoas.

Figura 2.1 A atividade manufatureira na Indonésia floresce nas áreas com menor distância econômica da densidade

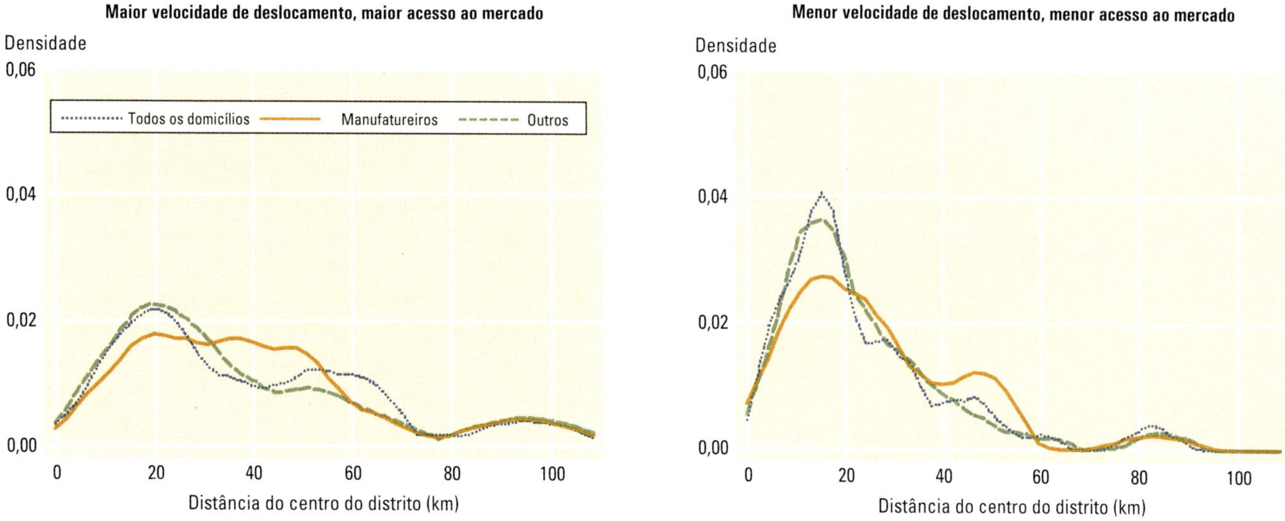

Fonte: Yamauchi e outros, no prelo.

Transporte pendular, migração, telecomunicação, fluxos de informação e transporte de bens conectam as áreas de envio e de recebimento. A maior parte das interações espaciais, como ensino e comércio, são benéficas. Mas algumas são nocivas, como a disseminação de doenças. O principal determinante da força dessas interações é a distância. A *primeira lei da geografia* de Waldo Tobler diz que "tudo está relacionado a tudo, mas as coisas próximas estão mais relacionadas do que as distantes".[15] As áreas próximas da densidade econômica têm acesso mais fácil a interações e trocas benéficas.

Na Indonésia, melhores ligações rodoviárias reduziram o tempo de viagem e a distância dos centros econômicos, criando maiores áreas de aglomeração. Graças a melhores estradas e acesso mais fácil aos mercados, os vilarejos a 60 km do centro do distrito geram tanta atividade manufatureira quanto o próprio centro, e a periferia bem conectada torna-se parte da área aglomerada. Porém, nas periferias mal conectadas, a densidade da atividade econômica cai rapidamente a partir de 25 km do centro (figura 2.1).

Efeitos segundários da proximidade à densidade ocorrem tanto nos países desenvolvidos como em desenvolvimento. Na manufatura europeia, o crescimento total de produtividade dos fatores de uma área está relacionado positiva e significativamente com a densidade da produção manufatureira nas áreas vizinhas. E um crescimento mais rápido da demanda nas áreas vizinhas estimula, por meio dos efeitos secundários, um crescimento mais rápido da produtividade total dos fatores.[16] No Canadá, North York e Waterloo estão se tornando, graças à proximidade e às universidades locais de pesquisa, uma parte estendida da plataforma de tecnologia da informação e comunicação (TIC) de Toronto. As empresas mais próximas de Toronto se saem melhor que aquelas mais distantes.[17]

O fenômeno se repete nas economias emergentes. Quando uma rede de autoestradas foi construída em torno de Jacarta nos anos 1980, muitas empresas saíram do centro para economizar custos com terra e congestionamento. Mas ficaram perto da região metropolitana para ter acesso ao grande mercado.[18] Um padrão semelhante, embora menos pronunciado, é o de outras aglomerações indonésias, nas quais o crescimento foi mais forte nas áreas periféricas em torno das megacidades.[19] No Brasil, as indústrias saíram da grande São Paulo para a periferia populosa, onde os salários são mais baixos. Seguindo os corredores de transporte, essas indústrias se deslocaram através do estado de São Paulo até o estado vizinho de Minas Gerais. Na República da Coreia, a descentralização inicial da manufatura a partir de Seul dirigiu-se às localizações periféricas a uma hora de estrada.

Somente nos anos 1990 as indústrias se descentralizaram em direção às pequenas cidades e áreas rurais.[20]

A maneira natural de reduzir a distância para as pessoas é migrar

Uma área avançada com atividade econômica densa cria, por meio das oportunidades de mercado, incentivos para que as empresas e trabalhadores se desloquem para lá. Reagindo a esses incentivos, empresas e trabalhadores ampliam as oportunidades de mercado disponíveis nessa área densa. O resultado é um processo circular e cumulativo no qual as áreas densas ganham continuamente trabalhadores e empresas das áreas menos densas. Nesse processo, a migração equilibra a distribuição da população com relação à disparidade espacial da densidade econômica. Reduzir os custos relacionados à distância ou aos atritos espaciais aumenta os movimentos de pessoas, empresas e ideias – assim como de bens e serviços – e traz, assim, as áreas menos desenvolvidas para dentro do sistema nacional de produção. Além do comércio, a mobilidade de pessoas é provavelmente o mecanismo mais potente para integrar as áreas de baixa densidade econômica aos mercados com alta densidade. Porém, para que a migração interna provoque a convergência dos padrões de vida,

QUADRO 2.1 *Definindo uma área: impossível ou NUTS?*

A análise subnacional de políticas se apoia em dados para as áreas que vão das pequenas unidades de amostra primárias aos distritos, estados ou províncias. Tipicamente, essas áreas são definidas administrativa ou politicamente, refletindo mais características históricas do que padrões atuais. Por exemplo, a estrutura administrativa existente dos estados membros da UE consiste geralmente em dois níveis, como *länder* e *kreise* na Alemanha, *régions* e *départements* na França, *comunidades autónomas* e *provincias* na Espanha, e *regioni* e *provincie* na Itália. A *Nomenclature of Territorial Units for Statistics* (NUTS) fornece uma classificação uniforme única das unidades territoriais para a produção das estatísticas regionais da UE. Os dois primeiros níveis administrativos na maioria dos estados membros correspondem a NUTS 2 e NUTS 3. NUTS 1, uma unidade maior que representa as principais regiões socioeconômicas, muitas vezes não corresponde a unidades administrativas existentes dentro dos estados membros.

A escolha da escala espacial a ser utilizada, ou do melhor modo de definir uma área subnacional, depende da questão tratada e da informação disponível. Mas a escolha pode afetar dramaticamente as conclusões tiradas do estudo das condições sociais e econômicas em diferentes partes de um país, por dois motivos:

- Primeiro, as áreas não são definidas tendo em mente questões políticas. Por exemplo, diferenças de emprego ou pobreza dentro de uma área podem ser tão grandes quanto as diferenças entre uma área e outra. Qualquer mudança de limites entre as áreas pode modificar os resultados. As implicações potenciais foram resumidas sucintamente no título de um artigo clássico sobre esse tema: "A Million or So Correlation Coefficients".[a]
- Segundo, os resultados analíticos dependem da escala de agregação ou espacial, a falácia ecológica de inferir características dos indivíduos a partir de dados agregados. O estudo clássico de Robinson (1950) ilustra esse problema.[b] Uma agregação mais ampla fornecerá uma diferença menor entre unidades de análise – e menos variância. Portanto, os resultados podem diferir significativamente dependendo do tamanho das unidades.

A figura abaixo mostra a densidade da atividade econômica para as 16 províncias (*länder*) e os 439 distritos (*kreise*) da Alemanha. Os dados altamente agregados indicam que 30% do PIB é produzido em 10% da área do país, e os dados mais desagregados mostram que quase 60% do PIB é produzido nos mesmos 10%. A informação agregada pode ser útil, mas é preciso tomar cuidado com essas distorções.

Diferentes escalas espaciais fornecem resultados diferentes por causa de um viés de agregação

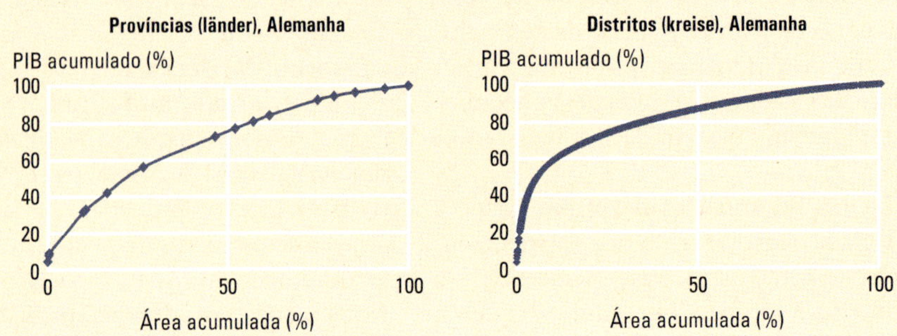

Fonte: Estimativas baseadas em Nordhaus 2006.

Fonte: Equipe do RDM 2009.
a. Openshaw e Taylor 1979.
b. Usando dados em nível estadual para os Estados Unidos, o estudo mostrou que a proporção de pessoas nascidas no exterior está positivamente correlacionada com a proporção de alfabetizados em inglês, indicando que os americanos nativos tinham mais probabilidade de serem analfabetos. A análise da mesma relação usando dados individuais mostrou uma correlação negativa.

grandes movimentos populacionais podem ser necessários ao longo de gerações.

Cada ano, aproximadamente 40 milhões de pessoas nos Estados Unidos mudam de residência, e 8 milhões de pessoas mudam de estado.[21] O motivo dessa mobilidade é que a produção econômica está concentrada em poucas partes do país, e ter acesso a essa densidade econômica em geral significa mudar para a sua proximidade.

As pessoas que se mudam para as áreas economicamente densas contribuem para a produção e multiplicam sua renda. Mas também aumentam a competição entre os trabalhadores nas áreas densas, reduzindo-a nas áreas menos densas e contribuindo para a convergência dos padrões de vida entre as áreas de baixa e alta produtividade. Entre os atuais países industriais, a convergência mais dramática ocorreu entre 1870 e 1913, impulsionada em grande parte pelos maiores fluxos de pessoas provenientes da Europa em direção aos mercados emergentes da Ásia e das Américas. Na Irlanda, entre 1851 e 1908, a emigração em massa contribuiu para pelo menos um terço da recuperação dos salários reais do país em relação aos dos Estados Unidos e da Grã-Bretanha – ao reduzir a competição no mercado de trabalho interno. O fato de que a recuperação ou convergência entre os países industriais entre as duas guerras mundiais tenha praticamente se encerrado foi atribuído em grande parte a políticas de imigração mais restritivas.[22-23]

Densidade nas áreas avançadas, distância nas áreas atrasadas

Quando comparadas, as áreas subnacionais deveriam idealmente ser definidas de acordo com critérios econômicos que correspondessem a mercados de trabalho e zonas de atividade econômica praticamente autocontidas. Porém, dados sobre tais áreas econômicas funcionalmente definidas são difíceis de encontrar.[24] Logo, as áreas subnacionais são definidas mais comumente pelos limites administrativos ou políticos. Tais definições podem distorcer a análise econométrica (ver quadro 2.1), mas apresentam a vantagem de corresponder às áreas de definição e implementação das políticas subnacionais. Este capítulo examina as áreas definidas administrativa ou politicamente com base em diferentes fontes de dados, desde relatos nacionais e pesquisas domiciliares a células de grade terrestres de 1° de longitude por 1° de latitude.

Neste Relatório, as áreas avançadas têm alta densidade econômica, e as áreas atrasadas são muito distantes da densidade. Quanto mais longe uma área se encontra das áreas avançadas, mais provável é que essa área seja atrasada, porque uma maior distância da densidade implica falta de integração com a economia das áreas avançadas. Também implica pouco acesso aos "gordos" mercados de capital, trabalho, bens, serviços e ideias, e aos efeitos secundários de conhecimento e informação que eles fornecem. Uma área atrasada é geralmente uma parte remota do país com uma ou mais das seguintes características: pobreza elevada, produtividade e renda baixas, desemprego elevado e crescimento estagnado, que são tipicamente os critérios que os governos usam para definir áreas atrasadas.

Nos países em desenvolvimento, as áreas atrasadas tendem a ser lugares remotos onde as necessidades básicas, como acesso a saneamento e eletricidade, não são atendidas. Nos países desenvolvidos, as áreas atrasadas são localidades com menos perspectivas de emprego que as áreas avançadas, mas sem diferenças de bem-estar básico. Portanto, a distância e o acesso a mercados, neste Relatório, compreendem uma ampla gama de critérios que diferentes países usam para definir uma área atrasada (ver quadro 2.2).

Decorre daí que a distância da densidade é a causa do baixo nível de renda per capita, produtividade do trabalho e salários reais – e das altas taxas de pobreza e desemprego. No Reino Unido, a densidade econômica nas áreas avançadas de Londres e do sudeste gera um prêmio salarial de 18% que as áreas distantes do norte e do sudoeste da Inglaterra, assim como da Escócia e do País de Gales, não conhecem.[25] Na Indonésia, a lucratividade potencial das empresas têxteis e de outros setores está negativamente relacionada com a distância da densidade: mais distância, menos lucro. Isso é válido para a distância da densidade dentro de um país e para distância a um porto internacional e, portanto, à densidade dos mercados internacionais.[26] Mais uma vez, as áreas atrasadas que não conseguem atrair investimentos e empregos são aquelas mais distantes da densidade.

Como nos atuais países ricos, a distância da densidade afeta a renda nos mercados dos países emergentes. Na China, a facilidade de acesso ao mercado gera salários individuais mais altos, mesmo após o controle dos atributos específicos individuais, do setor e da província, das diferenças do custo de vida e das externalidades de capital humano.[27] No Brasil, as áreas atrasadas, economicamente distantes de São Paulo e de outros grandes mercados, têm salários menores, e melhorar as perspectivas de crescimento de uma área depende em grande parte da redução da distância.[28] Nas áreas avançadas do Brasil, a densidade econômica implica um prêmio salarial de 13%, comparável ao dos países

QUADRO 2.2 *Como países desenvolvidos e em desenvolvimento definem as áreas atrasadas: uma visão rápida*

Neste Relatório, uma área atrasada é definida como um lugar distante da densidade. Como essa definição se compara ao modo como os formuladores de políticas nos países em desenvolvimento e desenvolvidos definem, hoje e historicamente, as áreas atrasadas?

Geralmente, os critérios que os governos nacionais usam para classificar uma área como "atrasada", "carente" ou "subdesenvolvida" estão ligados a estratégias ou políticas explícitas de desenvolvimento espacial ou regional. Os critérios podem ser vagos ou precisos. Podem estar relacionados a um único indicador de desempenho econômico ou a uma média ponderada de diversos indicadores. E podem refletir a definição das áreas atrasadas em diferentes escalas espaciais.

- *Vago.* A política regional do Reino Unido nos anos 1980 classificava uma área atrasada como sendo ou uma "área de desenvolvimento" ou uma "área intermediária". Mas a lei era vaga quanto aos critérios usados para designar tais áreas. "Ao exercer seus poderes nos termos das disposições precedentes desta seção [para a designação das áreas de desenvolvimento e intermediárias], o Secretário de Estado levará em consideração todas as circunstâncias atuais e esperadas, incluindo situação do emprego e do desemprego, as mudanças populacionais, a migração e os objetivos das políticas regionais".[a]
- *Preciso e simples.* A política regional ou de "coesão" da UE para o período de 2007 a 2013 define as áreas atrasadas como aquelas que têm direito à assistência nos termos do "objetivo de convergência", equiparadas às áreas NUTS2 com PIB per capita inferior a 75% da média da UE.[b] Essas áreas têm orçamento previsto de cerca de 71% dos fundos nos termos de um objetivo de convergência. Porém, mesmo na política regional da UE, os fundos estão disponíveis em termos mais favoráveis (e complicados) para as áreas cujo PIB per capita é não somente inferior a 75% da média da UE, mas que se encontram num país cujo PIB per capita é inferior a 90% da média da UE. Essas áreas são consideradas "mais atrasadas".[c]
- *Preciso e complicado.* Entre 1982 e 1987, o Departamento de Expansão Industrial Regional do Canadá usou um índice de desenvolvimento para classificar as áreas destinadas às alocações sob o seu Programa de Desenvolvimento Industrial e Regional. O índice atribuía um peso de 50% ao desemprego da área, um peso de 40% à renda pessoal e um peso de 10% à capacidade fiscal da província para identificar os 15% "menos desenvolvidos".[d]
- *Definido e medido de forma sofisticada.* Para identificar as áreas consideradas atrasadas, a estratégia microrregional do México usa um "índice de marginalização" baseado em indicadores de acesso a serviços básicos, como eletricidade e água potável, e indicadores de qualidade das condições de moradia e da proporção da população trabalhadora local que é mal paga.[e] O índice está direcionado principalmente às comunidades rurais remotas do sul, pois o "isolamento das comunidades rurais se traduz muitas vezes em condições de pobreza e numa falta substancial de acesso a uma ampla gama de serviços públicos básicos".[f]

O caso do México é notável não somente devido à sofisticação da medida usada para identificar as áreas atrasadas, mas também devido à maneira sofisticada de definir as áreas. Em vez de usar limites administrativos grosseiros para definir as áreas, as técnicas do Sistema de Informação Geográfica (SIG) são usadas para levar em conta a proximidade geográfica de uma área, a identidade étnica e cultural e as características geoeconômicas.

Logo, os critérios que diferentes países usam para identificar as áreas atrasadas dependem do nível de desenvolvimento e de considerações políticas internas. Os níveis elevados de pobreza e a marginalização definem as áreas atrasadas nos países em desenvolvimento, e uma taxa elevada de desemprego muitas vezes as define nos países desenvolvidos.

O 10.° Plano Quinquenal (2002–07) da Índia identifica a região nordeste como "atrasada" e "carente", merecendo, assim atenção especial das políticas. A política regional da UE, nos termos do objetivo de convergência, contém uma disposição especial para as "regiões mais remotas", que requerem assistência adicional.

A definição das áreas atrasadas deste Relatório – como sendo distantes da densidade – compreende essa ampla gama de critérios.

Contribuição de Mark Roberts.
a. Industrial Development Act 1982, capítulo 52, Parte I, § (3).
b, c. http://europa.ue/pol/reg/index_en.htm, "Activities of the European Union – Regional Policy", 2008.
d. Atkinson e Powers 1987.
e. Villarreal 2005; OCDE 2003, p. 6.
f. OCDE 2003.

europeus.[29-30] No México, as áreas rurais do sul – distantes da densidade econômica da Cidade do México e dos Estados Unidos – têm os salários mais baixos e mais pobreza.

Em muitos países, as áreas atrasadas abrigam minorias étnicas. As diferenças tribais, raciais e religiosas no acesso aos recursos apresentam-se como disparidades espaciais. Num círculo vicioso, as disparidades entre as áreas que coincidem com os diferentes grupos étnicos podem aprofundar as divisões políticas e alimentar tensões, contribuindo para maior divergência dos padrões de vida. Elas podem até alimentar um conflito civil difícil de apaziguar, causando um "desenvolvimento ao avesso" (ver quadro 2.3).[31]

Áreas atrasadas têm taxas de pobreza mais altas, áreas avançadas têm mais pessoas pobres

A taxa de pobreza (a contagem dos indivíduos pobres) está relacionada à distância, e a massa da pobreza está relacionada à densidade. As áreas atrasadas tendem a ter uma proporção mais alta de residentes pobres, e as áreas avançadas tendem a conter uma proporção maior das pessoas pobres do país, por causa da alta densidade populacional nas áreas avançadas. As áreas atrasadas do interior do Vietnã têm a taxa de pobreza mais alta, mas suas áreas avançadas prósperas contêm a massa das pessoas pobres (ver mapa 2.3). E em Honduras a massa de pobreza do país está concentrada nas suas duas áreas avançadas de Tegucigalpa e San Pedro Sula, enquanto

QUADRO 2.3 *Disparidades perigosas: quando as divisões agravam a distância*

A literatura acadêmica argumenta que a migração interna da mão de obra é a maior força de convergência do ponto de vista econômico e de outras medidas de bem-estar doméstico nas diversas áreas de um país. Mas as diferenças de língua, religião, etnia e raça são provavelmente as barreiras mais fortes à migração interna, um dilema perturbador para os formuladores de políticas. As barreiras étnicas, linguísticas e religiosas que podem impedir que os domicílios aproveitem muitas oportunidades de tirar partido das diferenças geográficas de emprego e receitas podem ser as mesmas barreiras que prendem as pessoas pobres nas áreas atrasadas, perpetuam sua pobreza e aguçam as disparidades espaciais.

Disparidades no Leste Asiático. Na Tailândia, 17% das pessoas no nordeste são pobres, comparadas a 0,5% em Bangkok. Cerca de metade dos grupos étnicos minoritários da Tailândia vivem no nordeste. Na Indonésia, os indicadores de pobreza e bem-estar são constantemente piores em Kalimantan Ocidental – onde vivem minorias étnicas tais como os dayak, bugis e sambas – do que em Java, onde vive a maioria étnica da Indonésia.

Disparidades no Sul da Ásia. Na Índia, os estados de Arunachal Pradesh, Assam, Manipur, Meghalaya, Mizoram, Nagaland, Sikkim e Tripura compõem o atrasado nordeste. Com exceção dos assameses, a população é predominantemente tribal, fala línguas tibeto-birmanesas e austro-asiáticas e apresenta uma forte semelhança genética com as pessoas do Leste Asiático. O hinduísmo é a religião dominante, mas a proliferação do cristianismo diferenciou a área do resto da Índia. Segundo as medidas convencionais de bem-estar e desenvolvimento econômicos, os estados do nordeste estão entre os piores da Índia.

Disparidades na África. Um estudo de 11 países subsaarianos descobriu que a etnia era por si só um indicador poderoso das diferenças de mortalidade infantil, mas que, combinada à geografia, continuava a prever a probabilidade de sobrevivência entre as crianças. Por exemplo, na Costa do Marfim, a mortalidade entre crianças de 2 anos de idade caiu muito mais rápido entre 1970 e 1994 entre os baoule do que em outros grupos étnicos. Os filhos de mulheres ashanti em Gana tinham aproximadamente 20% menos de chance de morrer do que outras crianças. Em Uganda, as crianças baganda de menos de cinco anos tinham um terço a menos de probabilidade de morrer do que as crianças de outros grupos étnicos.

Um estudo de 2005 sobre desigualdades espaciais do World Institute for Development Economics Research, da Universidade das Nações Unidas em Helsinque (UNU-WIDER) concluiu que: "A desigualdade espacial é uma dimensão da desigualdade global, mas adquire um significado adicional quando as divisões espaciais e regionais se alinham com as tensões políticas e étnicas para minar a estabilidade social e política".[a] Essas palavras um tanto abstratas antecipavam de maneira assustadora a violência no Quênia no início de 2008, que deixou 1.500 mortos e outros 250 mil deslocados. A violência começou por causa da controvérsia sobre o resultado da eleição presidencial no final de dezembro de 2007, expondo rapidamente as profundas clivagens étnicas que marcam a geografia econômica e política do Quênia. As lutas foram mais intensas ao redor da localidade de El Doret em Rift Valley, e nos arredores de Kisumu no distrito Ocidental do país. Os distritos de Rift Valley e Ocidental estão entre as áreas economicamente atrasadas do Quênia e são o lar tradicional das tribos minoritárias Kalenjin, Luo, Kisi e Luhya, que, juntamente com outras minorias étnicas nessas áreas, guardam ressentimentos relacionados à privação e abandono econômicos.

Fonte: Brockerhoff e Hewett 2000.
a. Kanbur e Venables 2005.

as áreas distantes do leste geralmente têm uma alta taxa de pobreza (mapa 2.4).

Concentração econômica nas áreas avançadas

À medida que as economias se desenvolvem, a atividade econômica em geral se torna mais concentrada, não menos. Em aproximadamente um quarto das nações do mundo – como Botsuana, Brasil, Noruega, Rússia e Tailândia –, mais da metade da renda nacional é gerada em menos de 5% do território. Em metade das nações – como Argentina, Arábia Saudita, Eslovênia e Zâmbia – um terço ou mais da renda nacional é gerada em menos de 5% do território. Só um em cada 10 países tem uma massa econômica dispersa, com menos de um décimo da renda nacional gerada em 5% do território. Entre os poucos países com essa alta dispersão espacial estão: Bangladesh, Holanda, Polônia e República Democrática da Coreia.[32]

Esta seção apresenta a experiência histórica de países industrializados selecionados. Cobrindo mais de um século, mostra como esses países passaram por um aumento rápido das concentrações espaciais, seguido de estabilização. Em seguida, ela se volta para uma ampla amostra de países desenvolvidos e em desenvolvimento para documentar como a concentração da massa econômica aumenta com o desenvolvimento do país.

Mapa 2.3 A taxa de pobreza do Vietnã é mais alta nas áreas atrasadas do interior, mas sua massa de pobreza é maior nas áreas costeiras avançadas

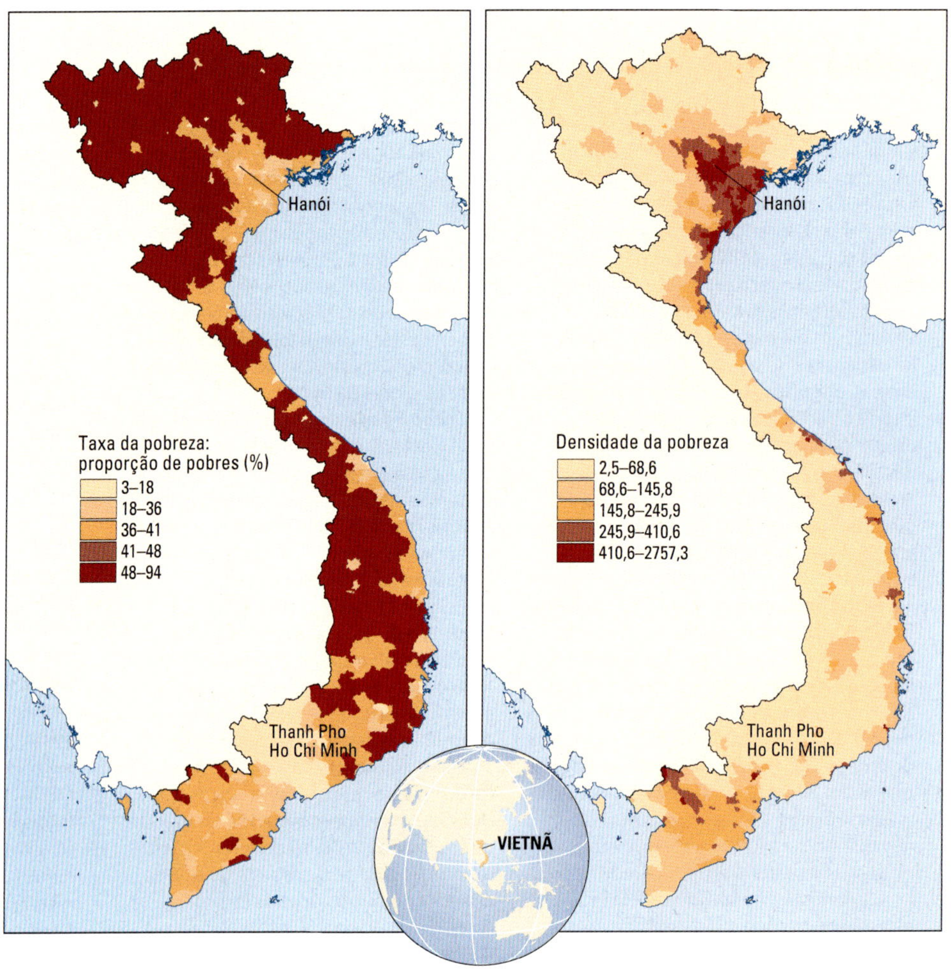

Fonte: The Global Poverty Mapping Project, da Columbia University, que utiliza dados de Minot, Baulch e Epprecht 2003.

Aumento rápido da concentração nos estágios iniciais do desenvolvimento, depois estabilização

É difícil encontrar dados que acompanhem a evolução das concentrações espaciais da atividade econômica.[33] A informação disponível revela que o desenvolvimento econômico, nos seus estágios iniciais, é acompanhado por um aumento rápido da concentração espacial do país. Não apenas o volume da atividade econômica cresce, mas sua geração se torna mais comprimida numa área menor. As áreas avançadas beneficiam-se mais dessa compressão e desse crescimento.

A concentração econômica na Île de France – a área mais avançada da França, com aproximadamente 2% da superfície do país – aumentou rapidamente de um valor de aproximadamente duas vezes a parcela hipotética em 1801 para três vezes em 1851 e seis vezes em 1910.[34] Ela continuou a aumentar, mas menos rapidamente, para nove vezes o valor da parcela em 1960. O PIB per capita francês passou de menos de US$ 1.000 em 1801 para US$ 7 mil em 1960. Contudo, a partir de 1960, a concentração econômica se estabilizou, muito embora o PIB per capita tenha triplicado. No Canadá e na Holanda, o aumento não foi tão dramático, mas ambos os países conheceram o mesmo padrão de aumento rápido das concentrações nos níveis baixos de desenvolvimento, seguido por uma estabilização à medida que o PIB per capita passava de US$ 10 mil (ver figura 2.2).[35]

Os padrões são semelhantes nos atuais países em desenvolvimento. À medida que a Tailândia se industrializou e cresceu rapidamente, a concentração na área metropolitana avançada de Bangkok aumentou de 1,8 em 1975 para 3,1 em 2004, enquanto o PIB per capita quadruplicou. No Brasil também, a concentração na área avançada de São Paulo subiu de 7,3 em 1960 para 8,4 em 2004, enquanto o PIB per capita do país quase triplicou.

No Japão, durante a industrialização pós-II Guerra Mundial, a concentração na área mais avançada da grande Tóquio aumentou do alto valor de 7,1 em 1955 para aproximadamente 8 em 1970 ao mesmo em que o PIB per capita mais do que dobrou. Esse aumento da concentração espacial acaba por estabilizar-se à medida que a distribuição espacial da atividade econômica no país se estabiliza. Após 1970, a concentração na grande Tóquio estabilizou-se.

Nos Estados Unidos, à medida que o PIB per capita aumentou rapidamente de US$ 1.806 em 1850 para US$ 4.091 em 1900,[36] houve concentração no cinturão manufatureiro de Green Bay-St. Louis-Baltimore-Portland, ME, que representava três quartos do emprego manufatureiro dos EUA. Durante os 60 anos seguintes, a participação do cinturão no emprego manufatureiro permaneceu estável em dois terços a três quartos.[37] Apesar das mudanças estruturais da economia dos EUA e da transição dos padrões de concentração econômica, tal concentração permaneceu estável após 1960. Outro dado que corrobora o aumento da concentração é a queda da parcela de território ocupada por 80% da população dos EUA nos condados mais densos: de 25% do território dos EUA em 1900 a 17% em 2000.[38]

Conforme os países ultrapassam os US$ 10 mil de PIB per capita, a concentração tende a se estabilizar, com alguma diferença nos detalhes. A concentração na área avançada é maior no Canadá, na França e no Japão do que na Holanda e nos Estados Unidos. Nos países em desenvolvimento também: Brasil, Indonésia e Filipinas parecem estar a caminho de uma maior concentração espacial do que o Chile ou a Tailândia.

As comparações internacionais de concentração atuais confirmam as tendências históricas

A relação entre o desenvolvimento de um país e sua concentração espacial vale para países em diferentes níveis de desenvolvimento. Ela vale para os países com base nas áreas administrativas (províncias canadenses, prefeituras japonesas, oblasts na Rússia e estados dos EUA), nas áreas estatísticas (as nove regiões do censo dos Estados Unidos, as três regiões do Equador) e no território (células de grade terrestres de 1° de longitude por 1° de latitude). E vale para diferentes medidas de concentração.

Áreas administrativas. Diferentes países têm quantidades diferentes de áreas administrativas, que podem ser de diferentes

Mapa 2.4 A taxa de pobreza é alta na distante região a leste de Honduras, mas a massa de pobreza está concentrada nas duas maiores áreas metropolitanas

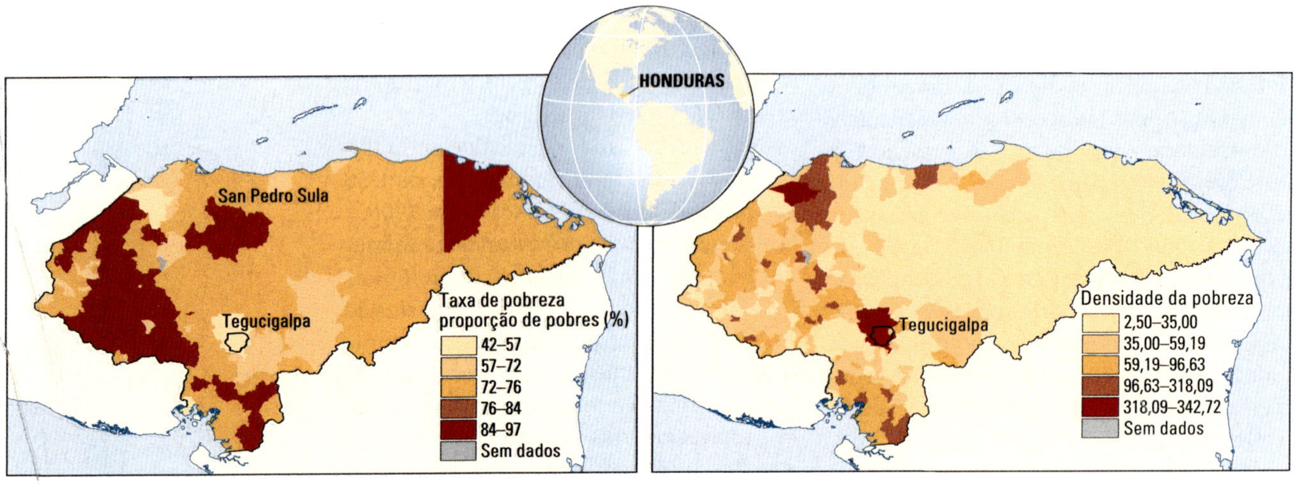

Fonte: The Poverty Mapping Project, da Columbia University, que utiliza dados de Robles 2003.

tamanhos geográficos. Porém, tendo controlado esses fatores, uma comparação entre 24 países em desenvolvimento – de Moçambique, com PIB per capita de US$ 211, até a Grécia, com mais de US$ 12 mil – revela o mesmo padrão que as experiências históricas do Canadá e da França. A parcela do PIB nacional produzido na área administrativa avançada tende a aumentar com o nível de desenvolvimento (ver figura 2.3, painel a).

Áreas estatísticas. As áreas estatísticas, amplas regiões do censo, podem diferir das áreas administrativas. Os Estados Unidos têm nove áreas estatísticas mas 50 estados; o Canadá tem cinco áreas estatísticas mas 10 províncias e três territórios. O serviço estatístico do país geralmente usa essas áreas para estratificar seu quadro de amostras para pesquisas domiciliares, fazendo que as áreas correspondam às divisões geográficas do país, como leste e oeste.[39] Apesar da diferença de agregação, os dados para as áreas estatísticas sugerem a mesma relação entre concentração, medida pelo consumo em vez de pelo PIB, e desenvolvimento (ver figura 2.3, painel b).

Áreas territoriais. Células de grade terrestres de 1° de longitude por 1° de latitude, cada uma correspondente a uma superfície de 100 km^2, podem fornecer uma resolução geográfica mais pura.[40] A concentração espacial dentro de um país pode então ser medida como a parcela do PIB nacional gerada nos 5% mais densos do território.[41] O padrão estilizado do aumento da concentração do PIB conforme o desenvolvimento usando dados históricos é o mesmo que aquele obtido usando dados contemporâneos. A relação entre desenvolvimento e concentração econômica é positiva e mais ou menos linear quando se comparam os países em desenvolvimento com PIB per capita de menos de US$ 10 mil. Mas essa relação começa a estabilizar-se quando os países de renda mais alta são incluídos na amostra (figura 2.3, painel c).

O aumento da concentração da produção conforme o desenvolvimento econômico não é um efeito de distorção do número de áreas subnacionais nos diversos países ou dos diferentes tamanhos de território dos países (ver tabela 2.1). Vejamos o exemplo da Tanzânia, da Itália, da França e da Suécia, com números semelhantes de áreas administrativas (21 ou 22). A área avançada de Dar-es-Salaam, na Tanzânia, gera 15% do PIB nacional, a área avançada da Lombardia, na Itália, 21%. França e Suécia, ambas com PIB per capita mais alto que o da Itália, também têm concentrações mais altas em suas áreas avançadas.

Para um conjunto de países divididos em cinco áreas estatísticas – da Argentina ao Tadjiquistão –, a concentração do consumo na área avançada aumenta com o desenvolvimento. Entre países de médio porte com aproximadamente 300 mil km^2 de território, Gana e a República Democrática Popular do Laos (ambos países de renda baixa)

Figura 2.2 O aumento da densidade da massa econômica acompanha o desenvolvimento por décadas e até séculos

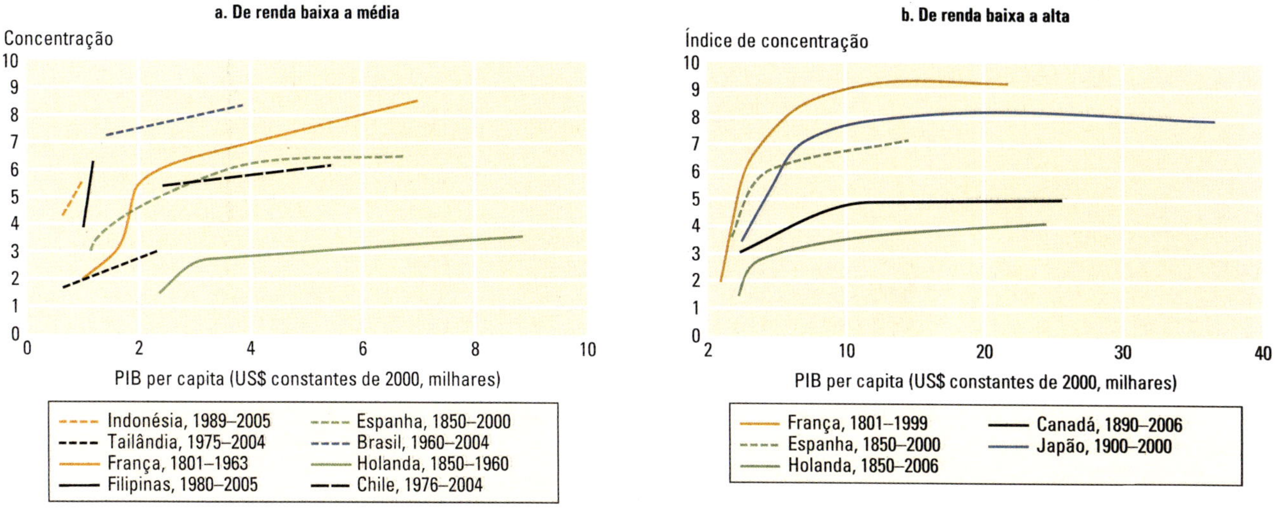

Fontes: Estimativas da Equipe do RDM baseadas em relatos nacionais – anuários estatísticos de vários anos nos respectivos países. Os dados de 1890 do Canadá provêm de Green (1969). Os dados da França são baseados nos números de população de Catin e Van Huffel (2003); Barro e Sala-I-Martin (2004). Os dados do Japão, Holanda e Espanha provêm do banco de dados Staff City Population, Human Settlements Group, International Institute for Environment and Development (IIED).

têm concentrações espaciais do PIB notavelmente mais baixas, medidas segundo os coeficientes espaciais de Gini,[42] do que a Polônia (país de renda médio-baixa) e a Nova Zelândia (país de renda alta). Polônia e Nova Zelândia têm coeficientes espaciais Gini mais baixos do que países mais ricos, como Noruega e Estados Unidos. O padrão também vale para países pequenos e grandes.

Divergência, depois convergência entre áreas avançadas e atrasadas

Quando a produção é primordialmente agrária, a atividade econômica tende a se distribuir uniformemente pelo espaço. As diferenças de produtividade também são moderadas, variando naturalmente segundo a qualidade do solo e o clima. Porém, à medida que uma economia se desenvolve e a produção se expande para a manufatura e os serviços, algumas áreas se tornam mais atraentes para as empresas e os trabalhadores. Algumas são dotadas de vantagens geográficas naturais ou de "primeira natureza".[43] Por exemplo, a localização costeira estratégica faz de uma área uma escolha natural para um porto (como Nova York e Filadélfia nos Estados Unidos). Para outras áreas não tão abençoadas pela natureza, a atratividade econômica pode estar ligada a um acidente histórico de "segunda natureza". Um exemplo é Boston, que foi salva do declínio econômico por um influxo de trabalhadores imigrantes que estavam fugindo da "fome da batata" na Irlanda. Para os imigrantes irlandeses, era mais barato viajar de Liverpool para Boston do que para Nova York.

O desenvolvimento econômico traz consigo mais integração do mercado, o que facilita a mobilidade das pessoas e do capital e permite mais comércio, forças que beneficiam as áreas avançadas. E, ao atrair pessoas e empresas, as áreas avançadas alimentam as economias de aglomeração, tornando-se centros de inovação e crescimento e impulsionando a economia nacional. Mas esse processo não dura para sempre. As economias de aglomeração começam a ser anuladas pelo congestionamento e pela poluição, as deseconomias de aglomeração. Por conseguinte, a concentração espacial nas áreas avançadas começa a estabilizar-se.

O que ocorre, então, com as disparidades de renda e bem-estar que acompanham esse padrão de aumento inicial seguido por uma concentração econômica estável? Existe uma tendência nas áreas atrasadas de alcançar as áreas avançadas à medida que o desenvolvimento econômico progride? Qual é o papel das políticas governamentais no incentivo a essa convergência?

Figura 2.3 Medidas baseadas em relatos nacionais, pesquisas domiciliares e dados econômicos geoescalados confirmam o padrão histórico de aumento da concentração da massa econômica com o nível de desenvolvimento

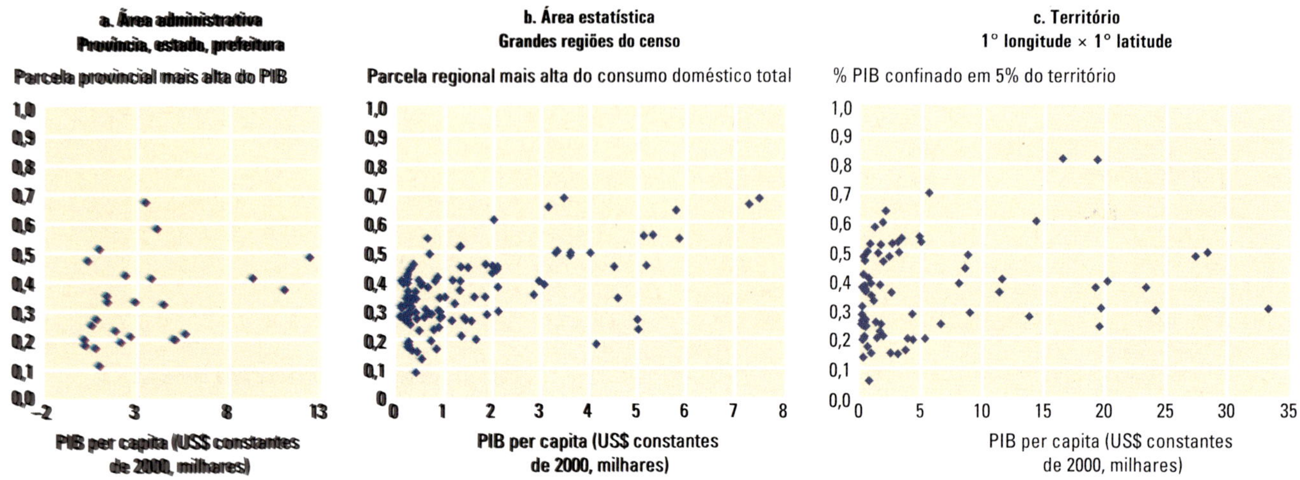

Fonte: Painel a: Relatos nacionais de *sites* ou anuários dos serviços nacionais de estatística; painel b: estimativas do Banco Mundial com base em mais de 120 pesquisas domiciliares em 75 países (o conjunto de informações é descrito em detalhes em Montenegro e Hirn, 2008); painel c: estimativas do Banco Mundial a partir de http://gecon.edu.yale.

Nos atuais países desenvolvidos, as desigualdades espaciais de renda e bem-estar no início aumentaram e depois convergiram lentamente

Nos atuais países desenvolvidos, a renda per capita inicialmente divergiu entre as áreas subnacionais, mas começou a convergir à medida que o PIB per capita se aproximou de US$ 10 mil, seguindo uma relação em U invertido (ver figuras 2.4 e 2.5 e tabela 2.2).[44]

Nas diversas áreas do Reino Unido, o coeficiente de variação do PIB per capita aumentou quase 40% entre 1871 e 1911.[45] Durante esse período, a Grã-Bretanha passou de uma Namíbia contemporânea a uma Jordânia ou antiga Iugoslávia.[46] Após a II Guerra Mundial, o PIB per capita nas diversas áreas do Reino Unido exibiu uma lenta convergência, continuando até o final dos anos 1970, quando as desigualdades espaciais estabilizaram-se.[47]

Nos Estados Unidos, a dispersão da renda per capita pelos estados aumentou entre 1840 e 1880, coincidindo com o advento do cinturão manufatureiro no norte, e a Guerra Civil e suas consequências. O fim da Guerra Civil marcou o começo da integração entre os estados do norte e do sul, e a dispersão espacial da renda per capita começou a reduzir-se. Como os estados do sul permaneceram mais dependentes da agricultura, as áreas atrasadas dos Estados Unidos sofreram um revés nos anos 1920 por causa de uma queda brutal dos preços relativos dos produtos agrícolas. Quando esse choque se dissipou, a lenta convergência entre as áreas atrasadas e avançadas foi retomada com poucas interrupções até os anos 1990, quando as disparidades entre os estados estabilizaram-se.[48]

O Canadá e a França também demonstram o mesmo padrão em forma de U invertido para o aumento das disparidades espaciais nos estágios iniciais do desenvolvimento – cobrindo duas gerações –, seguido por uma lenta convergência (ver figura 2.5). Na França, a dispersão espacial dos salários entre os *départements* aumentou entre 1855 e 1900, quando a convergência começou. No Canadá, a dispersão espacial do valor agregado bruto médio entre as áreas aumentou entre 1890 e 1910, prosseguindo até 1929 e começando a declinar em 1956.[49] Na Itália, na Alemanha e na Espanha a convergência da renda per capita começou gradualmente muitos anos depois que essas economias haviam alcançado um alto nível de renda – após a II Guerra Mundial – e foi seguida por disparidades de renda estáveis (ver figura 2.6).

As políticas governamentais podem facilitar essa convergência. No Japão, por exemplo, os investimentos em serviços sociais nas áreas atrasadas aumentaram à medida que a concentração da produção econômica se acelerou. O aumento da mobilidade da

Tabela 2.1 Medidas de áreas administrativas, estatísticas e geográficas apontam todas para o aumento das concentrações espaciais da atividade econômica com o desenvolvimento

Áreas administrativas	País	PIB per capita	Número de áreas administrativas	Parcela do PIB na área avançada (%)
	Tanzânia	324	21	15
	Itália	19.480	21	21
	França	22.548	22	29
	Suécia	31.197	22	29
Áreas estatísticas	**País**	**PIB per capita**	**Número de área estatísticas**	**Parcela do consumo doméstico na área avançada (%)**
	Tadjiquistão	204	5	30,2
	Mongólia	406	5	34,6
	El Salvador	1.993	5	43,9
	Brasil	3.597	5	51,6
	Argentina	7.488	5	64,7
Territórios	**País**	**PIB per capita**	**Superfície (km^2)**	**Coeficiente espacial de Gini**
	Gana	211	227.540	0,48
	Laos, RDP do	231	230.800	0,48
	Polônia	3.099	311.888	0,52
	Nova Zelândia	11.552	267.990	0,55
	Noruega	27.301	304.280	0,64

Fontes: A informação das áreas administrativas da Tanzânia foi extraída de http://www.nbs.go.tz/nationalaccount/index.htm; as informações da França, Itália e Suécia são do Anexo de *Growing Region, Growing Europe*. A informação das áreas estatísticas provém de mais de 120 pesquisas domiciliares realizadas durante os anos 2000 em mais de 80 países (o conjunto de dados está descrito em detalhes em Montenegro e Hirn 2008). A informação sobre território foi extraída de http://gecon.edu.yale, que se baseia em informações de 1990.
Nota: As estimativas do PIB per capita estão em dólares dos EUA de 2000 para o ano específico da pesquisa domiciliar.

mão de obra levou à queda nas disparidades geográficas de renda (quadro 2.4).

Nos países em desenvolvimento, as disparidades espaciais dos padrões de vida entre as áreas subnacionais primeiro aumentam e depois declinam com o desenvolvimento

A comparação de uma grande quantidade de países em diferentes níveis de desenvolvimento revela que as disparidades espaciais do produto per capita e do bem-estar diminuem com o nível de desenvolvimento (ver figura 2.7). Isso é compatível com o fato de que a maioria dos países em desenvolvimento está aglomerada na seção ascendente da relação em forma de U invertido entre desenvolvimento e desigualdade espacial – e com o fato de que os países desenvolvidos estão na parte descendente da relação. A conclusão é baseada em duas fontes de informação. A primeira provém de mais de 120 pesquisas domiciliares em mais de 80 países em desenvolvimento, desde a República Democrática do Congo, com PIB per capita de menos de US$ 100, até a Argentina, com PIB superior a US$ 7.500. A segunda se baseia nos dados econômicos geofisicamente escalados das células de grade terrestres de 1° de longitude por 1° de latitude para 90 países que cobrem todo o espectro de desenvolvimento, desde a Etiópia, com PIB per capita de menos de US$ 200, até o Japão, com PIB de mais de US$ 30 mil.[50]

Os dados da pesquisa domiciliar oferecem uma vantagem adicional porque o consumo doméstico individual é uma medida melhor do bem-estar do que a renda. Domicílios semelhantes em diferentes áreas de um país em desenvolvimento podem apresentar uma disparidade média de consumo doméstico de 70% simplesmente como resultado da localização.[51] Na Nicarágua, um domicílio de seis pessoas chefiado por um homem de 40 anos de idade com educação primária na área atrasada de Matagalpa-Jinotega consome metade do que um domicílio equivalente na área avançada de Manágua. No Canadá e nos Estados Unidos, um domicílio nas áreas com o PIB per capita mais baixo consome 20% menos do que um domicílio equivalente na área com

Figura 2.4 A desigualdade espacial cresceu e permaneceu alta antes de declinar lentamente à medida que as economias se aproximaram do PIB per capita de US$ 10 mil

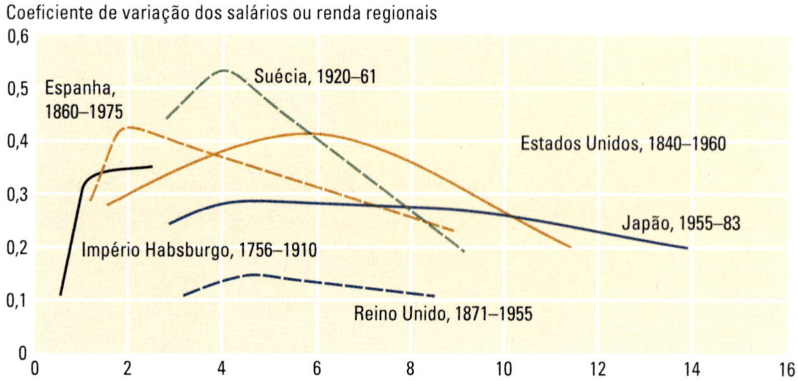

Fontes: Estados Unidos: Williamson 1965; Império Habsburgo: Good 1986; Suécia: Williamson 1965; Espanha: Martínez-Galarraga 2007; Japão: Mutlu 1991.

Figura 2.5 As disparidades subnacionais de renda e salários persistiram por mais de 70 anos no Canadá e na França

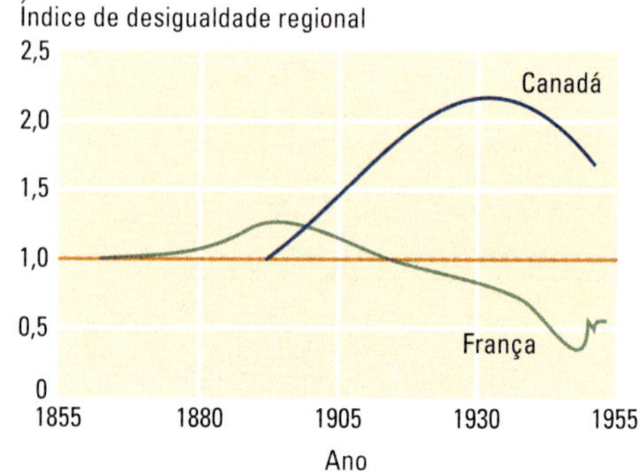

Fontes: Canadá: Green 1969; França: Williamson 1965.
Nota: Os dados do Canadá estão baseados no valor agregado bruto provincial per capita; os dados da França estão baseados nos salários agrícolas dos *départements*.

Tabela 2.2 A desigualdade espacial variou nas diferentes fases de desenvolvimento

País	Medida da disparidade espacial	Fase do desenvolvimento econômico: Inicial	Média		Avançada
Estados Unidos		**1774**	**1790**	**1840**	**1860**
	Desvio relativo do PIB per capita regional para a média dos EUA	30	31	56	66
Itália		**1861**	**1911**	**1936**	**1951**
	Índice da porcentagem regional da mão de obra agrícola	6,55	9,41	12,7	14,2
Canadá		**1901**	**1911**	**1941**	**1951**
	Índice da porcentagem regional da mão de obra agrícola	7,14	9,88	12,6	10,2
Inglaterra		**1767**	**1795**	**1867–70**	**1898–1914**
	Máximo-mínimo dos salários agrícolas dos condados	3s 11d	8s 2d	11s 0d	7s 4d
Áustria		**1869**	**1890**		**1910**
	Máximo-mínimo da porcentagem regional da mão de obra agrícola	0,32	0,35		0,40
Espanha		**1860**	**1914**	**1955**	**1975**
	Máximo-mínimo do PIB per capita regional	1,76	2,33	2,22	1,74
Australásia		**1860**	**1880**		**1900**
	Coeficiente de variação regional do PIB per capita	0,30	0,35		0,10

Fontes: Estados Unidos: Good 1986; Itália: Williamson 1965; Canadá: Williamson 1965; Inglaterra: Hunt 1986; Áustria: Good 1986; Espanha: Martínez-Galarraga 2007; Australásia (Austrália, Nova Zelândia e Tasmânia): Cashin (1995).
Nota: Em relação à Espanha, o máximo corresponde aos cinco primeiros e o mínimo aos cinco últimos. Nos dados da Inglaterra, a moeda está em shillings (s) e pence (d).

o PIB mais alto. No Japão, a área de residência influi menos ainda na disparidade do consumo.

À medida que os países se tornam mais desenvolvidos, as disparidades de bem-estar atribuíveis puramente à localização diminuem.[52] Esse padrão continua válido depois de levar em conta o território do país e o número de áreas administrativas. Entre os países divididos em cinco áreas, Bangladesh e Camboja, ambos com PIB per capita inferior a US$ 300,[53] tinham disparidades espaciais de consumo entre suas áreas avançadas e atrasadas de 89 e 73%, respectivamente. Na Colômbia e a Tailândia (com PIB per capita de aproximadamente US$ 2 mil), as disparidades equivalentes são de cerca de 50%. No Canadá (com PIB per capita de US$ 20 mil), a disparidade é inferior a 25%. Entre os países de médio porte, as disparidades espaciais de bem-estar seguem o mesmo padrão,

QUADRO 2.4 *Corrigindo as disparidades geográficas no Japão do pós-guerra*

Em 1970, o primeiro-ministro Eisaku Sato e seu gabinete lançaram o Novo Plano de Desenvolvimento Econômico e Social e o Novo Plano de Desenvolvimento Espacial Integrado (Shin-Zenso). O objetivo era atacar as disparidades dos padrões de vida resultantes do crescimento acelerado das áreas industriais em torno de Tóquio, Nagoya e Osaka ao longo da costa do Pacífico durante os primeiros anos do pós-guerra. Um trecho do Shin-Zenso resumia a visão do governo:

> Entre muitos problemas ligados às disparidades espaciais, as disparidades de padrões de vida são mais sérias que as de renda per capita. Desse ponto de vista, a construção de serviços básicos e instituições sociais nas cidades rurais precisa ser acelerada, e novas políticas precisam ser adotadas para melhorar as condições de vida das suas áreas circundantes acima de um certo nível mínimo.

Esses planos continuaram a fornecer investimento público em serviços básicos e instituições sociais (por exemplo, serviços públicos, instalações hospitalares e edifícios escolares) às áreas industrializadas. Mas investimentos adicionais eram feitos nas áreas menos desenvolvidas para obter pelo menos um nível mínimo de padrões de vida para todos os lugares. O resultado foi uma rápida progressão do investimento em serviços básicos e instituições sociais nas áreas menos desenvolvidas em relação às áreas mais industrializadas (ver figura imediatamente à direita).

Tanto o orçamento da conta geral do governo central quanto o Programa Fiscal de Investimento e Empréstimo foram essenciais para a mobilização de recursos financeiros. O orçamento da conta geral do governo central fornecia aos governos locais repasses orçamentários vinculados e não-vinculados. Entre os repasses orçamentários vinculados, um montante substancial era alocado para investimentos em serviços básicos (por exemplo, estradas rurais) e instituições sociais em arranjos de compartilhamento de custos com o governo local.

O Programa Fiscal de Investimento e Empréstimo reunia fundos públicos de fontes como a poupança postal e prêmios de seguro dos fundos de pensão públicos e depois os canalizava para investimentos em habitação e em instituições sociais para melhorar o bem-estar nas áreas menos desenvolvidas. Essas políticas foram eficazes na arregimentação de grandes investimentos direcionados ao atingimento universal de padrões de vida básicos. A renda per capita convergiu entre as áreas avançadas e outras durante os anos 1970 (ver figura abaixo à direita). A migração da mão de obra das áreas rurais para as grandes áreas urbanas foi intensa durante os anos 1950 e 1960, mas diminuiu após meados dos anos 1970.

Fontes: Cabinet Council 1972; Hayashi 2003; Kamada, Okuno e Futagami 1998; Ministry of Finance 2008; Nakajima 1982; Okuma 1980; Overseas Economic Cooperation Fund 1995; Policy Research Institute for Land 2001; Sakamaki 2006.

O aumento dos investimentos em serviços sociais facilita a convergência de renda

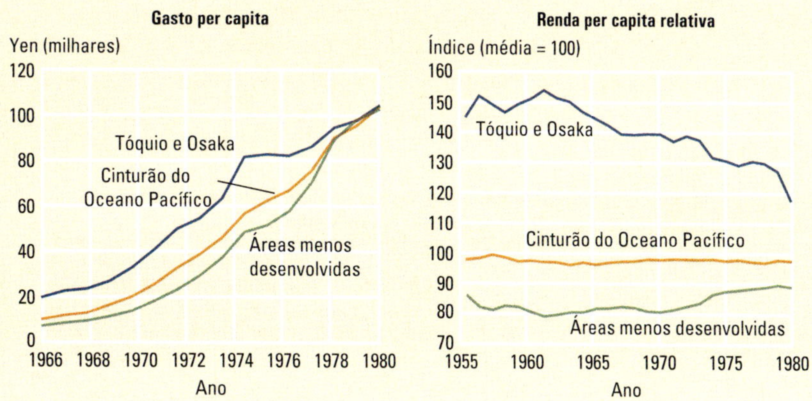

Contribuição de Keijiro Otsuka e Megumi Muto.

caindo ao longo do espectro dos países em desenvolvimento até os industrializados. O mesmo vale para países maiores e menores (ver tabela 2.3).

Países que crescem rápido veem as disparidades espaciais de renda se ampliarem

O crescimento do Leste Asiático superou tanto o da economia mundial quanto o das outras regiões em desenvolvimento. À medida que passavam de uma economia planificada para uma de mercado, os países do Leste Europeu e da Ásia Central também cresceram mais rápido que o

Figura 2.6 As disparidades espaciais diminuíram lentamente na Europa desde a II Guerra Mundial

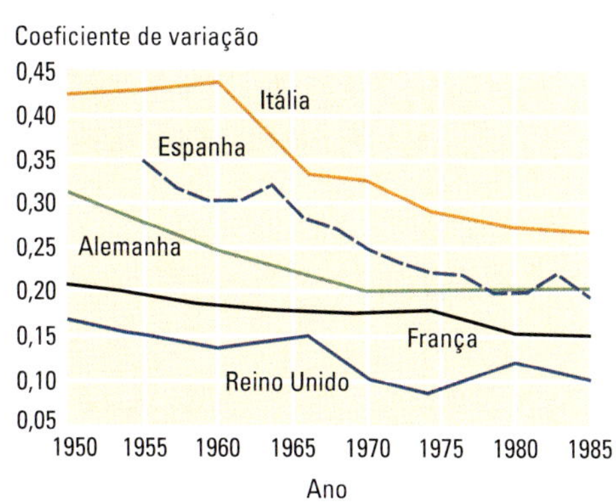

Fontes: De la Fuente 2000; Barro, Sala-I-Martin, Blanchard e Hall 1991.

Figura 2.7 Comparações contemporâneas entre países indicam que a disparidade de bem-estar entre as áreas subnacionais cai com o desenvolvimento econômico

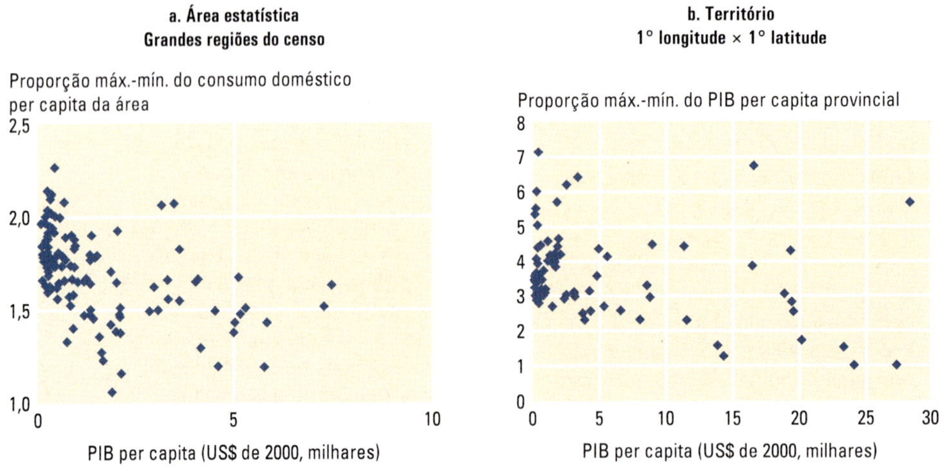

Fonte: Painel a: estimativas da equipe do Banco Mundial baseadas em mais de 120 pesquisas domiciliares realizadas durante os anos 2000 em mais de 80 países; painel b: estimativas da equipe do Banco Mundial a partir de http://gecon.edu.yale, que tem informações de 1990.

mundo (ver figura 2.8). Assim como nos estágios iniciais de desenvolvimento dos atuais países industrializados, o desenvolvimento do Leste Asiático, da Ásia Central e do Leste Europeu ampliou as disparidades. No Sudeste Asiático, as disparidades de renda per capita entre as áreas avançadas e atrasadas se ampliaram (ver figura 2.9). Na China também, a dispersão espacial do PIB per capita aumentou durante a última década (ver figura 2.10). Tudo isso é compatível com os resultados do programa de pesquisa UNU-WIDER.

No Leste Europeu e na Ásia Central também as disparidades de produtividade da mão de obra e de renda entre as áreas subnacionais se ampliaram. Na Rússia, a renda per capita na área subnacional atrasada em 1985 era metade da média nacional, e a da área avançada, o dobro da média nacional. Desde então, a renda per capita na área atrasada caiu para um quarto da média nacional, enquanto a da área avançada aumentou para cinco vezes a média nacional.[54] Essa divergência ocorreu durante uma reestruturação da geografia econômica da Rússia conforme as indústrias estatais nas áreas remotas entraram em colapso e a atividade econômica começou a reagir às variações espaciais do potencial de mercado (ver quadro 2.5). Do mesmo modo, a República Checa, a Hungria, a Polônia e a República Eslovaca tiveram um aumento das disparidades espaciais entre as áreas subnacionais desde o início da transição (ver figura 2.11).

Os países do Leste Asiático e do Leste Europeu parecem estar na parte ascendente da curva em U invertido. A atividade econômica ainda está concentrada num pequeno

Tabela 2.3 As pesquisas domiciliares e os dados do produto bruto subnacional corroboram o padrão de declínio das disparidades espaciais de bem-estar com o desenvolvimento

Área estatística	País	PIB per capita	Número de áreas estatísticas	Disparidade de consumo doméstico entre áreas avançadas e atrasadas (proporção mínimo-máximo)
	Camboja	234	5	1,89
	Bangladesh	286	5	1,73
	Colômbia	1.989	5	1,54
	Tailândia	2.109	5	1,52
	Argentina	7.489	5	1,48
	Canadá	23.392	5	1,22
Território	**País**	**PIB per capita**	**Superfície (km²)**	**Disparidade de produto bruto per capita entre áreas avançadas e atrasadas (proporção mínimo-máximo)**
	Filipinas	920	300.000	5,43
	Polônia	3.099	311.888	4,63
	Nova Zelândia	11.552	267.990	3,35
	Noruega	27.301	304.280	1,78
	Japão	33.280	364.600	0,35

Fontes: As estimativas de disparidade de consumo provêm de mais de 120 pesquisas domiciliares realizadas durante os anos 2000 em mais de 80 países. As estimativas de disparidade do produto bruto são de [...], com base em informações recolhidas em 1990.
Nota: As estimativas do PIB per capita são baseadas em dólares constantes dos EUA de 2000 para os anos específicos das pesquisas.

número de áreas avançadas favorecidas, onde as economias de aglomeração aumentam a produtividade, os salários e a renda per capita. As áreas atrasadas, insuficientemente integradas à economia nacional, ainda não captaram os efeitos secundários das áreas avançadas.

A dinâmica da divergência geográfica no Leste Asiático, no Leste Europeu e na Ásia Central foi geralmente a de uma "corrida para o topo". Todas as áreas subnacionais tiveram ganhos nos salários e na renda familiar médios, embora os maiores ganhos tenham ocorrido nas áreas avançadas.[55] Entre as províncias mais pobres da China, a região sudoeste teve um crescimento do PIB per capita de 7,7% entre 1979 e 1998, a região central de 7,8%, e a região noroeste de 8,4%.[56] Os países do Leste Asiático tiveram um declínio fenomenal da pobreza: de mais de 450 milhões de pobres vivendo com menos de US$ 1 por dia em 1990 para aproximadamente 120 milhões em 2007.[57] No Leste Europeu e na Ásia Central, a divergência entre 1998 e 2003 esteve associada à queda de 40 milhões no número de pobres da região que viviam com menos de US$ 2 por dia, principalmente porque a massa da população pobre está nas áreas avançadas.[58]

Certos países de renda média tiveram convergência de renda

Num país de renda médio-alta como o Brasil, a dispersão da renda per capita estadual em torno da média nacional caiu de um coeficiente de variação de 0,65 em 1970 para 0,49 em 1995.[59] O Chile teve uma convergência espacial do PIB per capita entre as áreas subnacionais entre 1960 e 2001, quando ele mais que dobrou, passando de US$ 4.270 para US$ 10.538.[60] A África do Sul, que também é um país de renda médio-alta, também teve convergência da renda per capita entre suas pequenas e grandes cidades entre 1990-2000.[61] Na Colômbia, uma economia relativamente fechada, a proporção do PIB per capita no departamento avançado de Santafé de Bogotá para o departamento atrasado de Choco caiu de 10 para 6 entre 1950 e 1960 e para 3,1 em 1990.[62]

Figura 2.8 O crescimento econômico do Leste Asiático e do Leste Europeu é mais rápido que o crescimento do mundo

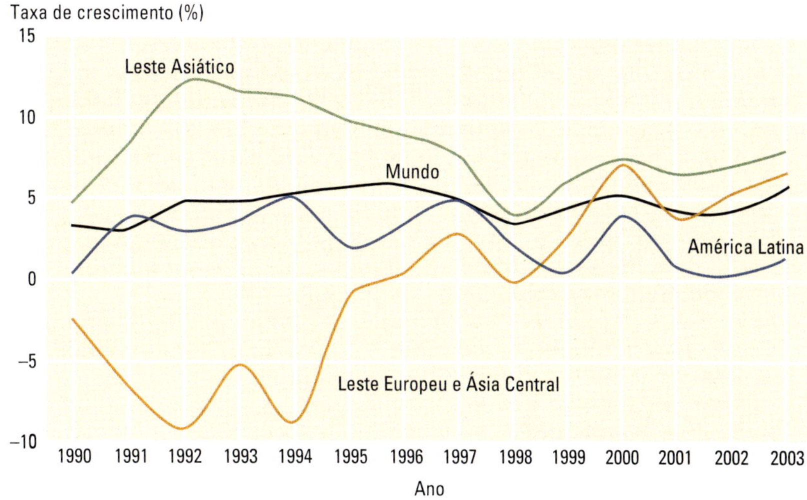

Fonte: Banco Mundial 2005e.

Figura 2.9 As disparidades do produto bruto per capita têm aumentado entre as áreas avançadas e atrasadas no Sudeste Asiático

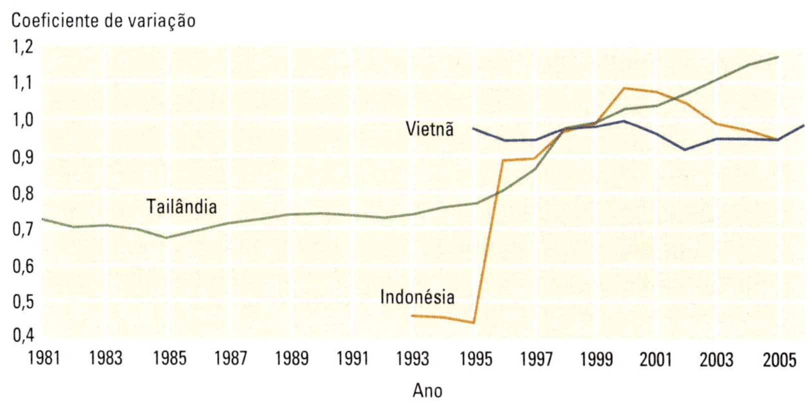

Fonte: Hamaguchi, no prelo.

Figura 2.10 Aumento constante da desigualdade do produto bruto per capita provincial na China desde 1990

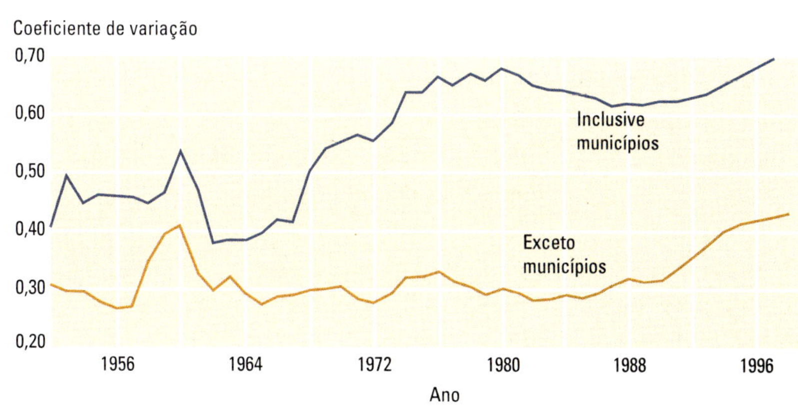

Fonte: Demurger e outros 2002.

QUADRO 2.5 *Ineficiência espacial e o fim da União Soviética*

A Terra possui muitos espaços vastos e inóspitos, mas poucos governos dedicaram tanta energia ao desenvolvimento desses lugares como fez a Rússia sob o governo soviético.

O esforço para desenvolver as áreas orientais da Rússia aumentou substancialmente sob o regime de Stalin. Uma industrialização forçada procurou deslocar a produção para o leste e criar novas bases econômicas no coração geográfico do país. A igualização da massa econômica (especialmente industrial) por toda a Rússia foi vista como a solução para tornar o desenvolvimento uniforme no espaço. O "crescimento industrial equilibrado" permaneceu um *slogan* durante muito tempo. Nos anos 1930, as novas áreas receberam mais de 50% do investimento central, financiado principalmente pela expropriação da riqueza da agricultura. De início, as novas áreas absorveram somente capital. Os efeitos visíveis apareceram durante a II Guerra Mundial, embora as zonas mais produtivas estivessem próximas ao fronte, como a Ural-Volga, onde foram colocadas 58% das fábricas removidas do oeste da URSS.

A contabilização desse esforço centralizado e dirigido para repartir a massa econômica é deprimente. O geógrafo soviético Alexei Mints desqualificou como propaganda as alegações de que o investimento direcionado alavancava as áreas atrasadas e criava cidades "do zero" sob os planos quinquenais. A realidade era mais prosaica: a "abertura" dos campos orientais de matéria-prima coincidiu com o crescimento da manufatura no oeste. O deslocamento para o leste, escreveu Mints, ocorreu sobretudo na parte europeia.[a] Na realidade, até 1990 o geocentro demográfico e econômico da Rússia tinha se deslocado em direção ao leste somente até o rio Belaya na Bachkíria; oito das 11 zonas de tempo da Rússia ficam a leste do rio Belaya. A Sibéria industrial cresceu em termos absolutos, mas sua participação não excedeu um quinto sob o sistema de preços soviético que favorecia bens finais em detrimento de matérias-primas, transporte e energia (ver tabela abaixo).

A infraestrutura social soviética se sobrepunha ao desenvolvimento industrial. Centros de saúde, escolas, instalações recreacionais, culturais, esportivas e de habitação comunitária – chamadas *sotscultbyt* – geralmente pertenciam a empresas. Essa sobreposição era especialmente evidente nas grandes companhias em áreas remotas, como a cidade transpolar de Noril'sk. Essa tradição foi combinada, de modo um tanto paradoxal, com uma redistribuição vigorosa de fundos entre os departamentos setorial e regional. Os lucros eram confiscados e depois devolvidos – não necessariamente ao mesmo lugar – em bens de capital e ativos. A participação das empresas sob a jurisdição exclusiva da União atingiu 70% nos governos Stálin e Brejnev. O governo central (Sovmin) controlava menos de 20% dos lucros industriais obtidos em solo russo.

A desconcentração industrial, junto com as distorções do sistema de preços e uma corrida armamentista custosa, acabaria por derrubar o sistema soviético. No final dos anos 1980, tanto a elite quanto as massas em quase todas as áreas ou repúblicas alegavam suportar o pesado encargo de um país que "alimenta os outros". O *slogan* do *khozraschet* regional (auto-reembolso e contabilização econômica) logo derivou para o separatismo político e contribuiu para o fim da União Soviética.

Após o colapso da URSS, a Federação Russa tornou-se mais integrada ao mercado mundial. A Rússia viu-se mais abundante em recursos, mas também menos povoada. A reavaliação de mercado dos recursos e ativos fez encolher a massa econômica das zonas e pólos distantes. A deterioração da infraestrutura não reduziu a distância econômica e, em certos casos, aumentou-a. Os serviços públicos ligados à indústria também ruíram nos anos 1990, à medida que as empresas foram privatizadas ou transferidas das suas *sotscultbyt* para as autoridades municipais. Durante algum tempo no governo Yeltsin, as receitas dos orçamentos federal e regional/local eram oficialmente iguais (50:50). No entanto, nos anos 2000, as regras foram modificadas a favor da Federação (60:40 enquanto eram feitos os pagamentos da dívida externa, depois reduzida para 55:45). Mas as despesas permaneceram em 50:50 por causa do crescimento das transferências.

Hoje, as relações financeiras centro-região são novamente baseadas no princípio da redistribuição, embora menos do que na época da União Soviética. Porém, a indústria hoje se baseia mais nos combustíveis e nos materiais. Depois de décadas de planos de igualização, a economia conhece a ampliação das disparidades do produto per capita regional.

A figura do quadro mostra isso para 1990 e 2005, usando os antigos métodos e preços soviéticos (material líquido) e os novos métodos e preços do produto regional bruto (PRB). Os dois líderes, a oblast de Tyumen na Sibéria Ocidental e Moscou no centro, permanecem os mesmos. Mas a disparidade entre as áreas avançadas e atrasadas disparou de 5 para

Transições espaciais na Federação Russa, 1900–2000

Indicador/região	1900	1925	1950	1975	2000	1900	1925	1950	1975	2000
	Número de trabalhadores, em milhões					Produção, em bilhões de rublos, preços de 2000				
Números absolutos	1,9	2,2	10,8	21,4	13,3	22	37	579	4.705	4.759
Por tipo de região[a]	Porcentagem					Porcentagem (em preços correntes)				
Antiga região industrial[b]	64	61	42	40	33	50	65	68	42	32
Nova Região Europeia	30	33	39	41	47	33	31	27	38	40
Leste (Asiático)	6	6	19	19	20	17	4	5	20	28

Notas: a. Cálculos do autor baseados em diversas fontes estatísticas e bibliográficas. b. Inclui São Petersburgo e subúrbios, o centro (incluindo Nizhniy Novgorod) e os Urais Centrais.

QUADRO 2.5 *Ineficiência espacial e o fim da União Soviética – continuação*

Diferença no produto regional ampliado
(Preço corrente, porcentagem da média russa)

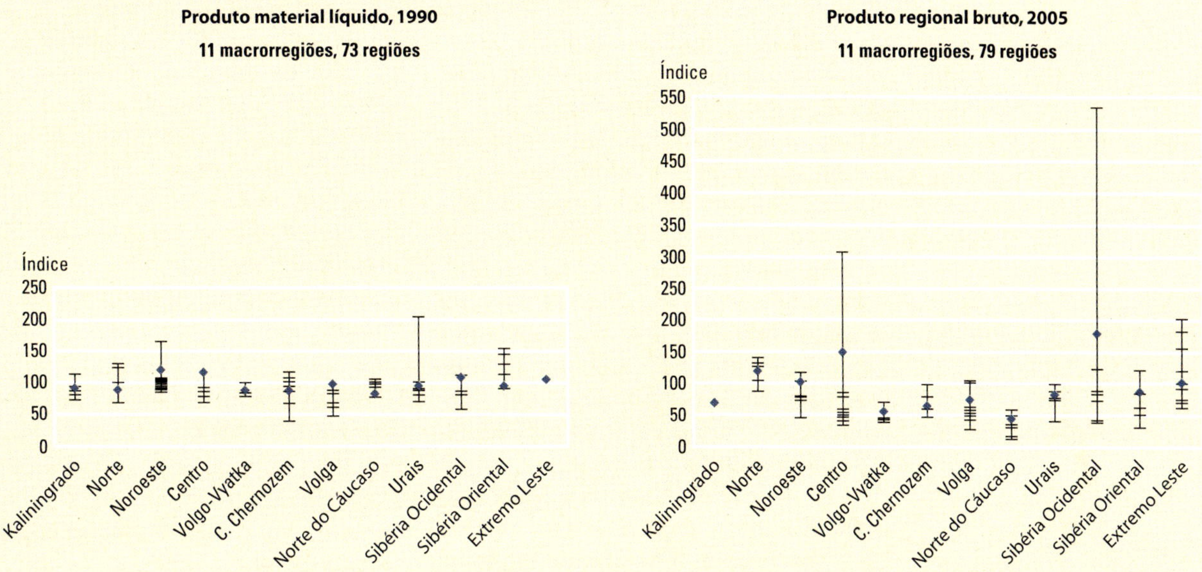

Nota: As linhas verticais mostram intervalos de valores na área, e os losangos representam a média da área.

43. Com a redistribuição, a disparidade na renda pessoal média de cada área em 2005 era de 11. Somente 20 de 88 regiões excederam a média russa do PRB per capita, e somente 22 excederam a média da renda. As áreas mais pobres reduziram a disparidade dos padrões de vida com ajuda de transferências.

O bem-estar nas áreas remotas tornou-se menos dependente da massa econômica na Rússia contemporânea. A tendência não é vista como satisfatória por alguns observadores e formuladores de políticas russos, mas o que deveria ser feito a respeito não está claro. O debate político se situa entre duas visões polarizadas: reforçar o sistema redistributivo no espaço com base numa distribuição mais ampla dos lucros oriundos do petróleo e do gás, ou numa diversificação forçada das economias regionais com base em atividades militar-industriais e iniciativas de pesquisa e desenvolvimento (PeD). Enquanto o debate continua, a experiência da Rússia sob o regime soviético oferece lições políticas. Particularmente para um país com o maior território do mundo, as escolhas de políticas espaciais e sua eficiência podem significar a diferença entre o progresso e a estagnação econômicos.

Fonte: Contribuição de Andrei Treyvish.
a. Mints 1974, pp. 20-54.

À medida que a renda diverge, a saúde e a educação convergem

Muitos países em desenvolvimento tiveram convergência dos Indicadores de Desenvolvimento do Milênio subnacionais entre as áreas, de modo que, embora as disparidades de renda e bem-estar material tenham se ampliado, o bem-estar básico se tornou mais uniforme. Na Indonésia, o coeficiente de variação entre as províncias para a média de anos de escolaridade caiu de 0,43 em 1971 para 0,15 em 2000, e o da taxa de pobreza caiu de 0,42 para 0,35.[63] Na Tailândia, as taxas de mortalidade infantil diminuíram de um intervalo mínimo-máximo de 6% entre as áreas avançadas e atrasadas em 1980 para 0,7% em 2000,[64] perto da média

Figura 2.11 As disparidades de renda entre regiões se ampliaram na medida em que países do Leste Europeu mudaram de economias planejadas para economias de mercado

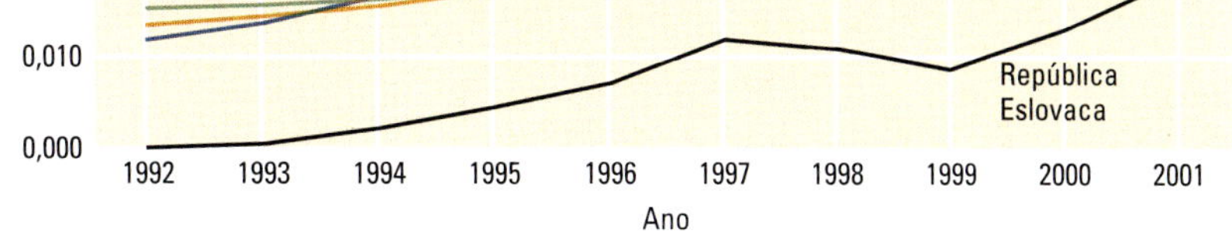

Fonte: Ezcurra e Pascual 2007.

nacional de seis mortes por mil nascimentos com vida. No Vietnã, a diferença das taxas de desnutrição entre as áreas avançadas e atrasadas caiu de 20% em 1998 para 15% em 2004, acompanhando uma melhoria global para todas as áreas.[65] Na China, as disparidades territoriais no índice de desenvolvimento humano declinaram entre 1995 e 2003. A disparidade entre a província de melhor desempenho (Pequim) e a província de pior desempenho (Tibete) declinou de 0,26 em 1995 para 0,19 em 2003 no tocante ao índice de expectativa de vida, e de 0,50 para 0,32 em relação ao índice de desenvolvimento humano. A diferença entre as taxas de alfabetismo também declinou entre 1990 e 2003, de 58 para 51%.[66] A convergência do bem-estar básico nos países do Leste Asiático que crescem rapidamente é exemplificada pela Malásia (ver figura 2.12).

Nos estados mexicanos, as taxas de alfabetismo adulto e de mortalidade infantil convergiram entre 1940–2002, assim como a expectativa de vida e as taxas de matrícula escolar entre 1990 e 2002.[67] No Egito, a diferença das taxas de matrícula escolar primária feminina entre as províncias de melhor e pior desempenho diminuiu de 41% em 1995 para 25% em 2004, assim como a taxa de alfabetismo e a disparidade por gênero no alfabetismo entre 1986 e 2001.[68]

Nem todos os países tiveram convergência espacial dos Indicadores de Desenvolvimento do Milênio. Certos países do Sul da Ásia e da África ainda têm amplas disparidades internas. Na Índia e no Sri Lanka, as disparidades entre os estados permaneceram grandes entre 1981 e 1991,[69-70] embora tenha havido melhorias absolutas tanto em escala nacional quanto nas áreas atrasadas desses países. No Sri Lanka, a pobreza diminuiu em todas as províncias entre 1991 e 2007, com redução mais acelerada em sua província ocidental avançada.[71] No Quênia, as diferenças entre as taxas de matrícula escolar primária e secundária nas províncias permaneceram grandes entre 1999 e 2004. Porém, o mais importante é que todas as áreas fizeram progressos, incluindo o atrasado Nordeste.[72]

Diferenças para os atuais países em desenvolvimento

Em *A riqueza das nações*, publicado em 1776, Adam Smith escreveu: "É no litoral marítimo, e ao longo das margens dos rios navegáveis, que a indústria de todo tipo começa naturalmente a se subdividir e a se aperfeiçoar, e frequentemente muito tempo costuma se passar antes que esses aperfeiçoamentos se estendam às partes interiores do país".[73] O que Smith escreveu em 1776 poderia se aplicar igualmente aos processos espaciais do desenvolvimento econômico moderno da China. Se há uma diferença para os atuais países em desenvolvimento, qual é ela?

Sob certos aspectos fundamentais, muito pouco é diferente. O argumento-chave de

Figura 2.12 Na Malásia, a convergência geográfica do bem-estar básico acompanhou o crescimento econômico

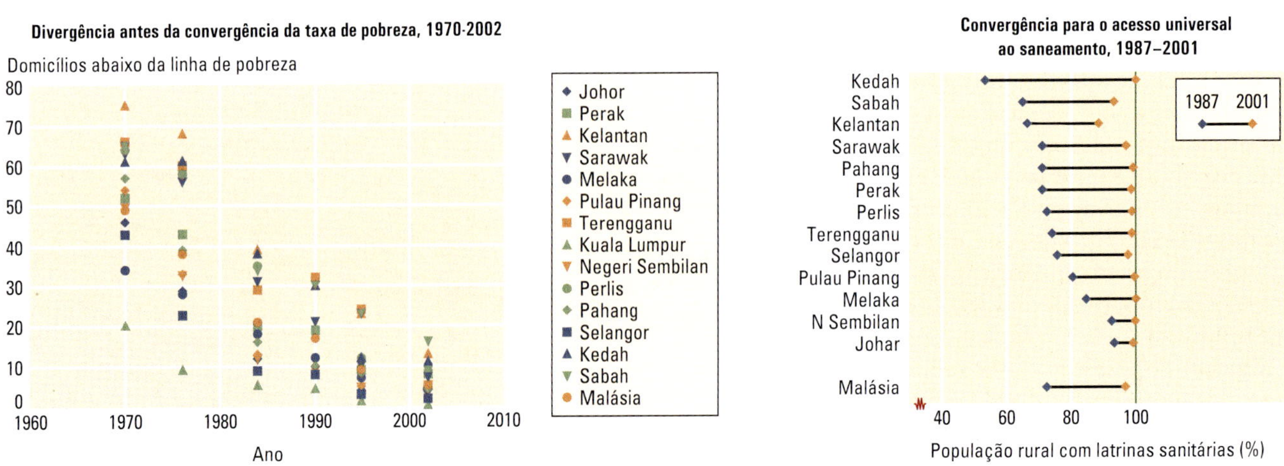

Fonte: Malaysia Economic Planning Unit, 2008.

Smith era que o desenvolvimento econômico de um país, em seus estágios iniciais, tende a ser impulsionado pelas áreas subnacionais que apresentam maior potencial de acesso aos mercados e, portanto, à densidade. Mas as áreas subnacionais distantes da densidade, as áreas interiores no exemplo de Smith, tendem a ser deixadas para trás. Só mais tarde no processo de desenvolvimento essas áreas atrasadas compartilham mais dos benefícios do desenvolvimento à medida que ocorre uma lenta convergência subnacional dos padrões de vida. Essa tese básica continua válida hoje.

Mas há algumas diferenças importantes para os atuais países em desenvolvimento:

- Dado o tamanho fenomenal do atual mercado global, o desenvolvimento depende mais da aplicação de uma estratégia voltada para o exterior, onde áreas avançadas concorram e comercializem no âmbito global.
- A rápida transformação da geografia econômica interna – e as disparidades espaciais nos atuais países em desenvolvimento – serão provavelmente muito maiores que nos países industriais durante os estágios iniciais de desenvolvimento.
- Como os mecanismos redistributivos levam tempo para serem construídos e amadurecerem, a mobilidade da mão de obra e a conectividade do mercado são mecanismos mais potentes para integrar as áreas atrasadas às economias nacionais. A globalização e o progresso tecnológico do transporte e da comunicação fornecem potencialmente uma gama mais ampla de meios para transpor a distância econômica entre as áreas avançadas e atrasadas.

Os mercados globais são mais importantes. Devido à maior integração no mundo de hoje, os mercados globais são mais importantes que os mercados internos do que em qualquer época da história. O potencial de mercado das áreas avançadas é mais elevado nos atuais países em desenvolvimento do que era nos atuais países desenvolvidos durante o século XIX e início do XX, graças ao rápido crescimento do comércio desde o fim da II Guerra Mundial. De fato, o crescimento do comércio tem sido aproximadamente o dobro do da renda mundial nas décadas recentes.[74] O comércio como proporção do PIB mundial é hoje mais de 25 vezes o nível de 1820 (ver figura 2.13). Portanto, o desenvolvimento sob políticas protecionistas pode ter sido uma estratégia viável (se não ótima) no século XIX e início do XX.[75] Mas é muito menos provável que uma estratégia protecionista seja viável hoje, especialmente à luz dos fracassos recentes de tais políticas na América Latina e na África Subsaariana.

Quando um país é relativamente fechado, o potencial de mercado de uma área é determinado principalmente pela sua distância da densidade dentro do país. Mas quando ele se abre, a distância ou o acesso aos mercados internacionais também se torna importante, e as fronteiras e áreas costeiras tendem a ganhar suas parcelas de atividade econômica. Deslocamentos estruturais dos padrões de comércio podem alterar a topografia do potencial de mercado num país: as áreas que anteriormente eram avançadas, talvez favorecidas pelas políticas, perdem e declinam à medida que sua distância das novas áreas avançadas aumenta. Isso é ilustrado pela Grã-Bretanha, pela China e pelo México.

A abertura importa para a distância. Antes que o México liberalizasse o comércio em 1985, a distância até a Cidade do México era o principal determinante do potencial de mercado de uma área. Porém, com a liberalização, a distância da densidade nos Estados Unidos também se tornou importante, e as áreas de fronteira como

Figura 2.13 Os atuais países em desenvolvimento enfrentam um mundo mais integrado

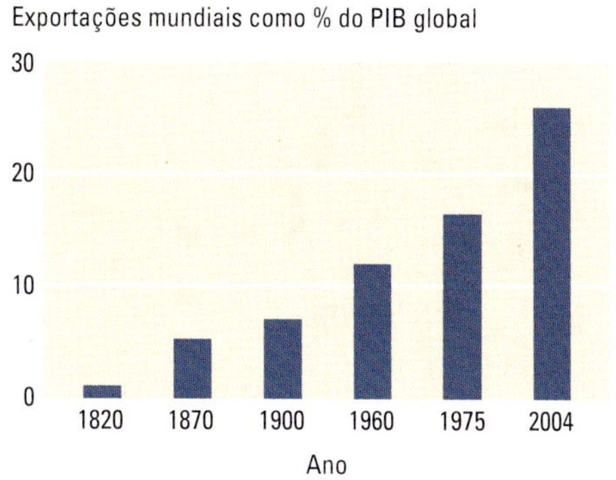

Fonte: Chase-Dunn, Kawano e Brewer 2000.

Ciudad Juarez, Mexicali-Calexico, Nogales e Tijuana tiveram um grande aumento do crescimento e do potencial de mercado, enquanto a Cidade do México sofreu um certo despovoamento e dispersão da atividade manufatureira.[76]

Na China, durante a era de autossuficiência de Mao, as indústrias pesadas foram fomentadas nas províncias do interior, que receberam 71% dos investimentos estatais entre 1966 e 1970. Muitas companhias em Xangai e outras cidades costeiras foram deslocadas para o interior e as províncias montanhosas de Guizhou, Hubei e Sechuan.[77] Porém, desde que a China se tornou mais aberta ao comércio exterior e aos investimentos estrangeiros, as áreas costeiras se abriram como portões para os mercados estrangeiros, mas muitas áreas interiores não progrediram. As indústrias voltadas para a exportação (vestuário, eletrônicos, couro) estão concentradas nas províncias costeiras, enquanto as indústrias voltadas para o mercado interno (metais, fundição de não-ferrosos) estão dispersas (ver mapa 2.5).[78]

Os custos de transporte e de telecomunicações importam mais. Os litorais marítimos e os rios navegáveis são localizações naturais para as áreas avançadas porque, na época de Smith, a navegação era o modo mais rentável de transportar bens para os mercados interno e internacional. Porém, o progresso tecnológico levou a amplas reduções do custo de transporte dos bens e das telecomunicações (ver capítulo 6). Novos meios de transporte (não baseados na água) e a revolução da tecnologia da informação remodelaram a paisagem da densidade econômica.

O acesso ao conhecimento é mais fácil. Portanto, os atuais países em desenvolvimento podem aproveitar os mercados mundiais de tamanho inédito e ter acesso a esses mercados com mais facilidade. Ao mesmo tempo, os maiores fluxos de investimento estrangeiro direto, que estão se expandindo duas vezes mais rápido que o comércio mundial, aumentam o acesso ao conhecimento na fronteira tecnológica do mundo.[79] Nos países em desenvolvimento mais bem-sucedidos (principalmente no Leste Asiático) das últimas décadas, o resultado foi um crescimento nacional – impulsionado pelas áreas avançadas – muito mais acelerado que o dos atuais países desenvolvidos nos estágios iniciais de desenvolvimento.

Com um crescimento tão rápido nas áreas avançadas, as disparidades geográficas nos atuais países em desenvolvimento

Mapa 2.5 As indústrias exportadoras se concentram nas áreas costeiras para minimizar a distância do mercado global

a. Indústrias voltadas para o mercado global **b. Indústrias voltadas para o mercado interno**

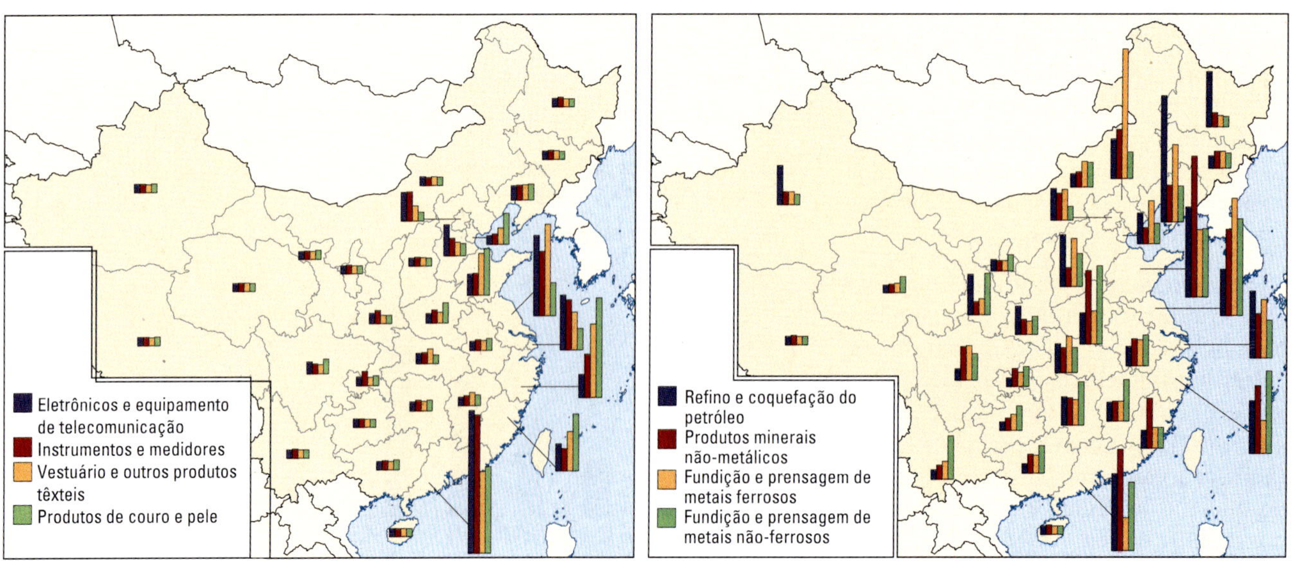

Fonte: He, no prelo.

são muito maiores. Tomemos a China, por exemplo, cujo PIB per capita é mais ou menos equivalente ao da Grã-Bretanha em 1911. Londres tinha então PIB per capita cerca de 1,7 vezes a média nacional, enquanto East Anglia tinha PIB per capita de dois terços dessa média.[80] Na China de hoje, os números comparáveis são de 3,3 para a área avançada de Xangai e de um terço para a área atrasada de Guizhou.[81] Xangai tem PIB per capita (US$ 16.044) mais ou menos equivalente à média britânica em 1988, enquanto Guizhou chega a um nível (US$ 1.653) próximo da média britânica em 1830.[82]

Embora as comparações entre a China e a Grã-Bretanha devam ser feitas com cautela por causa das escalas geográficas diferentes dos dois países, os argumentos básicos permanecem válidos. Quando os atuais países ricos estavam em desenvolvimento durante o século XIX e início do XX, o crescimento de suas áreas avançadas estava limitado pela taxa de crescimento dos seus mercados internos e pela fronteira tecnológica mundial. Essas limitações determinavam o grau em que as disparidades espaciais podiam aumentar nos estágios iniciais do desenvolvimento. O contraste é acentuado com os atuais países em desenvolvimento, para os quais essas limitações não existem mais. Embora a ausência dessas limitações ajude os países em desenvolvimento, as disparidades potenciais que podem surgir entre as áreas avançadas e atrasadas nos estágios iniciais do desenvolvimento são muito maiores.

A desigualdade espacial entre as áreas avançadas e atrasadas nos atuais países em desenvolvimento seguirá o mesmo caminho em forma de U invertido, mas as características desse caminho serão diferentes. A ascendente será provavelmente mais inclinada nos estágios iniciais do desenvolvimento. Em oposição a esse aumento mais acelerado das disparidades, todavia, está a oportunidade de uma convergência mais rápida entre as áreas atrasadas e avançadas à medida que o desenvolvimento progride – porque as modernas tecnologias de informação e comunicação oferecem uma gama mais ampla de métodos para transpor a distância econômica entre as áreas avançadas e atrasadas.

CAPÍTULO 3

Divisão

A densidade e a distância, as dimensões da geografia econômica examinadas nos dois capítulos precedentes, importam para o desenvolvimento de países e regiões. Durante os dois últimos séculos, o produto interno bruto global (PIB) cresceu aproximadamente 2,3% ao ano, um aumento de quase 50 vezes em dólares constantes.[1] Mas o crescimento não foi uniforme. Hoje, metade do PIB global é produzida em apenas 1,5% da superfície terrestre do mundo, o que caberia confortavelmente na Argélia. Nessa massa econômica densa vive aproximadamente um sexto da população mundial.[2]

A alta densidade reflete os benefícios autoalimentantes da proximidade entre os agentes econômicos nas diversas escalas espaciais – local, regional e internacional. A distância também importa para os países e regiões do mundo. Durante os últimos 50 anos, a maior parte da atividade econômica global esteve concentrada na América do Norte, na Europa Ocidental e no Nordeste Asiático (ver mapa 3.1). Estar perto desses grandes mercados de produtos e insumos abre ótimas oportunidades. De fato, a correlação entre o acesso a mercados e o crescimento econômico é forte.

Mas é a persistência das divisões entre os Estados-nações que diferencia os processos da geografia econômica nos países e regiões. A última onda de globalização, que começou após a II Guerra Mundial, foi associada a um mundo sem fronteiras. Em 1990, Kenichi Ohmae fez a famosa declaração de que "as fronteiras efetivamente desapareceram".[3] Em relação a algumas regiões do mundo e a certas transações entre fronteiras, isso reflete a realidade. Mas o número de fronteiras, em vez de desaparecer, triplicou nos últimos 50 anos. Hoje há aproximadamente 600 fronteiras terrestres entre nações (ver figura 3.1).[4] E esse número pode continuar a aumentar se os estados federativos se fragmentarem, se as minorias dentro das nações obtiverem a autodeterminação, e se algumas das 70 dependências restantes buscarem a independência.[5]

Este capítulo mostra como as divisões afetam o desenvolvimento econômico, como a geografia e a história cultural contribuem para divisões persistentes e como os países impõem barreiras à interação produtiva com seus vizinhos e o resto do mundo. As economias beneficiam-se da redução gradual das barreiras, e os países ricos tendem a ter as barreiras mais baixas ao comércio e à mobilidade dos fatores. Os países que se integraram *regionalmente* beneficiam-se dos efeitos secundários do crescimento, de maiores mercados internos e de economias de escala para a produção e certos tipos de serviços públicos. Certos países dentro de uma região podem inicialmente prosperar mais do que outros, mas os padrões de vida acabam por convergir nas regiões que se integraram. E num mundo com a atividade econômica e o poder de compra concentrados em algumas poucas regiões, os países que se integraram *globalmente* beneficiam-se do acesso a esses mercados e fontes de investimento. Este capítulo argumenta a favor da promoção dessa integração pelos países.

As principais conclusões deste capítulo são as seguintes:

- ***As divisões entre os países criam fronteiras mais espessas no mundo em desenvolvimento.*** As fronteiras restringem o fluxo de bens, capital, pessoas e ideias em todo lugar. Mas os países maiores e com grandes mercados podem se permitir ter fronteiras mais restritivas. Os países pequenos precisam se preocupar mais. Certos tipos de divisões, como o fato de não terem litoral, estão além do controle dos países individuais. Outras são autoimpostas. E, à medida que os países se desenvolvem, eles gradualmente reduzem quase todo tipo de barreira.
- ***A massa econômica está concentrada na América do Norte, na Europa Ocidental e no Nordeste Asiático.*** E apenas o Leste Asiático aumentou significativamente sua participação no PIB global nas últimas décadas. Essa concentração global importa muito para as perspectivas de desenvolvimento das atuais regiões atrasadas do mundo, e aumentar seu acesso a esses grandes mercados mundiais precisa ser uma prioridade da política global de desenvolvimento.
- ***Dentro das regiões do mundo, o desenvolvimento econômico tende a ser acompanhado por uma divergência inicial dos padrões de vida entre os países, seguida de uma convergência.*** Os indicadores básicos de saúde e educação mostram melhorias em quase todas as regiões do mundo, mas há alguma divergência de renda entre os países mais ricos e mais pobres. A desigualdade crescente entre os países dentro de uma região reverte-se à medida que os países atrasados beneficiam-se dos efeitos secundários do crescimento dos países avançados.
- ***Superar as divisões regionais e globais entre os países é essencial para o progresso sustentado.*** Isso destaca a importância de facilitar o acesso aos mercados globais e de promover a integração regional em todas as suas múltiplas formas (ver capítulos 6 e 9).

Mapa 3.1 O PIB global está concentrado em poucas regiões do mundo, 2006

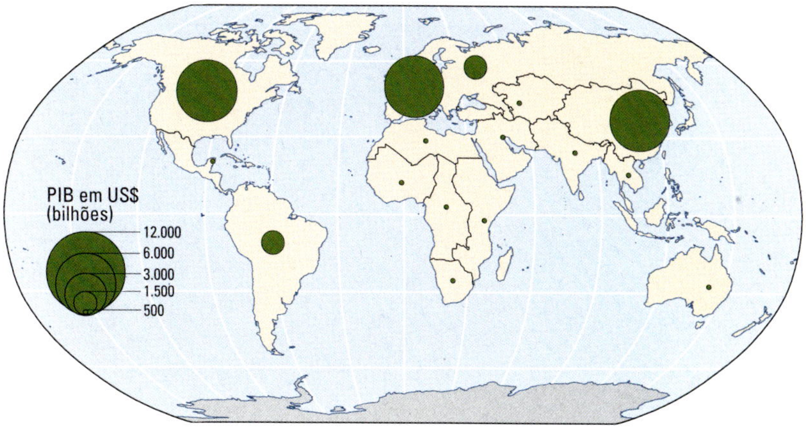

Fonte: Banco Mundial, 2007j.

Figura 3.1 O número de fronteiras entre nações triplicou nos últimos 50 anos

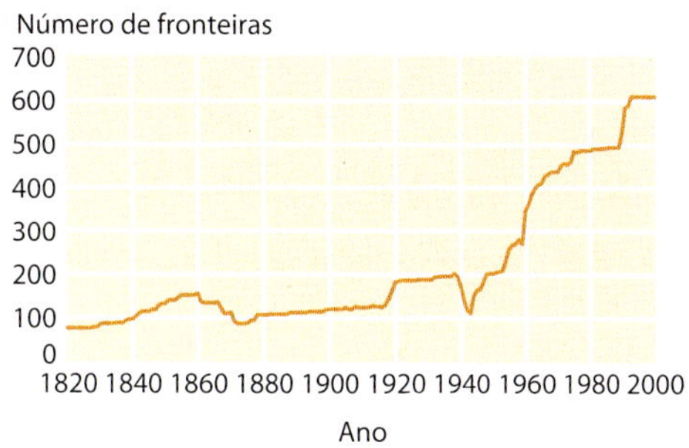

Fonte: Stinnett e outros 2002.

Definindo a divisão

Fronteiras e divisões não são sinônimos. As fronteiras nacionais encerram pessoas com características comuns, proporcionando uma sensação de lugar e de comunidade que contribui para o bem-estar social. Elas também geram unidades administráveis para governar a sociedade. E, quando bem definidas e estabelecidas, proporcionam segurança e estabilidade, gerando benefícios econômicos consideráveis. As divisões, em contrapartida, surgem quando as fronteiras são mal administradas. Elas vão de restrições moderadas ao fluxo de bens, capital, pessoas e ideias a divisões mais rígidas provocadas por disputas territoriais, guerras civis e conflitos entre os países. As fronteiras não são um problema em si mesmas. Mas as consequências para o desenvolvimento econômico são bastante diferentes quando os países separados por essas fronteiras estão integrados numa comunidade econômica funcional (as Repúblicas Tcheca

Mapa 3.2 Algumas fronteiras são muito mais impermeáveis do que outras

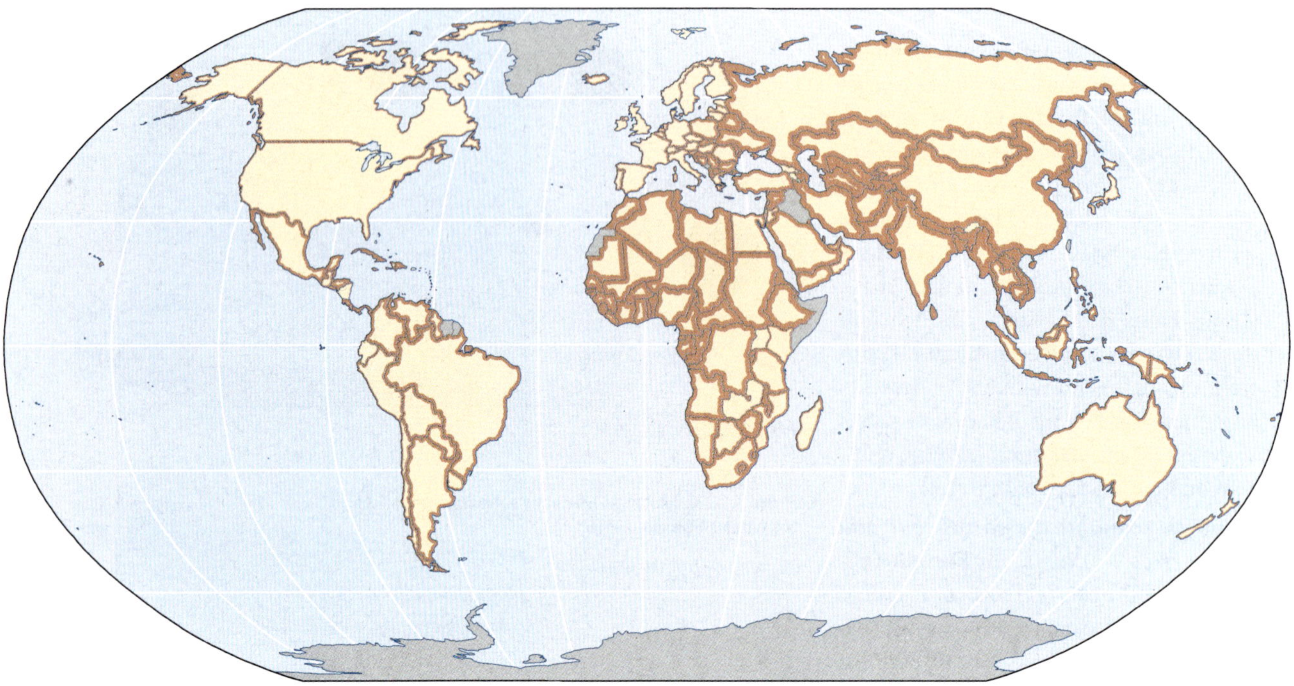

Fonte: Equipe do RDM 2009.
Nota: A largura das fronteiras é proporcional a uma medida sumária das restrições de cada país aos fluxos de bens, capital, pessoas e ideias com todos os outros países. Áreas cinzentas = dados insuficientes.

e Eslovaca) – ou divididos por um conflito, que reduz a margem de integração suplementar (Eritreia e Etiópia).

Vistas através de uma lente econômica, certas fronteiras são muito mais largas do que outras (ver mapa 3.2). A largura ou espessura das fronteiras de cada país é proporcional às restrições que cada país impõe ao fluxo de bens, capital, pessoas e ideias com os outros países.[6] Quanto mais larga a fronteira, mais o país limita o comércio, as viagens e os fluxos dos fatores de produção.

- As fronteiras econômicas são estreitas na América do Norte, na Europa Ocidental, no Japão, na Austrália e na Nova Zelândia; são largas na Ásia, na África e no Leste Europeu; e são medianas na América Latina. Os países com fronteiras largas incluem economias emergentes do Leste Asiático e países da África Subsaariana, que durante décadas tiveram baixo crescimento.
- Fronteiras da mesma largura parecem mais estreitas em torno dos países maiores. Isso reflete a realidade de que os países maiores podem, muitas vezes, aplicar políticas mais restritivas. Os países pequenos dependem mais da abertura para conquistar pequenos mercados e escalas de produção.
- Alguns países com fronteiras estreitas estão rodeados por países com políticas restritivas, o que torna mais difícil para eles beneficiarem-se da abertura do que os países em regiões mais abertas.
- Isso vale mais para os países que são abertos mas sem litoral, como Armênia, Uganda e a Zâmbia, do que para aqueles que são abertos e costeiros, como o Chile ou a Geórgia. Certos países costeiros, em contrapartida, têm restrições tão altas que poderiam ser considerados sem litoral.

A comparação da largura das fronteiras com o *status* econômico confirma que os países mais ricos costumam ter menos restrições na fronteira (ver figura 3.2).[7] À medida que um país se desenvolve, ele reforça as instituições para administrar suas fronteiras e regular os fluxos de bens e de fatores de produção. Ele também se torna mais integrado à economia global e abre suas fronteiras para beneficiar-se das interações com outros países, promovendo mais desenvolvimento. Mas há exceções.

Figura 3.2 Os países ricos tendem a ter menos restrições de fronteira

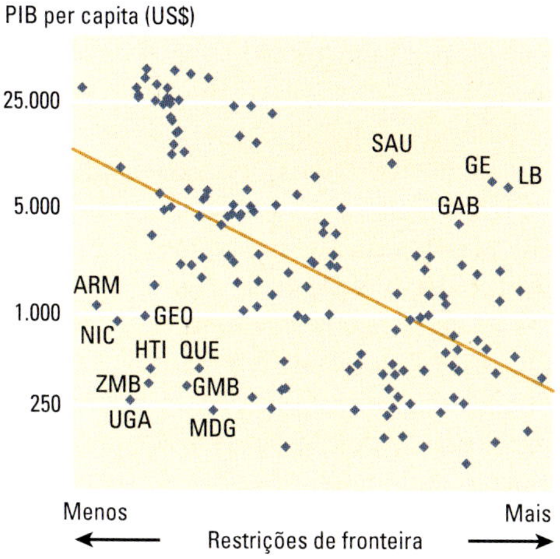

Fonte: Restrições de fronteira: Equipe do RDM (ver nota 6).
Nota: O PIB per capita é de 2005 em dólares dos EUA de 2000 de uma série usada nas seções posteriores deste capítulo baseadas em Banco Mundial (2007j) e Maddison (2006). ARM = Armênia; GE = Guiné Equatorial; GAB = Gabão; GMB = Gâmbia; GEO = Geórgia; HTI = Haiti; QUE = Quênia; LB = Líbia; MDG = Madagascar; NIC = Nicarágua; SAU = Arábia Saudita; UGA = Uganda; ZMB = Zâmbia.

Certos países de renda médio-alta – todos exportadores de petróleo – mantêm restrições maiores: Guiné Equatorial, Gabão, Líbia e Arábia Saudita (acima à direita, na figura 3.2). E certos países mais pobres reduziram muito suas restrições nas fronteiras, entre eles países sem litoral como Armênia, Uganda e Zâmbia, assim como países costeiros como Gâmbia, Geórgia, Haiti, Madagascar, Nicarágua e Quênia (acima à esquerda).

Como os países mantêm as divisões

Os países escolhem o grau de permeabilidade de suas fronteiras, o que afeta os fluxos de bens, capital, pessoas e ideias. E os efeitos da divisão mudam conforme os países se tornam mais abertos a certos fluxos e restringem outros.

Bens e serviços. As fronteiras reduzem o comércio. Um estudo de meados dos anos 1990 concluiu que o comércio entre as províncias canadenses é, em média, mais de 20 vezes maior do que o comércio entre essas províncias e lugares igualmente distantes nos Estados Unidos. Isso implica uma "largura de fronteira" equivalente a um aumento da distância de comércio de 10.500 milhas.[8] Estimativas mais recentes sugerem que as fronteiras internacionais reduzem o comércio entre os países industriais numa proporção ainda significativa de 20-50%.[9] As reduções são ainda maiores nos países em desenvolvimento, que tendem a ter barreiras comerciais mais elevadas.

Os países que incentivam as exportações e são abertos às importações de bens e serviços crescem mais rápido e reduzem mais a pobreza do que os países que não incentivam as exportações. Quando as exportações são concentradas em manufaturas intensivas em mão de obra, o comércio aumenta os salários dos trabalhadores não qualificados, beneficiando as pessoas pobres. Também incentiva a estabilidade macroeconômica, mais uma vez beneficiando os pobres, que têm mais probabilidade de serem prejudicados pela inflação. E, por meio da inovação e da acumulação de fatores, o comércio aumenta a produtividade e, por conseguinte, o crescimento.[10] Pode haver alguma incerteza empírica quanto à força da relação do comércio com o crescimento.[11] Porém, essencialmente, todas as economias ricas e emergentes são fortemente orientadas para o comércio.

A abertura de um país ao comércio é medida, muitas vezes, pela soma das exportações e importações do país como parcela do PIB. Mas a medida mais direta é a taxa tarifária média, que caiu globalmente de

Figura 3.3 As tarifas são mais altas na África, no Sul da Ásia e no Oeste Asiático
Tarifa média, 2005

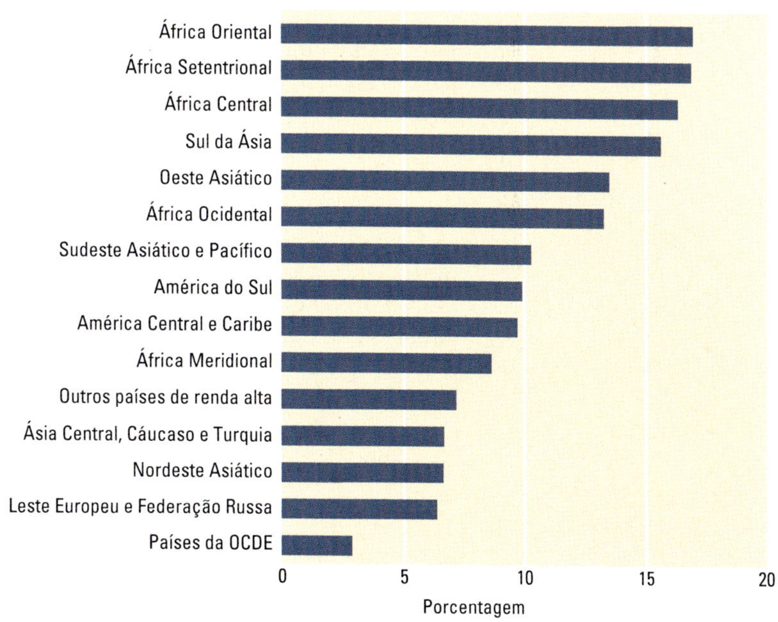

Fonte: Banco Mundial 2006f.
Nota: A figura reflete a média não ponderada das tarifas médias por país.

Figura 3.4 As restrições ao capital são maiores na África, no Sul da Ásia e na Ásia Central

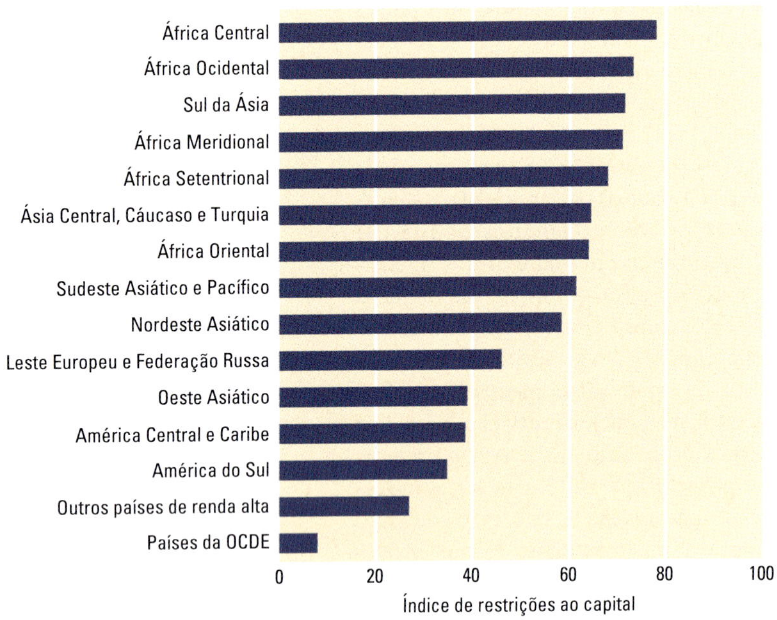

Fonte: Chinn e Ito 2006.

cerca de 30% no início dos anos 1980 para aproximadamente 10% em 2005.[12] As tarifas são mais altas na África, no Sul e no Oeste Asiático, e mais baixas nos países membros da Organização para a Cooperação e o Desenvolvimento Econômico (OCDE) (ver figura 3.3). Quotas, subsídios, direitos antidumping, licenciamento e regulamentações idiossincráticas ou confusas também afetam o comércio.[13] Usando barreiras tarifárias e não tarifárias, os países pobres restringem o comércio mais do que os países ricos. Eles também encontram barreiras mais altas para suas exportações. Em média, as barreiras não tarifárias representam mais de dois terços das barreiras comerciais totais, com proporções mais altas nos países ricos do que nos países pobres.

Capital. As restrições aos fluxos de capital em 2005[14] eram mais baixas nos países industriais do que nos países em desenvolvimento (ver figura 3.4) e eram maiores na África, na Ásia Central e no Sul da Ásia. Recentes trabalhos empíricos – ensejados em grande parte pelas crises financeiras dos anos 1990 – fornecem provas qualificadas de que a globalização financeira beneficia os países em desenvolvimento e de que uma maior abertura financeira não contribui por si só para crises econômicas mais severas.[15] Ao reduzir o custo do capital nos países receptores, a liberalização das transações em contas de capital aumenta a disponibilidade de recursos para investimentos produtivos. Ela também pode promover uma diversificação da carteira, reduzindo assim o risco e incentivando uma gestão monetária sólida. De 1955 a 2004, a liberalização das contas de capital teve uma associação positiva com o crescimento tanto das economias desenvolvidas quanto das emergentes.[16] A liberalização dos mercados de ações acrescentou 1% ao crescimento anual do PIB.[17] Mas os fluxos de dívida a curto prazo, que incluem fluxos de carteiras de títulos e empréstimos bancários comerciais, podem ser altamente voláteis. Nos países onde o setor financeiro é subdesenvolvido, os governos e as instituições financeiras podem aumentar sua exposição à dívida de curto prazo e, por conseguinte, sua vulnerabilidade aos fluxos de saída repentinos.

Os benefícios indiretos da integração global e do livre fluxo de capitais podem ser maiores do que o efeito direto da acumulação de capital e da diversificação da carteira. Os mercados abertos podem impor disciplina monetária, estabilidade macroeconômica e desenvolvimento financeiro. Eles também podem fortalecer estruturas institucionais e de governança, além de aumentar a integração com a economia global.[18] Quando os mercados e a governança são bem desenvolvidos, a globalização financeira contribui para o crescimento do PIB e da produtividade e reduz a vulnerabilidade financeira. Quando não o são, os impactos sobre o crescimento são ambíguos, e o risco de uma crise financeira é alto.

Pessoas. Os fluxos migratórios aumentaram com a globalização, mas muito menos do que o comércio ou os fluxos de capital. Estimativas globais sugerem que 11 milhões de pessoas se mudam anualmente por causa de empregos a longo prazo ou para se instalarem em outro país. Destas, aproximadamente 3,5 milhões são trabalhadores pouco qualificados, muitos dos quais migram para os estados do Golfo ou outros países de renda média.[19] Os migrantes se mudam em busca de maiores salários, oportunidades de educação ou de uma melhor qualidade de vida (ver capítulo 5). Os países emissores recebem remessas, livram-se do excedente de mão de obra agrícola e beneficiam-se da migração de retorno daqueles que adquiriram competências ou capital no exterior. Os países receptores, muitos com populações que envelhecem ou escassez crônica de mão de obra, aumentam sua reserva de mão de obra por meio da admissão de trabalhadores não qualificados e sua produtividade ao atrair migrantes altamente qualificados.

Os benefícios econômicos de mais migração poderiam ser excelentes.[20] É provável que a reserva de migrantes potenciais continue grande, dados os diferenciais de salário existentes entre os países pobres e ricos, três a quatro vezes aqueles que desencadearam a migração em massa dos europeus para a América do Norte no final do século XIX.[21] Contudo, apesar dos benefícios potenciais e da oferta disponível de migrantes, a maioria dos países restringe a imigração, em grande parte por causa de efeitos negativos percebidos sobre o mercado de trabalho interno.

Não existem dados comparativos sobre restrições à migração. Mas os países também regulam a entrada de visitantes de curto prazo. Cada país enfrenta um compromisso ao permitir que pessoas de certas nações sejam admitidas a negócios ou a lazer, enquanto barra residentes de outras nações por motivos econômicos, políticos ou de segurança. Isso produz um sistema complexo de "acesso desigual aos espaços estrangeiros",[22] que reflete restrições semelhantes para as pessoas que procuram migrar. Os residentes dos países mais ricos enfrentam menos exigências para obter um visto do que aqueles dos países mais pobres (ver figura 3.5). Mas os países mais pobres também restringem a entrada de visitantes de outras nações. A saída também pode ser regulada. Muitos países dificultam a saída de seus cidadãos.[23] Os custos para tirar um passaporte em diversos países chegam a 125% da renda nacional bruta (RNB) per capita, e custos mais altos estão associados a taxas de migração inferiores.

Ideias. A manufatura básica intensiva em mão de obra é um ponto de apoio para que os países melhorem sua fortuna econômica. Porém, a fim de manter um crescimento que ultrapassa o da população e reduz a pobreza, a economia precisa mudar de atividades com baixas margens de lucro para o desenvolvimento e produção de produtos novos ou aperfeiçoados, que é um processo associado à passagem do *status* de renda baixa para o de renda média. A teoria do crescimento endógeno ressalta que novas ideias apoiam essa transição, gerando receitas econômicas que permitem a acumulação de capital público e privado. A China – que foi durante as duas últimas décadas um produtor de bens manufaturados padronizados com baixas margens de lucro – agora exporta mais de US$ 300 bilhões em bens de tecnologia da informação e da comunicação (TIC) por ano. Até agora, a maioria dessas exportações tem sido montada a partir de componentes importados, com as maiores receitas captadas por empresas estrangeiras que desenvolvem tecnologias inovadoras e controlam o marketing e as vendas. Da receita de varejo de um aparelho iPod® montado na China, mais da metade vai para os lucros da Apple e para os custos de varejo e distribuição.[24] A montagem e o teste representam apenas cerca de 2% do valor final de venda.

A liberdade de acesso a todo tipo de informação é necessária para uma atmosfera que induza à inovação e à produtividade. As

Figura 3.5 Os habitantes de países mais ricos enfrentam menos exigências para obter um visto

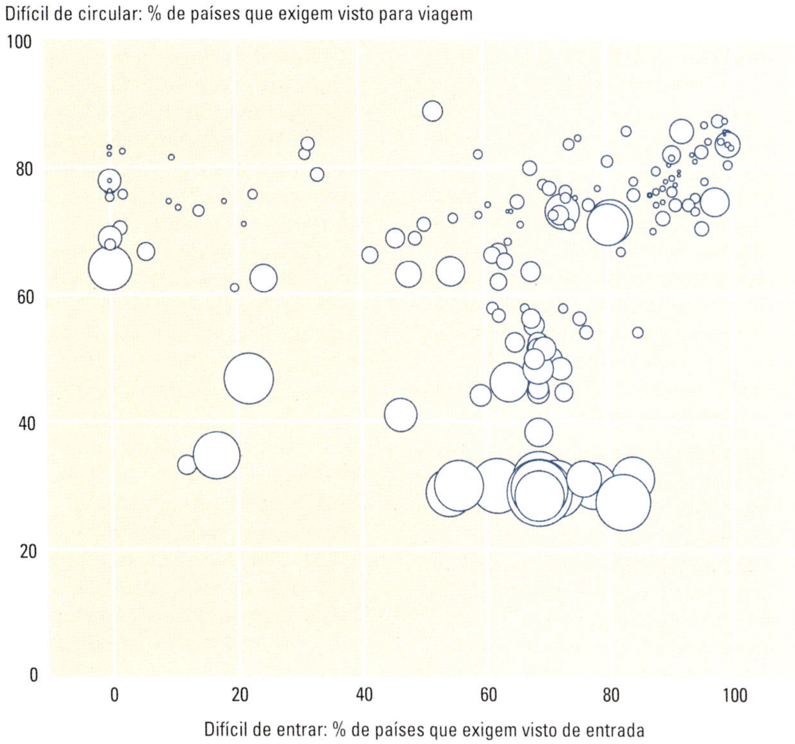

Fonte: Neumayer 2006.
Nota: Os círculos são proporcionais ao PIB per capita; vistos concedidos na fronteira não estão incluídos.

QUADRO 3.1 *A vizinhança do país importa: integração regional e efeitos secundários do crescimento*

Os efeitos secundários do crescimento entre as fronteiras estão entre os principais benefícios da integração regional.[a] Num espaço econômico mais integrado, as perspectivas de crescimento a longo prazo dos países tornam-se interligadas à medida que os mercados dos países vizinhos se tornam mais acessíveis. O crescimento dos países vizinhos estimula o crescimento interno, que beneficia os vizinhos. Esse multiplicador espacial multiplica as recompensas das boas políticas e contribui para a convergência dos padrões de vida.

Quantificando os benefícios dos efeitos secundários do crescimento

De 1970 a 2000, a participação num acordo comercial regional comum (ACR) era associada a um efeito secundários do crescimento de 13,6 a 15,3%, de modo que cada aumento de um ponto percentual na taxa média de crescimento dos parceiros do ACR trazia um "bônus de crescimento" de 0,14% para complementar o crescimento interno. Associado a isso está um multiplicador espacial de 1,14 a 1,18, de modo que a integração regional aumenta a eficácia das políticas internas de promoção do crescimento em cerca de 14 a 18%.

Na Europa e no Leste Asiático, onde a integração regional foi mais forte, os benefícios durante as últimas décadas foram ainda maiores. Para esses países, a média de efeito secundários do crescimento entre 1970 e 2000 foi de 15,3 a 17,0%. Isso contribuiu para uma convergência lenta mas constante dos padrões de vida, de modo que a diferença de prosperidade entre os países mais pobres e os mais ricos da OCDE chegou a uma taxa média de 1,59 a 1,85% ao ano. Além disso, a eficácia das políticas internas de promoção do crescimento foi incrementada de 18,1 para 20%.

Na África Subsaariana, a expansão média do crescimento foi muito inferior, o que demonstra a relativa falta de integração regional apesar da abundância de ACR. O efeito secundários do crescimento é estimado em apenas 2,9 a 3,9%, o que sugere um multiplicador espacial de somente 1,01 a 1,04. Essa descoberta de que a expansão crescimento praticamente inexistentes vale quando os vizinhos são definidos por contiguidade em vez de participação num ACR. A taxa de crescimento típica de um país subsaariano era basicamente independente das taxas de crescimento de seus vizinhos.

Implicações para os países sem litoral e pobres em recursos da África Subsaariana

Nas condições atuais, se os países subsaarianos, cujos recursos naturais são mais favoráveis, passassem por uma aceleração do crescimento, os países sem litoral e pobres em recursos da África Central seriam deixados ainda mais para trás.

Se a Suíça tivesse ficado sujeita aos mesmos efeitos secundários que a República Centro-Africana entre 1970 e 2000, seu PIB per capita em 2000 seria 9,3% mais baixo, com uma perda cumulativa de PIB de US$ 334 bilhões (US$ constantes de 2000), ou 162% do PIB suíço (ver figura abaixo).

Colocar a Suíça na África teria custado US$ 334 bilhões

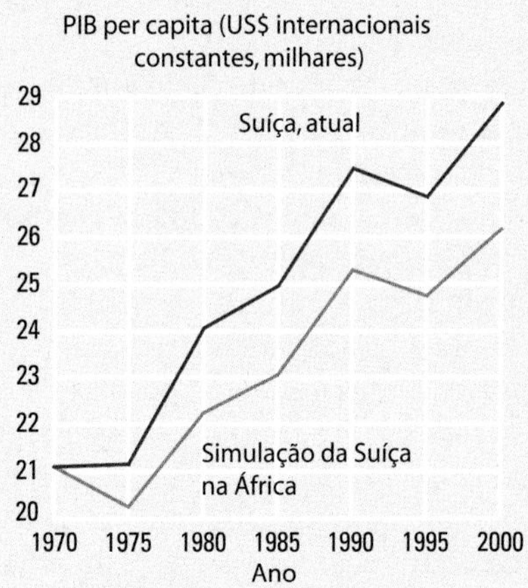

Fonte: Roberts e Deichmann 2008.
a. Collier e O'Connel, no prelo.

QUADRO 3.2 *A fronteira entre Bolívia e Chile – de larga a estreita?*

A Bolívia ilustra a dependência econômica de um país sem litoral com relação aos seus vizinhos e como a integração econômica pode ajudar a superar essas divisões. Depois de uma guerra com o Chile no final do século XIX, a Bolívia perdeu seu acesso ao Pacífico, e o Peru, aliado da Bolívia, também perdeu território para o Chile.

O Chile e a Bolívia não têm relações diplomáticas desde 1978, mas agora estão conversando. O motivo para o Chile é o gás natural. Desde 1995, o país depende quase exclusivamente do gás proveniente da Argentina, mas o estoque tem sido limitado pela alta demanda na Argentina.

A Bolívia tem a segunda maior reserva de gás natural da América do Sul. Logo, a integração econômica poderia ser um incentivo para resolver disputas regionais. O Chile ganharia com as importações de energia da Bolívia; a Bolívia seria beneficiada por maior acesso aos portos, o que facilitaria as exportações. O Peru igualmente se beneficiaria de um acordo porque fornece à Bolívia uma rota alternativa, embora menos econômica, em direção ao litoral e porque qualquer corredor através do Chile passaria provavelmente pelo antigo território peruano no Chile.

Fontes: The Economist 2007b, Malinowski 2007.

ideias e o conhecimento são difundidos por meio de investimentos em pesquisa e desenvolvimento (PeD) por empresas e governos e graças ao estoque global de conhecimento existente acessível por meio de publicações, patentes e assim por diante.[25] Os governos dos países ricos não restringem os fluxos de informações puramente técnicas, embora os países mais pobres tenham acesso limitado a essas informações por causa das barreiras de custo ou de língua.

A relação entre o fluxo livre de ideias e o desenvolvimento econômico é um tanto ambígua e mal pesquisada. A imprensa livre geralmente reduz a corrupção e aumenta a responsabilidade pública.[26] Um indicador da liberdade de imprensa publicado anualmente desde 2002 pelos Repórteres sem Fronteiras leva em conta a liberdade

Mapa 3.3 Quarenta e três países não têm acesso direto ao mar

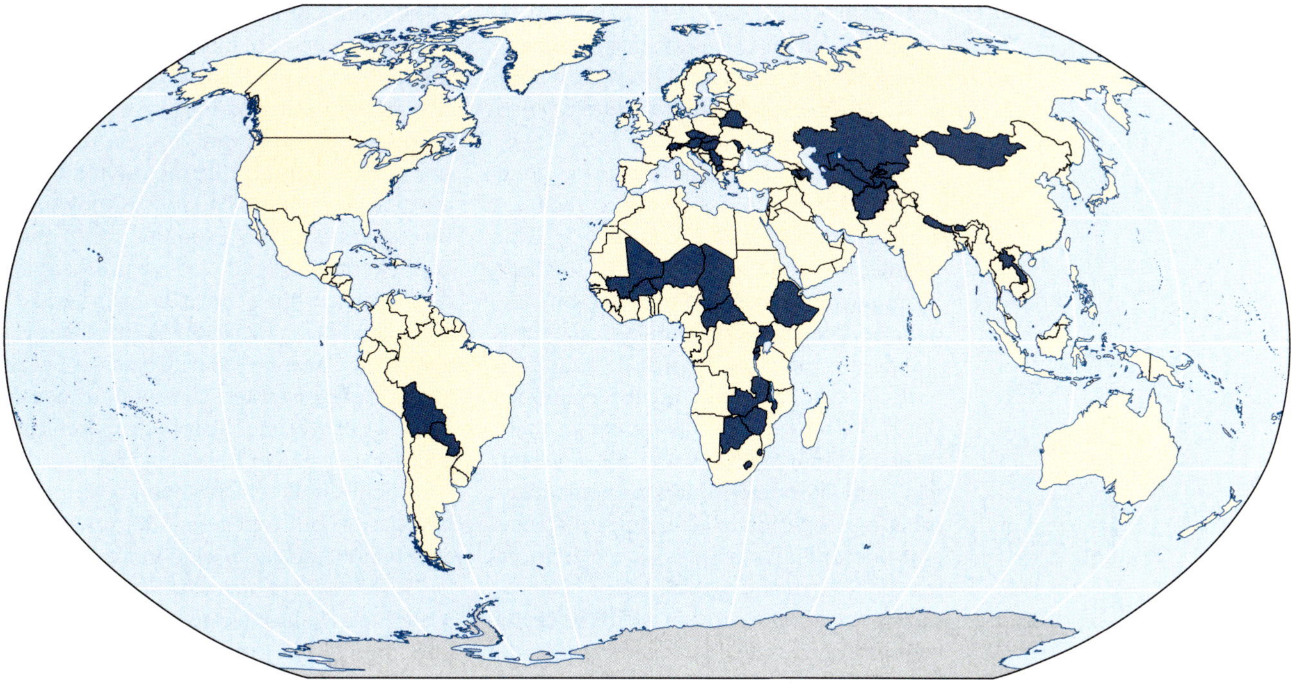

Fonte: Equipe do RDM 2009.

e a segurança da reportagem, o controle governamental dos meios de comunicação, as restrições aos provedores de Internet e a censura a conteúdos.[27] Os países industriais ocidentais geralmente têm um alto grau de liberdade. Muitos dos países de renda baixa têm restrições altas aos meios de comunicação e ao uso da Internet. Restrições significativas persistem em parte da África, do Leste Asiático, do Oriente Médio e da antiga União Soviética.

Certas divisões estão além do controle dos países individuais

A maioria dos países é livre para determinar sua abertura ao mundo exterior. Mas a geografia e a história produzem divisões sobre as quais os países têm pouco ou nenhum controle. Elas incluem a ausência de litoral, a localização remota (especialmente quando combinada ao tamanho) e um alto grau de heterogeneidade étnica ou cultural dentro e além das fronteiras.

Sem litoral. Existem 43 países sem litoral, cercados por outros países. A ausência de litoral reduz o crescimento em pelo menos 0,5%.[28] Os quadros 3.1 e 3.2 ilustram com detalhes os custos da ausência de litoral. Não surpreende, portanto, que muitos países sem litoral estejam entre os mais pobres do mundo. Mas não ter litoral não é em si a causa da pobreza – por exemplo, consideremos Botsuana, Luxemburgo e Suíça. O problema é estar longe do litoral com vizinhos pobres ou longe dos mercados.[29] Muitas vezes, ambas as coisas andam juntas. A África tem o maior número de países sem litoral (15), e o Leste Europeu

QUADRO 3.3 *Os benefícios do tamanho*

Seguem cinco benefícios de ser um país grande:

- Menor custo per capita para fornecer muitos bens públicos, como sistema judiciário ou embaixadas.
- Maior mercado interno, o que pode aumentar a produtividade e, assim, beneficiar o crescimento econômico.
- Proteção maior contra choques econômicos regionais – se uma região especializada em, digamos, agricultura sofrer recessão, os impactos podem ser reduzidos por meio de transferências de outras regiões, e os trabalhadores podem procurar emprego em outro lugar do país.
- Esquemas redistributivos mais eficazes para reduzir as disparidades de renda, depois de descontados os impostos, entre as regiões ricas e pobres.
- Melhor capacidade de proporcionar segurança, já que o custo per capita da defesa diminui.

Uma possível desvantagem é a maior heterogeneidade de preferências e, portanto, custos mais altos de coordenação nas grandes democracias. A diversidade também dificulta a solução de problemas de ação coletiva

Fonte: Alesina e Spolaore 2003.

e a Ásia Central a maior proporção – aproximadamente metade (ver mapa 3.3). O Butão, a República Democrática Popular do Laos e o Nepal, na Ásia, e a Bolívia e o Paraguai, na América do Sul, são outros países pobres sem litoral.

Tamanho do país. Um território grande é frequentemente associado a recursos naturais abundantes (ver quadro 3.3). Uma população grande proporciona um mercado pronto e grande mão de obra. Inversamente, os países pequenos carecem de escala, capacidade e estoque de fatores de produção para conseguir alto crescimento econômico por si mesmos. Porém, assim como o fato de não ter litoral, o tamanho em si mesmo não é um fator determinante. O que determina a prosperidade econômica é a integração econômica do país com o resto do mundo.[30] Luxemburgo está na 167.ª colocação em população mas tem o PIB per capita mais alto do mundo. Plenamente integrado à União Europeia (UE), seu setor financeiro altamente especializado opera globalmente. Assim, os países pequenos deveriam favorecer a integração econômica, pois são eles que ganham mais com a maior liberdade e abertura no comércio.

Nas regiões do mundo que são mais altamente integradas, partes de um país têm portanto menos incentivos para permanecer dentro de uma nação dominada por outro grupo cultural ou étnico. A devolução no Reino Unido e os movimentos separatistas na Espanha confirmam isso. Do mesmo modo, a "rebalcanização" do sudeste europeu com a desintegração da antiga Iugoslávia foi facilitada em parte pela perspectiva de ingresso na UE desses países recém-independentes. Contudo, as considerações não-econômicas podem dominar. A Eritreia e o Timor Leste separaram-se dos seus vizinhos de maior tamanho (Etiópia e Indonésia) sem o benefício da integração com maior associação econômica.

Países insulares distantes do continente. A ausência de litoral pode gerar um efeito ilha, impedindo um país de se beneficiar dos fornecedores e mercados vizinhos. As pequenas ilhas em localizações remotas sofrem de isolamento semelhante – carecem essencialmente de "acesso à terra".

Mapa 3.4 A diversidade de idiomas é muito grande na África

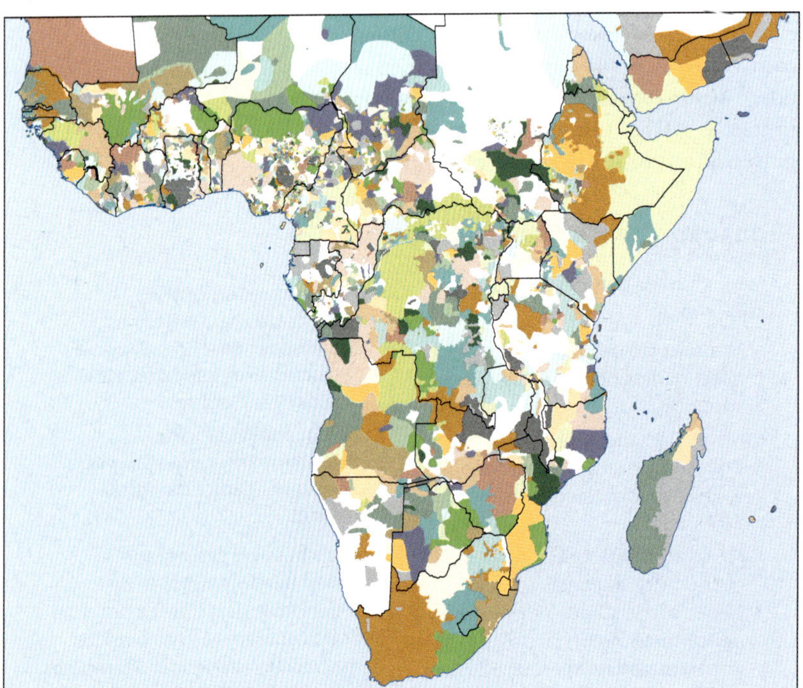

Fonte: World Language Mapping System, *Ethnologue* 2004.

Figura 3.6 Globalmente, a diversidade de idiomas é maior perto da linha do Equador

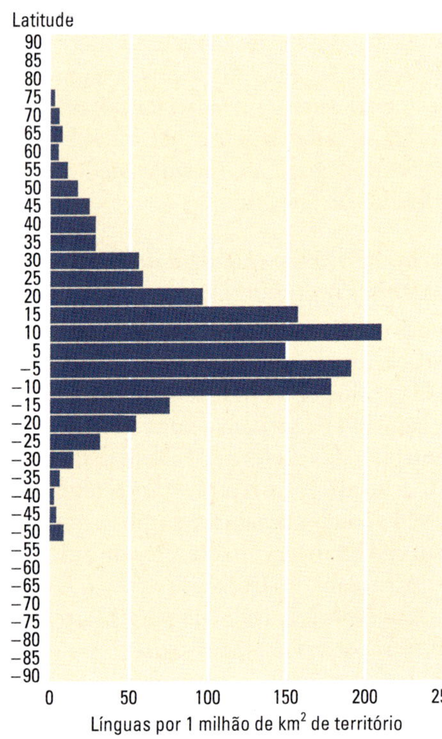

Fonte: World Language Mapping System, *Ethnologue* 2004.

Elas enfrentam altos custos de transporte para as exportações e importações, custos mais altos de energia e insumos intermediários, e custos salariais geralmente mais altos. Os problemas são agudos para as pequenas nações insulares do Pacífico.[31] As preferências comerciais para apoiá-las até que se tornem competitivas nos mercados mundiais geraram ineficiências de produção importantes e insustentáveis. E os importantes fluxos de ajuda per capita tiveram um impacto apenas limitado sobre a sua competitividade. Estreitar os laços com países "patronos" mais ricos e aumentar a mobilidade da mão de obra podem ser as únicas estratégias.[32] Os pequenos estados insulares do Caribe, em contrapartida, têm economias mais diversificadas e, por estarem mais próximos de mercados ricos, beneficiam-se mais do turismo e do comércio.

Maurício mostra que uma boa política pode superar o pequeno tamanho e a localização remota. Agora tem o segundo maior PIB per capita da África, apesar de estar a mais de 900 km do ponto mais próximo no continente. Sua localização entre o Oriente Médio, a África Meridional e a Índia lhe permite captar a terceirização de atividades bancárias e de manufatura, assim como uma indústria de turismo de escala em crescimento.

Divisões étnicas e culturais. A heterogeneidade etnolinguística impõe aos países um custo de coordenação, porque muitas vezes reflete diferenças de atitudes ou interesses que precisam ser reconciliadas pelos governos nacionais. Tomemos como exemplo as diferenças de opinião sobre a adesão à União Europeia entre as partes francófona e germanófona da Suíça. Essa heterogeneidade também tem implicações para a mobilidade da mão de obra. Por exemplo, a zona do Euro pode ser uma área de moeda comum menos resistente que os Estados Unidos, pois sua maior heterogeneidade cultural prejudica os ajustes contra choques por meio da migração interna. A heterogeneidade étnica é frequentemente associada a conflitos civis e altos custos de crescimento econômico.

Resultados empíricos do impacto da diversidade cultural são ambíguos (ver também quadro 3.4). A fragmentação étnica é negativamente associada à qualidade do governo e ao crescimento econômico.[33] A relação entre heterogeneidade étnica e conflito é estatisticamente significativa somente nos países onde um grupo é majoritário mas os grupos minoritários ainda são poderosos – por exemplo, o Burundi e o Iraque.[34] Na maioria dos casos, é improvável que as diferenças étnicas ou culturais sejam a causa do conflito. Mas as diferenças étnicas são exploradas para atingir outros objetivos, como ganhar poder político ou o controle sobre recursos. A etnia também interage de modo complexo com outras facetas da sociedade. A autocracia, por exemplo, reduz o crescimento em países com diversidade étnica mais do que em países etnicamente homogêneos.

A diversidade linguística varia muito entre as regiões do mundo. A base de dados *Ethnologue* inclui informações sobre quase 7 mil línguas, incluindo sua localização. A heterogeneidade dos grupos linguísticos é muito grande na África e aumenta conforme nos aproximamos do Equador (ver

QUADRO 3.4 *Estados artificiais?*

Reunidas em Berlim em 1884–85, as potências coloniais determinaram as fronteiras da África com pouco respeito pelas divisões sociais ou econômicas. Muitas fronteiras do Oriente Médio foram desenhadas de modo semelhante no final da I Guerra Mundial.[a] Alesina, Easterly e Matuszeski identificam os "estados artificiais" medindo o quão retas são as fronteiras do país e se essas fronteiras dividem grupos étnicos em dois ou mais países.[b] A África Setentrional, o Nordeste Asiático e a África Meridional têm as fronteiras mais artificiais (retas), enquanto o Sul da Ásia e a África Ocidental são as mais divididas. A África Oriental e a África Central estão entre as quatro primeiras regiões nas duas categorias.

A análise empírica sugere que as fronteiras artificiais prejudicam os resultados econômicos e sociais. Mas essa relação é menos significativa após verificar a origem colonial ou a localização na África. As fronteiras artificiais não estão associadas a uma maior probabilidade de guerra, o que reflete os resultados semelhantes sobre diversidade e conflitos étnicos obtidos por Paul Collier.[c]

Logo, evitar problemas econômicos e políticos associados à diversidade étnica exigiria uma homogeneidade cultural dentro dos países. Na África, isso implicaria um número muito maior de países. No entanto, o tamanho já pequeno de muitos países africanos é talvez um problema mais grave – que impede os países de alcançarem uma escala econômica sustentável. Como defendido neste Relatório, a resposta apropriada ao tamanho pequeno e à diversidade étnica é a maior integração e fronteiras mais permeáveis.

Fonte: Equipe do RDM 2009.
a. MacMillan 2003.
b. Alesina, Easterly e Matuszeski, 2006.
c. Collier, 2004.

Tabela 3.1 A concentração do PIB e o crescimento da população variaram entre 1820 e 1998

	Parcela do PIB mundial (%)			Parcela da população mundial (%)			Taxa média anual de crescimento do PIB (%)	Taxa média anual de crescimento populacional (%)	Taxa de crescimento excedente (crescimento do PIB per capita)
	1820	1950	1998	1820	1950	1998	1820–1998		
G7	22,7	50,9	45,5	13,4	18,1	11,6	2,6	0,9	1,7
China e Índia	49,0	8,7	16,5	56,7	35,9	37,5	1,6	0,7	0,8
Resto da Ásia	7,3	6,8	13,0	8,6	15,5	19,8	2,5	1,4	1,1
América Latina	2,0	7,9	8,7	2,0	6,6	8,6	3,0	1,8	1,2
África	4,5	3,6	3,1	7,1	9,0	12,9	2,0	1,3	0,7
Leste Europeu e antiga URSS	8,8	13,0	5,3	8,8	10,6	7,0	1,9	0,8	1,1

Fonte: Maddison 2006.
Nota: O resto da Europa Ocidental, Austrália e Nova Zelândia não estão incluídos.

Figura 3.7 A concentração cresce em nível global e depois se estabiliza
Parcela do PIB mundial em diferentes níveis de PIB per capita, 1820–1998

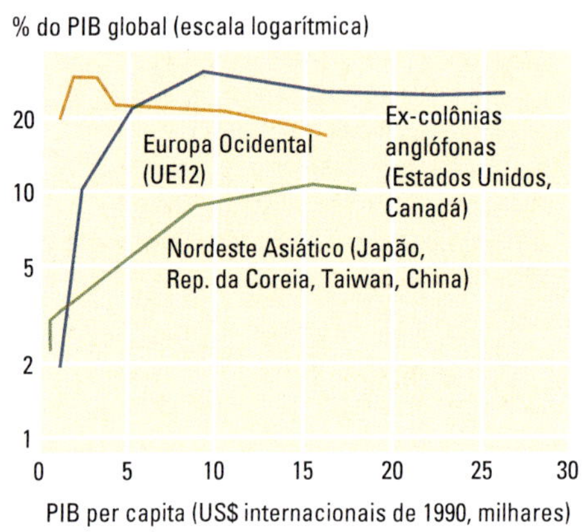

Fonte: Maddison 2006.

mapa 3.4 e figura 3.6). Embora estudos empíricos entre os diversos países sugiram que o fracionamento linguístico prejudica o desempenho econômico, uma língua comercial regional ajudou tradicionalmente a superar as divisões: hindi e urdu em grande parte do Sul da Ásia, Indonésia e Filipinas no Sudeste Asiático, árabe e persa no Oriente Médio, swahili na África Oriental e hausa na África Ocidental. O inglês, o francês e o espanhol fizeram o mesmo, mas em muitos países são usados predominantemente por uma minoria instruída.

Custos econômicos dos conflitos e das disputas territoriais

As fronteiras impermeáveis tendem a reduzir o crescimento econômico. Mas a plena unificação política entre os países não melhoraria necessariamente o desempenho econômico.[35] Uma fusão completa de dois países tem efeito positivo sobre o tamanho do país mas um impacto global ligeiramente negativo sobre o crescimento por causa da redução do comércio com o resto do mundo. Somente em poucos casos, ambos os parceiros se beneficiariam da integração política e econômica completa. Mas a integração de mercados vizinhos sem integração política em média aumentaria significativamente o crescimento entre os países.

As fronteiras também reduzem os benefícios econômicos onde as divisões são agravadas pelo conflito dentro dos países ou entre eles. Até quando o conflito não envolve ação militar, o custo pode ser significativo. As disputas territoriais impõem altos custos de transação econômica internacional por causa dos direitos de propriedade incertos e da incerteza jurisdicional e política. Os modelos econômicos sugerem que a disputa territorial entre a Argentina e o Chile reduziu o comércio entre os dois países em US$ 33 bilhões entre 1950 e 1995 (Simmons 2006).[36] A disputa entre o Japão e a Rússia sobre as Ilhas Kurilas reduziu o comércio em US$ 535 bilhões entre 1952 e 1995. E aquelas entre a Indonésia e a Malásia custaram US$ 11,5 bilhões entre 1980 e 1995. Disputas semelhantes existem sobre fronteiras marítimas, das quais aproximadamente um terço são resolvidas por tratado.[37]

Quando as disputas se tornam confrontos militares, os custos são consideravelmente maiores – não somente em perda de vidas, mas também em termos econômicos. O custo de uma guerra civil "típica" é de aproximadamente US$ 64 bilhões, e um custo mundial médio anual de aproximadamente US$ 100 bilhões excede de longe os fluxos de ajuda globais.[38] Estima-se que a guerra civil num país vizinho reduza o crescimento anual de um país de aproximadamente 0,5%. Ela leva os vizinhos a aumentaram suas despesas militares em 2%. Outros custos incluem os fluxos de refugiados e a interrupção das rotas comerciais preferenciais. A guerra civil na República Democrática do Congo fechou o acesso por rio ao mar para as exportações de madeira da República Centro-Africana.

Concentração econômica

A produção econômica é espacialmente concentrada – segundo qualquer medida e em todas as escalas geográficas. Olhando para os gráficos, observa-se que um quarto do PIB do mundo é produzido em apenas 0,3% da superfície terrestre (aproximadamente o tamanho de Camarões), metade em 1,5%, e nove décimos em 16%.[39] China, Japão e Estados Unidos produziram aproximadamente metade do PIB global em 2006, e as 15 maiores economias produziram aproximadamente 80%.

No início da Revolução Industrial, no início do século XIX, o PIB per capita dos atuais países industrializados era aproximadamente o dobro do dos atuais países em desenvolvimento e emergentes (ver tabela 3.1). Mas o PIB total da China e da Índia, que tinham uma população muito maior, era mais do que o dobro do dos atuais países do G7. Em meados do século XX, os países do G7 representavam mais da metade da produção global (aproximadamente 60% se forem incluídos os outros países industriais ocidentais). A América do Norte e o Japão cresceram mais rápido, a 3,5 e 2,8% ao ano entre 1820 e 1998.[40] As quatro maiores economias europeias cresceram em média anualmente cerca de 2%, não muito diferente das taxas de crescimento da África, do Leste Europeu e dos menores países em desenvolvimento asiáticos. Porém, enquanto o crescimento do PIB excedeu o crescimento populacional em 1,7% nos países do G7, ele

Figura 3.8 Somente a participação da Ásia no PIB mundial cresceu de modo perceptível desde 1980
Parcelas do PIB mundial das economias em desenvolvimento e emergentes, em dólares constantes de 2000

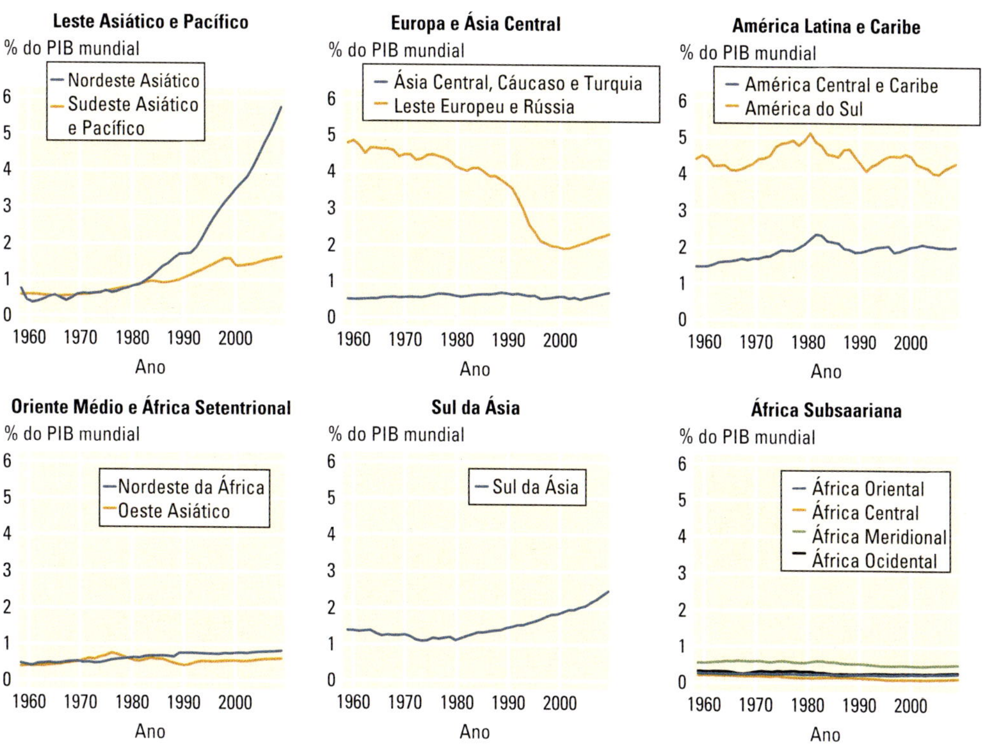

Fontes: Banco Mundial 2007j, Maddison 2006.

o fez em apenas 0,8% na China e na Índia e 0,7% na África. Durante 180 anos até o final do século XX, essas taxas de crescimento diferentes deslocaram a concentração da produção econômica mais em direção aos países industrializados setentrionais.

Como ocorreu essa concentração?

A concentração da massa econômica nos atuais países industrializados ocidentais e no Japão têm raízes nas inovações econômicas e tecnológicas do século XVIII. O crescimento econômico da Europa acelerou muito durante a Revolução Industrial, com a manufatura moderna começando na Grã-Bretanha em meados do século XVIII e gradualmente espalhando-se pelo continente. No início desse processo, a Europa Ocidental tinha menos de 20% do PIB global.[41] No final do século XIX, tinha mais de 30%, três quartos dele nas quatro maiores economias – França, Alemanha, Itália e Reino Unido (ver figura 3.7).

Esse crescimento ocorreu num contexto de conflito frequente entre países vizinhos, mudanças constantes de alianças, e fusão e desintegração de países. No início do século XIX, a Alemanha comportava aproximadamente 300 estados individuais. Tinha 1.800 fronteiras aduaneiras, e apenas a Prússia tinha 67 zonas tarifárias locais.[42] Somente nos anos 1870 a Alemanha integrou-se plenamente no plano interno. Mesmo com uma colcha de retalhos de regiões econômicas na Europa, os fluxos comerciais sempre foram importantes, graças a acordos locais ou regionais. Essas ligações comerciais em expansão inspiraram a obra de David Ricardo, que em 1817 fez a famosa descrição da troca de têxteis e vinho do Porto entre a Grã-Bretanha e Portugal, em sua teoria da vantagem comparativa. A obra de

QUADRO 3.5 *Acesso a mercado e renda per capita*

Quantificar o acesso a mercados (às vezes chamado de potencial de mercado) não é apenas um interesse teórico. Estudos empíricos mostraram que o acesso a mercado e a fornecedores tem impacto significativo sobre o crescimento e a renda. Por exemplo, diminuir pela metade a distância de um país a seus parceiros comerciais está associado a um aumento de 25% da renda per capita – mais do que o efeito combinado da localização no litoral e das políticas comerciais abertas.[a] O comércio beneficia um país elevando as rendas dos fatores (salários) por meio das despesas dos parceiros comerciais com os bens produzidos no país. O nível das despesas é determinado em grande parte pelo tamanho da economia do parceiro comercial (*densidade*) e pelo acesso físico ao mercado, determinado em grande medida pela proximidade dos parceiros comerciais (*distância*) e pelo efeito das fronteiras (*divisão*).[b]

Entre 1970 e 2003, a distribuição da renda per capita se espalhou, refletindo a maior desigualdade global entre os países – os países mais pobres agora têm uma renda menor em relação à dos Estados Unidos (ver figuras à direita). A distribuição também se desloca para a direita, o que sugere que o potencial de mercado está aumentando em quase todo lugar como resultado do crescimento do PIB global. E sua inclinação está se tornando mais acentuada, de modo que os retornos do potencial de mercado estão aumentando – a mesma quantidade de potencial de mercado compra mais renda per capita – pelo menos em certos países.

Continua a haver uma grande variação do PIB per capita para qualquer potencial de mercado dado. O potencial de mercado do Haiti é maior do que o da Nova Zelândia. Sua proximidade dos Estados Unidos eleva seu potencial de mercado, refletindo a interação entre tamanho econômico e distância dos mercados. Para qualquer nível dado, o tamanho da economia determina como um país pode aproveitar o acesso a mercados. Países ricos como a Austrália e a Nova Zelândia podem compensar sua localização remota oferecendo uma capacidade de mercado e de fornecimento bastante grande.

a. Redding and Venables 2004.
b. Ver Mayer 2008.

O potencial de mercado nos países se tornou mais desigual

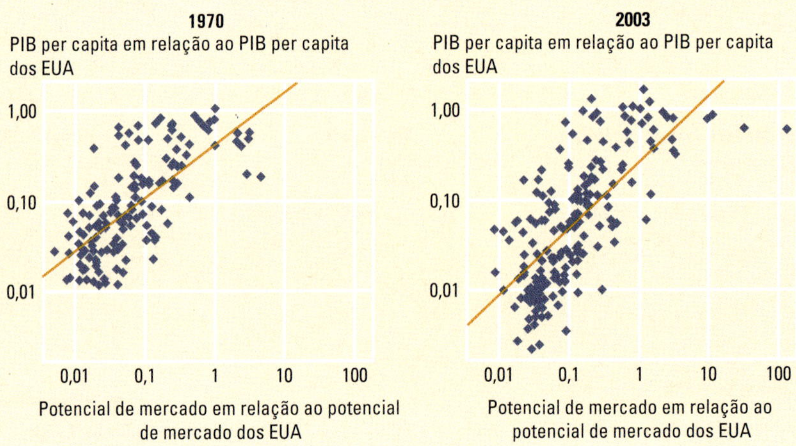

Fonte: Mayer, 2008, para este Relatório.

Figura 3.9 O efeito da distância entre o Brasil e seus parceiros comerciais permaneceu considerável

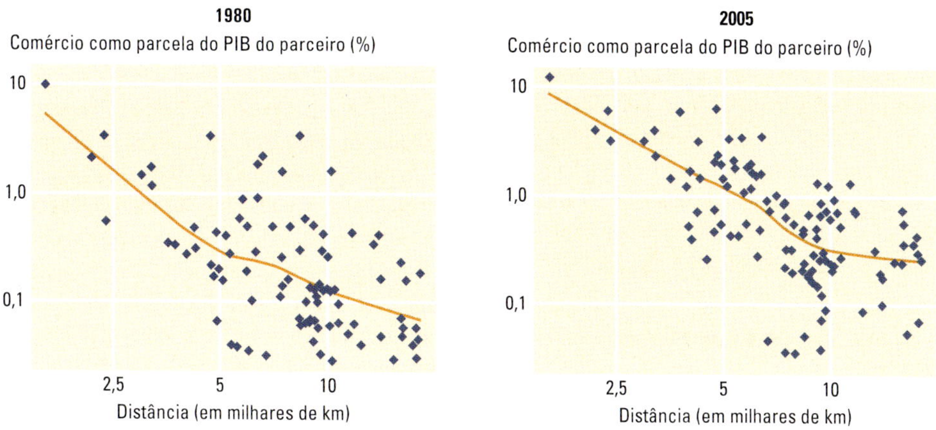

Fonte: IMF 2007.

Ricardo motivou uma maior liberalização do comércio pelos governos, sobretudo o da Grã-Bretanha.

A integração econômica formal não começou antes de meados do século XX. Motivados por objetivos tanto políticos quanto econômicos, seis países europeus, que representavam aproximadamente um quarto do PIB mundial, firmaram um tratado que liberalizava o comércio do carvão e do aço. O crescimento anual do PIB acelerou-se nos anos subsequentes para cerca de 4,5%, comparado a somente cerca de 1% nos 35 anos que se seguiram à I Guerra Mundial. Embora as parcelas relativas dos países europeus no PIB mundial tenham caído, a economia combinada da UE conserva uma parcela de 25%, em grande parte por meio de sua expansão até os atuais 27 países membros.

O progresso econômico da Europa foi exportado para as ex-colônias anglófonas da Austrália, da Nova Zelândia e da América do Norte. Entre 1820 e o final do século XX, suas economias cresceram aproximadamente 3,6%, quase o dobro do crescimento populacional de 1,9%, impulsionadas por uma migração maciça proveniente sobretudo da Europa e da Ásia. Sua parcela do PIB global aumentou de 2% para 25% durante esse período, tendo os Estados Unidos ficado com a parte do leão (22%). A proximidade cultural e os estreitos laços comerciais significavam que as inovações cruzavam o Atlântico rapidamente nas duas direções.

O Japão começou a se industrializar bastante tarde. Em 1820, seu PIB per capita era metade do da América do Norte e da Europa Ocidental, uma proporção que não mudou até o século XX. O crescimento do

Tabela 3.2 O PIB per capita aumentou dez vezes, 1500–1998
(US$ internacionais de 1990)

	1500	1820	1870	1913	1950	1973	1998	1998:1500
Europa Ocidental	774	1.232	1.974	3.473	4.594	11.534	17.921	23,2
Ex-colônias anglófonas	400	1.201	2.431	5.257	9.288	16.172	26.146	65,4
Japão	500	669	737	1.387	1.926	11.439	20.413	40,8
Ásia (exceto Japão)	572	575	543	640	635	1.231	2.936	5,1
América Latina	416	665	698	1.511	2.554	4.531	5.795	13,9
Leste Europeu e antiga União Soviética	483	667	917	1.501	2.601	5.729	4.354	9,0
África	400	418	444	585	852	1.365	1.368	3,4
Mundo	565	667	867	1.510	2.114	4.104	5.709	10,1
Dispersão inter-regional	2:1	3:1	5:1	9:1	15:1	13:1	19:1	

Fonte: Maddison 2006.

PIB entre 1820 e 1870 foi de 0,4% ao ano. A industrialização começou a se acelerar após a Restauração Meiji nos anos 1860. As taxas de crescimento mais altas ocorreram na segunda metade do século XX. Entre 1950 e 1973, à medida que o país se abria para a economia mundial, a economia do Japão cresceu a uma taxa de quase 9% ao ano. No final dos anos 1980, seu PIB per capita era mais alto que o da Europa Ocidental.

Figura 3.10 Os resultados globais do ensino médio aumentaram
Média global, 1870–2000

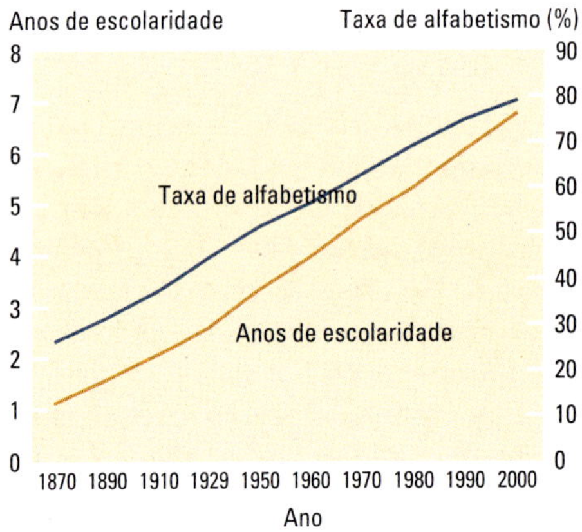

Fonte: Morrisson and Murtin 2005.

Figura 3.11 O Leste e o Sul da Ásia são as únicas regiões que estão alcançando os países de renda alta
Taxa média de crescimento anual do PIB per capita, 1960–2006

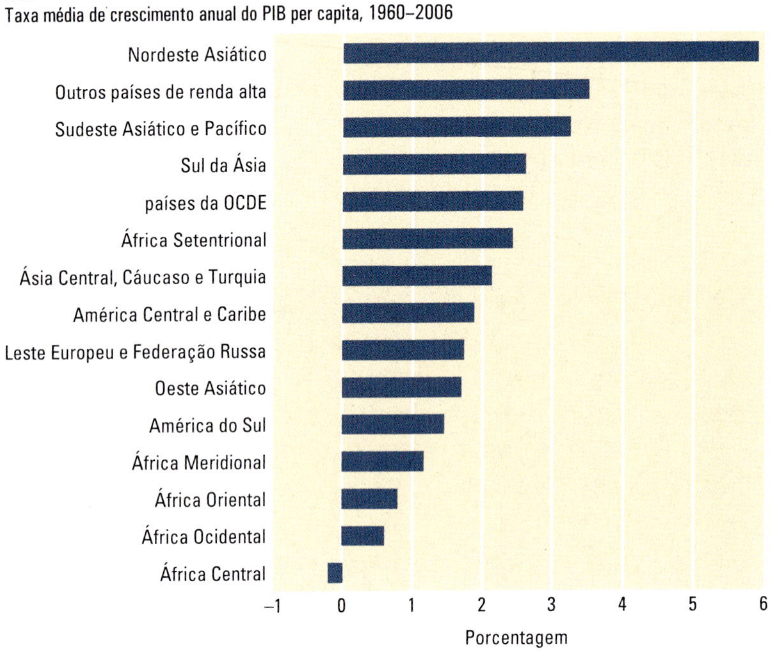

Fonte: Banco Mundial 2007j.

Como se saiu o resto do mundo?

A parcela das maiores economias industriais no PIB mundial caiu ligeiramente, de 51% em 1950 para 46% em 1998.[43] Entre as economias emergentes, o Leste Europeu e a Rússia reduziram sua participação de quase 5% para 2,4% no final dos anos 1980 e início dos 1990. A participação menor dos países industriais e do Leste Europeu se deve em grande parte ao aumento da participação da Ásia (ver figura 3.8). O Sudeste Asiático e o Pacífico dobraram sua participação para aproximadamente 1,8%, e a participação do Sul da Ásia no PIB global subiu de 1,4 para 2,4%. O maior aumento ocorreu no Nordeste Asiático a partir de meados dos anos 1980, essencialmente na China, onde a participação no PIB global subiu de menos de 1% para aproximadamente 5,5%. A participação das demais regiões do *Relatório sobre o Desenvolvimento Mundial 2009* permaneceu essencialmente a mesma apesar do crescimento populacional consideravelmente maior.[44]

O que isso significa? A importância do acesso ao mercado

A distribuição global da produção econômica tem uma grande importância para as perspectivas de desenvolvimento dos países por causa da interação entre *densidade* e *distância* em escala global. Isso é demonstrado pela relação empírica estreita entre o comércio como motor do crescimento e duas variáveis que definem o conhecido modelo gravitacional do comércio: (1) a distância entre os parceiros comerciais e (2) seu tamanho econômico medido pelo PIB (ver quadro 3.5). O comércio decresce com a distância e cresce com o PIB; logo, qualquer país comercializará mais com os países próximos e com os países que têm um PIB maior. Apesar da redução dos custos de transporte e comunicação, o impacto reduzido da distância sobre o comércio aumentou até aproximadamente meio século atrás, permanecendo "espantosamente" alto desde então (ver, por exemplo, o caso do Brasil na figura 3.9).[45]

Tais evidências empíricas podem estar em contradição com o rápido aumento do comércio a longa distância entre, digamos, a China e os Estados Unidos ou entre o Japão e a Europa. Mas esse aumento do comércio pode não ser tão devido à redução dos custos comerciais. Ele é impulsionado em grande medida pelo outro fator da relação gravitacional do comércio: a produção econômica.[46] O PIB da China aumentou dramaticamente, fornecendo a massa econômica para exportar bens para os mercados internacionais e importar bens de consumo, bens de capital e insumos intermediários. O aumento do comércio, num processo que se autoalimenta, gera economias de escala na infraestrutura e nos serviços comerciais, tais como portos eficientes e ligações frequentes de transporte de contêineres (ver capítulo 6). Assim, as economias maiores e os países mais ricos podem superar os inconvenientes das longas distâncias comerciais com maior densidade econômica.

Figura 3.12 A expectativa de vida diminuiu sensivelmente em muitos países africanos

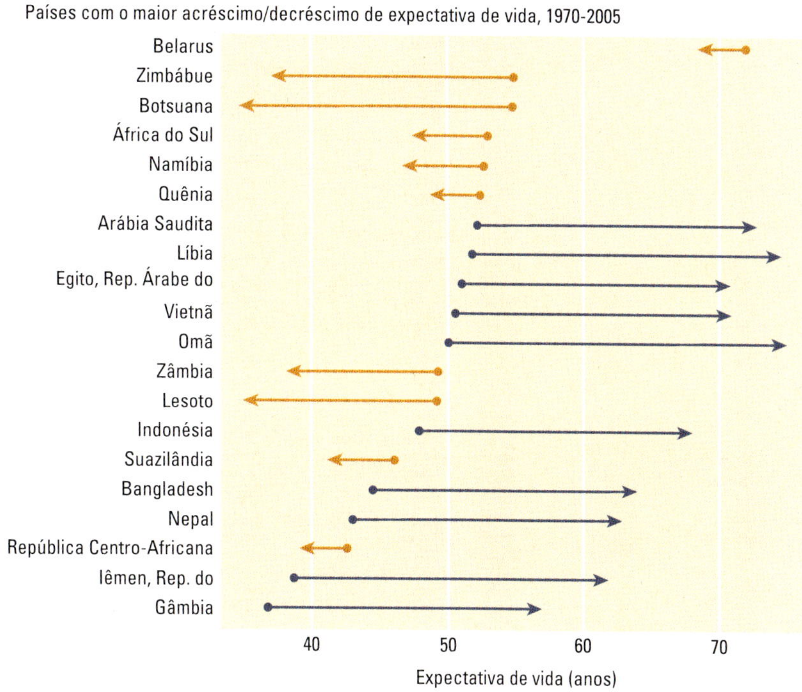

Fonte: Banco Mundial 2007j.

Divergência, depois convergência

A distribuição geográfica cambiante da produção econômica mundial reflete a concentração da massa econômica, inicialmente na Europa Ocidental e depois na América do Norte. Mais recentemente, uma certa desconcentração ocorreu primeiramente no Japão e, em seguida, outras economias da região do Leste Asiático cresceram. A China e a Índia estão retomando sua posição entre os países e regiões com maior participação no PIB global. O acesso do país aos mercados de insumos e produtos influencia a distribuição geográfica dos níveis absolutos

Figura 3.13 A educação vem se igualando desde os anos 1980

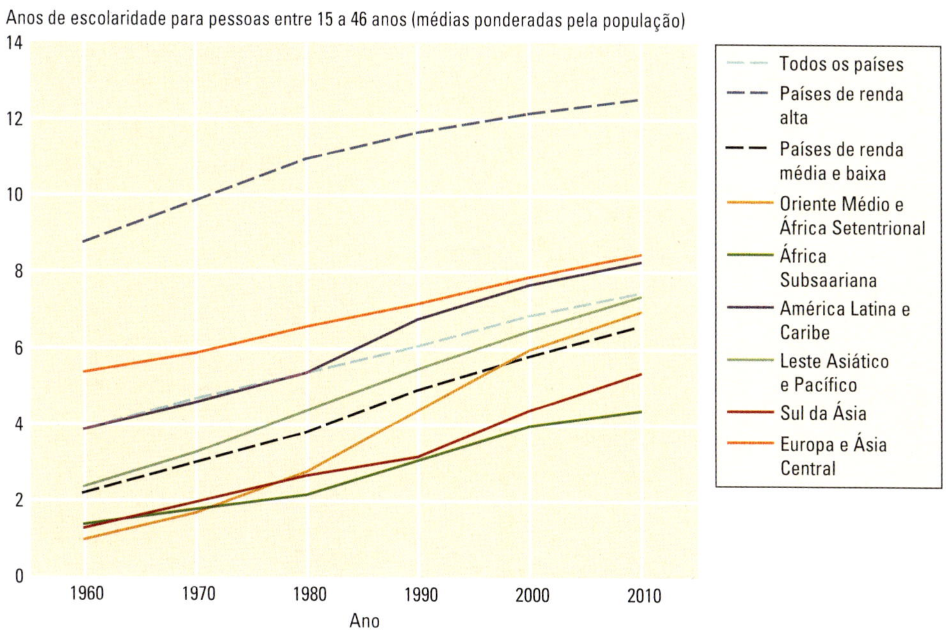

Fonte: Cohen e Soto 2007.

de produção econômica. À medida que essa distribuição muda, as perspectivas das economias nacionais também mudam. Estas, por sua vez, influenciam os resultados do desenvolvimento nos níveis regional e do país, refletidos nos níveis e mudanças de renda, saúde e capital humano. O capital humano, muitas vezes considerado um insumo que contribui para o desenvolvimento humano, é também resultado do desenvolvimento, que eleva a qualidade de vida dos indivíduos.

Seguem abaixo três tendências amplas:

- Aumento global geral da renda e dos padrões de vida básicos, mas com algumas grandes exceções.

Figura 3.14 Leve divergência na renda per capita, 1950-2006
Países com população superior a 1 milhão

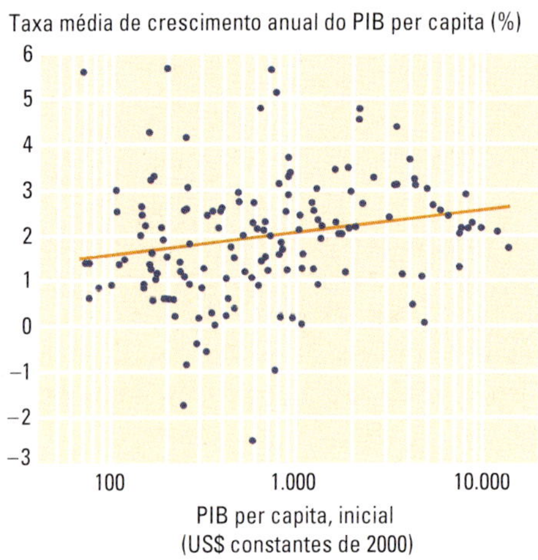

Fonte: Banco Mundial 2007j, Maddison 2006.

- Divergência de renda considerável entre os países mais ricos e os mais pobres, mas alguma convergência global em saúde e educação.
- Certa convergência dentro das regiões que crescem mais rápido.

Melhorias gerais

A geração de hoje, segundo quase toda medida sumária global de renda e bem-estar, está em melhores condições que qualquer geração precedente na história humana. O PIB per capita em dólares internacionais de 1990 aumentou dez vezes, de US$ 565 para US$ 5.700, durante os últimos 500 anos, enquanto a população cresceu de 400 milhões para mais de 6 bilhões (tabela 3.2). Desde 1820, o crescimento da produção é de aproximadamente 2,2% ao ano, trazendo consigo um aumento considerável dos padrões de vida. A expectativa de vida no nascimento subiu de 26,5 anos em 1820 para 32,8 anos em 1910 e para aproximadamente 68 anos em 2005.[47] Somente nos últimos 35 anos, a expectativa de vida global média cresceu em aproximadamente 10 anos. E uma parcela muito maior da população do mundo agora tem acesso à educação básica. Em 1870, a escolaridade média era de 1,1 anos, e a taxa de alfabetismo adulto, de 25,5%.[48] Em 1929, a escolaridade havia aumentado para 2,5 anos, e em 2000 para 6,7 anos, e a taxa de alfabetismo para 43,8% e depois para 78,3% (ver figura 3.10).

Figura 3.15 Divergência, depois convergência no Leste Asiático, 1950-2006
Países com população superior a 1 milhão, coeficiente de variação e crescimento do PIB per capita

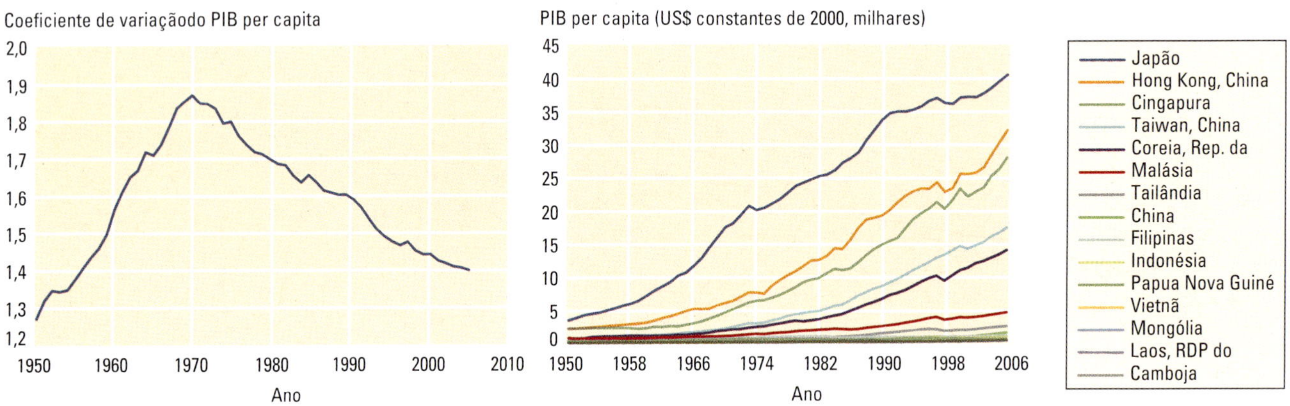

Fonte: Banco Mundial 2007j, Maddison 2006.

Figura 3.16 A experiência de crescimento do Leste Asiático teve duas fases distintas

Países com população superior a 1 milhão, em 1950-70 e em 1976-92

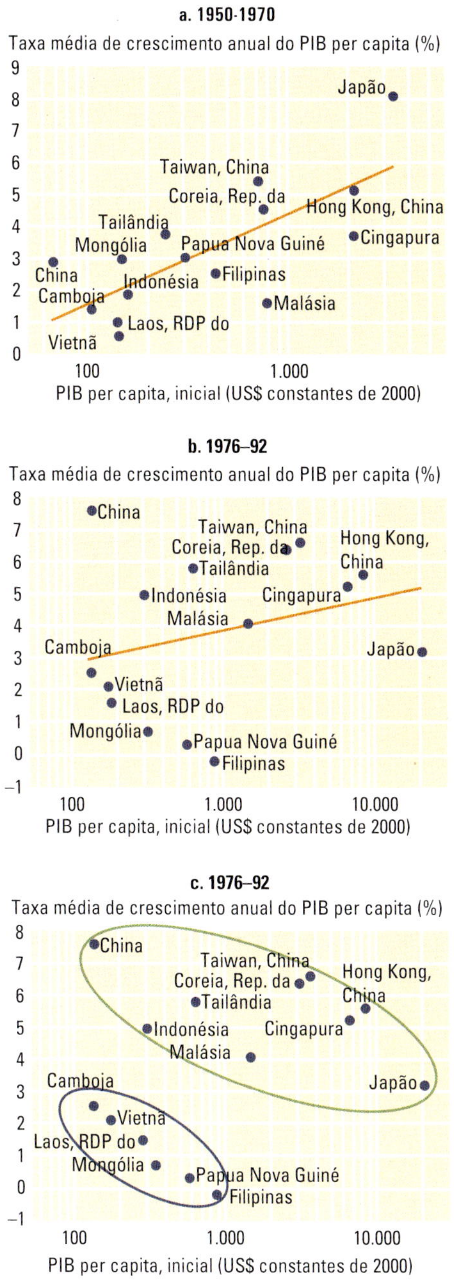

Fonte: Banco Mundial 2007j, Maddison 2006.

Divergência considerável entre as rendas dos países ricos e pobres, mas melhoria na saúde e na educação

Durante os últimos 500 anos, a produção per capita aumentou 40 vezes no Japão e 65 vezes na Austrália, no Canadá, na Nova Zelândia e nos Estados Unidos (ver tabela 3.2).[49] Na África, ela aumentou apenas três vezes, e na Ásia (exceto o Japão), cinco vezes. A disparidade entre as regiões mais pobres e as mais ricas aumentou de um fator 2 em 1500 e 5 em 1870 para quase 20 no final do século XX. Durante os dois últimos séculos, o coeficiente Gini de desigualdade aumentou 30%. A desigualdade de renda per capita entre os cidadãos do mundo aumentou 60%, medida pelo índice Theil, em grande parte por causa da divergência de renda entre os países em vez de dentro dos países.[50]

A narrativa principal é a de um aumento enorme da renda per capita na Europa e em suas ex-colônias – e mais recentemente no Leste Asiático. Esse aumento começou com o Japão, cujo PIB per capita aumentou dez vezes desde 1950, e foi seguido pela China, pela República da Coreia, por Taiwan (China), pela China e pelos países do Sudeste Asiático. O PIB per capita da China, embora ainda baixo em termos absolutos, cresceu 8,4% ao ano entre 1990 e 2005. Entre os países de distribuição de renda inferior, o PIB total na região da África Central aumentou três vezes entre 1960 e 2006, comparado ao aumento de 30 vezes no Nordeste Asiático (ver figura 3.11). Com o crescimento populacional ultrapassando o crescimento econômico, a renda per capita da África Central caiu 8% a preços constantes. A renda nos países mais pobres do mundo – a maioria sem litoral e muitos na África, onde vive o "bilhão mais pobre" da população do mundo – declinou de 5% durante os anos 1990.[51]

Entre 1960 e o final dos anos 1980, quase todos os países do mundo tiveram um aumento contínuo da expectativa de vida no nascimento.[52] No Sul da Ásia, ela aumentou de 42 anos para 60, e na África Setentrional de 47 anos para 65. A exceção foi a África Subsaariana. Até o final dos anos 1980, a expectativa de vida aumentou lentamente na África Ocidental, Central e Oriental, e ligeiramente mais rápido na África Meridional, onde passou de 46 anos para aproximadamente 60. Desde então, no entanto, a epidemia de HIV/AIDS provocou um grande aumento da mortalidade, empurrando a expectativa de vida na África Meridional para abaixo de seu nível em 1960. Na África Central e Oriental, a expectativa

Figura 3.17 O Oeste da Asiático e o Leste Europeu tiveram pouca integração e pouca convergência

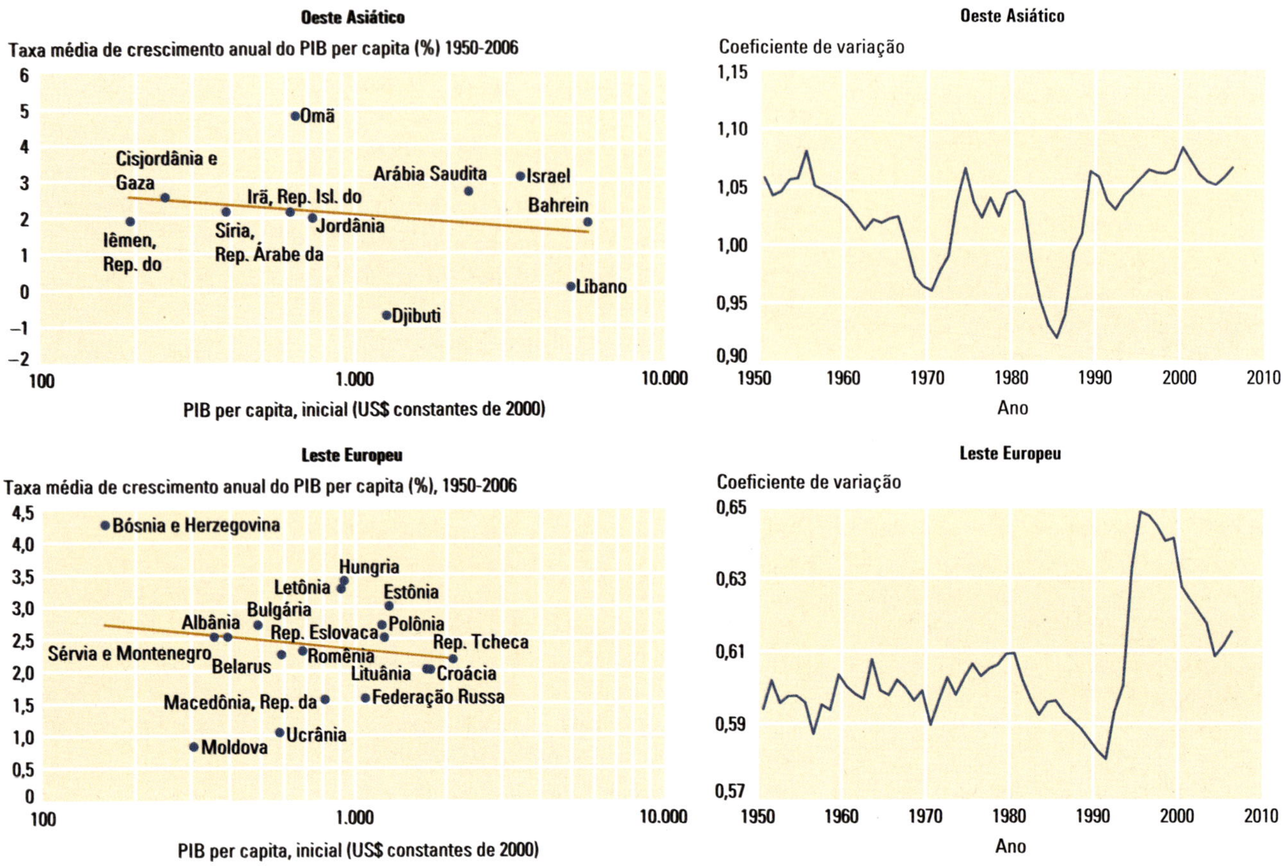

Fonte: Banco Mundial 2007j, Maddison 2006.

Figura 3.18 O México e outros países da América Latina estão ficando para trás em relação aos EUA
PIB per capita das maiores economias da América Latina em relação ao nível dos EUA

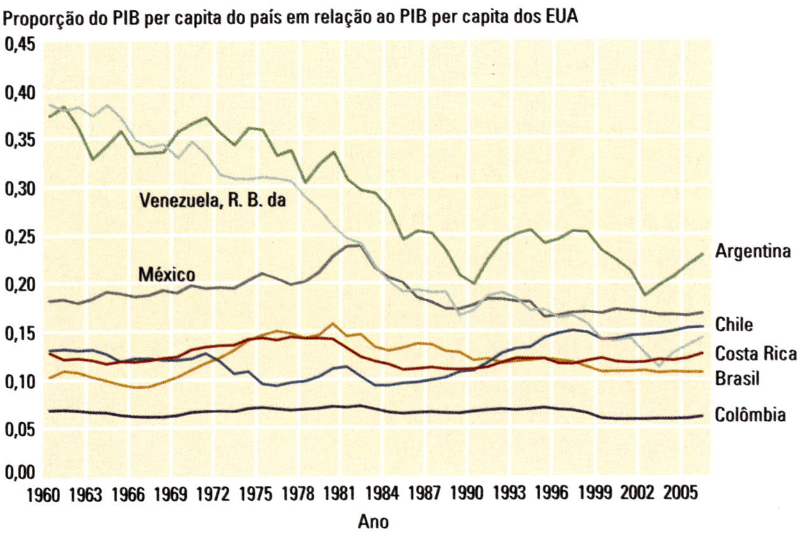

Fonte: Banco Mundial 2007j, Maddison 2006.

de vida decresceu menos dramaticamente, e a África Ocidental conteve a epidemia e teve apenas um ligeiro declínio da taxa de melhoria. Nove dos 10 países com as piores tendências estão na África Subsaariana, e a maioria deles está no sul ou no sudeste da África (ver figura 3.12).

Assim como a expectativa de vida, a desigualdade global de acesso à educação caiu fortemente, de um coeficiente Gini de anos de escolaridade de 0,79 em 1870 para 0,39 em 2000.[53] A alta desigualdade no século XIX foi devida em grande parte à educação primária praticamente universal na Europa Ocidental e suas ex-colônias. Outras regiões do mundo começaram a expandir a educação muito depois, e a desigualdade caiu consideravelmente depois de 1930, quando a educação primária se expandiu em muitos países em desenvolvimento.[54] Entre 1960 e 2000, os anos de escolaridade entre a população em idade produtiva aumentou em todas as regiões do mundo e em todos os grupos de

QUADRO 3.6 *A vizinhança importa: Cone Sul* versus *Europa Meridional*

Meio século atrás, os países do Cone Sul – Argentina, Brasil, Chile e Uruguai – tinham uma renda per capita semelhante ou mais alta que a dos três países europeus meridionais com os quais eles tinham fortes laços culturais – Itália, Portugal e Espanha. Desde então, os dois grupos seguiram diferentes trajetórias de crescimento. Durante a maior parte desse período, os países do Cone Sul, exceto o Chile, adotaram políticas protecionistas semelhantes. Entre 1950 e 2006, o PIB per capita dos quatro países cresceu em média 1,7% ao ano.

A dinâmica econômica da Europa Meridional desenvolveu-se de maneira diferente. A Itália foi um dos membros fundadores da Comunidade Europeia, e Portugal e Espanha aderiram em 1986, depois de emergir de um longo período sob regimes autoritários. Partindo de níveis mais baixos, eles cresceram mais de 3% ao ano, ultrapassando de longe a América Latina. Enquanto a renda convergiu nas duas regiões, ela o fez mais rápido na Europa Ocidental, a cerca de 1% ao ano, do que na América do Sul, a 0,3%. Itália, Portugal e Espanha beneficiaram-se dos efeitos regionais secundários do crescimento, da proximidade de grandes mercados e das políticas de coesão dentro de um único mercado europeu ocidental integrado. No Cone Sul, a integração regional foi lenta, e a integração com os mercados ricos do Hemisfério Ocidental foi negligenciada por longos períodos.

Fonte: Equipe do RDM 2009. Lucas Jr. 2007.

As fortunas econômicas da América Latina e da "Europa Latina" divergiram

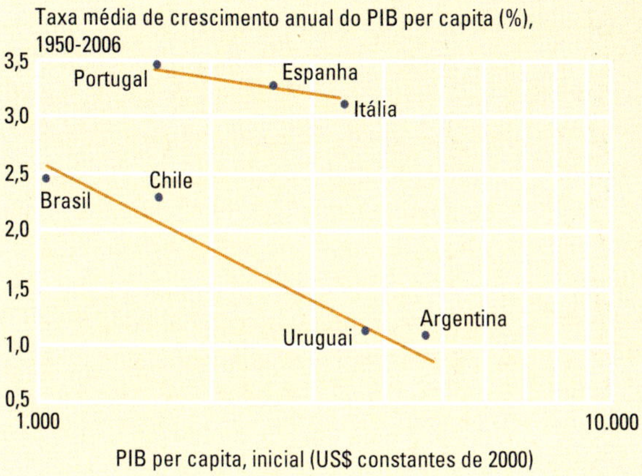

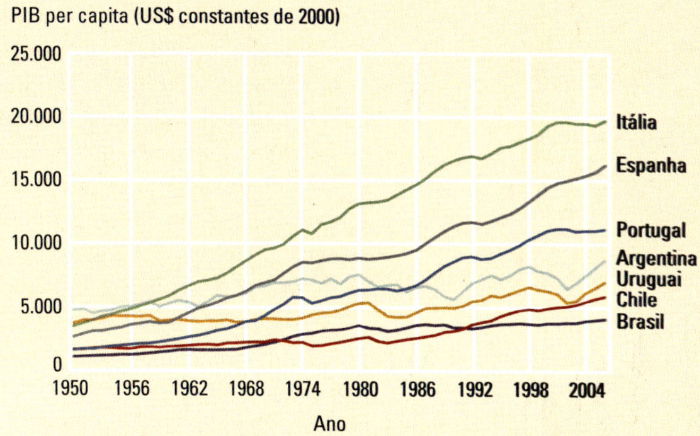

Fonte: Banco Mundial 2007j, Maddison 2006.

A convergência na América do Sul foi moderada; a convergência na Europa foi forte

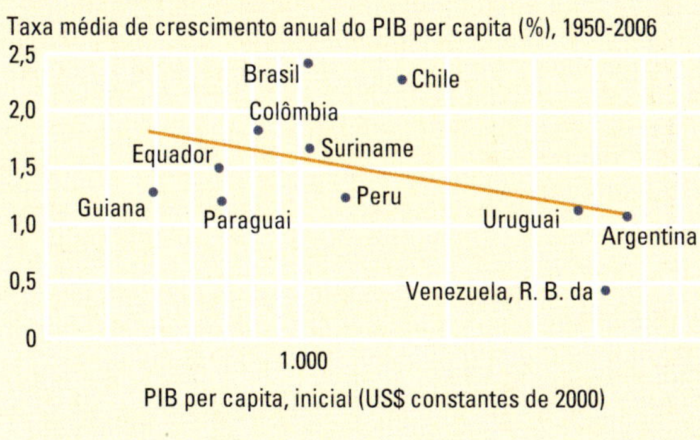

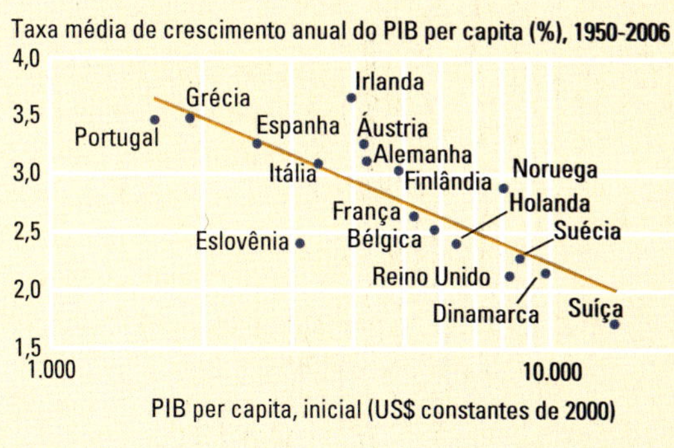

Fonte: Banco Mundial 2007j, Maddison 2006.

renda (ver figura 3.13).[55] A razão do nível de ensino médio mais alto para o mais baixo ponderada pela população caiu de 9,7 anos para 3,1.[56] Essas melhorias foram bastante uniformes nas diversas regiões, de modo que a diferença entre a região mais alta e a mais baixa permaneceu essencialmente constante. No entanto, como os países mais pobres começam de um nível muito inferior, sua melhoria percentual é muito mais alta, o que sugere uma eventual convergência.

Alguma convergência de renda nas regiões que crescem mais rápido

Os países vizinhos podem proporcionar vínculos econômicos, efeitos secundários e complementaridades mutuamente benéficos que permitem que grupos inteiros de países aumentem sua renda. Se isso eleva a taxa de crescimento nos países mais pobres, o desempenho econômico deveria convergir com o tempo. Será que os países pobres acabarão por alcançar os ricos? A pergunta recebeu atenção considerável entre os economistas do crescimento no final dos anos 1980 e nos anos 1990.[57] Eles produziram ferramentas e técnicas para analisar a convergência, relacionando o crescimento à renda inicial, com a expectativa de que o estado inicial mais baixo é associado a taxas de crescimento mais altas. Mas houve pouca convergência global – quando houve – entre os países ao longo das cinco últimas décadas (ver figura 3.14). Existe até alguma indicação de divergência, embora a tendência seja fraca. Dentro das regiões do mundo, os resultados são muito mais diferenciados.

A integração regional e a dinâmica temporal tornam o estudo da convergência importante. Em primeiro lugar, as fortunas econômicas são moldadas pela ação dos países vizinhos, e a integração econômica bem-sucedida – que supera as divisões – pode impulsionar os países mais fracos na direção de rendas que eles não conseguiriam obter isolados. Pode-se esperar uma maior convergência nas regiões que se integraram. Em segundo lugar, nas regiões que crescem rapidamente, há inicialmente uma divergência à medida que as economias regionais mais avançadas se afastam, mas depois ocorre uma convergência à medida que os países pobres beneficiam-se dos efeitos secundários do crescimento e, com o tempo, começam a alcançar os demais.

No Leste Asiático, a região do mundo que mais cresce nos últimos anos, a convergência seguiu uma divergência inicial. De 1950 a 1970, as rendas divergiram fortemente à medida que o Japão, e depois Hong Kong, na China, e Cingapura cresciam a taxas muito altas (ver figuras 3.15 e 3.16a). Nos anos 1970, outros países se juntaram ao clube do crescimento acelerado, sobretudo a República da Coreia e Taiwan, na China. Entre 1976 e 1992, o que parecia ser uma divergência moderada (ver figura 3.16b) representava, na verdade, dois grupos de países em rotas de convergência separadas mas intimamente ligadas (ver figura 3.16c). De modo geral, isso levou a uma forte convergência regional à medida que a variação entre o PIB per capita dos países – embora ainda grande – caía a níveis vistos pela última vez em 1960. Essa convergência tem muito que ver com as políticas de mercado da China e do Vietnã, assim como uma mistura especial de integração econômica regional num contexto de globalização.

As regiões mostram poucos sinais de convergência quando o crescimento foi arrastado e a integração regional limitada, como no Oeste da Asiático e no Leste Europeu (ver figura 3.17). O Oeste da Asiático inclui países ricos em recursos, com populações altas e baixas, assim como países pobres em recursos, como a Jordânia. Baixos níveis de comércio intrarregional indicam baixos níveis de integração. O Leste Europeu acusa uma variação baixa da renda per capita até aproximadamente 1990.[58] Após a desintegração da União Soviética e a queda do Muro de Berlim, a renda per capita caiu drasticamente em certos países e moderadamente em outros. Essa divergência foi reforçada à medida que os países mais a oeste reorientaram seus laços econômicos em direção da Europa Ocidental, aderindo finalmente à União Europeia. A Bielorrússia e inicialmente a Ucrânia, em contrapartida, que mantiveram laços estreitos com a Federação Russa, só recentemente começaram a se beneficiar do crescimento econômico impulsionado pelos recursos naturais.

As economias mais ao Sul da região da América Latina e do Caribe tiveram um crescimento relativamente baixo e uma convergência limitada (ver quadro 3.6). No extremo norte da região, em 1994, o México entrou para o primeiro pacto regional importante de livre comércio que comporta países industriais e em desenvolvimento. O Acordo Norte-Americano de Livre Comércio (NAFTA) eliminou as tarifas sobre a maioria dos produtos comercializados entre Estados Unidos, Canadá e México. Desde então, a evidência empírica

QUADRO 3.7 *A influência da geografia de primeira natureza: é possível erradicar a malária?*

A espécie de *plasmódio* que causa a malária humana alcançou muito provavelmente sua extensão global máxima em 1900.[a] Desde essa época, a área afetada foi progressivamente reduzida por uma mistura regionalmente variável de melhoria das condições humanas e controle deliberado. O mapa abaixo mostra a diferença entre a extensão hipotética mais ampla da distribuição de todos os tipos de malária humana por volta de 1900 e os limites contemporâneos de *Plasmodium falciparum*,[b] a forma de malária humana mais clinicamente severa e epidemiologicamente importante, em 2007. As antigas áreas maláricas (em cinza escuro) estão concentradas nos extremos de latitude de temperatura da distribuição ancestral do parasita, tanto no Hemisfério Norte quanto no Sul.

Os pesquisadores documentaram a forte correlação inversa entre a prosperidade econômica das nações e sua carga contemporânea de malária.[c] Os países mais ricos têm menos malária, os países mais pobres têm mais. Esse trabalho também documenta os muitos mecanismos, desde os individuais até os macroeconômicos, pelos quais a malária contribui para a pobreza. O que aconteceria se a limitação da malária fosse retirada? É possível erradicar a malária? A pergunta nunca foi respondida satisfatoriamente em escala global.[d]

Mas é possível começar a resolver o problema. No mapa abaixo, o risco é classificado como estável se mais de 0,1 caso por mil habitantes é registrado a cada ano, instável se inferior a esse número, e zero se nenhum caso foi registrado nos três anos mais recentes de registro. Quando se sobrepõem os dados populacionais de 2007,[e] descobriu-se que 2,37 bilhões de pessoas viviam em áreas com algum risco de transmissão de *P. falciparum*. Globalmente, quase 1 bilhão de pessoas vive sob risco instável ou extremamente baixo de malária. As condições de baixo risco são típicas das Américas e do Sul e Leste Asiáticos, mas também são comuns na África.

Para 1 bilhão de pessoas com risco instável de transmissão de malária, a eliminação da malária é epidemiologicamente factível. A factibilidade epidemiológica foi determinada com referência à experiência histórica durante o programa global de erradicação da malária e por inferência, por meio de modelos, de que a transmissão poderia ser interrompida produzindo-se em larga escala redes mosquiteiras tratadas com inseticida.[f] Há muitas razões em muitas regiões pelas quais a eliminação pode não ser uma simples questão de factibilidade epidemiológica. A instabilidade política e a acessibilidade geográfica são exemplos óbvios, mas esses são obstáculos operacionais e não técnicos.

O que pode ser feito com o 1,37 bilhão de pessoas que sofrem risco estável? Dados iniciais sugerem que uma parcela substancial dos afetados vive em áreas de incidência muito baixa.[g] Uma investigação detalhada com modelos matemáticos poderia estimar o impacto do conjunto de ferramentas de intervenção existente. Quando combinada a uma análise detalhada dos dados sobre a eficiência das intervenções históricas, uma descoberta considerável poderia ocorrer. Essas abordagens vão ajudar a determinar se a malária é erradicável e, se for o caso, em qual prazo e com quais recursos.

Fonte: Contribuição de Simon Hay, David L. Smith e Robert W. Snow.

a. Hay e outros 2004; Lysenko e Semashko 1968.
b. Guerra e outros 2008.
c. Sachs e Malaney 2002.
d. Roberts e Enserink 2007.
e. Balk, Deichmann e outros 2006.
f. Hay, Smith e Snow, no prelo.
g. Guerra 2008.

Algumas regiões prósperas do mundo já foram maláricas

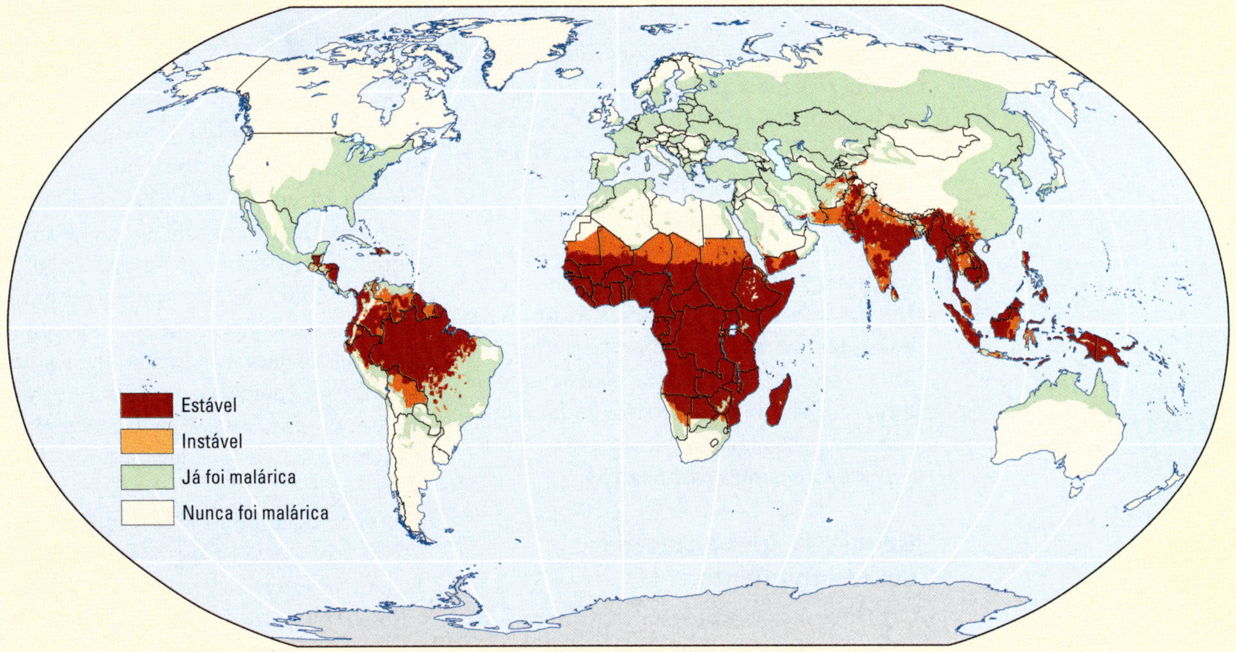

Fonte: Malaria Atlas Project (MAPA), Kenyan Medical Research Institute e Universidade de Oxford.

ilustra três pontos a respeito dos processos formais de integração regional.[59]

- A integração formal seguiu muitos anos de preparação, integração informal gradual e mudanças da política interna. O México reduziu unilateralmente as barreiras comerciais e implementou mudanças regulatórias muito antes do acordo entrar em vigor.
- O acordo levou a um grande aumento dos fluxos de comércio e investimento estrangeiro direto (IED). A análise econômica sugere que sem o NAFTA as exportações globais do México seriam aproximadamente 50% inferiores e seu IED 40% inferior. Isso provavelmente contribuiu para uma redução significativa da pobreza e elevação da renda. O PIB per capita em 2002 poderia ter sido até 4% mais baixo sem o NAFTA.
- Apesar desses impactos positivos sobre a economia mexicana, o acordo não produziu uma rápida convergência de renda (ver figura 3.18). O México evitou importantes crises econômicas, o que sugere uma maior estabilidade que pode ter efeitos significativos sobre o bem-estar.[60] Mas seu desempenho com relação à economia dos EUA não tem diferido muito do de vários outras economias latino-americanas.

É provável que as grandes diferenças de produção econômica permaneçam significativas por algum tempo. De fato, estimativas da convergência em estado estacionário sugerem que a renda mexicana só atingirá aproximadamente metade da renda dos EUA. Entre as principais razões estão diferenças significativas na qualidade das instituições internas, na dinâmica de inovação das empresas e na qualificação da mão de obra. Todos esses fatores se beneficiarão de uma integração mais estreita com os vizinhos setentrionais do México, mas o processo levará tempo considerável.

Geografia, globalização e desenvolvimento

Quatro principais aspectos explicam a concentração regional persistente de riqueza econômica ao longo dos últimos séculos, com novos países ou regiões entrando apenas ocasionalmente no grupo dos ricos. Em primeiro lugar, a geografia física ajudou certos países a tornarem-se ricos inicialmente mas continua a reter outros. Em segundo lugar, as forças da geografia econômica – começando a partir de uma vantagem inicial, como a inovação técnica durante a Revolução Industrial – facilitaram as economias de aglomeração e reforçaram a concentração da atividade econômica. Em terceiro lugar, os efeitos regionais secundários aumentaram a atividade econômica em outros países dentro da região, aumentando ainda mais a escala e a abrangência da produção econômica. Em quarto lugar, regiões inteiramente novas de concentração econômica surgiram como resposta ao congestionamento e ao deslocamento em regiões estabelecidas da manufatura para os serviços, que "liberando" oportunidades de manufatura em outros lugares. O que isso acarreta para as perspectivas das atuais regiões atrasadas do mundo?

Qual a importância da geografia hoje?

Geografia de primeira natureza. Os recursos físicos influenciam as perspectivas de desenvolvimento dos países. Por exemplo, a intensificação agrícola em áreas com bons recursos agroecológicos gera excedentes que podem ser deslocados para usos mais produtivos. Mas esses ativos não são distribuídos uniformemente. Como Landes (1998) coloca: "A natureza, como a vida, é injusta, desigual nos seus favores". Os pesquisadores encontraram uma forte correlação entre produção econômica e características geográficas. Uma simples regressão de densidade de produção (PIB por km^2) com base em variáveis geográficas – temperatura anual média, precipitação anual média, elevação média, "rugosidade" do terreno, categorias de solo e distância do litoral – descreve 91% da variabilidade da densidade da produção econômica.[61] Uma análise semelhante explica 20% da diferença da produção per capita entre a África tropical e as regiões industriais, e 12% da diferença entre a África tropical e outras regiões tropicais. O clima também interage com outros fatores, como doenças. Doenças transmitidas por vetores atingem de maneira desproporcional os países tropicais, reduzindo a produtividade. Estima-se que a malária cause aproximadamente 1 milhão de mortes e mais de 200 milhões de eventos clínicos entre os africanos todo ano.[62] Outros fatores puramente geográficos – como a ausência de litoral, que corta metade de um ponto percentual do crescimento anual do PIB, ou a localização remota – foram discutidos anteriormente.

Isso significa que a geografia dita o destino dos países? Não. A geografia física ajuda a explicar as diferenças iniciais de crescimento e alguma variação dos resultados econômicos. Mas a maioria dessas limitações pode ser superada com recursos suficientes. Assim, elas são uma causa imediata e não mediata do subdesenvolvimento. Altos níveis de malária, por exemplo, podem ser tanto um sintoma de pobreza persistente quanto sua causa (ver quadro 3.7). Eles são uma preocupação grave para as intervenções de desenvolvimento mas são insuficientes para explicar os padrões globais de riqueza econômica ou para prever o potencial de crescimento futuro.

Geografia de segunda natureza. Uma explicação alternativa mas complementar para os padrões globais de desenvolvimento mostra como pequenas diferenças iniciais entre países e regiões (por exemplo, recursos naturais) podem, com o tempo, gerar grandes disparidades. Uma questão central do desenvolvimento econômico é saber quanto do crescimento se deve às diferenças em acumulação de capital humano e físico, e quanto à eficiência da utilização desses fatores.[63] Dados extraídos de um número crescente de estudos confirmam que apenas os níveis de acumulação capital são insuficientes para explicar as diferenças de crescimento e renda entre os países. Em vez disso, a produtividade total dos fatores (PTF) – o grau de eficiência com o qual os fatores de produção são combinados – tende a explicar melhor as diferenças de crescimento e renda entre os países.[64]

A PTF é, contudo, um conceito vago que inclui vários aspectos da produção econômica. na maioria das vezes, está relacionada a uma melhor tecnologia para combinar os insumos, de modo a gerar produtos ou serviços. Isso leva a reduções de custos e, assim, a um aumento da competitividade. As complementaridades, os efeitos secundários e as economias de escala também explicam as diferenças de PTF. Geograficamente, essas externalidades implicam benefícios para os produtores situados próximos uns dos outros. Combinada às economias de escala, que favorecem maiores unidades de produção, a concentração de atividades econômicas aumenta em todas as escalas geográficas. O crescimento econômico europeu durante a Era Moderna foi iniciado pela Revolução Industrial, que gerou avanços tecnológicos fundamentais. O aperfeiçoamento da tecnologia e o crescimento da população reforçaram as economias de escala, o que levou a centros de industrialização concentrados. Esses centros atraíram trabalhadores e novas empresas, instigando

QUADRO 3.8 *A integração leva muito tempo, e seus benefícios não ocorrem da noite para o dia*

Na Europa, depois da difusão da tecnologia industrial moderna e da expansão dos laços comerciais no início do século XIX, mais de 100 anos se passaram antes que os processos formais de integração começassem nos anos 1950. Mesmo então, os esforços eram limitados a acordos sobre questões econômicas muito específicas entre seis países. Gradualmente, eles se expandiram para áreas adicionais de cooperação, como aduanas e energia nuclear. Levou 16 anos para que esses acordos fossem consolidados na Comunidade Europeia em 1967. O número de membros se expandiu lentamente, com três países aderindo a cada década entre 1970 e 2000, e finalmente com a adição de 12 países do Leste Europeu e da Europa Central em 2007. Assim como a Comunidade do Carvão e do Aço inicial formalizou laços econômicos e culturais estabelecidos há muito tempo entre os países membros, cada expansão subsequente ocorreu após um longo período de interação cada vez mais próxima entre os países membros e os aderentes.

Assim, a integração formal, *de jure*, seguiu a integração *de fato*, fornecendo um modelo e uma estrutura para o aprofundamento de relações já bastante próximas. Esse processo gradual permitiu que as instituições se desenvolvessem e deu aos mercados de trabalho, financeiro e de produtos tempo para se prepararem para os ajustes possivelmente rigorosos, particularmente os países recém-admitidos com economias muito menores. A Bulgária e a Romênia, que aderiram em 2007, acrescentaram 8,6% à superfície da UE e 6,3% à sua população, mas somente 1% ao seu PIB.[a] Portanto, a convergência dos resultados sociais e econômicos entre os países membros também levará mais tempo. Assim, a avaliação dos benefícios da integração exige um horizonte de tempo longo, enquanto se aguarda que o aumento da mobilidade da mão de obra, os investimentos em capital privado e público, e outras mudanças estruturais acelerem o crescimento dos países membros atrasados.

Fonte: Equipe do RDM 2009.
a. European Union 2007.

um processo virtuoso que se autoalimentou e levou a uma concentração ainda maior.

O desenvolvimento é contagioso e tende a espalhar-se pelas regiões. Embora os centros de crescimento possam começar em áreas específicas de um país – o cinturão industrial no noroeste da Inglaterra ou as cidades algodoeiras na Nova Inglaterra –, os centros dinâmicos tendem a espalhar-se. Em nível internacional, o crescimento se espalha para os estados vizinhos, dando origem a centros regionais de crescimento. Com bastante abertura e interação entre os países, os mecanismos para a distribuição do crescimento são os efeitos secundários tecnológicos e o aumento da especialização, dividindo os processos de produção. Isso torna mais provável que uma parte da demanda por produtos intermediários seja satisfeita pelos países vizinhos. Isso pode expandir muito o comércio, o que produz economias de escala e aumentos acentuados da produtividade econômica. As maiores reservas de mão de obra e de capital e o maior tamanho do mercado que emergem graças à melhoria gradual dos meios de transporte pode levar ao rápido crescimento de uma economia regional.[65]

Novas regiões de crescimento e de riqueza podem surgir. Isso ocorre quando o crescimento numa região central atingiu um ponto em que o congestionamento e os salários crescentes incentivam os empreendedores a buscar novas localizações para a produção nas regiões próximas. Isso aconteceu na Europa Ocidental, quando as empresas deslocaram a capacidade de manufatura para os países da Europa Central e do Leste Europeu, e na América do Norte, quando o México atraiu investimentos em capacidade de manufatura dos mercados dos EUA e do Canadá. Esse modelo de construção de região por contágio sugeriria que toda a atividade econômica permanece numa zona contígua em expansão – mas não é o caso.

Sob certas condições, o crescimento econômico pode saltar para uma região inteiramente nova.[66] A localização desse novo centro de manufatura global depende de muitos fatores, incluindo o tamanho do mercado, os custos de comércio e transação, os recursos iniciais em capital humano e físico, e a competição de outras regiões com potencial de crescimento. Esse modelo de saltos corresponde à emergência do Leste Asiático como uma plataforma global, inicialmente de produção intensiva em mão de obra e, em seguida, de produção tecnologicamente mais avançada. Meio século atrás, o Japão teria parecido uma fonte improvável de eletrônicos baratos e bens de consumo para o mercado dos EUA, dada a distância entre os dois países. Mas o surgimento do frete conteinerizado permitiu aos japoneses competir nos mercados norte-americanos e mais tarde nos europeus.[67] A República da Coreia e Taiwan (China) seguiram os passos do Japão. Os investimentos em manufatura espalharam-se daí para o Sudeste Asiático, particularmente para a Malásia e a Tailândia, e, em seguida, após a liberalização econômica, para a China.

O que aprendemos com isso?

O tamanho conta muito. Para gerar economias de escala, uma certa população e uma certa massa econômica precisam estar disponíveis. Na Europa, durante a Revolução Industrial, uma população relativamente grande e concentrada forneceu tanto a mão de obra que produzia os produtos manufaturados quanto o mercado que os consumia. Quando a América do Norte passou dos recursos naturais para a indústria, tinha uma grande população ao longo da sua costa leste, que cresceu rapidamente com a imigração proveniente da Europa e de outros lugares. O Leste Asiático tem uma vasta população, com o Japão primeiro e depois a China tendo servido de motores do crescimento da manufatura na região. Cada região beneficiou-se de um grande mercado interno, mas grande parte da produção foi logo destinada à exportação, tanto dentro dessa região quanto para o resto do mundo.

Poucos países construíram sua fortuna econômica apenas com base em exportações de produtos primários. Botsuana, um país com população esparsa, grande riqueza mineral e boas políticas, é uma exceção. Recursos minerais bem administrados podem ajudar a gerar capital que pode ser investido em outros setores, mas poucos países fizeram isso com sucesso. A agricultura – importante para a subsistência, a geração de renda rural e para regiões específicas do país – não é capaz por si só de levar os países pobres a um *status* de renda média ou alta. As atividades rurais são ou pequenas demais em escala para fornecer excedentes suficientes para a exportação ou, nos casos em que a produção agrícola tem escala suficiente, elas frequentemente beneficiam apenas alguns grandes proprietários de terras ou o agronegócio. O veredito sobre os serviços ainda está em suspenso. Mas é improvável que os países pobres tenham um número suficiente de trabalhadores intelectuais qualificados para gerar amplos efeitos secundários do crescimento. A Índia tem um grande setor de serviços orientado para a exportação, mas só emprega aproximadamente 560 mil dos seus mais de 1 bilhão de habitantes, a maioria em empregos relacionados a tarefas de atendimento aos clientes e administração interna, com retornos bastante constantes.[68]

A manufatura continua sendo importante. Toda região bem-sucedida do mundo obteve, em algum momento, ganhos significativos e em larga escala com mão de obra intensiva no setor manufatureiro. Esse processo levou inicialmente a uma diversificação da produção à medida que os países se tornavam mais ricos e os consumidores exigiam mais variedade. À medida que as economias dessas regiões se expandiam, a produção e o emprego em países individuais começou a se especializar naquilo que faziam melhor, dando origem a redes interligadas de produção que comercializavam bens intermediários entre os países dentro da região. Esse é o ponto ao qual chegaram a China e algumas das outras economias da "segunda onda" no Leste Asiático. Na Europa e em outras regiões que se industrializaram mais cedo, a parcela da manufatura na economia declinou rapidamente e somente a manufatura altamente especializada permaneceu, como a de máquinas-ferramentas ou de equipamentos de tecnologia da informação (TI). Nesses países, o setor de serviços, incluindo a pesquisa e o desenho de produtos que serão manufaturados em outro lugar, representa agora a maior parte, de longe, do emprego e da produção econômica.

A abertura ajuda muito – mas precisa ser introduzida com cuidado. Todas as atuais regiões bem-sucedidas inicialmente desenvolveram seu setor manufatureiro atrás de uma muralha bastante substantiva de tarifas e outras proteções. Somente à medida que suas economias amadureceram e se tornaram mais dependentes de insumos e mercados estrangeiros para seus produtos, elas abriram gradualmente suas fronteiras e integraram-se regional e globalmente. A ascensão das redes de produção interligada que cruzam as fronteiras internacionais dentro de cada região exigiu mais coordenação e cooperação entre os países, não somente para o comércio de bens e serviços, mas também para fixar padrões e regulações comuns.

O processo ocorreu de modo um tanto diferente em cada região, de maneira mais formal na Europa, onde a integração política e econômica da União Europeia substituiu uma colcha de retalhos de acordos bilaterais entre um número bastante grande de países (ver quadro 3.8). O Leste Asiático, em contrapartida, criou redes empreendedoras de produção firmemente ligadas com relativamente pouco protocolo formal. A integração inicial na América do Norte foi facilitada pelo contexto linguístico e cultural comum entre o Canadá e os Estados Unidos. A adição relativamente recente do México removeu certas divisões entre economias com rendas per capita muito diferentes.

A abertura e a integração são mais benéficas para os países menores ou sem litoral cujo acesso aos mercados mundiais depende dos países vizinhos. O pequeno tamanho de Luxemburgo não importa, porque ele está firmemente integrado à economia europeia e, assim, opera mais como uma cidade especializada dentro de um país grande. O fato de a Suíça não ter litoral não limitou o desenvolvimento de setores altamente especializados de manufatura e serviços. Ela pode conectar-se aos mercados mundiais pelo ar ou através dos países vizinhos, e seus vizinhos são destinações significativas para sua produção. A integração permitiu aos dois países beneficiarem-se de especialização e economias de escala que, de outro modo, só seriam alcançáveis por países muito maiores.

Para facilitar a integração, as regiões industriais investiram pesadamente em infraestrutura física que promove o comércio intrarregional. Inicialmente, o transporte marítimo e fluvial era extremamente importante para exportar os produtos manufaturados, e exigia bons portos costeiros e fluviais. Mais recentemente, os processos inter-relacionados de produção exigem a disponibilidade mais imediata de produtos intermediários, o que deslocou uma grande proporção de comércio para os meios de transporte rodoviário, ferroviário e aéreo.

Qual a diferença para os atuais países em desenvolvimento?

Será que as condições de hoje são diferentes, ou esta é apenas uma fase de continuação ou recorrência da globalização semelhante àquela de cem anos atrás? De fato, hoje os mercados de bens e fatores podem não estar ligados de modo mais próximo do que estavam há um século. Eles podem estar de certa forma mais integrados no comércio, não mais integrados em relação ao capital, e menos integrados em mão de obra.[69] Então, como podem as regiões e países atrasados juntar-se ao grupo das regiões avançadas do mundo? Eles precisam esperar sua vez, ou existem caminhos para que escapem do determinismo geográfico?

Algumas diferenças claras na fase atual da globalização e do desenvolvimento econômico estão relacionadas à dinâmica da geografia econômica e às divisões persistentes entre os países. Em primeiro lugar, a escala e a velocidade da integração econômica nas últimas décadas foram inéditas. A liberalização econômica da China e da Índia, assim como da Rússia e da América do Sul, acrescentou imensas quantidades de trabalhadores não qualificados à capacidade global de produção.[70] De muitas maneiras, trata-se de um ressurgimento dessas regiões (a Ásia representava quase 60% do PIB mundial até o início do século XIX).

Devido a seus grandes mercados internos, a China e a Índia são essencialmente regiões do mundo em si mesmas. Na ausência de divisões internas formais, elas se beneficiam de economias de escala e fornecem incentivos para que os investidores e parceiros comerciais superem suas barreiras externas significativas – as fronteiras espessas do mapa que abriu este capítulo (ver mapa 3.2). Os países menores não podem se dar a esse luxo. Eles precisam aprender a administrar suas fronteiras mais rapidamente para conseguir a integração econômica com seus vizinhos a fim de obter escala de produção competitiva e ter acesso aos mercados mundiais. Os países e regiões que o fizerem mais rápido terão uma vantagem, mas não será fácil. Ao fornecer uma vasta reserva de mão de obra não qualificada – e relativamente pouco capital humano ou físico –, países como a China e a Índia absorverão a nova capacidade de manufatura por muito tempo. Esses são precisamente os tipos de atividade que podem oferecer aos países mais pobres um caminho em direção à renda média. A China também mostra os benefícios de sua ascensão econômica pelos seus vizinhos. Quase todos os países do Leste Asiático têm excedentes comerciais com a China, às vezes significativos, na maioria dos setores manufatureiros.[71]

Em segundo lugar, houve uma fragmentação inédita dos processos de produção. Isso inclui não apenas a divisão dentro das empresas das etapas de manufatura em diversos lugares, mas, mais importante, o comércio intraindústria, às vezes por longas distâncias, de componentes e serviços cada vez mais especializados. Os avanços da tecnologia de comunicação facilitam essas redes complexas de compradores e fornecedores. Embora integrada aos mercados globais, a produção tende a se concentrar regionalmente. Para os países menores, isso pode ser ao mesmo tempo uma ameaça e uma oportunidade. A ameaça é que os países menores com pouca infraestrutura e baixa qualificação fiquem de fora das redes comerciais globais. A oportunidade é que, enquanto a concentração espacial continua benéfica para a produção, a especialização crescente permite a concentração e as economias de escala dentro de sub-setores nos quais até os pequenos atores podem cavar um nicho.

Em 1999, o então primeiro-ministro da Índia Atal Behari Vajpayee comentou algumas das mesmas questões que foram discutidas neste capítulo: "Nós podemos mudar a história mas não a geografia. Podemos mudar de amigos mas não de vizinhos".[72] Ele está certo? Num certo nível, com certeza. Os países não podem simplesmente juntar suas coisas e se mudar para uma região melhor assim como fazem os indivíduos. Porém, num sentido econômico e político, os países podem mudar sua região. O Japão e os Estados Unidos superaram diferenças históricas e geográficas profundas para tornarem-se vizinhos próximos por meio do desenvolvimento de extensas ligações de transporte e aumentando a interdependência econômica. O México e a Turquia podem estar mudando duas regiões ao reorientar os laços econômicos dos seus referenciais culturais tradicionais para países economicamente mais prósperos em outra parte de sua vizinhança. A integração europeia pôs fim a séculos de divisão e guerras. Desde dezembro de 2007, viajar do Algarve, em Portugal, para a Estônia já é possível sem mostrar a identidade uma única vez.

Muitas regiões do mundo continuam a enfrentar os impactos de divisões significativas. Mas este Relatório mostra que os países podem melhorar sua fortuna econômica mudando sua regiões virtual e praticamente. Isso depende, antes de mais nada, de duas coisas. Em primeiro lugar, eles precisam superar as limitações e barreiras geográficas desenvolvendo ligações comerciais e de transporte com os mercados e as fontes de investimento nas regiões ricas e emergentes do mundo (ver capítulo 6). E em segundo lugar, eles precisam procurar a força nos números, tornando suas fronteiras mais "permeáveis" e integrando suas economias aos países vizinhos (ver capítulo 9).

Geografia em Movimento

Superando a Divisão na Europa Ocidental

Chegará um dia em que você, França, você, Rússia, você, Alemanha, todas vocês nações do continente, sem perder suas qualidades distintas e sua gloriosa individualidade, vocês se fundirão numa unidade superior, e vocês constituirão a fraternidade europeia.

– Victor Hugo, em discurso no Congresso Internacional para a Paz de 1849

Victor Hugo foi alvo de zombaria quando disso isso, assim como vários de seus predecessores que haviam proposto a integração europeia. Foi preciso a catástrofe de duas guerras mundiais para que as pessoas levassem a ideia a sério e para que os formuladores de políticas estivessem prontos para uma mudança radical. A escala de devastação e miséria é a chave para entender o impulso da integração: além da imensa quantidade de mortos, a guerra causou um enorme dano econômico. A guerra custou à Alemanha e à Itália quatro décadas ou mais de crescimento e fez o produto interno bruto (PIB) da Áustria e da França retroceder aos níveis do século XIX.[1]

Superar a divisão e suas dramáticas consequências era o objetivo dos líderes europeus após a II Guerra Mundial. De fato, o nacionalismo destrutivo e sua dimensão econômica, o protecionismo, foram acusados em parte pelo desastre. Assim, a integração econômica foi vista como a melhor maneira de evitar outra guerra. O fato de ter sido obtida por meios pacíficos e com o objetivo principal de manter a paz foi – e continua sendo – uma empreitada única. Sob esse aspecto, a integração europeia é um sucesso claro. Mas não estava claro nos anos 1940 e 1950 que essa visão de "Paz por meio da Integração" teria sucesso, sobretudo porque veio ao mesmo tempo que a divisão da Guerra Fria entre o Leste e o Oeste.

Sob pressão dos EUA, 13 países europeus criaram a Organização para a Cooperação Econômica Europeia em 1948 para implementar o Plano Marshall. Seu objetivo era reduzir as barreiras comerciais, sobretudo as restrições de quotas. Nos primeiros anos após a guerra, a Europa era uma economia repleta de tarifas e quotas. A remoção das barreiras comerciais estimulou o crescimento veloz do comércio. Entre 1950 e 1958, as exportações de produtos manufaturados cresceram quase 20% ao ano na Alemanha Ocidental, 9,2% na Itália e 3,8% na França. Além disso, o PIB cresceu em média 7,8% ao ano na Alemanha Ocidental, 5% na Itália e 4,4% na França. Correlação não é causalidade, e a reconstrução era um forte motor

Mapa G2.1 A divisão da Europa Ocidental dissipou-se gradualmente
Estágios da integração econômica

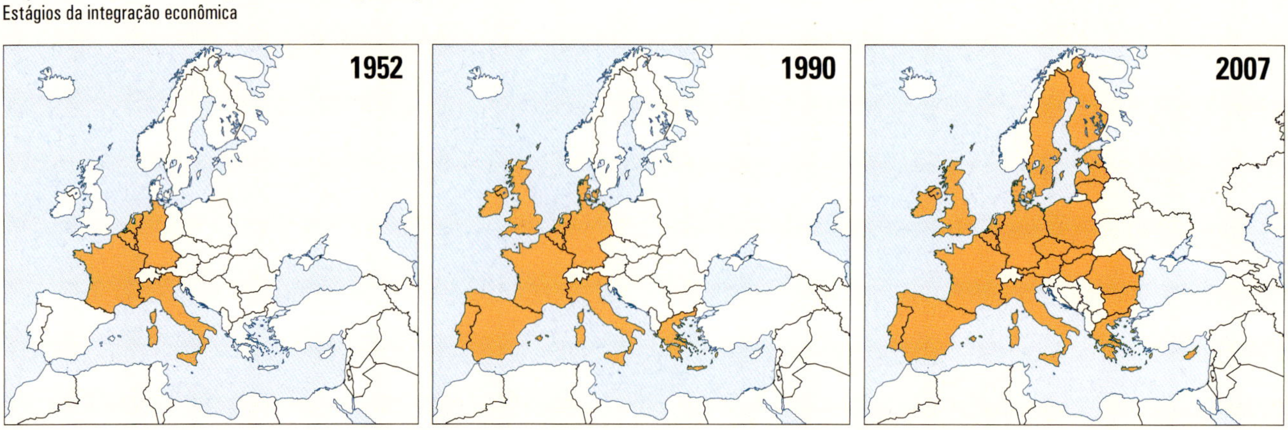

Fonte: Equipe do RDM 2009.

Figura G2.1 O caminho para o sucesso
O índice institucional de integração para a Comunidade Econômica Europeia dos Seis

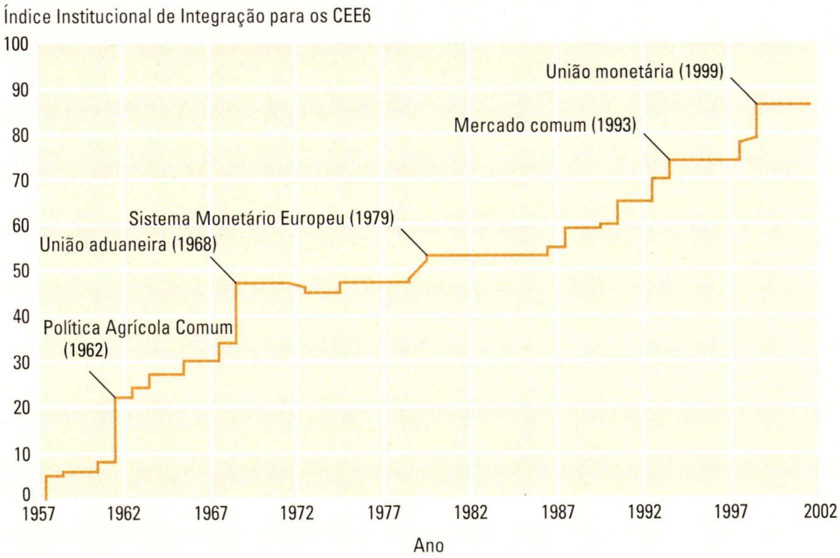

Fonte: Equipe do RDM 2009.

do crescimento. Mas o crescimento veloz correspondente à liberalização do comércio europeu estava mudando as mentalidades dos formuladores de políticas europeus. A integração europeia não era apenas um projeto político – também fazia sentido do ponto de vista econômico.

A Comunidade Europeia do Carvão e do Aço (CECA) foi lançada pela França e pela Alemanha, que convidaram outras nações a colocar esses dois setores sob sua autoridade supranacional. O projeto era ao mesmo tempo político e econômico, porque aplicava a supranacionalidade a dois setores que eram considerados estratégicos por motivos tanto econômicos quanto militares. Bélgica, Itália, Luxemburgo e Holanda aderiram ao projeto em 1951, e estes seis países se tornariam o motor da integração europeia (ver mapa G2.1). A CECA mostrou que a cooperação econômica era mais viável do que a integração política ou militar.

O Tratado de Roma de 1957 reuniu seis nações na Comunidade Econômica Europeia (CEE). Com esse passo, as seis comprometeram-se com uma integração econômica inédita. Não somente uma união aduaneira removeria todas as tarifas do comércio intra-CEE e estabeleceria uma tarifa externa comum, mas também uma área econômica unificada promoveria a livre mobilidade da mão de obra, mercados de capital integrados, livre comércio de serviços e várias políticas comuns. Esse grau de integração econômica não seria factível sem uma profunda integração *política*. Portanto, em retrospecto, "usar a economia como cavalo de Troia para a integração política funcionou como um encantamento".[2] Na qualidade de "guardiões do Tratado", a Corte e a Comissão Europeia controlariam aqueles países (especialmente a França, quando De Gaulle retornou ao poder) que chegaram a rejeitar o nível de supranacionalidade que o Tratado implicava. De 1966 a 1986, no entanto, a integração profunda prometida pelo Tratado de Roma empacou (ver figura G2.1). Os europeus começaram a erguer barreiras sob a forma de regulamentos e padrões técnicos, fragmentando os mercados – uma reação clássica das indústrias lobistas para defender suas receitas.

O Ato Único Europeu (1986) relançou o processo de aprofundamento da integração econômica – o que foi ainda mais espantoso dada a lenta desintegração durante os anos 1970. Ao ressaltar a mobilidade do capital, o Ato Único também foi parcialmente responsável pelo nascimento da União Monetária Europeia (UME). De fato, a taxa de câmbio fixa do Sistema Monetário Europeu implicava, junto com a livre mobilidade do capital, a perda da soberania monetária. Isso tornou a UME politicamente mais palatável para os países presos a taxas de câmbio fixas.

Superar a divisão significa reduzir o impacto das fronteiras sobre os fluxos de comércio. Terá sido isso o que aconteceu na União Europeia (UE)? Uma maneira de responder a essa pergunta é comparar o volume do comércio dentro das fronteiras com o volume do comércio bilateral entre países. A proporção dos dois é o "efeito fronteira". Fontagné, Mayer e Zignago (2005) o fizeram para

Figura G2.2 O efeito fronteira entre a União Europeia e os Estados Unidos continua mais de duas vezes mais alto que dentro da União Europeia

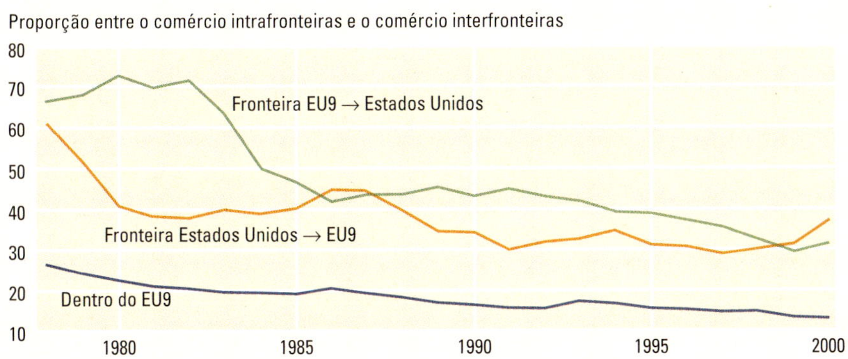

Fonte: Fontagné, Mayer e Zignago 2005.
Nota: O efeito fronteira é o inverso do volume de comércio dentro das fronteiras naturais em relação ao volume entre as fronteiras.

os UE-9, os seis fundadores mais Dinamarca, Irlanda e Reino Unido. O efeito fronteira para o comércio registrado intraUE caiu de cerca de 24 no final dos anos 1970 para 13 no final dos anos 1990 – um aumento substancial de integração (ver figura G2.2), inigualado no mundo. O efeito fronteira entre os UE-9 e os Estados Unidos, embora tenha decrescido rapidamente durante esse período, continua mais de duas vezes aquele dentro da UE. As fronteiras na UE se tornaram mais permeáveis mas não desapareceram.

O processo de integração regional europeia se espalhou. À medida que a UE se aprofundou e se expandiu, o custo do tratamento discriminatório (a implicação natural de qualquer processo de integração regional) para os não-membros aumentou, criando uma "dinâmica de dominó do regionalismo".[3] Até os países europeus que mais prezavam sua soberania candidataram-se à adesão. O fato de que a UE com sua supranacionalidade inigualada permaneça tão atraente para os não-membros é uma evidência de seu grande sucesso.

Contribuição de Philippe Martin.

PARTE II
MOLDANDO A GEOGRAFIA ECONÔMICA

Na geração passada houve uma lenta revolução no pensamento econômico causada pelo reconhecimento dos mercados de concorrência imperfeita devido aos crescentes retornos de escala, efeitos secundários e causação circular. Uma nova forma de pensar transformou a análise clássica de organização industrial, crescimento econômico e comércio internacional e resgatou o que era a princípio controverso, mas que agora é amplamente aceito: as implicações para o progresso dos países em desenvolvimento. A parte II do Relatório ilustra a inter-relação entre economia de escala, mobilidade de fatores e custos de transporte para explicar as forças formidáveis que moldam a transformação espacial descrita na parte I. Os capítulos 4, 5 e 6 são as paradas em um tour pela "sala de máquinas", cada um enfocando uma faceta diferente das interações entre aglomeração, migração e especialização.

CAPÍTULO 4

Economias de Escala e Aglomeração

O exemplo mais celebrado em teoria econômica talvez seja o mais simples. Na primeira página de *A riqueza das nações*, publicado em 1776, Adam Smith escreveu sobre os benefícios da divisão do trabalho na fabricação de alfinetes. Um único trabalhador não qualificado sem a ajuda de máquinas pode fazer menos de 20 alfinetes num dia. Mas numa fábrica de alfinetes que Smith visitou, 10 trabalhadores, que haviam dividido entre si as 18 operações envolvidas na fabricação de um alfinete, estavam produzindo 48 mil alfinetes por dia. Em vez de penar para produzir apenas alguns poucos alfinetes por dia, cada trabalhador estava produzindo quase 5 mil. Mais adiante na obra clássica de Smith aparecem dois qualificadores importantes: os ganhos da divisão do trabalho são limitados pelo tamanho do mercado, e nem todas as atividades apresentam retornos de escala crescentes.

A capacidade de transportar a produção amplia o mercado, por isso as cidades estão situadas perto do mais natural e eficiente dos sistemas de transporte – hidrovias. Os lugares abençoados com essa infraestrutura natural frequentemente se saem bem, enquanto outros lugares precisam aguardar sua vez. Como escreveu Smith:

> Não existe na África nenhuma dessas grandes enseadas, como o mar Báltico ou o Adriático na Europa, o mar Mediterrâneo e o Euxino entre a Europa e a Ásia, ou os golfos da Arábia, da Pérsia, da Índia, de Bengala e do Sião na Ásia, para levar o comércio marítimo até as partes interiores daquele grande continente: e os grandes rios da África estão a uma distância grande demais um do outro para dar ensejo a qualquer navegação interior considerável.[1]

Além disso, nem todas as atividades apresentam economias de escala, e algumas não precisam de grandes mercados para prosperar. A agricultura de subsistência é uma dessas ocupações, desempenhada de modo rentável nos vilarejos. Mas atividades como a manufatura e o comércio só podem ser realizadas em estabelecimentos maiores, porque derequerem acesso tanto aos trabalhadores quanto aos clientes.

Não obstante essas advertências, os benefícios da produção de grandes quantidades numa única fábrica ou num único lugar aumentaram à medida que os custos de transporte caíram nos dois séculos desde que Smith visitou a fábrica de alfinetes. Aqueles que duvidam do potencial incrível das economias de escala e de como o acesso aos mercados mundiais ajuda a aproveitá-las deveriam visitar Dongguan, uma cidade a meio caminho entre Guangzhou e Shenzhen, no sudeste da China. Até os anos 1980, era uma coleção de vilarejos sonolentos no delta do Rio Pérola na China. Desde então, entrou de cabeça no mundo dos retornos crescentes (ver quadro 4.1). Todo ano, milhões de pessoas no mundo em desenvolvimento adentram esse novo domínio, e as implicações, para elas e para os formuladores de políticas, são nada menos que revolucionárias.

Este capítulo resume a experiência de empreendedores ao longo dos dois últimos séculos no aproveitamento de economias de

QUADRO 4.1 *Economias de escala em um mundo quase irreal: a história de Dongguan, China*

Em 1978, o que hoje é a cidade de Dongguan na província de Guangdong, na China, era somente um conjunto de vilarejos e pequenas cidades espalhados por 2.500 km^2 no Rio Pérola, a meio caminho entre Guangzhou, ao norte e Shenzhen, e Hong Kong ao sul. A população da área de 400 mil pessoas vivia da pesca e da agricultura, e – apesar de não ser a mais pobre da China – não era especialmente próspera.

Hoje, aproximadamente 7 milhões de pessoas vivem em Dongguan. Mais de 5 milhões são migrantes que trabalham nos milhares de fábricas que pontilham a cidade, produzindo uma ampla gama de produtos em volumes tão imensos que recentes relatos da imprensa conferiram a Dongguan a alcunha de "fábrica do mundo".[a] A economia de Dongguan cresceu mais de 20% anualmente desde 1980, e em 2004 seu produto interno bruto (PIB) era de aproximadamente US$ 14 bilhões, maior que o da Islândia. Se forem incluídos apenas os residentes urbanos registrados (como nas estatísticas oficiais), o PIB per capita de US$ 9 mil em 2004 de Dongguan fazia dela a cidade mais rica da China. Mesmo se a população flutuante da cidade composta de trabalhadores migrantes fosse incluída, seu PIB per capita em 2004 ainda seria superior a US$ 2 mil. O desenvolvimento de Dongguan desde os anos 1970, e particularmente na última década, exemplifica (talvez de maneira exagerada) as forças econômicas que estão moldando as economias de renda média do Leste Asiático (ver tabela abaixo).

Sem dúvida, a localização e os preços de fatores favoráveis estimularam o crescimento precoce de Dongguan. Durante a primeira década e meia após o início das reformas na China, empresas pequenas e médias de Hong Kong e Taiwan foram atraídas a Dongguan pela oferta abundante de terras e pelo baixo custo da mão de obra, e pela sua proximidade de Guangzhou e de Hong Kong. Apesar desses fatores, o rápido crescimento de Dongguan nos anos 1990 pode ser mais bem compreendido por meio das ***economias de escala***, seja na produção de bens intermediários, seja na de produtos diferenciados, e dos ***efeitos de aglomeração***, dentro das indústrias e entre elas. Combinado à redução dos custos de transporte e à melhora da logística, o progresso tecnológico demonstra que tais efeitos emergiram como características importantes da produção global.

As economias de escala internas são óbvias. Em 2005, uma única fábrica em Dongguan produziu mais de 30% das cabeças magnéticas de gravação usadas em drives de discos rígidos em todo o mundo.Uma outra produziu 60% dos dispositivos educativos eletrônicos vendidos no mercado dos EUA.

Uma terceira produziu quase 30 milhões de celulares, mais do que suficiente para fornecer um celular para cada homem, mulher e criança do Peru ou da República Bolivariana da Venezuela.

As economias de escala de aglomeração ou externas são igualmente visíveis. Os efeitos secundários do conhecimento e os custos inferiores de logística gerados pela localização próxima aos fornecedores de insumos e aos exportadores produziu aglomerados de indústrias de importância global para tecidos de lã, calçados, mobília e brinquedos. Mas o aglomerado que domina a paisagem industrial de Dongguan desde meados dos anos 1990 é o de telecomunicações, eletrônicos e componentes de computadores. De todas as partes e componentes usados na manufatura e processamento de computadores pessoais, 95% podem ter sido feitos na a cidade de Dongguan, e, para vários produtos, as fábricas de Dongguan representam mais de 40% da produção global.

Contribuição de Shubham Chaudhuri.
Fonte: Gill e Kharas 2007.

Dongguan em números

Crescimento médio anual do PIB, 1980–2005 (%)	22,0	PIB (bilhões de US$)	14,2
População: residentes registrados (milhões)	1,6	População: total, estimada (milhões)	7,0
PIB por residente registrado (US$)	8.999	PIB per capita (US$)	2.070
Exportações (bilhões de US$)	35,2	Importações (bilhões de US$)	29,3
Receitas governamentais (bilhões de US$)	1,0	Gastos governamentais (bilhões de US$)	1,2
Consumo de eletricidade (bilhões de kWh)	35,2	Consumo de água (bilhões de pés cúbicos)	1,5
Indicadores de impacto ambiental			
Emissões de dióxido de enxofre (milhares de toneladas)	199,4	Águas residuais industriais (milhões de toneladas)	225
Emissões de dióxido de enxofre dentro dos padrões (%)	92,9	Descarga de água industrial dentro dos padrões (%)	90,1
Resíduos industriais sólidos (milhares de toneladas)	28,6	Resíduos industriais sólidos dentro dos padrões (%)	86,5
Parcela do mercado global de computadores em 2002 e componentes eletrônicos manufaturados em Dongguan (%)			
Cabeças magnéticas, *cases* de computador	40	*Scanners* e minimotores	20
Placas recobertas de cobre e *drives* de disco	30	Teclados	16
Capacitores AC e transformadores *fly-back*	25	Placas-mães	15

Fonte: Governo de Dongguan 2005.

escala na produção. Ele foca as "economias de aglomeração", cujo aproveitamento exige localização em áreas densamente povoadas por outros produtores. Em seguida, fornece uma breve sinopse de aproximadamente duas décadas de trabalho de economistas que procuraram compreender essas economias de escala, trabalho que diminuiu a separação entre a pesquisa e o mundo real, e que fornece resultados valiosos para as políticas. Depois, ele avalia se os formuladores de políticas no mundo em desenvolvimento vêm aprendendo com essa experiência e análise.

As principais conclusões:

- ***As economias em desenvolvimento estão entrando num novo domínio de aglomeração.*** Um século de experiência indica que, à medida que os países se desenvolvem de uma produção agrícola para uma industrial e para uma orientada para os serviços, empresas e trabalhadores deixam para trás não apenas seus vilarejos e suas ocupações agrárias, mas também um mundo no qual a escala não importa tanto. Um número cada vez maior deles faz parte não somente de assentamentos maiores e mais densos, mas também de um mundo no qual a escala importa – onde a produção e a distribuição são beneficiadas por economias de escala, especialmente aquelas associadas aos lugares. A proximidade importa mais não só para o acesso aos mercados de bens e serviços, mas também para o acesso a ideias.
- ***Um porfolio de lugares é necessário para o crescimento econômico.*** A pesquisa conduzida ao longo da última geração indica que diferentes formas de assentamentos humanos facilitam as economias de aglomeração para diferentes formas de produção. Uma generalização um tanto simplificada demais (mas não totalmente incorreta) seria que as cidades mercan-

Tabela 4.1 Uma dúzia de economias de escala

<table>
<tr><th colspan="4">Tipo de economia de escala</th><th>Exemplo</th></tr>
<tr><td rowspan="3">Interna</td><td colspan="3">1. Pecuniários</td><td>Ser capaz de comprar insumos intermediários no atacado</td></tr>
<tr><td colspan="2" rowspan="2">Tecnológica</td><td>2. Tecnológica estática</td><td>Redução dos custos médios devido aos custos fixos de operação da fábrica</td></tr>
<tr><td>3. Tecnológica dinâmica</td><td>Aprender como operar a fábrica de maneira mais eficiente com o tempo</td></tr>
<tr><td rowspan="9">Externa ou de aglomeração</td><td rowspan="4">De localização</td><td rowspan="3">Estática</td><td>4."De compra"</td><td>Os compradores são atraídos para os lugares onde há muitos vendedores</td></tr>
<tr><td>5. Especialização "Adam Smith"</td><td>A terceirização permite que os fornecedores de insumos a montante e as empresas a jusante lucrem com os ganhos de produtividade graças à especialização</td></tr>
<tr><td>6. Formação de reserva de mão de obra "Marshall"</td><td>Os trabalhadores com qualificação específica para cada indústria são atraídos para uma localização onde há uma maior concentração[a]</td></tr>
<tr><td>Dinâmica</td><td>7. Aprendizado na prática "Marshall-Arrow-Romer"</td><td>Reduções dos custos oriundas da atividade produtiva repetida e continuada ao longo do tempo e que se expandem entre empresas no mesmo lugar</td></tr>
<tr><td rowspan="4">De urbanização</td><td rowspan="3">Estática</td><td>8. Inovação "Jane Jacobs"</td><td>Quanto mais coisas diferentes são feitas em âmbito local, mais oportunidades existem de observar e adaptar as ideias alheias</td></tr>
<tr><td>9. Formação de reserva de mão de obra "Marshall"</td><td>Os trabalhadores numa indústria levam inovações para empresas em outras indústrias; semelhante ao n. 6 acima, mas o benefício decorre da diversidade de indústrias numa mesma localização</td></tr>
<tr><td>10. Divisão do trabalho "Adam Smith"</td><td>Semelhante ao n. 5 acima, a principal diferença é que a divisão do trabalho torna-se possível por causa da existência de muitas indústrias compradoras diferentes no mesmo lugar</td></tr>
<tr><td>Dinâmica</td><td>11. Crescimento endógeno "Romer"</td><td>Quanto maior o mercado, maior o lucro; quanto mais atraente a localização para as empresas, mais empregos existem; quanto mais reserva de mão de obra existe, maior o mercado – e assim por diante</td></tr>
<tr><td colspan="3">12. Aglomeração "pura"</td><td>Distribuição dos custos fixos da infraestrutura entre mais contribuintes; as deseconomias provêm do congestionamento e da poluição</td></tr>
</table>

Fonte: Adaptado de Kilkenny 2006.
a. Para uma formalização, ver Krugman 1991a.

tis facilitam as economias de escala de marketing e de distribuição dos produtos agrícolas, as cidades de médio porte proporcionam economias de localização para indústrias manufatureiras, e as cidades maiores proporcionam diversas instalações e promovem a inovação dos negócios, do governo e dos serviços de educação.

- ***Muitas vezes, os formuladores de políticas avaliaram mal a potência das forças de mercado.*** Muitos formuladores de políticas encaram as cidades como construções do estado – para serem administradas e manipuladas para servir a algum objetivo social. Na realidade, as grandes e pequenas cidades, tal como as empresas e fazendas, são criações do mercado. Assim como as empresas e fazendas fornecem bens e serviços finais e intermediários, as pequenas e grandes cidades proporcionam economias de aglomeração para os produtores e trabalhadores. Portanto, os administradores das cidades deveriam aprender o que a sua cidade faz, e ajudá-la a fazê-lo do melhor modo, em vez de tentar mudar o curso do destino de sua cidade. Os planejadores e formuladores de políticas deveriam ver seu papel como o de administradores prudentes de um *portfolio* de lugares, para aproveitar ao máximo as economias de aglomeração.

Este capítulo discute, em termos gerais, as implicações da experiência e da análise para a reformulação das estratégias de urbanização no mundo em desenvolvimento. O capítulo 7 continua essa tarefa de recontextualização do debate sobre estratégias urbanas.

Um guia das economias de escala

Os benefícios do aumento da escala podem ser ou internos ou externos a uma empresa ou fazenda individualmente. As economias externas são sinônimo de "economias de aglomeração", o que inclui os benefícios da localização (estar próximo de outros produtores da mesma mercadoria ou serviço) e da urbanização (estar próximo de outros produtores de uma ampla gama de mercadorias e serviços). As externalidades de consumo também são associadas à aglomeração, mas ainda não foram bem estudadas pela literatura.[2] Portanto, este capítulo trata das economias de escala relacionadas à produção (ver tabela 4.1).[3]

- ***As economias internas*** decorrem do grande tamanho de uma fábrica para aproveitar melhor os custos fixos (ver números 1 a 3 na tabela 4.1). Uma siderúrgica maior pode obter descontos dos fornecedores ao adquirir grandes volumes – no que tange aos custos fixos de transporte e comercialização – e colher

QUADRO 4.2 *Compartilhamento, correspondência e aprendizado*

Três motivos explicam por que as empresas num setor da indústria em particular situam-se frequentemente perto umas das outras. A concentração geográfica ajuda a:

- ***Compartilhamento*** – Ampliar o mercado para os fornecedores de insumos, permitindo que explorem as economias de escala internas na produção (os custos médios declinam à medida que a escala da produção cresce). Esse compartilhamento de insumos também permite aos fornecedores oferecer bens e serviços altamente especializados, feitos sob medida para as necessidades dos compradores. O resultado são maiores lucros para todos, acompanhados de maior facilidade de acesso a uma gama mais ampla de insumos.
- ***Correspondência*** – Expandir a disponibilidade da gama de qualificações exigidas pelos empregadores para facilitar uma melhor correspondência a suas necessidades distintas. Ao mesmo tempo, os trabalhadores julgam menos arriscado estar em localizações com muitos possíveis empregadores.
- ***Aprendizado*** – Acelerar os efeitos secundários do conhecimento e permitir que trabalhadores e empreendedores aprendam uns com os outros.

A capacidade de ir além do compartilhamento, correspondência e aprendizado (economias de localização) específicos à indústria para processos na escala da cidade (economias de urbanização) exige mecanismos adicionais. Estes incluem os efeitos da causalidade cumulativa e da interpenetração da produção e do comércio entre as indústrias. Também incluem os ganhos da fertilização mútua de ideias. A concentração de trabalhadores e fornecedores leva a uma concentração das demandas dos consumidores.

Se as economias de escala forem grandes e inexauridas e se as empresas puderem competir não apenas em preço mas também por meio da diferenciação dos produtos, fortes forças centrípetas entram em ação. Ademais, ao introduzir formalmente a distância (o custo do frete de insumos e produtos), o modelo descritivo neste Relatório fornece uma visão útil das forças centrífugas que explicam a dispersão espacial ou a aglomeração urbana de um país. De modo geral, a predominância (primazia) de uma área metropolitana ou de um punhado delas num país aumenta se os benefícios das economias de escala forem grandes em relação aos custos de transporte.

Fontes: Gill e Kharas 2007, com base em Duranton e Puga 2004.

Tabela 4.2 As economias de escala internas são baixas nas indústrias leves e altas nas indústrias pesadas

Resultados	Fonte de dados
Retornos de escala constantes: vestuário, couro, calçados, têxteis, produtos de madeira *Retornos de escala altos crescentes:* máquinas, produtos farmacêuticos, instrumentos, ferro e aço, produtos de petróleo e carvão	Baseados em dados de comércio (Antweiler e Trefler 2002)
Retornos constantes ou retornos de escala baixos crescentes: artigos de couro, calçados e roupas, madeira, têxteis *Retornos de escala altos crescentes:* veículos motorizados, outros meios de transporte, produtos químicos, engenharia, impressão e edição	Baseados em estimativas de engenharia para examinar gradientes de custo e mudanças na escala de eficiência mínima (Junius 1997, citado por Prateen 1988 e Emerson e outros 1988)
Retornos de escala baixos crescentes: calçados, vestuário, produtos alimentícios, couro *Retornos de escala altos crescentes:* tabaco, produtos farmacêuticos, material de escritório e computação, equipamento ferroviário	Baseados nas margens das indústrias manufatureiras de 14 países da OCDE (Junius 1997, citado por Oliveira e outros 1996)
Retornos de escala baixos crescentes: vestuário, produtos de couro, têxteis *Retornos de escala altos crescentes:* serviços elétricos, de gás e sanitários, veículos motorizados e equipamentos, produtos químicos, tabaco	Baseados em margens de preços sobre custos marginais para setores de dois dígitos nos Estados Unidos entre 1953-84 (24 setores) (Roeger 1995)
Retornos de escala baixos crescentes: têxteis, produtos lácteos, madeireiras, óleo de peixe e produtos alimentícios *Retornos de escala altos crescentes:* metal básico, equipamento de transporte, produtos do cimento, utensílios, bebidas	Baseados em estimativas de funções de produção baseadas no Censo de Estabelecimentos Manufatureiros da Noruega de 1963 (27 indústrias) (Griliches e Ringstad 1971)
Retornos de escala baixos crescentes: roupas, malhas, couro, têxteis *Retornos de escala altos crescentes:* petróleo, metal básico e fabricado, equipamento de transporte	Baseado em dados de custo e lucro em indústrias manufatureiras de quatro dígitos CIP (167 indústrias) em 1970 no Canadá (Baldwin e Gorecki 1986) e produtividade da mão de obra e produção para 90 indústrias de quatro dígitos no Canadá entre 1965 e 1970 (Gupta 1983)
Retornos de escala baixos crescentes: vestuário, produtos de madeira *Retornos de escala altos crescentes:* outros produtos químicos, produtos alimentícios, impressão e edição	Baseado em estimativas de funções de produção no nível de empresa para 6.665 fábricas no Chile entre 1979–86 (Levinsohn e Petrin 1999)

Fonte: Equipe do RDM 2009.
Nota: OCDE = Organização para a Cooperação e Desenvolvimento Econômico; CIP = Classificação Industrial Padrão.

os benefícios da divisão do trabalho dentro da empresa.

- ***As economias de localização*** decorrem de um maior número de empresas na mesma indústria e no mesmo lugar (ver números 4 a 7 na tabela 4.1). A proximidade espacial contribui porque o acesso imediato a outros participantes do mercado ajuda as empresas a ficarem a par da informação do mercado ao negociar com fornecedores e consumidores.[4] Firmas agrupadas também podem compartilhar um grupo maior e mais confiável de mão de obra especializada.
- ***As economias de urbanização*** decorrem de um maior número de indústrias diferentes no mesmo lugar (ver números 8 a 11 na tabela 4.1). Uma empresa de consultoria em administração pode beneficiar-se da proximidade de instituições de ensino, fornecedores de serviços financeiros e fábricas.

As economias de aglomeração dependem não apenas do tamanho (uma cidade ou indústria grande), mas também das interações urbanas. São tradicionalmente classificadas em economias de localização, que decorrem de interações econômicas dentro da indústria, e economias de urbanização, que decorrem de interações entre as indústrias.[5] Os motivos pelos quais os produtores ganham com a proximidade dos outros depende do compartilhamento de insumos importantes, da informação e da mão de obra. Eles também dependem da melhoria das correspondências entre as exigências da produção e os tipos de terra, mão de obra e insumos intermediários – e do aprendizado de novas técnicas e produtos (ver quadro 4.2).

As economias de escala internas são maiores nas indústrias mais pesadas

Retornos de escala internos crescentes são encontrados na manufatura e serviços, baseados em várias fontes de dados. As economias de escala internas vão de negligenciáveis ou baixas, entre as indústrias leves, para altas entre as indústrias pesadas e de alta tecnologia (ver tabela 4.2). Um resumo dos estudos específicos aos setores que examinam a escala mínima de eficiência da produção e as economias de custos encontrou retornos crescentes significativos na produção de veículos motorizados, outros equipamentos de transporte, produtos químicos, maquinário, engenharia, e papel e impressão. Na categoria de produtos de três dígitos, os retornos de escala mais altos estão em livros, tijolos, tintas e aeronaves.[6] Em contrapartida, as economias de escala internas são insignificantes para borrachas e plásticos, couro e artigos de couro, calçados, roupas e têxteis.[7]

Baseadas em estimativas de custo e valor adicionado, diferentes fontes indicam resultados semelhantes. Uma amostra de 5 mil firmas manufatureiras na Noruega fornece evidências de economias de escala no nível da indústria individual.[8] Para as indústrias canadenses no nível de quatro dígitos, os retornos de escala são em média de 10% para 107 setores manufatureiros, com roupas, malhas, couro e têxteis no extremo inferior do espectro.[9] Aumentar a produção reduz o custo na manufatura dos EUA, nas indústrias dos países de renda média (Chile) e nas indústrias europeias de carros, caminhões e bens de consumo duráveis.[10-11]

Com base em dados de comércio, um terço de todas as indústrias produtoras de bens têm retornos de escala crescentes.[12-13] As indústrias manufatureiras com as maiores economias em nível de fábrica e as maiores externalidades em nível da indústria são produtos de petróleo e carvão, refino de petróleo, produtos farmacêuticos, maquinário, ferro e aço. As indústrias com retornos constantes incluem calçados, couro, têxteis, vestuário e móveis.

As margens são uma quarta fonte de informação. Como os retornos de escala crescentes conferem um certo poder de mercado às empresas, as diferenças entre preço e custo marginal podem substituir-servir como indicador para as economias de escala no nível da fábrica. Os estudos encontraram uma ampla gama de margens para a manufatura dos EUA, de 15% em vestuário a mais de 200% nos serviços elétricos, de gás e sanitários. Para 36 setores manufatureiros em 19 países membros da Organização para a Cooperação e o Desenvolvimento Econômico (OCDE), as maiores margens estão em tabaco, drogas e medicamentos, e material de escritório e computação – e as menores em calçados, vestuário e produtos de madeira.[14]

Embora os dados para manufatura dominem a literatura, os retornos crescentes em serviços também são evidentes. O setor mais bem estudado é o da geração de energia elétrica, no qual os retornos de escala crescentes internos são consideráveis.[15] As margens mais altas estão nas instalações e nos serviços sanitários.[16] As economias de escala também são encontradas nos setores bancário e financeiro.[17] Um estudo de bancos comerciais em 75 países mostra que os bancos com maiores empréstimos e depósitos têm custos médios inferiores – e que os bancos que operam em sistemas financeiros maiores necessitam de menos aumentos proporcionais de capital financeiro e têm custos de administração de risco inferiores.[18]

As economias de localização decorrem do compartilhamento de insumos e da concorrência dentro da indústria

As economias de localização provêm de grupos de empresas geograficamente concentrados, ligados pela tecnologia que usam, os mercados que servem, os produtos e serviços que oferecem e as qualificações que exigem. As pressões competitivas que forçam as empresas de um mesmo setor a inovar ou falhar também levam ao crescimento da produtividade. As condições tendem a ser competitivas quando as empresas a montante e a jusante e as instituições associadas a uma indústria específica (como maquinário eletrônico ou petroquímicos) – incluindo as universidades e associações comerciais – "aglomeram-se". Outros canais para as economias de localização são as "externalidades Marshall-Arrow-Romer",[19] mais difíceis de mensurar e que provêm principalmente dos efeitos secundários do conhecimento.

A proximidade de empresas semelhantes influencia as decisões de localização das empresas. Tomemos o exemplo da indústria de artigos de malha nos Estados Unidos. Pouco depois de 1900, a cidade de Nova York tornou-se o centro de produção e distribuição de vestuário dos EUA. Porém, após a II Guerra Mundial, a produção de vestuário deslocou-se para o sul, para a Carolina do Norte.[20] Muitas fábricas de malhas e tecidos deslocaram-se para aproximar-se da oferta de fios e tirar partido da energia, mão de obra e terra mais baratas.

Hoje, a indústria de meias, localizada na Carolina do Norte, comporta muitas marcas – entre elas, *Sheer Energy*, *Silken Mist*, *Just My Size* e *No Nonsense* –, todas competindo num mercado de US$ 2 bilhões. De acordo com o Bureau do Censo dos EUA, aproximadamente 150 estabelecimentos produtores de meias femininas compridas

QUADRO 4.3 *Economias de aglomeração na Indonésia*

A maior parte das evidências consistentes de economias de aglomeração provém dos países desenvolvidos. Uma exceção é a Indonésia, que ajuda a identificar os determinantes da concentração industrial. A análise enfoca quatro grupos amplos – produtos químicos (inclusive petróleo, borracha e plásticos), têxteis (inclusive vestuário, couro e calçados), minérios não-metálicos (inclusive vidro, cerâmica e cimento) e maquinário (inclusive máquinas elétricas e não-elétricas, equipamento de transporte e instrumentos). Ela esclarece como o tamanho e o tipo das economias de escala influenciam a extensão e o padrão de aglomeração num país em desenvolvimento.

As economias de localização – os benefícios da proximidade de outras empresas do mesmo setor industrial – foram mais importantes que as economias de urbanização para a manufatura, e as economias de aglomeração estáticas são mais importantes que as externalidades dinâmicas (ou relacionadas ao aprendizado). Os resultados dos testes específicos ao setor para as externalidades estáticas mostram que:

- As economias de localização são fortes para os produtos têxteis e químicos.
- As economias de urbanização são fortes para os minérios não-metálicos e o máquinas, embora sejam fracas em certos períodos.

As atividades sujeitas às economias de urbanização e dinâmicas são fracas candidatas para as políticas que procuram distribuir a massa econômica dentro do país (ver capítulo 8 para uma discussão mais detalhada). Tais empresas preferem permanecer no mesmo lugar, já que isso favorece o aprendizado, e prosperam em cidades bastante grandes e diversas. As economias de aglomeração para os produtos têxteis e químicos (em grande parte estáticas e locais) indicam que as políticas para desconcentrar a produção nessas indústrias podem ter sucesso se forem acompanhadas por melhorias na infraestrutura e governança nas áreas escolhidas para a nova localização. As economias de aglomeração tornam provável que o setor de minérios não-metálicos e de máquinas (essencialmente estáticos e urbanos) resistam ao deslocamento em direção a centros urbanos menores.

Fonte: Kuncoro, no prelo.

e três quartos-calças e três quartos femininas no início dos anos 2000, metade do total do país, estavam situados na Carolina do Norte. Eles produziram um valor de US$ 973 milhões em artigos de malha, aproximadamente 75% do total nacional, e empregavam 13.497 pessoas, incluindo 11.567 trabalhadores na produção.[21] Acrescentando-se as meias masculinas, mais da metade de uma indústria de US$ 6 bilhões está na Carolina do Norte.

Um dos motivos pelos quais os produtores têxteis foram para a Carolina do Norte foi para explorar os ganhos de produtividade oriundos da proximidade dos produtores de fio a montante. As indústrias de fio e meias-calças estão estreitamente ligadas – em relações delicadamente costuradas a cada passo da produção – mas são ferozmente competitivas. Macfield, um gigante têxtil e um dos maiores produtores de fios para meias-calças, meias, abrigos, estofados e produtos industriais opera cinco fábricas na Carolina do Norte e emprega aproximadamente um quarto da mão de obra da indústria do fio. Aproximadamente seis em cada dez pares de meias transparentes vendidos nos Estados Unidos foram tecidos com fio Macfield.[22] Junto com outros grandes produtores da Carolina do Norte (Unifi, Regal e Spanco), eles constituem mais de três quartos do valor de US$ 3,7 bilhões da indústria de produtos de fio texturizado.[23] A localização das indústrias de fios e meias na Carolina do Norte é uma manifestação poderosa das economias externas intraindústria.

As economias de urbanização decorrem da diversidade industrial, que promove a inovação

À medida que as cidades crescem, as economias de urbanização tornam-se mais importantes.[24] A diversidade urbana pode estimular a troca de ideias e tecnologia e produzir mais inovações e crescimento.[25] Empresas de diferentes indústrias podem compartilhar instalações indivisíveis ou bens públicos, uma maior variedade de fornecedores de insumos, um maior grupo de trabalhadores especializados e riscos. Evidências da importância do efeito secundário de conhecimento ao longo da indústria podem ser observadas em cidades estabelecidas. Em cidades razoavelmente maduras, como Los Angeles e Filadélfia, a concorrência e a diversidade da cidade ajudam o crescimento do emprego, indicativo de economias de urbanização e de inovação entre setores.[26] As financeiras, companhias seguradoras e sindicatos bancários de Wall Street em Nova York e na cidade de Londres beneficiam-se da proximidade umas das outras. E essa localização partilhada da proximidade dessas firmas estimula o crescimento de empresas especializadas em outros serviços, como, assessoria jurídica, *software* e informática, processamento de dados, propaganda e consultoria administrativa.

Essas empresas aglomeradas, ao fornecer um mercado mais denso para indivíduos altamente instruídos, abastecem-se na mesma grande reserva de capital humano. Eles também se beneficiam da geração e difusão de conhecimento entre eles.

As evidências das economias de aglomeração urbanas provêm principalmente da manufatura nos países desenvolvidos.[27] Mas também há evidências de economias externas nos países em desenvolvimento, quando os dados estão disponíveis. Uma pesquisa com 12.400 empresas de manufatura em 120 cidades da China indica uma produtividade mais alta das empresas nas cidades mais populosas.[28] As economias de aglomeração na manufatura indonésia entre 1980 e 2003 variam com o tempo; todavia, nos termos mais amplos, esses benefícios são principalmente estáticos ao invés de dinâmicos e é em mais provável que decorram da localização do que da urbanização (ver quadro 4.3).

Um domínio diferente

Os países se desenvolvem deslocando suas economias das tradicionais atividades agrícolas de subsistência para a manufatura e os serviços com maior valor. Nesse processo, as empresas se tornam a unidade dominante de produção em lugar das fazendas. A produção de bens manufaturados e serviços diferenciados aumenta como parcela de produção da economia. Entre 1900 e 2000 a parcela da população mundial em localidades urbanas dominadas pelas indústrias de bens ou de serviços cresceu de 15 para 47%. A parcela global de emprego na agricultura entre pessoas em idade produtiva caiu de 55% em 1960 para cerca de 33% em 2004. A tecnologia de produção passa de retornos constantes para retornos crescentes de escala. E, com o tempo, as transformações técnicas que incrementam a escala alavancam as economias de escala. A concorrência imperfeita e a monopolística se tornam as formas dominantes de estrutura de mercado.

O mundo é mais urbano, e a concentração da massa econômica nos centros urbanos mais densos também é maior. Em 1900, o número de pessoas nas 100 maiores cidades representava apenas 4,3% da população do mundo. As mesmas 100 cidades têm hoje 7,5% do total, e as 100 maiores cidades, quase 10,5%. Apesar de um espaço aberto amplo, quase todo o desenvolvimento recente dos Estados Unidos ocorreu a menos de 1 km do desenvolvimento precedente.[29] Até hoje, a área construída ou pavimentada dos Estados Unidos corresponde a apenas cerca de 2% do seu território. Somente as economias de aglomeração podem explicar essa aglomeração extrema de empresas e trabalhadores nas cidades.

À medida que as empresas buscam economias de escala, a agricultura se dispersa mas a manufatura se aglomera

À medida que as economias se desenvolvem, as atividades agrícolas se espalham para explorar as economias de escala na produção. Nos Estados Unidos, aproximadamente 1.500 kg de produtos agrícolas são produzidos anualmente para alimentar cada americano, ao passo que os chineses contentam-se com aproximadamente 600 kg por pessoa. Em 2005, a área cultivada média nos Estados Unidos era de 20,4 hectares por agricultor, na Austrália era de 45 hectares, e no Canadá era de 47 hectares. O tamanho médio das fazendas no Brasil é de aproximadamente 19 hectares.[30] Mas as economias de escala na agricultura são geralmente difíceis de obter nos países de renda baixa. A área cultivada por agricultor era uma fração da dos países industriais: 0,16 hectares na China, 0,30 em Bangladesh e na Indonésia, e 1,20 na Nigéria.[31]

À medida que os países se desenvolvem e a manufatura e os serviços se tornam mais importantes, as empresas ficamse aproximam umas das outras para angariar economias de aglomeração. Na França, no Reino Unido e nos Estados Unidos, 75-95% da indústria é localizada (aglomerada ou concentrada com relação à atividade econômica global), enquanto menos de 15% é dispersa.[32] Nos Estados Unidos, mais de um terço dos motores aeroespaciais são produzidos em três cidades: Hartford, com aproximadamente 18% do emprego total, e Cincinnati e Phoenix com outros 18% juntas.[33] Ao longo do tempo a concentração espacial das indústrias nos Estados Unidos aumentou.[34] Usando um espaço contínuo sem considerar as fronteiras administrativas e com base na concentração das fábricas, mais da metade das 122 indústrias de quatro dígitos do Reino Unido são localizadas, e somente 24% são dispersas. O restante está distribuído de modo aleatório.[35]

A aglomeração espacial é mais acentuada nas indústrias de alta qualificação e alta tecnologia (maquinário eletrônicos de informática, instrumentos de controle de processos, semicondutores e produtos farmacêuticos) do que nas indústrias leves. Isso é compatível com os resultados documentados dos efeitos da maior escala nas indústrias pesadas. As indústrias de alta qualificação e alta tecnologia têm tecnologia de produção que utiliza mais capital. Elas também têm mais probabilidade de beneficiar-se dos diversos mecanismos que geram economias externas, discutidos anteriormente.

Na República da Coreia, o *ranking* das indústrias pelas economias de localização segue o ranking das indústrias pela concentração espacial nas diversas cidades. As indústrias pesadas e de transporte (de metais, produtos químicos e equipamento de transporte) tendem a se concentrar em algumas poucas cidades altamente especializadas para tirar proveito das externalidades de escala locais, enquanto as indústrias tradicionais ou leves com externalidades de escala baixas (alimentação e têxteis) são mais dispersas.[36] As indústrias de alta tecnologia (computadores, aeronaves, equipamentos médicos e componentes eletrônicos) tendem a ser mais concentradas do que as indústrias de bens duráveis e relacionadas a maquinário (peças transformação/processamento do de metal, industrial, refrigeração, e de máquinas e equipamentos).[37] As cidades da República da Coreia também se tornaram mais especializadas.[38]

Os serviços tornam-se ainda mais densamente aglomerados do que a manufatura

À medida que os países avançam para uma fase mais madura do desenvolvimento, suas economias tornam-se mais baseadas em conhecimento e orientadas para os serviços. A concentração espacial da atividade também aumenta (ver capítulo 2).[39-40] Os tipos importantes de economia de aglomeração mudam conforme o desenvolvimento progride. Em particular, à medida que uma economia se torna mais baseada em conhecimento, nos efeitos secundários do conhecimento, que dependem da proximidade, tornam-se mais importantes. As evidencias sugerem que a indústria de conhecimento é espacialmente concentrada.[41]

Os serviços são ainda mais espacialmente concentrados do que a manufatura por dois motivos. Em primeiro lugar, tendem a usar menos terreno por empregado. Bancos, companhias de seguros, hospitais e escolas podem operar confortavelmente em edifícios altos que economizam terreno e permitem alta densidade. Em segundo lugar, devido às economias externas, os serviços comerciais têm um potencial ainda maior para a aglomeração, haja vista que as empresas atendem umas às outras: todo banco precisa de publicidade, toda agência de publicidade precisa de uma conta bancária. Assim, o potencial de co-dependência e aglomeração é intrínseco aos serviços.[42]

Os serviços são proeminentes entre as indústrias mais aglomeradas dos Estados Unidos.[43] Eles estão cada vez mais concentrados nas grandes cidades dos EUA, agregando empregos do setor de serviços provenientes de áreas a menos de 20 km de distância.[44] Entre 1972 e 1992 os empregos nos Estados Unidos tornaram-se mais concentrados espacialmente, dirigidos basicamente pela crescente localização das atividades de serviço em cidades grandes,[45] na medida em que as cidades pequenas e médias perderam empregos para regiões mais urbanas.[46] Por exemplo, no condado de Suffolk, Massachusetts, que inclui Boston, 35% da mão de obra está nos setor de serviços, perto de duas vezes a média nacional, que é de 18%.[47] No Reino Unido, quase 60% de todos os escritórios de capital de risco estão em Londres.[48] Os escritórios de capital de risco baseados em Londres favorecem o investimento nas pequenas e médias empresas baseadas em Londres por obterem melhor informação: eles podem facilmente visitar e monitorar essas empresas. À medida que os custos de comunicação caem, os serviços tornam-se mais comercializáveis, o que permite aos

Tabela 4.3 As economias de escala ampliam-se com a densidade e atenuam-se com a distância

Resultado	Fonte de dados
As economias de escala ampliam-se com a densidade...	
Dobrar a densidade econômica aumenta a produtividade em 6%	Dados de 1988 de produção por trabalhador nos estados dos EUA (Ciccone e Hall 1996)
Dobrar a densidade do emprego aumenta a produtividade em 4,5-5,0%	Dados do final dos anos 1980 sobre valor agregado particular não-agrícola por trabalhador nas regiões europeias da NUTS (Ciccone 2002)
O aumento de uma unidade no desvio padrão da parcela do emprego local na própria indústria no período inicial aumenta o nível de emprego na indústria em 16-31% no período posterior	Dados de cinco indústrias manufatureiras tradicionais em 224 áreas metropolitanas dos EUA entre 1970 e 1987 (Henderson, Kuncoro e Turner 1995)
Um aumento de 10% no emprego local da própria indústria resulta num aumento de 0,6-0,8% da produção da fábrica, para o mesmo nível de insumos	Dados cidade-indústria da República da Coreia para 1983, 1989, 1991-93 (Henderson, Lee e Lee 2001)
e atenuam-se com a distância.	
Aumentar a distância do centro da cidade em 1% leva a um declínio de 0,13% na produtividade	Dados de 1980 para 356 novas empresas manufatureiras no Brasil (Hansen 1990)
Dobrar a distância de um centro mercantil regional reduz os lucros em 6%	Dados de empresas de autopeças e maquinário agrícola no Brasil e nos Estados Unidos (Henderson 1994)
Dobrar o tempo de viagem para o centro da cidade reduz a produtividade em 15%	Dados para oito indústrias no Brasil (Sveikaukas e outros 1985)
Efeito do próprio condado (defasado e contemporâneo) sobre a produtividade da fábrica, mas nenhum efeito do condado vizinho	Dados de produtividade em nível de fábrica 1972–92, em 742 condados dos EUA (Henderson 2003b)
Efeitos do emprego na própria indústria sobre a criação de novas fábricas atenua-se rapidamente nos cinco primeiros anéis concêntricos de 1 milha	12 milhões de estabelecimentos nos EUA da base de dados Dun & Bradstreet Marketplace (Rosenthal e Strange 2003)

Fonte: Equipe do RDM 2009.

fornecedores tirar proveito da maior especialização e das economias de aglomeração. Por exemplo, os serviços financeiros podem ser desagregados em categorias mais refinadas de serviços de varejo, crédito e financiamento ao consumidor, banco comercial e corporativo, bancos de investimentos, e assim por diante. E dentro dos bancos de investimentos, há outra especialização em fusões e aquisições, finanças corporativas, renda fixa, gestão de dívida e afins.

As cidades facilitam economias de escala de todos os tipos

Uma fábrica numa localização isolada pode beneficiar-se de economias de escala internas, mas, a menos que esteja situada numa área com densidade, não pode dispor dos benefícios competitivos associados às economias de localização ou de urbanização. As pequenas e grandes cidades reúnem grandes reservas de mão de obra qualificada e de fornecedores de insumos intermediários especializados e, ao fazê-lo, melhoram as correspondências empregador-empregado e comprador-vendedor. O compartilhamento dos insumos é um canal importante para o surgimento das economias de aglomeração.[49] A densidade da atividade permite uma especialização mais refinada e uma variedade mais ampla de insumos intermediários. Na média das indústrias, o deslocamento de uma empresa de uma localização menos densa (de 499 empregados vizinhos ou menos na mesma indústria) para uma localização mais densa (de 10.000 a 24.999 empregados vizinhos) resulta num aumento de 3% na intensidade de insumos adquiridos.[50] A composição de uma cidade emerge do escopo das economias de aglomeração e de suas interações com outros aspectos do comportamento microeconômico.

As cidades grandes com mais empresas permitem aos trabalhadores protegerem-se contra riscos específicos ao setor. Cidades menores especializadas expõem os trabalhadores a maiores choques próprios à indústria, mas oferecem condições favoráveis próprias à correspondência. Em ambos os casos, a concentração da atividade econômica reduz os custos da procura entre empresas e trabalhadores, o que resulta em menos vagas em aberto, menor risco de perda do emprego e menor tempo de desemprego. A grande variedade e quantidade de insumon a serem divididos nas cidades também implica em correspondências de melhor qualidade. Por exemplo, graças à melhor correspondência possível, os casais com formação universitária se encontram cada vez mais nas grandes cidades, tendo passado de 32% em 1940 a 50% em 1990.[51] As cidades tornam mais fácil para os produtores encontrar insumos e para os clientes experimentar e descobrir novas possibilidades. Exemplos da difusão fácil de informação e de aprendizado social vão da congregação de fregueses em certos restaurantes, à propagação de boatos e ao aprendizado boca a boca nas vizinhanças.[52]

Os mecanismos de aprendizado também explicam a aglomeração nas cidades.[53]

Como sugeriu Alfred Marshall, quando os efeitos secundários do conhecimento existem, "os mistérios do negócio deixam de ser mistérios e ficam como que pairando no ar".[54] É difícil medir os efeitos secundários de conhecimento, porque não há registro deles nas transações comerciais. Os efeitos secundários do conhecimento são difíceis de medir porque raramente podem ser identificados nas transações. Com as citações de patentes, no entanto, é possível identificar um rastro burocrático para certos efeitos secundários do conhecimento. Nos EUA, as citações de patentes são espacialmente concentradas, sendo 5 a 10 vezes mais provável que as citações provenham das mesmas áreas estatísticas metropolitanas padronizadas que as patentes originárias.[55] Outra linha de pesquisa enfoca os trabalhadores como veículos primários do conhecimento, sugerindo que as economias com mobilidade substancial de mão de obra entre indústrias acusarão maior expansão das ideias e maior crescimento.[56]

Tabela 4.4 Trinta anos de avanço teórico reconheceram a importância das economias de escala

Assunto	Principais descobertas	Publicações-chave
Organização industrial, anos 1970	Retornos de escala crescentes e concorrência imperfeita podem ser incorporados a modelos econômicos formais	Spence 1976; Dixit e Stiglitz 1977
Economia urbana, anos 1970	Economias externas dentro das cidades e dos sistemas de cidades; diferentes níveis de aglomeração estão relacionados às funções da cidade	Mills 1972; Diamond e Mirrless 1973; e Henderson 1974
Comércio internacional, anos 1980	Retornos crescentes e concorrência imperfeita explicam o comércio intraindústria entre países com recursos semelhantes; recursos iniciais podem, por meio do comércio e da especialização, influenciar a taxa de crescimento a longo prazo; o comércio libera forças de convergência e divergência	Krugman 1980, 1981; Ethier 1982; Helpman e Krugman 1985; Grossman e Helpman 1995
Geografia econômica, anos 1990	Atividades com retornos de escala crescentes são caracterizadas pela aglomeração e pela concorrência imperfeita, enquanto atividades com retornos de escala constantes permanecem dispersas e competitivas, o que ajuda a explicar a distribuição espacial da atividade econômica e o crescimento das cidades	Krugman 1991; Fujita, Krugman e Venables 1999; Henderson 1999
Crescimento endógeno, anos 1980	A concorrência perfeita e as externalidades relacionadas ao conhecimento ou ao capital humano implicam retornos crescentes agregados e explicam por que as taxas de crescimento podem não cair com o tempo e por que os níveis de riqueza entre os países não convergem	Romer 1986; Lucas Jr. 1988
Crescimento endógeno, anos 1990	A concorrência imperfeita explica por que o incentivo para gastar com P&D não cai, e os efeitos secundários do conhecimento explicam por que os custos de P&D caem com o tempo, resultando em produtos mais numerosos e melhores, que impulsionam o crescimento	Romer 1990; Grossman e Helpman 1991; Aghion e Howitt 1992
Crescimento endógeno, anos 2000	A concorrência imperfeita e a entrada e saída schumpeteriana de empresas, com entrantes trazendo novas tecnologias, explicam como o crescimento e as políticas ótimas de um país variam com a distância da fronteira tecnológica; o acúmulo de conhecimento nas cidades leva ao crescimento	Aghion e Howitt 2005; Rossi-Hansberg e Wright 2007; Duranton 2007

Fonte: Adaptado de Gill e Kharas 2007.

As economias de aglomeração são amplificadas pela densidade e atenuadas pela distância

As cidades obviamente refletem a demanda por densidade. As pessoas escolhem viver perto umas das outras, pagando aluguéis caros e tolerando o crime e o congestionamento. Essa densidade ajuda a reduzir todo tipo de distância. As cidades são, assim, criadoras naturais de mercado e um canal para as economias de escala internas e externas. As empresas são atraídas para áreas densas com concentração de pessoas e infraestrutura pela possibilidade de atender um grande mercado local a partir de uma grande fábrica com baixos custos de transporte.[57] Tecnologias com retornos de escala crescentes levam a fábricas maiores com muitos trabalhadores. A mão de obra considerável forma um mercado local grande. Ao reduzir os custos de transporte, as cidades com grande demanda local atraem empresas de diferentes indústrias. Portanto, um processo autoalimentante de aglomeração que começa com a expansão do mercado local eleva ainda mais a produtividade da indústria.

As fábricas em ambientes econômicos densos tendem a ser maiores.[58] À medida que a escala do mercado local aumenta, é mais provável que as empresas terceirizem suas funções de serviço para fornecedores locais.[59] Essa terceirização incentiva ainda mais a concorrência e a diversidade do mercado local de serviços para negócios, o que reforça ainda mais a terceirização. As empresas são atraídas para localidades com grandes concentrações de outras empresas do mesmo setor industrial e com grande demanda.[60] A literatura acadêmica numerosa e crescente a respeito das economias de aglomeração sugere que dobrar o tamanho de uma cidade aumentará a produtividade de 3 a 8%.[61] Na República da Coreia, uma fábrica numa cidade com mil trabalhadores poderia, sem alterar sua combinação de insumos, aumentar a produção em 20 a 25% simplesmente transferindo-se para uma cidade com 15 mil trabalhadores na mesma indústria.[62] E a concentração espacial de pessoas reduz o custo da produção do conhecimento porque a transmissão de informação, a concorrência, a espionagem, a imitação, o aprendizado, a inovação e a comercialização de novas ideias tornam-se mais fáceis.[63] Nos Estados Unidos, 96% das inovações ocorre nas áreas metropolitanas.[64]

As economias de aglomeração são influenciadas pela abrangência geográfica, e a densidade da atividade econômica e a distância entre os agentes econômicos influenciam os ganhos de produtividade das economias de escala (ver tabela 4.3). Por exemplo, dobrar a densidade da atividade econômica nas regiões europeias da *Nomenclature of Territorial Units for Statistics* (NUTS1) pode aumentar o crescimento da produtividade total dos fatores em 0,42% ao ano.[65] Dados do Brasil e dos Estados Unidos indicam que dobrar a distância dos centros metropolitanos densos reduz a produtividade em 15%; dobrar a distância de 280 para 550 km reduz os lucros em 6%. O conceito de distância pode ser generalizado, nesse contexto, da distância no espaço físico para a distância no espaço industrial. Por exemplo, os efeitos secundários entre indústrias são mais prováveis se as indústrias compartilham espaços científicos relacionados e estão, assim, mais próximas no espaço industrial.[66] Ademais, o grau em que a distância atenua as economias de aglomeração difere para diferentes tipos de aglomeração. Por exemplo, os efeitos secundários do conhecimento que dependem da comunicação face a face decairão mais rapidamente com a distância do que o efeito de mercado interno.[67]

Um *portfolio* de lugares

Adam Smith introduziu as economias de escala, a mobilidade dos fatores e os custos de transporte como elementos centrais para a compreensão da natureza e das causas da riqueza das nações. Porém, até os anos 1980, a maioria dos economistas ficavam satisfeitos em ancorar suas investigações em outro conceito introduzido em *A riqueza das nações*, o da "mão invisível" da concorrência perfeita.[68] Mas a concorrência perfeita é um construto teórico artificial: ela presume empresas infinitesimalmente pequenas com influência infinitesimal sobre os preços de mercado, até na vizinhança imediata da localização da empresa. Sua pressuposição de retornos de escala constantes implica, além disso, o problema chamado do "capitalismo de quintal".[69] Ou seja, no mundo dos retornos de escala constantes, a produção em pequena escala é tão eficiente quanto a produção em grande escala, de modo que cada domicílio deveria produzir uma gama plenamente diversificada de bens e serviços

Tabela 4.5 As economias de aglomeração variam de acordo com o tamanho e o perfil da cidade e com o ciclo de vida da indústria

Principal constatação	Dados
As economias de localização são mais importantes para as indústrias manufatureiras pesadas; as economias de urbanização são mais importantes para as indústrias leves	Dados para indústrias de dois dígitos no Japão (Nakamura 1985)
As economias de localização tornam-se menos importantes, cedendo lugar às economias de urbanização, à medida que as cidades crescem	Dados de seção transversal para os Estados Unidos e o Brasil (Henderson 1986)
As economias de escala decorrentes da formação de uma reserva de mão de obra são mais fortes nos mercados mais novos e em expansão, enquanto aquelas provenientes de efeitos secundários do conhecimento e de compartilhamento de ativos especializados são mais importantes nos mercados maduros	Dados anuais de emprego em empresa para quatro áreas metropolitanas dos EUA e três indústrias de dois dígitos (Hammond e Von Hagen 1994)
Para as indústrias maduras de bens de capital há provas de economias de localização mas não de economias de urbanização; para as indústrias novas de alta tecnologia, há provas de economias de localização e de urbanização	Dados do painel de 742 condados urbanos entre 1970-87 (Henderson, Kuncoro e Turner 1995)
Para todas as indústrias, tanto os efeitos de localização quanto de urbanização são importantes. Para as indústrias tradicionais, a maioria dos efeitos desaparece após quatro ou cinco anos, mas, para as indústrias de alta tecnologia, os efeitos podem persistir por mais tempo. Os maiores efeitos provêm geralmente de condições de três a quatro anos atrás, no condado e na área metropolitana	Dados de cinco indústrias manufatureiras tradicionais e três novas indústrias manufatureiras de alta tecnologia em 224 áreas metropolitanas entre 1970 e 1987 (Henderson 1997)
O ambiente industrial histórico das cidades importa. Nas cidades bastante maduras, as economias de urbanização incentivam o crescimento industrial	Dados de crescimento para as maiores indústrias (1956–87) em 170 cidades dos EUA (Glaeser e outros 1992)
Para as indústrias de alta tecnologia, o aumento de uma unidade no desvio padrão da diversidade da base de manufatura local aumenta a produtividade em 60%, mas a diversidade não produz efeito sobre as indústrias padrão (como têxteis e alimentação)	Dados cidade-indústria para a República da Coreia, 1983, 1989, 1991-93 (Henderson, Lee e Lee 2001)

Fonte: Equipe do RDM 2009.

em seu próprio quintal. Os professores de economia, quando pressionados pelos estudantes para dar um exemplo de tal indústria no mundo real, propõem a agricultura de subsistência – pequenas fazendas que produzem trigo ou arroz, e cujos produtos não poderiam ser distinguidos dos de outras fazendas. Isso levou a caracterizações convenientes da economia nas quais todas as empresas e todos os trabalhadores eram idênticos, de modo que uma empresa ou um trabalhador podia ser considerado representativo de todos. As economias de escala eram inconvenientes – elas exigiam que se reconhecesse que a especialização diferenciava pessoas e produtos.

Ocasionalmente, como um rio subterrâneo, a contradição entre retornos crescentes internos e concorrência perfeita emergia, mas, por causa das dificuldades técnicas que levantava, ela rapidamente seria enterrada de novo.[70] Não importava que a maioria das pessoas não trabalhasse mais em pequenas fazendas nos países que haviam saído da pobreza. Foi então que, durante os anos 1970, dois economistas da Universidade de Princeton propuseram uma solução técnica para modelar os retornos de escala crescentes, abrindo caminho para que os pesquisadores adentrassem o mesmo domínio que tantas empresas e trabalhadores haviam habitado desde a Revolução Industrial.[71]

No final dos anos 1980, as economias de escala eram características padrão das explicações do comércio internacional. No início dos anos 1990, os teóricos do crescimento haviam aceitado a necessidade de incorporar a concorrência imperfeita entre as empresas nas formulações agregadas de uma economia. Em meados dos anos 1990, os teóricos estavam começando a mostrar como essas ideias podiam ser usadas para compreender a distribuição espacial da atividade econômica, incluindo a ascensão de pequenas e grandes cidades. Com a nova geografia econômica, os pesquisadores perceberam que a dicotomia entre as economias internas e externas é, muitas vezes, falsa. Por quê? Porque, ao modelar as microfundações das economias de aglomeração, descobriu-se que a fonte das economias externas estava, com frequência, na interação das economias de escala internas com outros fatores, como os custos de transporte.

Reconhecendo as economias de escala: recentes avanços teóricos

A literatura sobre as fundações microeconômicas das economias de aglomeração floresceu nos últimos 20 anos ao combinar os modelos dos paradigmas resumidos na tabela 4.4 e as descobertas sobre economia urbana que ressaltam a tensão entre os benefícios da concentração da atividade econômica e os custos decorrentes dessa concentração espacial.[72] Em geral, os pesquisadores reconheceram progressivamente que o crescimento econômico tem impactos diferentes nas empresas e nos trabalhadores, dependendo de seu setor e de sua localização. O motivo subjacente é o gosto pela variedade no consumo e pelas economias de escala na produção; os motivos imediatos são a diferenciação dos produtos, o poder monopolístico, a especialização e as externalidades de localização.

O reconhecimento formal das economias de escala, das externalidades e da concorrência imperfeita faz que a teoria econômica se adapte mais ao mundo no qual vivem os formuladores de políticas. As implicações políticas desse trabalho decorrem da maneira como a produção econômica se relaciona com o comércio, as ideias e as cidades.

- *Comércio intraindústria.* A principal descoberta decorrente do reconhecimento formal dos retornos de escala crescentes e da diferenciação dos produtos é que o comércio pode ocorrer entre economias que são semelhantes nas dotações de fatores: os comércios interindústria *e* intraindústria podem ser igualmente lucrativos. A implicação principal é que os países podem, em tese, tirar proveito do incentivo de certas atividades e garantir vantagens comparativas.
- *Economias movidas por ideias.* A descoberta é que a natureza não-rival das ideias torna-as diferentes de outros fatores de produção, como capital, terra e mão de obra, pois o mercado pode estar investindo menos do que deveria na criação de novas ideias. A implicação principal é que os governos deveriam,

QUADRO 4.4 *Quando a semeadura e a colheita ocorrem em lugares diferentes: a interdependência crescente das cidades*

Os especialistas urbanos e os economistas debateram durante muito tempo se as cidades especializadas ou diversificadas favorecem mais o crescimento. As cidades que são altamente especializadas criam maiores economias de aglomeração; logo, a produtividade de uma empresa aumenta com a proximidade de empresas semelhantes. Enquanto isso, uma combinação diversa de atividades torna mais provável que as cidades cresçam, particularmente em novos setores. A conclusão principal: tanto a diversidade como a especialização são importantes, mas em diferentes etapas do ciclo de vida da empresa. Um sistema urbano "equilibrado" não é aquele no qual todas as cidades são especializadas ou diversificadas da mesma maneira, mas aquele no qual cidades diversificadas e especializadas coexistem.

Para empresas jovens, a diversidade urbana é mais importante. Um novo empresário pode não conhecer todos os detalhes do produto a ser feito, quais componentes usar, onde adquiri-los, quais trabalhadores contratar e como financiar o empreendimento. As empresas que usam tecnologias semelhantes em diferentes setores têm mais probabilidade de compartilhar informações sobre novas práticas e tecnologias do que as empresas de um mesmo setor. Para as empresas nas indústrias mais padronizadas ou maduras, a especialização urbana é mais importante. É comum essas empresas se beneficiarem menos da flexibilidade decorrente da diversidade urbana e, ao localizarem-se num ambiente especializado, elas podem recolher mais benefícios das economias de aglomeração urbanas. Por exemplo, as empresas automotivas em Detroit reduzem seus custos compartilhando os fornecedores de peças, e os fabricantes de roupas em cidades como San Pedro Sula, em Honduras, se beneficiam dos densos mercados de trabalho que ajudam os trabalhadores a mudar de uma fábrica para outra conforme o mercado se ajusta aos caprichos e extravagâncias da moda.

Às vezes, aglomerados de empresas semelhantes são apontados como o melhor ambiente para a inovação. Mas estudos concluíram, ao contrário, que as metrópoles diversificadas se saem melhor na criação de novos produtos e processos. Por exemplo, a adoção de maquinário controlado por computador para cortar metais foi mais rápida nas situações em que muitas empresas (de fabricantes de fornalhas a produtores de aeronaves) têm necessidades técnicas semelhantes mas não são concorrentes diretas. As empresas para as quais a inovação é importante (como as de produtos eletrônicos) preferem a diversidade nas fases iniciais de inovação, e depois se deslocam para cidades especializadas para a produção em massa. Para a manufatura e os serviços, ao contrário da agricultura, a "semeadura" e a "colheita" podem ocorrer em localizações diferentes.

Assim como o desenvolvimento de produtos e a produção em massa ocorrem cada vez mais em localizações diferentes, o mesmo vale para a administração e a produção. Meio século atrás, as dificuldades associadas à administração dos negócios à distância faziam com que as empresas mantivessem suas sedes e escritórios de administração próximos às suas fábricas. A queda dos custos de transporte e comunicação tornou muito mais fácil administrar a produção à distância (ver capítulo 6).

Por conseguinte, muitas empresas separaram espacialmente a administração e a produção, procurando as melhores condições possíveis para cada uma delas. Para a sede, isso significa localizações com outras sedes onde as empresas podem, por exemplo, compartilhar serviços jurídicos ou de agências de publicidade; para os meios de produção, isso significa lugares com outras fábricas semelhantes. A sede encontra-se geralmente em cidades maiores porque os serviços profissionais tendem a acusar maiores economias de aglomeração, usam menos espaço e empregam funcionários altamente instruídos, dispostos a pagar pelas comodidades da cidade grande. Se os mercados imobiliários funcionarem bem, o aumento subsequente do preço dos terrenos levará os estabelecimentos de produção a se deslocarem para cidades menores e mais especializadas.

As cidades nos Estados Unidos ilustram bem isso. Em 1950, a proporção entre administradores e trabalhadores da indústria era semelhante em cidades de diferentes tamanhos. Por volta de 1990, entretanto, as cidades com população entre 75 mil e 250 mil habitantes tinham 20% menos administradores por trabalhador da indústria do que a média nacional, as cidades com 1,5 a 5 milhões de habitantes tinham 20% mais administradores por trabalhador da indústria, e aquelas com mais de 5 milhões de pessoas estavam 50% acima da média nacional. Tendência semelhante pode ser observada em outros países, como França e Alemanha.

Os formuladores de políticas devem estar conscientes dessas evoluções. Já que essa interdependência crescente se manifesta na transferência de fábricas para longe das cidades grandes, os governos podem se sentir inclinados a retirar recursos delas. Isso mataria a galinha dos ovos de ouro, já que essas transferências em direção às cidades menores especializadas são apenas uma parte tardia do ciclo de vida das empresas que as cidades grandes e diversificadas ajudaram a criar.

Contribuição de Diego Puga.

QUADRO 4.5 *As cidades continuam a prosperar à medida que o custo das telecomunicações cai*

À medida que as telecomunicações melhoram, as cidades tornam-se mais importantes como plataforma de interações e transferências de conhecimento. Estudos recentes nos Estados Unidos e no Japão documentaram os papéis complementares da telecomunicação e das interações face a face: as pessoas mais próximas fisicamente ligam umas para as outras com mais frequência.

Uma interpretação é que as interações face a face geram mais demanda por interações telefônicas. Desde meados dos anos 1980, quando o fax e o e-mail tornaram-se corriqueiros, as viagens de trabalho aumentaram mais de 50%. Outra evidência do aumento das interações face a face com a queda dos custos de telecomunicação é o crescimento fenomenal da co-autoria de artigos em economia – de 12% nos anos 1960 para 56% nos anos 1990. A co-autoria cresceu nos níveis local, estadual e internacional. Melhores telecomunicações aumentam as interações de longa distância, mas não em detrimento das interações locais. Conforme as ideias se tornam mais complexas e difíceis de comunicar, o valor da interação face a face intensiva aumenta, e as cidades tornam-se ainda mais importantes. E se as cidades são centros de tecnologia de telecomunicações, melhorias na tecnologia da informação incrementarão seu papel econômico. A ascensão da indústria multimídia de Nova York pode ser um sinal da vantagem comparativa das grandes cidades em facilitar os difíceis fluxos de informação nas indústrias de ponta. No mundo em desenvolvimento, a ascensão de Bangalore é um caso exemplar.

Fontes: Gaspar e Glaeser 1998; Huber 1995; Sassen 1991; e Gottman 1977.

teoricamente, subsidiar certas correntes de P&D, como aquelas que garantirão a continuidade da vantagem comparativa que o país adquiriu em certas áreas.

- *Crescimento baseado na cidade.* A descoberta principal é que as atividades que acusam retornos crescentes gerados por fatores externos à empresa tendem a estar concentradas nas cidades, enquanto aquelas que acusam retornos constantes permanecem mais dispersas. A implicação principal é que as políticas para manter as cidades acolhedoras para os negócios e com boa qualidade de vida tornam-se mais importantes à medida que as economias se desenvolvem.

Os sistemas urbanos demonstram alguns padrões estilizados. As cidades grandes tendem a ser mais diversificadas e orientadas para os serviços: elas inovam, inventam, geram novas empresas e expelem as indústrias maduras.[73] As cidades menores tendem a ser industrialmente especializadas: elas produzem ou manufaturam e recebem indústrias que se deslocaram das cidades diversificadas.[74] A distribuição por tamanho da cidade e a concentração industrial em cidades específicas tendem a estabilizar-se com o tempo. Um sistema urbano tende a ser composto de algumas grandes cidades diversificadas e muitas cidades menores mais especializadas.[75]

Logo, a observação estilizada na maioria dos países é uma hierarquia urbana com poucas cidades grandes e muitas cidades menores com funções econômicas variadas.[76] Em nível global, as "cidades globais", que estão no topo da hierarquia, como Nova York, Londres, Paris e Tóquio, são caracterizadas por uma estrutura industrial diversa, baseada predominantemente nos serviços, e em mão de obra com uma ampla gama de qualificações.[77]

As cidades menores especializam-se, recebendo as indústrias que amadurecem e se deslocam

Mesmo depois de controlar a vantagem comparativa natural, as externalidades ainda são importantes para explicar os padrões de especialização e diversidade entre as cidades (ver tabela 4.5). A produção de artigos não tradicionais é mais concentrada em diversas cidades dos EUA, enquanto os bens tradicionais padronizados estão concentrados em cidades menores especializadas. Padrões semelhantes são encontrados no Japão e na República da Coreia. As cidades menores são especializadas, enquanto a atividade de baixa tecnologia e os processos de produção padronizados de alta tecnologia são transferidos para outros países. Assim como os resultados para os Estados Unidos, as cidades maiores na República da Coreia são mais orientadas para os serviços e as cidades menores são mais orientadas para a manufatura.[78]

As cidades de tamanho médio tendem a especializar-se em indústrias maduras e não novas, e as cidades maiores especializam-se em serviços não manufatureiros.[79] A melhoria da infraestrutura e a queda dos custos de transporte incentivaram a produção manufatureira padronizada a sair dos centros de alto custo em direção a cidades menores dos EUA. A produção nas grandes cidades enfoca os serviços, a manufatura não-padronizada, e a pesquisa e desenvolvimento.[80] O deslocamento da manufatura para os subúrbios também foi documentado na Colômbia, na Indonésia, na República da Coreia e na Tailândia.[81] É comum constatar que as atividades manufatureiras, mas não os serviços, desconcentram-se do centro das cidades para os subúrbios adjacentes.[82]

As cidades grandes diversificam-se, incubam novas ideias e empresas e afastam as indústrias maduras

As novas empresas começam, muitas vezes, em cidades diversas, mas se deslocam para cidades especializadas depois de amadurecer. De todas as novas fábricas da França, por exemplo, 84% foram criadas em cidades com diversidade acima da média.[83] Cerca de 72% dos deslocamentos de empresas ocorrem de uma área com diversidade acima da média para uma área com especialização acima da média. Nos Estados Unidos, quase todas as inovações de produtos ocorrem nas áreas metropolitanas. Tanto a diversidade industrial quanto o tamanho da cidade são bons para a produção inovadora.[84] Fábricas piloto são baseadas em grandes cidades no Japão, mas as fábricas de produção em massa se encontram em pequenas cidades ou áreas rurais. As empresas jovens parecem precisar de um período de experimentação para determinar seu processo ideal de produção.[85] Na fase inicial de aprendizado, as cidades diversificadas agem como "incubadoras" para que as empresas testem uma variedade de processos. Uma vez que a empresa tenha identificado o processo ideal, pode começar a produção em massa nas cidades especializadas, onde todas as empresas compartilham processos ou especializações semelhantes (ver quadro 4.4).

As diferentes funções econômicas que as cidades desempenham podem ser vistas na aglomeração das sedes de diferentes setores e na concentração de serviços comerciais em poucas cidades grandes, enquanto as

Figura 4.1 O prêmio urbano para o consumo dos domicílios pode ser considerável

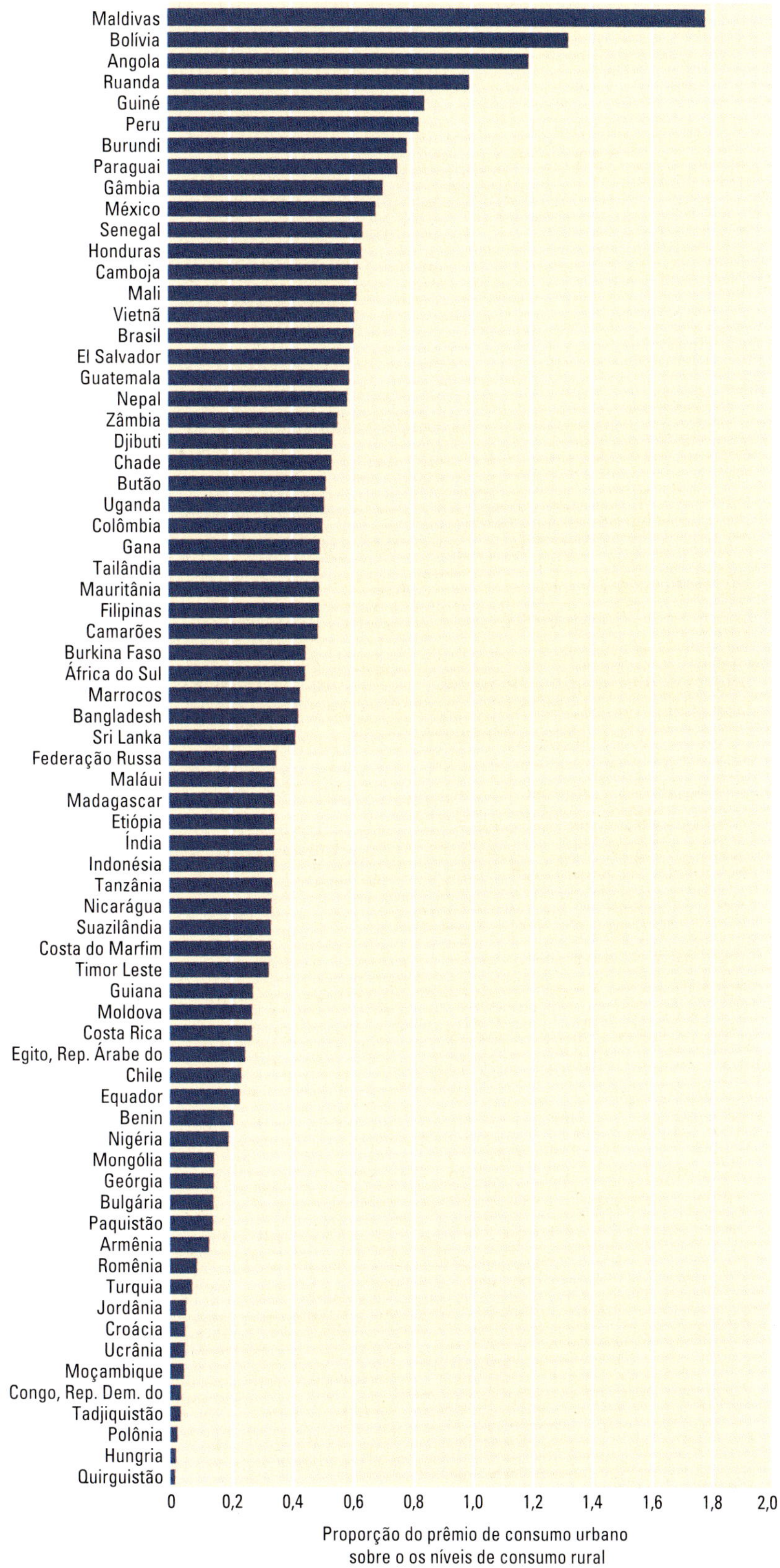

Fonte: Cálculos da equipe do RDM 2009 com base em 120 pesquisas domiciliares em 75 países.

fábricas de cada setor se concentram em cidades menores especializadas. Em 1950, havia pouca diferença entre as cidades dos EUA quanto à proporção de administradores e trabalhadores da indústria. Embora as maiores cidades já abrigassem mais administradores, não havia um *ranking* claro por tamanho de cidade. Por volta de 1980, no entanto, as diferenças entre as cidades haviam aumentado substancialmente, e uma classificação clara por tamanho surgiu. As cidades maiores haviam se especializado em administração e atividades que utilizam muita informação, que se beneficiam dos contatos face a face, e as cidades menores haviam se especializado na produção. Esse padrão tornou-se ainda mais marcado ao longo da década seguinte.[86]

Muitos historiadores dos negócios e da economia argumentaram que os custos adicionais da coordenação e do monitoramento das empresas pulverizadas com relação às empresas integradas decresceram significativamente em consequência de desenvolvimentos chave das tecnologias de transporte e comunicação, assim como de novas práticas de administração.[87] O progresso tecnológico do transporte e das telecomunicações reduziu o custo para as empresas de separar os meios de produção de sua sede e dos serviços de administração. As empresas podem instalar os meios de produção em ambientes com especialização no mesmo setor, e a sede numa metrópole com concentração de emprego em serviços comerciais. Além disso, os custos de comunicação reduzidos, que barateiam o transporte da produção da indústria de serviços (por meio de transmissão eletrônica) *não* acarretaram a "morte da distância" e a decadência das cidades, ao contrário de muitas previsões.[88] Nesse contexto, embora a distância tenha se tornado menos importante para a transmissão da informação, tornou-se mais importante para a transmissão do conhecimento. As telecomunicações podem ser um complemento das interações face a face, mas certamente não são um forte substituto para elas, pois estas envolvem várias formas simultâneas de comunicação, em especial a linguagem corporal e verbal (ver quadro 4.5).[89] A distribuição geográfica dos domínios comerciais da Internet sugere que a Internet é um complemento das interações face a face (principalmente dentro das cidades), assim como um substituto para a comunicação a longa distância, como o telefone ou o correio.[90]

As atividades nas quais as cidades se especializam são estáveis, assim como a distribuição das cidades por tamanho

As externalidades implicam que a "história importa". Ou seja, os padrões contemporâneos de localização para uma indústria são fortemente influenciados pelo ambiente industrial histórico das cidades e, assim,

---

QUADRO 4.6 ***Hong Kong, China: as forças de mercado indicaram o caminho, os governos o seguiram***

Hong Kong, com uma superfície de aproximadamente 1.000 km, menos de um quarto do tamanho de Rhode Island, começou como um vilarejo de pescadores. Nos anos 1200, Hong Kong, uma ilha montanhosa e estéril, conheceu sua primeira explosão populacional quando os chineses abandonaram o continente para escapar da guerra e da fome. As pessoas viviam da produção de sal, da pesca de pérolas e do comércio pesqueiro. Entre os anos 1650 e 1800, Hong Kong foi também um posto militar e uma base naval, e sua economia continuou a depender do comércio. Ao final da II Guerra Mundial, em 1945, a população de Hong Kong havia sido reduzida a menos da metade do total de 1,6 milhão anterior à guerra.

Nos anos 1950 e 1960, Hong Kong começou a fabricar botões, flores artificiais, guarda-chuvas, têxteis, esmaltes, calçados e plásticos. Assentamentos irregulares forneciam abrigo para as massas. Os assentamentos provocaram desastres – como o incêndio de Shek Kip Mei –, até que o governador reagiu mandando erguer prédios residenciais. As condições de habitação popular eram básicas, com cozinhas comunitárias. Durante muitas décadas, o setor privado demonstrou mais compromisso e interesse no redesenvolvimento urbano.

Entre 1960 e 1980, o governo fez experimentos de renovação urbana e redesenvolvimento abrangente para melhorar as condições ambientais, o tráfego e as instalações comunitárias. Ao longo das décadas subsequentes, a flexibilidade do planejamento de uso da terra e a participação do setor privado demonstrariam ser cruciais para satisfazer as demandas de terreno urbano para habitação, comércio, indústria, transporte, recreação e uso comunitário. Essa combinação permitiu que Hong Kong florescesse e se tornasse o centro regional de negócios e serviços financeiros que é hoje.

Seguindo a tradição de intervenção governamental mínima em Hong Kong, o setor privado tem sido a força que impulsiona a transformação urbana. O governo subcontratou o redesenvolvimento urbano com uma organização especializada focada nos interesses privados de desenvolvimento.

Fonte: Adams e Hastings 2001.

QUADRO 4.7 *Reinvenção e renovação: como Nova York tornou-se uma grande cidade*

Nova Amsterdã foi fundada como colônia holandesa em 1614. Passou para as mãos dos britânicos e tornou-se Nova York em 1664. Manhattan, Bronx, Brooklyn, Queens e Staten Island foram reunidos em 1898 na forma que conhecemos hoje. Ao longo da sua história, Nova York reconstruiu-se, reinventou-se e renovou-se continuamente. Outrora uma plataforma do comércio de peles e transporte marítimo graças ao seu porto natural, a cidade de Nova York é hoje um centro financeiro global e uma potência regional de comunicação de massa, arte, inovação em tecnologia da informação e comunicação (TIC) e pesquisa médica. A área metropolitana de Nova York abriga mais de 18,7 milhões de pessoas com PIB de US$ 1.133 bilhões, o que faz dela a segunda maior aglomeração urbana do mundo depois de Tóquio. Nova York tinha um produto metropolitano bruto de US$ 950 bilhões em 2005, o que faz dela a maior economia regional dos Estados Unidos. Se fosse um país, a cidade de Nova York seria o décimo sétimo do mundo, à frente da Suíça. Com mais de US$ 56 mil, ela tem a segunda produção per capita mais alta do mundo.

Um passeio por quatro bairros revela a versatilidade e a energia da cidade.

SoHo. Nos anos 1700, o SoHo era uma área agrícola. No início dos anos 1800, era principalmente residencial, habitada pelos ricos e, logo depois, pela classe média. Em pouco tempo, o rápido desenvolvimento atraiu muitos negócios. Hotéis, teatros, lojas, mansões, casas de espetáculos, cassinos e bordéis apareceram ao longo da Broadway. A partir dos anos 1880, a indústria têxtil instalou-se na área. Nos anos 1950, os artistas afluíram para a área por causa dos aluguéis baixos resultantes do deslocamento de pessoas, indústria e comércio para a cidade alta. Em outubro de 1962, o City Club de Nova York qualificou o SoHo de bairro comercial degradado. Porém, hoje, a área, que já foi chamada Hell's Hundred Acres, é um distrito comercial e de varejo movimentado e abriga a Universidade de Nova York.[a]

Wall Street. O distrito financeiro é um dos bairros mais conhecidos e mais antigos da cidade. O atual bairro de Wall Street faz parte do Manhattan Community District 1, que se estende para o sul a partir de Canal Street até a ponta de Manhattan no Battery Park e inclui Governor's Island. Ele abriga a bolsa de valores de Nova York e a NASDAQ, as duas maiores bolsas de valor do mundo.

O nome da rua era, na origem, De Wall Straat em referência aos Wallons, agricultores belgas francófonos que compunham a maioria dos residentes que viviam em Nova Holanda em torno do Forte Amsterdã em 1630. O cinto de castor era a mercadoria mais importante da Nova Holanda. O comércio incentivou novas atividades de produção de alimentos, madeira, tabaco e finalmente escravos. No final do século XVIII, havia uma árvore de buttonwood (sicômoro) ao pé de Wall Street sob a qual os negociantes e especuladores se reuniam para comerciar informalmente. Em 1792, esse acordo foi formalizado com o Acordo de Buttonwood, que lançou as fundações da bolsa de valores de Nova York.

Meatpacking district. Em 1969, quando Vincent Inconiglios mudou-se para um sótão em Gansevoort Street no Meatpacking District, ali era terra de ninguém. O bairro se distinguia por um fedor que subjugava os sentidos. Descendo a rua do sr. Inconiglios havia uma fábrica de picles, e um importador de melões espanhóis ocupava a loja no térreo. A área era repleta de barris de ossos, carne e homens em aventais brancos sujos de sangue. Em uma geração, a transformação do Meatpacking District foi tão radical quanto o contraste entre a noite e o dia.[b] Hoje, mais de 35 companhias de carne por atacado ainda operam ali. Mas hoje a área também abriga restaurantes de classe mundial, galerias de arte, um corredor de varejo da moda e casas noturnas que aproveitam os enormes espaços das antigas fábricas. Os preços dos imóveis dispararam. O sr. Inconiglios pagava US$ 50 por mês quando se mudou para o Meatpacking District. Em 2007, o grupo Carlyle e a Sitt Asset Management adquiriram um par de imóveis na rua 14 oeste por US$ 70 milhões.[c]

Williamsburg. Este bairro reinventou-se, transformando-se de um porto comercial florescente em uma rica cidade industrial depois da Guerra Civil. Com a construção da ponte Williamsburg em 1903, muitas famílias judaicas que viviam no Lower East Side de Manhattan cruzaram o East River à procura de uma vida melhor em Williamsburg. Quando as indústrias deixaram a área, Williamsburg tornou-se um gueto de imigrantes nos anos 1960 e 1970. Mas os aluguéis baratos também fizeram do bairro um centro artístico. O bairro evoluiu para uma mistura de residentes italianos, poloneses, hispânicos e hassídicos. Em 2005, a cidade de Nova York aprovou mudanças de zoneamento que permitiriam espaços abertos, parques, habitações economicamente acessíveis e indústria leve. Hoje, a média dos preços é de US$ 700-900 por pé quadrado e os empreendimentos proeminentes à beira do rio valem milhões.[d]

Fontes: Seeman e Siegfried 1978; Shaw 2007; Biedermann 2007; Lynch e Mulero 2007.

a. Seeman e Siegfried 1978.

b. Shaw 2007.

c. Biedermann 2007.

d. Lynch e Mulero 2007.

pelas economias de localização. Tais elementos intangíveis incluem o estoque local de conhecimento relevante para uma indústria ou certa mão de obra com qualificações adquiridas específicas. Duas empresas da mesma cidade, idênticas sob outros aspectos, poderiam beneficiar-se de diferentes maneiras da aglomeração local dependendo do tempo em que cada uma está na cidade. Da mesma maneira, duas cidades idênticas sob outros aspectos poderiam oferecer diferentes tipos de economias externas dependendo de sua história.[91]

As influências históricas e da especialização são consistentes com a estabilidade observada na distribuição relativa do tamanho da cidade e a concentração industrial em cidades específicas ao longo do tempo. Dentro dos países, os tamanhos relativos das cidades tendem a permanecer os mesmos. Entre os especialistas urbanos, esse fenômeno é frequentemente representado como uma relação recorrente entre o tamanho relativo da cidade e a maior cidade do país, conhecida como lei de Zipf: o tamanho da população de uma cidade em relação à cidade principal é inversamente proporcional à sua colocação na hierarquia nacional das cidades.[92] Há também a persistência da concentração industrial em cidades específicas.[93]

Entre as indústrias maduras, a persistência dos padrões de emprego entre as cidades é alta ao longo do tempo, e a convergência do emprego na indústria individual entre as cidades é lenta. Essa persistência ocorre apesar das altas taxas de rotatividade de mão de obra nas indústrias manufatureiras individuais, e apesar das fortes evidências de que as fábricas se deslocam conforme os salários locais e as condições de demanda mudam.[94] Historicamente, algumas cidades passaram por importantes reformas setoriais, mas estas tendem a ser exceções.[95]

A persistência da concentração de emprego de uma indústria em cidades específicas, que implica a "fixação" da estrutura industrial, pode ser explicada pelas economias de localização. Essas cidades podem competir melhor por fábricas e empregos e, com o tempo, retê-los naquela indústria. Uma escala maior de atividade da própria indústria significa historicamente que as empresas naquela localidade vão hoje operar mais produtivamente com mais conhecimento acumulado sobre tecnologia, fontes de fornecimento de diferentes insumos de qualidade, e a cultura local e seu efeito no ambiente jurídico, comercial e institucional. Essas vantagens de localização são relevantes para as indústrias manufatureiras mais tradicionais,[96] e explicam a longevidade de muitos aglomerados industriais em certas localizações, como o aglomerado de cutelaria de alta qualidade em Solingen, Alemanha – desde 1348.[97]

Também há provas de concentração persistente de serviços especiais em cidades específicas. A indústria americana de fundos mútuos começou em Boston em 1924, quando o Massachusetts Investment Trust foi fundado. Hoje, Boston ainda abriga quase um terço do emprego em serviços de fundos mútuos e administração de ativos dos EUA. A indústria de seguros de Hartford começou ainda mais cedo, no final do século XVIII. Os mercadores locais seguravam mutuamente suas expedições marítimas mercantis, compartilhando lucros e perdas. Esses acordos informais acabaram por se tornar grandes companhias de seguros, a começar pela Hartford Fire Insurance Company, em 1810. Outras importantes seguradoras de Hartford, incluindo Aetna, Connecticut General e Travelers, foram fundadas no início e em meados dos anos 1800. Hartford ainda é conhecida hoje como a "cidade dos seguros", com uma ampla gama de produtos concentrada ali, como seguros de vida, seguros médicos, seguros contra incêndios/marítimos/contra acidentes e fundos de pensão.[98]

A opinião sobre as forças de mercado

Ao longo do último século, produtores e trabalhadores no mundo em desenvolvimento tentaram a sorte nas pequenas e grandes cidades, e muitas vezes tiveram sucesso. Nas três últimas décadas, os pesquisadores analisaram e compreenderam cada vez melhor os ganhos gerados pelas aglomerações urbanas de todas as formas e tamanhos. Mas ainda não está claro se os formuladores de políticas apreciam o verdadeiro poder das forças de mercado e os benefícios que advêm de seu cultivo.

Mais da metade dos governos do mundo em desenvolvimento entrevistados em 2005 pela Divisão de População da ONU exprimiu o desejo de realizar mudanças importantes na distribuição espacial de suas populações e de desacelerar a migração para as áreas urbanas. Quase três quartos dos funcionários dos países em desenvolvimento exprimiram um forte desejo de implementar políticas para reduzir a migração para as áreas urbanas ou realizar ações para reverter as tendências de migração rural-urbana.[99] Muitas pessoas nos países desenvolvidos também temem a urbanização nos países em desenvolvimento. "O crescimento explosivo das cidades em todo o mundo – especialmente o surgimento de imensas metrópoles do tamanho de nações no Terceiro Mundo – preocupa os cientistas e funcionários dos EUA. A principal de suas preocupações: 'que as megacidades ajam cada vez mais como incubadoras de doenças, perturbações econômicas e crises políticas sem fim'.[100] Essa preocupação refletiu-se na meta do Fórum Urbano Mundial 2006, organizado para discutir 'as megacidades com megaproblemas'.[101] A visão dominante era de que 'as cidades no mundo desenvolvido foram historicamente motores de crescimento econômico. Mas muitas cidades no Terceiro Mundo são tão disfuncionais que se tornaram obstáculos ao progresso econômico'".[102]

Algumas das soluções propostas: desacelerar a migração maciça em direção às cidades, descongestionar as maiores cidades do mundo em desenvolvimento estabelecendo novas cidades, e adaptar o centro das maiores cidades para atividades mais limpas de alta tecnologia. Todas essas soluções representam uma má interpretação potencialmente custosa das forças de mercado que impulsionam as transformações espaciais do desenvolvimento econômico.

O temor infundado da urbanização

As atividades econômicas nas áreas urbanas representam até 80% do PIB em países mais urbanos e industriais. A proporção urbana da atividade econômica nos países menos desenvolvidos é de aproximadamente 50%. Só as 10 maiores áreas metropolitanas do México, que representam um terço da população do país, geram 62% do seu valor agregado nacional.[103] No Vietnã, onde a população urbana é de 30%, a participação das cidades na produção nacional é de 70%. Na China, 120 cidades são responsáveis por três quartos do PIB do país.[104] Parece claro que as cidades fornecem uma contribuição dominante para a produção econômica, até nos países pobres e de renda média.

Também há muitas provas de que as áreas urbanas nos países em desenvolvimento, incluindo aquelas nos países mais pobres da África, proporcionam economias externas. O consumo dos domicílios urbanos e rurais numa larga amostra de países em desenvolvimento revela que as pessoas com características observáveis semelhantes dispõem de um consumo maior atribuível somente à sua localização urbana. Os ganhos vão de 2% na Hungria, no Quirguistão e na Polônia a 30% na Costa Rica, na Etiópia, na Índia, na Romênia e na Tanzânia, e a mais de 80% em Angola, na Bolívia e em Ruanda (ver figura 4.1).

Esses valores tornam inúteis as tentativas dos formuladores de políticas de restringir o fluxo de pessoas para as áreas urbanas. Mesmo quando as restrições contiveram os fluxos migratórios, os custos econômicos foram altos. As políticas da China para restringir a migração rural-urbana até o final dos anos 1990 retardaram a urbanização, de modo que entre metade e dois terços das cidades chinesas ficaram pequenas demais. Para uma cidade típica da China, estima-se que ser pequena demais resulte numa perda de aproximadamente 17% da produção líquida por trabalhador; para pelo menos um quarto das cidades, essas perdas podem ir de 25 a 70%.[105]

Uma preocupação infundada com o tamanho, e não com a função das cidades

As perspectivas de prosperidade e até de sobrevivência de uma cidade são determinadas pela agilidade com que um mesmo espaço urbano se adapta às mudanças das demandas do mercado. Dado que a terra é um fator imóvel crítico para a produção em qualquer atividade, as escolhas imobiliárias que as cidades oferecem influenciam a magnitude das economias externas e a natureza e especialização das economias urbanas. Para atrair investidores, uma cidade precisa atender as demandas de suas indústrias dominantes ou em expansão em termos de mercado imobiliário e de serviços. Por exemplo, os serviços profissionais e financeiros exigem grandes quantidades de escritórios, que podem ser fornecido de modo mais eficiente na vertical, em edifícios altos. As indústrias manufatureiras exigem grandes quantidades de terreno para que as fábricas produzam bens e para que os armazéns guardem produtos e materiais. E os setores de recreação, turismo e entretenimento requerem das cidades áreas altamente visíveis e acessíveis aos pedestres, assim como espaço de varejo.

A capacidade e a facilidade de uma cidade para adaptar seu espaço urbano aos diferentes usos de acordo com as necessidades cambiantes do mercado permitirão seu crescimento sustentável. Os últimos 800 anos em Hong Kong e os últimos 300 em Nova York mostram a importância dos mercados para indicar e implementar essa renovação urbana (ver quadros 4.6 e 4.7). Em Nova York, o comércio mercantil nasceu da marinha mercante inicial. Por sua vez, a indústria do comércio mercantil ajudaria a dar origem à moderna indústria de finanças da cidade. Os negociantes da cidade de Nova York no final do século XIX prosperaram compartilhando o acesso não apenas à infraestrutura física de transporte (o porto, os canais e as ferrovias), mas também aos insumos intermediários dos serviços especializados que não estavam disponíveis em outra parte (como viagens programadas, atacadistas e corretores de transporte marítimo). Mais tarde, esses insumos de comércio tornaram-se as fundações dos insumos compartilhados de finanças, com os seguros marítimos fornecendo a base subsequente para outras formas de investimento.[106]

As cidades que oferecem mercados flexíveis de terreno e propriedade e outras instituições de apoio – como respeito aos direitos de propriedade, cumprimento dos contratos e financiamento da habitação – têm mais probabilidade de florescer com o tempo à medida que as necessidades dos mercados mudam. As cidades bem-sucedidas afrouxaram as leis de zoneamento para permitir que usuários com maior valor arrematassem os terrenos de valor – e adotaram regulamentações flexíveis de uso da terra para adaptar-se aos seus papéis, que mudam com o tempo.

Os benefícios das economias de aglomeração decorrem da densidade da atividade econômica. Essas são as vantagens obtidas por um negócio de tecnologia da informação (TI) localizado no Vale do Silício ou por um livreiro localizado perto de outros livreiros na Rua Dadabhai Naoroji em Mumbai, na Índia. Enquanto o setor financeiro de Londres está amplamente concentrado em poucas milhas quadradas em torno da City e de Canary Wharf, as empresas financeiras também se beneficiam com a localização em qualquer parte de Londres, onde podem ter acesso a uma grande reserva de mão de obra qualificada, maximizar as relações com os clientes e ter acesso instantâneo às informações mais recentes. As empresas beneficiam-se da proximidade de outras empresas, seja na mesma indústria ou em indústrias diferentes e, a menos que todas se mudem juntas, perderão esses benefícios até se a localização para a qual se mudarem tiver salários mais baixos e terrenos mais baratos.

Mas as cidades maiores e a densidade econômica trazem seus próprios problemas. Para pessoas e empresas, viver na cidade tem um preço tanto nos países em desenvolvimento como nos desenvolvidos. O tráfego no centro de Londres avança a apenas 11 milhas por hora,[107] a mesma velocidade das carruagens puxadas por cavalos cem anos atrás. Pequim é famosa pelo *smog* causado pela poluição. O terreno em Mumbai está entre os mais caros do mundo. Altos níveis de criminalidade são uma característica aceita da vida nas cidades ao redor do mundo. Milhões de moradores urbanos vivem em favelas superpovoadas, com pouco ou nenhum acesso a serviços públicos básicos. Esses são os custos da densidade, as deseconomias de aglomeração.

A principal fonte de deseconomias é a escassez de espaço nos lugares onde ocorrem as economias de aglomeração. O espaço é limitado e, à medida que ocorre o crescimento econômico, ele precisa ser usado com intensidade crescente. Tomemos por exemplo Manhattan, na cidade de Nova York, que tem uma superfície de menos de 35 milhas quadradas. Em 1800, tinha uma densidade populacional pouco abaixo de 3 mil habitantes por milha quadrada. Por volta de 1850, ela havia saltado para aproximadamente 23.500, chegando a um pico em 1910 com uma densidade populacional de mais de 100 mil habitantes. Hoje, a densidade populacional é de aproximadamente 70 mil habitantes. Como a quantidade de espaço é fixa, seu uso pode acabar anulando os benefícios adicionais das economias de aglomeração. A maneira de compensar a oferta fixa de um fator de produção é substituí-lo por outros fatores, e a multiplicação dos arranha-céus em muitas grandes áreas urbanas é uma ilustração da substituição do espaço pelo capital. A construção de sistemas subterrâneos em muitas das maiores cidades dos países desenvolvidos é outro exemplo. Mas essa substituição tem limites, e a escassez crescente de espaço nas cidades leva a aluguéis mais caros e custos de congestionamento para os trabalhadores e as empresas.

No fundo, um transporte melhor pode, ao reduzir a distância econômica da densidade, fazer do espaço um recurso menos limitante. De fato, com o declínio a longo prazo dos custos de transporte, as cidades se expandiram. Em 1680, Londres ocupava apenas 4 milhas quadradas e, por causa das dificuldades de deslocamento, mais de 450 mil pessoas viviam comprimidas nessa pequena área. Por volta de 1901, a cidade havia se expandido para 24 milhas quadradas, e a densidade populacional média havia caído para 79 mil habitantes. Em 2001, as 627 milhas quadradas de Londres tinham uma densidade populacional de 13.203 habitantes por milha quadrada. Uma cidade em expansão significa que milhões de pendulares precisam ser transportados dos subúrbios, grandes volumes de bens de varejo precisam ser entregues às lojas e produtos manufaturados precisam ser transportados para fora da cidade. Tudo isso leva a um congestionamento ou a deseconomias de escala que reduzem os ganhos provenientes das economias de aglomeração.

Porém, restringir o crescimento das cidades não é a solução. Não há indícios de que as economias de aglomeração das megacidades tenham sido exauridas. De fato, os indicadores sugerem que o crescimento de veículos nos países em desenvolvimento está aumentando com a renda per capita de modo semelhante ao que ocorreu nos países mais ricos.[108] O problema está mais relacionado à estrutura espacial da cidade e aos investimentos em infraestrutura. A frota de veículos está aumentando de 15 a 20% anualmente na maior parte do mundo em desenvolvimento.[109] Mas a maioria dos países não está contrapondo a esse crescimento uma expansão paralela da infraestrutura de transportes; logo, o congestionamento do tráfego é grave. As cidades nos países em desenvolvimento dedicam apenas metade do espaço para rodovias do que os Estados Unidos. Mas não é apenas uma questão de aumentar essa capacidade. Em cidades como Bangkok e Manila, é a administração e o uso do espaço rodoviário que são importantes. Uma parte do problema é que, em muitas cidades, a responsabilidade pela infraestrutura rodoviária foi transferida do governo central aos governos locais, que nem sempre possuem os recursos necessários.

Combinados à propensão de diferentes indústrias de beneficiar-se das economias de aglomeração, os limites resultantes explicam por que a distribuição espacial da atividade econômica dentro de um país não se restringe a um único centro, mas consiste em múltiplos centros de tamanhos diferentes. Para os formuladores de políticas, o desafio é como transpor melhor os limites gerados pelo congestionamento e superlotação de terra e recursos, de modo que os benefícios da aglomeração possam ser maximizados. Em muitos casos, esses limites foram reforçados por políticas equivocadas de uso da terra e falhas de planejamento, o que só piorou o congestionamento (ver capítulo 7).

Uma fascinação cega pelas "novas" cidades

O terreno no qual Chicago foi construída não é tão diferente assim dos lugares mais esparsamente desenvolvidos em torno do Lago Michigan. Mesmo assim, a diferença de produção econômica e renda domiciliar entre Chicago e outros assentamentos na beira do lago em Wisconsin e Indiana é radical. Ao longo das 10 horas de estrada através do Texas pela Interstate Highway 75, os salários e os custos da terra atingem extremos em Fort Worth, Austin e San Antonio e caem fortemente nos pontos intermediários. É difícil conciliar essas diferenças imensas de densidade econômica com as diferenças menores de geografia física; é como se as áreas de Fort Worth e San Antonio projetassem uma sombra sobre os pontos intermediários. Uma compreensão melhor da geografia econômica, caracterizada pelas economias externas, é necessária para manejar as forças econômicas. Mas não é sempre óbvio que os governos dos países em desenvolvimento compreendam a geografia econômica ou levem em conta essas forças.

Uma pesquisa sobre novas iniciativas urbanas na República Árabe do Egito, no Brasil, na Hungria, na Índia e na República Bolivariana da Venezuela inspira cautela. O Brasil transferiu sua capital do litoral para o Centro-Oeste, a mais de 900 km de distância. Nos anos 1950, a República Bolivariana da Venezuela escolheu Ciudad Guayana, uma cidade no sul do país, para ser o "polo de crescimento" industrial das regiões central e meridional, e atraiu pessoas e empregos da região metropolitana no norte, que já crescia rapidamente. Em muitos países do antigo bloco soviético, era prática comum construir cidades industriais para acelerar a industrialização. Na Hungria, Dunaujvaro foi apontada como a "cidade do aço", Tiszaújváros como a "cidade da química" e Kazincbarcika como a "cidade da mineração e da indústria pesada". A União Soviética transformou Magnitogorsk em uma cidade do aço numa área com imensas reservas de minério de ferro para concorrer com suas rivais capitalistas.

Algumas novas cidades foram construídas em torno de áreas metropolitanas para aliviar as pressões que as cidades grandes sofriam. Navi Mumbai foi fundada em 1972 na esperança de desenvolver uma cidade gêmea de Mumbai e descongestionar esta última. O Egito lançou nos anos 1970 um programa abrangente de construção de novas cidades em torno do Cairo e fora do Cairo para criar um "novo mapa populacional do Egito", e a construção ainda está em andamento. Muitas dessas cidades foram criadas por motivos econômicos, mas algumas delas foram criadas por motivos políticos. Essas novas pequenas e grandes cidades, com investimento imenso e apoio dos governos, alcançaram seus objetivos? Em geral não.

- As novas cidades se saem melhor quando estão localizadas perto de cidades maiores bem-sucedidas. Mas elas sofrem com frequência das mesmas falhas ligadas aos governos que levaram os governos a criá-las, especialmente a incapacidade de administrar bem as grandes cidades. Isto é, os governos que administram mal as cidades grandes e antigas também administram mal as cidades pequenas e novas.
- As novas cidades atraem residentes, às vezes até mais do que o esperado, mas muitas vezes não as pessoas que se esperava. Isto é, os governos podem fundar cidades (não capitais) que às vezes se tornam viáveis, mas não pelos motivos que o governo previu.
- Essas cidades atraem pessoas devido à causalidade circular que a nova geografia econômica ressalta: trabalhadores e empreendedores vêm à procura de mercados, e depois mais pessoas vêm porque é ali que os mercados estão. Mas pode haver imensos custos de oportunidade, porque o contrafactual pode ser um crescimento mais orgânico dos assentamentos. Isto é, faz sentido que os agentes privados venham para essas cidades já que outros já se encontram ali, mas grandes perdas de eficiência podem resultar do ponto de vista do país. Quando uma

localização "ruim" é escolhida, ela pode não falhar inteiramente devido à causalidade circular, mas isso significa que os custos econômicos dos erros são maiores, e não menores, já que o país pagará por esses custos por muito tempo.

- As novas cidades que não são capitais e parecem ter sucesso são aquelas onde o propósito e a localização são escolhidos com o tempo pelos mercados e nos casos em que o governo acelera o ritmo do crescimento, coordenando investimentos em infraestrutura, habitação e governança geral.

Por esses motivos, grandes e pequenas cidades deveriam ser vistas como agentes de mercado que, assim como empresas e fazendas, atendem a necessidades de mercado.

CAPÍTULO 5

Mobilidade dos Fatores e Migração

O maior movimento de pessoas no mundo ocorre todo ano por volta do início de fevereiro, quando milhões de pessoas na China viajam para juntar-se às suas famílias na celebração do Ano-Novo Lunar. Em 2006, para marcar o Ano do Cão, aproximadamente 11 milhões de pessoas saíram somente de Xangai, e 10 milhões viajaram para a cidade; 60 milhões de pessoas viajaram no último dia das festividades. Em fevereiro de 2008, tempestades de gelo e neve frustraram os planos de cerca de 200 milhões de pessoas que tentaram viajar pela China para juntar-se às suas famílias na celebração do Ano-Novo. Do mesmo modo, nos Estados Unidos, durante o período de Ação de Graças, milhões de pessoas ocupam as estradas, os aeroportos, os terminais de ônibus e as estações de trem. O número de viagens com trajetos superiores a 50 milhas aumenta em 50%, com aproximadamente 10 milhões de pessoas por dia que viajam no fim de semana do feriado, quase o dobro da média diária no restante do ano.[1] O volume crescente de viajantes durante os feriados em quase todos os países, ricos ou pobres, é um reflexo revelador da quantidade de pessoas que vivem e trabalham num lugar diferente daquele onde nasceram.

Este capítulo fala sobre a mobilidade da mão de obra e do capital, o modo como seus movimentos ajudam a concentrar a atividade econômica, e como esses fluxos atenuam as diferenças de bem-estar que podem acompanhar a concentração econômica. Ele dá ênfase aos movimentos de mão de obra, especialmente por dois motivos. Em primeiro lugar, embora muitos países e regiões ainda estejam sedentos de investimentos, reformas nacionais e acordos internacionais desde os anos 1970 eliminaram a maioria das restrições aos fluxos de capital. A escassez de capital em certos lugares agora está relacionada menos a barreiras reais e mais a condições desfavoráveis de investimento.[2] Numa economia globalizada, o capital tem mobilidade e se moverá rapidamente. A mão de obra, em contrapartida, tende a ter menos mobilidade por motivos culturais e linguísticos. Em segundo lugar, um forte consenso político sustenta a livre circulação do capital para investimentos estrangeiros diretos, mesmo se esse consenso não se manifestar sempre plenamente nas políticas dos diversos países nos quais persistem obstáculos externos e internos. Com relação ao capital, a mão de obra está sujeita a mais restrições políticas e a barreiras explícitas e implícitas. Alguns resultados inéditos provêm da consideração conjunta das economias de aglomeração e do capital humano. Com base nesses resultados, este capítulo argumenta a favor da facilitação dos movimentos voluntários de pessoas.

Os manuais nos ensinam que os fatores de produção – capital e mão de obra – se deslocam para os lugares onde obterão retornos mais elevados, e que esses lugares são aqueles onde cada fator é escasso. Porém, ao reconhecer que os retornos de escala crescentes são importantes, as políticas podem ser aperfeiçoadas. Ao contrário da mão de obra não qualificada e do capital físico e financeiro, a mão de obra qualificada – que incorpora o capital humano, a formação da pessoa e suas qualificações e talento – obtém retornos econômicos mais elevados onde é abundante e não escassa. Isso explica a aglomeração de pessoas talentosas nas cidades, a migração de empreendedores para as áreas avançadas dentro dos países, e o número cada vez maior de migrantes qualificados que se mudam para os países ricos, todos os lugares onde as qualificações parecem ser abundantes, e, no entanto, são muito bem recompensadas. Reconhecer os benefícios crescentes para o capital humano nas áreas onde ele já se acumulou muda a ideia sobre como os governos deveriam incentivar o crescimento e obter convergência espacial dos padrões de vida.

Mas os formuladores de políticas em muitos países em desenvolvimento – especialmente no Sul da Ásia e na África Subsaariana – foram condicionados por uma literatura mais antiga sobre migração para preocupar-se com o espectro do desemprego urbano crescente, dos serviços urbanos sobrecarregados, das tensões sociais em áreas economicamente vibrantes e da "fuga de cérebros". Por conseguinte, muitos países ainda restringem o movimento de pessoas. No entanto, as restrições diretas e indiretas, além de não serem eficazes na contenção do fluxo de pessoas, criam atritos desnecessários e acrescentam o custo das oportunidades perdidas de crescimento econômico e de convergência dos padrões de vida.

Embora os pesquisadores sejam agora menos céticos quando aos benefícios da migração da mão de obra, os formuladores de políticas tanto nos países em desenvolvimento quanto nos desenvolvidos não estão tão seguros. O que podem eles aprender uns com os outros? Este capítulo documenta a defasagem entre as implicações das pesquisas recentes e as políticas de migração nos países em desenvolvimento e desenvolvidos, e mostra como elas estão mudando.

É preciso ter em mente os três pontos seguintes:

- *Os fatos relativos à migração da mão de obra podem ser surpreendentes. Embora a migração internacional ainda atraia mais atenção na mídia, os maiores fluxos de pessoas são, de longe, aqueles entre lugares num mesmo país, e não de vilarejos para cidades, mas de áreas rurais* ***economicamente atrasadas para outras avançadas.***[3] Embora o movimento de pessoas para as cidades esteja aumentando, especialmente no Sul da Ásia e Oriental, o padrão mais sustentado de mobilidade interna nos países em desenvolvimento tem sido das áreas rurais atrasadas, como o oeste do Quênia e Bihar, na Índia, para áreas rurais avançadas nos mesmos países, como os Platôs Centrais e o Punjab; além disso, grande parte dessa migração é temporária.[4] E quando as pessoas se deslocam através das fronteiras nacionais, elas não vão longe.[5] A maior parte da migração internacional ocorre dentro das "vizinhanças" regionais do mundo, especialmente entre os países em desenvolvimento.[6]
- ***Os movimentos de capital e da mão de obra são impulsionados pelos benefícios da aglomeração.*** As teorias mais antigas sobre a migração eram baseadas no excedente de mão de obra, nas taxas de crescimento fixas "exógenas", e na criação de emprego – e essas teorias consideravam a emigração de pessoas qualificadas como um trauma social e uma perda econômica. As novas teorias reconhecem que a migração, quando impulsionada por forças econômicas, é um processo positivo e seletivo. As interações entre aglomeração e migração da mão de obra impulsionam os lugares para adiante.
- ***O desafio político não é como impedir que as famílias se mudem, mas como impedi-las de se mudar pelos motivos errados.*** Em vez de tentar combater a atração que as economias de aglomeração exercem sobre os trabalhadores e suas famílias, os governos deveriam trabalhar para eliminar os fatores que impelem as pessoas para fora de suas áreas de origem. Ao fazer isso, podem melhorar a qualidade da migração e incentivar o crescimento econômico. A mobilidade da mão de obra impulsionada por motivos econômicos leva à maior concentração de pessoas e de talentos em lugares selecionados e contribui mais para os benefícios de aglomeração do que para os custos de congestionamento.

Do mercantilismo à globalização e à autarquia, e de volta ao início

As restrições aos fluxos de capital, mão de obra e bens fragmentaram a economia mundial entre as duas guerras mundiais, mas a globalização ganhou velocidade após o final da Guerra Fria em 1990, afrouxando as restrições e integrando a economia mundial. A mobilidade do capital dentro dos países e entre eles aumentou. A mobilidade internacional da mão de obra – especialmente a mão de obra não qualificada – declinou após os movimentos de massa ocorridos no século XIX, e só recentemente voltou a subir. Mas a mobilidade de pessoas dentro dos países se acelerou. Portanto, para o movimento da mão de obra ao longo do último século, a distância diminuiu, e as divisões não apenas aumentaram (muito mais fronteiras) mas tornaram-se, de fato, mais obstrutivas (muito mais restrições).

Os fluxos de capital tiveram forte aumento desde os anos 1970

A mobilidade do capital entre as fronteiras, especialmente o do capital de investimento, tem aumentado desde os anos 1970.

Figura 5.1 Os fluxos internacionais de capital aumentaram desde os anos 1970
Fluxo bruto de capitais privados

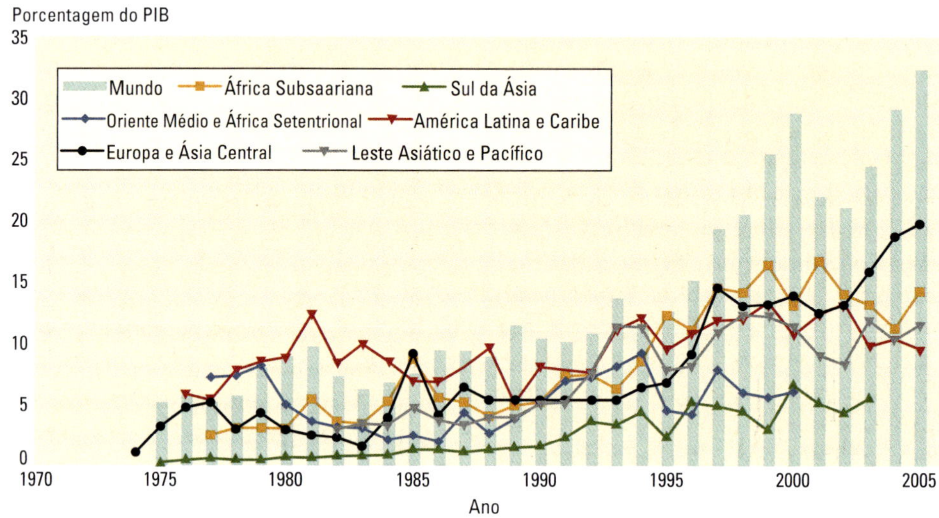

Fonte: Banco Mundial 2007j.

Figura 5.2 Uma grande parte do capital agora flui como investimento direto
Investimento estrangeiro direto, fluxos líquidos

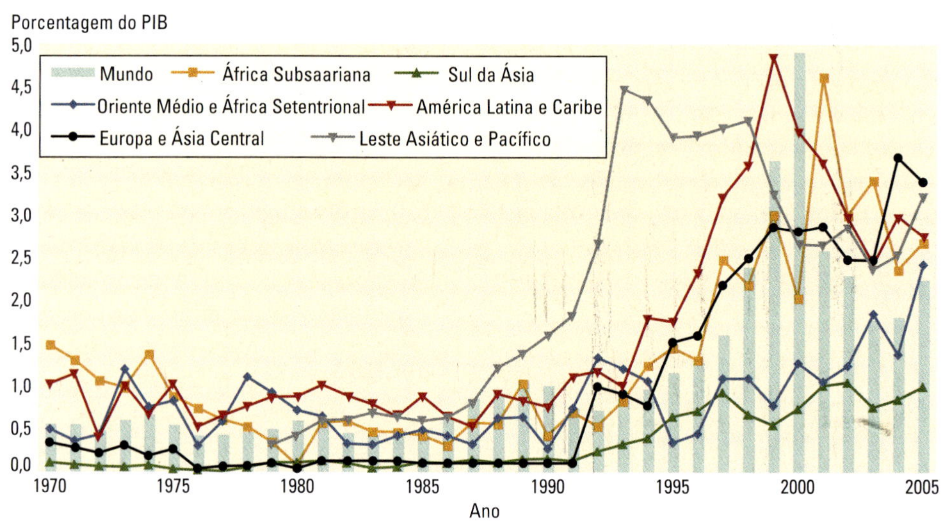

Fonte: Banco Mundial 2007j.

O mundo está retornando a uma era de mobilidade do capital abandonada no início da I Guerra Mundial. De 1880 até 1914, uma parcela crescente da economia mundial operou sob o padrão ouro clássico e um mercado financeiro global centrado em Londres.

As taxas de câmbio fixas do padrão ouro sustentaram um regime estável e confiável que impunha disciplina aos países. As taxas de juros tendiam a convergir, e o capital a fluir com relativa facilidade entre as fronteiras, contido somente pelos limites da tecnologia. Muitos países que se industrializavam rapidamente fora da Europa – nas Américas e na Ásia – participavam de uma economia cada vez mais global.[7]

O ambiente econômico fluido foi destruído pelas duas guerras mundiais e pela retração econômica global entre ambas. De 1914 a 1945, a política monetária foi usada para perseguir aspirações nacionais, objetivos de política interna e estratégias políticas de "empobrecimento do vizinho" que incentivavam um controle estrito do capital. Os fluxos internacionais de capital reduziram-se, e o investimento estrangeiro era visto com desconfiança. Por conseguinte, os preços e as taxas de juros entre países entraram em descompasso. Até mesmo durante a era Bretton Woods, que foi do final da II Guerra Mundial a 1971, à medida que os países tentavam reconstruir a economia global, o temor da mobilidade do capital que havia se instalado durante os anos do entre-guerras mostrou-se difícil de afastar. De fato, o controle do capital foi autorizado para prevenir crises cambiais.

Mas o volume crescente do comércio tornava difícil conter o fluxo de capitais, e, no início dos aos 1970, as restrições começaram a afrouxar. As taxas de câmbio fixas foram abandonadas, o que criou um ambiente econômico internacional que podia acomodar os fluxos de capital e o desenvolvimento do mercado. A estabilidade política, as reformas estruturais e as estruturas regulatórias reduziram os riscos do investimento estrangeiro nos países em desenvolvimento, e os mercados de capital responderam com entusiasmo (ver figuras 5.1 e 5.2). Por volta de 2000, a mobilidade do capital havia retornado aos níveis de 1914.[8]

O capital tornou-se o fator de produção de maior mobilidade. As taxas de juros reais convergentes, os *spreads* decrescentes entre as taxas de depósito e de empréstimo, e os prêmios pela diminuição dos riscos da dívida soberana dos países em desenvolvimento são provas de um ambiente internacional no qual o capital pode ir para onde quiser, mesmo se não quiser ir sempre para onde as pessoas gostariam que fosse. De fato, comparações recentes do produto marginal do capital entre países de renda alta e de renda baixa mostram poucos sinais de atrito que impeça o fluxo do capital para os países pobres. Ao contrário, as proporções de capital mais baixas nos países pobres explicam-se pela menor eficiência e pela ausência de fatores complementares.[9]

Os fluxos de mão de obra entre fronteiras foram bloqueados durante a maior parte do século XX

Num padrão semelhante ao dos fluxos de capital, a partir de um pico no final do

Tabela 5.1 No final do século XIX, a maioria dos imigrantes internacionais era originária da Europa mais próspera
Maiores países emissores em 1900 e 2000

Maiores países emissores de emigrantes em 1900	Porcentagem da população do país emissor em 1900	Maiores países emissores de emigrantes em 2000	Porcentagem da população do país emissor em 2000
Ilhas Britânicas	40,9	México	10,0
Noruega	35,9	Afeganistão	9,9
Portugal	30,1	Marrocos	9,0
Itália	29,2	Reino Unido	7,1
Espanha	23,2	Argélia	6,7
Suécia	22,3	Itália	5,7
Dinamarca	14,2	Bangladesh	5,0
Suíça	13,3	Alemanha	4,9
Finlândia	12,9	Turquia	4,5
Áustria-Hungria	10,4	Filipinas	4,3
Alemanha	8,0	Egito, Rep. Árabe do	3,5
Holanda	3,9	Paquistão	2,4
Bélgica	2,6	Índia	0,9
Federação Russa-Polônia	2,0	Estados Unidos	0,8
França	1,3	China	0,5
Europa	**12,3**		
Japão	0,9		
Total (Europa e Japão)	11,1	Total (dos países listados)	1,9

Fontes: Massey 1988, Parsons e outros 2007, in Ozden e Schiff 2007.

século XIX, a mobilidade da mão de obra entre fronteiras declinou durante a maior parte do século XX, com o aumento das barreiras econômicas no início da Grande Depressão e com a II Guerra Mundial. Há muito tempo, os geógrafos registraram o movimento da humanidade, das primeiras migrações da África para a Europa e a Ásia[10] ao ressurgimento do movimento entre fronteiras. Eles categorizam a história moderna da migração internacional em quatro períodos distintos: mercantil, industrial, autárquica e pós-industrial.[11]

Durante o período mercantil, de 1500 a 1800, o movimento de pessoas pelo mundo foi dominado pelos europeus. Colonos agrários, administradores, artesãos, empreendedores e condenados emigraram da Europa em grandes quantidades. Durante o período industrial que se seguiu – designado às vezes como o primeiro período da globalização econômica, um número estimado de 48 milhões de emigrantes, entre 10 e 20% da população, deixou a Europa (ver tabela 5.1).[12] Ao contrário da migração internacional de hoje, o movimento de pessoas entre as fronteiras nos primeiro e segundo períodos de migração da mão de obra não foi impulsionado pela falta de crescimento econômico ou de desenvolvimento nos países emissores. De fato, o primeiro país a se industrializar e o mais avançado na virada do século XX – a Grã-Bretanha – era de longe o maior país emissor. A análise econômica da migração e da industrialização durante esse período mostra uma correlação positiva entre a emigração e a extensão da industrialização no país emissor.[13]

Um longo período de autarquia e nacionalismo econômico começou em 1910. Restrições sem precedentes foram impostas ao comércio, ao investimento e à imigração, sufocando o movimento internacional de capital e mão de obra. A parcela de migrantes internacionais consistia principalmente de refugiados e pessoas deslocadas, sem relação com o desenvolvimento econômico.

O período pós-industrial de migração começou nos anos 1960, caracterizado por novas formas, não mais dominado por fluxos oriundos da Europa. As pessoas começaram a se deslocar de países de renda baixa para países ricos, com uma grande onda de mão de obra migrante proveniente da América Latina, da África e da Ásia. Nos anos 1970, os países que haviam sido as principais fontes de mão de obra migrante para o Norte da Europa e para as Américas – como Itália, Portugal e Espanha – começaram a receber imigrantes da África e do Oriente Médio. A riqueza crescente dos países ricos em petróleo no final dos anos 1970 fez das

Tabela 5.2 Perto de casa: os maiores fluxos de mão de obra internacional ocorrem entre países vizinhos

Porcentagem de migrantes mundiais registrada como movimento bilateral entre pares de países/regiões, *circa* 2000

Países/regiões de origem	Países/regiões de destino												
	EUA	Canadá	UE15 e AELC	AU e NZ	Japão	RA OMAS	ALC	EAC	OMAS	AFR	LAP	SAS	Total
EUA	n.a.	0,16	0,34	0,04	0,02	0,03	0,43	0,04	0,05	0,03	0,15	0,02	1,29
Canadá	0,54	n.a.	0,10	0,02	n.a.	0,01	0,02	0,01	n.a.	0,01	0,01	0,01	0,74
EU15 e AELC	2,22	0,98	5,59	1,13	0,01	0,14	0,68	0,78	0,16	0,39	0,20	0,19	12,47
AU e NZ	0,06	0,02	0,16	0,23	n.a.	n.a.	n.a.	0,01	n.a.	0,01	0,03	0,01	0,55
Japão	0,28	0,02	0,06	0,02	n.a.	n.a.	0,04	0,01	n.a.	n.a.	0,05	0,01	0,50
RA OMAS	0,10	0,03	0,06	0,01	n.a.	0,12	n.a.	0,02	0,72	0,01	0,04	0,03	1,14
ALC	10,22	0,36	1,45	0,05	0,13	0,10	**2,07**	0,17	0,08	0,14	0,14	0,25	15,15
EAC	1,27	0,39	4,75	0,26	n.a.	0,92	0,07	**16,98**	0,33	0,34	0,18	0,41	25,88
OMAS	0,47	0,17	2,85	0,10	n.a.	1,49	0,04	0,16	**1,79**	0,28	0,05	0,12	7,52
AFR	0,41	0,12	1,58	0,10	n.a.	0,25	0,02	0,11	0,18	**7,00**	0,03	0,16	9,97
LAP	3,32	0,71	1,09	0,63	0,54	0,48	0,06	0,14	0,14	0,09	**3,86**	0,27	11,32
SAS	0,83	0,31	1,13	0,12	0,01	2,66	0,02	0,13	2,07	0,14	0,37	**5,67**	13,46
Total	19,71	3,25	19,14	2,72	0,74	6,22	3,45	18,56	5,53	8,44	5,10	7,15	100

Fonte: Parsons, Skeldon, Walmsley e Winters 2007.

Notas: AELC = Associação Europeia de Livre Comércio; AFR = África; ALC = América Latina e Caribe; LAP = Leste Asiático e Pacífico; AU = Austrália; EAC = Europa e Ásia Central; EU15 = União Europeia 15; RA OMAS = Países de renda alta no Oriente Médio e África Setentrional; NZ = Nova Zelândia; SAS = Sul da Ásia; n.a. = não aplicável.

economias no Golfo Pérsico novas destinações. E, nos anos 1980, a migração para os países do Leste Asiático espalhou-se além do Japão para Hong Kong, na China; a República da Coreia; a Malásia; Cingapura; Taiwan; e a Tailândia.

Hoje, aproximadamente 200 milhões de pessoas nasceram no exterior, mais ou menos 3% da população mundial.[14] Os fluxos de novos migrantes internacionais variaram – de um aumento de 2% entre 1970 e 1980 para 4,3% entre 1980 e 1990, e de 1,3% entre 1990 e 2000. Os países pobres e de renda média agora enviam a maior quantidade de emigrantes, liderados por Bangladesh, China, Egito, Índia, México, Marrocos, Paquistão, Filipinas e Turquia (ver tabela 5.1). Mas a Itália, a Alemanha e o Reino Unido ainda estão perto do topo, cada qual enviando entre 3 e 4 milhões de emigrantes.

O volume e o fluxo da migração internacional não estão mais principalmente associados ao crescimento populacional ou à

Figura 5.3 Os migrantes do Leste Asiático, da América Latina, do Oriente Médio e da África Setentrional vão principalmente para países da OCDE, mas a maioria do Sul da Ásia e da África Subsaariana permanece próxima a seu lugar de origem

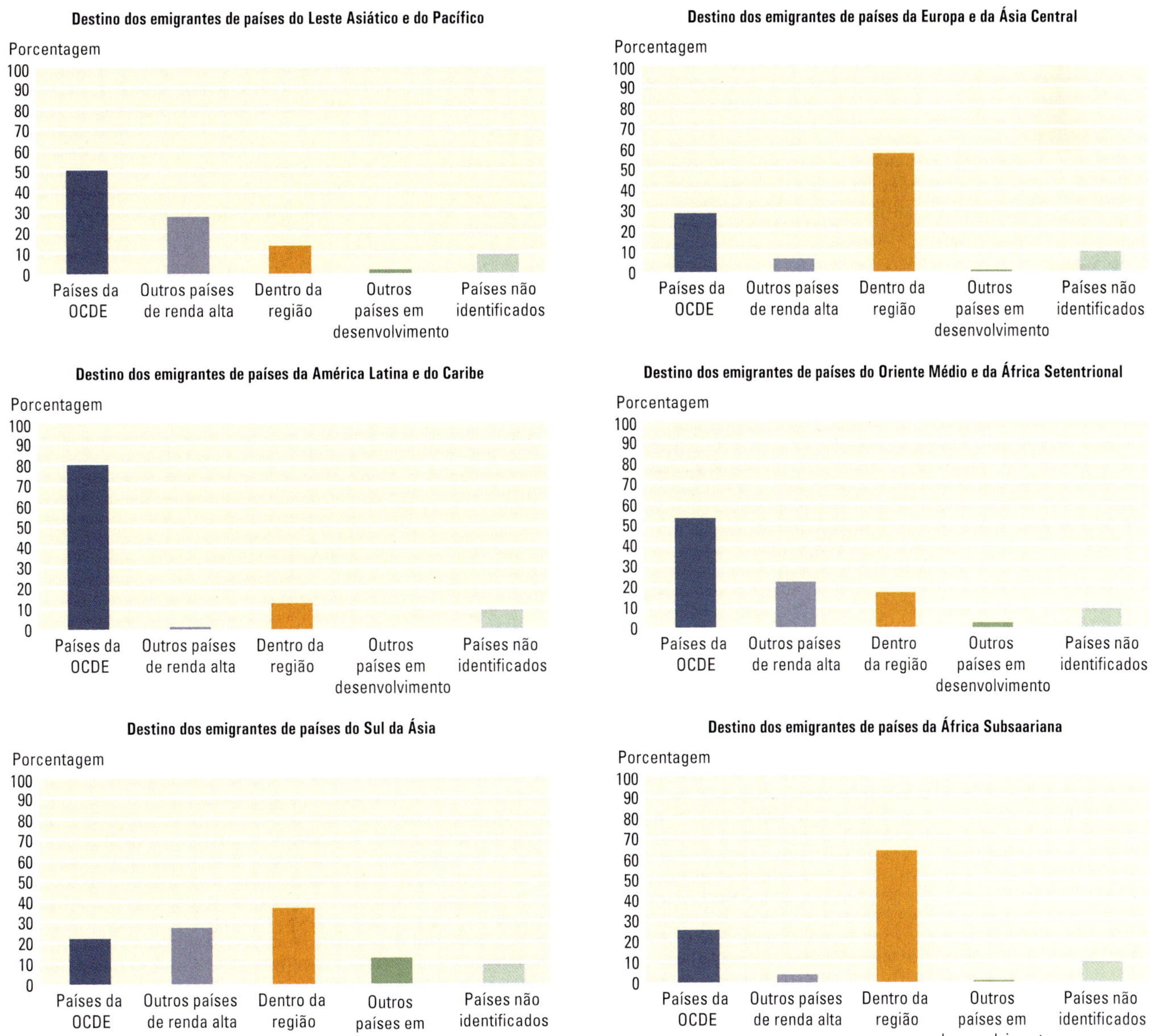

Fonte: Ratha e Xu 2008.

QUADRO 5.1 *A mobilidade regional da mão de obra tem caído na África Subsaariana*

A taxa de migração da mão de obra dentro das regiões em desenvolvimento é mais alta na África Subsaariana, mas tem caído desde os anos 1960. Mais de 60% dos emigrantes dos países subsaarianos deslocaram-se para outros países da região. A alta taxa de movimento da mão de obra dentro da região em relação a outras regiões em desenvolvimento do mundo é, em parte, uma consequência do grande número de fronteiras terrestres, mas também da permeabilidade relativa dessas fronteiras e da dificuldade de monitorar o fluxo de pessoas que as cruzam, apesar das numerosas restrições jurídicas.

Os migrantes representavam pouco mais de 3,5% da população da África Subsaariana em 1960 mas somente 2,3% por volta de 2000. Em 1960, o número de migrantes com relação à população era muito maior na África Meridional do que em outros lugares da região, mas, desde então, ele caiu para aproximadamente o nível de migrantes na África Ocidental (ver quadro abaixo). Na África Oriental e na África Central, o estoque de migrantes caiu significativamente.

A migração voluntária através das fronteiras na África Subsaariana é motivada pelas mesmas razões que levam as pessoas a se deslocar dentro de um país: perseguir oportunidades de emprego e diversificar os riscos de renda. De fato, a justificativa econômica para o movimento de uma área atrasada para outra avançada no mesmo país é praticamente indistinguível daquela para o deslocamento através de uma fronteira numa região como a África Subsaariana, onde esses movimentos cobrem distâncias relativamente pequenas e, em sua maioria, não monitoradas. Porém, muitos migrantes também se deslocam através de fronteiras no contexto de acordos formais entre países. Desde os anos 1960, uma rede de acordos bilaterais e multilaterais se formou, numa tentativa de colher os benefícios e controlar os custos da mobilidade da mão de obra dentro dos agrupamentos sub-regionais.

Na África Ocidental, os governos tentaram administrar os movimentos populacionais dentro da Comunidade Econômica dos Estados da África Ocidental (ECOWAS), o que teve grande influência sobre o fluxo e a composição da migração na África Subsaariana. A ECOWAS, fundada em 1975, adotou um protocolo que permite o livre movimento de pessoas e o direito de residência e estabelecimento para os cidadãos dos seus países membros.

A Comunidade para o Desenvolvimento da África Meridional (SADC), uma aliança flexível de nove países da África Meridional formada em 1980, coordenou projetos de desenvolvimento para reduzir a dependência econômica da África do Sul durante a era do *Apartheid*. Faz parte dessa aliança uma disposição sobre o fluxo da mão de obra entre os países membros. A recente violência anti-imigrantes na África do Sul é um revés para a integração e migração regional.

Quênia, Tanzânia e Uganda formaram a Comunidade da África Oriental, uma organização intergovernamental regional para a cooperação interterritorial cuja origem remonta a 1948, época anterior à independência. A EAC, que ganhou força como modelo de integração econômica desde 1999, criou recentemente passaportes da África Oriental e passes temporários para acelerar o movimento da mão de obra.

O movimento da mão de obra através das fronteiras nas regiões da África Subsaariana poderia ser incentivado. Durante as recessões econômicas, os formuladores de políticas nessas regiões sentem as mesmas pressões políticas xenofóbicas que os governos dos países ricos para favorecer os trabalhadores nativos e limitar os serviços públicos prestados aos não nativos. Menos de um terço dos governos na África Subsaariana ratificou a Convenção Internacional sobre a Proteção dos Direitos de todos os Trabalhadores Migrantes e dos Membros de suas Famílias. Para realmente colher os benefícios da mobilidade da mão de obra no sentido de um crescimento econômico mais rápido, com convergência entre os agrupamentos regionais da África Subsaariana, pode-se fazer muito mais para acolher os migrantes e abrir canais para o fluxo de remessas para seus países de origem.

Fonte: Lucas 2006.

O número de migrantes da África Subsaariana
1.000 habitantes por proximidade regional caiu desde 1960

Região	1960	1970	1980	1990	2000
África Oriental	37,3	31,6	35,3	31,2	17,9
África Central	40,7	44,2	35,9	20,6	16,0
África Meridional	49,7	40,6	33,3	34,5	30,6
África Ocidental	28,0	27,3	34,6	28,5	30,0
África Subsaariana	35,6	32,8	35,0	29,0	23,0

Fonte: Divisão de População da ONU, in Lucas 2006.

pressão demográfica. Ao contrário dos anos 1960 e 1970, os imigrantes internacionais não provêm dos países mais pobres e menos desenvolvidos. Os movimentos internacionais voluntários de pessoas tendem a partir dos países com economias que crescem rapidamente e taxas decrescentes de fertilidade. A emigração hoje é resultado menos do desespero e mais da integração.[15]

O padrão da migração internacional também está mudando, de Sul-Norte para Sul-Sul.[16] Embora os três maiores países receptores sejam membros da Organização para a Cooperação e Desenvolvimento

Econômico – OCDE (Estados Unidos, Alemanha e França, nesta ordem), a Costa do Marfim, a Índia, a República Islâmica do Irã, a Jordânia e o Paquistão estão agora entre as 15 maiores destinações. Mas a migração da mão de obra dos países de renda baixa e média do Sul para os países ricos do Norte ainda é grande, 37% dos migrantes internacionais em 2000. O movimento entre os países do Norte constituía 16% da migração e aquele entre os países do Sul representava 24%, com Argentina, China, Costa do Marfim, Índia, República Islâmica do Irã, Jordânia, Paquistão e África do Sul como destinações importantes.

Há uma forte tendência de deslocamento da mão de obra entre países nas mesmas regiões do mundo, especialmente para a migração Sul-Sul (ver tabela 5.2). A migração da mão de obra ocorre geralmente entre países que partilham fronteiras terrestres.[17] Embora apenas 30% dos imigrantes que se dirigem aos Estados Unidos, 20% à França e 10% à Alemanha venham de países com os quais compartilham uma fronteira, 81% dos imigrantes que vão para a Costa do Marfim, 99% para a República Islâmica do Irã e 93% para a Índia provêm de países vizinhos.

Os migrantes internacionais tendem a permanecer dentro dos agrupamentos regionais, especialmente nas regiões em desenvolvimento do mundo, mais especialmente na África Subsaariana (ver figura 5.3). Quase 17% da migração internacional registrada por volta de 2000 ocorreu dentro da Europa e da Ásia Central, embora grande parte dela tenha resultado de mudanças de fronteira e de mudanças na definição de quem era "nascido no exterior" naqueles países. A segunda taxa mais alta de mobilidade da mão de obra entre países da mesma região foi a da África Subsaariana (ver quadro 5.1).

A migração através das fronteiras dentro dos agrupamentos sub-regionais dirige-se para países que agem como motores econômicos de crescimento nas regiões em desenvolvimento – para a Costa do Marfim na África Ocidental, para a África do Sul na África Meridional, para a Tailândia, vinda dos países da Grande Região do Mekong no Sudeste Asiático (ver quadro 5.2), e para a Argentina vinda da Bolívia, do Chile, do Paraguai e do Peru. A distância não é tudo. As divisões, na forma da língua e da cultura, também determinam o padrão da migração internacional, pois mais da metade das migrações ocorre entre países com uma língua comum. Evidentemente, uma língua

QUADRO 5.2 *A migração entre fronteiras é incentivada na Sub-região do Grande Mekong*

A Sub-região do Grande Mekong (SGM), com 315 milhões de habitantes, compreende o Camboja, a República Democrática Popular do Laos, Mianmar, a Tailândia, o Vietnã e as províncias chinesas de Guangxi e Yunnan. Apesar das disparidades marcantes de desenvolvimento econômico entre seus membros, a sub-região é extremamente dinâmica, com taxas médias de crescimento anual acima dos 6% nos últimos anos.

Os salários mais altos, o crescimento mais rápido e o clima social e político mais favorável da Tailândia atraem pessoas que tentam escapar da pobreza no Camboja, na RDP do Laos e em Mianmar. Na Tailândia, os migrantes são uma reserva de mão de obra barata e flexível e um incentivo para sua competitividade em certos setores. E estima-se que a Tailândia sozinha tenha de 1,5 a 2 milhões de migrantes regulares e irregulares da SGM. Sua remoção poderia reduzir o PIB da Tailândia em cerca de 0,5% ao ano.

Segundo certas estimativas, mais da metade dos migrantes entram na Tailândia com documentação legal e depois prolongam sua estadia, tornando-se ilegais. Os migrantes são homens, extremamente jovens e em idade produtiva. Aqueles provenientes de Mianmar são, em média, menos instruídos e menos alfabetizados do que a média das populações de origem, o que indica uma pressão para migrar, ou uma autosseleção negativa. Mas a autosseleção é positiva entre os migrantes provenientes do Camboja, que têm um nível de instrução ligeiramente mais alto do que a população no país de origem.

As remessas de valores da Tailândia para o Camboja, a RDP do Laos e Mianmar são estimadas entre US$ 177 milhões e 315 milhões ao ano. No Camboja, são importantes para 91% dos domicílios entrevistados em uma das principais províncias emissoras.

Grande parte dessa migração, entretanto, permanecerá irregular e desregulada, o que aumenta a vulnerabilidade dos migrantes, a maioria dos quais não usa os serviços sociais porque teme a deportação. Um dos maiores problemas é garantir o acesso à educação às crianças, que também sofrem com a falta de acesso aos serviços de saúde. Pelas mesmas razões que os migrantes adultos raramente recebem tratamento de saúde, as crianças migrantes raramente recebem vacinação.

Apesar dos benefícios da mobilidade de mão de obra, a facilitação dos fluxos legais de pessoas tem sido lenta. Os países emissores geralmente carecem de capacidade para administrar a exportação em massa de mão de obra e para proteger os direitos dos seus cidadãos no exterior. Os países receptores possuem estruturas de migração bastante fracos, muitas vezes implementados às pressas como reação *ex post* à grande quantidade de migrantes. A ausência de um marco jurídico e político adequado, típica dos agrupamentos regionais nas regiões de países em desenvolvimento, aumenta os custos (e riscos) da migração e reduz seus benefícios.

Fonte: Banco Mundial 2006e.

QUADRO 5.3 *Da facilitação à restrição e (novamente) à facilitação da mobilidade de mão de obra na China*

Na segunda metade do século XX, a China implementou algumas das políticas de migração interna mais ativas de que se tem notícia, inicialmente com grandes benefícios econômicos, mas depois em detrimento do crescimento e do desenvolvimento. Agora, essas políticas estão mudando novamente.

Nos anos 1950, o governo procurou estimular a industrialização por meio de políticas que incentivavam a rápida urbanização. As famílias receberam incentivos para se mudar para as cidades, e os trabalhadores rurais reagiram em massa, respondendo à demanda de participar da reconstrução e do desenvolvimento industrial. Como resultado desses esforços, em 1953 a população urbana da China havia crescido um terço, para 78 milhões. O primeiro Plano Quinquenal (1953–58) promoveu o desenvolvimento urbano, criando forças que atraíam as pessoas para as cidades, complementadas pela coletivização da agricultura e pela instituição do sistema de comunas.

Aparentemente em resposta a um fluxo maior do que o esperado proveniente dos vilarejos, o governo tentou conter o fluxo, centralizando a contratação, restringindo o deslocamento e racionando os grãos nas cidades. Mas essas medidas não conseguiram desacelerar o fluxo de saída dos trabalhadores rurais chineses, e a pressão sobre as cidades cresceu tanto, que o governo mobilizou-se para deslocar milhões de pessoas de volta ao campo. Então, com o Grande Salto para Frente (1958–60), o governo abandonou todas as tentativas de controlar o fluxo de mão de obra, procurando novamente acelerar o desenvolvimento industrial, o que provocou outro movimento em massa de trabalhadores em direção às cidades chinesas. Por volta de 1960, a população urbana da China era o dobro da de 1949.

Nos anos 1960 e na primeira metade dos anos 1970, a população urbana caiu, uma consequência da transferência dos intelectuais e das elites urbanas para o campo durante a Revolução Cultural (1966–76). Então, com uma mudança abrupta da política em 1976, o fluxo de pessoas para as cidades aumentou novamente.

No início dos anos 1980, o governo ficou especialmente preocupado com a velocidade da urbanização. Embora a migração rural-urbana fosse responsável por somente 20% do crescimento das cidades chinesas entre 1949 e 1980, as evidências de sobrecarga da infraestrutura e dos serviços em Xangai e Pequim ocuparam a atenção dos formuladores de políticas. O sistema *hukou* de registro de domicílios tornou-se a principal ferramenta política para regular o fluxo de trabalhadores. Seus quatro princípios são os seguintes:

- A migração, especialmente para as áreas urbanas, só pode ser permitida se for compatível com o desenvolvimento econômico.
- A migração rural-urbana deve ser estritamente controlada.
- Os movimentos entre assentamentos com população de tamanhos semelhantes não precisam ser controlados.
- Os fluxos dos assentamentos maiores para os menores ou entre áreas rurais devem ser incentivados.

Sob o *hukou*, cada indivíduo tem um lugar oficial de residência, e os documentos comprobatórios da residência são semelhantes a um passaporte. As pessoas só podem

O crescimento e a concentração industriais da China foram acompanhados por fluxos maciços de mão de obra
Migração inter-regional da mão de obra 1995-2000

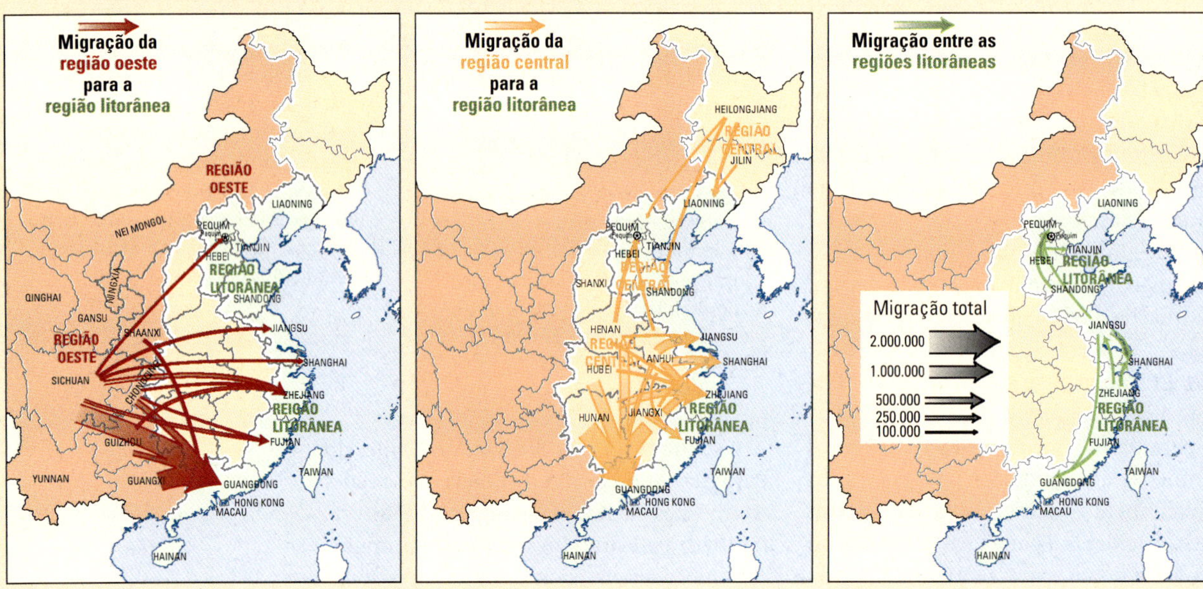

Fonte: Huang e Luo, no prelo, com base em informações do Censo Populacional da China.

QUADRO 5.3 ***Da facilitação à restrição e (novamente) à facilitação da mobilidade de mão de obra na China – continuação***

trabalhar de forma legal, receber os benefícios da seguridade social, incluindo assistência à saúde, e ter acesso a programas alimentares no lugar onde residem. A mudança do lugar oficial de residência só pode ser concedida por permissão, como se a autoridade local concedesse um visto. Porém, certas formas de migração temporária legal podem ser autorizadas para atender às mudanças da demanda por mão de obra.

À medida que a preocupação do governo com o tamanho das cidades chinesas e o ritmo do crescimento urbano mudava, o *hukou* era reforçado ou afrouxado - por exemplo, relaxando-se a exigência de residência para ser inscrito em programas alimentares ou estendendo os direitos dos migrantes temporários. Apesar dos controles, uma execução leniente permitia que grandes fluxos de trabalhadores migrantes se instalassem em cidades sob status "temporário". De fato, nos últimos 30 anos, as exigências de mão de obra para alimentar o desempenho espetacular do crescimento chinês dependeram de migrantes que são temporários por lei mas residentes de fato.

Hoje, o movimento de pessoas das áreas rurais para as cidades está crescendo novamente. Um em cada cinco trabalhadores rurais migra, e os migrantes representam um terço do emprego urbano. Em 2005, a renda média urbana era três vezes a rural. A mecanização da agricultura incrementou a reserva excedente de mão de obra. E as indústrias chinesas têm necessidade constante de mão de obra de baixo custo.

Tendo reconhecido o dividendo de crescimento obtido com o fluxo livre da mão de obra, o governo tem afrouxado o *hukou* nos últimos anos, até facilitando a migração. As restrições à migração declinaram. O mercado de trabalho tornou-se mais eficiente. E as decisões de mobilidade respondem muito mais aos fatores econômicos.[a] Começando com programas pilotos em municípios selecionados, os migrantes das áreas rurais terão acesso aos serviços de saúde e proteção social, a treinamento, a informações sobre o mercado de trabalho, a assistência para busca de emprego, e a serviços jurídicos em caso de abuso do empregador.

Pesquisas recentes sugerem que as restrições tiveram seu preço: muitas cidades chinesas são menores do que deveriam.[b] Em muitas áreas como Chengdu e Chongqing, os governos estão facilitando novamente uma rápida migração rural-urbana (ver capítulo 7).

Fonte: Equipe do RDM 2009.
a. Poncet 2006.
b. Au e Henderson 2006a.

comum e outros fatores culturais reforçam os efeitos de vizinhança.

Imediatamente após a II Guerra Mundial – quando as economias estavam crescendo rapidamente, a desigualdade dos salários estava caindo, e o volume do movimento da mão de obra entre as fronteiras era baixo –, a migração internacional não era realmente uma questão política espinhosa. Porém, depois de 1975 – conforme o crescimento dos países de renda alta desacelerou, a desigualdade de salários aumentou e o volume de migrantes internacionais inchou – a imigração tornou-se objeto de debate polêmico na política eleitoral. De fato, políticas seletivas de "imigração administrada", introduzidas pela primeira vez na Austrália e no Canadá nos anos 1980, estão se tornando populares em outros países de destino de renda alta.[18]

Com o retorno da globalização desde o final da Guerra Fria, o movimento da mão de obra através das fronteiras foi retomado, mas os governos ainda restringem a quantidade e influenciam as características dos imigrantes. Isso contrasta fortemente com a "primeira era da globalização" do século XIX, quando os fluxos de mão de obra estavam livres de obstrução. As restrições à imigração surgem e são mantidas pela desigualdade salarial nos países receptores, mais do que pelo desemprego ou pelos salários absolutos. É mais provável que elas sejam reforçadas quando os fluxos internacionais de mão de obra aumentam, e afrouxadas em períodos de apoio interno ao comércio.[19]

A mobilidade interna de mão de obra cresce rapidamente apesar das restrições

Com as melhorias tecnológicas e na infraestrutura de transporte, a mobilidade da mão de obra dentro dos países cresceu continuamente durante o século XX, e acelerou-se nas duas últimas décadas. O volume e a velocidade da migração voluntária interna, que preocupa os formuladores de políticas há décadas, estão crescendo apesar das previsões em contrário.[20] O declínio da agricultura e a ascensão da manufatura mudaram a distribuição de mão de obra nos países de renda

Tabela 5.3 As taxas de mobilidade de mão de obra variam muito entre as regiões do mundo em desenvolvimento

País e ano de pesquisa (classificados por total de migrantes)	Migrantes internos (% da população em idade produtiva)	Migrantes recentes (menos de cinco anos, % da população total em idade produtiva)	Migrantes recentes (% dos migrantes internos)
Bósnia e Herzegovina 2001	52,5	12,8	24,5
Paraguai 2001	39,0	7,3	18,7
Bolívia 2005	37,7	5,0	13,3
Marrocos 1998	33,4	6,0	18,1
Azerbaijão 1995	33,2	19,4	58,4
Honduras 2003	29,0	5,5	19,2
Venezuela, R. B. da 2004	28,3	3,0	10,7
Congo, Rep. Dem. do 2005	27,1	7,8	28,9
República Dominicana 2004	26,9	4,0	14,9
Armênia 1999	24,5	22,4	91,7
Mauritânia 2000	24,2	2,9	12,0
Albânia 2005	23,9	4,1	17,3
Equador 2004	22,7	5,3	23,4
Vietnã 1992	21,9	3,1	14,3
Ruanda 1997	21,5	5,9	27,6
Colômbia 1995	20,1	5,3	26,3
Costa Rica 2001	19,9	2,5	12,4
Brasil 2001	19,5	3,3	16,7
Serra Leoa 2003	19,0	3,7	19,3
Nicarágua 2001	18,6	3,1	16,9
Guatemala 2006	17,5	3,3	19,1
Haiti 2001	17,5	2,8	15,8
Argentina 2006	17,2	1,4	8,1
Quirguistão 1997	16,2	4,7	29,2
Romênia 1994	15,1	1,9	12,8
Croácia 2004	14,7	1,2	8,0
Bulgária 2001	14,3	1,4	10,0
Camboja 2004	14,2	2,8	19,4
Tadjiquistão 2003	9,9	1,5	15,7
Mongólia 2002	9,8	0,0	0,4
Cazaquistão 1996	9,3	1,4	14,7
Madagascar 2001	9,3	0,0	0,0
Moçambique 1996	8,1	0,0	0,2
Maláui 2005	2,7	1,1	43,2
Micronésia 2000	1,2	0,3	23,6

Fonte: Equipe do RDM 2009, estimativas usando pesquisas domiciliares.
Nota: Migrantes internos são indivíduos que não vivem no mesmo distrito no qual nasceram. Essa definição não conta os que voltaram como migrantes – isto é, as pessoas que haviam se mudado do lugar de nascimento no passado, mas que já haviam retornado à época da pesquisa. Os migrantes recentes migraram nos cinco anos antes do ano da pesquisa.

Figura 5.4 Na América Latina e no Caribe os migrantes internos são mais instruídos que aqueles que não migram
Comparação do nível de educação dos migrantes internos e dos não-migrantes no local de origem e na época da migração

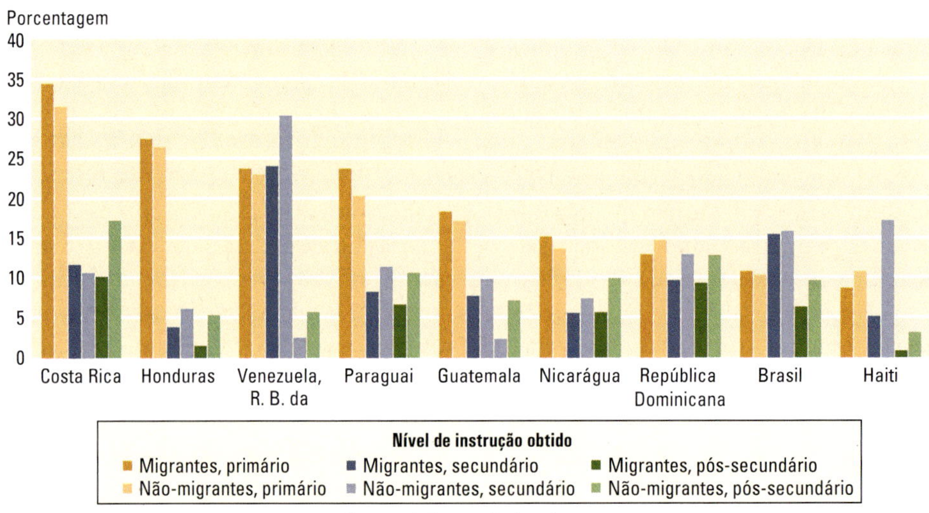

Fonte: Equipe do RDM 2009, com base em pesquisas domiciliares selecionadas.

baixa e nos países emergentes de renda média desde meados do século XX no Sul da Ásia e na África Subsaariana, e muito antes disso no Leste Asiático e na América Latina. A migração de mão de obra das áreas rurais atrasadas para as rurais avançadas continua sendo o movimento interno predominante na maior parte do mundo em desenvolvimento,[21] exceto na América Latina, onde os movimentos entre cidades predominam.[22] A migração rural-rural, difícil de documentar, tem sido em grande parte ignorada.[23]

A migração das áreas rurais para as cidades tem ganhado importância desde meados dos anos 1970, especialmente nas economias em urbanização do Sul e do Leste Asiáticos, com a rápida ascensão da manufatura e dos serviços. Na Índia, onde os movimentos das áreas rurais agrícolas pobres para as ricas foram historicamente a forma predominante de migração interna, os movimentos dos vilarejos para as cidades aumentaram fortemente nos últimos anos. A migração do estado indiano pobre de Bihar dobrou desde os anos 1970, principalmente para as cidades, e não para os estados agrícolas prósperos do noroeste da Índia, como antes. Em Bangladesh, dois terços de toda a migração das áreas rurais vai para as cidades. E na China, com o afrouxamento das restrições à residência, a migração das áreas rurais para as cidades agora predomina (ver quadro 5.3).

Medidas uniformes de migração interna são raras. Como existem muito poucas pesquisas domiciliares que meçam regularmente a mobilidade da mão de obra, e as perguntas feitas sobre migração variam, a comparação entre indicadores só podem ser feita em alguns países. É mais provável que as perguntas sobre migração sejam feitas nos países que conhecem grandes movimentos de mão de obra e onde os governos estão preocupados com a migração. Entre os países que constam na tabela 5.3, por exemplo, estão nações estáveis (como Argentina e Costa Rica), onde a migração mais provavelmente tem como causa motivos econômicos, e países que passaram por conflitos recentes (como Bósnia e Herzegovina, República Democrática do Congo, Ruanda e Serra Leoa), onde a mobilidade

Figura 5.5 Os migrantes internos são mais instruídos que os trabalhadores dos lugares para onde eles se mudam

Comparação entre migrantes internos e trabalhadores não-migrantes no local de destino do migrante

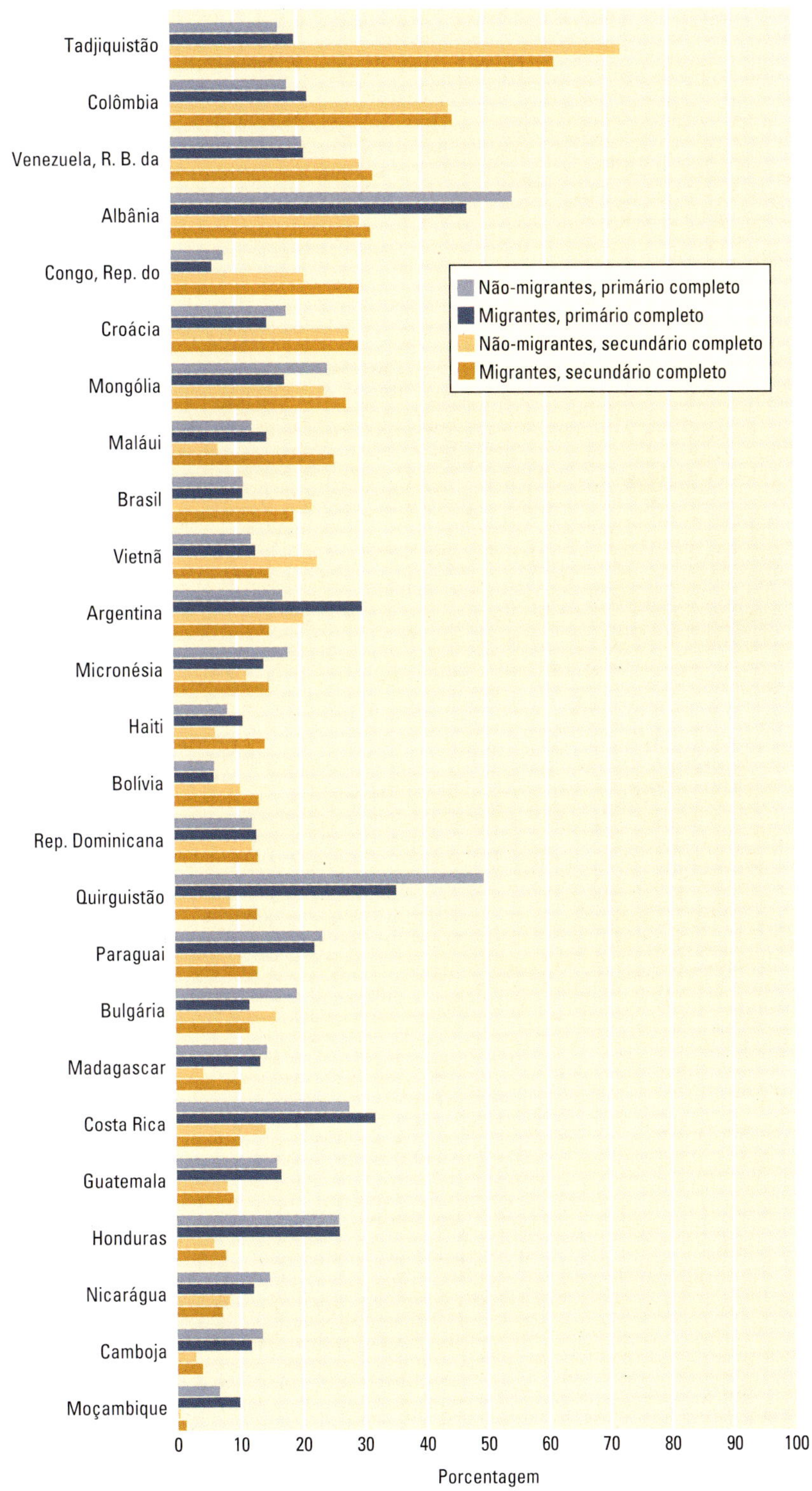

Fonte: Equipe do RDM 2009, com base em pesquisas domiciliares selecionadas.

Figura 5.6 A migração dos países em desenvolvimento está se tornando mais qualificada

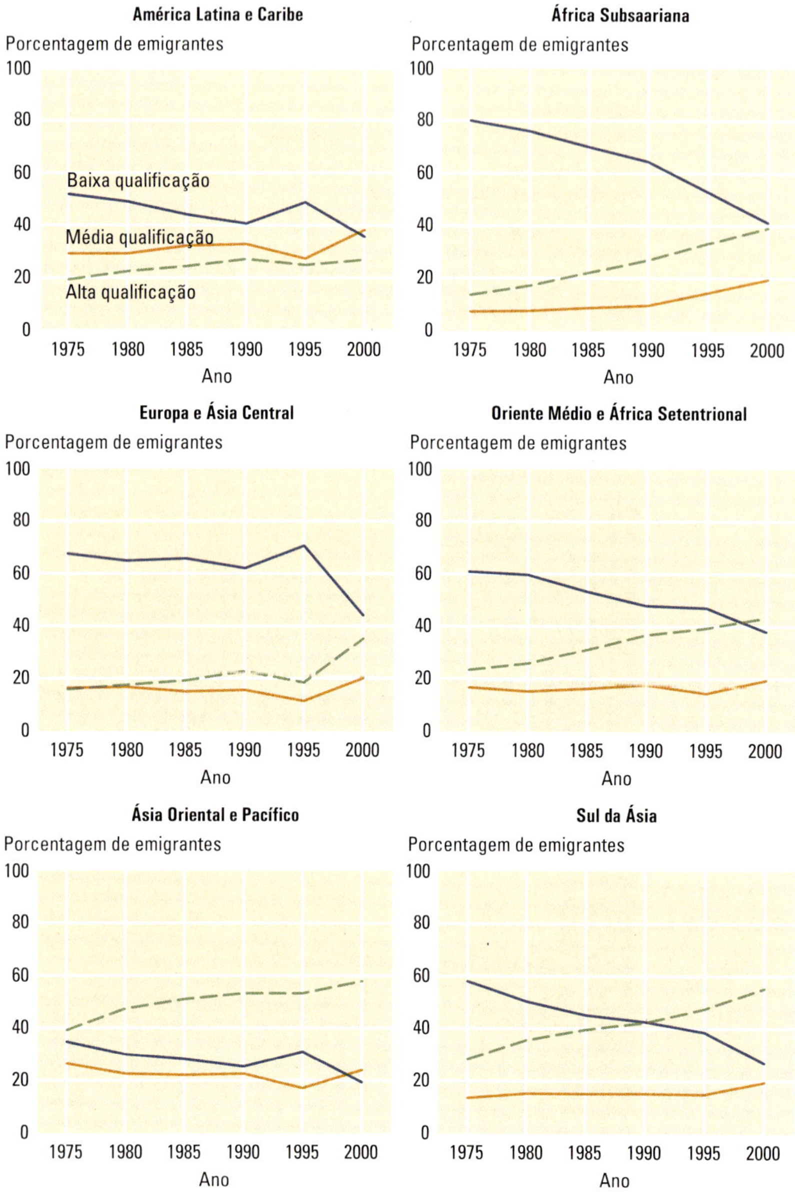

Fonte: Docquier 2006.

interna é devida também à fuga diante da ameaça de violência.

Qualificações – o motor da migração interna e internacional

Um movimento de mão de obra semelhante às migrações que saíram da Europa na virada do século XX ainda não aconteceu, e talvez nunca ocorra. Mas, ao contrário do fluxo de mão de obra não qualificada, o de mão de obra qualificada – com capital humano – tem aumentado. É provável que a globalização e as políticas seletivas de migração facilitem o deslocamento de mão de obra qualificada dentro dos países e através das fronteiras.

Dentro dos países, o nível de instrução continua a determinar quem se muda e quem não se muda – certamente das áreas rurais para as cidades. As pessoas com maior instrução têm mais probabilidade de migrar no seu próprio país (ver figuras 5.4 e 5.5).[24] Muitos migrantes temporários e sazonais com pouca ou nenhuma instrução também migram.[25] Mas o nível de instrução alavanca a velocidade da mobilidade de mão de obra ao oferecer oportunidades de emprego em lugares mais distantes e reduzir o tempo de busca por emprego no lugar de destino dos migrantes.[26]

O nível de instrução também aumenta a probabilidade de que as pessoas se mudem para o exterior. A migração internacional de trabalhadores qualificados em relação à de trabalhadores não qualificados tem aumentado desde os anos 1970 para todas as regiões do mundo em desenvolvimento (ver figura 5.6). As proporções mais elevadas de emigrantes qualificados (em porcentagem da mão de obra instruída) vêm da África, do Caribe e da América Central. Muitos países da América Central e países insulares do Caribe tinham mais da metade de seus cidadãos com nível universitário vivendo no exterior em 2000. E perto de 20% dos trabalhadores qualificados haviam deixado a África Subsaariana.[27] Isso poderia ser considerado uma indicação de que o capital humano está adquirindo maior mobilidade internacional – ou de que políticas "seletivas" de imigração nos países ricos estão enviesando a composição da migração internacional para favorecer os migrantes qualificados. Mas o aumento da migração da mão de obra qualificada é devido ao aumento do nível de educação em todo o mundo, mais especialmente nos países que enviam a maioria dos migrantes internacionais. Em termos relativos, o movimento entre fronteiras da mão de obra qualificada permaneceu bastante constante como parcela do estoque de mão de obra qualificada nos países emissores. Não é o capital humano que adquiriu maior mobilidade: simplesmente há mais capital humano disponível, o que acarreta maiores volumes de migração.[28]

O rápido desenvolvimento das telecomunicações e de outras formas de tecnologia de informação e comunicação separou a mobilidade do capital humano da mobilidade da mão de obra. Numa tendência que irá provavelmente se acelerar, mais serviços dos processos de produção de indústrias baseadas nos países ricos estão sendo transferidos para países de renda baixa e média, onde o capital humano é mais barato. O que começou com as exportações de serviços de desenvolvimento e manutenção de *software* a partir da cidade indiana de Bangalore para empresas em todo o mundo transformou-se num comércio florescente de serviços que exige uma vasta gama de qualificações – da simples comunicação com os clientes, especialmente em países como Índia e Filipinas, onde o inglês é amplamente falado, à contabilidade financeira e à manutenção de computadores. Até agora, não há indicação de que as exportações de capital humano "incorpóreo" pelas linhas telefônicas e pela Internet irá substituir o fluxo de trabalhadores qualificados. Porém, ao criar a possibilidade de separação do capital humano e da mão de obra, a tecnologia de informação e comunicação aumentou ainda mais a mobilidade das qualificações com relação às pessoas.

Mobilidade da mão de obra: o aprendizado de uma geração de análise

Até recentemente, duas correntes da literatura econômica – a migração da mão de obra e o crescimento econômico, cada qual com impacto poderoso sobre os formuladores de políticas dos países em desenvolvimento – evoluíram por caminhos separados e divergiram. Porém, como foi mostrado nos argumentos e dados das economias de aglomeração no capítulo 4, os dois fenômenos estão intimamente imbricados no mundo real. A mobilidade da mão de obra e a migração voluntária em busca de ganho econômico são o lado humano da história da aglomeração.

Quanto às empresas, as economias de localização e urbanização decorrem dos efeitos secundários do conhecimento entre pessoas próximas. Por esse motivo, as pessoas são, muitas vezes, economicamente mais produtivas quando estão junto a outras, especialmente no caso de pessoas qualificadas. A migração e a aglomeração alimentam-se mutuamente. Seja a aglomeração em lugares avançados dentro de uma área geográfica, seja em áreas avançadas dentro dos países ou em países avançados dentro das regiões, o capital humano dirige-se para lugares economicamente avançados. Em todas as escalas espaciais, a migração é a maneira encontrada pelas pessoas que investem em educação e qualificações para obter os retornos de seu investimento.

Uma descoberta importante da literatura sobre aglomeração – a de que o capital humano obtém maiores retornos onde é abundante – foi ignorada pela literatura sobre a migração de mão de obra. Preocupadas com o desemprego urbano e a miséria nas cidades do Sul que crescem rapidamente, as primeiras pesquisas sobre migração de mão de obra defendiam restrições.[29] Muitas vezes, os governos seguiram essas prescrições, instituindo políticas de redução da migração, mas com pouco efeito: os fluxos do campo para a cidade e das províncias atrasadas para as avançadas não sofreram alteração. O único efeito das restrições pode ter sido o crescimento econômico desperdiçado e uma convergência mais lenta dos padrões de vida entre as áreas avançadas e atrasadas.

Os retornos de escala crescentes e os efeitos secundários da aglomeração – especialmente aqueles relacionados ao capital humano – tornam claros os benefícios de crescimento e bem-estar das políticas que facilitam o movimento da mão de obra dos lugares atrasados para os avançados. As implicações políticas são poderosas. Mais do que uma enxurrada humana destrutiva iminente, os fluxos crescentes de pessoas provenientes dos vilarejos para as cidades poderiam ser uma dádiva para o crescimento econômico e a convergência do bem-estar. Passando da escala espacial local para a nacional, e depois para a internacional, os benefícios da aglomeração são os mesmos – e os problemas que os formuladores de políticas enfrentam aumentam e tornam-se mais complexos. Dito de maneira simples, os governos não querem perder pessoas e capital humano.

A teoria econômica agora reconhece que os governos não deveriam tentar segurar as pessoas. A atração das forças de aglomeração em lugares prósperos é simplesmente

QUADRO 5.4 *As políticas sociais e de trabalho restringem a migração no Leste Europeu, o que é ruim para o crescimento*

A migração interna aumentou em vários países do Leste Europeu e da Ásia Central no começo do abandono das economias planificadas. Mas isso pode ter sido um fenômeno isolado. Grande parte do aumento súbito da migração na Comunidade dos Estados Independentes parece ter sido impulsionada pelo retorno de pessoas a seus lugares de origem étnica e pela partida de trabalhadores das áreas para onde eles haviam sido enviados pelos planejadores centrais. Mais de 1 milhão de pessoas se mudaram da Sibéria e do norte e do extremo oriental da Rússia para as partes mais centrais da Federação Russa, aproximadamente 12% da população dessas áreas.

Esses movimentos podem ter se esgotado. A migração desacelerou apesar das diferenças de renda e de qualidade de vida. Os migrantes internos na República Tcheca, na Polônia e na República Eslovaca representam menos de 0,5% da população economicamente ativa, muito menos de 1,5% na Alemanha e quase 2,5% na França, na Holanda e no Reino Unido.

A população em idade produtiva nas áreas em depressão econômica da Europa não se mudam principalmente porque os benefícios do desemprego e a assistência social extensas reduzem a pressão para migrar das áreas em declínio. Na Polônia, o seguro-desemprego concede aos trabalhadores qualificados benefícios bastante generosos por períodos que vão de seis meses nas áreas com baixo desemprego a 18 meses nas áreas com alto desemprego. Ademais, os trabalhadores desempregados perto da idade de aposentadoria recebem benefícios pré-aposentadoria ligados às suas pensões. Os domicílios de baixa renda também têm direito a benefícios temporários de assistência social garantidos. As políticas de habitação podem desincentivar a migração. Durante a transição, as casas foram geralmente transferidas aos seus ocupantes a custo baixo ou zero. Logo, o custo de permanecer em casa é baixo. Ao mesmo tempo, o controle dos aluguéis desincentiva novas construções, o que eleva o custo da habitação nas regiões que estão se expandindo economicamente. O custo alto da habitação nos lugares economicamente prósperos pode corroer os ganhos de renda que os trabalhadores poderiam esperar obter com a migração.

O que também desincentiva a migração são os salários mínimos nacionais uniformes, defasados com relação ao custo de vida, os acordos de negociação coletiva e as leis de proteção ao emprego. Em outras regiões onde a economia informal é predominante, a regulação do mercado de trabalho é menos limitante. Porém, nas antigas economias planificadas da Europa Central e Oriental, as regulações do salário mínimo e da proteção ao emprego importam. Na Polônia, onde o salário mínimo é relativamente alto, a fixação nacional do salário parece inibir a migração dos trabalhadores das áreas em recessão econômica. Em outros lugares da região, onde os salários mínimos legais são relativamente baixos, eles não parecem ter um efeito semelhante na mobilidade interna da mão de obra.

Fontes: Dillinger 2007; Paci e outros 2007.

forte demais para que qualquer medida contrária seja eficaz. Outro aspecto da atração da aglomeração que foi bastante estudado pelos economistas, mas que é frequentemente negligenciado pelos governos é que os migrantes que se mudam para as cidades, para as áreas avançadas ou para os países avançados raramente estão desconectados dos seus lugares de origem. A maioria dos migrantes conserva laços fortes e ativos com suas comunidades de origem e envia remessas de dinheiro. E eles fazem muito mais do que enviar capital. Eles enviam informação e assistência técnica, e quando um lugar está pronto, eles frequentemente trazem ideias, conhecimento, expectativas de boa governança e vínculos com os mercados avançados. Os governos emissores que implementarem as políticas certas poderão captar esses benefícios para promover mais velocidade de crescimento e de convergência dos padrões de vida.

A teoria da migração agora reconhece os benefícios da aglomeração

As noções dos economistas sobre o que motiva as pessoas a se mudarem e sobre o que tais movimentos significam provêm das teorias do crescimento econômico e da convergência. Seja inscridas num quadro clássico[30] seja nos modelos recentes de "crescimento endógeno",[31] segundo os quais as pessoas são livres para se deslocar, elas se deslocam para tirar proveito das diferenças de salários entre as localidades. Como salários mais altos no lugar de destino refletem a escassez inicial de trabalhadores em relação ao capital – ou uma grande dotação de capital por trabalhador –, a chegada de novos migrantes irá desacelerar a acumulação de capital por trabalhador e o aumento dos salários. Em contrapartida, a acumulação de capital por trabalhador nos lugares que os migrantes deixam vai acelerar à medida que eles partirem, acelerando o crescimento salarial dos trabalhadores que ficam. Prevê-se que, por meio desse mecanismo, a renda nas diferentes localidades acabará por convergir.

As primeiras teorias sobre a migração da mão de obra tiveram origem na análise do crescimento econômico nos países em desenvolvimento.[32] Essas teorias iniciais dividiam uma economia em desenvolvimento num setor rural agrário tradicional e num setor manufatureiro moderno centrado nas áreas urbanas. A ideia principal era que, com o desenvolvimento econômico, e especialmente com a mecanização progressiva da agricultura, sempre há um excesso de mão de obra nas áreas rurais. Mas não é o caso no setor manufatureiro moderno em expansão. Logo, nas áreas rurais, cada trabalhador adicional, independentemente dos seus talentos inatos ou do seu nível de instrução, tem produtividade marginal zero, mas tem potencialmente uma produtividade marginal positiva na manufatura. Isso gera um hiato de receitas e um incentivo para que a mão de obra migre das áreas rurais para as cidades em busca de empregos na manufatura. A agricultura fornece mão de obra ilimitada à manufatura, e a transferência da mão de obra entre os dois setores ocorre por meio da migração rural-urbana. Essa migração continua até que o "desemprego disfarçado" dos trabalhadores nas áreas rurais seja absorvido pela manufatura nas áreas urbanas.

O movimento das áreas rurais para as urbanas era considerado desejável quando acompanhado pelo crescimento econômico. No que ficou conhecida como a classe de Todaro dos modelos migratórios,[33] os migrantes potenciais decidem se vão se mudar comparando os fluxos de renda futura esperada que eles poderiam obter na cidade e em sua área rural de origem, depois de levar em consideração os custos de efetivamente se mudar e procurar um emprego.[34] Uma característica essencial dos primeiros modelos de Todaro é que a taxa de crescimento da economia – e, por extensão, a taxa de criação de emprego no setor manufatureiro moderno –presumia-se constante e era fixada independentemente do modelo. Esse quadro clássico – com uma taxa de crescimento econômico determinada exogenamente e uma taxa constante de criação de emprego no setor manufatureiro – explicava o desemprego urbano crescente em cidades como Nairóbi. Mas também criou o que veio a ser conhecido como o Paradoxo de Todaro: qualquer política para melhorar as economias urbanas poderia levar a mais desemprego urbano, porque as melhoras estimulariam ainda mais a migração proveniente das áreas rurais.

Poucos modelos econômicos tiveram tanto impacto sobre os formuladores de políticas nos países em desenvolvimento como essas teorias iniciais sobre a migração da mão de obra. Em todo o mundo em desenvolvimento, mas especialmente no Sul da Ásia e na África Subsaariana, o Paradoxo de Todaro forneceu uma base para desincentivos fortes e até restrições explícitas ao

QUADRO 5.5 *De Lewis a Lucas: a perspectiva econômica da migração mudou*

As descobertas de economistas que tiveram o maior impacto sobre o modo como os formuladores de políticas veem a migração compartilham origens semelhantes nas teorias do crescimento econômico. A evolução do pensamento econômico sobre migração – e especialmente sobre os crescentes benefícios da aglomeração de mão de obra e de talentos nas cidades – percorre a obra de dois economistas premiados com o Nobel: W. Arthur Lewis e Robert E. Lucas Jr.

Lewis lançou as bases do estudo da migração de mão de obra com seu modelo bissetorial de crescimento econômico nos países em desenvolvimento. Mas os teóricos que estudam o crescimento econômico desde Lewis seguiram um caminho diferente daquele tomado por aqueles que usaram suas descobertas para focar apenas a migração da mão de obra.

Os modelos clássicos de migração inspirados por Lewis presumiam uma taxa de crescimento econômico determinada exogenamente e constante. É forte o contraste com os novos teóricos do crescimento – inspirados pela afirmação de Lucas de que existem efeitos externos positivos da aglomeração de capital humano – que internalizaram o crescimento em modelos que previam retornos de escala crescentes. As teorias clássicas modelavam cada migrante adicional como causador de uma redução da probabilidade de emprego, contribuindo para o desemprego urbano e aumentando os custos de congestionamento. Os novos teóricos do crescimento e mais tarde os defensores das economias urbanas de aglomeração podiam ver nesse migrante uma fonte adicional de capital humano para alimentar o motor de aglomeração do crescimento.

Em 2002, Lucas transpôs a separação entre essas correntes divergentes da literatura de desenvolvimento num estudo teórico da migração das áreas rurais para urbanas nos países de renda baixa e média.[a] Ele postulou uma transferência da mão de obra de um setor tradicional, que emprega tecnologia intensiva em terra, para um setor moderno intensivo em capital humano, com potencial infinito de crescimento econômico. No modelo de Lucas, as cidades são lugares onde os novos imigrantes podem acumular as qualificações exigidas pelas tecnologias de produção modernas. Na conclusão do artigo, referindo-se à atração das cidades provocada pelos ganhos advindos da aglomeração, ele escreve:

> "Até nas economias do mundo pós--colonial que crescem rapidamente, a passagem de uma economia 90% agrícola para outra 90% urbana ocorre em questão de décadas. Já que todos têm a opção de migrar mais cedo ao invés de mais tarde, algo deve ocorrer à medida que o tempo passa para que as cidades se tornem uma destinação cada vez melhor".[b]

A nova constatação das teorias que reconhecem os efeitos secundários da aglomeração de capital humano é que, enquanto os retornos de escala na agricultura são constantes, os retornos de escala na manufatura e nos serviços são crescentes. As implicações políticas da adoção de um ponto de vista ou outro são profundamente diversas. Um formulador de políticas persuadido pela visão clássica restringirá o movimento da mão de obra, especialmente os fluxos de migrantes dos vilarejos para as pequenas e grandes cidades. Em contrapartida, um formulador de políticas que reconhecer os benefícios externos do capital humano fará exatamente o contrário e facilitará a migração e a aglomeração, especialmente dos trabalhadores qualificados.

Fonte: Equipe do RDM 2009.
a. Lucas Jr. 2004.
b. Lucas Jr. 2004.

movimento da mão de obra.[35] O modelo de Todaro sugeria que a proibição da migração interna acima do necessário para o pleno emprego na manufatura poderia aumentar o bem-estar nacional, porque a produção tanto da agricultura quanto da manufatura seriam mantidas em níveis ótimos.

No final dos anos 1970 e início dos 1980, entretanto, os economistas começaram a questionar os modelos clássicos, apontando as fraquezas do modelo de Todaro, que não conseguia descrever a natureza dinâmica dos movimentos de mão de obra. Ele minimizava as diferenças no apetite por risco entre os potenciais migrantes, não levava em consideração as diferenças de nível de instrução, nem a maneira como essas diferenças podiam influenciar a procura de emprego, ignorava motivações pertinentes e características dos domicílios que podiam influenciar a escolha da família de quem vai migrar e, além disso, negligenciava a possibilidade de migração em busca de empregos na economia informal urbana e a atração que estes últimos podiam exercer independentemente do setor manufatureiro moderno.[36]

Ao mesmo tempo, certos economistas em meados dos anos 1980 começaram a pensar de modo diferente sobre o crescimento econômico, principalmente reformulando a maneira como os modelos clássicos de crescimento tratavam o progresso técnico. O capital humano e as ideias são diferentes de outros fatores de produção – eles revelam retornos de escala crescentes.[37] E como a geração de ideias e o capital humano são essencialmente atividades sociais – que aglomeram as pessoas de um modo que não pode ser comparado ao processo de acumulação do capital físico –, esses modelos podiam explicar por que as cidades são importantes. Eles também podiam explicar por que o capital humano e financeiro não se muda de onde já é abundante – países ricos, áreas avançadas nos países e cidades – para onde parece ser escasso – países pobres, áreas atrasadas e comunidades rurais.[38]

Se existem efeitos externos da aglomeração de capital humano, as cidades podem alavancar e sustentar o crescimento econômico. Embora os especialistas urbanos tenham sustentado essa opinião durante muito tempo,[39] ela era suficientemente inédita para os economistas. Os pesquisadores em economia urbana se lançaram com entusiasmo em busca dos efeitos externos positivos do efeito secundário de capital humano apontados pela teoria. Estudos teóricos e empíricos procuraram quantificar o que acontece com a produtividade, os salários e o preço dos terrenos quando o estoque agregado de capital humano numa cidade aumenta.[40] Começaram a surgir indícios de retornos sociais do incremento da educação em áreas geográficas específicas, o que sustenta os argumentos a favor de maiores concentrações da atividade econômica, se não da aglomeração da mão de obra especificamente.[41]

Esses argumentos em si mesmos não penetraram na literatura dominante sobre a migração da mão de obra até a virada do século. Isso não deveria surpreender: os pressupostos fundamentais dos modelos clássicos de migração são contrários àqueles defendidos pelos novos teóricos do crescimento e por aqueles que ressaltam as economias de aglomeração (ver quadro 5.5).

Figura 5.7 A mobilidade interna da mão de obra e o crescimento econômico caminham juntos

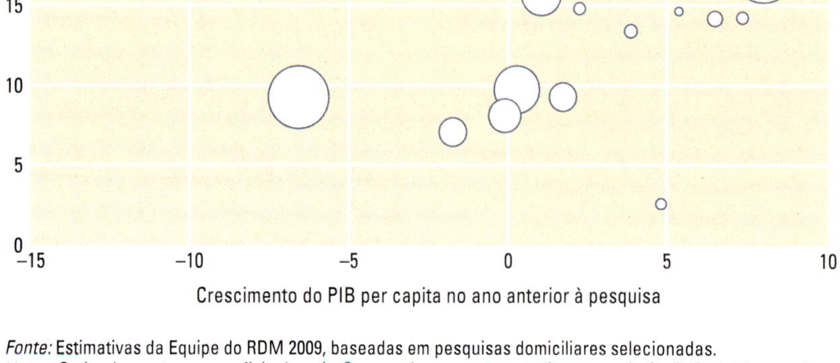

Fonte: Estimativas da Equipe do RDM 2009, baseadas em pesquisas domiciliares selecionadas.
Notas: O círculo mostra a superfície do país. O marcador no canto superior esquerdo é a R. B. da Venezuela em 2004.

Migração, crescimento e bem-estar: divergência ou convergência?

Num mundo com retornos de escala crescentes, será que a migração seletiva e voluntária levará à divergência econômica ou à convergência econômica? Um grande volume de trabalho empírico de

QUADRO 5.6 *Barreiras implícitas à mobilidade: direitos baseados no lugar e divisões na Índia*

As políticas que impedem a mobilidade interna na Índia são causadas mais por omissão do que por ação, o que é um exemplo dos obstáculos implícitos à migração em muitos países em desenvolvimento. As políticas atuais não permitem que as comunidades captem plenamente os benefícios da mobilidade de mão de obra. Os custos e riscos da migração seriam significativamente reduzidos por uma maior flexibilidade na maneira como os domicílios usam os serviços públicos e direitos sociais, e pelo oferecimento de assistência direcionada para as populações móveis. Atitudes negativas em relação ao governo e o desconhecimento dos benefícios da mobilidade populacional fizeram que a migração fosse negligenciada como força de desenvolvimento econômico.

Dados recentes mostram que a mobilidade populacional na Índia – após ter-se estabilizado nos anos 1970 e 1980 – está crescendo. O censo de 1961 da Índia classificou 33% da população como migrantes internos – pessoas que viviam e trabalhavam em outro lugar que não aquele onde tinham nascido. A parcela de migrantes é maior nas cidades (aproximadamente 40% da população) do que nas áreas rurais (aproximadamente 30%). Mas os fluxos de migrantes que são de longe os maiores – dentro dos distritos, entre os distritos e entre os estados – vão das áreas rurais atrasadas para as avançadas. Desde os anos 1960, os fluxos de migração rural-rural tiveram um volume típico mais do que duas vezes maior que os segundos maiores fluxos, das áreas rurais para as cidades. A migração rural-rural representou mais ou menos 62% de todos os movimentos em 1999-2000. Os trabalhadores de estados atrasados como Bihar, Orissa, Rajastão e Uttar Pradesh costumam viajar para os estados desenvolvidos da revolução verde, Gujarat, Maharashtra e Punjab, para trabalhar nas fazendas.

Na Índia, tanto a distância quanto a divisão limitam a mobilidade da mão de obra. Os níveis mais altos de movimento são registrados dentro de um mesmo distrito. O fluxo de migrantes entre os estados é baixo. Desde 2001, houve uma desaceleração da migração permanente ou a longo prazo (ver mapa abaixo). A parcela de migrantes interestaduais definitivos (permanentes) – de aproximadamente 4% – é muito inferior à população migrante total. A maioria desses migrantes permanentes vive nas cidades. Além da distância geográfica, as fortes diferenças culturais e linguísticas podem desencorajar o movimento para longe do lugar de origem da pessoa.

Embora os conjuntos de dados oficiais indiquem uma desaceleração da migração rural-urbana permanente, microestudos descobriam que a migração circular está emergindo como forma predominante de migração entre os pobres. Estimou-se que os migrantes a curto prazo fossem 12,6 milhões, mas microestudos recentes sugerem que o número é de 30 milhões e está crescendo.

Os benefícios econômicos da migração não são sempre reconhecidos pelos formuladores de políticas. Duas formas políticas foram testadas para conter a migração na Índia. A primeira resposta foi aumentar o emprego rural, numa tentativa de conter o movimento de saída das áreas rurais. Essa política presume implicitamente que a deterioração da agricultura leva à emigração e que a melhoria das oportunidades de emprego nas áreas rurais atrasadas pode reduzir ou reverter a migração. Essas medidas incluem o Programa Nacional de Garantia do Emprego Rural, introduzido recentemente, que promete 100 dias de salário para cada membro adulto de um domicílio rural que se ofereça para trabalho não qualificado, numerosos programas de desenvolvimento revolucionários que procuram melhorar a produtividade agrícola, e programas para desenvolver as cidades pequenas e médias.

A segunda resposta é implícita. Por causa da percepção dos efeitos como negativos, os governos locais continuam hostis aos migrantes, enquanto os empregadores desrespeitam constantemente as leis de proteção aos direitos e necessidades dos migrantes. Em muitos casos, as políticas assistenciais e os serviços sociais são concebidos para uma população sedentária. O melhor exemplo disso é a vinculação ao lugar do direito aos serviços sociais, subsídios à habitação, rações alimentares e outros serviços públicos assistenciais especialmente importantes para os trabalhadores pobres.

A migração interna da Índia flui para as prósperas Nova Déli e Maharashtra
Fluxos migratórios internos relatados no censo de 2001

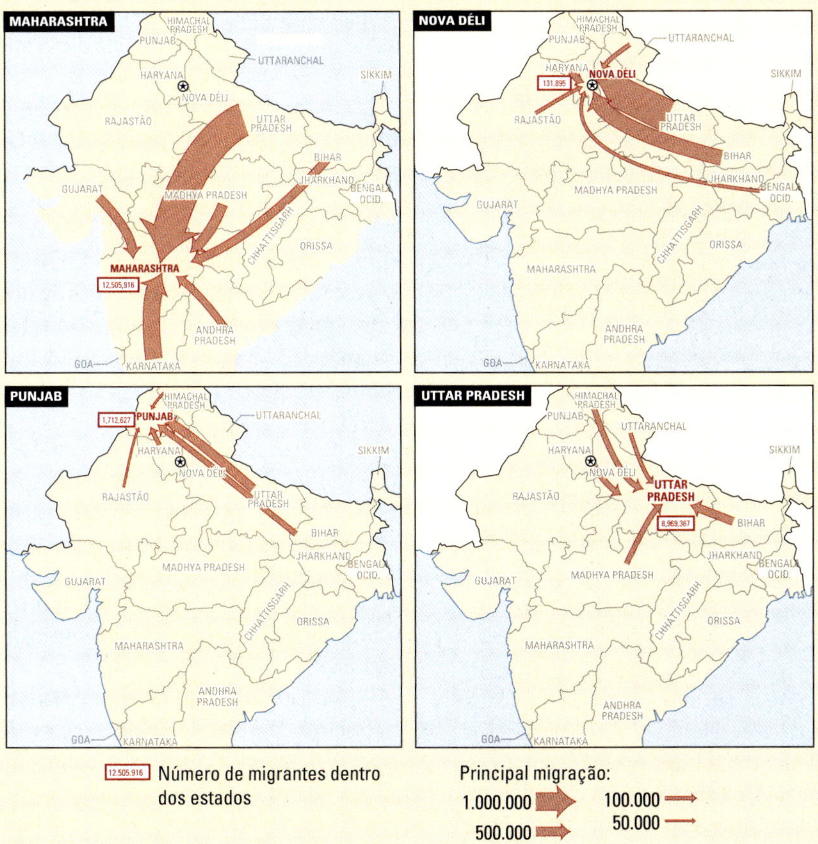

Fonte: Equipe do RDM 2009, baseada em dados do Censo da Índia.

Figura 5.8 Os migrantes internos têm mais probabilidade de conseguir trabalho do que os nativos
Comparação entre migrantes internos e trabalhadores nativos

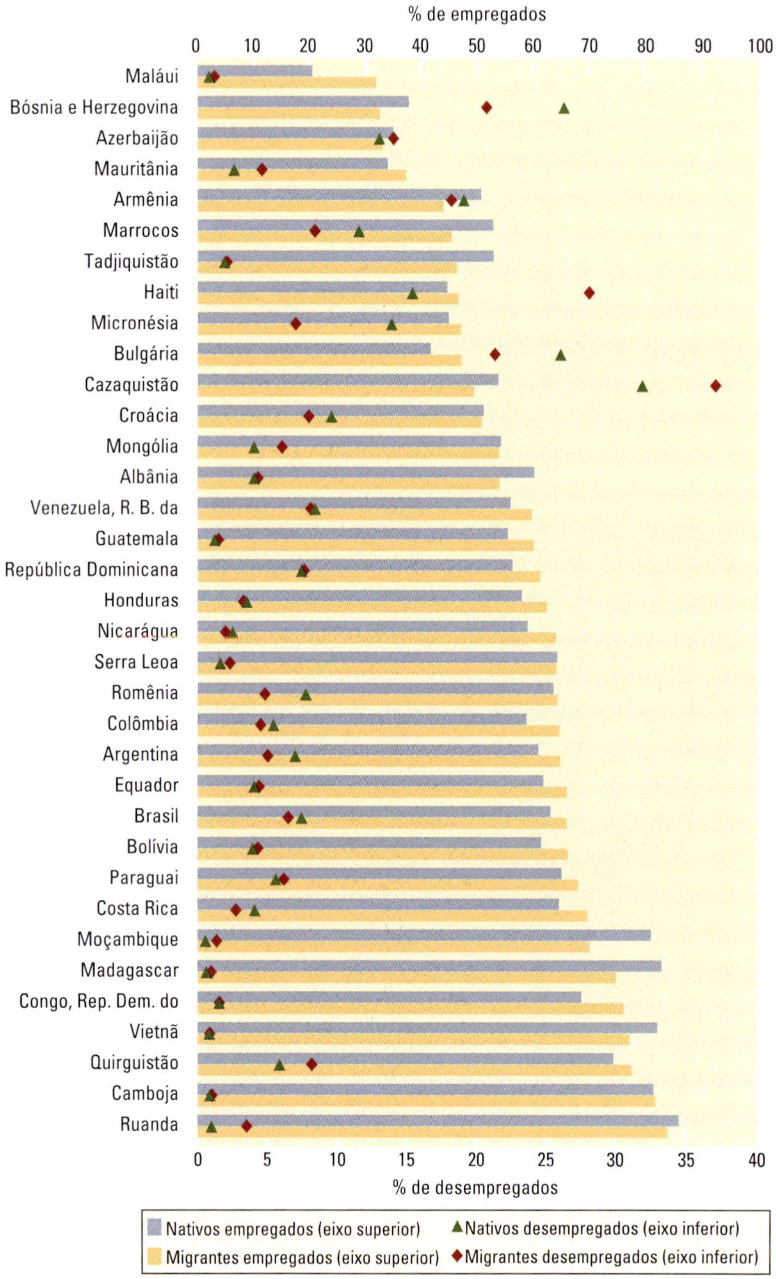

Fonte: Equipe do RDM 2009 usando pesquisas domiciliares.

países desenvolvidos e em desenvolvimento reforça o consenso emergente de que os governos não deveriam ver os movimentos internos voluntários de população como uma ameaça. De fato, a migração interna oferece às sociedades uma oportunidade de crescimento econômico e de convergência do bem-estar.

Ao contrário do consenso emergente sobre a migração dentro dos países, os benefícios e custos da migração internacional ainda são assunto de debate. A importância do lugar na determinação do retorno do investimento de um indivíduo em capital humano é mais facilmente observada na diferença que o simples ato de cruzar a fronteira pode fazer para a renda obtida. Um homem adulto boliviano com nove anos de escolaridade na Bolívia ganha mais ou menos US$ 460 por mês em dólares que refletem o poder de compra em preços dos EUA. Mas uma pessoa com a mesma instrução, talento e empenho ganharia aproximadamente 2,7 vezes mais se trabalhasse nos Estados Unidos. Da mesma forma, um nigeriano educado na Nigéria ganharia 8 vezes mais trabalhando nos Estados Unidos em vez de em seu país de origem. Esse "prêmio do lugar" é alto em todo o mundo em desenvolvimento.[42] Embora os benefícios para um indivíduo que migra de um país pobre para um país rico sejam evidentes, o fluxo acelerado de mão de obra qualificada que sai dos países em desenvolvimento tem mais probabilidade de ajudar ou atrapalhar suas perspectivas de crescimento e convergência? A resposta é controvertida.

Mas o que não é controvertido é o volume crescente das receitas remetidas internacionalmente, que agora sobrepuja todos os outros fluxos de capital para os países pobres e de renda média. Em 2007, os fluxos de remessas para muitos países em desenvolvimento ultrapassaram os de investimento estrangeiro direto e de capital pela primeira vez.[43] E esses são apenas os fluxos de remessas que os governos e pesquisadores podem observar – uma fração do que é realmente enviado por meio de canais formais e informais. Permitir um fluxo mais livre de trabalho qualificado e não qualificado através das fronteiras nacionais provavelmente contribuiria mais para a redução da pobreza nos países em desenvolvimento do que qualquer outra política ou iniciativa de ajuda.[44]

A migração da mão de obra promove o crescimento. Dentro dos países, as evidências empíricas acumuladas mostram que a migração da mão de obra aumenta as perspectivas de receitas das pessoas que se deslocam. Também mostram que a migração da mão de obra contribui para o crescimento agregado, melhorando a distribuição da mão de obra e fomentando a concentração. E ao aglomerar as qualificações e o talento, a migração gera efeitos secundários da aglomeração. No Reino Unido, o prêmio salarial estimado a longo prazo para os homens que migram é de aproximadamente 14%, e para as mulheres é de aproximadamente 11%.[45] Prêmios salariais de 7 a 11% foram constatados entre migrantes internos nos Estados Unidos.[46] Esses ganhos para migrantes individuais traduzem-se em ganhos para toda a economia. Em muitos países, as altas taxas de mobilidade interna da mão de obra estão associadas a períodos de crescimento econômico prolongado, como nos Estados Unidos entre 1900 e 2000,[47] no Brasil entre 1950 e 1975,[48] no Japão entre 1950 e 1975,[49] na República da Coreia entre 1970 e 1995[50] e na China entre 1980 e 2005. Entre uma seleção de países em desenvolvimento com quantidades comparáveis de migração interna tiradas de pesquisas domiciliares, constata-se uma associação positiva entre a mobilidade interna da mão de obra e o crescimento econômico (ver figura 5.7).

Pesquisas feitas em Bangladesh, China, Filipinas e Vietnã sugerem que a migração interna ajudou a impulsionar o crescimento.[51] No Brasil, a migração interna aumentou a produtividade, ao permitir que os produtores colhessem os benefícios da aglomeração.[52] Inversamente, na China, as restrições ao movimento de mão de obra impedem o crescimento, ao limitar o tamanho das cidades. Como as cidades chinesas são mantidas artificialmente menores do que poderiam ser, o país sofreu perdas de bem-estar devido às chances desperdiçadas de taxas de crescimento mais altas.[53] E, na Índia, as restrições do passado ao movimento de mão de obra podem ter mantido o tamanho das cidades indianas pequeno demais para ser eficiente, a um custo de crescimento perdido (ver quadro 5.6).[54] Os migrantes internos são claramente economicamente ativos. Em 24 dos 35 países com indicadores de pesquisa comparáveis, os migrantes têm tanta ou mais probabilidade do que pessoas nativas em idade de trabalhar de estarem empregados (ver figura 5.8).

Nos atuais países desenvolvidos, as áreas avançadas e atrasadas convergiram. Assim como as receitas e os padrões de vida entre

QUADRO 5.7 *Por que o Sul dos EUA demorou tanto para se desenvolver?*

Durante muito tempo, os pesquisadores se perguntaram por que os salários e a renda no Sul dos EUA foram tão diferentes do restante do país por tanto tempo. Embora os salários e a renda no Sul tenham se recuperado, especialmente desde a Grande Depressão, o processo parece ter sido notavelmente lento antes dos anos 1940 (ver *Geografia em Movimento 1: Superando a Distância Na América do Norte*).

Antes do New Deal, o mercado de trabalho do Sul era isolado do restante do país, com amplas disparidades salariais. Mesmo assim, havia pouca migração para fora dos estados do Sul, até entre os afro-americanos que sofriam com os salários mais baixos e mais discriminação social e privação dos direitos políticos. Antes dos anos 1920, a demanda por mão de obra de baixa qualificação no Norte que se industrializava era satisfeita por trabalhadores que emigravam da Europa. Os empregadores das fábricas do Norte demonstravam preferência pelos imigrantes europeus de baixa qualificação em detrimento dos negros, e a abundância de migrantes europeus tornava economicamente possível satisfazer essa preferência. Isso iria mudar com as restrições ao movimento entre as fronteiras, reforçadas nos anos 1930.

Até a II Guerra Mundial, havia poucos fluxos estabelecidos de informação ou de mão de obra entre o Sul e o Norte. Dada a dependência cumulativa dos corredores de migração, isso impedia o movimento de trabalhadores de baixa qualificação de todas as raças para fora dos estados do Sul. Os trabalhadores do Sul que se mudavam encontravam oportunidades deslocando-se mais para oeste.

Até quando os fluxos de migrantes do Sul para o Norte começaram a crescer, as diferenças de salários e renda persistiram. Os estudiosos explicam que a Grande Migração de negros das áreas rurais do Sul para as cidades do Norte envolveu um segmento desproporcionalmente instruído da população. Depois da II Guerra Mundial, a migração seletiva de afro-americanos decaiu, com uma migração de retorno associada ao crescimento econômico do Sul.

Com a multiplicação gradual dos corredores de informação e a migração entre Norte e Sul, a eliminação da discriminação racial legal na esteira do movimento pelos direitos civis, e a melhoria da instrução dos estudantes afro-americanos graças à integração racial das escolas, os salários e a renda dos estados do Sul gradualmente convergiram com os dos estados do Norte. De fato, desde os anos 1970 a migração da mão de obra entre Norte e Sul e outras áreas dos Estados Unidos tem sido uma válvula de escape durante as recessões. O impacto diverso da retração econômica em diferentes áreas do país provocou amplos movimentos de trabalhadores dos estados onde a economia se retraía para outras áreas mais prósperas. No início dos anos 1990, uma quantidade considerável de trabalhadores migrou do Nordeste para estados do Sul.

Fontes: Rosenbloom e Sundstrom 2003; Margo 2004; e Vigdor 2006.

as áreas avançadas e atrasadas de um país, as evidências históricas do impacto do movimento interno de mão de obra durante o século XIX nos atuais países desenvolvidos confirmam a convergência.

No início do século XIX, a maioria das pessoas não nativas nos Estados Unidos vivia na costa leste. No final do século, mais de 2 milhões de milhas quadradas haviam sido acrescentadas à superfície original do país (ver "Geografia em Movimento 1: Superando a Distância na América do Norte"). Instituições robustas foram essenciais para povoar um território tão vasto. A Constituição dos EUA, junto com a Lei do Noroeste (1787), forneceu a base para transformar as áreas inabitadas em estados. A mobilidade dos fatores foi incrementada pela cláusula de comércio da Constituição, que proibia explicitamente os governos estaduais de restringir o comércio entre as fronteiras estaduais. Os governos estaduais e locais forneciam bens públicos e infraestrutura para atrair os colonos. Nos anos 1820, os salários reais da mão de obra não-agrícola "comum" (não qualificada) eram aproximadamente 33% mais altos no Meio-Oeste do que no Nordeste. Entre 1820 e 1860, a parcela de mão de obra não qualificada proveniente do norte no Meio-Oeste subiu de 23 para 45%. À medida que a parcela do Meio-Oeste da mão de obra aumentou, sua vantagem salarial corroeu-se para mais ou menos 17% nos anos 1850, e para 10% nas quatro décadas posteriores à Guerra Civil. Os dados estaduais de salários agrícolas indicam uma diminuição a longo prazo das diferenças salariais geográficas sob o efeito da migração interna, processo cujo início pode ser datado até antes da Guerra Civil.[55]

Tabela 5.4 A maioria dos migrantes se muda por motivos econômicos, mas muitos são impelidos pela precariedade dos serviços

	Porcentagem de migrantes internos que apontaram motivo para a migração		
	Para buscar trabalho ou juntar-se à família	Em busca da educação, saúde ou melhores condições de vida	Por razões sociopolíticas ou outras
Maláui	95	1	4
Marrocos	91	2	7
Romênia	87	10	3
Equador	86	12	2
Nicarágua	84	5	11
Albânia	82	11	7
Moçambique	81	4	15
Vietnã	80	7	13
Armênia	78	1	21
Tadjiquistão	78	10	12
Cazaquistão	77	14	9
Bolívia	77	17	6
República Dominicana	76	21	3
Camboja	75	2	24
Paraguai	74	24	2
Guatemala	72	24	4
Bulgária	71	28	0
Congo, R. D. do	69	6	25
Quirguistão	69	28	3
Madagascar	62	28	11
Bósnia Herzegovina	55	1	43
Ruanda	54	5	41
Azerbaijão	44	5	52
Mongólia	41	28	30
Serra Leoa	23	3	74
Mauritânia	23	74	4

Fonte: Estimativas da Equipe do RDM 2009, com base em dados de pesquisas domiciliares.
Nota: "Razões sociopolíticas" refere-se a diferentes circunstâncias e eventos, dependendo do país e do ano indicado, que levam ao deslocamento interno involuntário.

Na França, as diferenças salariais entre a área metropolitana de Paris e o campo, grandes em meados do século XIX, corroeram-se à medida que a mão de obra fluía para a cidade. Mais genericamente, as diferenças salariais entre os *départements* franceses diminuíram significativamente ao longo da segunda metade do século XIX. Entre as cidades canadenses, as diferenças salariais evoluíram exatamente como teriam feito se os migrantes canadenses considerassem o país inteiro como um único mercado de trabalho.[56] E na Inglaterra as diferenças salariais não se corroeram muito durante a industrialização. Isso não aconteceu porque não havia mobilidade de mão de obra, pois a história mostra que a mão de obra inglesa deslocava-se livremente das áreas com salários baixos para aquelas com salários altos. Na verdade, foi porque as forças que sustentavam o desenvolvimento industrial em diversas partes da Inglaterra eram tão persistentes, que a migração interna em qualquer período não foi suficiente para forçar a redução das disparidades salariais.[57]

Ao longo do século XX, a mobilidade da mão de obra continuou a ser fundamental para a concentração e a convergência entre os dois países geograficamente extensos e economicamente prósperos da América do Norte. Nos Estados Unidos, a mobilidade de mão de obra era maior do que na Europa e distribuía a mão de obra dos estados com salários baixos para aqueles com salários altos, tendo feito convergir a renda per capita estadual durante a maior parte do

QUADRO 5.8 *Migrar em direção à densidade econômica: decisão racional ou atração ilusória?*

Vinte por cento dos homens pobres nascidos no Nordeste do Brasil – a área mais atrasada do país – hoje vivem no Sudeste próspero. Um grande deslocamento demográfico ocorreu dos vilarejos para as pequenas e grandes cidades nos anos 1970, e das pequenas para as grandes cidades nos anos 1990.

Os economistas sustentaram durante muito tempo que as decisões de migração são motivadas pela possibilidade de ganhar salários mais altos. Porém, como muitos migrantes não encontram emprego após a mudança, essa atração pode ser irracional. Alguns formuladores de políticas nos países em desenvolvimento acreditam que, em vez de contribuir para a economia nas suas novas regiões, eles a prejudicam ao piorar os problemas de condições de vida. Essa crença resultou em impedimentos que vão de desincentivos a regulações draconianas para limitar o movimento de pessoas.

Evidências empíricas recentes de quatro décadas de dados do censo brasileiro mostram algo diferente. Homens em idade produtiva migraram não apenas para procurar melhores empregos, mas também para conseguir melhor acesso a serviços públicos básicos como água encanada, eletricidade e saúde. Os resultados dos modelos de comportamento migratório que enfocam somente o desejo dos migrantes de se mudarem em busca de melhores empregos podem ser distorcidos, pois os lugares com melhores serviços públicos também oferecem mais oportunidades de emprego. As empresas preferem instalar-se onde os trabalhadores gostariam de viver. Ao ignorar a importância dos serviços públicos, certas estimativas econométricas podem superestimar a disposição dos migrantes de se mudarem em resposta às diferenças salariais.

Para determinar o quanto os serviços públicos importam, um amplo conjunto de dados dos serviços públicos em nível municipal foi combinado a registros individuais do censo brasileiro para avaliar a importância relativa das diferenças salariais e dos serviços públicos na decisão dos migrantes de se mudarem. Como se previa, as diferenças salariais são o principal fator que influencia as escolhas de migração. Para aqueles em melhor situação, os serviços públicos básicos não são importantes na decisão de mudar. Mas para os pobres, as diferenças de acesso aos serviços públicos básicos importam. De fato, os migrantes pobres estão dispostos a aceitar salários mais baixos para ter acesso a melhores serviços. O trabalhador brasileiro que ganha um salário mínimo, ou seja, R$ 7 por hora (aproximadamente US$ 2,30 em fevereiro de 2008) estava disposto a pagar R$ 420 por ano para ter mais acesso a serviços de saúde, R$ 87 para um melhor abastecimento de água e R$ 42 por eletricidade. Os migrantes pobres são racionais.

Os brasileiros se mudam para o próspero Sudeste
Migração interna de adultos entre 25-35 anos, baseada no local de nascimento relatado nos censos de 1991 e 2001

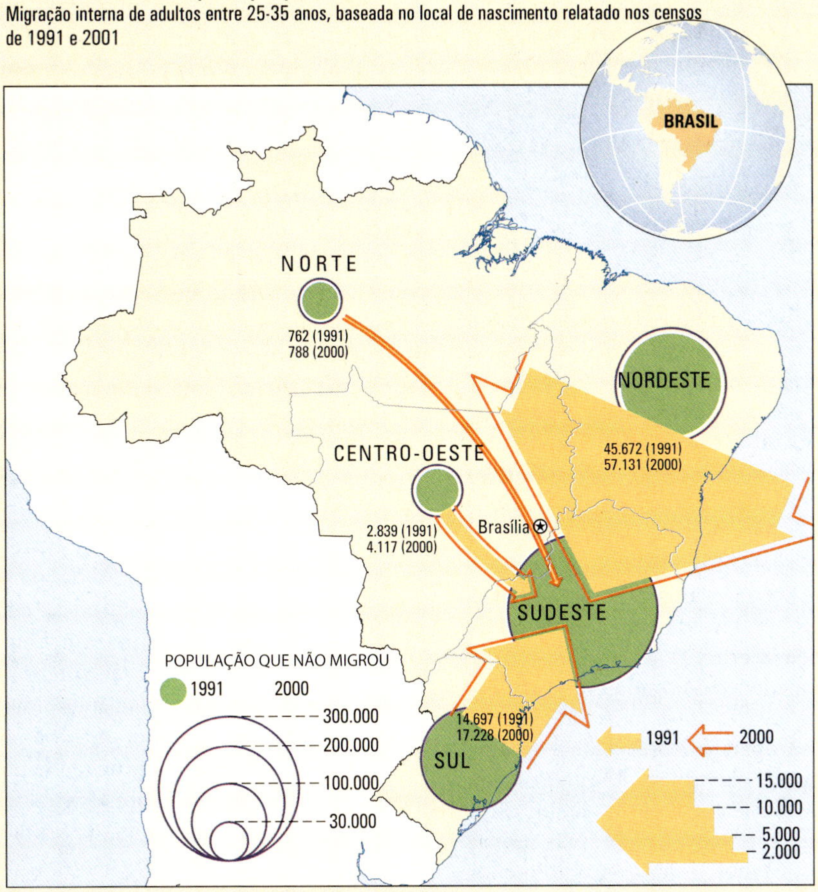

Fonte: Equipe do RDM 2009, baseada em dados do IBGE.

Contribuição de Somik Lall e Christopher Timmins.

QUADRO 5.9 *Cedo demais para dizer? O impacto dos emigrantes africanos na África*

A fuga de cérebros é debatida com mais ardor na África Subsaariana. A preocupação se justifica, mas os emigrantes e grupos da diáspora contribuíram muito para o desenvolvimento da África.

Os primeiros relatos da migração oriunda da África mostram pequenas quantidades de africanos que partiram para estudar no exterior, nas escolas religiosas e mosteiros da Europa, nos anos 1700. Muitos desses estudantes traduziram a Bíblia para línguas africanas. Ao fazê-lo, produziram algumas das primeiras tentativas de introduzir o texto escrito no que eram tradições predominantemente orais. Atribui-se a um desses estudantes, Jacobus Capitein, que emigrou do que se tornaria mais tarde Gana para estudar nos Países Baixos, a difusão do uso da palavra escrita no seu país natal.

Outro ganense, Kwegyir Aggrey, de uma geração posterior de emigrantes, viajou para os Estados Unidos para estudar na Universidade de Colúmbia. Com o apoio de filantropos americanos, retornou a Gana para fundar a primeira escola não-confessional do país, que se tornaria mais tarde a Universidade de Gana. Muitos dos estabelecimentos de ensino da região tiveram origem semelhante.

A maioria dos líderes da independência da África fazia parte do que poderia ser chamado de fuga de cérebros nos anos 1930 e 1940. Kamuzu Banda, Jomo Kenyatta, Julius Nyerere e outros pertenciam a uma geração de estudantes que emigraram para os Estados Unidos e para a Europa e conceberam planos de lutar pela independência.

A contribuição econômica e social desses emigrantes para seus países de origem é difícil de quantificar mas impossível de negar, e fez toda a diferença para as perspectivas de desenvolvimento da África Subsaariana.

Fonte: Easterly e Nyarko 2008.

século XX.[58] Com a exceção notável do Sul dos EUA (ver quadro 5.7), a convergência regional dos salários coincidiu com instituições do mercado de trabalho e fluxos de informação inter-regionais.[59] Do mesmo modo, no Canadá, a mobilidade da mão de obra continuou a diminuir as diferenças de renda per capita entre as províncias canadenses de 1910 a 1921. E, quando a migração interna reduziu-se ao mínimo entre 1921 e 1960, a convergência de renda também desacelerou.[60]

As disparidades de renda e de bem-estar entre os lugares eram mais altas nos 15 países da Europa Ocidental onde a mobilidade da mão de obra foi muito inferior à da América do Norte ao longo do século XX. A variação do emprego entre as áreas subnacionais dos Estados Unidos é muito menor do que entre as áreas econômicas subnacionais da União Europeia. Nas partes da União Europeia onde o emprego é mais elevado, a taxa de emprego é 60% superior à do lugar onde o emprego é mais baixo. Nos Estados Unidos, a diferença é somente de 22%.[61] A maior equidade da distribuição dos empregos nos Estados Unidos é consequência direta da maior mobilidade da mão de obra e de um mercado de trabalho nacional mais firmemente integrado.[62]

Houve convergência depois da divergência nos países em desenvolvimento. Os estudos empíricos mais recentes mostram o impacto positivo da migração líquida sobre a convergência de renda no Japão.[63] O mesmo ocorre com estimativas da Índia, da Federação Russa e do Reino Unido.[64] Esses estudos podem subestimar o impacto integral da migração sobre a convergência dos padrões de vida porque não conseguem levar em consideração as diferentes qualificações dos migrantes que entram e saem das áreas, e porque ignoram o impacto negativo indireto da rigidez do mercado de habitação e trabalho. A análise que distingue entre (1) os fluxos de migrantes qualificados e não qualificados e (2) os níveis de capital humano nos lugares de origem e destino dos migrantes, mostram grande impacto da mobilidade de mão de obra sobre a convergência.

Grande parte das evidências empíricas do impacto da migração interna nos países de renda baixa e média é compatível com a convergência esperada, ainda que após uma divergência inicial. No Japão, a desigualdade regional de renda seguiu uma curva em forma de sino, aumentando inicialmente entre 1955-61, e depois caindo entre 1961-75. A pesquisa atribui a convergência à migração da mão de obra.[65] Na China, depois das reformas econômicas de 1978, as diferenças de renda entre as áreas subprovinciais ampliaram-se inicialmente após as reformas econômicas entre 1978-96, mas depois declinaram com a maior integração e a migração interna de mão de obra.[66] Na Índia e na Indonésia, a maior mobilidade interna de mão de obra está associada à desigualdade de renda mais baixa,[67] e a migração aumentou a igualdade no México. Porém, no Chile, as taxas de migração interna inferiores às esperadas podem ser a causa da alta desigualdade de renda.[68] E, no Brasil, onde a desigualdade social e a mobilidade espacial da mão de obra são altas, as pesquisas sugerem que a desigualdade seria ainda maior, não fosse pela migração interna.[69]

Tabela 5.5 Qual a utilidade prática de uma política de migração? Reconhecer os benefícios da aglomeração

	Migração da mão de obra não qualificada	Migração da mão de obra qualificada
Migração interna	**Neutra**, mas dissuasiva se as economias de aglomeração são improváveis. As políticas devem incentivar a migração por motivos econômicos e desincentivar a migração em busca de serviços públicos. E remover restrições explícitas e implícitas, assim como aquelas vinculadas aos lugares do direito aos serviços.	**Fortemente favorável**, especialmente para captar os benefícios da aglomeração onde são prováveis. Investir em serviços nas áreas periféricas para formar capital humano com mobilidade. Aumentar o fluxo de informações sobre o mercado de trabalho para que os migrantes tenham mais informações sobre as possibilidades de emprego.
Migração através das fronteiras dentro de regiões vizinhas	**Favorável**, especialmente para os ganhos de bem-estar e de diversificação obtidos graças às remessas enviadas.	**Favorável**, quando os mercados nos agrupamentos regionais são integrados, e os ganhos gerados pela aglomeração podem transbordar para o país emissor.
Migração através de fronteiras não vizinhas	**Favorável**, especialmente para os ganhos de bem-estar obtidos graças às remessas enviadas.	**Neutra**, pois existe a possibilidade de uma perda de aglomeração por causa da fuga de cérebros acelerada, mas também de ganhos com a transferência de conhecimento pelos migrantes que retornam, e incentivos fortes para o investimento em capital humano com a perspectiva de migração.

Fonte: Equipe do RDM 2009.

A maioria das pesquisas iniciais sobre a migração interna e a convergência entre áreas dentro dos países focava apenas uma pequena parte da migração: os ajustes do mercado de trabalho e as mudanças nas diferenças salariais entre as áreas. O impacto das remessas de valores era ignorado. Entretanto, na África Subsaariana, as remessas representam 15% da renda rural. Em Uganda, a mobilidade da mão de obra tem efeito positivo nos gastos domiciliares. Domicílios similares dispõem de uma receita per capita muito maior quando migram dentro do próprio distrito ou para outro distrito em vez de permanecer em sua área natal. A renda dos ugandenses que migram das áreas atrasadas para as avançadas é 10 a 60% maior que a dos não-migrantes nas áreas de origem ou de destino.[70] Na Tanzânia, na região de Kagera, entre 1991 e 2004, a migração interna fez o consumo crescer em 36%.[71]

As remessas de valores da migração interna também têm impacto positivo em outras regiões em desenvolvimento. Em Bangladesh, os migrantes temporários em Dacca enviam até 60% da sua renda para membros da família em seus lugares de origem, cobrindo uma grande parte dos orçamentos familiares dos domicílios que enviam migrantes. Em vários países latino-americanos, as remessas de valores não apenas incrementam o consumo dos domicílios receptores, mas também reduzem a incidência de pobreza em suas comunidades[72] e aumentam o investimento em educação.[73] E, no Leste Asiático, as remessas dos membros da família que migraram aumentam o investimento em educação e nas empresas familiares com uso intensivo de capital nas Filipinas.[74] Na China, o Ministério da Agricultura estima que as remessas dos trabalhadores migrantes serão em breve superiores às receitas da agricultura nos domicílios rurais.

Para as comunidades que ficam para trás, a migração interna é importante para superar a pobreza e proteger o consumo doméstico na esteira de choques inesperados. De fato, o *Relatório sobre o Desenvolvimento Mundial 2008, Agricultura para o Desenvolvimento*, identifica a migração interna como um importante "caminho para sair da pobreza" para os domicílios rurais que não podem mais contar unicamente com a agricultura para sua subsistência.[75] Até mesmo nas situações em que o apoio à transferência permanente de habitantes dos vilarejos para as cidades pode ser bastante custoso, acessível apenas aos domicílios em melhor situação, a migração sazonal e temporária pode atenuar de modo mais imediato os impactos negativos sobre o consumo nas áreas rurais do que o melhor programa de assistência social.[76]

Os membros dos domicílios rurais em Bangladesh migram para as cidades para diversificar a renda familiar quando as colheitas são inferiores ao esperado. A migração interna na China eleva o consumo dos domicílios nas comunidades de origem dos migrantes, e o aumento é maior para os domicílios mais pobres. E a emigração de trabalhadores chineses permite que aqueles que permaneceram nas áreas rurais trabalhem mais. Os ganhos associados à migração interna aumentam a prosperidade do setor de habitação e de bens de consumo duráveis, assim como a produção agrícola.[77] De fato, o fenômeno seletivo que determina quem se muda parece funcionar nos dois sentidos. Aqueles com nível acadêmico mais alto escolhem migrar para empregos nas cidades chinesas, e as pessoas que têm mais aptidão para a agricultura escolhem ficar.[78]

Atraídos ou repelidos? Os benefícios de desenvolvimento da migração surgem quando as pessoas se mudam voluntariamente. Uma grande quantidade de pessoas – especialmente nos países mais pobres – são também forçadas a se mudar devido à deterioração das condições de vida e a conflitos. As pessoas são "repelidas" para fora de suas terras quando a agricultura está em declínio devido às pressões do crescimento populacional, e quando mudanças ambientais tornam inviável a continuidade do cultivo em certas áreas. Historicamente, as secas tiveram impactos súbitos e prolongados na distribuição da população, especialmente na África Subsaariana[79] e no Sul da Ásia.[80]

Outra força "repulsora" importante que impele à migração interna – corriqueira, mas não menos importante – é a falta de serviços públicos adequados (ver tabela 5.4 e quadro 5.8). Em muitos países em desenvolvimento, as escolas, os postos de saúde, os hospitais e os serviços públicos e privados estão localizadas em áreas com atividade econômica. Com a concentração da massa econômica, os serviços públicos podem ser retirados das cidades menores e dos vilarejos.[81] Diversos estudos documentam a migração para grandes centros econômicos de pessoas em busca de melhor educação e serviços de saúde.[82] Esse movimento, embora voluntário, tem mais probabilidade de acrescentar custos de congestionamento às cidades do que benefícios de aglomeração.

Fuga ou ganho internacional de cérebros? Existe uma preocupação a respeito do volume de trabalhadores qualificados que deixam a África Subsaariana e o Caribe. Em termos de percentual do total de pessoas altamente instruídas, o número de emigrantes qualificados parece alto. No conjunto, todavia, a maioria dos migrantes qualificados que vão para os países de renda alta vêm de países maiores de renda média, como Brasil e Índia. As perspectivas de migração nesses países levam a mais acumulação de capital humano, o que aumenta não somente o número de migrantes qualificados mas também as qualificações da mão de obra global de modo geral.[83] Um "ganho de cérebros" é provável quando a taxa de emigração dos trabalhadores qualificados de um país está entre 5 e 10%. A preocupação se manifesta quanto às perspectivas de desenvolvimento prejudicadas de certos países da África Subsaariana, da América Central e do Caribe, onde a emigração da mão de obra qualificada é muito maior. Em 2000, a taxa de emigração qualificada era de 13,1% na África Subsaariana, de 16,9% na América Central, e de 42,8% no Caribe.[84]

Os críticos do debate "fuga de cérebros–ganho de cérebros" chamam a atenção para o fato de que ele ignora os padrões da migração internacional no mundo real. Os trabalhadores qualificados não "fogem", mas "circulam" entre os países na economia mundial. Os benefícios da atração e retenção de pessoas qualificadas não precisam ser distribuídos num jogo de soma zero entre os países. Além dos fluxos volumosos de remessas internacionais, muitos migrantes qualificados trabalham duro para retornar aos seus países com melhores perspectivas como empreendedores, armados de capital, novas qualificações e ideias. Diversos líderes políticos, acadêmicos e empresariais nos países em desenvolvimento começaram como emigrantes (ver quadro 5.9). A pesquisa entre países sobre os determinantes do crescimento econômico não encontrou evidências de um impacto negativo associado à emigração de pessoas com qualificações.[85]

Políticas práticas para administrar a migração

Nem todos escolhem migrar. Mudar-se pode ser uma decisão custosa, difícil e perturbadora. De fato, uma geração de pesquisa mostra que os movimentos da mão de obra – dos vilarejos para as pequenas cidades, entre as pequenas e grandes cidades, através das fronteiras numa mesma região, e dos países pobres para países ricos distantes – são seletivos. Os migrantes não são iguais às pessoas que ficam. E se muitos indivíduos mudam-se em busca de um emprego melhor ou de mais instrução, muitos outros – especialmente aqueles provenientes das áreas rurais nos países de renda baixa e média – procuram escolaridade básica e tratamento de saúde para suas famílias. Mas essa migração é economicamente ineficiente. Ao negligenciar a prestação de serviços sociais básicos nas áreas remotas – como escolas, unidades de assistência à saúde e até infraestrutura pública básica – os formuladores de políticas podem influenciar involuntariamente a escolha de migrar, motivando as famílias a se mudarem por motivos outros que não a exploração de oportunidades econômicas. Mesmo que a mudança melhore o bem-estar dessas famílias, a situação da economia pode acabar piorando.

Ao dar mais atenção ao fornecimento de educação, saúde e serviços sociais nas áreas remotas economicamente atrasadas, os governos podem avançar muito na eliminação de alguns dos motivos que levam as famílias a migrar. Esses esforços podem, por sua vez, melhorar a qualidade da migração. A mobilidade da mão de obra que leva à maior concentração de pessoas e talentos em localidades selecionadas contribuirá mais para os benefícios da aglomeração do que para o congestionamento.

O impacto das políticas sobre o bem-estar dos migrantes e sobre a economia como um todo deveria alimentar o ceticismo contra as tentativas de restringir a mobilidade de mão de obra. É encorajador constatar que há um deslocamento cada vez mais intenso das restrições à mobilidade populacional para a facilitação e o incentivo. Mas além de permitir que as pessoas se mudem e se instalem onde obterão o maior retorno para sua mão de obra e seu capital humano, os governos podem fazer algo mais para ajudar a captar os benefícios da aglomeração?

A migração depende das forças que "atraem" assim como das que "impelem" os indivíduos a partir. Uma grande atração são as economias de aglomeração nas cidades. Mas as pessoas também são impelidas pela falta de serviços sociais. Na África, as disparidades de matrícula escolar e assistência neonatal entre cidades grandes cidades, pequenas e vilarejos são atribuíveis à grave insuficiência de escolas e serviços de saúde nas áreas remotas.[86] Evidências da Ásia Central mostram que, nas partes isoladas do Tadjiquistão, as escolas são aquecidas de maneira inadequada, a água potável é escassa e a coleta de lixo e esgoto são deficientes.[87] Na China, o governo está procurando distribuir mais uniformemente os serviços básicos para diminuir a disparidade dos padrões de vida entre o litoral e o interior. Ao fornecer educação, saúde e serviços sociais nas áreas remotas, os governos podem eliminar alguns dos motivos pelos quais as famílias são levadas a migrar. Esses esforços podem redesenhar a composição da migração de modo que as concentrações crescentes tenham mais probabilidade de contribuir para as economias de aglomeração em vez de acumular os custos de congestionamento.

Ao reconhecer a natureza seletiva da migração voluntária de mão de obra, e as implicações dos retornos de escala crescentes, os argumentos econômicos e as provas empíricas deste capítulo apoiam uma visão mais positiva da mobilidade da mão de obra do que aquela dos formuladores de políticas nos países pobres e de renda média no passado. Dessa perspectiva, a atitude política prática diferirá segundo a dotação de capital humano dos migrantes potenciais e a habilidade dos governos de captar e taxar os efeitos secundários da aglomeração gerados pela aglomeração de talentos (ver tabela 5.5).

Todas as evidências dos benefícios da educação sugerem que os países deveriam preocupar-se com a rápida perda de talentos para os países fora de suas regiões. Mas os custos potenciais do capital humano perdido com restrições explícitas à emigração de mão de obra qualificada são altos. Uma atitude política muito mais prática e sustentável seria operar de dois modos. Em primeiro lugar, elevar os custos privados e individuais da aquisição de capital humano para compensar os lucros individuais privados da migração de trabalhadores qualificados para o exterior. Em segundo lugar, colher os benefícios da diáspora das comunidades para os lugares prósperos do mundo, incentivando sua participação econômica e política no país de origem, facilitando a manutenção de sua cidadania, do direito a voto e até do retorno se eles assim escolherem.

CAPÍTULO 6

Custos de Transporte e Especialização

As descobertas mais significativas provêm, às vezes, da junção de pedaços de informação que, tomados separadamente, podem ser inócuos e triviais. Em meados dos anos 1970, os custos de transporte marítimo haviam caído para uma fração do que eram em 1900, graças a invenções como a máquina a vapor e o telégrafo. E a parcela do comércio entre países vizinhos na Europa havia crescido com relação ao comércio com países mais distantes. Em 1910, as exportações britânicas estavam distribuídas de modo bastante uniforme entre a Europa (35%), a Ásia (24%) e outras regiões (31%). Em 1996, 60% das exportações da Grã-Bretanha destinavam-se à Europa e apenas 11% à Ásia.[1]

Tomado isoladamente, nenhum desses fatos é surpreendente. Juntos, eles são exatamente o contrário do que a teoria economia padrão previa. Afinal, os custos de transporte deveriam representar uma fração maior do custo dos bens transportados para o outro lado do mundo do que para os bens comercializados com os vizinhos. Logo, uma queda dos custos de transporte deveria significar *mais* comércio com parceiros distantes do que com vizinhos, e não menos. O que aconteceu então?

Pesquisas dos anos 1980 forneceram uma resposta.[2] Duas ondas de globalização – um eufemismo para a queda dos custos de transporte e de comercialização – foram responsáveis por isso. Durante a primeira onda, que durou de aproximadamente 1840 até a I Guerra Mundial, os custos de transporte caíram o bastante para tornar possível o comércio em grande escala entre lugares com base em suas vantagens comparativas. Portanto, a Grã-Bretanha trocava máquinas por chá indiano, carne argentina e lã australiana; o comércio aumentou entre países distantes e dessemelhantes. Durante a segunda onda, após 1950, os custos de transporte caíram o bastante para que as pequenas diferenças de produtos e gostos alimentassem o comércio entre países semelhantes, pelo menos na Europa e na América do Norte. Os vizinhos trocavam diferentes tipos de cerveja e diferentes peças de carros, como rodas e pneus. O comércio de peças e componentes cresceu para tirar proveito da especialização e das economias de escala. A primeira onda de globalização foi caracterizada pelo comércio "convencional", entre indústrias, que explorava as diferenças de recursos naturais, a segunda por um "novo comércio internacional", impulsionado pelas economias de escala e pela diferenciação de produtos.

Os custos de transporte e as economias de escala interagiram para produzir os fluxos comerciais observados no último meio século.[3] O principal resultado da pesquisa é que as relações entre custos de transporte, locais de produção e padrões de comércio são não-lineares. A queda dos custos de transporte inicialmente levou os países a comercializarem mais com países que eram distantes mas dessemelhantes. Quando os custos caíram ainda mais, levaram a mais comércio com os países vizinhos. Do mesmo modo, quando os custos de transporte caíram abaixo de níveis moderados, a produção concentrou-se nos grandes mercados e em torno deles.

No Leste Asiático, à medida que os custos de transporte marítimo e aéreo dos bens caíam, a produção de bens manufaturados expandiu-se do Japão para os países vizinhos, como Hong Kong (China), República da Coreia e Taiwan. Depois, a produção deslocou-se para o Sudeste Asiático, e agora para a China. Com a queda dos custos de telecomunicações, as grandes cidades dos Estados Unidos e da Europa colheram os benefícios do crescimento dos mercados. Porém, à medida que o custo das telecomunicações continuaram a cair, serviços como contabilidade e call centers/telemarketing deslocaram-se para cidades menores da Europa e da América do Norte, e agora que os custos caíram ainda mais, para cidades mais distantes na Índia e nas Filipinas.

O comércio intraindústria – a troca de bens e serviços bastante semelhantes – talvez tenha sido o mais importante evento econômico desde a II Guerra Mundial. Os países trocam entre si celulares Samsung, Motorola e Nokia; gabinetes por controles remotos de televisão; botões e linha por produtos têxteis. Esse comércio representa agora mais da metade do comércio global, comparado a um quarto em 1962. A parcela do comércio intraindústria subiu para todos os tipos de bens e serviços, de bens primários como petróleo e gás natural, de insumos intermediários como peças automotivas e atendimento telefônico para informática, a bens finais como alimentos e bebidas (ver figura 6.1, painel a).

Isso é importante por causa das divisões relacionadas às fronteiras identificadas no capítulo 3. Essas divisões são barreiras aos movimentos de capital e mão de obra. Se tudo o que os países pudessem comercializar fossem bens finais, como televisores e carros, a convergência dos padrões de vida seria lenta, na melhor das hipóteses. Com o comércio de insumos intermediários, o potencial de especialização e de comércio aumenta significativamente. As eficiências geradas pela especialização e pelas economias de escala na produção e no transporte realmente beneficiaram o mundo. Mas esses benefícios não foram distribuídos igualmente (ver figura 6.1, painel b). O Leste Asiático, a América do Norte e a Europa Ocidental concentram grande parte do comércio intraindústria mundial.

Este capítulo explica por que essas regiões concentram esse comércio e o que isso significa para os países em desenvolvimento. Em grande parte, os motivos estão relacionados às interações entre as economias de escala e os custos de transporte. Os custos de transporte e de comercialização influenciam os volumes comerciais. Estima-se que

Figura 6.1 O comércio intraindústria está se tornando mais importante para todos os tipos de bens, mas não em todas as regiões do mundo

Evolução do comércio global intraindústria, por grupo de produtos de 3 dígitos, 1962-2006

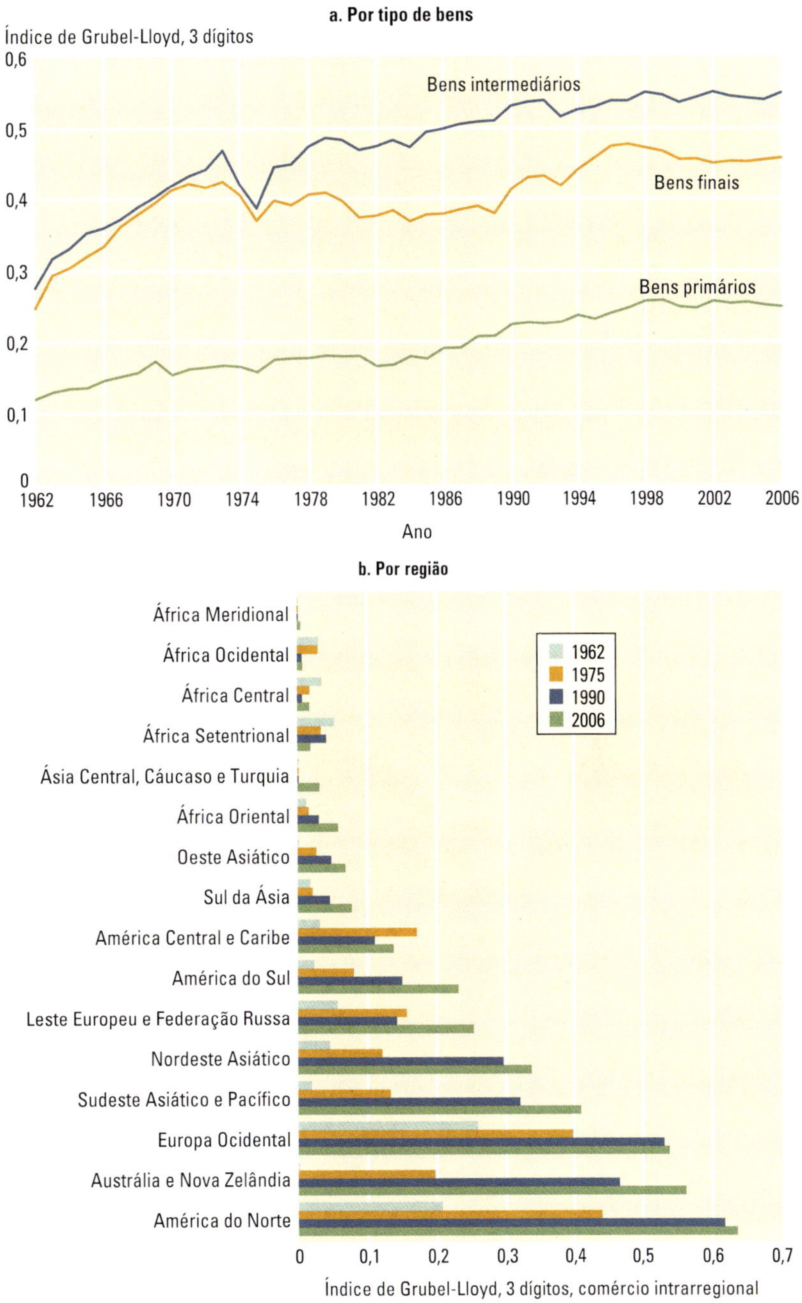

Fonte: Brülhart 2008, para este Relatório.

Nota: O índice de Grubel-Lloyd é a fração do comércio total que corresponde ao comércio intraindústria.

um aumento de 10% nos custos de comércio reduza os volumes comerciais em 20%.[4] O comércio de bens intermediários é especialmente sensível aos custos de transporte. Se a parcela dos insumos intermediários importados em relação à demanda final for grande, pequenas mudanças nos custos de transporte podem ter grandes efeitos sobre o volume dos fluxos comerciais – e o "fricção comercial" aumenta. Por exemplo, um aumento de 5% nos custos de transporte pode produzir uma fricção comercial equivalente a uma tarifa *ad valorem* de quase 50% quando a parcela dos insumos intermediários no valor agregado é de 70%.[5] Portanto, à medida que os custos de transporte caem, o comércio de bens intermediários também aumenta rapidamente.

A "causação circular" também afeta o transporte. Os volumes comerciais influenciam os custos de transporte. Na rota transpacífica, a diferença de custo entre uma unidade "Panamax" de 4 mil TEU (medida de tonelagem dos navios) e uma unidade mega pós-Panamax de 10 mil TEU é de 50%. Mas tirar proveito dessas vantagens de custo requer grandes volumes comerciais e alta capacidade, porque as economias de escala estão disponíveis não apenas na produção de bens e serviços mas também no transporte dos mesmos. Enviar um contêiner da China para os Estados Unidos custa aproximadamente US$ 400 para. Envia-lo da Índia custa aproximadamente US$ 800, e de Serra Leoa, US$ 1.300.[6] O enorme comércio da China é quase certamente a razão dos custos baixos de transporte, assim como a queda dos custos de transporte incentivou os países a deslocarem a produção para a China. As economias de escala no transporte significam que a queda dos custos de transporte e o aumento do comércio reforçam-se mutuamente.

O hemisfério norte tem um tráfego intenso, com ligações comerciais que se fortalecem cada vez mais à medida que o comércio intraindústria se expande (ver mapa 6.1). Mas os navios passam através ou ao largo da América Central, do Sul da Ásia e da África Subsaariana, dirigindo-se somente aos países que possuem recursos naturais como petróleo. As passagens comerciais entre a América do Sul e as partes mais prósperas do mundo são caminhos

Mapa 6.1 Navegação movimentada no Norte, poucas paradas no Sul
Intensidade das rotas marítimas ao longo de um ano a partir de outubro de 2004

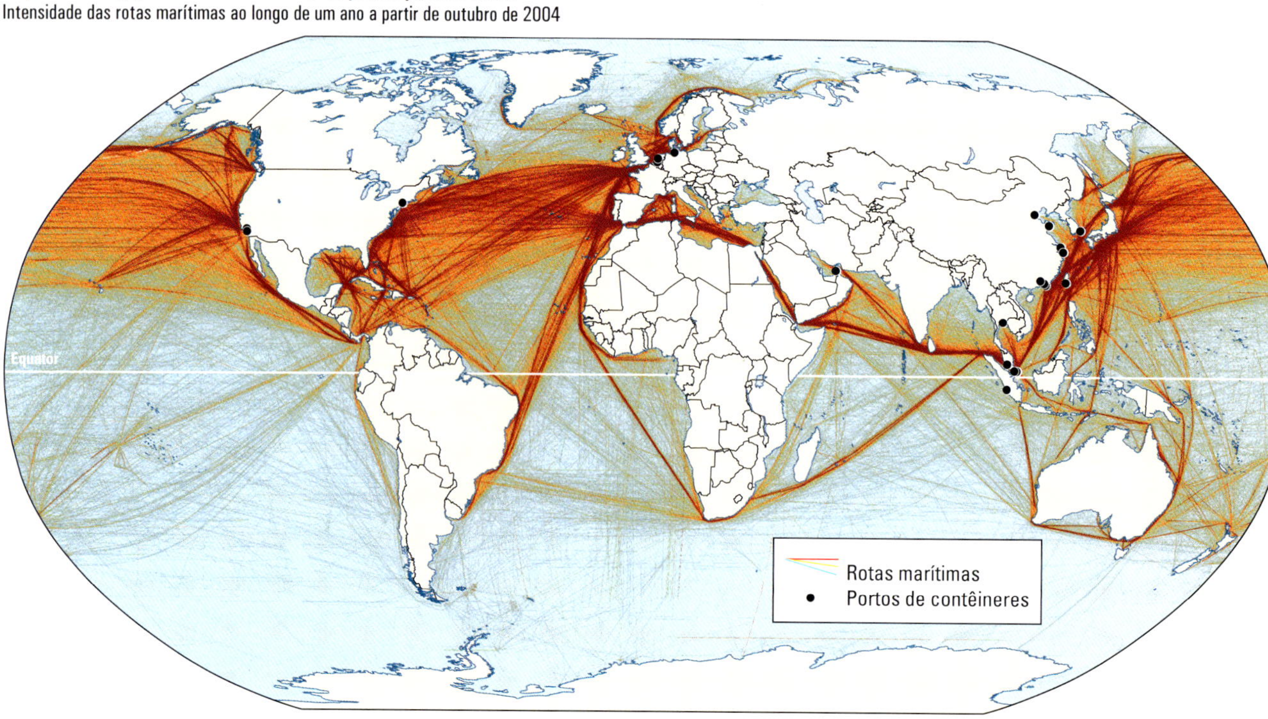

Fontes: Dados da Organização Meteorológica Mundial (OMM), do programa de Observação Voluntária de Navios (OVN), processados por Halpern e outros, 2008.
Nota: Os portos de contêineres mostrados são os 20 maiores por TEU, o total de contêineres manuseados em 2005 (Heideloff e Zachcial 2006).

estreitos, não as vias expressas movimentadas entre o Leste Asiático, a América do Norte e a Europa Ocidental. Os mapas globais de tráfego aéreo e pela Internet mostram um desequilíbrio semelhante. Esses acontecimentos deveriam ser desconcertantes para os países em desenvolvimento que não estão integrados a essas redes de produção e comércio que se autoalimentam. As economias de escala de produção e de transporte tornarão mais difícil, não mais fácil, a entrada dos países em desenvolvimento nesses mercados altamente competitivos.

Um mundo de relações não linear e causação cumulativa é um mundo com limites. Saber como os países em desenvolvimento podem superar esses limites depende de onde eles estão, o que eles produzem, e que custos os compradores devem pagar. No mundo desenvolvido, os custos totais de comércio e transporte como parcela do valor dos bens podem ser divididos em 20% para os custos de transporte, 45% para os custos de comércio relacionados às fronteiras e 55% para os custos de distribuição no varejo e no atacado. Esses custos se multiplicam, chegando a um imposto de 170% sobre o valor dos bens e serviços comercializados.[7] O que eles mostram é que a diminuição dos custos internacionais de transporte reduziu a distância, mas que os custos de comércio devidos à *divisão internacional* permanecem altos. Enquanto isso, os custos de transporte devidos à *distância interna* continuaram altos mesmo no mundo desenvolvido.

Os países em desenvolvimento podem aprender como os países reduziram os custos de transporte, inclusive como o comércio foi estimulado e novas tecnologias desenvolvidas. Com a análise das duas últimas décadas, eles podem aprender como a concentração espacial da produção pode mudar conforme os custos de transporte caem. O que isso significa para os países que estão se desenvolvendo mais tarde? Eis os principais pontos:

- ***Melhores tecnologias de transporte desenvolvidas ao longo dos dois últimos séculos aumentaram o volume do comércio e alteraram radicalmente sua natureza.*** Antes da I Guerra Mundial, os custos de transporte declinaram o suficiente para tornar possível o comércio em grande escala, mas somente entre países que eram diferentes. Esses países eram distantes, porque grandes diferenças de clima e recursos naturais geralmente significavam que esses países estavam em diferentes partes do mundo (Indonésia e Holanda, por exemplo). Durante a segunda onda, após a II Guerra Mundial, os custos de transporte caíram o bastante para que pequenas diferenças de produtos e gostos alimentassem o comércio. Isso levou a um aumento do comércio entre países semelhantes (por exemplo, Argentina e Brasil), e que são muitas vezes vizinhos.[8] À medida que os custos de transporte caem, a geografia física importa menos. Porém, com economias de escala na produção, a geografia econômica importa mais.
- ***Declínio dos custos de transporte – com ganhos de escala crescentes – geralmente significa maior concentração espacial da produção.*** O pensamento recente em economia tem ressaltado a importância dos custos de transporte para o desenvolvimento. Com altos custos de transporte, grandes economias de escala permanecem inexploradas, e a produção ineficiente. A produção eficiente é mais especializada. Quando os custos de transporte caem, as diferenças espaciais na produção e no crescimento econômico aumentam, tanto dentro dos países como entre eles.
- ***Os países em desenvolvimento deveriam prestar mais atenção às regulações dos setores de transporte e comunicações para reduzir os custos de transporte e comercialização.*** A nova geografia econômica contribuiu inadvertidamente para um foco político exclusivo na infraestrutura "pesada". Os aspectos mais críticos relacionados às políticas – a natureza monopolística da atividade de transporte – foram ignorados sem maior exame. Os países em desenvolvimento deveriam se esforçar mais para dirimir os efeitos negativos da estrutura de mercado do setor de transportes. E, para certos aspectos da agenda, eles precisarão de apoio internacional.

O que aconteceu: dois séculos de experiência

A queda nos custos de transporte nos cerca de 100 anos antes da II Guerra Mundial viabilizou a integração econômica dentro dos países e entre eles. Nessa época, assim como no século XX, a queda foi provocada por amplos investimentos em infraestrutura e inovações na tecnologia de transportes.

A partir do início do século XIX até o começo da I Guerra Mundial, a economia global passou por aquilo que os historiadores econômicos chamam de "primeira era da globalização". No plano interno, canais e depois ferrovias reduziram amplamente os custos de transporte, o que levou à maior integração dos mercados internos e à convergência dos preços de bens manufaturados e agrícolas. As rotas desses meios de transportes influenciou muito a ascensão e o declínio das aglomerações urbanas. No plano internacional, os navios a vapor reduziram os custos do transporte marítimo e aumentaram a velocidade e a confiabilidade do serviço. Os resultados foram menores diferenças de preço entre os países, expansão do comércio nas rotas que a nova tecnologia náutica podia atender e o surgimento do comércio em grande escala entre indústrias.

Transporte doméstico. As hidrovias interiores e as ferrovias reduziram dramaticamente os custos de transporte entre cidades e entre áreas na primeira metade do século XIX. Antes da era ferroviária, que começou por volta de 1830 na Europa, a maior parte do transporte era feito por estradas ou – de 50 a 75% mais barato – pela água. Nos Estados Unidos, o investimento maciço na construção de canais mudou completamente o comércio inter-regional e criou um novo padrão de urbanização. A construção do canal Eire entre 1817 e 1825 reduziu o custo de transporte entre Buffalo e a cidade de Nova York em 85%, diminuindo o tempo de trajeto de 21 para 8 dias. A produtividade no setor de transporte interno dos EUA cresceu a uma média anual de 4,7% nas quatro décadas que precederam a Guerra Civil. As hidrovias britânicas quadruplicaram entre 1780 e 1820. A construção de canais na França também disparou, e os países europeus continentais deram um grande passo para superar a divisão quando o Congresso de Viena reconheceu a liberdade de navegação no Reno em 1815. Os navios a vapor apareceram nos rios e lagos importantes no início do século XIX, reduzindo drasticamente os tempos de trajeto.

O maior acontecimento no que tange ao transporte no século XIX foi a expansão das ferrovias, que rapidamente ultrapassaram as hidrovias interiores e "realizaram a função smithiana de ampliação do mercado".[9] As cidades já não forneciam apenas serviços públicos – elas atraíam indústrias com ganhos de escala crescentes, obtendo efeitos de produtividade graças aos insumos especializados e maiores mercados de trabalho. Nos EUA, a expansão das ferrovias teve fortes efeitos sobre a distribuição geográfica da atividade econômica. Illinois, Michigan e Ohio tiveram um aumento significativo da população, da construção civil e da manufatura com as novas linhas ferroviárias dentro de suas fronteiras e entre elas. Os canais foram sendo abandonados um a um. Em 1850, os barcos transportavam seis vezes o volume transportado pelas ferrovias; por volta de 1890, as ferrovias transportavam cinco vezes o volume transportado por barcos. A queda dos custos de transporte reduziu dramaticamente as diferenças de preço dos bens agrícolas entre os mercados locais. A diferença entre os preços do trigo na cidade de Nova York e em Iowa caiu de 69 para 19% entre 1870 e 1910, e entre a cidade de Nova York e Wisconsin, de 52 para 10%.[10]

As ferrovias expandiram-se menos na Europa do que nos Estados Unidos, refletindo o alcance nacional dos sistemas ferroviários e o menor tamanho dos países europeus.[11] A maior intensidade do transporte de carga pelas ferrovias dos EUA impulsionou um novo aumento da produtividade. Em 1910, a produtividade da mão de obra nas ferrovias dos EUA era 3,3 vezes a da Grã-Bretanha, uma diferença que havia dobrado desde 1870.[12] A construção de ferrovias na Rússia deslanchou depois de meados dos anos 1860, expandindo a produção de trigo e centeio devido à diminuição das diferenças regionais de preço. As exportações russas de produtos agrícolas aumentaram de 29% da produção de grãos no lado europeu para mais de 42% entre 1906 e 1910.[13]

A expansão das ferrovias na Índia teve impactos ainda maiores. Nos anos 1860, os preços em certos distritos eram 8 a 10 vezes mais altos do que em outros, e a fome era comum. O sistema ferroviário reduziu os custos de transporte em aproximadamente 80%, e o coeficiente de variação dos preços de trigo e arroz caiu de mais de 40% em 1870 para menos de 20% na década anterior à I Guerra Mundial.[14] Todavia, os custos mais baixos de transporte tiveram pouco efeito sobre o desenvolvimento industrial. Na virada do século XVIII, a indústria moderna empregava de 2 a 3% dos trabalhadores industriais da Índia (aproximadamente 10% da mão de obra). As fábricas modernas estavam concentradas em duas plataformas comerciais marítimas, Bombaim e Bengala.[15]

Transporte internacional. Os investimentos no transporte doméstico criaram mercados internos grandes e integrados. As barreiras tarifárias continuavam baixas, e o progresso técnico e organizacional, principalmente da navegação, beneficiava o comércio internacional. Os preços do frete marítimo diferiam substancialmente de acordo com as rotas e as mercadorias, refletindo as diferenças de custo nas tecnologias portuárias, os tipos de navios e as oportunidades de armazenamento.[16] Mas, no mundo todo, os custos do comércio de grãos, o principal bem comercializado internacionalmente, caiu 40% entre 1880 e 1914 dentro da Europa e entre os Estados Unidos e a Europa. Isso reduziu substancialmente as diferenças de preço entre os países exportadores e importadores.

O preço do trigo em Liverpool excedia o preço em Chicago em 58% em 1870, 18% em 1895 e 16% em 1913.[17] Em relação aos produtos não agrícolas, a redução nas diferenças de preço não foi menos impressionante. A diferença de preço do algodão têxtil entre Boston e Manchester caiu de 14% em 1870 para 4% em 1913, enquanto a diferença de preço do ferro-gusa entre Filadélfia e Londres caiu de 85 para 19%.[18] Os preços internacionais também convergiram no comércio europeu. O navio a vapor deslocou inicialmente a importância relativa das relações comerciais das rotas europeias e asiáticas para as rotas do Atlântico Norte. Antes da abertura do Canal de Suez, os navios a vapor não podiam chegar até a Ásia porque não havia carvão disponível na longa rota ao redor da África.[19]

Durante essa primeira era da globalização, o aumento da concorrência estrangeira devido ao declínio dos custos de transporte deu origem a políticas comerciais protecionistas. Na América do Norte, durante a Guerra Civil, as tarifas reduziram a carga financeira do governo federal e permaneceram altas depois que a guerra acabou. A

QUADRO 6.1 *A maior do mundo: o tamanho e as obrigações sociais da Indian Railways*

A indústria ferroviária oferece ganhos de escala crescentes de duas maneiras. Em primeiro lugar, economias de rede e economias de densidade levam a vantagens de tamanho no nível empresarial. Em segundo lugar, as operações de transporte ferroviário são quase universalmente combinadas ao fornecimento de serviços de infraestrutura, o que concede às empresas ferroviárias um monopólio natural, pelo menos localmente. Dada a importância das ferrovias para o desenvolvimento econômico e o enorme poder de mercado das empresas ferroviárias, não é surpreendente que muitas delas sejam estatais.

A maior dessas gigantes é a Indian Railways. O *Guinness World Records* aponta-a como o maior empregador comercial ou do setor se serviços públicos do mundo, com mais de 1,6 milhões de empregados. Ela transporta mais de 16 milhões de passageiros e mais de 1 milhão de toneladas de carga todo dia. Em 2002, ela operava 14.444 trens diariamente, 8.702 para passageiros, e possuía 216.717 vagões, 39.263 carros de passageiros e 7.739 locomotivas.

Fundada em 1853 como um conjunto de 42 sistemas ferroviários, ela foi nacionalizada como uma unidade em 1951. A integração vertical da Indian Railways não se limita à fusão com os serviços de infraestrutura. Ela possui e opera fábricas de locomotivas, de carros de passageiros e até de peças para ambos. As longas distâncias de transporte no subcontinente indiano deveriam dar às ferrovias uma maior vantagem competitiva em relação às estradas. De fato, as ferrovias obtêm 70% de sua receita e a maior parte do lucro com o frete, cobrindo com subsídios cruzados o setor de passageiros deficitário. Os preços demasiadamente altos dos serviços de transporte de carga são um dos motivos pelos quais ela perdeu negócio para as estradas nos últimos anos.

O potencial de fornecimento de transporte de carga a baixo custo em longas distâncias é restringido por obrigações sociais importantes. As obrigações líquidas de serviço social em 2005-06 eram de mais de Rs 47 bilhões, mais os custos de assistência de Rs 9,6 bilhões. As obrigações de serviços incluem o transporte de mercadorias essenciais (cana de açúcar, gado, papel) abaixo do custo, transporte de passageiros e outros serviços a preços subsidiados e a abertura de novas linhas deficitárias. Uma parte importante dos déficits com transporte de passageiros cobertos pelo transporte de carga são as perdas urbanas e suburbanas em Chennai, Calcutá e Mumbai.

Fonte: Equipe do RDM 2009.

Europa continental abandonou as políticas comerciais liberais no final dos anos 1870 em reação aos grãos baratos provenientes dos EUA e da Rússia. As tarifas foram reintroduzidas sobre os bens manufaturados finais e os bens agrícolas.

Aumentando a "intensidade do transporte" e o comércio intraindústria na Era Moderna

O custo do frete foi cortado aproximadamente pela metade desde meados dos anos 1970,[20] impulsionado pelos investimentos na infraestrutura de transportes, pelo maior uso da capacidade e pelo progresso tecnológico. As tendências recentes diferem daquelas da primeira era da globalização.[21]

- Os maiores declínios de custos ocorreram no transporte rodoviário e aéreo. O transporte marítimo passou pela revolução da conteinerização sem redução global dos custos.
- O estouro do comércio internacional ocorreu dentro das indústrias e não entre elas, como na primeira fase de queda dos custos de comércio.
- A redução do atrito comercial foi menos uma consequência da queda dos custos absolutos de transporte do que da queda dos custos de frete como proporção do valor dos bens transportados. A maior parte do aumento do comércio ocorreu para bens facilmente substituíveis.[22]
- As reformas no transporte e a queda das barreiras comerciais contribuíram substancialmente para a queda dos custos de transporte.
- A queda dos custos de comunicação, interagindo com a queda dos custos de transporte, foi essencial para a fragmentação dos processos de produção e a terceirização da produção de bens intermediários. As diferenças relativas de salários tornaram-se mais importantes devido aos custos mais baixos da administração dos processos de produção a longas distâncias.

Custos do transporte rodoviário. Os custos do transporte rodoviário caíram substancialmente, quase 40% ao longo das três últimas décadas, apesar dos custos mais altos de energia e salário. (Não existem estatísticas abrangentes sobre os preços dos serviços de transporte e a implementação de índices de preço como parte do sistema de contas nacionais ainda está em seus primórdios. Portanto, uma avaliação empírica depende da estimação dos custos de transporte.) Um estudo na França mostrou que os custos de transporte por caminhão caíram 33% entre 1978 e 1998,[23] com variação regional substancial devido às diferenças de qualidade das estradas e do valor cobrado para seu uso. Os principais fatores foram a desregulamentação da indústria de veículos pesados (uma redução de 21,8%) e a redução do custo dos veículos (10,9%). A infraestrutura de transportes (3,2%) e a diminuição do custo dos combustíveis (2,8%) foram muito menos importantes.

Custos do transporte ferroviário. Os custos ferroviários caíram muito menos do que os custos rodoviários. O progresso técnico foi irregular nos diversos submercados ferroviários, e o poder de monopólio das grandes empresas, a maioria estatais, desacelerou a queda de custos (ver quadro 6.1). A obrigação de atender regiões com pouco transporte, por exemplo, deu ensejo a exigências de subsídios públicos e subsídios cruzados de rotas lucrativas.

Os custos ferroviários são específicos para cada mercadoria transportada. Nos Estados Unidos, comprovou-se que isso depende da discriminação de preço pelas ferrovias de carga entre os transportadores de diferentes mercadorias.[24] O desenvolvimento dos preços de transporte ferroviário de carga entre 1981 e 2004 não foi uniforme. As margens para o carvão e os grãos aumentaram significativamente. As margens para o tráfego intermodal foram menores devido à concorrência do transporte por caminhão e à concorrência ferroviária entre as principais cidades. Preços decrescentes ou fixos foram constatados para o transporte de produtos químicos e automóveis. Isso indica principalmente o alto valor desses bens. A demanda por transporte de carga é uma demanda derivada, e os preços que os transportadores estão dispostos a pagar aumentam com o valor da carga.

Custos do transporte aéreo. Com o advento do motor a jato, os custos do transporte aéreo diminuíram rapidamente desde

QUADRO 6.2 *O motor a jato*

Estima-se que 320 milhões de pessoas compareçam anualmente a eventos profissionais e empresariais viajando pelo ar. Dos US$ 12 trilhões do comércio mundial de mercadorias, 35% do valor foi transportado pelo ar em 2006.[a] A taxa econômica estimada de retorno dos investimentos em infraestrutura e serviços de aviação é de 56% no Quênia, 28% na Jordânia e 19% no Camboja.[b] O motivo disso tudo é o motor a jato, talvez a inovação mais significativa no transporte de longa distância de todos os tempos. O jato é mais seguro, de manutenção mais fácil, mais bem adaptado às distâncias mais longas e mais eficiente do ponto de vista do combustível do que a hélice. Desde que revolucionou o transporte aéreo nos anos 1960, ele se tornou associado de modo tão marcante com a propulsão das aeronaves que é difícil imaginar como a indústria aeronáutica conseguiu fazer tanto progresso com os pistões.

Porém, assim como muitas invenções inovadoras em tecnologia de transportes, o período de gestação entre a invenção e o sucesso econômico foi longo. Frank Whittle na Grã-Bretanha em 1929, e Hans von Ohain, um físico alemão, em 1933, desenvolveram independentemente conceitos de propulsão a jato. A tecnologia do motor a jato progrediu rapidamente após a II Guerra Mundial. Sua aplicação no transporte comercial de passageiros veio com o Boeing 707 e o Douglas DC-8. Os aviões a jato anteriores eram barulhentos e tinham custos de operação mais altos que os aviões avançados com motores de pistão. Eles só podiam competir em velocidade e na maior capacidade para passageiros. Porém, no início dos anos 1960, o aperfeiçoamento da tecnologia (o chamado motor by-pass) marcou o fim do transporte de longa distância a hélice. Em cinco anos, os preços por tonelada-quilômetro caíram aproximadamente 40%.

Os aviões a jato têm uma proporção potência-peso muito maior, o que permite maior autonomia, maior velocidade e maiores cargas. A maior qualidade e custo mais baixo tiveram um forte impacto em muitos setores.

- *Sustentar redes comprador-fornecedor por longas distâncias.* A maioria do comércio global ocorre por transporte marítimo, mas o transporte aéreo ocupa um nicho importante nos sistemas de produção just-in-time. Enquanto o transporte marítimo é previsível, as empresas usam o transporte aéreo para sintonizar os fluxos de insumos intermediários e para transportar bens com alta proporção valor-peso. Até no Brasil, conhecido por suas exportações de bens primários, o transporte aéreo em 2000 representava 0,2% do volume total de exportações em relação ao peso, mas quase 19% em relação ao valor.[c] Aliás, o Brasil também é sede do terceiro maior fabricante de aeronaves do mundo, a Embraer. Os melhores exemplos de setores que se beneficiam do transporte aéreo são os de semicondutores e vestuário. O transporte de semicondutores está tão intimamente correlacionado com o frete aéreo de modo geral que eles são considerados um indicador chave da saúde do setor. Os ciclos de produtos na indústria da moda encurtaram tanto que uma cadeia de roupas espanhola envia as mercadorias diretamente da fábrica para as lojas, trocando os modelos duas vezes por semana. A necessidade de responder rapidamente à mudança de gosto dos clientes levou à transferência de parte de sua produção do Leste Asiático para a Espanha e países mais próximos, como o Marrocos e a Turquia. Dali, as roupas são enviadas para as lojas em outros lugares do mundo: "Aviões saídos de Zaragoza, na Espanha, aterrissam em Bahrein com artigos para as lojas Inditex no Oriente Médio, seguem para a Ásia e voltam para a Espanha com matérias-primas e roupas semiacabadas".[d]
- *Permitir exportar bens perecíveis por longas distâncias.* O serviço aéreo barato e frequente permitiu que países como Chile, Colômbia e Quênia vendessem produtos agrícolas e hortigranjeiros nos mercados da Europa, do Oriente Médio e da América do Norte. Um ótimo exemplo é o Quênia, que hoje detém um terço do mercado global de flores cortadas. Naivasha, na região central do Quênia, abriga um aglomerado altamente eficiente de cultivadores, o que mostra que as economias de localização também existem na agricultura. As flores colhidas pela manhã chegam aos mercados de Amsterdã no fim da tarde. A horticultura gera hoje uma das três maiores receitas de exportação (junto com o turismo e o chá). Em 2007, o valor de exportação free on board (FOB) do setor foi de 43 bilhões de Shilings do Quênia (aproximadamente US$ 650 milhões), e o Conselho Floral do Quênia estima que a subsistência de 1,2 milhões de pessoas dependa diretamente ou indiretamente dessa indústria. Em contrapartida, a falta de instalações de armazenamento refrigerado e de capacidade de transporte aéreo refrigerado em Bangladesh tolheu suas oportunidades de exportar frutas e vegetais de alto valor para o Oriente Médio.[e]
- *Turismo em massa nos países em desenvolvimento.* Em 2005, as receitas do turismo nos países de renda baixa e média foram de aproximadamente US$ 200 bilhões,[f] graças principalmente ao transporte aéreo barato. Voos fretados oferecem reduções de custo ainda maiores por meio da combinação com outros serviços e do alto uso da capacidade. A construção de aeroportos em áreas turísticas gera aglomerados de desenvolvimento com alta densidade de serviços complementares e mercados de trabalho densos e especializados. Entre 1990 e 2005, as chegadas de turistas na África Subsaariana aumentaram 8% ao ano – de 6,8 milhões para 23,6 milhões – e as receitas do turismo, de US$ 4,1 bilhões para US$ 14,5 bilhões. As chegadas de turistas na China cresceram quase 10% anualmente. O Camboja recebe hoje mais de 2 milhões de turistas por ano, o Vietnã aproximadamente 4 milhões, 16 vezes mais que em 1990.

Fonte: Equipe do RDM 2009.
a. International Air Transport Association 2007b.
b. International Air Transport Association 2007a.
c. Sanchez e outros 2003.
d. Rohwedder e Johnson 2008.
e. Dixie 2002.
f. World Tourism Organization (UNWTO) 2006.

QUADRO 6.3 *O caixotão*

Aproximadamente 90% da carga solta em todo o mundo é transportada em contêineres empilhados em caminhões, vagões de trem e navios de carga. Em 2007, mais de 18 milhões de contêineres realizaram mais de 200 milhões de viagens. A conteinerização até mudou o modo como é medida a capacidade de um porto ou navio ou os serviços de transporte marítimo. A carga transportada agora é medida em TEU (*twenty-foot equivalent units*, unidades equivalentes a vinte pés) ou FEU (*forty-foot equivalent units*, unidades equivalentes a quarenta pés). Uma TEU é a medida de uma caixa de 20 pés de comprimento e 8 de largura, com uma massa bruta máxima de 24 toneladas métricas.

A revolução é popularmente atribuída a Malcom McLean.[a] Ele possuía uma empresa de caminhões em Nova Jersey e teve uma ideia simples: os pacotes transportados geralmente precisam ser abertos somente na origem e no destino, mas o descarregamento e a reembalagem custam muito dinheiro. Em 1956, ele lançou o Sea-Land Service, quando seu navio-cisterna convertido, o *Ideal-X*, zarpou de Newark, em Nova Jersey, para Houston, no Texas, levando 58 chassis de caminhão de alumínio em quadros instalados sobre o convés.

A ideia só se difundiu amplamente mais de uma década depois, quando as forças armadas dos EUA precisaram de um transporte militar eficiente para o Vietnã. Apesar da resistência considerável, McLean obteve os contratos para construir um porto de contêineres em Cam Ranh Bay e levar navios porta-contêiner da Califórnia para o Vietnã. Sem os contêineres, o exército dos EUA teria tido muita dificuldade para alimentar, alojar e abastecer os 540 mil soldados, marinheiros, *fuzileiros navais* e pessoal da força aérea no Vietnã em 1969. De quase nada em 1965, as receitas do Departamento de Defesa da Sea-Land passaram a US$ 450 milhões entre 1967 e 1973. Rotas para Okinawa e Subic Bay nas Filipinas foram acrescentadas mais tarde, mas o negócio de McLean continuou restrito à logística militar.

O governo japonês foi o primeiro a apoiar a expansão da conteinerização. Em 1966, o Conselho de Racionalização da Navegação e Construção Naval solicitou ao Ministério dos Transportes que eliminasse a concorrência excessiva para tirar proveito da nova tecnologia. Ele persuadiu o governo a construir terminais de contêineres nas áreas de Tóquio-Yokohama e Osaka-Kobe. Os primeiros guindastes de contêineres começaram a operar em 1968. Mas a regulação das autoestradas impediam a passagem de contêineres de grande porte, e a Ferrovia Nacional Japonesa não estava equipada para transportar contêineres mais longos do que 20 pés.

Nos Estados Unidos, a Matson Navigation obteve a aprovação do governo para operar um serviço de contêiner não subsidiado entre a costa oeste dos EUA e o Havaí e o Leste Asiático. A companhia imaginou poder descarregar uma carga em Oakland diretamente em trens especiais que a levariam para leste. Na viagem de volta, a companhia planejava transportar cargas militares para as bases dos EUA no Japão e na República da Coreia. O negócio não podia começar antes que a Matson realizasse um consórcio com um parceiro japonês, e o navio de contêiner que completou sua viagem inaugural em 1968 do Japão para os Estados Unidos pertencia à linha Nippon Yusen Kaisha. Seis semanas depois, a Sea-Land Service de McLean começou um serviço regular entre Yokohama e a costa oeste dos EUA.

Assim que as instalações de infraestrutura ficaram prontas, o tráfego de contêineres decolou. No final de 1968, a rota Japão–EUA estava lotada de navios porta-contêiner e sete companhias competiam por menos de 7 mil toneladas de frete em direção ao leste todo mês. A velocidade da expansão foi determinada pela infraestrutura portuária e ferroviária. Nos Estados Unidos, o tráfego ferroviário intermodal triplicou entre 1980 e 2002, de 3,1 milhões de trailers e contêineres para 9,3 milhões.

O transporte de contêineres continuou a aumentar num ritmo vertiginoso. As caixas aumentavam sem parar, e o tamanho padrão FEU cedeu lugar a caixas de 48 e 53 pés que permitiam que os caminhões transportassem mais carga em cada viagem. A frota mundial está se expandindo continuamente, como atesta o crescimento anual de 10% da capacidade de navios porta-contêiner entre 2001 e 2005. O tamanho dos navios também está aumentando. Dúzias de navios capazes de transportar 4 mil FEU foram acrescentados à frota em 2006, e outros ainda maiores haviam sido encomendados. O Emma Maersk (396 metros de comprimento), lançado em 2006, pode transportar mais de 14.500 TEU. De todo o tráfego, 26% agora parte da China.

A geografia e a topografia limitam o crescimento constante do tamanho dos navios: como o Canal do Panamá perdeu mais tráfego com as velhas eclusas incapazes de acomodar embarcações maiores do que 5 mil TEU, ele agora está sendo ampliado para permitir a passagem de navios com até 12 mil TEU. A maioria dos navios porta-contêiner são grandes demais para o Canal de Suez também. Os navios porta-contêiner têm um limite absoluto de tamanho imposto pela profundidade do Estreito de Málaca, que liga o Oceano Índico ao Pacífico. Esse tamanho "Malacca-max" limita os navios a dimensões de 470 metros de comprimento por 60 de largura.

E o que aconteceu com a companhia de Malcom McLean? A Sea-Land cresceu, e era a maior companhia de transporte marítimo em 1995. A companhia dinamarquesa Maersk era a segunda, seguida pela Evergreen. Quatro anos mais tarde, a Sea-Land foi comprada pela Maersk. Em 2000, a Maersk-SeaLand tinha uma capacidade de aproximadamente 850 mil TEU. O caixotão de McLean chegou para ficar.

Fonte: Equipe do RDM 2009.
a. Levinson 2006.

meados dos anos 1950 até o início dos anos 1970. Os motores a jato eram mais rápidos, mais confiáveis e mais eficientes do ponto de vista do combustível do que os motores a pistão que eles substituíram (ver quadro 6.2). Os preços reais das aeronaves ajustados à qualidade caíram 13 a 17% anualmente de 1957 a 1972.[25] O progresso técnico desacelerou consideravelmente depois de 1972, mas os preços ainda estavam caindo 2 a 4% ao ano de 1972 a 1983.

Entre 1955 e 2004, os preços caíram de US$ 3,87 por tonelada-quilômetro para menos de US$ 0,30, em dólares dos EUA de 2000. A receita média por tonelada-quilômetro caiu 8,1% ao ano entre 1955 e 1972 e 3,5% ao ano entre 1972 e 2003. Apesar desse declínio fenomenal dos preços nominais do transporte de carga aéreo, a fricção comercial no transporte aéreo não caiu dramaticamente. O preço do transporte aéreo em dólares reais dos EUA por quilograma aumentou 2,9% anualmente de 1973 a 1980, em parte devido ao aumento do preço do petróleo, e depois declinou 2,5% anualmente de 1980 a 1993. O declínio após 1980 variou substancialmente entre as rotas, com as rotas mais longas e a América do Norte sofrendo as maiores quedas.[26] Depois de 2001, o preço real do transporte aéreo de carga entrando nos Estados Unidos aumentou fortemente, refletindo possivelmente os custos de segurança mais altos.

Custos do transporte marítimo. Dois submercados desenvolveram-se de maneira diferente ao longo das últimas décadas. O transporte marítimo não regular é usado para grandes quantidades de mercadorias a granel, com preços de transporte fixados em mercados à vista. Não há tabelas ou rotas fixas, logo o transporte é determinado pela demanda atual do mercado. O transporte marítimo regular é usado para carga geral nas rotas comerciais fixas com calendário fixo. O comércio marítimo regular é organizado em cartéis, ou conferências, que discutem e coordenam os preços e as fatias de mercado.

O progresso técnico e as mudanças institucionais reduziram os preços em ambos os submercados. Os mais importantes são o crescimento do registro aberto, os efeitos de escala do enorme aumento da demanda por transporte marítimo, a introdução dos contêineres e as mudanças subsequentes na logística portuária. Registro aberto é a prática de registrar os navios sob uma bandeira de conveniência (Libéria e Panamá) para contornar os altos custos regulatórios e de operação impostos pelos países mais ricos. As frotas de registro aberto transportaram 5% da tonelagem mundial de navios em 1950, 31% em 1980 e 48% em 2000.[27] Estima-se que as despesas com navios em registro aberto sejam 12 a 27% inferiores àquelas das frotas de registro tradicional, sendo que a maioria das diferenças de custo provém de custos trabalhistas.[28]

As reduções de custo devido aos efeitos de escala decorrem da maior capacidade das embarcações e de mudanças institucionais. A rápida expansão da demanda por transporte marítimo parece ter acomodado essas mudanças e reduzido o perigo de uma concorrência preventiva.[29] O aumento do tamanho dos navios parece ter viabilizado economias radiais – navios menores transportam a carga para uma plataforma, onde as cargas são agregadas em navios muito maiores e mais rápidos para trajetos mais longos. Os melhores exemplos são Hong Kong, Roterdã e Cingapura.

Navios para mercadorias a granel, produtos refrigerados e automóveis são lucrativos nas rotas individuais. Desde meados dos anos 1980, navios-tanque especiais para sucos consolidaram a posição predominante do Brasil no mercado global de exportação do suco de laranja, quase todo produzido no estado de São Paulo. Contêineres padronizados permitem economias de custo nos diversos modos de transporte – caminhões a longa distância, hidrovias interiores, ferrovias e caminhões a curta distância – porque os bens não precisam ser descarregados e recarregados (ver quadro 6.3). A conteinerização reduz os custos portuários diretos de armazenamento e estiva. Também reduz os custos indiretos de capital da capacidade ociosa durante longas paradas nos portos, que anteriormente constituíam de metade a dois terços da vida útil de um navio.[30] E ela permite navios maiores e mais velozes, o que reduz os custos por tonelada-milha enquanto o navio está navegando. Essas reduções de custo no trajeto oceânico compensaram amplamente os custos de investimento mais altos e os custos mais altos do tempo de parada nos portos.[31]

Mas a conteinerização também concentrou a capacidade de transporte marítimo em poucos portos globais. A maioria dos

Figura 6.2 Os custos de frete aéreo diminuíram menos que os custos de frete marítimo

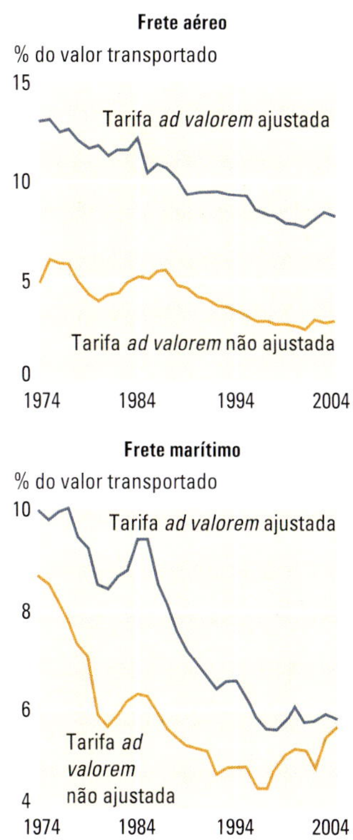

Fonte: Hummels 2007.
Nota: A tarifa *ad valorem* não ajustada é a proporção dos gastos em relação ao valor do bem. A tarifa *ad valorem* ajustada é derivada de uma regressão e leva em conta as mudanças da combinação de parceiros comerciais e produtos.

países em desenvolvimento demorou a conteinerizar as mercadorias por causa dos seus volumes comerciais reduzidos e dos preços diferentes dos fatores. Quando o capital é escasso e a mão de obra abundante, o custo de capital dos guindastes especializados, áreas de armazenamento e vagões de carga é alto, e as economias de custo portuárias com os contêineres são muito inferiores.

Como essa mudança tecnológica afeta os custos de transporte? O preço nominal dos serviços de transporte marítimo não regular em 2004 era aproximadamente metade do preço real em 1960.[32] E se for deflacionado usando o índice de preços de mercadorias, existem grandes flutuações mas nenhuma tendência decrescente. Isso significa que a fricção comercial resultante dos custos de transporte para mercadorias a granel transportadas geralmente por embarcações fretadas não regulares não caiu – o preço para transportar o valor de um dólar em minério de ferro ou trigo não caiu. Os preços do transporte marítimo regular cresceram continuamente até atingir um ápice em 1985, segundo séries temporais longas do Ministério dos Transportes alemão. O índice de preço para o transporte marítimo regular dá ênfase à carga geral, incluindo o transporte conteinerizado e as mercadorias

Figura 6.3 Os custos de comunicação caíram para uma fração do que eram uma década atrás
Custo médio de uma chamada telefônica para os EUA

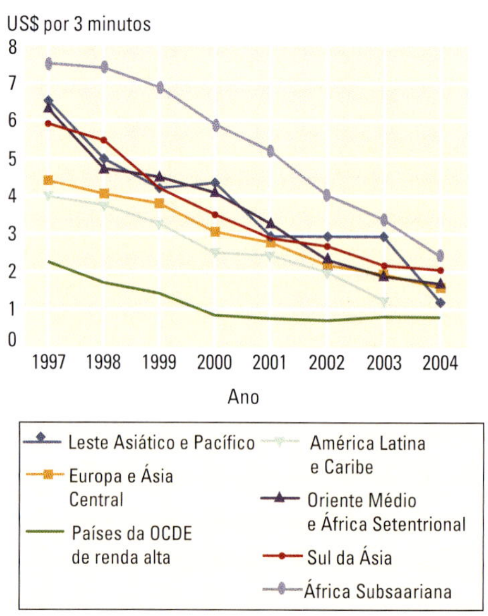

Fonte: Banco Mundial 2007j.

manufaturadas. Também cobre as despesas de carga e descarga, que são particularmente relevantes, porque se acredita que a redução dos custos de movimentação de carga seja uma fonte importante de ganhos com a conteinerização. Medidos com relação ao deflator do PIB alemão, os preços do transporte marítimo regular declinaram até o início dos anos 1970, subiram fortemente a partir de 1974, atingiram o pico no período de 1983 a 1985, e depois declinaram.

Essas tendências dos custos do transporte marítimo vão de encontro à percepção pública de queda contínua dos custos de comércio. Duas explicações possíveis podem ser oferecidas. A primeira é que essas tendências de preços não refletem as verdadeiras economias de custos da conteinerização, pois não contabilizam o custo total do transporte de porta a porta. Em 1956, o carregamento de carga solta custava US$ 5,83 por tonelada. Quando os contêineres foram introduzidos naquele ano, o custo de carregamento foi para menos de US$ 0,16 por tonelada.[33] Portanto, as principais economias decorreram da redução dos custos de transferência intermodal. A conteinerização permitiu que os bens fossem embalados uma única vez e transportados por longas distâncias usando transporte marítimo, ferroviário e rodoviário. A segunda explicação é que a qualidade dos serviços de transporte e logística melhorou notavelmente, especialmente sua velocidade e confiabilidade. Assim, a ausência de uma diminuição mais significativa dos preços se explica, pelo menos em parte, pela maior disposição de pagar por serviços de melhor qualidade.

Pequenos declínios nos custos de transporte mas um grande alívio da fricção comercial

A informação sobre custos parece sugerir que os custos internacionais de transporte não caíram tanto quanto se costuma acreditar. Os preços reais de transporte aéreo e marítimo não caíram nem subiram muito desde os anos 1970 e o início dos anos 1980. Mas a taxa de transporte *ad valorem* – o custo de transporte como parcela do valor da mercadoria negociada – decresceu. O que explica o declínio são as mudanças na composição das mercadorias negociadas e na composição dos parceiros comerciais.[34] Uma mudança é a redução da proporção peso-valor em todo o transporte internacional. A segunda é a diminuição do preço do transporte aéreo com relação ao transporte marítimo. Os bens que tradicionalmente eram transportados por mar agora são enviados pelo ar. Depois de levar em conta as mudanças das proporções peso-valor, o deslocamento modal e as mudanças de rotas, a taxa *ad valorem* equivalente do transporte marítimo caiu mais do que a do transporte aéreo (ver figura 6.2).[35] A mudança na composição de bens e parceiros comerciais reduziu a fricção de mercado do transporte, não os seus custos.

Logística, tempo e comércio internacional. Os serviços de transporte não são um bem homogêneo, e os custos de transporte não são neutros em relação ao produto ou ao lugar. A receita e os preços não indicam qualidade ou velocidade. O transporte de contêineres da Europa para destinações nos EUA ainda requer duas ou três semanas, e da Europa para a Ásia, cinco semanas. Mas o transporte aéreo requer um dia ou menos para quase qualquer lugar do mundo. Com o declínio dos custos de transporte aéreo, o preço da velocidade caiu dramaticamente.

Isso importa para o comércio. Cada dia de viagem oceânica que separa um país do importador reduz a probabilidade daquele país fornecer bens manufaturados daquele país em 1%.[36] E as empresas exportadoras estão dispostas a pagar 1% do valor do bem por dia para evitar perdas de tempo associadas ao transporte marítimo. Com o recente aumento da intensidade do comércio internacional, a demanda por velocidade aumentou. Os bens com maior sensibilidade ao tempo tiveram o maior aumento de comercialização. São exemplos os bens agrícolas perecíveis e aqueles com ciclos de vida curtos, como artigos de moda, para os quais as preferências dos consumidores mudam, ou eletrônicos, para os quais a tecnologia mais avançada conta mais. Tais ciclos são importantes não somente para a Europa, a América do Norte e o Nordeste Asiático, mas também para a China, a Índia e o Sudeste Asiático.

O transporte mais rápido pode acelerar as mudanças na geografia do comércio. Os locais de produção de produtos têxteis e eletrônicos eram inicialmente escolhidos de acordo com os custos salariais. Porém, para os produtos de ciclo de vida curto, o prazo de transporte menor pode compensar os custos salariais mais altos, levando produtores a mudar de endereço. Parte da produção terceirizada de vestuário da Ásia destinada aos Estados Unidos foi transferidas para locais no Caribe e no México, onde os salários são mais altos.[37] Os ciclos de vida curtos, e a demanda geralmente incerta, são forças de aglomeração, pois as empresas precisam estar situadas perto dos fornecedores.[38] Porém, com uma demanda mais previsível, maior velocidade pode contribuir para a terceirização dos estágios de produção (produção de componentes, pesquisa e desenvolvimento [PeD] e montagem) para outros países de acordo com as vantagens comparativas.

Custos de comunicação. O custo de uma chamada telefônica de três minutos de Nova York para Londres caiu de US$ 293 dólares em 1931 (em dólares dos EUA de 1993) para cerca de US$ 1 em 2001, com uma conexão muito melhor – e para apenas alguns centavos em 2006 (ver figura 6.3). A Internet e outros avanços das telecomunicações diminuíram os custos de comunicação, reduzindo ainda mais a fricção comercial para os bens tangíveis, especialmente o comércio intraindústria. Mas eles também tiveram um impacto igual, senão maior, no comércio de serviços. Mesmo assim, muitas tarefas que exigem comunicação intensa foram pouco afetadas. A interação pessoal direta e o contato face a face continuam a ser forças aglutinadoras importantes, especialmente e paradoxalmente nas indústrias que mais recorrem à comunicação.

A diminuição dos custos de comunicação facilita a coordenação das redes internacionais de produção.[39] Mas ainda existem dois outros efeitos mais diretos. O primeiro é a redução dos custos de busca. Como o conhecimento dos clientes ou fornecedores potenciais nos países estrangeiros é imperfeito, as relações de comércio começam pela busca de parceiros comerciais. A busca depende da qualidade da infraestrutura de comunicação, que constitui basicamente um custo fixo e, portanto, aumenta a intensidade do comércio internacional à medida que reduz o custo de busca pos parceiros comerciais.[40] O segundo é a redução dos custos de comércio variáveis. Esses custos decorrem da necessidade de interação entre consumidores e produtores com relação às especificações do produto, controle de qualidade e prazo.[41] Eles são baixos para bens homogêneos negociados em trocas organizadas ou com preços de referência. Mas são altos para bens diferenciados.[42] Como esses tipos de bens são mais proeminentes no comércio dentro de processos de produção mais desagregados, a queda dos custos de comunicação desempenhou um papel importante na recente onda do comércio intraindústria (ver figura 6.1).

Os baixos custos de comunicação tornam possível supervisionar os processos de produção a longa distância por sistemas de controle por computador e comunicação online, reduzindo a necessidade de reunir num mesmo local a administração, o pessoal técnico e os trabalhadores não qualificados. Isso permite que as companhias verticalmente integradas terceirizem a produção para os países onde os salários são baixos. Mas também facilita a divisão dos processos de produção em cadeias de fornecimento formadas por diversas companhias espalhadas pelos países e continentes.[43]

Os baixos custos de comunicação são particularmente importantes para a terceirização em outros países de tarefas que não exigem o transporte de produtos físicos, como serviços comerciais, profissionais e técnicos, incluindo contabilidade, escrituração, programação de computadores e processamento de informações e de dados. As importações desses serviços nos EUA aumentaram mais de 66% em termos reais entre 1997 e 2004. O deslocamento dos empregos para países estrangeiros suscitou temor entre os trabalhadores qualificados de ajustes maciços do mercado de trabalho e reduziu o apoio político aos regimes de comércio aberto.[44] Contrariamente a esses temores, as importações de serviços comerciais nos países ricos mantiveram-se bastante baixas. Nos Estados Unidos, a parcela de importação dos serviços comerciais e de informática alcançou apenas 0,4% em 2003, e as exportações desses serviços são ainda maiores.

Os maiores terceirizadores, em relação ao valor agregado local desses serviços, são pequenos países como Angola, Moçambique, Papua Nova Guiné e a República do Congo. Entre as economias avançadas, a Alemanha, um país com altas importações absolutas de serviços comerciais (US$ 39 bilhões em 2002), está na 59.ª posição, com uma parcela de 2,9%. Os Estados Unidos, com o mais alto valor absoluto de importação de serviços comerciais (US$ 41 bilhões em 2002), está na 115.ª posição. Mas os Estados Unidos eram os maiores exportadores de serviços (US$ 58 bilhões em 2002) e, logo, eram exportadores líquidos substancial. A Irlanda mostra que o comércio de serviços imateriais tende a ocorrer dentro das indústrias em vez de entre elas. Ela é o maior exportador de serviços de computação e informação e o quarto maior importador. Ainda assim, a proporção de suas exportações em relação ao valor agregado local de serviços de computação e informação era de apenas 16% (9% do PIB).

Portanto, a transferência dos serviços administrativos internos para países estrangeiros não é uma ameaça para o emprego nos países avançados. A balança comercial dos serviços comerciais em quase todos os países desenvolvidos tem tido saldo positivo e crescente entre 1981 e 2001. A Índia, conhecida por atrair muitos serviços comerciais dos países ricos, teve um aumento menor da produção nesse setor

Figura 6.4 A distância tornou-se mais impeditiva e as divisões menos
Coeficientes para distância e fronteiras nacionais em modelos comerciais, 1960–2005

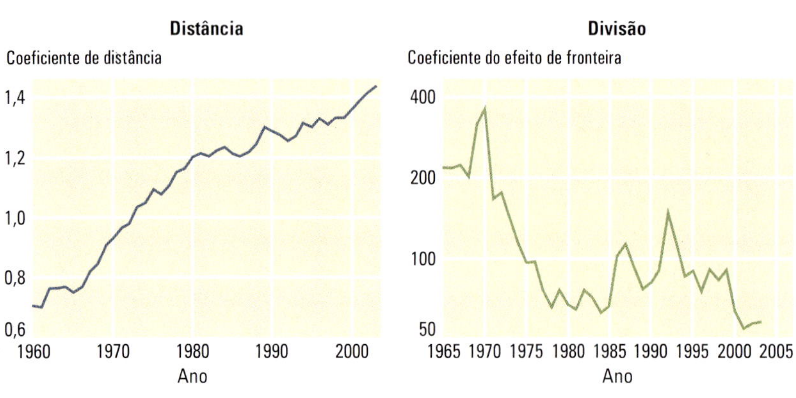

Fonte: Mayer 2008, para este Relatório.

entre 1995 e 2001 do que o Reino Unido.[45] Em suma, a impressão de que os serviços levam à dispersão econômica entre os países não é confirmada pelos fatos. O comércio desses serviços aumentou muito, mas tanto para importações como para exportações. Na maioria dos países, a parcela de serviços locais continua pequena. E, quando os serviços foram terceirizados, uma grande parte permaneceu concentrada em poucos lugares. Os baixos custos de comunicação tiveram pouco efeito sobre as atividades criativas e os serviços de alto valor que requerem interação pessoal frequente.

Figura 6.5 O comércio global intraindústria não está mais limitado aos países ricos

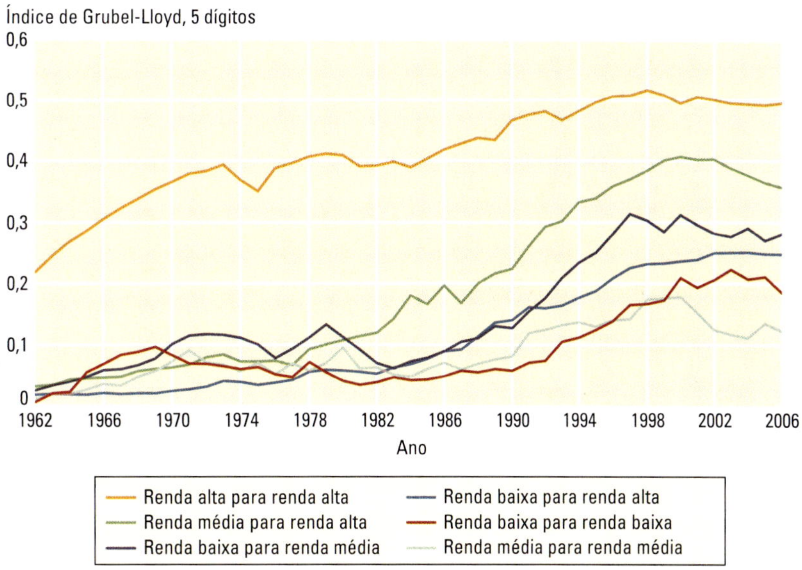

Fonte: Brülhart 2008, para este Relatório.
Nota: O índice de Grubel-Lloyd é a fração do comércio total que corresponde ao comércio intraindústria.

Custos de transporte e economias de escala: duas décadas de análise

A evolução dos custos de transporte, um fator crítico da geografia econômica, ajuda a explicar a experiência descrita na seção precedente. A queda dos custos de transporte aumenta a concentração de pessoas e empresas porque permite um compartilhamento mais eficiente de instalações e serviços. Pesquisas recentes também explicam duas consequências um tanto inesperadas da queda dos custos de transporte: (1) em nível internacional, o comércio aumenta com os países próximos, não com os distantes; e (2) dentro dos países, a melhoria da infraestrutura de transporte pode levar a maior concentração da atividade econômica, e não menor.

As pesquisas foram muito menos bem-sucedidas em demonstrar por que a queda dos custos de transporte torna mais difícil a entrada dos países em desenvolvimento e das regiões atrasadas no comércio mundial – de fato, os retornos crescentes no setor de transportes foram frequentemente ignorados nos modelos formais. Porém, assim como a queda dos custos de transporte facilita as economias de escala na produção, níveis mais altos de produção e comércio produzem economias de escala no transporte.

A queda dos custos de transporte cria paisagens econômicas irregulares

Antes da recente queda acelerada dos custos de transporte, as condições geográficas naturais ou de "primeira natureza" (como as hidrovias) decidiam em grande parte a localização dos assentamentos e a organização espacial da produção e do comércio. Em seguida, os investimentos compartilhados criaram ganhos de escala crescentes que moldaram a geografia econômica. Tais investimentos podiam incluir a construção de unidades locais de saúde e educação, ou mercados e outros serviços que reduzem os custos de comércio e transação – como a execução de direitos de propriedade, a solução de litígios contratuais ou a identificação de oportunidades de mercado. Quanto mais pessoas usam um estabelecimento ou serviço comunitário, mais baixos são os custos por usuário. Quanto maior o assentamento, mais pessoas compartilham os custos fixos. Para usar o serviço, pessoas e bens precisam se deslocar. Logo, à medida que os custos de transporte caem, o acesso aumenta, a escala aumenta e o custo unitário da prestação do serviço cai. É assim que os custos de transporte definem o tamanho geográfico dos mercados e o alcance e a escala dos serviços comunitários.

Quanto mais estabelecimentos e serviços são centralizados nas grandes cidades, as comunidades menores se tornam menos atraentes e surgem as disparidades espaciais – a distribuição por tamanho de pequenas e grandes cidades muda. A geografia de primeira natureza e a indivisibilidade dos

QUADRO 6.4 *O intervento straordinario na Itália: uma resposta inesperada à queda dos custos de transporte*

As disparidades regionais são provocadas pela distribuição desigual da infraestrutura, e o investimento em infraestrutura nas áreas atrasadas reduz esses desequilíbrios. Essa é a pressuposição comum. Mas muitas vezesas indústrias que deveriam prosperar com esses investimentos mudam-se para outro lugar, acompanhadas por uma emigração em massa dos trabalhadores. Um excelente exemplo é a política regional italiana para reduzir as diferenças de desenvolvimento entre o Norte e o Sul. O *Mezzogiorno* tornou-se um termo genérico para uma região que sofreu com as boas intenções da política regional.[a]

Um *intervento straordinario* de curto prazo foi administrado por uma agência especial, a *Cassa per il Mezzogiorno*, criada em 1950. Ele foi apoiado pelo Banco Internacional de Reconstrução e Desenvolvimento (BIRD), dirigido por Paul Rosenstein-Rodan, que desenvolveu o modelo *Big Push* de desenvolvimento econômico nos anos 1940. O impacto no desenvolvimento deveria decorrer do investimento maciço em infraestrutura, com muita ênfase na construção de estradas e ferrovias. Logo se tornou óbvio que o sucesso não seria obtido a curto prazo, o que levou a repetidas redefinições das diretivas estratégicas. Em meados dos anos 1950, a *Cassa* mudou seu foco para o apoio ao investimento industrial, concentrando-se em *núcleos* e áreas prioritárias.

O resultado foi que, ao longo dos anos 1950, aproximadamente 2 milhões de trabalhadores deixaram as regiões alvo. No final dos anos 1960, a emigração foi considerada o principal problema do desenvolvimento, e o investimento em infraestrutura e os subsídios foram concentrados nas áreas onde a emigração era, de fato, maior.[b] A partir do começo dos anos 1980, quando o mandato original da *Cassa* acabou, ela foi mantida em atividade por 11 decretos ministeriais, às vezes por um período de três meses. Em 1986, a "intervenção extraordinária" foi refinanciada até 1993.

As despesas anuais totais da *Cassa* chegaram a um pico de 3.750 bilhões de liras (US$ 4,5 bilhões) em 1976, caindo para 2.650 bilhões de liras (US$ 2,1 bilhões) em 1991, e despencando depois disso. O dinheiro teve pouco efeito sobre os indicadores econômicos do *Mezzogiorno* (ver tabela do quadro).

A taxa de desemprego caiu até o começo dos anos 1970 devido à emigração de milhões de trabalhadores para o Norte da Itália e para outros países. Depois, ele cresceu mais do que o dobro até o final dos anos 1980, o que indicava uma dependência rapidamente crescente do Sul em relação às transferências fiscais do Norte.

Escândalos em torno da *Cassa per il Mezzogiorno* revelaram ser parte de *tangentopoli* ("propinópolis") pelos esforços dos *mani pulite* (mãos limpas) do Judiciário. Esses escândalos contribuíram para a dissolução do Partido Democrata Cristão e do Partido Socialista e para a ascensão da Liga do Norte, que exigia que o Norte se separasse do Sul para pôr fim ao desperdício no *Mezzogiorno*. Uma intervenção para tornar o país mais uniforme pode ter aumentado as divisões internas.

O capítulo 8 ("Unidade, Não Uniformidade") discute como os países promoveram a integração nacional usando uma mistura calibrada de instituições espacialmente neutras, infraestrutura conectiva e intervenções espacialmente direcionadas.

Fonte: Equipe do RDM 2009.

a. Boltho, Carlin e Scaramozzino 1997; Sinn e Frank 2001.

b. Naquela época, alguns críticos da política para o *Mezzogiorno* solicitaram que o fundo desse assistência aos emigrados (Lutz 1962)

O desenvolvimento econômico do *Mezzogiorno*

	1951–60	1961–70	1971–80	1981–90	1990
A participação do Sul no total nacional (%)					
População	37,2	36,0	35,1	36,1	36,6
PIB per capita	54,5	56,6	58,6	58,2	56,7
Investimento fixo	26,0	29,0	31,2	29,0	26,9
Desemprego					
Sul	9,1	6,4	9,6	16,3	19,7
Centro-Norte	6,8	4,5	5,2	7,6	6,5

Fonte: Faini, Giannini e Galli 1993.

investimentos urbanos em infraestrutura resultam numa dinâmica irreversível que determina como a paisagem econômica se torna primeiro áspera, e depois irregular.

Os historiadores econômicos reconheceram há muito tempo que esses processos, impulsionados pela mudança dos custos de transporte, são fundamentais para o desenvolvimento econômico.[46] E os geógrafos e planejadores formalizaram o efeito dos estabelecimentos comunitários indivisíveis ao fazer distinção entre a função e o tamanho das cidades na "teoria do lugar central".[47] Os economistas foram além da geografia de primeira natureza e dos bens públicos. Eles perceberam que os ganhos de escala crescentes na produção de bens manufaturados e de ideias também influenciam a distribuição das atividades econômicas no espaço geográfico. Com a urbanização, a manufatura e os serviços conexos tornam-se os motores do crescimento, como discutido no capítulo

QUADRO 6.5 *Mobilidade com densidade em Hong Kong, China*

Na segunda metade dos anos 1970, Hong Kong teve um crescimento real de aproximadamente 10% ao ano, um influxo de imigrantes e uma demanda premente por carros particulares. Os registros de automóveis mais que dobraram numa década. Os resultados foram imensas perdas de tempo no transporte de passageiros e de carga e custos de saúde da poluição do ar. O Departamento de Transporte de Hong Kong reagiu com medidas draconianas. Em 1979, ele definiu uma política de transporte para aumentar a capacidade viária, expandir e melhorar o sistema de transporte de massa, e administrar melhor a capacidade viária.

O governo triplicou o valor da taxa anual de licenciamento de automóveis, dobrou ao taxa do primeiro registro (de 70 a 90% do preço de importação do veículo) e dobrou os impostos sobre os combustíveis. A propriedade de veículos públicos e particulares caiu rapidamente. Em 1985, a proporção de carros particulares entre os carros registrados havia caído para 50%, 10% dos quais eram táxis.[a] O sistema de transporte público consiste em uma ferrovia subterrânea para transporte de massa de 74 km, uma linha ferroviária pesada de 34 km (que liga Kowloon à China), um sistema ferroviário leve de 32 km no Noroeste dos Novos Territórios e um bonde de 16 km no lado norte da ilha de Hong Kong. Cinco companhias de ônibus privadas operam serviços sob concessão com mais de 6 mil ônibus. Elas são complementadas por miniônibus (ônibus públicos leves) com tarifas fixas e direitos exclusivos de fornecer serviço em certas rotas. A entrada nesse submercado é estritamente regulada, com uma quantidade máxima de micro-ônibus fixada para os bairros da cidade.[b] A baldeação entre diferentes modos ou submodos de transporte não causa grandes perdas de tempo.

O pedágio viário falhou politicamente em 1985. Um motivo foi a abertura da Rota da Ilha da Ferrovia de Transporte em Massa, que realizava aproximadamente um quarto de todos os passageiros de transporte público em 1988, e do Corredor Oriental da Ilha um ano antes. Ambos aliviaram o congestionamento. Hoje, os pedágios viários em Hong Kong são vistos como um dispositivo não para reduzir o congestionamento mas para atenuar a poluição do ar. Hong Kong está na quinta colocação do índice de infraestrutura do relatório global da competitividade, com uma pontuação de 6,2 sobre 7, e na primeira colocação em eficiência do mercado de produtos e sofisticação do mercado financeiro.

A experiência de Hong Kong oferece as seguintes lições para as cidades do mundo em desenvolvimento que crescem rapidamente:

- Há um limite à mobilidade e à acessibilidade por automóvel particular nas megacidades. Até sem taxas de congestionamento e de estacionamento, desincentivos fiscais fortes podem conter a motorização numa fase de crescimento fenomenal da renda e limitar a proporção de carros particulares no transporte urbano.
- Ônibus e particularmente micro-ônibus podem ser regulados para evitar congestionamento e altos custos de viagem. Até com a regulação, quase todo transporte público pode ser rentável.
- Junto com políticas para conter a motorização, novos instrumentos de gestão do tráfego podem tornar mais eficiente o uso da infraestrutura existente.

O capítulo 7 discute, para os países em diversos estágios de urbanização, as instituições, a infraestrutura e os incentivos que podem facilitar a concentração sem congestionamento.

Fonte: Equipe do RDM 2009.
a. Hau 1990.
b. Cullinane 2002.

4. Essas forças interagem com os custos de transporte para determinar a evolução da economia em todas as escalas geográficas – internacional, nacional e local.

A queda dos custos de transporte aumenta o comércio entre vizinhos

A demanda crescente por variedade de bens semelhantes ajuda a explicar o paradoxo de que a queda dos custos de transporte levou a mais comércio entre os países próximos com características semelhantes. De fato, ao longo dos últimos 40 anos, a distância tornou-se mais dissuasiva para o comércio, enquanto as divisões – os efeitos de fronteira – tornaram-se menos dissuasivas (ver figura 6.4).

A teoria tradicional do comércio não considerava os ganhos de escala crescentes e a diferenciação da demanda. Ela previa um comércio mais intenso de bens diferentes, favorecendo o comércio entre países com dotações diferentes de recursos. Os países comercializavam porque não podiam produzir os produtos que importavam – bananas da América Central para a Europa em troca de carros. Porém, com os bens diferenciados, o comércio ocorre dentro das classes de bens em vez de entre elas. Os países comercializam porque querem versões ligeiramente diferentes de bens semelhantes – o Japão e a Suécia trocam Toyotas por Volvos. Em outras palavras, na antiga teoria do comércio e com altos custos de transporte, os países comercializam somente aquilo de que *precisam*. Na nova teoria do comércio e com as economias de escala, o gosto pela variedade e os baixos custos de transporte, os países comercializam porque *querem*.

O comércio internacional cresceu entre os países (muitas vezes próximos) do Hemisfério Norte nos anos 1960 e 1970, muito embora esses países tenham dotações em recursos essencialmente semelhantes. O comércio entre países ricos e pobres foi inicialmente ofuscada por esses acontecimentos. No começo dos anos 1980, o comércio intraindústria entre os países de renda média e alta expandiu-se, e depois entre outras categorias de países (ver figura 6.5). A diferenciação da demanda – isto é, o gosto pela variedade – e o comércio intraindústria não ficaram restritos aos países ricos.

Junto com o rápido crescimento do comércio intraindústria ocorreu um grande aumento do comércio de bens intermediários com relação aos bens finais. O comércio intraindústria de bens intermediários requer um setor de transportes especialmente eficiente. A capacidade de coordenar e controlar os processos de produção em tempo real por sistemas computadorizados foi crucial para a desintegração vertical dos processos de produção nos países de renda alta e para a terceirização em direção aos países de renda média.[48] Portanto, os custos de transporte mais baixos, as mudanças nos bens comercializados e os custos de comunicação mais baixos reforçam-se mutuamente.

Era de se esperar que os bens com proporções valor-peso baixas fossem comercializados principalmente a curtas distâncias. Mas os ciclos de vida para os bens intraindústria intensivos em conhecimento e para artigos de consumo como aparelhos eletrônicos e artigos de moda tornaram-se mais curtos. Essa maior sensibilidade ao tempo ajuda a explicar por que a dependência da distância do comércio aumenta ao invés de diminuir. Se os países querem beneficiar-se das tendências atuais da globalização, a coordenação regional dos investimentos em infraestrutura e das políticas de transporte se torna ainda mais importante.[49]

Como é que os ganhos de escala crescentes na produção, o gosto pela variedade com relação aos bens de consumo e aos insumos intermediários, e os custos de transporte mais baixos impulsionam a concentração das atividades econômicas no espaço geográfico? Em primeiro lugar, os produtos diferenciados e os ganhos de escala crescentes aumentam mais a produtividade nas áreas ou países maiores do que nos menores, mesmo se tiverem recursos per capita idênticos e acesso à mesma tecnologia. O aspecto importante do tamanho é o volume da demanda global ou da massa econômica, não o tamanho do território. Quando essas forças de aglomeração são consideradas, Hong Kong e Cingapura são considerados países "grandes".

Em segundo lugar, quanto maior uma região, maior a variedade ou a quantidade de bens intermediários produzidos localmente. Com relação às regiões menores, menos bens precisam ser importados, o que economiza custos de transporte. Assim, as pessoas com renda nominal igual têm uma renda real mais alta nas regiões maiores, e as empresas obtêm economias de custo.

Em terceiro lugar, as rendas reais mais altas levam à imigração, pressionando os salários locais. Os salários mais baixos atraem mais empresas, expandindo o mercado ainda mais e levando a uma nova rodada de causalidade circular com transferência de empresas, rendas reais mais altas e mercado maior. O capítulo 9 discute com mais detalhes como os países em desenvolvimento podem solucionar o desafio da integração regional, aprendendo com as experiências de cooperação institucional, infraestrutura regional e incentivos coordenados no mundo todo.

A queda dos custos de transporte leva à concentração dentro dos países

Muitas vezes é difícil para planejadores e formuladores de políticas aceitar os benefícios da aglomeração sobre a produtividade e a renda gerados em grande parte pelos custos de transporte mais baixos. Mas eles explicam a segunda implicação contraintuitiva da queda dos custos de transporte. Existe uma forte crença de que uma distribuição uniforme da infraestrutura de transportes levará a uma distribuição geográfica uniforme da atividade econômica. A alta concentração é vista como um problema, e espera-se que a redistribuição espacial da massa econômica promova o desenvolvimento global. Investimentos maciços em infraestrutura de transportes têm sido o

Tabela 6.1 Preços, custos e margens de lucro são altos nos corredores de transporte da África

Corredor (países)	Rota (origem - destino)	Preço[a] (US$ por km)	Custo variável (US$ por km)	Custo fixo (US$ por km)	Margem de lucro[b] (%)
África Ocidental (Burkina Faso, Mali e Gana)	Tema/Acra-Uagadugu	**3,53** (2,01)	**1,54** (0,59)	**0,66** (0,64)	80
	Tema/Acra-Bamako	**3,93** (1,53)	**1,67** (0,23)	**0,62** (0,36)	80
África Central (Camarões, República Centro-Africana e Chade)	Douala-N'Djaména	**3,19** (1,10)	**1,31** (0,32)	**0,57** (0,30)	73
	Douala-Bangui	**3,78** (1,30)	**1,21** (0,35)	**1,08** (0,81)	83
	Ngaoundéré-N'Djaména	**5,37** (1,44)	**1,83** (0,25)	**0,73** (0,44)	118
	Ngaoundéré-Moundou	**9,71** (2,58)	**2,49** (0,64)	**1,55** (0,43)	163
África Oriental (Quênia e Uganda)	Mombasa-Kampala	**2,22** (1,08)	**0,98** (0,47)	**0,35** (0,14)	86
	Mombasa-Nairóbi	**2,26** (1,36)	**0,83** (0,17)	**0,53** (0,19)	66
África Meridional (África do Sul, Zâmbia e Tanzânia)	Lusaka-Johannesburgo	**2,32** (1,59)	**1,54** (0,41)	**0,34** (0,40)	18
	Lusaka-Dar-es-Salaam	**2,55** (0,08)	**1,34** (0,52)	**0,44** (0,51)	62

Fonte: Banco Mundial 2008d.
a. Alguns preços indicativos são fixados por certos ministérios do transporte na África mas não são usados. Os preços fixados por escritórios de alocação de frete na África Central podem ser mais respeitados.
b. Os dados devem ser interpretados com precaução, pois certas companhias podem omitir alguns custos ou, ao contrário, contabilizar alguns custos em dobro.

instrumento político central para induzir as empresas a se deslocarem para as regiões atrasadas. Mas o resultado foi geralmente o contrário – as regiões beneficiadas perderam produção e trabalhadores para as regiões avançadas (ver quadro 6.4).

A troca de conhecimento é outra força que molda a geografia econômica dos países e das áreas. O *know-how* técnico pode ser usado por mais usuários com pouco ou nenhum custo extra. Ele está embutido na mão de obra experiente, e o estoque de conhecimento acumulado leva à inovação. Maiores mercados de trabalho locais aumentam os efeitos secundários do conhecimento entre os trabalhadores e, assim, aumentam a produtividade de forma não-linear.[50] Nas grandes cidades, os benefícios podem não se materializar plenamente porque o congestionamento e a fragmentação atrapalham a interação. Mas um sistema de transporte urbano que funciona bem pode aumentar a eficácia do mercado de trabalho e difundir os resultados do aprendizado na prática (ver quadro 6.5).

Mapa 6.2 Cruzar fronteiras ou escalar muros?
Postos de controle nos principáis corredores de transportes

Fonte: Projeto de Melhoria da Governança do Transporte Rodoviário, USAID Eixo do Comércio da África Ocidental 2007.

QUADRO 6.6 *A vizinhança importa, assim como o comércio e a política de transportes*

A proximidade de lugares prósperos pode ser uma bênção, e a de lugares pobres, uma maldição. O mapa do quadro ilustra a vantagem de estar numa boa vizinhança. Ele mostra o potencial de mercado exterior no mundo usando um índice que combina a proximidade geográfica (distância) e as políticas para reduzir as barreiras comerciais (divisões).

Mas uma boa localização não é suficiente. Até dentro das regiões geograficamente afortunadas da América Central, da África Setentrional e do Sudeste Asiático, o México, a Tunísia e a Malásia têm o maior acesso a mercados. Sua colocação entre nos indicadores *Doing Business* do Banco Mundial – especialmente aqueles relacionados ao comércio entre fronteiras – está entre as mais altas da região. Não surpreende que seu recente desempenho de crescimento tenha sido impressionante, e que seus padrões de vida tenham melhorado.

A Argélia e a Indonésia têm a mesma localização que a Tunísia e a Malásia, mas não se saem tão bem nas políticas de negócios e de comércio. Seus indicadores de acesso a mercados são, por conseguinte, mais baixos que os de seus vizinhos. Sri Lanka e Gana também não se saem bem no acesso a mercados; eles têm boas políticas de negócios e de comércio, mas não são favorecidos pela localização.

Fontes: Mayer 2008; World Bank 2007d.

Estar perto de lugares prósperos é importante, mas não suficiente
Potencial de mercado exterior, 2003

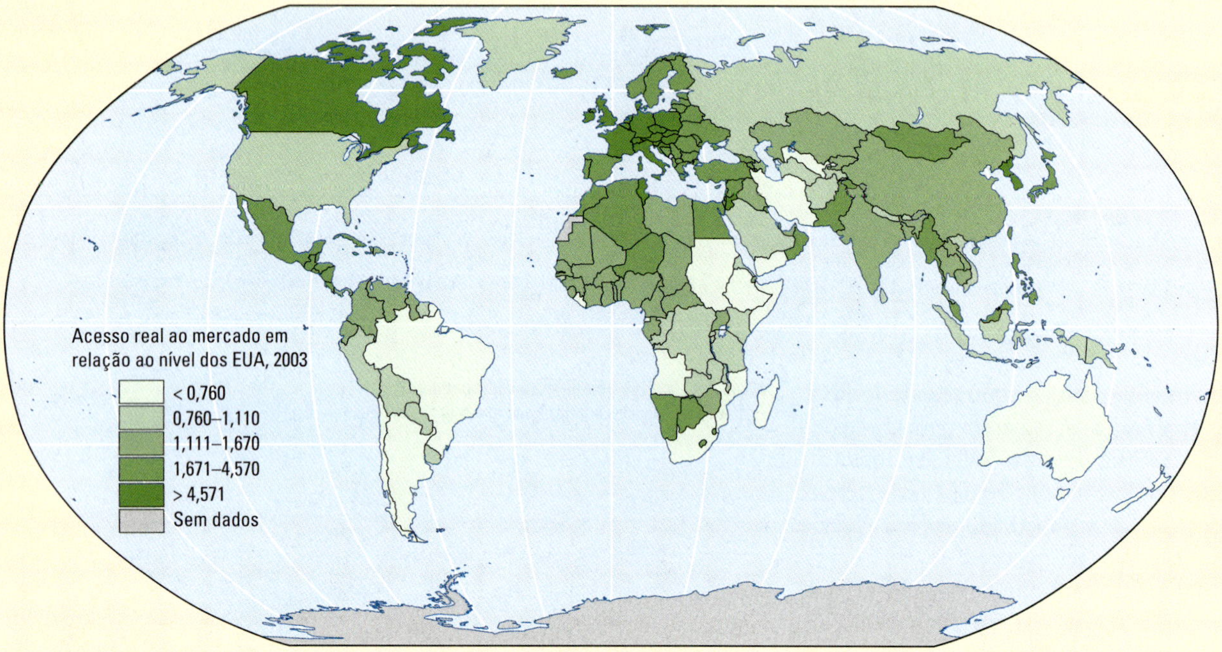

Fontes: Mayer 2008 para este Relatório.
Nota: Para calcular o potencial de mercado exterior atribui-se uma pontuação a cada país para o tamanho do mercado internacional ao qual ele tem acesso. Isto é calculado ponderando o PIB dos outros países pelo inverso de uma medida que combina distância física, custos de transporte e barreiras ao comércio para mostrar o grau de dificuldade de acesso a esses mercados. A medida, que é expressa relativamente ao mercado exterior potencial dos Estados Unidos, combina essencialmente as duas dimensões espaciais de distância e divisão em uma combinação de acesso potencial ao mercado que não inclui o efeito do mercado doméstico (densidade). Este mapa é um complemento ao mapa 9.2, que mostra o Acesso Real aos Mercados.

A queda dos custos de transporte melhora as economias de localização na produção de conhecimento e informação, digamos, para os serviços comerciais, profissionais e técnicos. Pode-se esperar que os custos de comunicação mais baixos levem a um setor de serviços com alta mobilidade. Mas a maioria das indústrias que fazem uso intensivo da comunicação continua fortemente aglomerada.[51] A principal razão dessa persistência das economias de aglomeração na produção de conhecimento é que verificar a qualidade de informação requer compreensão e relações de confiança. As redes informais funcionam como dispositivos de avaliação que constroem a confiança num grupo de produtores de conhecimento.[52] E os custos mais baixos de transporte urbano aumentam o tamanho das redes.

O que fazer: políticas de transporte no mundo em desenvolvimento

O que esses eventos e essas descobertas significam para os países em desenvolvimento? Os custos de comércio caíram graças aos custos mais baixos de transporte e comunicação, à maior qualidade e à maior velocidade. Mas nem todos os países se beneficiaram da mesma forma. Os custos de transporte caíram mais rápido onde a demanda por serviços de transporte é maior. O aumento de escala da produção comercializada elevou a competitividade e permitiu economias de escala no setor de transportes. Os custos mais baixos de comércio e de transporte subsequentes incentivaram o comércio e permitiram maior especialização e mais trocas. Certos países como a China e o Chile penetraram nos mercados internacionais e se beneficiaram de custos de transporte mais baixos. Mas a maioria dos outros não o fez. Em grande parte da África, essa causação cumulativa não ajudou mas prejudicou, pois as economias de aglomeração nas regiões divididas da África continuam pequenas.

Ao aumentar as interações locais de mercado e reduzir as distâncias entre as cidades e entre as áreas, assim como as divisões internacionais, as políticas de transporte nos países em desenvolvimento podem iniciar esses círculos virtuosos. A melhoria da infraestrutura física é uma parte indispensável da política de transportes. De fato, os capítulos 7, 8 e 9 discutem a necessidade de uma infraestrutura espacialmente conectiva nos contextos local, nacional e internacional. Mas outros aspectos importantes das políticas de transporte e comunicação são muitas vezes negligenciados.

A nova geografia econômica ressaltou o que os custos de transporte fazem para o crescimento econômico. Porém, inadvertidamente, ela contribuiu para um enfoque exagerado da política de transportes sobre as melhorias *físicas*. E, ao usar técnicas que essencialmente desprezavam o funcionamento interno do transporte – os bens a

Tabela 6.2 Os custos temporais para cruzar as fronteiras são mais altos na Ásia Central, na África Central, na África Oriental e na África Meridional

País	Documentos para exportação	Dias	País	Documentos para importação	Dias
Iraque	10	102	Uzbequistão	11	104
Cazaquistão	12	89	Chade	9	102
Tadjiquistão	10	82	Iraque	10	101
Uzbequistão	7	80	Tadjiquistão	11	83
Chade	6	78	Cazaquistão	14	76
Afeganistão	12	67	Quirguistão	13	75
Angola	12	64	Afeganistão	11	71
Quirguistão	13	64	Burundi	10	71
Eritreia	9	59	Eritreia	13	69
Níger	8	59	Ruanda	9	69
Mongólia	10	58	Níger	10	68
Rep. Centro-Africana	8	57	Zimbábue	13	67
Azerbaijão	9	56	Rep. Centro-Africana	18	66
Zâmbia	8	53	Congo, Rep. Dem. do	9	66
Haiti	8	52	Venezuela, R. B.. da	9	65
Zimbábue	9	52	Mali	11	65
Congo, Rep. do	11	50	Zâmbia	11	64
Laos, RDP do	9	50	Congo, Rep. do	12	62
Burundi	9	47	Mongólia	10	59
Ruanda	9	47	Angola	9	58
Congo, Rep. Dem. do	8	46	Azerbaijão	14	56

Fontes: Banco Mundial 2007d.

serem transportados são vistos como um *iceberg* a ser carregado de um lugar para o outro, sendo que os custos de transporte são a parte do *iceberg* que derrete –, os aspectos mais críticos relacionados às políticas também foram descartados. As características fundamentais que merecem a atenção dos formuladores de políticas são as economias de escala no setor de transportes que tendem a gerar um comportamento monopolístico, e a causação circular entre os custos de transporte mais baixos e o aumento do comércio e do tráfego. Outro aspecto subestimado é o custo externo dos transportes e das comunicações, em especial o congestionamento, a poluição e os riscos relacionados à segurança.

As duas prioridades políticas negligenciadas são (1) reduzir os efeitos negativos da estrutura de mercado no setor de transportes, e (2) melhorar e facilitar o comércio e a coordenação regional. Ambos promovem forças de aglomeração e às vezes podem oferecer maiores benefícios do que mais investimento físico em infraestrutura. Uma terceira prioridade política é gerir as externalidades negativas do transporte.

Regulando o transporte para obter os benefícios das economias de escala

Os mercados de serviços de transporte raramente apresentam concorrência perfeita, com diferenças importantes entre os diferentes modos. A concorrência na indústria de caminhões aumentou devido à desregulação,[53] mas há uma tendência à consolidação da propriedade em muitos países. Nas ferrovias e linhas aéreas, os mercados permanecem dominados por empresas estatais.[54] Nas indústrias de transporte aéreo e marítimo, a segmentação do mercado permite que os fornecedores discriminem bens diferentes.[55] Essas observações sugerem vantagens de tamanho no nível das empresas para as operações de transporte.

Os fornecedores de transporte consolidam seu poder adquirindo infraestrutura. Em 1980, os 20% maiores transportadores do mundo controlavam apenas 26% da capacidade portuária global. Em 1992, a proporção tinha aumentado para 42%, e em 2003 para 58%. Hoje pode ainda mais alta.

Os serviços de infraestrutura não são fornecidos em mercados competitivos porque a indivisibilidade das instalações de infraestrutura naturalmente impede a concorrência. Nos estágios iniciais do desenvolvimento, a demanda por portos, rodovias e equipamentos de telecomunicação não exaure as capacidades mínimas. À medida que o tráfego aumenta, a produtividade aumenta também. No fim, isso se equilibra pelo crescente custo temporal decorrente do congestionamento – à medida que surgem as deseconomias de escala. Os acontecimentos recentes tornaram as vantagens dos grandes portos e aeroportos ainda mais pronunciadas – e o progresso tecnológico do transporte marítimo reforçou as vantagens de custo dos grandes portos (ver quadro 6.3). Avaliar o tamanho desses efeitos de escala é uma tarefa intimidante, mas estudos confirmaram as economias de escala e ressaltaram a indivisibilidade da infraestrutura de transportes.[56]

Uma segunda razão para a concorrência limitada decorre das "economias de rede". Acrescentar uma ligação a uma rede rodoviária ou ferroviária não oferece apenas os benefícios de conectar dois lugares – também aumenta o valor de todas as outras conexões relacionadas, ao melhorar a conectividade global. Esses efeitos podem ser extensos. Uma estimativa da relação entre infraestrutura e produtividade na Índia encontrou uma externalidade considerável da infraestrutura de transportes. Ao oferecer uma taxa de 5% de retorno sobre o investimento em infraestrutura rodoviária além do rendimento direto, os benefícios relacionados à rede representam quase um quarto do aumento global da produtividade da infraestrutura.[57]

A ausência de regulação eficaz limita a competição no setor de transportes e pode reduzir a construção de mais infraestrutura e provocar um subinvestimento na manutenção da infraestrutura existente. Alguns estudos confirmaram a tendência ao fornecimento insuficiente de infraestrutura de transporte e telecomunicação nos países em desenvolvimento.[58] O subinvestimento em manutenção da infraestrutura pode ser ainda mais grave. As despesas reais de manutenção rodoviária na África, por exemplo, parecem ter ficado sistematicamente aquém dos valores planejados.[59] Estima-se que o equivalente a US$ 45 bilhões de malha viária tenha se perdido durante os anos 1970 e 1980, o que poderia ter sido evitado com

Figura 6.6 O transporte é responsável por aproximadamente um sétimo das emissões de CO_2
Fontes de emissões de gases de efeito estufa, 2005

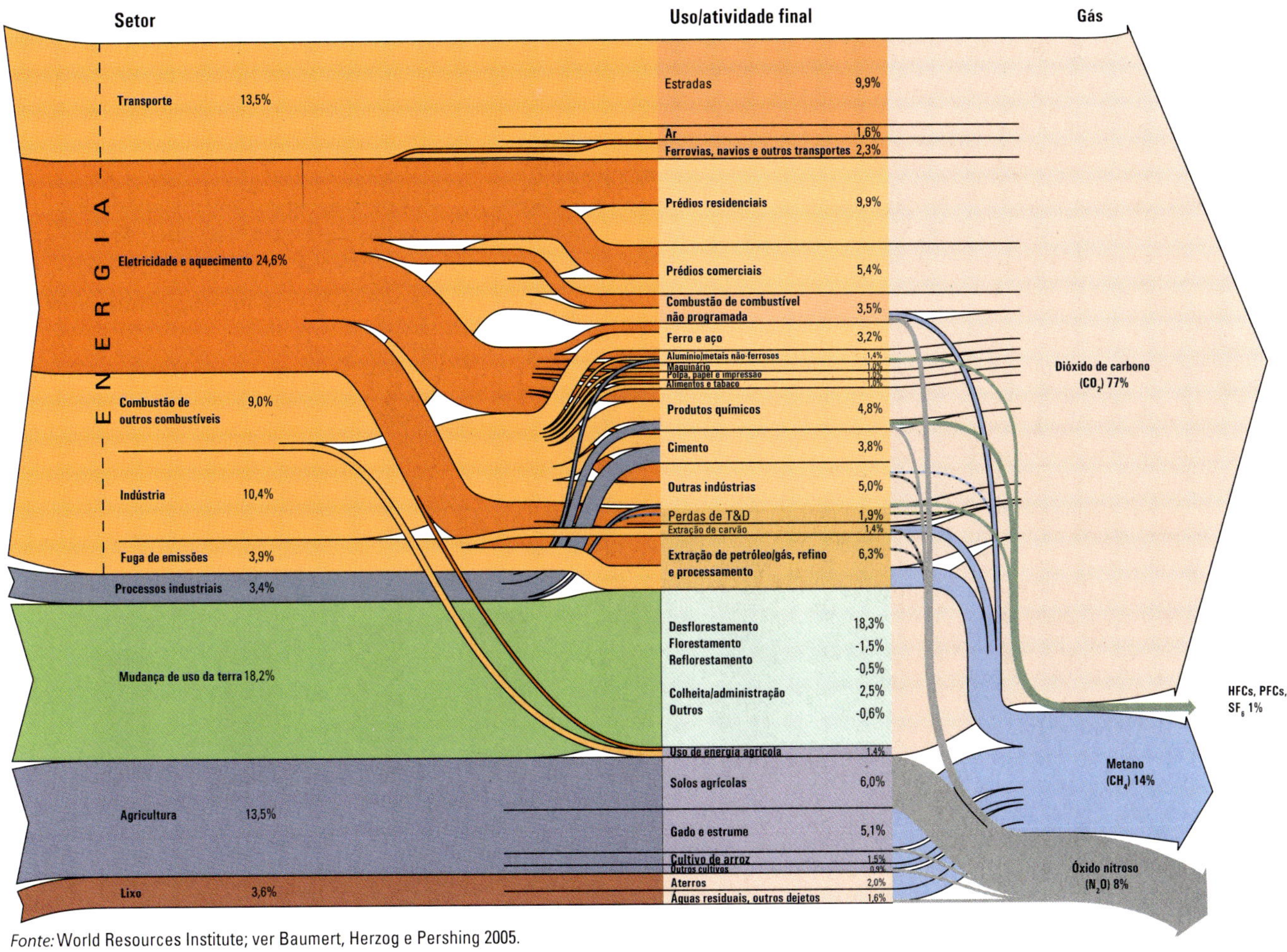

Fonte: World Resources Institute; ver Baumert, Herzog e Pershing 2005.

gastos de US$ 12 bilhões em manutenção rodoviária preventiva. Estradas malconservadas aumentam os custos de transporte, elevando os custos de manutenção dos veículos e reduzindo sua velocidade. Assim, os custos diretos das estradas malconservadas são maiores que as perdas em valores de ativos rodoviários baseados em custos registradas pelas administrações rodoviárias. Além disso, os custos mais altos de transporte desaceleram a transformação espacial e reduzem os ganhos de especialização.

O setor monopolista também incentiva a corrupção. Nos mercados menores, muitas vezes os usuários não têm substitutos para os serviços de grandes portos e aeroportos. Quanto mais altos esses custos de substituição, mais alto o potencial de margens elevadas ou propinas, dependendo se a infraestrutura é privada ou pública. É difícil estimar o quanto esses fatores aumentam os custos de transporte. Mas um estudo recente do Banco Mundial que examinou os principais corredores rodoviários em todas as regiões da África Subsaariana revela grandes disparidades entre os preços dos serviços de transporte e seus custos. O excedente é dividido em propinas, custos regulatórios (ver tabela 6.1) e lucros da companhia de transporte.

Os fornecedores de infraestrutura e serviços de transportes não são os únicos que cobram propinas e auferem lucros extraordinários. A Iniciativa para o Aperfeiçoamento da Governança do Transporte Rodoviário na África Ocidental monitora as práticas rodoviárias prejudiciais ao comércio nas principais rodovias internacionais entre Burkina Faso, Gana, Mali e Togo (ver mapa 6.2). Em Mali, os caminhoneiros passam por 4,6 postos de controle pagam US$ 25 e levam 38

QUADRO 6.7 *Desobstruindo as artérias da América Latina: os custos de transporte agora importam mais que as tarifas*

Durante as duas últimas décadas, a agenda político-comercial da América Latina foi dominada pelas questões tradicionais de acesso a mercados e barreiras políticas. Isso rendeu frutos. As tarifas baixaram muito. As tarifas de nação mais favorecida caíram de mais de 40% em meados dos anos 1980 para cerca de 10% em 2000. Ainda assim, os acordos comerciais continuam a dominar as discussões políticas na região.

Mas os custos de transporte são agora mais importantes que as tarifas. As médias simples do frete de importação *ad valorem* vão de 6,5% na Argentina a 12% na Colômbia para o frete intrarregional, e de 7,5% no Uruguai a 25% no Paraguai, que está longe do litoral. Os custos de frete na América Latina e no Caribe para as exportações para os Estados Unidos são – com exceção da Bolívia, do México e da República Bolivariana da Venezuela – ainda mais altos que o frete intrarregional.

A baixa eficiência portuária e a fraca competição no setor de transporte marítimo parecem ser as culpadas (ver figura à direita). Em média, os custos de transporte na América Latina declinariam 20% se os países na região tivessem o nível de eficiência portuária dos EUA.

A redução dos custos de transporte acarretaria benefícios substanciais. Um decréscimo de 10% nos custos de comércio aumentaria as importações da região em 50% e as exportações intrarregionais em mais de 60%. Os benefícios de uma melhor política de transportes parecem ser muito superiores aos de tarifas mais baixas. Comparados a uma redução semelhante das tarifas, os benefícios de uma queda dos custos de transporte para as exportações intrarregionais são quase cinco vezes maiores, e levam a um aumento do número de produtos exportados para a região que é nove vezes maior do que uma redução semelhante das tarifas.

Fonte: Banco Inter-Americano de Desenvolvimento, no prelo.

Os custos de transporte agora importam mais para o comércio
Mudança percentual dos custos de transporte levando-se a eficiência portuária, as alíquotas tarifárias e o número de transportadores aos mesmos níveis dos EUA, ano-base 2005

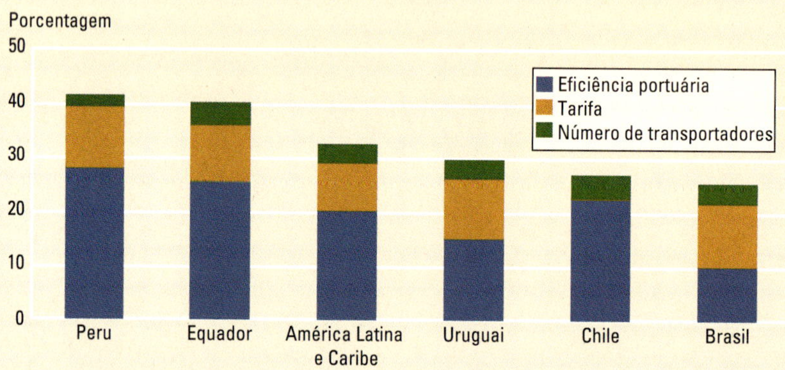

Fonte: Inter-American Development Bank, no prelo.

minutos para percorrer 100 quilômetros. Aos custos internos ou relacionados à distância somam-se os custos impostos pelas divisões das fronteiras internacionais.

Esforços nacionais e coordenação regional para facilitar o comércio

A facilitação do comércio tornou-se o instrumento político mais importante para ganhar com o comércio internacional – melhoria da eficiência dos portos, uniformização de padrões, redução da carga burocrática para cruzar as fronteiras e coordenação de normas regulatórias atrás das fronteiras (ver quadro 6.6). Desde agosto de 2004, a facilitação do comércio tornou-se o foco central da Rodada Doha da Organização Mundial do Comércio. Estudos recentes do Banco Mundial identificaram diversas medidas de facilitação do comércio como principais pontos de partida para uma reforma política:

- *Eficiência portuária* – é a média da eficiência das instalações portuárias, hidrovias interiores e transporte aéreo, baseada em dados do Relatório Mundial da Competitividade (World Competitiveness Report).
- *Regimes alfandegários* – as barreiras à importação ocultas, além das tarifas e quotas publicadas, e pagamentos paralelos irregulares ou propinas ligadas às licenças de importação e exportação.
- *Infraestrutura de Tecnologia da Informação (TI)* – é uma medida da velocidade e do custo do acesso à Internet e da contribuição da Internet para a redução dos custos de estoque.

A melhoria da capacidade de facilitação do comércio em 75 países para atingir a metade da média global poderia, como sugere um estudo, acarretar um aumento de US$ 377 bilhões no comércio mundial.[60] Outro estudo demonstra que os antigos membros da UE irão se beneficiar com as medidas de facilitação ao comércio, entre os então novos países membros, como Bulgária, Romênia e Turquia.[61] Se esses países atingissem metade das medidas do padrão de facilitação ao comércio da EU-15 em termos de eficiência portuária, infraestrutura em TI, regimes aduaneiros e harmonização de regulação, o resultado seriam ganhos de comércio de US$ 10 bilhões. Entre as quatro dimensões de facilitação ao comércio, os maiores ganhos comerciais resultariam da melhoria da infraestrutura em TI (40%), seguida pelos ganhos com o aumento da eficiência portuária (30%).

A melhoria da eficiência portuária exige investimentos institucionais e em infraestrutura. O transporte marítimo representa 90% do volume do comércio mundial.[62] O acesso a um porto bem administrado pode não garantir aglomerações orientadas para as exportações, mas essas aglomerações certamente não surgirão sem ele. A participação privada será factível onde os volumes de comércio forem suficientemente altos, mas o apoio público será necessário nos demais lugares. Isso também vale para outras infraestruturas radiais, como os aeroportos, que são cada vez mais importantes para o comércio de bens de pouco peso e valor alto e para apoiar o rápido aumento dos serviços orientados para as exportações, que precisam de transporte aéreo eficiente. Em 2007, o tráfego de passageiros no aeroporto de Bangalore aumentou 35%.

Com a queda efetiva dos preços do transporte internacional de carga, os custos temporais do transporte internacional tornaram-se mais importantes em relação aos custos monetários diretos.[63] O transporte internacional sofre com o custo de tempo adicional dos procedimentos de passagem das fronteiras. Esses custos temporais não dependem somente das regras aduaneiras e fiscais que regem a passagem da fronteira, mas também de uma série de elementos atrás da fronteira relativos à regulação e ao fornecimento dos serviços.[64]

Entre os piores desempenhos: os custos temporais de transporte vão de 46 dias na República Democrática do Congo a 104 dias no Uzbequistão, contra uma média de 9,8 dias na Organização para a Cooperação e o Desenvolvimento Econômico (OCDE) (ver tabela 6.2). A maioria das passagens de fronteira mais lentas ocorre nos países da África Subsaariana ou da Ásia Central, muitos dos quais não têm litoral. Tendo pouco controle sobre outros aspectos dos custos de comércio, como o transporte por terra até o porto mais próximo, os países sem litoral poderiam ser mais agressivos com as políticas de facilitação do comércio cuja melhoria eles podem controlar. Eles poderiam beneficiar-se de uma perspectiva regional mais explícita. Uma variedade de regras de trânsito são reconhecidas pelo direito internacional e por declarações, como o "Programa de Ação de Alma-Ata".[65] A facilitação de corredores e iniciativas de monitoramento, como aquelas previstas no Programa de Transporte da África Subsaariana, poderiam reduzir o risco de falhas de coordenação, mas sua execução tem sido deficiente.[66]

Mesmo para países costeiros bastante pequenos, a abordagem regional pode ser benéfica. Como o aumento do comércio produz economias de escala no transporte, uma infraestrutura radial é mais benéfica se for compartilhada por tantos participantes do mercado quanto possível. Poucos países na África Ocidental ou Oriental, se é que há algum, podem custear um porto de contêiner próprio de tamanho médio com águas profundas. Mas um porto compartilhado com ampla área de captação teria mais probabilidade de favorecer a aglomeração se os custos e o acesso fossem compartilhados pelos países costeiros e seus vizinhos sem litoral. Contudo, o compartilhamento não é fácil, por causa do viés interno das políticas nacionais de infraestrutura.

Corrigindo as externalidades negativas do transporte

O transporte eficiente traz benefícios externos que vão além de simples economias de tempo ou menos manutenção, benefícios que são, muitas vezes, subestimados. Mas o transporte também tem custos externos que geralmente não são internalizados pelos transportadores e comerciantes.[67] O congestionamento e as emissões de gases de efeito estufa afetam tanto os países desenvolvidos como em desenvolvimento, mas os custos diretos relacionados à saúde provocados pela poluição e pela falta de segurança são geralmente mais altos nos países em desenvolvimento.

Congestionamento. A indivisibilidade da infraestrutura de transportes implica que não há resposta contínua e imediata da oferta quando a demanda aumenta. Com capacidade ociosa, o custo extra pode ser distribuído por uma grande quantidade de usuários. Com uma capacidade insuficiente, o congestionamento provoca perdas de tempo e de qualidade, o que ocorre em muitos países em desenvolvimento que estão crescendo rapidamente. A estimativa dos custos de congestionamento não trivial, porque este ocorre principalmente em certos momentos do dia, causada com frequência por gargalos específicos da rede. Um estudo do congestionamento em Washington, D.C., situa esses custos em US$ 0,065 por milha.[68]

Emissões. Com a preocupação crescente a respeito da mudança climática, o setor de transportes – um consumidor visível de combustíveis fósseis – está sob vigilância cada vez mais atenta. A maior proporção dessas emissões é gerada nos países industrializados. Porém, com a motorização crescente em muitos países em desenvolvimento, a frota mundial de veículos vai crescer rapidamente, e as emissões também. A maioria das estimativas das emissões de gases de efeito estufa do transporte está próxima de 13,5% do total (ver figura 6.6). Um estudo de avaliação integrada estima os custos globais ponderados pela população do aquecimento de 2,5°C em 2100 em 2% do PIB mundial.[69] Metade disso é provocado por uma mudança climática abrupta, incluindo a possível difusão de doenças tropicais, especialmente na África. Outros custos atingem a agricultura (menos de 10%) e decorrem do aumento do nível dos oceanos (6%).

O que significaria a internalização desses custos para os custos de transporte globais? As estimativas variam. Uma meta-análise de estimativas anteriores sugere um acréscimo atual de no máximo US$ 50 por tonelada de carbono.[70] A *Stern Review* (2007) situa os danos totais do aquecimento futuro em 5 a 20% do PIB mundial à perpetuidade e infere um custo social atual equivalente a US$ 311 por tonelada de carbono. Com um galão de gasolina que contém 0,0024 toneladas de carbono, o dano de US$ 50 por tonelada de carbono equivaleria a US$ 0,12 por galão de gasolina (ou US$ 0,03 por litro) e o dano de US$ 300 a US$ 0,72 por galão (US$ 0,19 por litro). Assim, a internalização dos custos de dióxido de carbono (CO_2) do transporte aumentaria os custos de transporte dentro da variação histórica do preço da gasolina. Os esforços para melhorar a eficiência do combustível já duram três décadas, apoiados tanto pelos impostos sobre combustíveis e pela regulação da eficiência quanto pelo aumento do preço do petróleo.

Poluição. Os veículos a gasolina emitem monóxido de carbono (CO), óxidos de nitrogênio (NOx) e hidrocarbonetos (HC). O CO reduz o oxigênio na corrente sanguínea, provocando dificuldades respiratórias e danos cardiovasculares. O HC e o NOx combinam-se para formar ozônio, o que dificulta a respiração e reduz a visibilidade. O NOx e o HC também reagem para formar finas partículas (PM2,5), pequenas o bastante para entrar no tecido dos pulmões e aumentar os riscos de mortalidade. As emissões de todos os poluentes locais pelos veículos caíram nos países desenvolvidos, mas permanecem altas nos outros lugares. As doenças relacionadas à poluição do ar contribuem para a morte prematura de mais de meio milhão de pessoas por ano, acarretando um custo de até 2% do PIB em muitos países em desenvolvimento. O transporte pode ser responsável por aproximadamente um quarto desse impacto, principalmente os veículos particulares e comerciais.[71]

Acidentes. Assim como a poluição local do ar, os países desenvolvidos com motorização alta mas estável reduziram as mortes e ferimentos nas estradas. Porém, nos países em desenvolvimento e em transição, essas taxas estão aumentando. A taxa de mortes nas estradas na Federação Russa, por exemplo, é cinco vezes a da Holanda. Cerca de 1,2 milhão de pessoas morrem em acidentes rodoviários a cada ano, 90% dos quais ocorrem em países de renda baixa e média. Projeções do Banco Mundial sugerem um aumento de mais de 80% entre 2000 e 2020 das mortes desse tipo nesses países, mas um decréscimo de 30% nos países de renda alta. Para cada morte, há muitos casos de ferimentos e mutilações. As perdas de saúde projetadas para os acidentes de trânsito como proporção das perdas totais de saúde são mais altas no Oriente Médio e na África Setentrional (5%) – com aumento esperado de 8% –, seguidas pela América Latina e Caribe e pelo Leste Asiático e Pacífico (3%), depois a África, o Leste Europeu e Ásia Central, e o Sul da Ásia (2%).

Os riscos de morte são mais altos onde as taxas de motorização estão aumentando rapidamente, por causa da longa demora na implementação de medidas de segurança no trânsito. Assim, o setor de transportes pode impor um custo para o desenvolvimento. Em que medida os custos de acidentes são "externos" depende de como os mercados de seguros podem cobrir os custos externos, mas enquanto esses mercados não funcionam bem, as medidas de segurança no trânsito podem proteger os pedestres, os ciclistas e os motoristas de outros motoristas irresponsáveis.

Transporte – um setor cada vez mais importante

Na maioria dos meios de transporte, os custos declinaram em muitos mercados. Mesmo assim, esses custos estão se tornando uma parcela maior dos custos globais de comércio por causa de declínios mais acentuados dos impostos em regiões como a América Latina e o Caribe (ver quadro 6.7). E com o aumento dos custos dos combustíveis, a parcela do transporte vai crescer ainda mais. O que é necessário para que o transporte continue a contribuir para o desenvolvimento?

Os países pobres tornam-se grandes produtores antes de se tornarem grandes consumidores. A geração de renda pela importação de bens intermediários e matérias-primas e pela exportação de bens processados é importante. A transferência dos processos intermediários de produção para os países de renda média e baixa indica os enormes benefícios potenciais da integração aos mercados mundiais até para esses países, limitados principalmente pelos custos de transporte e comunicação. Mas obter tais benefícios levanta questões institucionais difíceis. A obtenção de acesso aos mercados estrangeiros implica que alguns dos benefícios da política de transportes se transmitirão aos países estrangeiros. Assim, a coordenação das políticas internacionais de transporte requer uma confiança crescente no apoio recíproco para o transporte internacional.

Os ganhos de escala crescentes no transporte acrescentam mais dois problemas de coordenação. A escala dos investimentos de menor custo em portos e aeroportos exige sistemas de transporte radiais nos quais os países vizinhos compartilham as instalações. Como a propriedade de grandes instalações de infraestrutura proporciona poder de mercado, o compartilhamento das instalações requer acordos confiáveis. O aumento dos retornos das operações de transporte – com o transporte marítimo fornecido por um pequeno número de empresas e os serviços de logística consolidados em poucas mãos – pode requerer regimes regulatórios para que se atinja plenamente o potencial dos custos mais baixos de transporte. A dependência mútua da política de transportes e da concorrência implica um esforço global, como aquele lançado por certas organizações multilaterais.

Os custos de transporte e comunicação continuarão a ser uma das principais influências sobre a velocidade e eficiência das transformações espaciais necessárias para o crescimento. Os países em diferentes estágios de transformação terão de formular diferentes políticas para reduzir os custos de transporte. O Leste Asiático, Meridional e Central ilustram os contrastes.

- Os países em desenvolvimento do Leste Asiático estão agora mais próximos dos mercados mundiais, à medida que o Japão e a República da Coreia prosperaram, e seus custos de transporte para a América do Norte e a Europa Ocidental caíram. Eles aderiram ao comércio crescente de bens manufaturados intermediários e finais. Países como a Tunísia podem fazer o mesmo.
- No Sul da Ásia, a queda dos custos de comercialização e comunicação ajudou a Índia a entrar nos mercados ocidentais de serviços intermediários, eliminando algumas das desvantagens da distância. Países como a África do Sul podem fazer o mesmo explorando o potencial do seu mercado interno.
- Na Ásia Central – com economias pequenas, sem litoral e dependentes das exportações de produtos primários como petróleo e gás – a redução dos custos de transporte será mais difícil. Também será difícil para países menores em regiões divididas, como Burkina Faso, Maláui, Níger e Ruanda. Esses países precisarão de medidas agressivas para reduzir a fricção comercial, de acordos executáveis com vizinhos para compartilhar a infraestrutura custosa, e de investimentos selecionados para incentivar a aglomeração e reduzir os custos de transporte para as exportações de bens primários.

Distância e Divisão no Leste Asiático

Quando o Almirante Zheng He trouxe uma girafa para Nanquim em 1415, acreditou-se que era um animal celeste, associado a grande paz e prosperidade. Isso também marcou o apogeu da influência chinesa no Leste Asiático e na riqueza da região com relação ao resto do mundo. Naquela época, a China era provavelmente a maior economia do mundo, dispunha do mais alto padrão material de vida, com florescimento das artes e da educação, e avanços numa gama de tecnologias. Sua capacidade naval havia permitido viagens para lugares tão distantes como a África.

A China sozinha pode ter sido responsável por um terço da manufatura global, o que não iria durar. Cem anos depois, um novo imperador destruiu os diários de navegação de Zheng He e reduziu a frota a um décimo de seu tamanho, acreditando que os custos das expedições ao exterior ultrapassavam os benefícios. A China entrou em séculos de isolamento autoimposto, rompido de maneira infame e prejudicial pelos britânicos durante as Guerras do Ópio no século XIX.

A era de isolacionismo do Leste Asiático

A China não foi a única que tentou isolar-se do resto do mundo. No Japão, Tokugawa Iemitsu promulgou o "Edito do País Fechado de 1635" e a "Exclusão dos Portugueses, de 1639", efetivamente fechando o país às influências externas pelos dois séculos seguintes. Os editos não só impediam os estrangeiros de entrar no Japão, mas também proibiam os japoneses de ir para o exterior. A rejeição de tudo o que era ocidental estendeu-se à tecnologia. Numa tentativa extraordinária de preservar sua cultura e hierarquia social, o Japão gradualmente aboliu as armas de fogo em favor da espada samurai, mais elegante e simbólica.

Esses exemplos extremos mostram a vasta *divisão* entre os países do Leste Asiático, especialmente após o século XVII. Os estudiosos não concordam plenamente quanto aos efeitos econômicos dessa divisão. Alguns afirmaram que a redução dos padrões de vida foi significativa durante os períodos Qing e Tokugawa. Outros acreditam que é mais correto caracterizar essas sociedades como economias estagnadas em vez de em declínio. Em todo caso, o nível dos salários no Japão e na China no início do século XIX era muito inferior ao de Londres ou Amsterdã, até em termos reais, talvez em até 50%.[1] Adam Smith já havia percebido isso: "A diferença entre o preço monetário do trabalho na China e na Europa é ainda maior do que entre o preço monetário da subsistência; pois a recompensa real do trabalho é mais alta na Europa do que na China".[2]

Smith estava certo. Mesmo antes da Revolução Industrial, certas partes da Europa haviam avançado além da Ásia nos seus padrões de vida. Ele também estava certo ao escrever sobre a China como economia unificada. Os mandarins chineses mantinham registros excepcionais dos salários pagos aos armeiros e outros artesãos que prestavam serviços para o governo. Isso mostra pouca diferença regional, apesar das vastas *distâncias* dentro da China imperial. Somente as áreas menos densas e escassamente povoadas do norte tinham salários um pouco mais altos.

Em meados do século XIX, os salários reais em Cantão e Tóquio, as cidades mais avançadas da Ásia, eram iguais somente aos de pequenas cidades europeias como Milão e Leipzig. Em outros lugares do Leste Asiático, os padrões de vida eram ainda mais baixos. Os antigos estados tributários chineses haviam sido colonizados, e os países asiáticos estavam ainda mais divididos (ver mapa G3.1). Pouco depois, a maior parte da Europa passou pela Revolução Industrial, e a "grande divisão" entre a Europa e a Ásia ampliou-se, com grandes avanços dos salários e do produto interno bruto (PIB) europeus. Segundo Angus Maddison (2006), a parcela do Leste Asiático no PIB global, que era em torno de 40% entre 1500 e 1800, caiu para menos de 15% por volta de 1950.

Cinquenta anos de integração asiática

Avancemos para os dias de hoje. As economias do Leste Asiático tornaram-se integradas por uma densa gama de redes de produção regionais. Essas cadeias de fornecimento começaram com a terceirização das multinacionais japonesas nos anos 1980, conforme os custos dos salários e da terra na densa área de produção de Tóquio tornavam-se proibitivos para a manufatura competitiva. Na realidade, a concentração econômica em Hong Kong, na China, no Japão, na República da Coreia, e em Taiwan, resultou em efeitos secundários – primeiro para países de renda média no Sudeste Asiático, e depois para a China, à medida que as barreiras da ideologia econômica foram reduzidas. Recentemente,

Mapa G3.1 A Ásia dividida: o conflito em meados do século XIX

Fonte: www.fordham.edu/halsall.

cadeias de fornecedores se concentraram na China, e grandes montadoras em Guangdong e Shenzhen. À medida que a China amadureceu, ela também se tornou exportadora de bens intermediários e de capital. A China é hoje o principal parceiro comercial do Japão e da República da Coreia, e mais da metade das suas importações em rápido crescimento provêm do Leste Asiático.

Hoje o comércio intrarregional no Leste Asiático aproxima-se daquele dentro da União Europeia (UE), crescendo consistentemente mais rápido que o comércio entre o Leste Asiático e as outras regiões do mundo. Os países do Leste Asiático são a fonte de quase dois terços de todo o investimento estrangeiro na região. Até a tecnologia está começando a ser criada dentro da região, especialmente nas indústrias de exportação cruciais como a de eletrônicos. Os países do Leste Asiático estão empenhados na remoção das divisões entre si na forma de barreiras comerciais e outros custos de fronteira. Eles começaram com logística de primeira classe, nos portos e aeroportos – embora restrita às vezes às zonas econômicas especiais. E continuaram com melhorias da infraestrutura leve, como reformas alfandegárias e isenções de visto dentro da Associação das Nações do Sudeste Asiático (ASEAN).

A queda da *divisão* entre os países do Leste Asiático coincidiu com o crescimento veloz num amplo espectro desde a República Democrática Popular do Laos, com renda per capita de US$ 500 em 2006, até Cingapura, com renda per capita de quase US$ 30 mil. Dentro do Leste Asiático, as rendas estão convergindo lentamente: os países pobres estão crescendo mais rápido que os países ricos. A maioria dos países do Leste Asiático seguiu caminhos semelhantes, começando pela intensificação agrícola e industrialização rural, seguidas pela expansão urbana e pelas exportações de bens manufaturados. Houve aprendizado no exterior – de novas tecnologias e novas instituições. As exportações tornaram-se tecnologicamente mais complexas. Os países de renda média especializaram-se na produção de componentes, enquanto os países asiáticos ricos agregaram valor por meio de inovação, divulgação de marca e maior sofisticação tecnológica.

À medida que a região cresceu, ela desenvolveu uma dinâmica que reforça o crescimento. A ASEAN, a China, o Japão e a República da Coreia são uma massa econômica comparável à América do Norte nos anos 1990. À medida que o centro de gravidade da economia global se desloca para o Cinturão do Pacífico, o acesso ao mercado global para todos no Leste Asiático melhorou.

O grau de comércio intrarregional no Leste Asiático pode ser considerado surpreendente, dada a história de relações políticas antagônicas entre muitos países da região. No Hemisfério Ocidental, os efeitos econômicos dos conflitos entre os países foram superados pelas instituições formais dos sistemas jurídicos codificados e dos acordos políticos que regiam as transações comerciais próximas e podiam ser facilmente expandidos para acomodar o crescimento veloz do comércio e das finanças. No Leste Asiático, essas instituições demoraram mais para se desenvolver. Em lugar delas, uma longa

Mapa G3.2 A Ásia integrada: o comércio no final do século XX

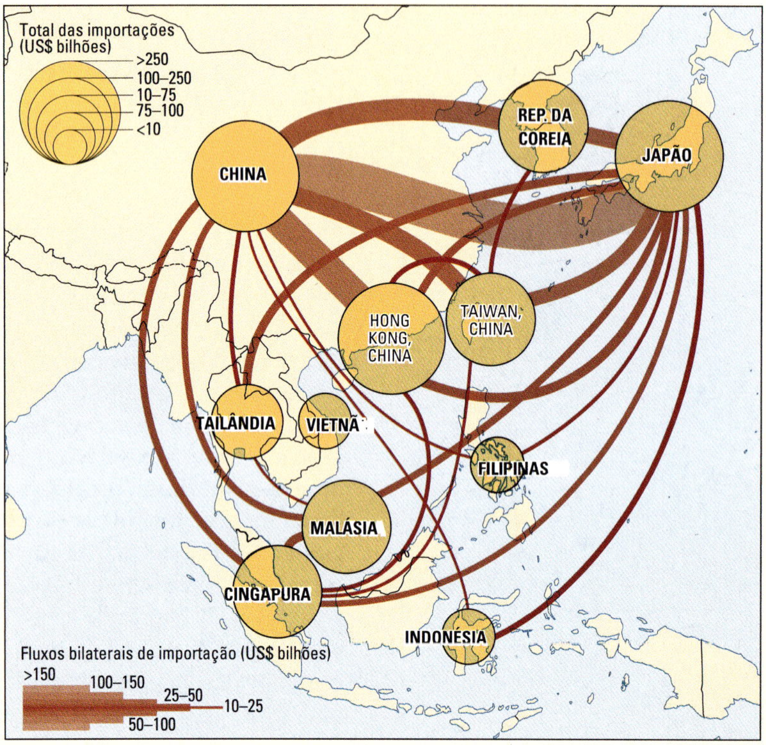

Fonte: Gill e Kharas 2007.

história de redes sociais, comunidades e instituições informais – com raízes nas migrações milenares do sudeste da China para o Sudeste Asiático – proporciona a confiança que sustenta a integração internacional moderna de bens e dinheiro (ver mapa G3.2).

A integração por vir – o duplo desafio da distância e da divisão

Olhando para o futuro, a região enfrenta desafios no seu caminho de rápida integração.

O deslocamento da *densidade econômica* para o norte coloca um desafio especial para o Sudeste Asiático. Como ele pode continuar a ser uma força econômica significativa na região? Talvez uma resposta esteja no desenvolvimento das cidades globais. As principais metrópoles do Sudeste Asiático precisam se transformar em "lugares sedutores", que atraem e retêm o talento global. Enquanto isso, a integração da Índia e da Austrália na região pode alterar a dinâmica de lugar, compensando em certa medida o deslocamento para o norte do centro de gravidade econômico da Ásia.

Os problemas encontrados pelos países *distantes* dos principais mercados da região repercutem nas áreas atrasadas dentro dos países. Pobreza significativa persiste no Leste Asiático, com altas taxas em áreas como o oeste da China, o sul e o leste das Filipinas, o nordeste da Tailândia e os platôs centrais do Vietnã. A disparidade entre a renda per capita das províncias mais ricas e as mais pobres da China – desprezível sob as dinastias imperiais do passado – saltou para 13.1:1 (comparada a 2.1:1 nos Estados Unidos). Embora muitas pessoas tenham-se mudado para mais perto das áreas prósperas, superar as *distâncias* geográficas que isolam essas populações ainda é considerado um desafio importante.

Dentro dos países do Leste Asiático, as pessoas estão se mudando para os mercados, e os mercados estão se desenvolvendo onde as pessoas estão concentradas. A urbanização é extensa e veloz na maioria dos países, e acrescentará talvez 25 milhões de moradores às cidades por ano nas próximas duas décadas. A maioria dessas pessoas se mudará para cidades de pequeno e médio portes com menos de 1 milhão de habitantes, não para as principais áreas metropolitanas. Administrar essas pequenas cidades de maneira eficiente e integrá-las às economias nacionais será uma tarefa crucial para reduzir a *distância* e sustentar o crescimento.

Enquanto isso, o Leste Asiático ainda enfrenta questões estratégicas sobre a maneira de remover as *divisões* entre os países da região. O processo a duas velocidades da ASEAN mostra como a integração profunda é difícil para os países com rendas e estruturas econômicas diferentes. Nenhum processo formal de integração econômica reúne todas as economias da região. Uma primeira tentativa de lançar um diálogo regional foi a Cúpula do Leste Asiático, em Kuala Lumpur, na Malásia, em dezembro de 2005. A cúpula pediu estabilidade financeira, segurança energética, erradicação da pobreza e diminuição das disparidades entre os países. Ela ressaltou os desafios que ainda dividem a região: migração através das fronteiras, consequências ambiental, diversidade dos padrões de governança e entendimento cultural. Outros experimentos interessantes para promover a integração regional estão em marcha, como entre os ASEAN+3, mas a liderança institucional para construir um futuro comum é fragmentária. Mesmo assim, os principais estudiosos observaram que "a emergência de um Leste Asiático integrado é inevitável e necessária".[3] O desafio é descobrir como fazer para que isso ocorra rapidamente.

Contribuição de Homi Kharas.

Parte III
Reformulando os debates políticos

As cidades populosas dos países em desenvolvimento podem atrair mais pessoas e tirá-las da pobreza? A migração é benéfica para aqueles que se mudam a para aqueles que ficam para trás? Como o comércio pode ajudar os mais ricos e os mais pobres do mundo? O que os formuladores de políticas podem fazer para lidar com esses três grandes desafios do mundo em desenvolvimento – um bilhão de moradores em favelas, um bilhão de pessoas morando em regiões remotas e desassistidas, e o "bilhão mais pobre"? A Parte três do Relatório oferece a resposta: integração econômica. Como? Usando instituições espacialmente neutras, infraestrutura espacialmente conectiva, incentivos espacialmente direcionados e também calibrando a resposta para a dificuldade de integração. O capítulo 7 explica o que a integração econômica significa para as metrópoles, cidades, povoados e vilas. O Capítulo 8 sugere a forma como a integração entre as áreas economicamente avançadas e atrasadas pode beneficiar a todos. O Capítulo 9 detalha os difíceis passos necessários para integrar, de forma bem-sucedida, os países mais isolados do mundo. Ao fazer isso os capítulos da parte três recuperam e recompõem o longo debate político sobre urbanização, desenvolvimento territorial e integração internacional.

CAPÍTULO 7

Concentração sem Congestionamento

Política para uma urbanização inclusiva

Em 1974, uma equipe de especialistas urbanos previu, como parte de um exercício de rotina, o tamanho das cidades mais populosas do mundo em 2000. Kinshasa, a capital da República Democrática do Congo, chegaria a 9 milhões, mais do que Londres hoje. Karachi, no Paquistão, se expandiria para 16 milhões de habitantes, quase tão grande quanto Nova York. As previsões estavam muito equivocadas (ver figura 7.1). A população de Kinshasa é aproximadamente metade da de Londres hoje, e a de Karachi aproximadamente, metade da de Nova York. Por que os especialistas, geralmente competentes na previsão das populações nacionais, erraram tanto ao prever o tamanho das cidades?

O motivo: prever a distribuição espacial da população num país não o mesmo que prever o tamanho de sua população. Como mostrado nos capítulos anteriores, as transformações espaciais – o crescimento das cidades e das áreas avançadas – estão intimamente ligadas às mudanças na economia, especialmente as transformações setoriais que acompanham o crescimento e a abertura de uma economia ao comércio exterior e ao investimento estrangeiro. Logo, prever o tamanho de uma cidade é uma *previsão econômica*, uma atividade arriscada. Tomemos Guangzhou, na China. Sua população em 2000 era mais de um terço maior que os 4,5 milhões previstos em 1974. A de Pequim era metade dos 19 milhões previstos. Os especialistas não poderiam ter previsto a liberalização e o crescimento econômicos da China, que mudariam rapidamente a estrutura espacial do país. Em vez de simplesmente extrapolar as tendências passadas, eles deveriam ter examinado as forças de mercado de aglomeração, migração e especialização – e as políticas governamentais que as ajudam ou retardam.

As projeções atuais sugerem que as cidades nos países em desenvolvimento vão dobrar em três décadas, acrescentando mais 2 bilhões de pessoas. De fato, as grandes cidades nos países em desenvolvimento tornar-se-ão maiores para proporcionar as economias de urbanização buscadas por empreendedores, trabalhadores e inovadores. Mas isso acontecerá sobretudo nas economias que estão indo bem. As cidades de médio porte continuarão a ser a espinha dorsal dos sistemas urbanos, proporcionando as economias de localização que os produtores com necessidades mais especializadas procuram. Mas elas só florescerão onde as economias estiverem se industrializando. As cidades menores continuarão a atender os assentamentos rurais adjacentes e a depender deles. Mas elas crescerão rapidamente nas áreas onde a economia das fazendas e dos vilarejos está indo bem.

As transformações espaciais que levam ao crescimento das grandes e pequenas cidades não serão ordenadas. Assentamentos informais – favelas e bairros pobres – podem formar-se e expandir-se à medida que as demandas crescentes dos trabalhadores e das empresas ultrapassam a capacidade dos governos de instituir mercados imobiliários que funcionam corretamente e de investir em infraestrutura e acomodação. Se os atuais países desenvolvidos servem de guia, levará muitas décadas para reduzir as disparidades dentro das cidades e para absorver os assentamentos informais em estruturas urbanas mais organizadas. Tentar restringir a migração rural-urbana pode ser contraproducente, porque limitar a densidade e a diversidade sufoca a inovação e a produtividade.

Se não forem cuidadosos, os formuladores de políticas podem acabar prejudicando essas transformações. Ao não instituir uma regulação flexível e uma conversão versátil do uso da terra, eles podem tornar as áreas urbanas pouco acolhedoras para as empresas e os investidores. Ao não fornecer serviços de água, saneamento, educação e saúde adequados nas áreas rurais, eles podem acabar levando os moradores dos vilarejos prematuramente para as pequenas e grandes cidades. Ao não investir o suficiente na infraestrutura das cidades que crescem rapidamente, eles podem provocar congestionamento. nericaGeneralizando ao não reagir às transformações espaciais em diferentes tipos de lugares, eles não podem colher plenamente os benefícios da densidade e da diversidade que o congestionamento e a divisão podem minar.

Para ajudar as nações a se beneficiarem ainda mais com a urbanização, este capítulo propõe diretrizes políticas informadas pelos fatos estilizados das transformações espaciais (capítulo 1) e pelas conclusões a respeito das economias de aglomeração que impulsionam essas mudanças (capítulo 4). Ele delineia as prioridades políticas e seu sequenciamento usando as experiências dos países que se urbanizaram bem e daqueles que tiveram dificuldades. Suas principais mensagens:

- ***As transformações rural-urbanas são facilitadas quando os formuladores de políticas reconhecem a interdependência econômica entre os assentamentos.***

Figura 7.1 O crescimento das cidades foi muito superestimado

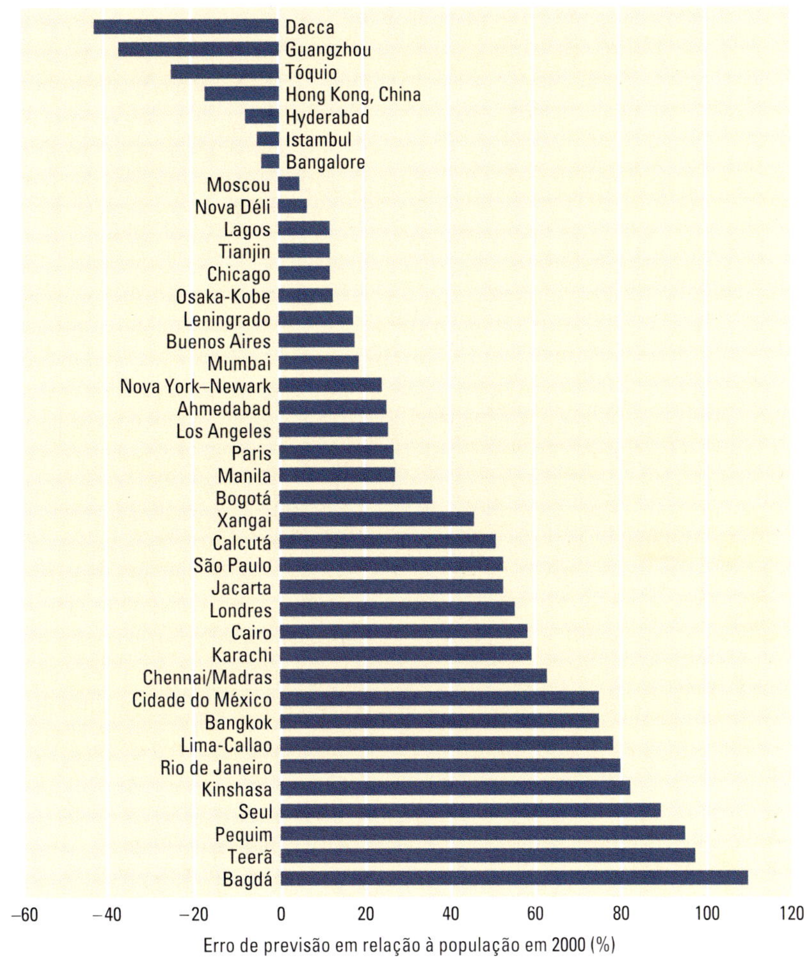

Fonte: Satterthwaite 2007.
Nota: Comparação entre a previsão de 1974 e as estimativas populacionais em 2000. A barra indica quão superestimada foi a previsão de 1974 em relação ao seu tamanho em 2000. Um número negativo indica que a cidade era maior em 2000 do que a previsão.

Dentro da hierarquia de cidades de um país, cada cidade e vilarejo especializa-se numa função diferente e mantém forte inter-relações com os outros. Portanto, a discussão política deveria ser direcionada não para os extremos do nível nacional ou do assentamento individual. Ao contrário, deveria ser direcionada para o nível do que se denomina "área," geralmente um estado ou uma província. Os formuladores de políticas deveriam ver a si mesmos como administradores de um *portfolio* de lugares numa tal área. Uma abordagem de área também pode informar as estratégias nacionais de urbanização. Enquanto a proporção urbana da população específica à área determina as prioridades para todos os níveis de governo (central, provincial e municipal), a proporção urbana do país pode ser um bom guia para a complexidade global dos seus desafios.

- ***Os desafios políticos tornam-se mais complexos com a urbanização.*** As grandes e pequenas cidades proporcionam às empresas e famílias os benefícios da proximidade, mas a compacidade da atividade gera congestionamento, poluição e tensão social, que podem anular esses benefícios. Saber se uma política é desejável depende se ela trata das falhas do mercado e favorece a concentração. Nos países ou áreas com proporções urbanas baixas, por exemplo, o congestionamento do trânsito e as favelas podem não ser problemas políticos importantes. Mas nas áreas que se urbanizam rapidamente, o congestionamento pode surgir rapidamente. E as áreas com urbanização avançada, como as regiões metropolitanas, podem precisar, ademais, superar divisões intraurbanas colocadas pelas favelas e bairros pobres.
- ***Priorizar e dar sequência às políticas pode ajudar os governos a facilitar a urbanização inclusiva, mesmo nos estágios iniciais de desenvolvimento.*** Cada dimensão da integração requer um conjunto diferente de instrumentos. Nas áreas com urbanização incipiente, o desafio político é unidimensional: gerar densidade por meio de instituições espacialmente neutras. Nas áreas com urbanização intermediária, ele é bidimensional: gerar densidade e reduzir a distância econômica por meio de infraestrutura espacialmente conectiva. E nas áreas com urbanização avançada, ele é tridimensional: gerar densidade, superar a distância e dirimir as divisões econômicas e sociais – causadas, por exemplo, por favelas – com intervenções espacialmente direcionadas. Para promover uma urbanização rápida e sustentável em todos os estágios, os formuladores de políticas precisam enfatizar as instituições espacialmente neutras que incentivam a densidade nos lugares certos.

Em primeiro lugar, este capítulo resume como as políticas de urbanização podem ajudar os lugares a facilitar as economias de aglomeração. Em seguida, ele delineia um modelo de integração econômica para orientar a administração de um *portfolio* de lugares usando a experiência dos lugares que se urbanizaram com sucesso. Depois, ele discute exemplos do modelo de integração em ação nos atuais países em desenvolvimento.

Princípios da administração de um *portfolio* de lugares

Os debates sobre urbanização costumam evocar imagens de cidades superpovoadas, concentrações visíveis de pobreza e degradação ambiental estarrecedora. Isso pode resultar numa atitude política geral de controle do crescimento urbano e contenção da migração rural-urbana. Intervenções geograficamente direcionadas para remover ou sanear as favelas que proliferam durante os estágios de baixa e média renda do desenvolvimento podem acabar dominando a discussão.

Este capítulo reformula o debate sobre a urbanização. As evidências históricas sugerem que a urbanização nos países em desenvolvimento continuará a ser rápida nos estágios iniciais do crescimento econômico – grande parte do aumento das populações urbanas ocorre antes que os países atinjam faixas de renda médio-alta. Mas o aumento da densidade é bem-vindo se produzir economias de aglomeração. O debate não deveria enfocar principalmente o ritmo da urbanização, o volume da migração rural-urbana ou os modos de erradicar favelas com intervenções direcionadas. Ao contrário, deveria enfocar a eficiência e a inclusão dos processos que transformam uma economia rural em urbana. E deveria enfocar o modo como as políticas podem solucionar melhor as falhas de coordenação que surgem em cada estágio da urbanização. "Os pobres estão gravitando em direção às pequenas e grandes cidades, mas uma redução mais rápida da pobreza exigirá provavelmente um ritmo mais acelerado de urbanização, não mais lento – e os formuladores de políticas de desenvolvimento deverão facilitar esse processo, não atrapalhá-lo".[1] E como a transformação rural-urbana envolve tanto a zona urbana como a rural, as políticas de urbanização precisam incluir medidas para melhorar a situação e a subsistência no campo (ver quadro 7.1).

QUADRO 7.1 *As mensagens políticas deste Relatório são antirrurais? Não.*

A geografia econômica das nações não se limita a uma simples bipartição urbano-rural. Um contínuo de densidade dá origem a um *portfolio* de lugares inter-relacionados. A simbiose é a regra. No topo está a cidade mais avançada do país, e abaixo dela um espectro de assentamentos – cidades secundárias, pequenos centros urbanos, pequenas cidades e vilarejos.

Especialmente num país de renda baixa, o *portfolio* de lugares consiste principalmente em áreas rurais. Nessa fase de urbanização incipiente, o fundamento de uma estratégia para facilitar as transformações geográficas necessárias para o crescimento econômico são as políticas espacialmente neutras:

- regulações versáteis e bem implementadas dos mercados imobiliários para garantir os direitos de propriedade, proteger a posse da terra, melhorar as transferências de terra e facilitar a conversão do uso da terra para refletir as necessidades do mercado e reforçar a taxação da terra;
- fornecimento de serviços sociais básicos para melhorar a educação e a saúde, aumentar a produtividade e incentivar a mobilidade;
- políticas macroeconômicas sólidas para reduzir as distorções do mercado, eliminar os vieses contra a agricultura, melhorar o ambiente de negócios, estimular a competitividade, promover o investimento e adotar novas tecnologias.

Tais políticas "não-espaciais" promovem o desenvolvimento rural – tanto na agricultura como na economia não-agrícola –, de modo que cada lugar se torna mais bem equipado para participar da indústria e dos serviços.

Essas políticas beneficiaram de maneira desproporcional os domicílios rurais porque a economia rural não-agrícola representa geralmente 30-50% do emprego rural. Do mesmo modo, os domicílios rurais participam de diversas atividades econômicas, com fontes não-agrícolas contribuindo com 35-42% da renda domiciliar. O crescimento do setor não-agrícola estimulará o crescimento da agricultura à medida que os insumos se tornem mais baratos, que os lucros sejam reinvestidos na agricultura e que a mudança tecnológica possibilite melhores métodos de cultivo.[a]

Fonte: Equipe do RDM 2009.
a. Feder e Lanjouw 2001.

O princípio: maximizar as economias de aglomeração em todo o portfolio *de lugares*

A concentração, associada a densidade crescente, traz benefícios potenciais associados aos mercados "espessos". Mas ela também traz congestionamento e miséria. A principal meta da política urbana é ajudar os assentamentos a fornecer economias de aglomeração, e ao mesmo tempo reduzir os custos de degradação, criminalidade e congestionamento que surgem com o aumento da concentração. Em diferentes estágios da urbanização, as restrições à promoção da concentração com controle do congestionamento diferem, assim como as prioridades de cada estágio da urbanização.

- ***Incipiente.*** Áreas de urbanização incipiente – com populações urbanas de aproximadamente 25% – são predominantemente agrícolas ou baseadas em recursos naturais, e têm baixa densidade econômica. A prioridade é simplesmente facilitar as forças de aglomeração e incentivar as economias de escala internas das usinas e fábricas nas cidades. Como não se sabe ainda com certeza quais lugares serão favorecidos pelos mercados e para quais finalidades, a neutralidade entre os lugares deve ser a palavra de ordem para os formuladores de políticas.
- ***Intermediária.*** À medida que a urbanização progride, as alianças econômicas se fortalecem dentro das áreas urbanizadas e entre elas. Muitas empresas e indústrias do mesmo setor aglomeram-se para tirar proveito do compartilhamento de insumos e dos efeitos secundários do conhecimento. Nessas áreas – com proporções de população urbana de aproximadamente 50% – a promoção das economias de localização é a prioridade mais alta. A eficiência na produção e no transporte é a palavra de ordem.
- ***Avançada.*** Nas áreas altamente urbanizadas, os benefícios da produtividade e do consumo decorrem das economias de urbanização associadas à diversidade

e à intensidade da atividade econômica. Enquanto a funcionalidade é o objetivo das pequenas e médias cidades industriais, a palavra de ordem para as metrópoles pós-industriais, com proporções urbanas de aproximadamente 75%, é qualidade de vida.

A regra política: sequenciar e calibrar

As dimensões espaciais da densidade, distância e divisão indicam o desafio político em cada tipo de lugar. Nas regiões predominantemente rurais, o desafio político é unidimensional e corresponde à necessidade de gerar densidade. Nas áreas onde a urbanização ganhou impulso, o desafio é bidimensional e incorpora a necessidade de promover a densidade e superar os problemas de distância causados pelo congestionamento. Nas áreas de urbanização avançada, o desafio é tridimensional. Nas metrópoles também existe a necessidade de incentivar a densidade e superar a distância. A isso se deve acrescentar a necessidade de eliminar as divisões dentro das cidades, que segregam os pobres nas favelas informais dos outros habitantes nas partes formalmente estabelecidas (ver figura 7.2).

A unidade para deliberar a ação governamental: a área

Diferentes partes de um país urbanizam-se em velocidades diferentes. A desigualdade é a regra, não a exceção. E existem sinergias e interdependências econômicas entre os assentamentos de diferentes tamanhos. Reformular as políticas de urbanização para melhor enfrentar os desafios em todos os estágios da transformação rural-urbana requer que se pense novamente a escala espacial em que se decidem as prioridades políticas e planejamento. Este Relatório argumenta a favor da formulação das políticas numa escala geográfica apropriada: a "área", ou estado ou província, geralmente o nível médio entre o governo central e o municipal. A escala deve ser grande o bastante para permitir as ligações rural-urbana e interurbana. As experiências de Pequim, da municipalidade de Xangai e da província de Guangdong sustentam a abordagem de área formulada deliberadamente para a estratégia urbana. Duas outras áreas na China ocidental – Chengdu e Chongqing – estão hoje adotando a mesma abordagem de urbanização com algum sucesso.

Uma abordagem de área não elimina a agregação de estratégias de urbanização no nível nacional. As áreas de alta densidade tendem a ter populações concentradas em cidades metropolitanas maiores, as áreas de densidade intermediária em cidades de grande e médio porte, e as áreas de baixa densidade em pequenas cidades e vilarejos. Do mesmo modo, os países mais urbanizados têm mais pessoas nas áreas de alta densidade, e os países menos urbanizados têm algumas áreas de alta densidade, mas mais pessoas estão nas áreas de baixa densidade. As políticas de urbanização devem incorporar essa desigualdade de desenvolvimento econômico.

A proporção urbana agregada de um país pode ser um bom indicador da

Figura 7.2 As dimensões aumentam com o nível de urbanização

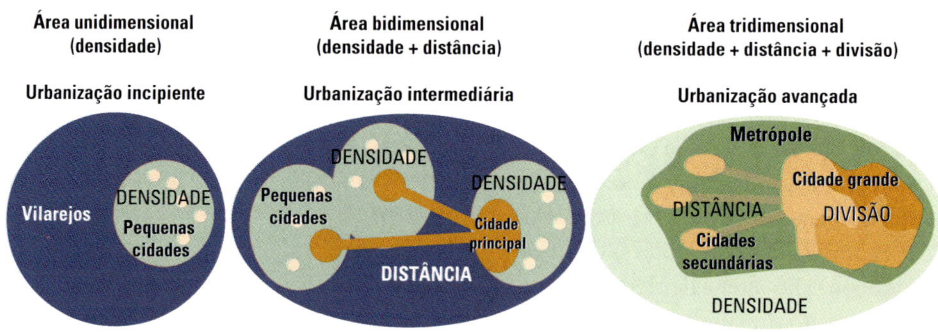

Fonte: Equipe do RDM 2009.

complexidade dos desafios de urbanização que o país enfrenta. No caso mais simples, uma área pode caracterizar um país inteiro, como no caso de Cingapura. Nos países maiores, uma agregação cuidadosa pode ajudar a determinar as prioridades em diferentes níveis de governo.

- Naqueles países onde a urbanização é incipiente, como na Etiópia, com três quartos da população em áreas rurais, o desafio da integração é unidimensional: facilitar a densidade. Sem dúvida, as capitais e um punhado de outras cidades até nos países predominantemente rurais enfrentam desafios multidimensionais em sua transformação espacial. Mas a principal prioridade é o conjunto de instrumentos políticos não-espaciais que se aplicam universalmente a todos os lugares – criando instituições de mercado para regular o uso e as transações da terra, e fornecendo serviços básicos, tais como segurança, escolas, ruas e saneamento. Portanto, nos países da África Subsaariana e da Ásia Central, o papel dos governos nacionais é crucial para estabelecer as bases da urbanização inclusiva.
- Nos lugares onde a urbanização é intermediária – tal como em muitas partes dos países do Sul e do Leste Asiáticos, como a China e a Índia – as administrações central e provincial também precisam construir infraestrutura de transporte e comunicações.
- Nos lugares onde a urbanização é mais avançada, como nos países da América Latina, da África Setentrional e do Leste Europeu, os governos central, estadual e municipal precisam sincronizar os esforços para facilitar as transformações geográficas a fim de dar o salto de renda média para alta.

Um modelo de integração

À medida que a urbanização avança, os imperativos políticos mudam e os instrumentos espacialmente neutros se tornam espacialmente direcionados. Enquanto os debates políticos superestimam as ações governamentais mais espacialmente explícitas, como os programas de melhoria das favelas, uma urbanização bem-sucedida que almeja integrar o *portfolio* de lugares do país todo requer o uso de uma gama completa de instrumentos – instituições, infraestrutura e incentivos

"Instituições" espacialmente neutras para facilitar a densidade econômica

A responsabilidade pela criação de instituições que formarão a base da urbanização em todas as partes do país é principalmente do governo central. As principais entre elas são aquelas que regem a administração da terra. Neste Relatório, as "instituições" compreendem três conjuntos amplos de medidas: lei e ordem (especialmente a definição e a garantia dos direitos de propriedade), o fornecimento universal de serviços básicos e a estabilidade macroeconômica (ver "Navegando pelo Relatório" para detalhes). Essas são atribuições básicas do governo central, e sua realização – ou a ausência dela – alterará a distribuição geográfica das atividades econômicas para sempre.

As instituições que regem os mercados imobiliários incluem o registro agrário eficaz; mecanismos confiáveis de execução dos contratos e solução de conflito; leis de zoneamento flexíveis; e regulações de subdivisões versáteis, que ajudam, ao invés de atrapalhar, a conversão da terra para diferentes usos. A transformação do setor agrícola baseado nos direitos comunitários sobre a terra a baseado nos *direitos de propriedade* individuais é uma condição *sine qua non* da urbanização. As evidências mostram claramente que, uma vez que os direitos de propriedade foram instituídos e a densidade está aumentando, o *planejamento e o uso da terra* podem assegurar uma coordenação eficiente dos diferentes usos da terra. Porém, se as regulações forem excessivamente rígidas, elas podem limitar os benefícios da densidade e as economias de aglomeração. Do mesmo modo, *regras rígidas de conversão do uso da terra*, que podem ser uma consequência de regulamentações inflexíveis, podem ser prejudiciais para a densidade, assim como padrões mínimos de construção demasiadamente restritivos. A quarta instituição é um adequado *financiamento habitacional*.

As instituições para flexibilizar os mercados imobiliários continuam importantes. Os direitos de propriedade contidos nos títulos agrários são essenciais para converter ativos em riqueza utilizável.[2] Os problemas práticos da titulação, notadamente o custo de implementação, não devem deter o fortalecimento da estrutura jurídica para aquisição da propriedade individual. De fato, títulos formais são necessários para o funcionamento dos mercados imobiliário e de propriedade. Embora os sistemas consuetudinários de posse ainda permitam transações informais, a ausência de títulos formais atrapalha a conversão da terra nas áreas emergentes com maior retorno econômico. A informalidade é um freio para o desenvolvimento da terra, pois limita a transformação espacial eficiente.

Tomemos como exemplo a Europa pré-industrial. Com direitos individuais de propriedade da terra mais seguros, as cidades inglesas cresceram rapidamente.[3] De fato, a Inglaterra pode ter sido o primeiro país a se industrializar porque tinha introduzido tais direitos antes dos outros países europeus. O economista Douglass North, vencedor do Prêmio Nobel, usa esse exemplo para indicar o impacto das instituições agrárias sobre o crescimento e desenvolvimento a longo prazo.[4]

O movimento de "enclosure" (cercamento) tornou possíveis os direitos privados individuais de propriedade. A partir de 1500, os terrenos abertos foram cercados, isolados ou fechados de outro modo e sua propriedade transferida para um ou mais indivíduos. Por volta de 1545, cerca de 40% da superfície da Inglaterra pertencia a indivíduos particulares. A Lei de Cercamento de 1604 promoveu a conversão dos terrenos abertos em lotes particulares, que continuou até o início do século XX.[5] A maioria dos pesquisadores concorda que o cercamento na Inglaterra aumentou a produtividade agrícola, que liberou a mão de obra da terra, e forneceu o excedente de alimento para sustentar a população urbana que crescia rapidamente.[6] Isso permitiu que a Inglaterra se tornasse, durante algum tempo, a "oficina do mundo".[7] Outros indicadores de como os direitos não espaciais dão início à urbanização provêm da Dinamarca (ver quadro 7.2).

QUADRO 7.2 *Reforma agrária para alavancar a urbanização: ajudando aos* villeins *na Dinamarca*

No centro de Copenhague, um "pilar da liberdade" comemora a reforma agrária. O monumento presta homenagem à abolição, em 1788, do *villeinage*, uma forma de servidão comum na Europa Ocidental durante a Idade Média. No início do século XVIII, menos de 1% das terras agrícolas eram cultivadas por camponeses que possuíam a terra, e grandes extensões de terra eram de propriedade comum. Obrigados a trabalhar para os proprietários de terras, os *villeins* não podiam se mudar sem o consentimento daqueles. Porém, a partir de 1760 a maior parte da terra comunitária foi transformada em propriedade privada. Entre 1788 e 1807, os proprietários de terras venderam cerca de metade de suas terras para os colonos. Por volta de 1835, quase 65% da terra era ocupada por proprietários.[a] Poucas décadas depois, a Dinamarca conheceu uma "decolagem" da industrialização e da urbanização.

Essa urbanização não significou miséria rural. As mudanças estruturais, tecnológicas e institucionais reduziram o valor do arrendamento para os proprietários de terras, aumentando a alavancagem econômica dos colonos. Num decreto de 1784, a obrigação secular dos proprietários de terras de pagar impostos para o Estado foi eliminada nas terras que os proprietários haviam vendido aos antigos colonos.

Em 1788, a abolição do *villeinage* melhorou ainda mais o poder de barganha dos colonos. As intervenções políticas no mercado de crédito também contribuíram. Em 1786, duas instituições públicas de crédito foram criadas para conceder empréstimos para a compra de terras, complementando um mercado privado de crédito já bastante ativo e eficiente. O resultado: o crédito deixou de ser um problema para muitos compradores potenciais.[b]

As transações baseadas no mercado, facilitadas pelas políticas agrárias do governo, constituíram uma vasta classe de agricultores proprietários, que se tornariam mais tarde uma das principais forças por trás da Constituição de 1849 da Dinamarca e da democracia emergente. Ao promover a educação para os pobres e para os residentes rurais, também difundiram os serviços básicos e deram um forte impulso à industrialização e às pequenas cidades.[c] A população da Dinamarca cresceu fortemente – nas sociedades pré-industriais, uma população crescente é sinal de uma agricultura próspera. Depois de 1890, a agricultura alimentou um surto de crescimento industrial nas pequenas cidades[d] que foi essencial para a industrialização da Dinamarca.[e]

Contribuição de Thomas Markussen.
a. Henriksen 2003. b. Henriksen 2003. c. Henriksen 2003. d. Pedersen 1990. e. Christensen 2004, p. 1.

Outro exemplo do que os direitos particulares de propriedade abrangentes podem fazer pelo crescimento e, por conseguinte, pela densidade vem da América do Norte e dos países da América Latina e do Caribe. No período inicial do assentamento europeu, considerava-se que o Canadá e os Estados Unidos tinham um potencial econômico semelhante ao das outras partes do Novo Mundo (ver "Geografia em Movimento: Superando a Distância na América do Norte"). Depois de vencer os franceses na Guerra dos Sete Anos (1756-63), os britânicos debateram vigorosamente se deveriam reivindicar as pequenas ilhas caribenhas de Guadalupe (1.628 km^2) ou o Canadá (9,8 milhões de km^2) como despojos da vitória.[8]

As trajetórias de desenvolvimento da América do Norte e da América Latina acabariam por divergir radicalmente. Na América Latina, os colonizadores espanhóis deram grandes trechos de terra a um punhado de indivíduos, junto com o direito de cobrar impostos da população local. Os direitos consuetudinários (de costume)de propriedade determinavam o uso da terra, tornando as pessoas menos dispostas a se mudar. Na América do Norte, em contrapartida, havia poucas barreiras à aquisição de terras, o que criou mercados imobiliários e um setor agrícola operado predominantemente por proprietários na fronteira ocidental.[9] Nos EUA, o Homestead Act de 1862 concedeu aos indivíduos o direito a 160 acres de terra pública desocupada, a base inicial de um sistema robusto de direitos de propriedade.

Pesquisas contemporâneas confirmam o papel da garantia aos direitos individuais de propriedade. Um estudo com 80 países descobriu que um índice de qualidade institucional contribui mais para o crescimento a longo prazo do que os fatores geográficos ou a abertura do país para o comércio.[10] Outro estudo com 75 países descobriu que a segurança dos direitos de propriedade, medida por um índice de risco de desapropriação, contribui para o desenvolvimento. E quando tais efeitos institucionais são contabilizados, a geografia física tem pouco efeito sobre a renda média do país.[11]

Nas áreas de urbanização incipiente ou nos países onde a população rural é alta, as instituições que regem os direitos de propriedade podem ser tanto a base quanto a maior parte das políticas para uma urbanização rápida e sustentável. Em contrapartida, quando não há propriedade privada da terra e os direitos de propriedade são incertos, as transações de terra e a urbanização podem gerar divisões. Tomemos como exemplo a China, onde a propriedade é coletiva nas áreas rurais, e os agricultores não têm direitos bem definidos ou protegidos sobre a terra. Lá, a conversão da terra para uso industrial gera conflito social, porque os agricultores percebem ose opõem ao confisco da terra como imprópria sem compensação justaapropriada. Os problemas são similares em muitos países subsaarianos, onde 90% da terra é comunitária.

As regulações sobre ocupação e uso do solo tornam-se importantes à medida que a urbanização avança. Os governos regulam os mercados imobiliários por dois motivos. Em primeiro lugar, a regulação pode assegurar a separação apropriada da terra entre diferentes usos, por exemplo evitando a localização de indústrias altamente poluentes em áreas residenciais. Em segundo lugar, ela pode garantir a integração dos usos privado e público da terra, como o fornecimento de espaço para infraestrutura de transporte nas áreas densamente povoadas. Mas a regulação de uso da terra pode ser excessivamente rígida, perturbando o delicado equilíbrio entre o interesse público e a oportunidade privada.

O futuro de uma cidade depende da confiança dos investidores em suas perspectivas e sua adaptação às futuras mudanças da demanda por terras. Regulações demasiado restritivas minam a confiança dos investidores e distorcem desnecessariamente o mercado da habitação. Tomemos como exemplo Mumbai.[12] As regulações agrária e de construção demasiadamente restritivas, que limitaram os mercados de propriedade comercial e residencial, exercem uma crescente pressão desnecessária sobre os preços de terra e propriedade, prejudicando a competitividade da cidade. As regulações de altura limitam os prédios de Mumbai a um quinto e um décimo do número de andares permitido nas grandes cidades em outros países. A topografia da cidade deveria ter um padrão de alta densidade semelhante ao de Hong Kong, mas, em vez disso, é principalmente uma cidade dominada por prédios baixos (ver quadro 7.3). Quase metade dos trabalhadores pobres se desloca 2 km até o local de trabalho.

Fortes restrições à conversão do uso da terra produzem falta de habitações economicamente acessíveis, prejudicando os migrantes que vão para a cidade. Por esse motivo, a proporção média do preço das habitações na renda familiar anual média em muitas cidades africanas e asiáticas é o dobro de muitas cidades grandes dos EUA.[13] Bangladesh tem renda per capita de US$ 1.230, menos de 3% da renda per capita dos EUA, que é de US$ 44.070.[14] Mas em Dacca os preços da terra de melhor qualidade são semelhantes aos de Nova York. Quase 20% da área central da cidade tem atendimento insuficiente. Lotes de terra de propriedade pública na área central permanecem vagos e subdesenvolvidos, enquanto o restante é alocado para usos de baixo valor agregado (acantonamento, habitações públicas e áreas residenciais para os funcionários do governo).

Parâmetros restritos de desenvolvimento da terra – incluindo tamanho mínimo dos lotes e largura mínima das ruas, recuos e terra para instalações comunitárias – excluem a maioria dos domicílios da propriedade formal de terra. De fato, embora o lote subjacente possa ter um título, a moradia pode se tornar ilegal porque não consegue satisfazer os padrões oficiais de construção. Sem uma revisão dos padrões para baixo, os benefícios do título legal se perdem. Tais normas jurídicas também contribuem para a burocracia e os custos excessivos de habitação.[15] Em Adis Abeba, os padrões de construção elevados relegaram muitos domicílios de renda baixa, que de outro modo poderiam possuir um título negociável, à posse de "propriedade ilegal".[16]

Em 1979, o governo federal do Brasil promulgou uma legislação nacional de uso da terra que fixava um tamanho mínimo dos lotes de 125 metros quadrados e frente de 5 metros, efetivamente excluindo muitos residentes de baixa renda do acesso à terra no setor formal. Muitos empreendimentos de renda baixa na periferia não conseguiam satisfazer a exigência dos 125 metros quadrados, mas foram construídos em terra de propriedade dos empreendedores. Fora do setor formal, tais empreendimentos não podiam receber serviços públicos de forma legal. Portanto, mais da metade da população nas capitais regionais, como Recife e Salvador, vive em favelas ou áreas informais.[17-18] Depois da democratização em 1988, incentivou-se o fornecimento de serviços públicos ao setor informal. Embora a exigência nacional de tamanho mínimo do lote permanecesse em vigor, tais áreas podiam ser designadas como Zonas Especiais de Interesse Social e isentas da exigência como parte de um pacote para garantir a posse e melhorar os serviços.

As restrições ao mercado imobiliário podem ter efeitos externos adversos sobre a economia urbana e inutilizar os instrumentos destinados a administrar a urbanização. A menos que instituições básicas para os mercados imobiliários e os serviços sociais sejam implementadas, o desenvolvimento da infraestrutura será prejudicado e as intervenções espacialmente direcionadas serão provavelmente ineficazes.

As regulações do financiamento habitacional afetam a urbanização. Desde a desregulação dos sistemas financeiros na segunda metade dos anos 1980, o financiamento habitacional de mercado expandiu-se rapidamente. Os mercados de hipoteca residencial são hoje equivalentes a mais de 40% do produto interno bruto (PIB) nos países desenvolvidos. Mas nos países em desenvolvimento eles são muito menores, chegando em média a menos de 10% do PIB.[19] O papel do setor público deve ser estimular a iniciativa do setor privado bem regulado. Por exemplo, as iniciativas privadas do tipo desenvolvido pelo Grameen Bank em Bangladesh, pelo Bancosol na Bolívia e pela Housing Development and Finance Corporation na Índia mostram que o empréstimo sem garantia pode alimentar o financiamento habitacional em países com sistemas financeiros nascentes e estruturas jurídicas e regulatórias frágeis. Fornecer a base jurídica para contratos de hipoteca simples, executáveis e prudentes é um com começo. Quando o sistema financeiro de um país é mais desenvolvido e maduro, o setor público pode incentivar um mercado de hipoteca secundário, desenvolver inovações financeiras e expandir a securitização das hipotecas.[20]

A habitação ocupada por seus proprietários, geralmente o maior patrimônio de uma família, é importante para a criação de riqueza, a segurança social e a política. As pessoas que possuem casa própria ou têm uma posse segura têm maior interesse na comunidade e, portanto, mais probabilidade de reivindicar mais segurança, melhor governança e melhores condições ambientais locais.[21]

Infraestrutura espacialmente conectiva para reduzir a distância da densidade

As políticas para unificar os mercados imobiliários e facilitar a mobilidade da mão de obra continuam importantes para o aumento da densidade econômica em todos os estágios da urbanização. Mas elas não são suficientes para lidar com os desafios mais complexos da urbanização crescente. Em Seul e Xangai, o tráfego no centro da cidade avança a uma média de 8 km/h, em Bangkok, Manila e na Cidade do México a média é de 10 km/h ou menos, em Kuala Lumpur e São Paulo é de 15 km/h ou menos. Os trabalhadores em Jacarta, Kinshasa, Lagos e Manila gastam em média 75 minutos deslocando-se até o trabalho.[22] Nessas áreas, o congestionamento pode anular os benefícios do aumento da densidade. A infraestrutura espacialmente conectiva precisa ser acrescentada às instituições espacialmente neutras entre as prioridades para a urbanização inclusiva.

A infraestrutura conectiva precisa de instituições. As cidades bem-sucedidas reagem ao crescente congestionamento do tráfego com uma infraestrutura espacialmente conectiva. Mas, em todas as cidades bem-sucedidas, essa infraestrutura é precedida por (ou, nas cidades que se urbanizam mais rápido, acompanhada por) um mercado imobiliário fluido e um governo local forte que facilita a construção da infraestrutura no nível da área. A continuidade das políticas precisa começar pelas medidas espacialmente neutras para criar condições favoráveis à concentração econômica, e passar para as políticas conectivas para lidar com o congestionamento.

O caso do Reino Unido no século XIX é ilustrativo. Diante dos sistemas de governança que variavam amplamente de uma cidade para outra, a Lei de Reforma de 1832 e a Lei sobre as Corporações Municipais de 1835 foram promulgadas para promover a regularização do governo municipal.[23] As autoridades municipais receberam poderes para encampar os sistemas privados de esgoto, água e gás. Nos anos 1880, elas começaram a comprar terra para competir com os serviços privados de abastecimento, transporte e outros. Ao fazer isso, unificaram a barafunda dos sistemas privados preexistentes, separando os sistemas de esgoto e drenagem dos sistemas de água, e estendendo o alcance dos serviços básicos às áreas pobres.[24] A Comissão de Investigação sobre a Terra reconheceu que as questões relacionadas à terra e à infraestrutura espacialmente conectiva estavam ligadas: *"a propriedade municipal da terra, o planejamento urbano e o aperfeiçoamento do sistema de tráfego caminharão juntos e um ajudará o outro"*.[25] No final do século XIX, as instituições que regiam os mercados imobiliários

QUADRO 7.3 *Bombaim lutou contra os mercados, e mais da metade dos residentes de Mumbai vive em favelas*

A cidade de Mumbai, conhecida anteriormente como Bombaim, oferece lições que inspiram cautela. Nos anos 1960 e 1970, os planejadores urbanos decidiram que a população de Bombaim deveria ser mantida em aproximadamente 7 milhões. A legislação fundiária e as políticas de infraestrutura foram planejadas de acordo. Mas as pessoas acorreram para a cidade mesmo assim, e hoje a cidade tem mais que o dobro do tamanho previsto, com a maior densidade populacional metropolitana do mundo. As estimativas indicam que 54% dos 16 milhões de habitantes de Mumbai vivem hoje em favelas, e outros 25% em apartamentos deteriorados.

A legislação referente ao Índice de Ocupação do Solo (IOS)[a] foi introduzida em Mumbai em 1964, estipulando o máximo a ser construído para cada metro quadrado do lote de terra. Em Mumbai, ele foi fixado em 4,5. A prática padrão nas cidades com superfície limitada é aumentar o IOS permitido para acomodar o crescimento urbano, como em Manhattan, Cingapura, Hong Kong e Xangai. Em vez disso, a Corporação Municipal da Grande Mumbai tomou o rumo contrário, reduzindo o IOS permitido para 1,33 em 1991. Quase todos os edifícios em Mumbai com IOS acima de 4,5 foram construídos antes de 1964. Sob as regras que existiam até recentemente, os novos edifícios, incluindo aqueles no distrito de negócios central, estão sujeitos ao IOS de 1,33. Em consequência, o espaço utilizado em Mumbai é, em média, de 4 m^2, muito menos que os 12 m^2 em Xangai e dos mais de 20 m^2 em Moscou.

Ao mesmo tempo, os altos custos de moradia representam até 15-20% da renda de uma família de baixa renda. A regulação dos aluguéis congela 30% do estoque habitacional de Mumbai, deixando-o dilapidado pois os proprietários têm pouco interesse em investir. Os direitos de propriedade frágeis implicam que somente 10% do estoque habitacional têm título jurídico; logo, a redistribuição da terra é restringida. A receita do governo depende do imposto predial e dos preços imobiliários inflacionados, portanto ele tem pouco incentivo para combater os grupos que resistem ao relaxamento das restrições de altura para as construções.

O resultado é um círculo vicioso de escassez e preços altos dos terrenos. Mumbai caiu do 25º lugar para o 40º na tabela das "melhores cidades para negócios" entre 1995 e 1999. Continua a ser a primeira cidade da Índia para os negócios – obteve mais investimentos que Chennai e Bangalore em 2007 e era o principal destino dos migrantes internos. Mas a rapidez em reformar suas leis e construir a infraestrutura decidirá por quanto tempo ela manterá essa posição.

Fonte: Equipe do RDM 2009; Bertaud 2003.
a. O IOS é a proporção da área construída de um edifício com relação à área do terreno sobre o qual está construído. Por exemplo, suponhamos que um edifício ocupe metade de um terreno com 1.000 m^2 de área. Se ele tiver 10 andares, tem um IOS de 5.

O espaço deveria ser mais bem utilizado em Mumbai, e as pessoas não deveriam viver tão perto do trabalho

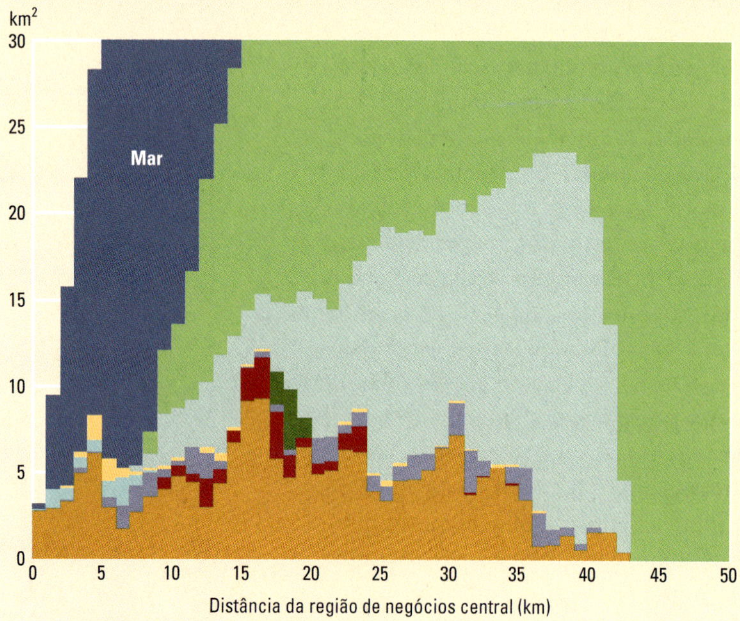

Fonte: Bertaud 2003.

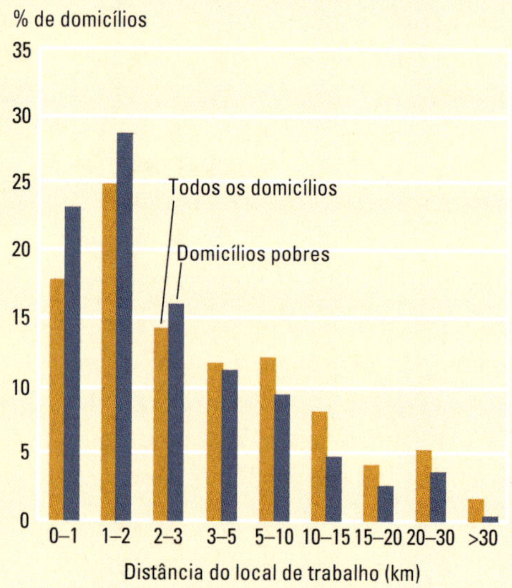

Fonte: Baker e outros 2005.

- Terra não-desenvolvida fora dos limites municipais
- Terra não-desenvolvida dentro dos limites municipais
- Transporte
- Aeroporto
- Porto
- Indústrias
- Favelas
- Área construída

estavam amadurecendo e adaptando-se à mudança das exigências urbanas.[26]

Com esse pano de fundo, a urbanização do Reino Unido foi rápida. Em 1830, o PIB per capita médio era de US$ 1.749 (em preços internacionais de 1990), mais ou menos equivalente ao de Honduras, Moçambique ou Paquistão em 2003.[27] A população urbana subiu de 28% em 1830 para 69% em 1910.[28] No topo da hierarquia urbana estava Londres, cuja população passou de 2 milhões em 1830 para 6,6 milhões em 1900.[29]

As instituições e a infraestrutura devem evoluir continuamente. À medida que as áreas se urbanizam e as nações se desenvolvem, as redes dos trâmites públicos tornam-se mais complexas, e instituições tais como a legislaçõesão que rege o uso da terra precisam ser adaptadas. A construção de uma nova rede de transportes requer a compra de lotes de terra contíguos, e os renitentes podem exigir custos imensos ou frustrar inteiramente o projeto. As compras compulsórias ("domínio eminente" nos Estados Unidos) podem ser necessárias, com a garantia de uma compensação justa para os proprietários. Outra garantia é que a terra adquirida seja de "uso público", embora a margem de interpretação do conceito possa dar ensejo a controvérsias.

Os Estados Unidos, em meados do século XIX, tinham um sistema de direitos de propriedade razoavelmente bem definido. À medida que a rede de transportes de Nova York se expandiu e as necessidades da cidade mudaram ao longo do último século, suas instituições evoluíram. A Resolução de Zoneamento de 1916 foi emendada para responder às mudanças populacionais e do uso da terra. Ondas de imigração ajudaram a elevar a população da cidade de 5 milhões em 1916 para quase 8 milhões em 1960. Foram criadas novas rotas de transporte de massa e corredores de crescimento. E com o aumento da produção em massa de automóveis, os registros de carros no estado de Nova York explodiram de 93 mil em 1915 para aproximadamente 2 milhões em 1930.[30] Para gerir uma urbanização cada vez mais complexa, foi criada a Comissão de Planejamento Urbano em 1938. Depois de estudos e debates públicos, a Resolução de Zoneamento de 1916 foi substituída em 1961. A nova resolução incorporava exigências de estacionamento e punha ênfase nos espaços abertos.

Embora baseados nas mais recentes teorias de planejamento da época, alguns aspectos dessas políticas de zoneamento revelaram defeitos ao longo dos anos. A ênfase no espaço aberto resultou às vezes em edifícios que esmagam sua vizinhança. Desde então, contudo, novas abordagens foram desenvolvidas para tornar a conversão do uso da terra mais adequada às necessidades cambiantes. Uma abordagem mais flexível do Departamento de Planejamento Urbano incentiva uma mistura de usos que cria paisagens urbanas vigorosas que podem suportar uma densidade crescente.[31]

A cidade de Nova York oferece um exemplo da necessária mudança de instituições espacialmente neutras para políticas espacialmente conectivas. De fato, sua interação permitiu que a densidade de Manhattan, do Bronx, do Brooklyn e do Queens aumentasse de 230 pessoas por km^2 em 1820 para mais de 5 mil em 1900 e para aproximadamente 12 mil hoje. congestionamento

A urbanização bem-sucedida requer a conexão entre áreas cada vez mais extensas. Inevitavelmente, a densidade traz lotação e congestionamento. Nova York mostra os enormes benefícios de um sistema de metrô eficiente na redução do congestionamento enquanto incentiva a densidade. A chave para isso é um sistema integrado de transporte de massa (ver quadro 7.4). Centros urbanos densos e arranha-céus só são factíveis quando milhares de empregados de escritórios podem ser transportados de maneira eficiente para os escritórios do centro da cidade.

O sucesso a longo prazo não descarta surtos ocasionais de congestionamento, mas exige instituições flexíveis. Um panfleto britânico publicado em 1860 observou que:

"[D]e um dia para outro, e de um ano para outro, as ruas de Londres tornam-se mais e mais lotadas, e devem... chegar a um impasse entre Westminster e a City, a menos que alguma medida mais eficiente seja tomada. A grande City jaz como se estivesse algemada, ofegante e exausta sob o peso de sua própria riqueza".[32]

O congestionamento de Londres não parecia estar prestes a ser resolvido em 1939. Tinha uma velocidade média de tráfego de 8 milhas por hora,[33] não muito diferente das 10-11 milhas por hora no centro de Londres hoje.[34] Isso pode sugerir um "nível de equilíbrio" do congestionamento. A densidade econômica compatível com esse equilíbrio depende da infraestrutura espacialmente conectiva. Nesse sentido, o valor do investimento adicional nesse tipo de infraestrutura não é tanto o alívio do congestionamento de longo prazo, mas sim o crescimento da densidade econômica para cada nível de congestionamento. O congestionamento é o resultado da substituição de um recurso escasso, o tempo de viagem, por outro ainda mais escasso, o espaço. Não é eficiente dedicar muito espaço urbano para as estradas até que o congestionamento seja completamente eliminado. Algum congestionamento urbano é considerado provavelmente um nível ótimo, se não por outra razão, pelo menos para obrigar os formuladores de políticas a rever e atualizar as instituições e a infraestrutura.

À medida que as cidades se especializam, a infraestrutura entre as cidades torna-se uma prioridade nas áreas mais dinâmicas. Há uma simbiose entre as cidades e suas periferias, mas as relações econômicas também unem outras cidades numa hierarquia urbana. As conexões de transporte entre as cidades reforçam as economias de aglomeração e geram funções complementares e especializadas. Nos Estados Unidos, a megalópole que se estende de Boston através de Nova York, Filadélfia e Baltimore até Washington, ao longo da costa Nordeste, é ligada por autoestradas e ferrovias (a primeira ligação rodoviária de carga foi inaugurada entre Baltimore e Washington em 1827).[35] O Japão também investiu em infraestrutura espacialmente conectiva para ligar suas duas maiores aglomerações, Tóquio-Yokohama e Osaka-Kobe (ver quadro 7.5).

Na República da Coreia, Seul-Incheon (no noroeste) e Pusan (a segunda maior cidade, na ponta sudeste) foram ligadas já em 1905 pela Ferrovia Gyeongbu, e em 1970 pela autoestrada Gyeongbu, de mais de 400 km. Em 2004, o trem-bala – o Korea Train Express – conectou as duas cidades num tempo de viagem de duas horas. No delta do Rio Pérola –região da China pontilhada de fábricas e entrecortada por autoestradas – as economias de várias cidades estão ligadas de maneira tão eficaz que, segundo o presidente de um grande fabricante de eletrônicos: "Na prática, somos uma única fábrica gigante espalhada pelo território".

Administrar a demanda e o transporte público encoraja o desenvolvimento de maior densidade. Há muitos instrumentos para aumentar a conectividade, entre eles:[36]

- Multiplicar as opções de transporte – por exemplo, por meio de melhor administração dos transportes, que aumenta o seu uso, ou dá preferência a veículos de alta capacidade
- Administrar o uso da terra – por meio do desenvolvimento orientado para os transportes ou do crescimento inteligente, que dá preferência a melhorias nas rotas de transporte público já estabelecidas
- Lançar políticas e programas gerais – como empreendimentos de transporte de carga e reformas de mercado.

Os mecanismos de preços podem ser muito eficazes para otimizar o uso dos automóveis particulares. Um caso extremo mas eficaz é o leilão de licenças para a compra de carros em Cingapura. Somando todos os impostos sobre automóveis, o custo de um carro em Cingapura é quatro a cinco vezes o preço mundial. Mas Amsterdã, Londres e Estocolmo também têm esquemas de cobrança que cobram pelo uso das ruas de acordo com o período do dia e o nível de congestionamento – reduzindo substancialmente o tráfego de automóveis ns horários de pico e as emissões dos carros. Os fluxos de receitas gerados pela cobrança relacionada ao congestionamento foram destinados a reinvestimentos em transporte público e ciclovias. Mas esses esquemas requerem um investimento substancial em tecnologia para assegurar o recolhimento eficiente das taxas.

Mais fáceis de implementar são as simples regulações ou planos de trânsito que reduzem o número de veículos em partes específicas de uma cidade ou em toda ela. Em Teerã, o ingresso em partes do centro da cidade é restrito ao tráfego essencial. Budapeste e Buenos Aires têm zonas exclusivas para pedestres no centro da cidade, facilmente acessíveis por transporte público. Gotemburgo (Suécia) e Bremen (Alemanha) restringem as ligações por automóvel particular entre diferentes zonas ("células"), incentivando o uso do transporte público. Chandigarh, na Índia, construiu cerca de 160 km de ciclovias largas para aliviar o tráfego nas vias vicinais.[37] A limitação mais popular restringe o uso de veículos em dias específicos de acordo com o número da placa, como em Atenas, Bogotá, Lagos, Manila, Cidade do México, Santiago, São Paulo, Seul e Cingapura. Tais medidas provaram ser mais fáceis de executar do que se esperava, tendo ampla aceitação pública.[38]

A administração da demanda é o meio mais rentável de aumentar a mobilidade. Mas o tráfego aumentará até com as melhores políticas, especialmente nas cidades que crescem rapidamente. Os investimentos em infraestrutura de transporte público podem conectar diferentes partes de uma cidade e orientar o uso da terra e a expansão urbana. O transporte de massa rápido inclui metrô, trens suburbanos e corredores de ônibus, todos com capacidade e desempenho muito superior aos ônibus que operam em vias comuns congestionadas. Porém, os trens suburbanos e o metrô exigem imensos investimentos em capital fixo; logo, os corredores de ônibus (e sua versão mais

QUADRO 7.4 *Ampliando o transporte da cidade de Nova York*

O sistema de metrô de Nova York tornou-se um dos mais movimentados e extensos do mundo, atendendo quase 5 milhões de passageiros todo dia com 26 linhas que operam em 800 milhas de trilhos. À medida que a cidade de Nova York se expandiu para uma área metropolitana maior, as redes de ônibus e as linhas de trem cresceram. O sistema de trem metropolitano da cidade de Nova York é o mais extenso dos Estados Unidos, com aproximadamente 250 estações e 20 linhas que atendem mais de 150 milhões de pessoas anualmente.[a]

O transporte público na cidade de Nova York começou no final dos anos 1820 com ônibus puxados por cavalos. A primeira linha de bonde movido a vapor foi inaugurada em 1883. Em 1909, os tróleibus elétricos substituíram o bonde movido a vapor e, durante 70 anos, os tróleibus circularam nos cinco distritos da cidade de Nova York. A primeira linha elevada ("el") com serviço de passageiros num trem elétrico foi inaugurada em 1868. Em 1880, a maioria dos residentes de Manhattan estava a 19 minutos a pé de uma "el", que transportava os passageiros pelas ruas congestionadas.

Em meados dos anos 1880, a imigração para Nova York se acelerou. Surgiu a superlotação. Assim como em Londres, uma linha de trem subterrânea foi considerada necessária. Mas foi preciso uma borrasca em março de 1888, que paralisou completamente as ruas, para dar o impulso para um sistema de trem subterrâneo. O metrô foi concebido tanto para transportar pessoas dentro de Manhattan como para conectar trechos de terra não desenvolvidos.

Depois de anos de disputa política, um projeto para o metrô foi aprovado em 1894. Em 1904, a Interborough Rapid Transit Company foi inaugurada e transportou mais de 100 mil passageiros no dia da cerimônia de abertura. Foi um sucesso imediato. Os trens do metrô, com velocidade de quase 40 milhas por hora, eram muito mais rápidos que os trólebus (6 milhas por hora) e os trens elevados (12 milhas por hora). Agora, mais pessoas podiam ser transportadas com mais velocidade.

Tem sido uma batalha sem fim para expandir o sistema de transporte rápido o bastante para acomodar o crescimento populacional. A maior parte do sistema do metrô em uso hoje foi construída entre 1913 e 1931; a quantidade anual de passageiros saltou de 500 milhões em 1901 para 2,5 bilhões em 1929.[b] Em 1940, a cidade unificou as três linhas independentes de metrô sob propriedade pública, o que permitiu uma abordagem mais integrada do desenvolvimento do transporte.

O retorno é uma urbanização inclusiva e sustentável. A Metropolitan Transportation Authority de Nova York atende uma região de 5 mil milhas quadradas desde 1968. De acordo com o censo de 2000 dos EUA, a cidade de Nova York é a única localidade nos Estados Unidos onde menos da metade dos domicílios possui um carro – a proporção é ainda mais baixa em Manhattan, menos de um quarto – comparada a 92% nacionalmente. Um em cada três usuários do transporte de massa nos Estados Unidos e dois terços dos usuários de trem vivem na cidade de Nova York e nos seus subúrbios.[c]

Fonte: Equipe do RDM 2009.
a. New York City Transit Museum Teacher Resource Center e Autoridade Portuária de Nova York e site oficial de Nova Jérsei. b. New York City Transit Museum Teacher Resource Center. c. New York City Transit Museum Teacher Resource Center.

sofisticada, o "transporte veloz por ônibus") estão ganhando popularidade.

Os corredores de ônibus, mais comuns nas cidades latinoamericanas, custam aproximadamente US$ 10 milhões por km para serem construídos. Presentes em Bogotá (Colômbia), em Curitiba e São Paulo (Brasil) e em Quito (Equador), estão sendo planejados ou construídos em muitas outras cidades. Uma alternativa mais cara, que custa entre US$ 10 milhões e US$ 30 milhões por km, é o trem leve, uma forma moderna de bonde que cobre distâncias curtas. Em geral, ele alimenta um sistema maior de trem metropolitano pesado. Cidades com trem leve incluem Hong Kong (China), Kuala Lumpur, Cingapura, Sydney e Túnis.

A opção mais cara de transporte de massa rápido é o sistema metropolitano de transporte subterrâneo, que tem a maior capacidade. O custo médio de construção atinge mais de US$ 100 milhões por km, o que explica por que existem menos de 200 sistemas no mundo, a maioria nos países industrializados.[39] Mas seu número está crescendo: China, Índia e a República Bolivariana da Venezuela construíram metrôs. Quando as cidades atingem um certo tamanho e uma certa densidade, o metrô é o único meio de transporte capaz de transportar grandes quantidades de pessoas para centros de concentração de empregos. Os benefícios que decorrem da facilitação dessa densidade incluem ganhos de eficiência e produtividade – tradicionalmente na indústria, e cada vez mais nos serviços (ver capítulo 4) –, mas também menor consumo de energia, menos poluição e mais compacidade, o que aumenta a interação e incentiva o transporte não-motorizado para trajetos curtos intraurbanos. As cidades densas e compactas também podem satisfazer os imperativos da mudança climática (ver quadro 7.6).

O transporte público, bem-sucedido por si mesmo, incentivou o desenvolvimento de novas cidades ou áreas com densidades mais altas, o que por sua vez permite um transporte público mais bem-sucedido, reduzindo a distância econômica entre os lugares congestionamento Administrar tudo isso exige paciência e disciplina para construir desde a base. A criação e o fortalecimento das instituições de mercado agrário e propriedade – incluindo direitos de propriedade garantidos, legislação flexível de uso da terra e facilidade de conversão da terra – não é fácil. Porém, sem o compromisso com essas instituições, e sem o investimento na infraestrutura conectiva, as intervenções direcionadas para lidar com as favelas têm pouca probabilidade de funcionar.

Intervenções espacialmente direcionadas para reduzir as divisões sociais e econômicas

Para o problema tridimensional enfrentado pelas áreas de urbanização avançada, os instrumentos espacialmente neutros e conectivos precisam ser complementados com intervenções espacialmente direcionadas para remover a divisão social e econômica dentro dos limites da cidade – as mais visíveis das quais são as favelas. A experiência mostra que os esforços espacialmente direcionados têm sucesso quando aplicados onde os mercados agrários funcionam razoavelmente bem, os serviços sociais básicos são amplamente acessíveis e a infraestrutura conectiva liga o centro da cidade à periferia.

Instituições e infraestrutura são pré-requisitos para intervenções bem-sucedidas. Programas bem-sucedidos para integrar as favelas foram concebidos com base em políticas espacialmente neutras e espacialmente conectivas. Essa integração incluiu a criação de instituições para reger de forma eficaz o funcionamento do mercado habitacional, o fornecimento espacialmente neutro de serviços sociais básicos para todos os assentamentos e investimentos em infraestrutura de transporte para conectar as áreas habitacionais recém-criadas.

A remoção das favelas exige uma base legislativa para autorizar as autoridades locais a agir e instituições para facilitar uma

QUADRO 7.5 *O incentivo à concentração no Japão entre 1860 e 1980: políticas espacialmente conectivas para Tóquio-Yokohama e Osaka-Kobe*

As indústrias manufatureiras do Japão são espacialmente concentradas – uma tendência que existe desde a era Meiji no início dos anos 1860. Em Tóquio, tanto as fábricas estatais e os complexos industriais privados estavam concentrados ao longo do rio principal. Aos poucos, pequenas oficinas de maquinário foram se aglomerando, e as indústrias expandiram-se ao longo da nova ferrovia Tokaido, que ligava Tóquio, Yokohama e outras áreas mais para o sul.

Depois da II Guerra Mundial, quando as exportações para os Estados Unidos começaram a se acelerar, a produção industrial concentrou-se na zona industrial de Keihin, ao redor de Tóquio e Yokohama, e na zona industrial de Hanshin, em torno de Osaka e Kobe. Isso levou a uma forte congestionamento do trânsito, à escassez de água e à poluição do ar e da água. Em 1962, o governo japonês reagiu instituindo o *Zenso* – Plano de Desenvolvimento Espacial Integrado –, que desenvolveu de modo agressivo o Cinturão Industrial do Pacífico, ligando as áreas aglomeradas centrais entre Tóquio e Osaka e estabelecendo novas zonas industriais entre ambas. Os investimentos incluíram o trem-bala (*Shinkansen*) e outras ferrovias principais, estradas e portos (ver mapa à direita).

Apesar dos investimentos em infraestrutura nos novos aglomerados industriais nas regiões mais remotas, não conseguiam atrair as indústrias para fora do Cinturão do Pacífico. Durante a era do crescimento milagroso de 1950 a 1970, as indústrias permaneceram espacialmente concentradas graças à mobilidade dos trabalhadores, apesar de ter havido uma realocação massiva das indústrias do centro congestionado para as novas áreas industriais na periferia. As empresas que permaneceram nos aglomerados urbanos centrais passaram de produtos padronizados para produtos de alta tecnologia e novos modelos, tirando proveito das economias de urbanização geradas por atividades econômicas diversificadas e por uma grande reserva de mão de obra qualificada e talentosa. Outras empresas centralizaram suas funções administrativas nas aglomerações centrais para se beneficiar da conveniência das comunicações face a face com bancos, agências do governo e grandes organizações industriais.

A maioria das indústrias que deixaram os núcleos tradicionais para formar novos aglomerados eram exportadoras de maquinário e indústrias de aparelhos eletrônicos. Elas continuaram a aproveitar as economias de localização geradas pela produção de produtos semelhantes e relacionados em áreas concentradas. Sua localização ao lado da autoestrada Tomei, que liga Tóquio e Nagoya, proporcionava acesso fácil aos mercados e às empresas de alta tecnologia nos centros urbanos.

A distribuição geográfica das indústrias ao longo de várias décadas de rápido crescimento refletiu os esforços do governo em promover a concentração ao mesmo tempo em que tentava prevenir os custos da degradação e do aumento de tempo gerados pelo aumento da densidade. Esses esforços não interferiram na motivação de lucro das empresas; ao contrário, reforçaram as economias de aglomeração. As políticas governamentais e as forças de mercado fortaleceram-se espacialmente para sustentar o crescimento econômico.

Contribuição de Keijiro Otsuka e Megumi Muto.

Fontes: Fujita e Tabuchi 1997; Sonobe e Otsuka 2006; Whittaker 1997; Overseas Economic Cooperation Fund 1995.

Cidades conectadas no Japão facilitam as economias de aglomeração em Tóquio-Yokohama (Keihin) e Osaka-Kobe (Hanshin) por rodovia e ferrovia

Fonte: Equipe do RDM 2009.

conversão metódica da terra de uso agrícola para residencial ou outra finalidade. Ao mesmo tempo, o desenvolvimento suburbano se torna factível por meio do fornecimento de comodidades básicas e serviços sociais junto com as melhorias em curso na conectividade de transporte das cidades com os subúrbios e os distritos ao redor.

Em Londres, a comoção social diante das terríveis condições das favelas vitorianas forneceu o impulso para a remoção e a melhoria das favelas. Mas os esforços foram precedidos por medidas para melhorar o mercado imobiliário e o sistema de transporte. A Lei sobre as Habitações das Classes Operárias de 1890 atribuiu às autoridades locais o poder de construir casas para as classes trabalhadoras e limpar as áreas de habitação inapropriada. Uma emenda deu às autoridades locais poderes para manter as casas construídas sob o regime de remoção das favelas, abrindo caminho para os futuros planos de habitações públicas. A melhoria do transporte fazia parte da solução, como provam as conferências de 1901 sobre o assunto "Melhoria dos Meios de Locomoção como um Primeiro Passo em Direção à Cura das Dificuldades Habitacionais de Londres". As conferências promulgaram uma resolução segundo a qual "um sistema de transporte radial completo a partir dos centros urbanos, que será barato, rápido e de propriedade municipal, é um primeiro passo na direção da solução do problema habitacional".[40] Os londrinos haviam obviamente compreendido que as políticas conectivas precisam preceder as intervenções direcionadas.

De fato, a relação entre a melhoria da infraestrutura de transporte espacialmente conectiva e a solução do problema das favelas em Londres tornou-se clara no discurso político da época. Em 1890, o projeto de lei "Trens Baratos para os Trabalhadores de Londres" foi proposto, estendendo o fornecimento e também regulando as tarifas de "trem dos trabalhadores". As companhias ferroviárias privadas já haviam sido obrigadas por lei, em 1883, a introduzir esses trens a fim de proporcionar um meio acessível de transporte para a classe trabalhadora que vivia nos subúrbios mas ganhava seu sustento no centro de Londres. Com a redução do custo do transporte, os subúrbios poderiam ser desenvolvidos, descongestionando as áreas centrais de Londres.

Da mesma forma, no final do século XIX e início do século XX, os governos da América do Norte e da Europa Ocidental implementaram a retirada de favelas e a realocação dos moradores. Os proprietários foram indenizados, e a terra desocupada vendida a empreendedores. Esses programas não teriam tido sucesso sem a rápida expansão da infraestrutura de transporte. Novos sistemas de transporte ajudaram a "abrir" os arredores, ou subúrbios, das cidades, tornando a moradia na periferia urbana atraente tanto para as empreiteiras quanto para os trabalhadores urbanos. A resultante fuga para os subúrbios foi também causa e consequência da realocação de muitas indústrias para as periferias. E coincidiu com a difusão de serviços sociais básicos e áreas de lazer.

As políticas para integrar as favelas às cidades funcionaram onde as instituições e a infraestrutura eram adequadas. Após a II Guerra Mundial, a Suécia urbanizou-se rapidamente e a população de Estocolmo cresceu rapidamente, de 741 mil em 1950 para 1,39 milhão em 1980.[41] Estocolmo tinha um estoque de habitações inadequado e dilapidado, e os aluguéis eram altos em relação à maioria das outras cidades europeias.[42] Em reação a isso, o governo sueco formou a *Real Comissão Habitacional* em 1945. Um plano foi formulado para demolir as favelas em Estocolmo e outras cidades e realojar os moradores removidos das favelas em habitações alugadas fornecidas pelo estado em altos edifícios bem projetados na periferia da cidade. A primeira geração de altos edifícios residenciais foi integrada ao fornecimento de escolas, clínicas de saúde e estabelecimentos comerciais e de lazer, assim como centros de serviço. A conectividade espacial com o centro da cidade foi garantida por meio da facilidade de acesso ao transporte.[43]

As autoridades suecas conseguiram aperfeiçoar continuamente as condições de vida urbana ao longo dos anos 1960 e 1970. Com o programa "Um Milhão de Casas", o governo fixou a meta de acabar com a miséria e a excesso populacional dentro da cidade, tendo construído 100 mil novas moradias por ano de 1965 a 1974, adicionando um terço ao estoque habitacional acumulado da Suécia, que era de somente 3 milhões de unidades.[44] Os novos assentamentos ofereciam serviços básicos, incluindo escolas e clínicas, e estavam ligados aos centros urbanos de emprego por sistemas de transporte bem planejados.[45]

Lições semelhantes vêm dos Estados Unidos. No final do século XIX, filantropos americanos haviam chamado a atenção para as dificuldades enfrentadas pelos moradores das favelas. Eles reivindicaram regulações de construção para garantir padrões mínimos na construção das novas habitações.[46] Mas foi apenas nos anos 1930 que o governo tornou-se ativo no fornecimento de moradia.[47] Após a Grande Depressão, a Autoridade Habitacional dos Estados Unidos foi criada pela Lei Habitacional Wagner-Steagall, de 1937, que permitiu a concessão de empréstimos subsidiados para as autoridades habitacionais locais com vistas à recuperação de áreas deterioradas e a construção de novas casas. Um marco jurídico sólido permitiu que as autoridades nacionais e estaduais, as organizações da sociedade civil e os empreendedores privados lidassem de maneira concertada com as favelas. Sistemas eficientes de transporte público intraurbano conectaram os novos empreendimentos habitacionais às economias urbanas locais. À medida que a infraestrutura melhorou ainda mais, particularmente após a promulgação da Lei de Habitação e Desenvolvimento Urbano de 1965, os residentes mais prósperos deixaram o centro das cidades em direção aos subúrbios.[48]

Uma melhor infraestrutura conectiva é pré-condição para a aplicação de políticas direcionadas para lidar com as favelas. Isso toma tempo, mas Hong Kong (China) e Cingapura mostram que isso pode ser feito ao longo de décadas em vez de séculos. Independentemente das diferenças de velocidade, a sequência das políticas parece ser a mesma: as políticas direcionadas para integrar as favelas não podem vir antes da aplicação de políticas espacialmente neutras e conectivas XX (ver quadro 7.7).

Intervenções direcionadas podem ter que esperar até que as instituições e a infraestrutura tenham sido melhoradas. A experiência dos países desenvolvidos continua relevante hoje. Costa Rica, África do Sul e Cingapura mostram por quê.

Durante os anos 1980, a combinação do rápido crescimento populacional, da migração e do influxo de refugiados dos países vizinhos devastados pela guerra tornaram ainda pior a escassez de habitação urbana que já era aguda na Costa Rica. Isso levou à criação do Sistema Nacional de Financiamento Habitacional em 1986. A meta era fornecer subsídios para a compra ou construção de casas. As famílias podiam complementar os fundos que recebiam com empréstimos de instituições privadas, incluindo bancos comerciais, instituições de poupança e empréstimo e cooperativas. As famílias que ganhavam um salário mínimo tinham direito ao subsídio integral, enquanto as famílias que ganhavam mais de quatro salários mínimos tinham acesso a subsídios menores e a empréstimos em condições próximas às do mercado.[49]

O subsídio habitacional da Costa Rica teve sucesso porque as instituições espacialmente neutras e a infraestrutura espacialmente conectiva necessárias haviam sido implementadas para facilitar as intervenções direcionadas. Já em 1869 o governo havia decretado que a educação primária era um direito básico universal. Em 1949, a Constituição também garantiu o acesso livre à educação secundária. O governo da Costa Rica investe mais de 20% do seu orçamento em educação a cada ano, o que é comprovado por uma taxa de alfabetismo de aproximadamente 95%. Um investimento

QUADRO 7.6 *A mudança climática pede uma forma urbana diferente, não uma urbanização mais lenta*

A urbanização está associada à industrialização, que aumenta as emissões de dióxido de carbono (CO_2) e outros gases do efeito estufa. E o aumento da riqueza tende a estar associado ao consumo mais alto de energia, por meio da motorização, por exemplo. Porém, preocupar-se com o clima não significa que a urbanização deva ser desacelerada. Se algo deve ser feito, é incentivar ainda mais a densidade econômica.

Os dados históricos desde o século XIX mostram que os países ricos atuais conheceram um aumento das emissões per capita de carbono à medida que se urbanizaram e industrializaram, ao longo do século XX.[a] A industrialização, a motorização e as subsequentes emissões de carbono nos países em desenvolvimento seguem a trajetória dos países desenvolvidos nos estágios iniciais do seu desenvolvimento.[b] Por exemplo, as emissões de carbono per capita na Alemanha dobraram, de 0,8 toneladas métricas de carbono em 1880 para 1,6 em 1900. Nos Estados Unidos e no Reino Unido, as emissões de carbono eram de aproximadamente 2,5 em 1900. Os países em desenvolvimento atuais têm emissões médias mais baixas, com PIB per capita equivalente ao da Alemanha, do Reino Unido e dos Estados Unidos em 1880 e 1900. As emissões de carbono de Botsuana foram de 0,36 per capita em 1987 e de 0,57 em 1996 (ver figura à direita).

A tendência na maioria dos países em desenvolvimento sugere um crescimento contínuo das emissões de carbono totais e per capita. A resposta política ao aumento projetado da urbanização e das emissões de carbono nos países em desenvolvimento não deve ser tentar impedir o crescimento das cidades. Isso não seria factível ou desejável à luz dos indicadores de crescimento e redução da pobreza. Em vez disso, o crescimento das cidades – muitas das quais podem dobrar de tamanho ao longo das próximas décadas – deve ser administrado para criar áreas urbanas muito mais eficientes em carbono do que muitas das cidades maduras de hoje.

As estruturas monocêntricas e as altas densidades populacionais tendem a reduzir a extensão e a quantidade de trajetos motorizados.[c] As cidades compactas usam menos energia para transporte, consomem menos espaço para habitação e usam menos energia para aquecimento. Vários estudos concluíram que uma densidade populacional alta está negativamente correlacionada com as emissões de carbono.[d] Em nível nacional, a Suécia e o Japão usaram incentivos e regulação para reduzir fortemente a intensidade de emissões das suas economias. Em nível urbano, a ênfase na densidade e em escolhas inteligentes para reduzir a distância pode ajudar a obter o mesmo resultado. Isso requer políticas de uso da terra que favoreçam a compacidade e políticas de transporte que orientem a forma urbana e proporcionem transporte público conveniente e eficiente.[e]

Atlanta e Barcelona ilustram cenários alternativos de crescimento urbano. Ambas tinham populações semelhantes de 2,5-2,8 milhões, mas Atlanta tinha uma densidade de seis pessoas por hectare em 1990, e Barcelona tinha 176.[f] Em Atlanta, a maior distância possível entre dois pontos dentro da área construída é de 137 km, e em Barcelona essa distância é de apenas 37 km. A emissão per capita de CO_2 era de 400 toneladas métricas em Atlanta e de 38 toneladas em Barcelona.[g] A rede de metrô de Atlanta tem 74 km de comprimento, mas apenas 4% da população vive num raio de 800 m de uma estação de metrô. A rede de metrô de Barcelona tem 99 km, e 60% da população vive num raio de 600 m de uma estação de metrô. Somente 4,5% dos trajetos são feitos por transporte de massa em Atlanta, uma fração dos 30% de Barcelona. Para que Atlanta atinja a acessibilidade do metrô de Barcelona, seria preciso construir 3.400 km adicionais de trilhos de metrô e aproximadamente 2.800 novas estações de metrô. Isso permitiria ao metrô de Atlanta transportar o mesmo número de pessoas que o de Barcelona, que tem apenas 99 km de trilhos e 136 estações.

A densidade faz a diferença.

Fonte: Equipe do RDM 2009.
a. Marland, Boden e Andres 2007. b. Banco Mundial 2002, figura 2.1; Lanne e Liski 2003, figuras 1, 4 e 5; e dados dos países em desenvolvimento tirados de http://cdiac.esd.ornl.gov/ftp/ndp030/nation.1751_2004.ems. c. Bento e outros 2003. d. Scholz 2006; Vance e Hedel 2006; Golob e Brownstone 2005; Ingram 1997; União Internacional do Transporte Público. e. Bento e outros 2003; Scholz 2006; Vance e Hedel 2006; Golob e Brownstone 2005. f. Bertaud 2004. g. Kenworthy 2005.

Os países podem mudar suas trajetórias de energia

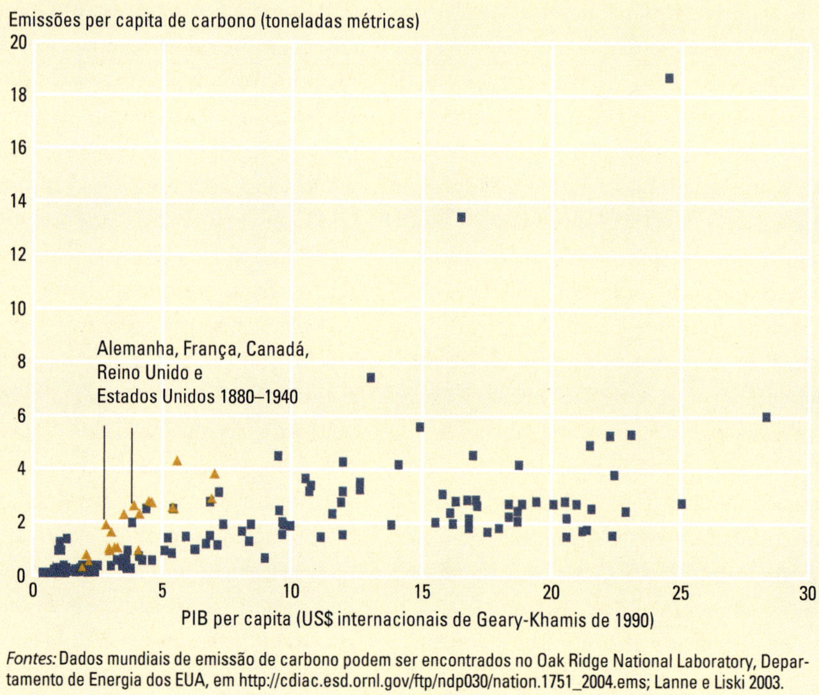

Fontes: Dados mundiais de emissão de carbono podem ser encontrados no Oak Ridge National Laboratory, Departamento de Energia dos EUA, em http://cdiac.esd.ornl.gov/ftp/ndp030/nation.1751_2004.ems; Lanne e Liski 2003.

semelhante no sistema de saúde público reduziu as taxas de mortalidade infantil e gerou uma expectativa de vida média no nascimento de 79 anos.[50] Embora as rendas sejam muito mais altas nas regiões centrais da Costa Rica, os indicadores sociais são semelhantes em todo o país.[51]

O mercado imobiliário da Costa Rica é regido por instituições que funcionam bem. Um sistema eficaz de registro da propriedade está em vigor. De fato, mais de 80% dos proprietários possuem títulos registrados, e o grau de segurança jurídica é alto.[52] A capital San José está ligada às principais cidades provinciais por um sistema de ônibus eficiente e acessível, e companhias de ônibus privadas ligam San José a seus subúrbios. Em muitos sentidos, a Costa Rica é um modelo para outros países em desenvolvimento.

A experiência da África do Sul inspira mais cautela. Quando o primeiro governo pós-*apartheid* chegou ao poder em 1994, enfrentou uma crise habitacional com um déficit estimado de 1,5 milhão de unidades habitacionais e uma demanda adicional de 170 mil novas unidades por ano. Cerca de 18% das famílias, ou 7,4 milhões de pessoas, viviam em favelas.[53] A nova política habitacional que emergiu das negociações multipartidárias foi implementada por meio da Lei Habitacional de 1997, que fornecia subsídios habitacionais para quantas pessoas fosse possível, para aluguel, compra, construção e reforma de suas casas.

Porém, as instituições e a infraestrutura conectiva necessárias ainda não haviam sido implementadas. Uma gama de reformas – incluindo mudanças de fronteiras dos governos regionais, mecanismos de apoio financeiro e legislação habitacional – foi introduzida simultaneamente. De fato, a Lei Habitacional revogou, incorporou ou emendou 35 documentos normativos diversos.[54] A primeira onda de empreendimentos habitacionais a baixo custo, nas periferias das principais cidades, carecia de serviços básicos e ligações de transporte com os centros (e os empregos) nas cidades. Essas melhorias não conseguiram remover as divisões intraurbanas. As mudanças políticas recentes são mais animadoras. O programa habitacional nacional *Breaking New Ground* enfocou a integração das comunidades de baixa renda por meio de

QUADRO 7.7 *Acelerada, mas ainda em sequência: a integração espacial em Hong Kong no século XX*

Hong Kong criou instituições legislativas para reger seu mercado imobiliário já na virada do século XX. Antes da II Guerra Mundial, Hong Kong havia desenvolvido sua estrutura administrativa e o marco legislativo que regia os mercados imobiliários. Em 1935, a conscientização crescente das más condições de vida nas favelas urbanas de Hong Kong levou à formação de uma Comissão Habitacional. Ela foi seguida pelo Decreto de Planejamento Urbano de 1939, que instituiu a Junta de Planejamento Urbano.

Não obstante, a implementação real do decreto e do planejamento urbano em Hong Kong teve de esperar até a promulgação da Regulação de Planejamento Urbano em 1954. Foi somente após o famoso incêndio das favelas de Shek Kip Mei em 1953 que os esforços para desenvolver programas de habitação públicos ganharam maior impulso. Em 1965, o Grupo de Trabalho sobre a Remoção de Favelas foi formado. Levou mais de 30 anos para que Hong Kong (uma cidade com pressa), começasse efetivamente a resolver o problema por meio de intervenções espacialmente direcionadas. A cidade teve primeiramente que desenvolver e reforçar as instituições espacialmente neutras que regiam a operação dos mercados habitacional e fundiário, e a infraestrutura conectiva para melhorar o uso da terra.

Os primeiros planos estratégicos de uso da terra e zoneamento de Hong Kong – o "Plano-Quadro de Assentamento" e o "Plano-Quadro de Zoneamento" – só foram concebidos em 1963. As instituições espacialmente neutras de Hong Kong precisaram ser adaptadas com o tempo à medida que a cidade se desenvolveu e a urbanização progrediu. O Decreto de 1939 foi emendado em 1958, 1969 e 1974.[a] Tendo instituído o quadro de planejamento necessário, Hong Kong estava em melhores condições para implementar políticas espacialmente conectivas nos anos 1970. Essas políticas foram uma resposta necessária à duplicação dos registros de automóveis em uma década e ao aumento concomitante do congestionamento, frutos do rápido crescimento econômico da cidade, em torno de 10% ao ano.

As instituições e a infraestrutura caminharam juntas. Com a entrada em vigor de leis de planejamento eficazes, o governo pôde introduzir o Decreto de Restrição Temporária do Desenvolvimento de Construções em 1973 nas áreas de Pok Fu Lam e Mid-Levels, em Hong Kong. Por sua vez, isso abriu caminho para a construção da Ferrovia de Transporte de Massa, a modificação das restrições de altura das construções na área em torno do aeroporto Kai Tak, e a aceleração do desafogamento da rede de transporte sobrecarregada.

O resultado: a cidade está hoje entre as cinco primeiras do mundo em infraestrutura eficiente, e as favelas desapareceram.[b]

Fonte: Equipe do RDM 2009.
a. Bristow 1984. b. Cullinane 2002.

melhorias no acesso ao transporte público e aos serviços sociais e comerciais básicos.[55]

Melhorar as instituições e a infraestrutura e intervir ao mesmo tempo é um desafio para qualquer governo, mas Cingapura mostra que isso pode ser feito (ver quadro 7.8). Talvez o exemplo mais bem-sucedido da possibilidade de erradicação das favelas, Cingapura é, de certo modo, uma anomalia. É um dos poucos países que conseguiu implementar os três conjuntos de políticas de integração simultaneamente. Cingapura teve sucesso porque teve um crescimento econômico excepcionalmente rápido e um governo determinado no poder desde 1965. O fato de ser uma cidade-Estado ajudou muito, oferecendo (indiretamente) uma lição geral: uma urbanização bem-sucedida exige ação coordenada de todos os níveis de governo.

A maioria dos países não poderá imitar Cingapura – alinhar as prioridades e esforços dos governos central, estadual e municipal é difícil para qualquer país que não seja uma cidade-Estado. É mais provável que eles tenham que implementar seus esforços político um a ums, seguindo o exemplo da Costa Rica e de países que se desenvolveram cedo, como Grã-Bretanha, Suécia e Estados Unidos. A África do Sul mostra as dificuldades de se tentar implementar os três conjuntos de políticas simultaneamente.

Um "I" por um "D" – um instrumento político para cada dimensão do desafio da urbanização.

A sequência de políticas corresponde aos diferentes níveis de urbanização. Uma urbanização incipiente requer principalmente a aplicação de políticas espacialmente neutras. Uma urbanização intermediária requer a adição de políticas espacialmente conectivas. E uma urbanização avançada requer, além dessas políticas, esforços espacialmente direcionados. Logo, o sucesso de uma nova política pode ser atribuído à implementação bem-sucedida da(s) política(s) introduzida(s) anteriormente.

Num país predominantemente rural cuja parcela urbana é aproximadamente menos de 25% da população, o *portfolio* de lugares enfrenta o que pode ser chamado de desafio unidimensional – facilitar a densidade (ver tabela 7.1). Não é óbvio onde essa densidade aumentará primeiro, e aconselha-se aos governos que deixem agir as forças de mercado. A *neutralidade* entre os lugares é a regra, e a estratégia de urbanização deve consistir principalmente em instituições espacialmente neutras, que incluem o fornecimento de serviços sociais básicos, a criação de instituições de mercado e a instituição da lei e da ordem, a garantia dos direitos de propriedade, a operação eficiente do mercado imobiliário e políticas macroeconômicas sólidas. A legislação precisa ser versátil o bastante para facilitar a conversão eficiente do uso da terra, e os padrões de construção precisam ser executáveis, sem ser demasiadamente restritivos. Essas medidas constituem um desafio para os países com baixos níveis de renda e de taxas de urbanização. Estes não deveriam dificultá-lo tentando pôr em prática políticas espacialmente explícitas.

Num país que se urbaniza rapidamente, com parcelas urbanas entre 25 e 75%, administrar seu *portfolio* de lugares é principalmente um desafio bidimensional – gerar densidade e reduzir a distância da densidade (que aumenta com o congestionamento). Um desafio bidimensional requer uma resposta bipartida: continuar a tarefa de criar instituições espacialmente neutras e investir na infraestrutura espacialmente conectiva para conter o congestionamento que poderia anular os *ganhos de eficiência* gerados pelas "economias de localização" (ver capítulo 4).

Num país altamente urbanizado com proporções urbanas acima de 75%, a urbanização deve enfatizar a *qualidade de vida*, a criatividade e a integração social urbana – o fornecimento de "economias de urbanização". Esses países enfrentam um desafio tridimensional – gerar densidade, reduzir a distância e diminuir as divisões. É certo que esses países têm uma geografia econômica variada: seu *portfolio* de lugares consiste num punhado de áreas unidimensionais, boa parte das quais que enfrenta desafios bidimensionais, e algumas que enfrentam desafios tridimensionais. As políticas espacialmente neutras e conectivas continuam a facilitar as economias de aglomeração, mas agora também são pré-requisitos para intervenções bem-sucedidas que reduzam as divisões intraurbanas.

O modelo em ação

As áreas de baixa densidade precisam gerar densidade econômica por meio de transformações rural-urbanas e interligações mais fortes entre os vilarejos e as pequenas cidades. As áreas que se urbanizam rapidamente precisam assegurar que os ganhos de produtividade gerados pela densidade econômica não sejam anulados pelos custos de congestionamento. As áreas altamente urbanizadas (avançadas) devem enfocar a qualidade de vida, promovendo oa integração social e os ganhos gerados pela concentração econômica. As prioridades no nível nacional correspondem à predominância de um ou mais desses tipos de área.

Urbanização incipiente (áreas unidimensionais): instituições para transformações rural-urbanas mais eficientes

Os países que começaram a se desenvolver mais recentemente mostram que o sucesso não exige políticas explicitamente espaciais para lançar as bases de uma urbanização bem-sucedida. Nas áreas de urbanização incipiente, as prioridades políticas continuam a ser o fornecimento de serviços sociais básicos e a melhoria dos mercados de terras.

Ênfase nos serviços sociais. Em 1960, a República da Coreia tinha mais ou menos o mesmo nível de PIB per capita que o Benin, o Camboja ou o Tadjiquistão. Desde então, se transformou num país industrial avançado.[56] Em conformidade com os fatos estilizados do capítulo 1, a transformação setorial da República da Coreia foi acompanhada por uma transformação espacial igualmente radical. Em 1960, aproximadamente 75% de todos os sul-coreanos viviam em áreas rurais. Em 1990, o país era 75% urbano, e hoje a parcela urbana da população excede 80%.[57]

As instituições que garantem a disponibilidade universal dos serviços sociais

---

QUADRO 7.8 ***Cingapura: das favelas a uma cidade global***

Quando Cingapura tornou-se independente em 1965, 70% das famílias viviam em condições de superlotação extrema, e um terço das pessoas viviam em terrenos invadidos nos arredores da cidade. A média de desemprego era de 14%, o PIB per capita era de menos de US$ 2.700 e metade da população era analfabeta. A queda da taxa de mortalidade e a migração proveniente da Península Malaia provocaram um rápido crescimento populacional, aumentando ainda mais a pressão por habitação e emprego: 600 mil unidades habitacionais adicionais eram necessárias, e a oferta privada era de menos de 60 mil. Um retrato de Cingapura é fornecido por um visitante da época:[a]

> As passagens cobertas são geralmente ocupadas por barracas de ambulantes e lixo. Os varais estão pendurados em varas espetadas para fora das janelas – como na velha Xangai. Isto é Cingapura, no início dos anos 1970. Nós todos estávamos arrasados naquela época – nós que não vivíamos lá. De 1871 a 1931, a população chinesa da cidade subiu de 100 mil para 500 mil. Em 1960, estimava-se que mais de 500 mil chineses viviam em condições de favela dentro de casa. Equipadas com apenas uma cozinha e um banheiro, as casas haviam sido concebidas para no máximo duas famílias estendidas. Após várias divisões, muitas abrigavam até 50 indivíduos.

Hoje, menos de 40 anos depois, as favelas de Cingapura desapareceram. Em seu lugar está uma das cidades mais limpas e mais acolhedoras do mundo. O segredo? Em primeiro lugar, as reformas institucionais tornaram o governo conhecido por sua responsabilidade. Em seguida, o governo tornou-se um fornecedor importante de infraestrutura e serviços. A escassez de espaço tornava imperativo um bom planejamento. Planos plurianuais foram concebidos, implementados e atualizados. Enfim, uma autoridade habitacional (HDB) foi encarregada de empreender um programa maciço de remoção de favelas, construção de habitações e renovação urbana. As habitações públicas fazem parte integrante de todos os planos de desenvolvimento. No auge do programa, a HDB estava construindo um novo apartamento a cada oito minutos. Da população de Cingapura, 86% vive hoje em unidades construídas pelo poder público. A maioria é proprietária do seu apartamento, incentivada por fundos habitacionais especiais financiados pelo Fundo de Previdência dos Empregados, um regime de aposentadoria compulsória. Terrenos urbanizados foram colocados à disposição. Por meio da lei de consolidação da terra, o governo adquiriu quase um terço dos terrenos da cidade. Os moradores das favelas foram transferidos para habitações públicas.

Para uma cidade-Estado numa região pobre, não é exagero afirmar que a urbanização eficaz foi responsável pela obtenção de taxas de crescimento que chegaram, em média, a 8% ao ano nos anos 1970 e 1980. Foi preciso uma combinação de instituições de mercado e prestação de serviços sociais, investimento estratégico em infraestrutura e melhorias da habitação para os moradores das favelas.

Fontes: Yuen 2004, Yusuf e Nabeshima 2006.
a. Cockrem 2007.

Tabela 7.1 Um instrumento para cada dimensão fornece um modelo simples para as políticas de urbanização

	Área		
	Urbanização incipiente	**Urbanização intermediária**	**Urbanização avançada**
Parcelas urbanas	Menos de 25%	Cerca de 50%	Mais de 75%
Exemplos	Kampong Speu, Camboja; Lindi, Tanzânia	Chengdu, China; Hyderabad, Índia	Grande Cairo, República Árabe do Egito; Rio de Janeiro, Brasil
Dimensões do desafio político	1-D Gerar densidade	2-D Gerar densidade, reduzir a distância	3-D Gerar densidade, reduzir a distância e eliminar a divisão
Instrumentos de integração:			
Instituições	Direitos agrários; educação básica, saúde, água e saneamento	Regulação do uso da terra; fornecimento universal de serviços sociais básicos	Regulação do uso da terra e taxação da terra; fornecimento universal de serviços básicos
Infraestrutura		Infraestrutura de transporte	Infraestrutura de transporte; administração da demanda
Intervenções			Desenvolvimento das áreas de favelas; programas direcionados para reduzir a criminalidade e a degradação ambiental

Fonte: Equipe do RDM 2009.

básicos ajudaram o país a lançar as bases para uma urbanização rápida e bem-sucedida. Em 1960, a proporção da população global de 15 anos de idade ou mais sem escolaridade era de 36%, e em 1980, quando havia passado para o estágio intermediário de urbanização, essa proporção havia caído para menos de 15%. Em 2000, cinco anos depois de ter passado para o estágio avançado, a proporção era de menos de 5%. Os anos de escolaridade média da mão de obra haviam aumentado de cinco anos em 1960 para nove anos em 1980, subindo para mais de 12 anos em 2000.[58] Uma história semelhante ocorreu nos serviços de saúde. Em 1980, somente 4% das crianças estavam vacinadas contra sarampo. Em 1989, eram 95%. Em 2006, só uma criança de cada 100 não estava imunizada.

Junto com o fornecimento universal de serviços de educação e saúde, foi promovida em todo o país a flexibilização na conversão do uso da terra.[59] Em particular, o governo da República da Coreia demonstrou disposição para converter a terra agrícola, de modo que possa ser usada para fins industriais. O governo facilitou a construção de novos complexos industriais e expandiu os já existentes promulgando leis especiais para tornar possível a conversão da terra agrícola. O governo central também incentivou os governos locais a promover a conversão da terra agrícola por meio da formação de complexos industriais menores e mais localizados.

Embora fosse inevitável que certas áreas fossem deixadas para trás no processo de urbanização da República da Coreia, nenhuma foi prejudicada. Tomemos, por exemplo, o condado de Eumseong, uma área predominantemente rural na província de Chungcheongbukdo (ver mapa 7.1). À medida que a República da Coreia se industrializou e urbanizou, o condado conheceu um fluxo contínuo de saída de pessoas. Em 1968, a população excedia 120 mil, mas em 1990 havia caído logo abaixo de 75 mil. Mas ao mesmo tempo em que os habitantes de Eumseong viam seus vizinhos mudarem-se para perto das principais cidades da República da Coreia, recebiam melhores serviços de educação e saúde, e melhoria nas estradas e no saneamento. Entre 1969 e 1990, o número de professores de ensino primário e secundário no condado de Eumseong triplicou de mil para cerca de 3 mil. E o número de hospitais por milhão de habitantes na província de Chungcheongbukdo dobrou de cerca de 400 em 1980 para 800 em 1990, enquanto a taxa de fornecimento de água aumentou de menos de 30% para quase 60%. Embora as pessoas estivessem deixando Eumseong, o governo coreano não abandonou o condado – ao contrário, continuou a dar ênfase ao fornecimento universal de serviços sociais básicos.

A República da Coreia não é a única economia bem-sucedida que apresenta evidências do modelo de urbanização em ação. Durante as duas últimas décadas, a China implementou gradualmente instituições para melhorar seu processo de urbanização. Um mercado imobiliário urbano foi criado, e leis que padronizam a concessão dos direitos de uso da terra foram promulgadas.[60] Nos anos 1980, a lei de planejamento urbano almejava controlar o tamanho das cidades grandes, mas o 10.º Plano Quinquenal (2001-05) escolheu, ao contrário, dar ênfase ao desenvolvimento sinergético das grandes, médias e pequenas cidades da China. O sistema de registro dos domicílios, que durante anos impôs restrições aos migrantes rurais que tencionavam mudar-se para as áreas urbanas, foi reformado, e o 11.º Plano Quinquenal (2006-10) almeja fortalecer ainda mais as instituições do mercado imobiliário.

Contra esse pano de fundo, as perspectivas de urbanização das áreas unidimensionais da China melhoraram. Vejamos a província de Guizhou. Situada no sudoeste da China, com uma população de quase 40 milhões de habitantes, Guizhou está muito atrasada em relação às províncias costeiras (ver mapa 7.2). Seu PIB per capita em 2005 era apenas 34% da média chinesa,[61] e quase 75% da população era classificada como rural. O desafio que Guizhou enfrenta é gerar densidade para facilitar as economias de aglomeração. Seu 11.º Plano Quinquenal (2006-10) almeja atingir uma parcela urbana de 35%, enfocando a maior cidade da área, Guiyang. Com a melhoria das instituições espacialmente neutras na China, isso parece ser mais realista agora do que duas décadas atrás.

Definir e garantir direitos agrários. A província de Kampong Speu, no Camboja, aproximadamente 100 km a sudoeste de Phnom Penh, com uma superfície de cerca de 7 mil km2 e uma população em torno de 700 mil pessoas, é 10% urbana. Algumas poucas cidades mercantis atendem as comunidades agrícolas de Mohasaing, Ou, Traeng Trayeung e outras. Muitos vilarejos são beneficiários do registro e da titulação da terra iniciados em 2000. As metas são fortalecer a segurança da posse da terra e os mercados imobiliários, formular políticas para administração e gestão da terra, desenvolver instrumentos e mecanismos

Mapa 7.1 República da Coreia – três áreas em diferentes estágios de urbanização

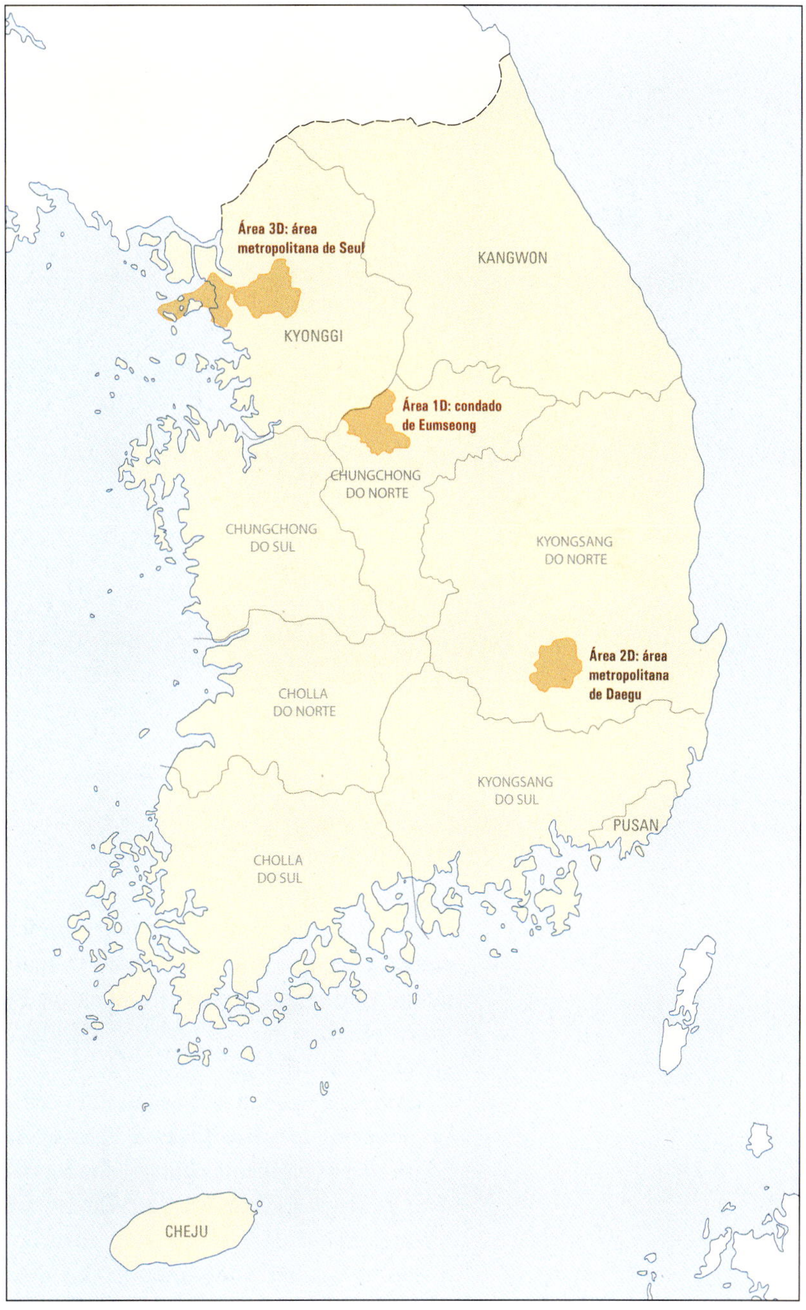

Fonte: Equipe do RDM 2009.

Mapa 7.2 China – três áreas em diferentes estágios de urbanização

Fonte: Equipe do RDM 2009.

jurídicos para a solução de disputas e instituir um sistema nacional de registro da terra. Os resultados são maior segurança da posse – o que acarreta transações mais fáceis, valorização da terra e mais investimentos em terras – e maior mobilidade para as áreas urbanas.

Kampong Speu ilustra as questões críticas nas áreas de urbanização incipiente. As políticas espacialmente neutras para incentivar a integração rural-urbana devem ser o fundamento da estratégia do governo: melhorar os mercados imobiliários e os direitos de propriedade para sustentar a mobilidade e a diversificação da renda, melhorar os serviços sociais rurais e urbanos, e incentivar estruturas de governança inclusiva nas pequenas cidades (o quadro 7.9 discute a importância da titulação da terra no Camboja e no Vietnã).

A posse segura promove mais investimentos em terra e moradia, melhora a capacidade de transferir a terra e incrementa o acesso ao crédito. China, Paquistão e Vietnã confirmam sua importância para o investimento nas áreas de baixa densidade. Os agricultores usam mais mão de obra e insumos nos lotes que possuem do que em terras arrendadas. Eles também usam a terra como garantia de novas atividades e beneficiam-se com o aumento do preço das terras. Na Índia, os preços das terras com título de propriedade são em média 15% mais altos que os das terras sem título. Nas Filipinas, os imóveis com título de propriedade obtêm preços 58% mais altos que os imóveis sem título, e em Jacarta os preços dos imóveis com título são 73% mais altos.[62]

Apesar dessas vantagens óbvias, mais de 50% da população da periferia urbana na África e mais de 40% na Ásia vivem com posse informal. Em muitos países, a melhoria da posse da terra (e do registro) é impedida por acordos de posse políticos e consuetudinários. Na África, onde as instituições consuetudinárias cobrem entre 90 e 98% da terra, as políticas para formalizar a posse da terra precisam começar com sistemas consuetudinários e acrescentar gradualmente as características do registro de terra moderno. Uma vez que os direitos reconhecidos pela comunidade são obtidos em Benin, Gana, Moçambique e Namíbia, os indivíduos podem pedir a certificação e o registro pleno da terra, e ambos podem ser usados para obter crédito.

Melhorar a administração da terra. A Ásia Central e o Leste Europeu têm a experiência mais sistemática com administração da terra, desde países da Europa Central com antigas tradições de mercados imobiliários até países da Ásia Central onde não existiam mercados imobiliários. Durante a

QUADRO 7.9 *Conceder título de propriedade para uma transformação rural-urbana sustentável*

"Recibos de pedido" no Camboja

O Camboja está formalizando a propriedade da terra por meio da distribuição de títulos agrários, com benefícios imediatos no que tange ao aumento da produtividade e do valor das terras.[a] Embora os tribunais e outras instituições formais para resolver os conflitos agrários sejam lentos, documentos formais de posse da terra têm autoridade na maioria das comunidades rurais. Se o possuidor detém o título formal da terra em disputa, sua posição é fortalecida, mesmo se o conflito for resolvido por meios informais.

Em 1989, o uso individual da terra para a agricultura foi regulamentado por lei.[b] Os residentes das áreas rurais foram incentivados a apresentar pedidos de certificados de propriedade da terra, e foram recebidos pedidos para 4 milhões de lotes. Devido aos limites da capacidade administrativa e do alcance do governo, somente cerca de meio milhão de títulos foram realmente distribuídos.[c] Mas as pessoas que apresentaram o pedido receberam um "recibo de pedido", documento funciona muitas vezes como título formal.[d]

Essa visão foi confirmada pela lei agrária de 1992, que determinou que um "recibo de pedido" constitui uma reivindicação válida sobre o lote. Em 2004, o governo deu início a um programa abrangente de gestão e administração da terra, e um dos seus componentes centrais inclui um plano sistemático de concessão de títulos de propriedade. No final de 2005, aproximadamente 457 mil lotes haviam sido registrados sob esse programa, e 166 mil títulos haviam sido distribuídos.[e]

"Livros vermelhos" no Vietnã

Em 1981, o Vietnã passou para um sistema semelhante ao "sistema de responsabilidade familiar" chinês, no qual os usuários da terra têm o direito de guardar o excedente da produção acima da quota fixada. Em 1988, certos direitos individuais de propriedade da terra agrícola foram transferidos para as famílias de agricultores. Na lei agrária de 1993, foi ordenada a distribuição de certificados de uso da terra – conhecidos como "livros vermelhos". Os livros vermelhos contêm os direitos de vender, arrendar, hipotecar e legar a terra. Portanto, a ideia de um mercado agrário foi autorizada formalmente.

Os livros vermelhos aumentam as atividades do mercado agrário, e essas atividades aumentam a produtividade agrícola ao transferir a terra para os usuários mais produtivos, reduzindo as ineficiências.[f] A liberalização do mercado agrário foi seguida por um aumento da mobilidade à medida que as famílias venderam a terra para buscar novas oportunidades econômicas no setor de trabalho assalariado.[g] Portanto, um mercado agrário mais fluido facilitou a transformação em curso no Vietnã de uma economia predominantemente agrícola para outra mais diversificada e urbanizada. É uma parte importante de uma estratégia que proporcionou talvez a redução de pobreza mais impressionante em qualquer país na história recente.[h]

Contribuição de Thomas Markussen.
a. Markussen, no prelo; Banco Mundial 2003b. b. Boreak 2000. c. Sophal, Saravi e Acharya 2001. d. Sovannarith e outros 2001. e. Deutsch 2006. f. Deininger e Jin 2003; Ravallion e van de Walle 2006b. g. Ravallion e van de Walle 2006b. h. Banco Mundial 2003b.

QUADRO 7.10 *Mercados imobiliários em transição*

Os primeiros passos no Leste Europeu e na Ásia Central restauraram os direitos de propriedade, privatizaram ativos estatais e promoveram a equidade da habitação. A reconstrução dos sistemas de administração de terra para *cadastro* e registro veio depois. Registros adequados eram necessários para estimular os mercados imobiliários e cuidar da alocação e consolidação da terra. Infraestrutura de informação, capacidade institucional e bases de dados foram as áreas enfocadas. Alguns países estão entrando agora na terceira fase e recolhendo impostos sobre a propriedade, administrando as terras públicas e emitindo licenças para construção.

Algumas lições:

- Reformar sistemas jurídicos e institucionais disfuncionais como os da América Latina pode ser mais difícil que começar do zero (Quirguistão, Geórgia).
- Uma única agência deve ser responsável pelo registro e pelos *cadastros*. Um sistema combinado é mais eficiente e mais fácil de autofinanciar.
- Um líder local é necessário, de preferência que não seja nem perito nem advogado. Promotores de mudanças entusiastas foram cruciais em Moldova e na República Tcheca. Funcionários competentes na Federação Russa, na Sérvia e na Turquia foram necessários para conceber e implementar os novos sistemas. Um registro sistemático não foi necessário porque havia registros agrários adequados anteriores ao socialismo, e houve poucas transações durante o período socialista.
- Um sistema sólido que inclui pedidos via internet reduz os custos de transação dos usuários e as oportunidades de corrupção pode ser atualizado automaticamente.

Contribuição de Cora Shaw e Gavin P. Adlington.

transição da economia planificada para a de mercado, os países tentaram restabelecer a equidade na terra e direitos de propriedade, aprofundar os mercados agrário e de capital, e aprimorar funções públicas como a taxação agrária, o planejamento e a administração de ativos. Agora eles precisam aperfeiçoar os mecanismos que permitem os registros, as avaliações e as transações (ver quadro 7.10).

Instituir mecanismos que regem o uso e a conversão da terra pode ser difícil. Certos países temem que a conversão da terra prejudique a produção de grãos e a segurança

QUADRO 7.11 *Fortalecimento de instituições de mercados de terras para integração rural-urbana*

Administração agrária na periferia urbana da Douala – o Projeto Mbanga-Japoma nos Camarões

Mbanga-Japoma, um projeto de desenvolvimento agrário em Douala, nos Camarões, fornece terra urbanizada a um preço razoável e concilia as práticas de desenvolvimento formal e consuetudinária. A primeira fase, que cobria 160 hectares a 30 km do centro da cidade, começou como uma parceria entre instituições públicas, investidores privados formais e proprietários consuetudinários. A parceria desenvolve o local com serviços de infraestrutura primária e secundária (estradas, água, esgoto, saneamento, eletricidade), delimitando lotes de terra entre 1 e 8 hectares. O empreendedor devolve 45% da terra ao proprietário consuetudinário e conserva 55%. Os blocos são então subdivididos e vendidos, ou pelo empreendedor ou pelos proprietários consuetudinários. O custo final de um lote urbanizado é muito mais baixo que o daqueles oferecidos pelo setor privado formal.

Embora haja questionamentos sobre a escolha dos lotes urbanizados a serem comprados, a abordagem oferece uma nova perspectiva para parcerias na gestão do uso rural-urbano da terra nas cidades subsaarianas e em torno delas.

Direitos agrários secundários e agricultura na região central de Mali

Direitos agrários secundários – incluindo parcerias agrícolas, arrendamento e empréstimo de terra em posse costumeira – são muitas vezes considerados abusivos porque não concedem posse permanente aos usuários. Mas, em certas circunstâncias podem beneficiar os detentores tanto de direitos secundários quanto permanentes. No vilarejo de Baguinéda, na parte central de Mali, os direitos secundários permitem que os agricultores em pequena escala contratem trabalhadores migrantes em troca de direitos temporários de cultivo dos lotes. O sistema é altamente estruturado, com dias específicos da semana designados para os lavradores e outros que cultivam a terra emprestada. A posse de terra no vilarejo é quase exclusivamente submetida ao sistema costumeiro, controlado pelo conselho do vilarejo, que autoriza a alocação dos direitos secundários. Uma demanda forte dos mercados urbanos próximos por produtos hortigranjeiros torna o cultivo, mesmo que de um lote pequeno, rentável e, por conseguinte, atrativo para os migrantes.

Administração inclusiva – as cidades integradas da República da Coreia

A República da Coreia desenvolveu as cidades integradas rural-urbanas para superar as deficiências das iniciativas iniciais de desenvolvimento rural. A política de cidades integradas incorpora condados rurais às cidades num modelo espacial unificado. A meta é melhorar os serviços públicos locais e a administração local e reduzir as disparidades rural-urbanas.

A partir de 1994, o governo selecionou 49 cidades e 43 condados como candidatos. Os critérios de seleção incluíam homogeneidade histórica, as condições topográficas naturais e o potencial de desenvolvimento equilibrado no interior da cidade integrada. As cidades e os condados selecionados organizaram audiências públicas e pesquisas com os cidadãos. Depois dessa seleção, 41 cidades e 39 condados foram amalgamados em 40 cidades integradas rural-urbanas.

Pesquisas de opinião sugerem que os residentes e os conselheiros locais percebem os benefícios. Todos concordam que as cidades integradas levam a um melhor planejamento de uso da terra nas áreas urbanas. Os aspectos que podem ser melhorados incluem a equidade da prestação de serviços, pois os residentes das áreas rurais e urbanas têm necessidades diferentes, e a frágil participação rural, já que os habitantes urbanos parecem ser mais organizados.

Consolidação da terra na Indonésia

O Programa de Consolidação da Terra implementado na Indonésia nos anos 1990 mostra como facilitar o desenvolvimento organizado de áreas com rápido crescimento e como planejar o desenvolvimento das áreas vacantes nas periferias urbanas.

O prefeito tem autoridade para determinar a localização das áreas de consolidação e para administrar e supervisionar o processo. Mas os atores principais são os proprietários privados e os ocupantes da terra (pertencente ao Estado).

A exigência mínima para a consolidação da terra é que pelo menos 85% dos proprietários que representam pelo menos 85% da área estejam de acordo. Todos os participantes contribuem fornecendo terra para a infraestrutura e os serviços. A quantidade de terra que um participante precisa entregar é determinada por consenso. Os pequenos proprietários que não podem contribuir com terra podem contribuir com dinheiro ou trabalho. As contribuições financiam a infraestrutura e as instalações – e formam uma reserva de "terra de custo equivalente", a ser usada somente pelos pequenos proprietários para aumentar suas parcelas.

Fontes: Equipe do RDM 2009; Groupe Recherche/Actions pour le Développement 2001; e Kim 1998.

alimentar (a China e a República Árabe do Egito). Muitos outros são limitados por formas tradicionais de posse da terra, como os sistemas comunitários na África e o *ejido* no México. Em todos os casos de título de propriedade incerto, a conversão da terra tende a beneficiar o Estado e os empreendedores em detrimento dos agricultores ou domicílios rurais que tradicionalmente possuíam ou cultivavam a terra.

No México, o sistema tradicional de terra comunitária evoluiu para permitir as transações de terras. Depois da Revolução de 1917, o México distribuiu mais de 100 milhões de hectares, ou 50% da sua área cultivável, das grandes fazendas para os *ejidos*, comunidades rurais organizadas segundo estruturas sociais indígenas pré-coloniais. Mas a redistribuição minou os direitos de propriedade, e a exigência de que a terra fosse usada para cultivo próprio impossibilitou os mercados de arrendamento. Em 1991, o sistema deu mais liberdade aos *ejidos* para vender e arrendar a terra. Dos 150 mil hectares usados para desenvolvimento urbano entre 1995 e 2000, mais de dois terços provinham dos *ejidos*. A renda não-agrícola dos agricultores aumentou 45%. (O quadro 7.11 apresenta exemplos promissores.)

Urbanização intermediária (áreas bidimensionais): instituições e infraestrutura para aumentar a densidade e reduzir o congestionamento

As áreas que se urbanizam rapidamente esperam um fluxo contínuo de migrantes e um aumento do congestionamento. As prioridades incluem o fornecimento de serviços sociais para os residentes das áreas rurais e urbanas, a garantia da fluidez dos mercados imobiliários e o investimento em infraestrutura no centro em expansão das cidades e em torno dele.

Expandir as jurisdições administrativas para coordenar os investimentos em infraestrutura. Entre as muitas cidades que absorveram sul-coreanos da área rural estão Seul e Daegu. Ambas as cidades puderam

Mapa 7.3 Economias descentralizadas e de localização em Daegu

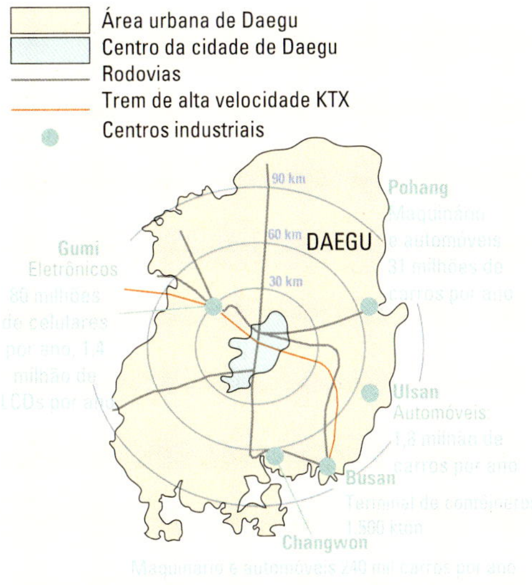

Fonte: Área Metropolitana de Daegu.

inicialmente se urbanizar tendo como pano de fundo políticas espacialmente neutras, mas logo começaram a enfrentar o congestionamento, que exigia políticas espacialmente conectivas. De fato, o congestionamento habitacional em Seul tornou-se um problema grave em 1960 à medida que a área passava pelo estágio intermediário da urbanização e absorvia um grande influxo de pessoas do exterior depois que o país obteve independência do Japão e das áreas rurais da República da Coreia. Para ajudar a administrar esse problema, a área de Gangnam, ao sul do Rio Han, foi incorporada ao território de Seul em 1963, e foi lançado o Programa de Desenvolvimento de Gangnam. Esse programa envolvia uma série de projetos de infraestrutura espacialmente conectiva escalonados em 30 anos, incluindo várias pontes sobre o Rio Han e uma linha de metrô circular de 54,2 km ligando Gangnam ao centro de Seul.

A história de Daegu é semelhante. Entre 1950 e 1990, a população de Daegu foi multiplicada por seis, de 355 mil para quase 2 milhões,[63] à medida que sua indústria têxtil em expansão atraía migrantes rurais em busca de uma vida melhor, produzindo congestionamento. A resposta política foi integrar Daegu e seu interior expandindo sua zona administrativa em 1987 e novamente em 1995, seguida pela construção de um sistema de metrô e pela expansão do sistema de ônibus da cidade. A cidade também passou por uma construção contínua e melhoria das estradas locais. Em 1980, pouco mais de 40% das estradas locais de Daegu eram pavimentadas, e em 1995 quase todas tinham sido pavimentadas.

Ao combinar o acesso universal aos serviços mais básicos e mercados imobiliários razoáveis aos investimentos para melhorar a conectividade espacial com outras áreas do país, Daegu prosperou. A manufatura foi desconcentrada de Daegu para a província circundante de Gyeongsangbukdo, e a economia local diversificou-se, reduzindo sua dependência da indústria têxtil e passando para setores com produção de maior valor agregado. Daegu agora está no centro de um sistema urbano vibrante cercado por cinco cidades, todas com facilidade de transporte até o centro da cidade, e cada qual tendo evoluído para oferecer economias de localização (ver mapa 7.3). Gumi foi apelidada de "Vale do Silício da Coreia" pela sua especialização em eletrônicos, enquanto as cidades

Mapa 7.4 Changsha, Zhuzhou e Xiangtan – infraestrutura espacialmente conectiva numa área de duas dimensões

Fonte: Instituto Chinês de Planejamento e Projeto Urbano e Comissão de Desenvolvimento e Reforma de Hunan 2005.
Nota: A principal artéria é formada pela Ferrovia Pequim-Guangzhou, pela rodovia Pequim-Zhuhai e pela Rodovia Estadual 107.

costeiras de Pohang e Ulsan são sedes, respectivamente, da Pohang Steel Company e da Hyundai. Ulsan também é sede de uma das maiores indústrias de construção naval do mundo, e ambas cidades estão na vanguarda da industrialização exportadora da República da Coreia.

Outros exemplos são Chongqing e Chengdu, que estão se urbanizando rapidamente. Seguindo uma estratégia desavergonhada de crescimento econômico baseado na urbanização, a China está promovendo a "abordagem de área" no oeste do país. Ambas têm uma população urbana de aproximadamente 43%, igual à média da China. O objetivo é aumentar essa parcela para 70% em 2020, mas de forma a acelerar a concentração das atividades econômicas, reduzindo, ao mesmo tempo, as disparidades rural-urbanas de padrões de vida. Os fundamentos dessa estratégia são as instituições e a infraestrutura (ver quadro 5 em "Visão Geral").

Se os mercados favorecerem esses dois lugares tanto quanto os governos central e provincial, as duas cidades irão melhorar a vida de milhões de pessoas no interior da China. As iniciativas já começaram a ter impacto local. Em Chongqing, a renda rural na primeira metade de 2007 aumentou mais rápido que a dos residentes urbanos. O investimento estrangeiro é aproximadamente o mesmo de Xangai uma década atrás. As indústrias são atraídas pelos salários baixos e pelo baixo custo da terra. Segundo estatísticas do governo, a média salarial, de US$ 2 a US$ 3 por dia, é muito inferior à de Pequim ou Xangai. Acredita-se que a concentração de agricultores em Chengdu tenha aumentado a produtividade em 80%. A industrialização tem absorvido aproximadamente 100 mil agricultores por ano, com alguma diminuição das diferenças de renda rural-urbana.

Diversas áreas no estágio intermediário de urbanização na China parecem seguir o princípio de um instrumento adicional por desafio dimensional de congestionamento. Um exemplo é a área das três cidades no nordeste da província de Hunan, na China central (ver mapa 7.4). Um aglomerado de três cidades – Changsha, Zhuzhou e Xiangtan – tem uma população combinada de cerca de 13 milhões e representa aproximadamente um quinto da província. Com uma renda que supera a média nacional em 17% e a média de Hunan em 61%, esse aglomerado é uma área de urbanização intermediária com uma parcela urbana de 50%.

Um plano de área – o primeiro do gênero no interior da China – foi formulado em 2005.[64] O plano especifica um marco regulatório de planejamento de uso da terra dentro do qual os preços de mercado serão permitidos para alocar a terra para diferentes usos. Também fornece diretrizes de planejamento, incluindo, por exemplo, a garantia dos direitos de uso da terra e a promoção da intensificação agrária nas áreas centrais das cidades. O plano estabelece uma série de políticas espacialmente conectivas que almejam promover a conectividade entre as três cidades da aglomeração. Estas incluem projetos de rodovias e de ferrovias de alta velocidade para conectar Xiangtan a Zhuzhou e anéis viários em torno de cada uma das três cidades. O plano é uma boa ilustração de como o princípio "um I para um D" pode ser operacionalizado usando uma abordagem de área.

Investir na conectividade do transporte enquanto a reforma institucional continua. As áreas metropolitanas desenvolvidas raramente deixam o desenvolvimento urbano sem planejamento. Os mercados agrário e de habitação ajudam a alocar o espaço residencial e de escritórios. Os sistemas em rápida expansão precisam de direitos de propriedade claros para fornecer incentivos para as transações agrárias e corrigir as avaliações da terra para evitar o viés urbano e muita migração para a cidade. Cingapura desenvolve planos de terra e habitação a cada 10 anos e deixa o mercado funcionar uma vez que os setores público e privado concordam a respeito das

QUADRO 7.12 *Retroadaptação da infraestrutura de transporte em Bangkok*

Nos anos 1990, estima-se que um carro médio em Bangkok passava 44 dias por ano imobilizado no trânsito. Como foi que essa situação se consolidou? E como está sendo remediada?

Bangkok, cidade de cerca de 7 milhões de habitantes, é produto de centenas de anos de crescimento acelerado ao longo das tradicionais configurações fundiárias. O resultado é uma cidade cortada por ruelas estreitas, muitas das quais sem saída (chamadas *soi*), e com poucas estradas principais. De fato, as estradas principais estão afastadas 7 km ou mais umas das outras. De acordo com uma estimativa recente, as estradas só representam aproximadamente 6,1% da superfície do centro de Bangkok, e somente 1,7% nas áreas periféricas. Nos países de renda alta é comum que 20 a 30% da superfície urbana sejam dedicados às estradas. Mesmo com esse congestionamento extremo, a atividade econômica tem demorado a se descentralizar para outras cidades da Tailândia, ou para os distritos suburbanos de Bangkok, por causa da atratividade persistente das economias de aglomeração, atividades socioculturais e infraestrutura essencial para as exportações, incluindo o porto, oferecidas por Bangkok.

Nos últimos anos, foram construídos diversos viadutos e vias elevadas, além de um sistema de trem elevado (Skytrain), corredores de ônibus e dois anéis viários periféricos. Mas o número de carros também explodiu, aumentando o trânsito e diminuindo o impacto dos investimentos paliativos. Olhando para o futuro, a taxação do congestionamento e o aumento das tarifas de estacionamento parecem ser opções políticas promissoras. Reduzir as tarifas do Skytrain e estender o transporte rápido a outras partes de Bangkok, talvez usando o transporte rápido por ônibus, apresenta um desafio maior.

Contribuição de Austin Kilroy.
Fontes: Angel 2008; Bae e Suthiranart 2003; e Gakenheimer 1999.

atividades econômicas a desenvolver e dos padrões residenciais necessários para acomodar as empresas e os trabalhadores.

O transporte urbano, junto com a administração da terra urbana, determina a forma da cidade e seu impacto ecológico. A mobilidade urbana é particularmente importante para os pobres. Em Buenos Aires, 87% dos empregos na área metropolitana são acessíveis em 45 minutos. Na Cidade do México, 20% dos trabalhadores gastam mais de três horas deslocando-se para o trabalho todos os dias. A população pobre da área urbana de Pequim e Xangai gasta menos de 5% da sua renda com transporte porque anda a pé ou de bicicleta. Se escolhessem andar de ônibus, os custos chegariam a 40% de sua renda.[65] No Brasil, o *vale transporte* é uma maneira eficaz de subsidiar os trabalhadores pobres

QUADRO 7.13 *Novas cidades: fuga das selvas urbanas ou catedrais no deserto?*

Tentou-se criar novas cidades na Europa sem muito sucesso. No Reino Unido, o Relatório da Comissão Barlow de 1940 estimulou o interesse por novas cidades. Entre 1947 e 1968, a Grã-Bretanha criou 26 novas cidades para controlar o crescimento de Londres e estimular o desenvolvimento da Escócia e do País de Gales. Em 1965, a França adotou um programa semelhante – nove cidades, cinco na área de Paris e quatro em áreas atrasadas, foram construídas. Esses programas foram logo interrompidos e deixados de lado porque eram insustentáveis. As novas cidades nunca alcançaram a população planejada, nem contiveram o crescimento de Londres ou Paris. A experiência dos países em desenvolvimento foi ambígua.

Fracasso no Egito

O programa de novas cidades do Egito é o maior do mundo. Em 20 anos o Egito construiu 20 novas cidades e está preparando mais 45. O primeiro conjunto de 24 cidades foi inaugurado em 1974–75 como uma manifestação do compromisso político de conquistar o deserto e garantir o crescimento sustentável. Grandes zonas industriais foram criadas e generosos incentivos fiscais foram concedidos ao setor privado. A terra era praticamente de graça. A "primeira geração" de novas cidades incluía seis pequenas cidades, cada uma com sua própria base industrial e grandes metas populacionais.[a] Dez anos depois – em meados dos anos 1980 – o programa seguinte baseado em estabelecimentos satélite foi inaugurado, e nove estabelecimentos de segunda geração foram criados em torno do Grande Cairo. Uma terceira geração incluía cidades gêmeas perto das capitais das províncias, como Nova Tebas.

O desempenho das seis cidades criadas 30 anos atrás sugere um registro ambíguo no melhor dos casos. As cidades mais próximas ao Cairo atraíram negócios e pessoas, embora muito menos que o esperado. As cidades distantes do Cairo (incluindo Sadat City, presumidamente a nova capital) continuaram sem atrativos para o trabalho qualificado devido à falta de serviços e de ligações de transporte. As novas cidades não têm mais que 1 milhão de habitantes (1% da população do Egito), comparadas com os 5 milhões planejados para 2005. O programa também foi custoso: 22% do investimento do Ministério da Infraestrutura sob o Quarto Plano (1997–2001) foi gasto com essas novas cidades. Isso vai aumentar se o governo continuar com sua política de desenvolvimento das periferias urbanas. A ênfase na atração do investimento não foi equilibrada pela necessidade de tornar as cidades atraentes para o trabalho qualificado e acessíveis a partir dos centros urbanos estabelecidos. Finalmente, a criação das novas cidades teve pouco impacto na descongestionamento do Grande Cairo. Sem recursos suficientes para atender as necessidades urgentes de infraestrutura, as favelas do Cairo estão se alastrando.

Sucesso na China

A abordagem da China reconhece a necessidade de se criar cidades com acesso aos principais mercados e redes de transporte. Shenzhen foi a primeira zona econômica especial (ZEE) a ser aprovada por Deng Xiaoping em 1980. De uma pequena cidade de 30 mil habitantes, ela cresceu para 800 mil em 1988 e 7 milhões em 2000. Os novos residentes incluem os profissionais mais bem treinados do país, atraídos por altos salários, melhor habitação e oportunidades de educação para suas crianças. O PIB per capita aumentou mais de 60 vezes.

Shenzhen deve seu sucesso à proximidade de Hong Kong; sua conexão dentro da área e com outras cidades da China; e sua forma urbana:

- *Acesso aos mercados estrangeiros.* A localização da ZEE perto da cidade de Hong Kong facilitou o investimento estrangeiro, a assistência técnica e o acesso aos mercados estrangeiros.
- *Conexão dentro da área.* Para distribuir os frutos do desenvolvimento, os limites do município foram expandidos para estender os benefícios da cidade para todos os trabalhadores. O hukou rural foi abolido no município, e todos os serviços urbanos tornaram-se acessíveis a todos os residentes. A localização da área urbana de Shenzhen na área do delta do Rio Pérola garantiu as melhores ligações possíveis com o interior e outros núcleos urbanos nas regiões do delta. As decisões complementares para facilitar a mobilidade e a integração incluem investimentos em infraestrutura de transporte e a mudança do sistema baseado em estradas para outro baseado em ferrovias.
- *Forma urbana funcional.* O plano abrangente para Shenzhen antevê uma metrópole policêntrica que conecta a ZEE aos nódulos urbanos por meio de transporte eficiente.

Fontes: Equipe do RDM 2009; Stewart 1996; e Banco Mundial 2007k.

a. Por exemplo, Seis de Outubro tinha uma meta de população original de 500 mil, que foi elevada no final dos anos 1980 para 1 milhão, e atualmente é de 2,5 milhões. A população real é provavelmente inferior a 200 mil.

na ausência de um bom transporte urbano – financiado pelo governo central e pelo empregador em partes iguais. Várias cidades grandes têm redes de transporte público que são usadas intensamente – metrô em Nova Déli, Calcutá e Mumbai, ônibus e metrô em São Paulo –, mas a rede torna-se rapidamente inadequada e congestionada por causa da rapidez do crescimento populacional. Uma manutenção periódica e novos investimentos em infraestrutura são necessários para sustentar a densidade nas áreas urbanas (ver quadro 7.12).

Levar a infraestrutura aos lugares mais promissores. Diversos países criaram novas cidades para deslocar a capital (Brasília), para descongestionar a capital (Seul) ou por motivos econômicos. Criar novas cidades com a única finalidade de desviar a população da capital costuma ser

Mapa 7.5 O *TransMilenio* de Bogotá ajudou a integrar os pobres

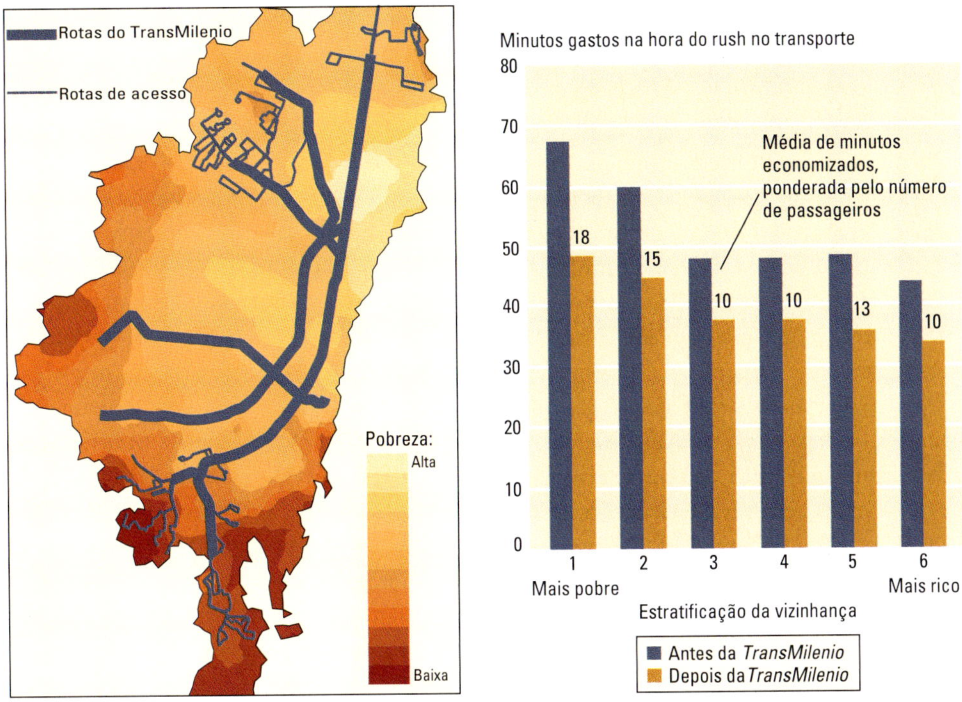

Fonte: Yepes 2009.

arriscado, como se vê no Brasil, na França, na República Bolivariana da Venezuela, no Reino Unido e, mais recentemente, no Egito e na Nigéria.[66] As novas cidades só se tornam atraentes para os investidores privados quando atingem um certo patamar, mas não há como saber qual.[67] E quando as cidades são criadas longe das principais redes de transporte e dos centros de negócios, é improvável que elas venham a ter sucesso econômico.

Quando os mercados identificam cidades promissoras, investimentos estratégicos em infraestrutura e bens públicos podem acelerar seu potencial de crescimento econômico (ver quadro 7.13). Cidades secundárias que promovem o acesso aos mercados, melhoram a administração da cidade e formam capital humano parecem ser uma alternativa melhor. E, se as preocupações políticas ditam a criação de novas cidades, as preocupações com a eficiência orientarão as localizações para perto dos mercados crescentes e do acesso à infraestrutura. Trabalhar com cidades existentes é preferível à criação de novas cidades do zero. Mas, se novas cidades são criadas, elas precisam ser construídas em escala apropriada, perto dos mercados, e planejadas para responder à demanda.

Mapa 7.6 Densidade econômica de Seul com boas conexões com outras cidades

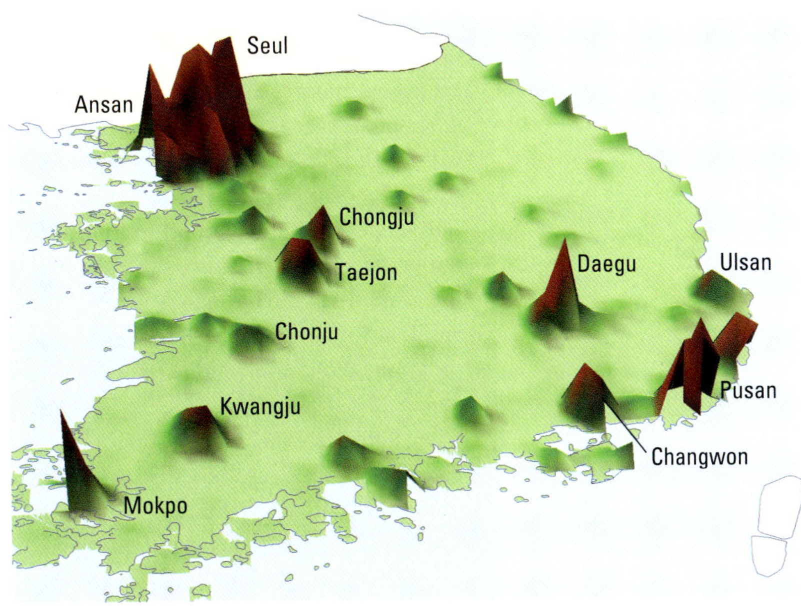

Fonte: Equipe do RDM 2009 e Equipe de Pesquisa do Banco Mundial, baseados em estimativas de 2000 do PIB nacional. Ver também Nordhaus 2006.

Urbanização avançada (áreas tridimensionais): instituições e infraestrutura para maior densidade e distância mais curtas, e incentivos direcionados para combater as divisões

As áreas metropolitanas bem-sucedidas tanto dos países desenvolvidos quanto em desenvolvimento possuem mercados imobiliários que funcionam bem, administração representativa, infraestrutura de transporte impecável e políticas sociais para integrar os residentes de baixa renda.

Usar uma combinação inclusiva de instituições, infraestrutura e incentivos. A capital da Colômbia, Bogotá, exibe a determinação e os recursos necessários para uma urbanização inclusiva numa região metropolitana. Embora a renda da área a coloque no nível de renda médio-alta, 43% da população de 6,7 milhões de pessoas são considerados pobres. Um em cada 12 residentes vive em favelas, e aproximadamente um terço dos novos cidadãos nos anos recentes são migrantes rurais. A cidade tomou medidas para tornar a urbanização inclusiva. Construiu melhores escolas, renovou os parques, inaugurou centros comunitários e melhorou as principais redes de água e saneamento. Desde 2000, um sistema público-privado de transporte rápido por ônibus, o *TransMilenio*, melhorou a acessibilidade em toda a cidade. O tempo de trajeto caiu em média 15 minutos, com reduções maiores para os domicílios das partes mais pobres da cidade (ver mapa 7.5). Com a ajuda dessas melhorias de infraestrutura, o *Programa de Mejoramiento Integral de Barrios* de Bogotá, reconhecido internacionalmente, ajudou os bairros mais pobres a integrarem-se à cidade. Lançado em 2003, já auxiliou 930 mil pessoas. Acredita-se que o programa tenha contribuído para aumentar em até 11% o valor das casas.[68]

A República da Coreia também oferece boas lições. Nos anos 1950, existia um número estimado de 136.650 regiões com favelas não registradas na República da Coreia, mais de 2.200 deles na área central de Seul.[69] Políticas espacialmente direcionadas para reurbanizar as áreas de favelas de Seul foram lançadas já em meados dos anos 1960. Mas sem a realização dos investimentos necessários em instituições espacialmente neutras e infraestrutura espacialmente conectiva, essas políticas só conseguiram transferir as favelas dos seus locais de origem para outras áreas de favelas, como Mokdang, Nangok e Shillim, perto do complexo industrial Guro, cujas indústrias têxteis e outras ofereciam oportunidades de empregos de baixa qualificação para os migrantes rurais.

O governo da República da Coreia teve mais sorte quando tentou novamente com um conjunto expandido de políticas nos anos 1980. Nessa época, a República da Coreia estava se aproximando do estágio avançado de urbanização, e o nível de população de Seul havia começado a se estabilizar (ver mapa 7.6). Além disso, já havia passado tempo suficiente para que as políticas espacialmente neutras e conectivas implementadas anteriormente fizessem efeito.

Entre 1984 e 1990, a capacidade viária em expansão lutava para acompanhar o crescimento do número de veículos. Para resolver esses problemas, eram necessários planos mais abrangentes de integração cidade-periferia, e em 1989 o novo Plano de Desenvolvimento Urbano foi lançado. Cinco novas cidades foram construídas a cerca de 25-30 km de Seul. Os investimentos em infraestrutura conectiva foram essenciais para o sucesso dessa integração. O sistema de metrô foi estendido e um anel viário foi construído, aliviando o congestionamento do trânsito.

Durante esse período, 93 áreas de favelas numa superfície de 427 km^2 foram modernizadas, incluindo as áreas de favelas de Wolgoksadong e Mok-dong.[70] Os moradores desta última se beneficiaram de uma bem-sucedida melhoria *in situ*, os da últimas foram transferidos para que o governo limpasse a área e a substituísse por um moderno complexo de apartamentos. Os invasores receberam subsídios para a mudança de aproximadamente US$ 2 mil por pessoa e o direito de comprar um apartamento novo com desconto.[71]

A Turquia também se transformou de uma sociedade predominantemente rural em outra principalmente urbana ao longo do último meio século. Desde que se tornou membro da Organização para a Cooperação e Desenvolvimento Econômico (OCDE), em 1961, a população urbana da Turquia aumentou de cerca de um terço para dois terços[72] ao mesmo tempo em que o PIB per capita mais que triplicava, chegando US$ 6.600.[73] O impulso para esse aumento da densidade foi o rápido crescimento das cidades da Turquia, e a principal delas, Istambul.

Em 1960, a população de Istambul era de aproximadamente 1,5 milhão, igual à de Kansas City hoje nos Estados Unidos. Com uma população atual de mais de 10 milhões, Istambul é agora uma das maiores cidades da Europa, aproximadamente do mesmo tamanho que Chicago.[74] Grande parte desse crescimento foi acomodado no lado asiático da cidade, que recebeu ondas sucessivas de imigrantes rurais. Agora ele é o ponto de partida de uma maré diária de pendulares que atravessam o Bósforo para trabalhar do lado europeu da cidade.

A base da transformação da Turquia numa economia urbana foram as reformas espacialmente neutras que acompanharam a criação da República da Turquia moderna. A Constituição turca de 1924 incluiu a adaptação das leis e da jurisprudência europeias às necessidades da nova República, reconhecendo os direitos privados de propriedade. As reformas introduzidas sob Mustafa Kemal Ataturk unificaram o sistema educacional do país, fornecendo o pano de fundo para maior acesso à educação ao longo do último meio século. Em 1960, a parcela da população com mais de 15 anos de idade que não tinha escolaridade era de 67%, e em 2000, de 18,6%.[75] E melhores serviços de saúde ajudaram a aumentar a expectativa de vida de 51 anos em 1960 para 71 anos em 2005.[76]

As reformas dos anos 1920 ajudaram a lançar as bases da rápida expansão de Istambul, mas a cidade teve de lutar contra o congestionamento. Para isso, melhorou sua infraestrutura conectiva. O ano de 1973 marcou a abertura da ponte de oito pistas sobre o Bósforo que liga as partes europeia e asiática da cidade. Em seguida, em 1988, foi completada a segunda ponte sobre o Bósforo. Em 1989, a primeira linha de trem metropolitano leve foi inaugurada entre as áreas de Aksaray e Kartaltepe. Ao mesmo tempo, uma segunda linha de trem metropolitano leve foi inaugurada em 2007, complementando a construção em 2005 de uma linha de "metrobus" de 11 km. Outros estão em planejamento.

Com essa prosperidade veio a divisão. Grande parte do rápido crescimento de Istambul ao longo das últimas décadas

QUADRO 7.14 *Integração rural-urbana: Pequim, Guangzhou e Xangai*

Pequim, Guangzhou e Xangai – todas áreas prósperas – têm planos de interligar as áreas rurais e urbanas: fornecer serviços de educação e saúde, investir em infraestrutura e redes de transporte e construir distritos.

- *Serviços sociais.* Os governos oferecem treinamento vocacional e outros serviços para fomentar o emprego não-agrícola e ajudar os agricultores na transição da agricultura para a não-agricultura. Também oferecem incentivos para as empresas que treinam pessoas e as contratam após o treinamento. E fornecem serviços sociais como seguro médico e pensões para os residentes rurais. Pequim subsidiou o seguro médico cooperativo rural. Xangai aumentou as despesas públicas com serviços sociais rurais, incluindo educação e cobertura de saúde para os agricultores (100% cobertos por um plano de saúde coletivo rural). Guangzhou instituirá um fundo de pensão para cobrir todos os residentes locais.
- *Investimentos em infraestrutura.* Em 2005, Pequim construiu 304 km de estradas e ligou todos os vilarejos administrativos. Em Xangai, as vias expressas passaram de 200 km em 2003 para 550 km em 2005, e serão estendidas novamente para 750 km em 2010. Em Guangzhou, o suprimento de estradas, eletricidade e água para todos os assentamentos rurais com mais de 100 residentes foi completado em 2007.
- *Integração das áreas adjacentes.* As três cidades incentivaram as indústrias tradicionais a se mudar da região de negócios central (onde os aluguéis são bastante altos) para a periferia (usando incentivos fiscais) e autorizaram a indústria de alto valor agregado a se mudar para a área central. Um programa de construção de distritos foi lançado para formar um sistema urbano centrado numa cidade interna de 10 milhões de habitantes, cercada por cidades secundárias, cidades centrais e vilarejos. Em 2003, Guangzhou iniciou a construção de 10 cidades centrais financiadas pelo governo municipal. Xangai começou a implementar o "plano 1966", que almeja ter em 2020 uma cidade principal, nove cidades secundárias (centros históricos tradicionais), 60 novos distritos e 600 vilarejos centrais com 1.500 a 3 mil residentes cada.

Fonte: Equipe do RDM 2009.

ocorreu por meio do crescimento de assentamentos informais, como Sultanbeyli, Sarigaza, e Pasaköy, no lado asiático. Esses assentamentos se constituíram à medida que os migrantes rurais tiraram proveito de um antigo preceito jurídico que sobreviveu às reformas de Ataturk: não importa quem seja o proprietário da terra, se as pessoas conseguirem construir suas casas da noite para o dia e tiverem se mudado pela manhã, elas não poderão ser despejadas sem ação judicial. Tais assentamentos, chamados *gecekondu*, abrigam grande parte da população de Istambul. Quase metade dos residentes da cidade – cerca de 5-6 milhões de pessoas – vive em moradias que são ou eram *gecekondu*. Embora os estabelecimentos como Sultanbeyli tenham se integrado à cidade, não foi o caso de outros como Pasaköy.[77] Istambul ainda precisa de programas direcionados para lidar com as divisões associadas à existência contínua de comunidades informais mal atendidas e pouco integradas.[78]

O delta do Rio Pérola na China enfrenta desafios semelhantes. A área, que consiste de nove cidades e tem uma população mais ou menos igual à da Espanha, representa uma das mais avançadas aglomerações urbanas da China. De fato, com uma população

Tabela 7.2 As intervenções para integrar a população pobre da região urbana foram bem-sucedidas

País (cidade)	Foco e objetivos	Características e lições principais
Tunísia (Nacional) Agence de Réhabilitation et de Rénovation Urbaine	Garantia da posse. Regulariza a posse, fornece infraestrutura e apoio para a melhoria das habitações e lotes para as famílias desalojadas.	Desencadeou um processo dinâmico de melhoria das habitações, ajudou a explicar a baixa proporção de população urbana nas favelas.
Brasil (Goiânia) Federação dos Arrendatários e Posseiros de Goiânia	*Garantia da posse.* Ocupação de terras públicas e garantia da posse mediante recurso ao direito dos cidadãos de ocupar as terras desocupadas e sem título.	Reúne 100 mil antigos arrendatários. Organização local de base apoiou com sucesso os esforços para obtenção de garantia da posse e acesso à infraestrutura e aos serviços.
Peru (Ilo) Governo municipal	*Fornecimento de terra.* Coloca à disposição de famílias de baixa renda lotes urbanizados para construção.	6 mil lotes urbanizados para moradia em 2005. Apesar de a população local ter aumentado cinco vezes entre 1960-2000, não há pressão por invasões de terra.
Argentina (Buenos Aires, San Fernando e San Jorge) IIED-América Latina	Fornecimento de terra. Terrenos urbanizados doados para facilitar o reassentamento e a redução da densidade; lotes alocados por sorteio administrado pela comunidade.	O programa é resultado de uma série de ações e iniciativas ao longo dos últimos 20 anos e é apoiado por uma ONG argentina que faz pressão junto às autoridades provinciais e municipais.
Namíbia (Windhoek) Shack Dwellers Federation of Namibia e governo municipal	*Leis de zoneamento flexíveis.* Compra/arrendamento da terra em grupo com serviços comunitários; tamanho dos lotes abaixo do mínimo nacional oficial.	Demonstra como os limites na forma de padrões de uso da terra urbana e regulamentações podem ser superados para tornar os terrenos urbanizados mais acessíveis às famílias de baixa renda.
Maláui (Lilongwe, Blantyre, Mzuzu) Malawi Homeless People's Federation	*Fornecimento de terra; regulação flexível.* Pressionou o governo por terra; demonstrou a capacidade dos membros de construir habitações de boa qualidade a custo baixo. Está mudando os padrões oficiais que influenciam o custo.	Desde 2003, cerca de 760 lotes foram fornecidos e empréstimos para construção de habitações foram disponibilizados por grupos financeiro para conter o crescimento das favelas e melhorar o uso da terra.
Paquistão (Orangi) Research and Training Institute	*Fornecimento de serviços.* Desenvolvimento comunitário de sistemas de drenagem e esgoto, financiados pelas comunidades locais e pelo governo.	96.994 domicílios em Orangi e 300 locais no Paquistão. Todos os custos podem ser cobertos pela eliminação dos empreiteiros e pela modificação dos padrões de engenharia.
15 países (Sul da Ásia, Leste Asiático e África) Slum Dwellers International	*Fornecimento de serviços.* Federações nacionais formadas por moradores de favelas; iniciativas para construir e melhorar casas e serviços básicos.	Grupos de poupança (formados sobretudo por mulheres) que administram coletivamente o dinheiro permitem que os grupos aumentem a capacidade de ação cooperativa; negociação de parcerias com os governos.
Tailândia (Nacional) Community Organizatons Development Institute	*Fornecimento de serviços.* Subsídios para infraestrutura e empréstimos habitacionais para organizações comunitárias formadas por famílias faveladas de baixa renda.	495 projetos em 957 comunidades atendem 52.776 famílias. Atividades identificadas por cada organização comunitária em parceria com atores locais; fontes de financiamento incluem contribuições da comunidade.
Nicarágua (Nacional) Programa de Desenvolvimento Local (PRODEL)	*Fornecimento de serviços.* Co-financia pequenos projetos de infraestrutura (água, saneamento, drenagem); melhoria das habitações, empréstimos e apoio para microempresas.	484 projetos beneficiam cerca de 60 mil famílias. Aprovisionamento de fundos para governos locais, ONG, organizações comunitárias e famílias.

Fonte: Sattherthwaite 2008, para este Relatório.
Nota: IIED = International Institute for Environment and Development; ONG = organização não-governamental.

urbana de quase 75% em 2006, é uma área tridimensional com o triplo desafio de gerar densidade, reduzir a distância e superar as divisões. As divisões se manifestam em "vilarejos urbanos", muitos dos quais seriam considerados favelas em outros lugares. Carecem de acesso ao serviço básico de saneamento. E estão sujeitos à degradação ambiental. As cidades da área do delta do Rio Pérola têm introduzido políticas espacialmente direcionadas para lidar com os vilarejos urbanos. A província de Guangdong, onde a área está localizada, começou a reconstruir os vilarejos urbanos em junho de 2000. A cidade de Zhuhai, por exemplo, almeja reconstruir 26 vilarejos administrativos. Um plano de incentivo permite que a administração do vilarejo, seus residentes e os empreendedores compartilhem a valorização da terra.

A integração rural-urbana faz parte da liberalização pós-1978 na China. Seguindo um modelo de distrito, o centro urbano é responsável pelo interior rural adjacente. À medida que a cidade cresce e sua área de influência se expande, os limites administrativos do distrito também se expandem. As cidades grandes promovem a inclusão ativa do seu interior adjacente financiando o investimento em infraestrutura e serviços sociais nas pequenas cidades e áreas rurais sob sua influência (ver quadro 7.14).

Instituir regulações corretas. Xangai, uma área metropolitana com status especial de província, tem uma população de 13 milhões de residentes registrados e 4 milhões de residentes permanentes, espalhados em 6.300 km^2. A proporção urbana é de quase 80%, com 18 distritos urbanos e o condado rural de Chongming. Os mercados imobiliários urbanos funcionam bem na alocação do terreno urbano disponível dentro dos limites de conversão do terreno rural. O coeficiente de aproveitamento adaptou-se às necessidades cambiantes do mercado e aumentou o espaço por pessoa de 3 para 12 metros quadrados ao longo dos últimos 20 anos. O arrendamento de terra é uma fonte de renda.

QUADRO 7.15 *Melhoria e prevenção de favelas: o que funciona?*

As evidências das experiências políticas compiladas pelo UN-HABITAT e pela Cities Alliances mostram que iniciativas bem-sucedidas compartilham muitos atributos, entre os quais o fortalecimento institucional e a coordenação entre os níveis de governo parecem ser os mais importantes.

Fortalecimento das instituições. Os países que foram bem-sucedidos na integração das favelas às cidades fortaleceram as suas instituições e realizaram reformas que incluem uma agenda mais ampla de redução da pobreza urbana (Indonésia, República Islâmica do Irã, México, África do Sul e Turquia). Certos países implementaram políticas a favor dos pobres e instrumentos para integrar os pobres das regiões urbanas ao tecido jurídico e social das cidades (Brasil, Chile, Colômbia); outros realizaram reformas a favor dos pobres no fornecimento de terra e habitação (Índia).

Coordenação entre níveis de governo e com agentes privados. Os países que tiveram bom desempenho também fizeram um esforço para coordenar as autoridades central, regional e locais e o setor privado (Chile, Egito, Sri Lanka, Tailândia e Tunísia). Mas as cidades e os países que foram bem-sucedidos na prestação de serviços básicos e de melhoria nas habitações tinham mecanismos claros de monitoramento de desempenho. O Camboja, a China e o Vietnã possuem mecanismos estritos de responsabilização na implementação municipal de infraestrutura. O monitoramento de baixo para cima do desempenho aumenta a participação dos cidadãos no planejamento e na tomada de decisões.[b] A coordenação entre níveis de governo e o setor privado também é essencial para a ampliação bem-sucedida de projetos de melhoria das favelas. Um exemplo é assentamentoo Programa de Melhoria de Kampong, na Indonésia, e há outros (por exemplo, Brasil, Colômbia, México, África do Sul, Tailândia e Tunísia), cujos programas começaram numa escala modesta, e foram ampliados para o nível nacional por causa do envolvimento de todos os níveis de governo do setor privado.

Baseado *na* contribuição de Eduardo López Moreno, chefe do Global Urban Observatory, UN-HABITAT.
a. Garau 2008. b. Bazoglu 2008.

A área construída de Xangai expandiu-se de 300 para 500 km^2 na última década. Os passageiros do metrô multiplicaram-se por dez, de 178 mil para 1,6 milhão ao longo da última década, mas sua parcela em todos os trajetos é de apenas 2,5%. Grande parte dos 4 milhões de trabalhadores temporários de Xangai vive em antigos vilarejos urbanos, acessíveis porque não estão sujeitos às regulações urbanas de densidade, altura e espaço público. Dadas as dificuldades para a conversão da terra rural, esses vilarejos urbanos são atraentes para os empreendedores, mas desenvolvê-los tornaria provavelmente piores as condições de habitação para os trabalhadores temporários.

O exemplo de Mumbai é menos encorajador. Entre os anos 1970 e 1990, a cidade resistiu ao influxo de migrantes, instituindo leis de uso da terra e de construção que favoreciam os titulares e impediam o uso eficiente da terra.[79] O resultado foi o desenvolvimento igualmente distribuído, mas com ruas congestionadas e proliferação de favelas.

Integrar as favelas às cidades usando os três instrumentos – instituições, infraestrutura e incentivos. Cidades sem favelas não são uma visão realista, como reconheceu a avaliação intermediária do 10.º Plano Quinquenal da Índia:

> Ao longo dos anos, houve uma mudança de paradigma nas prescrições das políticas dos governos para as favelas. Originalmente, foi prescrita uma política de "cidades sem favelas". Contudo, ao considerar as dimensões sociais do problema como um todo e as diversas atividades econômicas realizadas pelos moradores das favelas, esse conceito cedeu lugar à reabilitação dos moradores das favelas. A reabilitação envolve ou a transferência ou o desenvolvimento *in situ* das áreas de favelas. Nos primeiros anos de desenvolvimento das favelas, o foco era o fornecimento de infraestrutura por meio do Programa Nacional de Desenvolvimento das Favelas (PNDS), e agora a ênfase recai sobre o fornecimento de abrigo para os moradores urbanos de favelas por meio do Valmiki Ambedkar Awas Yojana (VAMBAY).[80]

Identificar e implementar políticas para administrar a formação de favelas é uma preocupação importante dos formuladores de políticas na maioria dos países em desenvolvimento. Mas existe pouco consenso quanto à escolha das políticas necessárias para melhorar as condições de vida e a subsistência dos moradores das favelas sem comprometer o potencial econômico das áreas metropolitanas. Duas perguntas precisam ser respondidas. Quando se deveriam melhorar as favelas? E o que precisa ser feito para desenvolver as favelas? Este Relatório propõe que o momento certo de atacar o problema das favelas é quando as instituições e a infraestrutura necessárias estão disponíveis. E a abordagem correta é a integração das favelas na economia moderna mais ampla.

Se o problema são a criminalidade e a miséria, a melhor estratégia seria melhorar a vizinhança. Mas se o problema é a ineficiência espacial, as medidas para aumentar a eficiência do uso da terra e compensar os moradores das favelas pela perturbação de sua subsistência deveriam ter precedência. As intervenções para melhorar as condições de vida nas favelas incluem medidas preventivas, como programas locais e serviços e programas paliativos (sendo a melhoria de favelas o mais comum), pacotes de serviços básicos, pavimentação, moradia e integração social. A lógica subjacente é que os pobres não têm como pagar a melhoria de suas moradias. O Programa de Melhoria de Kampong na Indonésia é provavelmente a mais antiga, maior e mais conhecida iniciativa de melhoria urbana do mundo. Ele combina custos baixos de investimento de US$ 23 a US$ 118 por pessoa, beneficia 15 milhões de pessoas e adota uma abordagem participativa. O Projeto Orangi no Paquistão e o Projeto de Reabilitação do Distrito de Acra em Gana também são bem-sucedidos (ver tabela 7.2). Mas todas as experiências mostram que intervenções espacialmente focadas para a melhoria das favelas provavelmente não serão suficientes para a integração social, a não ser que sejam acompanhadas de reformas da infraestrutura e das instituições (ver quadro 7.5).

As políticas de uso da terra e de zoneamento excluíram frequentemente os pobres da integração física com os mercados de trabalho dinâmicos, ao passo que a infraestrutura de transportes deficiente reduz a possibilidade de conectar os moradores distantes aos empregos urbanos. As políticas de zoneamento sul-africanas sob o *apartheid* segregavam brancos e negros nas cidades. A estrutura urbana pode exacerbar as divisões sociais e impedir os esforços de redução da desigualdade e da discriminação. A abolição do *apartheid* não foi suficiente para reduzir as disparidades. Para reduzir as desigualdades espaciais de renda, os governo locais podem subsidiar os custos de transporte das crianças pobres, distribuir vales para financiar estudos em escola particular e aumentar as despesas com as escolas públicas.[81]

Uma estratégia para a urbanização inclusiva

O princípio de Tinbergen propõe que um instrumento político é necessário para atingir cada objetivo político.[82] A aplicação do princípio às questões políticas examinadas neste Relatório implica que são necessários tantos instrumentos de integração quantas são as dimensões geográficas de um problema. À medida que os desafios de integração aumentam com o estágio de urbanização, o número de instrumentos políticos necessários também aumenta. Afortunadamente, para os países em desenvolvimento, a capacidade dos mercados e governos também cresce conforme eles se urbanizam. Mas essas políticas precisam ser introduzidas na sequência correta.

As fundações de uma urbanização inclusiva precisam ser instituídas no início do processo de urbanização. Para fazer isso, os governos precisam ser seletivos. Este capítulo sugere como eles podem estabelecer as prioridades e dar sequência a esse processo.

- Nas áreas de urbanização incipiente, o objetivo deve ser facilitar a transformação rural-urbana natural. Os instrumentos políticos centrais são as instituições espacialmente neutras que facilitam a densidade em certos locais. Esses instrumentos incluem a garantia da posse da terra e os direitos de propriedade, serviços sociais básicos e políticas macroeconômicas que não favoreçam uma determinada atividade produtiva (grande indústria) em detrimento de outra (pequena agricultura). Os formuladores de políticas precisam almejar a neutralidade entre as áreas rurais e urbanas.
- Nas áreas de urbanização intermediária, o rápido crescimento de certas cidades cria congestionamento. Além das políticas espacialmente neutras para facilitar a densidade, políticas conectivas para lidar com o congestionamento e a distância econômica tornam-se necessárias. Estas incluem investimentos em infraestrutura de transporte (para incrementar a conectividade dentro das cidades e entre elas) e incentivar decisões de localização socialmente eficientes pelas empresas. A eficiência tem que ser a palavra de ordem dos formuladores de políticas.
- Nas áreas com urbanização avançada, as divisões dentro das cidades provocadas pelos assentamentos formais e favelas e pela degradação e criminalidade somam-se aos desafios da densidade e da distância. Além das políticas espacialmente neutras e espacialmente conectivas, políticas espacialmente direcionadas para contornar as divisões intraurbanas são necessárias para resolver as dificuldades das favelas, da criminalidade e do meio ambiente – e para melhorar a qualidade de vida.

CAPÍTULO 8

Unidade, não Uniformidade

Abordagens efetivas para o desenvolvimento territorial

A globalização e a liberalização podem reorganizar a produção dentro dos países, deixando as pessoas concentradas em lugares que não são mais favorecidos pelos mercados. No Brasil, na China, na Índia e na Federação Russa, mudanças nos mercados e nas políticas ao longo do último século mudaram os destinos dos lugares. As diferenças geográficas de atividades econômicas incentivam a migração das áreas atrasadas, concentrando as pessoas – inclusive os pobres – nas áreas avançadas. Mas a desigualdade geográfica dos padrões de vida, ao criar ou aprofundar divisões dentro dos países, também pode levar ao conflito, desacelerando o desenvolvimento social e econômico.

Com base nos resultados e análises dos capítulos anteriores, este capítulo discute as políticas que pode ser implementadas em resposta às diferenças crescentes ou persistentes nos padrões de vida entre as áreas de um país que os mercados favorecem com maior massa econômica e aquelas que não são favorecidas. Como no resto deste relatório, o termo "área" é sinônimo de região ou território subnacional, de modo que este capítulo trata do debate em torno do "desenvolvimento regional" (também denominado "desenvolvimento territorial"). A lógica e a experiência indicam que os formuladores de políticas devem calibrar suas ações à gravidade do desafio.

- ***Nos países onde a mão de obra e o capital são móveis, a distância econômica entre as áreas atrasadas e avançadas deve ser superada principalmente por meio de políticas espacialmente neutras ou universais, para as quais se usa o termo "instituições" como expressão sintética.*** Essas políticas deveriam facilitar o deslocamento das pessoas em direção às oportunidades. Quando as áreas atrasadas têm poucas pessoas e uma pequena parcela dos pobres do país, as medidas para incentivar a migração devem ser o fundamento da política de desenvolvimento.
- ***Nos países onde as áreas atrasadas têm grande quantidade de pobres, mas poucos obstáculos à sua mobilidade, as instituições que promovem a mobilidade devem ser complementadas por infraestrutura conectiva.*** Certos países possuem altas densidades populacionais em áreas atrasadas – e grande quantidade de pobres – mas poucos obstáculos culturais, linguísticos ou políticos aos fluxos de mão de obra e capital. Os investimentos em infraestrutura que aumentam o fluxo de bens, pessoas e informação auxiliariam a concentração econômica e a convergência geográfica dos padrões de vida.
- ***Nos países fragmentados por divisões linguísticas, políticas, religiosas ou étnicas, os incentivos espacialmente direcionados podem ser necessários.*** Quando as áreas atrasadas enfrentam o triplo desafio de (1) longas distâncias às oportunidades econômicas nas áreas avançadas, (2) grandes densidades populacionais, e (3) grande quantidade

de pessoas pobres, assim como divisões internas que limitam o movimento da mão de obra e do capital, as instituições e os investimentos em infraestrutura podem ser complementados por intervenções geograficamente direcionadas para incentivar a produção econômica nas áreas atrasadas. Mas esses incentivos não devem se opor aos objetivos de integração perseguidos pelas instituições que promovem a aglomeração das pessoas e pela infraestrutura que conecta as áreas atrasadas e avançadas do país.

Instituições, infraestrutura e incentivos são as três partes de uma abordagem bem-sucedida das políticas de integração interna. Ao decidir entre as opções de integração, os governos têm que considerar os custos fiscais e de oportunidade desses instrumentos. Este capítulo fornece um quadro organizador para que os governos avaliem essas opções e encontrem a melhor combinação de políticas.

Uma nova abordagem. As discussões políticas sobre o modo de melhorar o bem-estar nas áreas atrasadas costumam começar com enfoque nas áreas atrasadas – e ênfase nas intervenções direcionadas ou nos "incentivos" políticos para deslocar a produção para esses lugares. Em vez disso, as políticas de desenvolvimento territorial deveriam integrar as áreas atrasadas às avançadas, e a discussão de incentivos geograficamente direcionados deveria vir por último – depois de se considerar as políticas geograficamente neutras como arranjos nacionais de distribuição de renda e despesas sociais e iniciativas geograficamente conectivas como sistemas de transporte e comunicação. A experiência dos países desenvolvidos e em desenvolvimento mostra que, sem o apoio dessas instituições e infraestrutura, os incentivos foram malsucedidos e caros.

Em muitos países, a descentralização das responsabilidades administrativas e fiscais valorizou o papel dos governos subnacionais na concepção e execução das políticas. Os recursos alocados aos governos subnacionais devem ser acompanhados de acordos que garantam que as iniciativas locais vão melhorar o bem-estar nacional junto com o bem-estar local (ver quadro 8.1).

QUADRO 8.1 *As mensagens políticas deste Relatório são "antidescentralização"? Não.*

Instituições espacialmente neutras são a base das políticas de integração espacial que buscam eficiência e equidade espaciais. Independentemente do lugar onde as pessoas vivem, elas deveriam ter acesso a baixo custo a serviços sociais como saúde, educação, saneamento e segurança. Como esses serviços são prestados depende das circunstâncias do país.

Em muitos países, a descentralização tornou os governos subnacionais mais responsáveis pela melhora dos resultados de bem-estar local. No Vietnã, os governos subnacionais eram responsáveis por quase 50% do gasto público em 2002, com relação a 25% em 1992. Na China, a proporção subiu de 67 para 72% entre 1990 e 2004.[a] Nas Filipinas, a proporção era de aproximadamente 25% em 2002, com relação a 11% em 1990.

Os problemas surgem quando a descentralização gera obstáculos à execução das políticas espacialmente neutras. Em vez de alocar recursos para os serviços sociais, os formuladores de políticas subnacionais podem sentir-se inclinados a direcionar as despesas para atividades politicamente populares – como a criação de empregos. Num país altamente descentralizado como o Brasil, o progresso das prioridades nacionais de eliminação do analfabetismo e universalização da educação primária é monitorado por meio das alocações de despesas, já que a Constituição determina que 25% das receitas estaduais e municipais provenientes de impostos e transferências devem ser vinculados para o financiamento da educação primária. Mas uma inspeção mais atenta mostra que cerca de 10% de todos os municípios gastam menos do que o montante estabelecido pela Constituição.[b]

Investimentos em obras grandes e visíveis são sinais políticos enviados aos eleitores para que saibam que seus representantes estão trabalhando duro. Como pode então a descentralização ser compatível com as políticas espacialmente integrativas discutidas aqui?

- Instituições – alocações de recursos para os governos subnacionais podem ser baseadas inicialmente em insumos (despesas com serviços públicos) mas devem passar assim que possível para os resultados (melhora dos Indicadores de Desenvolvimento do Milênio em nível nacional).
- Infraestrutura – para maximizar as sinergias dos investimentos em infraestrutura e regular o comércio interestadual de modo eficiente, decisões de concepção e planejamento devem ser tomadas em conjunto pelos governos subnacionais afetados por esses investimentos e regulamentações.
- Incentivos – embora os governos subnacionais possam ser mais capacitados para avaliar o potencial econômico local, a decisão de para onde direcionar os incentivos deveria ser da autoridade nacional, que pode dar prioridade aos recursos para acelerar o crescimento global. A maneira como esses programas serão implementados pode ser decidida localmente.

Fonte: Equipe do RDM 2009.
a. Bureau Nacional de Estatísticas, China, 2005. b. Instituto Brasileiro de Geografia e Estatística (IBGE) 2004.

Ao examinar essas questões políticas, este capítulo oferece uma resposta a uma pergunta que preocupa consideravelmente os formuladores de políticas: os países deveriam investir nas pessoas ou nos lugares? A resposta é investir nas atividades que produzem os maiores retornos econômicos e sociais em nível nacional. Nas áreas

Mapa 8.1 A taxa de pobreza é alta no interior e no oeste da China, mas a maioria dos pobres vive perto da densidade econômica no leste

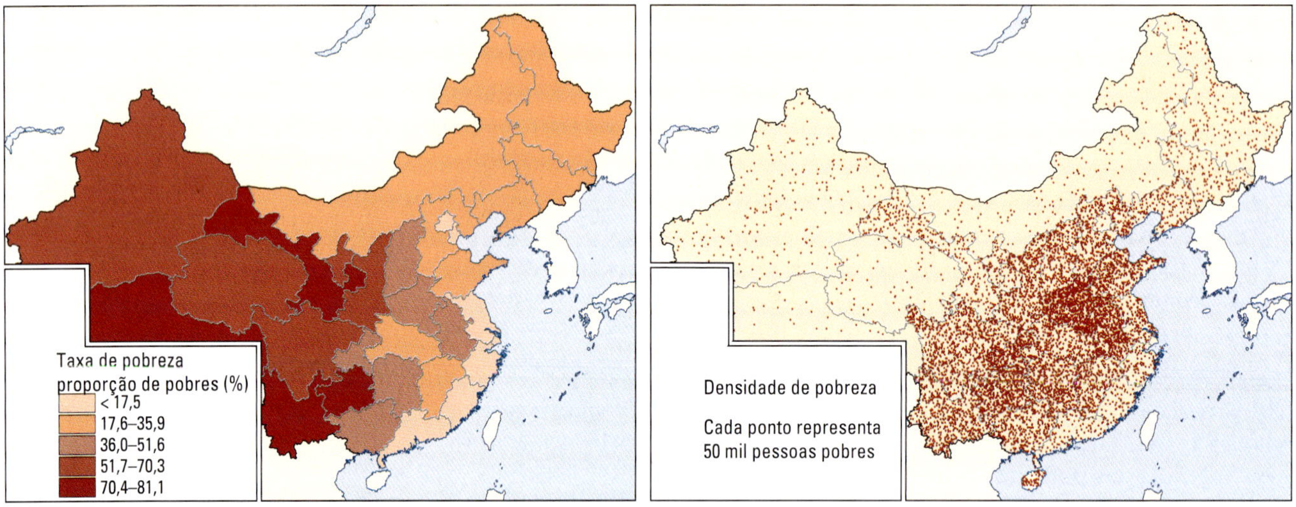

Fonte: Equipe do RDM 2009.
Nota: A taxa e o cômputo da pobreza foram estimados para uma linha de pobreza de US$ 2/dia em 2002.

avançadas, dar ênfase ao investimento nos lugares – investimentos duráveis que estimulam o crescimento econômico nacional. Nas áreas atrasadas, dar ênfase ao investimento nas pessoas – investimentos transferíveis que estimulam a mobilidade e aceleram a redução da pobreza.

As pessoas buscam oportunidades

Ao longo da história, as pessoas se mudaram de lugares com geografia difícil para aqueles que ofereciam um clima mais agradável e melhores oportunidades econômicas. A concentração de pessoas em áreas com ambiente natural acolhedor atraiu atividades econômicas para esses lugares, ajudando muitas pessoas a prosperar até quando as condições iniciais que tornavam esses estabelecimentos economicamente atraentes já haviam se tornado menos importantes. A mobilidade não era reservada aos abastados. As pessoas pobres também se mudavam para áreas economicamente densas – em busca de uma vida melhor.

Vejamos a distribuição atual das pessoas pobres na China (ver mapa 8.1). A porcentagem de pessoas pobres vivendo com menos de US$ 2 por dia é alta nas áreas atrasadas do oeste do país. Porém, em termos absolutos, muito mais pessoas pobres vivem nas áreas costeiras dinâmicas do sudeste – que lideram na integração veloz da China à economia global. Até antes dessa integração, desde os anos 1980, as pessoas não se concentravam em lugares com geografia inóspita, como o platô do Qinghai-Tibete com uma altura de 4 mil metros acima do nível do mar, ou nos planaltos da região central com altura de 2 mil metros. As planícies e climas mais quentes ao longo da costa oferecem melhores condições para a agricultura e o comércio.

Os mapas de muitos países também mostram que a massa da pobreza – as maiores quantidades de pessoas pobres – e a massa econômica coincidem. Java, a área economicamente mais avançada da Indonésia, é também a ilha do arquipélago onde vive o maior número de pessoas pobres. Nas ilhas de Java e Bali vivem 21 milhões de pessoas pobres, aproximadamente 58% dos pobres do país. Os números nas outras ilhas são muito inferiores: 1,3 milhões em Kalimantan, 2,6 milhões em Sulawesi, 2,7 milhões em Nusa Tenggara e 1 milhão em Papua. O capítulo 2 mostrou que Honduras e o Vietnã têm distribuições geográficas semelhantes (com superposição) da produção econômica e das pessoas pobres.

Usando-se uma resolução geográfica mais fina, uma distribuição semelhante da população pode ser identificada *dentro* das áreas atrasadas. O Nordeste do Brasil é a área mais pobre do país. A renda per capita no Sudeste era 2,9 vezes a do Nordeste em 1939, e 2,8 vezes em 1992. Oito dos 10 estados mais pobres estão no Nordeste, dois no

Mapa 8.2 No Brasil, a taxa de pobreza é alta no Nordeste e na Amazônia, mas os pobres se concentram nas áreas ao longo do litoral

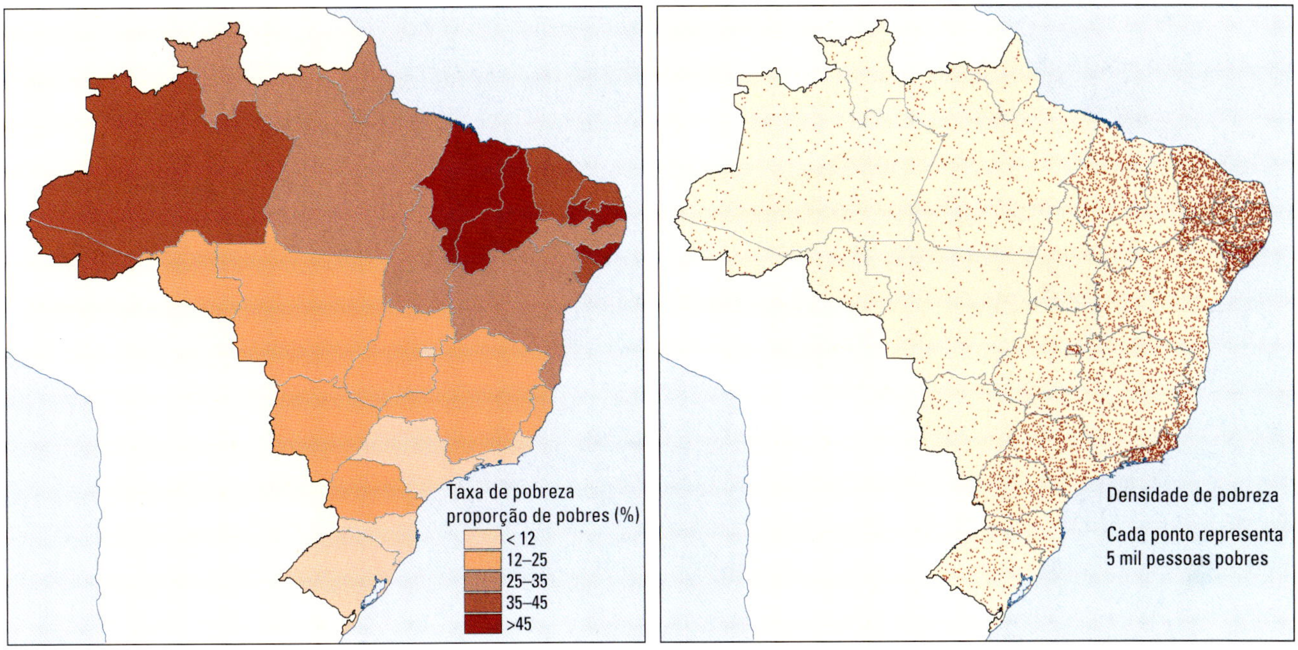

Fonte: Taxas de pobreza no nível estadual computadas por Phillippe G. Leite com base na Pesquisa de Orçamentos Familiares 2002–03 (ver Banco Mundial 2007c).

Norte.[1] A taxa de pobreza é claramente alta nas áreas rurais do Nordeste e da Amazônia (ver mapa 8.2). Porém, até no Nordeste, a massa e a concentração da pobreza – o número de pessoas pobres por quilômetro quadrado – são muito mais altas nas aglomerações urbanizadas perto do litoral, da região Nordeste mais atrasada até as regiões dinâmicas do Rio de Janeiro e de São Paulo no Sudeste.[2]

Em certos países, as forças de mercado que instigam a mobilidade dos fatores não são tão fortes. Sua massa econômica e massa de pobreza não coincidem tanto quanto em países como China e Honduras. Tomemos o exemplo da Índia, onde mais de 400 milhões de pessoas vivem nos "estados atrasados" na parte norte central do país, que comporta – usando a linha de pobreza do país – 60% dos pobres da nação (ver mapa 8.3).[3] A mobilidade da mão de obra dessas áreas foi limitada por divisões etnolinguísticas e baseadas em classe, levando talvez as pessoas a permanecerem nos seus próprios "enclaves".

As pessoas estão nessas áreas atrasadas por algum motivo. Com solos fecundos e boas conexões internas, a fértil planície Indo-Gangética atraiu as pessoas. Essas áreas estiveram historicamente entre os locais mais dinâmicos da Índia quando o país representava um quarto do produto interno bruto mundial (PIB), entre 1600 e 1700.[4] Mas "acidentes" históricos, como tornar os proprietários de terras nessas áreas responsáveis pelo pagamento de impostos fundiários à coroa britânica, erodiram a produtividade agrícola e os investimentos em infraestrutura.[5] Hoje a Índia está reintegrando-se à economia mundial, o que resulta em dinamismo econômico nas suas áreas costeiras e metropolitanas, à medida que novos investimentos privados procuram os locais mais lucrativos. Essas áreas oferecem fácil acesso aos insumos intermediários e aos mercados interno e internacional, fornecem serviços públicos locais confiáveis e de alta qualidade, e têm um ambiente de negócios que estimula o empreendedorismo. Aproximadamente 50% dos investimentos em manufatura de 2005 estavam concentrados em apenas 10 das mais de 3 mil cidades do país, aquelas que oferecem melhor acesso aos mercados interno e internacional.[6]

Os atuais formuladores de políticas deveriam tentar corrigir os acidentes históricos ressuscitando os investimentos nas áreas atrasadas e ajudando-as a recuperar

Mapa 8.3 Tanto a taxa de pobreza quanto a massa de pobreza são altas em certos estados atrasados da Índia

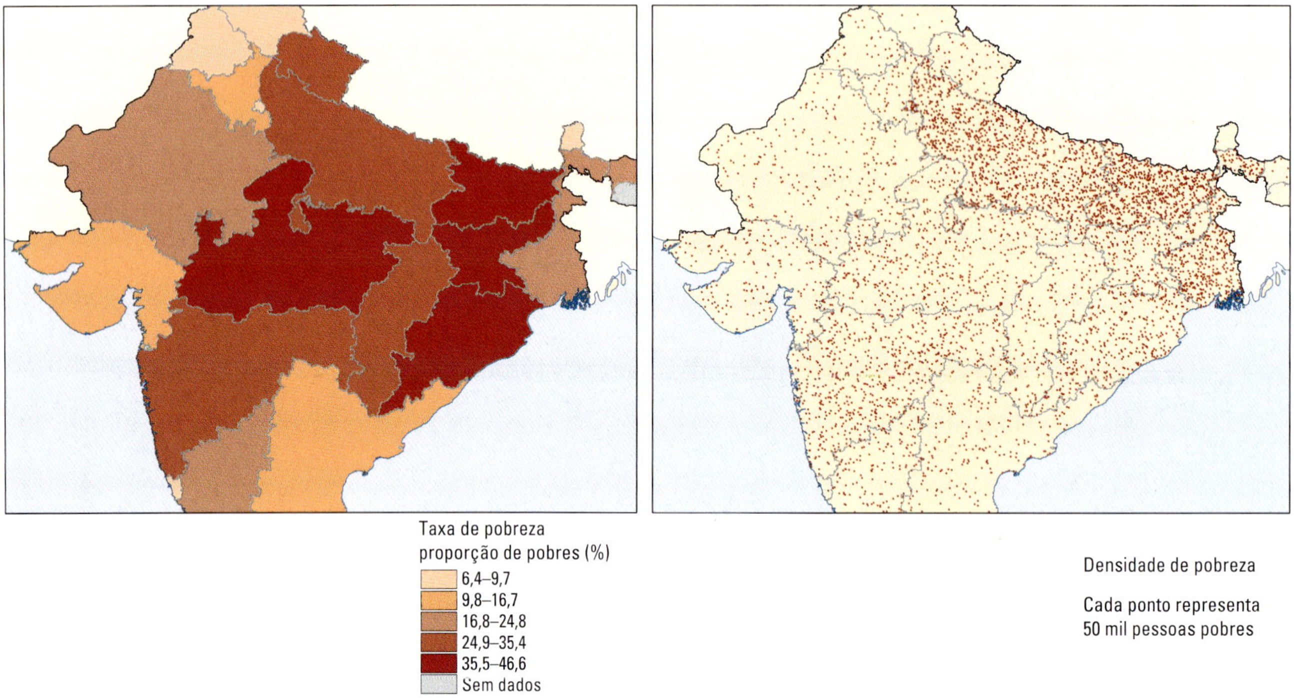

Fonte: Baseado em estimativas de pobreza para 2004-5 da Comissão de Planejamento do governo da Índia.
Nota: A pobreza em nível estadual e nos condados é baseada na soma do número de pobres nas áreas rurais e urbanas em 2004-5, que é calculada usando linhas de pobreza diferentes.

sua glória passada? Ou deveriam acelerar a integração da Índia à economia global e ajudar as pessoas nas áreas atrasadas a tirar proveito das novas oportunidades nos lugares com maior densidade econômica?

A discussão nacional sobre políticas na Índia em meados dos anos 1970 enfocou a promoção do crescimento geograficamente equilibrado para revitalizar as áreas atrasadas com financiamento subsidiado, subsídios ao investimento, infraestrutura industrial e licenciamento industrial preferencial. A discussão atual é focada na integração e na promoção de melhores condições de saúde e educação nas áreas atrasadas junto com investimentos estratégicos em infraestrutura inter-regional que conecta o remoto Nordeste com mercados no resto do país.[7] O último plano quinquenal da Índia reconhece o fracasso do licenciamento industrial e sua incompatibilidade com o crescimento. Políticas semelhantes de desenvolvimento regional foram implementadas em outros países com divisões internas por motivos religiosos ou étnicos, como a Nigéria e a Etiópia.

As políticas formuladas para reduzir essas divisões reforçaram a tendência natural das pessoas de procurar os lugares que oferecem as melhores oportunidades econômicas. Foi o caso, muito estudado, da reunificação alemã, uma fusão de duas economias com pouca troca de bens e fatores de produção que impeliu as pessoas do leste para o oeste. A oportunidade surgiu no final do verão de 1989, quando as pessoas puderam sair da Alemanha Oriental através da Hungria. E, com a queda do Muro de Berlim em 9 de novembro de 1989, a migração direta da Alemanha Oriental para a Ocidental tornou-se possível. Com a fronteira aberta, 800 mil pessoas trocaram o leste pelo oeste em 1989 e 1990, 5% da população oriental (ver quadro 8.2).[8] Ficou claro que a reunificação alemã havia começado um deslocamento em direção à densidade. Esse exemplo sugere que a redução da distância da densidade econômica melhora o bem-estar das pessoas, e que a mobilidade da mão de obra é o mais forte mecanismo natural para isso.

Os países buscam unidade

Muitos países possuem diferenças espaciais de produção e pobreza, sobretudo por causa da distância econômica entre as áreas atrasadas e avançadas, e também por causa das divisões geradas pelas diferenças políticas, étnicas, religiosas e linguísticas. E todos os países buscam a unidade, reduzindo as barreiras das divisões internas. Uma leitura das constituições nacionais de 20 países em desenvolvimento mostra que a promoção da unidade – a redução das divisões – é um importante objetivo político (ver quadro 8.2). Na Nigéria, um artigo importante do ponto de vista da unidade diz que as pessoas não serão discriminadas por sexo, religião, lugar de nascimento, associação étnica ou linguística. Na Índia, o artigo 16 da Constituição estipula que "nenhum cidadão será, por motivo exclusivo de religião, raça, casta, sexo, descendência, lugar de nascimento, residência ou outro qualquer, inelegível para ou discriminado com relação a qualquer emprego ou encargo no Estado". Em sua maioria, as constituições não concedem primazia aos lugares, mas concentram-se, ao contrário, no bem-estar e na unidade das pessoas (ver quadro 8.3).

Unidade não é sinônimo de uniformidade. O lema nacional da Índia, por exemplo, é "unidade na diversidade". Porém, em muitos países, os formuladores de políticas consideraram a uniformidade como o principal veículo de unidade. As políticas da União Europeia para integrar novos estados membros exigem "coesão". Mas o objetivo da coesão – ou unidade – é perseguido por meio de políticas de convergência. As metas de convergência incluem a eliminação das disparidades territoriais de desenvolvimento econômico (coesão econômica) e de acesso ao trabalho e à renda (coesão social). Essa "coesão" corresponde à política regional da UE, que aloca cerca de 60% dos seus fundos para o apoio a áreas com baixo desenvolvimento (menos de 75% do PIB per capita médio da UE).[9]

A política de coesão da UE, que consome 35% das despesas totais da União Europeia, traduz-se na prática em fundos estruturais (90% das despesas) e no fundo de coesão (10%). O pacote da Agenda 2000 tem um custo de € 236 bilhões, dos quais € 195 bilhões encaminhados para fundos estruturais; € 18 bilhões para os fundos de coesão para Grécia, Irlanda, Portugal, e Espanha; e € 22 bilhões para os novos estados membros, com vistas à sua adesão em 2004.[10] Os objetivos da Agenda 2000 incluem o desenvolvimento e ajuste estrutural das áreas atrasadas, o desenvolvimento das áreas de fronteira e das áreas industriais em declínio, e a adaptação e modernização dos sistemas de educação e treinamento.[11] A política de coesão visa melhorar o desempenho econômico de áreas específicas e ajudá-las a alcançar o resto da União.

As alocações de recursos nessa escala para apoiar a integração podem refletir-se nas preferências de redistribuição dos estados membros (particularmente aqueles cujos residentes estão pagando a conta), mas será que essas políticas estimulam o crescimento global? Estarão eles pagando pelo tipo "errado" de ativos? A pesquisa acadêmica mostra que elas não são bem adaptadas para maximizar o crescimento econômico agregado porque tentam promover a igualdade geográfica e não a aglomeração. Elas tampouco são especialmente bem adaptadas para promover a recuperação das áreas atrasadas. As políticas tradicionais de coesão que fornecem infraestrutura "pesada" e assistência às empresas têm pouca probabilidade de aumentar a competitividade das áreas atrasadas.[12] Abandonar esses programas para apoiar programas de educação e o desenvolvimento institucional poderia ajudar muito mais.

Usar o mesmo instrumento para atingir o duplo desafio de convergências interna e externa pode tirar o foco da política. O quarto relatório da União Europeia sobre coesão econômica e social apresenta uma avaliação sincera da convergência inter-regional e dentro dos países individuais.[13] Entre 1995 e 2004, houve uma tendência de convergência na União Europeia, pois os novos estados membros com PIB per capita mais baixo estavam crescendo mais rápido que a média dos UE-27. Mas no nível regional mais desagregado da *Nomenclature of Territorial Units for Statistics* (NUTS) 2 – áreas subnacionais maiores do que as unidades administrativas na maioria dos países – os resultados mostram pouca eficácia

QUADRO 8.2 *A integração alemã: convergência e concentração com mobilidade da mão de obra*

Com a queda do Muro de Berlim em 1989, a migração direta da Alemanha Oriental para a Ocidental tornou-se possível. A abertura da fronteira levou 400 mil pessoas a trocarem o leste pelo oeste em 1989 e 1990, aproximadamente 5% da população oriental (ver figura do quadro). Nos anos seguintes, as rendas começaram a convergir e o processo desacelerou-se. Em 2001, uma recessão na Alemanha levou mais uma vez cerca de 100.000 pessoas a trocarem o leste pelo oeste. Em 2007, mais de 1,7 milhão de pessoas havia deixado o leste (foram aproximadamente 17 milhões à época da queda do Muro de Berlim).

A migração produziu um resultado previsível: as rendas tornaram-se mais semelhantes entre as duas áreas (ver figura do quadro à direita). Enquanto a distribuição de renda no país em 1992 era claramente bi-modal, com os condados do leste ocupando o extremo inferior (curva preta), a diferença atenuou-se em 2005 (curva vermelha). Embora os condados do leste ainda estejam localizados à esquerda da distribuição, sua distância econômica dos condados ocidentais foi reduzida.

A convergência da renda também produziu resultados mais surpreendentes. Quase todos os condados com mais mulheres jovens do que homens estão nas áreas economicamente dinâmicas da Alemanha, que também têm as melhores instituições de ensino superior (ver mapa abaixo). Em 2004, na faixa de idade de 18–29, havia apenas 90 mulheres para cada 100 homens na Alemanha Oriental (incluindo Berlim).

Por que as mulheres da Alemanha Oriental mudaram-se para as áreas economicamente dinâmicas, enquanto os homens ficaram nas áreas atrasadas? Há duas explicações. Em primeiro lugar, as mulheres são em média mais bem-sucedidas na escola e no ensino superior, o que torna mais fácil para elas estudar ou conseguir emprego nas partes economicamente mais dinâmicas da Alemanha. Em segundo lugar, é muito mais difícil para as mulheres encontrar um emprego local atraente nas áreas atrasadas do que para os homens, porque essas áreas são tipicamente dominadas por empregos tradicionalmente masculinos na agricultura, manufatura e construção.

Fontes: Equipe do RDM 2009, com base em Kroehnert e Vollmer 2008.

A migração da Alemanha Oriental para a Ocidental tornou-se possível após a queda do Muro de Berlim

Migração líquida da Alemanha Oriental para a Ocidental, 1991–2005

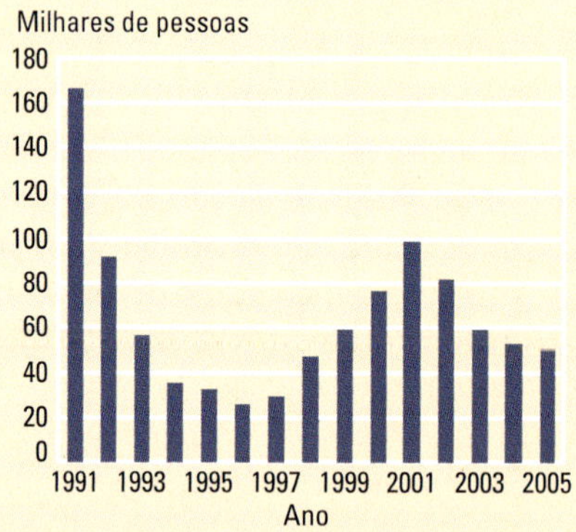

Fonte: Escritório Federal de Estatística da Alemanha 2007.

A convergência da renda entre os condados alemães era visível entre 1992 e 2005

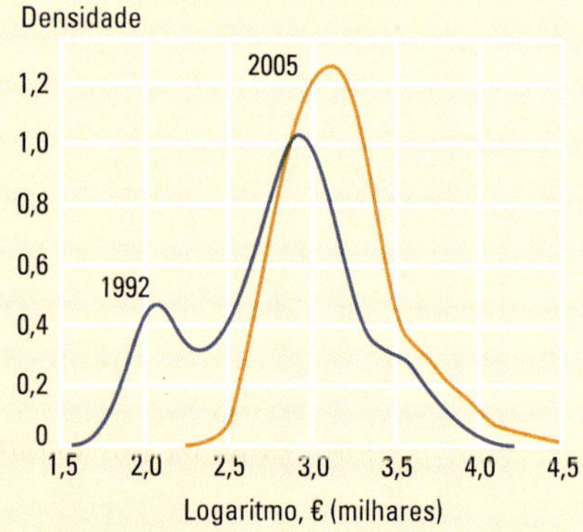

Fonte: Holzmann, Priebe e Vollmer 2008.

As mulheres mudaram-se para o oeste em busca de oportunidades econômicas: em 2003, havia menos mulheres para cada 100 homens na parte oriental do país (esquerda) e rendas fiscais mais altas na parte ocidental (direita)

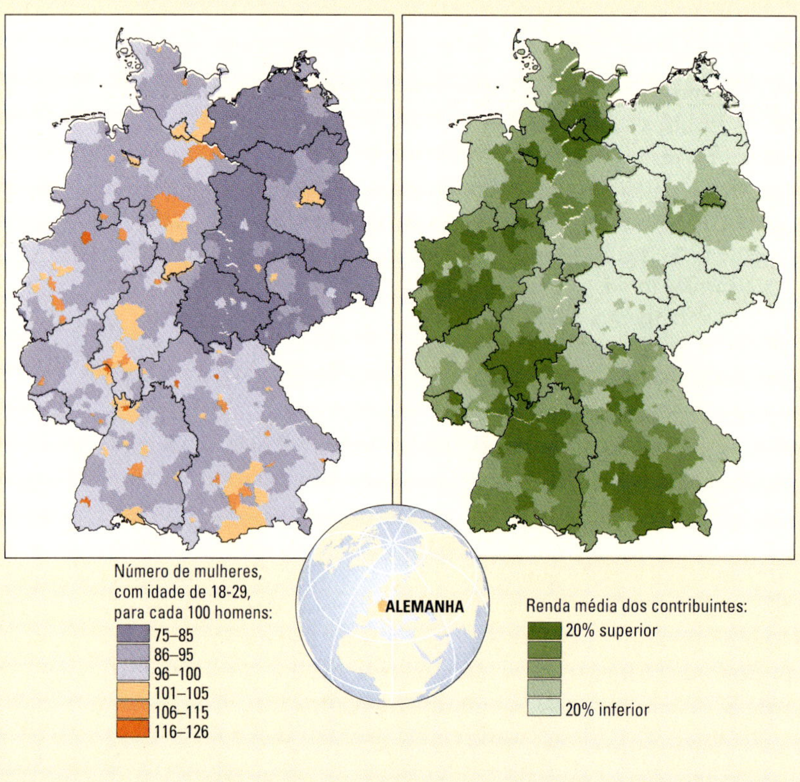

Fonte: Kroehnert, Medicus e Kinglolz 2006.

Fonte: Escritório Federal de Estatística da Alemanha.

QUADRO 8.3 *As Constituições pedem unidade, não uniformidade*

As Constituições nacionais refletem a evolução do discurso político na maioria dos países e definem as interações entre o Estado e seus cidadãos. Uma leitura das Constituições de 20 países em desenvolvimento[a] mostra que todas dão ênfase à unidade nacional como importante objetivo nacional. A uniformidade de resultados econômicos entre as áreas é mencionada somente em uma delas – a Constituição do Brasil. O acesso universal à educação primária e à saúde básica são previstos na Constituição da maioria dos países.

Trechos dos artigos constitucionais de três países africanos ressaltam a importância que as sociedades atribuem à unidade e à integração nacionais:

Nigéria: "O lema da República Federativa da Nigéria será Unidade e Fé, Paz e Progresso". Artigo 15 (2) – "Por conseguinte, a integração nacional será incentivada ativamente, ao passo que a discriminação por motivo de lugar de nascimento, sexo, religião, status, associação ou vínculos étnicos ou linguísticos será proibida". Artigo 15 (3) – "Para a finalidade de promover a integração nacional, será dever do Estado: (a) fornecer mecanismos adequados e incentivar a livre mobilidade de pessoas, bens e serviços em toda a Federação; (b) garantir direitos plenos de residência para todos os cidadãos em todas as partes da Federação".

Costa do Marfim: Artigo 30 – "A República de Costa do Marfim é una e indivisível, secular, democrática e social. A República garantirá a todos igualdade perante a lei sem distinção de origem, raça, sexo ou religião. Ela respeitará todas as crenças". Seu princípio será: "Governo do povo, pelo povo e para o povo".

Uganda: Artigo 3 – "(i) Todos os órgãos do Estado e o povo de Uganda trabalharão para a promoção da unidade nacional, da paz e da estabilidade. (ii) Todos os esforços serão feitos para integrar todos os povos de Uganda, reconhecendo-se ao mesmo tempo a existência da sua diversidade étnica, religiosa, ideológica, política e cultural".

A Constituição do Brasil pede um desenvolvimento econômico regionalmente equilibrado, fixando diretrizes para promover os fluxos de capital para as áreas atrasadas. A tradução dessas diretrizes na prática não produziu os ganhos econômicos esperados. E os programas foram custosos. Os Fundos Constitucionais – um programa proeminente de desenvolvimento econômico regional – ofereceram crédito subsidiado no valor de mais de US$ 10 bilhões entre 1990 e 2002 para ajudar as empresas a se instalarem nas áreas atrasadas. A ineficácia dessas intervenções é avaliada em outra parte deste capítulo.

Fonte: Equipe do RDM 2009, com base em leitura de Constituições de 20 países em desenvolvimento.

a. Os países são Argentina, Brasil, Bolívia, Colômbia e México (ALC); Costa do Marfim, Gana, Nigéria e Uganda (AFR); Bangladesh, Índia, Nepal e Paquistão (RAM); Cazaquistão, Polônia e Federação Russa (AOC); China, Indonésia e Filipinas (AOP); e República Árabe do Egito (OAN).

das intervenções voltadas à melhoria do desempenho econômico das áreas atrasadas. Para os UE-15 em melhor situação, a quantidade de pessoas nas regiões atrasadas permaneceu quase a mesma, 32 milhões, cerca de 8% do total. Quando se considera os novos estados membros, houve convergência internacional da renda per capita. Mas a concentração da produção econômica dentro dos estados membros – novos e antigos – tem aumentado, impulsionada pelas forças de mercado que levam a um crescimento econômico mais rápido nas áreas avançadas. De fato, a renda per capita em diversas áreas de certos novos estados membros – Bratislavsky Kraj na República Eslovaca, Kozep-Magyarorszag na Hungria, Mazoweickie na Polônia e Zahodna Slovenija na Eslovênia – subiu para mais de 75% da média da UE.

A Irlanda adotou uma abordagem diferente do uso dos fundos da UE. Em vez de tentar usar os fundos da UE para obter recuperação internacional e para dispersar a produção econômica no plano interno, a Irlanda concentrou-se num único objetivo – crescimento econômico nacional. Era um dos países mais pobres da Europa é hoje um dos mais ricos (ver quadro 8.4). Entre 1991 e 1998, a Irlanda era apenas uma região para fins de apoio do Objective One da União Europeia.[14] Quando o país passou do patamar de 75%, em julho de 1999, a Irlanda criou duas "assembleias" regionais – Border-Midland-Western e a Meridional e Oriental. Mas a concentração geográfica da produção econômica aumentou na Irlanda com relação a Grécia, Portugal e Espanha, os outros três países contemplados pela política de coesão.[15]

Um modelo político para integrar as áreas atrasadas e avançadas

As pessoas buscam oportunidade, e os países buscam unidade. As políticas para integrar as áreas atrasadas e avançadas podem ajudar a fazer as duas coisas. Esta seção delineia um arcabouço para a formulação de políticas, propondo uma combinação calibrada de instituições, infraestrutura e

QUADRO 8.4 *Um instrumento por objetivo: a Irlanda usou os fundos da UE para a convergência internacional*

Entre 1977 e 2000, o PIB per capita da Irlanda passou de 72% da média da UE para 116%. O que está por trás do sucesso da Irlanda?

Desde que aderiu à União Europeia em 1973, a Irlanda recebeu aproximadamente € 17 bilhões dos Fundos Estruturais e de Coesão da UE até o final de 2003. Nas primeiras duas rodadas de financiamento da UE, o país inteiro foi classificado como área de Objetivo Um. Entre 1993 e 2003, os fundos de coesão financiaram 120 projetos de infraestrutura a um custo de aproximadamente € 2 bilhões.[a] A escolha dos projetos foi baseada num plano de desenvolvimento nacional que enfocava os investimentos em infraestrutura econômica que estimulariam o crescimento econômico nacional a longo prazo. Estes incluíam investimentos nas áreas avançadas e para conectar as áreas avançadas e atrasadas, como a M50 (Anel Viário de Dublin), a M1 (Dublin-Belfast) e a melhoria da N4 (Dublin-Sligo), da N7 (Dublin-Limerick) e da N11 (Dublin-Rosslare).

Os irlandeses também investiram em educação, treinamento e aprendizado contínuo em toda a Irlanda para oferecer aos investidores um bom ambiente de negócios em todo o país. Graças à sua mão de obra qualificada e boa logística, a Irlanda se tornou um destino popular para as empresas americanas que desejam atingir os mercados europeus. Em 2004, as empresas dos EUA baseadas na Irlanda exportaram um valor de US$ 55 bilhões em bens e serviços, sobretudo para a Europa.

A rápida convergência da Irlanda em direção à renda dos países líderes europeus foi acompanhada por uma concentração espacial crescente da atividade econômica. Comparada aos outros países que se beneficiam da política de coesão – Grécia, Portugal e Espanha – a concentração econômica da Irlanda cresceu muito mais (ver figura do quadro). Mas sua renda per capita também cresceu muito mais rápido. Em 1977, Grécia, Irlanda e Espanha tinham rendas per capita de aproximadamente US$ 9 mil; a de Portugal era de aproximadamente US$ 6 mil. Em 2002, Portugal tinha uma renda de US$ 11 mil, e Grécia e Espanha perto de US$ 15 mil. A renda per capita da Irlanda havia atingido US$ 27.500.

Hoje, quase todas as regiões dos novos países membros na Europa Central têm direito ao apoio financeiro da UE. Elas deveriam levar em consideração o exemplo irlandês de usar os fundos para a convergência internacional e somente em estágios posteriores para o crescimento econômico espacialmente equilibrado dentro de suas fronteiras.

a. Plano Nacional de Desenvolvimento da Irlanda (PND) 2000–06. (NDP) 2000-06.

Na medida em que a renda da Irlanda cresceu rapidamente, a concentração econômica aumentou dentro do país

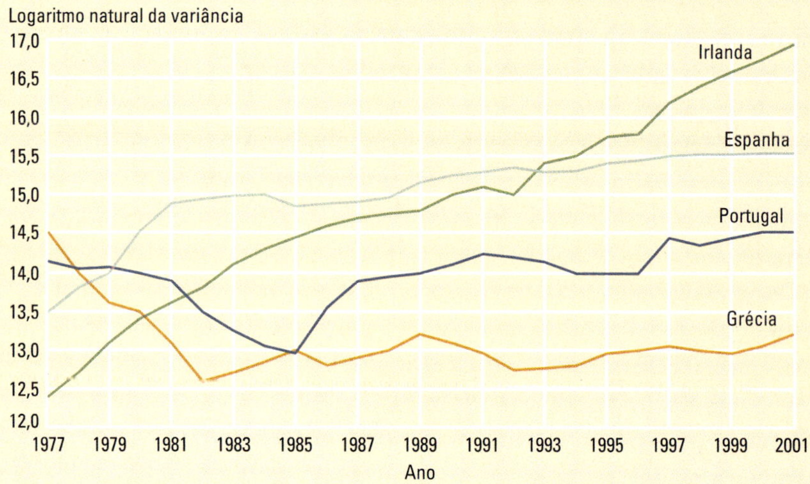

Fontes: Dall'Erba 2003; Equipe do RDM 2009.

incentivos para enfrentar os desafios internos levantados pela densidade, pela distância e pela divisão. Usada corretamente, a combinação dessas medidas pode ajudar os países a colher os benefícios econômicos do aumento da concentração da atividade econômica, assim como os benefícios sociais, políticos e econômicos associados à convergência dos padrões de vida entre as áreas atrasadas e avançadas.

Os formuladores de políticas, que costumam considerar a concentração econômica incompatível com a equidade geográfico dos padrões de vida, procuraram reduzir a concentração por meio de intervenções direcionadas. Muitos governos combatem as forças de mercado que promovem a concentração de pessoas nos lugares economicamente densos. O programa de transmigração da Indonésia tentou transferir as pessoas da área densamente povoada de Java para as áreas menos densamente povoadas de Kalimantan, Papua, Sulawesi e Sumatra. No auge do programa, entre 1979 e 1984, 535 mil famílias ou quase 2,5 milhões de pessoas foram transferidas. O objetivo era promover o "desenvolvimento demográfico equilibrado" e reduzir a pobreza fornecendo terra e novas oportunidades econômicas para os colonos pobres sem terra. Mas o programa teve quase nenhum efeito sobre a densidade populacional de Java, e o alto custo do programa tampouco reduziu muito a pobreza entre os migrantes.[16]

Contar unicamente com intervenções geograficamente direcionadas é um erro que os formuladores de políticas cometem com frequência. É muito melhor contar com instituições que trabalham mais discretamente. Na França, a concentração da massa econômica e a convergência da renda disponível entre as áreas avançadas e atrasadas foram concomitantes, produzindo um "efeito tesoura" na distribuição geográfica da produção e da renda disponível (ver figura 8.1).[17] O efeito parece ser impulsionado não pelas intervenções geograficamente direcionadas mas pelos mecanismos geograficamente neutros ou "universais" de taxação progressiva da renda, seguridade social e benefícios de desemprego. Embora o espaço não seja considerado explicitamente nessas políticas, seus efeitos e resultados podem variar consideravelmente de um local para outro. Na qualidade de base da integração econômica, tais "instituições" captam os benefícios da concentração geográfica da produção e provocam a convergência dos padrões de vida.

Até na União Europeia como um todo, o aumento da desigualdade das rendas de mercado entre 1985 e 1995 foi parcialmente contido por políticas de taxação progressiva e transferência. Os aumentos da renda das pessoas qualificadas foram moderados por meio de impostos mais altos, e as pessoas não qualificadas foram auxiliadas com transferências.[18] Do mesmo modo, a estrutura de taxação progressiva dos Estados Unidos reduziu as disparidades de renda disponível entre os estados, enquanto a produção se tornou mais concentrada, embora a medida desta concentração tenha variado bastante ao longo do tempo conforme as políticas governamentais mudaram (ver quadro 8.5).

A experiência da União Europeia e dos Estados Unidos na promoção da equidade espacial por meio de sistemas fiscais não-geográficos é instrutiva. Os céticos podem contra-argumentar que a cobertura do sistema fiscal é baixa nos países em desenvolvimento e que uma administração fiscal frágil e uma informalidade generalizada reduzirão os benefícios potenciais dos impostos progressivos. Mas vale lembrar que, um século atrás, quando seu sistema fiscal foi introduzido, os Estados Unidos possuíam muitos atributos de um país em desenvolvimento atual. Sua população era predominantemente rural, pois apenas 28% da população viviam nas áreas metropolitanas em 1910.[19] Os salários eram de US$ 0,72 por hora na indústria automotiva em 1925.[20] A cobertura e as receitas fiscais eram baixas, já que somente 10% das famílias entregavam declaração individual de renda em 1916; hoje a proporção é de 93%.

Algumas evidências dos países em desenvolvimento ressaltam o fato de que a redistribuição de renda por meio de um sistema de taxação progressiva é difícil, e que o direcionamento das despesas de acordo com o nível de renda individual ou familiar e o nível da alíquota fiscal média são mais importantes para a distribuição de renda pós-transferência. Assim, um sistema fiscal proporcional de alto rendimento pode ter um maior impacto equalizador que um sistema de taxação progressiva de baixo rendimento.[21]

As políticas fiscal e de transferência geograficamente neutras formam a base das políticas públicas para integrar geograficamente os países e ajudá-los a se beneficiar da concentração e da convergência. Mas

Figura 8.1 A França beneficiou-se do aumento da concentração da produção econômica e do declínio das disparidades espaciais de renda disponível

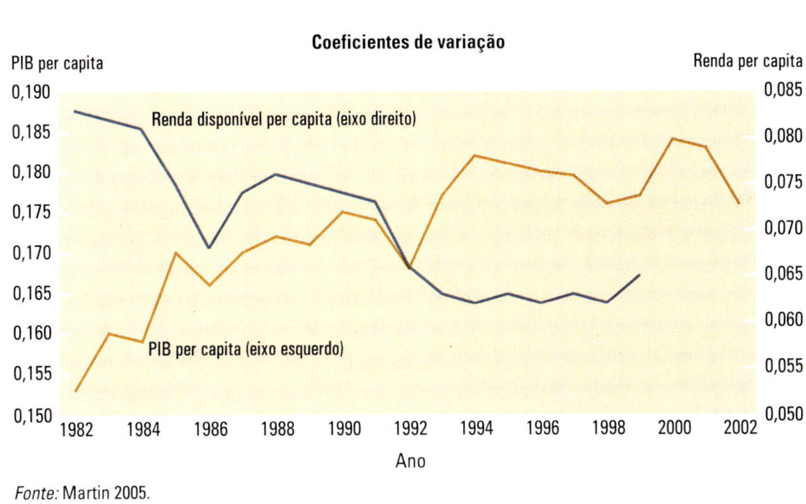

Fonte: Martin 2005.

QUADRO 8.5 *Taxação contra a desigualdade espacial? O sistema federal de imposto de renda dos EUA*

O imposto de renda progressivo federal nos Estados Unidos reduziu a desigualdade de renda entre as pessoas. Um efeito não intencional foi ter reduzido a desigualdade de renda entre os estados, o que mostra que uma política espacialmente neutra pode ser um instrumento eficaz de redução das desigualdades espaciais.

Dados do Internal Revenue Service mostram a dimensão da redução da desigualdade espacial obtida graças ao imposto de renda. Para chegar a essa constatação, em primeiro lugar, as rendas pré-impostos do percentil superior dos contribuintes em cada estado são divididas pela renda pessoal dos EUA publicada pelo Escritório de Análise Econômica. Em seguida, a mesma proporção de dispersão da renda é calculada com as rendas pós-impostos. Depois são calculadas as porcentagens de decréscimo entre as proporções de renda pré-impostos e pós-impostos para dois grupos de 10 estados: um com as rendas pré-impostos mais altas (Grupo 1) e o outro com as mais baixas (Grupo 2).[a] A figura do quadro mostra a mudança das diferenças de renda pós-impostos entre os estados mais ricos e os mais pobres. Diretamente atribuível à taxação, ela mostra como o sistema fiscal dos EUA ajudou a reduzir as desigualdades de renda entre os estados.

A alíquota fiscal nunca foi tão alta quanto em 1918, de 77%, para financiar a guerra. Depois da I Guerra Mundial, as alíquotas declinaram. Reduzida a 24% em 1929, a alíquota para as rendas mais altas subiu novamente durante a Grande Depressão (26% em 1940 contra 7% em 1930 para o Grupo 1). Quando o Congresso introduziu a retenção em folha de pagamento e os pagamentos trimestrais de impostos durante a II Guerra Mundial, o sistema de taxação progressiva foi reforçado. Mas esses efeitos redutores da desigualdade começaram a atenuar-se entre 1950 e 1970. Um breve crescimento desses efeitos no final dos anos 1970 foi seguido por uma queda nos anos 1980 e 1990.

Fonte: Equipe do RDM 2009.

a. Embora os dois grumpos pertençam aos 1% mais ricos de seus respectivos estados, observe-se as diferenças agudas entre eles. Em 1940, por exemplo, uma renda de US$ 47.000 colocava o contribuinte entre os 1% mais ricos no Mississippi e entre os 10% mais ricos do Distrito de Columbia.

Sem um foco espacial explícito, o imposto de renda federal dos EUA reduz as disparidades espaciais

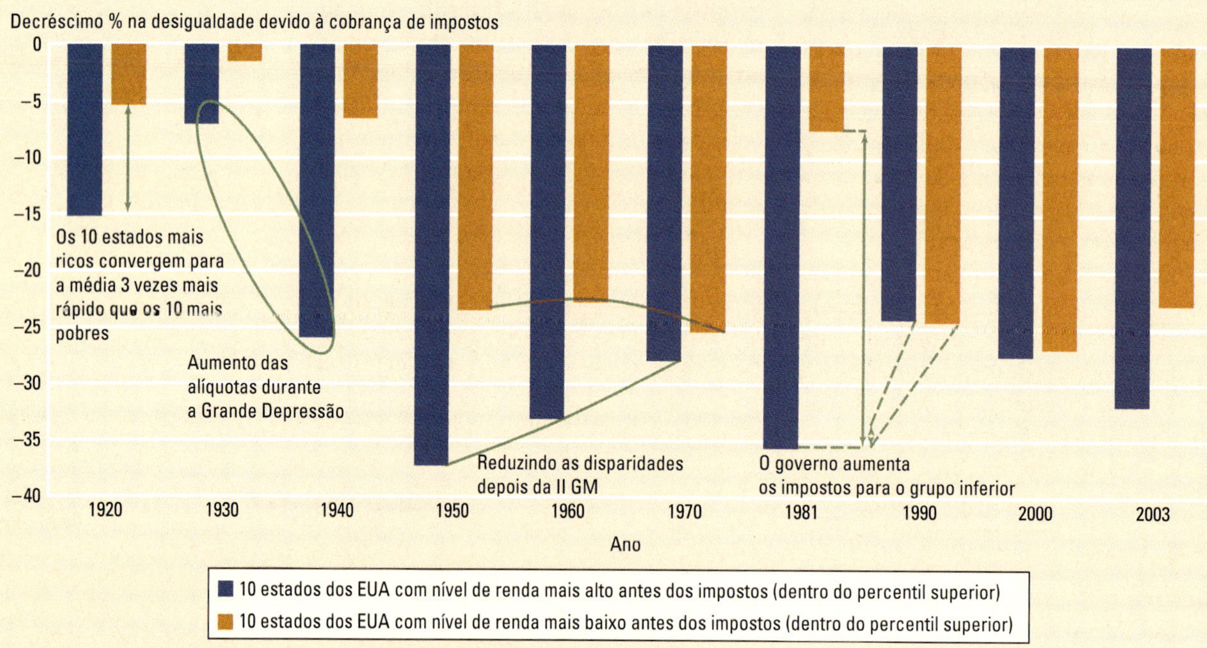

Fonte: Equipe do RDM 2009, com base em análise de Estelle Sommelier.

essas políticas podem não ser suficientes. Dependendo de suas condições, os países precisam de uma gama mais ampla de instrumentos de integração interna. Pode-se considerar que o desafio da integração econômica é a redução da distância entre as pessoas – especialmente os pobres – e a oportunidade econômica. As densidades populacionais mal posicionadas e os obstáculos à mobilidade dos trabalhadores e empreendedores e ao consenso político entre as áreas avançadas e atrasadas resultantes das divisões internas complicam o desafio.

Em geral, o conjunto de políticas para a integração econômica incluir:

- ***Instituições*** *(políticas geograficamente neutras).* O termo é usado aqui para designar as políticas que não são explicitamente formuladas com finalidade geográfica, mas que têm efeitos e resultados que podem variar de um local para outro. Elas incluem políticas nacionais como o sistema de imposto de renda, as relações fiscais intergovernamentais e a governança dos mercados fundiário e habitacional, assim como educação, saúde, água e saneamento, e outras iniciativas governamentais.
- ***Infraestrutura*** *(políticas geograficamente conectivas).* O termo é usado aqui como expressão sintética para designar todos os investimentos que conectam lugares e fornecem serviços comerciais básicos, como transporte e instalações públicas. Estas incluem o desenvolvimento de autoestradas e ferrovias inter-regionais para promover o comércio de bens – e o aperfeiçoamento das tecnologias de informação e comunicação para aumentar o fluxo de informação e de ideias.
- ***Incentivos*** *(políticas geograficamente direcionadas).* O termo é usado aqui para designar as medidas geograficamente direcionadas que estimulam o crescimento econômico nas áreas atrasadas. Estas incluem subsídios de investimento, reduções fiscais, regulação de localização, desenvolvimento da infraestrutura local e reformas visando à melhoria do ambiente de investimentos, como regulação especial para zonas de processamento de exportações.

Esses instrumentos de integração – instituições, infraestrutura e incentivos – cobrem a gama entre políticas universais e geograficamente direcionadas. Cada uma das três categorias pode incluir impostos, despesas públicas e regulação.

Uma geografia física adversa geralmente aumenta a distância econômica, reduzindo o comércio de bens e serviços e os fluxos de mão de obra, capital e informação, tornando mais difícil a prestação de serviços públicos. Em Papua Nova Guiné, com um sistema de transporte fragmentado por um terreno montanhoso acidentado, o tempo médio de viagem de uma comunidade rural até a estrada mais próxima é de duas horas e meia e até a agência governamental mais próxima é de mais de três horas.[22] Nas partes mais acidentadas do Peru, a cobertura da infraestrutura pública é baixa.[23] Outros lugares como esses incluem as *Zonas Extremas* do Chile, o oeste da China, o Alto Egito, as áreas exteriores do Nepal e o nordeste da Rússia. Por causa das condições adversas, a taxa de pobreza pode ser alta nessas áreas. Porém, pelo mesmo motivo, a menos que elas sejam proibidas de partir pelas políticas do governo ou por razões sociopolíticas, ou convencidas a ficar por incentivos, poucas pessoas vivem nessas áreas.

A integração reduz a distância econômica entre as áreas atrasadas e os lugares mais dinâmicos. As iniciativas mais bem-sucedidas, que equilibram eficiência econômica e viabilidade política, são adaptadas às circunstâncias de cada país. As circunstâncias mais importantes são a densidade populacional nas áreas atrasadas e à medida que as divisões internas enfraquecem as forças de mercado. Quando poucas pessoas vivem nas áreas atrasadas, como no nordeste da Rússia, as políticas de integração precisam ser diferentes daquelas em lugares como o nordeste do Brasil, onde as áreas atrasadas são densamente povoadas. Quando as áreas atrasadas e avançadas compartilham uma língua e costumes comuns, como no Brasil e na China, as políticas de integração precisam fazer menos esforço do que nas áreas onde as diferenças de língua, etnia ou religião separam uma parte do país de outra, como na Índia ou na Nigéria.

No Brasil, a distância entre o Nordeste atrasado e o Sudeste avançado é acompanhada de alta densidade populacional nas áreas costeiras do Nordeste. Mas muitos nordestinos encontraram oportunidades mudando-se para o Sudeste dinâmico. Chegam a 4 milhões os residentes da Grande São Paulo que são nordestinos.[24] Isso indica a alta densidade populacional do Nordeste e as forças de mercado poderosas da mobilidade da mão de obra, tornada possível por fatores como uma língua comum e uma identidade nacional forte.

Recordemos o mapa da Índia, onde as regiões atrasadas têm uma alta massa de pobreza e uma alta taxa de pobreza (ver mapa 8.3). Integrar essas áreas é especialmente desafiador porque os agrupamentos geográficos subnacionais refletem diferenças étnicas, linguísticas ou sociais.[25] O movimento de pessoas que saem dessas áreas é limitado por preferências locais e discriminação contra grupos específicos (ver capítulo 5). As forças de mercado da mobilidade dos fatores foram enfraquecidas pelas divisões políticas e sociais internas – um exemplo é a hostilidade que os trabalhadores de Bihar sofreram nas partes mais prósperas da Índia. Nesses países, o desafio da integração envolve a superação da distância econômica, uma densidade mal posicionada *e* a divisão interna.

Usando as dimensões espaciais de distância, densidade e divisão para caracterizar as condições de um país, uma taxonomia sugestiva pode ser desenvolvida para ajudar os países a formular políticas de integração para enfrentar seus desafios. Pelo menos três tipos de políticas podem ser distinguidos:

- ***Tipo 1:*** países com áreas atrasadas esparsamente povoadas
- ***Tipo 2:*** países unificados com áreas atrasadas densamente povoadas
- ***Tipo 3:*** países divididos com áreas atrasadas densamente povoadas

Essa taxonomia pode caracterizar as áreas atrasadas na maioria dos países, mas duas advertências são necessárias. A primeira é que, em certos países, as áreas atrasadas podem ser tão heterogêneas que se torna difícil classificá-las distintamente num desses tipos. Na Tailândia, o nordeste é densamente povoado e distante da área economicamente densa da capital, mas o sul esparsamente povoado abriga a minoria muçulmana do país. Na Índia, o nordeste atrasado é esparsamente povoado, enquanto as áreas atrasadas da Índia central têm quase dois terços dos pobres do país. A segunda é que os países classificados como Tipo 1 (com áreas atrasadas esparsamente povoadas) podem ser unificados ou divididos internamente. As estratégias de integração para esses dois tipos de países – países unificados com áreas atrasadas esparsamente povoadas como a Rússia, ou países divididos com áreas atrasadas esparsamente povoadas como as Filipinas – não serão diferentes.

Um instrumento por dimensão

Instituições para superar a distância. Nos países com áreas atrasadas esparsamente povoadas, o desafio da integração é principalmente reduzir a distância econômica. Políticas universais – geograficamente neutras na sua concepção e nacionais na sua cobertura – podem levar adiante grande parte da tarefa de uma integração econômica bem-sucedida. Os países em desenvolvimento nessa categoria incluem Cazaquistão, Chile, China, Gana, Indonésia, México, Mongólia, Quênia, Rússia, Sri Lanka, Uganda e Vietnã. O objetivo primário dessas políticas deve ser o incentivo à migração para lugares onde há oportunidades econômicas. Por exemplo, conforme a Rússia passa da economia planificada à de mercado, ela terá de lidar com uma herança política que industrializaram seu vasto território. Até hoje, milhões de pessoas são subsidiadas para viver em lugares "frios" e isolados no nordeste (ver mapa 8.4), onde elas não podem tirar partido das novas oportunidades econômicas nas áreas dinâmicas do oeste.[26]

Corrigir as distorções do mercado fundiário, remover as restrições à mobilidade e fornecer serviços essenciais como educação básica, saúde, água e saneamento devem ser as prioridades das políticas universais. Os custos associados à venda de terras – incluindo taxas, custos de vistoria e taxas de transferência – podem tornar as transações fundiárias proibitivas. Na Rússia, as taxas de vistoria privada são equivalentes a dois anos de salário mínimo. Esses custos podem desacelerar a migração, pois reduzem a capacidade das pessoas menos abastadas de negociar a terra.[27] O sistema de registro dos domicílios da China (o sistema *hukou*) tem sido uma barreira à migração rural-urbana. A ausência de *hukou* nas áreas urbanas significa que os migrantes não têm direito à educação pública ou aos benefícios de saúde. Isso pode produzir grandes diferenças salariais inter-regionais. Pesquisas recentes indicam que a remoção de tais restrições à mobilidade realocaria a mão de obra entre as áreas, reduziria as diferenças salariais e diminuiria a desigualdade de renda.[28] Mas os benefícios dependem da reação do mercado habitacional urbano à demanda adicional dos recém-chegados.

Certos países podem ter áreas atrasadas esparsamente povoadas e divisões internas. Na República Democrática Popular do Laos, a heterogeneidade étnica torna a mão de obra menos móvel. Vientiane, a área mais avançada, tem uma taxa de pobreza relativamente baixa, enquanto as províncias do norte e do sul têm taxas mais altas (ver mapa 8.5). Mas os pobres estão repartidos de modo bastante uniforme pelo país. Nesses casos, grande parte das políticas ainda deve ser geograficamente neutra, com esforços especiais para garantir o acesso igual aos serviços públicos para as pessoas nessas áreas. O Afeganistão e o Tadjiquistão são outros exemplos de países com divisões e áreas atrasadas esparsamente povoadas.

Outros países podem ter apenas algumas áreas atrasadas que são esparsamente povoadas e divididas. Na Indonésia, um país unificado sob outros aspectos, lugares como Aceh são considerados áreas atrasadas, com divisões que enfraquecem a mobilidade da mão de obra e do capital. Os formuladores de políticas podem sentir-se tentados a oferecer incentivos econômicos para as empresas nessas áreas a fim de compensar a falta de mobilidade dos fatores, mas o risco inerente de criar enclaves de desenvolvimento e aprofundar as divisões existentes deve ser considerado. Em vez disso, as iniciativas que promovem a integração econômica aumentando a mobilidade dos fatores podem ser mais adequadas por razões econômicas e políticas. Os exemplos incluem programas geograficamente direcionados para melhorar a educação e uma legislação de oportunidades iguais para assegurar que os trabalhadores das áreas atrasadas não sofram discriminação no mercado de trabalho em outras partes do país.

Instituições e infraestrutura para superar a distância e a densidade. Quando a distância está acompanhada de alta densidade populacional nas áreas atrasadas, a infraestrutura conectiva também é necessária. Os países nessa categoria incluem Bangladesh, Brasil, Colômbia, República Árabe do Egito, Tailândia e Turquia. O isolamento com relação aos mercados nas partes mais dinâmicas do país (ou do mundo) pode reduzir o bem-estar dos consumidores à medida que os residentes enfrentam preços mais altos por causa da fragmentação do mercado e os trabalhadores e produtores têm menos acesso aos mercados. Em tese, investimentos em infraestrutura que conectam as áreas periféricas aos mercados deveriam melhorar tanto o bem-estar dos consumidores quanto a eficiência produtiva.

Diante das concentrações consideráveis de pobres nas áreas atrasadas, as instituições geograficamente neutras que promovem a mobilidade da mão de obra e do capital e garantem o fornecimento de serviços básicos precisam ser auxiliadas por políticas que melhoram o acesso aos mercados para os empreendedores nas áreas atrasadas. Embora a migração incremente a eficiência e a equidade espaciais, com grandes quantidades de pobres nas áreas atrasadas isso pode levar muito tempo (ver capítulo 5). Melhores ligações infraestruturais entre as áreas atrasadas e avançadas, que melhoram o acesso ao mercado, podem permitir que certas atividades floresçam nas áreas atrasadas. Elas podem aumentar a concentração da atividade econômica nas áreas *avançadas*, porque as empresas que dão valor aos benefícios da aglomeração serão agora capazes de atender os mercados das áreas atrasadas a uma maior distância (ver capítulo 6). As atividades que reagem a uma infraestrutura melhor nas áreas atrasadas são aquelas que não apresentam economias de aglomeração, como a agricultura, o agro processamento e a manufatura intensiva em mão de obra como a de produtos de couro e madeira (ver capítulo 4).

Uma maneira útil de conceitualizar como os investimentos em infraestrutura melhoram a conectividade é pensar numa medida de acesso ao mercado que compreenda o tamanho e a densidade dos centros de mercado e a qualidade das redes de transporte que ligam diferentes locais a esses centros. A medida decorre do modelo gravitacional usado para analisar

Mapa 8.4 Na Federação Russa, a densidade populacional é mais alta no oeste economicamente vibrante e mais quente, mas a herança comunista deixou algumas pessoas no interior frio

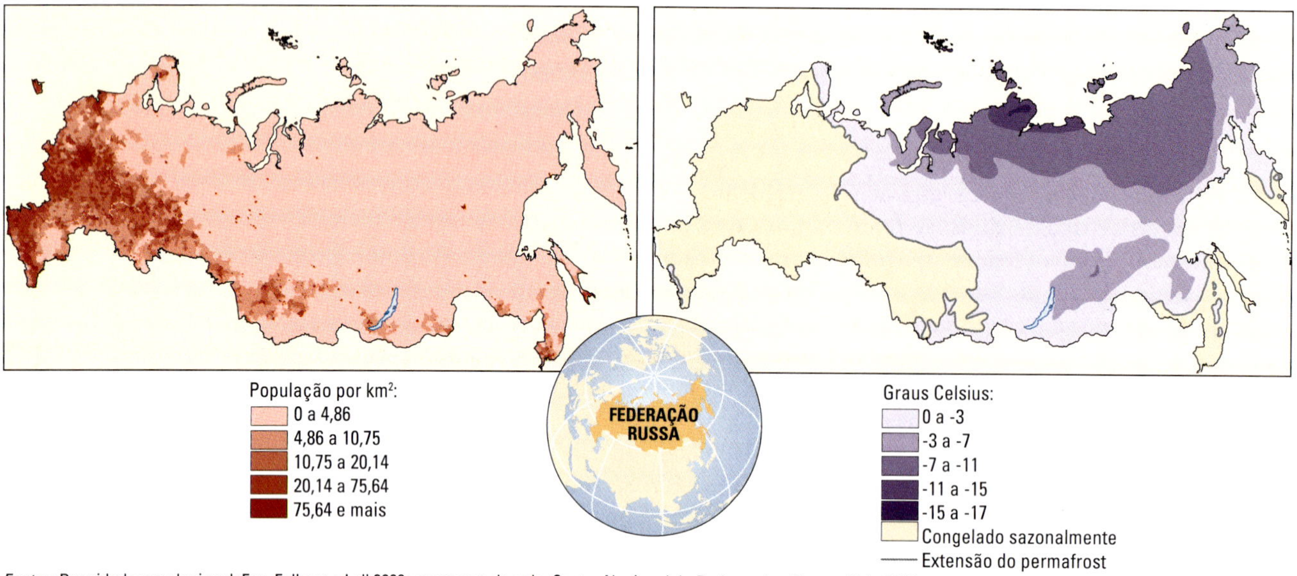

Fontes: Densidade populacional: Fay, Felkner e Lall 2008; espessura do gelo: Centro Nacional de Dados sobre Neve e Gelo 2007.

o comércio entre as áreas e países, com a interação entre dois lugares proporcional ao seu tamanho (população ou densidade econômica) e inversamente proporcional à distância entre eles (ver quadro 8.6).

Tomemos como exemplo a República Árabe do Egito. A localização dos assentamentos foi ditada pela limitação geográfica natural predominante – o acesso à água. A maioria das pessoas, nas áreas avançadas em torno do Cairo e de Alexandria assim como nas áreas atrasadas do Alto Egito em torno de Assuã e Qena, vivem nas margens do Nilo (ver mapa 8.6). Assim como na zona costeira densamente povoada do Brasil, as instituições para integrar o Egito precisam ser complementadas por uma infraestrutura conectiva que garanta a eficiência geográfica da produção e padrões de vida geograficamente igualitários.

Existe uma longa história de uso da infraestrutura conectiva para integrar as áreas periféricas aos mercados nacionais. Quando são acompanhados por instituições que integram as nações, tais investimentos em infraestrutura podem trazer retornos. Nos Estados Unidos, o Congresso promulgou a Lei de Desenvolvimento Regional dos Apalaches em 1965, contando com instituições universais e infraestrutura conectiva para integrar os 22 milhões de pessoas naquela área atrasada, que abrange 13 estados, ao resto do país.[29] A estratégia básica combinava programas sociais coordenados regionalmente e infraestrutura física. A lei de 1965 alocou 85% dos fundos para autoestradas – consideradas fundamentais para atingir outros objetivos socioeconômicos – e, cumulativamente, as autoestradas representaram mais de 60% dos fundos investidos até meados dos anos 1990. Outros investimentos incluíam hospitais e centros de tratamento, conservação da terra, restauração das minas, controle de enchentes e administração dos recursos hídricos, estabelecimentos de ensino vocacional e obras de tratamento de esgoto. Entre 1965 e 1991, a renda e as receitas pessoais totais cresceram, em média, 48 pontos percentuais mais rápido nos condados dos Apalaches do que nos seus "irmãos" econômicos, a população cresceu 5 pontos mais rápido e a renda per capita cresceu 17 pontos mais rápido.[30]

Instituições, infraestrutura e incentivos para superar a distância, a densidade e a divisão. Quando os países enfrentam divisões causadas pela heterogeneidade etnolinguística ou religiosa, as forças da mobilidade dos fatores podem ser fracas até em distâncias relativamente curtas. Os exemplos incluem a Índia e a Nigéria. Nesses casos, os incentivos geograficamente

QUADRO 8.6 ***Baixo acesso ao mercado no sul atrasado do México***

A informação quantitativa sobre a integração de mercado regional ou local é escassa. Estatísticas sumárias – como o comprimento das estradas num estado ou numa província ou a distância em linha reta aos portos ou aglomerações urbanas – são pálidos substitutos para a complexidade de uma rede de transporte nacional ou regional. Para obter melhores dados, uma representação geográfica da rede de transporte do México foi usada para computar um índice de acessibilidade para cada município do país como uma simples medida do potencial de integração de mercado.

Esse índice sintetiza o tamanho do mercado potencial que pode ser atingido a partir de um ponto específico dada a densidade e a qualidade da rede de transportes naquela região. Para qualquer ponto do país, é a soma da população dos centros urbanos que rodeiam aquele ponto, ponderada inversamente pelo tempo de viagem para chegar ao centro. Ele é computado com ajuda de um mapa digital atualizado da infraestrutura de transporte fornecido pela agência mexicana de estatística (Instituto Nacional de Estadística y Geografía, INEGI).[a] Para cada segmento de estrada, a base de dados indica o número de pistas e se essas pistas são pavimentadas ou não – e para as linhas ferroviárias, o número de vias. Para cada categoria de estrada ou ferrovia, as velocidades médias de viagem são estimadas para calcular quanto tempo leva para atravessar cada segmento da rede de transporte.[b] Dados de população urbana da base de dados do INEGI indicam a localização e o tamanho da população de aproximadamente 700 cidades e aglomerações no México. Em 2000, esses centros urbanos continham aproximadamente 68 milhões dos 97 milhões de habitantes do México.

O mapa do acesso ao mercado mostra valores altos do índice em torno do Distrito Federal, devido à concentração de pessoas e infraestrutura. Um quarto do PIB do México é gerado a duas horas de viagem do centro do Distrito Federal. Os estados meridionais de Chiapas, Guerrero e Oaxaca, as áreas mais pobres, têm pouco acesso ao mercado.

Fonte: Deichmann, Fay, Koo e Lall 2004.
a. A malha rodoviária e ferroviária digital tem cerca de 171 mil km, dos quais 84 mil km são pavimentados, 51 mil não e 36 mil são trilhas e picadas. A rede ferroviária tem uma extensão total estimada de 14 mil km. Esses valores são calculados por um sistema de informação geográfica (SIG) de mapas de escala digital de 1:1 milhão e podem não corresponder necessariamente às estatísticas oficiais.
b. Usar o tempo de viagem na rede de transporte oferece uma medida mais precisa da acessibilidade comparada com as distâncias em linha reta, como empregado, por exemplo, por Hanson (1988).

O acesso ao mercado do México é maior em torno da capital nacional e menor nos estados mais atrasados do sul

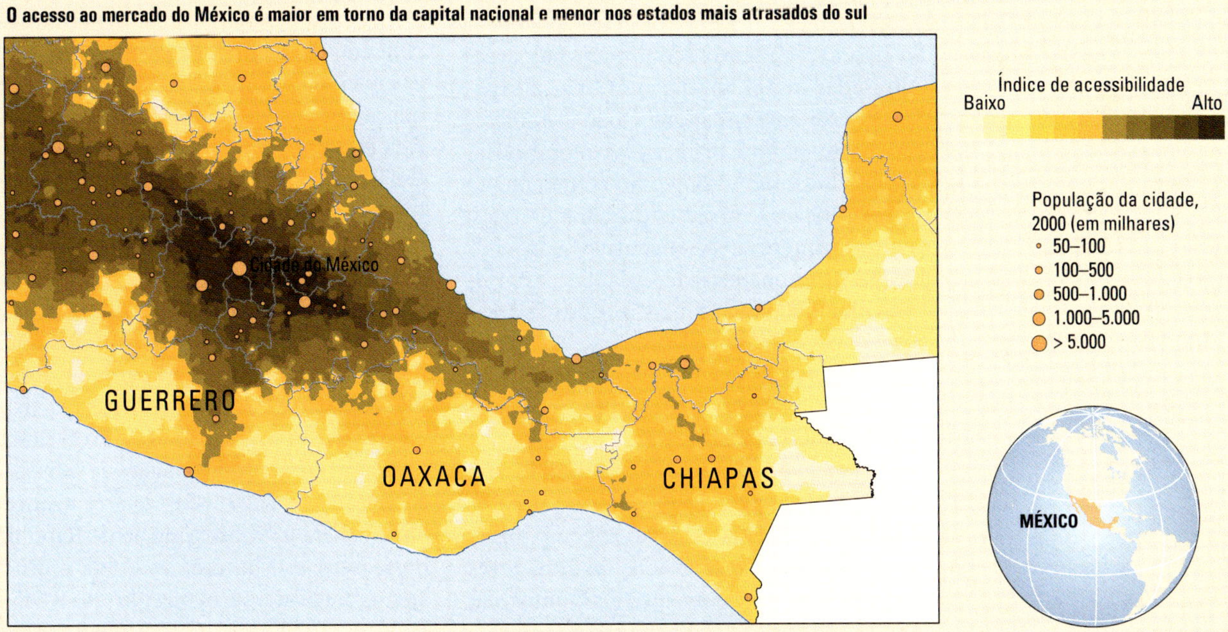

Fonte: Deichmann, Fay, Koo e Lall 2004.

direcionados podem ser necessários para complementar as instituições e a infraestrutura a fim de incentivar a produção econômica nas áreas atrasadas. Os incentivos mais usados incluem incentivos fiscais e subsídios, zonas econômicas especiais, regulação de zoneamento das indústrias e melhoria do ambiente de investimento.

Mapa 8.5 Na República Democrática Popular do Laos, a taxa de pobreza é alta fora da região da capital, mas os pobres estão dispersos em comunidades remotas

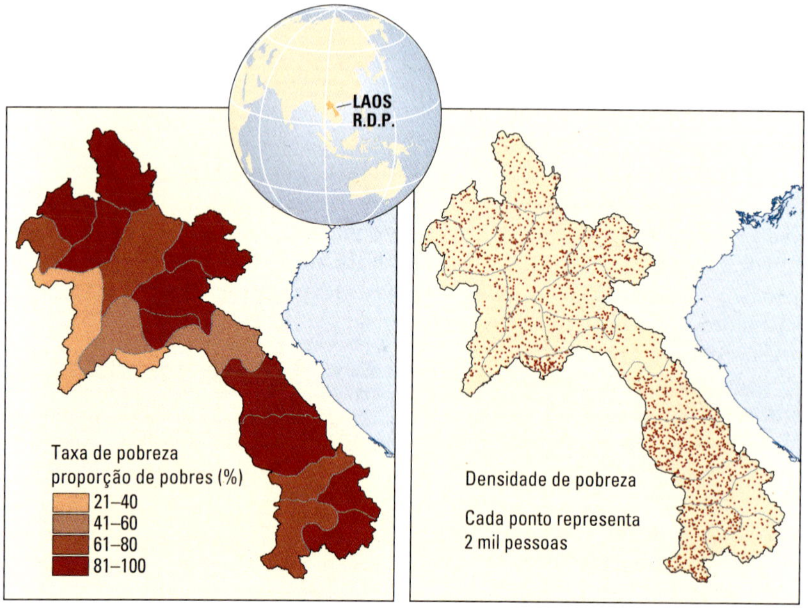

Fonte: Richter, van der Weide e Souksavath 2005.
Nota: Os pontos estão distribuídos aleatoriamente dentro de cada província e não refletem a distribuição da população.

Somente alguns poucos países enfrentam o triplo desafio da distância, densidade e divisão. Os incentivos para promover o desenvolvimento econômico nas áreas atrasadas foram abrangentes, mas a experiência foi desanimadora.[31] Isso aconteceu, em parte, porque os incentivos foram usados no lugar de, e não como complemento a, instituições e infraestrutura integrativas. Com frequência, os incentivos espacialmente direcionados nem seriam necessários se o objetivo político fosse integrar as áreas avançadas e atrasadas, em vez de tentativas bem-intencionadas mas mal orientadas de promover a indústria em lugares economicamente desfavoráveis.

A tabela 8.1 resume as opções políticas de integração interna usando uma combinação calibrada de instituições, infraestrutura e incentivos.Os formuladores de políticas deveriam ter três pontos em mente ao formular estratégias de integração. Em primeiro lugar, as políticas devem concentrar-se principalmente na melhoria do bem-estar das pessoas, incentivando-as a buscar oportunidades econômicas *onde quer que surjam*. Em segundo lugar, elas devem ajudar a unificar os países a longo prazo. Divisões internas podem ser uma limitação de curto prazo para a integração econômica, mas a diminuição da divisão deve ser um objetivo de longo prazo. Em terceiro lugar, as políticas que tentam contornar as limitações colocadas pelas divisões não devem reforçá-las inadvertidamente. Por exemplo, diferenciar a legislação fundiária e trabalhista ou o sistema escolar nas áreas atrasadas pode enfraquecer a integração econômica e política.

O modelo em ação

Esta seção usa o arcabouço político apresentado logo acima para discutir como os países têm usado políticas específicas para integrar as áreas atrasadas e avançadas.

Instituições que promovem investimentos transferíveis

Investindo em capital humano. A educação primária universal e a saúde básica são promovidas numa vasta gama de países em desenvolvimento, como mostrado pela leitura de Constituições nacionais discutida anteriormente neste capítulo. Por exemplo, as Constituições estipulam que a educação primária deve ser gratuita e universal, independentemente do lugar de residência, e as leis nacionais complementares especificam quantos anos de escolaridade são necessários para completar a educação primária. Em países com conflito latente ou pós-conflito, a educação básica é considerada uma ferramenta de reconciliação nacional e de garantia da integridade territorial.

Apesar dessa legislação, os níveis de educação, saúde e pobreza variam consideravelmente de área para área em muitos países, particularmente na Ásia e na África. Na China, o índice de desenvolvimento humano (uma combinação de níveis de educação, saúde e renda) da área avançada em 2003 era 0,97, próximo ao da República da Coreia, e o da área atrasada era 0,59, aproximadamente o mesmo da RDP do Laos (ver figura 8.2). O capítulo 2 mostrou que essas disparidades eram ainda maiores alguns anos atrás.

Desenvolver o capital humano é essencial, seja por meio de políticas visando atrair empregos para as pessoas, ou que incentivem o movimento das pessoas em direção aos empregos. Um dos principais ganhos decorre da ajuda às pessoas nas

Tabela 8.1 Um instrumento por dimensão – um modelo de políticas de desenvolvimento de área, territoriais ou regionais

	Tipo de país		
	Áreas atrasadas esparsamente povoadas	**Áreas atrasadas densamente povoadas em países unidos**	**Áreas atrasadas densamente povoadas em países divididos**
Exemplos (países)	Chile, China, Gana, Honduras, Paquistão, Peru, Rússia, Sri Lanka, Uganda e Vietnã	Bangladesh, Brasil, Colômbia, Rep. Árabe do Egito, México, Tailândia e Turquia	Índia e Nigéria
Dimensões do desafio da integração	Distância econômica (1-D)	Distância econômica Alta densidade populacional nas áreas atrasadas (2-D)	Distância econômica Alta densidade populacional Divisões internas (3-D)
O que as políticas devem facilitar	Mobilidade da mão de obra e do capital	Mobilidade da mão de obra e do capital Integração de mercado para bens e serviços	Mobilidade da mão de obra e do capital Integração de mercado de bens e serviços Atividades econômicas selecionadas nas áreas atrasadas
Prioridades das políticas			
Instituições espacialmente neutras	Mercados fundiário e de trabalho de fluidos, segurança, programas de educação e saúde, água e saneamento seguros	Mercados fundiário e de trabalho de fluidos, segurança, programas de educação e saúde, água e saneamento seguros	Mercados fundiário e trabalhista fluidos, segurança, programas de educação e saúde, água e saneamento seguros
Infraestrutura espacialmente conectiva		Infraestrutura de transporte inter-regional Serviços de informação e comunicação	Infraestrutura de transporte inter-regional Serviços de informação e comunicação
Incentivos espacialmente direcionados			Incentivos à agricultura e à agroindústria Sistemas de irrigação Treinamento de mão de obra Estradas locais

Fonte: Equipe do RDM 2009.

áreas atrasadas para que migrem para as áreas onde há melhores oportunidades. Na Rússia, as grandes distâncias econômicas e físicas entre as áreas atrasadas e os destinos potenciais desencorajaram a migração. Reduzindo-se a distância econômica, um ano adicional de educação aumenta a emigração das áreas remotas em 40%.[32] À medida que o Brasil transformou-se de uma economia agrícola em manufatureira, os fluxos de migração do Nordeste atrasado para o Sul e o Sudeste dinâmicos aumentaram entre 1960 e 2000. No Nordeste, as pessoas que possuem pelo menos a educação primária migram com mais frequência que as pessoas menos instruídas.[33]

Uma das maiores histórias de sucesso é a dos Estados Unidos, onde o aumento da escolaridade dos afro-americanos foi, crê-se, um importante fator causal por trás da "Grande Migração" que saiu do Sul. Em 1900, 90% dos afro-americanos viviam no Sul e somente 4,3% daqueles nascidos na região viviam em outro lugar. Por volta de 1950, a proporção no Sul havia caído para 68 e 19,6% daqueles nascidos na região haviam partido. Os dados dos censos de 1900, 1940 e 1950 mostram que as pessoas com mais instrução tinham mais probabilidade de migrar porque a escolaridade aumentava sua consciência das oportunidades nos mercados de trabalho distantes e sua capacidade de assimilar-se num ambiente social e econômico diferente, reduzindo assim os custos da migração.[34] Em outro estudo dos EUA, das pessoas acompanhadas entre 1968 e 1982, aquelas com nível alto de instrução demonstravam menos inclinação para mudar de profissão mas tinham mais probabilidade de mudar-se geograficamente. Uma pessoa com instrução universitária tinha três vezes mais probabilidade de mudar-se do que uma pessoa com instrução primária ou inferior.[35]

Abrir opções para migração estimula maiores investimentos em capital humano: as pessoas levam em consideração não apenas os retornos locais da instrução mas também os retornos em outras localidades. Se opções de escolaridade estiverem disponíveis em áreas pobres, os migrantes potenciais investirão em capital humano adicional, antevendo que os empregos nas áreas avançadas requerem qualificações

Mapa 8.6 Na República Árabe do Egito, a densidade populacional é alta nas áreas atrasadas, e a infraestrutura conectiva é necessária para favorecer a integração espacial

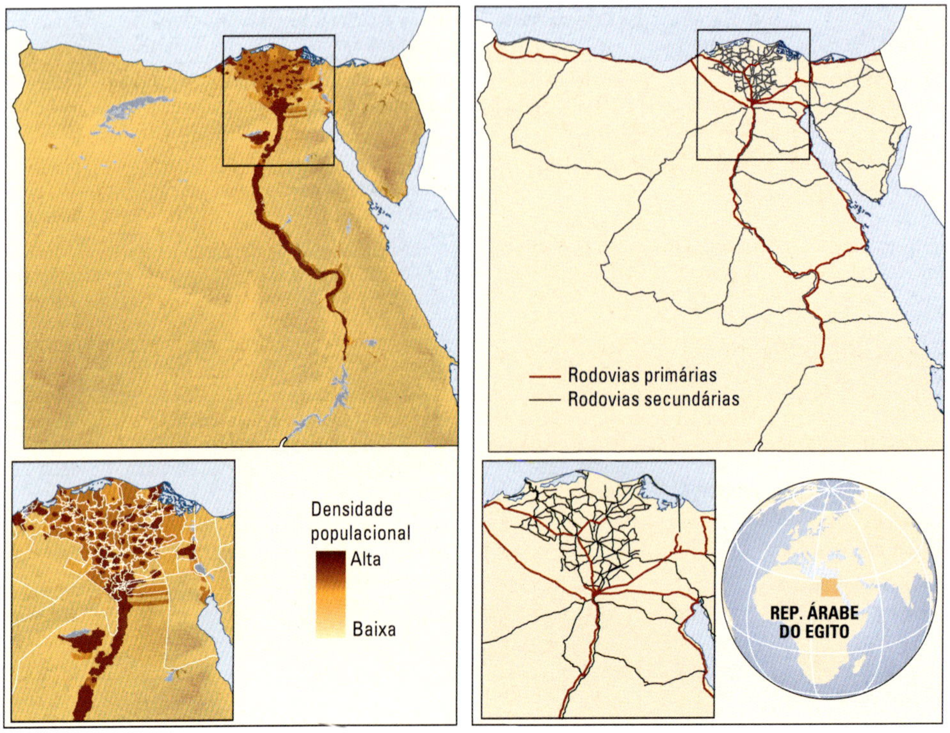

Fonte: Banco Mundial 2008b.

mais altas. Os empregadores nessas áreas têm mais probabilidade de favorecer os trabalhadores instruídos que despontam como mais "capazes" do que outros trabalhadores das áreas atrasadas. Nos Estados Unidos, a taxa de escolaridade dos afro-americanos era significativamente mais alta nos estados do Sul onde as taxas de emigração haviam sido altas. Um aumento das taxas iniciais de migração explica o aumento de 7,4% da taxa de escolaridade dos afro-americanos entre 1910 e 1930. À medida que mais afro-americanos migraram do Sul, a migração tornou-se mais comum e factível, e a escolaridade cresceu de acordo.

A escolaridade tem um forte efeito sobre o bem-estar, como no Brasil. Os nove estados do Nordeste têm os piores níveis de educação, com ganhos menores que o resto do país. O analfabetismo médio nos nove estados caiu 42%, menos que os 49% em outros estados, e ainda é o dobro da média nacional (18% contra 9%). As diferenças de escolaridade explicam mais da metade da diferença de renda entre o Nordeste e o Sudeste avançado. Se a população local tivesse o mesmo perfil educacional que as pessoas do Sudeste, a renda média no Nordeste aumentaria mais da metade, passando de 62% da média brasileira para 93%.[36]

Programas governamentais, como o de educação primária universal em Uganda, refletem frequentemente as prioridades nacionais. O programa ugandense aumentou a escolaridade no norte – a área mais pobre do país (ver quadro 8.7). Mas é preciso um esforço maior para melhorar a qualidade da educação por causa dos custos mais altos da prestação de serviços na região norte. Com pouca capacidade de implementação e despesas insuficientes nas áreas atrasadas, o hiato entre as "necessidades regionais" e as alocações atribuídas pelos níveis superiores de governo torna-se ainda mais amplo. Embora isso possa ser considerado um direcionamento geográfico das despesas públicas, um modelo político orientado para os *resultados* classificaria tais esforços como geograficamente neutros.

Mecanismos de transferência para serviços públicos. Transferências redistributivas dos níveis superiores de governo podem reduzir as disparidades de capacidade fiscal e prestação de serviços públicos entre as jurisdições subnacionais. Pelo menos três critérios motivam sua alocação:

- ***Necessidade.*** As áreas com rendas mais baixas receberiam mais investimentos, mas as áreas mais ricas também podem solicitar mais recursos para atender as necessidades do crescimento populacional e do congestionamento.
- ***Eficiência.*** As áreas com maiores retornos de investimento receberiam mais alocações.
- ***Igualdade.*** A despesa é equalizada entre as localidades de modo que os investimentos públicos não favorecem nenhuma área específica.

As transferências baseadas nas necessidades podem melhorar a prestação dos serviços públicos nas áreas atrasadas, pois as bases fiscais locais podem ser insuficientes para gerar a receita necessária. As transferências intergovernamentais podem ajudar a fornecer acesso semelhante aos serviços públicos para os residentes de qualquer lugar do país. Tais transferências são particularmente importantes para os governos subnacionais que dependem muito das transferências federais para cobrir as despesas. Elas financiam aproximadamente 60% das despesas subnacionais nos países em desenvolvimento e nas economias em transição, contra aproximadamente um terço nos países membros da Organização para a Cooperação e Desenvolvimento Econômico (OCDE). Na Índia, as transferências do governo central financiam mais de 30% das despesas estaduais. Na China, as transferências do centro para as províncias e das províncias para áreas mais específicas financiaram 67% das despesas provinciais, 57% das despesas das prefeituras e 66% das despesas dos condados e das divisões de nível inferior em 2003.[37]

Assim, as regras de alocação para as transferências têm impacto direto sobre o potencial de melhoria do bem-estar nas diferentes áreas. Mas as transferências intergovernamentais que financiam uma larga parcela dos gastos subnacionais são raramente feitas com a equidade geográfica em mente. De fato, as grandes transferências vão para as áreas onde as pessoas

Figura 8.2 Os padrões de vida podem variar consideravelmente entre as áreas avançadas e atrasadas

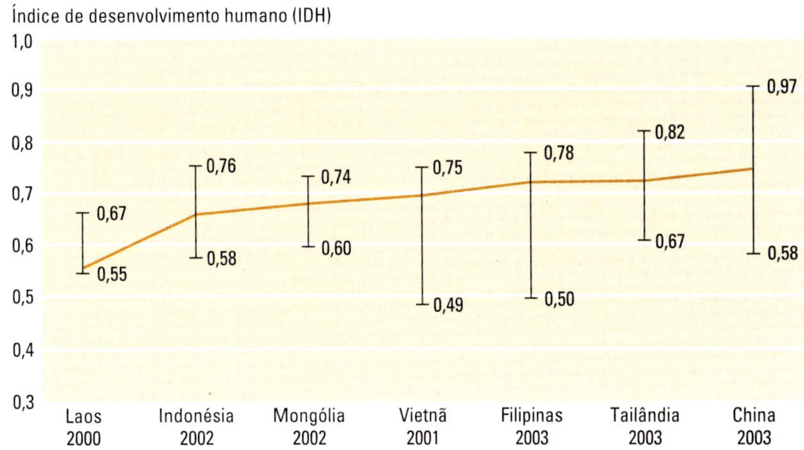

Fonte: Gill e Kharas 2007.

já recebem serviços de alta qualidade (ver quadro 8.8).

As transferências de equalização fiscal para as áreas atrasadas são financiadas por um imposto líquido sobre os residentes das áreas avançadas. Uma preocupação comum na literatura sobre concorrência fiscal é que impostos efetivos mais altos em certas áreas estimulem a emigração dos fatores produtivos. A nova geografia econômica dá alguma esperança de que a migração induzida pelos impostos seja limitada se os residentes (tanto empresas como famílias) forem beneficiados pelas economias de aglomeração nas áreas avançadas. As economias externas induzem os fatores móveis a aglomerar-se geograficamente e transformam-nos em fatores quase fixos. Portanto, se os residentes perceberem os benefícios da localização perto de outros residentes semelhantes, eles ficarão presos a esses locais, menos sensíveis às diferenças de impostos. Assim, transferências intergovernamentais moderadas financiadas pelas áreas avançadas podem financiar os serviços públicos nas áreas atrasadas.

Embora as transferências possam superar as limitações fiscais de curto prazo nas áreas atrasadas, a dependência fiscal é arriscada. Se as transferências intergovernamentais financiarem uma larga parcela das despesas, os governos subnacionais terão pouca probabilidade de melhorar o recolhimento local da receita ou de se responsabilizarem perante os residentes locais.[38] Os países da

QUADRO 8.7 *A educação primária universal em Uganda melhorou o acesso à escola nas áreas do norte*

A decisão do presidente Museveni de implementar a educação primária universal (EPU) em 1996 fez de Uganda o primeiro país africano a instituir esse tipo de política. A EPU aboliu as mensalidades e as contribuições para as associações de pais e mestres e os fundos para construção de escolas. O impacto sobre a escolaridade primária foi grande, com aqueles no quintil mais pobre ganhando mais e, dentro do quintil mais pobre, a escolaridade das meninas aumentou mais de três vezes entre 1992–93 e 2002–03. Na área setentrional atrasada, a escolaridade das meninas subiu de 40% para 73%.

A EPU teve um efeito equalizador no acesso mas não na qualidade e no desempenho. Na área setentrional, as altas taxas de absenteísmo dos professores, os baixos incentivos financeiros aos professores e a limitação da infraestrutura educacional e dos materiais de ensino produzem um desempenho escolar baixo. E as alocações orçamentárias per capita para a região nem sempre refletem o custo mais alto de fornecer os serviços ali. Um programa espacialmente neutro de educação que desse ênfase aos resultados não seria geograficamente neutro.

Fonte: Bird e Higgins 2008.

OCDE reconheceram esses desincentivos, e muitos deles reduziram o componente de equalização das receitas e dotações (Itália e Espanha, por exemplo).

Na Índia, onde as transferências federais redistribuíram recursos para as áreas pobres, a renda média nos estados de renda baixa é 40% da dos estados de renda alta. Como as receitas fiscais locais são ligadas à renda local, a capacidade fiscal dos estados de renda baixa é pior que a dos estados de renda alta.[39] O que compensa essa diferença é um sistema de redistribuição fiscal progressivo. Os estados de renda baixa recebem 48% das transferências totais do governo central, contra uma alocação de 17% para os estados de renda alta. A progressividade das transferências também é evidente por cabeça – Bihar, o estado mais pobre, recebe Rs 501 por pessoa em transferências fiscais. Maharashtra – um estado de renda alta onde se encontra o centro urbano mais avançado da Índia, Mumbai – recebe somente Rs 298 por pessoa. Mas a transformação dos recursos em serviços na prática não é visível nas áreas atrasadas da Índia.

Muitos países em desenvolvimento estão recolhendo e disseminando informação confiável sobre serviços aos quais as pessoas têm direito para incrementar a responsabilização dos prestadores de serviços e melhorar os resultados. Aumentar o acesso à informação quantitativa confiável a respeito dos resultados da prestação dos serviços torna difícil para os prestadores ignorar essa informação como anedótica ou irrelevante. Envolver membros da comunidade na identificação de preocupações e incentivá-los a realizar seu próprio monitoramento pode criar uma comunidade de usuários dispostos a responsabilizar os prestadores.

Assim, a prestação eficaz dos serviços depende da existência de recursos financeiros suficientes e da sua e transformação em resultados concretos. Investir em bens públicos nas áreas atrasadas reduz as possibilidades de migração a curto prazo porque melhora a atratividade das áreas atrasadas. Porém, investimentos sociais direcionados para desenvolver ativos transferíveis podem melhorar o bem-estar das pessoas e facilitar sua mobilidade a longo prazo tornando-as melhor preparadas para o trabalho nas áreas avançadas e intermediárias.

Benefícios de pensões transferíveis. Até com ativos transferíveis, as pessoas podem ter dificuldades para mudar-se. Em vários países, é provável que a impossibilidade de transferir pensões desacelere o ritmo da migração. Diante de uma perda potencial dos benefícios de pensões por causa das diferenças de planos ou da impossibilidade de transferência, os trabalhadores podem ter menos probabilidade de mudar-se até quando as áreas avançadas oferecem salários mais altos. A Comissão Europeia enfrenta precisamente esse problema.[40]

Melhor regulação do mercado de terras. Mercados de terras que funcionam bem permitem que as pessoas adquiram terra, troquem-na com outros e usem-na de modo eficaz.[41] E as políticas que instituem direitos de propriedade defensáveis e negociáveis para terra e habitação têm mais probabilidade de facilitar a mobilidade geográfica das pessoas. A capacidade de defender os direitos juridicamente em vez de fisicamente permite que as pessoas deixem sua terra para tirar proveito de oportunidades de curto prazo. E a capacidade de usar a terra como garantia ou de vendê-la permite que financiem os custos de migração e aproveitem as oportunidades econômicas e sociais em outros lugares.

QUADRO 8.8 *Melhorando a progressividade espacial das transferências intergovernamentais da Nigéria*

A pobreza e a qualidade dos serviços na Nigéria são piores no norte, particularmente no nordeste, e muito melhores no sul, particularmente no sudoeste.[a-b] Os estados da Nigéria contam com transferências fiscais do centro para fornecer mais serviços. A alocação de dotações legais na Nigéria (700 bilhões de nairas nigerianas)[c] não é direcionada segundo um princípio claro que favorece a redução da pobreza: 54% dos fundos são divididos igualmente entre todos os estados independentemente da população, da superfície, da pobreza ou de outras medidas da necessidade.[d] Os indicadores de saúde e educação constituem somente 7% da transferência.

Os indicadores escolhidos para direcionar essa pequena porcentagem são regressivos porque favorecem os estados com a melhor prestação de serviços e a infraestrutura mais sólida. Basear as transferências educacionais puramente na participação escolar favorece os estados que já tem infraestrutura educacional e professores, e penaliza aqueles que não têm. Do mesmo modo, basear as transferências de saúde puramente nos leitos de hospital apoia os estados em melhor situação que têm recursos para construir mais hospitais.

As transferências per capita para os estados do norte (aproximadamente 3.300 nairas nigerianas por pessoa) são muito mais baixas que aquelas para o sudoeste (3.700) embora o norte possua a maior pobreza global e a pior prestação de serviços.[e] Para determinar o que aconteceria se as transferências fossem espacialmente progressivas, uma experiência política ilustrativa foi desenvolvida pelo World Resources Institute a fim de identificar as implicações. A população e a superfície, que refletem a demanda por serviços, foram usadas para alocar 50% das dotações legais. As alocações iguais foram reduzidas em 5% (de 54%). Educação e saúde foram divididas entre medidas para apoiar os atuais níveis de serviço e outras para apoiar o financiamento progressivo para os estados com serviços deficientes. Na educação, a participação escolar (elevada de 4 para 5%) é usada para a primeira finalidade, e a falta de acesso à escola (elevada de 0 para 5%) para a ultima. A saúde também recebeu um peso de 10%. A alocação para o esforço de receita foi mantida em 2,5%. A pobreza foi acrescentada como categoria ponderando-se o número de pobres e a taxa de pobreza (proporção por cabeça) em 2,5% cada.

As mudanças propostas redirecionariam as transferências intergovernamentais para os estados com mais necessidade. O mapa do quadro mostra esse redirecionamento em termos per capita.

a. Escritório Nacional de Estatística, 2006.
b. Ver numerosas medidas de acesso e da qualidade do serviço (Escritório Nacional de Estatística, 2006). Core Welfare Indicator Questionnaire (CWIQ). As informações podem ser obtidas do Birô Nigeriando de Estatísticas no site: http://www.nigerianstat.gov.ng/cwiq/2006/survey0/index.html. Questionário sobre Indicadores de Bem Estar (Principal indicado do bem-estar.
c. Os 13% da indústria do petróleo e os desembolsos do fundo do petróleo (sob os quais 9 dos 36 estados do sul, onde o petróleo é extraído, recebem 13% dos rendimentos com petróleo) representam cerca de NGN 330 bilhões ou cerca de um terço do total de transferências para os estados em 2006. Enquanto a derivação molda as transferências nigerianas, essa transferência está estipulada pela Constituição e não por lei e por isso não está incluída aqui. (Ministério Federal das Finanças da Nigéria, baixado e compilado de http://www.fmf.gov.ng/portal/detail.php?link=faac).
d. Revenue Mobilization Allocation and Fiscal Commission 2003.
e. Escritório Nacional de Estatísticas.

Transferências per capita de dotações legais na Nigéria: transferências reais em 2006 (à esquerda) e com considerações de equidade (à direita)

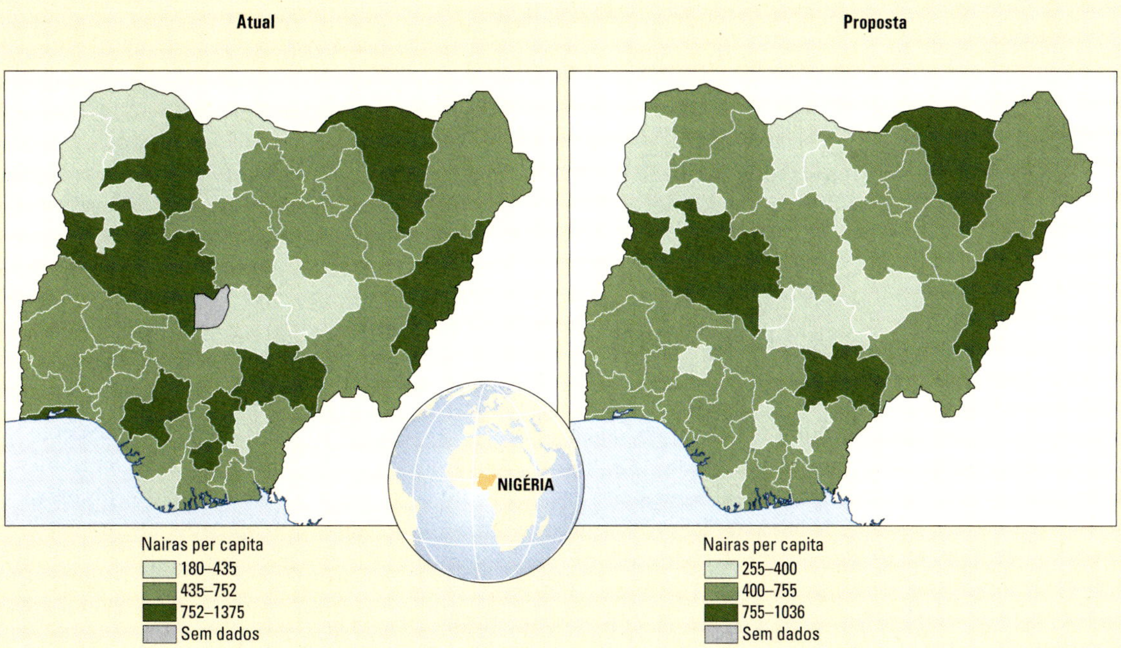

Fontes: World Resources Institute; www.funnelthemoney.org; Layke e Adam 2008.

O envolvimento do governo na gestão dos mercados fundiários e na garantia dos direitos de propriedade evita que as famílias desperdicem recursos privados. Mas o envolvimento demasiado do governo pode prejudicar a eficiência. A propriedade pública em larga escala pode retirar a terra do mercado e elevar os preços artificialmente, impedindo muitas pessoas pobres de entrar no mercado. E os altos custos diretos e procedimentos complicados podem reduzir o incentivo das pessoas de negociar a terra no mercado formal.

As políticas para proteger os pobres do aumento dos custos da terra e da habitação impediram, muitas vezes, o funcionamento do mercado. Na República Tcheca, onde existe um grande mercado de aluguel, um controle de fato dos aluguéis manteve os preços significativamente abaixo do valor de mercado e restringiu mais ainda a mobilidade. Os inquilinos não querem perder sua posição favorável nos contratos existentes.[42] No Chile, por sua vez, o sucesso do governo no direcionamento de subsídios habitacionais para os pobres nas áreas atrasadas também criou um incentivo forte para que as pessoas dessas áreas não migrem, o que impediu a convergência entre as localidades até mesmo num país com uma população pequena e uma sociedade homogênea.

Instituições e infraestrutura para conectar as áreas atrasadas e avançadas

Infraestrutura de transporte. Tomemos como exemplo o Bangladesh, um país bidimensional, onde as áreas mais atrasadas são distantes da densidade econômica mas densamente povoadas. Investimentos selecionados em infraestrutura corretiva podem representar uma grande ajuda. A ponte sobre o Rio Jamuna abriu o acesso ao mercado aos produtores do noroeste próximos à divisão do Rajshahi. Construída a um custo de quase US$ 1 bilhão, essa ponte proporcionou a primeira ligação rodoviária e ferroviária entre o noroeste, uma área intermediária, com o leste mais desenvolvido, onde se encontra a capital nacional. O melhor acesso ao mercado e os preços reduzidos dos insumos incentivaram os agricultores a diversificar a produção com culturas de alto valor, como variedades modernas de arroz e legumes perecíveis.[43] O governo complementou as políticas de infraestrutura conectiva com instituições geograficamente neutras para melhorar a cobertura dos serviços sociais. O Programa Expandido de Imunização almeja imunizar todas as crianças de menos de um ano de idade contra as seis doenças que podem ser prevenidas por vacina. O Plano Estratégico de Investimento em Saúde, Nutrição e População para 2003–10 melhora a cobertura nos distritos com indicadores de saúde ruins.[44]

Na República Islâmica do Irã, outro país bidimensional, melhorias na infraestrutura conectiva são necessárias para a integração. Ademais, políticas educacionais universais para melhorar as escolas e transferências de dinheiro condicionais para que as crianças frequentem as escolas podem melhorar o bem-estar nas áreas atrasadas.[45] As áreas atrasadas do leste da Turquia ocupam 44% da superfície mas têm apenas 5,7% das estradas nacionais, e a taxa de asfaltamento das estradas é 40% da das regiões avançadas. O Projeto de Apoio à Infraestrutura nos Vilarejos (KÖYDES) e o Projeto de Apoio à Infraestrutura Municipal (BELDES) do governo melhoraram os padrões de vida nas áreas rurais e nas pequenas cidades pavimentando as ruas e fornecendo redes de saneamento e água potável.[46] E é provável que os investimentos em capital humano beneficiem tanto os migrantes potenciais quanto aqueles que ficam.

Tecnologias de informação e comunicação. Os telefones celulares reduziram os custos de fornecimento, alavancando a penetração e melhorando os fluxos de informação. Em 2003, a China tinha mais usuários de celulares (269 milhões) do que de linha fixa (263 milhões). Em 29 áreas da China entre 1986 e 2002, a infraestrutura de telecomunicações esteve fortemente associada ao crescimento do PIB subnacional.[47] Como os investimentos em telecomunicações estão sujeitos a retornos decrescentes, as áreas atrasadas podem ganhar mais com eles.

As novas tecnologias reduziram os custos da prestação de serviços financeiros, tornando-os mais acessíveis. Muitas pessoas nas áreas atrasadas têm acesso limitado a serviços financeiros e recorrem a transações em dinheiro fora do sistema bancário. Porém, com o aumento das remessas internacionais e nacionais, um melhor acesso aos serviços financeiros pode ajudar as pessoas nessas áreas a superar as limitações de crédito. A proliferação de serviços móveis, mesmo nas áreas remotas, abre novas oportunidades de prestação de serviços financeiros por rede telefônica móvel (m-banking). Relatos das Filipinas indicam que 3,5 milhões de pessoas têm acesso a celulares que podem transferir dinheiro.[48]

Produtores nas áreas atrasadas recebem melhores informações sobre os preços que podem obter por seus produtos. Em Kerala, na Índia, os celulares reduziram tanto a dispersão dos preços de mercado que os preços diferiam somente pelo custo de transporte entre os mercados.[49] E no Peru, um sistema de comunicação onipresente mas frequentemente subestimado conecta os pequenos produtores aos mercados – o serviço postal (ver quadro 8.9).

Maiores benefícios nas áreas intermediárias. As áreas intermediárias perto dos centros com massa econômica têm mais probabilidade de ganhar mais com uma infraestrutura que incrementa a conectividade, e as áreas atrasadas têm mais probabilidade de ganhar menos e num ritmo mais lento. A melhoria da conectividade de transporte nas áreas intermediárias da China pode ser economicamente benéfica para as áreas atrasadas. Ao reduzir o custo de transporte do oeste para o litoral, os investimentos em infraestrutura nas plataformas de transporte centrais (intermediárias) nas províncias de Henan, Hubei e Hunan podem muito bem ter mais efeito sobre o desenvolvimento do oeste do que as melhorias na própria área ocidental. Mas se o crescimento global da China é o objetivo principal, investimentos em infraestrutura nos centros econômicos dinâmicos ao longo do litoral – Hebei, Jiangsu e Shandong – ainda poderiam oferecer os maiores retornos.[50]

No Brasil, a melhoria da malha viária entre os anos 1950 e 1980 efetivamente reduziu os custos de transporte e logística. Mas a maioria dos ganhos econômicos beneficiou o Centro-Oeste, e apenas pequenos ganhos chegaram até o atrasado Nordeste. Durante esse tempo, sua parcela da malha viária nacional aumentou de 15% para 25%. Mesmo assim, tais investimentos acabaram por aproximar a densidade econômica do atrasado Nordeste.

Na Colômbia, onde a água e a terra são propícias à agricultura, a topografia montanhosa torna o transporte de carga difícil. Portanto, certas áreas intermediárias não estão bem integradas aos grandes mercados internos e internacionais. Casanare, a maior área produtora de arroz do país, tem um bom potencial para biocombustíveis de milho e óleo de palmeira. Mas leva 18 horas para chegar a Bogotá e 50 horas para ter acesso a um porto principal. A melhoria da qualidade das estradas aumentaria o acesso ao mercado e ajudaria a economia da área. La Mojana, uma área com 5 mil quilômetros quadrados de planícies, próxima aos portos do Atlântico e da maioria das cidades colombianas, alaga com frequência, pois está muito próxima de dois grandes rios. A melhoria da administração do ecossistema

QUADRO 8.9 *Exportar pelo correio no Peru: conectando os pequenos produtores aos mercados*

Em muitos países, as pequenas empresas são frequentemente excluídas das cadeias de exportação porque operam em vilarejos ou pequenas cidades ou porque não possuem a informação necessária para exportar. No Peru, um programa de facilitação do comércio chamado "Exportação Fácil" conecta os pequenos produtores aos mercados. A chave desse programa é a mais básica das redes de transporte – o serviço postal nacional.

Como funciona? Um indivíduo ou uma empresa leva um pacote à agência do correio mais próxima, que oferece gratuitamente a embalagem. O remetente preenche um formulário de declaração de exportação e a agência do correio pesa o pacote e escaneia o formulário de declaração de exportação. O remetente paga a tarifa pelo tipo de serviço desejado. Podem ser exportados bens com valor igual ou inferior a US$ 2 mil. O principal benefício é que o exportador não precisa recorrer a um agente aduaneiro, a um agente de logística ou a um despachante de carga, nem consolidar a mercadoria; até a embalagem é fornecida. As empresas ou indivíduos precisam apenas ir a uma agência do correio com uma balança e um scanner e usar a Internet para completar a declaração de exportação para a agência fiscal.

Fez diferença? Seis meses após o início do programa, mais de 300 empresas enviaram bens num valor total de mais de US$ 300 mil. A maioria dos usuários são novos exportadores – microempreendedores e pequenas empresas que produzem joias, roupas de alpaca e algodão, suplementos alimentares (produtos naturais), cosméticos, arte e artesanato em madeira, calçados e couro, e alimentos processados. E muitos estão nas áreas mais pobres do país.

Fonte: Guasch 2008.

e da conectividade de transporte favoreceria seu acesso às cidades e aos portos.[51]

As melhorias da infraestrutura inter-regional podem trazer mais concentração econômica. Os benefícios potenciais da melhoria do acesso ao mercado para as áreas periféricas podem, ao contrário, beneficiar as empresas nas aglomerações maiores.[52] E a melhoria da conectividade de transporte pode concentrar ainda mais a atividade econômica. Estradas e ferrovias funcionam nos dois sentidos – a melhor conectividade de transporte não apenas oferece acesso a mercado para as empresas nas áreas atrasadas, mas também permite que as empresas nas áreas avançadas atinjam os mercados. Um declínio dos custos de transporte ajuda as empresas competitivas nas áreas avançadas a incrementar facilmente a produção para atingir esses novos mercados a um custo mais baixo com relação aos produtores locais nas áreas atrasadas. Logo, a melhoria do acesso ao mercado pode prejudicar a produção de bens padronizados nas áreas atrasadas. Mas os preços mais baixos e o melhor acesso aos novos produtos vão provavelmente melhorar o bem-estar dos consumidores.

A experiência confirma essa conjectura. Na Itália, a redução dos custos de transporte entre o norte e o sul nos anos 1950 privou as empresas do *Mezzogiorno* da proteção que tinham e acelerou a desindustrialização.[53] E na França, onde os custos de transporte dentro do país caíram 38% entre 1978 e 1993, a concentração geográfica do emprego aumentou.[54]

Além dos efeitos de crescimento que variam de uma área para outra, também é útil considerar os efeitos distributivos das melhorias de infraestrutura. Serão os benefícios das melhorias de infraestrutura grandes o bastante e distribuídos de maneira suficientemente progressiva para reduzir as desigualdades de renda globais, com mais benefícios para os pobres do que para os não-pobres? As evidências empíricas sobre essa questão são limitadas, mas um estudo do Nepal mostra que o desenvolvimento de malhas viárias rurais extensas levou a benefícios econômicos significativos, com ganhos consideráveis para os pobres. Mas, com frequência, a parcela dos pobres não é grande o bastante para reduzir significativamente a desigualdade de renda, pois os benefícios da extensão da malha viária podem ser maiores para os ricos.[55] Em Gana, os benefícios da melhoria do acesso à infraestrutura pelos pobres puderam ser aumentados por políticas institucionais complementares, como melhorias de educação e saúde, que otimizaram o uso dessa infraestrutura.[56]

Instituições, infraestrutura e incentivos para superar o desafio tridimensional de distância, densidade e divisão

Os incentivos para promover os investimentos econômicos nas áreas atrasadas foram amplamente utilizados pelos países para acelerar o crescimento econômico nacional e equilibrar os resultados do crescimento entre os lugares. Eles parecem funcionar melhor quando reforçam os sinais do mercado e resolvem as falhas de coordenação. Eles são menos bem-sucedidos quando os governos escolhem os lugares para apoiar o crescimento. A seguinte lição parece se impor: deixe os mercados escolherem o lugar, enquanto os governos ajudarão a acelerar o ritmo.

Os incentivos que exploram as vantagens geográficas têm mais probabilidade de ter sucesso. Para estimular o crescimento econômico, muitos governos ofereceram isenções fiscais, infraestrutura confiável e melhorias do ambiente de negócios. Muitas vezes, os incentivos são geograficamente direcionados – nas zonas econômicas especiais – para criar rapidamente enclaves de crescimento, deixando as deficiências de infraestrutura e governança no plano nacional para o longo prazo. Há um debate em curso para saber se os incentivos direcionados desaceleram o ritmo das reformas econômicas, mas o interesse aqui está em identificar onde esses incentivos têm maior probabilidade de sucesso. É desejável oferecê-los nas áreas que já possuem boa geografia e capital humano? Ou eles devem ser medidas paliativas para contrabalançar as forças de mercado e ajudar a desenvolver as áreas atrasadas?

Na China e na Índia, os incentivos direcionados têm maior probabilidade de sucesso quando reforçam as vantagens geográficas, particularmente nas áreas favorecidas pela facilidade de mercados interno e internacional (ver quadro 8.10). Em Uganda, os retornos dos desenvolvimentos de infraestrutura em autoestradas e fornecimento de energia são mais altos nas áreas que já têm uma mão de obra qualificada e uma combinação diversificada de atividades industriais.[57] Essas áreas situam-se ao longo do corredor que liga as duas aglomerações principais do país, Kampala e Jinja. Usar a infraestrutura para repartir a manufatura, em vez de facilitar sua concentração, pode desacelerar o crescimento econômico nacional.

Os incentivos que incrementam as ligações com os mercados e melhoram o desempenho agrícola nas áreas com uma boa geografia natural podem fazer parte das estratégias de desenvolvimento para as áreas atrasadas densamente povoadas onde a mobilidade dos fatores é limitada. Mas antes de oferecer os incentivos, a agricultura precisa ser avaliada como motor econômico da economia local. O *Relatório sobre o Desenvolvimento Mundial 2008* fornece uma técnica útil de diagnóstico para classificar as áreas subnacionais em baseadas em agricultura, em transformação ou urbanizadas – os "três mundos" da agricultura dentro de um país – com base na parcela do crescimento agregado gerado pela agricultura e na parcela da pobreza agregada no setor rural. A aplicação dessa técnica pode ajudar a identificar se a agricultura permanecerá uma característica proeminente das áreas atrasadas no curto a médio prazo.

Consideremos agora a Malásia, onde a agricultura é importante para a economia regional das áreas atrasadas, que representam mais de 40% das pessoas do país (em Sabah e Sarawak vivem mais de 2 milhões).[58] Para incentivar o desenvolvimento agrícola na Península Oriental, o governo nacional está oferecendo subsídios de reinvestimento para despesas de capital relacionadas à produção agrícola, fornecendo instalações e serviços de refrigeração para produtos agrícolas perecíveis e isentando de impostos o processamento de alimentos.[59]

Mas em Gana, onde o norte atrasado ocupa sobretudo a zona árida da savana e a densidade populacional é baixa, a expansão da agricultura tem menos probabilidade de facilitar a integração territorial. Sem permitir uma migração em larga escala ou uma transformação estrutural, até uma forte aceleração do crescimento da produtividade de amendoim e outros produtos do norte é insuficiente para equiparar o norte ao sul a médio prazo.[60]

Deixar que os mercados escolham os lugares. A República da Coreia é uma das poucas histórias de sucesso dos incentivos geograficamente direcionados. Para fomentar o crescimento econômico em áreas específicas, o governo nacional trabalhou com o setor privado para identificar as áreas que ofereciam vantagens produtivas. A compatibilidade entre a política industrial nacional e os objetivos políticos regionais foi essencial. Embora a desconcentração da atividade econômica da região metropolitana de Seul fosse um objetivo político implícito no compartilhamento fiscal do governo, as decisões de promover as "indústrias estratégicas" orientadas para a exportação compunham o núcleo das políticas industrial e regional.[61]

A equidade geográfica não orientou as políticas industriais nacionais. Na verdade, as áreas escolhidas pelo mercado em fases diferentes de industrialização foram incentivadas. Nos anos 1960 e 1970, as políticas industriais nacionais criaram novas cidades industriais – Ansan, Changwon, Kumi, Kwangyang, Pohang e Ulsan. O setor privado (*chaebols*) estabeleceu grandes filiais de fábricas com tecnologia importada e capital estrangeiro emprestado. A política industrial e regional conduzida pelo mercado levou a diferentes especializações pelo

QUADRO 8.10 *As zonas econômicas especiais trarão crescimento se explorarem as vantagens da geografia natural e econômica*

Muitos países em desenvolvimento possuem localidades onde as condições de infraestrutura e regulação econômica são mais acolhedoras que aquelas correntes no resto do país. Essas localidades, muitas vezes chamadas zonas econômicas especiais (ZEEs), incrementam a competitividade industrial, atraem investimentos estrangeiros diretos e diversificam as exportações. Estimativas recentes sugerem que existem 2.300 zonas desse tipo nos países em desenvolvimento e em transição.[a]

Vejamos a China

As primeiras ZEE num país em desenvolvimento foram criadas na China sob o governo de Deng Xiaoping no início dos anos 1980. Em 1978, o governo havia decidido abrir a economia do país para o mundo exterior. As ZEE e as cidades costeiras "abertas" foram essenciais para esse processo. Em 1980, foram criadas ZEE ao longo do litoral sudeste em Shenzhen, Zhuhai e Shantou na província de Guangdong e em Xiamen na província de Fujian (ver mapa do quadro). Em 1984, 14 cidades costeiras abriram suas portas ao investimentos estrangeiros, e em 1988 a ilha inteira de Hainan recebeu o *status* de ZEE. Mais ou menos na mesma época, o cinturão costeiro em torno do delta do Rio Yangtze, do delta do Rio Pérola e do triângulo Xiamen-Zhangzhou-Quanzhou no sul de Fujian foi aberto ao comércio com o mundo. No início dos anos 1990, o governo abriu 11 cidades de fronteira e seis portos ao longo do Rio Yangtze. Tais empreendimentos refletiram uma estratégia de exploração da vantagem natural para conexão com os mercados externos.

E a Índia

Uma passada de olhos pelas ZEE da Índia sugere que sua localização não foi adequada. Em 2007, foram aprovadas ZEE nos estados costeiros de Andhra Pradesh, Gujarat, Maharashtra e Tamil Nadu, assim como nos estados interiores de Haryana, Karnataka, Punjab e Rajastão. Mesmo nos estados costeiros, muitas ZEE não estão situadas na costa.[b]

Uma análise mais atenta revela considerável diversidade de especialização dos produtos, que vão de produtos manufaturados padronizados a tecnologia de informação e produtos farmacêuticos. Comparados aos produtos manufaturados padronizados, os produtos que fazem uso intensivo do capital humano dependem mais de uma infraestrutura de telecomunicações confiável e de acesso a aeroportos, e não a portos. Além disso, as zonas econômicas da Índia também estão direcionadas para o grande mercado interno. É o caso de Gurgaon, uma cidade-satélite a dois passos do aeroporto internacional de Nova Déli, que, 20 anos atrás, era um aglomerado de vilarejos (*gaon* é a palavra hindi para vilarejo). Agora é um dos principais corredores orientados para os serviços no país, situado em meio ao maior mercado consumidor da Índia. Abriga prestadores de serviços

As zonas econômicas especiais da China abriram o país aos mercados externos

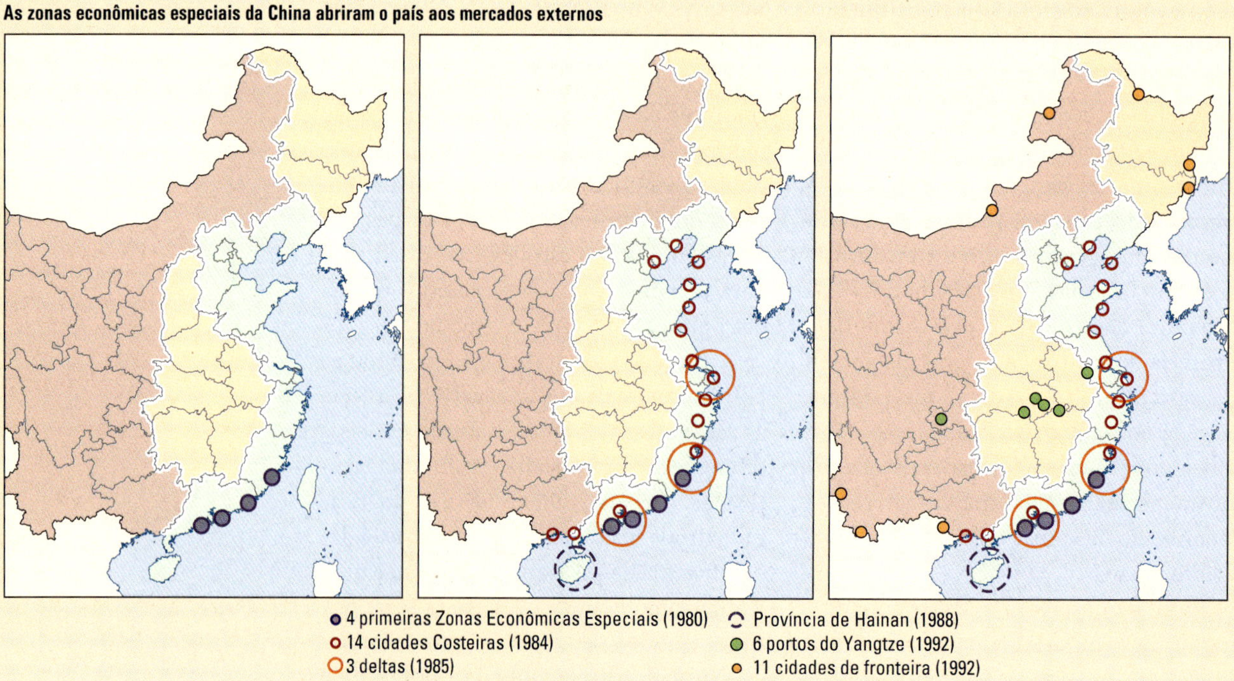

Fonte: Equipe do RDM 2009 com base em Huang e Luo, no prelo.

QUADRO 8.10 ***As zonas econômicas especiais trarão crescimento se explorarem as vantagens da geografia natural e econômica – continuação***

de tecnologia da informação como IBM e Microsoft, ao lado de fornecedores de bens de consumo como Coca-Cola, Gillette e Nestlé.

Ao contrário das ZEEs da China, fomentadas pelo governo, as da Índia estão sendo desenvolvidas pelo setor privado, por companhias como Infosys e HCL, que promovem o desenvolvimento da tecnologia da informação,[c] acompanhando tendências globais. Das ZEE nos países em desenvolvimento, 62% são privadas, (eram a 25% nos anos 1980). Elas são geralmente mais rentáveis e têm um registro social e ambiental melhor que o das zonas públicas, exceto nas zonas administradas pelos governos no Leste Asiático.

A localização é a chave: uma localização ruim é o principal obstáculo ao sucesso. A localização das ZEE parece ser mais importante onde as zonas estão situadas, e não quem as possui ou opera. A lição da China e da Índia é que as intervenções espacialmente direcionadas têm mais probabilidade de ter sucesso quando exploram as vantagens geográficas em vez de tentar contorná-las.

Fonte: Equipe do RDM 2009.
a. As ZEE assumem uma variedade de formas que incluem Zonas de Livre Comércio, Zonas de Processamento de Exportações, Zonas Empresariais, Portos Livres e Zonas Especializadas (Gauthier 2007). b. A localização das ZEE está baseada na SEZ INDIAWEB em http://www.sezindiaweb.com/SEZ_map.html. c. A informação sobre as ZEEs da Índia foi tirada da base de dados Indiastat.

país, com sedes de *chaebol* concentradas em Seul e funções produtivas descentralizadas para áreas fora da capital. Desde meados dos anos 1980, a política industrial para fomentar atividades de alta tecnologia desencadeou a reconcentração industrial na região da capital.

Para acelerar o crescimento, os incentivos foram complementados por investimentos em infraestrutura para conectar o sudeste à região da capital. A via expressa Gyeongbu, que liga Busan, Daegu, Daejeon e Seul, permitiu que as indústrias do sudeste atingissem a região da capital em cinco horas. Assim, as indústrias que produzem bens intermediários padronizados nas regiões da capital e sudeste foram beneficiadas por reduções de custo consideráveis. Na República da Coreia, os mercados escolheram o lugar e os governos aceleraram o ritmo.[62]

Muitos países ofereceram incentivos para criar massa econômica nas áreas atrasadas. A ideia é que, para atrair empresas, as áreas atrasadas precisam contrabalançar os custos de transporte e logística mais altos, a infraestrutura mais precária, os preços mais altos dos fatores e o nível mais baixo dos serviços públicos. Muitos países europeus têm uma longa história de uso das políticas industriais para atrair empresas para as áreas atrasadas. Mas os incentivos fiscais, embora politicamente eficientes, não transformaram o destino econômico das áreas atrasadas:[63]

- Na Itália, um dos principais objetivos do programa econômico nacional lançado em 1965 era eliminar as disparidades de desenvolvimento entre o sul e o resto do país. Para apoiar esse programa, foram fornecidos incentivos financeiros às empresas do sul por meio de isenções parciais das contribuições para a seguridade. Até 1992, a infraestrutura pública e os incentivos financeiros promoveram o desenvolvimento industrial da região.
- Na França, o Quinto Plano Nacional (1966-70) forneceu assistência à agricultura e começou a direcionar o investimento industrial para fora de Paris em direção às áreas de baixa renda no oeste. As indústrias leves – com baixos custos de transporte e maior intensidade de mão de obra – foram selecionadas para transferência.
- O Reino Unido fomentou o desenvolvimento econômico do norte da Inglaterra, da Escócia, do País de Gales e da Irlanda do Norte. Durante a II Guerra Mundial, os controles de construção empurraram a indústria para fora do sul da Inglaterra em direção às áreas setentrionais e periféricas. Durante a recessão do pós-guerra em 1958, o emprego nas indústrias de

Tabela 8.2 A experiência da OCDE com incentivos para estimular as áreas atrasadas vem evoluindo

Estratégia	Políticas regionais "tradicionais"	"Novas" políticas regionais	Perspectiva econômica
Objetivo	Criar empregos e fornecer infraestrutura em larga escala	Fornecer serviços complementares, subsidiar o custo da inovação – institutos de pesquisa, núcleos de ciência e tecnologia	Os incentivos devem ser fornecidos apenas para "novas" atividades – produtos novos para a economia local e novas tecnologias para produzir produtos existentes
Principais atores	Governo central	Parcerias público-privadas	O setor público tem informações limitadas sobre o que as empresas querem
Área de concentração	Incentivos para atrair empresas individuais	Incentivar o desenvolvimento de aglomerados – de setores e ambiente de negócios	O apoio do setor público precisa focar nas atividades, não nos setores; as atividades subsidiadas precisam ter fortes efeitos secundários

Fonte: Equipe do RDM 2009.

carvão, mineração, têxteis e construção naval declinaram, renovando o interesse na criação de empregos no norte. Os anos 1960 trouxeram incentivos ao investimento regionalmente diferenciados e subsídio à construção para as áreas atrasadas por meio da Lei de Emprego Local, junto com a transferência de 250 mil empregos manufatureiros das áreas prósperas para as atrasadas.

Um tema comum nas políticas regionais tradicionais centradas em impostos, subsídios e regulação é que elas eram principalmente iniciativas do governo central para criar emprego e fornecer infraestrutura com o objetivo de dispersar a (ou combater a concentração da) atividade econômica. Elas selecionaram empresas específicas na esperança de que se tornariam âncoras da economia local e teriam maiores efeitos multiplicadores.[64] Porém, para a maioria delas, esses incentivos não estimularam o crescimento sustentado nas áreas atrasadas e impuseram pesados custos aos contribuintes.

A maioria dos países europeus dá prioridade agora a intervenções "suaves", como o investimento em inovação e o apoio a institutos de pesquisa e parques de ciência e tecnologia (ver tabela 8.2).[65] Os programas do governo central foram substituídos por uma maior cooperação entre os setores público e privado. E em vez de direcionarem-se a empresas específicas, as medidas coordenadas estão atraindo aglomerados de empresas inter-relacionadas. Avaliações rigorosas desses programas são difíceis de encontrar. Mas as políticas de inovação que trazem novas informações e tecnologias para as áreas atrasadas deveriam, em tese, ser úteis a longo prazo.

O governo federal dos EUA também está envolvido em programas menores de "desenvolvimento econômico". Uma pesquisa recente identificou 180 programas das agências federais dos EUA dirigidos a questões tão diversas como estratégias de planejamento e desenvolvimento econômico, parques industriais, conserto de infraestrutura e renovação de edifícios. A agência com maior visibilidade nesse grupo é a Administração de Desenvolvimento Econômico (EDA) do Departamento de Comércio dos EUA.[66] A EDA gastou mais de US$ 188 bilhões com desenvolvimento econômico, mas com pouca coordenação entre as iniciativas e sem objetivo político comum. A EDA declarou que seus investimentos geram aproximadamente US$ 37 em investimento do setor privado para cada dólar que ela gasta.[67] Nenhuma avaliação independente desses programas está disponível.

Os incentivos de área, populares nos países em desenvolvimento, produziram, no melhor dos casos, resultados ambíguos (ver tabela 8.3). No Brasil, onde o objetivo foi atrair indústrias "dinâmicas" para o Norte e o Nordeste atrasados oferecendo incentivos fiscais, as despesas atingiram US$ 3-4 bilhões ao ano. Uma avaliação de impacto recente mostra que a alocação desses "fundos constitucionais" efetivamente induziu a instalação de estabelecimentos manufatureiros móveis nas regiões atrasadas – mas os incentivos não eram suficientemente atraentes para as indústrias integradas verticalmente.[68] Entre 1970 e 1980, o governo mexicano usou incentivos fiscais para promover o desenvolvimento industrial fora das três maiores aglomerações urbanas. As empresas situadas fora dessas três grandes cidades tinham direito a uma redução de 50-100% das tarifas de importação e dos impostos de renda, venda e ganhos de capital, assim como depreciação acelerada e taxas de juros mais baixas. O impacto desses incentivos sobre a descentralização econômica foi insignificante por que os direitos de importação sobre as matérias-primas e bens de capital já eram baixos, portanto as reduções não tiveram efeito sobre as decisões de localização e receitas perdidas.[69]

Na Índia, a Resolução de Política Industrial de 1956 instituiu um sistema de licenciamento rígido para direcionar o investimento para as áreas atrasadas. O governo indiano decidiu que nenhuma licença seria concedida para novas unidades industriais à proximidade das grandes áreas metropolitanas. E solicitou aos governos estaduais e às instituições financeiras que negassem apoio a novas indústrias nas áreas metropolitanas até quando elas não precisavam de licença industrial. Grandes projetos do setor público (usinas de aço, por exemplo) foram localizados nos estados atrasados de Bihar, Madhya Pradesh e Orissa. Complexos industriais (ou centros de crescimento) receberam investimentos em infraestrutura e incentivos financeiros para investimento industrial privado em distritos atrasados designados. As políticas efetivamente sufocaram o crescimento nas áreas que tinham facilidade de acesso ao mercado e capital humano e não permitiu a saída das atividades improdutivas das áreas atrasadas. Mesmo depois de mais de 30 anos de regulação draconiana, poucos distritos nas áreas atrasadas tornaram-se centros industriais importantes.

Tabela 8.3 Uma gama de instrumentos tem sido usada pelos governos na tentativa de criar massa econômica nas áreas atrasadas, mas com resultados modestos

Instrumento	Exemplos
Subsídios ao investimento	**Brasil:** Fundos constitucionais (subsídios de taxa de juros) – levaram à instalação de empresas móveis, mas não de empresas nas indústrias verticalmente integradas (Carvalho, Lall e Timmins 2005)
Isenções fiscais	**Tailândia:** Isenções do imposto de renda; reduções dos impostos sobre as vendas para as empresas que se instalaram em cidades secundárias nos anos 1970 – fracassou pois as deduções dos lucros tributáveis não induziram as empresas a instalarem-se em localidades não rentáveis (Banco Mundial 1980)
Reduções de impostos de importação	**México:** Isenções fiscais e de tarifas de importação para desconcentrar a manufatura das três maiores aglomerações – fracassou pois as alíquotas iniciais já eram muito baixas (Banco Mundial 1977, Scott 1982)
Complexos industriais/zonas de livre comércio	**Chile:** Zonas de livre comércio nas Zonas Extremas com isenções de impostos aduaneiros, sobre o valor agregado, sobre o lucro corporativo e sobre bens imobiliários – bem-sucedida no período de impostos altos e tarifas altas até meados dos anos 1990, o desempenho declinou com a redução de impostos de importação de 35% nos anos 1980 para 6% em 2000 (Banco Mundial 2005b)
Regulação	**Índia:** Preferência para áreas atrasadas no licenciamento industrial (política industrial de 1956), com crescimento industrial promovido pelo setor público nas áreas atrasadas e regulação para conter a expansão industrial nas áreas avançadas – poucas áreas atrasadas se desenvolveram, e quando a regulação foi flexibilizada, essas áreas atrasadas declinaram ainda mais (Chakravorty e Lall 2007)

Fonte: Equipe do RDM 2009.

As reformas econômicas de 1991 eliminaram essas políticas de licenciamento. O declínio da produção nas áreas interiores continuou, e os lugares com facilidade de acesso ao mercado e bons ambientes locais de negócio floresceram. Os 10 distritos com melhores desempenhos industriais encontram-se agora ao sul da cadeia de montanhas de Vindhya, que separa o norte do sul.[70]

Do mesmo modo, na antiga União Soviética, os planejadores centrais decidiram onde as empresas estariam localizadas e tentaram distribuir a atividade econômica pelo país. Eles distribuíram instalações de produção massificada pelos milhões de quilômetros quadrados da URSS. Longe dos mercados e sem especialização, sua produtividade sofreu. O que mudou com a transição para a economia de mercado? Novas empresas localizadas mais perto dos mercados e as antigas empresas nas áreas remotas fecharam. O resultado foi um ganho anual de produtividade das empresas de 2,5% entre 1989 e 2004.[71]

Coordenando os incentivos locais e nacionais. Os incentivos para as áreas atrasadas são mais bem coordenados com políticas setoriais nacionais: inventariar as diversas iniciativas nacionais de promoção econômica e alinhar as intervenções geográficas com essas políticas pode ajudar. Por exemplo, os subsídios geograficamente direcionados representam somente 12% dos subsídios de promoção à exportação e de industrialização do Brasil, que favorecem o Sudeste industrial. Estimativas sugerem que esses subsídios industriais custaram US$ 42 bilhões em 1999, ou 4,4% do PIB.[72] No Brasil, as iniciativas para levar empresas para o Nordeste estavam claramente lutando uma luta desigual contra incentivos industriais mais amplos que estavam mais bem alinhados com as forças de mercado.

Na Índia também, as políticas de padronização preços para reduzir as desigualdades globais prejudicaram as perspectivas econômicas das áreas atrasadas. A Política de Equalização do Transporte de Carga de 1956 padronizou os preços do transporte de artigos "essenciais" como carvão, aço e cimento em todo o país independentemente da distância. Perderam-se no processo as vantagens geográficas das áreas ricas em recursos. As áreas afetadas incluíam Bihar ao sul, Madhya Pradesh a leste e Orissa a oeste, todas elas entre as partes mais pobres e menos industrializadas do país. A política enfraqueceu os incentivos para que o capital privado localizasse a produção nas áreas atrasadas.

A descentralização foi frequentemente acompanhada por esforços dos governos subnacionais para criar massa econômica para atender as necessidades de gastos. Eles oferecem incentivos fiscais e despesas fiscais para atrair empresas para as suas jurisdições. Mas, se não forem coordenados, esses incentivos podem ser dispendiosos e contraproducentes.

Vejamos a concorrência entre os estados do Brasil, quando Bahia e Rio Grande do Sul competiram para atrair uma usina da Ford Motor Company nos anos 1990. O Rio Grande do Sul ofereceu à Ford um pacote de incentivos que incluía um empréstimo de R$ 210 milhões (cerca de US$ 200 milhões) do estado em condições extremamente favoráveis (6% de juros, 15 anos para pagar), despesas estaduais adicionais de R$ 234 milhões com infraestrutura e obras públicas, um empréstimo garantido do banco nacional de desenvolvimento de R$ 500 milhões, e isenções dos impostos locais por 10 anos. Quando o governo estadual tentou renegociar a proposta temendo que fosse generosa demais, a Ford escolheu a Bahia, que ofereceu um pacote semelhante ao original. Avaliações mostram que essas "guerras fiscais" custam aos contribuintes brasileiros cerca de US$ 172 mil por emprego criado – cinco vezes o custo da criação de um emprego na usina da General Motors no Tennessee.[73]

Pensando por meio da concepção de incentivos. Antes de usar incentivos para promover o desenvolvimento econômico nas áreas atrasadas, os governos nacionais e subnacionais deveriam primeiro descobrir por que certas áreas estão sendo relegadas pelo mercado. Será por causa dos baixos retornos sociais da produção econômica nesses lugares, da baixa capacidade de captar esses retornos, ou do alto custo do financiamento?[74] Terão as políticas propositadamente ou não bloqueado o crescimento econômico local? O sucesso dos incentivos depende de como o problema é diagnosticado, começando talvez pelas dotações de recursos naturais, humanos e de infraestrutura específicos à área.[75] "Conhece tua economia", a expressão usada no *Relatório sobre o Desenvolvimento Mundial 2000/01*, deve ser o lema dos governos subnacionais. Uma boa informação pode promover um debate construtivo sobre as opções de desenvolvimento e gerar um consenso em torno da estratégia de desenvolvimento.

Se a informação e a análise subsequente indicarem oportunidades específicas de crescimento, o próximo passo é identificar se os incentivos planejados vão subsidiar a formação de capital ou promover a inovação. Se sua finalidade for atrair empresas com multiplicadores locais potenciais, é importante saber se as linhas de produtos valorizam as economias de aglomeração, o que reduziria o poder dos incentivos. Para empresas nos setores nos quais as economias de escala e de aglomeração são importantes para a produção, é menos provável que as intervenções geograficamente direcionadas os atraiam para as áreas atrasadas. Pesquisas industriais no Brasil, na China, na Índia, na Indonésia e no México mostram que as empresas manufatureiras em muitas linhas de produtos valorizam tanto as economias de escala internas geradas pelo acesso ao mercado quanto as economias de aglomeração ao decidir sua localização.[76] As empresas que produzem produtos padronizados para os mercados locais e aquelas especializadas em recursos naturais têm menos probabilidade de valorizar as economias de aglomeração do que aquelas que dependem de trabalho qualificado, serviços comerciais e acesso à informação.

E de uma perspectiva de crescimento nacional, é importante descobrir se a transferência das indústrias "selecionadas" produz acréscimo líquido de emprego e produção no plano nacional. Se não for o caso, os esforços locais para atrair a indústria podem ser jogos de soma zero. E se as indústrias transferidas forem menos produtivas, os formuladores de políticas podem enfrentar uma soma negativa. E se os incentivos forem usados para promover a inovação, é importante assegurar que os processos produtivos locais conseguem acomodar as inovações.

Evitando a balcanização: os benefícios políticos da integração econômica

Os objetivos econômicos e políticos podem entrar em conflito, mas, na maioria dos casos, eles coincidem. Nos Bálcãs Ocidentais, a antiga república da Iugoslávia tornou-se uma federação depois da II Guerra Mundial mas desintegraram-se quando suas repúblicas se declararam independentes no início dos anos 1990.

Tabela 8.4 Avaliação do desempenho das políticas de integração territorial

Critérios de desempenho	Reduzem as desigualdades entre as regiões? (equidade inter-regional)	Favorecem os pobres? (equidade interpessoal)	Evitam *tradeoffs* com perda de eficiência espacial
Instituições	Sim	Sim	Sim
Infraestrutura	Não	Não	Sim
Incentivos	Não	Não	Não

Fonte: Banco Mundial 2008b, com base em estudos de caso específicos para cada país.

O combustível da desintegração foi o aumento da autarquia e da fragmentação na Iugoslávia desde meados dos anos 1970, com barreiras ao movimento de pessoas e capital entre as fronteiras das repúblicas, limitações ao comércio entre as repúblicas e duplicação da produção econômica. Em 1987, por exemplo, 70% de toda a produção da Sérvia eram consumidas no mercado local.[77]

Como discutido no capítulo 5, a análise sugere que a mobilidade dos fatores equaliza o bem-estar entre as áreas, enfraquecendo os incentivos para romper a união econômica e política.[78] Em contrapartida, desigualdades persistentes entre as áreas alimentam movimentos de desintegração. Unidade, não uniformidade, é o princípio válido para a integração tanto política quanto econômica.

Este capítulo ofereceu opções para integrar as áreas atrasadas e avançadas à medida que os países lidam com a distância econômica, a densidade mal localizada e as divisões internas. As forças econômicas geralmente produzem divergências geográficas nos resultados de crescimento. Os modelos econômicos de geografia e crescimento mostram que o aumento dos retornos de escala e as economias de aglomeração podem iniciar e sustentar um círculo virtuoso de crescimento e investimento em algumas áreas.

No entanto, por motivos válidos, os formuladores de políticas preocupam-se com a redução rápida dos desequilíbrios geográficos, em algum momento entre agora e o longo prazo. E, muitas vezes, a pressão política pode ser tanta que a ampliação da divergência em qualquer ponto é inaceitável. A ação típica de política de desenvolvimento territorial dá ênfase aos incentivos direcionados e à infraestrutura em larga escala para incentivar a produção econômica nas áreas atrasadas. Contudo, as evidências examinadas neste capítulo mostram que muitas dessas políticas não deram resultado. Enquanto isso, as políticas que atacam os gargalos institucionais que podem ajudar as pessoas a buscar oportunidades em outro lugar ou melhorar seus padrões de vida localmente podem estar sendo ignoradas.

Apesar destas questões, a maior parte do desafio político reside na identificação dos resultados que podem ser perseguidos de maneira realista, isto é, que dependem do estágio de desenvolvimento, e das capacidades fiscais e institucionais de cada país. Quando a renda é baixa, podem ser que a única redução possível seja a das disparidades geográficas da taxa de pobreza e do acesso à moradia essencial, água, saúde, nutrição e educação. O 11.º Plano Quinquenal da China promulgado pelo Congresso Popular Nacional em 2006 estipula que "a construção do sistema de financiamento público deve ser acelerada... para uniformizar gradualmente os serviços públicos básicos". Em outubro de 2007, o 17º Congresso indicou novamente que, para reduzir as disparidades regionais, a prioridade seria a equalização do fornecimento de serviços públicos básicos. Os países de renda média alta podem ser mais ambiciosos na equalização dos indicadores básicos de consumo entre as áreas, e países desenvolvidos como os da União Europeia ainda mais ambiciosos. A redução da desigualdade geográfica da renda disponível pode ser a meta relevante para os países de renda alta.

Porém, em todos os estágios do desenvolvimento, forçar a produção econômica a se espalhar de maneira uniforme em todas as áreas é ilusório e caro. O crescimento geralmente é desequilibrado, mas ele sempre traz mais recursos para as sociedades que equilibram os resultados do desenvolvimento. Os formuladores de políticas precisam identificar e executar estratégias que equilibram os resultados do desenvolvimento entre as áreas por outros meios que não sejam resistir às forças do crescimento desequilibrado – porque isso é o mesmo que combater o próprio crescimento econômico.

O arcabouço apresentado neste capítulo tem a intenção de ajudar os formuladores de políticas a identificar as políticas mais adequadas à promoção da integração interna. As soluções sugeridas consideram as condições específicas dos países. Os pontos principais? Em primeiro lugar, as estratégias de integração devem aumentar o acesso dos pobres das áreas atrasadas às oportunidades, por meio de um conjunto de instituições geograficamente neutras. Em segundo lugar, a infraestrutura que conecta as áreas atrasadas às avançadas é necessária quando o problema da distância entre as áreas atrasadas e avançadas é combinado à densidade populacional mal localizada nas áreas atrasadas. Em terceiro lugar, quando o problema da distância econômica é acompanhado tanto pela densidade mal localizada como pela divisão, os incentivos direcionados são necessários.

Este modelo foi testado usando-se estudos de caso de integração geográfica específicos de cada país, incluindo Brasil, Gana, Índia, México, Rússia e Uganda. Cada conjunto de políticas de integração foi examinado usando-se três critérios: (1) Elas reduzem a distância econômica entre as áreas subnacionais? (2) Essas políticas são favoráveis aos pobres? (3) Essas políticas são geograficamente eficientes (isso é, evitam compromissos com a eficiência geográfica)? A tabela 8.4 resume os resultados. Os esforços para fortalecer as instituições têm bons resultados segundo os três critérios. Embora os investimentos em infraestrutura possam não reduzir a distância econômica ou ajudar os pobres, eles podem ser geograficamente eficientes. Incentivos geograficamente específicos não dão bons resultados.

Talvez o mais importante seja que este capítulo identifica o ponto pelo qual todas as discussões sobre políticas de desenvolvimento regional deveriam começar – com as instituições geograficamente universais. A infraestrutura que conecta as áreas atrasadas aos mercados pode ajudar as nações se integrarem. Algumas vezes, mas não sempre, essas discussões devem incluir incentivos geograficamente direcionados. A combinação certa dos instrumentos de integração trará os benefícios que decorrem tanto do crescimento desequilibrado como do desenvolvimento inclusivo.

CAPÍTULO 9

Vencedores sem Fronteiras

Integrando os países pobres aos mercados mundiais

Muitos uitos líderes da África pediram uma união política do continente à época da independência. Félix Houphouët-Boigny, o primeiro presidente da Costa do Marfim, foi mais pragmático, pois promoveu um aumento gradual da cooperação econômica com os países vizinhos. Ele propôs um dos primeiros acordos econômicos regionais da África, o "Conseil de l'Entente", sustentado por um fundo de solidariedade fornecido principalmente pela Costa do Marfim. Os elementos chave da *Entente* eram o livre comércio e o livre movimento de pessoas.[1]

O destino preferido dos migrantes era, naturalmente, a Costa do Marfim. Sua parcela de estrangeiros aumentou de 5% em 1950 para 26% dos seus 16 milhões de pessoas em 1998 – tornando o país um dos doze maiores destinos de migrantes internacionais no mundo. A Costa do Marfim foi beneficiada pela contribuição dos trabalhadores estrangeiros ao crescimento da indústria e da agricultura impulsionado pelas exportações. Os países emissores – especialmente Benin, Burkina Faso, Níger e Togo – foram beneficiados pelas remessas e pelo aumento do comércio. Por conseguinte, a crise política desencadeada por um golpe em 1999 afetou toda a região. Mas Houphouët-Boigny havia aliado os vizinhos do seu país ao futuro do mesmo, o que lhe valeu o apelido de "o sábio da África".

A Costa do Marfim reflete as principais linhas de argumentação deste capítulo. Nas atuais regiões desenvolvidas – Europa, América do Norte e Nordeste Asiático – a maioria das atividades econômicas são altamente concentradas, suas exportações são especializadas e os padrões de vida estão convergindo. Essas regiões superaram fronteiras nacionais e integraram suas economias dentro de suas vizinhanças e com o resto do mundo. A integração regional e global foram complementares, não substitutas, no desenvolvimento dessas regiões (ver quadro 9.1).

Porém, na maior parte do mundo em desenvolvimento, a concentração e a convergência tem sido lentas, muitas vezes por causa das divisões econômicas, políticas e culturais que persistem entre os países (ver capítulo 3). Essas divisões tornam difícil para os países tirar proveito das economias de escala (ver capítulo 4), da mobilidade da mão de obra e do capital (ver capítulo 5) e da redução dos custos de transporte (ver capítulo 6). Alguns países em desenvolvimento tentaram globalizar-se por meio de liberalização unilateral; outros tentaram integrar-se regionalmente. Houve sucessos e fracassos de ambas as estratégias. Este capítulo trata das maneiras de se combinar essas estratégias aumentando a cooperação entre vizinhos e as conexões com os mercados mundiais, ao mesmo tempo identificando e evitando os compromissos que podem surgir entre essas duas abordagens.

Este capítulo propõe a integração regional como um mecanismo para aumentar a capacidade de oferta local e a integração global para melhorar o acesso aos mercados e fornecedores. A integração significa cooperação entre países para o comércio, a regulamentação e as políticas internas, a regional e outras iniciativas transfronteiriças, incluindo bens públicos. A integração regional implica cooperação dentro de uma região. A integração global implica cooperação num nível internacional ainda mais amplo.

A estrutura deste capítulo para a ação política usa uma taxonomia de regiões para organizar o pensamento sobre a melhor maneira de enfrentar os desafios de desenvolvimento de cada uma das regiões do mundo em desenvolvimento.

As principais estratégias são as seguintes:

- ***Os países próximos aos grandes mercados mundiais devem procurar beneficiar-se da proximidade da alta densidade econômica e tornar-se uma extensão dos grandes mercados.*** O México, o Caribe, os países em processo de adesão à UE e a República da Coreia estão respectivamente ligados aos mercados dos EUA, da UE e do Japão. Mas a integração deve ir além de um simples acordo de livre comércio para gerar benefícios significativos de desenvolvimento. O maior desafio é tornar os mercados internos atraentes o bastante para que os investidores os vejam como extensão dos grandes mercados da mesma região.
- ***Os países com vizinhos grandes mais distantes dos mercados mundiais devem desenvolver seu mercado regional.*** Isso requer dois instrumentos: reformas institucionais que facilitem o comércio intrarregional e mobilidade dos fatores – e investimentos em infraestrutura que liguem os países atrasados aos avançados e a região aos grandes mercados mundiais. A integração regional pode naturalmente sustentar redes produtivas regionais. Essas redes maximizam as vantagens de custo de produção que decorrem do aumento dos retornos de escala, e permitem que os países pequenos se especializem em nichos de produtos dentro das redes regionais de fornecedores. Uma maior eficiência de custo no lado da oferta facilita a integração dessas regiões aos mercados globais.
- ***Os países distantes dos mercados mundiais na Ásia Central, nas ilhas do Pacífico e na África Subsaariana – o "bilhão mais pobre" do mundo – enfrentam os maiores desafios ao crescimento econômico e precisam de um compromisso forte para soluções cooperativas.*** A integração regional pode ocorrer nas regiões "naturais" com três conjuntos de instrumentos. Eles exigem uma cooperação institucional estreita e investimentos regionais abrangen-

QUADRO 9.1 *As mensagens deste Relatório não são anti-integração global*

O *Relatório sobre o Desenvolvimento Mundial 2009* enfoca a integração regional porque hoje é nela que reside o escopo considerável para a ação de política. Mas isso não implica que a mensagem seja contra a integração global, muito pelo contrário. Este capítulo defende que a cooperação regional alavanca as capacidades de oferta de uma região fornecendo bens públicos regionais e tirando proveito da especialização regional. Dessa maneira, ela pode ampliar os ganhos da integração global para cada país. Nesse sentido, integração regional e global são complementares e não substitutos. Sem a integração global, os benefícios da cooperação regional seriam pequenos ou negativos, como ocorreu com muitos acordos regionais no passado. Mas sem a integração regional, os benefícios da globalização podem simplesmente ser inatingíveis para certos países porque eles não conseguem competir em escala global.

Para muitos países, especialmente na África onde as parcelas do mercado global de exportação caíram, os benefícios da integração global foram efêmeros. Às vezes, a integração global é considerada arriscada, e o progresso da Rodada de Doha em várias questões centrais para os países em desenvolvimento, como o comércio agrícola, tem sido lento. Do mesmo modo, no passado a cooperação regional também não trouxe benefícios significativos, e muitos acordos regionais se desmancharam. Essas experiências também ressaltam os ganhos desiguais entre os países grandes e pequenos numa região, que afetaram a estabilidade a longo prazo dos acordos e a disposição de reagir aos eventos inesperados. Como muitos esforços prévios de integração regional falharam, a promoção de novos acordos regionais atraiu um ceticismo considerável nos círculos de desenvolvimento.

Este capítulo defende que, dadas as condições atuais, esse ceticismo é desnecessário. A instabilidade oriunda da política macroeconômica e da governança deficiente é muito menos comum hoje do que uma década atrás, logo, é menos provável que um país importe problemas dos seus vizinhos mesmo se suas economias estiverem integradas. E, com o declínio dos custos de transporte e a expansão do comércio global, os benefícios do crescimento bem-sucedido impulsionado pelas exportações são maiores do que nunca. Para competir, os países estão hoje mais dispostos a harmonizar suas políticas e instituições com os outros, de modo que as perspectivas de cooperação regional aumentaram substancialmente. Isso pode ser uma razão pela qual, em junho de 2006, 56 acordos regionais, 49 acordos de extensão regional (cooperação entre um acordo regional e um único país), 5 acordos suprarregionais (cooperação entre dois ou mais acordos regionais) e 118 acordos plenamente bilaterais foram firmados ou iniciados no âmbito da Organização Mundial do Comércio. Ao agir de acordo com as regras globais do jogo, esses acordos procuram identificar e evitar que a integração regional prejudique a global e vice-versa.

Fonte: Equipe do RDM 2009.

tes em infraestrutura, assim como os outros. Mas eles também podem exigir mecanismos de compensação entre os países para sustentar o esforço de integração porque uma integração profunda levará provavelmente a ganhos e perdas desiguais entre os países a curto prazo. A comunidade internacional pode apoiar esses esforços de integração por meio de incentivos coordenados.

A África Oriental, Central e Ocidental se encaixam na terceira categoria. Os países costeiros pobres em recursos nessas regiões têm o pior desempenho de crescimento do mundo com relação às outras regiões.[2] Para eles, o Relatório sugere um pacto envolvendo os governos regionais e a comunidade internacional para melhorar os serviços sociais e o capital humano nos países atrasados e para melhorar a infraestrutura nos países avançados onde o crescimento é mais provável. Isso deve ser complementado pelo acesso preferencial aos mercados dos países desenvolvidos para exportações regionais. Em troca, tanto os países avançados quanto os atrasados nessas "regiões naturais" permitiriam movimentos intrarregionais mais livres de trabalho, capital, bens e serviços.

Os atuais países em desenvolvimento, que começaram a se desenvolver mais tarde, enfrentam uma escolha árdua: permanecerem divididos e perder terreno, ou tornarem-se vencedores sem fronteiras.

Integração regional para incrementar a oferta e integração global para incrementar a demanda

Certos países, como o Chile, Maurício e os célebres tigres do Leste Asiático, integraram-se globalmente sem muita cooperação dentro da sua região. Eles dispõem de vantagens significativas por terem sido os primeiros a se desenvolver. Mas muitos outros países em desenvolvimento tiveram dificuldade de seguir este caminho, e alguns se perguntam se o crescimento de exportadores altamente competitivos como a Índia e a China reduz ainda mais as chances de uma estratégia exportadora bem-sucedida no mundo de hoje.

O contra-argumento é que a gama de bens para os quais um país pode desenvolver vantagem comparativa expandiu-se junto com o crescimento do comércio global. Bens intermediários e serviços, mais negociáveis e negociados, oferecem aos países em desenvolvimento uma gama mais ampla de oportunidades de diversificação do que antes.[3] As evidências empíricas sugerem que isso é válido até para a África Subsaariana.[4] Entre países individuais dentro de cada uma das nove regiões da África Subsaariana, as importações de bens intermediários de países vizinhos no ano anterior estão positivamente correlacionadas às exportações totais do ano corrente. À medida que o nível de importação de bens intermediários cresce e ultrapassa um limite, esse efeito torna-se visivelmente mais forte.

Estes resultados mostram que as exportações mais altas ocorrem quando os países cooperam regionalmente, (em termos de economias de escala, maior mobilidade dos fatores e custos de transporte mais baixos) assim como quando eles se integram globalmente. A cooperação regional significa que as empresas nos países vizinhos podem produzir bens finais mais baratos (formando cadeias de oferta internacionais) do que contando com fornecedores em um único país (ver quadro 9.2). A integração global fornece a demanda e o incentivo para desenvolver tais redes de oferta regionais eficientes. Essa combinação de integração regional e global produziu países que se desenvolveram com sucesso nas atuais regiões ricas.

Dados no nível de fábricas acrescentam detalhes aos resultados econométricos agregados.[5] As empresas que exportam para os mercados regionais são mais prejudicadas por cortes de energia e procedimentos de fronteira ineficientes do que as empresas que exportam para os mercados globais, embora as empresas que exportam produtos sensíveis ao tempo como têxteis para os mercados globais também sejam prejudicadas por fronteiras ineficientes. A eficiência das empresas dita onde elas venderão seus produtos: as menos eficientes vendem somente para o mercado interno, outras atendem os mercados regional e interno, e as mais eficientes são ativas nos mercados interno, regional e internacional.[6]

Uma política de integração bem-sucedida concentra as atividades econômicas em lugares com melhor acesso aos mercados e insumos, sejam eles subnacionais, nacionais ou regionais. A integração pode levar a uma divergência de renda num agrupamento regional durante algum tempo, antes que os países atrasados alcancem os países avançados em ondas sucessivas à medida que o crescimento transborda para o agrupamento. Quando o processo de integração é impulsionado pelo mercado, como no Leste Asiático, os fatores de produção serão transferidos e promoverão a convergência da renda per capita dos países dentro do agrupamento (ver capítulo 3). Mas quando ele é impulsionado por instituições, como na maioria das regiões em desenvolvimento de hoje, os desafios de economia política podem tornar-se preocupações importantes.[7]

Integração regional e global implica compromissos

Os acordos regionais de integração, complexos de negociar, implementar e manter, fazem uso intensivo dos recursos administrativos. Os esforços para alinhar as instituições regionais por meio desses acordos podem ocorrer em detrimento da administração nacional e da liberalização unilateral, que podem determinar a integração de um país com o resto do mundo. Os acordos regionais também impedem os países de perseguir a integração global mais rapidamente, quando certos membros da região querem avançar mais lentamente.

O debate regional versus global não é novo. Ele gira em torno das implicações de bem-estar do potencial de desvio de comércio e de criação de comércio comparado aos efeitos preferíveis de melhora do bem-estar gerados pela liberalização unilateral ou pelo multilateralismo.[8] No entanto, um debate sobre o "novo regionalismo" foi lançado pela recente proliferação dos acordos de livre comércio. Um lado desse debate considera a integração regional um processo competitivo de liberalização que acabará por sustentar a integração global.[9] O outro lado considera que o crescimento de "pratos de espaguete" impede a integração global.[10]

Esse debate não está perto de terminar. Mas a lente da nova geografia econômica confere a ele uma perspectiva diferente. Alguns argumentaram que, quando a geografia física é incluída de maneira apropriada nos modelos de comércio, os acordos comerciais regionais podem trazer mais melhoras para o bem-estar do que os acordos comerciais multilaterais se os custos do transporte intercontinental forem muito mais altos que os custos do comércio intracontinental.[11] Também há ganhos não-econômicos das iniciativas de integração regional, como mais paz e segurança e um acréscimo do poder de negociação nos fóruns internacionais.[12] Esses motivos não-econômicos são, às vezes, mais importantes que os econômicos na decisão de firmar os acordos de integração regional.

A integração regional pode assumir muitas formas, dos tratados formais que regulam diversos aspectos das trocas e cooperação econômicas à integração informal de fato que decorre do aprofundamento dos laços econômicos promovido pelo setor privado. Essa variedade permite uma dinâmica diferente. Enquanto os acordos globais são abrangentes e raros, os acordos regionais podem começar pequenos e avançar no ritmo e com o alcance mais confortáveis para cada parte. Cada região precisa encontrar o caminho que lhe permite beneficiar-se da integração regional e global.

As regiões desenvolvidas fornecem lições úteis – pensar grande, começar pequeno

As regiões bem-sucedidas na Europa, na América do Norte e no Nordeste Asiático fornecem três lições para a concepção e implementação de iniciativas de integração regional e global: pensar globalmente, começar pequeno e compensar os menos afortunados.

Pensar globalmente. Para todas as regiões em desenvolvimento, os mercados de exportação mais importantes estão fora da região. A República da Coreia, o México e a Romênia têm a sorte de estar perto de um desses grandes mercados mundiais, mas a maioria dos países não tem. Assim, o principal objetivo de qualquer processo de integração regional deve ser promover um crescimento sólido impulsionado pelas exportações. De fato, o fator de sucesso dos acordos de integração regional é o "regionalismo aberto", que fixa tarifas externas baixas e suprime todas as tarifas internas.[13]

QUADRO 9.2 *Diversificando a produção por meio da cooperação regional*

Diversificar uma economia não é tarefa fácil. Hidalgo, Barabasi e Haussman (2007) mostram que a estrutura exportadora atual de um país determina com que facilidade ele poderá diversificar sua base produtiva em produtos de valor mais alto. Eles usam a metáfora de uma floresta que representa o espaço produtivo (o mesmo para todos os países do mundo). Cada árvore é um produto, e as empresas são macacos que podem subir mais alto numa árvore para aumentar seu valor agregado (diversificação intensiva) ou saltar para outra árvore de maior valor (diversificação extensiva).

As empresas dos países em desenvolvimento têm mais facilidade de crescer por meio de diversificação intensiva, que se baseia nas capacidades que elas já possuem. A alternativa, exigida por rendas maiores ou em reação a competidores com custos ainda mais baixos, é saltar para árvores de maior valor. Mesmo se um país tiver a sorte de ter essas árvores de maior valor perto da sua base produtiva, o salto ainda é caro e arriscado. Ele pode exigir infraestrutura física, *know-how* específico, conhecimento dos gostos e padrões dos mercados almejados, e acesso fácil e barato a insumos específicos. Haussman e Rodrik (2003) chamaram essas necessidades de investimento inicial de "custos de descobrimento", uma busca pelas primeiras empresas para explorar essas novas oportunidades. O descobrimento de custos pode ser facilitada de várias maneiras. O investimento estrangeiro direto pode fornecer a maior parte da informação e do *know-how* necessários, assim como o aprendizado com os vizinhos. Portanto, a cooperação entre países vizinhos pode ajudar, fornecendo a escala atraente para os investidores estrangeiros e o acesso a bens intermediários críticos que torna o salto em direção a um novo produto menos custoso e arriscado. A cooperação pode fornecer um escoadouro para os produtores de bens intermediários que vendem para empresas inovadoras situadas em outro lugar da região.

Mapeando as exportações africanas entre 1980–2004 contra um espaço produtivo global de cerca de 800 produtos (indústrias de quatro dígitos), a Comunidade Econômica e Monetária Centro-Africana parece ter somente poucas opções de diversificação (madeira e seus derivados). Os membros da Comunidade da África Oriental têm mais opções porque suas exportações são mais diversificadas (frutas e legumes, alimentos preparados, peixe, madeira e seus derivados, algodão, têxteis, produtos manufaturados de baixa tecnologia, produtos metálicos, produtos químicos e minérios). Outros países com estruturas produtivas semelhantes escolheram diversificar sua produção em grupos de produtos, como algodão, têxteis e roupas, que atualmente se beneficiam de preferências no mercado dos EUA sob a Lei de Crescimento e Oportunidade para a África.

Quase todos os membros da União Econômica e Monetária da África Ocidental podem beneficiar-se da cooperação em pelo menos sete grupos de produtos (frutas e legumes e seus derivados, madeira e seus derivados, algodão, produtos manufaturados de baixa tecnologia, produtos químicos e minérios) para reduzir sua dependência excessiva das exportações agrícolas tradicionais, como café e cacau.

Os membros da União Aduaneira da África Meridional, com exceção da África do Sul, podem ganhar significativamente mais do que outras uniões com a cooperação nos grupos de produtos que dependem de recursos naturais e nas manufaturas, pois para eles a diversificação é muito mais fácil graças à logística, às finanças, às qualificações e à infraestrutura que refletem seu status de renda média.

Examinando quais áreas da atividade econômica são mais promissoras para novos desenvolvimentos, os países podem focar a cooperação na infraestrutura específica como padrões comuns, sistemas de normatização de medidas e currículos específicos para formar mão de obra qualificada e adaptar-se às novas tecnologias. Isso pode servir como complemento às áreas gerais de cooperação em infraestrutura regional, melhores regulamentações de negócios e sistemas judiciais fortes.

Baseado em contribuições de V. Chandra, J. Boccardo e I. Osorio.

Essa é a principal diferença com relação à primeira onda de regionalismo nos anos 1970, que simplesmente estendeu dos países às regiões as políticas de substituição de importações concebidas no plano interno.

Começar pequeno. As iniciativas de integração regional não precisam tratar de todas as questões imediatamente. Elas tampouco precisam envolver todo um continente de uma só vez. As experiências latino-americana e subsaariana nos anos 1970 mostram que acordos abrangentes envolvendo um grande número de países tornam-se muitas vezes "acordos de papel".[14] A União Europeia começou com um acordo de pouco abrangente – a Comunidade Europeia do Carvão e do Aço (ver "Geografia em Movimento: Superando a Divisão na Europa Ocidental"). O Acordo Norte-Americano de Livre Comércio (NAFTA) começou com um acordo de livre comércio para automóveis entre os Estados Unidos e o Canadá.[15] A regionalização do Leste Asiático acelerou-se nos anos 1980, quando as multinacionais japonesas instalaram plataformas de exportação de produtos manufaturados pela região. Muitas vezes, a integração regional pode começar sem um acordo formal de qualquer tipo, mas com uma declaração de intenções para a cooperação estratégica que proporciona às empresas a segurança de que qualquer disputa será resolvida de forma rápida e justa.

A integração regional implica ações de política complementares pelos países participantes. Quanto maior o número de participantes, mais complexa a coordenação, com um risco mais alto de fracasso. Acordos específicos baseados no interesse dos países podem formar uma integração regional à geometria variável na qual os países (ou as regiões dentro dos países, tal como o "triângulo do crescimento" no Leste Asiático) aprofundam sua cooperação na sua própria velocidade. Tal cooperação para questões comerciais e não-comerciais pode gradualmente fortalecer uma região. Isso não exclui iniciativas específicas no plano continental para realizar projetos com custos fixos elevados, como o lançamento e a manutenção de um satélite.

Compensar os menos afortunados. A integração regional pode produzir vencedores e perdedores nos diversos países – pelo menos a curto prazo.[16] Se dois países com infraestrutura interna diferente se integrarem, o país com a melhor infraestrutura atrairá mais atividades industriais, o que pode aprofundar as diferenças de renda e emprego.[17] A formação de uma região sustentável de países com diferentes recursos é favorecida, portanto, por um mecanismo de compensação que garanta a distribuição equitativa dos ganhos gerados pela integração. Na União Europeia, os membros ricos subsidiam o desenvolvimento da infraestrutura nos países membros mais pobres. Na Associação de Nações do Sudeste Asiático (ASEAN), os países membros mais ricos possuem programas concebidos especificamente para assistir os países membros mais pobres – a Iniciativa ASEAN Integrada. Certas regiões também têm programas de ajuda bilateral para seus vizinhos mais pobres.

Uma abordagem da compensação é reunir as receitas alfandegárias recolhidas nas uniões aduaneiras e redistribuí-las de acordo com as necessidades de desenvolvimento de cada membro. A União Econômica e Monetária da África Ocidental (WAEMU) adotou uma tarifa externa comum em 2000 e introduziu uma taxa de 1% sobre todas as importações de terceiros para formar um fundo de compensação. Em setembro de 2006, US$ 500 milhões haviam sido recolhidos e distribuídos. A Costa do Marfim e o Senegal, os membros mais ricos da WAEMU, contribuíram com 60% dos fundos mas receberam somente 12%. Tais transferências são politicamente factíveis se os países mais ricos perceberem que vão se beneficiar a longo prazo se sua região prosperar. As iniciativas de compartilhamento de receitas são fortalecidas pelo envolvimento de um país desenvolvido como parceiro externo disposto a subsidiar o processo. Os Acordos de Parceria Econômica (APE) cuja negociação está em curso entre a União Europeia e países da África, do Caribe e do Pacífico são exemplos (ver quadro 9.3).

Construindo regiões integradas: um modelo descritivo

A "espessura" das fronteiras de um país é um obstáculo auto-imposto ao desenvolvimento, com o isolamento aumentando a distância econômica aos mercados (ver capítulo 3). Além da divisão, certas regiões têm países pequenos cujos mercados locais não são grandes o suficiente para desencadear ou sustentar a industrialização, ou que carecem da capacidade de diversificar e avançar na cadeia de valor. Assim, países diferentes enfrentam problemas diferentes que requerem ações de política diferentes para integrá-los à economia global. A integração acontece em grande medida por meio da atividade privada no comércio e na mobilidade dos fatores. Mas a maioria das instituições ou da infraestrutura necessárias para conectar uma região à economia global são bens públicos que requerem uma ação coletiva para superar os problemas de coordenação e as externalidades.

Três tipos de instrumentos políticos podem ser usados para promover a integração regional. Eles também favorecem a integração global.

- *A cooperação institucional* pode ajudar a resolver os problemas de coordenação dentro das regiões e fomentar economias de escala maiores.
- *A infraestrutura regional*, que liga estrategicamente a região aos mercados mundiais avançados, pode reduzir os custos de transporte.
- *Os incentivos coordenados* que envolvem todas as partes interessadas da região e os

doadores dos mercados mundiais avançados podem promover a mobilidade dos fatores e a convergência dos padrões de vida entre os países avançados e atrasados da região.

Cooperação institucional

Reformas atrás das fronteiras. A cooperação institucional – tal como acordos de reconhecimento mútuo de procedimentos técnicos e de negócios, adoção de padrões internacionais e estruturas de convergência macroeconômica – expande o tamanho dos mercados regionais favorecendo as economias de escala. De fato, as empresas nacionais e estrangeiras avaliam as oportunidades de investimento e as políticas governamentais e o ambiente de negócios a elas relacionados – como direitos de propriedade, regulação, impostos, finanças, infraestrutura, corrupção e estabilidade macroeconômica – como parte de um pacote que determina a atratividade de um país para o investimento.[18] Outra parte é a qualidade do sistema jurídico, que aumenta os investimentos de capital e o tamanho das empresas.[19] Esses efeitos transbordam até para os países com melhores recursos institucionais nos mercados mundiais avançados. Quanto menos atraente a região onde se encontra um país, menos atraente o país em questão, particularmente quando seu mercado local é reduzido.

Agora que as preferências tarifárias caíram, as barreiras atrás das fronteiras são

QUADRO 9.3 *Os Acordos de Parceria Econômica entre a União Europeia e países da África, do Caribe e do Pacífico podem ser aperfeiçoados*

Até 2007, a União Europeia concedia preferências comerciais não-recíprocas a países da África, do Caribe e do Pacífico (ACP). Essa política não estava em conformidade com o princípio de tratamento de nação mais favorecida da Organização Mundial do Comércio (OMC), mas havia obtido uma derrogação temporária que expirou em dezembro de 2007. Os acordos de parceria econômica (APE) entre a União Europeia e os Países ACP são uma nova abordagem para promover o comércio e, ao mesmo tempo, atingir objetivos de desenvolvimento mais gerais. Em 2003, a União Europeia iniciou negociações de APE com seis regiões ACP autodefinidas: o Caribe (CARIFORUM), a África Central (CEMAC), o Sudeste da África (ESA), a África Ocidental (ECOWAS), a África Meridional (SADC) e o Pacífico.

O núcleo dos APE são os acordos comerciais regionais entre a União Europeia e cada uma das seis regiões. A estrutura exportadora dessas regiões para a União Europeia é heterogênea, refletindo muitas vezes a dependência com relação a alguns poucos produtos. Mas os APE têm alcance mais amplo. Eles estenderão o acesso ao mercado da União Europeia 100% livre de direitos e quotas para cada região (com regras de origem da UE simplificadas) permitindo ao mesmo tempo em que os países ACP abram seus mercados em menor grau (em média 80% dentro de 15 anos).

A meta é ambiciosa. Os APE conferem incentivos aos países ACP para aumentar o comércio e a cooperação regionais, ao contrário dos acordos anteriores, que favoreciam uma estrutura radial que desencorajava a interação com os vizinhos. E enquanto as preferências comerciais anteriores haviam sido determinadas unilateralmente pela União Europeia, os APE são negociados conjuntamente. É compreensível que certos países não estejam dispostos a cooperar nas questões em que eles podem perder. Mas a União Europeia pode fornecer incentivos – como a ajuda financeira – para ajudar a superar essas diferenças.

A experiência mostra, entretanto, que a liberalização comercial (Norte-Sul) isolada não promove o desenvolvimento econômico. Portanto, os APE tentam melhorar a coerência entre comércio e desenvolvimento. Além do comércio de bens, os APE incluem o comércio de serviços assim como investimentos, compras públicas e direito da concorrência. Embora os acordos sobre o comércio de bens e serviços tratem de liberalização comercial recíproca – embora assimétrica – as questões comerciais seguem outro rumo. Elas visam apoiar a integração regional por meio de regulação regional comum, harmonização e implementação, incrementando assim a estabilidade política e econômica e criando um melhor ambiente de negócios e investimento.

Uma das questões mais difíceis é a perda esperada das receitas tarifárias, que constituem em média aproximadamente 2% do produto interno bruto (PIB) dos países subsaarianos. Porém, para alguns, a perda pode ser de 4 a 6% do PIB, uma fração considerável do orçamento público. Uma redução progressiva das tarifas foi prevista para atenuar um grande declínio das receitas governamentais. A longo prazo, as receitas tarifárias perdidas precisam ser substituídas por meio de reforma fiscal interna e de administração fiscal. Uma abordagem mais radical seria que a UE fornecesse um apoio orçamentário para os países mais afetados durante um período de transição pré-determinado.

Outra questão envolve regras de origem complicadas que precisam ser simplificadas e liberalizadas. Uma assistência técnica também é necessária para permitir que os países em desenvolvimento cumpram os padrões da UE e estimulem um incremento da oferta em reação à ampliação do acesso ao mercado. Programas de "ajuda ao comércio" fornecem recursos para tais esforços.

Contribuição de Sebastian Vollmer.

os determinantes mais importantes do padrão do comércio. E ao alinhar padrões e instituições internos e internacionais, uma região pode melhorar sua atratividade para o investimento estrangeiro direto (IED) e aumentar suas oportunidades de comércio, o que é particularmente importante dada a necessidade de conectar-se às redes produtivas e aos mercados regionais e globais. Por exemplo, a crise pela qual passou o setor de processamento de peixe do Quênia nos anos 1990 teria sido menos grave se os fornecedores de peixe cru e semiprocessado no Quênia, na Tanzânia e em Uganda tivessem cooperado para ajustar-se aos padrões de higiene da UE.[20] Muitos países da África Subsaariana agora estão buscando essa cooperação.[21]

Políticas nas fronteiras. Facilitar o fluxo de capital, trabalho e insumos intermediários é uma pré-condição para redes produtivas transfronteiriças. A Organização Mundial do Comércio (OMC) fornece um modelo para essa liberalização que permite que o alcance dos acordos varie. Quase todos os novos acordos comerciais regionais contêm disposições sobre a liberalização dos serviços, mas alguns desses serviços são incorporados em pessoas e requerem um acordo correspondente sobre a mobilidade da mão de obra, sobre o qual existe pouca uniformidade (ver tabela 9.1).[22] Como o movimento da mão de obra levanta preocupações econômicas e políticas que parecem ser muito maiores do que para o comércio de bens ou os investimentos, poucos acordos proporcionam o tipo de mobilidade necessária para beneficiar plenamente países e pessoas.

A cooperação financeira e monetária melhora a mobilidade do capital e aumenta a atratividade da região para o IED, especialmente para os países pequenos.[23] De fato, os mercados financeiros pequenos tendem a ser menos competitivos e menos eficientes porque não podem explorar as economias de escala substanciais dos mercados financeiros. Alguns segmentos de mercado podem estar faltando, e os mercados pequenos são menos capazes de diversificar os investimentos e riscos operacionais. A infraestrutura regulatória tende a ser mais custosa e de qualidade mais baixa nos mercados pequenos, e os serviços auxiliares como informação de crédito são mais difíceis de manter. O comércio regional e global de serviços financeiros é a melhor maneira de lidar com o tamanho pequeno – abrindo os mercados nacionais aos intermediários financeiros estrangeiros, integrando-se plenamente ou parcialmente a um sistema financeiro regional, e abrindo gradualmente os mercados nacionais aos fluxos internacionais de capital. Os benefícios da integração financeira regional aumentam à medida que um grupo de países avança na direção de uma moeda única, um banco central único e um sistema único regulatório e de licenciamento para as empresas de serviços financeiros.[24] Mas tal integração também reduz a flexibilidade das políticas para reagir aos choques.

Esforços além-fronteiras. Os países em desenvolvimento, particularmente aqueles sem litoral, são prejudicados pelos altos custos de transporte devidos aos serviços de transporte de carga caros e pouco confiáveis. Eles têm setores de transporte regulados em excesso, serviços de logística ineficientes e despachantes de carga oligopolísticos, além de bloqueios e pedidos de propinas ao longo dos corredores internacionais.[25] Estima-se que cada dia que um produto é retido antes de ser transportado equivalha a um aumento da distância aos seus parceiros comerciais de 70 km, o que reduz o volume

Tabela 9.1 Poucos acordos regionais preveem a mobilidade plena da mão de obra

Grau estipulado de mobilidade da mão de obra	Acordo
Mobilidade plena da mão de obra	União Europeia, Acordo sobre a Área Econômica Europeia, Associação Europeia de Livre Comércio, Relações Econômicas Aproximadas Austrália-Nova Zelândia, Comunidade Econômica de Estados da África Ocidental
Acesso a mercado para certos grupos	Comunidade do Caribe, Acordo Norte-Americano de Livre Comércio, acordos europeus, Grupo dos Três e Acordos de Livre Comércio Canadá-Chile, EUA-Cingapura, EUA-Chile, Japão-Cingapura
Com base no modo 4 do GATS, com disposições ou limitações adicionais	Área de Livre Comércio da ASEAN, Acordos de Associação Euro-Med, Parceria Econômica Aproximada Nova Zelândia-Cingapura, acordo do Mercado Comum do Sul, e Acordos de Livre Comércio UE-México, UE-Chile, MERCOSUL, EUA-Jordânia
Sem disposições efetivas para a mobilidade da mão de obra	Fórum de Cooperação Econômica Ásia-Pacífico, Associação Sul-Asiática de Cooperação Regional, Acordo de Livre Comércio Centro-Europeu e Mercado Comum da África Oriental e Meridional

Fonte: Banco Mundial 2005a, atualizado pela Equipe do RDM 2009.
Nota: ASEAN = Associação das Nações do Sudeste Asiático; GATS = Acordo Geral sobre o Comércio de Serviços; MERCOSUL = Mercado Comum do Sul.

comercial em 1%.[26] Os países sem litoral, em especial, poderiam exportar mais se seus vizinhos melhorassem a qualidade da sua logística de transporte e dos seus procedimentos aduaneiros: estima-se que uma melhoria de um desvio padrão na logística de um país sem litoral mais uma melhoria de um desvio padrão na logística dos seus vizinhos aumentaria as exportações do país sem litoral em 74%.[27]

As reformas institucionais além da fronteira que facilitam o comércio e o transporte numa região podem aumentar muito a eficiência e a confiabilidade das cadeias logísticas. A Ásia Central e a África Subsaariana, cuja competitividade internacional é seriamente afetada pelos altos custos de transporte, estão agora explorando abordagens de corredor que funcionaram bem em outros lugares, como no Sudeste da Europa.[28]

Em 1998, seis países pediram apoio ao Banco Mundial para conceber um programa regional de facilitação do comércio e do transporte no Sudeste da Europa. Em 2004, oito países estavam envolvidos: Albânia, Bósnia e Herzegovina, Bulgária, Croácia, Macedônia, Moldova, Romênia e Sérvia e Montenegro. A iniciativa reduz os custos de transporte, combate a corrupção e ajuda as administrações aduaneiras a alinhar gradualmente seus procedimentos com os padrões da UE. Os objetivos são reduzir o tempo de processamento para os negociantes e transportadoras, reduzir os pagamentos de facilitação, reduzir a corrupção relacionada ao transporte e comércio internacionais, e melhorar a eficácia dos controles e dos esforços anticontrabando. Os resultados fornecem um precedente encorajador para a reprodução e expansão do comércio regional em outros lugares.

Tabela 9.2 A África Subsaariana, o Sul da Ásia, o Oriente Médio e a África Setentrional são as regiões mais afetadas pela infraestrutura pouco confiável, e o Leste Asiático é a menos afetada

	Regiões do mundo						
	LAP	EAC	ALC	OMAS	RSA	ASS	OCDE
Atraso na obtenção de ligação elétrica (dias)	19,4	9,3	32,9	53,7	**56,3**	43,8	9,7
Número de cortes de eletricidade (dias)	9,3	14,0	17,8	46,1	**121,5**	56,4	1,5
Valor perdido por causa de cortes de eletricidade (% das vendas)	2,5	3,1	3,6	4,2	5,6	**5,7**	2,3
Número de falhas no abastecimento de água (dias)	3,5	7,5	14,5	41,7	12,0	**37,2**	0,3
Atraso na obtenção de uma conexão telefônica fixa (dias)	15,8	13,4	45,1	49,9	**66,3**	58,4	9,0
Empresas que usam a Web na interação com clientes/ fornecedores (%)	23,7	56,7	40,9	34,2	29,2	**20,4**	80,2

Fonte: Banco de dados ICA do Banco Mundial.
Nota: LAP = Leste Asiático e Pacífico; EAC = Europa e Ásia Central; ALC = América Latina e Caribe; OMAS = Oriente Médio e África Setentrional; OCDE = Organização para a Cooperação e o Desenvolvimento Econômico; RSA = Região do Sul da Ásia; ASS = África Subsaariana.

Infraestrutura regional

A infraestrutura regional de transporte reduz a distância econômica entre os parceiros comerciais, tanto dentro das regiões como entre as regiões e os mercados mundiais avançados. Eletricidade, água, linhas telefônicas e acesso à Internet aumentam a produtividade mas são gravemente inadequados em muitas regiões em desenvolvimento (ver tabela 9.2). Muitos países poderiam ser beneficiados pela coordenação e cooperação para o fornecimento de infraestrutura. O empreendimento de energia hidrelétrica lançado em 1997 por Mali, Mauritânia e Senegal reduziu os custos e melhorou o acesso, a confiabilidade e a qualidade do fornecimento de eletricidade.[29] O projeto de telecomunicações do Caribe Oriental, implementado em 1998, aumentou o acesso aos serviços de telecomunicações, reduziu os preços e aumentou as oportunidades de emprego.

A infraestrutura regional é uma parte importante da integração regional, mas ela requer frequentemente um apoio financeiro externo considerável porque os custos iniciais podem ser altos. A preparação de um projeto transfronteiriço é complexa, e os países individuais podem não ter a capacidade local para conceitualizar o planejamento técnico e formar um consenso.[30] Muitas vezes, o marco jurídico e regulatório para facilitar o fornecimento da infraestrutura transfronteiriça não existe. Todas essas limitações podem impedir que projetos promissores de infraestrutura regional de chegar ao estágio negociável do financiamento.

Três tipos de serviços de infraestrutura regional e afins incrementam as economias de escala, a mobilidade dos fatores e o comércio entre os países.

Mapa 9.1 A expansão da cobertura de celular ampliou-se rapidamente na África
Cobertura da rede do Sistema Global de Comunicação Móvel

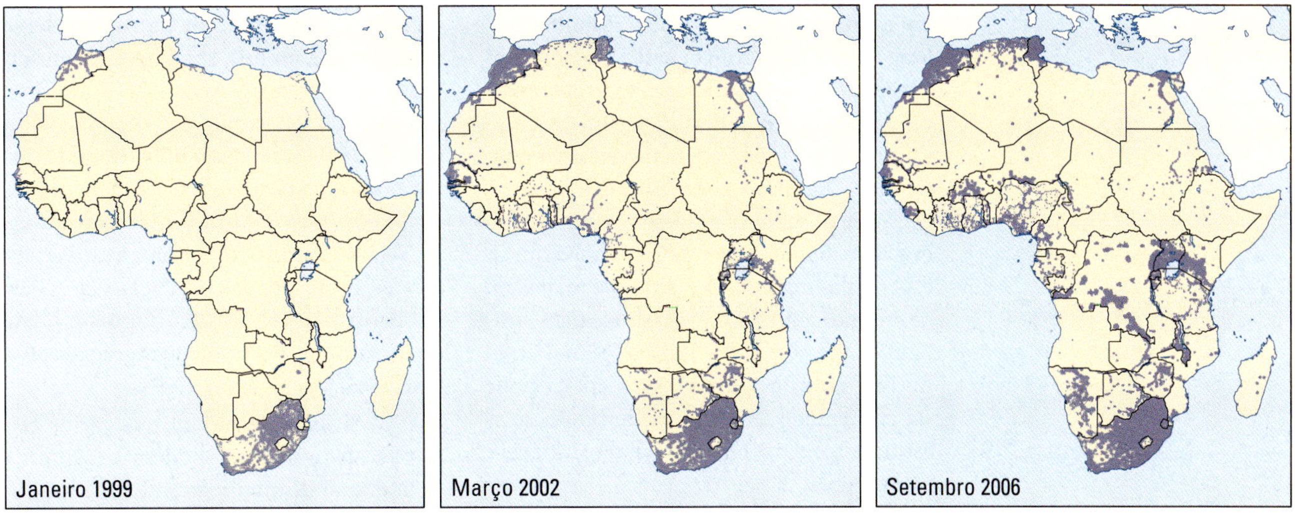

Fonte: Buys e outros 2008.

Infraestrutura regional que incrementa a produtividade. Energia, celulares, conexão Internet e grandes estradas geram receita por meio de tarifas. Os aumentos de produtividade decorrentes desses serviços de infraestrutura traduzem-se numa alta disposição para pagar. As empresas privadas fornecem a infraestrutura regional quando ela é rentável – como é o caso do cabo marítimo South Atlantic 3 (SAT3) que liga a África Ocidental à rede global de fibra ótica, ou a parceria público-privada Organização Regional Africana de Comunicação por Satélite (RASCOM) que fornece cobertura de telecomunicação por satélite na África. A cooperação regional pode fornecer um marco regulatório sólido que, por exemplo, permite o livre acesso de países vizinhos à infraestrutura básica e a livre entrada de empresas nos mercados nacionais. Mas a difusão veloz da cobertura de celular na África ainda deixa de lado muitas áreas (ver mapa 9.1).

Infraestrutura regional que incrementa a mobilidade. A cooperação em ensino superior e treinamento pode não somente aumentar a dotação dos trabalhadores qualificados mas também incrementar a mobilidade da mão de obra à medida que os estudantes de diferentes países estabelecem redes de contatos entre os países.[31] A Cooperação francesa e a Comissão da UE patrocinam uma rede de três escolas de estatística em Abidjã (*École Nationale Supérieure de Statistique et d'Économie Appliquée*, ENSEA), Dacar (*École Nationale d'Économie Appliquée*, ENEA) e Iaundé (*Institut Sous-régional de Statistique et d'Économie Appliquée*, ISSEA), que treinam estatísticos altamente qualificados para as empresas africanas francófonas públicas e privadas.[32] Reconhecendo a importância das infraestruturas regionais que incrementam a mobilidade, um painel de alto nível do Banco de Desenvolvimento Africano propôs centros de excelência em pesquisa, ensino superior e treinamento vocacional em colaboração com o setor privado.[33]

Infraestrutura regional que incrementa o comércio. Uma boa infraestrutura de transporte reduz os custos de transporte, o que, por sua vez, aumenta os fluxos comerciais.[34] Certos observadores afirmaram que existe pouco potencial para o comércio intrarregional dentro de regiões em desenvolvimento porque o pequeno tamanho das economias não criará fluxos comerciais significativos.[35] Se fosse o caso, a melhoria da qualidade das estradas regionais não teria impacto sobre o comércio intrarregional. Mas estudos recentes sugerem o contrário.

Os modelos de comércio mostram que os investimentos regionais para pavimentar todas as rodovias interestatais não pavimentadas triplicariam o comércio intrarregional dos países da África Ocidental – e alavancariam o comércio da região com o resto do mundo.[36] Melhorias na principal rede de autoestradas da África Subsaariana poderiam expandir o comércio por terra em aproximadamente US$ 250 bilhões ao longo de 15 anos, com benefícios importantes para os pobres rurais, e exigiria aproximadamente US$ 20 bilhões para as obras iniciais e US$ 1 bilhão por ano para a manutenção.[37] Na Ásia Central, as melhorias nas estradas poderiam aumentar o comércio em 50%, o que excederia os ganhos que se espera obter com as reduções de tarifas ou os programas de facilitação de alcance comparável. O comércio intrarregional total no Leste Europeu e na Ásia Central pode ser aumentado em 30% melhorando-se as estradas somente na Albânia, na Hungria e na Romênia.[38]

Incentivos coordenados

Os incentivos coordenados podem resolver as falhas de mercado e as disputas entre os países de uma associação regional. O Mercado Comum Centro-Americano, criado em 1960 por El Salvador, Guatemala, Honduras e Nicarágua, enfrentou reclamações periódicas sobre a redistribuição dos benefícios para Honduras e a Nicarágua. O acordo ruiu em 1969 depois do conflito entre El Salvador e Honduras. Certos estudos sugerem que a razão subjacente do colapso foi que El Salvador ganhava muito mais com a cooperação regional devido à sua melhor infraestrutura.[39] Em 1977, a Comunidade da África Oriental formada por Quênia, Tanzânia e Uganda também desmoronou depois de desacordos sobre os benefícios que seriam recebidos dos serviços regionais comuns como transporte aéreo, portos e telecomunicação – e também por causa de diferenças ideológicas.[40] Mecanismos sólidos de compensação e uma melhor comunicação sobre os ganhos a longo prazo para todos os participantes podem reduzir o risco de fracasso de tais iniciativas.[41]

Vejamos uma taxonomia que incorpora as três propriedades essenciais dos bens públicos: não-rivalidade, impossibilidade de exclusão e contribuições agregadas (ver tabela 9.3).[42]

- *Não-rivalidade* implica que vários grupos ou indivíduos podem consumir o bem sem diminuir seu valor. Ar limpo e água são exemplos correntes.
- *Impossibilidade de exclusão* significa que ninguém pode ser impedido de consumir o bem. Há um incentivo para deixar o custo do fornecimento para um terceiro.
- *Contribuições agregadas* designam a reunião de recursos para financiar os bens públicos. É comum que a disposição para contribuir decaia com o tempo.

Cada uma dessas propriedades requer uma ação coordenada ou algum mecanismo para fazer corresponder de forma equitativa os benefícios e custos, senão o bem será insuficientemente fornecido A quantidade e a qualidade do bem público dependem das contribuições dos membros. Em certos casos, cada membro é igualmente

Tabela 9.3 "Bens coletivos" regionais podem ser facilmente fornecidos porque uma exclusão sem custo é possível
Bens públicos regionais, tipos e exemplos

		Bens públicos impuros	
Impacto das contribuições agregadas	**Bens públicos puros (não-rivais, não-excludentes)**	**Bens para os quais a exclusão é fácil**	**Serviços públicos compartilhados**
Cada contribuição tem o mesmo impacto na qualidade e na quantidade	Um lago limpo	Parque transnacional	Preservar a floresta tropical
Os países mais interessados no bem podem contribuir mais	Conter a dispersão de HIV/AIDS	Grade de energia	Eliminar as ameaças terroristas transnacionais
A contribuição do membro mais fraco determina a quantidade e a qualidade	Implementação de padrões financeiros internacionais	Rede aeroportuária radial	Prevenção e atenuação de desastres naturais
As contribuições dos membros mais fracos determinam a quantidade e a qualidade	Prevenção da dispersão de pestes	Infraestrutura de transporte	Conectividade via Internet
A contribuição dos países avançados determina a quantidade e a qualidade	Erradicação de uma doença	Base de lançamento de satélites	Manutenção da paz regional
A contribuição do membro mais forte determina a quantidade e a qualidade	Descobrir um tratamento eficaz	Instalação de risco biológico	Pesquisa agrícola e bioprospecção

Fonte: Sandler 2002, adaptado pela Equipe do RDM 2009.

importante. Em outros, o bem público depende do membro mais fraco ou mais forte, ou de alguma combinação. Essa taxonomia sugere que a natureza da cooperação regional varia de acordo com o objetivo.

Quando o bem público regional é sensível ao desempenho dos membros mais fracos, como numa rede aeroportuária radial, o desafio para os outros membros é melhorar o desempenho destes membros até um padrão aceitável. Isso pode ser feito por meio de subsídios entre os países, como nos fundos estruturais da UE. Nas regiões pobres, a ajuda estrangeira pode ser a única maneira factível de garantir o fornecimento desses bens públicos. Se o bem depende do membro com melhor desempenho na região, como a pesquisa agrícola direcionada, pode-se pedir aos membros mais fracos que contribuam com os membros mais fortes, ou a assistência estrangeira pode facilitar seu fornecimento.[43]

A confiança é especialmente importante na cooperação regional. Para as águas do Nilo, a República Árabe do Egito e o Sudão, dois países que eram culturalmente e politicamente próximos, construíram a represa de Assuã perto da sua fronteira comum em vez de cooperar com a Etiópia, onde uma represa poderia ter sido mais eficiente para as necessidades de eletricidade e água dos três países.[44] Organizações internacionais podem ajudar a gerar confiança, como na reabilitação da bacia do Mar de Aral. Outro exemplo é a "diplomacia do desenvolvimento" usada para resolver a disputa da bacia do Rio Indo entre a Índia e o Paquistão, na qual o Banco Mundial facilitou a cooperação. Essa diplomacia foi reconhecida pelo então presidente do Banco Mundial, Eugene Black, como sendo "de longe, a coisa mais importante que o Banco já fez".[45]

Acordos regionais específicos podem lançar os processos, mas eles também podem levar a uma multiplicidade e às vezes superposição de acordos, o que enfraquece a coordenação. Muitas regiões em desenvolvimento precisam racionalizar suas comunidades econômicas regionais e esclarecer as relações com as organizações de bacias de rios ou reserva de energia.[46] Acordos regionais mais amplos podem fomentar a confiança, fornecer um marco institucional para a compensação que facilite negociações, e permitir sanções mais eficazes.[47] A Comunidade para o Desenvolvimento da África Meridional (SADC), por exemplo, instituiu a Reserva Energética da África Meridional para tirar proveito da distribuição de fontes energéticas na região. O Sistema Centro-Americano de Conexão Elétrica foi inaugurado em 2005 no âmbito do Mercado Comum Centro-Americano (CACM). Portanto, um acordo guarda-chuva pode dar origem a acordos menores, ou pequenos acordos podem ser consolidados em acordos guarda-chuva. O caminho a seguir é uma escolha tática.

Do mesmo modo, há uma escolha entre começar com acordos políticos agregados, como na ampliação da UE, ou com laços econômicos, como no Leste Asiático com o ASEAN+3. Ambas as abordagens tiveram sucessos e fracassos. A República Árabe Unida que reuniu o Egito e a Síria em 1958 fracassou em parte por causa das suas vantagens econômicas limitadas. A primeira Comunidade da África Oriental foi lançada em 1967 como um agrupamento econômico, mas ruiu 10 anos depois por causa das divisões políticas entre os principais países. Desde então ela foi ressuscitada, mas as forças de união econômica e política permanecem divididas.

A geografia da integração regional

Considerar as regiões do mundo do ponto de vista do acesso aos mercados ressalta o papel dos três maiores mercados mundiais: Europa, América do Norte e Nordeste Asiático, regiões ricas onde está concentrada a maior parte do PIB mundial (ver capítulo 3). A proximidade desses mercados, a espessura das fronteiras e a fragmentação das regiões do mundo revelam o potencial de acesso ao mercado de todos os países (ver mapa 9.2).[48]

A soma das pontuações que refletem o potencial de acesso ao mercado dos países produz três tipos amplos de regiões em desenvolvimento:

- ***Os países de tipo 1 estão nas regiões próximas dos grandes mercados mundiais***, onde a nota de acesso ao mercado é dominada pela proximidade das áreas mais densas do mundo. Eles incluem os

Mapa 9.2 Densidade, distância e divisão combinam-se para determinar o acesso aos mercados
Acesso real ao mercado, em relação aos EUA em 2003

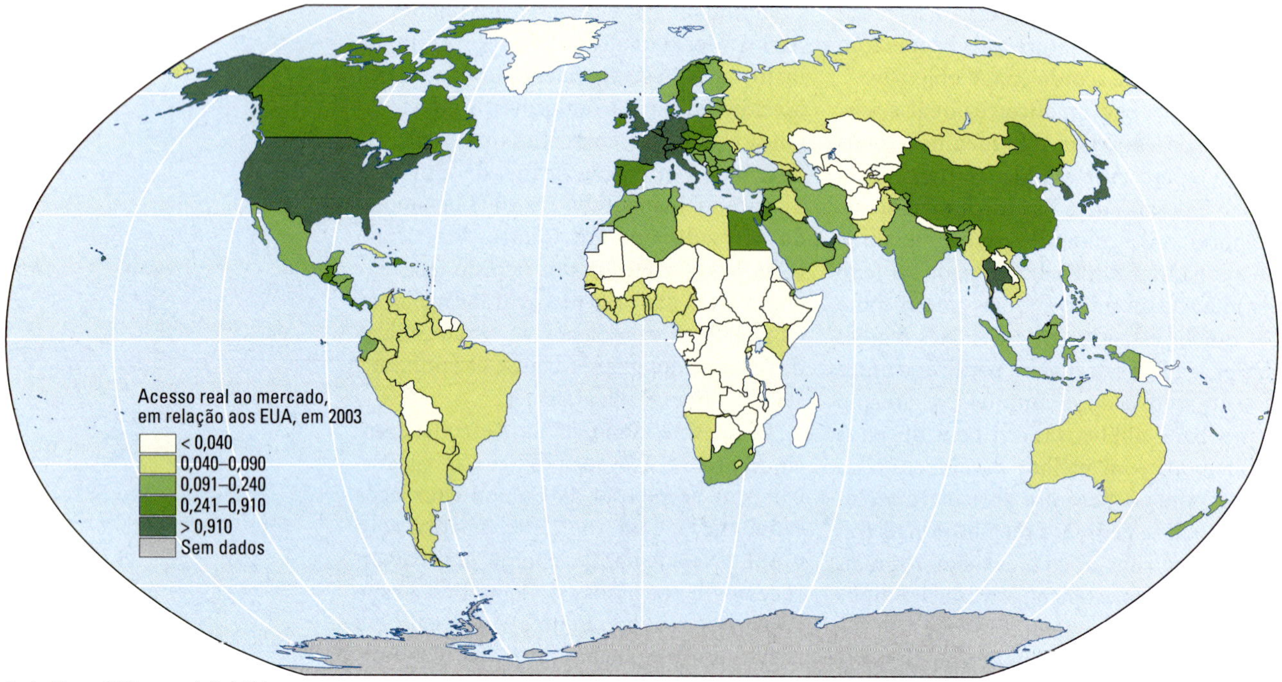

Fonte: Mayer 2008 para este Relatório.
Nota: Algumas palavras sobre o cálculo do potencial de acesso a mercado: A cada país é atribuída uma nota pelo tamanho do seu próprio mercado (PIB real) e pelo tamanho dos mercados internacionais aos quais ele tem acesso. Isso é calculado ponderando-se o PIB de outros países pelo inverso de uma medida que combina a distância física, o custo de transporte e as barreiras ao comércio, a fim de mostrar o grau de dificuldade de acesso a esses mercados, com relação ao acesso ao mercado dos Estados Unidos. A medida combina essencialmente as três dimensões espaciais de densidade, distância e divisão, numa combinação de potencial de acesso a mercado. Este mapa é um complemento do mapa que mostra o acesso aos mercados no quadro 6.6.

países na periferia dos dois maiores mercados: América do Norte e Europa Ocidental. As regiões são a América Central e o Caribe, o Leste Europeu e o Oriente Médio e a África Setentrional.

- Nesses países, o problema principal é a divisão entre eles e os mercados principais. Os principais instrumentos de integração são *institucionais*: acordos formais de comércio regional, acordos mais limitados, específicos para cada setor (sobre mobilidade da mão de obra ou compartilhamento dos recursos naturais), e harmonização de padrões e regulamentações – todos implementados com ou sem órgãos regionais formais.
- ***Os países de tipo 2 estão nas regiões com grandes vizinhos, longe dos mercados mundiais.*** Eles incluem as regiões dos gigantes do mundo em desenvolvimento – Brasil, China, Índia e África do Sul. Embora sejam mercados potencialmente grandes, o crescimento ainda não foi sustentado durante um tempo suficiente e muitas distorções internas subsistem.[49] A integração com eles corre o risco – em diferentes graus nas diferentes partes do mundo – de expor um vizinho à volatilidade e à importação das ineficiências das estruturas internas dos vizinhos grandes. Porém, como seu potencial de mercado é atraente para as empresas na Europa e na América do Norte, eles podem servir de canal de acesso aos mercados em outros lugares. Em certas regiões, como no Sul da Ásia, considerações políticas também impedem a integração econômica de todos os países da região.

Esses países têm um potencial moderado de acesso ao mercado (ver mapa 9.3). Sua distância dos mercados principais reduz sua pontuação global, mas a presença de um grande país em desenvolvimento vizinho pode contrabalançar essa pontuação em algum grau. Brasil, China, Nigéria, a Federação Russa e a África do Sul são exemplos de grandes economias emergentes que aumentam consideravelmente a pontuação de acesso ao mercado dos seus vizinhos

Mapa 9.3 O potencial de acesso aos principais mercados mundiais distingue as regiões do mundo em desenvolvimento

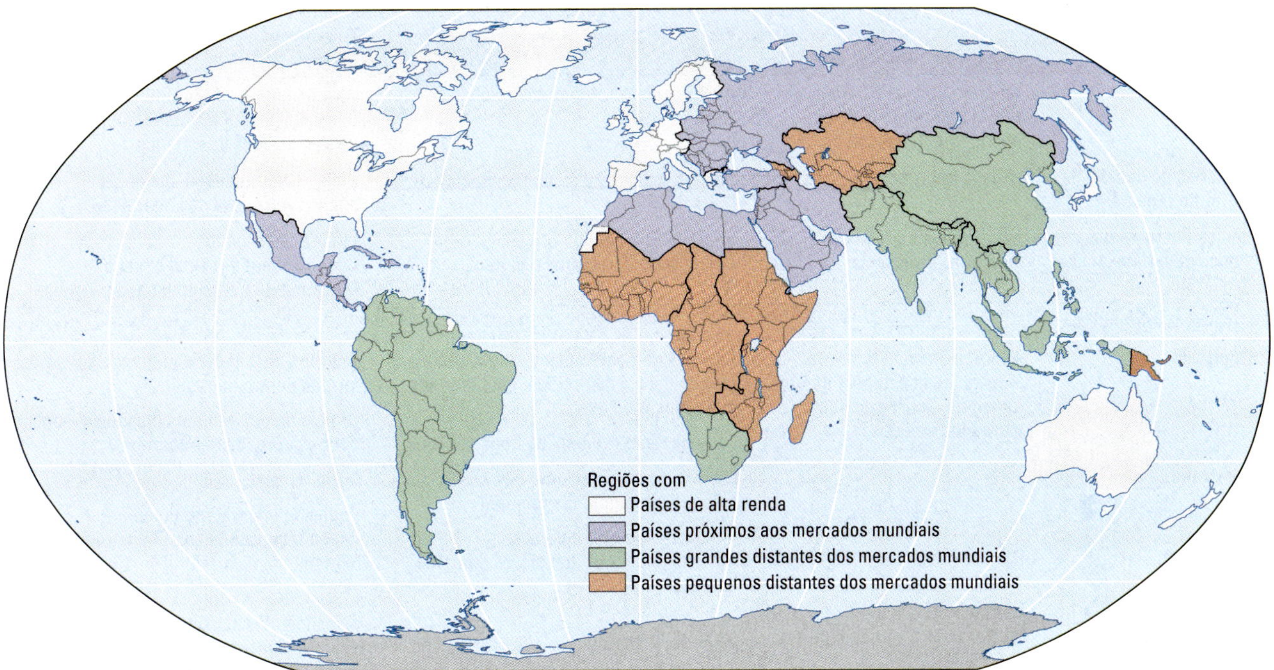

Fonte: Equipe do RDM 2009.

imediatos. Para os países nessas regiões, a divisão soma-sc à distância. Instrumentos apropriados incluem o desenvolvimento *institucional* e da *infraestrutura*, incluindo instalações compartilhadas regionalmente, corredores e plataformas de transporte, e uma gama de outros bens públicos regionais.

- ***Os países de tipo 3 estão nas regiões distantes dos mercados mundiais, sem um grande vizinho.*** Eles constituem o "bilhão inferior" descrito em Collier (2007) e consistem na África Central, Ásia Central e Sul do Cáucaso, África Oriental, as pequenas ilhas do Pacífico e a África Ocidental. Muitos desses países estão ficando atrasados porque estão presos em conflitos, sofrem de escassez de recursos naturais, não têm litoral e têm vizinhos ruins, ou são pequenos com governança ruim.

Uma gama de países, sobretudo pequenos, tem baixo potencial de acesso a mercado. Obrigados a enfrentar a distância dos grandes mercados, esses países enfrentam divisão, distância e baixa densidade econômica. Além dos instrumentos *institucionais* e de *infraestrutura*, eles precisam de *incentivos* coordenados para a integração regional. Os incentivos incluem transferências de uniões aduaneiras e outras fontes de receita, ajuda direta e acesso ao mercado preferencial, como regras de origem flexíveis.

Os três tipos de países têm um potencial de acesso ao mercado muito mais baixo que os países ricos, o que confere potencial considerável para uma integração econômica mais eficaz. Mas sua divisão persistente com relação aos principais mercados mundiais coloca barreiras aos fluxos benéficos de pessoas, bens, capital e ideias.

Para cada um desses tipos de países, as estratégias e prioridades de integração econômica diferem (ver tabela 9.4). À medida que o potencial de acesso ao mercado torna-se mais baixo, a complexidade do problema da integração torna-se maior e uma gama mais ampla de instrumentos é necessária para gerir a integração de modo eficaz. Para cada dimensão do desafio da integração, este capítulo propõe um instrumento de integração – um "I" para um "D".

Certos países não se encaixam claramente em nenhum desses três tipos, como o Chile e a Rússia. O Chile é um país relativamente pequeno longe dos mercados principais. Mas ele cresceu exportando para os mercados

Tabela 9.4 Um instrumento por dimensão fornece um modelo simples para a integração regional

	Região ou vizinhança		
	Próxima dos mercados mundiais	**Com países grandes, longe dos mercados mundiais**	**Pequenos países distantes dos mercados mundiais**
Regiões do mundo	América Central e Caribe, África Setentrional, Oriente Médio, Sudeste Asiático	América do Sul, África Meridional, Sul da Ásia	África Central, África Oriental, África Ocidental, Ásia Central e Cáucaso, pequenas ilhas do Pacífico
Dimensões do desafio da integração regional	Divisão internacional (1-D)	Divisão regional, distância econômica (2-D)	Divisão internacional, distância econômica, baixa densidade (3-D)
O que os instrumentos políticos deveriam facilitar	Integração com grandes mercados próximos	Integração regional Conectividade regional e global	Integração regional Conectividade regional e global Mecanismos de compensação regional
Instrumentos prioritários			
Instituições	Acordos de comércio e de mobilidade dos fatores dentro da região e com grandes mercados vizinhos	Acordos de comércio e de mobilidade dos fatores dentro da região e com grandes mercados vizinhos Fornecimento regional de bens públicos	Acordos de comércio e de mobilidade dos fatores dentro da região Órgãos compartilhados (pesquisa, bancos centrais, órgãos regulatórios)
Infraestrutura		Corredores de transporte que conectam a uma grande economia regional Redes de energia regionais, telecomunicações, gestão de recursos hídricos	Infraestrutura radial Redes de energia regionais, telecomunicações, gestão de recursos hídricos
Incentivos			Investimentos subsidiados em desenvolvimento humano nos países e áreas atrasados Investimentos produtivos nos países e áreas avançados Acesso preferencial aos mercados

Fonte: Equipe do RDM 2009.

mundiais sem uma integração regional significativa. A Rússia é outro caso especial devido à sua geografia econômica peculiar que cobre onze fusos horários, conectada à Europa na sua parte ocidental mais povoada e mais desenvolvida, e ao Nordeste Asiático através da imensa Sibéria, inóspita e esparsamente povoada.[50] Uma parte da Rússia e algumas das antigas repúblicas soviéticas com laços políticos e econômicos poderiam ser consideradas uma região com um país grande distante dos mercados mundiais. Porém, lembrando-se que o centro econômico da Rússia está na sua parte ocidental, na fronteira com a Estônia, a Letônia e a Lituânia, é mais apropriado considerar que a Rússia está próxima dos mercados mundiais.

O caso da Rússia também ressalta o ponto de que o conceito de potencial de mercado não vale para o país inteiro, mas é mais espacialmente específico. É conveniente medi-lo como um único valor para todas as localidades dentro de um país, mas muitas economias em desenvolvimento possuem áreas onde os mercados de outros países são potencialmente mais acessíveis do que seus próprios mercados internos por causa de uma infraestrutura local deficiente. As áreas setentrionais do Paquistão estão mais próximas do Afeganistão e da China ocidental que dos mercados principais em Karachi e Lahore. Medan na Indonésia está mais próxima de Penang na Malásia que de sua própria capital. Os princípios de integração econômica no mundo real e os instrumentos aqui apresentados podem ser aplicados tão facilmente no nível subnacional quanto no nível nacional (ver tabela 9.4).

O modelo em ação

Quais medidas concretas os países podem tomar em direção à integração regional para constituir melhores regiões e aumentar a competitividade global?

Opções de integração para os países próximos aos mercados mundiais

O acesso aos mercados é essencial para o crescimento, e a proximidade é uma vantagem para a produção *just-in-time*. Muitos casos na manufatura automobilística e em segmentos da indústria da confecção exigem pedidos repetidos a curto prazo. Bens perecíveis (frutas e legumes frescos) são mais fáceis de exportar para mercados próximos. Serviços– como marketing, pesquisa e tarefas complexas de tecnologia da informação – beneficiam-se da interação face a face frequente, que é mais fácil se o cliente está próximo. Assim, os países próximos dos mercados mundiais têm uma vantagem intrínseca por estarem conectados aos mercados, fornecedores e ideias. Inversamente, para as regiões ricas do mundo – Europa, América do Norte e Nordeste Asiático – as regiões em desenvolvimento vizinhas expandem seu potencial de crescimento à medida que os mercados internos amadurecem, e também proporcionam plataformas de custo mais baixo para suas empresas. Existem ganhos mútuos na cooperação regional e nos processos em curso para aprofundar ainda mais a integração.

O Fórum Euro-Mediterrâneo é um antigo mecanismo de coordenação entre a Europa, o Oriente Médio e África Setentrional. A Bacia do Caribe foi beneficiada pelo acesso privilegiado ao mercado dos EUA por meio de diversos mecanismos comerciais preferenciais, incluindo o NAFTA, as Iniciativas para a Bacia do Caribe e o Acordo de Livre Comércio República Dominicana-América Central (DR-CAFTA). A China, o Japão e a República da Coreia estão intensificando suas relações com os países do Sudeste Asiático por meio da iniciativa ASEAN+3. Os benefícios a longo prazo são claros para todos os lados, mas os riscos e os custos de ajuste a curto prazo precisam ser administrados.

Reforma institucional. A chave para os países próximos aos mercados mundiais é empreender reformas institucionais e melhorar a governança interna para integrar-se plenamente a esses mercados. O livre comércio sozinho não traz os benefícios plenos da integração. Embora a Turquia tenha tido um acordo de livre comércio com a União Europeia durante muitos anos, ela não recebeu IED significativo até iniciar grandes reformas institucionais associadas às negociações de adesão. As políticas e os padrões de governança nos países próximos aos grandes mercados mundiais precisam convergir com aqueles vigentes na região de renda alta à proximidade. De fato, as empresas multinacionais têm mais probabilidade de se instalarem num país se ele tem conexões físicas e institucionais com um mercado grande. O mercado grande à proximidade também tem um incentivo forte para promover estruturas sólidas de políticas e de governança nos pequenos mercados próximos para garantir a estabilidade da região. Esses dois fatores tornam a coordenação das políticas nacionais nas regiões próximas aos grandes mercados mundiais desejáveis e factíveis. A perspectiva de aderir à União Europeia acelerou o ritmo das reformas na Europa Central. E a perspectiva de um melhor acesso ao mercado dos EUA desencadeou reformas das políticas no México muito antes do NAFTA entrar em vigor.[51]

As reformas institucionais incluem a evolução para um ambiente macroeconômico sólido que contenha a inflação e um sistema fiscal eficiente que não conte com políticas comerciais distorcidas para obter receitas orçamentárias. Elas também incluem a criação de um modelo institucional sólido que limite a corrupção e melhora a governança. Os Acordos de Estabilização e Associação entre a União Europeia e os Bálcãs especificam as reformas jurídicas e regulatórias que devem ser empreendidas antes da adesão à União Europeia. Os Bálcãs também assinaram um acordo intrarregional de livre comércio, o Acordo de Livre Comércio Centro-Europeu (CEFTA), para substituir a colcha de retalhos de 32 acordos bilaterais que regiam anteriormente o comércio intrarregional. O novo acordo simplifica e harmoniza as regras de origem e amplia a iniciativa de facilitação do comércio e do transporte lançada em 2000. A região também estabeleceu um mercado comum energético e assinou um acordo de céu aberto com a União Europeia que pode alavancar o turismo.

A região dos Bálcãs está próxima o bastante da União Europeia para permitir uma integração estreita de suas companhias às redes produtivas pan-europeias. Os governos podem facilitar as cadeias produtivas regionais ligando sua capacidade de oferta à da União Europeia por meio da assinatura de acordos de reconhecimento mútuo, avaliações de conformidade e outras iniciativas de coordenação relacionadas ao comércio. Além de promover o comércio, as políticas governamentais podem atrair investimento direto das multinacionais para ajudar os países a passar da agricultura e manufatura básica para a produção de tecnologia mais alta. Nos anos 1990, El Salvador e Costa Rica diversificaram suas exportações de produtos tradicionais (café para El Salvador e bananas para a Costa Rica) desenvolvendo zonas de processamento de exportações, incentivos fiscais e promoção do IED em atividades de alta tecnologia. Suas exportações mais que dobraram em uma década. Na Costa Rica e no México, o capital humano e o IED estimularam conjuntamente as atividades manufatureiras intensivas em conhecimento.[52]

Os países pequenos geralmente carecem do peso econômico e político para negociar com as regiões mais ricas. Mas o Mecanismo de Negociação Regional do Caribe, criado em 1997, tem por objetivo formular e implementar uma estratégia de negociação conjunta para o Caribe nos fóruns comerciais internacionais.[53] Os países agora possuem especialistas técnicos para lidar com cada área das negociações na OMC. O mecanismo também facilita a transição dos países da Comunidade do Caribe (CARICOM) para um mercado único, com uma tarifa externa comum como base de uma política comercial comum. E ela foi utilizada nas negociações do APE entre a União Europeia e a CARICOM.

Para entrar no mercado mundial de funções negociáveis de contabilidade e administração interna, os países precisam de um sistema eficiente de telecomunicações e de uma mão de obra altamente instruída. Os pequenos países da região do Caribe juntaram recursos para estabelecer a Autoridade de Telecomunicações do Caribe Oriental (ECTEL) e a Rede de Conhecimento e Aprendizado do Caribe (CKLN).

Tais iniciativas contrastam com a falta de coordenação no Oriente Médio e na África Setentrional. A economia regional é baseada principalmente na receita do petróleo e não é capaz de criar empregos suficientes para os 4,2 milhões de pessoas acrescentadas à mão de obra a cada ano.[54] Os governos da região começaram a transição para a manufatura e os serviços, mas o ambiente de investimento da região ainda é fraco. A Área de Livre Comércio Pan-Árabe (PAFTA) e a União Árabe do Magreb (AMU) tiveram pouco impacto sobre o desempenho das exportações. O declínio das importações do resto do mundo concomitante ao aumento das exportações intraPAFTA e intra-AMU sugere que os acordos mais desviaram do que criaram comércio.[55] A região poderia tirar melhor partido da sua proximidade aos mercados europeus aumentando as exportações de produtos agrícolas de alto valor, especialmente no inverno. Mas a expansão agrícola pressionará os recursos hídricos escassos, de modo que acordos regionais para administração e uso da água são essenciais.[56]

Opções de integração para os países com vizinhos grandes mas distantes dos mercados mundiais

Um mercado interno grande confere aos países uma vantagem para atrair as atividades industriais. Se esse mercado também estiver bem conectado aos mercados mundiais, essa vantagem será reforçada. Mas o segundo grupo de países está longe dos mercados mundiais. A América do Sul está mais longe que a América Central e o Caribe do mercado dos EUA e ainda mais longe dos mercados da UE e do Nordeste Asiático. O Sul da Ásia está longe do Nordeste Asiático. A África Meridional está longe dos três grandes mercados mundiais. Os países nessas regiões distantes deveriam tentar transpor a distância que os separa dos mercados mundiais reduzindo as barreiras na fronteira, mas eles sofrem de desvantagens por estarem chegando por último aos grandes mercados. Eles podem complementar sua integração global com esforços para formar um mercado regional mais forte centrado num vizinho grande.

A vantagem competitiva das regiões com países grandes é o tamanho: mercados locais grandes, capital humano abundante e remessas substanciais. As atividades econômicas que geram economias de escala – como os derivados de petróleo e carvão, refinarias, produtos farmacêuticos, maquinário elétrico e eletrônico, ferro e aço,

Mapa 9.4 A construção do infraestrutura regional na África Meridional
O corredor de desenvolvimento de Maputo

Fonte: MINTEK 2007.

instrumentos e maquinário não-elétrico – beneficiam-se por serem concentradas nos países avançados que têm economias de aglomeração fortes e melhor acesso ao mercado.[57] Como a maior parte dos investimentos nesses setores vai para esses países, geralmente os maiores da região, isso cria tensões. Os desafios são equilibrar as preocupações políticas e econômicas entre os países avançados e atrasados, assegurar efeitos secundários dos benefícios diretos e indiretos para os países atrasados e competir com regiões próximas aos mercados mundiais e a potências econômicas emergentes como a China e a Rússia.

Superar esses desafios de divisão e distância exige instituições para garantir as políticas e a governança que promovam o comércio, a mobilidade dos fatores e o crescimento regional – e *infraestrutura* para conectar os países atrasados e avançados, ligar os centros econômicos regionais e favorecer as redes produtivas regionais integradas à economia global.

Reforma institucional para melhorar a integração regional. O fornecimento de bens públicos dentro de uma região depende de cada membro num grau diferente, de acordo com o bem em questão (ver tabela 9.3). Embora a cooperação regional seja considerada às vezes um processo que deve ser conduzido pelo membro com a economia mais forte, isso só é válido para certos tipos de bens públicos regionais, talvez a manutenção da paz, a pesquisa e infraestrutura compartilhada especializada, como instalações de risco biológico ou bases de lançamento de satélites. Para outros tipos de bens, principalmente aqueles que funcionam em rede, as reformas institucionais dependem das contribuições dos membros mais fracos da região. Nesses casos, alguma assistência aos estados membros mais fracos pode promover a integração regional como um todo.

Os países crescem mais rápido quando outros países na sua região também estão crescendo, como confirmam vários estudos.[58] Para países pequenos distantes dos mercados mundiais mas próximos de um país grande em desenvolvimento, suas melhores perspectivas residem frequentemente no crescimento da economia dominante.[59] Os pólos de crescimento regional são uma razão para os agrupamentos econômicos regionais e para o monitoramento regional pelos pares. O que acontece em uma região, bom ou mau, é importante demais para as próprias perspectivas de desenvolvimento para que seja ignorado.

A vantagem econômica pode não ser o único determinante das perspectivas de

QUADRO 9.4 *Integrando a Ásia Central*

A Ásia Central tem cinco países sem litoral: o Cazaquistão, a Quirguistão, o Tadjiquistão, o Turcomenistão e o Uzbequistão. Esses países variam em população, tipo de governo e disposição para cooperar entre si e com o resto do mundo. Mas a região estabeleceu identidades e instituições nacionais, evitou conflitos violentos, lançou as fundações para economias de mercado e sustentou uma recuperação econômica desde o final dos anos 1990.

Vejamos as diversas instituições e iniciativas regionais. A Organização de Cooperação da Ásia Central (CACO), que comporta o Cazaquistão, a Quirguistão, a Rússia, o Tadjiquistão, o Turcomenistão e o Uzbequistão, fundiu-se à EURASEC (Comunidade Econômica Eurasiática) em 2005. A Iniciativa de Cooperação Econômica Regional da Ásia Central (CAREC) comporta o Azerbaijão, a China, o Cazaquistão, a Quirguistão, a Mongólia, o Tadjiquistão e o Uzbequistão. A Organização de Cooperação de Xangai (SCO) comporta a China, o Cazaquistão, a Quirguistão, a Rússia, o Tadjiquistão e o Uzbequistão. Também existem a Comunidade dos Estados Independentes (CEI), a Organização do Tratado de Segurança Coletiva (CSTO), a Organização de Cooperação Econômica (ECO) e o Programa Especial para as Economias da Ásia Central (SPECA).

O grande número de acordos regionais ilustra os problemas que podem surgir de uma abordagem regional desconexa. As iniciativas regionais na Ásia Central podem fomentar a integração, mas acrescentam duplicação e complexidade à reforma. A adesão em curso de muitos desses países à OMC poderia ajudar, porque a OMC tem regras claras sobre os acordos comerciais regionais. Também são necessárias iniciativas de facilitação do comércio e do transporte e reformas atrás das fronteiras para melhorar a atratividade dos países para o IED e impulsionar sua integração global. (Os países com custos de entrada mais altos têm importações, exportações e fluxos de entrada de IED mais baixos.) Fóruns regionais para as comunidades de negócios poderiam oferecer sugestões e comentários sobre a concepção e implementação das políticas comerciais e afins.

Estima-se que a região perca 3% do PIB anualmente por causa da má administração da água. Acordos também são necessários para que os recursos de petróleo e gás atinjam os mercados internacionais. Muitos problemas ambientais foram herdados da era soviética, como a radioatividade das minas de urânio abandonadas e resíduos perigosos de testes biológicos e nucleares. As organizações regionais poderiam ser racionalizadas em torno desses temas chave de facilitação do comércio e do transporte, água, energia e administração ambiental. Elas poderiam desenvolver planos de longo prazo para essas questões, incluindo a sociedade civil e as instituições acadêmicas na discussão. A comunidade internacional poderia facilitar o fortalecimento das instituições com mandatos e metas claras.

Fontes: Linn e Tiomkin 2006; Broadman 2005; United Nations 2005a.

QUADRO 9.5 *Integrando as pequenas e distantes ilhas do Pacífico aos mercados mundiais*

Os pequenos estados insulares em desenvolvimento enfrentam um grande risco de marginalização na economia global por causa do seu tamanho diminuto, da distância dos grandes mercados e da vulnerabilidade aos choques econômicos e naturais. E seus ecossistemas frágeis são altamente vulneráveis à poluição doméstica e à elevação do nível do mar. Sua parcela do comércio global de mercadorias caiu de 0,4% das exportações mundiais de bens em 1980 para 0,2% em 2003, enquanto sua parcela do comércio global de serviços permaneceu em 0,7%.

Um esforço para lidar com os problemas especiais das pequenas ilhas é o Acordo Regional de Cooperação Comercial e Econômica do Pacífico Sul (SPARTECA), um acordo comercial não-recíproco em que a Austrália e a Nova Zelândia oferecem acesso total ou parcialmente livre de impostos para quase todos os produtos originários dos países do Fórum das Ilhas do Pacífico. Para ter direito ao acesso preferencial, os bens exportados para a Austrália e a Nova Zelândia precisam estar em conformidade com as regras de origem estipuladas no SPARTECA.

As indústrias de têxteis, de vestuário e de calçados têm sido as maiores beneficiárias. Mas a Austrália e a Nova Zelândia estão planejando adotar o livre comércio em 2010, pondo fim a esse acesso preferencial a seus mercados. Sem preferências comerciais significativas, as ilhas do Pacífico necessitam de outras maneiras de integrar-se aos seus grandes vizinhos. Abordagens mais radicais, incluindo a possibilidade de maior mobilidade da mão de obra, podem ser necessárias. As crianças das famílias das ilhas que recebem remessas dos membros da família no exterior demonstram grandes melhorias no que tange à educação e à saúde, o que sugere que a mobilidade da mão de obra pode ser um motor poderoso do desenvolvimento a longo prazo desses países.

Fontes: UNCTAD 2002, SPARTECA 1996.

integração regional. O conflito no Sul da Ásia depois do final do regime colonial britânico em 1947 impediu que a região tirasse partido do seu tamanho de mercado, mais de um quinto das pessoas do mundo. Foram necessárias quatro décadas para que o volume comercial entre Índia e Paquistão ultrapassasse o do início dos anos 1950.[60] Um estudo recente estima que o comércio entre Índia e Paquistão aumentaria em 405% se as disputas territoriais e políticas fossem resolvidas.[61] Em 2004, os dois países lançaram o "Diálogo Conjunto" sobre questões de paz e segurança, incluindo terrorismo e tráfico de drogas, confiança, cooperação econômica e comercial, e trocas amigáveis em diversos campos. Numa base regional mais ampla, a Associação Sul-Asiática para a Cooperação Regional é um fórum que discute desafios de desenvolvimento, como cooperação na produção de energia e administração das bacias hidrográficas. Cabe à Índia, de longe o maior país da região, o encargo de tomar a dianteira na promoção da agenda comum.[62]

A instabilidade política do Zimbábue desde 1998 diminuiu as perspectivas de crescimento na região da África Meridional. As tentativas de mediação pela União Africana e a SADC tiveram resultados limitados. A África do Sul, o maior país na União Aduaneira da África Meridional, tem grande interesse numa região estável. Mas as receitas polpudas oriundas dos recursos naturais ao longo dos corredores regionais de transporte são obtidas até durante o conflito, embora a maioria dos benefícios não seja amplamente distribuída.. Logo, as razões econômicas têm poucas chances de fornecer incentivos suficientes e a crise política crescente apresenta riscos para a eficácia de uma integração regional mais aprofundada.

Investimentos na infraestrutura entre os países para conectar-se aos mercados regionais. Nas regiões com grandes países e distantes dos mercados mundiais, os custos e benefícios da infraestrutura entre os países podem diferir entre os países grandes e pequenos da região. Quando a distribuição dos benefícios difere do compartilhamento de custos proposto, pode haver um subinvestimento na infraestrutura em questão. Um exemplo é um país sem litoral como a Bolívia ou Paraguai que precisa do acesso ao litoral para exportar seus produtos. Acordos internacionais de trânsito garantem esse direito aos países sem litoral, mas como eles não são sempre respeitados, o apoio da comunidade internacional, ou das instituições regionais, pode ser necessário. Outro exemplo é o potencial de melhor infraestrutura para ligar as regiões atrasadas do nordeste da Índia ao Bangladesh, Butão e

Mapa 9.5 As cidades gêmeas oferecem integração
Pares de cidades nas regiões fronteiriças num raio de 150 km com mais de 100 mil habitantes

Fonte: Equipe do RDM 2009.

Nepal. A iniciativa de Cooperação Econômica Sub-Regional do Sul da Ásia (SASEC) do Banco Asiático de Desenvolvimento sugere que essa cooperação transfronteiriça pode ser benéfica para todos esses países.

Vários grandes projetos de infraestrutura transfronteiriça estão sendo desenvolvidos. O Corredor de Desenvolvimento de Maputo entre a África do Sul e Moçambique foi inaugurado em 1995 para reabilitar a rede de infraestrutura primária ao longo do corredor (rodovia, ferrovia, porto e postos de fronteira), atrair investimentos na área de captação do corredor e oferecer oportunidades de emprego para as populações carentes (ver mapa 9.4). Sua estrutura, liderada pela África do Sul, promove uma concepção de negociação acelerada e a implementação de projetos de investimentos privados negociáveis e parcerias público-privadas. Mas ele corre o risco de fracassar no atendimento das necessidades de serviço social das comunidades locais.[63] Certas avaliações do corredor em curso mostram que os custos de cruzar a fronteira e os atrasos são obstáculos comuns, que possivelmente desviam o transporte de carga para os corredores nacionais. Isso sugere que mais cooperação institucional formal entre os países poderia gerar benefícios adicionais.

A América do Sul foi muito mais ambiciosa nos seus planos da Iniciativa para a Integração da Infraestrutura Regional, lançada em 2000 para promover a integração e modernização da infraestrutura física dos 12 países nos setores de energia, telecomunicações e transporte, com o objetivo de melhorar a competitividade global. A iniciativa concentra-se em 10 plataformas de integração econômica em todo o continente e na harmonização dos marcos regulatórios. Ela identificou 40 megaprojetos e centenas de projetos menores de melhoria da infraestrutura para financiamento potencial, com um custo agregado de dezenas de bilhões de dólares. A implementação, contudo, tem sido lenta.

Opções de integração para os países distantes dos mercados mundiais e com vizinhos pequenos

A Ásia Central tem a mais alta proporção de países sem litoral (ver quadro 9.4) com muitos problemas comuns que poderiam ser solucionados de maneira mais eficaz por meio de uma melhor cooperação regional.

Mapa 9.6 A África Ocidental tem potencial para o desenvolvimento industrial impulsionado pelo algodão

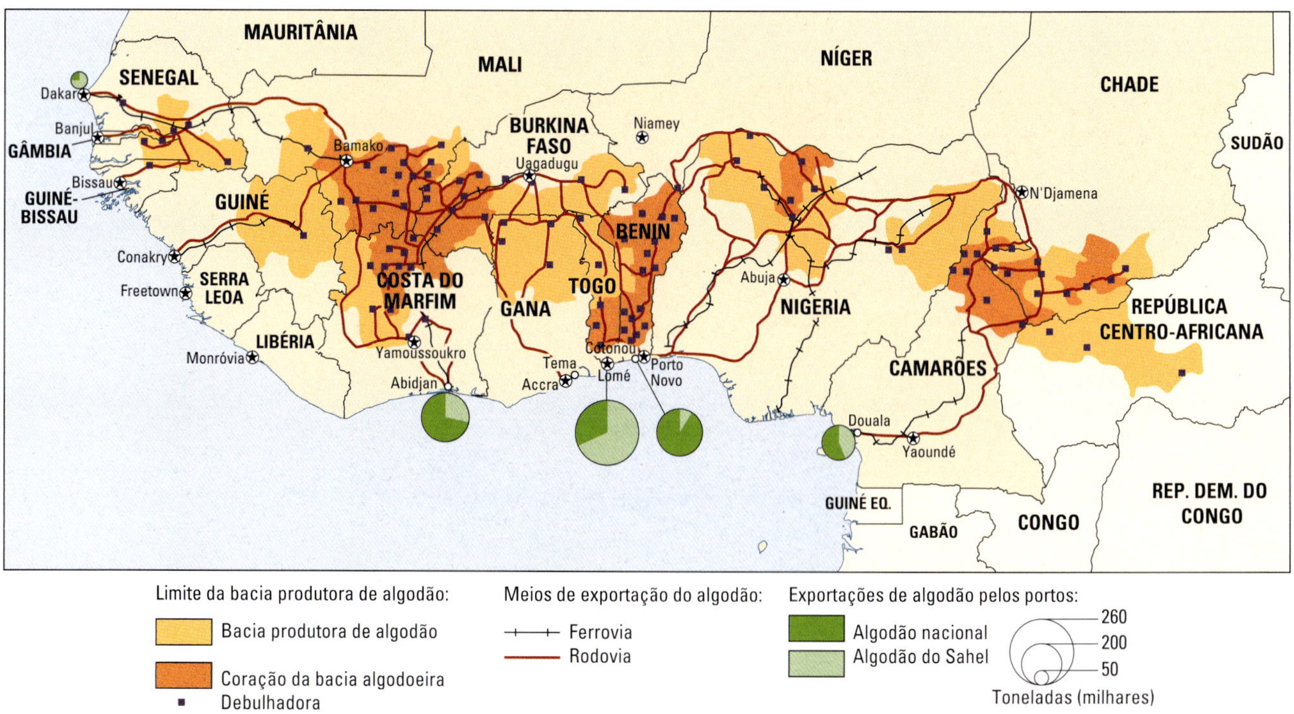

Fontes: Atlas sobre integração regional na África Ocidental ECOWAS, Sahel e Clube da África Ocidental/OCDE, 2006.

As pequenas ilhas do Pacífico apresentam a maior fragmentação geográfica, o que as priva de "acesso à terra" e limita a acessibilidade aos mercados mundiais (ver quadro 9.5). E a África entre os trópicos tem o maior número de países sem litoral, muitos com população e PIB pequenos, a maioria entre os mais pobres do mundo, e um número demasiado deles inclinados ao conflito. Essas regiões enfrentam divisões e barreiras ao comércio e à mobilidade dos fatores, são distantes dos grandes mercados e carecem da densidade de produção econômica para beneficiar-se das economias de aglomeração. Collier (2007) designa suas populações como o "bilhão inferior".

O desafio para os países em regiões isoladas é encontrar maneiras de integrar-se regionalmente e globalmente. Sua situação geográfica implica que o grau de integração dificilmente será tão alto quanto em outros países, portanto as perspectivas para o comércio de produtos manufaturados são mais limitadas. Inversamente, seu isolamento dota-os de proteção natural dos seus mercados internos.

Muitas dessas economias possuem minérios e outros recursos naturais, como água, que podem ser melhor explorados numa base regional. Embora haja indícios de efeitos secundários do crescimento dos países ricos em recursos para seus vizinhos na África Subsaariana,[64] a integração regional é a chave para fazer avançar o crescimento impulsionado pelos recursos e para repartir mais amplamente os benefícios. Esses países enfrentam o triplo desafio da divisão, distância e densidade. Superar esse desafio exige uma reforma institucional, o aumento dos investimentos em infraestrutura e incentivos direcionados para incentivar a integração regional.

Identificando as regiões naturais para a reforma institucional. As regiões com pequenos países distantes dos mercados mundiais precisam concentrar-se nas necessidades institucionais específicas que impulsionam sua cooperação. Acordos internacionais não faltam. Mas esses acordos são frequentemente mal implementados, sua eficácia tende a ser baixa, e suas responsabilidades se sobrepõem. Os custos administrativos da participação nesses acordos são altos com relação aos pequenos benefícios, dado o pequeno tamanho das economias participantes. A União Africana destacou as ineficiências de 13 ou 14 comunidades econômicas regionais sobrepostas e pediu sua racionalização.[65]

A integração regional pode estar enraizada nas interações econômicas e socioculturais tradicionais dentro de regiões naturais, como componentes de uma integração regional mais ampla. A confiança pode ser construída com base numa língua compartilhada. Os países da África Oriental falam swahili, o que facilita o comércio na região há séculos. O livre comércio foi estabelecido entre Quênia e Uganda na época colonial.[66] Os países da África Ocidental compartilham as culturas dioula, haussa e peuhl, que, alimentadas pelo Islã, desenvolveram uma impressionante rede comercial.[67]

As interações entre áreas ou cidades vizinhas de países diferentes países também podem proporcionar a base de uma integração mais ampla – uma forma de regionalismo transfronteiriço que poderia seguir os modelos europeus.[68] A África Subsaariana possui pares de grandes cidades que estão perto uma da outra mas separadas por uma fronteira nacional, (ver mapa 9.5). Isso implica em custos econômicos ocultos que podem ser superados por meio de acordos transfronteiriços. Os Camarões compartilham cidades gêmeas com seus vizinhos da África Ocidental, mas nenhuma com os da África Central. Do mesmo modo, as iniciativas de integração local, como os triângulos de crescimento que começaram no início dos anos 1980 no Leste Asiático, podem tirar proveito das complementaridades econômicas nas regiões fronteiriças.

Uma sucessão de grandes cidades costeiras ao longo do Golfo da Guiné vai de Abidjã na Costa do Marfim a Douala nos Camarões, e inclui Acra, Cotonou, Lagos e Lomé. Ao se discutir os "líderes do crescimento", vale a pena ter em mente o potencial dessas aglomerações multinacionais, em vez de pensar em certas nações como líderes regionais do crescimento. Quando vistas sob a ótica da geografia econômica, as prioridades de integração regional mudam para dar prioridade aos investimentos regionais em infraestrutura nas áreas avançadas que abrangem diversos países.

QUADRO 9.6 *Um contrato com a África? O toma-lá-dá-cá do maior desafio de desenvolvimento mundial*

Uma melhor compreensão da geografia do desenvolvimento pode levar a uma ajuda para o desenvolvimento mais eficaz. Este Relatório defende que isso pode acontecer promovendo-se diferentes estratégias para os países sem litoral da África e para as economias costeiras pobres em recursos. Estas sofrem de desvantagens naturais associadas à geografia e a uma grande distância dos mercados, que reduzem seu potencial de crescimento em até meio ponto percentual por ano. Mas o que é incomum na África é que os países costeiros pobres em recursos tiveram desempenho abaixo do esperado. Esses são os tipos de países que agem como motores de crescimento em outras regiões do mundo. Os pólos de crescimento da África ainda são fracos.

Este Relatório sustenta, para dizer de modo exagerado, que as estratégias de desenvolvimento para as áreas avançadas devem investir nos lugares, e as estratégias para as áreas atrasadas devem investir nas pessoas. Visto sob a ótica da geografia econômica, o impulso da assistência para o desenvolvimento na África, que se concentrou em educação, saúde e outros tipos de infraestrutura social no final dos anos 1990 parece correto para os países atrasados sem litoral. Mas essa assistência parece focar as prioridades erradas para os países costeiros, que precisam de infraestrutura física e melhor integração com os mercados globais.

Um melhor contrato entre os doadores e os países diferenciaria as abordagens nos diversos países dependendo do seu potencial de acesso a mercado. Este Relatório propõe uma abordagem sob medida, que estipularia os direitos e responsabilidades dos países de acordo com o seu papel regional potencial. Para cada uma das regiões da África Subsaariana, o contrato incluiria obrigações e ações específicas que incentivam o desenvolvimento regional. Os governos da África Oriental, Ocidental e Central comprometer-se-iam com o que segue:

- Estabelecer "Áreas Econômicas Regionais" que acoplariam firmemente os interesses econômicos dos países avançados e atrasados nas regiões da África e forneceriam um modelo para o fornecimento de bens públicos regionais.
- Promover mais liberdade de movimento de trabalho, capital, bens e serviços dentro dessas áreas.
- Manter e proteger as rotas de acesso entre os países sem litoral e os escoadouros comerciais.

A estratégia combinaria a cooperação institucional, o investimento em infraestrutura regional e intervenções coordenadas que podem exigir que se abra mão de atributos da soberania nacional duramente conquistados e ciosamente defendidos.

Em troca dessas ações, os parceiros de desenvolvimento bilaterais e multilaterais comprometer-se-iam com o que segue:

- Um aumento substancial da assistência financeira internacional para a melhoria dos serviços sociais e de outros tipos de infraestruturas com a finalidade de aumentar os padrões de vida e criar capital humano transferível nos países atrasados.
- Um aumento do apoio financeiro para a infraestrutura que sustenta o crescimento – incluindo portos, ligações de transporte e tecnologia de informação e comunicação – nos países costeiros, assim como para a infraestrutura de corredores para ligar os mercados costeiros e interiores.
- Acesso preferencial para as exportações da África Subsaariana, com regras de origem liberalizadas que incentivam as cadeias de oferta regionais.

Já existe um movimento nessa direção. Em 2007, o governo do Reino Unido, por meio do seu Departamento de Desenvolvimento Internacional, alocou US$ 1,4 bilhões ao longo da próxima década para os esforços dos governos de Burundi, Quênia, Ruanda, Tanzânia e Uganda, e para a revitalização da Comunidade Econômica da África Oriental. A Comissão Europeia também está adotando uma abordagem regional nos seus acordos de parceria econômica. Mas todos os doadores poderiam ser mais ousados nas suas abordagens.

A experiência da Europa após a II Guerra Mundial ilustra como a determinação nacional para priorizar a reconstrução combinada à assistência internacional pode compensar. A integração regional na Europa enfrentou muitos obstáculos e não avançou suavemente no início. Porém, incentivado pelos termos rígidos de cooperação do Plano Marshall, um processo de integração que teria parecido impossível uma geração antes criou o maior mercado comum de capital, trabalho e ideias existente hoje.

Fonte: Equipe do RDM 2009.

O comércio regional de produtos agrícolas pode ser outro ponto de partida para uma integração regional mais ampla. Isso exige uma revitalização dos acordos comerciais regionais, uma infraestrutura adequada entre os países, reformas institucionais e instituições fora do mercado, tais como cooperativas agrícolas.[69] O Chifre da África poderia investir no seu comércio de gado, embora a segurança seja um problema.[70] A África Ocidental poderia investir no algodão se as áreas agrícolas avançadas em diversos países pudessem ser integradas numa única zona eficiente de produção e processamento: a bacia de algodão do Sahel na região da fronteira entre Burkina Faso, Costa do Marfim e Mali (ver mapa 9.6). Essa região, onde predominam grupos étnicos dioula, está ancorada em três cidades – Bobo Dioulasso, em Burkina Faso, Korhogo, na Costa do Marfim, e Sikasso, em Mali.[71] Em 2000, a população dessa área era de 4 milhões (11% do total dos três países), com um produto regional bruto estimado em 1.000 bilhões de francos CFA (10% dos PIB nacionais agregados).

As áreas dessa região têm recursos econômicos complementares. Bobo Dioulasso possui um aeroporto internacional com instalações de armazenamento. Korhogo dispõe de um aeroporto regional, uma universidade especializada e centros de treinamento em agronomia. Sikasso é o centro da bacia do algodão, com a maior produção. Ferrovias conectam Uagadugu ao porto de Abidjã, e rodovias ligam as três cidades. E muitas debulhadoras de algodão e indústrias têxteis estão situadas na região. Ao melhorar e compartilhar a infraestrutura no âmbito de um programa de desenvolvimento industrial regional, os custos dos insumos poderiam cair e as indústrias baseadas no algodão como as de têxteis e vestuário poderiam tornar-se competitivas no mercado global. Tal iniciativa exigiria um compromisso forte dos países participantes e apoio das associações regionais e da comunidade internacional.

Desenvolvimento institucional para aumentar a escala, apoiar a mobilidade da mão de obra e do capital e melhorar o acesso ao mercado. Certas regiões tomaram medidas concretas em direção à integração. A ECOWAS assinou protocolos para o livre movimento de pessoas, abolindo as exigências de visto e permissão de entrada. De fato, a mobilidade da mão de obra sempre foi uma característica marcante da África Subsaariana, onde a tradição e as leis coloniais favoreceram a mobilidade circular. Os nômades se deslocavam através dos países conforme as mudanças sazonais do clima, enquanto os agricultores sedentários também se deslocavam sazonalmente em busca de renda suplementar durante a estação seca.[72] Mas as qualificações da mão de obra precisam melhorar. Para o ensino superior, o treinamento técnico e a pesquisa, a cooperação dentro da região pode gerar maior apoio as instituições do que ações dos países isolados. E um melhor ambiente de negócios local e novas oportunidades nos centros regionais de crescimento podem induzir os migrantes africanos com *know-how* técnico e comercial a retornar do exterior.

Investir em infraestrutura regional. A iniciativa de desenvolvimento Nova Parceria para o Desenvolvimento da África (NEPAD) identificou o corredor de desenvolvimento do Baixo Congo envolvendo Angola, a República Democrática do Congo e a República do Congo como uma região onde a profunda integração traria grandes benefícios, graças ao enorme potencial de energia hidroelétrica.[73] Dois outros corredores de desenvolvimento também são promissores na África Ocidental e Oriental:

- O corredor de desenvolvimento do Golfo da Guiné – que liga Benin, Costa do Marfim, Gana, Libéria, Nigéria e Togo – poderia integrar as economias da África Ocidental por meio de transporte e energia. Ele também poderia conectar cinco cidades costeiras grandes a uma massa crítica de atividades econômicas e fornecimento de serviços administrativos: Abidjã, Acra, Cotonou, Lagos e Lomé.
- O corredor de desenvolvimento de Mombaça – que liga a República Democrática do Congo, Quênia, Sudão e Uganda – poderia usar ligações de infraestrutura já estabelecidas, tais como o Corredor Norte, para desbloquear recursos naturais isolados na República Democrática do Congo e no sul do Sudão.

Mesmo com mais infraestrutura regional, melhor capital humano e maior mobilidade dos fatores, essas regiões ainda sofrem por terem entrado mais tarde no mercado global, onde outros países em desenvolvimento com a vantagem de custos baixos dominam o mercado de produtos manufaturados básicos. Os países africanos precisam diversificar sua base de exportação a fim de reduzir a dependência dos recursos naturais. Muitas dessas regiões precisam formular estratégias explícitas de diversificação das exportações para conquistar uma parcela maior do mercado mundial (ver quadro 9.2). Para ter sucesso, essas estratégias exigem cooperação institucional e infraestrutura específica nos países da região.

O fornecimento de um bem público regional será menos complexo politicamente se for baseado num projeto mutuamente benéfico e rentável, como energia, comunicações e infraestrutura de irrigação. Porém, para países pequenos e isolados, os projetos regionais de infraestrutura exigem um apoio externo considerável. Os volumes de tráfego são pequenos demais na maior parte da África para viabilizar pedágios rodoviários. E a infraestrutura regional pode ser mais benéfica para um país, mesmo que outro país arque com a maioria dos custos de investimento. Além de revigorar as parcerias público-privadas de infraestrutura, é preciso aumentar as contribuições da Associação para o Desenvolvimento Internacional (ADI) para a integração regional, sistematizando as iniciativas de Ajuda-ao-Comércio[74] (*Aid-for-Trade initiatives*), e racionalizando a interação entre os bancos regionais de desenvolvimento e as instituições financeiras globais. Menos de 3% de todo o apoio internacional para o desenvolvimento vai hoje para programas regionais.[75]

Usar incentivos coordenados para facilitar a integração regional. Os países africanos precisam assumir um compromisso forte com a integração regional, compartilhando os custos e benefícios da abertura das fronteiras nas regiões naturais. Agências multilaterais e doadores precisam comprometer-se a apoiar essas iniciativas a longo prazo fornecendo assistência técnica e financeira e melhor acesso aos mercados. Medidas concretas podem ser sequenciadas, assegurando gradualmente a irreversibilidade das reformas das políticas nos países avançados e atrasados. Acordos comerciais preferenciais e fluxos de ajuda poderiam ser vinculados à cooperação entre os países recipientes, tomando-se os APE propostos pela União Europeia como um modelo possível (ver quadro 9.3). Nos casos em que os incentivos para a cooperação regional são insuficientes para alguns parceiros – como a facilitação do acesso para uma economia sem litoral a um porto num país vizinho – fluxos de ajuda condicionais com claras metas de desempenho podem ser necessários.

Um incentivo essencial para a reforma das políticas na África é o acesso preferencial temporário aos mercados da Organização para a Cooperação e o Desenvolvimento Econômico (OCDE).[76] A África não pode esperar por uma grande diferença salarial com a Ásia para começar a atrair mais investimento produtivo e maiores parcelas de exportação, especialmente agora que as negociações comerciais multilaterais na OMC estão reduzindo as tarifas a um ritmo acelerado. Iniciativas como a Lei para o Crescimento e a Oportunidade na África dos EUA e o programa *Everything but Arms* da UE poderiam ser estendidas a todos os países subsaarianos, com regras de origem mais liberais e um prazo mais dilatado. Isso pode permitir que pelo menos alguns desses países entrem nos mercados mundiais e pode alavancar a diversificação das exportações nas regiões africanas. Um "Contrato com a África" poderia ser o marco que apoiaria esses incentivos coordenados (ver quadro 9.6).

Durante os últimos séculos, a África Oriental, Central e Ocidental sofreram uma série de "desastres formativos" (ver "Geografia em Movimento 4: Densidade, Distância e Divisão na África Subsaariana"). Hoje, eles representam um desafio especialmente difícil para o desenvolvimento que abrange as três dimensões do desenvolvimento – densidade, distância e divisão. Para reformular sua geografia econômica, a ação de política precisa ser calibrada adequadamente. Um desafio tridimensional exige que se empreguem os três instrumentos de integração – instituições, infraestrutura e incentivos.

Geografia em Movimento

Densidade, Distância e Divisão na África Subsaariana

Em novembro de 1884, o chanceler da Alemanha Otto von Bismarck convocou uma reunião de 14 potências coloniais europeias em Berlim. Depois de quatro séculos de competição e hostilidade, havia chegado a hora de negociar e resolver disputas territoriais. Grã-Bretanha, França, Alemanha e Portugal eram os principais atores; nenhum africano foi convidado. Quatro meses depois, as fronteiras dos países africanos haviam sido desenhadas segundo um padrão reconhecível ainda hoje (ver mapa G4.1). A solução negociada por Bismarck persistiu até o final da I Guerra Mundial, quando a Liga das Nações confiscou as quatro colônias da Alemanha e entregou a outros colonizadores o mandato de governá-las. No momento da independência, nos anos 1950 e 1960, a África Subsaariana tinha quase 50 países, muitos deles chamados de "estados artificiais", com fronteiras que cortavam acidentes geográficos e a separação de grupos étnicos em mais de um país.[1]

Para a África Subsaariana, a conferência de Berlim foi apenas o último de uma longa linha daquilo que os geógrafos denominaram "desastres formativos", que alteraram desfavoravelmente a geografia humana, física e política do continente, criando em todo o continente problemas de baixa densidade, longas distâncias e países divididos.

- ***Baixa densidade.*** A África Subsaariana foi, durante muito tempo, um continente onde a população era escassa. A população no século XVIII era de aproximadamente 90 milhões. A Eurásia, com uma área cerca de duas vezes maior que a da África, tinha um número mais de cinco vezes maior de pessoas. Mas essas condições iniciais foram tragicamente agravadas pelo tráfico de escravos. Estima-se que, entre 1700 e 1810, 15 milhões de africanos – um em cada seis – tenham sido levados para as Américas. Certas áreas foram despovoadas, e muitas outras afundaram num conflito devastador à medida que o preço colocado em seres humanos colocou os africanos uns contra os outros. A Europa finalmente pôs fim ao tráfico de escravos, e substitui-o pelo colonialismo no século XVIII. O comércio ganancioso de homens foi substituído então pela pilhagem do continente em busca de minérios. Mas até com os novos ocupantes o continente ainda sofria de baixa densidade na maioria dos lugares.
- ***Longas distâncias.*** Desde o Holoceno, que começou há aproximadamente 18 mil anos, o Saara é um deserto inóspito que separa a África Setentrional do que chamamos hoje de África "Subsaariana". O aquecimento global daquele período teve outras consequências importantes. Ele interrompeu o contato entre a maior parte da África e as civilizações que emergiam no Egito e no Oriente Médio. Ele transformou a África Equatorial de uma savana temperada num lugar quente e úmido onde a malária e a febre amarela se propagaram. A proximidade de animais selvagens e a ausência de gelo – um desinfetante natural – aumentaram a vulnerabilidade humana às doenças. E quando os africanos se instalavam em lugares saudáveis e férteis, eram novamente expulsos pelos colonizadores. Desde os anos 1950, conflitos armados ligados a movimentos pré e pós-independência agravaram o problema dos refugiados. O resultado: movimentos de pessoas que relegaram muitas delas a áreas remotas, distantes dos centros de atividade econômica. A longa distância da densidade ainda afeta o potencial de crescimento de grande parte da população africana.
- ***Divisões profundas.*** A divisão da África em 1884 deixou o continente com o maior número de países por quilômetro quadrado do que qualquer outra região do mundo. Cada país africano tem em média quatro vizinhos; na América Latina a média é de 2,3. Também existem divisões religiosas entre os países e dentro deles. Chade, Costa do Marfim, Etiópia, Nigéria, Somália e Sudão, por exemplo, são fragmentados numa parte islâmica e outra não-islâmica. O Islã veio do Oriente Médio para a África Setentrional e Ocidental por terra e para a África Oriental por mar. Mais tarde, os colonizadores europeus trouxeram o Cristianismo. A superposição dessas grandes religiões mundiais às crenças tradicionais reforçou as divisões do continente e pode ter piorado o conflito.[2]

A África Subsaariana sofre hoje da tripla desvantagem da baixa densidade, das longas distâncias e da divisão profunda que prejudicam o desenvolvimento do continente. Essas dimensões espaciais reduzem a proximidade entre os agentes econômicos dentro da África Subsaariana, e entre a África e o resto do mundo. A "causalidade cumulativa" entre essas forças prende muitos países da África Subsaariana numa "armadilha da proximidade".[3]

A baixa densidade está ligada a forças de aglomeração fracas

A densidade populacional média do continente (77 pessoas por km^2) está

Mapa G4.1 As fronteiras da África foram desenhadas antes da I Guerra Mundial

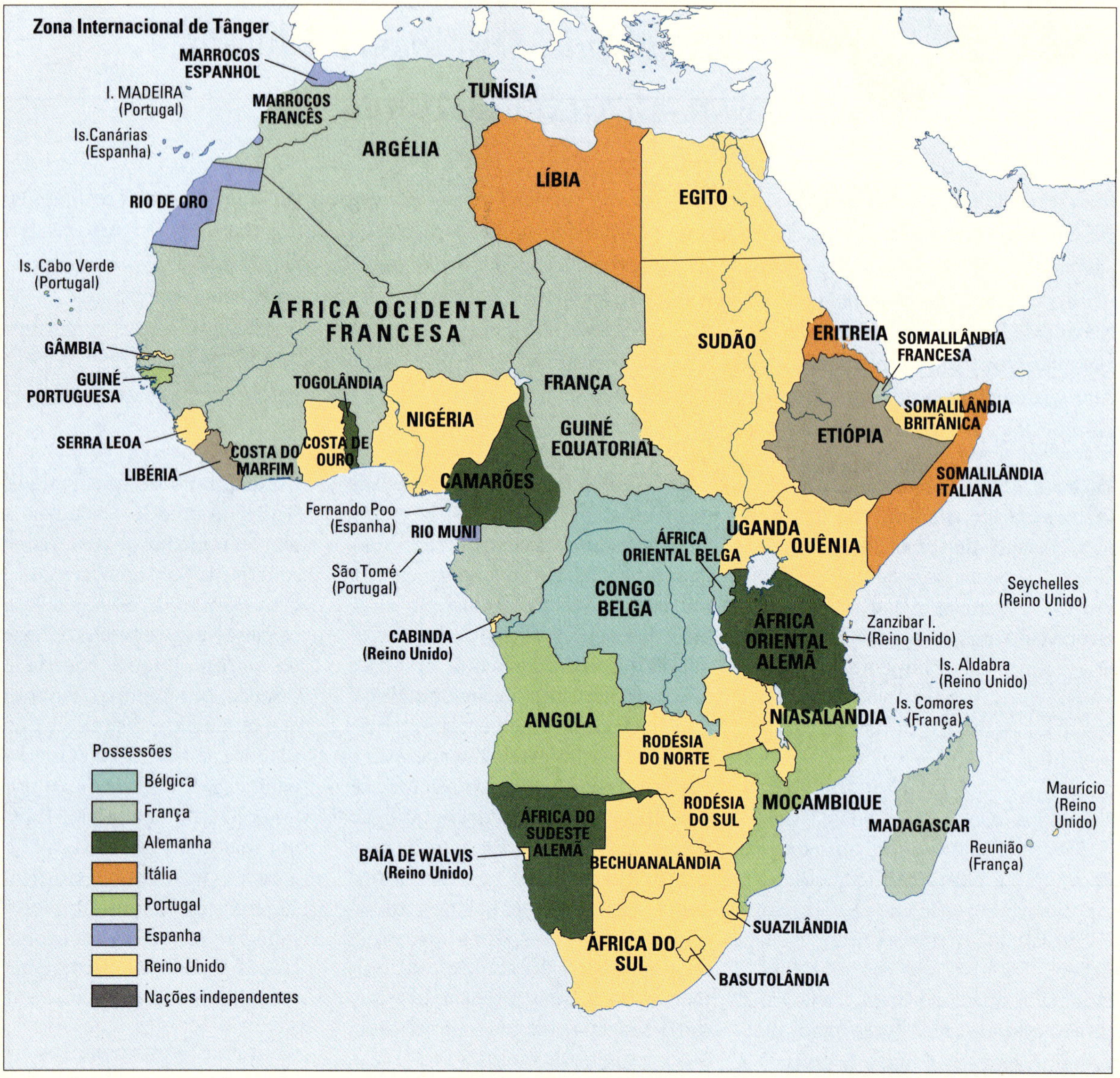

Fonte: Equipe do RDM 2009, baseada em Pakenham 1992.

entre as mais baixas do mundo.[4] Um continente escassamente habitado pode superar isso fazendo bom uso da terra e das pessoas e concentrando os recursos em aglomerações urbanas. Mas a África Subsaariana é o continente menos urbanizado do mundo, pois apenas um terço da população vivia em áreas urbanas em 2000, segundo o *World Urbanization Prospects*, das Nações Unidas. Devido à falta de censos regulares e recentes, até essa estimativa da urbanização da África pode ser exagerada.[5] O índice de aglomeração proposto no capítulo 1 atribui à África um placar de 25%, comparado a aproximadamente 50% para o resto do mundo.

As divisões entre os países da África podem distorcer o padrão de urbanização. Uma simulação sugere que, se os 50 países da África fossem 50 estados de um mesmo país, como os Estados Unidos, as maiores cidades seriam ainda maiores do que são hoje, e capazes de sustentar economias diversificadas e incubar empresas, qualificações e inovação. Sem tais perspectivas, os trabalhadores qualificados da África migraram para outros continentes.

As longas distâncias elevam os custos de transporte e reduzem a mobilidade dos fatores

A distância reforça os efeitos da densidade populacional baixa sobre a produtividade na África. Embora muito se

Tabela G4.1 Nas regiões mais distantes e divididas o comércio e o transporte são caros

Região	Tempo de comercialização através das fronteiras para exportações (dias)[a]	Custos médios de transporte (US$ por contêiner para Baltimore)[b]	População em países sem litoral (%)[b]	Proporção do número de países por superfície[b]	Densidade viária (km² de estradas por superfície) (1999)[c]	Número estimado de conflitos civis (1940-2000)[d]
Leste Asiático e Pacífico	24	3.900	0,42	1,44	0,72	8
Leste Europeu e Ásia Central	29	–	23,00	1,17	–	13
América Latina e Caribe	22	4.600	2,77	1,52	0,12	15
Oriente Médio e África Setentrional	27	2.100	0	1,60	0,33	17
Sul da Ásia	34	3.900	3,78	1,67	0,85	24
África Subsaariana	40	7.600	40,20	2,00	0,13	34

Fontes: a. Banco Mundial 2006b, p. 44; b. Ndulu e outros 2007, p. 101; c. Ndulu e outros 2007, p. 29; d. Fearon e Laitin 2003, pp. 7-10.
Nota: = não disponível

fale sobre a distância da África em relação aos mercados mundiais, o principal problema é interno – longas distâncias dentro dos países.[6] A tabela G4.1 indica que a África tem uma das mais baixas densidades viárias do mundo, perdendo apenas para a América Latina. Porém, ao contrário da América Latina – cuja população vive sobretudo ao longo da costa, o que torna desnecessário construir estradas para o interior –, um terço da população da África vive em países sem litoral e ainda mais distantes do acesso aos mercados globais. Ademais, a distância econômica na África – no sentido do acesso aos mercados (ver capítulo 2) – é aumentada pelos conflitos armados e pela diversidade linguística (ver mapa G4.1). A distância econômica isolou uma grande parcela dos africanos do acesso aos mercados internos e globais. Os fatores físicos, como a relativa ausência de rios navegáveis e de portos naturais, são obstáculos graves ao comércio. Baixos níveis de comércio interno e internacional, por sua vez, limitam o potencial de crescimento.

As divisões profundas elevam os custos de transporte

A África Subsaariana é um continente altamente fragmentado, com muitas fronteiras, muitos vizinhos e altos custos de transporte. A África está fisicamente tão próxima dos mercados globais quanto o Leste Asiático – cerca de 7.500 quilômetros – e mais perto do que a América Latina (9 mil km).[7] Mas ainda custa quase duas vezes mais para enviar um contêiner para a costa leste dos Estados Unidos a partir da África do que de outras regiões (ver tabela G4.1). Ao acesso caro aos mercados globais soma-se o acesso custoso aos mercados regionais. Um exportador africano leva aproximadamente 40 dias para cruzar a fronteira com um país vizinho, comparado a 22 dias de um exportador latino-americano. Para o terço de africanos que vivem em países sem litoral, os custos da divisão são ainda mais altos. Eles precisam transportar os bens por longas distâncias de terra – o que custa caro, pois cada aumento de 1% na distância aumenta os custos de transporte em aproximadamente 0,25%.[8] E os países sem litoral dependem da boa vontade (e dos investimentos eficientes) dos vizinhos para ter acesso aos portos e mercados.

Enfrentar o desafio – melhor urbanização, mais especialização interna e mais integração regional

A África pode reduzir as limitações de sua geografia econômica desfavorável superando a baixa densidade, as longas distâncias e as divisões profundas. Melhores aglomerações urbanas podem proporcionar eficiências de escala. Ligações de transporte podem ajudar os mercados internos a crescer. E a integração regional e global pode promover o comércio. Integração regional, mobilidade da mão de obra, investimentos em comércio, comunicação e infraestrutura de transportes, e paz e estabilidade devem permanecer no topo da agenda. Elas criam boas regiões, e melhores regiões facilitam o investimento, o comércio e a mobilidade dos fatores, num ciclo de prosperidade.

- ***Urbanização.*** Ao contrário do que alguns pensam, a urbanização, se feita da maneira correta, pode favorecer o desenvolvimento na África mais do que em outros lugares. Apesar de cinco décadas de urbanização de baixa qualidade, os padrões de vida nas cidades africanas são muito mais altos do que no campo. Se a urbanização puder ser mais bem administrada, de acordo com as propostas do capítulo 7, podem-se esperar ganhos significativos de produtividade e redução da pobreza.
- ***Desenvolvimento territorial.*** A orientação da geografia econômica é clara: as empresas e os trabalhadores buscam a aglomeração, e a migração é uma maneira natural de aumen-

tar a densidade e reduzir a distância dos mercados. O capítulo 8 propõe alguns princípios e prioridades para os países onde as áreas atrasadas são escassamente povoadas e divididas segundo linhas étnicas, linguísticas ou religiosas. A agricultura é uma prioridade, mas as políticas para ajudar as áreas *avançadas* a explorar as economias de escala podem ser especialmente importantes na África, cujo desenvolvimento econômico se iniciou mais tarde.

- ***Integração regional.*** Dada a história do continente, o regionalismo político pode ter que tomar a dianteira da integração regional africana. A experiência da Europa Ocidental apresentada neste Relatório ressalta a importância de se começar aos poucos e manter as expectativas realistas. A integração regional leva tempo e não ocorrerá simultaneamente em todas as partes da África. Projetos de infraestrutura são um bom ponto de partida. Mas a África pode desfazer um pouco de que Bismarck e seus convidados fizeram em 1884. O capítulo 9 mostra que muitos países africanos deram os primeiros passos, delineando o que o resto do mundo pode fazer para ajudar.

Baseado numa contribuição de Wim Naudé.

Nota Bibliográfica

Este Relatório baseia-se em uma ampla gama de documentos do Banco Mundial e numerosas fontes externas. *Background papers* e notas foram preparados por Maria Abreu, Stephen Adam, Yusuf Ahmad, M Alva, Alberto Behar, Sarah Boeckmann, Marius Brulhart, Massimiliano Cali, Yang Chen, Michael Clemens, Kirsten Cornelson, Souleymane Coulibaly, Nicholas Crafts, Edward Feser, John Felkner, Kali Glen-Haley, Geoffrey J.D. Hewings, Austin Kilroy, Melissa Klink, Christian Layke, Philip Manners, Robert Margo, Thomas Markussen, Thierry Mayer, John McCombie, Topher McDougal, Claudio E. Montenegro, Megumi Muto, Andrew Nelson, B. Nelson, Wim Naudé, Park Sam Ock, Jinhwan Oh, Keijiro Otsuka, Ken Poole, Lant Pritchett, Diego Puga, David Satterthwaite, Andrey Treyvish, Hirotsugu Uchida, Dirk Willem Te Velde, Cam Vidler e Nong Zhu.

Background papers para o Relatório estão disponíveis tanto no site www.worldbank.org/wdr2009 quanto no World Development Report office. Os pontos de vista expressos nesses *papers* não são necessariamente os do Banco Mundial ou deste Relatório.

Muitas pessoas de dentro e de fora do Banco Mundial forneceram comentários à equipe. Valiosos comentários, sugestões e contribuições foram dados por James Adams, Uma Adusumilli, Theodore Ahlers, Alexis Albion, Junaid Ahmed, Halil Ibrahim Akca, Mohamad Al-Arief, Riad Al Khoury, Asad Alam, Ritu Anand, Candra Fajri Ananda, Inger Andersen, Martin Andersson, Patricia Clarke Annez, Jorge Saba Arbache, Omar Arias, Jean Eric Aubert, Fouad Awada, Jit Bajpai, George Banjo, Luca Barbone, Elena Bardasi, Alberto Behar, Connie Bernard, Anthony Bigio, S. A. Dan Biller, Kate Bird, Alessandro Magnoli Bocchi, Zeljko Bogetic, Laurent Bossard, Carlos Braga, Milan Brahmbhatt, Marie-H. P. Bricknell, Robert Buckley, Thomas Buckley, Derek Byerlee, Fernando Cabezas, Francisco Carneiro, Mauricio Carrizosa, Shyam Chainani, Nadereh Chamlou, Jaime Saavedra Chanduvi, Robert Chase, Ken Chomitz, Abderrahmane Chorfi, Luc Christiaensen, Marie-Helene Collion, Hector Valdes Conroy, Jean-Marie Cour, Xavier Crépin, Aude de Amorim, Augusto de la Torre, Christopher Delgado, Christian Delvoie, Gabriel Demombynes, Sebastien Dessus, Jaime de Melo, Mamadou Dem, Banu Demir, Michele de Nevers, Jean-Jacques Dethier, Shantayanan Devarajan, Makhtar Diop, Ndiame Diop, Frederique Docquier, Paul Dorosh, Cuney Duzyol, William Easterly, Ibrahim Elbadawi, Lewis Eldridge, Antonio Estache, Warren Evans, Shahrokh Fardoust, Marianne Fay, Wolfgang Fengler, Alexander Ferguson, Francisco Ferreira, Melissa Fossberg, Vivien Foster, Bernard G. Funck, Saurabh Garg, Kristalina Georgieva, Ejaz Ghani, Marcelo Giugale, Sudarshan Gooptu Jose Luis Guasch, Sumila Gulyani, Jonathan Halpern, Simon Hay, Rui Hao, Jesko S. Hentschel, Santiago Herrera, Andre Herzog, Kate Higging, Larry Hinkle, Mun S. Ho, Bernard Hoekman, Vivian Hon, Yukon Huang, David Hummels, Djibrilla Issa, Narasimham Vijay Jagannathan, Zelena Jagdeo, Rachid Jamali, Emmanuel Jimenez, Steen Jorgensen, Abha Joshi-Ghani, Ellis J. Juan, Stephen George Karam, Shigeo Katsu, Phil Keefer, Christine Kessides, Peyvand Khaleghian, Homi Kharas, Nadim Khouri, Jacob Kolster, Aart Kraay, Alexander Kremer, K. L. Krishna, Kathy Krumm, Alice Kuegler, Praveen Kumar, Caterina Laderchi, Amina Lahreche, Peter Lanjouw, Hedi Larbi, Frannie Leautier, Phillippe Leite, Jeffrey Lewis, Maureen Lewis, Johannes Linn, Laszlo Lovei, Xubei Luo, William Maloney, Jean-Michel Marchat, Katharine Martingale, Ernesto May, David McKenzie, Elisabeth Mealey, Shomik Raj Mehndiratta, Barjor Mehta, Mukesh Mehta, Abel Mejia, Taye Mengistae, Dino Merotto, Stephen Mink, Pradeep Mitra, Keiko Miwa, Celestin Monga, Nasser Munjee, Zafer Mustafaoglu, Abdu Muwonge, Ijaz Nabi, Mustapha Kamel Nabli, Gobind Nankani, Ashish Narain, Benno N'dulu, Vikram Nehru, Eric Neumayer, Cecile Niang, John Overholt, Caglar Ozden, Nicolas Perrin, Abhay Pethe, Axel Peuker, Vidyadhar Phatak, Brian Pinto, Mark Povey, Habib Nasser Rab, Madhu Raghunath, Robin Rajack, Anupam Rastogi, Dilip Ratha, S. K. Rao, Martin Ravallion, Jean-Louis Reiffers, Jose Guilherme Reis, Frederic Robert-Nicoud, Klaus Rohland, Jamal Saghir, Maurice Schiff, Emily M. Schmidt, Annemarie Schneider. Harris Selod, Marcelo Selowsky, Ethel Sennhauser, Claudia Sepulveda, Shekhar Shah, Zmarak Shalizi, Sudhir Shetty, Vera Songwe, Manju Sood, Andrew Steer, Jack Stein, Andy Tatem, Ahmet Tiktik, Christopher Timmins, Tim Thomas, Vinod Thomas, Peter Thomson, Mark Tomlinson, Yvonne Tsikata, Laura Tuck, Carolyn Turk, Sanjay Ubale, Sameh Wahba, Linda Van Gelder, Juergen Voegele, Hyoung Gun Wang, David Wheeler, Dirk Willem te Velde, Jan von der Goltz, Jorge Wilheim, John Wilson, Zelai Xu, Ahmet Yaman, Evgeny Yasin, Tito Yepes, Yutaka Yoshino, Shahid Yusuf, Ulrich Zachau, Albert Zeufack, Yan Zhang e Ekaterina Zhuravskaya.

Também nos beneficiamos de sugestões e *feedbacks* dos participantes dos *workshops* de consulta e discussão realizados durante a fase de esboço do relatório. Em particular, gostaríamos de agradecer a Olav Seim e Marianne Berg, do Ministério das Ministério das Relações Exteriores (Noruega); a Per Ronnas, Klas Groth e Christina Hartler da SIDA

(Suécia); a Pekka Hukka e Elina Levaniemi, do Ministério das Relações Exteriores (Finlândia); aos participantes do *workshop* de Berlim: Tanja Boerzel, Mantang Cai, Angel de la Fuente Moreno, Nicola De Michelis, Manfred Fischer, Grzegorz Gorzelak, Eduardo Haddad, Steven Haggblade, Michael Hofmann, Robert Kappel, Aehyung Kim, Adama Konseiga, Frauke Kraas, Astrid Kuehl, Rolf J. Langhammer, Ingo Liefner, Roman Mogilevsky, Hassen Mohamed, Peter Nijkamp, Nils-Henning Meyer, Ulrich Nitschke, Boris Pleskovic e Gerhard Ressel; aos participantes do *workshop* de Marselha: Mona Yafi, Jean-Eric Aubert, Gilles Pipien, Rachid Afirat, Erfan Ali, Michel Arnaud, Jean-Dominique Assie, Fouad Awada, Mohamed Basyouny, AbdelKébir Berkia, Morched Chabbi, Abderrahmane Chorfi, Simon Compaore, Jean-Pierre Elong Mbassi, Kamal Hamdan, Gamal Hamid, Rachid El-Jamali, Rabea Kharfi, Hugues Kouadio, Frannie Léautier, Abdellah Lehzam, Pierre Mayet, Jean-Louis Reiffers, Wafaa Sobhy, Kian Tajbakhsh, Pierre Veltz, Xavier Crépin, Luc Dassonville, Thierry Desclos, Olivier Mourareau, Joan Parpal, Elizabeth Peri, Michele Reynaud, Paul-Henri Schipper, Serge Snrech, Louis-Jacques Vaillant, Nathalie Tchoumba Bitnga, Loraine Falconetti, Fabien Marry e Olivier Lavinal; aos participantes do *workshop* de Dar-es-Salaam: Tom Okurut, Samuel Wangwe, Elly Manjale, Mr. Raphael Mwai, Audance Ndayizeye, Professor Semboja, Dennis Rweyemamu, Amos Majule, Mr Kweyamba, Professor Kishimba, Furaha Lugoe, Haji Semboja, Dr Shechambo, Cosmos Sokoni, Prof Yanda, Marc Kabandama, H. B. Lunogelo, Vivian Kazi, Irene Alenga, Stina Peteson e Monica Hangi; aos participantes do *workshop* de Abidjã: Mohamadou Abdoul, Kasségné Adjonou, Stéphane Aka Anghui, Alban Alphonse Emmanuel Ahourse, Jean-Marie Akpoue, Koffi Attahi, Djerkbary Bambah, Toyidi Bello, Joseph Coulibaly, Konan Kouakou Noel Dahoua, Alhassane Coster Diaw, Anne Marcelle Douka, Jacques Esso, Siaka Fofana, Agnès Gnamon-Adiko, Joachim Hunlede, John Igue, Prosper Kedagni, Constant Koidou, Hugues Kouadio, Alexane Kouame, Kouassi Jean-Baptiste Kouma, Mibanan Hippolithe Kone, Jean Claude Koutou, Gabin Kponhassia, Owusu-Bonsu Kwame, Moussa Ladan, Youayou Marital Laguidahi, Konon Jules Lella, Edmond Manouan, Isaac F. Mensa-Bonsou, Yao Kouadio Antoine N'Gbala, Jérôme Aloko N'Guessan, N'Da N'Guessan Kouadio, Sidi Ould Cheikh Abdallahi, Guillaume Poirel, Adama Sall, Kanon Seri, Adama Sissouma, Soumaïla Sogodogo, Fidel Yapi Amoncou e François Yatta; aos organizadores do *workshop* de Mumbai e Hyderabad: Infrastructure Development Finance Corporation e Bombay Chamber of Commerce and Industry; e Administrative Staff College of India; aos participantes do *workshop* de Mumbai: Jairaj Phatak, Sanjay G. Ubale, Manu Kumar Srivastava, Sanjay Sethi, P. R. K. Murthy, Uma Adusumilli, Vidyadhar K. Phatak, G. S. Gill, Satyendra Sinha, C. S. Deshpande, Mukesh Mehta, Mridula Krishna, Arun Mokashi, Siddharth Roy, Veena Mishra, Rajan Divekar, Dilip Karmarkar, Dinkar Samant, Shishirkumar Rai, John Alexander, Ramakant Jha, Rahul Srivastava, Shyam H. Chainani, Gerson D'Cunha, Jockin Arputham, Abhay Pethe, Niranjan Rajadhyaksha, Sarosh Bana, Darryl D'Monte, Ashley D'Mello, Dilip D'Souza, Neha Batura, Sadashiv Rao, M. K. Sinha, A. K. T. Chari, Sonia Sethi, Ashish Chandak, Anupam Rastogi, Lavi D'Costa, Ritu Anand, Nasser Munjee, Manju Sood, C. B. Juvekar e R. Ganesh; aos participantes do *workshop* de Hyderabad: Kamal Kumar, M. Govinda Rao, K. L. Krishna, B. G. Verghese, Mahendra Dev, Subhashish Gangopadhyay, Narhari Rao, Sanjaya Baru, C. Rammanohar Reddy, Amitabh Kundu, Ravi Bhoothalingam, Amb. S. Narayanan, Ranjana Kumar, Alakh N. Sharma, Rameshwar Singh, A. K. Singh, Sri. B. C. Mohapatra, R. Radhakrishna, K. Krishnamurthy, Mahesh Mishra, Santosh Mahrotra, D. C. Sah, Surjit Singh, Prabhat P. Ghosh, G. C. Paul, Jang Pangi, Yaduvendra Mathur, Shubas Chandra Garg, Umesh Sinha, Gautam Pingle, S. K. Rao, Mohammed A. Abid, Surendar Reddy, Nirmalaya Bagchi e Anand Akundy; aos participantes do *workshop* de Moscou: Evgeny Yasin, Vladimir Mau, Vladimir Nazarov, Ilya Mazayev, Mikhail Dmitriev, Ksenia Yudaeva, Ekaterina Zhuravskaya, Evsei Gurvich, Evgennii Gavrlienkov, Galina Kurlyandskaya, Nadezhda Kosareva, Lidiya Ovhcharova, Natalia Zubarevich, Vladimir Drebentsov, Eugenii Gontmacher, Aleksey Prazdnichnykh, Aleksander Morozov, Andrey Treyvish, Vitaly Shipov, Dmitry Aratsky, Tatyana Popova, Irina Makeeva, Oksana Sergienko, Oleg Zasov, Marina Vasilieva, e Vladislava Nemova; aos organizadores do *workshop* de Ancara, State Planning Organization, e aos participantes: Necla Akça, Didem Akman, Enver Aksoy, Ayhan Atli, Yavuz Cabbar, Abdullah Çelik, Ayda Eraydin, Oguz Isik, Serap Kayasu, Vural Kural, Cenk Oguzsoy, Elvan Ongun, Mevlüt Özen, Ibrahim Hakki Polat, Gul Polat, Faruk Sahin, Zekeriya Sarbak, Zafer Yavan e Hami Yildirim

Jeff Lecksell, Siobhan Murray e Brian Blankespoor prepararam os mapas para este Relatório. Outra valiosa assistência foi oferecida por Gytis Kanchas, Polly Means, Nacer Mohamed Megherbi, Grace P. Sorensen, Catalina Tejada, e Roula I. Yazigi. Merrell J. Tuck-Primdahl, Kavita Watsa, e Prianka Nandy deram assistência à equipe com consultoria e divulgação.

Não obstante os esforços para compilar uma lista completa, alguns colaboradores podem ter sido inadvertidamente omitidos.

A equipe pede desculpas por qualquer omissão e reitera sua gratidão para com todos que contribuíram para este Relatório.

Background papers para o Relatório sobre o Desenvolvimento Mundial 2009

Behar, Alberto. 2008. "Neighborhood Growth Effects: An Annual Panel Data Approach."

Brulhart, Marius. 2008. "An Account of Global Intra-Industry Trade, 1962-2006."

Cali, Massimiliano. 2007. "Urbanisation, Inequality e Economic Growth: Evidence from Indian States."

Clemens, Michael A., Claudio E. Montenegro, e Lant Pritchett. 2008. "The Great Discrimination: Borders as a Labor Market Barrier."

Coulibaly, Souleymane. 2008. "On the Complementarity of Regional e Global Trade."

Hewings, Geoffrey, E. Feser, e K. Poole. 2007. "Spatial/Territorial Development Policies in the United States."

Kilroy, Austin. 2007. "Intra Urban Spatial Inequalities: Cities as 'Urban Regions'."

Kroehnert, Steffen, e Sebastian Vollmer. 2008. "Where Have All Young Women Gone?"

Mayer, Thierry. 2008. "Market Potential e Development."

Montenegro, Claudio E., e Maximilian L. Hirn. 2008. "A New Disaggregated Set of Labor Market Indicators using Standardized Household Surveys from Around the World."

Nelson, Andrew. 2007. "Accessibility Model e Population Estimates."

Nelson, B., e A. Behar. 2008. "Natural Resources, Growth e Spatially-Based Development: A View of the Literature."

Roberts, Mark. 2008. "Congestion e spatially connective infrastructure: the case of London in the 19th e early 20th century."

Roberts, Mark, e Uwe Deichmann. 2008. "Regional Spillover Estimation."

Uchida, Hirotsugu, e Andrew Nelson. 2008. "Agglomeration Index: Towards a New Measure of Urban Concentration."

Background notes para o Relatório sobre o Desenvolvimento Mundial 2009

Abreu, Maria. 2008. "Effectively Dealing with Slums."

Alva, M., e A. Behar. 2008. "Factors That Contribute to (or Detract from) Successful Outcomes in African Regional Agreements."

Andersson, Martin. 2007. "Spatial Disparities in Taiwan."

Cali, Massimiliano. 2008. "Urban Agglomeration Policy in China."

Chen, Yang. 2008. "China: A Case Study of 1D-2D-3D areas."

Cornelson, Kirsten. 2008. "Egypt e South Africa: A Case Study of 1D-2D-3D areas."

Crafts, Nicholas. 2007. "European Growth in the Age of Regional Economic Integration: Convergence Big Time?"

Crafts, Nicholas. 2007. "Spatial Disparities in 19th Century British Industrialization."

Hay, Simon I., Dave L. Smith, e Robert W. Snow. 2008. "Is a Future for Human Malaria Inevitable?"

Kilroy, Austin. 2008. "The Role of Cities in Postwar Economic Recovery."

Klink, Melissa. 2008. "Nigeria e South Africa: A Case Study of 1D-2D-3D areas."

Layke, Christian, e Stephen Adam. 2008. "Spatial Allocation of Public Expenditures in Nigeria."

Manners, P., e A. Behar. 2007. "Trade in Sub-Saharan Africa e Opportunities for Low Income Countries."

Markussen, Thomas. 2008. "Policies for improved land use in developing countries."

Naudé, Wim. 2007. "Density, Distance e Division Spotlight on Sub-Saharan Africa."

Oh, Jinhwan. 2008. "Korea: A Case Study of 1D-2D-3D areas."

Roberts, Mark. 2008. "Social e Spatial Equity."

Satterthwaite, David. 2007. "Expanding the Supply e Reducing the Cost of Land for Housing in Urban Areas in Low- e Middle-Income Nations."

Te Velde, Dirk Willem. 2007. "Regional Integration, Growth e Concentration."

Treyvish, Andrey. 2008. "The Downfall of the Soviet Union: A Spatial Explanation."

Vidler, Cam, 2008. "Turkey e Russia: A Case Study of 1D-2D-3D areas."

Notas

Visão Geral

1. Clemens, Montenegro e Pritchett (2008), estudo preparatório para este Relatório.

2. Collier (2007).

3. Na Zâmbia uma pessoa num estabelecimento com mais de 5.000 pessoas é considerada urbana; na Índia o patamar é 20.000. Para comparar a urbanização entre países, este Relatório utiliza uma medida pioneira de densidade populacional, o "índice de aglomeração" (ver capítulo 1).

4. Ver Banco Mundial 2007k.

5. Fujita 2007.

6. Mukherjee 2007.

7. Koh e Chang 2005.

8. De Blij 2005.

9. Khanna 2008.

10. Banco Mundial 2008e.

11. Ao longo deste Relatório, o que é chamado com frequência de "desenvolvimento regional" ou "desenvolvimento territorial" é denominado "desenvolvimento de área". Essas políticas precisam combater uma desigualdade espacial ainda maior à medida que seu alcance se amplia para englobar um país.

Navegando pelo Relatório

1. http://nobelprize.org/nobel_prizes/economics/laureates/1971.

2. http://nobelprize.org/nobel_prizes/economics/laureates/1971/kuznets-lecture.html.

3. Brown e outros 2008.

GEM 1

1. Ver Engerman e Sokoloff (2000a) e Acemoglu, Johnson e Robinson (2002).

2. Para uma discussão mais detalhada da geografia econômica dos EUA, ver Kim e Margo (2004).

3. Fogel (1979) sugere que não há uma única tecnologia responsável por essa redução de custo. Por exemplo, ele estima que a produção dos EUA em 1890 teria sido apenas 4% inferior se os bens fossem transportados por água e não por ferrovia.

4. McCallum (1995).

Capítulo 1

1. Farvacque-Vitkovic, Casalis e Eghoff (2007), p. 37.

2. Nações Unidas/Wilbur Smith Associates (1980), p. 2.

3. Siegel (1997), p. 61.

4. NUTS fornece uma classificação uniforme única das unidades territoriais para a geração de estatísticas regionais para a União Europeia. Os dois primeiros níveis administrativos na maioria dos estados membros correspondem a NUTS 2 e NUTS 3. NUTS 1, uma unidade maior que representa as principais regiões socioeconômicas, frequentemente não corresponde a unidades administrativas existentes nos estados membros.

5. Os valores neste parágrafo são derivados de dados sobre superfície total, proporção da superfície dedicada a usos agrícolas, emprego total, proporção do emprego na agricultura, PIB e proporção do valor agregado bruto (VAB) gerado pela agricultura (*Eurostat* 2005; Serviço Nacional de Estatísticas da Bélgica 2006). Os valores para emprego são de 2003, os valores para população de 2002 e os valores do PIB de 2005. Todos os valores do PIB citados usam taxas de câmbio em paridade do poder de compra (PPC).

6. Valores de população para o ano de 2007 (www.citypopulation.de/world.htm).

7. A tendência das populações das poucas cidades mais importantes ou maiores num país de ultrapassar consideravelmente as populações das cidades situadas mais abaixo na hierarquia de lugares está refletida na tendência da regra de colocação-tamanho a falhar na extremidade superior da distribuição de tamanho das cidades.

8. Essas definições da regra de colocação-tamanho e da lei de Zipf são aproximativas. Para definições mais precisas ver Gabaix e Ioannides (2004).

9. Eeckhout 2004.

10. Martin 2005. Até no Reino Unido, que tem um setor financeiro altamente concentrado, tanto espacialmente quanto institucionalmente, grandes cidades como Birmingham, Manchester, Leeds e Edimburgo possuem concentrações bastante grandes de empresas de capital de risco, embora as bolsas de valores regionais tenham sido abolidas no início dos anos 1970.

11. Kim e Margo 2004.

12. Gabinete do Vice-Primeiro-Ministro 2003.

13. Thanh, Anh e Tacoli 2005.

14. Tiffen 2003.

15. Glaeser e Kahn 2001, p. 21.

16. Baker e outros 2005, p. 15.

17. Peng, Zhu e Song 2008, p. 7.

18. Glaeser e Kahn 2001.

19. Estimativa a partir do produto bruto das principais cidades do mundo publicado em www.citymayors.com; Price Waterhouse Cooper 2007.

20. Isso é igual ao excedente de VAB medido com base no local de trabalho com relação ao VAB medido com base na residência para Londres. O cálculo se baseia em dados do Serviço Nacional de Estatísticas (2006).

21. Os valores de fluxos de ganhos associados ao transporte pendular provêm do Bureau de Análise Econômica dos EUA.

22. Citação tirada do glossário do *World Urbanization Prospects: The 2007 Revision Population Database* (http://esa.un.org/unup/.).

23. Até com a análise de séries temporais, é preciso ter um certo cuidado com a base de dados *World Urbanization Prospects*. Para certos países a definição oficial de área urbana mudou com o tempo. Na China, por exemplo, a proporção urbana em 1999 poderia ter sido 24, 31 ou 73% dependendo da definição oficial de população urbana usada (Satterthwaite 2007).

24. Glaeser, Kolko e Saiz 2001.

25. Estatísticas tiradas de Price Waterhouse Cooper 2007.

26. As estimativas de parcelas do consumo urbano são baseadas nas pesquisas domiciliares disponíveis para diferentes anos, e as estimativas de PIB per capita estão em dólares dos EUA de 2000 para os respectivos anos (o conjunto de dados está descrito em detalhe em Montenegro e Hirn 2008).

27. Maddison 2008b.

28. Kim e Margo 2004.

29. Isso é conhecido como o efeito de mercado interno da nova geografia econômica, também discutida no capítulo 4. A concentração da atividade econômica nas áreas urbanas também acarreta efeitos adicionais de melhora da produtividade, conforme discutido no capítulo 4.

30. Essa tendência da urbanização de produzir uma divergência dos indicadores básicos de bem-estar a favor das áreas urbanas distingue os atuais países em desenvolvimento daqueles que se industrializaram no século dezenove e início do vinte, conforme discutido abaixo.

31. Com base em dados de 2003 em Maddison (2008b).

32. Comissão Europeia 2001.

33. Miles 2007.

34. Conforme medição em dólares internacionais constantes de 1990 usando dados de Maddison (2008b).

35. Uma área é definida como predominantemente urbana (ou rural) se mais de 50% da sua população vive em áreas urbanas (ou rurais). Uma área também é classificada como predominantemente urbana se sua proporção de população urbana está entre 15 e 50% e se ela tem um centro urbano de mais de 500 mil habitantes (1 milhão para o Japão) que representa mais de 25% da população da área.

36. Algum cuidado é necessário neste caso. O aumento do prêmio de salário urbano dos EUA durante esse período pode ter tido menos a ver com melhor qualidade de vida nas cidades do que com os efeitos de grandes declínios dos preços relativos de mercadorias agrícolas (Barro e Sala-I-Martin 2004, p. 470).

37. Tais estimativas de consumo urbano e proporções urbanas de população são baseadas em pesquisas domiciliares por país de diferentes anos, dependendo da disponibilidade.

38. Como mostrado posteriormente na China, todavia, tal não é o caso para todos os países em desenvolvimento. Embora haja uma relação negativa entre as províncias chinesas entre a proporção urbana e a proporção de renda urbana para rural, essa relação deslocou-se para cima desde o final dos anos 1990.

39. "Acesso à água" é definido aqui como qualquer acesso a fontes de água tratada. Tais fontes variam de acordo com o contexto local, mas incluem poços, torneiras comunitárias, água encanada e caminhões-pipa. Do mesmo modo, "saneamento" refere-se a uma gama de itens qualificados, tais como latrinas e retretes.

40. Os países incluídos na amostra são Bangladesh, Benin, Bolívia, Burkina Faso, Camarões, Cazaquistão, Chade, Colômbia, República Árabe do Egito, Filipinas, Gana, Guatemala, Haiti, Índia, Indonésia, Maláui, Mali, Marrocos, Moçambique, Namíbia, Nepal, Nicarágua, Nigéria, Peru, Quênia, República Dominicana, Tanzânia, Turquia, Uganda, Vietnã, Zâmbia e Zimbábue.

41. Gwatkin e outros 2007.

42. Satterthwaite e outros 2007.

43. *The Economist* 2007a.

44. Satterthwaite e outros 2007.

45. Satterthwaite e outros 2007.

46. Os dados sobre a população de Nova Déli provêm das Nações Unidas (2006).

47. Smith 1989.

48. Crafts 2008.

49. Williamson 1982.

50. *The Economist* 2007a.

51. Satterthwaite e outros 2007.

52. Esse valor, junto com todos os outros valores históricos de proporção urbana citados nesta seção, é baseado na definição de área urbana como uma cidade com mais de 5 mil habitantes e tirado de Bairoch e Goertz (1986). Todos os valores de proporções urbanas e populações para os países em desenvolvimento contemporâneos nesta seção foram tirados das Nações Unidas (2006c) ou calculados usando dados da mesma fonte. Como se observou anteriormente, usar essa base de dados para comparar *mudanças* da proporção urbana entre países não é tão problemático como usá-la para comparar *níveis* de proporções urbanas entre países.

53. Essa amostra consiste de Bélgica, Dinamarca, Espanha, Finlândia, França, Alemanha, Grécia, Itália, Holanda, Noruega, Portugal, Reino Unido, Suécia e Suíça. Sua composição foi determinada pela disponibilidade de dados históricos em Bairoch e Goertz (1986).

54. A figura 1.13 mostra um certo número de países que, segundo as Nações Unidas (2006), conheceram mudanças positivas na proporção urbana entre 1985 e 2005. Um punhado de países com populações superiores a 1 milhão conheceram uma "urbanização negativa" durante esse período (por exemplo, Armênia, Estônia, Geórgia, Letônia, Moldova, Quirguistão, Tadjiquistão e Uzbequistão). Embora as definições de área urbana não tenham mudado para esses países, o padrão de proporções urbanas em declínio pode, nesses casos, estar relacionado à dissolução da União Soviética. Outros dois países (a República Tcheca e a República Eslovaca) faziam parte da antiga Tchecoslováquia, e a dissolução desse país, junto com o abandono da economia planificada, pode ter afetado da mesma maneira suas proporções urbanas. Para os seis países restantes (Emirados Árabes Unidos, Iraque, Maurício, Papua Nova Guiné, Sri Lanka e Zâmbia), muitos deles têm definições não convencionais ou cambiantes de área urbana. Por exemplo, a definição de área urbana em Papua Nova Guiné é um centro com 500 habitantes ou mais, um patamar incomumente baixo, enquanto a população urbana dos Emirados Árabes Unidos equivale à população de nove cidades.

55. Satterthwaite 2007.

56. Nações Unidas 2006c.

57. Essa conclusão baseia-se numa estimativa histórica do crescimento da população urbana dos EUA derivada da combinação de dados históricos sobre proporções urbanas tirados de Bairoch e Goertz (1986) com dados históricos sobre tamanhos de população dos países tirados de Maddison (2008b).

58. Gwatkin e outros 2007.

59. Gwatkin e outros 2007.

60. Woods 2000.

61. Williams e Galley 1995.

62. Orwell 1937.

63. Crafts 2008.

64. Williamson 1990.

65. Stockel 2002.

66. Kim e Margo 2004.

Capítulo 2

1. Armstrong e Taylor 2000. Ver, em particular, o capítulo 8.

2. Beaumier 1998.

3. Krugman (1991a), pp. 11–13.

4. Ver, por exemplo, Barro e Sala-I-Martin (2004).

5. OCDE (2007), p. 14.

6. Blanchard e Katz 1992.

7. OCDE (2006), p. 13.

8. Site do Serviço Nacional de Estatísticas da França (www.insee.fr/fr/default.asp).

9. Länder National Accounts Working Group (http://www.statistik-portal.de).

10. Esse padrão é conhecido pelos especialistas em desenvolvimento como "curva de Kuznets", do nome do economista Simon Kuznets, premiado com o Nobel. Embora a curva de Kuznets descreva a relação entre o desenvolvimento econômico de um país e sua desigualdade de renda interpessoal, a hipótese que Kuznets apresentou para explicar essa relação corresponde àquela subjacente à relação entre desigualdade espacial e desenvolvimento documentada neste capítulo.

11. Poncet 2006.

12. Buys, Deichmann e Wheeler 2006.

13. Poncet 2005.

14. Poncet 2006.

15. Tobler 1970.

16. Angeriz, McCombie e Roberts 2008.

17. Lipsey e Nakamura 2006.

18. Henderson, Kuncoro e Nasution 1996.

19. Deichmann e outros, no prelo.

20. Henderson, Shalizi e Venables 2001.

21. Bureau do Censo dos EUA, diversos anos.

22. Aghion e Williamson (1998), pp. 144–51.

23. Taylor e Williamson 2006.

24. Angeriz, McCombie e Roberts 2008.

25. Fingleton 2003.

26. Deichmann e outros 2005.

27. Hering e Poncet 2006.

28. Da Mata e outros 2007.

29. Paillacar 2007.

30. Head e Mayer 2006.

31. Collier 2007.

32. Estimativas geradas a partir da Nordhaus's Geographically Based Economic Database (http://gecon.yale.edu/), compiladas a partir de informações recolhidas em 1990.

33. Séries temporais de dados sobre concentração espacial foram reunidas para 10 países – alguns, no entanto, com apenas duas observações. Os países da amostra são Canadá (1890–2006), Espanha (1850–2000), França (1801–1999), Holanda (1850–2006), Japão (1900–2000), Estados Unidos (1960–2000), Brasil (1960–2004), Chile (1975–2004), Tailândia (1975–2004), Indonésia (1989–2005) e Filipinas (1980–2005. Exceto França, Espanha e Holanda, para os quais foi usada a população, a massa econômica é medida com base no PIB. Os dados provêm de uma variedade de fontes. Mas, como explicado abaixo, essa combinação de fontes de informação não constitui um problema significativo porque a concentração medida – uma proporção – é robusta para diversos indicadores.

34. No que se segue, a concentração medida é definida de acordo com o seguinte método. Em primeiro lugar, estima-se a participação hipotética de uma área no PIB nacional pressupondo-se que esse PIB apresente uma distribuição espacial uniforme. Em segundo lugar, identifica-se a área com a maior participação real no PIB nacional. Em terceiro lugar, divide-se a participação real no PIB dessa área avançada pela sua participação hipotética (distribuída espacialmente de modo uniforme) para se obter a medida de concentração espacial. Por exemplo, se a área avançada tem uma participação real de 10% e uma participação hipotética de 2%, então a medida da concentração é igual a 5.

35. A concentração medida nesta seção concentra-se apenas no nível de concentração (densidade) na área avançada de cada país. Ela não fornece informações sobre a distribuição espacial da densidade entre as áreas restantes.

36. Os valores do PIB per capita foram tirados de Maddison (2008b).

37. Krugman (1991a), pp. 11–13.

38. Ingram e Whitehead 2008.

39. A fonte da informação é um conjunto de mais de 120 pesquisas domiciliares em 75 países, no qual alguns países tiveram dois anos de observações. Para cada país e ano, estimou-se o consumo doméstico para domicílios individuais. Em certos países, somente as rendas domiciliares estão disponíveis. Em seguida, agregou-se o consumo doméstico ao consumo doméstico total para cada região do censo do país. A medida de concentração para um país é representada pela parcela regional mais alta de consumo doméstico total.

40. A fonte da informação é a William Nordhaus's Geographically Based Economic Database da Universidade Yale (http://gecon.yale.edu/). Essa base de dados de população, produto bruto e superfície de áreas subnacionais cobre mais de 90 países.

41. Nas comparações entre países, o uso de uma célula de grade padronizada ajuda a evitar a falácia de nível cruzado, na qual o número de partições pode afetar a variância da medida. Tal como o procedimento para estimar o coeficiente Gini espacial, classificamos as células de grade terrestres em ordem decrescente segundo sua densidade de PIB e inserimos a superfície cumulativa no eixo horizontal contra o produto bruto cumulativo no eixo vertical. Então uma função polinomial é ajustada aos dados para prever a parcela do PIB dentro dos 5% mais densos da superfície do país.

42. Os coeficientes Gini espaciais consideram a distribuição da densidade em *toda* a superfície de um país. O coeficiente é igual a zero se a densidade econômica estiver igualmente distribuída no espaço, ao passo que será igual a um se toda a produção ocorrer no interior de uma única célula de grade terrestre. Coeficientes Gini espaciais da densidade do PIB são computados em três etapas. Em primeiro lugar, as células de grade são classificadas em ordem decrescente segundo a densidade da massa econômica (PIB por quilômetro quadrado). Em segundo lugar, parcelas cumulativas da superfície são calculadas, acrescidas de uma série correspondente de parcelas cumulativas do PIB, por célula de grade. Em terceiro lugar, essas duas medidas são lançadas uma contra a outra para gerar uma curva de Lorenz, e o coeficiente Gini espacial é calculado como a proporção entre a área delimitada pela linha de distribuição uniforme e pela curva de Lorenz e a área abaixo da linha de distribuição uniforme.

43. Krugman 1993.

44. Com base em dólares Geary-Khamis internacionais constantes de 1990 em Maddison (2008b).

45. O coeficiente de variação aumentou de 0,107 para 0,148 (Crafts 2005).

46. Comparação baseada em valores do PIB per capita em Maddison (2008b).

47. Roberts 2004.

48. Barro e Sala-I-Martin 1992.

49. Green 1969.

50. Definimos a medida do bem-estar como o produto bruto per capita da célula, e a disparidade espacial como a proporção entre o produto bruto per capita da célula mais alto e o mais baixo. Outras medidas de desigualdade espacial – como a diferença entre o 90° percentil e o 10° percentil e aquela entre a mediana das primeiras 10 células de grade e a mediana das últimas 10 células de grade – e coeficientes de variação mostram padrões estilizados similares.

51. Para cada país e ano, estimamos uma regressão de tipo minceriano com o consumo doméstico per capita como a variável dependente, um conjunto de variáveis de representação da localização como as variáveis independentes, e características domiciliares padrão observáveis (como tamanho da família e grau de instrução, gênero, idade e estado civil do chefe de família) como variáveis de controle. As variáveis de localização são as regiões amplas do censo. A diferença entre os coeficientes máximo e mínimo nas variáveis de representação da localização é nossa medida da disparidade de consumo entre as áreas avançadas e atrasadas baseada puramente na localização.

52. Estimamos a relação entre disparidade espacial e PIB per capita combinando as estimativas de disparidade de cada pesquisa domiciliar numa análise de regressão que também controla o número de regiões do censo dentro de cada país e a superfície de cada país. A relação inversa entre disparidades espaciais de consumo e o nível de desenvolvimento foi considerada robusta para diversas especificações do modelo (para o uso de diferentes conjuntos de variáveis de controle).

53. Essas estimativas estão em dólares dos EUA de 2000 para os anos das pesquisas domiciliares nos anos 2000.

54. Yemtsov 2005.

55. Kanbur e Zhang 2005; Milanovic 2005.

56. Demurger e outros 2002.

57. Banco Mundial 2007.

58. A Geórgia foi o único país da região que não conheceu uma redução da pobreza absoluta nesse período. Douthat, Poe e Cutler (2006), p. 52, e Banco Mundial (2005e).

59. Ferreira 2000.

60. Valores do PIB per capita tirados de Maddison 2008b.

61. Naudé e Krugell 2006.

62. Cárdenas e Pontón 1995.

63. Hill, Resosudarmo e Vidyattama 2007.

64. Wisaweisuan, no prelo.

65. Son, a ser publicado.

66. Com base em Nações Unidas (1997) e Nações Unidas (2005).

67. Garcia-Verdu 2005; Fuentes e Montes 2004.

68. Public Administration Research and Consultation Centre (PARC) 2004.

69. Comissão de Planejamento do Governo da Índia 2002b.

70. Conselho Nacional de Desenvolvimento Econômico do Sri Lanka e PNUD (2005).

71. Governo do Sri Lanka 2008.

72. Ministério do Planejamento e Desenvolvimento Nacional do Quênia e PNUD (2005).

73. Smith (1976), p. 122.

74. Venables 2006.

75. Chang 2005.

76. Hanson 1998b.

77. Demurger e outros 2002.

78. He, no prelo.

79. Venables 2006.

80. Crafts (2005), tabela 4, p. 59.

81. Cálculos para 2005, baseados em dados do *China Statistical Yearbook* (2006) (http://www.stats.gov.cn/tjsj/ndsj/2006/indexeh.htm).

82. Os valores do PIB per capita para Xangai e Guizho foram calculados para 2005 multiplicando-se as estimativas de desempenho provincial relativo pela estimativa do PIB nacional per capita feita por Maddison. Os valores estão em dólares internacionais de 1990. As comparações com a Grã-Bretanha também são baseadas nos dados tirados de Maddison (2008b).

Capítulo 3

1. Os valores são baseados em Maddison (2006). Entre 1820 e 1998, o PIB aumentou de US$ 694,4 bilhões para US$ 33.725,9 bilhões em dólares internacionais de 1990. Nesse período, a população cresceu de 1,04 bilhão para 5,3 bilhões, um aumento de cinco vezes a um ritmo aproximado de 1% ao ano.

2. Essas estimativas são baseadas na base de dados do projeto G-Econ constituída na Universidade Yale (ver Nordhaus 2006). A base de dados fornece estimativas para 1990 do PIB, da população e da superfície de células de grade regulares que medem aproximadamente 100 por 100 quilômetros no equador. Tais valores provavelmente subestimam a concentração real.

3. Ohmae 1990.

4. Os números incluem fronteiras terrestres somente entre estados-nação. Portanto, fronteiras entre colônias no século dezenove ou início do vinte não foram consideradas.

5. Blake 2005.

6. A medida resume quatro indicadores que representam restrições ao fluxo de mercadorias, capital, pessoas e ideias: (1) tarifas médias (dados do Banco Mundial), (2) abertura do capital (Chinn e Ito 2006), (3) proporção de países que precisam de um visto para visitar aquele país (Neumayer 2006) e (4) um índice de liberdade da imprensa que inclui informações como filtragem da Internet (Reporters without Borders for Press Freedom 2007). Essas medidas são discutidas com mais detalhes mais adiante no capítulo. Todos os indicadores foram normalizados e redimensionados das fronteiras mais abertas às mais fechadas e somados. Um índice baseado na classificação por tamanho fornece resultados semelhantes. Os dados referem-se tipicamente a 2005 ou 2006, mas em alguns casos referem-se a 2004. Para alguns países com apenas três dos quatro indicadores disponíveis, os valores ausentes foram substituídos pela mediana global. Entre os países maiores, isso afetou Afeganistão, Cuba, a República Democrática do Congo, Sérvia e Montenegro, Tadjiquistão e a República do Iêmen. O índice captura muitas mas não todas as barreiras e divisões. Por exemplo, leis e regulamentações incompatíveis podem ter impacto sobre o bem-estar do país.

7. Existem vários índices de globalização que capturam aspectos semelhantes das barreiras internacionais. Um exemplo é o Índice de Globalização KOF (globalization.kof.ethz.ch). Contudo, esses índices geralmente misturam regulamentações dos países como níveis de tarifa com variáveis de resultado como a parcela das exportações no PIB. Para a análise ilustrativa deste capítulo, estamos estritamente interessados no modo como os próprios países geram a interação econômica.

8. Ver McCallum (1995) e Helliwell (2002).

9. Anderson e van Wincoop 2003; 2004.

10. Bhagwati e Srinivasan 2002; Alcalá e Ciccone 2004.

11. Rodriguez e Rodrik 2000; Slaughter 2001.

12. Banco Mundial 2007j.

13. Kee, Nicita e Olarreaga (2006) elaboram medidas das restrições ao comércio que incluem alguns desses aspectos. Disponível para um conjunto menor de países do que o índice médio de tarifa, este subconjunto mostra uma correlação elevada com o índice médio de tarifa.

14. Ver Chinn e Ito (2006). O índice Chinn-Ito de abertura do capital é derivado do *Relatório Anual sobre Regimes Cambiais e Restrições Cambiais* (AREAER) do FMI. É o primeiro componente de princípio de quatro variáveis binárias indicadas: existência de múltiplas taxas de câmbio, restrições à conta corrente, transações em conta capital e exigência de apresentação das receitas de exportação. Ver Chinn e Ito (2006). Os valores originais do índice foram redimensionados entre 0 (restrições mais baixas entre todos os países) e 100 (restrições mais altas). As médias regionais não são ponderadas.

15. McKenzie 2001; Kose, Prasad, Rogoff e Wei 2006; Chinn e Ito 2006; Henry 2007.

16. Quinn e Toyoda 2006.

17. Bekaerta, Harvey e Lundblad 2005.

18. Kose, Prasad, Rogoff e Wei 2006.

19. Pritchett 2006.

20. Quantificar esses benefícios é difícil. Mas um estudo recente estima que um aumento de 3% na mão de obra dos países industriais poderia proporcionar um ganho de US$ 356 bilhões (Banco Mundial 2005).

21. Pritchett 2006.

22. Neumayer 2006.

23. McKenzie 2007.

24. Linden, Kraemer e Dedrick 2007. Outro exemplo da importância de atividades com intensa carga de conhecimento é dado por Oppenheimer (2008): de cada xícara de café plantado na América Latina que os consumidores dos EUA compram, somente 3% do preço vai para os agricultores da região. O resto financia a engenharia genética, o processamento, a marca, a comercialização e outras atividades baseadas em conhecimento, cuja maioria está baseada fora da região.

25. Criscuolo, Haskel e Slaughter 2004.

26. Brunettia e Weder 2003; Keefer e Khemani 2005.

27. Dados disponíveis on-line em www.rsf.org.

28. Gallup, Sachs e Mellinger 1999.

29. Ver Collier 2007.

30. Alesina e Spolaore (2003), p. 81.

31. Winters e Martins 2004.

32. Bertram 2004; Banco Mundial 2006a.

33. Alesina, Devleeschauwer, Easterly, Kurlat e Wacziarg 2003.

34. Collier 2007.

35. Spolaore e Wacziarg 2005.

36. Simmons 2006.

37. Blake 2005.

38. Collier 2003; 2007. Miguel, Satyanath e Sergenti (2004) mostram que o impacto também pode ocorrer na direção oposta. Baseados em dados para países africanos de 1981–99 e usando dados pluviométricos para corrigir a endogeneidade potencial, eles estimam que um choque de crescimento negativo de 5% aumenta a probabilidade de conflito em meio ponto no ano seguinte.

39. Ver a nota 2 para a fonte dos dados. Esses dados por células de grade ainda podem subestimar a concentração porque as estimativas são baseadas em dados de 1990 e as áreas de alta concentração cresceram provavelmente mais rápido que as áreas de baixa concentração.

40. Maddison 2006.

41. Bairoch 1982.

42. Tilly 1990.

43. Maddison 2006.

44. Ver quadro 0.2 para definições das regiões do RDM.

45. Disdier e Head 2008.

46. Leamer (2007) ressalta esse ponto.

47. Bourguignon e Morrisson 1998; Banco Mundial 2007a.

48. Morrisson e Murtin 2005.

49. Maddison 2006.

50. Bourguignon e Morrisson 2002.

51. Collier 2007.

52. Cutler, Deaton e Lleras-Muney (2006) discutem os fatores da queda das taxas de mortalidade que levaram a esses aumentos de longevidade.

53. Morrisson e Murtin 2005.

54. Os números da desigualdade podem subestimar as verdadeiras disparidades dos resultados de capital humano. "Anos de escolaridade" estão relacionados apenas à educação primária e secundária e têm portanto um valor máximo inerente. Muitos países desenvolvidos atingiram essencialmente um máximo natural há algum tempo, mas eles fizeram progressos adicionais na melhoria da qualidade da educação e na expansão do ensino superior. Os países em desenvolvimento estão melhorando a educação primária e secundária, porém nem tanto as outras dimensões do capital humano.

55. Cohen e Soto 2007.

56. Esses números podem exagerar de certo modo as melhoras porque não há dados disponíveis para vários países que estão provavelmente entre aqueles de pior desempenho.

57. Baumol 1986; De Long 1988; Barro e Sala-I-Martin 1992; Quah 1996.

58. Maddison 2006. Dados anteriores a 1990 para o Leste Europeu são provavelmente um tanto menos confiáveis.

59. Lederman, Maloney e Servén 2005.

60. Pallage e Robe 2003.

61. Nordhaus 2006.

62. Snow, Craig, Deichmann e Marsh 1999.

63. Caselli 2005.

64. Easterly e Levine 2001.

65. Baldwin, Martin e Ottaviano 2001.

66. Puga e Venables 1999; Shatz e Venables 2005.

67. Levinson 2006.

68. Economic Intelligence Unity 2007.

69. Wolf 2004. Outros, no entanto, como Bordo, Eichengreen e Irwin (1999), pensam que os mercados de comércio e de capital estão mais integrados hoje.

70. Leamer 2007.

71. De acordo com dados do UN Comtrade para 2004 e usando valores declarados pela China – por exemplo, o Japão tem um superávit comercial em produtos manufaturados de US$ 21 bilhões com a China, a República da Coreia de US$ 34 bilhões, a Tailândia de

US$ 6 bilhões, as Filipinas de US$ 5 bilhões e a Indonésia de US$ 1 bilhão.

72. *New York Times*, 22 de fevereiro de 1999.

GEM 2

1. Baldwin e Wyplosz 2006; Crafts e Toniolo 1996.
2. Baldwin 2008.
3. Baldwin 1995.

Capítulo 4

1. Smith (1976), p. 21.
2. Ver Glaeser, Kolko e Saiz 2001; Sinai e Waldfogel 2004.
3. A discussão das economias de aglomeração remonta à observação de Smith sobre a especialização e a divisão do trabalho (Smith (1976)); aos efeitos secundários de informação, aos processos de busca e combinação e ao compartilhamento de insumos de Marshall (Marshall (1890)); e, mais recentemente, às ligações de oferta interindústria (Chinitz (1961)); ao aprendizado na prática (Arrow (1962)); e à fertilização mútua entre ideias e inovação (Jacobs (1970)).
4. McCann (2001), p. 56.
5. Ver, por exemplo, Henderson (1986); Henderson, Kuncoro e Turner (1995); Nakamura (1985); Hammond e von Hagen (1994); Sveikauskas, Gowdy e Funk (1988); Greytak e Blackley (1985); Glaeser e outros (1992); e Bernstein e Nadiri (1988).
6. Prateen 1988.
7. Junius 1997.
8. Dos 27 coeficientes de escala estimados, 23 mostram retornos de escala crescentes, a maioria acima de 4%, robustos segundo diversas especificações da função produção (Griliches e Ringstad 1971 e Ringstad 1978).
9. Baldwin e Gorecki 1986.
10. Owen (1983) para a Europa e Scherer (1980) e Hall (1988; 1990) para os Estados Unidos.
11. Retornos de escala no nível da indústria na faixa de 1.30 são encontrados em muitas indústrias manufatureiras dos EUA (ver Paul e Siegel 1999), e dados no nível de fábrica para oito indústrias chilenas demonstram uma elasticidade de escala comparável entre 1.20 e 1.44 (Levinsohn e Petrin 1999).
12. Antweiler e Trefler (2002) para 71 países no período 1972–92.
13. A estimativa média de elasticidade de escala de 1.051 está dentro dos limites das estimativas para os Estados Unidos (Basu e Fernald 1997) e para o Canadá (Fuss e Gupta 1981).
14. Ver Roeger (1995) para os Estados Unidos e Martins, Scarpetta e Pilat (1996) para a Organização para a Cooperação e Desenvolvimento Econômico.
15. Junius 1997.
16. Roeger 1995.
17. Hughes e Mester (1998) detectam que, à medida que a escala aumenta, os bancos economizam recursos para administrar riscos, preservar o capital e demonstrar solidez institucional. Calem (1994) e Hughes e outros (1999) sugerem que a expansão geográfica de agências bancárias gera ganhos de eficiência de escala provenientes de volatilidade mais baixa dos depósitos, maiores retornos esperados e riscos mais diversificados. Também há sinais de retornos de escala crescentes nas atividades de processamento de dados (por exemplo, Hancock, Humphrey e Wilcox (1999) para o sistema de pagamentos).
18. Bossone e Lee (2004), usando uma amostra de 875 bancos comerciais tirada da base de dados FitchLBCA's Bank Scope.
19. Do nome de três economistas: Alfred Marshall, Kenneth Arrow e Paul Romer (Glaeser e outros 1992).
20. Hanson 1996.
21. Ver www.referenceforbusiness.com/industries/Textile-Mill/Women-s-Full-Length-Knee.html.
22. Donsky 1990.
23. Site do Bureau do Censo dos EUA.
24. Henderson (1986), baseado em dados trans-seccionais para os Estados Unidos e o Brasil.
25. Jacobs 1970.
26. Henderson, Kuncoro e Turner 1995. Henderson (1997a) conclui que os maiores efeitos sobre a produtividade provenientes do emprego na própria indústria estão defasados de dois a cinco anos porque leva tempo para aprender com os vizinhos. Jaffe, Trajtenberg e Henderson (1993) corroboram a difusão lenta no espaço da informação específica à localização e à indústria.
27. Carlton 1983; Wheeler e Mody 1992; Carlino 1979; e Hay (1979) concluem que a concentração da atividade industrial é favorável para influenciar as decisões de investimento e localização das empresas dos EUA.
28. Banco Mundial 2006c.
29. Burchfield e outros 2006.
30. Instituto de Pesquisa Econômica Aplicada (ipeadata.gov.br).
31. Dados do Banco Mundial (2007j).
32. Devereux, Griffith e Simpson (2004) para o Reino Unido; Ellison e Glaeser (1997) para os Estados Unidos; e Maurel e Sédillot (1999) para a França.
33. Rosenthal e Strange 2004.
34. Kim 1995.
35. Duranton e Overman 2002.
36. Henderson, Shalizi e Venables 2001.
37. Henderson, Shalizi e Venables 2001.
38. Henderson, Lee e Lee 2001.
39. Krugman (1991b) observa que "os exemplos mais espetaculares de localização no mundo de hoje são, na realidade, baseados mais em serviços do que em manufatura. . . e a tecnologia . . . promoverá mais localização dos serviços" (p. 66).
40. Em 2004, o resto do emprego não-agrícola foi para o transporte e o comércio (22%) e para silvicultura, serviços públicos e construção (7%) (Kolko 2007).
41. Audretsch e Feldman 1996.
42. Feldman (1994) registra que, nos Estados Unidos, os serviços, tais como as atividades inovadoras ou com carga intensa de conhecimento, estão muito mais densamente concentrados que a manufatura. Audretsch e Feldman (1996), usando uma contagem de introdução de novos produtos feita pela Small Business Administration em 1982, concluem que as indústrias orientadas para o conhecimento têm uma atividade inovadora mais espacialmente concentrada. Dekle e Eaton (1999) fornecem provas de que as economias externas da aglomeração são ainda maiores para os serviços comerciais do que para as atividades manufatureiras. Feldman e Audretsch (1999) concluem que os setores nos quais P&D, pesquisa universitária e trabalho qualificado são insumos importantes tendem a ser mais espacialmente concentrados.
43. Kolko 2007.
44. Fafchamps e Desmet 2000.

45. Desmet e Fafchamps 2006.

46. No segmento superior da distribuição, todavia, o contrário é verdadeiro, com as grandes cidades perdendo empregos para as áreas urbanas de tamanho intermediário (Carlino e Chatterjee 2001; Desmet e Fafchamps 2003).

47. Kolko 1998.

48. Martin, R. 2005.

49. Ver, por exemplo, Holmes e Stevens (2002).

50. Head, Reis e Swenson (1995) e Smith Jr. e Florida (1994) constatam fortes preferências das montadoras automotivas japonesas para localizarem-se próximas umas às outras para tirar proveito de ligações a montante e a jusante. Hammond e von Hagen (1994), ao examinar o emprego em quatro cidades dos EUA e em três indústrias de dois dígitos, concluem que o compartilhamento da mão de obra tende a ser mais forte nos mercados em expansão enquanto o compartilhamento de ativos é mais importante em mercados maduros. Holmes (1999) oferece a prova mais direta e convincente do compartilhamento de insumos como fonte de economias de aglomeração: a indústria de meias-calça está concentrada na Carolina do Norte com 62% do emprego nacional e uma intensidade de insumos adquiridos de 53%, comparada a 40% no nível nacional. Esse padrão é encontrado em outras indústrias concentradas também. Holmes (1999) examina a indústria têxtil e encontra provas a favor do compartilhamento de insumos. Em particular, ele encontra uma relação positiva entre o tamanho da indústria têxtil num local e a presença de fornecedores locais de insumos especializados para a indústria.

51. Costa e Kahn 2000.

52. Ver Bikhchandani, Hirshleifer e Welch (1998) e Sobel (2000) para resenhas da literatura sobre aprendizado social.

53. Marshall (1890) destaca como as cidades favorecem a difusão de inovações e ideias ao passo que Jacobs (1970) enfatiza como o ambiente oferecido pelas cidades melhora as perspectivas de geração de novas ideias. Lucas Jr. (1988) também sugere que o aprendizado engloba não apenas a tecnologia de ponta, mas o conhecimento ordinário incremental (saber como, saber quem, etc.) por meio de comunicações intencionais e não intencionais, e as cidades são o melhor lugar para a transmissão do conhecimento.

54. Marshall 1890.

55. Jaffe, Trajtenberg e Henderson 1993. Jaffe (1986) encontra sinais de efeitos secundários de pesquisa e desenvolvimento (P&D) local entre 432 empresas dos EUA nas quais o número de patentes por dólar gasto com P&D é maior para as empresas situadas em áreas onde os gastos com P&D estão acima da média.

56. Rauch (1993) mostra que os salários são mais elevados onde os níveis médios de educação são altos, porque os trabalhadores são mais produtivos e os empregadores estão mais dispostos a pagar salários elevados ao competir por eles. Moretti (2004a) encontra um efeito positivo dos diplomados universitários sobre os salários de uma cidade. Charlot e Duranton (2004) usam dados de pesquisas para mostrar que a comunicação no local de trabalho é mais difundida em áreas urbanas e que essa comunicação aumenta os salários.

57. Isso é conhecido na literatura como efeito de mercado interno.

58. Holmes e Stevens (2002) debruçam-se sobre a relação entre tamanho das empresas e tamanho das cidades em indústrias no nível dos condados nos Estados Unidos, e interpretam os resultados obtidos como prova do aumento da produtividade associado à concentração que permite que as usinas se tornem maiores.

59. Holmes 1999; Henderson 2005a.

60. Davis e Weinstein (1999), ao examinar a produção em distritos japoneses, concluem que a produção de uma indústria está concentrada onde a demanda pelos bens daquela indústria é relativamente alta. Wheat (1986) e Glaeser e outros (1992) encontram sinais de que o emprego na manufatura cresce mais rápido em áreas subnacionais com crescimento populacional mais veloz. Justman (1994) encontra fortes co-movimentos positivos de oferta local e demanda local para as indústrias manufatureiras nas cidades dos EUA.

61. Ver, por exemplo, Shefer (1973); Mera (1973); Segal (1976); Kawashima (1975); Sveikauskas (1975); Moomaw (1981) e Moomaw (1983); e Bartelsman, Caballero e Lyons (1994).

62. Henderson, Shalizi e Venables 2001).

63. Como Glaeser e outros (1992) observam, "avanços intelectuais precisam atravessar corredores e ruas mais facilmente do que oceanos e continentes" (p. 1127).

64. Feldman e Audretsch 1999.

65. Angeriz, McCombie e Roberts 2008.

66. Sobre esse ponto ver Feldman e Audretsch (1999), pp. 409–29.

67. Sobre esse ponto ver Venables (2006), pp. 61–85.

68. Havia, é claro, algumas exceções, principalmente no trabalho de Young (1928) e Kaldor (ver, por exemplo, Kaldor 1972). Esses economistas não conseguiram, todavia, proporcionar as soluções técnicas associadas à modelagem de retornos de escala crescentes.

69. Krugman 1991b.

70. Warsh (2006) apresenta um relato interessante e preciso do progresso intelectual na avaliação dos retornos de escala crescentes. Os avanços são baseados nas características especiais das ideias, ressaltadas elegantemente por Romer (1994). Uma ideia, uma vez desenvolvida, pode ser usada sem custo por outros como ponto de partida para novas ideias, tornando-a "não-rival", ao contrário do trabalho, do capital, da terra e de outros insumos para produção. Embora as ideias sejam não-rivais, contudo, elas geralmente não são nem gratuitas nem não-excludentes. Elaborar ideias úteis costuma exigir esforço, e por meio do sigilo ou da aplicação dos direitos de propriedade intelectual é possível excluir pessoas do uso das ideias para aprimorar produtos ou processos de produção, ainda que temporariamente. Essa possibilidade de exclusão dá origem a um conhecimento que confere poder de monopólio aos seus criadores. Ao acrescentar explicitamente o conhecimento às formulações do crescimento econômico, os economistas tornam-se capazes de reconhecer a centralidade das ideias e a importância dos retornos crescentes, mas isso também requer que se reconheça a proliferação da competição imperfeita.

71. Dixit e Stiglitz 1977.

72. Henderson 1974.

73. Black e Henderson 1999; Calem e Carlino 1991; Combes 2000; Desmet e Fafchamps 2006; Duranton e Puga 2005; Duranton e Puga 2004; Feldman e Audretsch 1999; Fujita e Ishii 1999; e Glaeser e outros 1992.

74. Glaeser e Maré 2001; Henderson 1986; Henderson, Kuncoro e Turner 1995; Henderson 1997b; Henderson 1997a; Henderson 2003b; Moomaw 1981; Moomaw 1983; Kolko 1999; Nakamura 1985; Rosenthal e Strange 2001; Rosenthal e Strange 2003; Sveikauskas, Gowdy e Funk 1988.

75. Black e Henderson 1999; Dumais, Ellison e Glaeser 2002; Eaton e Eckstein 1997; Henderson 1997a; Henderson 2003a; e Kim 1995.

76. Isso foi reconhecido na geografia já na época de Christaller (1933) e Lösch (1940).

77. Duranton e Puga 2000.

78. Henderson (1997b) para os Estados Unidos, Fujita e Ishii (1999) para o Japão e Kolko (1999) e Henderson, Lee e Lee (2001) para a República da Coreia.

79. Henderson 1997b.

80. Glaeser, Scheinkman e Schleifer 1995; Fafchamps e Desmet 2000.

81. Henderson 2005b e Henderson, Kuncoro e Nasution 1996.

82. Glaeser e Kahn 2001.

83. A diversidade é medida pelo inverso do Índice Herfindal de parcelas locais de emprego de diferentes setores.

84. Feldman e Audretsch 1999.

85. Fujita e Ishii 1999 e Duranton e Puga 2001.

86. Duranton e Puga 2005.

87. Chandler Jr. 1977 e Kim 1999.

88. Toffler 1980; Naisbitt 1995; Negroponte 1995; e Knoke 1996.

89. Feldman e Audretsch 1999 e Venables 2006.

90. Kolko 2000.

91. Glaeser e outros 1992; Henderson, Kuncoro e Turner 1995.

92. Black e Henderson (2003) mostram que as cidades que cresceram drasticamente (a populaçao de Phoenix multiplicou-se dez vezes entre 1950–90) ou encolheram drasticamente (a população de Detroit caiu de metade no mesmo período) são exceções, já que os tamanhos relativos das cidades dos EUA mantiveram-se estáveis durante o último século. Eaton e Eckstein (1997) e Dobkins e Ioannides (2001) também encontram um padrão de estabilidade global na França, no Japão e nos Estados Unidos. Eles observam que as populações relativas das 40 maiores áreas urbanas da França (1876–1990) e do Japão (1925–85) permaneceram essencialmente inalteradas.

93. Henderson (1997b). Kim (1995) mostra um alto coeficiente (0.64) de correlação de localização regional para as indústrias de dois dígitos nos Estados Unidos entre 1860 e 1987 no nível estadual. Dumais, Ellison e Glaeser (2002) também concluem que, para a maioria das indústrias, os padrões de aglomeração mantiveram-se estáveis de modo impressionante entre 1972–92. Henderson (2003a) encontra padrões de especialização estáveis ao longo de 30 anos num estudo de nove indústrias de três dígitos.

94. Ver Dunne, Roberts e Samuelson (1989b); Dunne, Roberts e Samuelson (1989a); Davis e Haltiwanger (1992); e Herzog Jr. e Schlottmann (1991).

95. Brezis e Krugman 1997.

96. Henderson, Kuncoro e Turner 1995.

97. Van der Linde 2003.

98. Kolko 1998.

99. Nações Unidas 2006c, Fact Sheet 9.

100. Gribbin 2000, pp. 30–31.

101. Citação de um alto funcionário da ONU, Lars Reutersward, diretor baseado em Nairóbi do UN Human Settlements Program.

102. Citação de Lars Reutersward em Ward 2006.

103. Nações Unidas 2004b.

104. Gill e Kharas 2007.

105. Au e Henderson 2006a.

106. Rosenthal e Strange 2004 citando Hoover e Vernon 1959.

107. Santos e Shaffer 2004.

108. McCrae 2006.

109. Banco Mundial 2002a.

Capítulo 5

1. Bureau de Estatísticas do Transporte 2003.

2. Enquanto os retornos do capital variam segundo o lugar (entre áreas urbanas e rurais, regiões avançadas e atrasadas, e países ricos e pobres), retornos marginais mais baixos numa localização dada podem ser explicados por fatores complementares inadequados (Caselli e Feyrer 2007).

3. Em 2000 a China enviou somente 458.000 migrantes para o exterior, ao passo que 120 milhões pessoas migraram internamente. Na segunda metade da década de 1990, menos de 300.000 pessoas emigraram do Vietnã, enquanto 4,3 milhões de pessoas migraram internamente. Ver Anh, Tacoli e Thanh (2003) em Deshingkar e Grimm (2004).

4. A migração das áreas rurais para as cidades representa apenas cerca de um terço do crescimento das áreas urbanas em todo o mundo. Nam, Serow e Sly (1990) e Deshingkar e Grimm (2004) mostram que os maiores fluxos de migrantes internos nos países em desenvolvimento vão de áreas rurais para outras áreas rurais. Na Índia, onde a migração permanente parece ter se estabilizado, a migração "circular" temporária – especialmente de trabalhadores de famílias pobres – está aumentando.

5. Mais da metade dos migrantes para os Estados Unidos vêm da América Central e do Sul. Mais ou menos a mesma proporçao de migrantes para os UE-15 vêm da Europa e da Ásia Central. E até 70% dos migrantes para o Japão vêm de outros países do Leste Asiático e do Pacífico.

6. A maior proporção de emigrantes na África Subsaariana (mais de 63%) e no Sul da Ásia (34%) instala-se em países dentro da mesma região, geralmente num país adjacente. Ver Ratha e Shaw (2007). Esse fenômeno é em parte um legado colonial, pois as fronteiras foram desenhadas arbitrariamente através dos territórios tradicionais, dividindo parceiros comerciais de longa data e até pessoas dos mesmos grupos étnicos.

7. Obstfeld, Shambaugh e Taylor 2004.

8. Taylor 1996; Obstfeld e Taylor 2002.

9. Ver Caselli e Feyrer 2007.

10. Ver De Blij (2005) para uma resenha dos motores geográficos e climáticos das primeiras migrações.

11. Ver Massey (2003) para uma resenha da história moderna da migração internacional.

12. Estatísticas comparáveis de emigração dos países europeus e do Japão estão disponíveis em Massey (1988).

13. Massey (1988) calcula um coeficiente de correlação de 0,59 entre o começo da industrialização (representado pelo ano quando as ferrovias excederam 1.000 quilômetros) e o início do movimento internacional de mão de obra em larga escala (definido como o período no qual a emigração ultrapassou pela primeira vez 10.000 pessoas).

14. Ver a página da Organização Internacional para a Migração (OIM) para estatísticas atualizadas, em http://www.iom.int. Um migrante internacional é definido como uma pessoa que vive num país diferente daquele onde ele ou ela nasceu (Ozden e Schiff 2007).

15. Massey 2003.

16. Ratha e Shaw 2007.

17. As exceções notáveis são a Austrália, por causa do isolamento, e Israel, por causa da natureza religiosa e política da decisão de imigrar.

18. Os especialistas assinalam que, embora sejam atraentes para os governos dos países de renda alta, as políticas de imigração seletiva provavelmente não são transferíveis para outros destinos populares. Um elemento crucial para a viabilidade dessas políticas no Canadá e Austrália é o isolamento geográfico relativo desses países, que torna o movimento através de suas fronteiras mais fácil de monitorar e controlar.

19. Timmer e Williamson (1998), citado em Massey (2003).

20. Os melhores dados atualmente disponíveis provavelmente ainda subestimam a mobilidade interna do trabalho. Dados de censos e de pesquisas usados para acompanhar a migração interna são conhecidos por serem inadequados. Os instrumentos dos censos e das pesquisas costumam não conseguir capturar o movimento sazonal direcionado aos empregos de meio-período e temporários; o movimento dos migrantes que encontram empregos na economia informal ou que residem em estabelecimentos informais; e o movimento entre áreas rurais. Para uma discussão detalhada das limitações dos dados sobre migração interna ver Nam, Serow e Sly (1990), Lucas (1997), Bell (2003), e Deshingkar e Grimm (2004).

21. Lucas (1997) cita estudos quantitativos de Connell e outros (1976) e de Skeldon (1986) para corroborar essa afirmação.

22. Rodriguez 2004.

23. Deshingkar e Grimm (2004) fornecem uma descrição detalhada de vieses em instrumentos de coleta de dados que levam a uma subestimação sistemática da migração rural-rural, e em especial da migração "circular" temporária, o que faz com que uma ampla parcela dos movimentos internos da mão de obra se torne "invisível" para os formuladores de políticas e com que ela só seja capturada em estudos qualitativos no nível dos vilarejos. Lucas (1997) indica que o fracasso da literatura mais antiga sobre migração interna em capturar o movimento rural-rural dominante pode ser explicado pela maior visibilidade do crescimento urbano e pela descrição dos setores rurais nos primeiros modelos teóricos como homogêneos, dentro dos quais a migração não conferia quaisquer benefícios reais.

24. Borjas 1990; Borjas, Bronars e Trejo 1992; Dunlevy e Bellante 1983.

25. Deshingkar e Grimm 2004; Nações Unidas 2006b.

26. Lucas 1997; 2003; McKenzie e Rapoport 2007.

27. Schiff e Özden 2006.

28. Docquier 2006.

29. Lucas 1997.

30. Solow 1956; Swan 1956.

31. Romer 1986; Lucas Jr. 1988.

32. Uma recente resenha abrangente de teorias econômicas e provas empíricas da migração interna da mão de obra está disponível em Lall, Selod e Shalizi (2006), nos quais esta subseção se baseia.

33. Todaro 1969.

34. Harris e Todaro 1970.

35. Lucas 1997.

36. Cole e Sanders 1985; Packard 1997.

37. Romer (1986) e Lucas Jr. (1988), apresentado originalmente numa conferência em 1985.

38. Lucas Jr. 1988.

39. Lucas Jr. (1988) com agradecimento a Jacobs (1970).

40. Moretti 2004b; Rosenthal e Strange 2004; Ciccone e Peri 2006.

41. Como discutido em outros capítulos deste Relatório, a economia urbana fornece uma gama de argumentos a favor da aglomeração que são independentes dos efeitos secundários para o capital humano. Por exemplo, as cidades proporcionam os grandes mercados para que os produtores explorem os ganhos de produtividade obtidos com a escala, como mostrado por Faini (1996), assim como os mercados de mão de obra "espessos" que reduzem os custos de contratação para os empregadores. Aglomerar os trabalhadores favorece o crescimento ao multiplicar as ligações a montante e a jusante, como mostrado por Adelman e Robinson (1978) num estudo da República da Coreia.

42. Clemens, Montenegro e Pritchett 2008.

43. Ratha e Xu 2008.

44. Pritchett 2006.

45. Andrews, Clark e Whittaker 2007.

46. Citado em Andrews, Clark e Whittaker (2007).

47. Nos Estados Unidos, as taxas de migração interna entre os nativos declinaram de 1850 para 1940 mas aceleraram-se significativamente depois, coincidindo com o ritmo veloz do crescimento econômico após a II Guerra Mundial. Ver Rosenbloom e Sundstrom (2003).

48. Schmertmann 1992.

49. Fujita e Tabuchi 1997.

50. Xenos 2004.

51. Anh 2003.

52. Timmins 2005.

53. Au e Henderson 2006a; 2006b.

54. Shukla e Stark 1986.

55. Para dados sobre a integração do mercado de trabalho nos Estados Unidos no século dezenove, ver Lebergott (1964) e Margo (2000).

56. Coe e Emery 2004.

57. Hunt 1986.

58. Gallaway e Vedder 1971.

59. Rosenbloom e Sundstrom 2003.

60. McInnis 1966.

61. Comissão Europeia 2007.

62. Decressin e Fatás (1994) examinam a dinâmica dos mercados de trabalho regionais na Europa e nos Estados Unidos. Eles analisam os mecanismos de ajuste que o choque específico numa região típica desencadeia nos mercados de trabalho regionais. Na Europa eles concluem que, durante os primeiros três anos, a maior parte do choque é absorvida por meio de mudanças na taxa de participação, enquanto nos Estados Unidos ele se reflete imediatamente na migração.

63. Tabuchi 1988.

64. Barro e Sala-I-Martin 1992; Brown 1997.

65. Fujita e Tabuchi 1997. Contudo, os autores observam que a desigualdade subiu em seguida num terceiro estágio, depois de 1975, à medida que o impacto das economias de aglomeração acelerou o crescimento da renda em grandes áreas metropolitanas como Tóquio.

66. De Brauw e Giles (2008) para a China, e McKenzie e Rapoport (2007) para o México.

67. Overseas Development Institute 2006.

68. Soto e Torche 2004.

69. Timmins 2005.

70. Koola e Özden 2008.

71. Beegle, De Weerdt e Dercon 2008.
72. Adams Jr. (2006) citado em Özden e Schiff (2007).
73. Acosta, Fajnzylber e Lopez (2007) em Özden e Schiff (2007).
74. Yang 2008.
75. Banco Mundial 2007k.
76. Garrett 2005.
77. De Brauw e Giles 2008.
78. Zhu e Luo 2008.
79. Iliffe (1995) para o impacto histórico da seca sobre a distribuição populacional na África; Bryceson (1999) para o Sahel e o Sudão; Hardoy e Satterthwaite (1989) para a Mauritânia.
80. Wandschneider e Mishra (2003), citados em Deshingkar e Grimm (2004), para a migração induzida pela seca que empurrou 60.000 pessoas para fora de Bolangir, no estado indiano de Orissa, em 2001.
81. Venables e Kanbur 2005.
82. Deshingkar e Grimm 2004; Rodriguez 2004.
83. Docquier, Beine e Rapoport 2006.
84. Docquier 2006.
85. Easterly e Nyarko 2008.
86. Sahn e Stifel 2003.
87. Anderson e Pomfret 2005.

Capítulo 6

1. Algumas dessas tendências foram devidas ao aumento do comércio com a Europa em termos de parcela do PIB. Mas o comércio com países não europeus declinou até em termos de parcela do PIB.
2. Krugman 1991b; ver também Krugman 2007.
3. Ver, por exemplo, Antweiler e Trefler (2002), que concluem que o comércio internacional é alimentado tanto pelas economias de escala como pelas diferenças de abundância de fatores.
4. Limão e Venables 2001.
5. Gallup, Sachs e Mellinger 1999.
6. Banco Mundial 2007d.
7. Anderson e van Wincoop 2004.
8. Isso também significou uma mudança no comércio de longa distância, principalmente no aumento das exportações de produtos manufaturados (baseado nas diferenças de abundância de mão de obra) e na queda da parcela dos produtos agrícolas (baseada em diferenças climáticas) dos países em desenvolvimento.
9. Rostow 1960.
10. Williamson 1974.
11. Mitchell 1964.
12. Crafts, Mills e Mulatu 2007.
13. Metzer 1974.
14. Hurd 1975.
15. Roy 2002.
16. Mohammed e Williamson 2004.
17. Harley 1980.
18. O'Rourke e Williamson 1994.
19. Yasuba 1978.
20. Krueger 2006.
21. Baldwin e Martin 1999.
22. Krugman 2007.
23. Combes e Lafourcade 2005. Os custos recebem uma aproximação segundo as parcelas ad valorem dos valores do comércio entre regiões geográficas e a distância e levam em conta que o preço real de transporte depende da rede física de transporte, da tecnologia, das condições de tráfego e da estrutura do mercado de serviços de transporte.
24. Ivaldi e McCullough 2007.
25. Gordon 1990.
26. Hummels 2007.
27. Conferência das Nações Unidas sobre Comércio e Desenvolvimento (diversos anos).
28. Tolofari 1986.
29. Button 1999.
30. United Nations 1970.
31. Gilman 1984.
32. Os preços do transporte não-regular são fixados em mercados competitivos e citados em dólares dos EUA. Dois deflatores são utilizados para calcular o desenvolvimento dos preços reais: o deflator do PIB dos EUA e o índice de preços para mercadorias a granel que costumam ser transportadas por transporte não-regular.
33. Levinson 2006.
34. Hummels 2007.
35. Harrigan 2005.
36. Hummels 2001.
37. Evans e Harrigan 2005. Para uma análise semelhante do comércio entre a Europa Oriental e Ocidental comparar com Nordas, Pinali e Grosso (2006).
38. Harrigan e Venables 2006.
39. Krugman 1995; Venables 2001.
40. Freund e Weinhold 2004.
41. Fink, Mattoo e Neagu 2005.
42. Rauch 1999.
43. Antras, Garicano e Rossi-Hansberg 2006.
44. Rajan e Wei 2004.
45. Amiti e Wei 2005.
46. Bairoch 1988.
47. Christaller 1966.
48. Feenstra e Hanson 1997.
49. Evans e Harrigan 2005.
50. Duranton e Puga 2004.
51. Leamer e Storper 2001.
52. Storper e Venables 2007.
53. Winston 1993.
54. Nikomborirak 2007.
55. Hulten, Bennathan e Srinivasan (2003), resumido em Hummels, Lugovsky e Skiba (2007). As economias de escala no setor manufatureiro derivam dos benefícios de muitos produtores independentes com parcelas de mercado relativamente pequenas que se aproximam e interagem (competição monopolística). A indivisibilidade e os efeitos de rede, em contrapartida, favorecem monopólios ou oligopólios nos quais um ou poucos fornecedores geram economias de escala que são internas para um fornecedor de transporte privado ou público que domina um porto, aeroporto ou ferrovia.
56. Estache, Gonzalez e Trujillo 2002.
57. Hulten 2007.
58. Canning e Bennathan (2007), por exemplo, encontram uma ampla variação entre países mas uma tendência geral dos países de renda média de apresentar déficit no investimento em infraestrutura, em particular infraestrutura rodoviária. As taxas macroeconômicas de retorno calculadas nesses estudos derivam dos benefícios de aglomeração e especialização proporcionados pela redução dos

custos de transporte. Esses benefícios aumentam com o crescimento do nível de desenvolvimento. Ver Estache e Fay (2007) para uma resenha desses estudos.

59. Brushett 2005.
60. Wilson, Mann e Otsuki 2004.
61. Wilson, Luo e Broadman 2006.
62. Banco Mundial 2008.
63. Evans e Harrigan 2005; Harrigan e Venables 2006.
64. Martinez-Zarzoso e Marquez-Ramos 2007.
65. Arvis, Raballand e Marteau 2007.
66. Arnold 2006.
67. Banco Mundial 2008.
68. Fischer, Harrington e Parry, no prelo.
69. Nordhaus e Boyer 2000.
70. Tol 2005.
71. Banco Mundial 2008.

GEM 3

1. Allen e outros 2007.
2. Smith (1979), p. 189.
3. Kuroda 2007.

Capítulo 7

1. Ravallion 2007.
2. Soto 2000.
3. De Long e Shleifer 1993.
4. Um trecho que menciona explicitamente a lei fundiária está em North (1971), p. 123.
5. Wordie 1983.
6. Craft 1989; Turner 1986; Wordie 1983; Wrigley 1985.
7. Craft 1989.
8. Sokoloff e Engerman 2000b.
9. Sokoloff e Engerman 2000b.
10. Rodrik, Subramanian e Trebbi 2004.
11. Acemoglu, Johnson e Robinson 2001.
12. Essa discussão sobre Mumbai foi tirada de Buckley, Bertaud e Phatak 2005; Buckley e Kalarickal 2006.
13. Nações Unidas 2001; www.mymoneyblog.com/archives/2006.
14. Banco Mundial 2007j; renda nacional bruta (RNB) per capita ajustada em função da paridade do poder de compra.
15. Brueckener 2007; Henderson 2007.
16. Buckley e Kalarickal (2006), quadro 3.4.
17. Em 2002, um Ministério das Cidades foi instituído para reformar o marco regulatório, permitindo às cidades uma gestão mais eficiente do uso e da subdivisão da terra e uma melhor capacidade de reação às mudanças nas necessidades do mercado.
18. Banco Mundial 2007b.
19. Chiquier, Hassler e Lea 2004.
20. Banco Mundial 2006d.
21. Lall e outros 2004.
22. Banco Mundial 2002a.
23. A discussão está baseada na coleção histórica de panfletos sobre transporte que a biblioteca da London School of Economics converteu em formato digital e colocou à disposição do público para descarregamento (www.lse.ac.uk/library/pamphlets/Transport/transportpamphletpages/urban_transport.htm). Esses panfletos abordam a história do transporte em Londres (oito panfletos), a política de transporte em Londres (nove panfletos), os bondes (três panfletos) e a política de transporte urbano de modo mais geral (três panfletos). Esses panfletos foram editados por uma variedade de organizações, incluindo fornecedores privados de transporte, partidos políticos locais e o que poderia hoje ser chamado de *think-tanks*. Ver Roberts (2008), estudo preparatório para este Relatório.
24. Hargan 2007.
25. Land Enquiry Commission 1914.
26. Offer (1981), p. 291.
27. Os valores do PIB per capita foram tirados da base de dados histórica de Maddison (2007) (http://www.ggdc.net/maddison/). Eles foram citados em dólares Geary-Khamis internacionais de 1990.
28. Bairoch e Goertz (1986), tabela 3, p. 288.
29. Staff City Population Database, Human Settlements Group, International Institute for Environment and Development (IIED).
30. Mumford 1963.
31. Dunlap 1992.
32. Lane 1860.
33. O'Gorman 1939a; 1939b.
34. Santos e Shaffer 2004.
35. Meyer 1917.
36. Victoria Transport Policy Institute 2007.
37. Pucher e outros 2005.
38. Banco Mundial 2002a.
39. Metro Bits (http://mic-ro.com/metro).
40. Booth 1901.
41. Abreu 2008, nota preparada para este Relatório.
42. Nesslein 2003.
43. Borgegård e Kemeny 2004.
44. Hall e Vidén 2005.
45. Swedish Council for Building Research 1990; Borgegård e Kemeny 2004.
46. Hoffman 1996.
47. Hall 2002; Chandler 1992.
48. Chandler 1992.
49. Imparato e Ruster 2003; Abreu 2008.
50. Banco Mundial 2007j.
51. Hall 1984.
52. Trackman, Fisher, e Salas 1999.
53. Mackay 1999; Jones e Datta 2000, com base em Abreu 2008.
54. Mackay 1999, com base em Abreu 2008.
55. Goodlad 1996; Mackay 1999; Jones e Datta 2000.
56. Essas comparações são baseadas em dados de Maddison 2006.
57. *World Urbanization Prospects: The 2007 Revision Population Database* (http://esa.un.org/unup/).
58. Cohen e Soto 2001.
59. A discussão que se segue é baseada em grande parte em Oh (2008), nota preparada para este Relatório.
60. A discussão que se segue é baseada em parte em Chen (2008), nota preparada para este Relatório.
61. Valor derivado do *China Statistical Yearbook* 2007.
62. Banco Mundial 2003b; 2007k; Bertaud 2004.
63. *World Urbanization Prospects: The 2007 Revision Population Database* (http://esa.un.org/unup/).
64. Human Development and Reform Commission 2005; Plano Regional da Aglomeração Changsha-Zhuzhou-Xiangtan.

65. Kilroy 2007.
66. Lall 2005.
67. Lall 2005.
68. Yepes e Lall 2008.
69. Sohn 2003, com base em Oh 2008.
70. Evans 2002, Sohn 2003, respectivamente.
71. *World Urbanization Prospects: The 2007 Revision Population Database* (http://esa.un.org/unup/).
72. Maddison 2006. O PIB per capita foi citado em dólares internacionais constantes de 1990.
73. Comparações baseadas em dados populacionais sobre aglomeração urbana do *World Urbanization Prospects*.
74. Cohen e Soto 2007.
75. Banco Mundial 2007j.
76. Neuwirth 2007, com base em Vidler 2008.
77. BBC World Service, quinta-feira, 27 de abril de 2000 (http://news.bbc.co.uk/1/hi/sci/tech/727966.stm).
78. A discussão acima sobre a Turquia está baseada em Vidler (2008), nota preparada para este Relatório.
79. Bertaud 2003.
80. Comissão de Planejamento do Governo da Índia 2002a.
81. Selod 2007.
82. Tinbergen 1952.

Capítulo 8

1. Azzoni, Menezes Filho, Menezes e Silveira Neto (2000), Banco Mundial 1998.
2. Banco Mundial (2007b), a figura 8.2 provém deste Relatório.
3. Banco Mundial 2007a.
4. Estimativa baseada em valores relatados por Maddison (2008). Em 1700 o PIB da Índia era de US$ 90.750 milhões comparado a um PIB mundial de US$ 371.369 milhões de dólares internacionais de 1990 (Maddison 2008).
5. Nos sistemas de propriedade, o proprietário das terras era responsável pela coleta das receitas dos vilarejos depois de reter parte da receita que ele havia recolhido; nos sistemas individuais, os funcionários do governo britânico recolhiam a receita diretamente dos agricultores; nos sistemas por vilarejo, um órgão comunitário do vilarejo era responsável pela coleta da receita (Banerjee e Iyer 2005).
6. Lall, Wang e Deichmann 2008b.
7. Governo da Índia 2006.
8. Hunt 2000.
9. Gorzelak 2007.
10. Comissão Europeia 2002.
11. Entre 1994 e 1999, os fundos estruturais alocaram recursos para as áreas com base em cinco "objetivos": apoiar o desenvolvimento e o ajuste estrutural das áreas cujo desenvolvimento estava em atraso, ajudar as áreas fronteiriças ou partes de áreas gravemente afetadas pelo declínio industrial, combater o desemprego a longo prazo e facilitar a integração no mercado de mão de obra de pessoas excluídas do mercado de trabalho, acelerar o ajuste de estruturas agrícolas como parte da reforma da política agrícola comum e do ajuste estrutural das áreas rurais, e promover o desenvolvimento e o ajuste estrutural das áreas com baixa densidade populacional.
12. Rodríguez-Pose e Fratesi 2004.
13. Comissão Europeia 2007.
14. O Objetivo Um é ajudar as regiões (chamadas "áreas" neste Relatório) cujo desenvolvimento está em atraso. Mais ou menos 50 regiões, que representam 22% da população da UE, estão incluídas.
15. Dall'Erba 2003.
16. As estimativas sugerem que os custos de restabelecimento eram de US$ 7.000 por família em meados dos anos 1980 (Adhiati e Bobsien 2001).
17. Davezies (2001), Martin (2005). Esse número mostra que o coeficiente de variação do PIB per capita (linha laranja, eixo esquerdo) entre as áreas NUTS 2 na França sobe entre 1982 e 2002, ao passo que o coeficiente de variação da renda per capita disponível cai (linha azul, eixo direito).
18. Morrisson e Murtin 2005.
19. Bureau do Censo dos Estados Unidos 2002.
20. Cerca de US$ 8 por hora em dólares dos EUA de 2007.
21. Engel, Galetovic e Raddatz 1998.
22. Gibson e Rozelle 2003.
23. Escobal e Torero 2000.
24. Baer 1995.
25. Stewart 2008.
26. Hill e Gaddy 2003.
27. Rolfes 2002.
28. Whalley e Zhang 2007.
29. Hewings, Feser e Poole 2008; valor da população para 1996.
30. Rephann e Isserman (1994). Uma das primeiras avaliações *ex post* de programas de desenvolvimento regional realizadas nos Estados Unidos usando uma concepção experimental.
31. Exemplos específicos são discutidos mais adiante neste capítulo.
32. Andrienko e Guriev 2003.
33. Com base em recente pesquisa usando dados micro do censo para o Brasil entre 1960 e 2000.
34. Margo 1988.
35. Borsch-Supan 1987.
36. Duarte, Ferreira e Salvato Jr. 2004. A mão de obra no Nordeste tem 4,6 anos de escolaridade contra uma média de 6,4 anos no nível nacional e de 7,3 anos no Sudeste.
37. Shah e Shen 2006.
38. Prestarão contas aos níveis mais altos de governo que fornecem essas transferências.
39. Os números são de 2000 (Chakraborty 2003).
40. Euractiv (2008).
41. O Banco Mundial (2003b) realiza um tratamento abrangente de práticas e políticas de gestão da terra em diferentes partes do mundo, e da maneira como políticas específicas promovem o desenvolvimento e reduzem a pobreza.
42. Palacin e Shelburne 2005.
43. Bayes 2007.
44. Banco Mundial 2008b.
45. Banco Mundial 2008a.
46. Banco Mundial 2008e.
47. Análise econométrica baseada em dados consolidados (Lei e Haynes 2004).
48. Kloeppinger-Todd 2007. No total, há mais de 20 milhões de usuários de celulares nas Filipinas.
49. Jensen 2007.
50. Luo 2004.
51. Yepes e Lall 2008.

52. Baldwin, Forslid, Martin, Ottaviano e Robert-Nicoud 2003. As previsões dos novos modelos de geografia econômica são as seguintes: as políticas de infraestrutura que facilitam o comércio inter-regional entre as áreas avançadas e atrasadas vão incrementar a concentração espacial da atividade econômica nas áreas avançadas. Essas políticas também vão aumentar o crescimento da economia como um todo ao mesmo tempo que reduzem as desigualdades de renda nominal entre as áreas e entre os trabalhadores e os detentores do capital. Em contrapartida, as políticas de infraestrutura que melhoram a conectividade dentro das áreas atrasadas podem incrementar o crescimento econômico local mas podem desacelerar o crescimento da economia como um todo.

53. Faini 1983.

54. Combes e Lafourcade 2001.

55. Jacoby 2000.

56. Banco Mundial 2008b.

57. Lall, Schroeder e Schmidt 2008.

58. Governo da Malásia 2001.

59. Autoridade de Desenvolvimento Industrial da Malásia (http://www.mida.gov.my/).

60. Al-Hassan e Diao 2007.

61. Park, no prelo.

62. Lee (2008).

63. Os seguintes exemplos são baseados na pesquisa preparatória para este Relatório.

64. Donoso-Clark e Leninhan (2008) propõem essas políticas administradas centralmente para estender as abordagens "de primeira geração" da atividade econômica ao desenvolvimento territorial.

65. Donoso-Clark e Leninhan 2008.

66. Drabenstott 2005.

67. Hewings, Feser e Poole 2008.

68. Carvalho, Lall e Timmins 2006. Os fundos constitucionais foram criados em 1989 para financiar atividades econômicas nas regiões Norte e Nordeste.

69. Banco Mundial 1977; Scott 1982.

70. Chakravorty e Lall 2005.

71. Fay, Felkner e Lall 2008.

72. Com base na pesquisa feita pela Secretaria de Política Econômica, relatada em Calmon (2003) e Banco Mundial (2005a).

73. Detalhes são fornecidos em Calmon (2003).

74. Haussman, Rodrik e Velasco 2005.

75. Donoso-Clark e Leninhan 2008 indicam que uma característica dos programas fracassados de desenvolvimento territorial "de primeira geração" dos anos 1960 e 1970 era que eles dependiam de contribuições e competência externas, em vez de explorar os ativos locais e as vantagens comparativas.

76. Um artigo recente sobre a localização de empresas nos países em desenvolvimento resume os resultados do trabalho empírico sobre os principais fatores que influenciam as escolhas de localização (ver Deichmann, Lall, Redding e Venables, no prelo).

77. Uvalic 1993.

78. Bolton e Roland 1997.

Capítulo 9

1. Woronoff (1972), p. 141. A *Entente* foi criada em 1959 e concebida para promover o desenvolvimento econômico dos membros levantando fundos, garantindo empréstimos e incentivando o comércio e o investimento. Ela opera por meio do Fundo Mútuo de Garantia da Ajuda e do Empréstimo com sede em Abidjã, Costa do Marfim. Os estados membros originais eram Daomé (hoje Benin), Costa do Marfim, Níger e Alto Volta (hoje Burkina Faso); Togo aderiu em 1966.

2. Collier 2007.

3. Ver Brülhart (2008) para uma análise detalhada das mercadorias intermediárias.

4. Coulibaly 2008.

5. Ver Yoshino (2008), que usa a base de dados de pesquisa de empresas do Banco Mundial e a base de dados *Doing Business*.

6. Melitz 2003.

7. Ver Schiff e Winters (2003) para um desenvolvimento detalhado desses pontos.

8. Viner 1950; Meade 1956; Balassa 1967; Aitken 1973; entre outros.

9. Baier e Bergstrand 2004; Bond 2005; Evenett 2005; Bergstrand 2006.

10. Bhagwati 1995; Bhagwati, Greenaway, e Panagariya 1998; Krishna 1998.

11. Krugman 1991; Frankel, Stein, e Wei 1996; Carrere 2005.

12. Martin, Mayer e Thoenig (2008) estimam que os países que comerciam muito com seus vizinhos têm menos probabilidade de entrar num conflito armado com eles do que os países que comerciam principalmente com parceiros distantes.

13. Banco Mundial 2004a; Nações Unidas 2007.

14. Também na década de 1970, a África Subsaariana era composta de países vastos e sobretudo rurais com algumas poucas áreas densamente povoadas (sobretudo no litoral) isoladas e sem infraestrutura de interconexão – o que dificilmente poderia conduzir à integração regional (CSAO/ECOWAS 2005).

15. As atuais regras da OMC especificam que os acordos regionais de comércio devem cobrir substancialmente todos os setores, o que exclui acordos comerciais setorialmente limitados para os atuais países em desenvolvimento. Mas o princípio de começar com áreas concentradas de cooperação ainda vale.

16. Venables (2003) mostra que a integração regional entre países de baixa renda tende a conduzir para uma divergência de renda entre os países membros menos desenvolvidos e os relativamente mais avançados. Goyal e Staal (2004) mostram que os países pequenos são mais a favor da integração, enquanto os países grandes preferem integrar-se com países de mesmo tamanho.

17. Coulibaly 2006.

18. Banco Mundial 2004b.

19. Laeven e Woodruff 2007.

20. Quadro 3.3 do relatório sobre padrões de segurança alimentar e saúde agrícola (Banco Mundial 2005c).

21. Gibbon e Ponte 2005; Chandra 2006; Broadman 2006; Czubala, Shepherd e Wilson 2007.

22. Fink e Mattoo 2004; Hoekman 2006.

23. Chow e outros 2005; Banco Mundial 2007g.

24. Banco Mundial 2007f.

25. Arvis, Raballand e Marteau 2007.

26. Djankov, Freund e Pham 2006.

27. Behar e Manners 2008.

28. Banco Mundial 2004b.

29. Ambos exemplos foram tirados de um relatório do Grupo de Avaliação Independente do Banco Mundial sobre programas regionais.

30. Leigland e Roberts 2007.

31. Banco Mundial 2006n.

32. N'Guessan e Chitou 2006.

33. Banco Africano de Desenvolvimento 2007.

34. Bougheas, Demetriades e Morgenroth 1999; Limão e Venables 2001.

35. Por exemplo, Foroutan e Pritchett (1993) apresentam esse argumento para a África Subsaariana.

36. Coulibaly e Fontagné 2006.

37. Buys, Deichmann, e Wheeler 2006.

38. Shepherd e Wilson 2006.

39. Vargas-Hidalgo 1979; Wionczek 1970.

40. Hazelwood 1979; Kasekende e Ng'eno 1999.

41. Brandts e Cooper (2007) mostram que uma comunicação eficiente é um mecanismo de coordenação mais poderoso que incentivos puramente financeiros.

42. Sandler 2002.

43. Arce 2001; 2004; Arce e Sandler 2002.

44. Schiff e Winters 2002.

45. In Kraske e outros (1996), p. 95.

46. Ver Associação Internacional de Desenvolvimento e Banco Mundial (2008) para uma discussão aprofundada dessas questões.

47. Schiff e Winters 2002.

48. Mayer 2008.

49. É preciso observar que o Nordeste Asiático é um caso excepcional por causa da proximidade do Japão. Seus principais mercados ainda são a América do Norte e a União Europeia. Para fins de acesso a mercado, dadas suas ligações comerciais com a China, o Sudeste Asiático deve ser considerado parte da mesma região que a China.

50. Hill e Gaddy 2003.

51. Fundo Monetário Internacional (1998) para a ampliação da UE; Schiff e Wang (2003) para o NAFTA.

52. Banco Mundial 2002b.

53. Jessen 2002.

54. Banco Mundial (2003a), relatório sobre comércio e investimento.

55. Avaliação feita usando a metodologia proposta por Coulibaly (2007). O impacto comercial do Conselho de Cooperação do Golfo (CCG) não se sai melhor segundo essa avaliação, ainda que seus membros tenham dado o passo importante de lançar um mercado comum em 1 de janeiro de 2008.

56. Banco Mundial 2007g.

57. Antweiler e Trefler 2002.

58. Ver por exemplo Moreno e Trehan (1997).

59. Arora e Vamvakidis (2005) mostram o impacto da África do Sul sobre seus vizinhos, enquanto Behar e Collier ressaltam o impacto dos países ricos em recursos sobre seus vizinhos na África Subsaariana.

60. Nabi e Nasim 2001.

61. Naqvi e Schuler 2007.

62. Banco Mundial 2007h.

63. Söderbaum 2001.

64. Behar e Collier 2008.

65. Nações Unidas (2004a) e relatório das Nações Unidas e da União Africana (2006) sobre integração regional.

66. N'Dulu 2001.

67. Gregoire e Labazee 1993.

68. Ladman 1979; Asiwaju 2005.

69. Dorosh, Haggblade e Dradri 2007; Jayne e outros 2005; Tschirley e outros 2004; Negri e Porto 2007.

70. Little 2007.

71. Gregoire e Labazee 1993; Yade e outros 1999.

72. Adebusoye 2006.

73. Jourdan e NEPAD 2006.

74. Hoekman e Njinkeu 2007.

75. Grupo de Avaliação Independente (GAI) 2007.

76. Collier e Venables 2007.

GEM 4

1. Alesina, Easterly e Matuszeski 2006.
2. De Blij 2005.
3. Naudé 2007.
4. Ndulu e outros (2007), p. 101.
5. Satterthwaite 2007.
6. Naudé e Matthee 2007.
7. Ramos 2007.
8. Martínez-Zarzoso, García-Menéndez e Suárez-Burguet 2003.

Bibliografia

A palavra "processed" descreve trabalhos informalmente reproduzidos que não podem ser encontrados facilmente nas bibliotecas.

Abreu, María. 2008. "Effectively Dealing with Slums." Background note para o RDM 2009.

Acemoglu, Daron, Simon Johnson, e James A. Robinson. 2001. "The Colonial Origins of Comparative Development: An Empirical Investigation." *American Economic Review* 91 (5): 1369–401.

———. 2002. "Reversal of Fortune: Geography and Institutions in the Making of the Modern World Income Distribution." *Quarterly Journal of Economics* 117 (4): 1231–94.

Acosta, Pablo, Pablo Fajnzylber, e J. Humberto Lopez. 2007. "The Impact of Remittances on Poverty and Human Capital: Evidence from Latin America Household Surveys." In *International Migration, Economic Development e Policy*, ed. Caglar Özden and Maurice Schiff. Washington, DC e New York: World Bank and Palgrave Macmillan.

Adams, David e E. M. Hastings. 2001. "Urban Renewal in Hong Kong: Transition From Development Corporation to Renewal Authority." *Land Use Policy* 18(3):245–58.

Adams, Richard H. Jr. 2006. "Remittances, Poverty e Investment in Guatemala." In *International Migration, Remittances, and the Brain Drain*, ed. Caglar Özden and Maurice Schiff. Washington, DC e New York: World Bank and Palgrave Macmillan.

Adebusoye, Paulina Makinwa. 2006. "Geographic Labour Mobility in Sub-Saharan Africa." Globalization, Growth e Poverty Working Paper Series 1, IDRC, Ottawa.

Adelman, Irma e Sherman Robinson. 1978. "Migration, Demographic Change e Income Distribution in a Model of a Developing Country." In *Research in Population Economics*, vol. I, ed. Julian Simon. Greenwich, CT: JAI Press.

Adhiati, M. Adriana Sri e Armin Bobsien. 2001. *Indonesia's Transmigration Programme—An Update: A Report Prepared for Down to Earth*. London: International Campaign for Ecological Justice in Indonesia.

Africa Development Bank (ADB). 2007. *Report of the High Level Panel: Investing in Africa's Future*. Abidjan, Côte d'Ivoire: ADB.

Aghion, Philippe, Robin Burgess, Stephen J. Redding e Fabrizio Zilibotti. 2006. "The Unequal Effects of Liberalization: Evidence from Dismantling the License Raj in India." NBER Working Paper 12031, National Bureau of Economic Research, Cambridge, MA.

Aghion, Philippe e Peter Howitt. 1992. "A Model of Growth Through Creative Destruction." *Econometrica* 60(2):323–51.

———. 2005. "Growth With Quality-Improving Innovations: An Integrated Framework." In *Handbook of Economic Growth, Volume 1A*, ed. Philippe Aghion and Steven Durlauf. Amsterdam, Netherlands: North-Holland.

Aghion, Philippe e Jeffrey G. Williamson. 1998. *Growth, Inequality and Globalization: Theory, History, and Policy*. New York: Cambridge University Press.

Aitken, Norman D. 1973. "The Effects of the EEC and the EFTA on European Trade: A Temporal Cross-Section Analysis." *American Economic Review* 63 (5): 881–92.

Al-Hassan, Ramatu M. e Xinshen Diao. 2007. "Regional Disparities in Ghana: Policy Options and Public Investment Implications." IFPRI Working Paper 693, Internationhal Food Policy Research Institute, Washington, DC.

Alcalá, Francisco e Antonio Ciccone. 2004. "Trade and Productivity." *Quarterly Journal of Economics* 119 (2): 613–46.

Alderman, Harold, Miriam Babita, Gabriel Demombynes, Nthabiseng Makhatha e Berk Özler. 2002. "How Low Can You Go? Combining Census and Survey Data for Mapping Poverty in South Africa." *Journal of African Economies* 11 (2): 169–200.

Alesina, Alberto, Arnaud Devleeschauwer, William Easterly, Sergio Kurlat e Romain Wacziarg. 2003. "Fractionalization." *Journal of Economic Growth* 8 (2): 155–94.

Alesina, Alberto, William Easterly e Janina Matuszeski. 2006. "Artificial States." Working Paper 2115, Harvard Institute of Economic Research, Cambridge, MA.

Alesina, Alberto e Enrico Spolaore. 2003. *The Size of Nations*. Cambridge, MA e London: MIT Press.

Allen, Robert, Jean-Pascal Bassino, Debin Ma, Christine Moll-Murata e Jan Luiten Van Zanden. 2007. "Wages, Prices e Living Standards in China, 1738–1925: In Comparison with Europe, Japan, and India." Economics Working Paper 316, University of Oxford, Oxford, U.K.

Alston, Lee e T. J. Hatton. 1991. "The Earnings Gap between Agricultural and Manufacturing Laborers, 1925–1941." *Journal of Economic History* 51 (1): 83–99.

Amiti, Mary e Shang-Jin Wei. 2005. "Fear of Service Outsourcing: Is It Justified?" *Economic Policy* 20 (42): 308–47.

Anderson, James E. e Eric van Wincoop. 2003. "Gravity with Gravitas: A Solution to the Border Puzzle." *American Economic Review* 93 (1): 170–92.

———. 2004. "Trade Costs." *Journal of Economic Literature* 42 (3): 691–751.

Anderson, Kathryn H. e Richard Pomfret. 2005. "Spatial Inequality and Development in Central Asia." In *Spatial Disparities in Human Development: Perspectives from Asia*, ed. Ravi Kanbur, Anthony J. Venables e Guanghua Wan. Tokyo and New York: United Nations University Press.

Andrews, Martyn, Kenneth Clark e William Whittaker. 2007. "The Employment and Earnings of Migrants in Great Britain." Working Paper 3068, Institute for the Study of Labor, Bonn, Germany.

Andrienko, Yuri e Sergei M. Guriev. 2003. "Determinants of Interregional Mobility in Russia: Evidence from Panel Data." Working Paper 3835, Centre for Economic Policy Research, London.

Angel, Shlomo. 2008. "Preparing for Urban Expansion: A Proposed Strategy for Intermediate Cities in Ecuador." In *The New Global Frontier: Cities, Poverty and Environment in the 21st Century*, ed. G. Martine, G. McGranahan, M. Montgomery e R. Castilla-Fernandez. London: IIED/UNFPA and Earthscan.

Angeriz, Alvaro, John McCombie e Mark Roberts. 2008. "New Estimates of Returns to Scale and Spatial Spillovers for EU Regional Manufacturing, 1986–2002." *International Regional Science Review* 31 (1): 62–87.

Anh, Dang Nguyen. 2003. "Migration and Poverty in Asia, with Reference to Bangladesh, China, the Philippines e Viet Nam." Paper presented at the Ad Hoc Expert Group Meeting on Migration and Development, Bangkok, Thailand, August 27.

Anh, Dang Nguyen, Cecilia Tacoli e Hoang Xuan Thanh. 2003. "Migration in Vietnam: A Review of Information on Current Trends and Patterns, and Their Policy Implications." Paper presented at the Regional Conference on Migration, Development and Pro-poor Policy Choices in Asia, Dhaka, Bangladesh.

Antràs, Pol, Luis Garicano e Esteban Rossi-Hansberg. 2006. "Offshoring in a Knowledge Economy." *Quarterly Journal of Economics* 121 (1): 31–77.

Antweiler, Werner e Daniel Trefler. 2002. "Increasing Returns and All That: A View from Trade." *American Economic Review* 92 (1): 93–119.

Arce, Daniel M. 2001. "Leadership and the Aggregation of International Collective Action." *Oxford Economic Papers* 53 (1): 114–37.

———. 2004. "Asymmetric Leadership and International Public Goods." *Public Finance Review* 32 (5): 528–58.

Armstrong, Harvey e Jim Taylor. 2000. *Regional Economics and Policy*. Oxford, U.K.: Blackwell.

Arnold, John. 2006. "Best Practices in Management of International Trade Corridors." Transport Working Paper TM-13, World Bank, Washington, DC.

Arora, Vivek e Athanasios Vamvakidis. 2005. "The Implications of South African Economic Growth for the Rest of Africa." *South African Journal of Economics* 73 (2): 229–42.

Arrow, Kenneth J. 1962. "Economic Welfare and the Allocation of Resources for Invention." In *The Rate and Direction of Inventive Activity: Economic and Social Factors*, ed. Conference of the Universities and the National Bureau Committee for Economic Research. Princeton, NJ: Princeton University Press.

Arvis, Jean-François, Gael Raballand e Jean-François Marteau. 2007. "The Cost of Being Landlocked: Logistics Cost and Supply Chain Reliability." Policy Research Working Paper 4258, World Bank, Washington, DC.

Asiwaju, Anthony I. 2005. "Transfrontier Regionalism: The European Union Perspective on Postcolonial Africa, with Special Reference to Borgu." In *Holding the Line. Borders in a Global World*, ed. Heather N. Nicol and Ian Townsend-Gault. Vancouver, Canada: University of British Columbia Press.

Atkinson, Michael M. e Richard A. Powers. 1987. "Inside the Industrial Policy Garbage Can: Selective Subsidies to Business in Canada." *Canadian Public Policy* 13 (2): 208–17.

Au, Chun-Chung e J. Vernon Henderson. 2006a. "Are Chinese Cities Too Small?" *Review of Economic Studies* 73 (3): 549–76.

———. 2006b. "How Migration Restrictions Limit Agglomeration and Productivity in China." *Journal of Development Economics* 80 (2): 350–88.

Audretsch, David B. e Maryann P. Feldman. 1996. "R&D Spillovers and the Geography of Innovation and Production." *American Economic Review* 86 (3): 630–40.

Azzoni, Carlos, Naercio Menezes-Filho, Tatiane A. De Menezes e Raul Silveira-Neto. 2000. "Geography and Income Convergence among Brazilian States." Research Network Working Paper R-395, Inter-American Development Bank, Washington, DC.

Bae, Chang-Hee Christine e Yaourai Suthiranart. 2003. "Policy Options towards a Sustainable Urban Transportation Strategy for Bangkok." *International Development Planning Review* 25 (1): 31–51.

Baer, Werner. 1995. *The Brazilian Economy: Growth and Development*, 4th ed. Westport, CT: Praeger Publishers.

Baier, Scott L. e Jeffrey H. Bergstrand. 2004. "Economic Determinants of Free Trade Agreements." *Journal of International Economics* 64 (1): 29–63.

Bairoch, Paul. 1982. "International Industrialization Levels from 1750 to 1980." *Journal of European Economic History* 11 (2): 269–333.

———. 1988. *Cities and Economic Development: From the Dawn of History to the Present*. Chicago: University of Chicago Press.

Bairoch, Paul e Gary Goertz. 1986. "Factors of Urbanization in the Nineteenth-Century Developed Countries: A Descriptive and Econometric Analysis." *Urban Studies* 23 (4): 285–305.

Baker, Jim. 1999. *Crossroads: A Popular History of Malaysia and Singapore*. Singapore: Times Books International.

Baker, Judy, Rakhi Basu, Maureen Cropper, Somik V. Lall e Akie Takeuchi. 2005. "Urban Poverty and Transport: The Case of Mumbai." Policy Research Working Paper 3693, World Bank, Washington, DC.

Baker, Kevin. 2001. "The First Slum in America." *New York Times*, September 30.

Balassa, Bela. 1967. "Trade Creation and Trade Diversion in European Common Market." *Economic Journal* 77 (305): 1–21.

Baldwin, John R. e Paul K. Gorecki. 1986. *Role of Scale in Canada–U.S. Productivity Differences in the Manufacturing Sector 1970–1979*. Buffalo, NY e Toronto, Canada: University of Toronto Press.

Baldwin, Richard E. 1995. "A Domino Theory of Regionalism." In *Expanding Membership of the European Union*, ed. Richard E. Baldwin, Pertti Haaparanta e Jaakko Kiander. Cambridge, MA e New York: Cambridge University Press.

———. 2008. "Sequencing and Depth of Regional Economic Integration: Lessons for the Americas from Europe." *World Economy* 31 (1): 5–30.

Baldwin, Richard E., Rikard Forslid, Philippe Martin, Gianmarco I. P. Ottaviano e Frederic Robert-Nicoud. 2003. *Economic Geography and Public Policy*. Princeton, NJ: Princeton University Press.

Baldwin, Richard E. e Philippe Martin. 1999. "Two Waves of Globalization: Superficial Similarities, Fundamental Differences." In *Globalization and Labor*, ed. Horst Siebert. Tuebingen, Germany: Mohr Siebeck.

Baldwin, Richard E., Philippe Martin e Gianmarco I. P. Ottaviano. 2001. "Global Income Divergence, Trade, and Industrialization: The Geography of Growth Take-Offs." *Journal of Economic Growth* 6 (1): 5–37.

Baldwin, Richard E. e Charles Wyplosz. 2006. *The Economics of European Integration*, 2nd ed. London: McGraw-Hill Education.

Balisacan, Arsenio, Hal Hill e Sharon Faye Piza. Forthcoming. "Spatial Disparities and Development Policy in the Philippines." In *Reshaping Economic Geography in East Asia*, ed. Yukon Huang and Alessandro Magnoli Bocchi. Washington, DC: World Bank, EAP Companion Volume to the WDR 2009.

Balk, Deborah L., Uwe Deichmann, Gregory Yetman, Francesca Pozzi, Simon I. Hay e Andrew Nelson. 2006. "Determining Global Population Distribution: Methods, Applications, and Data." *Advances in Parasitology* 62: 119–56.

Banco Mundial. *Ver* World Bank.

Banerjee, Abhijit e Lakshmi Iyer. 2005. "History, Institutions, and Economic Performance: The Legacy of Colonial Land Tenure Systems in India." *American Economic Review* 95 (4): 1190–213.

Barro, Robert J. e Xavier Sala-I-Martin. 1992. "Convergence." *Journal of Political Economy* 100 (2): 223–51.

———. 2004. *Economic Growth*, 2nd ed. Cambridge, MA: MIT Press.

Barro, Robert J., Xavier Sala-I-Martin, Olivier J. Blanchard e Robert E. Hall. 1991. "Convergence across States and Cities." *Brookings Papers on Economic Activity* 1991 (1): 107–82.

Bartelsman, Eric J., Ricardo J. Caballero e Richard K. Lyons. 1994. "Customer and Supplier-Driven Externalities." *American Economic Review* 84 (4): 1075–84.

Basu, Susanto e John G. Fernald. 1997. "Returns to Scale in U.S. Production: Estimates and Implications." *Journal of Political Economy* 105 (2): 249–83.

Baumert, Kevin A., Timothy Herzog e Jonathan Pershing. 2005. *Navigating the Numbers: Greenhouse Gas Data and International Climate Policy*. Washington, DC: World Resources Institute.

Baumol, William J. 1986. "Productivity Growth, Convergence, and Welfare: What the Long-Run Data Show." *American Economic Review* 76 (5): 1072–85.

Bayes, Abdul. 2007. *Impact Assessment of Jamuna Multipurpose Bridge Project (JMBP) on Poverty*. Dhaka: Japan Bank for International Cooperation.

Bazoglu, Nefise. 2008. *Cities in Transition: Demographics and the Development of Cities*. Philadelphia: Pennsylvania State University.

Beaumier, Guy. 1998. *Regional Development in Canada*. Ottawa: Government of Canada.

Beegle, Kathleen, Joachim De Weerdt e Stefan Dercon. 2008. "Migration and Economic Mobility in Tanzania: Evidence from a Tracking Survey." World Bank, Washington, DC. Processed.

Behar, Alberto e Paul Collier. 2008. "Does Proximity Matters More Than Wealth?" CSAE, Oxford, U.K.

Behar, Alberto e Phil Manners. 2008. "Logistics and Exports." Department of Economics and CSAE Working Paper 2008-13, University of Oxford, Oxford, U.K.

Bekaert, Geert, Campbell R. Harvey e Christian Lundblad. 2005. "Does Financial Liberalization Spur Growth?" *Journal of Financial Economics* 77 (1): 3–55.

Bell, Martin. 2003. "Comparing Internal Migration between Countries: Measures, Data Sources e Results." Working Paper 2003/02, University of Queensland Centre for Population Research, Brisbane, Australia.

Bento, Antonio M., Maureen L. Cropper, Ahmed Mushfiq Mobarak e Katja Vinha. 2003. "The Impact of Urban Spatial Structure on Travel Demand in the United States." Policy Research Working Paper 3007, World Bank, Washington, DC.

Bergstrand, Jeffrey H. 2006. "Regional Integration as a Development Strategy." Paper presented at The New Regionalism: Progress, Setbacks e Challenges, Washington, DC.

Bernstein, Jeffrey I. e M. Ishaq Nadiri. 1988. "Inter-industry R&D Spillovers, Rates of Return e Production in High-Tech Industries." *American Economic Review* 78 (2): 429–34.

Bertaud, Alain. 2003. "Order without Design." World Bank, Washington, DC. Processed.

———. 2004. "The Spatial Organization of Cities: Deliberate Outcome or Unforeseen Consequence?" Working Paper WP-2004-01, Institute of Urban and Regional Development, Berkeley, CA.

Bertram, Geoffrey. 2004. "On the Convergence of Small Island Economies with their Metropolitan Patrons." *World Development* 32 (2): 343–64.

Bhagwati, Jagdish. 1995. "U.S. Trade Policy: The Infatuation with Free Trade Areas." In *The Dangerous Drift to Preferential Trade Agreements*, ed. Jagdish Bhagwati and Anne O. Krueger. Washington, DC: American Enterprise Institute.

Bhagwati, Jagdish, David Greenaway e Arvind Panagariya. 1998. "Trading Preferentially: Theory and Policy." *Economic Journal* 108 (449): 1128–48.

Bhagwati, Jagdish e T. N. Srinivasan. 2002. "Trade and Poverty in the Poor Countries." *American Economic Review* 92 (2): 180–3.

Biedermann, Rob. 2007. "Sinvin Realty Handles Meatpacking District Deal in NYC." *crefeed.com*, October 29.

Bikhchandani, Sushil, David Hirshleifer e Ivo Welch. 1998. "Learning from the Behavior of Others: Conformity, Fads, and Informational Cascades." *Journal of Economic Perspectives* 12 (3): 151–70.

Bird, Kate e Kate Higgins. 2008. "Regional Inequality and Primary Education in Northern Uganda, Policy Brief 2." Background paper for the WDR 2009.

Black, Duncan e J. Vernon Henderson. 1999. "A Theory of Urban Growth." *Journal of Political Economy* 107 (2): 252–84.

———. 2003. "Urban Evolution in the USA." *Journal of Economic Geography* 3 (4): 343–72.

Blake, Gerald. 2005. "Boundary Permeability in Perspective." In *Holding the Line: Borders in a Global World*, ed. Heather N. Nicol and Ian Townsend-Gault. Vancouver, Canada: University of British Columbia Press.

Blanchard, Olivier J., Lawrence F. Katz, Robert E. Hall e Barry Eichengreen. 1992. "Regional Evolutions." *Brookings Papers on Economic Activity* 1992 (1): 1–75.

Boltho e rea, Wendy Carlin e Pasquale Scaramozzino. 1997. "Will East Germany Become a New Mezzogiorno?" *Journal of Comparative Economics* 24 (3): 241–64.

Bolton, Patrick e Gerard Roland. 1997. "The Breakup of Nations: A Political Economy Analysis." *Quarterly Journal of Economics* 112 (4): 1057–90.

Bond, Eric W. 2005. "The Sequencing of Trade Liberalization in the Presence of Adjustment Costs." Paper presented at the Sequencing of Regional Economic Integration: Issues in the Breadth and Depth of Economic Integration in the Americas, Notre Dame, IN.

Booth, Charles. 1901. *Improved Means of Locomotion as a First Step Towards the Cure of the Housing Difficulties of London*. London: Macmillan.

Bordo, Michael D., Barry Eichengreen e Douglas A. Irwin. 1999. "Is Globalization Today Really Different Than Globalization a Hundred Years Ago?" NBER Working Paper 7195, National Bureau of Economic Research, Cambridge, MA.

Boreak, Sik. 2000. "Land Ownership, Sales e Concentration in Cambodia. A Preliminary Review of Secondary Data and Primary Data from Four Recent Surveys." Working Paper 16, Development Resource Institute, Phnom Penh.

Borgegård, Lars-Erik e Jim Kemeny. 2004. "Sweden: High-Rise Housing for a Low-Density Country." In *High-Rise Housing in Europe: Current Trends and Future Prospects*, ed. R. Turkington, R. van Kempen e E. Wassenberg. Delft, Netherlands: Delft University Press.

Borjas, George J. 1990. *Friends or Strangers: The Impact of Immigration on the U.S. Economy*. New York: Basic Books.

Borjas, George J., Stephen G. Bronars e Stephen J. Trejo. 1992. "Self Selection and Internal Migration in the United States." *Journal of Urban Economics* 32 (2): 159–85.

Borsch-Supan, Axel. 1987. "The Role of Education: Mobility Increasing or Mobility Impeding?" NBER Working Paper 2329, National Bureau of Economic Research, Cambridge, MA.

Bossone, Biagio e Jong-Kun Lee. 2004. "In Finance, Size Matters: The 'Systemic Scale Economies' Hypothesis." *IMF Staff Papers* 51 (1): 19–46.

Bougheas, Spiros, Panicos O. Demetriades e Edgar L. W. Morgenroth. 1999. "Infrastructure, Transport Costs, and Trade." *Journal of International Economics* 47 (1): 169–89.

Bourguignon, François e Christian Morrisson. 1998. "Inequality and Development: The Role of Dualism." *Journal of Development Economics* 57 (2): 233–57.

———. 2002. "Inequality among World Citizens: 1820–1992." *American Economic Review* 92 (4): 727–44.

Brahmbhatt, Milan. 2004. *Strong Fundamentals to the Fore: Regional Overview*. Washington, DC: World Bank, East and Pacific Region.

Brakman, Steven, Harry Garretsen e Charles van Marrewijk. 2001. *An Introduction to Geographical Economics: Trade, Location, and Growth*. New York: Cambridge University Press.

Brandts, Jordi e David J. Cooper. 2007. "It's What You Say, Not What You Pay: An Experimental Study of Manager-Employee Relationships in Overcoming Coordination Failure." *Journal of the European Economic Association* 5 (6): 1223–68.

Brezis, Elise S. e Paul R. Krugman. 1997. "Technology and the Life Cycle of Cities." *Journal of Economic Growth* 2 (4): 369–83.

Bristow, R. 1984. *Land-Use Planning in Hong Kong: History, Policies, and Procedures*. Hong Kong: Oxford University Press.

Broadman, Harry G. 2005. *From Disintegration to Reintegration: Eastern Europe and the Former Soviet Union in International Trade*. Washington, DC: World Bank.

———. 2006. *Africa's Silk Road: China and India's New Economic Frontier*. Washington, DC: World Bank.

Brockerhoff, M. e P. Hewett. 2000. "Inequality of Child Mortality among Ethnic Groups in Sub-Saharan Africa." *Bulletin of the World Health Organization* 78 (1): 30–41.

Brown, Annette N. 1997. "The Economic Determinants of the Internal Migration Flows in Russia During Transition." Working Paper 89, William Davidson Institute, Ann Arbor, MI.

Brown, David, Marianne Fay, John Felkner, Somik V. Lall e Hyoung Gun Wang. 2008. "The Death of Distance? Economic Implications of Infrastructure Improvement in Russia." World Bank, Office of the Chief Economist, Europe and Central Asia Region, Washington, DC.

Brueckner, Jan K. 2007. "Government Land-Use Interventions: An Economic Analysis." Paper presented at the World Bank 4th Urban Research Symposium, Washington, DC.

Brülhart, Marius. 2008. "An Account of Global Intra-Industry Trade, 1962–2006." Working Paper 2008-08, University of Nottingham, Nottingham, U.K.

Brunetti, Aymo e Beatrice Weder. 2003. "A Free Press Is Bad News for Corruption." *Journal of Public Economics* 87 (7–8): 1801–24.

Brushett, Stephen. 2005. "Management and Financing of Road Transport Infrastructure in Africa." Sub-Saharan Africa Transport Policy Working Paper 4, World Bank, Washington, DC.

Bryceson, Deborah Fahy. 1999. "Sub-Saharan Africa Betwixt and Between: Rural Livelihood Practices and Policies." Working Paper 43, African Studies Centre, Leiden, Netherlands.

Buckley, Robert, Alain Bertaud e V. K. Phatak. 2005. "Property Rights and Interlocking Policy Constraints Urban Land Markets: Reforming Mumbai's Real Estate Raj." Paper presented at the Land Policies and Administration for Accelerated Growth and Poverty Reduction, New Delhi.

Buckley, Robert e Jerry Kalarickal, eds. 2006. *Thirty Years of World Bank Shelter Lending: What Have We Learned?* Washington, DC: World Bank.

Burchfield, Marcy, Henry G. Overman, Diego Puga e Matthew Turner. 2006. "Causes of Sprawl: A Portrait from Space." *Quarterly Journal of Economics* 121 (2): 587–633.

Burkey, Mark L. 2006. "Gini Coefficients for the 2000 Census." North Carolina A&T State University, Department of Economics and Transportation-Logistics, Greensboro, NC.

Button, Kenneth. 1999. "Shipping Alliances: Are They at the Core of Solving Instability Problems in Shipping?" Paper presented at the 1999 Meeting of the International Association of Maritime Economists, Halifax, Canada.

Buys, Piet, Susmita Dasgupta, Timothy S. Thomas e David Wheeler. 2008. "Determinants of a Digital Divide in Sub-Saharan Africa: A Spatial Econometric Analysis of Cell Phone Coverage." Policy Research Working Paper 4516, World Bank, Washington, DC.

Buys, Piet, Uwe Deichmann e David Wheeler. 2006. "Road Network Upgrading and Overland Trade Expansion in Sub-Saharan Africa." Policy Research Working Paper 4097, World Bank, Washington, DC.

Cabinet Council. 1972. *New Integrated Spatial Development Plan (Japanese)*. Tokyo: Cabinet Council.

Calem, Paul S. 1994. "The Impact of Geographic Deregulation on Small Banks." *Business Review* (November/December): 17–31.

Calem, Paul S. e Gerald A. Carlino. 1991. "Urban Agglomeration Economies in the Presence of Technical Change." *Journal of Urban Economics* 29 (1): 82–95.

Cali, Massimiliano. 2008. "Urbanization, Inequality e Economic Growth: Evidence from Indian States." Background paper for the WDR 2009.

Calmon, Paulo Carlos Du Pin. 2003. "Evaluation of Subsidies in Brazil: An Overview." World Bank, Washington, DC.

Canning, David e Esra Bennathan. 2007. "The Rate of Return to Transportation Infrastructure." In *Transport, Infrastructure Investment and Economic Productivity*, ed. OECD/ECMT. Paris: Organisation for Economic Co-operation and Development.

Cárdenas, Mauricio e Adriana Pontón. 1995. "Growth and Convergence in Colombia: 1950–1990." *Journal of Development Economics* 47 (1): 5–37.

Carlino, Gerald A. 1979. "Increasing Returns to Scale in Metropolitan Manufacturing." *Journal of Regional Science* 19 (3): 369–72.

Carlino, Gerald A. e Satyajit Chatterjee. 2001. "Employment Deconcentration: A New Perspective on America's Postwar Urban Evolution." Working Paper 01-4, Federal Reserve Bank of Philadelphia, Philadelphia.

Carlton, Dennis W. 1983. "The Location and Employment Choices of New Firms: An Econometric Model with Discrete and Continuous Endogenous Variables." *Review of Economics and Statistics* 65 (3): 440–49.

Carrère, Céline. 2007. "Regional Agreement and the Welfare in the South: When Scale Economies in Transport Matters." Working Paper 2007-26, CERDI, Clermont-Ferrand, France.

Carvalho, Alexandre S., Somik V. Lall e Christopher Timmins. 2006. "Regional Subsidies and Industrial Prospects of Lagging Regions." Policy Research Working Paper 3843, World Bank, Washington, DC.

Caselli, Francesco. 2005. "Accounting for Cross-Country Income Differences." In *Handbook of Economic Growth*, vol. I, ed. Philippe Aghion and Steven N. Durlauf. Amsterdam: North-Holland.

Caselli, Francesco e James Feyrer. 2007. "The Marginal Product of Capital." *Quarterly Journal of Economics* 122 (2): 535–68.

Cashin, Paul A. 1995. "Economic Growth and Convergence across the Seven Colonies of Australasia: 1861–1991." *Economic Record* 71 (2): 132–44.

Catin, Maurice e Christophe Van Huffel. 2003. "Inégalités Régionales et Développement Economique: le Cas Français (1850–2000)." *La Revue d'Economie Régionale e Urbaine* Part 5: 1–18.

Chakraborty, Pinaki. 2003. "Unequal Fiscal Capacities across Indian States: How Corrective Is the Fiscal Transfer Mechanism?" Paper presented at the WIDER project conference on Spatial Inequality in Asia at United Nations University Headquarters, Tokyo.

Chakravorty, Sanjoy e Somik V. Lall. 2005. "Industrial Location and Spatial Inequality: Theory and Evidence from India." *Review of Development Economics* 9 (1): 47–68.

———. 2007. *Made in India: The Economic Geography and Political Economy of Industrialization*. New Delhi and New York: Oxford University Press.

Chandler, Alfred Dupont Jr. 1977. *The Visible Hand: The Managerial Revolution in American Business*. Cambridge, MA: Belknap Press.

Chandler, Mittie Olion. 1992. "Public Housing Desegregation: What Are the Options?" *Housing Policy Debate* 3 (2): 509–34.

Chandler, Tertius. 1987. *Four Thousand Years of Urban Growth: An Historical Census*. Lampeter, U.K.: Edwin Mellen Press.

Chandler, Tertius e Gerald Fox. 1974. *Three Thousand Years of Urban Growth*. New York and London: Academic Press.

Chandra, Vandana, ed. 2006. *Technology Adaptation and Exports: How Some Developing Countries Got It Right*. Washington, DC: World Bank.

Chang, Ha-Joon. 2005. "Policy Space in Historical Perspective—with Special Reference to Trade and Industrial Policies." Paper presented at the Queen Elizabeth House 50th Anniversary Conference: The Development of Threats and Promises, Oxford, U.K.

Charlot, Sylvie e Gilles Duranton. 2004. "Communication Externalities in Cities." *Journal of Urban Economics* 56 (3): 581–613.

Chase-Dunn, Christopher, Yukio Kawano e Benjamin D. Brewer. 2000. "Trade Globalization since 1795: Waves of Integration in the World System." *American Sociological Review* 65 (1): 77–95.

Chen, Yang. 2008. "China: A Case Study of 1D-2D-3D Areas." Background note for the WDR 2009.

———. 2008. "Urban Agglomeration Policy in China." Background note for the WDR 2009.

Chinitz, Benjamin J. 1961. "Contrasts in Agglomeration: New York and Pittsburgh." *American Economic Review* 51 (2): 279–89.

Chinn, Menzie D. e Hiro Ito. 2006. "What Matters for Financial Development? Capital Controls, Institutions, and Interactions." *Journal of Development Economics* 81 (1): 163–92.

Chiquier, Loic, Olivier Hassler e Michael Lea. 2004. "Mortgage Securities in Emerging Markets." Policy Research Working Paper 3370, World Bank, Washington, DC.

Chomitz, Kenneth M., Piet Buys e Timothy S. Thomas. 2005. "Quantifying the Rural-Urban Gradient in Latin America and the Caribbean." Policy Research Working Paper 3634, World Bank, Washington, DC.

Chow, Hwee K., Peter N. Kriz, Roberto S. Mariano e Augustine H. H. Tan. 2005. *Trade, Investment, and Financial Integration in East*

Asia. Tanglin, Singapore: Association of Southeasrtern Asian Nations + 3 Secretariat.

Christaller, Walter. 1933. *Central Places in Southern Germany*. Englewood Cliffs, NJ: Prentice Hall.

Christensen, Dan Charly. 2004. "Physiocracy: The Missing Link." In *Modernisation and Tradition European Local and Manorial Societies 1500–1900*, ed. K. Sundberg, T. Germundsson e K. Hansen. Lancaster, U.K.: Nordic Academic Press.

Ciccone, Antonio. 2002. "Agglomeration Effects in Europe." *European Economic Review* 46(2):213–27.

Ciccone, Antonio e Robert E. Hall. 1996. "Productivity and the Density of Economic Activity." *American Economic Review* 86(1):54–70.

Ciccone, Antonio e Giovanni Peri. 2006. "Identifying Human-Capital Externalities: Theory with Applications." *Review of Economic Studies* 73 (2): 381–412.

Clark, Colin. 1957. *The Conditions of Economic Progress*, 3rd ed. London: Macmillan.

Clemens, Michael A., Claudio E. Montenegro e Lant Pritchett. 2008. "The Place Premium: Wage Differences for Identical Workers across the U.S. Border." Policy Research Working Paper 4671, World Bank, Washington, DC. Background paper for the WDR 2009.

Cockrem, Tom. 2007. "Singapore's Slum Deal." *The Sun-Herald*, April 8.

Coe, Patrick J. e J. C. Herbert Emery. 2004. "The Disintegrating Canadian Labour Market? The Extent of the Market Then and Now." *Canadian Journal of Economics* 37 (4): 879–97.

Cohen, Daniel e Marcelo Soto. 2007. "Growth and Human Capital: Good Data, Good Results." *Journal of Economic Growth* 12 (1): 51–76.

Cole, William E. e Richard D. Sanders. 1985. "Internal Migration and Urban Employment in the Third World." *American Economic Review* 75 (3): 481–94.

Collier, Paul. 2003. *Breaking the Conflict Trap: Civil War and Development Policy*. Washington, DC e New York: World Bank and Oxford University Press.

———. 2007. *The Bottom Billion: Why the Poorest Countries Are Failing and What Can Be Done about It*. New York and Oxford, U.K.: Oxford University Press.

Collier, Paul e Stephen A. O'Connel. 2008. "Opportunities and Choices." In *The Political Economy of Economic Growth in Africa, 1960–2000*, vol. 1, ed. Benno J. Ndulu, Stephen A. O'Connel, Robert H. Bates, Paul Collier e Charles C. Soludo. Cambridge, U.K.: Cambridge University Press.

Collier, Paul e Anthony J. Venables. 2007. "Rethinking Trade Preferences: How Africa Can Diversify Its Exports." *World Economy* 30 (8): 1326–45.

Combes, Pierre-Philippe. 2000. "Marshall-Arrow-Romer Externalities and City Growth." Working Paper 99-06, Centre d'Étude et de Recherche en Action Sociale, Paris.

Combes, Pierre-Philippe e Miren Lafourcade. 2001. "Transport Cost Decline and Regional Inequalities: Evidence from France." Working Paper 2894, Centre for Economic Policy Research, London.

———. 2005. "Transport Costs: Measures, Determinants, and Regional Policy Implications for France." *Journal of Economic Geography* 5 (3): 319–49.

Commission for Africa (CFA). 2005. *Our Common Interest: Report of the Commission for Africa*. London: CFA.

Connell, J., B. Dasgupta, R. Laishley e M. Lipton. 1976. *Migration from Rural Areas: The Evidence from Village Studies*. Delhi: Oxford University Press.

Costa, Dora L. e Matthew E. Kahn. 2000. "Power Couples: Changes in the Locational Choice of the College Educated, 1940–1990." *Quarterly Journal of Economics* 115 (4): 1287–315.

Coulibaly, Souleymane. 2006. "Regional Integration and the Persistent Uneven Spread of Economic Activities in Developing Areas." *Economie Internationale* 106 (2): 5–23.

———. 2007. "Evaluating the Trade Impact of Developing RTAs: A Semi-Parametric Approach." Policy Research Working Paper 4220, World Bank, Washington, DC.

———. 2008. "On the Complementarity of Regional and Global Trade." Background paper for the WDR 2009.

Coulibaly, Souleymane e Lionel Fontagné. 2006. "South-South Trade: Geography Matters." *Journal of African Economies* 15 (2): 313–41.

Crafts, Nicholas. 2005. "Regional GDP in Britain, 1871–1911: Some Estimates." *Scottish Journal of Political Economy* 52 (1): 54–64.

———. 2008. "Spatial Disparities in 19th-Century British Industrialization." Background note for the WDR 2009.

Crafts, Nicholas, Terence C. Mills e Abay Mulatu. 2007. "Total Factor Productivity Growth on Britain's Railways, 1852–1912: A Reappraisal of the Evidence." *Exploration in Economic History* 44 (4): 608–34.

Crafts, Nicholas e Gianni Toniolo. 1996. *Economic Growth in Europe since 1945*. Cambridge, U.K. e New York: Cambridge University Press.

Crafts, Nicholas F. R. 1989. "British Industrialization in an International Context." *Journal of Interdisciplinary History* 19 (3): 415–28.

Criscuolo, Chiara, Jonathan E. Haskel e Mattew J. Slaughter. 2004. "Why Are Some Firms More Innovative? Knowledge Inputs, Knowledge Stocks, and the Role of Global Engagement." Tuck School of Business, Hanover, NH.

CSAO-ECOWAS. 2005. *Atlas des Transports et des Telecommunications dans la West African States*. Paris and Abuja: Club Du Sahel et de L'Afrique de L'Ouest and Economic Community of West African States.

Cullinane, Sharon. 2002. "The Relationship between Car Ownership and Public Transport Provision: A Case Study of Hong Kong." *Transport Policy* 9 (1): 29–39.

Cutler, David, Angus Deaton e Adriana Lleras-Muney. 2006. "The Determinants of Mortality." *Journal of Economic Perspectives* 20 (3): 97–120.

Czubala, Witold, Ben Shepherd e John S. Wilson. 2007. "Help or Hindrance? The Impact of Harmonized Standards on African Exports." Policy Research Working Paper 4400, World Bank, Washington, DC.

Da Mata, Daniel, Uwe Deichmann, J. Vernon Henderson, Somik V. Lall e Howard G Wang. 2007. "Determinants of City Growth in Brazil." *Journal of Urban Economics* 62 (2): 252–72.

Dall'Erba, Sandy. 2003. "The Trade-off Efficiency-Equity as an Explanation of the Mitigated Success of the European Regional Development Policies." Working Paper 2 (3), EUC, Urbana, IL.

Davezies, Laurent. 2001. *Policies for Sound Development*. Paris: Organisation for Economic Co-operation and Development.

Davis, Donald R. e David E. Weinstein. 1999. "Economic Geography and Regional Production Structure: An Empirical Investigation." *European Economic Review* 43 (2): 379–407.

Davis, Steven J. e John C. Haltiwanger. 1992. "Gross Job Creation, Gross Job Destruction, and Employment Reallocation." *Quarterly Journal of Economics* 107 (3): 819–63.

De Blij, Harm. 2005. *Why Geography Matters: Three Challenges Facing America: Climate Change, the Rise of China, and Global Terrorism*. New York: Oxford University Press.

De Brauw, Alan e John Giles. 2008. "Migrant Labor Markets and the Welfare of Rural Households in the Developing World: Evidence from China." Policy Research Working Paper 4585, World Bank, Washington, DC.

De la Fuente, Angel. 2000. "Convergence across Countries and Regions: Theory and Empirics." Working Paper 2465, Centre for Economic Policy Research, London.

———. 2004. "Second-Best Redistribution through Public Investment: A Characterization, an Empirical Test and an Application to the Case of Spain." *Regional Science and Urban Economics* 34 (5): 489–503.

De la Fuente, Angel, Xavier Vives, Juan J. Dolado e Riccardo Faini. 1995. "Infrastructure and Education as Instruments of Regional Policy: Evidence from Spain." *Economic Policy* 10 (20): 11–51.

De Long, J. Bradford. 1988. "Productivity Growth, Convergence e Welfare: Comment." *American Economic Review* 78 (5): 1138–54.

De Long, J. Bradford e Andrei Shleifer. 1993. "Princes and Merchants: European City Growth before the Industrial Revolution." *Journal of Law and Economics* 36 (2): 671–702.

Decressin, Jörg e Antonio Fatás. 1994. "Regional Labour Market Dynamics in Europe." Working Paper DP1085, Centre for Economic Policy Research, London.

Deichmann, Uwe, Marianne Fay, Jun Koo e Somik V. Lall. 2004. "Economic Structure, Productivity, and Infrastructure Quality in Southern Mexico." *Annals of Regional Science* 38 (3): 361–85.

Deichmann, Uwe, Kai Kaiser, Somik V. Lall e Zmarak Shalizi. 2005. "Agglomeration, Transport, and Regional Development in Indonesia." Policy Research Working Paper 3477, World Bank, Washington, DC.

Deichmann, Uwe, Somik V. Lall, Stephen J. Redding e Anthony J. Venables. 2008. "Industrial Location in Developing Countries." *World Bank Research Observer* 23(2): 219–46.

Deininger, Klaus W. e S. Jin. 2003. "Land Sales and Rental Markets in Transition. Evidence from Rural Vietnam." Policy Research Working Paper 3013, World Bank, Washington, DC.

Dekle, Robert e Jonathan Eaton. 1999. "Agglomeration and Land Rents: Evidence from the Prefectures." *Journal of Urban Economics* 46 (2): 200–14.

Demurger, Sylvie, Jeffrey D. Sachs, Wing Thye Woo, Shuming Bao, Gene Chang e Andrew Mellinger. 2002. "Geography, Economic Policy and Regional Development in China." *Asian Economic Papers* 1 (1): 146–97.

Deshingkar, Priya e Sven Grimm. 2004. *Voluntary Internal Migration: An Update*. London: Overseas Development Institute.

Desmet, Klaus e Marcel Fafchamps. 2003. "What Are Falling Transport Costs Doing to Spatial Concentration across U.S. Counties?" Working Paper 3853, Centre for Economic Policy Research, London.

———. 2006. "Employment Concentration across U.S. Counties." *Regional Science and Urban Economics* 36 (4): 482–509.

Deutsch, Robert. 2006. "Beneficiary Assessment of Land Titles Recipients under Land Management and Administrative Project (LMAP)."

Devereux, Michael P., Rachel Griffith e Helen Simpson. 2004. "The Geographic Distribution of Production Activity in the U.K." *Regional Science and Urban Economics* 34 (5): 533–64.

Dillinger, William. 2007. "Poverty and Regional Development in Eastern Europe and Central Asia." Working Paper 118, World Bank, Washington, DC.

Disdier, Anne-Celia e Keith Head. 2008. "The Puzzling Persistence of the Distance Effect on Bilateral Trade." *Review of Economics and Statistics* 90 (1): 37–48.

Dixie, G. 2002. *Review of Current and Future Airfreight Situation from Bangladesh*. Dhaka: Accord Associates for the Hortex Foundation.

Dixit, Avinash K. e Joseph E. Stiglitz. 1977. "Monopolistic Competition and Optimum Product Diversity." *American Economic Review* 67 (3): 297–308.

Djankov, Simeon, Caroline L. Freund e Cong S. Pham. 2006. "Trading on Time." Policy Research Working Paper 3909, World Bank, Washington, DC.

Dobkins, Linda Harris e Yannis M. Ioannides. 2001. "Spatial Interactions among U.S. Cities, 1900–1990." *Regional Science and Urban Economics* 31 (6): 701–31.

Docquier, Frédéric. 2006. "Brain Drain and Inequality across Nations." Paper presented at the EUDN-AFD Conference on Migration and Development, Paris.

Docquier, Frédéric, Michel Beine e Hillel Rapoport. 2006. "Brain Drain and Human Capital Formation in Developing Countries: Winner and Losers." Working Paper 2006-23, Université Catholique de Louvain, Département des Sciences Economiques, Louvain-la-Neuve, Belgium.

Dongguan Government. 2005. *Guangdong Statistical Yearbook 2005*. Beijing, China: China Statistics Press.

Donoso Clark, M. e M. Leninhan. 2008. "A Space-Based Development Framework: A Bottom-Up Approach to Economic Integration." World Bank, Environmentally and Socially Sustainable Development Unit, Europe and Central Asia Regional Office, Washington, DC.

Donsky, Martin. 1990. "Putting a Spin on the Yarn Business: Macfield Tries to Get a Leg Up on Its Competition." *Business North Carolina*, September 1.

Dorosh, Paul A., Steven Haggblade e Simon Dradri. 2007. "Cotton in Zambia: Alternative Instruments for Ensuring Food Security and Price Stability in Zambia." Collaborative Working Paper ZM-FSRP-WP-29, International Development, East Lansing, MI.

Douthat, Ross, Marshall Poe e Abigail Cutler. 2006. "The Poor get Richer." *Atlantic Monthly*.

Drabenstott, Mark. 2005. *A Review of the Federal Role in Regional Economic Development*. Kansas City, MO: Federal Reserve Bank of Kansas City.

Duarte, Angelo José Mont Alverne, Pedro Cavalcanti Gomes Ferreira e Marcio Antonio Salvato Jr. 2004. "Regional or Educational Disparities? A Counterfactual Exercise." Working Paper 532, Fundação Getulio Vargas Department of Economics, São Paulo.

Dumais, Guy, Glenn Ellison e Edward L. Glaeser. 2002. "Geographic Concentration as a Dynamic Process." *Review of Economics and Statistics* 84 (2): 193–204.

Dumke, Rolf H. 1994. "Urban Inequality in Wilhemine Germany." Institut für Volkswirtscaftslehre, Universitat der Bundeswehr Munchen, Munich, Germany.

Dunlap, David W. 1992. "Some Land-Use History Highlights." *New York Times*, April 12.

Dunlevy, James A. e Don Bellante. 1983. "Net Migration, Endogenous Incomes and the Speed of Adjustment to the North-South Differential." *Review of Economics and Statistics* 65 (1): 66–75.

Dunne, Timothy, Mark J. Roberts e Larry Samuelson. 1989a. "Plant Turnover and Gross Employment Flows in the U.S. Manufacturing Sector." *Journal of Labor Economics* 7 (1): 48–71.

———. 1989b. "The Growth and Failure of U.S. Manufacturing Plants." *Quarterly Journal of Economics* 104 (4): 671–98.

Duranton, Gilles e Henry G. Overman. 2002. "Testing for Localization Using Micro-Geographic Data." Working Paper 540, Centre for Economic Performance, London.

———. 2007. "Testing for Localization Using Micro-Geographic Data." *Review of Economic Studies* 72(4):1077–106.

Duranton, Gilles e Diego Puga. 2000. "Diversity and Specialization in Cities: Why, Where, and When Does It Matter?" *Urban Studies* 37 (3): 533–55.

———. 2001. "Nursery Cities: Urban Diversity, Process Innovation, and the Life Cycle of Products." *American Economic Review* 91 (5): 1454–77.

———. 2004. "Micro-Foundations of Urban Agglomeration Economies." In *Handbook of Urban and Regional Economies*, vol. 4, ed. J. Vernon Henderson and Jacque Thisse. Amsterdam: North-Holland.

———. 2005. "From Sectoral to Functional Urban Specialization." *Journal of Urban Economics* 57 (2): 343–70.

Easterly, William e Ross Levine. 2001. "What Have We Learned from a Decade of Empirical Research on Growth? It's Not Factor Accumulation: Stylized Facts and Growth Models." *World Bank Economic Review* 15 (2): 177–219.

Easterly, William e Yaw Nyarko. 2008. "Is the Brain Drain Good for Africa?" Working Paper 19, Brookings Global Economy and Development, Washington, DC.

Eaton, Jonathan e Zvi Eckstein. 1997. "Cities and Growth: Theory and Evidence from France and Japan." *Regional Science and Urban Economics* 27 (4–5): 443–74.

The Economist. 2007a. "A Flourishing Slum." *The Economist*, December 9.

———. 2007b. "Chile and Peru. Neighbours, But Not Yet Friends." *The Economist*, June 28.

The Economist Economic Intelligence Unit. 2007. *China/India Technology: Leapfrogging or Piggybacking?* London: *The Economist*.

Eeckhout, Jan. 2004. "Gibrat's Law for (All) Cities." *American Economic Review* 94 (5): 1429–51.

Ellison, Glenn e Edward L. Glaeser. 1997. "Geographic Concentration in U.S. Manufacturing Industries: A Dartboard Approach." *Journal of Political Economy* 105 (5): 889–927.

Engel, Eduardo, Alexander Galetovic e Claudio Raddatz. 1998. "Taxes and Income Distribution in Chile: Some Unpleasant Redistributive Arithmetic." Documentos de Trabajo 41, Centro de Economía Aplicada, Universidad de Chile, Santiago, Chile.

Engels, Friedrich. 1987. *The Condition of the Working Class in England*. New York: Penguin Books (original published in German in 1945).

Escobal, Javier e Maximo Torero. 2000. "Does Geography Explain Differences in Economic Growth in Peru?" Research Network Working Paper R-404, Inter-American Development Bank, Washington, DC.

Estache, Antonio e Marianne Fay. 2007. "Current Debates on Infrastructure Policy." Policy Research Working Paper 4410, World Bank, Washington, DC.

Estache, Antonio, Marianela González e Lourdes Trujillo. 2002. "Efficiency Gains from Port Reform and the Potential for Yardstick Competition: Lessons from Mexico." *World Development* 30 (4): 545–60.

Ethier, Wilfred J. 1982. "National and International Returns to Scale in the Modern Theory of International Trade." *American Economic Review* 72(3):389–405.

Euractiv. 2008. *Commission Defends Proposal on Pension 'Portability.'* Brussels: Euractiv.

European Commission. 2001. *Unity, Solidarity, Diversity for Europe, its People and its Territory: Second Report on Economic and Social Cohesion*. Brussels: European Commission.

———. 2002. *European Union Public Finance*. Luxembourg: European Commission, Office for Official Publications of the European Communities.

———. 2007. *Growing Regions, Growing Europe*. Brussels: European Communities.

Evans, Carolyn L. e James E. Harrigan. 2005. "Distance, Time, and Specialization: Lean Retailing in General Equilibrium." *American Economic Review* 95 (1): 292–313.

Evans, Peter. 2002. *Livable Cities? Urban Struggles for Livelihood and Sustainability*. Berkeley, CA: University of California Press.

Evenett, Simon J. 2005. "Competitive Liberalization: A Tournament Theory-Based Interpretation." Paper presented at the Sequencing of Regional Economic Integration: Issues in the Breadth and Depth of Economic Integration in the Americas, Notre Dame, IN.

Ezcurra, Roberto e Pedro Pascual. 2007. "Spatial Disparities in Productivity in Central and Eastern Europe." *Eastern European Economics* 45 (3): 5–32.

Fafchamps, Marcel e Klaus Desmet. 2000. "The Changing Spatial Distribution of Economic Activity across U.S. Counties." Economic Working Paper 43, Oxford, U.K.

Faini, Riccardo. 1983. "Cumulative Process of Deindustrialization in an Open Region: the Case of Southern Italy." *Journal of Development Economics* 12 (3): 277–301.

———. 1996. "Increasing Returns, Migration, and Convergence." *Journal of Development Economics* 49 (1): 121–36.

Faini, Riccardo, Curzio Giannini e Giampaolo Galli. 1993. "Finance and Development: The Case of Southern Italy." In *Finance and Development: Issues and Experience*, ed. Alberto Giovannini. Cambridge, U.K.: Cambridge University Press.

Fan, Shenggen, Xiaobo Zhang e Neetha Rao. 2004. "Public Expenditure, Growth, and Poverty Reduction in Rural Uganda." IFPRI Working Paper 4, International Food Policy Research Institute, Washington, DC.

Farvacque-Vitkovic, Catherine, Alicia Casalis, Christian Eghoff e Mahine Diop. 2007. "Development of the Cities of Mali: Challenges and Priorities." Africa Region Working Paper 104, World Bank, Washington, DC.

Fay, Marianne, John Felkner e Somik V. Lall. 2008. "Market Access and Firm Productivity in the Russian Federation." World Bank, Washington, DC. Processed.

Fay, Marianne e Charlotte Opal. 2000. "Urbanization without Growth: A Not-So-Uncommon Phenomenon." Policy Research Working Paper 2412, World Bank, Washington, DC.

Fearon, James D. e David D. Laitin. 2003. "Additional Tables for Ethnicity, Insurgency, and Civil War." Stanford University, Palo Alto, CA.

Feder, Gershon e Peter Lanjouw. 2001. "Rural Non-farm Activities and Rural Development: From Experience towards Strategy." Rural Development Strategy Background Paper 4, World Bank, Washington, DC.

Feenstra, Robert C. e Gordon H. Hanson. 1997. "Foreign Direct Investment and Relative Wages: Evidence from Mexico's Maquiladoras." *Journal of International Economics* 42 (3–4): 371–93.

Feldman, Maryann P. 1994. *The Geography of Innovation*. Boston, MA: Kluwer.

Feldman, Maryann P. e David B. Audretsch. 1999. "Innovation in Cities: Science-Based Diversity, Specialization, and Localized Competition." *European Economic Review* 43 (2): 409–29.

Ferreira, Afonso. 2000. "Convergence in Brazil: Recent Trends and Long-Run Prospects." *Journal of Applied Economics* 3 (4): 479–89.

Fingleton, Bernard. 2003. "Increasing Returns: Evidence from Local Wages in Great Britain." *Oxford Economic Papers* 55 (4): 716–39.

Fink, Carsten e Aaditya Mattoo. 2004. "Regional Agreements and Trade in Services: Policy Issues." *Journal of Economic Integration* 19 (4): 742–79.

Fink, Carsten, Aaditya Mattoo e Ileana Cristina Neagu. 2005. "Assessing the Impact of Communication Costs on International Trade." *Journal of International Economics* 67 (2): 428–45.

Fischer, Carolyn, Winston Harrington e Ian W. H. Parry. 2007. "Should Automobile Fuel Economy Standards Be Tightened?" *Energy Journal* 28 (4): 1–30.

Fogel, Robert W. 1979. "Notes on the Social Savings Controversy." *Journal of Economic History* 39 (1): 1–54.

Fontagné, Lionel, Thierry Mayer e Soledad Zignago. 2005. "Trade in the Triad: How Easy Is the Access to Large Markets?" *Canadian Journal of Economics* 38 (4): 1401–30.

Foroutan, Faezeh e Lant Pritchett. 1993. "Intra-Sub-Saharan African Trade: Is It Too Little?" *Journal of African Economies* 2 (1): 74–105.

Frankel, Jeffrey A., Ernesto Stein e Shang-Jin Wei. 1996. "Regional Trade Arrangements: Natural or Supernatural." *American Economic Review* 86 (2): 52–6.

Freund, Caroline L. e Diana Weinhold. 2004. "The Effect of the Internet on International Trade." *Journal of International Economics* 62 (1): 171–89.

Fuentes, Ricardo e Andrés Montes. 2004. "Mexico and the Millennium Development Goals in a Subnational Level." *Journal of Human Development* 5 (1): 97–120.

Fujita, Masahisa, ed. 2007. *Regional Integration in East Asia: From the Viewpoint of Spatial Economics*. New York: Palgrave Macmillan.

Fujita, Masahisa e Ryoichi Ishii. 1999. "Global Location Behavior and Organizational Dynamics of Japanese Electronics Firms and Their Impact on Regional Economies." In *The Dynamic Firm: The Role of Technology, Strategy, Organization, and Regions*, ed. Alfred D. Chandler Jr., Peter Hagstrom e Orjan Solvell. Oxford, U.K.: Oxford University Press.

Fujita, Masahisa e Takatoshi Tabuchi. 1997. "Regional Growth in Post War Japan." *Regional Science and Urban Economics* 27 (6): 643–70.

Fujita, Masahisa, Paul Krugman e Anthony J. Venables. 2001. *The Spatial Economy. Cities, Regions, and International Trade*. Cambridge, MA: MIT Press.

Fuss, Melvyn A. e Vinod K. Gupta. 1981. "A Cost Function Approach to the Estimation of Minimum Efficient Scale, Returns to Scale, and Suboptimal Capacity: With an Application to Canadian Manufacturing." *European Economic Review* 15 (2): 123–35.

Gabaix, Xavier e Yannis M. Ioannides. 2004. "Evolution of City Size Distributions." In *Handbook of Urban and Regional Economics*, vol. 4, ed. J. Vernon Henderson and Jacque-Francois Thisse. Amsterdam: Elsevier.

Gakenheimer, Ralph. 1999. "Urban Mobility in the Developing World." *Transportation Research Part A: Policy and Practice* 33 (7): 671–89.

Gallaway, Lowell E. e Richard K. Vedder. 1971. "Mobility of Native Americans." *Journal of Economic History* 31 (3): 613–49.

Gallup, John L., Jeffrey D. Sachs e Andrew D. Mellinger. 1999. "Geography and Economic Development." *International Regional Science Review* 22 (2): 179–232.

Garau, Pietro. 2008. *Notes for the State of the World's Cities Report 2008: Policy Analysis and Recommendations*. Nairobi: UN-HABITAT.

García-Verdú, Rodrigo. 2005. "Income, Mortality e Literacy Distribution Dynamics across States in Mexico: 1940–2000." *Cuadernos de Economía* 42 (125): 165–92.

Garrett, James. 2005. *Mobility, Migration, and Rural-Urban Changes, Brief 2*. Washington, DC: International Food Policy Research Institute.

Garrett, Power. 2002. "Slums of Baltimore." In *From Mobtown to Charm City: New Perspectives on Baltimore's Past*, ed. Jessica L. Elfenbein, John R. Breihan e Thomas L. Hollowak. Baltimore, MD: Maryland Historical Society.

Gaspar, Jess e Edward L. Glaeser. 1998. "Information Technology and the Future of Cities." *Journal of Urban Economics* 43(1):136–56.

Gastner, Michael T. and Mark E. J. Newman. 2004. "Diffusion-based method for producing density-equalizing maps." *Proceedings of the National Academy of Sciences*, 101, 20: 7499–7504.

Gauthier, Jean-Paul. 2007. *Special Economic Zones: Performance, Lessons Learned, and Implications for Zone Development*. Washington, DC: World Bank, Foreign Investment Advisory Service.

Gibbon, Peter e Stefano Ponte. 2005. *Trading Down: Africa, Value Chains, and the Global Economy*. Philadelphia: Temple University Press.

Gibson, John e Scott Rozelle. 2003. "Poverty and Access to Roads in Papua New Guinea." *Economic Development and Cultural Change* 52 (1): 159–85.

Gill, Indermit e Homi Kharas. 2007. *An East Asia Renaissance: Ideas for Economic Growth*. Washington, DC: World Bank.

Gilman, Sidney. 1984. *The Competitive Dynamics of Container Shipping*. Liverpool, U.K.: Gower Publishing.

Glaeser, Edward L. e Matthew E. Kahn. 2001. "Decentralized Employment and the Transformation of the American City." Working Paper 1912, Harvard Institute of Economic Research, Cambridge, MA.

Glaeser, Edward L., Hedi D. Kallal, José A. Scheinkman e Andrei Shleifer. 1992. "Growth in Cities." *Journal of Political Economy* 100 (6): 1126–52.

Glaeser, Edward L., Jed Kolko e Albert Saiz. 2001. "Consumer City." *Journal of Economic Geography* 1 (1): 27–50.

Glaeser, Edward L. e David C. Maré. 2001. "Cities and Skills." *Journal of Labor Economics* 19 (2): 316–42.

Glaeser, Edward L., José A. Scheinkman e Andrei Schleifer. 1995. "Economic Growth in a Cross-Section of Cities." *Journal of Monetary Economics* 36 (1): 117–43.

Golob, Thomas F. e David Brownstone. 2005. "The Impact of Residential Density on Vehicle Usage and Energy Consumption." Energy Institute Policy and Economics Working Paper EPE-011, University of California, Berkeley, CA.

Good, David F. 1986. "Uneven Development in the Nineteenth Century: A Comparison of the Habsburg Empire and the United States." *Journal of Economic History* 46 (1): 137–51.

Goodlad, R. 1996. "The Housing Challenge in South Africa." *Urban Studies* 33 (9): 1629–45.

Gordon, Robert J. 1990. *The Measurement of Durable Goods Prices*. Chicago: University of Chicago Press.

Gorzelak, Grzegorz. 2007. "Cohesion and Convergence: Synonyms or Two Different Notions?" Paper presented at the Policy Workshop "Spatial Disparities and Development Policy," Berlin.

Gottman, Jean. 1977. "Megalopolis and Antipolis: The Telephone and the Structure of the City." In Ithiel de Sola Pool, (eds.), *The Social Impact of the Telephone*. Cambridge, MA: Massachusetts Institute of Technology.

Government of India Planning Commission. 2002a. *10th Five Year Plan (2002–2007)*. New Delhi: Government of India, Planning Commission.

———. 2002b. *National Human Development Report 2001*. New Delhi: Government of India, Planning Commission.

———. 2006. *Towards Faster and More Inclusive Growth: An approach to the Eleventh Five Year Plan 2007–2012*. New Delhi: Government of India.

Government of Malaysia. 2001. *Eight Malaysia Plan: 2001–2005*. Kuala Lumpur: Malaysia Economic Planning Unit.

Government of Nigeria, Federal Ministry of Science and Technology. 2003. *Multi-Disciplinary Committee Report of the Techno-Economic Survey on Wood and Wood Products Sector, 2003, 4th Update*. Lagos: Government of Nigeria, Federal Ministry of Science and Technology.

Government of Sri Lanka. 2008. *Poverty Indicators Household Income and Expenditure Survey, 2006–07*. Colombo: Sri Lanka Department of Census and Statistics, Ministry of Planning and Finance.

Goyal, Sanjeev e Klaas Staal. 2004. "The Political Economy of Regionalism." *European Economic Review* 48 (3): 563–93.

Green, Alan G. 1969. "Regional Inequality, Structural Change e Economic Growth in Canada, 1890–1956." *Economic Development and Cultural Change* 17 (4): 567–83.

Gregoire, Emmanuel e Pascal Labazee. 1993. *Grands Commerçants d'Afrique de l'Ouest*. Paris: Karthala-Orstom.

Greytak, David e Paul Blackley. 1985. "Labor Productivity and Local Industry Size: Further Issues in Assessing Agglomeration Economies." *Southern Economic Journal* 51 (4): 1121–29.

Gribbin, August. 2000. "Overpopulated Megacities Face Frightening Future: Overpopulation in Developing Countries Impact on the West." *Insight on the News*, August 21.

Griliches, Zvi e Vidar Ringstad. 1971. *Economies of Scale and the Form of the Production Function: An Econometric Study of Norwegian Manufacturing Establishment Data*. Amsterdam: North-Holland.

Grossman, Gene M. e Elhanan Helpman. 1991. "Quality Ladders in the Theory of Growth." *Review of Economic Studies* 58(1): 43–61.

———. 1995. "Technology and Trade." In Gene M. Grossman and Kenneth Rogoff, (eds.), *Handbook of International Economics, Volume III*. Amsterdam, Netherlands: North-Holland.

Groupe Recherche—Actions pour le Développement. 2001. "Potentialités et Conflits dans les Zones Péri-urbaines: Le Cas de Bamako au Mali." Rural-Urban Interactions and Livelihood Strategies Working Paper 5, IIED, London.

Guasch, Juan Luis. 2008. *Exporting by Mail: An Innovative Trade Facilitation Tool*. Washington, DC: World Bank, IFC Smart Lessons.

Guerra, Carlos A., Priscilla W. Gikandi e rew J. Tatem, Abdisalan M. Noor, Dave L. Smith, Simon I. Hay e Robert W. Snow. 2008. "The Limits and Intensity of Plasmodium Falciparum Transmission: Implications for Malaria Control and Elimination Worldwide." *Plos Medicine* 5 (2): e38–e38.

Gupta, Vinod K. 1983. "Labor Productivity, Establishment Size e Scale Economies." *Southern Economic Journal* 49(3):853–9.

Gwatkin, Davidson R., Shea Rutstein, Kiersten Johnson, Eldaw Suliman, Adam Wagstaff e Agbessi Amouzou. 2007. *Socio-Economic Differences in Health, Nutrition, and Population within Developing Countries: An Overview*. Washington, DC: World Bank.

Hall, Carolyn. 1984. "Regional Inequalities in Well-Being in Costa Rica." *Geographical Review* 74 (1): 48–62.

Hall, Peter. 2002. *Cities of Tomorrow*. Oxford, U.K.: Blackwell Publishing.

Hall, Robert E. 1988. "The Relation between Price and Marginal Cost in U.S. Industry." *Journal of Political Economy* 96 (5): 921–47.

———. 1990. "Invariance Properties of Solow's Productivity Residual." In *Growth, Productivity, Unemployment: Essays to Celebrate Bob Solow's Birthday*, ed. Peter Diamond. Cambridge, MA: MIT Press.

Hall, Thomas e Sonja Vidén. 2005. "The Million Homes Programme: A Review of the Great Swedish Planning Model." *Planning Perspectives* 20 (3): 301–28.

Hamaguchi, Nobuaki. Forthcoming. "Regional Integration, Agglomeration, and Income Distribution in East Asia." In *Reshaping Economic Geography in East Asia*, ed. Yukon Huang and Alessandro Magnoli Bocchi. Washington, DC: World Bank, EAP Companion Volume to the WDR 2009.

Hammond, George William e Jürgen von Hagen. 1994. "Industrial Localization: An Empirical Test for Marshallian Localization Economies." Working Paper 917, Centre for Economic Policy Research, London.

Hancock, Diana, David B. Humphrey e James A. Wilcox. 1999. "Cost Reductions in Electronic Payments: The Roles of Consolidation, Economies of Scale, and Technical Change." *Journal of Banking and Finance* 23 (2–4): 391–421.

Hansen, Eric R. 1990. "Agglomeration Economics and Industrial Decentralization: The Wage-Productivity Trade-Offs." *Journal of Urban Economics* 28(2):140–59.

Hanson, Gordon H. 1996. "Agglomeration, Dispersion, and the Pioneer Firm." *Journal of Urban Economics* 39 (3): 255–81.

———. 1998a. "North American Economic Integration and Industry Location." *Oxford Review of Economic Policy* 14 (2): 30–44.

———. 1998b. "Regional Adjustment to Trade Liberalization." *Regional Science and Urban Economics* 28 (4): 419–44.

Hardoy, Jorge E. e David Satterthwaite. 1989. *Squatter Citizen: Life in the Urban Third World*. London: Earthscan.

Hargan, Jim. 2007. "Prince Charles Poundbury." *Brittish Heritage*. May, 2007.

Harley, C. Knick. 1980. "Transportation, the World Wheat Trade, and the Kuznets Cycle, 1850–1913." *Explorations in Economic History* 17 (3): 218–50.

Harrigan, James E. 2005. "Airplanes and Comparative Advantage." NBER Working Paper 11688, National Bureau of Economic Research, Cambridge, MA.

Harrigan, James E. e Anthony J. Venables. 2006. "Timeliness and Agglomeration." *Journal of Urban Economics* 59 (2): 300–16.

Harris, John R. e Michael P. Todaro. 1970. "Migration, Unemployment, and Development: A Two-Sector Analysis." *American Economic Review* 60 (1): 126–42.

Hau, Timothy. 1990. "Electronic Road Pricing: Developments in Hong Kong, 1983–1989." *Journal of Transport Economics and Policy* 24 (2): 203–14.

Haussmann, Ricardo e Dani Rodrik. 2003. "Economic Development as Self-Discovery." *Journal of Development Economics* 72 (2): 603–33.

Haussmann, Ricardo, Dani Rodrik e Andrés Velasco. 2005. "Growth Diagnostics." Center for International Development, Cambridge, MA.

Hay, Donald Andrew. 1979. "The Location of Industry in a Developing Country: The Case of Brazil." *Oxford Economic Papers* 31 (1): 93–120.

Hay, Simon I., Carlos A. Guerra, Andrew J. Tatem, Abdisalan M. Noor e Robert W. Snow. 2004. "The Global Distribution and Population at Risk of Malaria: Past, Present, and Future." *Lancet Infectious Diseases* 4 (6): 327–36.

Hay, Simon I., David L. Smith e Robert W. Snow. 2008. "Measuring Malaria Endemicity from Intense to Interrupted Transmission." *Lancet Infectious Diseases* 8 (6): 369–78.

Hayashi, Takehisa. 2003. *Readings on Local Public Finance*. Tokyo: Toyo Keizai Shinposya.

Hazlewood, Arthur. 1979. "The End of the East African Community: What Are the Lessons for Regional Integration Schemes?" *Journal of Common Market Studies* 18 (1): 40–58.

He, Canfei. Forthcoming. "Industrial Agglomeration and Economic Performance in the Transitional China." In *Reshaping Economic Geography in East Asia*, ed. Yukon Huang and Alessandro Magnoli Bocchi. Washington, DC: World Bank, EAP Companion Volume to the WDR 2009.

Head, Charles Keith e Thierry Mayer. 2006. "Regional Wage and Employment Responses to Market Potential in the EU." *Regional Science and Urban Economics* 36 (5): 573–94.

Head, Charles Keith, John Reis e Deborah Swenson. 1995. "Agglomeration Benefits and Location Choice: Evidence from Japanese Manufacturing Investment in the United States." *Journal of International Economics* 38 (3–4): 223–47.

Heideloff, Christel e Manfred Zachcial. 2006. *Shipping Statistical Yearbook 2006*. Bremen, Germany: Institute of Shipping Economics and Logistics.

Helliwell, John F. 2002. "Measuring the Width of National Borders." *Review of International Economics* 10 (3): 517–24.

Helpman, Elhanan e Paul Krugman. 1987. *Market Structure and Foreign Trade*. Cambridge, MA: MIT Press.

Henderson, J. Vernon. 1974. "The Sizes and Types of Cities." *American Economic Review* 64 (4): 640–56.

———. 1986. "Efficiency of Resources Usage and City Size." *Journal of Urban Economics* 19 (1): 47–70.

———. 1994. "Where Does an Industry Locate?" *Journal of Urban Economics* 35(1):83–104.

———. 1997a. "Externalities and Industrial Development." *Journal of Urban Economics* 42 (3): 449–70.

———. 1997b. "Medium Size Cities." *Regional Science and Urban Economics* 27 (6): 583–612.

———. 2003a. "Marshall's Scale Economies." *Journal of Urban Economics* 53 (1): 1–28.

———. 2003b. "The Urbanization Process and Economic Growth: The So-What Question." *Journal of Economic Growth* 8 (1): 47–71.

———. 2005a. "Development and Growth." In *Handbook of Economic Growth*, vol. 1, part B, ed. Philippe Aghion and Steven N. Durlauf. Amsterdam: North-Holland.

———. 2005b. "Urbanization and Growth." In *Handbook of Economic Growth*, ed. Philippe Aghion and Steven N. Durlauf. Amsterdam: North-Holland.

———. 2007. *Urbanization in China: Policy Issues and Options*. New York: China Economic Research and Advisory Programme.

Henderson, J. Vernon, Ari Kuncoro e Damhuri Nasution. 1996. "The Dynamics of Jabotabek Development." *Bulletin of Indonesian Economic Studies* 32 (1): 71–95.

Henderson, J. Vernon, Ari Kuncoro e Matthew Turner. 1995. "Industrial Development in Cities." *Journal of Political Economy* 103 (5): 1067–90.

Henderson, J. Vernon, Todd Lee e Yung Joon Lee. 2001. "Scale Externalities in Korea." *Journal of Urban Economics* 49 (3): 479–504.

Henderson, J. Vernon, Zmarak Shalizi e Anthony J. Venables. 2001. "Geography and Development." *Journal of Economic Geography* 1 (1): 81–105.

Henriksen, Ingrid. 2003. "Freehold Tenure in Late Eighteenth Century Denmark." In *Advances in Agricultural Economic History*, ed. Kyle D. Kaufman. New York: JAI Press.

Henry, Peter Blair. 2007. "Capital Account Liberalization: Theory, Evidence, and Speculation." *Journal of Economic Literature* 45 (4): 887–935.

Hering, Laura e Sandra Poncet. 2006. "Market Access and Individual Wages: Evidence from China." Working Paper 2006-23, Centre d'Études Prospectives et d'Informations Internationales, Paris.

Herzog, Henry W. Jr. e Alan M. Schlottmann, eds. 1991. *Industry Location and Public Policy*. Knoxville, TN: University of Tennessee.

Hewings, G., E. Feser e K. Poole. 2008. "Spatial/Territorial Development Policies in the United States." Background paper for the WDR 2009.

Hidalgo, C. A., B. Klinger, A. L. Barabási e R. Hausmann. 2007. "The Product Space Conditions for the Development of Nations." *Science* 317 (5837): 482–87.

Hill, Fiona e Clifford Gaddy. 2003. *The Siberia Curse: How Communist Planners Left Russia out in the Cold*. Washington, DC: Brookings Institution Press.

Hill, Hal, Budy Resosudarmo e Yogi Vidyattama. 2007. "Indonesia's Changing Economic Geography." Working Papers in Economics and Development Studies 2007-13, Bandung, Indonesia.

Hoekman, Bernard. 2006. "Liberalizing Trade in Services: A Survey." Policy Research Working Paper 4030, World Bank, Washington, DC.

Hoekman, Bernard e Dominique Njinkeu. 2007. "Aid for Trade and Export Competitiveness: New Opportunities for Africa." World Bank, Washington, DC.

Holmes, Thomas J. 1999. "Localization of Industry and Vertical Disintegration." *Review of Economics and Statistics* 81 (2): 314–25.

Holmes, Thomas J. e John J. Stevens. 2002. "Geographic Concentration and Establishment Scale." *Review of Economics and Statistics* 84 (4): 682–91.

Holzmann, Hajo e Sebastian Vollmer. 2008. "The Distribution of Income across German Counties, 1992–2005." University of Goettingen, Goettingen, Germany.

Hoover, Edgar M. e Raymond Vernon. 1959. *Anatomy of a Metropolis: The Changing Distribution of People and Jobs within the New York Metropolitan Area*. Cambridge, MA: Harvard University Press.

Huang, Yukon e Xubei Luo. Forthcoming. "Reshaping Economic Geography in China." In *Reshaping Economic Geography in East Asia*, ed. Yukon Huang and Alessandro Magnoli Bocchi. Washington, DC: World Bank.

Huber, Peter W. 1995. "New York, Capital of the Information Age." *New York City Journal* 5(1):12–22.

Hughes, Joseph P., William W. Lang, Loretta J. Mester e Choon-Geol Moon. 1999. "The Dollars and Sense of Bank Consolidation." *Journal of Banking and Finance* 23 (2–4): 291–324.

Hughes, Joseph P. e Loretta J. Mester. 1998. "Bank Capitalization and Cost: Evidence of Scale Economies in Risk Management and Signaling." *Review of Economics and Statistics* 80 (2): 314–25.

Hulten, Charles R. 2007. "Transportation Infrastructure, Productivity and Externalities." In *ECMT Round Tables No. 132: Transport, Infrastructure Investment and Economic Productivity*, ed. OECD/ECMT. Paris: Organisation for Economic Co-operation and Development.

Hummels, David. 2001. *Time as a Trade Barrier*. West Lafayette, IN: Purdue University Press.

———. 2007. "Transportation Costs and International Trade in the Second Era of Globalization." *Journal of Economic Perspectives* 21 (3): 131–54.

Hummels, David, Volodymyr Lugovskyy e Alexandre Skiba. 2007. "The Trade Reducing Effect of Market Power in International Shipping." NBER Working Paper 12914, National Bureau of Economic Research, Cambridge, MA.

Hunt, Edward H. 1986. "Industrialization and Regional Inequality: Wages in Britain, 1760–1914." *Journal of Economic History* 46 (4): 935–66.

Hunt, Jennifer. 2000. "Why Do People Still Live in East Germany?" NBER Working Paper 7564, National Bureau of Economic Research, Cambridge, MA.

Hurd, John II. 1975. "Railways and the Expansion of Markets in India, 1861–1921." *Explorations in Economic History* 12 (3): 263–88.

Iliffe, John. 1995. *Africans: The History of a Continent*. Cambridge, U.K.: Cambridge University Press.

Independent Evaluation Group (IEG). 2007. "The Development Potential of Regional Programs: An Evaluation of World Bank Support of Multicountry Operations." Paper presented at the IEG Conference on Unlocking the Potential of Regional Development Programs, Washington, DC.

Ingram, Gregory. 1997. "Patterns of Metropolitan Development: What Have We Learned?" Policy Research Working Paper 1841, World Bank, Washington, DC.

Ingram, Gregory e John Whitehead. 2008. "The Distribution and Concentration of Population in the U.S., 1900–2000." Working Paper WP08GI1, Lincoln Institute of Land Policy, Cambridge, MA.

Instituto Brasileiro de Geografia e Estatística (IBGE). 2004. *Perfil Dos Municipios Brasileiros*. Rio de Janeiro: IBGE.

Inter-American Development Bank. Forthcoming. *Unclogging the Arteries: A Report on the Impact of Transport Costs on Latin American and Caribbean Trade*. Cambridge, MA: Harvard University Press.

International Air Transport Association. 2007a. *Aviation Economic Benefits: Issues Briefing No. 8*. Montreal, Canada: International Air Transport Association.

———. 2007b. *Economics Briefing: Air Freight Market Outlook*. Montreal, Canada: International Air Transport Association.

International Development Association e World Bank. 2008. *Regional Integration Assistance Strategy*. Washington, DC: World Bank.

International Monetary Fund. 1998. *World Economic Outlook. Financial Crises: Causes and Indicators*. Washington, DC: International Monetary Fund.

———. 2007. *Directions of Trade*. Washington, DC: International Monetary Fund.

Ivaldi, Marc e Gerard McCullough. 2007. "Railroad Pricing and Revenue-to-Cost Margins in the Post-Staggers Era." In *Research in Transportation Economics*, ed. Scott Dennis and Wayne Talley. Amsterdam: Elsevier.

Jacobs, Jane. 1970. *The Economy of Cities*. New York: Vintage.

Jacoby, Hanan G. 2000. "Access to Markets and the Benefits of Rural Roads." *Economic Journal* 110 (465): 713–37.

Jaffe, Adam B. 1986. "Technological Opportunity and Spillover of R&D: Evidence from Firms' Patents, Profits, and Market Value." *American Economic Review* 76 (5): 984–1001.

Jaffe, Adam B., Manuel Trajtenberg e Rebecca Henderson. 1993. "Geographic Localization of Knowledge Spillovers as Evidence by Patent Citations." *Quarterly Journal of Economics* 108 (3): 577–98.

Jayne, Thomas S., B. Zulu, D. Mather, E. Mghenyi, E. Chirwa e David L. Tschirley. 2005. "Maize Marketing and Trade Policy in a Pro-Poor Agricultural Growth Strategy: Insights from Household Surveys in Eastern and Southern Africa." Paper presented at Toward Improved Maize Marketing and Trade Policies in the Southern Africa Region, Centurion, South Africa.

Jensen, Robert. 2007. "The Digital Provide: Information (Technology), Market Performance, and Welfare in the South Indian Fisheries Sector." *Quarterly Journal of Economics* 122 (3): 879–924.

Jessen, Anneje. 2002. "Regional Public Goods and Small Economies: The Caribbean Regional Negotiating Machinery." In *Regional Public Goods: From Theory to Practice*, ed. Antoni Estevadeordal, Brian Frantz, and Tam R. Nguyen. Washington, DC: Inter-American Development Bank and Asian Development Bank.

Jones, Gareth A. e Kavita Datta. 2000. "Enabling Markets to Work? Housing Policy in the 'New' South Africa." *International Planning Studies* 5 (3): 393–416.

Jourdan, Paul e NEPAD. 2006. "Regional Strategies. The Case for a Resource-Based Spatial Development Programme." Paper presented at the U.S.–Africa Infrastructure Conference, Washington, DC.

Junius, Karsten. 1997. "Economies of Scale: A Survey of Empirical Literature." Working Paper 813, Kiel Institute of World Economics, Kiel, Germany.

Justman, Moshe. 1994. "The Effect of Local Demand on Industry Location." *Review of Economics and Statistics* 76 (4): 742–53.

Kaldor, Nicholas. 1972. "The Irrelevance of Equilibrium Economics." *Economic Journal* 82 (328): 1237–55.

Kamada, Kimiyoshi, Nobuhiro Okuno e Ritsuko Futagami. 1998. "Decisions on Regional Allocation of Public Investment: the Case of Japan." *Applied Economic Letters* 5 (8): 503–6.

Kanbur, Ravi e Anthony J. Venables. 2005. *Rising Spatial Disparities and Development: Why Do they Matter?* Oxford, U.K.: Oxford University Press, UNU-WIDER Studies in Development Economics.

Kanbur, Ravi e Xiaobo Zhang. 2005. "Fifty Years of Regional Inequality in China: A Journey through Central Planning, Reform, and Openness." *Review of Development Economics* 9 (1): 87–106.

Kasekende, Louis A. e Nehemiah Ng'eno. 1999. "Regional Integration and Economic Liberalization in Eastern and Southern Africa." In *Regional Integration and Trade Liberalization in Sub-Saharan Africa, Volume 3: Regional Case-Studies*, ed. Ademola Oyejide, Ibrahim Elbadawi e Stephen Yeo. London: Palgrave Macmillan Press.

Kawashima, Tatsuhiko. 1975. "Urban Agglomeration Economies in Manufacturing Industries." *Papers in Regional Science* 34 (1): 157–72.

Kearns, Kevin C. 2006. *Dublin's Lost Heroines: Mammies and Grannies in a Vanished Dublin*. Park West, Dublin: Gill and Macmillan.

Kee, Hiau Looi, Alessandro Nicita e Marcelo Olarreaga. 2006. "Estimating Trade Restiveness Indices." Policy Research Working Paper 3840, World Bank, Washington, DC.

Keefer, Philip e Stuti Khemani. 2005. "Democracy, Public Expenditures, and the Poor: Understanding Political Incentives for Providing Public Services." *World Bank Research Observer Advance Access* 20 (1): 1–27.

Kenworthy, Jeff. 2005. "Transport Energy Use and Greenhouse Gases in Urban Passenger Transport Systems: A Study of 84 Global Cities." Institute for Sustainability and Technology Policy, Murdoch University, Murdoch, Australia.

Kenya Ministry of Planning and National Development and UNDP. 2005. *Millennium Development Goals Country Report 2005:*

Kenya. Nairobi: United Nations and Kenya Ministry of Planning and National Development.

Khanna, Tarun. 2008. *Billions of Entrepreneurs: How China and India Are Reshaping Their Futures—and Yours*. Cambridge, MA: Harvard Business School Press.

Kilkenny, Maureen. 1998. "Economies of Scale. Lecture for Economics 376: Rural, Urban and Regional Economics." Iowa State University. Ames, IA.

Kilroy, Austin. 2008. "Intra-Urban Spatial Inequalities: Cities as 'Urban Regions.'" Background paper for the WDR 2009.

Kim, Sukkoo. 1995. "Expansion of Markets and the Geographic Distribution of Economic Activities: The Trends in U.S. Regional Manufacturing Structure, 1860–1987." *Quarterly Journal of Economics* 110 (4): 881–908.

———. 1999. "Regions, Resources, and Economics Geography: Sources of U.S. Regional Comparative Advantage, 1880–1987." *Regional Science and Urban Economics* 29 (1): 1–32.

Kim, Sukkoo e Robert A. Margo. 2004. "Historical Perspectives on U.S. Economic Geography." In *Handbook of Regional and Urban Economics, Volume 4: Cities and Geography*, ed. J. Vernon Henderson and Jacque-Francois Thisse. Amsterdam: North-Holland.

Kim, Won Bae. 1998. "Korea's Policy of Rural-Urban Integrated Cities." Paper presented at the International Workshop on Rural and Urban Linkages, Curitiba, Brazil.

Kloeppinger-Todd, Renate. 2007. "ICT and Rural Access to Finance." Paper presented at the *info*Dev/ARD Workshop on Using ICT to Support Rural Livelihoods, Washington, DC.

Knoke, William. 1996. *Bold New World: The Essential Road Map to the Twenty-First Century*. New York: Kodansha International.

Koh, Tommy e Li Lin Chang, eds. 2005. *The Little Red Dot: Reflections by Singapore's Diplomats*. Singapore: World Scientific Publishing.

Kolko, Jed. 1998. "New England at Your Service: The New Geography of Service Industries." *Regional Review* 1998 (Q4): 6–11.

———. 1999. "Can I Get Some Service Here? Information Technology, Service Industries, and the Future of Cities." Ph.D. thesis, Harvard University, Cambridge, MA.

———. 2000. "The Death of Cities? The Death of Distance? Evidence from the Geography of Commercial Internet Usage." In *The Internet Upheaval*, ed. Ingo Vogelsang and Benjamin Compaine. Cambridge, MA: MIT.

———. 2007. "Agglomeration and Co-Agglomeration of Services Industries." Munich Personal RePEc Archive (MPRA) Working Paper 3362, Munich, Germany.

Koola, J. e Caglar Özden. 2008. "Making the Move: The Effect of Migration on Welfare in Uganda." World Bank, Washington, DC.

Kose, M. Ayhan, Eswar Prasad, Kenneth Rogoff e Shang-Jin Wei. 2006. "Financial Globalization: A Reappraisal." Working Paper 06/189, International Monetary Fund, Washington, DC.

Kraske, Jochen, William H. Becker, William Diamond e Louis Galambos. 1996. *Bankers with a Mission: The Presidents of the World Bank, 1946–91*. Oxford, U.K.: Oxford University Press.

Krishna, Pravin. 1998. "Regionalism and Multilateralism: A Political Economy Approach." *Quarterly Journal of Economics* 113 (1): 227–50.

Kroehnert, Steffen, Franziska Medicus e Reiner Kinglolz. 2006. *Die Demografische Lage der Nation. Wie Zukunftsfaehig sind Deutschlands Regionen? Daten, Fakten, Analysen*. Berlin: Berlin Institute for Population and Development.

Kroehnert, Steffen e Sebastian Vollmer. 2008. "Where Have All Young Women Gone?" Background paper for the WDR 2009.

Krueger, Anne O. 2006. "Globalization and International Locational Competition." Paper presented at the Symposium in Honor of Herbert Giersch, Kiel, Germany.

Krugman, Paul R. 1980. "Scale Economies, Product Differentiation e the Pattern of Trade." *American Economic Review* 70(5):950–9.

———. 1981. "Intraindustry Specialization and the Gains from Trade." *Journal of Political Economy* 89(5):959–73.

———. 1991a. *Geography and Trade*. Cambridge, MA: MIT Press.

———. 1991b. "Increasing Returns and Economic Geography." *Journal of Political Economy* 99 (3): 483–99.

———. 1991c. "Is Bilateralism Bad?" In *International Trade and Trade Policy*, ed. Elhanan Helpman and Assaf Razin. Cambridge, MA: MIT Press.

———. 1993. "First Nature, Second Nature, and Metropolitan Location." *Journal of Regional Science* 33 (2): 129–44.

———. 1995. "Innovation and Agglomeration: Two Parables Suggested by City-Size Distributions." *Japan and the World Economy* 7 (4): 371–90.

———. 2007. "The 'New' Economic Geography: Where Are We?" In *Regional Integration in East Asia*, ed. Masahisa Fujita. New York: Palgrave Macmillan.

Kuncoro, Ari. Forthcoming. "Spatial Agglomeration, Site Productivity and Local Governance: Indonesian Experience from 1980 to 2003." In Yukon Huang and Alessandro Magnoli Bocchi (eds.) *Reshaping Economic Geography in East Asia*. Washington, DC: World Bank, EAP Companion Volume to the WDR 2009.

Kuroda, Haruhiko. 2007. "Toward an Integrated, Poverty-Free and Peaceful East Asia." In *East Asia Visions: Perspectives on Economic Development*, ed. Indermit Gill, Yukon Huang e Homi Kharas. Washington, DC e Singapore: World Bank.

Ladman, Jerry R. 1979. "The Economic Interdependence of Contiguous Border Cities: The Twin City Multiplier." *Annals of Regional Science* 13 (1): 23–28.

Laeven, Luc e Christopher Woodruff. 2007. "The Quality of the Legal System, Firm Ownership e Firm Size." *Review of Economics and Statistics* 89 (4): 601–14.

Lall, Somik V. 2005. "City Performance and Policy Actions." In *Inputs for a Strategy of Cities in Brazil*, ed. World Bank. Washington, DC: World Bank.

Lall, Somik V., Uwe Deichmann, Mattias K. A. Lundberg e Nazmul Chaudhury. 2004. "Tenure, Diversity, and Commitment: Community Participation for Urban Service Provision." *Journal of Development Studies* 40 (3): 1–26.

Lall, Somik V., Elizabeth Schroeder e Emily Schmidt. 2008. "Geographically Prioritizing Infrastructure Improvements to Accelerate Growth in Uganda." World Bank, Washington, DC.

Lall, Somik V., Harris Selod e Zmarak Shalizi. 2006. "Rural-Urban Migration in Developing Countries: A Survey of Theoretical Predictions and Empirical Findings." Policy Research Working Paper 3915, World Bank, Washington, DC.

Lall, Somik V., Hyoung Gun Wang e Uwe Deichmann. 2008. "Infrastructure and City Competitiveness in India." Policy Research Working Paper, World Bank, Washington, DC.

Land Enquiry Commission. 1914. *The Land*, vol. II. London: Hodder and Stoughton.

Landes, David S. 1998. *The Wealth and Poverty of Nations: Why Some Are So Rich and Some So Poor*. New York: W. W. Norton.

Lane, C. B. 1860. *Railway Communication in London and the Thames Embankment*. London: James Ridgway.

Lanne, Markku e Matti Liski. 2003. "Trends and Breaks in Per-Capita Carbon Dioxide Emissions, 1870–2028." Working Paper 0302, Center for Energy and Environmental Policy Research, Cambridge, MA.

Layke, Christian e Stephen Adam. 2008. "Spatial Allocation of Public Expenditures in Nigeria." Background paper for the WDR 2009.

Leamer, Edward E. 2007. "A Flat World, a Level Playing Field, a Small World After All, or None of the Above? A Review of Thomas L. Friedman's *The World Is Flat*." *Journal of Economic Literature* 45 (1): 83–126.

Leamer, Edward E. e Michael Storper. 2001. "The Economic Geography of the Internet Age." *Journal of International Business Studies* 32 (4): 641–65.

Lebergott, Stanley. 1964. *Manpower in Economic Growth: The American Record since 1800*. New York: McGraw Hill.

Lederman, Daniel, William F. Maloney e Luis Servén. 2005. *Lessons from NAFTA for Latin America and the Caribbean*. Washington, DC e Palo Alto, CA: World Bank and Stanford University Press.

Lee, Annabel. 2008. "A History of Korea's Spatial Transformation and Economic Growth." Washington, DC.

Lei, Ding e Kingsley E. Haynes. 2004. "The Role of Telecommunications Infrastructure in Regional Economic Growth of China." Paper presented at the Telecommunications Policy Research Conference, Washington, DC.

Leigland, James e Andrew Roberts. 2007. "The African Project Preparation Gap." Note 18.

Levinsohn, James e Amil Petrin. 1999. "When Industries Become More Productive, Do Firms?" NBER Working Paper 6893, National Bureau of Economic Research, Cambridge, MA.

Levinson, Marc. 2006. *The Box: How the Shipping Container Made the World Smaller and the World Economy Bigger*. Princeton, NJ: Princeton University Press.

Limão, Nuno e Anthony J. Venables. 2001. "Infrastructure, Geographical Disadvantage, Transport Costs, and Trade." *World Bank Economic Review* 15 (3): 451–79.

Linden, Greg, Kenneth L. Kraemer e Jason Dedrick. 2007. "Who Captures Value in a Global Innovation System? The Case of the Apple's iPod." Personal Computing Industry Center, Irvine, CA.

Linn, F. Johannes e David Tiomkin. 2006. "The New Impetus toward Economic Integration between Europe and Asia." *Asia Europe Journal* 4 (1): 31–41.

Lipsey, Richard G. e Alice Nakamura, eds. 2006. *Services Industries and the Knowledge-Based Economy*. Calgary, Canada: University of Calgary Press.

Little, Peter D. 2007. "Unofficial Cross-Border Trade in Eastern Africa." Paper presented at the Staple Food Trade and Market Policy Options for Promoting Development in Eastern and Southern Africa, Rome.

Lösch, Auguste. 1940. *The Economics of Location*. New Haven, CT: Yale University Press.

Lucas, Robert E. Jr. 1988. "On the Mechanics of Economic Development." *Journal of Monetary Economics* 22 (1): 3–42.

———. 2004. "Life Earnings and Rural-Urban Migration." *Journal of Political Economy* 112 (S1): S29–S59.

———. 2007. "Trade and the Diffusion of the Industrial Revolution." NBER Working Paper 13286, National Bureau of Economic Research, Cambridge, MA.

Lucas, Robert E. B. 1997. "Internal Migration in Developing Countries." In *Handbook of Population and Family Economics*, ed. Mark Rosenzweig and Oded Stark. Amsterdam: North-Holland.

———. 2003. "Migration and Lagging Regions." Boston University, Boston. Processed.

———. 2006. "Migration and Economic Development in Africa: A Review of Evidence." *Journal of African Economies* 15 (2): 337–95.

Luo, Xubei. 2004. "The Role of Infrastructure Investment Location in China's Western Development." Policy Research Working Paper 3345, World Bank, Washington, DC.

Lutz, Vera. 1962. *Italy: A Study in Economic Development*. London: Oxford University Press.

Lynch, Sarah N. e Eugene Mulero. 2007. "Williamsburg's Most Recent Reinvention: The Makeover in Brooklyn." *The Cooperator*. Nov., 2007.

Lysenko, A. J. e I. N. Semashko. 1968. "Geography of Malaria: A Medico-Geographic Profile of an Ancient Disease [in Russian]." In *Medicinskaja Geografija*, ed. A. W. Lebedew. Moscow: Russian Academy of Sciences.

Mackay, C. J. 1999. "Housing Policy in South Africa: The Challenge of Delivery." *Housing Studies* 14 (3): 387–99.

MacMillan, Margaret. 2002. *Paris 1919: Six Months That Changed the World*. New York: Random House.

Maddison, Angus. 2006. *The World Economy*. Paris: Organisation for Economic Co-operation and Development.

———. 2008a. *The World Economy: Volume 1: A Millennial Perspective*. Paris: OECD.

———. 2008b. "World Population, GDP, and Per Capita GDP, 1–2003 AD." University of Gröningen Growth and Development Centre, Gröningen, Netherlands.

Malaysia Economic Planning Unit. 2008. *Malaysia Achieving the MDGs*. Kuala Lumpur: Malaysia Economic Planning Unit, Primer Minister's Office.

Malinowski, Matthew. 2007. "Cold Snap Prompts Chile to Seek Gas Deal with Old Foe Bolivia." *Christian Science Monitor*, August 8.

Margo, Robert A. 1988. "Schooling and the Great Migration." NBER Working Paper 2697, National Bureau of Economic Research, Cambridge, MA.

———. 2000. *Wages and Labor Markets in the United States, 1820–1860.* Chicago: University of Chicago Press.

———. 2004. "The North-South Wage Gap, Before and After the Civil War." In *Slavery in the Development of the Americas*, ed. David Eltis, Frank D. Lewis e Kenneth L. Sokoloff. New York: Cambridge University Press.

Markussen, T. Forthcoming. "Property Rights, Productivity, and Common Property Resources: Insights from Rural Cambodia." *World Development.*

Marland, Gregg, Tom Boden e Robert Andres. 2007. "National CO_2 Emissions from Fossil-Fuel Burning, Cement Manufacture, and Gas Flaring: 1751–2004." Carbon Dioxide Information Analysis Center, Oakridge National Laboratory, Oak Ridge, TN.

Marshall, Alfred. 1890. *Principles of Economics.* London: Macmillan.

Martin, Philippe. 2005. "The Geography of Inequalities in Europe." *Swedish Economic Policy Review* 12: 83–108.

Martin, Philippe, Thierry Mayer e Mathias Thoenig. 2008. "Civil Wars and International Trade." *Journal of the European Economic Association* 6 (2–3): 541–50.

Martin, Ronald L. 2005. "Centralized Versus Decentralized Financial Systems: Is There a Case for Local Capital Markets?" Paper presented at the Cambridge-MIT Institute Conference on Venture Capital, Finance and Regional Development, Cambridge, U.K., June 17.

Martinez-Galarraga, Julio. 2007. "New Estimates on Regional GDP in Spain, 1860–1930." Working Paper 177, Universitat de Barcelona Espai de Recerca en Economia, Barcelona.

Martínez-Zarzoso, Inmaculada, L. García-Menéndez e C. Suárez-Burguet. 2003. "Impact of Transport Costs on International Trade: The Case of Spanish Ceramic Exports." *Maritime Economics and Logistics* 5 (2): 179–98.

Martínez-Zarzoso, Inmaculada e Laura Marquez-Ramos. 2007. "The Effect of Trade Facilitation on Sectoral Trade." Working Paper 167, Ibero-America Institute for Economic Research, Göttingen, Germany.

Martins, Joaquim Oliveira, Stefano Scarpetta e Dirk Pilat. 1996. "Mark-up Ratios in Manufacturing Industries: Estimates for 14 OECD Countries." Working Paper 162, Organisation for Economic Co-operation and Development, Paris.

Massey, Douglas S. 1988. "International Migration and Economic Development in Comparative Perspective." *Population and Development Review* 14 (3): 383–413.

———. 2003. "Patterns and Processes of International Migration in the 21st Century." Paper presented at the Conference on African Migration in Comparative Perspective, Johannesburg.

Maurel, Françoise e Béatrice Sédillot. 1999. "A Measure of the Geographic Concentration in French Manufacturing Industries." *Regional Science and Urban Economics* 29 (5): 575–604.

Mayer, Thierry. 2008. "Market Potential and Development." Background paper for the WDR 2009.

McCallum, John. 1995. "National Borders Matter: Canada-U.S. Regional Trade Patterns." *American Economic Review* 85 (3): 615–23.

McCann, Philip. 2001. *Urban and Regional Economics.* Oxford, U.K.: Oxford University Press.

McCrae, Ian. 2006. "Uncertainties in Road Transport Emissions in Developing Countries." HM Treasury, London.

McInnis, R. Marvin. 1966. "Regional Income Differentials in Canada, 1911–1961." *Journal of Economic History* 26 (4): 586–88.

McKenzie, David J. 2001. "The Impact of Capital Controls on Growth Convergence." *Journal of Economic Development* 26 (1): 1–25.

———. 2007. "Paper Walls Are Easier to Tear Down: Passport Costs and Legal Barriers to Emigrations." *World Development* 35 (11): 2026–39.

McKenzie, David J. e Hillel Rapoport. 2007. "Self-Selection Patterns in Mexico-U.S. Migration: The Role of Migration Networks." Policy Research Working Paper 4118, World Bank, Washington, DC.

Meade, James E. 1956. "The Theory of Customs Union." *American Economic Review* 46 (4): 724–26.

Melitz, J. Marc. 2003. "The Impact of Trade on Intra-industry Reallocations and Aggregate Industry Productivity." *Econometrica* 71 (6): 1695–725.

Mera, Koichi. 1973. "Regional Production Function and Social Overhead Capital: An Analysis of the Japanese Case." *Regional and Urban Economics* 3 (2): 157–86.

Metzer, Jacob. 1974. "Railroad Development and Market Integration: The Case of Tsarist Russia." *Journal of Economic History* 34 (3): 529–50.

Meybeck, Michel, Pamela Green e Charles Vorosmarty. 2001. "A New Typology for Mountains and Other Relief Classes." *Mountain Research and Development* 21 (1): 34–45.

Meyer, Balthasar H. 1917. *History of Transportation in the United States before 1860.* Washington, DC: Carnegie Institution of Washington.

Miguel, Edward, Shanker Satyanath e Ernest Sergenti. 2004. "Economic Shocks and Civil Conflict: An Instrumental Variables Approach." *Journal of Political Economy* 112 (4): 725–53.

Milanovic, Branko. 2005. *Worlds Apart. Measuring International and Global Inequality.* Princeton, NJ: Princeton University Press.

Miles, Alice. 2007. "What's That Whimpering from the Fields?" *London Times*, July 17.

Mills, Edwin S. e James MacKinnon. 1973. "Notes on the New Urban Economics." *Bell Journal of Economics and Management Science* 4(2):593–601.

Minot, Nicholas, Bob Baulch e Michael Epprecht. 2003. *Poverty and Inequality in Vietnam: Spatial Patterns and Geographic Determinants.* Washington, DC: International Food Policy Research Institute and Inter-ministerial Poverty Mapping Task Force.

Mints, A. A. 1974. *Prognoznaya Hypoteza Razvitiya Narodnogo Khozyastva Evropeyskoy Chasti SSSR [A Forecast Hypothesis of the Development of the European USSR Economy].* Moscow: Resursy, Sreda, Rasselenie, Nauka.

Mitchell, Brian R. 1964. "The Coming of the Railway and the United Kingdom Economic Growth." *Journal of Economic History* 24 (3): 315–36.

Mohammed, Saif I. e Jeffrey G. Williamson. 2004. "Freight Rates and Productivity Gains in British Tramp Shipping, 1869–1950." *Explorations in Economic History* 41 (2): 172–203.

Montenegro, Claudio E. e Maximilian L. Hirn. 2008. "A New Disaggregated Set of Labor Market Indicators Using Standardized Household Surveys from Around the World." Background paper for the WDR 2009.

Moomaw, Ronald L. 1981. "Productivity and City Size: A Critique of the Evidence." *Quarterly Journal of Economics* 96 (4): 675–88.

———. 1983. "Is Population Scale a Worthless Surrogate for Business Agglomeration Economies?" *Regional Science and Urban Economics* 13 (4): 525–45.

Moreno, Ramón e Bharat Trehan. 1997. "Location and the Growth of Nations." *Journal of Economic Growth* 2 (4): 399–418.

Moretti, Enrico. 2004a. "Estimating the Social Return to Higher Education: Evidence from Longitudinal and Repeated Cross-Sectional Data." *Journal of Econometrics* 121 (1–2): 175–212.

———. 2004b. "Workers' Education, Spillovers e Productivity: Evidence from Plant-Level Production Functions." *American Economic Review* 94 (3): 656–90.

Morrisson, Christian e Fabrice Murtin. 2005. "The World Distribution of Human Capital, Life Expectancy and Income: A Multidimensional Approach." London School of Economics, London.

Mukherjee, Andy. 2007. "India's Answer to Shenzhen Needs Political Will." *Bloomberg.com*, March 15.

Mumford, Lewis. 1963. *The Highway and the City*. New York: Harcourt Brace and World Bank.

Mutlu, Servet. 1991. "Regional Disparities, Industry and Government Policy in Japan." *Development and Change* 22 (3): 547–86.

N'Dulu, Benno J. 2001. "From Vision to Reality of African Economic Integration: Priority Actions and the Institutional Framework for the Way Forward." World Bank, Washington, DC.

N'Guessan, Koffi e Bassirou Chitou. 2006. "ENSEA of Abidjan: in the Heart of Statistical Training in Francophone Africa." *African Statistical Journal* 2: 151–56.

Nabi, Ijaz e Anjum Nasim. 2001. "Trading with the Enemy: A Case for Liberalizing Pakistan-India Trade." In *Regionalism and Globalization: Theory and Practice*, ed. Sajal Lahiri. New York: Routledge.

Naisbitt, John. 1995. *The Global Paradox*. New York: Avon Books.

Nakajima, Tomio. 1982. *Public Investment: Theory and Practice*. Tokyo: Gyosei.

Nakamura, Ryohei. 1985. "Agglomeration Economies in Urban Manufacturing Industries: A Case of Japanese Cities." *Journal of Urban Economics* 17 (1): 108–24.

Nam, Charles B., William J. Serow e David F. Sly. 1990. *International Handbook on Internal Migration*. New York: Greenwood Press.

Naqvi, Zareen F. e Philip Schuler. 2007. *The Challenges and Potential of Pakistan-India Trade*. Washington, DC: World Bank.

Naudé, Wim A. 2007. "Geography and Development in Africa: Overview and Implications for Regional Cooperation." WIDER Working Paper Series 2007/03, United Nations, Helsinki.

Naudé, Wim A. e W. F. Krugell. 2006. "Sub-national Growth Rate Differentials in South Africa: An Econometric Analysis." *Papers in Regional Science* 85 (3): 443–57.

Naudé, Wim A. e Marianne Matthee. 2007. "The Significance of Transport Costs in Africa." United Nations University, Tokyo. Processed.

Ndulu, Benno J., Lopamudra Chakraborty, Lebohang Lijane, Vijaya Ramachandran e Jerome Wolgin. 2007. *Challenges of African Growth: Opportunities, Constraints and Strategic Directions*. Washington, DC: World Bank.

Negri, Mariano e Guido Porto. 2007. "Burley Tobacco Clubs in Malawi: Non-market Institutions for Export." World Bank, Washington, DC.

Negroponte, Nicholas. 1995. *Being Digital*. New York: Vintage Books.

Nelson, Andrew. 2008. "Accessibility Model and Population Estimates." Background paper for the WDR 2009.

Nesslein, Thomas S. 2003. "Markets versus Planning: An Assessment of the Swedish Housing Model in the Post-War Period." *Urban Studies* 40 (7): 1259–82.

Neumayer, Eric. 2006. "Unequal Access to Foreign Spaces: How States Use Visa Restrictions to Regulate Mobility in a Globalised World." Paper presented at the Annual Meeting of the International Studies Association, San Diego, CA.

Neuwirth, Robert. 2007. "Security of Tenure in Istanbul: The Triumph of the 'Self-Service' City." United Nations Habitat. Case study prepared for Enhancing Urban Safety and Security, Global Report on Human Settlements 2007.

Nigeria National Bureau of Statistics. 2004. *National Nigeria Living Standard Survey (NLSS)*. Abuja: Nigeria National Bureau of Statistics.

———. 2006. *Poverty Profile for Nigeria*. Abuja: National Bureau of Statistics, Federal Republic of Nigeria.

Nikomborirak, Deunden. 2007. "Liberalization of Air Transport and Competition Concerns in ASEAN." In *Market Access, Trade in Transport Services and Trade Facilitation*, ed. OECD/ECMT. Paris: Organisation for Economic Co-operation and Development.

Nordas, Hildegunn Kyvik, Enrico Pinali e Massimo Geloso Grosso. 2006. "Logistics and Time as a Trade Barrier." Trade Policy Working Paper 35, Organisation for Economic Co-operation and Development, Paris.

Nordhaus, William D. 2006. "Geography and Macroeconomics: New Data and New Findings." *Proceedings of the National Academy of Science* 103 (10): 3510–17.

Nordhaus, William D. e Joseph Boyer. 2000. *Warming the World: Economic Models of Global Warming*. Cambridge, MA: MIT Press.

North, Douglass C. 1971. "Institutional Change and Economic Growth." *Journal of Economic History* 31 (1): 118–25.

O'Gorman, Marvin. 1939a. "Square Deals for London Traffic: A Study of London's Traffic Problem with Suggested Solutions. Part 1." *Highways and Bridges*, March 29.

———. 1939b. "Square Deals for London Traffic: A Study of London's Traffic Problem with Suggested Solutions. Part 2." *Highways and Bridges*, April 5.

O'Rourke, Kevin H. e Jeffrey Williamson. 1994. "Late Nineteenth-Century Anglo-American Factor-Price Convergence: Were

Heckscher and Ohlin Right?" *Journal of Economic History* 54 (4): 892–916.

Obstfeld, Maurice, Jay C. Shambaugh e Alan M. Taylor. 2004. "Monetary Sovereignty, Exchange Rates, and Capital Controls: The Trilemma in the Interwar Period." NBER Working Paper 10393, National Bureau of Economic Research, Cambridge, MA.

Obstfeld, Maurice e Alan M. Taylor. 2002. "Globalization and Capital Markets." NBER Working Paper 8846, National Bureau of Economic Research, Cambridge, MA.

Offer, A. 1981. *Property and Politics, 1870–1914*. Cambridge, U.K.: Cambridge University Press.

Office of the Deputy Prime Minister. 2003. *Cities, Regions, and Competitiveness*. London: Office of the Deputy Prime Minister.

Oh, Jinhwan. 2008. "Korea: A Case Study of 1D-2D-3D Areas." Background note for the WDR 2009.

———. 2008. "Spatially Blind and Connective Policies in a 1D Region: The Case of Eumseong County in South Korea." Background note for the WDR 2009.

Ohmae, Kenichi. 1990. *The Borderless World: Power and Strategies in the Interlinked Economy*. New York: Harper Business.

Okuma, Ichiro, ed. 1980. *Readings in Public Finance*. Tokyo: Toyo Kenzai Shinposya.

Openshaw, Stan e Paul Taylor. 1979. "A Million or So Correlation Coefficients: Three Experiments on the Modifiable Areal Unit Problem." In *Statistical Applications in the Spatial Sciences*, ed. Neil Wrigley. London: Pion.

Oppenheimer, Andrés. 2008. "Latin America Is Lagging. Someone Tells Its Leaders." *Washington Post*, January 13.

Organisation for Economic Co-operation and Development (OECD). 2003. *Place-Based Policies for Rural Development: The Micro-Regions Strategy, Mexico (Case Study)*. Background paper for the OECD's Horizontal Review of Place-Based Policies for Development, Paris.

———. 2006. *Territorial Reviews: Competitive Cities in the Global Economy*. Paris: Organisation for Economic Co-operation and Development.

———. 2007. *OECD: Regions at a Glance*. Paris: Organisation for Economic Co-operation and Development.

Orwell, George. 1937. *The Road to Wigan Pier*. London: Victor Gollancz.

Overseas Development Institute. 2006. *What's Next in International Development?* London: Overseas Development Institute.

Owen, Nicholas. 1983. *Economies of Scale, Competitiveness e Trade Patterns within the European Community*. Oxford, U.K.: Clarendon Press.

Özden, Caglar e Maurice Schiff. 2007. *International Migration, Economic Development and Policy*. Washington, DC: World Bank.

Paci, Pierella, Erwin R. Tiongson, Mateusz Walewski, Jacek Liwinski e Maria M. Stoilkova. 2007. "Internal Labor Mobility in Central Europe and the Baltic Region." Policy Research Working Paper 105, World Bank, Washington, DC.

Packard, Truman. 1997. "Adjustment, Migration and Economic Informality in Latin America." M.S. Economic for Development thesis, Queen Elizabeth House, University of Oxford.

Paillacar, Rodrigo. 2007. "Market Potential and Worker Heterogeneity as Determinants of Brazilian Wages." Université de Paris I Panthéon-Sorbonne. Paris.

Pakenham, Thomas. 1992. *The Scramble for Africa*. New York: Harper Collins.

Palacin, Jose e Robert C. Shelburne. 2005. "The Private Housing Market in Eastern Europe and the CIS." Working Paper 2005-5, United Nations Commission for Europe, Geneva.

Pallage, Stéphane e Michel A. Robe. 2003. "On the Welfare Cost of Economic Fluctuation in Developing Countries." *International Economic Review* 44 (2): 677–98.

Park, Sam Ock. Forthcoming. "A History of Korea's Spatial Transformation and Economic Growth." In *Reshaping Economic Geography in East Asia*, ed. Yukon Huang and Alessandro Magnoli Bocchi. Washington, DC: World Bank, EAP Companion Volume to the WDR 2009.

Parsons, Christopher R., Ronald Skeldon, Terrie L. Walmsley e L. Alan Winters. 2007. "Quantifying International Migration: A Database of Bilateral Migrant Stocks." In *International Migration, Economic Development and Policy*, ed. Caglar Özden and Maurice Schiff. Washington, DC: World Bank.

Paul, Catherine J. Morrison e Donald S. Siegel. 1999. "Scale Economies and Industry Agglomeration Externalities: A Dynamic Cost Function Approach." *American Economic Review* 89 (1): 272–90.

Pedersen, P. O. 1990. "The Role of Small Rural Towns in Development." In *Small Town Africa, Seminar Proceedings No. 23*, ed. Jonathan Baker. Uppsalla: Scandinavian Institute of African Studies.

Peng, Zhong-Ren, Yi Zhu e Shunfeng Song. 2008. "Mobility of the Chinese Urban Poor: A Case Study of Hefei City." *Chinese Economy* 41 (1): 36–57.

Phillips, Truman P., Daphne S. Taylor, Lateef Sanni e Malachy O. Akoroda. 2004. *The Global Cassava Development Strategy*. Rome: Food and Agriculture Organization of the United Nations.

Policy Research Institute for Land, Infrastructure Transport e Tourism Research. 2001. *Discussion on Equity and Social Capital Improvement*. Tokyo: Policy Research Institute for Land, Infrastructure, Transport, and Tourism.

Poncet, Sandra. 2005. "A Fragmented China: Measures and Determinants of Chinese Domestic Market Integration." *Review of International Economics* 13 (3): 409–30.

———. 2006. "Provincial Migration Dynamics in China: Borders, Costs, and Economic Motivations." *Regional Science and Urban Economics* 36 (3): 385–98.

Prateen, Cliff. 1988. "Survey of the Economies of Scale." Economic Papers 67, Commission of the European Communities, Brussels.

PricewaterhouseCoopers. 2007. *Which Are the Largest City Economies in the World and How Might This Change by 2020?* London PricewaterhouseCoopers: UK Economic Outlook.

Pritchett, Lant. 2006. *Let Their People Come: Breaking the Gridlock on Global Labor Mobility*. Washington, DC: Center for Global Development.

Public Administration Research and Consultation Centre. 2004. *Egypt Millennium Development Goals: Second Country Report*. Cairo: United Nations and Egypt Ministry of Planning.

Pucher, John, Nisha Korattyswaropam, Neha Mittal e Neenu Ittyerah. 2005. "Urban Transport Crisis in India." *Transport Policy* 12 (3): 185–98.

Puga, Diego. 2002. "European Regional Policies in Light of Recent Location Theories." *Journal of Economic Geography* 2 (4): 373–406.

Puga, Diego e Anthony J. Venables. 1999. "Agglomeration and Economic Development: Import Substitution vs. Trade Liberalization." *Economic Journal* 109 (455): 292–311.

Quah, Danny T. 1996. "Twin Peaks: Growth and Convergence in Models of Distribution Dynamics." *Economic Journal* 106 (437): 1045–55.

Quinn, Dennis P. e A. María Toyoda. 2006. "Does Capital Account Liberalization Lead to Growth?" Georgetown University, Washington, DC.

Rajan, Raghuram e Shang-Jin Wei. 2004. "The Non-Threat That Is Outsourcing." *Business Times (Singapore).*

Ratha, Dilip e William Shaw. 2007. "South-South Migration and Remittances." Working Paper 102, World Bank, Washington, DC.

Ratha, Dilip e Zhimei Xu. 2008. *Migration and Remittances Factbook 2008*. Washington, DC: World Bank.

Rauch, James E. 1993. "Productivity Gains from Geographic Concentration of Human Capital: Evidence from the Cities." *Journal of Urban Economics* 34 (3): 380–400.

———. 1999. "Networks versus Markets in International Trade." *Journal of International Economics* 48 (1): 7–35.

Ravallion, Martin. 2007. "Inequality Is Bad for the Poor." In *Inequality and Poverty Re-Examined*, ed. Steven Jenkins and John Micklewright. New York: Oxford University Press.

Ravallion, Martin e Dominique van de Walle. 2006a. "Does Rising Landlessness Signal Success or Failure for Vietnam's Agricultural Transition?" Policy Research Working Paper 3871, World Bank, Washington, DC.

———. 2006b. "Land Reallocation in an Agrarian Transition." *Economic Journal* 116 (514): 924–42.

Redding, Stephen J. e Anthony J. Venables. 2004. "Economic Geography and International Inequality." *Journal of International Economics* 62 (1): 53–82.

Rephann, Terance e Andrew Isserman. 1994. "New Highways as Economic Development Tools: An Evaluation Using Quasi-Experimental Matching Methods." *Regional Science and Urban Economics* 24 (6): 723–51.

Reporters without Borders for Press Freedom. 2007. *Freedom of the Press Worldwide in 2007*. Paris: Reporters without Borders for Press Freedom.

Revenue Mobilization Allocation and Fiscal Commission. 2003. *States and Local Governments 2003 Revenue Allocation Indices.* Abuja, Nigeria: Revenue Mobilization Allocation and Fiscal Commission.

Richter, K., R. van der Weide e Phonesaly Souksavath. 2005. *Lao PDR Poverty Trends 1992/93–2002/03*. Washington, DC: National Statistics Centre and World Bank.

Roberts, Leslie e Martin Enserink. 2007. "María: Did They Really Say ... Eradication?" *Science* 318 (5856): 1544–45.

Roberts, Mark. 2004. "The Growth Performances of the GB Counties: Some New Empirical Evidence for 1977–1993." *Regional Studies* 38 (2): 149–65.

Roberts, Mark e Uwe Deichmann. 2008. "Regional Spillover Estimation." Background paper for the WDR 2009.

Robles, Marcos. 2003. *Estimación de Indicadores de pobreza y Desigualdad a Nivel Municipal en Honduras*. Tegucigalpa: BID-MECOVI and Instituto Nacional de Estadísticas de Honduras.

Rodríguez, Francisco e Dani Rodrik. 2000. "Trade Policy and Economic Growth: A Skeptic's Guide to the Cross-National Evidence." In *NBER Macroeconomics Annual 2000*, ed. Ben S. Bernanke and Kenneth Rogoff. Cambridge, MA: National Bureau of Economic Research.

Rodríguez, Jorge. 2004. "Migración Interna en América Latina y el Caribe: Estudio Regional del Período 1980–2000." Serie Población y Desarrollo 50, ECLAC, Santiago.

Rodríguez-Pose, Andrés e Ugo Fratesi. 2004. "Between Development and Social Policies: The Impact of European Structural Funds in Objective 1 Regions." *Regional Studies* 38 (1): 97–113.

Rodrik, Dani, Arvind Subramanian e Francesco Trebbi. 2004. "Institutions Rule: The Primacy of Institutions over Geography and Integration in Economic Development." *Journal of Economic Growth* 9 (2): 131–65.

Roeger, Werner. 1995. "Can Imperfect Competition Explain the Difference between Primal and Dual Productivity Measures? Estimates for U.S. Manufacturing." *Journal of Political Economy* 103 (2): 316–30.

Rohwedder, Cecilie e Keith Johnson. 2008. "Pace-Setting Zara Seeks More Speed to Fight Its Rising Cheap-Chic Rivals." *Wall Street Journal*, February 20.

Rolfes, L. Jr. 2002. "Making the Legal Basis for Private Land Rights Operational and Effective." Paper presented at the World Bank Regional Land Policy Workshop, Budapest, April 6.

Romer, Paul M. 1986. "Increasing Returns in Long-Run Growth." *Journal of Political Economy* 94 (5): 1002–37.

———. 1990. "Endogenous Technological Change." *Journal of Political Economy* 98(5):71–102.

———. 1994. "The Origins of Endogenous Growth." *Journal of Economic Perspectives* 8 (1): 3–22.

Rose, Andrew K. 2005. "Cities and Countries." Discussion Paper 5235, Centre for Economic Policy Research, London.

Rosenbloom, Joshua L. e William A. Sundstrom. 2003. "The Decline and Rise of Interstate Migration in the United States: Evidence from the IPUMS, 1850–1990." NBER Working Paper 9857, National Bureau of Economic Research, Cambridge, MA.

Rosenthal, Stuart S. e William C. Strange. 2001. "The Determinants of Agglomeration." *Journal of Urban Economics* 50 (2): 191–229.

———. 2003. "Geography, Industrial Organization, and Agglomeration." *Review of Economics and Statistics* 85 (2): 377–93.

———. 2004. "Evidence on the Nature and Sources of Agglomeration Economies." In *Handbook of Regional and Urban Economics*, vol. IV, ed. J. Vernon Henderson and Jacque Thisse. Amsterdam: North-Holland.

Rossi-Hansberg, Esteban e Mark L. J. Wright. 2007. "Urban Structure and Growth." *Review of Economic Studies* 74(2):597–624.

Rostow, Walt Whitman. 1960. *The Stages of Economic Growth*. Cambridge, U.K.: Cambridge University Press.

Roy, Tirthankar. 2002. "Economic History and Modern India: Redefining the Link." *Journal of Economic Perspectives* 16 (3): 109–30.

Ruster, Jeff e Ivo Imperato. 2003. *Slum Upgrading and Participation: Lessons from Latin America*. Washington, DC: World Bank.

Sachs, Jeffrey D. e Pia Malaney. 2002. "The Economic and Social Burden of Malaria." *Nature* 415 (6872): 680–5.

Sahn, David E. e David C. Stifel. 2003. "Urban-Rural Inequality in Living Standards in Africa." *Journal of African Economies* 12 (4): 564–97.

Sakamaki, Tetsuro. 2006. "Regional Disparities and National Land Development Policy in East Asian Countries." *Journal of Japan Bank for International Cooperation Institute* 29: 84–122.

Sánchez, Ricardo J., Jan Hoffmann, Alejandro Micco, Georgina V. Pizzolitto, Martín Sgut e Gordon Wilmsmeier. 2003. "Port Efficiency and International Trade: Port Efficiency as a Determinant of Maritime Transport Costs." *Maritime Economics and Logistics* 5 (2): 199–218.

Sandler, Todd. 2002. "Demand and Institutions for Regional Public Goods." In *Regional Public Goods: From Theory to Practice*, ed. Antoni Estevadeordal, Brian Frantz e Tam R. Nguyen. Washington, DC: Inter-American Development Bank and Asian Development Bank.

Sandler, Todd e Daniel M. Arce. 2002. "A Conceptual Framework for Understanding Global and Transnational Public Goods for Health." *Fiscal Studies* 23 (2): 195–222.

Santos, Georgina e Blake Shaffer. 2004. "Preliminary Results of the London Congestion Charging Scheme." *Public Work Management and Policy* 9 (2): 164–81.

Sassen, Saskia. 1991. *The Global City: New York, London, Tokyo*. Princeton, NJ: Princeton University Press.

Satterthwaite, David. 2007. "The Transition to a Predominantly Urban World and Its Underpinnings." Paper presented at the UNU-WIDER International Workshop on Beyond the Tipping Point: Development in an Urban World, London, October 19.

———. 2008. "Expanding the Supply and Reducing the Cost of Land for Housing in Urban Areas in Low and Middle Income Nations." Background note for the WDR 2009.

Satterthwaite, David, Saleemul Hug, Mark Pelling, Hannah Reid e Patricia Romero-Lankao. 2007. *Adapting to Climate Change in Urban Areas: The Possibilities and Constraints in Low and Middle Income Nations*. London: International Institute for Environment and Development.

Schacter, Jason P. 2004. "Geographical Mobility: 2002 to 2003." Current Population Report, U.S. Census Bureau, Washington, DC. March.

Scherer, Frederic M. 1980. *Industrial Market Structure and Economic Performance*. Boston: Houghton Mifflin.

Schiff, Maurice e Caglar Özden. 2006. *International Migration, Remittances and the Brain Drain*. Washington, DC: World Bank and Palgrave Macmillan.

Schiff, Maurice e Yanling Wang. 2003. "Regional Integration and Technology Diffusion: The Case of North American Free Trade Agreement." Policy Research Working Paper 3132, World Bank, Washington, DC.

Schiff, Maurice e L. Alain Winters. 2002. "Regional Cooperation and the Role of International Organizations and Regional Integration." Policy Research Working Paper 2872, World Bank, Washington, DC.

———. 2003. *Regional Integration and Development*. New York: Oxford University Press.

Schmertmann, Carl P. 1992. "Estimation of Historical Migration Rates from a Single Census: Interregional Migration in Brazil, 1900–1980." *Population Studies* 46 (1): 103–20.

Schneider, A., M. A. Friedl e D. Potere. Forthcoming. "A New Map of Global Urban Extent from MODIS Data." *Geophysical Research Letters*.

Scholz, Stephan. 2006. "The POETICS of Industrial Carbon Dioxide Emissions in Japan: An Urban and Institutional Extension of the IPAT Identity." *Carbon Balance and Management* 1 (11): 1–10.

Schwenning, Gustav. 1927. "An Attack on Shanghai Slums." *Social Forces* 6 (1): 125–31.

Scott, Ian. 1982. *Urban and Spatial Development in Mexico*. Baltimore, MD: Johns Hopkins University.

Seeman, Helene Zuckerman e Alanna Siegfried. 1978. "The Evolution of SoHo." In Helene Zuckerman Seeman and Alanna Siegfried, (eds.), *SoHo: A Guide*. New York, NY: Neal-Schuman Publishers, Inc.

Segal, David. 1976. "Are There Returns to Scale in City Size?" *Review of Economics and Statistics* 58 (3): 339–50.

Selod, Harris. 2007. "Land Policies and Urban Segregation." World Bank, Washington, DC.

Shah, Anwar e Chunli Shen. 2006. "The Reform of the Intergovernmental Transfer System to Achieve a Harmonious Society and a Level Playing Field for Regional Development in China." Policy Research Working Paper 4100, World Bank, Washington, DC.

Shatz, Howard J. e Anthony J. Venables. 2005. "The Geography of International Investment." In *Oxford Handbook of Economic Geography*, ed. Gordon L. Clark, Meric S. Gertler e Maryann P. Feldman. Oxford, U.K.: Oxford University Press.

Shaw, Dan. 2007. "Meatpacking District: What a Difference 38 Years Make." *The New York Times*, October 14.

Shefer, Daniel. 1973. "Localization Economies in SMSA's: A Production Function Analysis." *Journal of Regional Science* 13 (1): 55–64.

Shepherd, Ben e John S. Wilson. 2006. "Road Infrastructure in Europe and Central Asia: Does Network Quality Affects Trade?" Policy Research Working Paper 4104, World Bank, Washington, DC.

Showers, Victor. 1979. *World Facts and Figures*. Chichester, U.K.: John Wiley and Sons.

Shukla, Vibhooti e Oded Stark. 1986. "Urban External Economies and Optimal Migration." In *Migration, Human Capital, and Development*, ed. Oded Stark. Greenwich, CT: JAI Press.

Sicsic, Pierre. 1992. "City-Farm Wage Gaps in Late Nineteenth-Century France." *Journal of Economic History* 52 (3): 675–95.

Siegel, Fred. 1997. *The Future Once Happened Here: New York, D.C., L.A., and the Fate of America's Big Cities*. Florence, MA: Free Press.

Simmons, Beth A. 2005. "Rules over Real Estate: Trade, Territorial Conflict, and International Borders as Institutions." *Journal of Conflict Resolution* 49 (6): 823–48.

Sinai, Todd e Joel Waldfogel. 2004. "Geography and the Internet: Is the Internet a Substitute or Complement for Cities?" *Journal of Urban Economics* 56 (1): 1–24.

Sinn, Hans-Werner e Frank Westermann. 2001. "Two Mezzogiornos." NBER Working Paper 8125, National Bureau of Economic Research, Cambridge, MA.

Skeldon, Ronald. 1986. "On Migration Patterns in India during the 1970s." *Population and Development Review* 12 (4): 759–79.

Slaughter, Mattew J. 2001. "Trade Liberalization and Per Capita Income Convergence: A Difference-in-Differences Analysis." *Journal of International Economics* 55 (1): 203–28.

Smith, Adam. 1976 [1776]. *An Inquiry into the Nature and Causes of the Wealth of Nations*. Chicago: University of Chicago Press (Cannan's edition of the *Wealth of Nations* was originally published in 1904 by Methuen & Co. Ltd. First Edition in 1776).

Smith, Donald F. Jr. e Richard Florida. 1994. "Agglomeration and Industrial Location: An Econometric Analysis of Japanese-Affiliated Manufacturing Establishments in Automotive-Related Industries." *Journal of Urban Economics* 36 (1): 23–41.

Smith, P. J. 1989. "The Rehousing/Relocation Issue in an Early Slum Clearance Scheme: Edinburgh 1865–1885." *Urban Studies* 26 (1): 100–14.

Snow, Robert W., Marlies Craig, Uwe Deichmann e Karen Marsh. 1999. "Estimating Mortality, Morbidity, and Disability Due to Malaria among Africa's Non-Pregnant Population." *Bulletin of the World Health Organization* 77 (8): 624–40.

Sobel, Robert. 2000. *How a Generation of Americans Created the World's Most Prosperous Society*. New York: St. Martin's Press.

Söderbaum, Fredrik. 2001. "Institutional Aspects of the Maputo Development Corridor." Development Policy Research Unit Working Paper 9675, University of Cape Town, Cape Town, South Africa.

Sohn, Jeongmok. 2003. *Seoul Dosi Hoek Iyagi [Seoul: The Story of Urban Planning]*. Seoul: Hanul.

Sokoloff, Kenneth L. e Stanley L. Engerman. 2000a. "History Lessons: Institutions, Factor Endowments, and Paths of Development in the New World." *Journal of Economic Perspectives* 14 (3): 217–32.

———. 2000b. "Institutions, Factor Endowments, and Paths of Development in the New World." *Journal of Economic Perspectives* 14 (3): 217–32.

Solow, Robert M. 1956. "A Contribution to the Theory of Economic Growth." *Quarterly Journal of Economics* 70 (1): 65–94.

Soltow, Lee. 1989. "The Rich and the Destitute in Sweden, 1805–1855: A Test of Tocqueville's Inequality Hypotheses." *Economic History Review* 42 (1): 43–63.

Son, Dang Kim. Forthcoming. "Rural Development and Issues in Vietnam: Spatial Disparities and Some Recommendations." In *Reshaping Economic Geography in East Asia*, ed. Yukon Huang and Alessandro Magnoli Bocchi. Washington, DC: World Bank, EAP Companion Volume to the WDR 2009.

Sonobe, Tetsushi e Keijiro Otsuka. 2006. *Cluster-Based Industrial Development: An East Asian Model*. Hampshire, U.K.: Palgrave Macmillan.

Sophal, Chan, Tep Saravi e Sarthi Acharya. 2001. "Land Tenure in Cambodia: A Data Update." Working Paper 19, Development Resource Institute, Phnom Penh.

Soto, Hernando de. 2000. *The Mystery of Capital: Why Capitalism Triumphs in the West and Fails Everywhere Else*. London: Bantan Press.

Soto, Raimundo e Arístides Torche. 2004. "Spatial Inequality, Migration, and Economic Growth in Chile." *Cuadernos de Economía* 41 (124): 401–24.

Sovannarith, So, Real Sopheap, Uch Utey, Sy Rathmony, Brett Ballard e Sarthi Acharya. 2001. "Social Assessment of Land in Cambodia: A Field Study." Prepared for the Ministry of Land Management, Urban Planning, and Construction, Royal Government of Cambodia, Cambodia Development Resource Institute, Phnom Penh.

SPARTECA. 1996. *Rules of Origin Requirements of the South Pacific Trade and Economic Co-operation Agreement*. Suva: South Pacific Regional Trade and Economic Co-operation Agreement, Forum Secretariat.

Spence, A. Michael. 1976. "Product Selection, Fixed Costs, and Monopolistic Competition." *Review of Economic Studies* 43(2):217–35.

Spolaore, Enrico e Romain Wacziarg. 2005. "Borders and Growth." *Journal of Economic Growth* 10 (4): 331–86.

Squire, Lyn. 1981. *Employment Policy in Developing Countries*. Oxford, U.K.: Oxford University Press.

Sri Lanka National Council for Economic Development, and UNDP. 2005. *Millennium Development Goals Country Report 2005: Sri Lanka*. Colombo: Sri Lanka National Council for Economic Development.

Stewart, Dona J. 1996. "Cities in the Desert: The Egyptian New Town-Program." *Annals of the Association of American Geographers* 86 (3): 459–80.

Stewart, Frances. 2008. "Horizontal Inequalities: A Neglected Dimension of Development." Queen Elizabeth House Working Paper 81, Oxford University, Oxford, U.K.

Stinnett, Douglas M., Jaroslav Tir, Philip Schafer, Paul F. Diehl e Charles Gochman. 2002. "The Correlates of War Project Direct Contiguity Data, Version 3." *Conflict Management and Peace Science* 19 (2): 58–66.

Stockel, Sigrid. 2002. "Infant Mortality and Concepts of Hygiene: Strategies and Consequences in the Kaiserreich and the Weimar Republic—The Example of Berlin." *History of the Family* 7 (4): 601–16.

Storper, Michael e Anthony J. Venables. 2007. "Buzz: Face-to-Face Contact and the Urban Economy." In *Clusters, Networks and Innovation*, ed. Stefano Breschi and Franco Malerba. Oxford, U.K.: Oxford University Press.

Sveikauskas, Leo A. 1975. "The Productivity of Cities." *Quarterly Journal of Economics* 89 (3): 393–413.

Sveikauskas, Leo A., John Gowdy e Michael Funk. 1988. "Urban Productivity: City Size or Industry Size." *Journal of Regional Science* 28 (2): 185–202.

Sveikauskas, Leo A., Peter M. Townroe e Eric R. Hansen. 1985. "Intraregional Productivity Difference in Sao Paulo State Manufacturing Plants." *Weltwirtschaftliches Archiv* 121(4):722–40.

Swan, Trevor W. 1956. "Economic Growth and Capital Accumulation." *Economic Record* 32 (2): 334–61.

Swedish Council for Building Research. 1990. *Housing Research and Design in Sweden*. Stockholm: Swedish Council for Building Research.

Tabuchi, Takatoshi. 1988. "Interregional Income Differentials and Migration: Their Interrelationships." *Regional Studies* 22 (1): 1–10.

Taira, Koji. 1969. "Urban Poverty, Ragpickers, and the 'Ants' Villa' in Tokyo." *Economic Development and Cultural Change* 17 (2): 155–77.

Taylor, Alan M. 1996. "International Capital Mobility in History: Purchasing-Power Parity in the Long Run." NBER Working Paper 5742, National Bureau of Economic Research, Cambridge, MA.

Taylor, Alan M. e Jeffrey Williamson. 2006. "Convergence in the Age of Mass Migration." *European Review of Economic History* 1 (1): 27–63.

Thanh, Hoang Xuan, Dang Nguyen Anh e Cecilia Tacoli. 2005. "Livelihood Diversification and Rural-Urban Linkages in Vietnam's Red River Delta." IFPRI Working Paper 193, International Food Policy Research Institute, Washington, DC.

Tiffen, Mary. 2003. "Transitions in Sub-Saharan Africa: Agriculture, Urbanization, and Income Growth." *World Development* 31 (8): 1343–66.

Tilly, Richard H. 1990. *Vom Zollverein zum Industriestaat: Die wirtschaftlich-soziale Entwicklung Deutschlands 1834 bis 1914*. Munich, Germany: Deutscher Taschenbuch Verlag.

Timmer, Ashley S. e Jeffrey G. Williamson. 1998. "Immigration Policy prior to the 1930s: Labor Markets, Policy Interactions, and Globalization Backlash." *Population and Development Review* 24 (4): 739–71.

Timmins, Christopher. 2005. "Estimable Equilibrium Models of Locational Sorting and Their Role in Development Economics." *Journal of Economic Geography* 5 (1): 83–100.

Tinbergen, J. 1952. *On the Theory of Economic Policy*. Amsterdam: North-Holland.

Tobler, W. R. 1970. "A Computer Movie Simulating Urban Growth in the Detroit Region." *Economic Geography* 46 (Supplement): 234–40.

Todaro, Michael P. 1969. "A Model of Labor Migration and Urban Unemployment in Less Developed Countries." *American Economic Review* 59 (1): 138–48.

Toffler, Alvin. 1980. *The Third Wave*. New York: Bantam Books.

Tol, Richard S. J. 2005. "The Marginal Damage Costs of Carbon Dioxide Emissions: An Assessment of the Uncertainties." *Energy Policy* 33 (16): 2064–74.

Tolofari, Sonny R. 1986. *Open Registry Shipping: A Comparative Study of Costs Freight Rates*. New York: Routledge.

Trackman, B., W. Fisher e L. Salas. 1999. *The Reform of Property Registration Systems in Costa Rica: A Status Report*. Cambridge, MA: Law School Harvard University.

Tschirley, David L., Jan J. Nijhoff, Pedro Arlindo, Billy Mwinga, Michael T. Weber e Thomas S. Jayne. 2006. "Anticipating and Responding to Drought Emergencies in Southern Africa: Lessons from the 2002–2003 Experience." International Development Working Paper 89, East Lansing, MI.

Turner, Michael. 1986. "English Open Fields and Enclosures: Retardation or Productivity Improvements." *Journal of Economic History* 46 (3): 669–92.

Uchida, Hirotsugu e Andrew Nelson. 2008. ""Agglomeration Index: Towards a New Measure of Urban Concentration." Background paper for the WDR 2009.

United Nations. 1949. *Demographic Yearbook 1948*. New York: United Nations.

———. 1952. *Demographic Yearbook 1952*. New York: United Nations.

———. 1969. *Growth of the World's Urban and Rural Population, 1920–2000*. New York: United Nations, Population Division.

———. 1970. "Unitization of Cargo." Paper presented at the United Nations Conference on Trade and Development, Geneva.

———. 1997. *China Human Development Report 1997: Human Development and Poverty Reduction*. New York: United Nations Development Program.

———. 2001. "Istanbul+5: Reviewing and Appraising Progress Five Years after Habitat II in June 2001." United Nations, New York.

———. 2004a. *Assessing Regional Integration in Africa*. Addis Ababa: United Nations Economic Commission for Africa.

———. 2004b. *State of the World's Cities Report 2004/2005*. Nairobi: United Nations.

———. 2005a. *Bringing Down Barriers: Regional Cooperation for Human Development and Human Security*. Bratislava: United Nations Development Programme.

———. 2005b. *China Human Development Report 2005: Development with Equity*. New York: United Nations Development Program.

———. 2006a. *State of the Worlds Cities 2006/7: The Millennium Development Goals and Urban Sustainability: 30 Years of Shaping the Habitat Agenda (UN Habitat)*. Nairobi: UN-Habitat.

———. 2006b. *The 2004 Vietnam Migration Survey: The Quality of Life of Migrants in Vietnam*. Hanoi: United Nations Population Fund.

———. 2006c. "World Urbanization Prospects: The 2005 Revision." United Nations, Department of Economic and Social Affairs, Population Division, New York.

———. 2007. "Trade and Development Report 2007: Regional Cooperation for Development." Paper presented at the United Nations Conference on Trade and Development, New York.

United Nations and African Union. 2006. *Assessing Regional Integration in Africa II: Rationalizing Regional Economic Communities*. Addis Ababa: United Nations Commission for Africa and African Union.

U.S. Bureau of Transport Statistics. 2003. *America on the Go: U.S. Holiday Travel*. Washington, DC: U.S. Department of Transportation, Research, and Innovative Technology Administration.

U.S. Census Bureau. 2002. *Demographic Trends in the 20th Century. Census 2000 Special Reports*. Washington, DC: U.S. Census Bureau.

Uvalic, Milica. 1993. "The Disintegration of Yugoslavia: Its Costs and Benefits." *Post-Communist Economies* 5 (3): 273–93.

Van der Linde, Claas. 2003. "The Demography of Clusters: Findings from the Cluster Meta-Study." In *Innovation Clusters and Interregional Competition*, ed. Johannes Brocker, Dirk Dohse e Rudiger Soltwedel. Berlin: Springer.

Vance, Colin e Ralf Hedel. 2006. "On the Link between Urban Form and Automobile Use: Evidence from German Survey Data." Working Paper 0048, Rheinisch-Westfälisches Institut für Wirtschaftsforschung, Essen, Germany.

Vargas-Hidalgo, Rafael. 1979. "The Crisis for the Andean Pact: Lessons for Integration among Developing Countries." *Journal of Common Market Studies* 17 (3): 213–26.

Venables, Anthony J. 2001. "Geography and International Inequalities: the Impact of New Technologies." *Journal of Industry, Competition and Trade* 1 (2): 135–59.

———. 2003. "Winners and Losers from Regional Integration Agreements." *Economic Journal* 113 (490): 747–61.

———. 2006. "Shifts in Economic Geography and Their Causes." *Economic Review* 2006 (Q IV): 61–85.

Venables, Anthony J. e Ravi Kanbur. 2005. *Spatial Inequality and Development, Overview of the UNU-WIDER Project*. New York: Oxford University Press.

Victoria Transport Policy Institute. 2007. *Online TDM Encyclopedia*. Victoria, Canada: Victoria Transport Policy Institute.

Vidler, Cam. 2008. "Turkey: A Case Study of 1D-2D-3D Areas." Background note for the WDR 2009.

Vigdor, Jacob L. 2006. "The New Promised Land: Black-White Convergence in the American South, 1960–2000." NBER Working Paper 12143, National Bureau of Economic Research, Cambridge, MA.

Villarreal, Roberto. 2005. "Regional Development Policies in Mexico." Paper presented at the Sustainable Regional Policy and Planning Roundtable, Beijing, December 14.

Viner, Jacob. 1950. *The Customs Union Issue*. New York: Carnegie Endowment of International Peace.

von Hoffman, A. 1996. "High Ambitions: The Past and Future of American Low-Income Housing Policy." *Housing Policy Debate* 7 (3): 423–46.

Wandschneider, Tiago e Pravas Mishra. 2003. *Rural Non-Farm Economy and Livelihood Enhancement*. Washington, DC: National Resources Institute.

Ward, Doug. 2006. "Urbanization Is a World Concern." *Vancouver Sun*, June 14.

Warsh, David. 2006. *Knowledge and the Wealth of Nations: A Story of Economic Discovery*. New York: W.W. Norton and Company.

Weber, Adna. 1899. *The Growth of Cities in the Nineteenth Century: A Study in Statistics*. New York: Macmillan.

Whalley, John e Shunming Zhang. 2007. "A Numerical Simulation Analysis of (Hukou) Labour Mobility Restrictions in China." *Journal of Development Economics* 83 (2): 392–410.

Wheat, Leonard F. 1986. "The Determinants of 1963–77 Regional Manufacturing Growth: Why the South and West Grow." *Journal of Regional Science* 26 (4): 635–59.

Wheeler, David e Ashoka Mody. 1992. "International Investment Location Decisions: The Case for U.S. Firms." *Journal of International Economics* 33 (1–2): 57–76.

Whittaker, D. Hugh. 1997. *Small Firms in the Japanese Economy*. Cambridge, U.K.: Cambridge University Press.

Wilbur Smith Associates and United Nations. 1980. *Master Plan for Metropolitan Lagos*. New York: United Nations.

Williams, Naomi e Chris Galley. 1995. "Urban-Rural Differentials in Infant Mortality in Victorian England." *Population Studies* 49 (3): 401–20.

Williamson, Jeffrey. 1965. "Regional Inequality and the Process of National Development: A Description of the Patterns." *Economic Development and Cultural Change* 13 (4): 1–84.

———. 1974. *Late Nineteenth Century American Development: A General Equilibrium History*. New York: Cambridge University Press.

———. 1982. "Was the Industrial Revolution Worth It? Disamenities and Death in 19th-Century British Towns." *Exploration in Economic History* 19 (3): 221–45.

———. 1987. "Did English Factor Markets Fail during the Industrial Revolution?" *Oxford Economic Papers* 39 (4): 641–78.

———. 1990. *Coping with City Growth during the British Industrial Revolution*. Cambridge, U.K.: Cambridge University Press.

Wilson, John S., Xubei Luo e Harry J. Broadman. 2006. "Trade and Transport Facilitation: European Accession and Capacity Building Priorities." Paper presented at the Transport and International Trade, Report of the 130th Round Table on Transport Economics, Paris.

Wilson, John S., Catherine L. Mann e Tsunehiro Otsuki. 2004. "Assessing the Potential Benefit of Trade Facilitation: A Global Perspective." Policy Research Working Paper 3224, World Bank, Washington, DC.

Winston, Clifford. 1993. "Economic Deregulation: Days of Reckoning for the Microeconomists." *Journal of Economic Literature* 31 (3): 1263–89.

Winters, L. Alain e Pedro Martins. 2004. "When Comparative Advantage Is Not Enough: Business Costs in Small Remote Economies." *World Trade Review* 3 (3): 347–83.

Wionczek, Miguel S. 1970. "The Rise and Decline of Latin American Economic Integration." *Journal of Common Market Studies* 9 (1): 49–66.

Wisaweisuan, Nitinant. Forthcoming. "Spatial Disparities in Thailand: Does Government Policy Aggravate or Alleviate the Problem?" In *Reshaping Economic Geography in East Asia*, ed. Yukon Huang and Alessandro Magnoli Bocchi. Washington, DC: World Bank, EAP Companion Volume to the WDR 2009.

Wolf, Martin. 2004. *Why Globalization Works*. New Haven, CT: Yale University Press.

Woods, Robert. 2000. *The Demography of Victorian England and Wales*. Cambridge, U.K.: Cambridge University Press.

Wordie, J. R. 1983. "The Chronology of English Enclosure, 1500–1914." *Economic History Review* 36 (4): 483–505.

World Bank. 1977. *Spatial Development in Mexico*. Report No. 1081-ME. Washington, DC: World Bank.

———. 1980. *The Development of Regional Cities in Thailand.* Report No. 2900-TH. Washington, DC: World Bank.

———. 1998. *Public Expenditure for Poverty Alleviation in Northeast Brazil: Promoting Growth and Improving Services.* Washington, DC: World Bank.

———. 2002a. *Cities on the Move: A World Bank Urban Transport Strategy Review.* Washington, DC: World Bank.

———. 2002b. *From Natural Resources to the Knowledge Economy: Trade and Job Quality.* Washington, DC: World Bank, Latin American and Caribbean Region.

———. 2003a. *Trade, Investment, and Development in the Middle East and North Africa: Engaging with the World.* Washington, DC: World Bank.

———. 2003b. *World Bank Policy Research Report 2003: Land Policies for Growth and Poverty Reduction.* New York: Oxford University Press.

———. 2004a. *Global Economic Prospects 2005: Trade, Regionalism, and Development.* Washington, DC: World Bank.

———. 2004b. *World Development Report 2005: A Better Investment Climate for Everyone.* New York: Oxford University Press.

———. 2005a. *Brazil: Regional Economic Development—(Some) Lessons from Experience.* Washington, DC: World Bank.

———. 2005b. *Chile: Zonas Extremas Policies and Beyond—An Assessment of Costs and Impact with Recommendations of Avenues for Policy Reform.* Report No. 27357-CH. Washington, DC: World Bank.

———. 2005c. *Food Safety and Agricultural Health Standards: Challenges and Opportunities for Developing Country Exports.* Washington, DC: World Bank, PREM e ARD.

———. 2005d. *Global Economic Prospects 2006. Economic Implications of Remittances and Migration.* Washington, DC: World Bank.

———. 2005e. *Growth, Poverty and Inequality: Eastern Europe and the Former Soviet Union.* Washington, DC: World Bank.

———. 2006a. *At Home and Away: Expanding Job Opportunities for Pacific Islanders through Labour Mobility.* Washington, DC: World Bank, East Asia and Pacific Region.

———. 2006b. *Doing Business in 2007: How to Reform.* Washington, DC: World Bank.

———. 2006c. *Governance, Investment Climate, and Harmonious Society: Competitiveness Enhancements for 120 Cities in China.* Washington, DC: World Bank.

———. 2006d. *Housing Finance in Emerging Economies.* Washington, DC: World Bank.

———. 2006e. *Labor Migration in the Greater Mekong Sub-Region, Synthesis Report Phase I.* Washington, DC: World Bank, Regional Office for East Asia and the Pacific.

———. 2006f. *Trends in Average Applied Tariff Rates in Developing and Industrial Countries, 1981–2005.* Washington, DC: World Bank, Development Research Group (digital file).

———. 2006g. *World Development Indicators 2006.* Washington, DC: World Bank.

———. 2006h. *World Development Report 2007: Development and the Next Generation.* Washington, DC: World Bank.

———. 2007a. *Accelerating Growth and Development in the Lagging Regions of India.* Washington, DC: World Bank, ESW Report.

———. 2007b. *Brazil: Inputs for a Strategy for Cities in Brazil.* Report No. 35749-BR. Washington, DC: World Bank.

———. 2007c. *Brazil: Measuring Poverty using Household Consumption.* Report No. 36358-BR. Washington, DC: World Bank, Poverty Reduction and Economic Management Sector Unit, Latin America, and the Caribbean Region.

———. 2007d. *Doing Business in 2008: Making a Difference.* Washington, DC: World Bank.

———. 2007e. *East Asia and Pacific Update: Will Resilience Overcome Risk?* Washington, DC: World Bank.

———. 2007f. *Making Finance Work for Africa.* Washington, DC: World Bank, Africa Region.

———. 2007g. *Making the Most of Scarcity: Accountability for Better Water Management in the Middle East and North Africa.* Washington, DC: World Bank, Middle East and North Africa Region.

———. 2007h. *South Asia: Growth and Regional Integration.* New Delhi: World Bank.

———. 2007i. *World Bank Policy Research Report 2007: At Loggerheads? Agricultural Expansion, Poverty Reduction, and Environment in the Tropical Forests.* Washington, DC: World Bank.

———. 2007j. *World Development Indicators 2007.* Washington, DC: World Bank.

———. 2007k. *World Development Report 2008: Agriculture for Development.* Washington, DC: World Bank.

———. 2008a. "Iran: Spatial Patterns of Poverty and Economic Activity." World Bank, Washington, DC.

———. 2008b. "Shrinking Distance: Identifying Priorities and Assessing Trade-offs for Territorial Development Policies—SDN Flagship Report, Spatial and Local." World Bank, Washington, DC.

———. 2008c. *Transport for Development: The World Bank's Transport Business Strategy for 2008–2012.* Washington, DC: World Bank.

———. 2008d. *Transport Prices and Costs in Africa: A Review of the Main International Corridors.* Washington, DC: World Bank.

———. 2008e. *Turkey: Country Economic Memorandum, Sustaining High Growth—Selected Issues.* Report No. 39194. Washington, DC: World Bank.

Woronoff, Jon. 1972. *West African Wager.* Metuchen, NJ: Scarecrow Press.

Wrigley, E. Anthony. 1985. "Urban Growth and Agricultural Change: England and the Continent in the Early Modern Period." *Journal of Interdisciplinary History* 15 (4): 683–728.

Xenos, Peter. 2004. "Demographic Forces Shaping Youth Populations in Asian Cities." In *Youth Poverty, and Conflict in Southeast Asian Cities*, ed. Lisa Hanley, Blair Ruble e Joseph Tulchin. Washington, DC: Woodrow Wilson International Center for Scholars.

Yade, Mbaye, Anne Chohin-Kuper, Valerie Kelly, John Staatz e James Tefft. 1999. "The Role of Regional Trade in Agricultural

Transformation." Paper presented at the Workshops on Structural Transformation in Africa, Nairobi.

Yamauchi, Futoshi, Megumi Muto, Reno Dewina e Sony Sumaryanto. Forthcoming. "Spatial Networks, Incentives, and the Dynamics of Village Economy: Evidence from Indonesia." In *Reshaping Economic Geography in East Asia*, ed. Yukon Huang and Alessandro Magnoli Bocchi. Washington, DC: World Bank, EAP Companion Volume to the WDR 2009.

Yang, Dean. 2008. "International Migration, Remittances and Household Investment: Evidence from Philippine Migrants' Exchange Rate Shocks." *Economic Journal* 118 (528): 591–630.

Yao, Yang. Forthcoming. "The Political Economy of Government Policies Toward Regional Inequality in China." In *Reshaping Economic Geography in East Asia*, ed. Yukon Huang and Alessandro Magnoli Bocchi. Washington, DC: World Bank, EAP Companion Volume to the WDR 2009.

Yasuba, Yasukichi. 1978. "Freight Rates and Productivity in Ocean Transportation for Japan, 1875–1943." *Explorations in Economic History* 15 (1): 11–39.

Yemtsov, Ruslan. 2005. "Quo Vadis? Inequality and Poverty Dynamics across Russian Regions." In *Spatial Inequality and Development*, ed. Ravi Kanbur and Anthony J. Venables. Oxford, U.K.: Oxford University Press.

Yepes, Tito. 2008. "Inclusive Growth for Latin America." World Bank, Washington, DC.

Yepes, Tito e Somik V. Lall. 2008. "Evaluating the Impact of Upgrading Informal Settlements on Land Markets: Evidence from Bogota." World Bank, Washington, DC.

Yoshino, Yutaka. 2008. "Domestic Constraints, Firm Characteristics e Geographical Diversification of Firm-Level Manufacturing Exports in Africa." Policy Research Working Paper 4575, World Bank, Washington, DC.

Young, Allyn. 1928. "Increasing Returns and Economic Progress." *Economic Journal* 38 (152): 527–42.

Yuen, Belinda. 2004. "Planning Singapore Growth for Better Living." In *Enhancing Urban Management in East Asia*, ed. Belinda Yuen and Mila Freire. Hampshire, U.K.: Ashgate Publishing.

Yusuf, Shahid e Kaoru Nabeshima. 2006. *Post-industrial East Asian Cities, Innovation for Growth*. Palo Alto, CA, and Washington, DC: World Bank and Stanford University Press.

Zhu, Nong e Xubei Luo. 2008. "Impact of Remittances on Rural Poverty and Inequality in China." World Bank, East Asia and Pacific Regional Office, Washington, DC.

Indicadores Selecionados

Indicadores Selecionados do Desenvolvimento Mundial

Tabela A1 Geografia e acesso

Economia	Localização 2007	Superfície (km^2) 2007	Território cultivável (% de todo o território) 2007	Território de floresta (% de todo o território) 2007	Litoral (km) 2007	Fronteiras (km) 2007	Aeroportos com pistas pavimentadas (número) 2007	Portos e terminais (número) 2007	Densidade da malha ferroviária 2000–06 [a]	Densidade de malha rodoviária (km de estrada por 100 km^2) 2000–06 [a]	Distância média das capitais (km) 2000
Afeganistão	33 00 N, 65 00 E	652.090	12,1	1,3	0	5.529	11	0	..	5,3	418
África do Sul	29 00 S, 24 00 E	1.219.090	12,1	7,6	2.798	4.862	146	6	1,7	30,0	608
Albânia	41 00 N, 20 00 E	28.750	21,1	29,0	362	720	3	4	1,6	65,7	84
Alemanha	51 00 N, 9 00 E	357.050	34,1	31,8	2.389	3.621	332	10	13,8	..	334
Andorra	42 30 N, 1 30 E	470	2,1	34,2	0	120	0	0	..	..	10
Angola	12 30 S, 18 30 E	1.246.700	2,6	47,4	1.600	5.198	31	3	0,2	4,1	711
Antígua e Barbuda	17 03 N, 61 48 W	440	18,2	20,5	153	0	2	1	..	264,8	30
Antilhas Holandesas	12 15 N, 68 45 W	800	10,0	1,3	364	15	5	4	..	..	36
Arábia Saudita	25 00 N, 45 00 E	2.000.000	1,8	1,4	2.640	4.431	73	4	0,1	7,6	593
Argélia	28 00 N, 3 00 E	2.381.740	3,2	1,0	998	6.343	52	9	0,2	4,5	1.108
Argentina	34 00 S, 64 00 W	2.780.400	10,2	12,1	4.989	9.861	154	8	1,2	14,6	971
Armênia	40 00 N, 45 00 E	29.800	17,6	10,0	0	1.254	11	0	3,0	27,1	87
Aruba	12 30 N, 69 58 W	180	10,5	..	69	0	1	3	..	..	8
Austrália	27 00 S, 133 00 E	7.741.220	6,4	21,3	25.760	0	311	11	0,5	10,5	1.946
Áustria	47 20 N, 13 20 E	83.870	16,8	46,8	0	2.562	25	0	7,7	162,4	204
Azerbaijão	40 30 N, 47 30 E	86.600	22,3	11,3	0	2.013	27	0	2,6	71,5	219
Bahamas	24 15 N, 76 00 W	13.880	0,8	51,4	3.542	0	29	3	..	..	230
Bahrein	26 00 N, 50 33 E	710	2,8	0,0	161	0	3	2	..	492,7	25
Bangladesh	24 00 N, 90 00 E	144.000	61,1	6,7	580	4.246	15	2	2,1	183,8	165
Barbados	13 10 N, 59 32 W	430	37,2	4,7	97	0	1	1	..	372,1	14
Belarus	53 00 N, 28 00 E	207.600	26,3	38,0	0	2.900	41	0	2,7	45,0	185
Bélgica	50 50 N, 4 00 E	30.530	27,9	22,1	67	1.385	25	6	11,7	498,1	78
Belize	17 15 N, 88 45 W	22.970	3,1	72,5	386	516	5	2	..	..	74
Benin	9 30 N, 2 15 E	112.620	24,0	21,3	121	1.989	1	1	0,7	17,2	398
Bermudas	32 20 N, 64 45 W	50	20,0	20,0	103	0	1	2	..	..	7
Bolívia	17 00 S, 65 00 W	1.098.580	2,8	54,2	0	6.940	16	0	0,3	5,8	521
Bósnia e Herzegovina	44 00 N, 18 00 E	51.210	19,5	42,7	20	1.459	8	1	1,2	..	103
Botsuana	22 00 S, 24 00 E	581.730	0,7	21,1	0	4.013	10	0	0,2	4,3	441
Brasil	10 00 S, 55 00 W	8.514.880	7,0	56,5	7.491	16.885	714	9	0,3	20,7	1.378
Brunei Darussalam	4 30 N, 114 40 E	5.770	2,7	52,8	161	381	1	3	..	..	61
Bulgária	43 00 N, 25 00 E	111.000	29,2	33,4	354	1.808	132	2	4,0	40,5	190
Burkina Faso	13 00 N, 2 00 W	274.000	17,7	24,8	0	3.193	2	0	0,2	5,6	220
Burundi	3 30 S, 30 00 E	27.830	38,6	5,9	0	974	1	0	..	48,0	84
Butão	27 30 N, 90 30 E	47.000	3,4	68,0	0	1.075	16	0	..	17,1	99
Cabo Verde	16 00 N, 24 00 W	4.030	11,4	20,8	965	0	7	3	..	33,5	156
Camarões	6 00 N, 12 00 E	475.440	12,8	45,6	402	4.591	11	2	0,2	10,7	363
Camboja	13 00 N, 105 00 E	181.040	21,0	59,2	443	2.752	6	2	0,3	21,7	206
Canadá	60 00 N, 95 00 W	9.984.670	5,0	34,1	202.080	8.893	509	8	0,5	15,5	2.449
Cayman, Ilhas	19 30 N, 80 30 W	260	3,8	46,2	160	0	2	2	..	..	15
Cazaquistão	48 00 N, 68 00 E	2.724.900	8,3	1,2	0	12.012	67	0	0,5	3,3	823
Centro-Africana, Rep.	7 00 N, 21 00 E	623.000	3,1	36,5	0	5.203	3	0	..	..	450
Chade	15 00 N, 19 00 E	1.284.000	2,9	9,5	0	5.968	7	0	..	..	671
Chile	30 00 S, 71 00 W	756.630	2,6	21,5	6.435	6.339	73	8	0,9	10,6	1.149
China	35 00 N, 105 00 E	9.598.088	11,1	21,2	14.500	22.117	403	7	0,8	20,7	1.668
Hong Kong, China	22 15 N, 114 10 E	1.092	0,0	..	733	30	3	1	..	186,5	..
Chipre	35 00 N, 33 00 E	9.250	10,8	18,8	648	0	13	3	..	130,5	48
Cingapura	1 22 N, 103 48 E	699	0,9	2,9	193	0	9	1	..	462,7	11
Cisjordânia e Gaza	32 00 N, 35 15 E	6.020	17,8	1,5	0	404	3	0	..	83,0	..
Colômbia	4 00 N, 72 00 W	1.141.750	1,8	54,7	3.208	6.309	101	7	0,3	..	456
Comores	12 10 S, 44 15 E	1.861	35,9	2,2	340	0	4	2	..	..	59
Congo, Dem. Rep.	0 00 N, 25 00 E	2.344.860	3,0	58,9	37	10.730	25	11	0,2	6,8	1.006
Congo, Rep.	1 00 S, 15 00 E	342.000	1,4	65,8	169	5.504	4	6	0,3	5,1	479
Coreia, Rep.	37 00 N, 127 30 E	99.260	16,6	63,5	2.416	462	69	5	3,5	101,6	187
Coreia, Rep. Dem.	40 00 N, 127 00 E	120.540	23,3	51,4	2.495	238	36	12	4,3	..	211
Costa do Marfim	8 00 N, 5 00 W	322.460	10,4	32,7	515	3.110	7	4	0,2	25,2	236
Costa Rica	10 00 N, 84 00 W	51.100	4,4	46,8	1.290	639	32	2	0,5	69,2	105
Croácia	45 10 N, 15 30 E	56.540	19,8	38,2	1.777	2.197	23	5	4,9	50,9	144
Cuba	21 30 N, 80 00 W	110.860	27,9	24,7	3.735	29	78	3	3,8	..	398
Dinamarca	56 00 N, 10 00 E	43.090	52,7	11,8	7.314	68	28	12	6,2	169,3	195
Djibuti	11 30 N, 43 00 E	23.200	0,0	0,3	314	516	3	1	0,4	..	85
Dominica	15 25 N, 61 20 W	750	6,7	61,3	148	0	2	2	..	..	20
Egito	27 00 N, 30 00 E	1.001.450	3,0	0,1	2.450	2.665	72	3	0,5	9,3	558
El Salvador	13 50 N, 88 55 W	21.040	31,9	14,4	307	545	4	2	2,7	..	68
Emirados Árabes Unidos	24 00 N, 54 00 E	83.600	0,8	3,7	1.318	867	23	7	..	..	141
Equador	2 00 S, 77 30 W	283.560	4,9	39,2	2.237	2.010	98	5	0,3	15,6	266
Eritreia	15 00 N, 39 00 E	117.600	5,6	15,4	1.151	1.626	4	2	0,3	..	184
Eslovaca, Rep.	48 40 N, 19 30 E	49.030	28,9	40,1	0	1.524	18	0	7,6	89,4	199
Eslovênia	46 07 N, 14 49 E	20.270	8,7	62,8	47	1.382	6	1	6,1	190,9	65
Espanha	40 00 N, 4 00 W	505.370	27,4	35,9	4.964	1.918	96	8	3,0	133,5	306
Estados Unidos	38 00 N, 97 00 W	9.632.030	19,0	33,1	19.924	12.034	5119	12	2,5	70,2	2.595
Estônia	59 00 N, 26 00 E	45.230	13,9	53,9	3.794	633	12	5	2,3	134,1	128
Etiópia	8 00 N, 38 00 E	1.104.300	11,1	13,0	0	5.328	14	0	0,1	3,6	425
Fiji	18 00 S, 175 00 E	18.270	10,9	54,7	1.129	0	3	3	3,3	..	113
Filipinas	13 00 N, 122 00 E	300.000	19,1	24,0	36.289	0	83	6	0,3	67,1	555
Finlândia	64 00 N, 26 00 E	338.150	7,3	73,9	1.250	2.681	76	10	1,9	25,7	417
França	46 00 N, 2 00 E	551.500	33,6	28,3	3.427	2.889	292	10	5,3	172,9	365
Gabão	1 00 S, 11 45 E	267.670	1,3	84,5	885	2.551	11	5	0,3	3,6	317
Gâmbia	13 28 N, 16 34 W	11.300	31,5	47,1	80	740	1	1		37,4	123
Gana	8 00 N, 2 00 W	238.540	18,4	24,2	539	2.094	7	2	0,4	21,0	344
Geórgia	42 00 N, 43 30 E	69.700	11,5	39,7	310	1.461	19	2	2,3	29,1	156

Economia	Localização 2007	Superfície (km^2) 2007	Território cultivável (% de todo o território) 2007	Território de floresta (% de todo o território) 2007	Litoral (km) 2007	Fronteiras (km) 2007	Aeroportos com pistas pavimentadas (número) 2007	Portos e terminais (número) 2007	Densidade da malha ferroviária 2000–06 [a]	Densidade de malha rodoviária (km de estrada por 100 km^2) 2000–06 [a]	Distância média das capitais (km) 2000
Granada	12 07 N, 61 40 W	340	5,9	11,8	121	0	3	1	..	..	11
Grécia	39 00 N, 22 00 E	131.960	20,4	29,1	13.676	1.228	66	6	2,0	89,2	249
Groenlândia	72 00 N, 40 00 W	410.450	0,0	..	44.087	0	9	1	..	..	1.031
Guam	13 28 N, 144 47 E	540	3,6	47,3	126	0	4	1	..	..	14
Guatemala	15 30 N, 90 15 W	108.890	13,3	36,3	400	1.687	11	2	0,8	..	175
Guiana	5 00 N, 59 00 W	214.970	2,4	76,7	459	2.949	9	1	..	..	314
Guiné	11 00 N, 10 00 W	245.860	4,5	27,4	320	3.399	5	1	0,3	18,0	348
Guiné-Bissau	12 00 N, 15 00 W	36.120	10,7	73,7	350	724	3	4	..	12,3	97
Guiné Equatorial	2 00 N, 10 00 E	28.050	4,6	58,2	296	539	3	1	..	..	301
Haiti	19 00 N, 72 25 W	27.750	28,3	3,8	1.771	360	4	1	..	..	99
Holanda	52 30 N, 5 45 E	41.530	26,8	10,8	451	1.027	20	7	8,3	372,2	95
Honduras	15 00 N, 86 30 W	112.090	9,5	41,5	820	1.520	11	4	0,6	..	167
Hungria	47 00 N, 20 00 E	93.030	51,3	22,1	0	2.271	20	0	9,0	178,0	137
Iêmen, Rep. do	15 00 N, 48 00 E	527.970	2,9	1,0	1.906	1.746	16	2	..	..	406
Ilha de Man	54 15 N, 4 30 W	570	0,0	5,2	160	0	1	3	11,4	..	13
Ilha Mayotte	12 50 S, 45 10 E	374	0,0	13,4	185	0	1	1	..	..	13
Ilhas do Canal		190	0,0	..	..	..	..	..	..	..	..
Ilhas Faroë	62 00 N, 7 00 W	1.400	2,1	..	1.117	0	1	1	..	..	25
Ilhas Marshall	9 00 N, 168 00 E	180	11,1	..	370	0	4	1	..	..	..
Ilhas Virgens (EUA)	18 20 N, 64 50 W	350	5,7	28,6	188	0	2	2	..	..	10
Índia	20 00 N, 77 00 E	3.287.260	53,7	22,8	7.000	14.103	243	8	2,1	113,8	992
Indonésia	5 00 S, 120 00 E	1.904.570	12,7	48,8	54.716	2.830	159	9	0,4	20,3	1.519
Irã, Rep. Islâmica	32 00 N, 53 00 E	1.745.150	9,8	6,8	2.440	5.440	129	2	0,5	11,0	654
Iraque	33 00 N, 44 00 E	438.320	13,1	1,9	58	3.650	77	3	0,5	..	281
Irlânda	53 00 N, 8 00 W	70.270	17,6	9,7	1.448	360	15	5	4,7	140,2	165
Islândia	65 00 N, 18 00 W	103.000	0,1	0,5	4.970	0	5	5	..	12,9	235
Israel	31 30 N, 34 45 E	22.070	14,6	7,9	273	1.017	30	4	3,9	80,6	110
Itália	42 50 N, 12 50 E	301.340	26,3	33,9	7.600	1.932	98	8	6,6	164,8	353
Jamaica	18 15 N, 77 30 W	10.990	16,1	31,3	1.022	0	11	5	..	193,9	67
Japão	36 00 N, 138 00 E	377.910	12,0	68,2	29.751	0	145	10	6,4	323,0	531
Jordânia	31 00 N, 36 00 E	88.780	2,1	0,9	26	1.635	15	1	0,6	8,5	171
Kiribati	1 25 N, 173 00 E	810	2,7	2,7	1.143	0	3	1	..	..	25
Kuait	29 30 N, 45 45 E	17.820	0,8	0,3	499	462	4	6	..	32,3	67
Laos, RDP	18 00 N, 105 00 E	236.800	4,3	69,9	0	5.083	9	0	..	13,5	311
Lesoto	29 30 S, 28 30 E	30.350	10,9	0,3	0	909	3	0	..	..	98
Letônia	57 00 N, 25 00 E	64.590	17,5	47,2	531	1.368	24	2	3,7	111,6	140
Líbano	33 50 N, 35 50 E	10.400	16,6	13,3	225	454	5	4	3,9	..	60
Libéria	6 30 N, 9 30 W	111.370	4,0	32,7	579	1.585	2	2	0,5	..	196
Líbia	25 00 N, 17 00 E	1.759.540	1,0	0,1	1.770	4.348	60	6	..	..	910
Liechtenstein	47 16 N, 9 32 E	160	25,0	43,8	0	76	0	0	5,6	..	6
Lituânia	56 00 N, 24 00 E	65.300	30,4	33,5	90	1.613	34	1	2,8	126,6	143
Luxemburgo	49 45 N, 6 10 E	2.590	23,2	33,6	0	359	1	0	10,6	201,8	25
Macau, China	22 10 N, 113 33 E	28	0,0	..	41	0	1	1	..	1284,0	..
Macedônia	41 50 N, 22 00 E	25.710	22,3	35,6	0	766	10	0	2,7	..	76
Madagascar	20 00 S, 47 00 E	587.040	5,1	22,1	4.828	0	29	4	0,1	..	385
Malásia	2 30 N, 112 30 E	329.740	5,5	63,6	4.675	2.669	37	9	0,6	30,0	873
Maláui	13 30 S, 34 00 E	118.480	26,0	36,2	0	2.881	6	0	0,8	16,4	230
Maldivas	3 15 N, 73 00 E	300	13,3	3,3	644	0	2	1	..	..	276
Mali	17 00 N, 4 00 W	1.240.190	3,9	10,3	0	7.243	9	0	0,1	1,5	804
Malta	35 50 N, 14 35 E	320	28,1	..	197	0	1	1	..	704,4	9
Marianas do Norte, Ilhas		460	0,0	69,2	..	..	..	..	..	..	16
Marrocos	32 00 N, 5 00 W	446.550	19,0	9,8	1.835	2.018	26	6	0,4	12,9	369
Maurício	20 17 S, 57 33 E	2.040	49,3	18,2	177	0	2	1	..	99,3	51
Mauritânia	20 00 N, 12 00 W	1.030.700	0,5	0,3	754	5.074	8	2	0,1	..	686
México	23 00 N, 102 00 W	1.964.380	13,0	33,7	9.330	4.353	228	7	0,9	17,7	886
Mianmar	22 00 N, 98 00 E	676.580	15,3	49,0	1.930	5.876	21	3	0,6	..	619
Micronésia	6 55 N, 158 15 E	700	5,7	90,0	6.112	0	6	1	..	..	134
Moçambique	18 15 S, 35 00 E	799.380	5,5	24,6	2.470	4.571	22	3	0,4	..	1.112
Moldova	47 00 N, 29 00 E	33.840	56,2	10,0	0	1.389	6	0	3,5	38,7	87
Mônaco	43 44 N, 7 24 E	2	0,0	0,0	4	4	0	1	..	..	..
Mongólia	46 00 N, 105 00 E	1.566.500	0,8	6,5	0	8.220	12	0	0,1	3,1	617
Montenegro	42 30 N, 19 18 E	14.026	0,0	..	294	625	3	1	1,8	..	..
Namíbia	22 00 S, 17 00 E	824.290	1,0	9,3	1.572	3.936	21	2	0,3	5,1	407
Nepal	28 00 N, 84 00 E	147.180	16,5	25,4	0	2.926	10	0	0,0	12,2	236
Nicarágua	13 00 N, 85 00 W	130.000	15,9	42,7	910	1.231	11	3	0,0	15,4	192
Níger	16 00 N, 8 00 E	1.267.000	11,4	1,0	0	5.697	9	0	..	1,1	896
Nigéria	10 00 N, 8 00 E	923.770	33,5	12,2	853	4.047	36	3	0,4	21,2	380
Noruega	62 00 N, 10 00 E	323.800	2,8	30,8	2.650	2.542	67	8	1,4	30,2	507
Nova Caledônia	21 30 S, 165 30 E	18.580	0,3	39,2	2.254	0	11	1	..	..	157
Nova Zelândia	41 00 S, 174 00 E	267.710	5,6	31,0	15.134	0	45	5	1,5	34,7	418
Omã	21 00 N, 57 00 E	309.500	0,1	0,0	2.092	1.374	6	2	..	11,3	462
Palau	7 30 N, 134 30 E	460	8,7	87,0	1.519	0	1	1	..	..	11
Panamá	9 00 N, 80 00 W	75.520	7,4	57,7	2.490	555	53	3	0,5	15,6	179
Papua Nova Guiné	6 00 S, 147 00 E	462.840	0,5	65,0	5.152	820	21	3	..	..	536
Paquistão	30 00 N, 70 00 E	796.100	27,6	2,5	1.046	6.774	91	2	1,1	33,5	661
Paraguai	23 00 S, 58 00 W	406.750	7,7	46,5	0	3.995	12	0	0,0	..	363
Peru	10 00 S, 76 00 W	1.285.220	2,9	53,7	2.414	7.461	54	2	0,2	6,2	690
Polinésia Francesa	15 00 S, 140 00 W	4.000	0,8	28,7	2.525	0	39	1	..	..	472
Polônia	52 00 N, 20 00 E	312.690	39,6	30,0	491	3.056	83	4	7,5	138,5	237
Porto Rico	18 15 N, 66 30 W	8.950	8,0	46,0	501	0	17	3	1,1	289,1	60

Tabela A1 Geografia e acesso – continuação

Economia	Localização 2007	Superfície (km²) 2007	Território cultivável (% de todo o território) 2007	Território de floresta (% de todo o território) 2007	Litoral (km) 2007	Fronteiras (km) 2007	Aeroportos com pistas pavimentadas (número) 2007	Portos e terminais (número) 2007	Densidade da malha ferroviária 2000–06 [a]	Densidade de malha rodoviária (km de estrada por 100 km²) 2000–06 [a]	Distância média das capitais (km) 2000
Portugal	39 30 N, 8 00 W	92.120	16,8	41,3	1.793	1.214	43	4	3,0	85,8	237
Qatar	25 30 N, 51 15 E	11.000	1,6	..	563	60	3	1	..	..	55
Quênia	1 00 N, 38 00 E	580.370	8,2	6,2	536	3.477	15	1	0,5	11,1	372
Quirguistão, Rep. do	41 00 N, 75 00 E	199.900	6,7	4,5	0	3.878	18	0	0,2	9,8	255
Reino Unido	54 00 N, 2 00 W	243.610	23,7	11,8	12.429	360	334	8	6,8	160,2	361
República Dominicana	19 00 N, 70 40 W	48.730	22,7	28,4	1.288	360	14	4	1,1		119
República Tcheca	49 45 N, 15 30 E	78.870	39,4	34,3	0	2.290	46	0	12,4	165,2	134
Romênia	46 00 N, 25 00 E	238.390	40,4	27,7	225	2.508	25	4	5,0	86,4	246
Ruanda	2 00 S, 30 00 E	26.340	48,6	19,5	0	893	4	0	..	56,8	65
Russa, Federação	60 00 N, 100 00 E	17.098.240	7,4	49,4	37.653	20.097	616	10	0,5	3,3	4.322
Salomão, Ilhas	8 00 S, 159 00 E	28.900	0,6	77,6	5.313	0	2	5	..	0,0	214
Samoa	13 35 S, 172 20 W	2.840	21,2	60,4	403	0	3	1	..	82,6	51
Samoa Americana	14 20 S, 170 00 W	200	10,0	90,0	116	0	2	1	..	..	7
San Marino	43 46 N, 12 25 E	60	16,7	..	0	39	0	0	..	..	3
Santa Lúcia	13 53 N, 60 58 W	620	6,6	27,9	158	0	2	3	..	..	15
São Cristóvão e Névis	17 20 N, 62 45 W	260	19,4	13,9	135	0	2	2	13,9	..	8
São Tomé e Príncipe	1 00 N, 7 00 E	960	8,3	28,1	209	0	2	1	..	..	45
São Vicente e Granadines	13 15 N, 61 12 W	390	17,9	28,2	84	0	5	1	..	212,6	11
Senegal	14 00 N, 14 00 W	196.720	12,8	45,0	531	2.640	9	1	0,5	7,1	328
Serra Leoa	8 30 N, 11 30 W	71.740	8,0	38,5	402	958	1	3	..	15,8	170
Sérvia		88.361	0,0	..	..	..	..	..	4,3	..	..
Seychelles	4 35 S, 55 40 E	460	2,2	87,0	491	0	8	1	..	99,6	413
Síria, Rep. Árabe	35 00 N, 38 00 E	185.180	26,5	2,5	193	2.253	26	2	1,5	51,6	289
Somália	10 00 N, 49 00 E	637.660	1,7	11,4	3.025	2.340	7	5	..	..	623
Sri Lanka	7 00 N, 81 00 E	65.610	14,2	29,9	1.340	0	14	2	2,2	150,5	157
Suazilândia	26 30 S, 31 30 E	17.360	10,3	31,5	0	535	1	0	1,8	20,9	64
Sudão	15 00 N, 30 00 E	2.505.810	7,2	28,4	853	7.687	15	1	0,3	0,0	699
Suécia	62 00 N, 15 00 E	450.290	6,6	67,1	3.218	2.233	155	9	2,8	103,6	439
Suíça	47 00 N, 8 00 E	41.280	10,3	30,5	0	1.852	42	0	12,1	170,0	99
Suriname	4 00 N, 56 00 W	163.270	0,4	94,7	386	1.703	5	1	..	2,8	248
Tadjiquistão	39 00 N, 71 00 E	142.550	6,6	2,9	0	3.651	17	0	0,3	19,8	240
Tailândia	15 00 N, 100 00 E	513.120	27,7	28,4	3.219	4.863	66	4	0,8	11,2	428
Taiwan, China	23 30 N, 121 00 E	35.980	0,0	..	1.566	0	38	5	7,8	115,6	168
Tanzânia	6 00 S, 35 00 E	947.300	4,5	39,9	1.424	3.861	11	3	0,4	8,9	395
Timor-Leste	8 50 S, 125 55 E	14.870	8,2	53,7	706	228	3	1	..	..	..
Togo	8 00 N, 1 10 E	56.790	46,1	7,1	56	1.647	2	2	1,0	..	300
Tonga	20 00 S, 175 00 W	750	20,8	5,6	419	0	1	1	..	..	108
Trinidad e Tobago	11 00 N, 61 00 W	5.130	14,6	44,1	362	0	3	3	..	..	48
Tunísia	34 00 N, 9 00 E	163.610	18,0	6,8	1.148	1.424	14	4	1,4	12,4	335
Turcomenistão	40 00 N, 60 00 E	488.100	4,7	8,8	0	3.736	22	0	0,5	..	344
Turquia	39 00 N, 35 00 E	783.560	31,0	13,2	7.200	2.648	89	8	1,1	55,5	442
Ucrânia	49 00 N, 32 00 E	603.550	56,0	16,5	2.782	4.663	193	8	3,9	29,2	373
Uganda	1 00 N, 32 00 E	241.040	26,4	18,4	0	2.698	5	0	0,6	35,9	223
Uruguai	33 00 S, 56 00 W	176.220	7,8	8,6	660	1.648	8	5	1,2	34,3	275
Uzbequistão	41 00 N, 64 00 E	447.400	11,0	7,7	0	6.221	34	0	0,9	..	564
Vanuatu	16 00 S, 167 00 E	12.190	1,6	36,1	2.528	0	3	3	..	..	250
Venezuela, RB	8 00 N, 66 00 W	912.050	2,9	54,1	2.800	4.993	129	5	0,1	..	549
Vietnã	16 00 N, 106 00 E	329.310	21,3	41,7	3.444	4.639	26	2	0,8	71,7	646
Zâmbia	15 00 S, 30 00 E	752.610	7,1	57,1	0	5.664	10	0	0,3	12,3	436
Zimbábue	20 00 S, 30 00 E	390.760	8,3	45,3	0	3.066	17	0	0,8	25,1	285

a. As informações são as mais recentes disponíveis para o periodo apresentado.

Tabela A2 Urbanização

	Urbanização				Densidade polulacional			Disparidades rural-urbana			
	Índice de aglomeração, 0 (baixa) a 100 (alta)	População urbana (% da pop. total)	População urbana (% da pop. total	População urbana (% da pop. total	Densidade populacioal (número de habitantes por km²)	Pop. em cidades > 1 milhão (% da pop. total)	Pop. nas grandes cidades (% da pop. urbana)	Disparidades rural-urbanas	% da população urbana com acesso à água	% da população rural com acesso à água	% da população urbana com saneamento
Economia	**2000**	**2000**	**2005**	**2015**	**2006**	**2005**	**2005**	**2004**	**2004**	**2004**	**2004**
Afeganistão	25,0	21,3	22,9	27,1	..	..	..	63	31	49	29
África do Sul	50,2	56,9	59,3	64,1	39	30,0	11,7	99	73	79	46
Albânia	52,7	41,8	45,4	52,8	115	..	..	99	94	99	84
Alemanha	79,6	75,1	75,2	76,3	236	7,7	5,5	100	100	100	100
Andorra	..	92,4	90,6	87,8	141	..	..	100	100	100	100
Angola	26,8	50,0	53,3	59,7	13	17,2	32,2	75	40	56	16
Antígua e Barbuda	..	37,3	39,1	44,7	189	..	..	95	89	98	94
Antilhas Holandesas	81,5	69,3	70,4	73,4	233	..	..	..	..	..	..
Arábia Saudita	75,7	79,9	81,0	83,2	12	36,2	22,4	97	..	100	..
Argélia	58,7	59,8	63,3	69,3	14	9,7	15,4	88	80	99	82
Argentina	72,1	89,2	90,1	91,6	14	39,1	35,9	98	80	92	83
Armênia	69,6	65,1	64,1	64,1	107	36,5	57,0	99	80	96	61
Aruba	..	46,7	46,6	47,6	557	..	..	100	100	..	..
Austrália	75,9	87,2	88,2	89,9	3	60,4	24,1	100	100	100	100
Áustria	67,9	65,8	66,0	67,7	100	27,4	41,6	100	100	100	100
Azerbaijão	48,7	50,9	51,5	52,8	102	22,1	42,9	95	59	73	36
Bahamas	57,8	88,8	90,4	92,2	32	..	..	98	86	100	100
Bahrein	94,9	94,6	96,5	98,2	1021	..	..	100	..	100	..
Bangladesh	48,0	23,2	25,1	29,9	1178	11,8	32,3	82	72	51	35
Barbados	91,3	49,9	52,7	58,8	679	..	..	100	100	99	100
Belarus	60,6	70,0	72,3	76,7	47	18,2	25,2	100	100	93	61
Bélgica	89,8	97,1	97,2	97,5	347	9,7	9,9	100	..	..	..
Belize	1,8	47,7	48,3	51,2	13	..	..	100	82	71	25
Benin	37,5	38,4	40,1	44,6	77	..	..	78	57	59	11
Bermudas	..	100,0	100,0	100,0	1271	..	..	..	..	..	..
Bolívia	55,7	61,8	64,2	68,8	8	31,0	25,9	95	68	60	22
Bósnia e Herzegovina	37,7	43,2	45,8	51,8	76	..	..	99	96	99	92
Botsuana	27,9	53,3	57,4	64,6	3	..	..	100	90	57	25
Brasil	63,6	81,2	84,2	88,2	22	36,9	11,7	96	57	83	37
Brunei Darussalam	63,8	71,2	73,5	77,6	71	..	..	..	..	..	..
Bulgária	64,9	68,9	70,0	72,8	71	14,1	20,2	100	97	100	96
Burkina Faso	12,8	16,6	18,3	22,8	51	..	36,3	94	54	42	6
Burundi	31,7	8,6	10,0	13,5	306	..	..	92	77	47	35
Butão	3,8	9,6	11,1	14,8	14	..	..	86	60	65	70
Cabo Verde	44,4	53,4	57,3	64,3	126	..	..	86	73	61	19
Camarões	40,2	50,0	54,6	62,7	38	18,2	18,1	86	44	58	43
Camboja	23,8	16,9	19,7	26,1	79	9,8	49,6	64	35	53	8
Canadá	70,5	79,4	80,1	81,4	4	44,5	20,5	100	99	100	99
Cayman, Ilhas	..	100,0	100,0	100,0	173	..	..	..	..	..	..
Cazaquistão	50,6	56,3	57,3	60,3	6	7,6	13,3	97	73	87	52
Centro-Africana, Rep.	19,7	37,6	38,1	40,4	7	..	..	93	61	47	12
Chade	12,1	23,4	25,3	30,5	8	..	34,6	41	43	24	4
Chile	74,8	86,0	87,6	90,1	22	34,9	39,8	100	58	95	62
China	37,2	35,8	40,4	49,2	140	17,7	2,8	93	67	69	28
Hong Kong, China	99,8	100,0	100,0	100,0	6539	103,3	103,3	..	..	..	..
Chipre	62,1	68,7	69,3	71,5	82	..	..	100	100	100	100
Cingapura	96,2	100,0	100,0	100,0	6302	99,6	99,6	100	..	100	..
Cisjordânia e Gaza	57,9	71,5	71,6	72,9	602	..	..	94	88	78	61
Colômbia	62,1	71,2	72,7	75,7	41	36,0	23,7	99	71	96	54
Comoros	..	33,8	37,0	44,0	323	..	..	92	82	41	29
Congo, Dem. Rep.	25,6	29,8	32,1	38,6	26	16,2	32,1	82	29	42	25
Congo, Rep.	54,2	58,3	60,2	64,2	11	32,5	54,0	84	27	28	25
Coreia, Rep.	86,4	79,6	80,8	83,1	489	50,6	24,7	97	71	..	..
Coreia, Rep. Dem.	46,2	60,2	61,6	65,5	196	18,9	23,0	100	100	58	60
Costa do Marfim	35,1	43,1	45,0	49,8	58	19,2	42,8	97	74	46	29
Costa Rica	54,0	59,0	61,7	66,9	85	28,1	45,6	100	92	89	97
Croácia	37,3	55,6	56,5	59,5	79	..	..	100	100	100	100
Cuba	64,2	75,6	75,5	74,7	103	19,4	25,7	95	78	99	95
Dinamarca	48,8	85,1	85,6	86,9	128	20,1	23,5	100	100	..	..
Djibuti	40,6	83,4	86,1	89,6	35	..	..	76	59	88	50
Dominica	..	71,1	72,9	76,4	96	..	..	100	90	86	75
Egito	90,4	42,5	42,8	45,4	73	20,5	35,7	99	97	86	58
El Salvador	73,7	58,4	59,8	63,2	322	22,7	38,0	94	70	77	39
Emirados Árabes Unidos	61,0	77,4	76,7	77,4	49	32,4	42,2	100	100	98	95
Equador	49,2	60,3	62,8	67,6	47	29,9	29,1	97	89	94	82
Eritreia	21,4	17,8	19,4	24,4	45	..	..	74	57	32	3
Eslovaca, Rep.	59,3	56,3	56,2	58,0	112	..	..	100	99	100	98
Eslovênia	48,1	50,8	51,0	53,3	99	..	..	..	..	..	..
Espanha	76,7	76,3	76,7	78,3	87	24,0	16,8	100	100	100	100
Estados Unidos	71,9	79,1	80,8	83,7	32	43,3	7,8	100	100	100	100
Estônia	45,3	69,4	69,1	70,1	32	..	..	100	99	97	96
Etiópia	11,9	14,9	16,0	19,1	75	3,8	24,1	81	11	44	7
Fiji	17,7	48,3	50,8	56,1	45	..	..	43	51	87	55
Filipinas	56,1	58,6	62,7	69,6	284	14,2	20,2	87	82	80	59
Finlândia	52,4	61,1	61,1	62,7	17	20,8	34,0	100	100	100	100
França	72,5	75,8	76,7	79,0	111	22,4	21,0	100	100	..	..
Gabão	35,9	80,2	83,6	87,7	5	..	..	95	47	37	30
Gâmbia	44,0	49,1	53,9	61,8	162	..	..	95	77	72	46
Gana	34,1	44,0	47,8	55,1	99	15,5	18,4	88	64	27	11
Geórgia	50,2	52,7	52,2	53,8	64	23,4	44,8	96	67	96	91

Tabela A2 Urbanização – continuação

	Urbanização				Densidade polulacional			Disparidades rural-urbana			
Economia	Índice de aglomeração, 0 (baixa) a 100 (alta) 2000	População urbana (% da pop. total) 2000	População urbana (% da pop. total 2005	População urbana (% da pop. total 2015	Densidade populacioal (número de habitantes por km^2) 2006	Pop. em cidades > 1 milhão (% da pop. total) 2005	Pop. nas grandes cidades (% da pop. urbana) 2005	Disparidades rural-urbanas 2004	% da população urbana com acesso à água 2004	% da população rural com acesso à água 2004	% da população urbana com saneamento 2004
Granada	..	31,0	30,6	32,2	313	..	..	97	93	96	97
Grécia	57,5	58,8	59,0	61,0	86	29,1	49,3	..	..	..	..
Groenlândia	..	81,6	82,9	85,5	0	..	..	..	..	..	..
Guam	2,4	93,2	94,1	95,3	312	..	..	100	100	99	98
Guatemala	36,6	45,1	47,2	52,0	117	..	16,4	99	92	90	82
Guiana	36,1	28,6	28,2	29,4	4	..	..	83	83	86	60
Guiné	15,0	31,0	33,0	38,1	37	15,8	48,0	78	35	31	11
Guiné-Bissau	20,9	29,7	29,6	31,1	57	..	..	79	49	57	23
Guiné Equatorial	21,4	38,8	38,9	41,1	17	..	..	45	42	60	46
Haiti	33,9	35,6	38,8	45,5	337	22,9	59,0	52	56	57	14
Holanda	88,2	76,8	80,2	84,9	482	13,8	8,8	100	100	100	100
Honduras	41,6	44,4	46,5	51,4	61	..	29,2	95	81	87	54
Hungria	71,9	64,6	66,3	70,3	113	16,8	25,3	100	98	100	85
Iêmen, Rep. do	23,0	25,4	27,3	31,9	40	8,5	31,3	71	65	86	28
Ilha de Man	..	51,8	51,8	52,8	133	..	..	..	..	..	..
Ilha Mayotte	0,0	..	..	..	481	..	..	..	..	..	..
Ilhas do Canal	..	30,5	30,5	31,5	782	..	..	..	..	..	..
Ilhas Faroë	..	36,3	38,8	41,5	35	..	..	..	..	..	..
Ilhas Marshall	..	65,8	66,7	69,3	351	..	..	82	96	93	58
Ilhas Virgens (EUA)	..	92,6	94,2	96,0	311	..	..	..	..	..	..
Índia	52,4	27,7	28,7	32,0	368	11,6	5,8	95	83	59	22
Indonésia	55,2	42,0	48,1	58,5	122	11,6	12,5	87	69	73	40
Irã, Rep. Islâmica	60,9	64,2	66,9	71,9	42	22,9	15,8	99	84	..	..
Iraque	69,9	67,8	66,9	66,9	..	..	..	97	50	95	48
Irlânda	45,8	59,2	60,5	63,8	60	24,9	41,2	100	..	..	..
Islândia	57,1	92,3	92,8	93,6	3	..	..	100	100	100	100
Israel	81,3	91,4	91,6	91,9	320	43,5	47,5	100	100	100	..
Itália	78,0	67,2	67,8	69,5	199	17,4	8,5	100	..	..	..
Jamaica	69,4	51,8	53,1	56,7	245	..	..	98	88	91	69
Japão	90,9	65,2	65,8	68,2	351	47,8	41,9	100	100	100	100
Jordânia	77,9	80,4	82,3	85,3	61	23,9	29,0	99	91	94	87
Kiribati	..	43,0	47,4	55,4	122	..	..	77	53	59	22
Kuait	85,2	98,2	98,3	98,5	142	71,4	72,6	..	..	..	..
Laos, RDP	13,5	18,9	20,6	24,9	25	..	..	79	43	67	20
Lesoto	23,1	17,9	18,7	22,0	65	..	..	92	76	61	32
Letônia	52,6	68,1	67,8	68,9	37	..	..	100	96	82	71
Líbano	79,0	86,0	86,6	87,9	392	44,3	51,2	100	100	100	87
Libéria	17,8	54,3	58,1	64,8	36	..	46,8	72	52	49	7
Líbia	80,4	83,1	84,8	87,4	3	54,3	41,8	..	..	97	96
Liechtenstein	..	15,1	14,6	14,7	217	..	..	..	..	..	..
Lituânia	56,1	67,0	66,6	66,8	54	..	..	..	..	..	..
Luxemburgo	75,1	83,8	82,8	82,1	176	..	..	100	100	..	..
Macau, China	58,8	100,0	100,0	100,0	16776	..	..	..	..	..	..
Macedônia	63,5	64,9	68,9	75,2	80	..	..	..	..	..	..
Madagascar	19,5	26,0	26,8	30,1	32	8,5	31,7	77	35	48	26
Malásia	68,0	61,8	67,3	75,4	78	5,5	8,1	100	96	95	93
Maláui	23,8	15,1	17,2	22,1	141	..	..	98	68	62	61
Maldivas	..	27,5	29,6	34,8	984	..	..	98	76	100	42
Mali	18,4	27,9	30,5	36,5	10	11,8	38,6	78	36	59	39
Malta	91,5	93,4	95,3	97,2	1261	..	..	100	100	100	..
Marianas do Norte, Ilhas	..	93,3	94,5	95,9	175	..	..	98	97	94	96
Marrocos	53,0	55,1	58,7	65,0	68	15,9	17,7	99	56	88	52
Maurício	92,1	42,7	42,4	44,1	612	..	..	100	100	95	94
Mauritânia	26,3	40,0	40,4	43,1	3	..	..	59	44	49	8
México	68,4	74,7	76,0	78,7	53	35,0	24,8	100	87	91	41
Mianmar	33,1	28,0	30,7	37,4	73	8,6	28,0	80	77	88	72
Micronésia	..	22,3	22,3	23,6	157	..	..	95	94	61	14
Moçambique	24,1	30,7	34,5	42,4	26	6,4	18,6	72	26	53	19
Moldova	49,4	46,1	46,7	50,0	118	..	..	97	88	86	52
Mônaco	..	100,0	100,0	100,0	16667	..	..	100	..	100	..
Mongólia	34,4	56,6	56,7	58,8	2	..	59,6	87	30	75	37
Montenegro	37,4	..	..	..	44	..	..	..	..	..	..
Namíbia	13,3	32,4	35,1	41,1	2	..	..	98	81	50	13
Nepal	26,0	13,4	15,8	20,9	189	..	19,0	96	89	62	30
Nicarágua	48,0	57,2	59,0	63,0	45	21,3	36,2	90	63	56	34
Níger	14,3	16,2	16,8	19,3	10	..	38,1	80	36	43	4
Nigéria	40,8	43,9	48,2	55,9	155	13,3	16,0	67	31	53	36
Noruega	46,8	76,1	77,4	78,6	15	..	22,4	100	100	..	..
Nova Caledônia	50,6	61,9	63,7	67,4	13	..	..	..	..	..	..
Nova Zelândia	64,7	85,7	86,2	87,4	15	27,8	32,2	100	..	..	..
Omã	68,5	71,6	71,5	72,3	8	..	..	..	..	97	..
Palau	..	69,6	69,7	70,9	44	..	..	79	94	96	52
Panamá	52,6	65,8	70,8	77,9	43	37,6	53,1	99	79	89	51
Papua Nova Guiné	3,5	13,2	13,4	15,0	13	..	..	88	32	67	41
Paquistão	53,6	33,2	34,9	39,6	202	17,8	21,4	96	89	92	41
Paraguai	45,7	55,3	58,5	64,4	15	31,5	53,8	99	68	94	61
Peru	52,1	71,6	72,6	74,9	21	26,3	36,3	89	65	74	32
Polinésia Francesa	45,8	52,4	51,7	52,3	70	..	..	100	100	99	97
Polônia	67,2	61,7	62,1	64,0	125	4,4	7,1	100	..	..	..
Porto Rico	90,3	94,7	97,6	99,3	441	66,6	68,2	..	..	..	..

Economia	Urbanização				Densidade polulacional			Disparidades rural-urbana			
	Índice de aglomeração, 0 (baixa) a 100 (alta)	População urbana (% da pop. total)	População urbana (% da pop. total	População urbana (% da pop. total	Densidade populacioal (número de habitantes por km²)	Pop. em cidades > 1 milhão (% da pop. total)	Pop. nas grandes cidades (% da pop. urbana)	Disparidades rural-urbanas	% da população urbana com acesso à água	% da população rural com acesso à água	% da população urbana com saneamento
	2000	2000	2005	2015	2006	2005	2005	2004	2004	2004	2004
Portugal	62,6	54,4	57,6	63,6	115	38,6	45,4	..	..	..	..
Qatar	87,1	95,0	95,4	96,2	72	..	..	100	100	100	100
Quênia	25,4	19,7	20,7	24,1	63	7,8	37,6	83	46	46	41
Quirguistão, Rep. do	34,0	35,4	35,8	38,1	27	..	43,3	98	66	75	51
Reino Unido	84,4	89,4	89,7	90,6	249	26,1	15,7	100	100	..	..
República Dominicana	71,7	62,4	66,8	73,6	196	21,4	32,0	97	91	81	73
República Tcheca	73,8	74,0	73,5	74,1	132	11,4	15,6	100	100	99	97
Romênia	65,2	54,6	53,7	56,1	94	8,9	16,6	91	16	89	..
Ruanda	14,3	13,8	19,3	28,7	374	..	43,7	92	69	56	38
Russa, Federação	64,8	73,4	73,0	72,6	9	19,2	10,2	100	88	93	70
Salomão, Ilhas	6,9	15,7	17,0	20,5	17	..	..	94	65	98	18
Samoa	..	21,9	22,4	24,9	65	..	..	90	87	100	100
Samoa Americana	..	88,8	91,3	94,1	292	..	..	..	..	..	..
San Marino	60,0	93,5	97,2	99,3	470	..	..	..	..	..	..
Santa Lúcia	75,4	28,0	27,6	29,0	270	..	..	98	98	89	89
São Cristóvão e Névis	..	32,8	32,2	33,5	185	..	..	99	99	96	96
São Tomé e Príncipe	46,2	53,4	58,0	65,8	159	..	..	89	73	32	20
São Vicente e Granadinas	..	44,4	45,9	50,0	305	..	..	..	93	..	96
Senegal	43,0	40,6	41,6	44,7	61	18,3	44,1	92	60	79	34
Serra Leoa	29,3	37,0	40,7	48,2	78	..	35,2	75	46	53	30
Sérvia	60,5	..	..	..	84	..	..	..	..	..	..
Seychelles	..	51,1	52,9	58,2	180	..	..	100	75	..	100
Síria, Rep. Árabe	57,2	50,1	50,6	53,4	103	25,4	26,4	98	87	99	81
Somália	21,4	33,3	35,2	40,1	13	16,1	45,7	32	27	48	14
Sri Lanka	38,2	15,7	15,1	15,7	304	..	..	98	74	98	89
Suazilândia	20,2	23,3	24,1	27,5	66	..	..	87	54	59	44
Sudão	31,9	36,1	40,8	49,4	16	12,2	30,0	78	64	50	24
Suécia	54,4	84,0	84,2	85,1	22	18,9	22,5	100	100	100	100
Suíça	75,8	73,1	75,2	78,8	186	15,4	20,5	100	100	100	100
Suriname	70,4	72,1	73,9	77,4	3	..	..	98	73	99	76
Tadjiquistão	36,2	25,9	24,7	24,6	47	..	..	92	48	70	45
Tailândia	35,6	31,1	32,3	36,2	123	10,5	32,4	98	100	98	99
Taiwan, China	84,1	..	..	..	705	..	..	..	..	..	..
Tanzânia	28,2	22,3	24,2	28,9	43	7,0	28,7	85	49	53	43
Timor-Leste	0,0	24,5	26,5	31,2	66	..	..	77	56	66	33
Togo	35,7	36,6	40,1	47,4	115	21,4	53,4	80	36	71	15
Tonga	..	23,2	24,0	27,4	138	..	..	100	100	98	96
Trinidad e Tobago	81,6	10,8	12,2	15,8	258	..	..	92	88	100	100
Tunísia	48,7	63,4	65,3	69,1	65	..	..	99	82	96	65
Turcomenistão	42,6	45,1	46,3	50,8	10	..	..	93	54	77	50
Turquia	60,1	64,7	67,3	71,9	94	25,6	20,0	98	93	96	72
Ucrânia	63,9	67,2	67,8	70,2	81	13,1	8,4	99	91	98	93
Uganda	28,0	12,1	12,6	14,5	147	4,6	36,2	87	56	54	41
Uruguai	64,1	91,4	92,0	93,1	19	38,2	41,6	100	100	100	99
Uzbequistão	54,2	37,3	36,7	38,0	62	8,3	22,7	95	75	78	61
Vanuatu	..	21,7	23,5	28,1	18	..	..	86	52	78	42
Venezuela, RB	80,5	91,1	93,4	95,9	30	36,9	11,7	85	70	71	48
Vietnã	47,1	24,3	26,4	31,6	268	13,4	23,1	99	80	92	50
Zâmbia	30,8	34,8	35,0	37,0	15	11,0	31,4	90	40	59	52
Zimbábue	33,4	33,8	35,9	40,9	34	11,5	32,2	98	72	63	47

Tabela A3 Desenvolvimento territorial

	Área avançada: definida com a área com a maior medida de bem-estar (renda, consumo ou PIB) per capita.						Área atrasada: definida como a área com a menor medida de bem-estar (renda, consumo ou PIB) per capita.					
		Incidência de pobreza	Número de pobres da área como % do número total de pobres do país	Medida de bem-estar da área como % da medida média de bem-estar do país	Área (km^2)	Densidade populacional (número de pessoas por km^2)		Incidência de pobreza	Número de pobres da área como % do número total de pobres do país	Medida de bem-estar da área como % da medida média de bem-estar do país	Área (km^2)	Densidade populacional (número de pessoas por km^2)
Economia	Nome da área	1995–2006[a]	1995–2006[a]	1995–2006[a]	2007	último censo	Nome da área	1995–2006[a]	1995–2006[a]	1995–2006[a]	2007	último censo
África do Sul	Gauteng	19,0	6,6	186	17.010	520	Northern Province (Limpopo)	77,0	18,0	46	123.910	40
Albânia	Tirane	21,8	13,0	111	1.193	439	Bulqize	56,2	2,8	66	718	60
Argentina	Ciudad Autonoma de Buenos Aires	18,7	5,4	256	203	13.676	Santiago del Estero	31,4	2,6	38	136.351	6
Armênia	Yerevan	44,7	34,2	124	210	5.196	Armavir	52,0	9,3	68	1.241	20
Austrália	Austrálian Capital Territory	14,8	0,9	139	2.432	129	Tasmânia	31,1	2,8	89	68.127	7
Azerbaijão	Baku	49,0	25,1	109	2.130	944	Nakhchivan AR	45,0	4,1	90	5.500	65
Bangladesh	Dhaka	46,7	30,0	157	30.772	1.257	Rajshahi	56,7	28,2	22	13.218	2.269
Belarus	Minsk	13,3	14,4	107	40.800	38	Gomel	17,3	18,5	93	40.400	38
Belize	Belize	24,5	21,8	123	4.204	16	Toledo	57,6	17,5	74	4.649	5
Benin	Littoral	8,9	2,5	185	79	6.795	Mono	58,6	8,5	64	1.396	201
Bolívia	Santa Cruz	40,6	17,8	131	370.621	5	Potosi	76,6	11,8	56	118.218	6
Brasil	Sao Paulo	17,8	12,6	154	248.177	149	Piauí	57,1	3,1	31	251.312	11
Bulgária	Sofia-city	3,2	4,4	111	1.349	858	Kardzhali	19,3	3,7	81	3.209	50
Burkina Faso	Centre	22,3	4,9	197	2.805	413	Centre Sud	66,1	6,1	61	11.313	43
Burundi	Muramvya	37,6	3,5	141	696	363	Ruyigi	55,4	6,2	62	2.339	130
Camarões	Douala (capital of Littoral)	10,9	2,6	183	..	..	Extreme-Nord	56,3	24,9	67	34.246	80
Camboja	Phnom Penh	11,9	3,6	249	375	2.547	Siemreap	53,7	11,8	63	10.299	67
Canadá	Alberta	13,3	8,6	111	661.848	5	Newfoundland	18,7	1,9	77	405.212	1
Chade	Ennedi	21,0	0,01	295	..	..	Mayo-Dala	79,0	4,9	68	..	..
Chile	Region Metropolitana	13,5	28,9	130	15.782	384	Maule	23,1	7,4	70	30.518	30
Costa do Marfim	Lagunes	17,9	6,1	160	14.200	230	Marahoue	56,4	5,4	62	8.500	59
Costa Rica	Central	17,1	34,8	117	10.669	47	Huetar Atlantic	23,6	10,8	38	9.189	12
Croácia	Grad Zagreb	2,7	4,1	133	641	1.216	Viroviticko-Podravska zupanija	19,8	3,6	68	2.024	46
Djibuti	Ali Sabieh	92,4	7,0	192	2.600	6	Djibuti	36,2	58,3	92	600	528
El Salvador	San Salvador	6,8	12,6	151	886	1.668	Cabanas	32,6	5,5	45	1.104	123
Equador	Pichincha	5,1	7,9	144	9.110	259	Pastaza	34,7	1,6	49	29.774	2
Eslovaca, Rep.	Bratislava	9,4	10,3	172	2.052	292	Presov	9,7	14,0	73	8.981	88
Estados Unidos	New Jersey	8,7	1,9	129	20.168	429	Mississippi	21,0	1,5	73	123.515	23
Estônia	Harjumaa	7,9	33,7	228	4.333	120	Hiiumaa	11,4	1,0	2	1.023	10
Etiópia	Addis Ababa City	57,0	4,0	197	530	4.574	Benishangul Gumuz	71,0	1,1	72	49.289	11
Filipinas	National Capital region (NCR)	5,7	2,6	216	630	15.766	Region V (Bicol region)	49,0	10,5	63	14.544	321
Gabão	Estuaire	23,0	35,8	121	20.740	29	Ogooue-Ivindo	59,9	7,4	55	46.075	1
Gâmbia	Banjul	50,0	19,2	183	88	4.060	Upper River	80,0	15,7	52	2.070	88
Gana	Greater Accra	2,4	1,4	182	2.593	1.121	Upper East	79,6	14,9	35	8.842	104
Guatemala	Guatemala	11,7	4,6	212	2.126	810	San Marcos	86,7	12,5	39	3.791	166
Guiné	Conakry	24,4	7,6	140	308	3.523	Labe	66,3	15,1	75	24.144	33
Haiti	Ouest	57,0	25,7	162	4.595	543	Nord-Est	94,0	4,2	41	1.698	147
Honduras	Islas de la Bahia	57,6	0,4	154	261	120	Lempira	94,7	5,2	43	4.290	57
Iêmen, Rep. do	Sana'a	16,6	4,2	184	380	4.827	Al Jawf	40,8	2,7	71	39.500	12
Índia	Kerala	15,0	1,7	140	38.863	819	Bihar	41,4	12,2	76	99.200	837
Indonésia	Jakarta	4,3	0,8	289	664	12.516	Jawa Central	28,4	18,3	16	32.549	930
Jamaica	Saint Andrew and Kingston	16,4	16,8	138	431	1.282	Saint Ann	33,8	10,3	61	1.213	136
Jordânia	Amman	7,8	28,6	124	8.231	236	Al-Mafraq	29,2	13,5	72	26.435	9
Madagascar	Antananarivo	61,7	25,3	158	58.283	79	Fianarantsoa	81,1	24,4	65	102.373	33
Maláui	Southern Region	68,1	48,7	119	31.754	146	Northern Region	62,5	11,9	81	26.931	46
Mali	Bamako	28,2	5,2	174	267	3.952	Sikasso	76,4	21,7	78	71.741	24
Marrocos	Grand Casablanca	4,0	3,0	159	1.615	1.870	Gharb-Chrarda-Beni Hssen	23,3	9,2	47	8.805	182
Mauritânia	Nouakchott	29,0	15,3	130	1.000	498	Guidimakha	71,6	10,8	60	10.300	14
México	Distrito Federal	31,8	5,6	182	1.479	5.896	Oaxaca	68,0	4,8	49	93.952	37
Moçambique	Maputo (cidade)	47,8	4,2	192	602	1.631	Inhambane	82,6	8,6	70	68.615	17
Mongólia	Ulaanbaatar	26,0	22,5	116	..	..	West	49,0	23,8	79	..	..
Namíbia	Khomas	23,5	5,1	274	36.805	7	Ohangwena	85,8	16,9	38	10.582	22
Nepal	Western	27,1	17,1	119	29.398	155	Far Western	41,0	12,4	76	19.539	112
Nicarágua	Managua	3,6	4,3	161	3.465	314	Esteli	23,4	4,5	21	2.230	78
Níger	Niamey	26,2	2,7	180	670	1.065	Maradi	80,4	26,2	64	38.581	58
Nigéria	Bayelsa	26,2	0,6	162	9.363	182	Jigawa	89,5	5,4	36	23.415	186
Panamá	Panamá	22,7	29,0	127	9.633	140	Ngöbe Buglé	98,7	10,3	15	6.673	16
Paquistão	Punjab	32,4	54,1	104	205.344	359	Azad Kashmir	15,6	1,0	85	11.639	241
Paraguai	Asuncion	24,8	6,2	135	117	4.244	San Pedro	51,1	8,1	72	20.002	16
Peru	Lima	24,5	16,8	137	32.137	254	Huancavelica	88,7	3,5	39	22.131	21
Polônia	Mazowieckie	10,8	9,1	163	35.728	142	Lubelskie	21,2	7,9	67	25.115	89

	Área avançada: definida com a área com a maior medida de bem-estar (renda, consumo ou PIB) per capita.						Área atrasada: definida como a área com a menor medida de bem-estar (renda, consumo ou PIB) per capita.					
		Incidência de pobreza	Número de pobres da área como % do número total de pobres do país	Medida de bem-estar da área como % da medida média de bem-estar do país	Área (km²)	Densidade populacional (número de pessoas por km²)		Incidência de pobreza	Número de pobres da área como % do número total de pobres do país	Medida de bem-estar da área como % da medida média de bem-estar do país	Área (km²)	Densidade populacional (número de pessoas por km²)
Economia	**Nome da área**	**1995–2006[a]**	**1995–2006[a]**	**1995–2006[a]**	**2007**	**último censo**	**Nome da área**	**1995–2006[a]**	**1995–2006[a]**	**1995–2006[a]**	**2007**	**último censo**
Quênia	Nairobi Province	44,0	6,5	244	684	3.133	Eastern Province	57,6	18,5	65	159.891	29
Quirguistão, Rep. do	Chuy Oblast	33,1	9,4	136	20.200	38	Naryn	98,1	9,0	65	45.200	6
Rep. Dominicana	Distrito Nacional	21,5	6,2	159	91	9.897	Elias Pina	74,0	1,5	39	1.397	46
Romênia	Bucharest	3,0	2,2	216	1.821	1.186	North-East	25,0	31,4	69	36.850	100
Ruanda	Prefecture de la Ville de Kigali	12,3	0,6	379	313	753	Gikongoro	77,2	8,0	70	1.974	237
Russa, Fed.	Saint Petersburg	7,8	1,1	117	23.900	197	República Tyva	66,5	0,6	56	37.300	8
Serra Leoa	Western Area	80,8	19,0	200	557	1.707	Eastern	80,0	23,5	65	15.553	76
Sri Lanka	Colombo	6,0	3,7	179	642	3.480	Monaragala	37,0	4,0	51	7.133	56
Tadjiquistão	Dushanbe (City)	43,5	6,9	144	300	1.873	Khatlon (Qurghonteppa)	73,3	44,8	79	24.600	87
Tailândia	Krung Thep Maha Nakhon (Bangkok)	0,5	1,2	174	1.569	13.016	Nong Bua Lam Phu	35,2	2,1	39	3.859	125
Tanzânia	Dar Es Salaam	19,1	4,3	188	1.393	1.793	Rukwa	36,4	3,8	68	68.635	17
Turcomenistão	Lebap	28,5	17,4	116	93.800	11	Ahal	34,8	12,4	79	95.400	6
Uganda	Central	22,3	17,1	146	..	..	Northern	63,3	29,9	54	..	..
Venezuela, RB	Capital	15,0	13,6	126	9.880	518	Zuliana	25,2	15,7	83	63.100	56
Vietnã	Ho Chi Minh city	5,3	1,0	241	2.090	2.409	Lai Chau	79,8	1,7	46	9.065	65
Zâmbia	Lusaka	52,0	10,0	170	21.898	64	Western	89,0	9,4	59	126.386	6

a. As informações são as mais recentes disponíveis para o período apresentado.

Tabela A4 Integração internacional

	População				Ideias			Comércio			
	Países que exigem visto dos visitantes (número)	Países em que os residentes precisam de visto	Custo de obtenção de um passaporte em relação ao PIB per capita (%)	Estoque internacional de migração (% de estrangeiros) (%)	Tráfego internacional de voz (entrando e saindo, minutos por pessoa) (minutos)	Banda-larga internacional da internet (bits por pessoa) (bits)	Custo médio da chamada telefônica para os EUA (US$ por 3 minutos) (US$)	Comércio total como parcela do PIB (%)	Índice de dificuldades de embarque (Índice)	Tarifas médias e impostos aduaneiros (% do valor de importação)	Parcela de comércio com países vizinhos (% do comércio total)
Economia	2004	2004	2005	2005	2000–06[a]	2000–06[a]	2000–06[a]	2005–06[a]	2008	2005	Média 2000–2005
Afeganistão	192	168	..	0,1	0,6	0,2	0,39	68,1	174	11,2	..
África do Sul	120	118	0,7	2,4	27,6	18,8	0,79	63,1	134	4,2	2,9
Albânia	142	159	2,2	2,6	160,0	3,8	1,34	74,2	70	7,6	71,9
Alemanha	132	54	0,3	12,3	190,8	6863,8	0,43	84,7	10		63,6
Andorra	132	89	..	79,1	..	6344,4	..	..	..	..	0,0
Angola	191	162	4,9	0,4	6,7	11,5	3,23	111,7	164		..
Antígua e Barbuda	105	121	0,2	22,0	596,4	16588,0	..	130,8	55	..	17,4
Antilhas Holandesas	..	..	..	26,5	..	..	..	..	..	..	0,0
Arábia Saudita	187	142	0,8	27,5	215,8	126,1	2,40	92,9	33	..	3,2
Argélia	183	157	..	0,7	16,9	4,8	2,08	71,4	114	3,0	10,5
Argentina	124	88	0,7	3,9	32,5	689,9	..	43,9	107	15,8	35,9
Armênia	162	144	0,0	7,8	127,8	22,5	2,42	58,5	118	3,3	10,4
Aruba	..	..	..	24,4	..	1794,6	..	..	..	..	5,4
Austrália	161	59	0,4	20,2	213,8	11593,4	0,68	42,1	34	1,8	0,0
Áustria	132	57	0,3	15,0	264,7	6633,5	0,71	109,7	12	0,0	81,3
Azerbaijão	181	143	2,5	2,2	32,6	35,7	4,18	111,3	173	..	26,7
Bahamas	119	119	0,2	9,8	585,0	278,4	..	..	..	55,0	0,0
Bahrein	140	139	0,3	40,7	587,1	564,3	1,74	127,0	..	3,7	23,7
Bangladesh	19	155	5,2	0,7	6,4	8,0	2,02	44,2	112	32,6	8,9
Barbados	72	113	0,7	9,7	565,2	2055,3	1,95	117,8		8,0	22,6
Belarus	179	141	..	12,2	64,0	191,7	1,90	124,1	137	7,2	68,9
Bélgica	132	54	0,3	6,9	316,3	11278,5	0,75	172,8	48		73,8
Belize	120	127	0,4	13,9	178,2	604,8	2,59	125,4	116		14,1
Benin	167	144	8,6	2,1	6,4	5,4	4,80	39,6	124	24,5	20,4
Bermudas	..	..	..	29,6		8699,1	..	..	..	..	0,0
Bolívia	140	110	6,7	1,3	48,7	43,3	1,89	75,1	115	2,1	50,8
Bósnia e Herzegovina	154	154	7,0	1,0	207,6	39,6	3,62	72,3	53	0,0	57,9
Botsuana	139	138	0,1	4,5	74,1	16,1	2,88	83,8	145	..	50,2
Brasil	140	85	1,3	0,3	11,7	149,9	0,71	26,4	93	..	13,2
Brunei Darussalam	157	89		33,2	142,7	1453,1	..	96,2	36	..	7,3
Bulgária	147	103	0,7	1,3	71,7	1756,1	0,57	147,0	89	2,4	25,5
Burkina Faso	175	147	12,7	5,8	10,8	15,0	1,14	35,8	170	12,7	40,7
Burundi	191	163	50,9	1,3	1,6	0,5	2,45	58,7	167	..	14,8
Butão	191	153	..	1,5	40,9	33,9	0,66	76,8	149	1,5	..
Cabo Verde	174	145	..	2,2	139,5	46,3	0,08	74,6	51	..	1,1
Camarões	184	157	11,4	0,8	8,8	8,7	..	52,7	132	..	12,4
Camboja	191	159	..	2,2	9,5	1,3	2,94	144,6	139	21,6	10,2
Canadá	149	57	0,3	18,9	438,7	6731,9	..	72,0	39	1,3	73,0
Cayman, Ilhas	121	156	..	35,8	1630,2	..	..	..	..	..	0,0
Cazaquistão	175	141	..	16,5	26,4	62,5	..	91,6	178	6,0	34,4
Centro-Africana, Rep.	173	153	17,7	1,9	2,3	0,4	1,99	35,5	172	19,4	16,1
Chade	181	154	60,2	4,5	2,0	0,5	9,11	97,3	157	..	
Chile	114	84	1,5	1,4	48,3	779,6	2,18	76,3	43	1,6	12,4
China	191	161	2,9	0,0	7,3	195,7	2,90	72,4	42	−16,2	15,4
Chipre	137	80	0,3	15,3	693,2	593,8	0,33	..	..	0,7	8,5
Cingapura	32	66	0,2	42,4	1045,4	7052,4	0,69	473,5	1	0,1	14,7
Cisjordânia e Gaza	..	..	..	46,3	65,7	198,7	1,17	85,4	77	..	
Colômbia	64	150	1,5	0,3	68,2	560,2	..	47,3	105	8,8	19,2
Comoros	192	158	..	11,2	33,1	3,3	..	47,3	119	..	0,0
Congo, Dem. Rep.	190	162	125,0	0,9	5,3	0,1	..	70,4	154	27,4	..
Congo, Rep.	169	151	8,5	7,2	..	0,3	5,39	137,0	171	6,6	..
Coreia, Rep.	89	78	0,3	1,1	91,6	1027,8	0,76	85,3	13	3,4	0,0
Coreia, Rep. Dem.	192	163	..	0,2	..	..	..	..	..	..	..
Costa do Marfim	169	145	..	13,1	16,9	3,0	2,25	92,3	147	43,6	20,2
Costa Rica	125	100	0,4	10,2	126,8	176,2	1,93	105,5	54	5,0	7,6
Croácia	131	105	2,0	14,9	231,2	1073,7	..	104,6	96	1,6	50,0
Cuba	169	153	..	0,7	30,6	13,8	7,49	..	..	..	0,4
Dinamarca	132	53	0,4	7,2	318,0	34796,1	0,89	100,8	2	..	74,9
Djibuti	192	159	..	2,6	26,7	56,0	4,73	97,2	66	..	..
Dominica	0	130	1,0	6,3	..	419,8	..	107,2	80	..	30,5
Egito	60	156	1,9	0,2	30,1	126,4	1,45	61,5	26	6,4	5,4
El Salvador	120	108	0,4	0,3	409,9	22,9	2,40	74,0	68	6,0	29,1
Emirados Árabes Unidos	155	136	..	70,9	..	2371,4	1,73	170,6	24	..	..
Equador	27	139	3,6	0,9	215,6	227,2	1,75	67,5	131		15,4
Eritreia	190	163	..	0,3	8,7	1,7	3,59	58,1	159	..	4,5
Eslovaca, Rep.	131	95	0,5	2,3	90,0	2912,6	1,06	176,0	90	0,0	66,8
Eslovênia	132	92	0,3	8,4		1254,7	0,65	139,1	69	0,1	67,1
Espanha	132	55	0,1	11,0	173,3	2775,7	0,60	58,4	47	0,0	64,7
Estados Unidos	158	52	0,2	12,9	279,5	3306,6	..	26,8	15	1,1	30,7
Estônia	132	98	0,2	15,0	109,0	11174,9	0,90	169,3	7	0,0	54,6
Etiópia	190	163	31,1	0,8	3,5	0,1	4,01	57,5	150	26,6	6,6
Fiji	94	131	1,6	2,0	112,1	87,0	2,84	127,6	111	15,9	1,3
Filipinas	44	144	0,8	0,5	28,3	38,0	1,20	94,0	57	20,4	0,0
Finlândia	132	55	0,2	3,0	178,3	4311,2	1,80	82,3	5	0,0	65,4
França	132	54	0,2	10,6	182,8	3285,5	0,84	55,1	25	0,0	62,4
Gabão	174	156	..	17,7	74,0	152,6	2,77	89,1	106	..	2,4
Gâmbia	41	135	6,0	15,3	..	5,6	1,81	110,2	73	..	4,1
Gana	171	142	1,4	7,5	20,1	9,3	0,39	103,0	61	28,5	10,7
Geórgia	131	143	..	4,3	57,5	7,2	0,68	89,9	64	4,0	39,4
Granada	11	127	..	10,2	624,5	3976,0	..	109,0	52	..	25,9

	População				Ideias			Comércio			
	Países que exigem visto dos visitantes (número)	Países em que os residentes precisam de visto	Custo de obtenção de um passaporte em relação ao PIB per capita (%)	Estoque internacional de migração (% de estrangeiros) (%)	Tráfego internacional de voz (entrando e saindo, minutos por pessoa) (minutos)	Banda-larga internacional da internet (bits por pessoa) (bits)	Custo médio da chamada telefônica para os EUA (US$ por 3 minutos) (US$)	Comércio total como parcela do PIB (%)	Índice de dificuldades de embarque (Índice)	Tarifas médias e impostos aduaneiros (% do valor de importação)	Parcela de comércio com países vizinhos (% do comércio total)
Economia	**2004**	**2004**	**2005**	**2005**	**2000–06[a]**	**2000–06[a]**	**2000–06[a]**	**2005–06[a]**	**2008**	**2005**	**Média 2000–2005**
Grécia	132	56	0,4	8,8	181,8	586,5	1,09	45,6	65	0,0	56,4
Groenlândia	..	..	1,0	21,4	..	106,8	2,41	..	..	..	0,0
Guam	..	..	..	66,9	..	..	..	..	..	..	0,0
Guatemala	118	110	1,8	0,4	194,7	55,5	1,21	46,2	116	8,9	21,4
Guiana	158	127	0,6	0,1	118,3	48,7	..	211,8	101	..	25,2
Guiné	171	146	..	4,5	6,8	0,2	4,61	67,4	102	..	10,1
Guiné-Bissau	176	150	..	1,2	8,9	1,2	..	95,4	109	..	..
Guiné Equatorial	191	159	..	1,2	..	34,7	..	144,7	133	..	..
Haiti	4	157	..	0,4	..	16,7	2,15	57,3	153	..	..
Holanda	132	56	0,2	10,0	310,8	20501,3	0,32	140,6	14	0,8	56,4
Honduras	128	110	3,4	0,4	96,4	6,0	2,52	107,3	103	6,3	20,6
Hong Kong, China	42	89	0,2	43,2	1178,7	13438,6	0,77	399,4	3	..	49,1
Hungria	132	85	0,3	3,1	105,1	993,3	1,01	155,1	45	0,0	26,5
Iêmen, Rep. do	145	161	..	1,3	12,0	0,3	2,39	79,4	128	..	7,6
Ilha de Man	..	..	..	48,6	..	..	..	..	..	..	0,0
Ilha Mayotte	..	..	..	..	..	..	..	..	..	..	0,0
Ilhas do Canal	..	..	..	45,8	..	..	2,90	..	..	..	0,0
Ilhas Faroë	..	..	..	11,1	..	3312,6	..	..	..	..	3,1
Ilhas Marshall	162	144	..	2,6	76,5	26,2	..	..	46	..	0,0
Ilhas Virgens (EUA)	..	..	..	33,7	..	414,0	..	..	..	..	0,0
Índia	189	160	3,6	0,5	3,0	24,3	1,19	48,8	79	14,6	9,9
Indonésia	162	148	1,9	0,1	5,3	6,8	2,79	56,9	41	3,0	4,1
Irã, Rep. Islâmica	188	166	..	2,9	8,8	53,2	0,55	75,2	135	5,5	4,8
Iraque	..	..	..	0,1	..	..	..	..	175	..	..
Irlânda	107	57	0,3	14,1	709,5	5911,6	0,71	149,9	20	0,1	60,6
Islândia	132	59	0,2	7,8	240,0	7289,6	0,84	83,1	11	1,1	0,7
Israel	123	88	0,3	38,4	364,2	2455,4	0,59	88,4	8	0,7	0,9
Itália	132	55	0,2	4,3	236,0	2044,0	0,79	56,5	62	..	59,4
Jamaica	80	126	1,4	0,7	233,2	15822,2	0,87	108,8	92	7,7	0,8
Japão	137	56	0,2	1,6	43,4	1037,8	1,63	27,3	18	..	0,0
Jordânia	61	159	..	41,1	138,8	57,3	1,44	146,6	59	10,4	31,8
Kiribati	168	133	..	2,6	24,2	5,4	8,82	133,3	97	..	0,0
Kuait	154	135	..	65,8	..	347,9	1,51	98,0	99	1,3	..
Laos, RDP	192	158	11,8	0,4	6,6	3,5	1,11	78,2	158	..	..
Lesoto	127	135	1,5	0,3	18,1	2,2	3,28	149,0	129	49,5	66,4
Letônia	132	98	..	19,5	66,7	3229,7	1,63	108,6	19	0,6	55,0
Líbano	100	169	4,0	16,4	279,1	111,0	2,19	63,6	83	7,6	9,9
Libéria	176	151	..	1,5	..	0,1	..	99,6	98	..	..
Líbia	177	163	..	10,5	65,6	20,6	..	84,1	..	..	8,6
Liechtenstein	117	74	..	33,7	..	4298,0	..	..	..	..	..
Lituânia	132	100	0,4	4,8	49,0	2714,4	1,55	129,8	23	0,5	48,0
Luxemburgo	132	55	0,0	38,0	1399,1	20459,0	15,96	326,6	32	..	89,1
Macau, China	0	122	..	55,9	497,2	6491,7	1,12	150,5	..	..	39,9
Macedônia	148	141	..	6,0	63,3	16,7	..	118,3	72	..	45,8
Madagascar	0	156	..	0,3	1,3	1,8	0,59	70,7	126	24,8	0,0
Malásia	23	63	1,7	6,5	87,9	124,5	0,71	217,0	21	5,6	22,0
Maláui	123	139	..	2,2	4,8	1,5	3,56	46,4	161	..	16,4
Maldivas	3	134	..	1,0	91,2	179,5	5,86	178,1	110	23,6	10,7
Mali	172	148	..	0,3	7,4	25,9	12,28	72,3	162	3,8	25,1
Malta	132	73	0,3	2,6	222,4	4729,1	0,77	179,6	..	0,1	19,5
Marianas do Norte, Ilhas	157	153	..	6,5	..	..	..	..	..	..	0,0
Marrocos	134	147	2,1	0,4	65,1	377,1	1,69	71,4	67	9,4	16,6
Maurício	88	131	0,5	1,7	149,8	153,2	1,59	127,1	17	16,8	0,0
Mauritânia	169	141	8,7	2,1	20,3	29,6	..	113,7	152	..	2,1
México	139	92	1,2	0,6	174,0	109,0	0,83	65,1	76	4,1	72,3
Mianmar	192	161	2,3	0,2	2,8	1,9	0,17	..	..	2,3	..
Micronésia	0	146	2,5	3,2	80,8	54,5	6,00	..	85	..	0,0
Moçambique	0	158	..	2,1	12,7	0,9	1,17	88,9	140	..	43,7
Moldova	149	141	..	11,4	109,9	147,4	1,46	139,2	122	4,1	39,7
Mônaco	132	88	..	75,8	..	..	..	..	..	..	..
Mongólia	174	155	..	0,4	4,8	13,3	4,92	125,0	168	5,7	64,7
Montenegro	..	..	..	6,4	..	..	..	128,9	113	..	..
Namíbia	141	145	1,0	7,1	58,0	17,8	4,28	110,0	144	31,8	63,1
Nepal	0	158	26,3	3,0	5,6	4,6	2,04	45,3	151	18,2	60,5
Nicarágua	38	116	3,0	0,5	61,7	1,1	3,15	92,1	87	4,6	28,4
Nigéira	174	149	10,0	0,7	2,3	1,1	1,49	91,1	138	..	4,4
Níger	167	144	19,8	0,9	2,0	2,3	8,77	38,9	163	..	20,7
Noruega	132	56	0,3	7,4	192,9	9304,8	0,31	75,0	4	0,2	18,8
Nova Caledônia	..	..	..	18,4	215,0	562,9	3,13	..	..	..	0,4
Nova Zelândia	146	59	0,2	15,7	361,1	1106,7	1,30	58,2	16	1,7	0,0
Omã	128	141	0,2	24,4	189,1	173,6	1,87	99,2	104	2,8	32,1
Palau	0	148	0,7	15,1	..	..	..	153,5	121	..	0,0
Panamá	130	107		3,2	54,9	286,6	3,64	144,5	9	8,6	9,7
Papua Nova Guiné	114	138	5,3	0,4	8,0	1,0	4,32	134,8	82	26,4	1,7
Paquistão	184	165	4,2	2,1	10,5	4,6	1,03	38,6	94	13,0	11,1
Paraguai	163	103		2,9	31,3	83,1	0,90	115,2	123	8,2	41,4
Peru	97	135	2,6	0,1	99,1	366,6	1,80	48,5	71	5,7	21,5
Polinésia Francesa	..	..	..	13,1	..	887,2	3,67	29,1	..	..	0,0
Polônia	132	86	0,5	1,8	60,6	560,2	1,35	82,0	40	0,4	52,7
Porto Rico	..	..	..	10,7	..	511,2	..	181,2	95	..	0,0

Tabela A4 Integração internacional – continuação

	População				Ideias			Comércio			
	Países que exigem visto dos visitantes (número)	Países em que os residentes precisam de visto	Custo de obtenção de um passaporte em relação ao PIB per capita (%)	Estoque internacional de migração (% de estrangeiros) (%)	Tráfego internacional de voz (entrando e saindo, minutos por pessoa) (minutos)	Banda-larga internacional da internet (bits por pessoa) (bits)	Custo médio da chamada telefônica para os EUA (US$ por 3 minutos) (US$)	Comércio total como parcela do PIB (%)	Índice de dificuldades de embarque (Índice)	Tarifas médias e impostos aduaneiros (% do valor de importação)	Parcela de comércio com países vizinhos (% do comércio total)
Economia	**2004**	**2004**	**2005**	**2005**	**2000–06[a]**	**2000–06[a]**	**2000–06[a]**	**2005–06[a]**	**2008**	**2005**	**Média 2000–2005**
Portugal	132	57	0,4	7,2	178,1	829,0	1,04	70,0	31	0,0	28,2
Qatar	156	136	..	78,3	842,9	943,6	1,95	101,7	..	3,2	9,2
Quênia	21	140	1,2	1,0	5,6	20,8	3,00	62,2	148	10,2	13,8
Quirguistão, Rep. do	144	143	..	5,6	29,5	38,9	5,40	115,7	177	13,2	35,8
Reino Unido	104	55	0,2	9,0	262,2	13062,0	0,77	61,6	27	..	55,2
República Dominicana	130	152	..	1,7	218,5	6,1	0,22	73,5	35	13,9	..
República Tcheca	136	95	0,1	4,4	94,8	2169,8	1,06	148,3	30	0,0	61,8
Romênia	145	107	1,1	0,6	49,1	1503,2	0,82	78,5	38	3,0	18,7
Ruanda	180	156	41,5	1,3	..	7,4	2,43	43,2	166	..	43,2
Russa, Federação	183	134	0,4	8,4	15,3	100,3	2,03	55,1	155	29,2	33,1
Salomão, Ilhas	123	130	..	0,7	23,2	17,1	..	102,2	74	..	0,0
Samoa	0	129	2,1	5,0	149,7	49,0	1,36	78,1	108	..	6,5
Samoa Americana	192	156	..	35,0	..	..	..	..	..	..	0,0
San Marino	132	82	..	33,4	6448,4	5419,6	..	..	..	1,7	..
Santa Lúcia	130	121	0,5	5,3	217,9	94,9	..	117,6	88	..	22,8
São Cristóvão e Névis	92	120	0,2	9,3	571,6	42,5	..	113,5	22	31,3	15,5
São Tomé e Príncipe	0	155	..	4,8	51,3	25,8	5,11	..	91	..	3,1
São Vicente e Granadinas	122	124	0,6	8,7	288,5	25,0	3,97	125,0	75	..	33,8
Senegal	151	146	4,1	2,8	39,4	102,7	1,02	69,8	136	33,1	9,1
Serra Leoa	124	139	..	2,2	..	0,1	..	59,4	130	27,0	2,3
Sérvia	..	..	..	6,4	..	94,6	..	73,4	58	..	..
Seychelles	0	131	1,1	5,8	..	307,3	3,78	244,5	84	10,7	0,0
Síria, Rep. Árabe	160	163	..	5,2	44,0	8,0	4,81	75,0	127	..	16,0
Somália	192	165	..	3,4	..	0,4	..	..	..	..	..
Sri Lanka	114	156	2,4	1,9	27,9	25,1	2,11	74,8	60	14,6	0,6
Suazilândia	137	138	0,3	4,0	47,5	0,9	2,97	167,5	146	47,7	80,0
Sudão	190	166	..	1,8	12,2	5,4	39,18	42,8	143	..	5,2
Suécia	132	54	0,2	12,4		17468,5	0,41	94,5	6	..	25,9
Suíça	119	57	0,2	22,3	664,8	9609,1	0,32	89,0	37	1,1	61,4
Suriname	171	137	..	1,2	276,7	439,3	1,33	76,3	86	..	4,4
Tadjiquistão	..	..	13,4	4,7	10,4	0,3	7,84	80,7	176	11,1	..
Tailândia	136	146	1,0	1,6	14,1	156,2	0,67	143,5	50	6,2	7,5
Taiwan, China		..	..	..	292,3	6569,5	0,51	134,0	29	..	10,8
Tanzânia	35	142	13,4	2,1	1,1	0,4	3,17	55,1	100	..	8,5
Timor-Leste	..	..	..	0,6	..	..	..	..	78	..	
Togo	0	148	..	3,0	21,5	15,6	3,98	83,9	81	..	28,1
Tonga	142	135	2,4	1,1	..	20,1	1,09	54,3	44	..	0,0
Trinidad e Tobago	47	119	0,3	2,9	375,7	370,2	2,19	108,0	49	4,8	10,3
Tunísia	126	142	1,1	0,4	72,6	126,4	2,28	108,7	28	6,2	26,3
Turcomenistão	174	148	..	4,6	6,0	15,7	..	126,2	..	..	..
Turquia	118	126	8,9	1,8	27,1	630,7	2,40	64,1	56	1,1	9,3
Ucrânia	181	139	2,7	14,5	56,6	17,3	1,65	97,3	120	4,3	40,6
Uganda	0	145	..	1,8	3,1	4,4	3,21	44,4	141	20,5	26,1
Uruguai	134	98	..	2,5	120,7	484,0	0,52	60,2	125	5,1	36,2
Uzbequistão	184	148	..	4,8	12,4	8,7	13,95	63,4	165	..	..
Vanuatu	106	137	3,4	0,5	..	23,2	7,45	100,3	142	..	0,0
Venezuela, RB	131	95	0,5	3,8	23,1	50,3	0,84	57,6	156	4,9	14,6
Vietnã	185	160	2,3	0,0	8,4	84,1	1,95	150,3	63	..	11,7
Zâmbia	18	142	3,7	2,4	6,9	10,9	1,41	67,8	160	9,0	14,1
Zimbábue	117	141	..	3,9	24,9	4,2	4,36	129,8	169	..	53,9

a. As informações são as mais recentes disponíveis para o periodo apresentado.

Tabela A5 Outros indicadores

Economia	Características topográficas: Planícies (% do território)	Baixadas (% do território)	Planalto (% do território)	Colinas (% do território)	Montanhas (% do território)	Geografia e população: População vivendo a menos de 25 km de uma fronteira internacional (%)	População vivendo a menos de 75 km de uma fronteira internacional (%)	População vivendo a menos de 25 km do litoral (%)	População vivendo a menos de 75 km do litoral (%)
	2007	2007	2007	2007	2007	2000	2000	2000	2000
Afeganistão	0,9	0,0	8,7	0,3	90,1	11,2	37,1	0,0	0,0
África do Sul	13,1	19,2	36,1	11,6	20,1	5,0	14,8	23,4	35,9
Albânia	0,0	0,4	0,0	33,6	66,0	29,2	83,2	41,9	87,2
Alemanha	3,1	45,2	4,6	34,3	12,8	15,2	52,0	7,3	12,6
Andorra	0,0	0,0	0,0	0,0	100,0	100,0	100,0	0,0	0,0
Angola	16,9	3,0	47,0	6,0	27,1	5,2	11,5	23,0	26,9
Antígua e Barbuda	0,0	100,0	0,0	0,0	0,0	0,0	0,0	100,0	100,0
Antilhas Holandesas	74,1	25,9	0,0	0,0	0,0	0,0	0,0	100,0	100,0
Arábia Saudita	0,0	16,4	0,0	83,6	0,0	2,8	9,0	27,0	38,3
Argélia	12,4	4,2	51,7	5,1	26,6	3,3	13,0	35,8	63,4
Argentina	33,0	9,4	8,7	11,0	37,9	5,0	10,4	33,3	42,8
Armênia	0,0	0,0	0,0	0,0	100,0	70,5	100,0	0,0	0,0
Aruba	35,4	64,6	0,0	0,0	0,0	0,0	0,0	100,0	100,0
Austrália	29,7	23,3	33,5	8,8	4,8	0,0	0,0	69,1	87,5
Áustria	0,0	0,2	0,0	26,7	73,1	38,7	97,4	0,0	0,0
Azerbaijão	0,7	31,2	0,0	5,6	62,5	26,9	61,9	0,0	0,0
Bahamas	100,0	0,0	0,0	0,0	0,0	0,0	0,0	100,0	100,0
Bahrein	57,3	42,7	0,0	0,0	0,0	0,0	0,0	100,0	100,0
Bangladesh	67,1	20,3	0,0	10,8	1,8	28,2	78,8	25,3	48,1
Barbados	0,0	100,0	0,0	0,0	0,0	0,0	0,0	100,0	100,0
Belarus	37,8	58,7	3,5	0,0	0,0	18,3	53,5	0,0	0,0
Bélgica	19,2	45,5	0,0	35,3	0,0	53,4	100,0	18,1	69,9
Belize	1,4	51,5	7,7	39,5	0,0	37,9	94,2	57,9	94,4
Benin	13,3	15,5	65,2	6,0	0,0	42,7	96,0	27,7	46,0
Bermudas	100,0	0,0	0,0	0,0	0,0	0,0	0,0	100,0	100,0
Bolívia	26,3	8,4	14,8	13,1	37,3	5,0	22,5	0,0	0,0
Bósnia e Herzegovina	0,0	6,0	0,0	23,0	71,0	40,5	90,1	0,8	12,4
Botsuana	49,4	0,0	48,5	0,0	2,1	34,2	66,2	0,0	0,0
Brasil	21,1	20,8	37,6	8,0	12,5	1,0	2,4	25,4	46,5
Brunei Darussalam	0,3	75,7	0,0	0,0	23,9	98,9	100,0	80,8	99,3
Bulgária	0,0	21,9	0,0	45,4	32,7	19,1	80,5	9,4	15,8
Burkina Faso	34,4	0,1	65,6	0,0	0,0	14,4	42,2	0,0	0,0
Burundi	0,0	0,0	15,9	0,0	84,1	60,9	100,0	0,0	0,0
Butão	0,0	0,4	0,0	16,2	83,4	54,8	99,9	0,0	0,0
Cabo Verde	0,7	40,9	0,0	31,7	26,8	0,0	0,0	100,0	100,0
Camarões	2,2	2,0	44,7	20,7	30,4	17,5	40,2	15,8	20,8
Camboja	6,5	74,3	0,0	17,9	1,4	18,1	57,0	4,9	12,1
Canadá	6,7	20,8	27,9	21,3	23,2	17,6	61,8	20,6	23,1
Cayman, Ilhas	100,0	0,0	0,0	0,0	0,0	0,0	0,0	100,0	100,0
Cazaquistão	22,7	22,4	27,4	7,9	19,6	14,2	45,8	0,0	0,0
Centro-Africana, Rep.	17,6	0,0	78,5	0,0	3,9	31,4	58,5	0,0	0,0
Chade	35,9	0,0	42,4	3,7	18,0	23,6	51,5	0,0	0,0
Chile	0,0	9,0	0,0	26,9	64,1	3,3	48,9	26,2	53,1
China	3,9	10,2	8,9	12,7	64,2	1,1	3,7	11,6	21,8
Chipre	5,8	80,1	0,0	14,2	0,0	0,0	0,0	90,1	100,0
Cingapura	0,2	53,3	2,8	43,7	0,0	..	..	100,0	100,0
Cisjordânia e Gaza	0,0	10,1	0,0	89,9	0,0	100,0	100,0	34,8	66,3
Colômbia	24,0	23,1	9,7	12,5	30,7	4,7	11,1	11,5	24,9
Comoros	0,0	0,0	12,4	26,2	61,4	0,0	0,0	100,0	100,0
Congo, Dem. Rep.	17,1	0,3	61,1	1,0	20,5	24,9	46,5	0,6	1,8
Congo, Rep.	29,1	1,2	58,6	8,2	2,8	50,5	91,8	19,8	21,5
Coreia, Rep.	0,0	35,2	0,0	52,5	12,3	1,3	37,3	62,3	70,7
Coreia, Rep. Dem.	0,0	19,4	0,0	34,5	46,1	12,8	28,9	43,9	89,2
Costa do Marfim	0,0	0,1	0,1	72,9	27,0	11,3	30,0	26,0	33,7
Costa Rica	0,0	1,9	0,0	62,0	36,1	8,2	29,4	22,1	97,7
Croácia	6,8	25,3	60,8	6,4	0,6	68,1	98,1	31,2	36,3
Cuba	0,0	41,3	0,0	25,7	32,9	1,3	11,4	63,5	100,0
Dinamarca	30,1	69,9	0,0	0,0	0,0	2,0	9,1	94,8	100,0
Djibuti	0,0	18,6	0,0	30,0	51,4	86,3	100,0	79,8	99,1
Dominica	0,0	0,0	0,0	100,0	0,0	0,0	0,0	100,0	100,0
Egito	5,7	27,8	41,4	16,4	8,7	0,2	0,5	16,4	36,9
El Salvador	0,0	1,1	0,0	52,5	46,4	25,4	96,7	26,7	94,7
Emirados Árabes Unidos	29,8	50,7	0,0	19,5	0,0	23,3	83,7	54,8	84,4
Equador	7,4	6,1	9,7	28,1	48,7	5,2	15,8	33,7	49,0
Eritreia	0,1	11,6	0,0	14,6	73,8	16,7	56,2	11,1	51,8
Eslovaca, Rep.	0,0	100,0	0,0	0,0	0,0	57,0	100,0	0,0	0,0
Eslovênia	0,0	5,2	0,0	67,5	27,2	68,4	100,0	4,3	14,0
Espanha	1,8	3,7	29,1	7,4	58,0	4,7	15,3	48,1	63,5
Estados Unidos	12,6	13,1	24,6	12,8	36,9	3,1	6,9	28,9	41,4
Estônia	39,8	60,2	0,0	0,0	0,0	13,7	48,1	64,4	78,5
Etiópia	0,7	0,3	14,1	4,8	80,1	3,0	9,1	0,0	0,0
Fiji	0,0	43,2	0,0	56,8	0,0	0,0	0,0	88,3	100,0
Filipinas	0,1	26,4	0,0	56,4	17,0	0,0	0,0	78,3	98,9
Finlândia	2,0	71,7	6,3	19,2	0,8	4,7	14,2	48,1	67,4
França	3,9	41,0	3,0	30,1	21,9	12,0	23,2	20,8	36,2
Gabão	5,2	21,3	52,0	15,7	5,7	13,2	32,7	44,9	53,0
Gâmbia	100,0	0,0	0,0	0,0	0,0	92,2	100,0	74,2	85,7
Gana	15,2	41,8	24,0	19,0	0,0	14,7	33,3	25,9	39,9
Geórgia	0,0	0,0	0,0	6,9	93,0	21,8	91,7	15,2	28,1
Granada	0,2	99,8	0,0	0,0	0,0	0,0	0,0	100,0	100,0
Grécia	0,0	7,4	0,0	50,6	41,9	7,1	27,2	81,4	96,4
Groenlândia	0,3	3,0	33,6	8,1	54,9	0,0	0,0	100,0	100,0
Guam	0,0	100,0	0,0	0,0	0,0	0,0	0,0	100,0	100,0
Guatemala	0,3	19,1	7,6	22,8	50,2	18,0	57,2	5,6	28,5
Guiana	9,7	49,6	16,8	18,7	5,1	10,2	23,3	56,9	81,5

Tabela A5 Outros indicadores – continuação

	Características topográficas					Geografia e população			
	Planícies (% do território)	Baixadas (% do território)	Planalto (% do território)	Colinas (% do território)	Montanhas (% do território)	População vivendo a menos de 25 km de uma fronteira internacional (%)	População vivendo a menos de 75 km de uma fronteira internacional (%)	População vivendo a menos de 25 km do litoral (%)	População vivendo a menos de 75 km do litoral (%)
Economia	2007	2007	2007	2007	2007	2000	2000	2000	2000
Guiné	5,9	11,9	23,7	20,9	37,6	25,0	63,3	19,0	26,4
Guiné-Bissau	71,9	24,6	0,0	3,5	0,0	26,0	96,5	60,9	86,5
Guiné Equatorial	0,0	20,6	18,6	7,7	53,1	35,6	77,9	41,3	59,5
Haiti	0,0	0,8	0,0	67,1	32,2	16,3	63,3	80,9	99,8
Holanda	40,0	58,3	0,0	1,8	0,0	33,2	85,6	53,8	88,6
Honduras	2,1	12,4	0,0	40,0	45,4	19,8	77,6	22,0	46,1
Hong Kong, China	0,0	100,0	0,0	0,0	0,0	49,4	100,0	100,0	100,0
Hungria	15,8	66,6	0,0	16,4	1,2	30,5	91,4	0,0	0,0
Iêmen, Rep. do	2,5	1,8	21,5	3,7	70,4	2,0	7,9	13,3	43,7
Ilha de Man	0,0	100,0	0,0	0,0	0,0	0,0	0,0	100,0	100,0
Ilha Mayotte	0,0	100,0	0,0	0,0	0,0	0,0	0,0	100,0	100,0
Ilhas do Canal	0,0	100,0	0,0	0,0	0,0	0,0	0,0	100,0	100,0
Ilhas Faroë	0,0	100,0	0,0	0,0	0,0	0,0	0,0	100,0	100,0
Ilhas Marshall	96,2	0,0	0,0	0,0	0,0	0,0	0,0	100,0	100,0
Ilhas Virgens (EUA)	0,0	100,0	0,0	0,0	0,0	0,0	0,0	100,0	100,0
Índia	13,2	17,8	27,4	22,8	18,7	5,6	16,1	10,3	19,7
Indonésia	13,3	30,5	0,1	32,3	23,8	0,1	0,7	52,2	90,4
Irã, Rep. Islâmica	1,1	4,3	0,3	4,9	89,4	6,0	21,3	2,2	5,5
Iraque	19,2	27,2	35,1	12,0	6,4	9,2	28,7	0,7	5,1
Irlânda	0,0	100,0	0,0	0,0	0,0	7,5	31,4	73,4	98,0
Islândia	0,0	9,6	0,0	43,2	47,2	0,0	0,0	99,2	100,0
Israel	0,0	31,1	0,0	49,1	19,8	90,6	100,0	66,4	95,2
Itália	0,0	14,5	0,0	49,8	35,7	6,8	28,4	45,2	68,3
Jamaica	0,0	23,3	0,0	76,7	0,0	0,0	0,0	91,3	100,0
Japão	0,1	17,3	0,0	64,6	18,0	0,0	0,0	69,3	95,3
Jordânia	0,0	0,0	53,3	9,8	36,9	33,6	100,0	1,5	1,8
Kiribati	100,0	0,0	0,0	0,0	0,0	0,0	0,0	100,0	100,0
Kuait	7,9	70,9	21,2	0,0	0,0	13,7	100,0	88,5	97,7
Laos, RDP	0,0	11,0	0,0	25,3	63,7	49,0	91,3	0,0	0,0
Lesoto	0,0	0,0	0,0	0,0	100,0	60,5	100,0	0,0	0,0
Letônia	8,5	91,5	0,0	0,0	0,0	19,4	94,3	50,0	73,5
Líbano	0,0	0,0	0,0	0,0	100,0	35,0	100,0	84,3	100,0
Libéria	2,1	45,9	31,8	17,1	3,2	28,2	55,2	39,7	54,7
Líbia	23,5	11,4	52,8	2,6	9,7	1,2	4,8	73,6	86,5
Liechtenstein	0,0	0,0	0,0	0,0	100,0	100,0	100,0	0,0	0,0
Lituânia	3,5	96,5	0,0	0,0	0,0	28,7	87,1	9,1	14,8
Luxemburgo	0,0	0,0	0,0	100,0	0,0	100,0	100,0	0,0	0,0
Macau, China	0,0	100,0	0,0	0,0	0,0	100,0	100,0	100,0	100,0
Macedônia	0,0	0,0	0,0	0,0	100,0	67,5	100,0	0,0	0,0
Madagascar	0,3	20,2	3,8	31,0	44,7	0,0	0,0	23,2	45,0
Malásia	2,9	48,2	0,0	29,5	19,5	8,2	25,1	59,0	95,6
Maláui	0,0	0,3	0,0	6,0	93,7	34,3	98,8	0,0	0,0
Maldivas	99,0	0,0	0,0	0,0	0,0	0,0	0,0	100,0	100,0
Mali	59,3	2,4	36,6	1,8	0,0	12,6	38,1	0,0	0,0
Malta	0,0	100,0	0,0	0,0	0,0	0,0	0,0	100,0	100,0
Marianas do Norte, Ilhas	0,0	100,0	0,0	0,0	0,0	0,0	0,0	100,0	100,0
Marrocos	1,3	4,8	6,7	17,8	69,5	4,6	13,2	39,5	59,7
Maurício	0,0	5,3	0,0	94,2	0,0	0,0	0,0	100,0	100,0
Mauritânia	56,0	13,4	29,6	1,1	0,0	22,4	46,8	27,0	32,6
México	5,1	12,9	5,4	14,7	62,0	5,8	8,0	11,2	23,5
Mianmar	2,8	18,8	0,0	31,7	46,6	3,5	15,2	26,0	42,7
Micronésia	0,0	100,0	0,0	0,0	0,0	0,0	0,0	100,0	100,0
Moçambique	6,5	30,2	6,6	28,4	28,3	8,9	34,6	32,7	52,1
Moldova	0,0	85,4	14,6	0,0	0,0	52,7	100,0	0,0	0,0
Mônaco	0,0	0,0	0,0	0,0	100,0	100,0	100,0	100,0	100,0
Mongólia	0,0	0,0	14,3	0,0	85,7	5,8	18,1	0,0	0,0
Montenegro	0,0	0,0	0,0	1,3	98,7	..	..	..	..
Namíbia	22,4	0,9	26,4	3,0	47,4	26,8	54,1	6,0	6,7
Nepal	0,0	5,5	0,0	19,5	75,0	44,1	95,2	0,0	0,0
Nicarágua	7,9	53,2	0,0	23,5	15,4	10,6	39,1	17,3	63,2
Nigéira	16,1	21,8	35,4	17,5	9,2	5,3	24,4	12,3	20,9
Níger	50,2	0,0	41,8	0,0	7,9	21,5	55,5	0,0	0,0
Noruega	0,0	9,8	0,0	42,7	47,5	5,2	48,7	82,3	92,4
Nova Caledônia	10,9	4,7	0,0	84,5	0,0	0,0	0,0	100,0	100,0
Nova Zelândia	0,0	19,1	0,0	28,3	52,6	0,0	0,0	87,0	98,3
Omã	31,3	17,9	14,4	20,0	16,3	4,7	15,1	66,5	81,5
Palau	0,0	100,0	0,0	0,0	0,0	0,0	0,0	100,0	100,0
Panamá	0,2	30,8	0,0	53,6	15,4	8,6	17,2	78,8	100,0
Papua Nova Guiné	13,1	17,1	0,0	25,9	43,9	1,0	3,4	35,8	53,3
Paquistão	21,9	10,2	0,9	15,6	51,4	13,8	42,2	7,1	8,3
Paraguai	51,3	22,3	23,6	2,8	0,0	53,0	73,1	0,0	0,0
Peru	24,5	4,2	8,5	11,0	51,9	2,5	11,8	39,0	50,4
Polinésia Francesa	0,0	9,2	6,2	84,5	0,0	0,0	0,0	100,0	100,0
Polônia	10,8	63,5	12,2	10,4	3,2	12,8	44,0	5,9	11,2
Porto Rico	0,0	38,9	0,0	61,1	0,0	0,0	0,0	94,1	100,0
Portugal	0,0	37,4	0,0	36,4	26,2	6,4	32,4	65,1	89,8
Qatar	79,2	20,8	0,0	0,0	0,0	0,4	18,6	94,0	100,0
Quênia	9,4	10,3	10,7	3,3	66,4	8,5	32,0	6,1	7,5
Quirguistão, Rep. do	0,0	0,0	0,2	0,0	99,8	55,3	94,9	0,0	0,0
Reino Unido	2,3	67,4	0,0	30,3	0,0	0,7	2,1	45,5	87,6
República Dominicana	0,1	31,2	0,0	33,2	35,5	3,7	17,3	61,2	96,7
República Tcheca	0,0	44,1	0,0	55,9	0,0	38,3	88,0	0,0	0,0
Romênia	0,9	37,9	0,6	21,5	39,1	20,1	61,5	3,4	5,1
Ruanda	0,0	0,0	15,5	0,0	84,5	57,8	100,0	0,0	0,0
Russa, Federação	10,0	36,0	6,4	22,1	25,5	3,5	13,0	8,0	10,7

	Características topográficas					Geografia e população			
	Planícies (% do território)	Baixadas (% do território)	Planalto (% do território)	Colinas (% do território)	Montanhas (% do território)	População vivendo a menos de 25 km de uma fronteira internacional (%)	População vivendo a menos de 75 km de uma fronteira internacional (%)	População vivendo a menos de 25 km do litoral (%)	População vivendo a menos de 75 km do litoral (%)
Economia	2007	2007	2007	2007	2007	2000	2000	2000	2000
Salomão, Ilhas	0,0	0,0	0,0	49,4	50,6	0,0	0,0	100,0	100,0
Samoa	0,0	8,0	0,0	92,0	0,0	0,0	0,0		
Samoa Americana	0,0	100,0	0,0	0,0	0,0	0,0	0,0	100,0	100,0
San Marino	0,0	0,0	0,0	100,0	0,0	100,0	100,0	0,0	0,0
Santa Lúcia	0,0	100,0	0,0	0,0	0,0	0,0	0,0	100,0	100,0
São Cristóvão e Névis	20,3	43,6	0,0	36,0	0,0	0,0	0,0	100,0	100,0
São Tomé e Príncipe	0,0	0,6	31,2	35,9	32,3	0,0	0,0	100,0	100,0
São Vicente e Granadinas	0,0	71,5	0,0	28,5	0,0	0,0	0,0	100,0	100,0
Senegal	19,7	5,2	48,0	3,4	23,6	20,2	39,9	48,6	74,4
Serra Leoa	35,4	64,6	0,0	0,0	0,0	15,0	68,1	35,0	55,3
Sérvia	84,2	10,0	2,2	3,6	0,0	..	..	..	..
Seychelles	1,4	18,8	0,0	39,3	40,5	0,0	0,0	100,0	100,0
Síria, Rep. Árabe	0,0	0,0	0,0	0,5	99,5	25,3	85,8	11,3	28,5
Somália	0,1	51,4	0,0	48,4	0,0	8,0	25,2	30,5	52,7
Sri Lanka	0,0	2,8	3,7	31,6	61,8	0,0	0,0	47,3	88,0
Suazilândia	9,5	65,2	16,8	8,5	0,0	60,5	100,0	0,0	0,0
Sudão	0,0	0,0	0,0	100,0	0,0	5,9	14,2	1,8	2,6
Suécia	0,0	5,3	0,0	8,0	86,7	1,0	7,1	63,9	82,9
Suíça	2,3	37,8	4,4	34,4	21,1	63,8	100,0	0,0	0,0
Suriname	29,7	0,3	51,1	3,1	15,9	3,4	14,1	86,8	97,3
Tadjiquistão	0,0	0,0	0,3	0,7	99,0	49,9	96,2	0,0	0,0
Tailândia	5,0	41,1	2,3	38,4	13,2	10,5	34,4	18,2	37,6
Taiwan, China	0,0	5,1	0,0	12,6	82,3	0,0	0,0	71,4	100,0
Tanzânia	1,5	5,1	29,2	7,2	57,1	10,9	32,3	13,6	17,3
Timor-Leste	..	..	..	..	..	..	..	..	..
Togo	0,0	58,2	14,8	27,0	0,0	72,5	100,0	26,8	38,6
Tonga	89,3	10,7	0,0	0,0	0,0	0,0	0,0	100,0	100,0
Trinidad e Tobago	0,0	100,0	0,0	0,0	0,0	0,0	0,0	100,0	100,0
Tunísia	1,2	40,5	17,4	36,4	4,4	6,6	22,4	55,8	79,4
Turcomenistão	36,5	34,6	11,1	8,1	9,7	27,4	54,9	0,0	0,0
Turquia	0,0	4,3	0,6	9,1	86,0	4,2	12,7	37,8	52,7
Ucrânia	23,0	51,1	18,1	4,3	3,5	10,1	41,1	11,2	16,4
Uganda	10,2	0,0	40,8	0,0	49,1	21,3	53,1	0,0	0,0
Uruguai	17,4	82,5	0,0	0,0	0,0	10,7	17,5	65,7	77,4
Uzbequistão	23,5	27,2	12,4	17,6	19,4	55,8	86,6	0,0	0,0
Vanuatu	0,3	7,9	1,4	90,4	0,0	0,0	0,0	100,0	100,0
Venezuela, RB	11,0	31,9	4,0	27,2	25,9	3,7	9,8	35,4	64,8
Vietnã	8,4	25,3	0,0	30,5	35,9	9,9	44,7	42,0	73,2
Zâmbia	20,3	0,0	46,4	0,0	33,3	22,7	52,6	0,0	0,0
Zimbábue	2,2	0,0	35,9	0,0	61,9	11,7	28,8	0,0	0,0

Fontes e definições

Tabela A1 Geografia e acesso

Coluna		Fonte	Notas
1	Localização	Almanaque da CIA	Esta entrada inclui números arredondados de latitude e longitude com o propósito de encontrar o centro geográfico aproximado de uma entidade baseada no Repertório Geográfico de Nomes Convencionais, Terceira Edição, Agosto de 1998, Conselho Americano de Nomes Geográficos e em outras fontes
2	Área de superfície (km^2)	Banco Mundial	A área da superfície é a área total de um país, incluindo as áreas em massas de água interiores e algumas costeiras navegáveis. Livro do ano da Organização de Alimentação e Agricultura, Produção e arquivos de informação
3	Terra cultivável (% do território)	Banco Mundial	A área cultivável inclui a terra definida pela FAO como sendo a terra com plantação temporária (áreas com dupla plantação são contadas uma única vez), prados temporários ou pastagem, terra sob mercados ou hortas, e terra temporariamente não cultivadas
4	Florestas (% do território)	Banco Mundial	A área florestal é a terra ocupada por árvores naturais ou plantadas, seja produtiva ou não
5	Litoral (km)	Almanaque da CIA	Extensão total da fronteira entre a área territorial (incluindo ilhas) e o mar
6	Fronteiras (km)	Almanaque da CIA	A extensão total de todas as fronteiras territoriais e a extensão individual para cada um dos países de fronteira contígua. Quando disponíveis, os dados oficiais de extensão publicados pelas agências nacionais de estatística são usados. Devido ao fato de os métodos de pesquisa se diferenciarem uns dos outros, as extensões das fronteiras dos países relatados por países contíguos podem ser diferentes uma da outra
7	Aeroportos com pistas pavimentadas (número)	Almanaque da CIA	O número total de aeroportos com pistas pavimentadas (superfície de concreto ou asfalto) por extensão.Para aeroportos com mais de uma pista, somente a pista mais longa é incluída de acordo com os seguintes cinco grupos: (1) acima de 3.047 m (2) de 2.438 a 3.047 m (3) de 1.524 a 2.437 m (4) de 914 a 1.523 m e (5) abaixo de 914 m. Somente aeroportos com pistas passíveis de utilização estão incluídos nesta listagem. Nem todos os aeroportos têm instalações para reabastecimento, manutenção ou controle de tráfego aéreo
8	Portos e terminais (número)	Almanaque da CIA	Número de portos
9	Densidade de ferrovias (km por 100 km^2)	Almanaque da CIA	Extensão total da rota da malha ferroviária e dos seus componentes por bitola (larga, padrão, estreita e dupla) dividida pelo tamanho do país (em termos %)
10	Densidade de rodovias (km por 100 km^2)	Almanaque da CIA e WB	Extensão total da malha rodoviária incluindo a extensão das partes pavimentadas e não pavimentadas dividida pelo tamanho do país (em termos %)
11	Distância média das capitais (km)	Equipe do RDM 2009	Distância média ponderada da população em relação à capital

Tabela A2 Urbanização

Coluna		Fonte	Notas
12	Índice de aglomeração	Equipe do RDM 2009	Ver o capítulo 1
13	% da população urbana em relação ao total da população (2000)	UN	População urbana como uma % da população total em 2000
14	% da população urbana em relação ao total da população (2005)	UN	População urbana como uma % da população total em 2005
15	% da população urbana em relação ao total da população (2015)	UN	População urbana como uma % da população total em 2015
16	Densidade populacional (número de habitantes por km^2)	Banco Mundial	Número de pessoas por km^2
17	População em cidades > 1 milhão (% do total da pop.)	Banco Mundial	Proporção da população vivendo em cidades com mais de 1 milhão de habitantes
18	% da população nas maiores cidades (% da pop. urbana)	Banco Mundial	Proporção da população vivendo na maior cidade (como % da população urbana)
19	% da população urbana com acesso à água	Banco Mundial	Percentual da população urbana com acesso razoável a um volume adequado de água de uma fonte tratada, como uma conexão de casa, reservatório elevado público, poço ou fonte protegidos, e coletor de água de chuva. Acesso razoável é definido como sendo a disponibilidade de pelo menos 20 litros por pessoa por dia de uma fonte a um quilômetro da habitação
20	% da população rural com acesso à água	Banco Mundial	Percentual da população urbana com acesso razoável a um montante adequado de água de uma fonte tratada, como uma conexão doméstica, reservatório público elevado, poços ou fontes protegidos e coletor de água de chuva. O acesso razoável é definido como a disponibilidade de pelo menos 20 litros de água por pessoa por dia de uma fonte a um quilômetro da habitação
21	% da população urbana com saneamento	Banco Mundial	Percentual da população urbana com acesso adequado a sistema de esgoto que possa efetivamente prevenir o contato humano, animal e de insetos com os excrementos. Benfeitorias variam de fossas simples mas protegidas a vasos sanitários com sistema de descarga com uma conexão com o sistema de esgoto. Para serem efetivas, as instalações devem ser construídas corretamente e serem submetidas à manutenção apropriada
22	% da população rural com saneamento	Banco Mundial	Percentual da população rural com no mínimo acesso adequado a sistema de esgoto que possa efetivamente prevenir o contato humano, animal e de insetos com os excrementos. Benfeitorias variam de fossas simples, mas protegidas, a vasos sanitários com sistema de descarga com uma conexão com o sistema de esgoto. Para serem efetivas, as instalações devem ser construídas corretamente e serem submetidas à manutenção apropriada

Tabela A3 Desenvolvimento territorial

Coluna		Fonte	Notas
23	Área avançada: Nome da área	Equipe do RDM 2009	Nome da área desenvolvida. Área desenvolvida é definida como aquela com a mais alta medida de bem-estar (renda, consumo ou PIB) per capita
24	Área avançada: Incidência de Pobreza	Equipe do RDM 2009	A incidência de pobreza é a proporção da população vivendo abaixo da linha de pobreza
25	Área avançada: Pobres na área como % do total dos pobres do país	Equipe do RDM 2009	Proporção dos pobres do país residindo na área desenvolvida
26	Área avançada: Medida de bem-estar na área (como uma % da média do bem-estar do país)	Equipe do RDM 2009	Medida de bem-estar nas áreas desenvolvidas (renda, consumo ou PIB) per capita, em relação à medida nacional de bem-estar (renda, consumo ou PIB) per capita
27	Área avançada: Área (km^2)	Statoids	Área de superfície da área desenvolvida
28	Área avançada: Densidade populacional (número de pessoas por km^2)	Statoids	Pessoas por km^2 na área desenvolvida
29	Área atrasada: Nome da área	Equipe do RDM 2009	Nome da área atrasada. Área atrasada é definida como a área com a medida mais baixa de bem-estar (renda, consumo ou PIB) per capita
30	Área atrasada: Incidência de pobreza	Equipe do RDM 2009	A incidência de pobreza é a proporção da população vivendo abaixo da linha de pobreza
31	Área atrasada: Pobres de uma área como % do total de pobres do país	Equipe do RDM 2009	Proporção dos pobres do país residindo na área atrasada
32	Área atrasada: Medida de bem-estar na área (como % da média de bem-estar do país)	Equipe do RDM 2009	Medida de bem-estar das áreas atrasadas (renda, consumo ou PIB) per capita, em relação à medida nacional de bem-estar (renda, consumo ou PIB) per capita
33	Área atrasada: Área (km^2)	Statoids	Área da superfície da área atrasada
34	Área atrasada: densidade populacional (número de pessoas por km^2)	Statoids	Pessoas por km^2 na área atrasada

Tabela A4 Integração internacional

Coluna		Fonte	Notas
35	Países que para serem visitados requerem visto	Neumayer (2005)	Número de países cujos cidadãos precisam de visto para circular
36	Países cujos residentes desse país precisam de visto	Neumayer (2005)	Número de países nos quais os cidadãos desse país precisam de visto
37	Custo da obtenção de um passaporte em relação ao PIB per capita	McKenzie (2005)	O preço de um passaporte básico padronizado usando a RNB (renda nacional bruta) per capita
38	Estoque de migração internacional (% de estrangeiros)	Banco Mundial	Estoque de migração é o número de pessoas nascido em um país diferente do que eles vivem. Também inclui refugiados
39	Tráfego internacional de voz (envio e recepção, minutos por pessoa)	Banco Mundial	Tráfego internacional de voz é a soma do tráfego telefônico – envio e recepção (em minutos)
40	Bits da Internet internacional de banda larga por pessoa	Banco Mundial	A internet internacional banda larga é a capacidade de conexões internacionais contratada entre países para transmitir o tráfego de internet
41	Média de custo de ligação telefônica para os Estados Unidos (US$ por três minutos)	Banco Mundial	Custo de uma ligação internacional para os Estados Unidos é o custo de uma ligação do país, de linha fixa, de três minutos, com tarifa cheia, do país para os Estados Unidos
42	Comércio total como percentual do PIB	Banco Mundial	Comércio é a soma de exportação e importação de produtos e serviços medida como percentual do PIB
43	Índice de dificuldades de remessa	Fazendo Negócios WB	Indicador de dificuldades de remessa (atrasos na fronteira, formalidades, taxas, burocracia, etc.)
44	Média de tarifas e taxas aduaneiras (% do valor de importação)	Banco Mundial	Tarifas médias
45	Percentual do comércio com países vizinhos (% do comércio total)	Equipe do RDM 2009	A proporção do comércio com países vizinhos como proporção do comércio total do país. Cálculo usando dados COMTRADE

Tabela A5 Outros indicadores

Coluna		Fonte	Notas
46	% de terras planas	Nelson (2007)	% de terras planas
47	% de terras baixas	Nelson (2007)	% de terras baixas
48	% de terras em planalto	Nelson (2007)	% de terras em planalto
49	% de terras em colinas	Nelson (2007)	% de terras em colinas
50	% de terras com montanhas	Nelson (2007)	% de terras com montanhas
51	População vivendo a menos de 25 km de uma fronteira internacional	Equipe do RDM 2009	Proporção da população total vivendo a menos de 25 km da fronteira internacional
52	População vivendo a menos de 75 km de uma fronteira internacional	Equipe do RDM 2009	Proporção da população total vivendo a menos de 75 km da fronteira internacional
53	População vivendo a menos de 25 km do litoral	Equipe do RDM 2009	Proporção da população total vivendo a menos de 25 km do litoral
54	População vivendo a menos de 75 km do litoral	Equipe do RDM 2009	Proporção da população total vivendo a menos de 75 km do litoral

Indicadores Selecionados do Desenvolvimento Mundial

Na edição deste ano, os dados sobre desenvolvimento são apresentados em cinco tabelas que mostram dados socioeconômicos comparativos para mais de 130 economias para o ano mais recente para o qual os dados estão disponíveis e, para alguns indicadores, para um ano mais recente. Uma tabela adicional apresenta indicadores básicos para 77 economias com dados esparsos ou com população inferior a 3 milhões.

Os indicadores apresentados aqui são uma seleção de mais de 800 incluídos no *World Development Indicators 2008*. Publicado anualmente, o *World Development Indicators* (WDI) reflete uma visão abrangente do processo de desenvolvimento. As seis seções do WDI reconhecem a contribuição de uma ampla gama de fatores: progresso nos Objetivos de Desenvolvimento do Milênio e no desenvolvimento do capital humano, sustentabilidade ambiental, desempenho macroeconômico, desenvolvimento do setor privado e ambiente de investimentos, e os laços globais que influenciam o ambiente externo do desenvolvimento.

O *World Development Indicators* é complementado por uma base de dados publicada separadamente que dá acesso a mais de 1000 tabelas de dados e 800 indicadores de séries temporais para 222 economias e regiões. Essa base de dados está disponível por meio de uma assinatura eletrônica (*WDI Online*) ou em formato de CD-ROM.

Fonte dos dados e metodologia

Os dados socioeconômicos e ambientais apresentados aqui são tirados de várias fontes: dados primários coletados pelo Banco Mundial, publicações estatísticas dos estados membros, institutos de pesquisa e organizações internacionais como as Nações Unidas e suas agências especializadas, o Fundo Monetário Internacional (FMI) e a Organização para a Cooperação e o Desenvolvimento Econômico (OCDE) (ver as *Fontes dos dados* que se seguem às *Notas técnicas* para uma relação completa). Embora os padrões internacionais de cobertura, definição e classificação se apliquem à maioria das estatísticas divulgadas pelos países e pelas agências internacionais, há diferenças inevitáveis na atualidade e na confiabilidade oriundas de diferenças nas capacidades e nos recursos dedicados à coleta e compilação básicas de dados. Para certos tópicos, fontes concorrentes de dados exigem uma revisão da equipe do Banco Mundial para assegurar-se que os dados mais confiáveis disponíveis são apresentados. Em alguns casos, quando os dados disponíveis são considerados frágeis demais para proporcionar medidas confiáveis de níveis e tendências ou quando eles não seguem adequadamente os padrões internacionais, tais dados não são mostrados.

Os dados apresentados estão geralmente em conformidade com aqueles do *World Development Indicators 2008*. Contudo, os dados foram revistos e atualizados quando novas informações estavam disponíveis. As diferenças também podem refletir revisões de séries históricas e mudanças de metodologia. Assim, dados de épocas diferentes podem ser publicados em edições diferentes das publicações do Banco Mundial. Aconselha-se aos leitores que não compilem séries de dados provenientes de diferentes publicações ou diferentes edições da mesma publicação. Séries temporais consistentes de dados estão disponíveis no CD-ROM do *World Development Indicators 2008* e por meio do *WDI Online*.

Todos os valores em dólares estão em dólares atuais dos EUA, salvo menção em contrário. Os diversos métodos usados para converter os valores expressos em moedas nacionais estão descritos nas *Notas técnicas*.

Como a atividade principal do Banco Mundial é fornecer aconselhamento sobre empréstimo e políticas aos seus membros de renda baixa e média, as questões tratadas nessas tabelas concentram-se principalmente nessas economias. Quando disponíveis, as informações sobre as economias de renda alta foram também fornecidas para comparação. Os leitores quererão talvez referir-se a publicações estatísticas nacionais e publicações da OCDE e da União Europeia para maiores informações sobre as economias de renda alta.

Classificação das economias e medidas sumárias

As medidas sumárias na parte de baixo da maioria das tabelas incluem as economias classificadas por renda per capita e por região. A renda nacional bruta (RNB) per capita foi usada para determinar as seguintes classificações de renda: renda baixa, US$ 935 ou menos em 2007; renda média, de US$ 936 a US$ 11.455; e renda alta, US$ 11.456 ou mais. Uma outra divisão no nível da RNB per capita de US$ 3.705 foi feita entre as economias de renda média baixa e média alta. A classificação das economias baseada na renda per capita ocorre anualmente, de modo que a composição em termos de países dos grupos de renda pode variar anualmente. Quando tais mudanças de classificação são feitas com base nas estimativas mais recentes, os agregados baseados nas novas classificações de renda são recalculados para todos os períodos anteriores para assegurar que uma série temporal consistente seja mantida. Ver a tabela sobre classificação das economias no final deste volume para uma lista das economias em cada grupo (incluindo aquelas com população inferior a 3 milhões).

As medidas sumárias são totais (indicados por **t** se os agregados incluem estimativas para dados faltantes e países que não os declararam, ou por um **s** para somas simples dos dados disponíveis), médias ponderadas (**w**) ou valores medianos (**m**) calculados para grupos de economias. Os dados para os países excluídos das tabelas principais (aqueles apresentados na tabela 5) foram incluídos nas medidas sumárias, quando os dados estavam disponíveis, ou presumindo-se que seguem a tendência dos países que declararam dados. Isso gera uma medida agregada mais consistente que padroniza a cobertura de países para cada período indicado. Todavia, quando as informações faltantes representam um terço ou mais da estimativa global, a medida de grupo é declarada não disponível. A seção sobre *Métodos estatísticos* nas *Notas técnicas* fornece mais informações sobre os métodos de agregação. Os pesos usados para construir os agregados estão relacionados nas notas técnicas de cada tabela.

Terminologia e cobertura de países

O termo *país* não implica independência política mas pode referir-se a qualquer território para o qual as autoridades divulgam estatísticas sociais ou econômicas separadas. Os dados são apresentados para as economias tal como estavam constituídas em 2007, e os dados históricos são revistos para refletir as configurações políticas atuais. Em todas as tabelas, as exceções estão indicadas. Salvo menção em contrário, os dados para a China não incluem os dados para Hong Kong, Macau ou Taiwan. Os dados para a Indonésia incluem o Timor Leste até 1999 salvo indicação em contrário. Montenegro declarou independência da Sérvia em 3 de junho de 2006. Quando disponíveis, os dados para cada país são mostrados separadamente. *No entanto, alguns indicadores para a Sérvia continuam a incluir dados para Montenegro até 2005; tais dados são indicados em notas de rodapé nas tabelas.* Ademais, os dados para a maioria dos indicadores de 1999 em diante para a Sérvia excluem os dados para o Kosovo, um território dentro da Sérvia que está atualmente sob administração internacional conforme a Resolução 1244 (1999) do Conselho de Segurança da ONU; todas as exceções são indicadas.

Notas técnicas

Como a qualidade dos dados e as comparações entre países são muitas vezes problemáticas, recomenda-se aos leitores que consultem as *Notas técnicas*, a tabela sobre a Classificação das Economias por Região e Renda, e as notas de rodapé das tabelas. Para uma documentação mais extensa, ver o *World Development Indicators 2008*.

Os leitores podem encontrar mais informações sobre o WDI 2008, e pedidos podem ser feitos on-line, por telefone ou por fax como segue:

Para mais informações e para fazer pedidos on-line: http://www.worldbank.org/data/wdi2006/index.htm.

Para fazer pedidos por telefone ou por fax: 1-800-645-7247 ou 703-661-1580; fax 703-661-1501.

Para fazer pedidos pelo correio: The World Bank, P.O. Box 960, Herndon, VA 20172-0960, U.S.A.

Classificação das economias por região e renda, Ano Fiscal 2009

Leste Asiático e Pacífico	
Camboja	RB
China	RMB
Coreia, RDP da	RB
Fiji	RMA
Filipinas	RMB
Indonésia	RMB
Kiribati	RMB
Laos, RDP do	RB
Malásia	RMA
Marshall, Ilhas	RMB
Mianmar	RB
Micronésia, Fed. dos Estados da	RMB
Mongólia	RMB
Palau	RMA
Papua Nova Guiné	RB
Salomão, Ilhas	RB
Samoa	RMB
Samoa Americana	RMA
Tailândia	RMB
Timor Leste	RMB
Tonga	RMB
Vanuatu	RMB
Vietnã	RB

Europa e Ásia Central	
Albânia	RMB
Armênia	RMB
Azerbaijão	RMB
Belarus	RMA
Bósnia e Herzegovina	RMB
Bulgária	RMA
Croácia	RMA
Geórgia	RMB
Cazaquistão	RMA
Quirquistão, República do	RB
Letônia	RMA
Lituânia	RMA
Macedônia (antiga Rep. Iugoslava)	RMB
Moldova	RMB
Montenegro	RMA
Polônia	RMA
Romênia	RMA
Russa, Federação	RMA
Sérvia	RMA
Tadjiquistão	RB
Turquia	RMA
Turcomenistão	RMB
Ucrânia	RMB
Uzbequistão	RB

América Latina e Caribe	
Argentina	RMA
Belize	RMA
Bolívia	RMB
Brasil	RMA
Chile	RMA
Colômbia	RMB
Costa Rica	RMA
Cuba	RMA
Dominica	RMA
Dominicana, República	RMB
Equador	RMB
El Salvador	RMB
Granada	RMA
Guatemala	RMB
Guiana	RMB
Haiti	RB
Honduras	RMB
Jamaica	RMA
México	RMA
Nicarágua	RMB
Panamá	RMA
Paraguai	RMB
Peru	RMB
São Cristóvão e Névis	RMA
Santa Lúcia	RMA
São Vicente e Granadinas	RMA
Suriname	RMA
Uruguai	RMA
Venezuela, R. B. da	RMA

Oriente Médio e África Setentrional	
Argélia	RMB
Djibuti	RMB
Egito, Rep. Árabe do	RMB
Irã, Rep. Islâmica do	RMB
Iraque	RMB
Jordânia	RMB
Líbano	RMA
Líbia	RMA
Marrocos	RMB
Síria, Republica Árabe da	RMB
Tunísia	RMB
Cisjordânia e Gaza	RMB
Iêmen, Rep. do	RB

Sul da Ásia	
Afeganistão	RB
Bangladesh	RB
Butão	RMB
Índia	RMB
Maldivas	RMB
Nepal	RB
Paquistão	RB
Sri Lanka	RMB

África Subsaariana	
África do Sul	RMA
Angola	RMB
Benin	RB
Botsuana	RMA
Burkina Faso	RB
Burundi	RB
Camarões	RMB
Cabo Verde	RMB
Centro-Africana, Rep.	RB
Chade	RB
Comores	RB
Congo, Dem. Rep. do	RB
Congo, Rep. do	RMB
Costa do Marfim	RB
Eritreia	RB
Etiópia	RB
Gabão	RMA
Gâmbia	RB
Gana	RB
Guiné	RB
Guiné-Bissau	RB
Lesoto	RMB
Libéria	RB
Madagascar	RB
Maláui	RB
Mali	RB
Mauritânia	RB
Maurício	RMA
Mayotte, Ilha	RMA
Moçambique	RB
Namíbia	RMB
Níger	RB
Nigéria	RB
Quênia	RB
Ruanda	RB
São Tomé e Príncipe	RB
Senegal	RB
Seychelles, Ilhas	RMA
Serra Leoa	RB
Somália	RB
Sudão	RMB
Suazilândia	RMB
Tanzânia	RB
Togo	RB
Uganda	RB
Zâmbia	RB
Zimbábue	RB

Alta renda OCDE

Alemanha
Austrália
Áustria
Bélgica
Canadá
Coreia, Rep. da
Dinamarca
Eslovaca, República
Espanha
Estados Unidos
Finlândia
França
Grécia
Holanda
Hungria
Irlanda
Islândia
Itália
Japão
Luxemburgo
Noruega
Nova Zelândia
Portugal
Reino Unido
Suécia
Suíça
Tcheca, Rep.

Outros de alta renda

Andorra
Antígua e Barbuda
Antilhas Holandesas
Arábia Saudita
Aruba
Bahamas
Bahrein
Barbados
Bermudas
Brunei
Canal, Ilhas do
Cayman, Ilhas
Chipre
Cingapura
Emirados Árabes Unidos
Eslovênia
Estônia
Faroë, Ilhas
Groenlândia
Guam
Guiné Equatorial
Hong Kong, China
Israel
Kuait
Liechtenstein
Macau, China
Malta
Man, Ilha de
Marianas do Norte, Ilhas
Mônaco
Nova Caledônia
Omã
Polinésia Francesa
Porto Rico
Qatar
San Marino
Taiwan, China
Trinidad eTobago
Virgens, Ilhas (EUA)

Esta tabela classifica todas as economias dos membros do Banco Mundial e todas as outras economias com populações superiores a 30 mil. As economias são divididas entre grupo de rendas de acordo com a RNB per capita, calculada usando o método do Atlas do Banco Mundial. Os grupos são de renda baixa (RB), US$ 935 ou menos; renda média baixa (RMB), US$ 936-3.705; renda média alta (RMA), US$ 3.706-11.455; e renda alta, US$ 11.456 ou mais.
Fonte: Dados do Banco Mundial.

Tabela 1 Principais Indicadores de desenvolvimento

	População			Composição etária da população	RNB*		PPC RNB*			Expectativa de vida no nascimento		Taxa de alfabetização	Emissões de CO_2 per capita
	Milhões 2007	Média anual % de crescimento 2000–07	Densidade habitantes por m² 2007	% Idade de 0-14 2007	$ bilhões 2007	$ per capita 2007	$ bilhões 2007	$ per capita 2007	PIB per capita % de crescimento 2006-7	Homens 2006	Mulheres 2007	% para idades de 15 ou mais 2005	Toneladas métricas 2004
Afeganistão	..	..	..	..	10,1	..[c]	27,2[d]	..[d]	..	..	..	..	0,0
África do Sul	48	1,1	39	32	274,0	5.760	454,8	9.560	4,4	49	53	..	9,4
Albânia	3	0,5	116	25	10,5	3.290	20,9	6.580	5,7	73	80	*99*	1,2
Alemanha	82	0,0[f]	236	14	3.197,0	38.860	2.782,7	33.820	2,6	76	82	..	9,8
Angola	17	2,9	14	46	43,6	2.560	74,9	4.400	20,1	41	44	*67*	0,5
Arábia Saudita	24	2,3	12	34	373,5	15.440	554,3	22.910	1,2	71	75	*83*	13,7
Argélia	34	1,5	14	28	122,5	3.620	258,8[d]	7.640[d]	1,6	71	73	*70*	6,0
Argentina	40	1,0	14	26	238,9	6.050	513,0	12.990	7,6	71	79	*97*	3,7
Armênia	3	–0,4	106	19	7,9	2.640	17,7	5.900	14,0	68	75	*99*	1,2
Austrália	21	1,3	3	19	755,8	35.960	700,6	33.340	2,9	79	83	..	16,2
Áustria	8	0,5	101	15	355,1	42.700	316,8	38.090	3,0	77	83	..	8,5
Azerbaijão	9	0,9	104	23	21,9	2.550	54,6	6.370	18,0	70	75	..	3,8
Bangladesh	159	1,8	1.218	34	75,1	470	212,7	1.340	4,8	63	65	*47*	0,3
Belarus	10	–0,4	47	15	40,9	4.220	104,2	10.740	8,5	63	74	..	6,6
Bélgica	11	0,5	352	17	432,5	40.710	373,1	35.110	2,1	77	82	..	9,7
Benin	9	3,2	82	44	5,1	570	11,9	1.310	1,5	55	57	*35*	0,3
Bolívia	10	1,9	9	37	12,0	1.260	39,4	4.140	2,8	63	67	*87*	0,8
Bósnia e Herzegovina	4	0,3	74	17	14,3	3.790	28,6	7.280	6,8	72	77	*97*	4,0
Brasil	192	1,4	23	27	1.133,0	5.910	1.795,7	9.370	4,2	69	76	*89*	1,8
Bulgária	8	–0,8	70	13	35,1	4.590	85,4	11.180	6,9	69	76	*98*	5,5
Burkina Faso	15	3,1	54	46	6,4	430	16,5	1.120	1,0	50	53	24	0,1
Burundi	8	3,5	331	44	0,9	110	2,8	330	–0,3	48	50	*59*	0,0
Camarões	19	2,2	40	41	19,5	1.050	39,2	2.120	1,3	50	51	*68*	0,2
Camboja	14	1,8	82	36	7,9	540	24,5	1.690	8,4	57	61	*74*	0,0
Canadá	33	1,0	4	17	1.300,0	39.420	1.164,2	35.310	1,7	78	83	..	20,0
Cazaquistão	15	0,6	6	24	78,3	5.060	150,1	9.700	7,3	61	72	..	13,3
Centro-Africana, Rep.	4	1,7	7	42	1,7	380	3,2	740	2,3	43	46	*49*	0,1
Chade	11	3,4	9	46	5,8	540	13,8	1.280	–2,1	49	52	*26*	0,0
Chile	17	1,1	22	24	138,6	8.350	209,0	12.590	4,1	75	81	*96*	3,9
China	1.320	0,6	142	21	3.120,9	2.360	7.083,5	5.370	11,2	70	74	*91*	3,9
Hong Kong, China	7	0,5	6.647	14	218,9	31.610	305,1	44.050	5,3	79	85	..	5,5
Cingapura	5	1,9	6.660	18	149,0	32.470	222,7	48.520	3,3	78	82	*93*	12,5
Cisjordânia e Gaza	4	3,8	643	45	*4,5*	*1.230*	..	..	–4,9	71	74	*92*	..
Colômbia	46	1,4	42	29	149,9	3.250	306,2	6.640	6,2	69	76	93	1,2
Congo, Dem. Rep. of	62	3,0	28	47	8,6	140	17,9	290	3,5	45	47	*67*	0,0
Congo, Rep. do	4	2,3	11	42	5,8	1.540	10,4	2.750	–3,6	54	56	*85*	1,0
Coreia, Rep. da	49	0,5	492	18	955,8	19.690	1.201,1	24.750	4,7	75	82	..	9,7
Costa do Marfim	19	1,7	61	41	17,5	910	30,7	1.590	–0,1	47	49	*49*	0,3
Costa Rica	4	1,8	87	27	24,8	5.560	47,7[d]	10.700[d]	4,8	76	81	*95*	1,5
Croácia	4	–0,2	79	15	46,4	10.460	66,8	15.050	5,6	73	79	*98*	5,3
Dinamarca	5	0,3	129	19	299,8	54.910	200,6	36.740	1,4	76	80	..	9,8
Dominicana, República	10	1,6	202	33	34,6	3.550	61,8[d]	6.340[d]	7,0	69	75	*87*	2,1
Egito, Rep. Árabe do	75	1,8	76	33	119,4	1.580	407,6	5.400	5,2	69	73	71	2,2
El Salvador	7	1,4	331	33	19,5	2.850	38,6[d]	5.640[d]	2,8	69	75	*81*	0,9
Emirados Árabes Unidos	4	4,2	52	20	..	..[k]	..	..	*4,4*	77	82	*89*	37,8
Equador	13	1,2	48	32	41,2	3.080	93,9	7.040	0,9	72	78	*91*	2,3
Eritreia	5	3,9	48	43	1,1	230	2,5[d]	520[d]	–2,3	55	60	..	0,2
Eslovaca, República	5	0,0[f]	112	16	63,3	11.730	104,3	19.330	10,3	70	78	..	6,7
Espanha	45	1,6	90	15	1.321,8	29.450	1.351,1	30.110	2,0	78	84	..	7,7
Estados Unidos	302	0,9	33	20	13.886,5	46.040	13.829,0	45.850	1,5	75	81	..	20,6
Etiópia	79	2,6	79	44	17,6	220	61,7	780	8,4	51	54	*36*	0,1
Filipinas	88	2,0	295	35	142,6	1.620	327,8	3.730	5,3	69	74	*93*	1,0
Finlândia	5	0,3	17	17	234,8	44.400	186,5	35.270	4,0	76	83	..	12,6
França	62	0,7	112	18	2.447,1	38.500[e]	2.065,4	33.470	1,6	77	84	..	6,2
Gana	23	2,2	103	38	13,9	590	31,2	1.330	4,3	59	60	*58*	0,3
Geórgia	4	–1,0	63	18	9,3	2.120	21,0	4.770	13,4	67	75	..	0,9
Grécia	11	0,4	87	14	331,7	29.630	364,1	32.520	3,6	77	82	*96*	8,7
Guatemala	13	2,5	123	43	32,6	2.440	60,4[d]	4.520[d]	3,2	66	74	*69*	1,0
Guiné	9	1,9	38	43	3,7	400	10,5	1.120	–0,6	54	57	*29*	0,2
Haiti	10	1,6	349	37	5,4	560	11,1[d]	1.150[d]	1,4	59	62	..	0,2
Holanda	16	0,4	484	18	750,5	45.820	647,1	39.500	3,3	78	82	..	8,7
Honduras	7	1,9	63	39	11,3	1.600	25,7[d]	3.620[d]	4,5	66	73	*80*	1,1
Hungria	10	–0,2	112	15	116,3	11.570	175,2	17.430	1,5	69	77	..	5,7
Iêmen, Rep. do	22	3,0	42	45	19,4	870	49,3	2.200	0,6	61	64	*54*	1,0
Índia	1.123	1,4	378	32	1.069,4	950	3.078,7	2.740	7,7	63	66	*61*	1,2
Indonésia	226	1,3	125	28	373,1	1.650	807,9	3.580	5,1	66	70	*90*	1,7
Irã, Rep. Islâmica do	71	1,5	44	27	246,5	3.470	766,9	10.800	6,2	69	72	82	6,4
Iraque	..	..	..	..	..	..[g]	..	..	..	..	..	..	3,0
Irlanda	4	2,0	63	21	210,2	48.140	161,7	37.040	2,8	77	82	..	10,4
Israel	7	1,9	331	28	157,1	21.900	186,0	25.930	3,4	78	82	..	10,5
Itália	59	0,6	202	14	1.991,3	33.540	1.775,3	29.900	0,8	78	84	*98*	7,7
Japão	128	0,1	351	14	4.813,3	37.670	4.420,6	34.600	2,1	79	86	..	9,8
Jordânia	6	2,5	65	36	16,3	2.850	29,5	5.160	2,6	71	74	91	3,1
Laos, RDP do	6	1,6	25	38	3,4	580	11,4	1.940	5,3	63	65	*69*	0,2
Líbano	4	1,2	401	28	23,7	5.770	41,2	10.050	1,0	70	74	..	4,1
Libéria	4	2,9	39	47	0,6	150	1,1	290	4,3	44	46	*52*	0,1
Líbia	6	2,0	4	30	55,5	9.010	90,6[d]	14.710[d]	4,8	71	77	*84*	10,3
Lituânia	3	–0,5	54	16	33,5	9.920	58,0	17.180	9,4	65	77	*100*	3,9
Madagascar	20	2,8	34	43	6,3	320	18,2	920	3,7	57	61	*71*	0,2
Malásia	27	1,9	81	30	173,7	6.540	360,2	13.570	4,0	72	76	*89*	7,0

Tabela 1 Principais Indicadores de desenvolvimento (continuação)

	População			Composição etária da população	RNB[a]		PPC RNB[b]			Expectativa de vida no nascimento		Taxa de alfabetização	Emissões de CO_2 per capita
	Milhões 2007	Média anual % de crescimento 2000–07	Densidade habitantes por m^2 2007	% Idade de 0-14 2007	$ bilhões 2007	$ per capita 2007	$ bilhões 2007	$ per capita 2007	PIB per capita % de crescimento 2006-7	Homens 2006	Mulheres 2007	% para idades de 15 ou mais 2005	Toneladas métricas 2004
Maláui	14	2,6	148	47	3,5	250	10,5	750	4,7	47	48	..	0,1
Mali	12	3,0	10	48	6,1	500	12,8	1.040	–0,3	52	56	*24*	0,1
Marrocos	31	1,2	69	29	69,4	2.250	123,3	3.990	1,1	69	73	*52*	1,4
Mauritânia	3	2,8	3	40	2,6	840	6,3	2.010	–0,6	62	66	*51*	0,9
México	105	1,0	54	30	878,0	8.340	1.324,6	12.580	2,3	72	77	92	4,3
Mianmar	49	0,9	74	26	..	..[c]	..	..	*4,1*	59	65	*90*	0,2
Moldova	4	–1,3	115	19	4,3	1.260[h]	11,1	2.930	4,1	65	72	*99*	2,0
Moçambique	21	2,3	27	44	6,8	320	14,8	690	5,0	42	43	..	0,1
Nepal	28	2,0	197	38	9,7	340	29,2	1.040	0,8	63	64	*49*	0,1
Nicarágua	6	1,3	46	37	5,5	980	14,1[d]	2.520[d]	2,9	70	76	*77*	0,7
Níger	14	3,5	11	48	4,0	280	9,0	630	–0,1	57	56	29	0,1
Nigéria	148	2,4	162	44	137,1	930	262,5	1.770	4,0	46	47	*69*	0,8
Noruega	5	0,7	15	19	360,0	76.450	252,8	53.690	2,4	78	83	..	19,1
Nova Zelândia	4	1,3	16	21	121,7	28.780	111,4	26.340	2,3	78	82	..	7,7
Panamá	3	1,8	45	30	18,4	5.510	35,4[d]	10.610[d]	9,4	73	78	*92*	1,8
Papua Nova Guiné	6	2,3	14	40	5,4	850	11,8[d]	1.870[d]	4,2	55	60	*57*	0,4
Paquistão	162	2,3	211	36	141,0	870	417,5	2.570	4,2	65	66	50	0,8
Paraguai	6	1,9	15	35	10,2	1.670	26,8	4.380	4,6	69	74	*93*	0,7
Peru	28	1,2	22	31	96,2	3.450	201,9	7.240	7,8	69	74	88	1,2
Polônia	38	–0,1	124	15	374,6	9.840	593,3	15.590	6,7	71	80	..	8,0
Portugal	11	0,5	116	16	201,1	18.950	219,0	20.640	1,7	75	82	*94*	5,6
Quênia	38	2,6	66	43	25,6	680	57,8	1.540	4,1	52	55	*74*	0,3
Quirquistão, República do	5	0,9	27	30	3,1	590	10,2	1.950	6,4	64	72	..	1,1
Reino Unido	61	0,5	252	18	2.608,5	42.740	2.097,9	34.370	2,3	77	81	..	9,8
Romênia	22	–0,6	94	15	132,5	6.150	236,6	10.980	6,4	69	76	*97*	4,2
Ruanda	10	2,5	395	43	3,1	320	8,4	860	3,0	44	47	*65*	0,1
Russa, Federação	142	–0,5	9	15	1.071,0	7.560	2.039,1	14.400	8,8	59	73	*99*	10,6
Senegal	12	2,6	64	42	10,2	820	20,3	1.640	1,9	61	65	*39*	0,4
Serra Leoa	6	3,7	82	43	1,5	260	3,9	660	4,6	41	44	*35*	0,2
Sérvia	7[i]	–0,3[i]	95[i]	18	35,0	4.730[i]	75,5	10.220	6,9	70[i]	76[i]	..	..
Síria, Republica Árabe da	20	2,7	108	36	35,0	1.760	87,0	4.370	4,0	72	76	*81*	3,7
Somália	9	3,0	14	44	..	..[c]	..	..	..	47	49	..	..
Sri Lanka	20	0,4	309	23	30,8	1.540	84,0	4.210	6,5	72	78	*91*	0,6
Sudão	39	2,1	16	40	37,0	960	72,6	1.880	7,8	57	60	*61*	0,3
Suécia	9	0,4	22	17	421,3	46.060	327,9	35.840	1,8	79	83	..	5,9
Suiça	8	0,7	189	16	452,1	59.880	325,3	43.080	2,2	79	84	..	5,5
Tadjiquistão	7	1,3	48	38	3,1	460	11,5	1.710	6,2	64	69	*99*	0,8
Tailândia	64	0,7	125	21	217,4	3.400	503,1	7.880	4,1	66	75	*93*	4,3
Tanzânia	40	2,5	46	44	16,3	400[j]	48,7	1.200	4,5	51	53	*69*	0,1
Tcheca, Rep.	10	0,1	134	14	149,4	14.450	225,5	21.820	5,0	73	80	..	11,5
Togo	7	2,8	121	43	2,4	360	5,2	800	–0,5	56	60	*53*	0,4
Tunísia	10	1,0	66	25	32,8	3.200	73,0	7.130	5,1	72	76	*74*	2,3
Turcomenistão	5	1,4	11	30	..	..[g]	*21,0*[d]	*4.350*[d]	..	59	67	..	8,8
Turquia	74	1,3	96	27	592,9	8.020	893,1	12.090	3,2	69	74	*87*	3,2
Ucrânia	46	–0,8	80	14	118,4	2.550	315,9	6.810	8,2	62	74	*99*	7,0
Uganda	31	3,2	157	49	10,5	340	28,5	920	2,9	50	51	*67*	0,1
Uruguai	3	0,1	19	23	21,2	6.380	36,6	11.040	7,3	72	80	..	1,7
Uzbequistão	27	1,2	63	32	19,7	730	65,3[d]	2.430[d]	7,9	64	71	..	5,3
Venezuela, R.B. de	27	1,7	31	31	201,2	7.320	327,5	11.920	6,6	72	77	*93*	6,6
Vietnã	85	1,3	275	28	67,2	790	216,9	2.550	7,2	68	73	..	1,2
Zâmbia	12	1,9	16	46	9,5	800	14,6	1.220	4,0	41	42	..	0,2
Zimbábue	13	0,8	35	38	*4,5*	*340*	..	..	*–6,0*	43	42	*89*	0,8
Mundo	6.612s	1,2w	51w	28w	52.621,4t	7.958w	65.144,4t	9.852w	2,6w	66w	70w	82w	4,3w
Renda baixa	1.296	2,2	61	39	748,8	578	1.935,2	1.494	4,3	56	58	61	0,6
Renda média	4.260	1,0	57	27	12.234,7	2.872	25.353,6	5.952	6,9	67	71	90	3,2
Renda medio-baixa	3.437	1,1	100	27	6.485,0	1.887	15.613,9	4.543	8,6	67	70	89	2,6
Renda médio-alta	823	0,7	20	24	5.749,6	6.987	9.765,9	11.868	5,1	67	74	93	5,5
Renda baixa e média	5.556	1,3	58	29	12.985,9	2.337	27.283,9	4.911	6,5	64	68	79	2,6
África Subsaariana	800	2,5	34	43	761,6	952	1.496,1	1.870	3,7	49	52	59	0,9
América Latina e Caribe	563	1,3	28	29	3.118,0	5.540	5.245,9	9.321	4,5	70	76	90	2,6
Europa e Ásia Central	445	0,0[f]	19	19	2.693,7	6.051	4.947,7	11.115	6,7	64	74	97	7,1
Leste Asiático e Pacífico	1.914	0,8	121	23	4.173,5	2.180	9.449,8	4.937	9,6	69	73	91	3,3
Oriente Médio e África Setentrional	313	1,8	36	32	875,6	2.794	2.314,7	7.385	4,0	68	72	73	3,8
Sul da Ásia	1.520	1,6	318	33	1.338,6	880	3.856,7	2.537	7,0	63	66	58	1,1
Renda alta	1.056	0,7	32	18	39.682,1	37.566	38.133,5	36.100	2,0	76	82	99	13,1

a. Calculada usando o método do Atlas do Banco Mundial; b. PPC significa paridade do poder de compra; ver Notas técnicas; c. Estimado como renda baixa (US$ 935 ou menos); d. A estimativa é baseada em regressão; outros são extrapolados do último Programa Comparativo de estimativa de benchmark; e. As estimativas do RNB e o RNB per capita incluem os departamentos ultramarinos da Guiana Francesa, Guadalupe, Martinica e Reunião; f. Menos do que 0,05; g. Estimado como renda média baixa (US$ 936 a 3.705); h. Exclui informações da Transnistria; i. Exclui informações do Kosovo e Metohija; j. As informações se referem somente à região continental da Tanzânia; k. Estimado como renda alta (US$ 11.456 ou mais).

Tabela 2 Objetivos de desenvolvimento do Milênio: erradicar a pobreza e melhorar o padrão de vida

	Erradicar a pobreza e a fome extremas			Alcançar a educação primária universal		Promover a igualdade de gênero		Reduzir mortalidade infantil		Melhorar a saúde materna				Combater HIV/AIDS e outras doenças
	Parcela do quintil mais pobre em renda ou consumo nacional	Prevalência de má nutrição infantil								Partos assistidos por pessoal de saúde habilitado		Taxa de prevalência de anticoncepcional		Prevalência do HIV % da população entre 15-49 anos
	%	% de crianças abaixo dos 5		Taxa de finalização[a] %		Proporção entre matrículas de meninos e meninas nas escolas primária e secundária[a]		Taxa de mortalidade até 5 anos, por 1.000		% of total		% das mulheres casadas entre 15-19 anos		
	1992–2005	1990	2000–07[b]	1991	2006	1991	2006	1990	2006	1990	2000–07[b]	1990	2000–07[b]	2005
Afeganistão	..	..	..	..	..	..	..	..	..	..	..	..	..	..
África do Sul	3,5[c]	..	..	76	100	104	100	60	69	..	92	57	60	18,8
Albânia	8,2[c]	..	17,0	..	96	96	97	45	17	..	100	..	60	0,2
Alemanha	8,5[e]	..	..	100	97	99	98	9	4	..	100	75	..	0,1
Angola	..	..	27,5	35	..	..	..	260	260	..	45	..	6	3,7
Arábia Saudita	..	..	..	55	..	84	..	44	25	..	96	..	..	0,2
Argélia	7,0[c]	..	10,2	80	85	83	99	69	38	77	95	47	61	0,1
Argentina	3,1[d,e]	..	2,3	..	97	..	104	29	16	96	99	..	..	0,6
Armênia	8,5[c]	..	4,2	..	91	..	104	56	24	..	98	..	53	0,1
Austrália	5,9[e]	..	..	..	..	101	97	10	6	100	100	..	..	0,1
Áustria	8,6[e]	..	..	..	103	95	97	10	5	..	..	..	..	0,3
Azerbaijão	7,4[c]	..	14,0	..	92	100	96	105	88	..	100	..	55	0,1
Bangladesh	8,8[c]	..	39,2	49	72	..	103	149	69	..	20	31	58	<0,1
Belarus	8,8[c]	..	1,3	94	95	..	101	24	13	..	100	..	73	0,3
Bélgica	8,5[e]	..	..	79	87	101	98	10	4	..	..	78	..	0,3
Benin	7,4[c]	..	21,5	21	64	49	73	185	148	..	79	..	17	1,8
Bolívia	1,5[e]	8,9	5,9	..	101	..	98	125	61	43	67	30	58	0,1
Bósnia e Herzegovina	7,0[c]	..	1,6	..	..	..	..	22	15	97	100	..	36	<0,1
Brasil	2,9[e]	..	3,7	93	106	..	103	57	20	72	97	59	..	0,5
Bulgária	8,7[c]	..	1,6	84	98	99	97	19	14	..	99	..	..	<0,1
Burkina Faso	6,9[c]	..	35,2	20	31	62	80	206	204	..	54	..	17	2,0
Burundi	5,1[c]	..	38,9	46	36	82	89	190	181	..	34	..	9	3,3
Camarões	5,6[c]	..	15,1	53	52	83	83	139	149	58	63	16	29	5,5[g]
Camboja	6,8[c]	..	28,4	..	87	73	89	116	82	..	44	..	40	1,6
Canadá	7,2[e]	..	..	..	..	99	98	8	6	..	100	..	..	0,3
Cazaquistão	7,4[c]	..	..	..	101[k]	102	99[k]	60	29	..	100	..	51	0,1
Central African Republic	2,0[c]	..	21,8	27	24	60	..	173	175	..	53	..	19	10,7
Chade	..	..	33,9	18	31	42	61	201	209	..	14	..	3	3,5
Chile	3,8[e]	..	..	..	95	100	99	21	9	..	100	56	..	0,3
China	4,3[e]	..	6,8	105	..	87	100	45	24	50	98	71	87	0,1[h]
Hong Kong, China	5,3[e]	..	..	102	100	103	98	..	..	..	100	86	..	..
Cingapura	5,0[e]	..	3,3	..	..	95	..	8	3	..	100	65	..	0,3
Cisjordânia e Gaza	..	..	..	..	95	..	104	40	22	..	99	..	50	..
Colômbia	2,9[e]	..	5,1	70	105	108	104	35	21	82	96	66	78	0,6
Congo, Dem. Rep. of	..	..	33,6	46	..	..	..	205	205	..	74[k]	8	21[k]	3,2
Congo, Rep.	..	..	11,8	54	73	85	90	103	126	..	86	..	44	5,3
Coreia, Rep. da	7,9[e]	..	..	98	101[k]	99	96[k]	9	5	98	100	77	..	<0,1
Costa do Marfim	5,2[c]	..	20,2	43	43	65	..	153	127	..	57	..	13	7,1
Costa Rica	4,1[e]	..	..	79	89	101	102	18	12	98	99	..	96	0,3
Croácia	8,8[c]	..	..	..	92	102	102	12	6	100	100	..	69	<0,1
Dinamarca	8,3[e]	..	..	98	101	101	101	9	5	..	..	78	..	0,2
Dominicana, República	4,1[e]	8,4	4,2	..	83	..	104	65	29	93	96	56	61	1,1
Egito, Rep. Árabe do	8,9[c]	..	5,4	..	98[k]	81	95	91	35	37	74	38	59	<0,1
El Salvador	2,7[e]	11,1	6,1	41	88	102	99	60	25	52	92	47	67	0,9
Emirados Árabes Unidos	..	..	..	103	100	104	101	15	8	..	100	..	..	0,2
Equador	3,3[c]	..	6,2	..	106	..	100	57	24	..	75	53	73	0,3
Eritreia	..	..	34,5	..	49	..	72	147	74	..	28	..	8	2,4
Eslovaca, República	8,8[e]	..	..	96	93	..	100	14	8	..	100	74	..	<0,1
Espanha	7,0[e]	..	..	..	103	104	103	9	4	..	..	..	..	0,6
Estados Unidos	5,4[e]	..	1,1	..	95	100	100	11	8	99	99	71	..	0,6
Etiópia	9,1[c]	..	34,6	26	46[k]	68	83[k]	204	123	..	6	4	15	1,4[i]
Filipinas	5,4[c]	..	20,7	86	94	100	102	62	32	..	60	36	49	<0,1
Finlândia	9,6[e]	..	..	97	97	109	102	7	4	..	100	77	..	0,1
França	7,2[e]	..	..	104	..	102	100	9	4	..	..	81	..	0,4
Gana	5,6[c]	24,1	18,8	61	71	79	95[k]	120	120	40	50	13	17	2,3
Geórgia	5,4[c]	..	..	..	85	98	103	46	32	..	92	..	47	0,2
Grécia	6,7[e]	..	..	99	103	99	98	11	4	..	..	..	..	0,2
Guatemala	3,9[e]	..	17,7	..	77	..	92	82	41	..	41	..	43	0,9
Guiné	7,0[c]	..	22,5	17	64	45	74	235	161	31	38	..	9	1,5
Haiti	2,4[e]	..	18,9	27	..	94	..	152	80	23	26	10	32	2,2[j]
Holanda	7,6[e]	..	..	..	..	97	98	9	5	..	100	76	..	0,2
Honduras	3,4[e]	..	8,6	64	89	106	109	58	27	45	67	47	65	1,5
Hungria	8,6[c]	2,3	..	93	96	100	99	17	7	..	100	..	..	0,1
Iêmen, Rep. do	7,2[c]	..	41,3	..	60	..	66	139	100	16	27	10	23	0,2
Índia	8,1[c]	..	43,5	64	86	70	91	115	76	..	47	43	56	0,9
Indonésia	7,1[c]	31,0	24,4	91	99	93	98	91	34	32	72	50	57	0,1
Irã, Rep. Islâmica do	6,5[c]	..	..	91	101	85	105	72	34	..	90	49	74	0,2
Iraque	..	..	..	58	..	78	..	53	..	54	..	14	..	..
Irlanda	7,4[e]	..	..	..	96	104	103	9	5	..	100	60	..	0,2
Israel	5,7[e]	..	..	..	101	105	101	12	5	..	..	68	..	0,2
Itália	6,5[e]	..	..	104	100	100	99	9	4	..	99	..	..	0,5
Japão	10,6[e]	..	..	101	..	101	100	6	4	100	100	58	56	<0,1
Jordânia	6,7[c]	4,8	3,6	72	99	101	102	40	25	87	100	40	56	0,2
Laos, RDP do	8,1[c]	..	36,4	46	75	76	85	163	75	..	19	..	32	0,1
Líbano	..	..	3,4	..	80	..	103	37	30	..	98	..	58	0,1
Libéria	..	..	22,8	..	63	..	..	235	235	..	51	..	10	..
Líbia	..	..	..	..	..	..	105	41	18	..	..	..	..	0,2
Lituânia	6,8[c]	..	..	..	93	..	100	13	8	..	100	..	..	0,2
Madagascar	4,9[c]	35,5	36,8	33	57	98	96	168	115	57	51	17	27	0,5
Malásia	4,4[e]	..	..	91	98	101	104	22	12	..	98	50	..	0,5
Maláui	7,0[c]	24,4	18,4	29	55	81	100	221	120	55	54	13	42	14,1
Mali	6,1[c]	..	30,1	13	49	57	74	250	217	..	41	..	8	1,7
Marrocos	6,5[c]	8,1	9,9	48	84	70	87	89	37	31	63	42	63	0,1
Mauritânia	6,2[c]	..	30,4	34	47	71	102	133	125	40	57	3	8	0,7
México	4,3[c]	13,9	3,4	88	104	97	99	53	35	..	83	..	71	0,3

Tabela 2 Objetivos de desenvolvimento do Milênio: erradicar a pobreza e melhorar o padrão de vida (continuação)

	Erradicar a pobreza e a fome extremas			Alcançar a educação primária universal		Promover a igualdade de gênero		Reduzir mortalidade infantil		Melhorar a saúde materna				Combater HIV/AIDS e outras doenças
	Parcela do quintil mais pobre em renda ou consumo nacional	Prevalência de má nutrição infantil				Proporção entre matrículas de meninos e meninas nas escolas primária e secundária[a]		Taxa de mortalidade até 5 anos, por 1.000		Partos assistidos por pessoal de saúde habilitado		Taxa de prevalência de anticoncepcional		Prevalência do HIV % da população entre 15-49 anos
	%	% de crianças abaixo dos 5		Taxa de finalização[a] %						% of total		% das mulheres casadas entre 15-19 anos		
	1992–2005	1990	2000–07[b]	1991	2006	1991	2006	1990	2006	1990	2000–07[b]	1990	2000–07[b]	2005
Mianmar	..	..	29,6	..	95	97	101	130	104	..	68	17	34	1,3
Moldova	7.8[c]	..	3,2	..	98	106	103	37	19	..	100	..	68	1,1
Moçambique	5.4[c]	..	21,2	26	42	71	85	235	138	..	48	..	17	16,1
Nepal	6.0[c]	..	38,8	51	76	59	93	142	59	7	19	23	48	0,5
Nicarágua	5.6[c]	..	7,8	42	73	109	102	68	36	..	67	..	69	0,2
Níger	2.6[c]	41,0	39,9	18	33	53	70	320	253	15	18	4	11	1,1
Nigéria	5.0[c]	35,1	27,2	..	76	77	83	230	191	33	36	6	13	3,9
Noruega	9.6[e]	..	..	100	96	102	100	9	4	100	..	74	..	0,1
Nova Zelândia	6.4[e]	..	..	100	..	100	103	11	6	..	97	..	..	0,1
Panamá	2.5[e]	..	..	86	94	..	101	34	23	..	91	..	..	0,9
Papua Nova Guiné	4.5[c]	..	..	46	..	80	..	94	73	..	42	..	..	1,8
Paquistão	9.1[c]	39,0	31,3	..	62	..	78	130	97	19	31	15	28	0,1
Paraguai	2.4[e]	2,8	..	68	95	98	99	41	22	66	77	48	73	0,4
Peru	3.7[e]	8,8	5,2	..	101	96	101	78	25	80	87	59	46	0,6
Polônia	7.4[c]	..	..	98	97	101	99	18	7	..	100	49	..	0,1
Portugal	5.8[e]	..	..	95	104	103	101	14	5	98	100	..	..	0,4
Quênia	6.0[c]	..	16,5	..	93	94	96	97	121	50	42	27	39	6,1
Quirquistão, República do	8.9[c]	..	..	..	99	..	100	75	41	..	98	..	48	0,1
Reino Unido	6.1[e]	..	..	..	..	102	102	10	6	..	..	..	84	0,2
Romênia	8.2[c]	..	3,5	96	101	99	100	31	18	..	98	..	70	<0,1
Ruanda	5.3[c]	24,3	18,0	35	35	92	102	176	160	26	39	21	17	3,0[i]
Russa, Federação	6.1[c]	..	..	..	94	104	99	27	16	..	99	34	..	1,1
Senegal	6.6[c]	..	14,5	42	49	69	92	149	116	..	52	..	12	0,7[i]
Serra Leoa	6.5[c]	..	24,7	..	81[k]	67	86[k]	290	270	..	43	..	5	1,6
Sérvia	8.3[c,f]	..	1,8	..	..	..	..	..	8	..	99	..	41	0,2[f]
Síria, Republica Árabe da	..	..	8,5	89	115	85	95	38	14	..	93	..	58	0,2
Somália	..	..	32,8	..	..	..	..	203	145	..	33	1	15	0,9
Sri Lanka	7.0[c]	..	22,8	102	108	102	..	32	13	..	96	..	70	<0,1
Sudão	..	..	38,4	42	47	77	89	120	89	69	49	9	8	1,6
Suécia	9.1[e]	..	..	96	..	102	100	7	3	..	..	..	..	0,2
Suiça	7.6[e]	..	..	53	88	97	97	9	5	..	100	..	..	0,4
Tadjiquistão	7.8[c]	..	..	..	106	..	88	115	68	..	83	..	38	0,1
Tailândia	6.3[c]	..	7,0	..	..	97	104	31	8	..	97	..	77	1,4
Tanzânia	7.3[c]	25,1	16,7	62	85[k]	97	..	161	118	53	43	10	26	6,5
Tcheca, Rep.	10.3[e]	..	2,1	..	94	98	101	13	4	..	100	78	..	0,1
Togo	..	21,2	..	35	67	59	73	149	108	31	62	34	17	3,2
Tunísia	6.0[c]	8,5	..	74	120	86	104	52	23	69	90	50	63	0,1
Turcomenistão	6.1[c]	..	..	..	..	..	..	99	51	..	100	..	48	<0,1
Turquia	5.3[c]	..	3,5	90	96	81	90	82	26	..	83	63	71	0,2
Ucrânia	9.0[c]	..	4,1	94	105	..	99	25	24	..	100	..	66	1,4
Uganda	5.7[c]	19,7	19,0	..	54	82	98	160	134	38	42	5	24	6,4[l]
Uruguai	4.5[d,e]	..	6,0	94	99	..	106	23	12	..	99	..	..	0,5
Uzbequistão	7.2[c]	..	4,4	..	100	94	98[k]	74	43	..	100	..	65	0,2
Venezuela, R.B. de	3.3[e]	..	..	43	96	105	103	33	21	..	95	..	..	0,7
Vietnã	7.1[c]	..	20,2	..	..	..	..	53	17	..	88	53	76	0,5[i]
Zâmbia	3.6[c]	21,2	23,3	..	84	..	93	180	182	51	43	15	34	17,0
Zimbábue	4.6[c]	8,0	14,0	97	..	92	97	76	105	70	80	43	60	18,1[j]
Mundo		..w	23,9w	79w	86w	..w	95w	92w	72w	49w	65w	57w	60w	1,0w
Renda Baixa		..	28,9	49	65	76	88	164	135	33	41	22	33	2,5
Renda Média		..	22,9	82	93	86	97	75	49	48	73	61	69	0,7
Renda médio-baixa		..	25,2	83	91	83	96	81	54	44	69	63	69	0,5
Renda médio-alta		..	..	88	101	99	100	46	26	79	94	50	67	1,6
Renda baixa e média		..	24,9	77	85	84	94	101	79	45	62	54	60	1,1
África Subsaariana		..	26,8	51	60	82	87	184	157	44	45	15	22	5,8
América Latina e Caribe		..	5,1	82	100	99	101	55	26	75	88	57	67	0,6
Europa e Ásia Central		..	..	90	98	98	97	49	26	81	95	44	63	0,6
Leste Asiático e Pacífico		..	13,3	101	98	90	100	56	29	47	87	75	79	0,2
Oriente Médio e África Setentrional		..	..	77	90	79	93	78	42	48	77	42	60	0,1
Sul da Ásia		..	41,3	62	80	70	90	123	83	30	41	40	53	0,7
Renda alta		..	..	..	97	100	99	12	7	..	99	71	..	0,4

a. Por causa da mudança no International Standard Classification of Education (ISCED76) para o ISCED97, as informações anteriores a 1998 não são totalmente comparáveis com as informações de 1999 em diante; b. As informações são para o ano mais recente disponível; c. Refere-se a parcelas dos gastos em percentil da população, classificado por gastos per capita; d. Informações urbanas; e. Refere-se a parcelas da renda em percentil da população, classificada por renda per capita; f. Inclui Montenegro; g. Dados de pesquisa 2004; h. Inclui Hong Kong, China; i. Dados de pesquisa 2005; j. Dados de pesquisa 2005-2006; k. As informações são de 2007; l. Dados de pesquisa, 2004-2005.

Tabela 3 Atividade econômica

	Produto interno bruto		Produtividade Agrícola (tchr)		Valor agregado como % do PIB			Despesas finais com consumo doméstico	Despesas finais com consumo geral do Governo	Formação do capital bruto	Balanço externo de produtos e serviços	Deflator implícito do PIB
	Milhões de dólares	Crescimento médio anual %	Valor agrícola agregado por trabalhador $ 2000		Agricultura	Indústria	Serviços	% do PIB	% do PIB	% do PIB	% do PIB	Média anual % do crescimento
	2007	2000–07	1990–92	2003–05	2007	2007	2007	2007	2007	2007	2007	2000–07
Afeganistão	11.627	11,5	..	..	36	24	39	111	10	28	–49	5,9
África do Sul	277.581	4,3	1.786	2.484	3	31	66	64	20	20	–4	6,6
Albânia	10.569	5,3	778	1.449	23	22	56	90	9	27	–26	3,5
Alemanha	3.297.233	1,1	13.724	26.549	1	30	69	58	18	18	5	1,0
Angola	58.547	13,1	165	174	10	68	22	59	..[a]	14	26	55,3
Arábia Saudita	381.683	4,1	7.875	15.780	3	65	32	28	23	22	27	8,1
Argélia	135.285	4,5	1.911	2.225	8	61	30	34	12	30	24	8,8
Argentina	262.331	4,7	6.767	10.072	8	36	56	59	12	24	6	12,3
Armênia	9.177	12,7	1.476[b]	3.692	18	44	38	74	9	32	–15	4,2
Austrália	821.716	3,3	20.838	29.924	3	28	69	57	18	27	–1	3,7
Áustria	377.028	1,9	12.048	22.203	2	31	67	56	18	21	6	1,8
Azerbaijão	31.248	17,2	1.084[b]	1.143	6	62	32	32	13	27	27	9,3
Bangladesh	67.694	5,8	254	338	19	29	53	77	6	24	–7	4,3
Belarus	44.771	8,3	1.977[b]	3.153	9	40	51	62	20	28	–9	27,6
Bélgica	448.560	1,9	21.479	41.631	1	24	75	53	23	22	3	2,0
Benin	5.428	3,8	326	519	32	13	54	78	15	20	–13	2,9
Bolívia	13.120	3,6	670	773	14	32	54	68	13	13	5	6,8
Bósnia e Herzegovina	14.661	5,3	..	8.270	10	26	64	76	24	18	–18	3,8
Brasil	1.314.170	3,3	1.506	3.126	5	31	64	48	28	22	2	8,5
Bulgária	39.549	5,7	2.500	7.159	8	33	59	75	12	35	–22	5,0
Burkina Faso	6.767	5,8	110	173	33	22	44	75	22	18	–15	2,2
Burundi	974	2,7	108	70	35	20	45	91	29	17	–37	8,4
Camarões	20.644	3,5	389	646	19	29	52	73	9	17	1	2,2
Camboja	8.628	9,8	..	306	30	26	44	82	3	21	–7	3,8
Canadá	1.326.376	2,7	28.243	43.055	..	..	..	55	19	22	4	2,0
Cazaquistão	103.840	10,0	1.795[b]	1.557	7	44	49	48	11	31	9	14,3
Central African Republic	1.712	0,1	287	381	56	16	28	88	10	9	–7	1,9
Chade	7.085	12,2	173	215	23	44	32	60	6	19	15	8,2
Chile	163.915	4,5	3.600	5.308	4	48	48	55	10	21	14	7,0
China	3.280.053	10,2	254	401	12	48	40	34	14	44	8	3,7
Hong Kong, China	206.706	5,2	..	..	0	9	91	60	8	21	11	–2,3
Cingapura	161.347	5,8	22.695	40.419	0	31	69	38	10	23	29	1,0
Cisjordânia e Gaza	4.007	0,4	..	..	..	..	..	96	33	23	–52	3,0
Colômbia	171.979	4,5	3.405	2.847	11	29	60	63	13	24	–1	6,3
Congo, Dem. Rep. do	8.955	5,0	184	149	42	28	29	82	9	18	–9	31,0
Congo, Rep. do	7.646	4,1	..	..	5	60	35	29	14	27	30	5,7
Coreia, Rep. da	969.795	4,7	5.679	11.286	3	39	58	55	15	29	1	1,7
Costa do Marfim	19.570	0,2	598	795	23	26	51	73	8	10	8	3,1
Costa Rica	25.225	5,2	3.143	4.499	9	31	60	75	5	27	–7	9,8
Croácia	51.277	4,8	4.921[b]	9.987	7	32	61	56	20	33	–8	3,7
Dinamarca	308.093	1,8	15.190	40.780	2	26	72	49	26	23	3	2,2
Dominicana, República	36.686	4,8	2.268	4.586	12	28	60	80	7	20	–6	17,4
Egito, Rep. Árabe do	128.095	4,5	1.528	2.072	13	36	51	75	11	22	–8	6,9
El Salvador	20.215	2,7	1.633	1.638	11	29	60	93	11	16	–21	3,4
Emirados Árabes Unidos	129.702	8,2	10.454	25.841	2	56	42	46	11	24	18	4,9
Equador	44.184	5,0	1.686	1.676	7	35	58	67	13	21	–1	9,6
Eritreia	1.201	2,3	..	61	18	24	58	81	42	19	–42	14,8
Eslovaca, República	74.932	6,0	..	5.026	3	37	60	55	18	27	0	3,9
Espanha	1.429.226	3,4	9.511	19.030	3	30	67	58	18	31	–6	4,0
Estados Unidos	13.811.200	2,7	20.793	41.797	1	23	76	71	16	19	–6	2,6
Etiópia	19.395	7,5	146	158	46	13	40	84	11	25	–19	6,6
Filipinas	144.129	5,1	905	1.075	14	31	55	80	10	15	–5	5,1
Finlândia	246.020	3,1	18.822	31.214	3	32	65	51	21	21	7	0,9
França	2.562.288	1,7	22.234	44.017	2	21	77	57	24	21	–1	2,0
Gana	15.246	5,5	293	320	36	25	38	78	13	33	–23	19,5
Geórgia	10.176	8,3	2.443[b]	1.790	11	24	65	75	22	29	–26	6,9
Grécia	360.031	4,3	7.668	9.011	3	21	76	68	14	26	–8	3,4
Guatemala	33.432	3,6	2.119	2.350	12	27	60	87	9	20	–16	4,7
Guiné	4.564	2,8	142	190	17	45	38	84	6	13	–2	18,1
Haiti	6.137	0,2	..	..	..	..	..	91	9	29	–29	16,5
Holanda	754.203	1,6	24.914	42.198	2	25	73	47	25	20	8	2,1
Honduras	12.279	5,3	1.193	1.483	13	28	58	79	15	28	–23	6,2
Hungria	138.182	4,0	4.105	6.987	4	29	66	66	10	22	2	5,1
Iêmen, Rep. do	22.523	4,0	271	328[b]	..	..	..	..	..	..	..	13,5
Índia	1.170.968	7,8	324	392	18	29	53	55	10	38	–3	4,4
Indonésia	432.817	5,1	484	583	14	47	39	63	8	25	4	10,1
Irã, Rep. Islâmica do	270.937	5,9	1.954	2.542	9	42	49	47	14	37	3	16,9
Iraque	..	–11,4	..	1.756	..	..	..	..	..	..	..	..
Irlanda	254.970	5,2	..	17.879	2	36	62	44	16	27	13	3,1
Israel	161.822	3,3	..	..	..	..	..	56	26	20	–1	1,2
Itália	2.107.481	0,8	11.542	23.967	2	27	71	59	20	21	–1	2,7
Japão	4.376.705	1,7	20.445	35.517	2	30	69	57	18	23	1	–1,2
Jordânia	15.832	6,3	1.892	1.360	3	32	65	89	20	26	–35	3,0
Laos, RDP do	4.008	6,6	360	458	42	32	26	65	9	33	–6	9,4
Líbano	24.001	3,3	..	30.099	6	23	71	89	15	12	–16	2,0
Libéria	725	–2,7	..	..	66	16	18	86	11	16	–14	10,0
Líbia	58.333	3,7	..	..	..	..	..	..	..	..	..	21,0
Lituânia	38.328	8,0	..	4.703	5	33	61	66	17	30	–12	2,9
Madagascar	7.326	3,3	186	174	27	15	58	81	10	29	–19	11,6

Tabela 3 Atividade econômica (continuação)

	Produto interno bruto		Produtividade Agrícola (tchr)		Valor agregado como % do PIB			Despesas finais com consumo doméstico	Despesas finais com consumo geral do Governo	Formação do capital bruto	Balanço externo de produtos e serviços	Deflator implícito do PIB
	Milhões de dólares	Crescimento médio anual %	Valor agrícola agregado por trabalhador $ 2000		Agricultura	Indústria	Serviços	% do PIB	% do PIB	% do PIB	% do PIB	Média anual % do crescimento
	2007	2000–07	1990–92	2003–05	2007	2007	2007	2007	2007	2007	2007	2000–07
Malásia	180.714	5,1	3.803	5.126	9	51	41	50	13	23	14	4,8
Maláui	3.552	3,2	72	116	34	20	45	71	12	28	–11	21,3
Mali	6.863	5,4	208	241	37	24	39	76	11	23	–10	3,6
Marrocos	73.275	4,9	1.430	1.775	12	29	59	58	16	32	–6	1,1
Mauritânia	2.644	5,1	574	356	13	47	41	61	20	26	–7	11,3
México	893.364	2,6	2.256	2.792	4	25	71	71	9	23	–2	6,3
Mianmar	..	9,2	..	..	..	..	..	..	..	..	..	21,2
Moldova	4.396	6,5	1.286[b]	816	17	15	67	97	18	30	–44	11,5
Moçambique	7.752	8,0	109	153	28	27	45	72	12	24	–8	7,8
Nepal	10.207	3,2	191	207	35	16	49	82	9	25	–16	5,6
Nicarágua	5.676	3,5	..	2.071	20	30	51	92	9	29	–30	7,6
Níger	4.170	3,9	152	157[b]	..	..	..	75	12	23	–9	2,1
Nigéria	165.690	6,7	..	..	33	39	28	..	..	..	9	17,8
Noruega	381.951	2,5	19.500	37.776	2	45	54	41	19	22	18	4,0
Nova Zelândia	129.372	3,2	19.204	25.109	..	..	..	60	18	25	–3	2,4
Panamá	19.740	6,0	2.363	3.914	7	16	77	71	7	23	–1	1,8
Papua Nova Guiné	6.261	2,4	500	595	36	45	19	47	12	20	21	7,2
Paquistão	143.597	5,8	593	695	20	27	54	75	10	23	–8	6,5
Paraguai	12.004	3,3	1.596	2.052	26	20	54	74	9	21	–4	10,6
Peru	109.088	5,4	930	1.498	6	35	59	63	9	20	8	3,8
Polônia	420.321	4,1	1.502[b]	2.182	4	30	66	63	17	22	–1	2,4
Portugal	220.241	0,8	4.612	5.980	3	25	72	65	21	22	–8	3,0
Quênia	29.509	4,4	333	332	23	19	58	75	16	20	–10	6,0
Quirquistão, República do	3.505	4,0	675[b]	979	33	20	47	101	19	17	–37	5,8
Reino Unido	2.727.806	2,6	22.659	26.933	1	24	75	64	22	18	–4	2,6
Romênia	165.980	6,1	2.196	4.646	8	26	65	77	14	22	–13	18,0
Ruanda	3.320	5,8	168	182	36	14	50	85	11	22	–18	9,7
Russa, Federação	1.291.011	6,6	1.825[b]	2.519	5	39	57	50	17	25	8	16,7
Senegal	11.151	4,5	225	215	15	22	63	76	10	32	–18	2,2
Serra Leoa	1.672	11,2	..	..	44	24	32	84	13	17	–14	8,9
Sérvia	41.581	5,5	..	..	13	26	62	73	22	25	–20	19,5
Síria, Republica Árabe da	38.081	4,5	2.344	3.261	20	32	48	71	12	16	2	6,2
Somália	..	..	..	..	..	..	..	..	..	..	..	..
Sri Lanka	32.354	5,3	679	702	12	30	58	68	15	27	–10	10,0
Sudão	47.632	7,1	418	666	32	28	41	68	14	24	–6	9,6
Suécia	444.443	2,8	21.463	33.023	1	29	70	47	27	18	8	1,5
Suiça	415.516	1,6	22.344	23.418	1	28	70	60	11	22	7	0,9
Tadjiquistão	3.712	8,8	397[b]	465	21	28	51	113	9	23	–45	20,5
Tailândia	245.818	5,4	497	621	11	44	45	57	10	30	4	2,9
Tanzânia[c]	16.181	6,7	238	295	45	17	37	73	16	17	–6	9,0
Tcheca, Rep.	168.142	4,5	..	5.423	3	39	58	48	21	27	3	2,1
Togo	2.493	2,6	312	347	43	23	34	85	10	18	–13	0,8
Tunísia	35.020	4,8	2.422	2.719	11	27	62	64	13	23	0	2,7
Turcomenistão	12.933	..	1.222[b]	..	..	..	..	46	13	23	17	..
Turquia	657.091	5,9	..	1.846	9	28	63	71	12	22	–5	18,8
Ucrânia	140.484	7,6	1.195[b]	1.702	7	32	61	66	15	22	–4	14,0
Uganda	11.214	5,7	184	229	29	18	53	80	14	24	19	6,2
Uruguai	23.087	3,3	5.714	7.973	9	32	59	73	11	18	–2	9,4
Uzbequistão	22.308	6,2	1.272[b]	1.800	24	27	49	54	16	20	10	26,5
Venezuela, R.B. de	228.071	4,7	4.483	6.292	..	..	..	48	11	24	17	26,8
Vietnã	71.216	7,8	214	305	20	42	38	67	6	35	–8	6,7
Zâmbia	11.363	–5,7	159	204	22	38	40	59	10	24	6	18,3
Zimbábue	3.418	–4,4	240	222	19	24	57	72	27	17	–16	232,0
Mundo	54.347.038t	3,2w	730w	911w	3w	28w	69w	61w	17w	22w	0w	
Renda Baixa	810.300	5,6	259	321	25	28	48	74	9	24	–6	
Renda Média	13.342.194	6,2	454	654	8	32	59	60	15	25	0	
Renda medio-baixa	6.888.343	8,0	370	509	13	41	46	49	13	35	3	
Renda medio-alta	6.450.429	4,3	2.134	2.954	5	31	64	59	17	23	1	
Renda baixa e média	14.155.882	6,2	417	583	10	32	59	61	15	25	–1	
África Subsaariana	842.914	5,0	246	281	15	32	54	67	16	21	–3	
América Latina e Caribe	3.444.374	3,6	2.155	3.053	5	29	66	60	17	22	1	
Europa e Ásia Central	3.155.221	6,1	1.588	2.109	7	33	60	61	16	24	–1	
Leste Asiático e Pacífico	4.438.135	8,9	303	446	12	47	41	41	13	38	7	
Oriente Médio e África Setentrional	828.691	4,5	1.583	2.205	11	35	53	62	14	26	–1	
Sul da Ásia	1.438.594	7,3	335	406	18	29	53	59	10	35	–4	
Renda Alta	40.197.253	2,4	14.586	25.456	2	26	72	62	18	21	–1	

a. Informações sobre gastos de consumo do governo não estão disponíveis separadamente; elas estão incluídas nos gastos de consumo domésticos totais; b. Informações sobre os três anos não estão disponíveis; c. As informação se referem somente a Tanzânia continental.

Tabela 4 Comércio, ajuda e finanças

	Comércio de mercadorias: Exportação	Comércio de mercadorias: Importação	Exportação de manufaturados	Exportação de produtos de alta tecnologia	Balanço de conta corrente	Fluxo líquido de investimento estrangeiro direto	Apoio oficial ao desenvolvimento[a]	Dívida externa: Total em $ milhões	Dívida externa: Valor presente do RNB	Crédito doméstico oferecido pelo setor bancário	Migração líquida
	$ milhões	$ milhões	% do total de exportação de mercadorias	% da exportação de manufaturados	$ milhões	$ milhões	$ per capita			% do PIB	milhares
	2007	2007	2006	2006	2007	2006	2006	2006	2006	2007	2000–05[b]
Afeganistão	480	2.950	..	..	..	..	..	1.771	18[d]	0	1.112
África do Sul	69.788	90.990	53[f]	6	−20.631	−120	15	35.549	15	89	75
Albânia	1.072	4.196	27	13	−671	325	101	2.340	21	64	−110
Alemanha	1.326.521	1.059.439	83	17	150.746	43.410	..	..	..	126	1.000
Angola	38.100	11.400	..	..	10.690	−38	10	9.563	33	2	175
Arábia Saudita	228.550	94.235	8	1	99.066	660	1	..	..	18	285
Argélia	59.518	27.439	1	2	..	1.795	6	5.583	5	−3	−140
Argentina	55.933	44.780	32	7	7.210	4.840	3	122.190	68	29	−100
Armênia	1.219	3.282	56	1	−571	343	71	2.073	29	12	−100
Austrália	141.079	165.331	23	12	−56.783	26.599	..	..	..	142	593
Áustria	162.204	161.800	80	13	12.031	157	..	..	..	124	180
Azerbaijão	9.300	6.050	8	2	9.019	−584	24	1.900	12	18	−100
Bangladesh	12.360	18.470	92	0	1.196	697	8	20.521	22	59	−500
Belarus	24.339	28.674	50	3	−2.944	354	7	6.124	17	27	..
Bélgica	432.327	415.752	77	8[c]	8.254	61.990	..	..	..	114	180
Benin	590	1.110	9	0	−226	63	43	824	12[d]	9	99
Bolívia	4.485	3.446	7	4	1.319	240	62	5.292	20[d]	54	−100
Bósnia e Herzegovina	4.155	9.726	62	3	−1.939	423	126	5.669	43	56	115
Brasil	160.649	126.581	51	12	1.460	18.782	0	194.150	26	96	−229
Bulgária	18.450	30.034	53	6	−8.592	5.172	..	20.925	74	59	−43
Burkina Faso	660	1.700	8	10	..	26	61	1.142	11[d]	12	100
Burundi	55	350	6	4	−135	0	51	1.411	105	38	192
Camarões	3.750	3.760	3	3	..	309	93	3.171	4[d]	6	6
Camboja	4.400	5.300	97	0	−506	483	37	3.527	48	13	10
Canadá	418.493	389.670	56	15	12.815	69.068	..	..	..	166	1.041
Cazaquistão	46.540	32.940	13	21	−7.184	6.143	11	74.148	132	41	−200
Central African Republic	195	230	36	0	..	24	31	1.020	53[d]	18	−45
Chade	3.450	1.500	..	..	..	700	27	1.772	23[d]	0	219
Chile	68.296	46.108	11	7	7.200	7.952	5	47.977	42	90	30
China	1.217.939[e]	955.845	92[e]	30	249.866	78.095	1	322.845	14	136	−1.900
Cingapura	299.271[e]	263.150	80[e]	58	36.326	24.191	..	..	..	81	200
Cisjordânia e Gaza	..	..	..	..	..	..	384	..	..	9	11
Colômbia	29.360	32.897	37	4	−5.851	6.463	22	39.698	32	50	−120
Congo, Dem. Rep. of	2.600	2.950	..	..	..	180	34	11.201	119[d]	5	−237
Congo, Rep. of	6.100	2.900	..	..	903	344	69	6.130	108[d]	−10	−10
Coreia, Rep. da	371.554	356.648	89	32	5.954	3.645	..	..	..	110	−80
Costa do Marfim	8.400	6.100	15	42	−146	315	13	13.840	72[d]	21	−339
Costa Rica	9.367	12.955	65	45	−1.499	1.469	5	6.832	35	48	84
Croácia	12.360	25.830	66	10	−4.412	3.376	45	37.480	93	83	100
Dinamarca	103.307	99.375	65	20	4.279	3.343	..	..	..	207	46
Dominicana, República	6.700	13.100	..	..	−2.231	1.183	6	8.905	35	54	−148
Egito, Rep. Árabe do	16.201	27.064	21	1	2.635	10.043	12	29.339	28	91	−525
El Salvador	3.980	8.677	55	3	−855	204	23	9.136	55	46	−143
Emirados Árabes Unidos	154.000	121.100	..	..	..	..	..	..	..	59	577
Equador	13.751	13.565	10	8	1.503	271	14	16.536	52	19	−400
Eritreia	15	515	..	..	..	4	28	800	49[d]	139	229
Eslovaca, República	58.082	60.103	85	6	..	4.165	..	27.085	58	52	3
Espanha	241.962	373.585	76	6	−145.275	20.167	..	..	..	194	2.846
Estados Unidos	1.163.183	2.016.978	79	30	−738.641	180.580	..	..	..	240	6.493
Etiópia	1.290	5.320	..	..	−1.786	364	25	2.326	8[d]	47	−140
Filipinas	50.276	57.160	87	68	5.897	2.345	7	60.324	57	41	−900
Finlândia	89.656	81.145	81	22	11.402	5.311	..	..	..	85	33
França	552.193	613.224	79	21	−30.567	81.045	..	..	..	123	722
Gana	4.320	7.980	31	0	−1.040	435	51	3.192	21[d]	33	12
Geórgia	1.240	5.217	48	16	−1.931	1.060	81	1.964	22	32	−248
Grécia	23.574	75.553	52	11	−29.565	5.401	..	..	..	95	154
Guatemala	6.926	13.578	35	3	−1.592	354	37	5.496	18	42	−300
Guiné	1.100	1.190	..	..	..	108	18	3.281	58[d]	16	−425
Haiti	550	1.550	..	..	1	160	62	1.189	22[d]	25	−140
Holanda	550.636	490.582	66	28	50.706	7.197	..	..	..	208	110
Honduras	2.160	6.760	21	1	−195	385	84	4.076	25[d]	51	−150
Hong Kong, China	349.663	370.733	91	11	27.405	42.891	..	..	..	126	300
Hungria	94.160	94.792	84	24	−7.421	6.098	..	107.677	100	75	65
Iêmen, Rep. do of	7.160	5.890	1	5	206	1.121	13	5.563	25	10	−100
Índia	145.228	216.682	70	5	−9.415	17.453	1	153.075	15	63	−1.350
Indonésia	118.163	91.715	45	13	11.009	5.580	6	130.956	45	41	−1.000
Irã, Rep. Islâmica do	83.000	45.000	10	6	..	901	2	20.113	10	48	−1.250
Iraque	36.400	29.020	..	..	..	..	..	..	..	..	−375
Irlanda	121.068	81.678	85	34	−12.695	−882	..	..	..	199	188
Israel	54.065	58.950	82	14	4.994	14.302	..	..	..	76	115
Itália	491.532	504.591	85	7	−51.032	38.884	..	..	..	129	1.125
Japão	712.839	620.967	91	22	210.490	−6.784	..	..	..	294	270
Jordânia	5.760	13.310	71	1	−1.909	3.219	105	8.000	58	124	130
Laos, RDP do	980	1.400	..	..	..	187	63	2.985	87	8	−115
Líbano	3.574	12.251	70	2	−2.046	2.794	174	23.963	116	190	..
Libéria	157	490	..	..	−138	−82	75	2.674	1.128[d]	92	−119
Líbia	45.000	8.600	..	..	22.170	..	6	..	..	−70	10
Lituânia	17.173	24.116	58	8	−3.218	1.812	..	18.955	79	61	−30
Madagascar	1.190	2.590	41	1	−554	230	39	1.453	13[d]	9	−5

Tabela 4 Comércio, ajuda e finanças (continuação)

	Comércio de mercadorias		Exportação de manufaturados	Exportação de produtos de alta tecnologia	Balanço de conta corrente	Fluxo líquido de investimento estrangeiro direto	Apoio oficial ao desenvolvimento[a]	Dívida externa		Crédito doméstico oferecido pelo setor bancário	Migração líquida
	Exportação	Importação	% do total de exportação de mercadorias	% da exportação de manufaturados				Total em $ milhões	Valor presente do RNB	% do PIB	milhares
	$ milhões	$ milhões			$ milhões	$ milhões	$ per capita				
	2007	2007	2006	2006	2007	2006	2006	2006	2006	2007	2000–05[b]
Malásia	176.211	146.982	74	54	28.931	6.064	9	52.526	39	117	150
Maláui	670	1.380	13	11	..	30	49	850	6[d]	16	–30
Mali	1.620	2.000	10	4	–231	185	69	1.436	15[d]	15	–134
Marrocos	14.646	31.468	68	10	1.851	2.699	34	18.493	30	92	–550
Mauritânia	1.360	1.510	0	..	..	–3	62	1.630	93[d]	..	30
México	272.044	296.578	76	19	–1.993	19.222	2	160.700	21	43	–3.983
Mianmar	5.350	3.250	..	..	802	279	3	6.828	47	28	–99
Moldova	1.370	3.720	31	5	–695	242	60	2.416	65	40	–250
Moçambique	2.650	3.210	5	2	–634	154	77	3.265	12[d]	10	–20
Nepal	888	2.904	..	..	6	–7	19	3.409	27[d]	49	–100
Nicarágua	1.210	3.510	9	7	–855	282	132	4.391	30[d]	74	–210
Níger	650	970	15	11	–312	20	29	805	8[d]	7	–29
Nigéria	66.500	27.500	..	..	24.202	5.445	79	7.693	9	4	–170
Noruega	139.424	80.347	16	19	64.070	4.653	..	..	..	..	84
Nova Zelândia	26.950	30.890	27	11	–10.233	7.941	..	..	..	152	102
Panamá	1.200	7.010	10	0	–1.577	2.574	9	9.989	77	88	8
Papua Nova Guiné	4.610	2.950	..	..	640	32	45	1.675	35	23	..
Paquistão	17.457	32.598	81	1	–8.253	4.273	14	35.909	26	46	–1.239
Paraguai	3.374	7.280	16	8	–217	189	9	3.426	43	20	–45
Peru	27.956	20.185	14	2	2.589	3.467	17	28.174	42	16	–510
Polônia	137.609	160.804	79	4	–15.794	19.198	..	125.831	41	47	–200
Portugal	50.994	77.050	74	9	–18.281	7.366	..	..	..	174	276
Quênia	4.140	9.210	26	3	–526	51	26	6.534	26	34	25
Quirquistão, República do	1.105	2.475	46	3	–234	182	60	2.382	52[d]	15	–75
Reino Unido	435.615	617.178	77	34	–115.243	139.745	..	..	..	194	948
Romênia	40.257	69.712	79	4	–23.136	11.394	..	55.114	58	36	–270
Ruanda	165	600	..	..	–147	11	62	419	8[d]	9	43
Russa, Federação	355.177	223.059	17	9	78.310	30.827	..	251.067	34	25	917
Senegal	1.650	4.250	44	6	..	58	68	1.984	14[d]	25	–100
Serra Leoa	260	420	..	..	–101	59	63	1.428	10[d]	10	472
Sérvia	8.780	18.295	..	4	..	5.128	214	13.831	52	30	–339
Síria, Republica Árabe da	11.330	14.820	32	1	920	600	1	6.502	23	33	200
Somália	..	..	..	..	..	96	46	2.836	..	..	100
Sri Lanka	7.750	10.840	70	2	–1.334	480	40	11.446	40	47	–442
Sudão	8.160	8.450	0	1	–4.722	3.534	55	19.158	77[d]	0	–532
Suécia	168.223	150.039	78	16	28.413	27.299	..	..	..	135	152
Suiça	171.621	160.798	91	22	72.354	27.185	..	..	..	194	100
Tadjiquistão	1.468	2.455	..	..	–21	339	36	1.154	36	15	–345
Tailândia	152.469	141.347	76	27	14.921	9.010	–3	55.233	30	96	231
Tanzânia	2.005	5.337	18	0	–1.442	474	46	4.240	16[d,g]	13	–345
Tcheca, Rep.	122.414	117.980	89	14	–4.586	6.021	..	..	..	55	67
Togo	690	1.450	58	0	–461	57	12	1.806	68[d]	22	–4
Tunísia	15.029	18.980	75	4	–634	3.270	43	18.480	66	72	–29
Turcomenistão	8.920	4.460	..	..	..	731	5	881	11	..	–10
Turquia	107.154	169.987	42	..	–32.774	20.070	8	207.854	61	49	–30
Ucrânia	49.100	60.440	73	3	–5.927	5.604	10	49.887	58	62	–173
Uganda	1.530	3.350	21	34	–745	392	52	1.264	6[d]	9	–5
Uruguai	4.480	5.480	32	3	–186	1.346	6	9.804	66	25	–104
Uzbequistão	8.040	4.470	..	..	..	164	6	3.892	26	..	–300
Venezuela, R.B. de	69.165	48.591	5	2	20.001	–543	2	44.635	34	23	40
Vietnã	48.387	60.830	50	5	–6.992	2.315	22	20.202	33	96	–200
Zâmbia	4.876	4.014	6	2	–505	575	122	2.325	9[d]	17	–82
Zimbábue	2.050	2.420	38	2	..	40	21	4.677	110	93	–75
Mundo	13.899.267t	14.107.100t	74w	20w		1.352.442s	16w	..s	167w	..w[h]	
Renda baixa	230.215	251.819	..	..		20.380	35	201.382	30	–2,858	
Renda média	3.919.104	3.641.914	60	20		334.242	9	2.642.418	77	–15,770	
Renda médio-baixa	2.179.289	1.947.080	69	25		162.047	9	1.080.416	102	–11,295	
Renda médio-alta	1.738.728	1.690.142	52	16		172.195	7	1.562.002	55	–4,475	
Renda baixa e média	4.149.329	3.893.700	60	20		354.621	19	2.843.800	75	–18,629	
África Subsaariana	261.373	237.971	..	..		15.408	52	173.248	48	–1,070	
América Latina e Caribe	750.092	732.907	53	12		70.457	12	734.499	63	–6,811	
Europa e Ásia Central	874.122	935.854	39	8		114.318	14	912.265	38	–1,798	
Leste Asiático e Pacífico	1.783.695	1.475.731	80	33		104.972	4	659.985	119	–3,847	
Oriente Médio e África Setentrional	297.678	234.252	19	5		26.551	54	136.499	49	–2,618	
Sul da Ásia	184.991	286.021	72	4		22.916	6	227.303	60	–2,484	
Renda Alta	9.752.088	10.219.990	77	21		997.821	0.1		196	18,522	

a. A distinção entre ajuda oficial, para países na Parte II do Comitê de Ajuda ao Desenvolvimento (CAD), e a ajuda oficial ao desenvolvimento foi abandonada em 2005. Os agregados regionais incluem informações para economias não listadas na tabela. Os totais do mundo e dos grupos de renda incluem ajuda não alocada por país ou região; b. Total para um período de 5 anos; c. Inclui Luxemburgo; d. As informações são da análise da capacidade de suportar a dívida realizada como parte da iniciativa Heavily Indebted Poor Countries (HIPC); e. Influi re-exportação; f. As informações sobre o total de exportações e importações referem-se somente à África do Sul; g. A RNB refere-se somente à Região Continental da Tanzânia; h. Total mundial computado pela ONU soma zero, mas os agregados mostrados aqui se referem a definições do Banco Mundial, onde os totais das rendas de grupo ou regionais não são igual a zero.

Tabela 5 Principais indicadores para outras economias

	População			Composição etária da população % idade 0-14	Renda Nacional Bruta[a]		Renda Nacional Bruta PPC (RNB)[b]		Produto Interno Bruto per capita % crescimento	Expectativa de vida no nascimento		Taxa de alfabetismo % acima de 15 anos	Emissões de dióxido de carbono per capita tons métricas
	Milhares	Crescimento médio anual	Densidade populacional por km²		Milhões de dólares	Dólares per capita	Milhões de dólares	Dólares per capita		Homens anos	Mulheres anos		
	2007	2000–2007	2007	2007	2007	2007	2007	2007	2006–2007	2006	2006	2005	2004
Andorra	67	0,5[c]	143	..	..	..[e]	..	..	..	..	..	..	..
Antigua e Barbuda	85	1,4	193	..	977	11.520	1.494	17.620[f]	2,9	..	..	..	5,1
Antilhas Holandesas	191	0,8	239	21	..	..[e]	..	..	..	71	79	96	22,2
Aruba	101	0,5[c]	561	22	..	..[e]	..	..	..	..	..	97	21,8
Bahamas	331	1,3	33	27	..	..[e]	..	..	..	70	76	..	6,3
Bahrein	753	2,1	1.060	25	14.022	19.350	24.869	34.310	5,6	74	77	87	23,8
Barbados	294	0,4	684	18	..	..[e]	4.711[f]	16.140[f]	..	74	80	..	4,4
Belize	304	2,8	13	37	1.157	3.800	1.886[f]	6.200[f]	0,1	70	74	..	2,8
Bermudas	64	0,4	1.280	..	..	..[e]	..	..	..	76	81	..	8,7
Botsuana	1.881	1,2	3	35	10.991	5.840	23.369	12.420	2,5	50	50	81	2,4
Brunei Darussalam	389	2,2	74	29	10.287	26.930	19.059	49.900	2,9	75	80	93	24,1
Butão	657	2,3	14	31	1.166	1.770	3.276	4.980	17,5	64	67	60	0,7
Cabo Verde	530	2,3	132	38	1.287	2.430	1.558	2.940	4,6	68	74	81	0,6
Canal, Ilhas do	149	0,2	785	16	..	..[e]	..	..	..	76	81	..	..
Cayman, Ilhas	47	2,1[c]	180	..	..	..[e]	..	..	..	..	..	..	7,1
Chipre	787	1,8	85	19	19.617	24.940	20.741	26.370	2,5	77	82	97	9,1
Comores	626	2,1	336	42[g]	425	680	721	1.150	−2,9	62[g]	64[g]	..	0,2
Coreia, RDP da	23.783	0,5	198	23	..	..[i]	..	..	..	65	69	..	3,4
Cuba	11.257	0,1	103	18	..	..[d]	..	..	..	76	80	100	2,3
Djibuti	833	1,9	36	37	908	1.090	1.886	2.260	2,2	53	56	..	0,5
Dominica	73	0,3	97	..	310	4.250	540[f]	7.410[f]	0,4	..	..	..	1,5
Eslovênia	2.018	0,2	100	14	42.306	20.960	53.756	26.640	5,5	74	81	100	8,1
Estônia	1.342	−0,3	32	15	17.706	13.200	26.399	19.680	7,3	67	78	100	14,0
Faroë, Ilhas	48	0,2[c]	35	..	..	..[e]	..	..	..	77	81	..	13,7
Fiji	838	0,6	46	32	3.189	3.800	3.666	4.370	−5,0	66	71	..	1,3
Gabão	1.330	1,7	5	35	8.876	6.670	17.395	13.080	4,0	56	57	84	1,1
Gâmbia	1.707	3,0	171	41	544	320	1.951	1.140	4,3	58	60	..	0,2
Granada	108	0,9	318	33	505	4.670	747[f]	6.910[f]	3,0	..	..	..	2,0
Groenlândia	57	0,1	0[h]	..	..	..[e]	..	..	..	..	..	..	10,0
Guam	173	1,6	321	29	..	..[e]	..	..	..	73	78	..	25,0
Guiana	739	0,1	4	31	959	1.300	2.129[f]	2.880[f]	5,5	63	69	..	2,0
Guiné-Bissau	1.695	3,0	60	48	331	200	790	470	−0,3	45	48	..	0,2
Guiné Equatorial	508	2,3	18	42	6.527	12.860	10.773	21.230	9,9	50	52	87	11,5
Ilhas Salomão	495	2,5	18	40	363	730	831[f]	1.680[f]	3,2	63	64	..	0,4
Ilhas Virgens (EUA)	108	0,0[k]	310	23	..	..[e]	..	..	..	77	80	..	124,3
Islândia	311	1,4	3	22	16.826	54.100	10.592	34.060	1,4	79	83	..	7,6
Jamaica	2.677	0,5	247	31	9.923	3.710	16.612	6.210	1,7	70	73	..	4,0
Kiribati	102	1,7	126	..	120	1.170	228[f]	2.240[f]	0,8	..	..	..	0,3
Kuait	2.663	2,8	149	23	80.221	31.640	126.703	49.970	6,7	76	80	93	40,4
Lesoto	2.006	0,9	66	40	2.007	1.000	3.783	1.890	4,3	43	43	82	..
Letônia	2.276	−0,6	37	14	22.595	9.930	38.452	16.890	10,9	65	77	100	3,1
Liechtenstein	35	0,8[c]	220	..	..	..[e]	..	..	..	..	..	..	..
Luxemburgo	480	1,3	185	18	36.420	75.880	30.909	64.400	1,9	76	82	..	24,9
Macau, China	480	1,2	17.026	14	..	..[e]	..	..	26,6	78	83	91	4,7
Macedônia, FYR	2.037	0,2	80	19	7.052	3.460	17.344	8.510	5,1	72	76	96	5,1
Maldivas	305	1,6	1.018	32	977	3.200	1.540	5.040	3,8	67	69	96	2,5
Malta	409	0,7	1.279	17	6.216	15.310	8.523	20.990	2,7	77	81	..	6,1
Man, Ilhas de	77	0,9	136	..	3.088	40.600	2.568[f]	33.750[f]	4,9	..	..	..	..
Marianas do Norte, Ilhas	84	2,4[c]	182	..	..	..[e]	..	..	..	..	..	..	..
Marshall, Ilhas	67	3,3	369	..	204	3.070	..	..	1,8	..	..	..	..
Maurício	1.263	0,9	622	24	6.878	5.450	14.381	11.390	3,9	70	77	84	2,6
Mayotte, Ilhas	194	3,8[c]	518	..	..	..[d]	..	..	..	..	..	..	..
Micronésia, Fed dos Est	111	0,5	159	38	274	2.470	363[f]	3.270[f]	1,5	68	69	..	..
Monaco	33	0,3[c]	16.769	..	..	..[e]	..	..	..	..	..	..	..
Mongólia	2.612	1,2	2	27	3.362	1.290	8.246	3.160	8,7	66	69	98	3,4
Montenegro	600	−1,6	43	19	3.109	5.180	6.175	10.290	7,6	72	77	..	..
Namíbia	2.074	1,4	3	37	6.970	3.360	10.608	5.120	4,6	52	53	85	1,2
Nova Caledônia	242	1,8	13	26	..	..[e]	..	..	..	73	78	..	11,2
Omã	2.600	1,1	8	32	27.887	11.120	49.487	19.740	4,6	74	77	81	12,5
Palau	20	0,8[c]	44	..	167	8.210	..	..	2,0	..	..	..	11,9
Polinésia Francesa	263	1,5	72	27	..	..[e]	..	..	..	71	77	..	2,7
Porto Rico	3.943	0,5	445	21	..	..[e]	..	..	..	74	83	90	0,5
Qatar	836	4,3	76	21	..	..[e]	..	..	1,8	75	76	89	69,2
Samoa	187	0,7	66	40	454	2.430	735[f]	3.930[f]	2,2	68	75	99	0,8
Samoa Americana	60	1,4[c]	301	..	..	..[d]	..	..	..	..	..	..	5,1
San Marino	29	1,1[j]	482	..	1.291	45.130	1.046[f]	37.080[f]	3,5	79	85	..	..
Santa Lúcia	168	1,1	275	27	929	5.530	1.584[f]	9.430[f]	2,0	73	76	..	2,3
São Cristóvão e Névis	49	1,4	188	..	470	9.630	650[f]	13.320[f]	2,5	..	..	..	2,7
São Tomé e Príncipe	158	1,7	165	41	138	870	258	1.630	4,1	63	67	85	0,6
São Vicente e Granadinas	120	0,5	309	28	507	4.210	863[f]	7.170[f]	6,2	69	74	..	1,7
Seychelles, Ilhas	85	0,7	185	..	762	8.960	1.313[f]	15.450[f]	5,8	69	76	92	6,6
Suazilândia	1.145	1,3	67	39	2.951	2.580	5.649	4.930	1,7	42	40	80	0,9
Suriname	458	0,7	3	29	2.166	4.730	3.499[f]	7.640[f]	4,7	67	73	90	5,1
Timor-Leste	1.066	4,4	72	45	1.604	1.510	3.281[f]	3.080[f]	4,1	56	58	..	0,2
Tonga	101	0,4	140	37	233	2.320	367[f]	3.650[f]	−4,3	72	74	..	1,2
Trinidad e Tobago	1.333	0,4	260	21	18.795	14.100	29.981	22.490	5,6	68	72	98	24,7
Vanuatu	226	2,5	19	39	417	1.840	771[f]	3.410[f]	2,6	68	72	..	0,4

a. Calculado usando o método do Atlas do Banco Munidal; b. PPC é paridade do poder de compra; c. As informações são de 2003-2007; d. Considerado como médio superior (US$ 3.706 a US$ 11.455); e. Considerado como renda alta (US$ 11.456 ou mais); f. A estimativa é baseada em regressão; outros são extrapolados do último Programa Comparativo de estimativa de benchmark; g. Inclui a ilha de Mayotte; h. Menos do que 0,5; i. Considerado como renda baixa (US$ 935 ou menos); j. As informações são para 2004-2007; k. Mais do que - 0,05.

Notas técnicas

Estas notas técnicas discutem as fontes e os métodos usados para compilar os indicadores incluídos nesta edição dos Indicadores Selecionados do Desenvolvimento Mundial. As notas seguem a ordem na qual os indicadores aparecem nas tabelas.

Fontes

Os dados publicados nos Indicadores Selecionados do Desenvolvimento Mundial foram tirados dos *Indicadores do Desenvolvimento Mundial 2008.* Quando possível, no entanto, as revisões divulgadas desde a data de fechamento dessa edição foram incorporadas. Ademais, estimativas recém-publicadas de população e renda nacional bruta (RNB) per capita para 2007 foram incluídas nas tabela 1 e 5.

O Banco Mundial recorre a uma variedade de fontes para as estatísticas publicadas nos *Indicadores do Desenvolvimento Mundial.* Os dados sobre a dívida externa para os países em desenvolvimento são comunicados diretamente ao Banco Mundial pelos países em desenvolvimento membros por meio do Sistema de Declaração do Devedor. Outros dados são retirados principalmente das Nações Unidas e suas agências especializadas, do Fundo Monetário Internacional (FMI) e dos relatórios dos países para o Banco Mundial. Estimativas da equipe do Banco também são usadas para melhorar a atualidade ou consistência. Para a maioria dos países, as estimativas de contas nacionais são obtidas junto aos governos membros pelas missões econômicas do Banco Mundial. Em alguns casos elas são ajustadas pela equipe para assegurar a conformidade a definições e conceitos internacionais. A maioria dos dados sociais das fontes nacionais é tirada de documentos administrativos ordinários, pesquisas especiais ou censos periódicos.

Para notas mais detalhadas sobre os dados, queiram consultar os *Indicadores do Desenvolvimento Mundial 2008 do* Banco Mundial.

Consistência e confiabilidade dos dados

Um esforço considerável foi feito para padronizar os dados, mas uma comparabilidade plena não pode ser assegurada, e é preciso ter cuidado ao interpretar os indicadores. Muitos fatores afetam a disponibilidade, comparabilidade e confiabilidade dos dados: os sistemas estatísticos em muitas economias em desenvolvimento ainda são frágeis; os métodos estatísticos, a cobertura, as práticas e definições diferem amplamente; e as comparações entre países e intertemporais envolvem problemas técnicos e conceituais complexos que não podem ser resolvidos inequivocamente. A cobertura dos dados pode não ser completa por causa de circunstâncias especiais ou para as economias que enfrentam problemas (como aqueles oriundos de conflitos) que afetam a coleta e a transmissão dos dados. Por essas razões, embora os dados sejam tirados das fontes julgadas mais fidedignas, eles precisam ser considerados somente como elementos que indicam tendências e caracterizam as principais diferenças entre as economias e não que oferecem medidas quantitativas precisas dessas diferenças. Discrepâncias nos dados apresentados em diferentes edições refletem atualizações feitas pelos países assim como revisões de séries históricas e mudanças de metodologia. Assim, aconselha-se aos leitores que não comparem séries de dados entre edições ou entre diferentes edições das publicações do Banco Mundial. Séries temporais consistentes estão disponíveis no CD-ROM *Indicadores do Desenvolvimento Mundial 2008* e no *WDI Online.*

Proporções e taxas de crescimento

Para facilitar a referência, as tabelas geralmente mostram as proporções e taxas de crescimento em vez dos simples valores subjacentes. Os valores na sua forma original estão disponíveis no CD-ROM *Indicadores do Desenvolvimento Mundial 2008.* Salvo menção em contrário, as taxas de crescimento são computadas usando-se o método de regressão por mínimos quadrados (ver *Métodos estatísticos* abaixo). Como esse método leva em consideração todas as observações disponíveis durante um período, as taxas de crescimento resultantes refletem tendências gerais que não são indevidamente influenciadas por valores excepcionais. Para excluir os efeitos da inflação, indicadores econômicos em preços constantes são usados no cálculo das taxas de crescimento. Os dados em itálico valem para um ano ou período diferente do especificado no cabeçalho da coluna – até dois anos antes ou depois para os indicadores econômicos e até três anos para os indicadores sociais, porque estes últimos tendem a ser coletados com menos regularidade e mudam menos drasticamente em períodos curtos.

Séries de preços constantes

O crescimento de uma economia é medido pelo aumento do valor agregado produzido pelos indivíduos e empresas que operam naquela economia. Assim, medir o crescimento real requer estimativas do PIB e de seus componentes expressos em preços constantes. O Banco Mundial coleta séries de contas nacionais em preços constantes em moedas nacionais registradas no ano-base original do país. Para obter séries comparáveis de dados sobre preços constantes, ele redimensiona o PIB e o valor agregado por origem industrial com relação a um ano de referência comum, 2000 na versão atual dos *Indicadores do Desenvolvimento Mundial*. Esse processo dá origem a uma discrepância entre o PIB redimensionado e a soma dos componentes redimensionados. Como distribuir a discrepância daria origem a distorções na taxa de crescimento, ela não é distribuída.

Medidas sumárias

As medidas sumárias para regiões e grupos de renda, apresentadas no final da maioria das tabelas, são calculadas por simples adição quando vêm expressas em níveis. Taxas e proporções de crescimento agregadas são geralmente computadas como médias ponderadas. As medidas sumárias para os indicadores sociais são ponderadas pela população ou por subgrupos da população, exceto para a mortalidade infantil, que é ponderada pelo número de nascimentos. Queiram ver as notas sobre indicadores específicos para maiores informações.

Para medidas sumárias que cobrem muitos anos, os cálculos são baseados num grupo uniforme de economias de modo que a composição do agregado não muda com o tempo. As medidas por grupo só são compiladas se os dados disponíveis para um ano dado representam pelo menos dois terços do grupo todo, tal como definido para o ano-base de 2000. Enquanto esse critério for satisfeito, presume-se que as economias para as quais faltam dados comportam-se como aquelas que fornecem estimativas. Os leitores devem ter em mente que as medidas sumárias são estimativas de agregados representativos para cada tópico e que nada significativo pode ser deduzido quanto ao comportamento no nível dos países retrocedendo a partir dos indicadores de grupo. Ademais, o processo de estimação pode resultar em discrepâncias entre os totais globais e dos subgrupos.

Tabela 1. Principais indicadores de desenvolvimento

População é baseada na definição de fato, que conta todos os residentes, independentemente de sua condição jurídica ou cidadania, exceto os refugiados que não se instalaram permanentemente no país de asilo, que são geralmente considerados parte da população do país de origem.

Taxa média anual de crescimento populacional é a taxa exponencial de mudança no período (ver a seção sobre *Métodos estatísticos* abaixo).

Densidade populacional é a população no meio do ano dividida pelo território. O território é a superfície total do país com exclusão das áreas sob superfícies de água interiores e das hidrovias litorâneas. A densidade é calculada usando-se os dados de território disponíveis mais recentemente.

Composição etária da população, idade 0–14 refere-se à porcentagem da população total com idade entre 0 e 14 anos.

Renda nacional bruta (RNB) é a medida mais ampla da renda nacional; ela mede o valor agregado total das fontes internas e estrangeiras obtidas pelos residentes. A

RNB comporta o produto interno bruto (PIB) mais as receitas líquidas de renda primária de fontes estrangeiras. Os dados são convertidos da moeda nacional em dólares atuais dos EUA usando-se o método Atlas do Banco Mundial. Isso envolve o uso de uma média de três anos de taxas de câmbio para suavizar os efeitos das flutuações transitórias das taxas de câmbio. (Ver abaixo a seção sobre *Métodos estatísticos* para uma discussão mais completa do método Atlas.)

RNB per capita é a RNB dividida pela população no meio do ano. Ela é convertida em dólares atuais dos EUA pelo método Atlas. O Banco Mundial usa a RNB per capita em dólares dos EUA para classificar as economias para fins analíticos e para determinar a elegibilidade para tomar empréstimo.

Renda nacional bruta PPC, que é a RNB convertida em dólares internacionais usando-se os fatores de conversão da paridade de poder de compra (PPC), é incluída porque as taxas de câmbio nominais nem sempre refletem as diferenças internacionais dos preços relativos. Com a taxa PPC, um dólar internacional tem o mesmo poder de compra com relação à RNB interna que o dólar dos EUA tem com relação à RNB dos EUA. As taxas PPC permitem uma comparação padrão de níveis de preço reais entre os países, assim como os índices de preço convencionais permitem a comparação de valores reais ao longo do tempo. Os fatores de conversão PPC utilizados aqui são gerados a partir de pesquisas de preço que cobrem 146 países, realizadas em 2005 pelo Programa de Comparação Internacional. Para os países da OCDE, os dados provêm da rodada mais recente de pesquisas, completada em 1999; o restante provém ou da pesquisa de 1996 ou de dados da rodada de 1993 ou anterior extrapolados para a referência 1996. As estimativas para os países não incluídos nas pesquisas são derivadas de modelos estatísticos usando-se os dados disponíveis.

RNB PPC per capita é a RNB PPC dividida pela população no meio do ano.

Crescimento do produto interno bruto (PIB) per capita é baseado no PIB medido em preços constantes. O crescimento do PIB é considerado uma medida ampla do crescimento de uma economia. O PIB em preços constantes pode ser estimado medindo-se a quantidade total de bens e serviços produzidos num período, avaliando-os segundo um conjunto convencionado de preços do ano-base e subtraindo o custo de insumos intermediários, também em preços constantes. Ver a seção sobre *Métodos estatísticos* para detalhes da taxa de crescimento em mínimos quadrados.

Expectativa de vida no nascimento é o número de anos que um recém-nascido viverá se os padrões de mortalidade vigentes no seu nascimento permanecerem os mesmos ao longo da sua vida. Os dados são apresentados separadamente para homens e mulheres.

Taxa de alfabetismo adulto é a porcentagem de pessoas com 15 anos de idade ou mais que podem, com compreensão, ler e escrever uma declaração curta e simples sobre seu cotidiano. Na prática, o alfabetismo é difícil de medir. Estimar o alfabetismo segundo essa definição requer um censo ou medições de pesquisa sob condições controladas. Muitos países estimam o número de pessoas alfabetizadas a partir de dados autodeclarados. Alguns usam dados de conclusão escolar como substituto mas aplicam diferentes durações de frequência escolar ou diferentes níveis de conclusão. Como a definição e as metodologias da coleta de dados diferem entre os países, os dados precisam ser usados com cautela.

Emissões de dióxido de carbono (CO_2) medem as emissões provenientes da queima de combustíveis fósseis e da manufatura do cimento. Elas incluem o dióxido de carbono produzido durante o consumo de combustíveis sólidos, líquidos e gasosos e pela queima de gás. O dióxido de carbono per capita é o CO_2 dividido pela população no meio do ano.

O Centro de Análise de Informações sobre o Dióxido de Carbono (CDIAC), patrocinado pelo Departamento de Energia dos EUA, calcula as emissões antropogênicas anuais de CO_2. Esses cálculos são baseados em dados sobre o consumo de combustível fóssil, com base no Conjunto Mundial de Dados sobre Energia mantido pelo UNSD, e de dados sobre a manufatura mundial de cimento, com base no Conjunto de Dados sobre Manufatura de Cimento mantido pelo Bureau de Minas dos EUA. A cada ano o CDIAC recalcula as séries temporais completas de 1950 até o presente, incorporando à sua base de dados suas conclusões mais recentes e as últimas correções. As estimativas excluem os combustíveis fornecidos para navios e aeronaves empregados no transporte internacional por causa da dificuldade de alocar esses combustíveis entre os países beneficiários desse transporte.

Tabela 2. Objetivos de desenvolvimento do Milênio: erradicar a pobreza e melhorar o padrão de vida

Participação do quintil mais pobre no consumo ou na renda nacionais é a participação dos 20% mais pobres da população no consumo ou, em certos casos, na renda. É uma medida distributiva. Os países com distribuições de consumo (ou renda) mais desiguais têm uma taxa de pobreza mais alta para uma renda média dada. Os dados provêm de pesquisas domiciliares nacionalmente representativas. Como as pesquisas domiciliares subjacentes diferem quanto ao método e ao tipo de dados coletados, os dados de distribuição não são estritamente comparáveis entre países. A equipe do Banco Mundial esforçou-se para assegurar que os dados sejam tão comparáveis quanto possível. Quando possível, foi utilizado o consumo em vez da renda.

Ocorrência de desnutrição infantil é a porcentagem de crianças com menos de cinco anos cujo peso para a idade é inferior a menos dois desvios-padrão com relação à mediana da população internacional de referência com idade de 0–59 meses. A tabela apresenta dados dos novos padrões de crescimento infantil divulgados pela Organização Mundial da Saúde (OMS) em 2006. As estimativas de desnutrição infantil provêm de dados de pesquisas nacionais. A proporção de crianças que estão abaixo do peso é o indicador mais comum de desnutrição. Estar abaixo do peso, mesmo moderadamente, aumenta o risco de morte e inibe o desenvolvimento cognitivo das crianças. Ademais, perpetua o problema de uma geração para outra, pois as mulheres mal-nutridas têm mais probabilidade de ter bebês abaixo do peso.

Taxa de conclusão da educação primária é a porcentagem de estudantes que completaram o último ano de escola primária. Ela é calculada tomando-se o número total de estudantes no último grau da escola primária, menos o número de repetentes naquele grau, dividido pelo número total de crianças em idade oficial de conclusão. A taxa de conclusão da educação primária reflete o ciclo primário conforme definido pela Classificação Internacional Padrão da Educação (ISCED), que vai de três ou quatro anos de educação primária (num número muito pequeno de países) a cinco ou seis anos (na maioria dos países) ou sete (num número pequeno de países). Como os currículos e padrões de conclusão escolar variam entre os países, uma taxa alta de conclusão da educação primária não significa necessariamente altos níveis de aprendizado entre os estudantes.

Proporção da participação de meninas e meninos na escola primária e secundária é a proporção da taxa bruta de participação feminina na escola primária e secundária para a taxa bruta de participação masculina.

Eliminar as disparidades de gênero na educação ajudaria a melhorar a condição e as capacidades das mulheres. Este indicador é uma medida imperfeita da acessibilidade relativa da escolaridade para as meninas. Como o prazo era 2005, esta é a primeira das metas a atingir o prazo. Os dados de participação escolar são declarados ao Instituto de Estatística da Organização das Nações Unidas para a Educação, Ciência e Cultura (UNESCO) pelas autoridades nacionais de educação. A educação primária proporciona às crianças habilidades em leitura básica, escrita e matemática junto com um entendimento elementar de matérias como história, geografia, ciências naturais, ciências sociais, arte e música. A educação secundária completa o fornecimento de educação básica que começou no nível primário e almeja lançar as fundações de aprendizado e desenvolvimento humano para toda a vida, oferecendo uma instrução mais orientada para as matérias ou habilidades e empregando professores mais especializados.

Taxa de mortalidade sub-cinco é a probabilidade de que um bebê recém-nascido morra antes de atingir a idade de cinco anos, se submetido às taxas atuais de mortalidade próprias à idade. A probabilidade é expressa em taxa por 1.000. As principais fontes de dados sobre mortalidade são sistemas de registro vital e estimativas diretas ou indiretas baseadas em pesquisas por amostragem ou censos. Para gerar estimativas harmonizadas das taxas de mortalidade sub-cinco que recorram de maneira transparente a todas as informações disponíveis, uma metodologia que adapta uma linha de regressão à relação entre as taxas de mortalidade e suas datas de referência usando mínimos quadrados ponderados foi desenvolvida e adotada pela UNICEF e pelo Banco Mundial.

Nascimentos assistidos por equipe médica qualificada são a porcentagem de partos assistidos por pessoal treinado para proporcionar a supervisão, o cuidado e o aconselhamento necessários às mulheres durante a gravidez, o parto e o período pós-parto; para realizar partos de modo autônomo; e para cuidar dos recém-nascidos. A proporção de nascimentos assistidos por equipe médica qualificada é um indicador da capacidade do sistema de saúde de fornecer assistência adequada às mulheres grávidas. Os dados são da UNICEF e de pesquisas domiciliares. Uma boa assistência pré-natal e pós-natal melhora a saúde materna e reduz a mortalidade materna e infantil. Mas os dados podem não refletir tais melhoras porque os sistemas de informação sobre a saúde são muitas vezes fracos, as mortes maternas são pouco declaradas e as taxas de mortalidade materna são difíceis de medir.

Taxa de uso de contraceptivo é a porcentagem de mulheres casadas ou em união com idade entre 15–49 que praticam, ou cujos parceiros sexuais praticam, uma forma de contracepção. A contracepção segura e eficaz é um dos meios indispensáveis de se atingir a saúde reprodutiva, pois ajuda as mulheres a evitar gravidezes indesejadas ao mesmo tempo que previne doenças sexualmente transmissíveis. O uso de contraceptivo reflete todos os métodos – tanto os métodos tradicionais ineficazes quanto os métodos modernos altamente eficazes. As taxas de uso de contraceptivo são obtidas principalmente por meio de pesquisas domiciliares.

Ocorrência do HIV é a porcentagem de pessoas com idade entre 15–49 que estão infectadas com o HIV. As taxas de ocorrência do HIV em adultos refletem a taxa de infecção pelo HIV na população de cada país. No entanto, baixas taxas nacionais de ocorrência podem ser muito enganadoras. Elas escondem muitas vezes epidemias graves que estão inicialmente concentradas em certas localidades ou em grupos populacionais específicos e que ameaçam transbordar para a população em geral. Em muitos lugares do mundo em desenvolvimento, a maioria das novas infecções ocorre em jovens adultos, sendo as jovens mulheres especialmente vulneráveis. As estimativas de ocorrência do HIV são baseadas em extrapolações a partir de dados coletados por meio de pesquisas e a partir do acompanhamento de pequenos grupos não representativos.

Tabela 3. Atividade econômica

Produto interno bruto (PIB) é o valor bruto agregado, em preços ao consumidor, por todos os produtores residentes na economia mais quaisquer impostos e menos quaisquer subsídios não incluídos no valor dos produtos. Ele é calculado sem deduzir a depreciação de ativos fabricados nem o exaurimento ou a degradação de recursos naturais. Valor agregado é a produção líquida de uma indústria depois de somar todas as produções e subtrair os insumos intermediários. A origem industrial do valor agregado é determinada pela International Standard Industrial Classification (ISIC) em sua revisão 3. O Banco Mundial convencionou usar o dólar dos EUA e aplica a taxa de câmbio oficial média apontada pelo FMI para o ano indicado. Um fator alternativo de conversão é aplicado se se julgar que a taxa de câmbio oficial diverge com uma margem excepcionalmente ampla da taxa efetivamente aplicada às transações em moedas estrangeiras e produtos comercializados.

Taxa anual média de crescimento do produto interno bruto é calculada a partir de dados do PIB em preços constantes em moeda local.

Produtividade agrícola refere-se à proporção do valor agrícola agregado, medido em dólares dos EUA constantes de 1995, com relação ao número de trabalhadores na agricultura.

Valor agregado é a produção líquida de uma indústria depois de se somar todas as produções e subtrair os insumos intermediários. A origem industrial do valor agregado é determinada pela International Standard Industrial Classification (ISIC) em sua revisão 3.

Valor agregado em agricultura corresponde às divisões 1–5 da ISIC e inclui silvicultura e pesca.

Valor agregado na indústria engloba mineração, manufatura, construção, eletricidade, água e gás (divisões 10–45 da ISIC).

Valor agregado em serviços corresponde às divisões 50–99 da ISIC.

Gastos com consumo final dos domicílios são o valor de mercado de todos os bens e serviços, incluindo produtos duráveis (como carros, máquinas de lavar e computadores domésticos), comprados pelos domicílios. Eles excluem as compras de moradia mas incluem o aluguel imputado para moradias ocupadas pelos proprietários. Eles também incluem pagamentos e taxas pagas aos governos para obter alvarás e licenças. Aqui, os gastos com consumo dos domicílios incluem os gastos de instituições sem fins lucrativos que atendem os domicílios, mesmo quando declarados separadamente pelo país. Na prática, os gastos com consumo dos domicílios podem incluir qualquer discrepância estatística no uso de recursos com relação à oferta de recursos.

Gastos gerais com consumo final do governo incluem todos os gastos atuais do governo para compras de bens e serviços (inclusive compensação de empregados). Também incluem a maioria dos gastos com defesa nacional e segurança, mas excluem gastos militares do governo que fazem parte da formação de capital do governo.

Formação bruta de capital consiste em despesas com acréscimo aos ativos fixos da economia mais mudanças líquidas no nível dos estoques e valores. Ativos fixos incluem melhorias da terra (cercas, valetas, drenos e assim por diante); compras de usinas, maquinário e equipamento; e construção de edifícios, estradas, ferrovias e afins, inclusive edifícios comerciais e industriais, escritórios, escolas, hospitais e moradias particulares. Estoques são compostos por bens mantidos pelas empresas para amortecer flutuações temporárias ou inesperadas na produção ou nas vendas, e "trabalho em curso". De acordo com o Sistema de Contas Nacionais (SCN) de 1993, aquisições líquidas de valores também são consideradas formação de capital.

Balança externa de bens e serviços são as exportações de bens e serviços menos as importações de bens e serviços. O comércio de bens e serviços engloba todas as transações entre residentes de um país e o resto do mundo que envolvem mudança de propriedade de mercadorias em geral, bens enviados para processamento e reparos, ouro não-monetário e serviços.

O **deflator implícito do PIB** reflete mudanças nos preços para todas as categorias finais da demanda, como consumo do governo, formação de capital e comércio internacional, assim como o principal componente, o consumo privado final. Ele é expresso como a proporção do PIB em preços correntes com relação ao PIB em preços constantes. O deflator do PIB também pode ser calculado explicitamente como um índice de preços Paasche no qual os pesos são as quantidades de produção no período atual.

Os indicadores de contas nacionais para a maioria dos países em desenvolvimento são coletados junto às organizações estatísticas nacionais e aos bancos centrais por missões visitantes e residentes do Banco Mundial. Os dados para as economias de renda alta provêm da OCDE.

Tabela 4. Comércio, ajuda e finanças

Exportações de mercadorias mostram o valor free on board (f.o.b.) dos bens fornecidos para o resto do mundo expressos em dólares dos EUA.

Importações de mercadorias mostram o valor c.i.f. dos bens (o custo dos bens incluindo seguro e frete) comprados do resto do mundo expressos em dólares dos EUA. Os dados para o comércio de mercadorias provêm do relatório anual da Organização Mundial do Comércio (OMC).

Exportações de produtos manufaturados comportam os bens das seções 5 (produtos químicos), 6 (produtos manufaturados básicos), 7 (maquinário e equipamento de transporte) e 8 (bens manufaturados diversos) da Standard Industrial Trade Classification (SITC), excluindo a divisão 68.

Exportações de alta tecnologia são produtos com alta intensidade de pesquisa e desenvolvimento (P&D). Eles incluem produtos de alta tecnologia como produtos aeroespaciais, computadores, produtos farmacêuticos, instrumentos científicos e maquinário elétrico.

Balanço de conta corrente é a soma das exportações líquidas de bens e serviços, renda líquida e transferências correntes líquidas. Os dados são tirados do *Balance of Payments Statistics Yearbook do* FMI.

Investimento estrangeiro direto são os fluxos líquidos de entrada de investimento para adquirir uma participação administrativa duradoura (10% ou mais do capital votante) de uma empresa que opera numa economia diferente da do investidor. São compostos pela soma de capital acionário, re-investimento de lucros, outros capitais de longo prazo e capital de curto prazo, conforme mostrado na balança de pagamentos. Os dados sobre IED são baseados nos dados de balança de pagamentos divulgados pelo FMI, complementados pelas estimativas da equipe do Banco Mundial usando dados divulgados pela Conferência das Nações Unidas sobre Comércio e Desenvolvimento e fontes nacionais oficiais.

Assistência oficial ao desenvolvimento ou ajuda oficial dos membros de alta renda da OCDE são as principais fontes de financiamento externo oficial para os países em desenvolvimento, mas a assistência oficial ao desenvolvimento (AOD) também é fornecida por alguns países doadores importantes que não são membros do Comitê de Assistência ao Desenvolvimento (CAD) da OCDE. O CAD tem três critérios para a AOD: ela é empreendida pelo setor oficial; ela tem por objetivo principal promover o desenvolvimento econômico ou o bem-estar; e ela é fornecida em termos favoráveis, com um elemento de liberalidade de pelo menos 25% sobre as transferências (calculado a uma taxa de desconto de 10%). A assistência oficial ao desenvolvimento comporta dotações e transferências, livres de reembolso, que atendem à definição de AOD do CAD e são concedidas a países e territórios na lista de destinatários de ajuda do CAD. A nova lista de destinatários do CAD é organizada com base em critérios mais objetivos e baseados em necessidades do que suas predecessoras e inclui todos os países de renda baixa e média, exceto aqueles que são membros do G8 ou da UE (incluindo países com data marcada para admissão na UE).

Dívida externa total é a dívida devida por não residentes pagável em moeda, bens ou serviços estrangeiros. É a soma da dívida a longo prazo pública, garantida publicamente e privada não garantida, do uso de crédito do FMI, e da dívida a curto prazo. A dívida a curto prazo inclui toda dívida com vencimento original de um ano ou menos e os juros de mora sobre a dívida a longo prazo.

Valor presente da dívida é a soma da dívida externa a curto prazo mais o montante descontado dos pagamentos totais de serviço da dívida devidos sobre a dívida externa a longo prazo pública, garantida publicamente e privada não garantida, durante a vida dos empréstimos existentes. Os dados sobre a dívida externa provêm principalmente de relatórios apresentados ao Banco Mundial por meio do seu Sistema de Declaração do Devedor por países membros que receberam empréstimos do BIRD ou créditos do IDA, além de informações adicionais dos arquivos do Banco Mundial, do FMI, do Banco de Desenvolvimento Africano e do Fundo de Desenvolvimento Africano, do Banco de Desenvolvimento Asiático e do Fundo de Desenvolvimento Asiático, e do Banco Inter-Americano de Desenvolvimento. Tabelas sinópticas da dívida externa dos países em desenvolvimento são publicadas anualmente no *Global Development Finance do* Banco Mundial.

Migração líquida é o número líquido total de migrantes durante o período, isto é, o número de imigrantes menos o número de emigrantes, incluindo nacionais e não nacionais. Os dados mostrados na tabela são estimativas de cinco anos. Eles provêm do *World Population Prospects: The 2006 Revision da* Divisão de População *das* Nações Unidas.

Crédito interno concedido pelo setor bancário inclui todo crédito para setores variados numa base bruta, à exceção do crédito para o governo central, que é líquido. O setor bancário inclui as autoridades monetárias, os bancos de moeda escritural e outras instituições bancárias para as quais estão disponíveis dados (incluindo as instituições que não aceitam depósitos transferíveis mas assumem passivos tais como depósitos a prazo e poupança). Exemplos de outras instituições bancárias incluem instituições de empréstimo sobre poupança e hipoteca e associações de construção e empréstimo. Os dados provêm do *International Finance Statistics do* FMI.

Tabela 5. Principais indicadores para outras economias

Ver *Notas técnicas* para a tabela 1, indicadores-chave.

Métodos estatísticos

Esta seção descreve o cálculo da taxa de crescimento em mínimos quadrados, a taxa de crescimento exponencial (terminal) e a metodologia Atlas do Banco Mundial para cálculo do fator de conversão usado para estimar a RNB e a RNB per capita em dólares dos EUA.

Taxa de crescimento em mínimos quadrados

Taxas de crescimento em mínimos quadrados são usadas quando há uma série temporal suficientemente longa para permitir um cálculo fiável. A taxa de crescimento não é calculada se mais da metade das observações num período estiver faltando.

A taxa de crescimento em mínimos quadrados, *r*, é estimada adaptando-se uma linha de tendência de regressão linear aos valores anuais logarítmicos da variável no período relevante. A equação de regressão assume a forma

$$\ln X_t = a + bt$$

que é equivalente à transformação logarítmica da equação de crescimento composta,

$$X_t = X_o (1 + r)_t$$

Nessa equação, X é a variável, t é o tempo e $a = \log X_o$ e $b = \ln (1 + r)$ são os parâmetros a serem estimados. Se b^* é a estimativa em mínimos quadrados de b, a taxa anual média de crescimento, r, é obtida por $[\exp(b^*) - 1]$ e é multiplicada por 100 para ser expressa em porcentagem.

A taxa de crescimento calculada é uma taxa média representativa das observações disponíveis ao longo de todo o período. Ela não corresponde necessariamente à taxa de crescimento real entre dois períodos dados.

Taxa exponencial de crescimento

A taxa de crescimento entre dois pontos no tempo para certos dados demográficos, em especial mão de obra e população, é calculada por meio da equação

$$r = \ln (p_n / p_1) / n$$

onde p_n e p_1 são a última e a primeira observação do período, n é o número de anos no período e ln é o operador de logaritmo natural. Essa taxa de crescimento é baseada num modelo de crescimento contínuo exponencial entre dois pontos no tempo. Ela não leva em consideração os valores intermediários da série. É preciso notar também que a taxa exponencial de crescimento não corresponde à taxa anual de mudança medida num intervalo de um ano, que é dada por

$$(p_n - p_{n-1}) / p_{n-1}$$

Método Atlas do Banco Mundial

Ao calcular a RNB e a RNB per capita em dólares dos EUA para certos fins operacionais, o Banco Mundial usa o fator de conversão Atlas. A finalidade do fator de conversão Atlas é reduzir o impacto das flutuações da taxa de câmbio na comparação de renda nacional entre países. O fator de conversão Atlas para qualquer ano é a média da taxa de câmbio de um país (ou fator de conversão alternativo) para aquele ano e de suas taxas de câmbio para os dois anos precedentes, ajustada pela diferença entre a taxa de inflação do país e a do Japão, do Reino Unido, dos Estados Unidos e da zona do euro. A taxa de inflação do país é medida pela alteração do deflator do seu PIB. A taxa de inflação do Japão, do Reino Unido, dos Estados Unidos e da zona do euro, que representa a inflação internacional, é medida pela alteração do deflator de DER. (Direitos Especiais de Retirada, ou DERs, são a unidade de conta do FMI.) O deflator DER é calculado como uma média ponderada dos deflatores do PIB desses países em termos de DER, os pesos sendo a quantidade de moeda de cada país em uma unidade de DER. Os pesos variam com o tempo por causa da composição do DER e das taxas de câmbio relativas para cada alteração de moeda. O deflator DER é calculado primeiro em termos DER e depois convertido em dólares dos EUA usando o fator de conversão Atlas de DER para dólar. O fator de conversão Atlas é em seguida aplicado à RNB do país. A RNB resultante em dólares dos EUA é dividida pela população no meio do ano para se obter a RNB per capita.

Quando se considera que as taxas de câmbio oficiais não são confiáveis nem representativas da taxa de câmbio efetiva num período, uma estimativa alternativa da taxa de câmbio é usada na fórmula Atlas (ver abaixo).

As fórmulas seguintes descrevem o cálculo do fator de conversão Atlas para o ano t:

$$e_t^* = \frac{1}{3}\left[e_{t-2}\left(\frac{p_t}{p_{t-2}} \Big/ \frac{p_t^{S\$}}{p_{t-2}^{S\$}} \right) + e_{t-1}\left(\frac{p_t}{p_{t-1}} \Big/ \frac{p_t^{S\$}}{p_{t-1}^{S\$}} \right) + e_t \right]$$

e o cálculo da RNB per capita em dólares dos EUA para o ano t:

$$Y_t\$ = (Y_t/N_t)/e_t^*$$

onde e_t^* é o fator de conversão Atlas (moeda nacional com relação ao dólar dos EUA) para o ano t, e_t é a taxa de câmbio anual média (moeda nacional com relação ao dólar dos EUA) para o ano t, p_t é o deflator do PIB para o ano t, $p_t^{S\$}$ é o deflator DER em dólar dos EUA para o ano t, $Y_t\$$ é a RNB Atlas per capita em dólares dos EUA no ano t, Y_t é a RNB atual (moeda local) para o ano t e N_t é a população no meio do ano para o ano t.

Fatores de conversão alternativos

O Banco Mundial avalia sistematicamente a pertinência das taxas de câmbio oficiais como fatores de conversão. Um fator de conversão alternativo é usado quando se estima que a taxa de câmbio oficial diverge com uma margem excepcionalmente grande da taxa efetivamente aplicada às transações internas de moedas estrangeiras e produtos comercializados. Isso se aplica somente a um pequeno número de países, conforme mostrado na tabela de documentação de dados primários nos *Indicadores do Desenvolvimento Mundial 2007*. Fatores de conversão alternativos são usados na metodologia Atlas e em outros lugares dos Indicadores Selecionados do Desenvolvimento Mundial como fatores de conversão para um único ano.

Índice remissivo

D

E

F

J

K

L

M

N

O

P

Q

R

S

T

U

V

W

Z

Impressão e Acabamento
Prol
EDITORA GRÁFICA